KB270608

'삐라'로 듣는 **해방 직후의 목소리**

'삐라'로 듣는 **해방 직후의 목소리**

| 편저자 |

김현식 金賢植
現 대일광업(주) 전무이사, 근대서지학회 이사
고려대 73교우회 부회장
춘천시민구단 단장
前 책을 좋아하는 사람들 부회장

정선태 鄭善太
1963년 전북 남원 출생으로 서울대학교 국어국문학과 및 동 대학원을 졸업했으며, 현재는 국민대학교 근무하고 있다. 저서로『개화기 신문 논설의 서사 수용 양상』『심연을 탐사하는 고래의 눈: 한국 근대문학의 형성과 그 외부』『근대의 어둠을 응시하는 고양이의 시선: 문학 · 번역 · 사상』『한국근대문학의 수렴과 발산』『시작을 위한 에필로그』『제국과 민족의 교차로』(공저) 등이 있으며, 역서로『동양적 근대의 창출: 루쉰과 소세키』『일본문학의 근대와 반근대』『가네코 후미코: 식민지 조선을 사랑한 일본 제국의 아나키스트』『일본어의 근대』『지도의 상상력』『생활 속의 식민지주의』『창씨개명: 제국주의 일본의 조선지배와 이름의 정치학』『일본 근대의 풍경』(공역)『삼취인경륜문답』(공역)『일본 근대사상사』(공역)『조선의 혼을 찾아서』(공역)『기타 잇키: 천황과 대결한 카리스마』(공역)『검은 우산 아래에서』(공역) 등이 있다.

근대서지총서 2
'삐라'로 듣는 해방 직후의 목소리

초판인쇄일 | 2011년 8월 1일
초판발행일 | 2011년 8월 15일

편저자 | 김현식 · 정선태
펴낸곳 | 소명출판
펴낸이 | 박성모

출판등록 | 제13-522호
주소 | 서울시 서초구 서초동 1621-18 란빌딩 1층
대표전화 | 02-585-7840
팩시밀리 | 02-585-7848

값 220,000원

ISBN 978-89-5626-607-7 94910
ISBN 978-89-5626-442-4 (세트)

근 대 서 지 총 서 2

소명출판

'삐라'로 듣는
해방 직후의 목소리

김현식 · 정선태 편저

소명출판

일러두기

1. 주로 1945년 8월 15일부터 1948년 8월 15일 사이에 배포된 전단을 연도별로 배열했다. 단, 주요 정치적 사건과 거리가 있는 몇몇 전단들은
   기타 항목으로 분류했다.
2. 전단의 가독성을 높이기 위하여 현대어로 바꾸어 원본과 함께 수록했다. 단, 발기인 등 인명은 현대어 입력에서 제외하였다.
3. 해독이 불분명한 경우는 별도 표기 및 ○으로 처리했다.
4. 원문에 연월일이 표기되지 않은 경우 전후 맥락을 고려하여 배열했다.

서문

예전 같으면 뒤지로나 쓰여 없어졌을 삐라들을 모아 책으로 엮는다. 지리산 빨지산들은 실제로 유엔군이 뿌린 삐라를 그렇게 썼다고 전해진다. 종이가 엄청 귀하던 시절에 어떻게 그리 많은 삐라가 뿌려졌을까?

책상 위에 흩어져 있는 삐라들이 저마다 침 튀기며 함성을 지르는 것만 같다.

해방기는 민족국가 건설이라는 당위적인 목표 아래 각계각층의 의견들이 뜨겁게 분출된 시기였다. 정치의 시대답게 수많은 정당과 단체들이 저마다 옳다고 믿는 주장들을 알리기 위해 그들이 사용할 수 있는 거의 유일한 매체였던 삐라를 수없이 만들어냈다. 이들 삐라에는 그들의 강령, 주의와 주장, 조직 등이 뚜렷이 드러나 있다.

또한 해방기는 인쇄물 간행에서 속도가 가장 중요했던 시기이기도 하다. 전단지는 인쇄 및 배포가 빠르다는 점에서 남다른 매체적 위상을 지닌다. 즉 전단지는 해방기 정치적 현실을 가장 생생하게 비춰주는 1차 사료가 된다는 것이다.

그러나 지금까지의 역사적 접근은 이를 충분히 활용하지 못해왔다. 이는 서적, 신문, 잡지 등에 비해 남아있는 자료가 빈약하고 정리 작업조차 미진하여 접근이 어려웠을 뿐 아니라 여기저기 흩어진 자료의 취합부터 이루어지지 못했기 때문일 것이다.

흔적 없이 사라질 자료들을 모으는 데 큰 도움을 준 최웅규, 황정수 님과 청계천 식구들에게 감사드린다. 이들이 당대사 연구에 큰 도움을 줄 수 있는 귀중한 자료임을 일깨워주신 오영식, 엄동섭 님과 낱장들을 꿰어 당당한 '사료'로 자리매김하는 데 노고를 아끼지 않으신 정선태 교수, 아울러 원문을 현대어로 입력하는 데 애쓴 국민대학교 김준섭 군에게도 고마움을 전한다.

근대서지학회의 목표 중 하나인 자료의 공유를 실천했다는 점에서 편자 역시 작은 자부심을 숨길 수 없다. 근 일 년 가까이 어지러운 삐라와 씨름하며 고생한 소명출판의 박성모 사장과 직원들에게야 할 말조차 없다.

적지 않은 세월을 묻혀 지내온 삐라들이 제2의 탄생을 맞아 부디 눈 밝은 연구자들을 만나 세상에 널리 알려지기를 빈다.

辛卯年 初伏 玉山家에서

金賢植 識

해방 직후의 전단지, '불길한 아우성'의 흔적들

정선태

1. '8 · 15'의 그늘

1945년 8월 15일, 누군가는 도둑처럼 찾아왔다 했고, 누군가는 일본이 그렇게 쉽게 망할 줄 몰랐다는 '그날'이 왔다. 연합국의 승전, '대일본제국'의 패전, 조선의 해방이 '그날' 현실로 다가온 것이다. 40년 가까운 세월 동안 와신상담(臥薪嘗膽) 조선 민족의 해방과 광명을 위해서 투쟁한 이들이 적지 않았겠지만, 그리고 조선의 독립을 믿어 의심하지 않은 이들이 적지 않았겠지만, 그럼에도 적어도 '8 · 15'을 전후한 시점에서 독립이나 해방이라는 말에 대한 일반 민중들의 반응은 우리의 상상만큼 강렬하지는 않았던 듯하다.

하기야 한 세대가 훌쩍 넘는 세월 동안 '대일본제국'의 전방위적 억압과 훈육에 길들여진 사람들이 하루아침에 찾아온 '낯선 시간'을 앞장서서 반겼을 가능성은 그다지 높지 않다. 그렇다면 실상은 어떠했을까. '한 작가의 수기'라는 부제가 달린 이태준(李泰俊)은 소설 「해방전후」(1946)에서 이렇게 말한다.

> 버스 속엔 아는 사람도 하나 없다. 대부분이 국민복들인데 한 사람도 그럴듯한 기색은 보이지 않는다. 한 사십 리 나와 저쪽에서 들어오는 버스와 마주치게 되었다. 이쪽 운전사가 팔을 내밀어 저쪽 차를 같이 세운다.
>
> "어떻게 된 거야?"
>
> "무에 어떻게 돼?"
>
> "철원은 신문이 왔겠지?"
>
> "어제 방송대루지 뭐."
>
> "잡음 때문에 자세들 못 들었어. 그런데 무조건 정전이라지?"
>
> 두 운전사의 문답이 이에 이를 때, 누구보다도 현은 좁은 틈에서 벌떡 일어섰다.
>
> "그게 무슨 소리들이오?"
>
> "전쟁이 끝났답니다."
>
> "뭐요? 전쟁이?"
>
> "인전 끝이 났어요."
>
> "끝! 어떻게요?"
>
> "글쎄, 그걸 잘 몰라 묻습니다."
>
> 하는데 저쪽 운전대에서,
>
> "결국 일본이 지구 만 거죠. 철원 가면 신문을 보십니다."
>
> 하고 차를 달려 버린다. 이쪽 차도 갑자기 구르는 바람에 현은 펄석 주저앉았다.
>
> '옳구나! 올 것이 왔구나! 그 지리하던 것이……'
>
> 현은 코허리가 찌르르해 눈을 슴벅거리며 좌우를 둘러보았다. 확실히 일본 사람은 아닌 얼굴들인데 하나같이 무심들하다. (강조는 인용자)

이 소설의 화자인 '현(玄)'은 철원으로 소개되어 있다가 급히 상경하라는 친구의 전보를 받고 버스를 타고 서울로 올라온다. "라디오는커녕 신문도 이삼 일이나 늦는 이곳에서라 이 역사적 '팔월 십오일'을 아무것도 모르는 채" 지나쳤던 그는 이튿날 아침 친구의 전보를 받고서야 시국이 심상치 않다는 것을 알아차린다. 일본이 전쟁에서 패하고 드디어 '올 것이 왔'음에도 불구하고 '국민복' 차림의 조선인들은 시큰둥하다. 후대 사람들에게는 일본의 패전과 조선의 해방이 예정되어 있었던 것처럼 보일지 몰라도, 그 시대를 살았고 또 살고 있는 사람들에게 사태의 충격적인 반전(反轉)은 실감으로 다가오기 어려웠을 터이다. 오히려 상황의 급변에 당황하면서 지금까지 익숙했던 삶이 또 다시 파탄에 이르지나 않을까 근심하는 사람이 더 많았을지도 모른다.

허준(許俊)의 소설 「잔등」(1946)에 등장하는 '소년'처럼 많은 사람들은 "압박과 고독과 공포의 오랜 습성" 때문에 "아직 해방의 뜻조차 그의 가슴속에 완전한 것이 못 되어 막연한 불안" 속에서 서성거렸을 것이다. 물론 최명익(崔明翊)의 소설 「불」(1947)에 등장하는, 아시아태평양전쟁 시기 징용으로 끌려갔다가 어렵사리 조선으로 돌아온 '이씨'와 같은 사람처럼 "우리 조선이 해방되었으니까 좋은 새 세상이 있겠지요"라고 믿은 이들도 없지는 않았을 것이다. 적어도 해방공간(1945.8.15~1948.8.15/9.9)에 생산된 소설을 통해 본다면, '새 세상'에 대한 희망 섞인 기대보다는 다가올 시대에 대한 '막연한 불안'이 훨씬 강했던 것처럼 보인다. 어쨌든 많은 사람들의 가슴속엔 '기대'와 '불안' 사이의 팽팽한 긴장이 흐르고 있었다. 당시의 분위기를 이태준은 「해방전후」에서 다시 이렇게 전한다.

> 그러나 도시 마음이 놓이지는 않았다. '모—든 권력은 인민에게로!' 이런 깃발과 노래는 이들의 회관에서 거리를 향해 나부끼고 울려 나왔다. 그것이 진리이긴 하나 아직 민중의 귀에만은 이른 것이었다. 바다 위로 신기루같이 황홀하게 떠들어올 나라나, 대한이나, 정부나, 영웅 들을 고대하는 민중들은, 저희 차례에 갈 권리도 거부하면서까지 화려한 환상과 감격에 더 사무쳐 있는 때이기 때문이다. 현 자신까지도 '모—든 권력은 인민에게로'가 이들이 민주주의자로서가 아니라 그전 공산주의자로서의 습성에서 외침으로만 보여질 때가 한두 번 아니었고, 위고 같은 이는 이미 전세대에 있어 '국민보다 인민에게'를 부르짖은 것을 생각할 때, 오늘 우리의 이 시대, 이 처지에서 '인민에게'란 말이 그다지 새롭거나 위험스럽게 들릴 것도 아무것도 아닌 줄 알면서도, 현은 역시 조심스러웠고, 또 현을 진실로 아끼는 친구나 선배의 대부분이, 현이 이들의 진영 속에 섞인 것을 은근히 염려하는 것이었다. 그런데다 객관적 정세는 날로 복잡다단해졌다. 임시정부는 민중이 꿈꾸는 것 같은 위용(偉容)은커녕 개인들로라도 쉽사리 나타나 주지 않았고, 북쪽에서는 소련군이 일본군을 여지없이 무찌르며 조선인의 골수에 사무친 원한을 충분히 이해해서 왜적에 대한 철저한 소탕을 개시한 듯 들리나, 미국군은 조선 민중의 기대는 모른 척하고 일본인들에게 관대한 삐라부터를 뿌리어, 아직도 총독부와 일본 군대가 조선 민중에게 '보아라 미국은 아직 일본과 상대이지 너희 따위 민족은 문제가 아니다' 하는 자세를 부리기 좋게 하였고, 우리 민족 자체에서는 '인민공화국'이란, 장래 해외 세력과 대립의 예감을 주는 조직이 나타났고, '조선문화건설 중앙협의회'와 선명히 대립하여 '프롤레타리아예술연맹'이란, 좌익문학인들만으로 문화운동 단체가 기어이 일어나고 말았다. (강조는 인용자)

해방이 되었음에도 "독오른 일본 군인들이 일촉즉발(一觸卽發)의 예리한 무장으로 거리마다 목을 지키고" 있는 상황, 즉 "총독부와 일본 군대가 여전히 조선민족을 명령하고" 있는 상황에서 '현'이 목도한 것은 이권(利權)을 다투듯 너나없이 간판을 내세우고, 플래카드를 펼치고, 전단지를 뿌리는 "불순하고 경망한" 풍경이다. 폭압적인 권력이 사라진 진공상태 또는 공백상태에서는 모든 것이 가능하기도 했고 동시에 불가능하기도 했다. 가능성과 불가능성의 불안한 공존.

그런데 "바다 위로 신기루같이 황홀하게 떠들어올 나라나, 대한이나, 정부나, 영웅들을 고대하는 민중들은, 저희 차례에 갈 권리도 거부하면서까지 화려한 환상과 감격에 더 사무쳐 있는 때", 일일이 이름을 거론하기조차 힘든 수십 개의 정당과 그보다 훨씬 더 많은 단체, 이들 정당과 단체를 직간접적으로 펀드는 수많은 신문과 잡지들이 억눌렸던 시절에 복수라도 하듯 우후죽순처럼 고개를 내민다.

민중들의 기대를 한몸에 받았던 임시정부는 정치적 이유를 비롯한 여러 가지 사정으로 '위용'을 보여주지 못했고, 미군과 소련군이 각각 남한과 북한을 점령한 후 군정(軍政)을 실시하면서부터 내부의 갈등을 더욱 격화되기 시작한다. 특히 미군이 조선 민중의 원망(願望)을 외면한 채 "일본인들에게 관대한 삐라"를 뿌리자 총독부와 일본 군대의 오만한 태도를 부추겼다. 이런 정황 속에서 "정당(政黨)은 누구든지 나타나란 바람에 하룻밤 사이에 오륙십의 정당이 꾸미어졌고, 이승만 박사가 민족의 미칠 듯한 환호 속에 나타나 무엇보다 조선 민족이기만 하면 우선 한데 뭉치고 보자는 주장에 그 속에 틈이 있음을 엿본 민족 반역자들과 모리배들이 다시 활동을 일으키"면서 사정은 더욱 급박해졌고, 좌익과 우익의 대립이 깊어만 갔다. '적색 데모'와 '백색 테러'가 일상화하면서 민중들은 이합집산을 거듭했다. 그러는 동안 사람들 사이의 이념상, 감정상의 골을 깊어졌으며, 급기야 남과 북에 '독립 정권'이 등장하면서 '8·15'가 초래한 진공상태는 엔트로피가 급증한 상태에서 일단락된다.

바로 이 기간 동안, 신문이나 잡지 못지않게 대중들을 동원하는 데 위력을 발휘한 '미디어'가 바로 전단지 곧 '삐라'였다. 때로는 벽보(壁報) 형태로, 때로는 팸플릿 형식으로, 때로는 광고지 모양으로 온갖 종류의 전단지들이 격한 목소리를 내뿜으며 곳곳에 뿌려졌다. 그리고 그 목소리들을 메아리로 거느린 채 '8·15'의 그늘은 짙어가고 있었다.

2. 흔들리는 시간, 출렁이는 역사

해방이 되었다고는 하지만 40여 년에 걸친 일본제국주의 지배가 남긴 엄청난 공백을 메우기란 벅찬 일이었다. 김구(金九), 이승만(李承晚), 여운형(呂運亨)을 비롯한 정객들이 그 나름대로 공백을 메우기 위해 동분서주했지만, 국제적 역학관계와 국내의 정치적 상황이 복잡다단하게 뒤얽

히면서 상황은 전혀 예상하지 못한 방향으로 흘러가고 있었다. 아니, 역사란 예기치 못한 우연적인 요소들이 빚어내는 이른바 '각본 없는 드라마'인지도 모른다. 그 드라마가 어떻게 매듭지어질지는 그야말로 역사의 신(神)만이 알 것이다.

어찌됐든 '8·15' 이후 해방 공간의 시간은 거세게 흔들리고 있었다. 하룻밤 사이에 정당이 수십 개씩 만들어졌다 사라지는 상황에서 앞날을 예단하기란 쉬운 일이 아니었을 터이다. 그렇다면 해방 공간에 무슨 일이 있었을까. 전단지라는 낯선 텍스트를 이해하기 위하여 그 시기의 상황을 시간적으로 재구성해볼 필요가 있다. 전단지의 목소리는 일련의 사건을 두고 날카롭게 대립하는데, 이를 고려하여 주요 사건 및 일정을 중심으로 간략한 연표를 작성하면 다음과 같다.

1945.08.15　呂運亨, 조선총독부의 정권이양교섭 수락. 朝鮮建國準備委員會(建準) 발족

1945.09.02　맥아더, 북위 38선 경계로 미소양군의 한반도 분할점령 발표

1945.09.04　연합군환영준비회 조직

1945.09.06　建準, 전국인민대표자대회 개최, 朝鮮人民共和國 수립선언

1945.09.06　美軍, 인천상륙, 남한에 美軍政 실시 포고

1945.10.16　李承晩, 미국에서 귀국

1945.10.20　美國무성 빈센트, 한반도 신탁관리 표명.

1945.10.22　연합군환영대회 거행

1945.11.03　광주학생사건기념식

1945.11.23　중경 임시정부 요원 제1진 귀국. 장안파공산당 해체

1945.12.02　임정요인 2진 환국

1945.12.17　미·영·소 3국 모스크바외상회의 개최

1945.12.18　대한민국임시정부 환영 전국대회(서울운동장)

1945.12.28　모스크바 3상회의, 조선에 대한 신탁통치 실시 결정 발표

1945.12.29　신탁반대국민총동원위원회 조직

1945.12.31　반탁시위 확산

1946.01.02　조선공산당, 모스크바삼상회의 결정 지지 선언

1946.01.03　좌익 주최 反託서울시민대회, 찬탁대회로 돌변

1946.01.23　反파쇼공동투쟁위원회 주최 美蘇대표단 환영대회 개최

1946.01.30　중앙인민위원회, 친일파 민족반역자 규정원칙 발표

1946.03.01　3·1운동 기념행사(우익, 서울운동장, 좌익, 남산)

1946.03.05　38도선철폐요구 국민대회 개최(서울운동장)

1946.03.20　제1차 미·소공동위원회 개최

1946.04.11　民戰 주최 美蘇共同委員會환영 民主政府수립촉진 시민대회 개최

1946.05.01　全評, 全農 주최로 메이데이 제60주년 기념대회 개최.

1946.05.07　제1차 미소공위 결렬

1946.05.08　精版社 위폐사건 발생

1946.05.12　獨立戰取國民大會(서울운동장)

1946.06.03　이승만 井邑발언(단정수립 시사)

1946.06.14　左右合作 회담 시작(金奎植·呂運亨·元世勳·許憲)

1946.10.01　대구 10월인민항쟁 발발

1946.12.29　모스크바삼상결정 1주년 기념시민대회 거행(남산)

1947.03.01　3.1절 기념행사 우익 서울운동장, 좌익 남산서 거행

1947.04.24 立法議院, 附日협력자 처단법 수정안 상정

1947.05.21 제2차 미.소공동위원회 개막

1947.07.10 제2차 미소공위 사실상 결렬

1947.08.15 8 · 15기념행사 거행

1947.09.17 마샬 미국대표, UN총회에 한국문제의 UN상정 제의

1947.09.18 UN 소련대표 비신스키, 미국제안 반대

1947.10.28 UN총회서 한국에 UN위원단 파견안을 41:0으로 가결

1947.12.22 金九, 남한단독정부 수립 반대 성명

1948.01.27 金九, UN한국위원회에서 남북주둔 외국군 철수 후 자유선거 실시 주장

1948.02.07 남로당, 남한단독선거 반대 전국적 총파업 · 시위

1948.02.26 UN소총회, 남한에서만 총선거 실시 결의

1948.03.01 하지, 5 · 9 총선거실시 선포

1948.03.08 金九, 남북협상 제의

1948.04.03 제주도 4 · 3민중항쟁 발생.

1948.05.31 制憲國會 개원

1948.07.20 초대 대통령에 李承晩, 부통령에 李始榮 선출

1948.09.07 반민족행위자처벌법 국회 통과

1948.09.28 남 · 북교역 전면 중지

1948.10.19 여수 · 순천사건 발생

　간략한 연표만 보아도 알 수 있듯이 그야말로 숨 가쁜 시간이었다. 주요 정당들이 속속 결성되는가 하면, 암살과 테러가 속출하고, 밤낮으로 시위행렬이 이어졌다. 특히 신탁통치와 미소공동위원회를 둘러싼 좌익과 우익의 대립은 지켜야 할 선을 넘어 극한으로 치달았다. 다시 「해방전후」의 진술을 빌면 "탁치 문제는 조선 민족에게 정치적 시련으로 너무 심각한 것이었다. 오늘 '반탁' 시위가 있으면 내일 '삼상회담 지지' 시위가 일어났다. 그만 군중은 충돌하고, 지도자들 가운데는 이것을 미끼로 정권싸움이 악랄해 갔다. 결국, 해방 전에 있어 민족 수난의 십자가를 졌던 학병(學兵)들이, 요행 죽지 않고 살아온 그들 속에서, 이번에도 이 불행한 민족 시련의 십자가를 지고 말았"던 것이다.

　이러한 대립은 3 · 1운동 기념식과 8 · 15해방 기념식에서도 예외 없이 이어졌다. 이와 더불어 친일파 청산을 둘러싼 논란이 해방정국을 강타했고, 공산주의자들에 대한 저주에 가까운 말들이 넘쳐났다. 이와 함께 이승만, 김구, 여운형 등 유명 정객들을 옹호하거나 비난하는 시위와 말들이 끊일 줄 몰랐다. 각 정당과 단체에서 뿌린 전단지가 위력을 발휘한 것도 바로 이런 상황에서였다.

　해방이 되었어도 여전히 국가가 없는 상태가 군정이라는 이름으로 3년이나 지속되었고, 독립이 되었지만 진정한 독립을 경험하지 못한 '인민'들은 초조와 불안 속에서 전단지를 통해 시국을 추이를 지켜보았을 터이다. 전단지가 미디어로서 강력한 힘을 떨치는 시절, 수많은 정당과 단체들에서 벽보와 삐라를 작성, 배포했다. 그렇다면 어떤 정당과 단체 그리고 위원회가 전단지를 제작, 유포했을까. 이 책에 수록된 자료에 근거하여 그 명단을 가나다순으로 정리하면 다음과 같다.

건국동지회	건국협심회	건설자동맹
경성노동조합협의회	고려청년당	광복단
국립서울대학교건설학생회	국민당	남조선노동당
대동청년단	대진당(大震黨)	대한독립단
대한독립실천단	대한독립의열단	대한독립촉성의용대
대한독립촉성청년총연맹	대한독립협회	대한민국군사후원회
대한민국인민정치당	대한보국군단(大韓保國軍團)	대한의열당

대한정의단	대한청년단	대한청년의혈당
민생회	민족대표외교사절후원회	민주학생돌격대
반전반파쇼평화옹호투쟁위원회	반탁치전국학생총연맹	반탁혈투동지회
북선청년회(北鮮靑年會)	삼일기념전국준비위원회	삼일동지회
서북선동지회	서북청년단	신탁통치반대국민총동원위원회
신한민족당	아세아탐정사	우국동지협회
우국지사연맹	의열청년동맹	자살동맹
자유연합청년회	전국의용단총본부	전조선순국학생동맹
정진단(正進團)	조선건국동맹	조선건국준비위원회
조선건국청년회	조선공산당	조선공산청년동맹
조선노동조합전국평의회	조선독립동맹	조선문학동맹
조선문화건설중앙협의회	조선민족청년단	조선민족해방동맹
조선민족혁명당	조선부녀총동맹	조선사료연찬회
조선신문기자대회준비위원회	조선신문기자협회준비위원회	조선애국단본부
조선애국부녀동맹	조선유학생동맹총본부	조선인민공화국지지동맹
조선인민당	조선재외전재동포구제회본부	조선청년총동맹
조선청년회	조선학도대	조선학병동맹
중앙공제조합	중앙문화협회	창의단
천도교 청우당	철권대(鐵拳隊)	청년동원연합동맹본부
탁치반대국민총동원중앙위원회	통일정권수립촉성회	통일정당결성준비회의
학도대연맹	한국민주당	흑색청년연맹

여기에 각 정당이나 단체의 지부(支部)까지 포함하면 명단은 헤아릴 수 없을 만큼 훨씬 길어진다. 개인 명의로 배포한 전단지도 어렵지 않게 찾아볼 수 있으며, 출처를 알 수 없는 전단지도 적지 않다. 이들 단체, 정당, 위원회를 좌익과 우익으로 크게 구별해 볼 수도 있을 터이지만, 그 정치적 이념을 기준으로 일목요연하게 정리하기란 쉬운 일이 아니다. 극좌에서 극우에 이르기까지 정치적 이념상의 스펙트럼이 다양하기 때문이다. 그럼에도 소수의 예를 제외한다면 이들 단체, 정당, 위원회가 강한 정치적 색채를 띠고 있었다는 점은 염두에 두어야 할 것이다. 이는 정치적 열망이 그만큼 강렬했고, 거세게 출렁거리는 역사의 파고를 헤쳐 나가기 위해서는 각각의 정치적 입장을 분명히 밝혀야 했다는 것을 반증한다. 물론 여기에 개인이나 집단의 이해관계의 차이, 해방 이전 과거사에 대한 역사 인식의 차이 등등이 깊이 관련되어 있다는 점은 말할 필요도 없을 것이다.

3. 갈등과 대립의 언어 또는 '삐라의 수사학'

그렇다면 전단지를 통해 드러나는 정당, 단체, 위원회, 개인들의 목소리의 양상은 어떠할까. '취지서'나 '선언'은 그렇다 치더라도, '격' '격문' '급고' '경보(警報)' 등등의 표제를 앞세운 수많은 전단들이 전하는 목소리는 해방공간이라는 역사적 상황 속에서 갈등과 대립이 얼마나 심각했는지를 여실하게 보여준다. 자신의 의견을 낮은 목소리로 일관성 있게 피력하기보다는 상대방의 주장을 반박하고 비난하면서 자신의 입장을 강화하려는 선동적인 수사(修辭)가 지배적이다. 이것을 이를테면 '삐라의 수사학'이라 할 수 있을 것이다.

예컨대 '자살동맹'이라는 섬뜩한 이름의 단체에서 배포한 전단지의 표제는 '오냐!!! 싸우자!! 올 것은 기어코 왔다!'이다. 이처럼 마주보고 달리는 기차와 같은 형세로 상대방을 압도하려는 언어가 전단지를 가득 메우고 있다. 논란이 많았던 쟁점과 사건 가운데 친일파 문제와 신탁통치 문제를 예로 들어 보기로 한다.

아직도 정리되지 않은 문제이긴 하지만 이 시기 가장 뜨거운 논쟁거리 중 하나는 이른바 '친일파' 또는 '부일협력자(附日協力者)'를 어떻게 처리할 것인가라는 문제였다. '민족정기'를 바로 세우고 새롭게 자주독립국가를 건설하는 것이 지상명제라는 좌익측의 주장과 위기를 돌파하기 위해서는 과거에 얽매이지 말고 '일치단결'해야 한다는 우익측의 주장이 평행선을 그으면서 친일파 처리 문제는 한 마디로 요약하기 어려운 난맥상을 드러낸다. 예컨대 이러하다.

> 보라! 천인이 공노할 역적 친일파, 민족반역자의 단말마적 암약(暗躍)과 도량(跳梁)을! 인민 대중을 기만하여 통일전선을 의식적으로 파괴하려는 매국적 정치 브로커. 악성 인플레를 조장하여 인민을 도탄 구렁 속에 빠지게 하는 흑막(黑幕)과 그 위성적(衛星的) 분자들. 이와 같이 정치와 경제가 매음적 결혼을 하여 민족통일전선과 자유독립전선을 지연 교란하려는 민족적 최대의 적을 우리들은 이 이상 묵시(黙視)할 수가 없다. (……) 불구대천적(不俱戴天的) 민족 최대의 적에 대한 우리들의 보답은 삼천만 대중 앞에 그 죄악을 적발 폭로하여 인민의 심판대 위에 내세워 철권판결(鐵拳判決)을 받게 함에 있다. 우리들은 오로지 이러한 전위적 역할을 감행하기 위하여 동지를 규합하고 각층각계의 성원과 지지 하에 아세탐정사를 창립하고 죄상 조사에 착수하게 되었다. 민족 흡혈귀의 최후의 심판의 날은 왔다.

1946년 1월 11일 '아세아탐정사'에서 배포한 〈성명서〉 중 일부이다. 이처럼 좌익 계열에 속한 정당이나 단체에서는 친일파를 청산하지 않고서는 민족의 통일이나 자주독립국가 건설이 불가능하다는 점을 표 나게 내세웠다. 그들에게 친일파는 민족반역자이자 천인공노할 대역 죄인이며 '민족 흡혈귀'로 단정한다. 그들은 말한다. "정치와 경제가 매음적 결혼을 하여 민족통일전선과 자유독립전선을 지연 교란하려는 민족적 최대의 적을 우리들은 이 이상 묵시할 수가 없다"고, "불구대천적 민족 최대의 적에 대한 우리들의 보답은 삼천만 대중 앞에 그 죄악을 적발 폭로하여 인민의 심판대 위에 내세워 철권판결을 받게" 해야 한다고. 그들의 주장에 따르면 친일파=민족반역자=파쇼분자를 배격하지 않고서는 진정을 독립을 달성할 수가 없다. "지주와 대자본가를 토대로 하고 외력(外力)을 배경으로 하는" 독립촉성회나 한국민주당도 이러한 비판의 화살을 피하지 못한다. "우리 민족 철천의 원수 흉악무쌍한 친일파 매국노의 무서운 파괴 음모", "뼈에 사무친 원한과 분통을 터트리자" 등등의 표현을 보면 친일파에 대한 좌익쪽의 '증오'가 얼마나 깊었는지, 이를 증명하듯 그 언어가 얼마나 격렬했는지 선연하게 드러난다.

이에 대해 우익계열에서는 "누가 민족반역자냐"며 이렇게 되받아친다. 우익은 신탁통치에 찬성하는 좌익 공산주의자들이야말로 소련에 빌붙어 나라를 팔아먹는 매국노이자 민족반역자라고 목소리를 높인다.

> 민족반역자는 누구이며 매국자는 누구인 것을 잘 알라! 1월 3일에 반탁시민대회가 돌변 신탁지지시민대회로 대중을 기만한 이유며 매국노의 주구배(走狗輩)가 된 각 단체의 내용을 알라!! 매국강도들이여! 묻노라. 조선이 신탁통치국제헌장 어떤 조문(條文)에 해당한가? 삼천만 대중 앞에 죽음으로 사죄하라! 불연(不然)이면 사형을 집행하리라.

1946년 1월 4일 대한독립실천단에서 배포한 〈공개문〉 중 일부이다. 위 인용에서 보듯 모스크바 삼상회의에서 결정된 신탁통치에 찬성하는 자들이야말로 민족반역자이며, 매국노의 주구들이다. 이뿐만 아니라 "그 매국노들은 그날(1월 3일) 시위행렬과 시민대회 광경을 영화로 박아서 그 놈들의 조국인 소련과 그 외 각국에 보내어 '우리 삼천만 인민은 이와 같이 신탁통치를 지지하고 원합니다'라고 선전한 것을 여러분은 아십니까?"(대한청년의혈당, 〈시민 여러분에게 고함〉, 1946.1.12)라며 몰아친다.

좌우를 막론하고 이들의 언어는 격렬하다. 이것을 앞서 말했듯 '삐라의 수사학' 또는 '선전선동의 언어'라 할 수도 있을 것이다. 증오와 원한으로 가득한, 그리고 각각의 정치적 이해관계를 분명하게 보여주는 이러한 '날것' 그대로의 언어는 서로의 소통가능성을 원천적으로 봉쇄해버린다는 점에서 해방 공간에서 한국전쟁으로 이어지는 비극적 현대사를 예고하는 불길한 징후로 읽어야 할 것이다. 선명성을 강조하다 보니 결국 한쪽이 던진 저주의 언어가 그대로 부메랑이 되어 되돌아오는 모양새다. 서로의 차이를 인정하고, 합리적 방법을 모색하려는 시도를 찾기란 참으로 어렵다. 그만큼 숨을 고르고 차근차근 말하기가 힘들었던 시대였기 때문일까. 아니면 각자의 정치적 욕망을 거친 언어로 감추려 했기 때문일까.

이러한 '삐라의 수사학'은 '민족반역자 논란'뿐만 아니라 일련의 정치적 일정과 연합군환영대회, 각종 기념식 등등을 빌미로 전방위적으로 동원된다. 예컨대 다음과 같다.

> 그렇다! 불세출의 정치적 야심가이며 전형적 영웅주의의 權化인 여운형 일파의 위조지폐인 '인민공화국'이야말로 8월 15일 이후의 우리 민족 진영을 분열시킨 원흉이며 건국촉성운동을 멸렬화시킨 장본인이다! 그들은 대한민국임시정부를 전면적으로 부인하며 그들의 환국조차 갖은 악랄한 수단으로 방해하고 있다. (대한청년의혈당, 〈반동적 언론기관을 분쇄하자!〉, 1945.11.24)

이승만을 앞잡이로 내세워 미군정은 우리를 개나 도야지로 취급하여 결국 남선(南鮮) 일대에서 미군정 반대의 봉화를 들고 과감히 투쟁을 계속하고 있습니다. 쌀은 귀신이 다 가져가는지 우리에겐 주지도 않고 바라지도 않은 미국 강냉이만 전국을 횡행하지 대체 어떻게 되는 판입니까. 독립을 준다고 떠들기는 남의 몇 배를 더하는 미군정의 기만정책에 속아 넘어갈 우리가 아니지만 몸이 달아서 거짓 선전을 하는 우익 거두들의 추태란 어떠합니까! 진정한 애국자는 모조리 체포 감금하고 암흑천지로 변하는 남선에 소위 대한독촉(大韓獨促)이란 허울 좋은 간판 아래 친일 주구들이 모여서 모리(謀利)할 공론만 하는 놈들의 소행은 이 다음 제일 먼저 처단할 테지만 우리는 여기에 유인당해서는 절대로 조선 민족이 아니올시다! 이놈들 반동분자들을 우리는 감시하고 주시합시다. 남조선 일대에서 지금 이놈들의 목이 제일 먼저 달아나고 있다는 사실을 우리는 기억해야 됩니다. 친일파 민족반역자를 건국도상에 제일 먼저 배제해야 될 이때에 오히려 이놈들의 독촉(獨促)이란 이름으로 정면에 나서 그럴 듯이 선전하고 가장(假裝)하고 있습니다. 미군정은 속히 철퇴하라! 이놈들의 앞잡이를 전부 처단하자! (발행자 및 발행일 미상, 〈동포에게 격함〉)

이처럼 언어는 소통이라는 본래의 기능을 상실한 채 '적'을 향한 대답 없는 외침으로 전락하고 만다. '원흉', '악랄', '앞잡이', '개나 도야지', '철퇴', '처단' 등등 상대방의 의미 있는 반론을 차단해 버리는 표현들이 난무한다. 그리고 급기야는 암살과 테러를 통해 상대방을 '박멸'해버리자는 주장으로 나아간다.

우익단체인 조선건국청년회에서 배포한 〈테러의 유래와 진리를 소개함〉이라는 전단이 그 단적인 예이다. 이 단체는 테러의 정당성을 주장하면서 이렇게 밝힌다. "본회는 정당한 입장에서 민족반역자 불량분자를 어떤 정도로 주의와 징계를 시켜 이자들을 정의로 귀순시키려고 노력하는 단체이다."

이에 대해 한 좌익단체에서는 〈'반탁' 테러와 폭압을 박멸하라!!〉라는 전단지에서 "젊은 청년을 꾀어 동포를 난타, 학살케 하고 습격, 파괴, 약탈을 시키는 '반탁' 테러 조직자를 즉시 처단하라! 흉악한 모략으로 인민을 속이고 '반탁' 테러를 옹호하며, 테러당한 노동자와 청년을 쏘아 죽이고 대량 검거, 투옥하는 조병옥, 장택상 계열의 친일악질 경관을 즉시 숙청하라! 동포여! 전쟁을 선동하고 내란을 획책하는 반동파의 모략 선전에 속지 말자! 그들은 허울 좋은 명목 밑에 우리에게 골탕을 먹이고 권력을 빼앗아 '테러'와 '폭압'으로 우리의 고혈을 빨아먹으려는 것이다"라며 목소리를 높인다.

그 어디에서도 "통일된 부강하고 자유로운 인민의 나라"를 세우기 위해 좌우가 머리를 맞대고 숙의(熟議)하는 장면은 찾아보기 힘들다. 물론 좌우합작이나 통일정당결성 나아가 남북협상에 이르기까지 대화를 통해 문제를 해결하려는 시도는 있었으나 번번이 좌절되고 말았다. 이것을 과연 어떻게 설명해야 할까. 제국주의 일본의 지배 아래 억압당했던 언론·집회·결사의 자유가 한 순간 황홀하게 꽃을 피우는 듯했다. 그러나 서로의 이해관계와 정치적 이념에 긴박된 세력들의 암투가 전면화하면서 그리고 한반도를 둘러싼 미국과 소련의 전략이 본격적으로 가동하면서 그 꽃은 허무하게도 시들고 말았다. 그 한복판에 전단지에서 읽을 수 있는, 서로를 적으로 돌리고 응징하기에 급급한 '삐라의 수사학'이 자리잡고 있다. '삐라'가 한반도 현대사의 불길한 징후를 보여준 상징적 텍스트라고 말하는 것도 이 때문이다.

4. 에필로그: 상처의 흔적을 찾아

시인 신석정(辛夕汀)은 『해방기념시집』(1946)에 실린 「꽃덤풀」이라는 시에서 해방의 의미를 이렇게 노래했다.

태양을 의논하는 거룩한 이야기는
항상 태양을 등진 곳에서만 비롯하였다.

달빛이 흡사 비 오듯 쏟아지는 밤에도
우리는 헐어진 성터를 헤매이면서
언제 참으로 그 언제 우리 하늘에
오롯한 태양을 모시겠느냐고
가슴을 쥐어뜯으며 이야기하며 이야기하며
가슴을 쥐어뜯지 않았느냐?

그러는 동안에 영영 잃어버린 벗도 있다.

그러는 동안에 멀리 떠나버린 벗도 있다.

그러는 동안에 몸을 팔아버린 벗도 있다.

그러는 동안에 맘을 팔아버린 벗도 있다.

그러는 동안에 드디어 서른 여섯 해가 지나갔다.

다시 우러러보는 이 하늘에

겨울밤 달이 아직도 차거니

오는 봄엔 분수처럼 쏟아지는 태양을 안고

그 어느 언덕 꽃덤풀에 아늑히 안겨보리라.

"태양을 의논하는 거룩한 이야기"를 "태양을 등진 곳"에서만 해야 했던 폭정의 계절이 가고 '도둑처럼' 해방이 찾아왔다. "헐어진 성터를 헤매이면서"도 "오롯한 태양"을 모시기를 갈망했던 이들의 꿈도 해방과 함께 한껏 부풀었을 것이다. 그러나 해방의 열기가 채 식지 않았는데도 "겨울밤 달이 아직도 찬" 이유는 무엇일까. 그러나 우리가 잘 알고 있듯이 "분수처럼 쏟아지는 태양을 안고/그 어느 언덕 꽃덤풀에 아늑히 안겨보리라"던 희망은 물거품처럼 허망하게 사라지고 말았다.

'태양'을 자유와 정의가 넘치는 사회 또는 국가로 읽는다면 분단의 현실을 살아가고 있는 우리 역시 그 꿈을 실현했다고는 말하기 어려울 것이다. 어쩌면 시인의 꿈은 영영 이뤄지지 않을지도 모른다. 하지만 꿈을 꾸지 못하는 자만큼 불행한 사람이 어디 있겠는가. 우리는 해방 이후 '민족의 꿈'이 왜 물거품이 될 수밖에 없었는지를 물을 수 있어야 한다. 설령 고통과 상처로 얼룩진 시간이었다 해도 그 고통과 상처의 원인이 무엇인지를 구명(究明)할 수 있어야 아픔을 되풀이하지 않을 수 있을 터이기 때문이다.

'태양'을 그리워했던 시인 신석정은, "산 넘어 산 넘어서 어둠을 살라 먹고, 산 넘어서 밤새도록 어둠을 살라 먹고, 이글이글 앳된 얼굴 고운 해야 솟아라"라고 노래했던 시인 박두진은, 그리고 자유로운 영혼으로 살고 싶어 했던 많은 사람들은 해방 공간을 가득 채운 '삐라의 언어'들을 보고 무슨 생각을 했을까. 서로에게 깊은 상처로 남을 사나운 언어들을 거침없이 내뱉는 벽보를 보고 무슨 상념에 잠겼을까. 그들의 행적을 하나하나 추적하여 심문하고 싶은 생각은 없다. 다만, 상대방의 의견을 압살하기에 급급한 언어의 홍수 속에서 최소한의 상식과 양심을 갖춘 사람이라면 깊은 고뇌에 힘겨워했을 것이라고, 굳이 믿고 싶다. 왜냐하면 그 시대의 '삐라의 언어' '삐라의 수사학'이 현대사에서 반복되어왔고, '지금—여기'에서도 되풀이되고 있기 때문이다.

그런 점에서 이 책에서 갈무리한 500여 종의 전단지는 시대의 상처를 읽을 수 있는 귀중한 자료라 아니할 수 없다. 색 바랜 종이 위에 살아 숨 쉬는 생생한 육성을 우리는 눈으로 보고 활자로 읽을 수 있을 것이다. 그리고 여기에 실린 전단지들은 모든 것이 가능했고 동시에 모든 것이 불가능해 보이기도 했던 시대, 대립과 대결로 점철된 고통스런 역사의 기억을 복원하는 데에도 일정한 기여를 할 것이다. 손때가 묻고 피가 얼룩진 '삐라'와 벽보들은 살균 처리되지 않은, 현장성이 선연한 기억의 조각들이다. 이 조각들이 소설이나 시 그리고 이 시기에 생산된 다양한 텍스트들과 만나는 지점에서 우리는 해방 공간이라는 한국 현대사의 원점을 입체적으로 투시할 수 있는 실마리를 발견할 수 있을 것이다.

정제된 언어로 씌어진 수십 편의 '논문'보다 훨씬 생생하게 다가오는 삐라와 벽보들을 보면서 응어리진 가슴에 전단지를 껴안고 목청껏 외쳤을 수많은 사람들을 떠올린다. 그 현장이 선연하게 그려진다. 그리고 그 섬뜩한 말들이 고통스러운 건 한국 현대사가 걸어온, 폭력과 배반으로 얼룩진 그 세월 때문일 것이다. 수많은 전단지에 서린 상처를 '지금—여기'에서 살아가는 우리의 양식으로 삼을 수 있을 때, 우리는 오랜 세월 땀과 정성으로 모은 자료들을 기꺼이 공개하는 김현식 선생께 진심어린 고마움을 오롯이 표현할 수 있을 것이다.

차례

1946

1947

1948/기타

'삐라'로 듣는 해방 직후의 목소리

1945

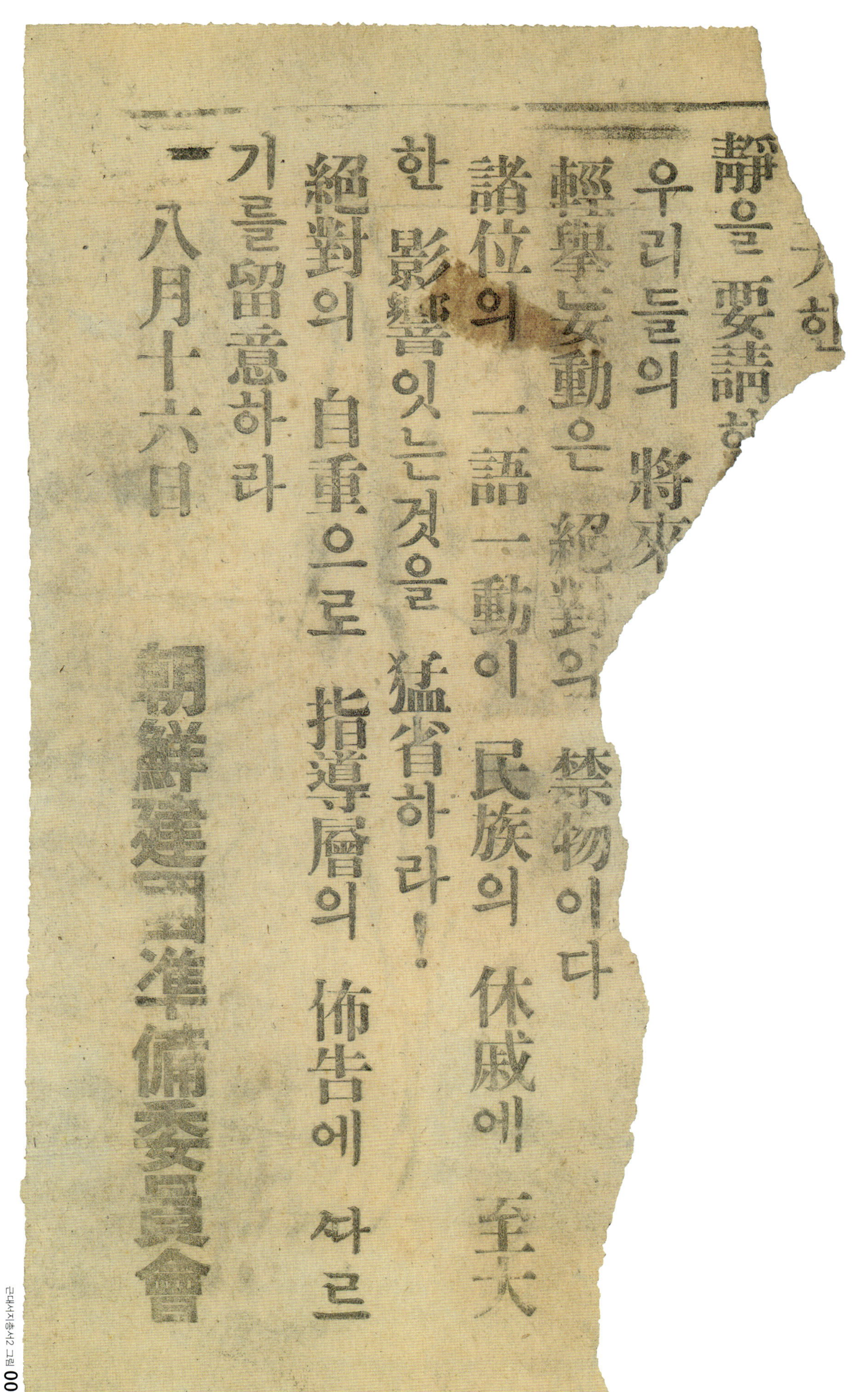

靜을 要請한

一 우리들의 將來
一 輕擧妄動은 絕對의 禁物이다
諸位의 一語一動이 民族의 休戚에 至大
한 影響 잇는것을 猛省하라！
絕對의 自重으로 指導層의 佈告에 싸르
기를 留意하라
一八月十六日

朝鮮建國準備委員會

조선건국준비위원회 〈포고문〉 1945.8.16

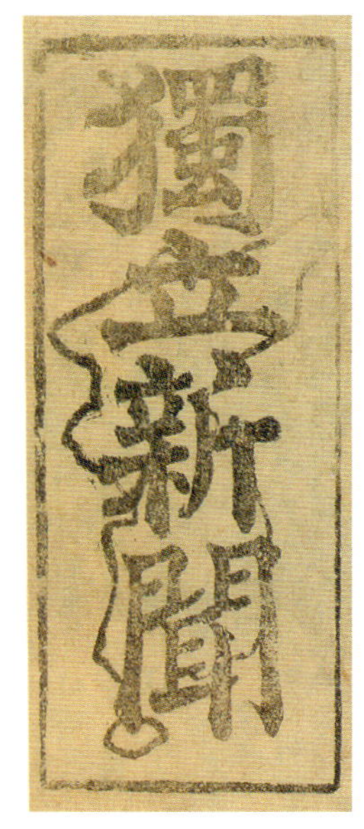
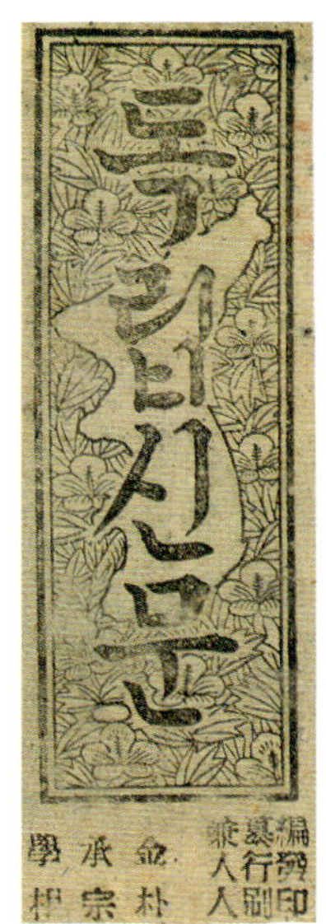

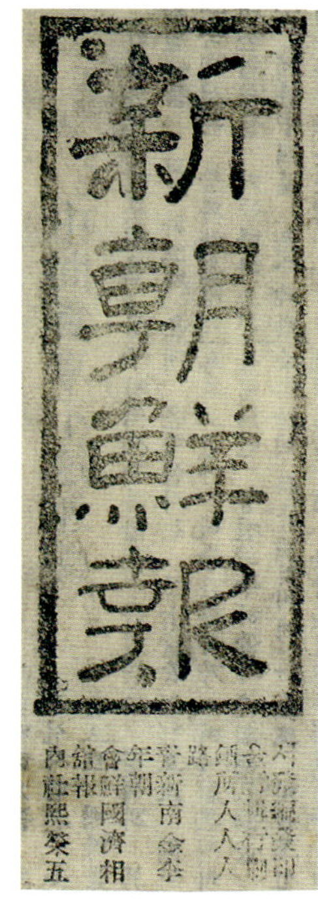

해방 직후 발간된 신문들

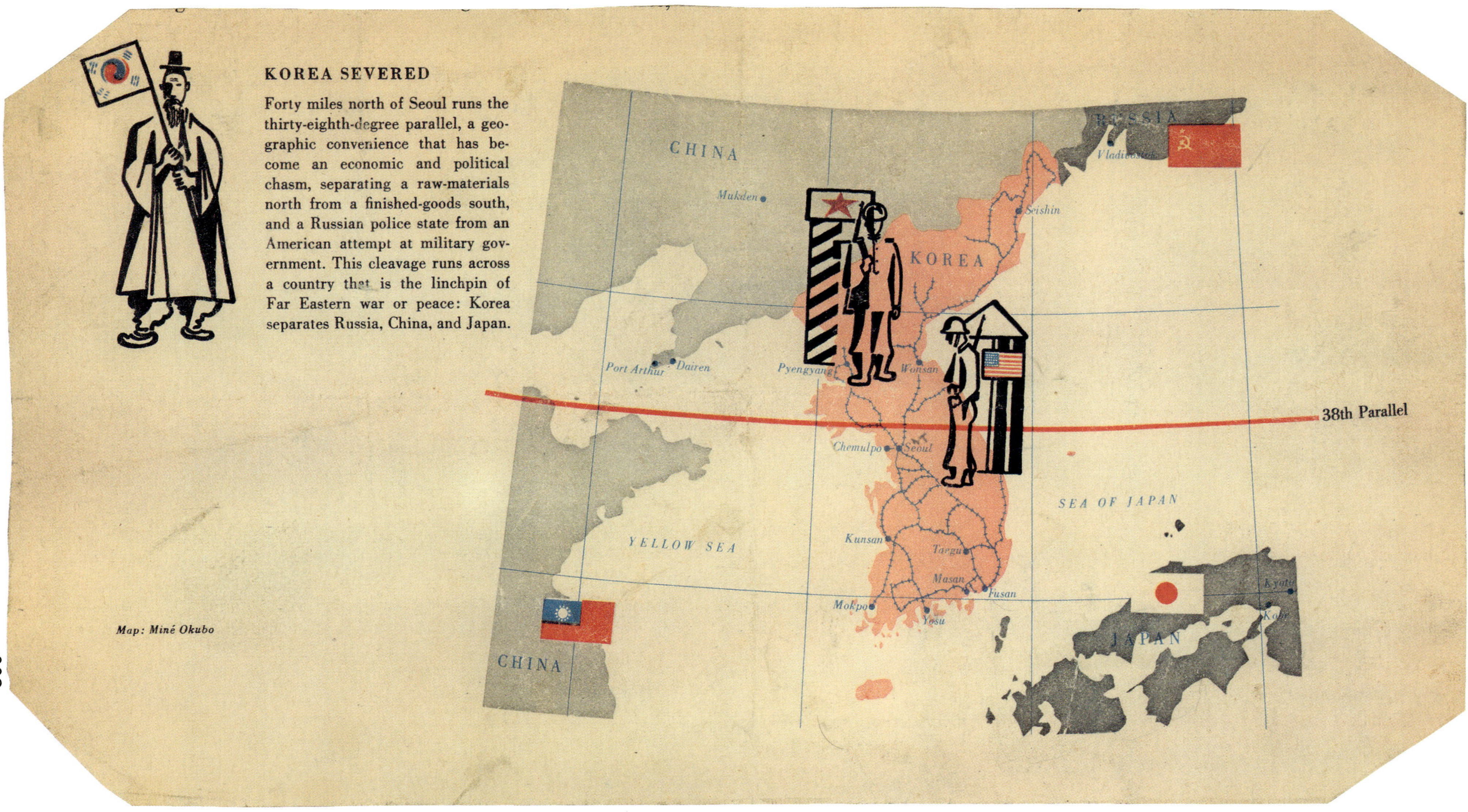

미소의 한반도 분할 점령 지도 지도 작성: 미네 오쿠보

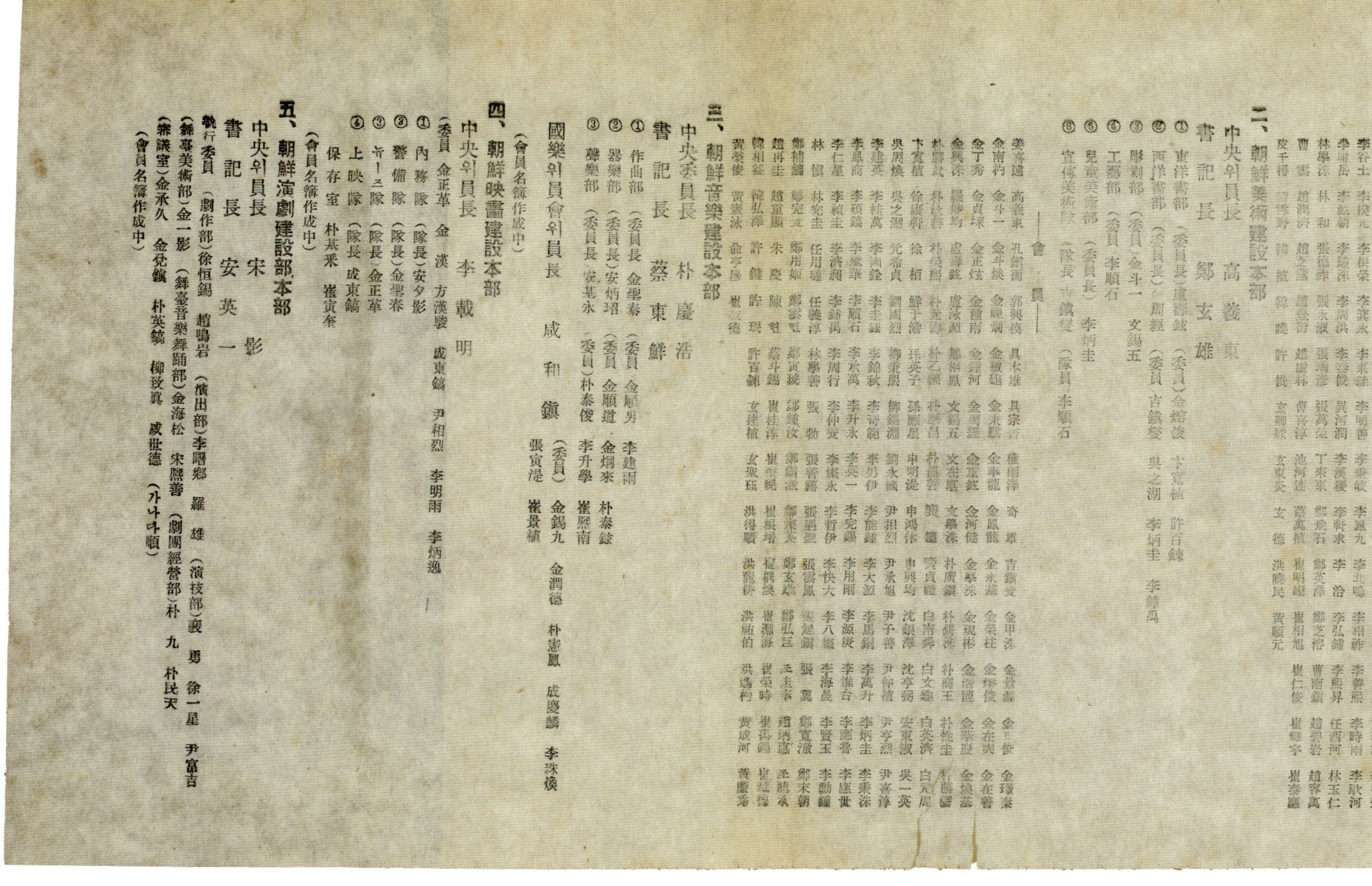

二、朝鮮美術建設本部
中央委員長　高羲東
書記長　鄭玄雄
① 東洋畫部　（委員長）盧壽鉉　（委員）金熔俊　卞寬植　許百鍊
② 西洋畫部　（委員長）孔周經　（委員）吉鎮燮　吳之湖　李炳圭　李鑽禹
③ 彫刻部　（委員）金斗一　文錫五
④ 工藝部　（委員長）李順石
⑤ 兒童美術部　（委員）李炳圭
⑥ 宣傳美術隊　（隊長）南鎮燮　（隊員）李順石
── 會員 ──
姜喜達　高羲東　孔鎭衡　具本雄　具宗書　權雨澤　奇雄　吉鎮燮　金甲洙　金景源　金南杓　金斗煥　金敏龜　金丁秀　金貞球　金正炫　金鍾南　金鍾河　金周經　金重鉉　金學健　金擧洙　金現彩　金玉俊　金瓚榮　金永基　金奉龍　金鳳龍　金桂柱　盧壽鉉　文學洙　文在憲　朴廣鎮　朴性圭　朴商玉　卞寬植　鮮于澹　孫應星　孫英子　申明湜　申鴻休　申興均　沈銀澤　沈亭弼　安東淑　吳之湖　吳一英　元希貞　劉國烈　柳秉熙　柳錫淵　劉永國　尹相烈　尹承旭　尹子善　尹仰植　尹亨烈　尹喜淳　李建雨　李谷士　李箕永　李東柱　李明善　李秉皎　李顧九　李北鳴　李相祚　李普熙　李時雨　李歇河　李庸岳　李周洪　吳河潤　李漢櫻　李軒求　李洽　李弘鍾　李熙昇　任西河　林和　林學洙　張永淑　張瑞彦　丁來東　鄭飛石　鄭芝溶　曹南鎮　趙碧岩　趙容萬　趙疊衍　曹喜淳　池河連　蔡萬植　崔明翊　崔相旭　崔仁俊　崔琬宇　崔泰應　皮千得　韓曉　許俊　玄鋼駿　玄東炎　玄德　洪曉民　黃順元

三、朝鮮音樂建設本部
中央委員長　朴慶浩
書記長　蔡東鮮
① 作曲部　（委員長）金聖泰　（委員）金順男　李建雨
② 器樂部　（委員長）安炳珰　（委員）金順道　金炯來　朴泰鉉
③ 聲樂部　（委員長）安基永　（委員）朴泰俊　李升學　崔熙南
國樂委員會委員長　咸和鎮　（委員）金錫九　金潤德　朴憲鳳　成慶麟　李珠煥　張寅湜　崔景植
（會員名簿作成中）

四、朝鮮映畫建設本部
中央委員長　李載明
① 內務隊　（隊長）安夕影
② 警備隊　（隊長）金聖春
③ 뉴-스隊　（隊長）金正革
④ 上映隊　（隊長）成東鎬
保存室　朴基采　崔寅奎
中央委員　金漢　方漢駿　成東鎬　尹相烈　李明雨　李炳逸
（會員名簿作成中）

五、朝鮮演劇建設部本部
中央委員長　宋影
書記長　安英一
執行委員　（劇作部）徐恒錫　趙鳴岩　（橫出部）李曙鄕　羅雄　（演技部）裵勇　徐一星　尹富吉　（舞臺美術部）金一影　（舞臺音樂舞踊部）金海松　宋熙善　（劇團經營部）朴九　朴民天
（饗談室）金承久　金兌鎮　朴英鎬　柳致真　咸世德　（가나다順）
（會員名簿作成中）

조선문화건설중앙협의회 〈선언〉 1945.8.18

친애하는 삼천만 동포여!

오랜 굴욕의 날, 압박과 착취의 긴 날은 끝나고, 자유와 해방의 화려한 날은 왔다. 우리의 거룩한 조국, 아름다운 산천, 자랑스러운 민족의 머리 위에, 현란한 자유의 광망은 비치었다. 이 모든 것의 해방과 더불어 삼십여 년의 장구한 세월 동안, 제국주의 일본에게 노예처럼 지배당하고 있던 우리 조선의 문화도 오늘날 그 무거운 쇠사슬을 끊었다. 유구한 역사, 아름다운 언어, 典雅한 예술의 전통과 더불어 피땀 어린 투쟁 속에 자라나던 신문화 삼천 년의 노력도, 이제야 이 해방의 대평원에서 一路前進할 날은 왔다.

친애하는 독립조선 동포 제군!

친애하는 자유조선 동포 제군!

문화의 해방이란, 곧, 문화의 건설이다. 신조선 문화의 건설! 그것은 자유와 독립의 정신 위에서 세계문화의 일환으로서의 새 조선 문화를 건설함이다. 이것이 오늘날 우리 조선의 모든 해방된 문화 종사자, 예술가의 두 어깨 위에 부과된, 유일하고 신성한 임무다. 이 임무는 전 조선 문화종사자 및 예술가의 일치단결된 토대에서만 비로소 달성할 수 있는 것이다. 조선문화건설중앙협의회는 장래에 성립할 우리 정부의 문화예술정책이 서고 그 기관이 탄생하여, 이 모든 임무를 수행하게 될 때까지, 우선, 현 단계의 모든 문화영역의 통일된 연락과 각 부문 활동의 질서화를 위하여 형성된 협력기관으로서, 現下 모든 문화의 총력을 모아 신조선 건설에 이바지하고자 한다.

조선 문화의 해방!

조선 문화의 건설!

문화 전선의 통일!

이것이 우리 문화의 연합전선이 전진하는 구호다!

두 손을 들고 소리 높여 부르자!

독립조선만세!

자유조선만세!

조선민족해방만세!

연합군만세!

국제평화만세!

宣言

親愛하는 三千萬同胞여!

오랜 屈辱의 날、壓迫과 搾取의 긴 날은 끝나고、自由와 解放의 華麗한 날은 왔다。우리의 거룩한 祖國、아름다운 山川、자랑스러운 民族의 머리 위에、絢爛한 自由의 光芒은 비치었다。이 모든것의 解放과 더브러 三十有餘年의 長久한 동안、帝國主義日本의 奴隷的 支配下에 있던 우리 朝鮮의 文化도 오늘날 그 무거운 鐵鎖를 끊었다。悠久한 歷史、아름다운 言語、典雅한 藝術의 傳統과 더브러 血汗의 鬪爭 속에 자라나던 新文化三十年의 努力도、이제야 이 解放의 大平原에서 一路前進할 날은 왔다。

親愛하는 獨立朝鮮同胞諸君!

親愛하는 自由朝鮮同胞諸君!

文化의 解放이란、곧、文化의 建設이다。新朝鮮文化의 建設! 그것은 自由와 獨立의 精神 위에서 世界文化의 一環으로서의 새 朝鮮文化를 建設함이다。이것이 오늘날 우리 朝鮮의 모든 解放된 文化從事者、藝術家의 雙肩 우여 贻課된、唯一하고 神聖한 任務다。이 任務는 全朝鮮文化從事者 及藝術家의 一致團結의 土臺에서만 비로소 達成할수 있는것이다。朝鮮文化建設中央協議會는 將來에 成立할 우리政府의 文化藝術政策이 서고 그機關이 誕生하여、이 모든 任務를 遂行하게 될 때까지、于先、現段階의 文化諸領域의 統一的 連絡과 各部門活動의 秩序化를 爲하여 形成된 協議機關으로서、現下 모든 文化의 總力을 뭉아 新朝鮮建設에 이바지하고자 한다。

文化의 解放!
朝鮮文化의 建設!
文化戰線의 統一!

이것이 우리 文化의 聯合戰線이 前進하는 口號다!
두손을 들고 소리 높여 부르자!

獨立朝鮮萬歲!
自由朝鮮萬歲!
朝鮮民族解放萬歲!
聯合軍萬歲!
國際平和萬歲!

一九四五年八月十八日

朝鮮文化建設中央協議會

議　長　林　和
書記長　金南天

一、朝鮮文學建設本部
中央委員長　李泰俊
書記長　李源朝
① 小說部　(委員長)李箕永　(委員)金南天　朴泰遠　安懷南　韓雪野
② 詩部　(委員長)金起林　(委員)金珖燮　吳章煥　林和　鄭芝溶
③ 評論部　(委員長)李源朝　(委員)朴致祐　徐寅植　趙潤濟
④ 外國文學部　(委員長)金晉燮　(委員)金三奎　金珖燮　泰瀅　李歇河　崔珽宇
兒童文學委員會(組織中)
會員

(文學建設部)　金南天　朴泰遠　李箕永　李源朝　李泰俊　林和
　　　　　　　盧壽鉉　徐恒錫　宋影　安英一
(音樂建設部)　金聖泰　朴慶浩　安基永　安炳珌　蔡東鮮　咸和鎭
(美術建設部)　高羲東　吉鎭
(映畵建設部)　金正革　朴基采　尹相烈　李炳逸
(演劇建設部)　李載明

ATTENTION ALLIED PRISONERS

Allied Prisoners of War and Civilian Internees, these are your orders and/or instructions in case there is a capitulation of the Japanese forces:

1. You are to remain in your camp area until you receive further instructions from this headquarters.

2. Law and order will be maintained in the camp area.

3. In case of a Japanese surrender there will be allied occupational forces sent into your camp to care for your needs and eventual evacuation to your homes. You must help by remaining in the area in which we now know you are located.

4. Camp leaders are charged with these responsibilities.

5. The end is near. Do not be disheartened. We are thinking of you. Plans are under way to assist you at the earliest possible moment.

(Signed) **A. C. WEDEMEYER**
Lieutenant General, U. S. A.
Commanding

연합군 포로에게 보내는 경고문

THE ARMED FORCES OF THE UNITED STATES WILL SOON ARRIVE IN KOREA FOR THE PURPOSE OF RECEIVING THE SURRENDER OF THE JAPANESE FORCES, ENFORCING THE TERMS OF SURRENDER, AND INSURING THE ORDERLY ADMINISTRATION AND REHABILITATION OF THE COUNTRY. THESE MISSIONS WILL BE CARRIED OUT WITH A FIRM HAND, BUT WITH A HAND THAT WILL BE GUIDED BY A NATION WHOSE LONG HERITAGE OF DEMOCRACY HAS FOSTERED A KINDLY FEELING FOR PEOPLES LESS FORTUNATE. HOW WELL AND HOW RAPIDLY THESE TASKS ARE CARRIED OUT WILL DEPEND UPON THE KOREANS THEMSELVES. HASTY AND ILL-ADVISED ACTS ON THE PART OF ITS RESIDENTS WILL ONLY RESULT IN UNNECESSARY LOSS OF LIFE. DESOLATION OF YOUR BEAUTIFUL COUNTRY AND DELAY IN ITS REHABILITATION. PRESENT CONDITIONS MAY NOT BE AS YOU WOULD LIKE THEM. FOR THE FUTURE OF KOREA, HOWEVER, REMAIN CALM. DO NOT LET YOUR COUNTRY BE TORN ASUNDER BY INTERNAL STRIFE. APPLY YOUR ENERGIES TO PEACEFUL PURSUITS AIMED AT BUILDING UP YOUR COUNTRY FOR THE FUTURE. FULL COMPLIANCE WITH THESE INSTRUCTIONS WILL HASTEN THE REHABILITATION OF KOREA AND SPEED THE DAY WHEN THE KOREANS MAY ONCE AGAIN ENJOY LIFE UNDER A MORE DEMOCRATIC RULE.

John R Hodge.

JOHN R. HODGE
COMMANDING GENERAL
U.S. ARMY FORCES IN KOREA

하지 사령관의 포고문

한국민에게 告함

米軍은 일본군의 항복조건을 勵行하며 한국의 재건 및 질서 있는 정치를 실시코자 근일 중 귀국에 상륙하게 되었습니다.

이 사명은 엄격히 실시하고자 하오나 불행한 국민에게 자비심 깊은 민주국인 미국에서 실시하는 것이니 확실한 것입니다.

이 거사의 成不成은 또는 지속은 오로지 한국민 자체 여하에 있는 것입니다.

주민의 경솔. 무분별한 행동은 의미 없이 인명을 잃고 아름다운 국토도 황폐되어 재건이 지체될 것입니다.

현재의 환경은 諸氏의 생각하고는 맞지 않더라도 장래의 한국을 위하여서는 평정을 지키지 않으면 안 되겠으니 국내에 動亂을 발생할 행동이 있어서는 절대 안 되겠습니다.

諸氏는 장래의 귀국의 재건을 위하여 평화적 사업에 전력을 다하여 되겠습니다.

이상 제시함을 충실히 지키면 귀국은 급속히 재건되고 동시에 민주주의하에서 행복히 생활할 시기가 속히 도달될 것입니다.

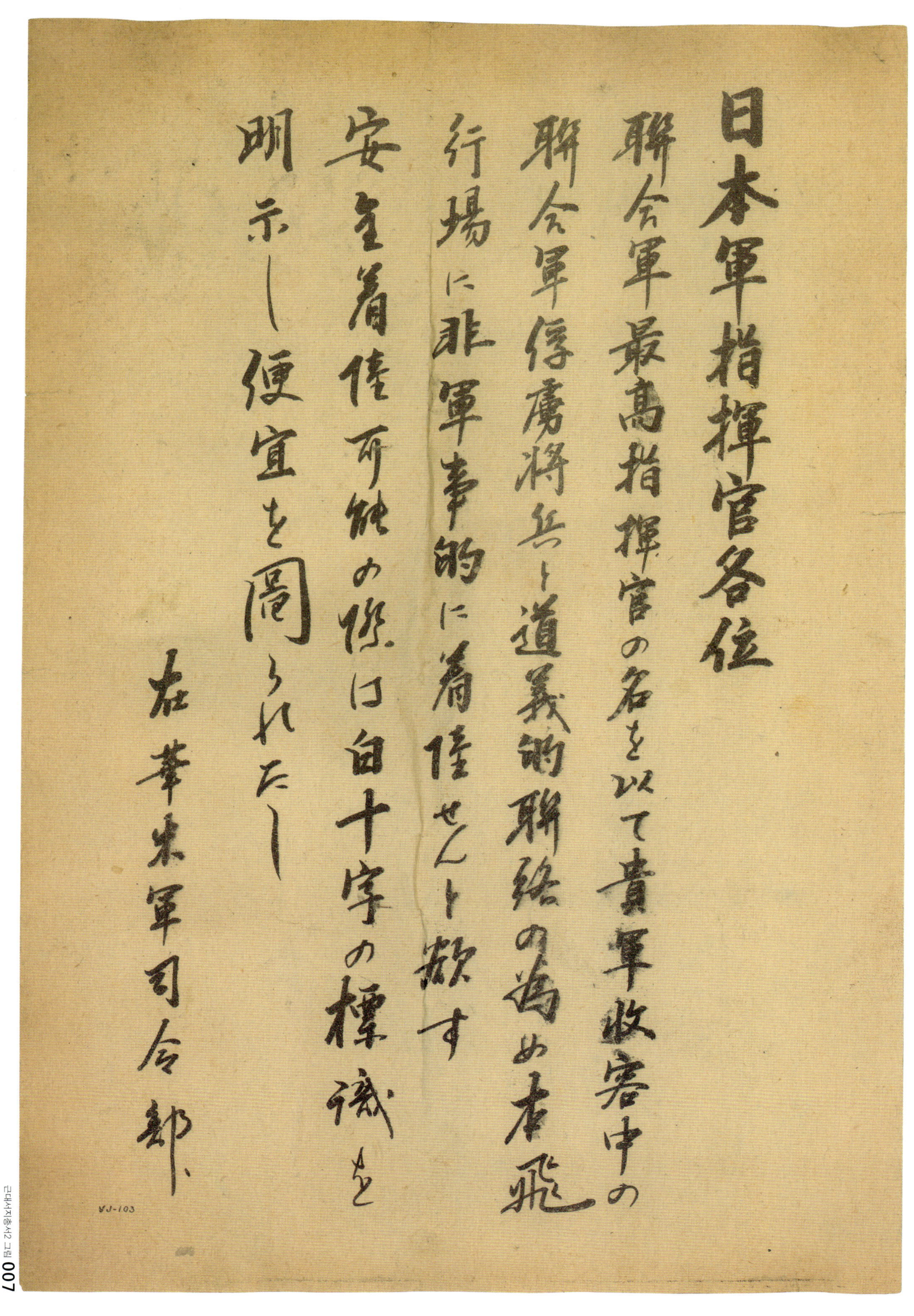

재중국 미국 사령관이 일본군 지휘관에게 보내는 비행기 착륙 허가 요청서

일본군 지휘관 各位
연합군 최고지휘관의 이름으로 貴軍이 수용중인 연합군 俘虜 장병과 도의적 연락을 위해 본 비행장에 비군사적으로 착륙할 수 있기를 바란다.
안전 착륙이 가능한 곳에 백십자 표지를 명시하여 편의를 도모할 수 있기를 바란다.

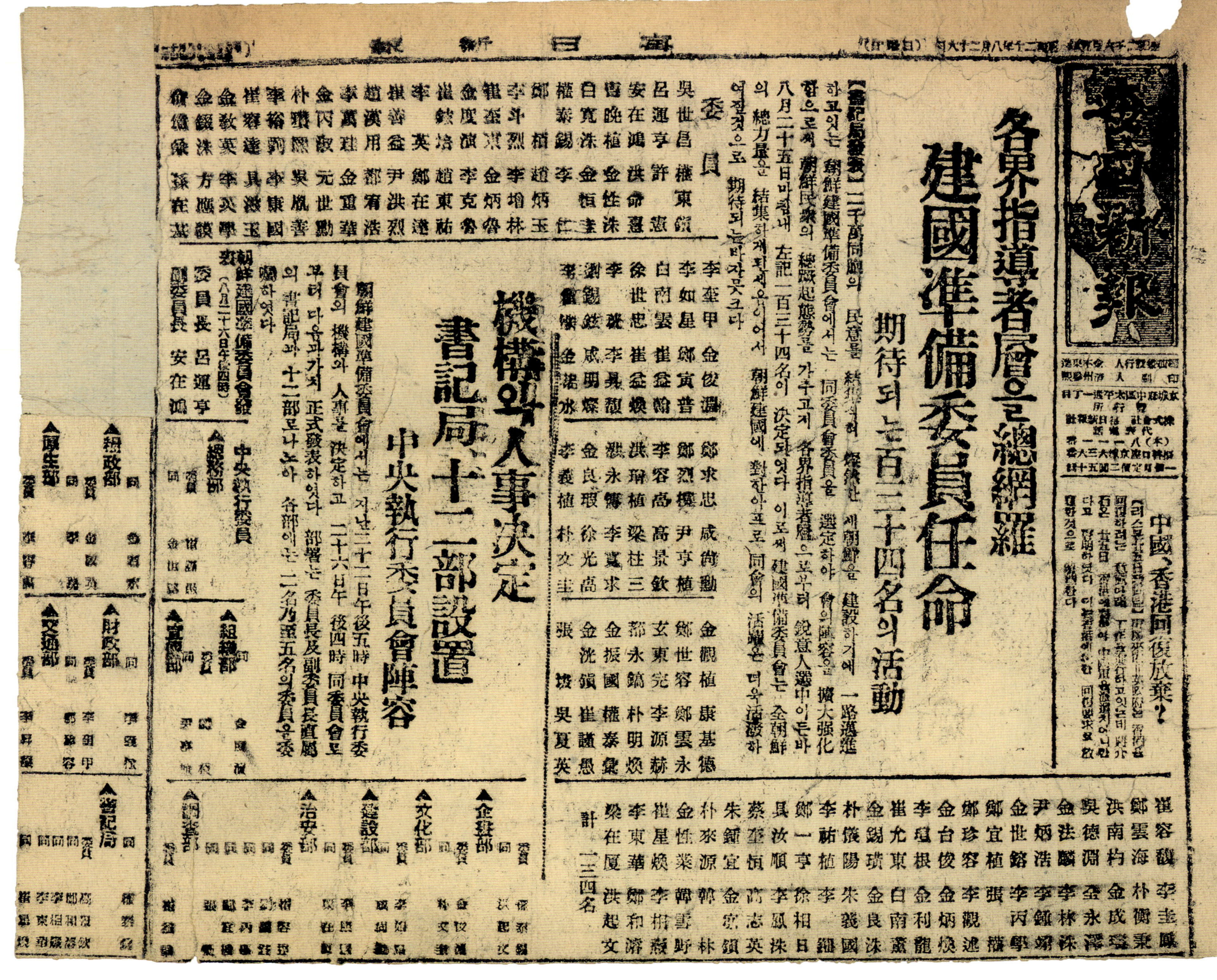

건국준비위원회 위원 임명 소식을 전하는 『매일신보』 기사
1945.8.26

각계지도자층을 총망라
건국준비위원임명
기대되는 134명의 활동
(서기국발표) 이천만 동포의 민의를 결집시켜 찬연한 새 조선을
건설하기에 일로매진하고 있는 조선건국준비위원회에서는 동위
원회 위원을 선정하여 會의 진용을 확대 강화함으로써 조선민중
의 총궐기 태세를 갖추고자 각계지도자층으로부터 銳意人選 중이
던 바 8월 25일 마침내 左記 134명이 결정되었다. 이로써 건국준
비위원회는 전조선의 총역량을 결집하게 된 셈이어서 조선건국에
대한 앞으로 동회의 활약은 더욱 활발해질 것으로 기대되는 바가
자못 크다.

우리 同胞에게 告함

一、新生朝鮮은突進하고있다。우리의 山脈搏에서는 世紀的歷史創造의 熱血이躍動
하고 있지않은가! 들으라 저一喊聲을。오르지自覺과猛省만니있을뿐이다。

一、千의理論보다 一의實行이더偉大한 이때가않이야 各々職場에서는 同志로써 結合
해야할것이다。우리의 一擧一動이 建國準備에遲速을指摘함이요 千萬代우리歷史
上地位를決定시킨다는것을。利己와因襲的派閥觀念을 죽이고 總和、一圓되여 建
에 心身을모아 協力하자 突進하자。

一、우리는眼前에營利와 私腹의充足을 斷然코擊滅식기자 忍耐와自主에 함쓰면서 指
導層의 傘下로들자 그리고 建國準備委員會治安部의任務를 다갖이맞하。自他와
그리고 네일에얼이 어데잇을것이야!

建國準備委員會治安部情報局

건국준비위원회 치안부 정보국 〈우리 동포에게 고함〉

一 신생 조선은 돌진하고 있다. 우리의 산 맥박에서는 세기적 역사창조의 열혈이 약동하고 있지 않은가! 들어라 저 함성을. 오로지 자각과 猛省만이 있을 뿐이다.

一 千의 이론보다 一의 실행이 더 위대한 이때가 아니냐. 각각 직장에서는 동지로써 결합해야 할 것이다. 우리의 一擧一動이 건국준비에 지속을 지적함이요 千萬代 우리 역사상 지위를 결정시킨다는 것을. 이기와 인습적 파벌 관념을 죽이고 總和, 一圓되어 건국에 심신을 모아 협력하자 돌진하자.

一 우리는 눈앞에 영리와 私腹의 충족을 단연코 격멸시키자. 인내와 자주에 힘쓰면서 지도층의 산하로 들자 그리고 건국준비위원회 치안부의 임무를 다 같이 맡자. 自他와 그리고 내일 내일이 어디 있을 것이냐!

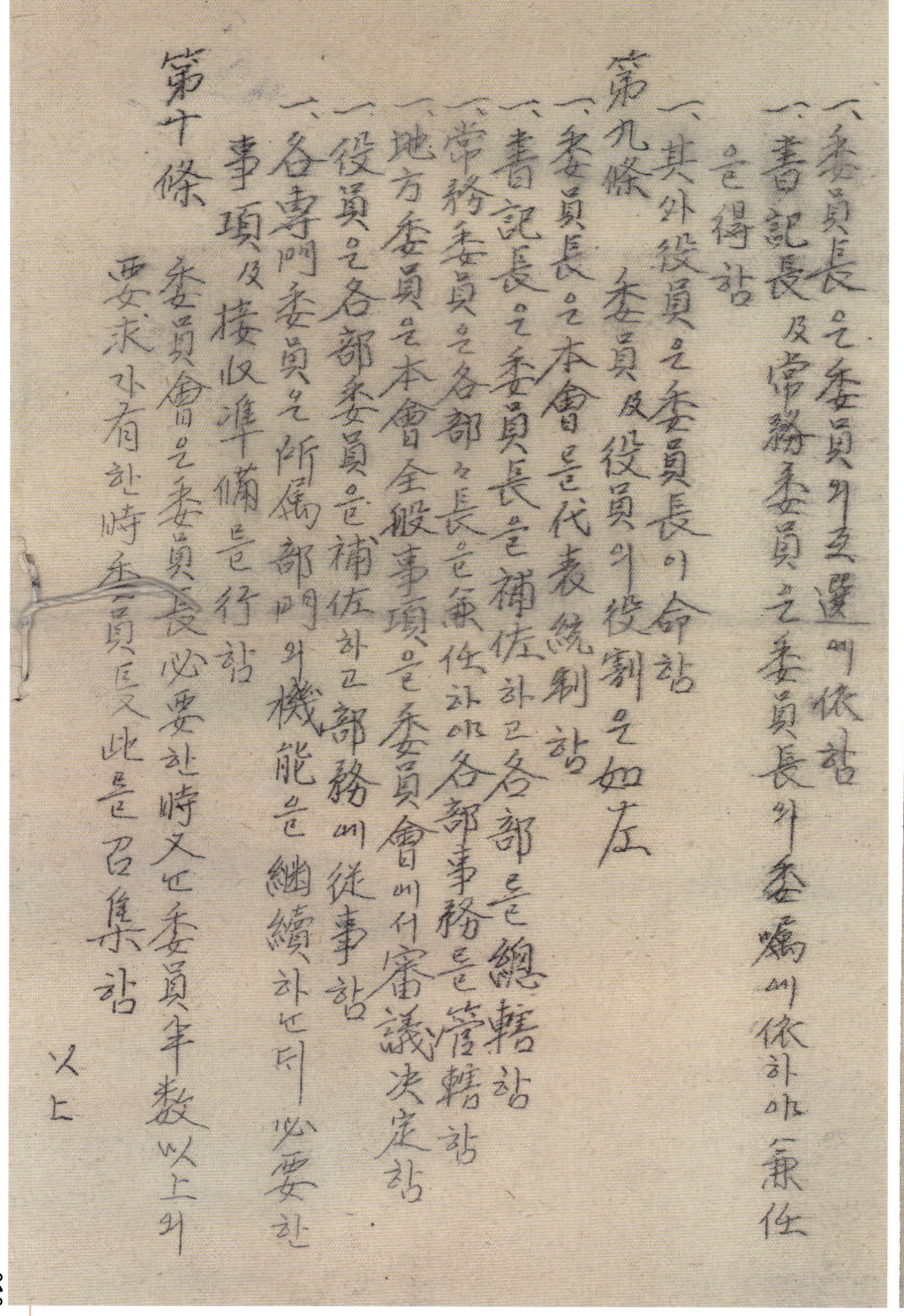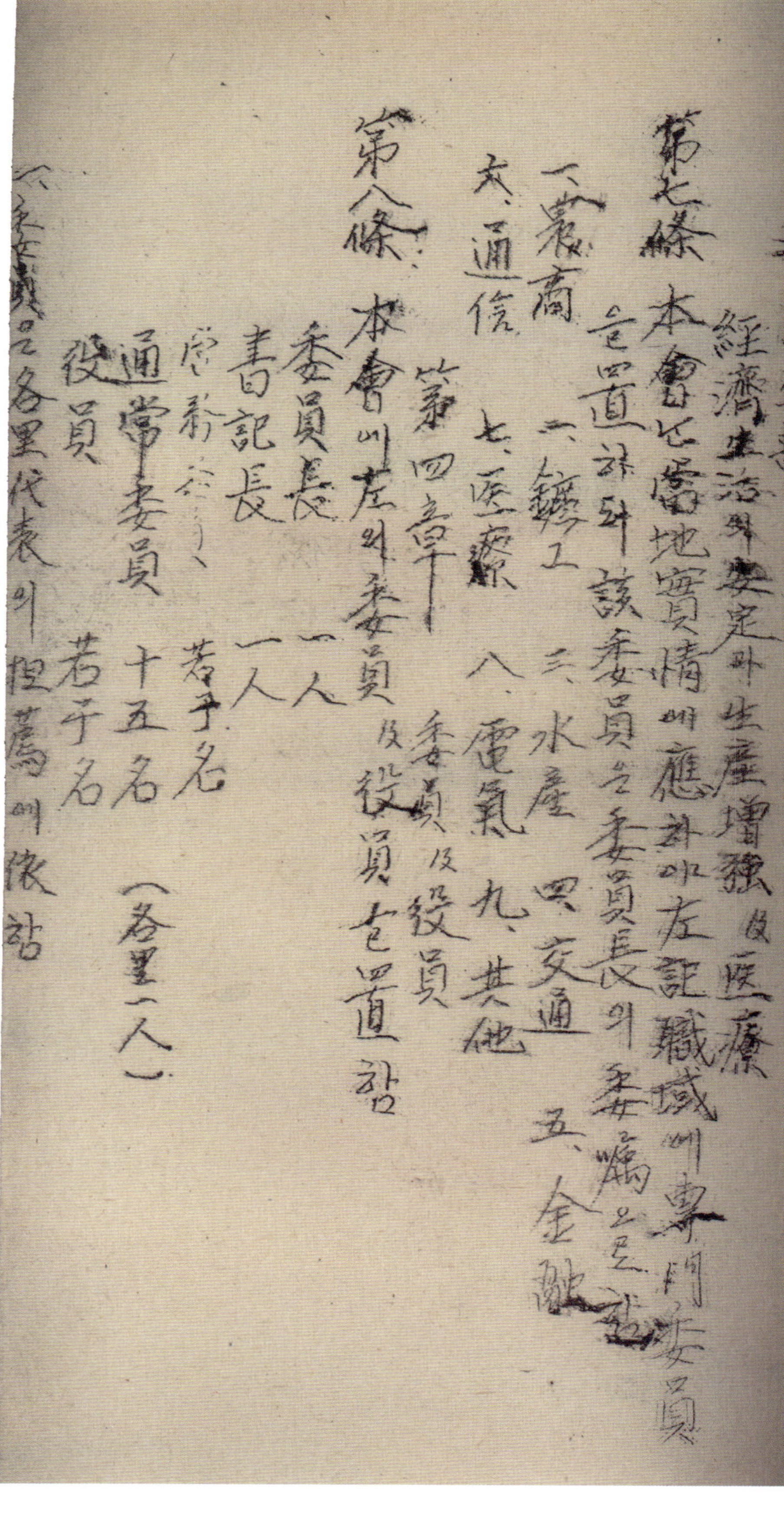

조선건국서산군협찬회태안지회 회칙

제1장 총칙(명칭 및 목적)
제1조 본회는 조선건국서산군협찬회 태안지회라 칭함
제2조 본회는 신정부가 수립되어 지방행정경찰기관 및 사법기관
이 개시하기까지 지방의 치안을 유지하며 각 기관이 기능을 발휘
케 함으로써 목적함
제3조 본회 사무소를 태안읍 내에 置함

제2장 회원
제4조 본회 회원은 태안면 내에 거주자로 한함

제3장 조직
제5조 본회에 左의 各部를 置함
1) 총무부
2) 선전보도부
3) 통운부
4) 보안부
5) 민생부
제6조 각부의 기능은 如左함
1) 총무부: 각부의 統轄 및 본회와의 연락, 기획 서무, 회계 및 기
타 각부에 속하지 않은 사무 처리
2) 선전보도부: 청소년, 부인, 농민운동과 교화 및 기타
3) 통운부: 교통운수, 통신
4) 보안부: 안녕질서
5) 민생부: 경제생활 및 안정과 생산증강 및 의료
제7조 본회는 當地 실정에 응하여 左記 職域에 전문위원을 置하되
該위원은 위원장의 위촉으로 함
1) 농상 2) 광공 3) 수산 4) 교통 5) 금융 6) 통신 7) 의료
8) 전기 9) 기타
제8조 본회에 左의 위원 및 役員을 置함
위원장 1인
서기장 1인
상무위원 약간명
통상위원 15명(각 里 1인)
역원 약간명
1. 위원은 각 리 대표의 추천에 의함
1. 위원장은 위원의 互選에 의함
1. 서기장 및 상무위원은 위원장의 위촉에 의하여 겸임을 得함
1. 그 외 역원은 위원장이 명함
제9조 위원 및 역원의 역할은 如左
1. 위원장은 본회를 대표 통제함
1. 서기장은 위원장을 보좌하고 각부를 總轄함
1. 상무위원은 각부 부장을 겸임하여 각부 사무를 관할함
1. 지방위원은 본회 전반 사항을 위원회에서 심의 결정함
1. 역원은 각부 위원을 보좌하고 部務에 종사함
1. 각 전문위원은 소속 부문의 기능을 계속하는 데 필요한 사항 및
접수 준비를 행함
제10조 위원회는 위원장이 필요한 時 또는 위원 반수 이상의 요구
가 있을 時 위원장이 이를 소집함

朝鮮建國瑞山郡協贊會泰安支會會々則

第一章　總則（名稱及目的）

第一條　本會는朝鮮建國瑞山郡協贊會泰安支會라稱함

第二條　本會는新政府가樹立되여地方行政警察諸機關及司法機關이開始하기까지地方의治安을維持하야各機關의機能을發揮케함으로써目的함

第三條　本會事務所는泰安邑內에置함

第二章　會員

第四條　本會々員은泰安面內에居住者로함

第三章　組織

第五條　本會에左의各部를置함
一、總務部
二、宣傳報導部
三、通運部
四、保安部
五、民生部

第六條　各部의機能은如左함
一、總務部
　各部의統轄及本會外의連絡、企劃庶務、會計及其他各部에屬하지안한事務處理
二、宣傳報導部
　靑少年、婦人、農民運動의敎化及其他
三、通運部
　交通運輸、通信
四、保安部
　安寧秩序

조선헌병대사령부 〈內鮮官民에게 고함〉

內鮮官民에게 告함
一. 정전협정은 이제부터 시작되지만 지금 바로 연합군이 進駐해 오는 것은 절대 아니다.
二. 조선이 독립한다 해도 조선총독부와 조선군이 內地로 철수하기까지는 법률과 행정 모두 현재대로이다.
三. 조선인 가운데 조선이 독립한 것으로 생각하고 교통, 통신, 학교, 공장 등을 접수하려는 자가 있는데 이는 큰 오해이니 內地 官民은 이에 결코 응해서는 안 된다. 만약 강행하려는 자가 있으면 속히 軍憲에 신고하라.
四. 內鮮人은 장래에도 盟友가 될 것이니 서로 믿고, '데마(선동)'에 날뛰며 서로를 노려보거나 항쟁을 해서는 안 된다.

〈조선노동자동맹선언〉 8월 15일 필사 메모

一. 조선독립만세
二. 노동자계급해방만세
三. 신정부지지만세

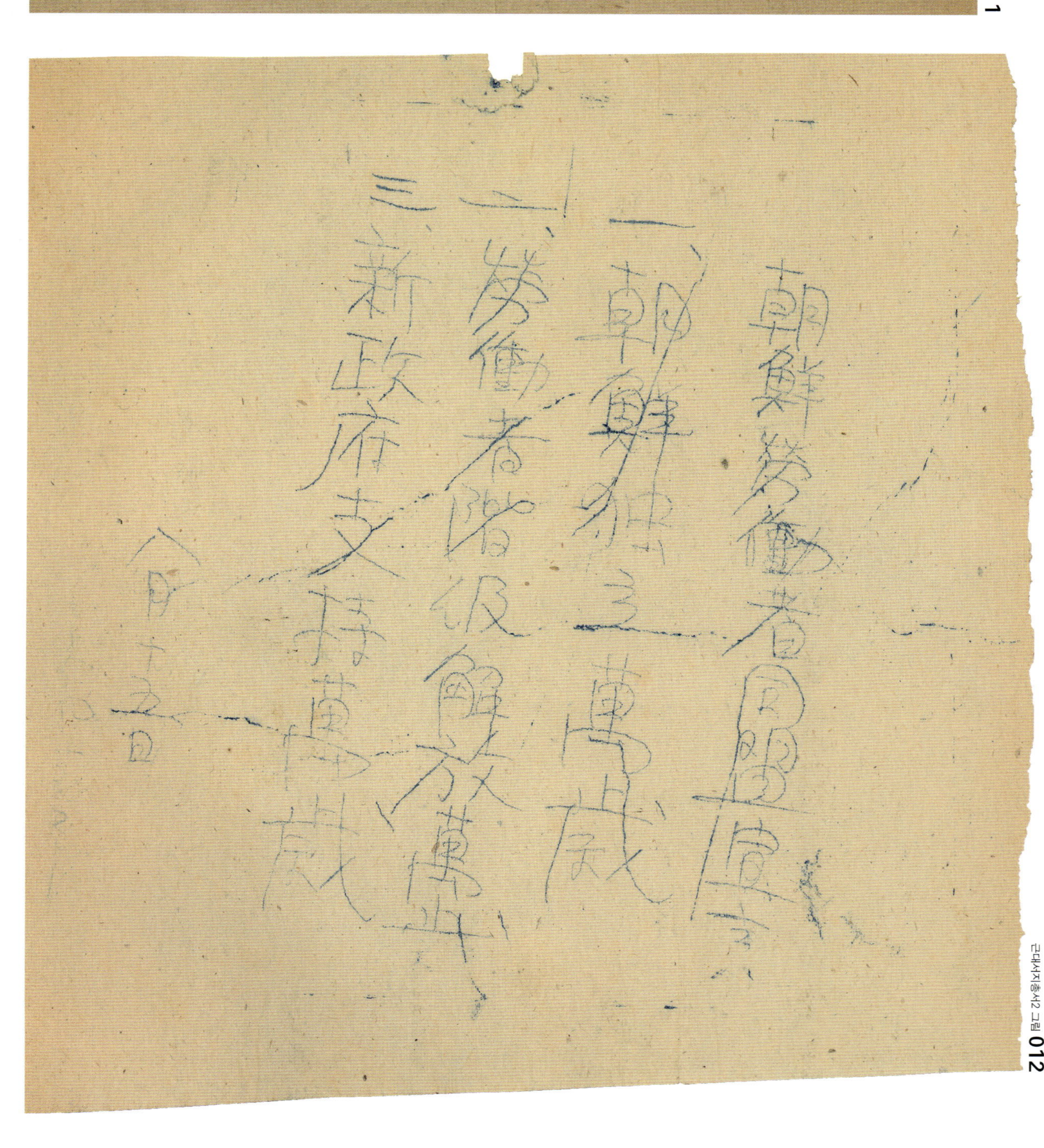

日本帝國이 聯合軍에 無條件降服함에따라 朝鮮은 日本帝國主義의 强盜的搾取
와 抑壓으로부터 解放의길이열이엿다、 그러나 朝鮮의 革命家와 밋革命大衆의
끈임없는流血의鬪爭이 四十有餘年에걸처 敢行되여왔다는것을 니저서는안된다、
우리는 그들의 革命의熱과 피를繼承하야朝鮮의 勤勞大衆의 生活과 幸福을保障
할수있는 人民總意에依한 民主主義的人民政府의 樹立을爲해서 一部墮落한 民族
부루조아지ー의 정치的謀略을排擊하야 眞正한自由와 平等을戰取하고 完全한民
族解放을爲하야 敢鬪하지아니하면안될것이다

建國同志會綱領

一、帝國主義的官僚態度를淸算하고勤勞大衆으로써 生活觀의確立을期함
二、國民皆勞態勢를確立하고 勤勞大衆의生活을確保하는 新經濟組織의樹立을期함
三、우리는 朝鮮의勤勞大衆의利益과 幸福을保障하는 人民政府의樹立을期함

建國同志會行動綱領

一、民族의總意로서의 人民共和國建設에 積極協力하자
二、人民의 自由意思에依한 정부를支持하자
三、革新的行政機構을 再編成하자
四、土地는 農民에게로 重要生產機關은國有로 重要商業은國營으로
五、敎育의 機會均等과 文化施設의大衆化
六、老廢者의 扶養과 人民의診療는 國家의負擔으로
七、言論、出版、集會、結社、信仰의自由를主張하자
八、反動分子들의破壞와 掠奪과 謀略에서職場을지키자
九、建國同盟을 絶對支持하자

（備考）　**建國同盟綱領**

（一） 民族的總力量을 整齊集中하여 眞正한民主主義國家의 建設을 期함
（二） 發展的인社會의 經濟機構를樹立하여 勤勞大衆의 完全한解放과 民族自由
　　　의 徹底한實現을 期함
（三） 進步的 믹族文人를建設하여 全人類文化向上의貢獻함을 期함

建國同志會

京城府淸進町二一四舊鐘路署西側
電話光化門一一四九八番

건국동지회 강령

머리말
일본제국이 연합군에 무조건 항복함에 따라 조선은 일본 제국주의의 强盜的 착취와 억압으로부터 해방의 길이 열렸다. 그러나 조선의 혁명가와 혁명대중의 끊임없는 유혈의 투쟁이 사십여 년에 걸쳐 감행되어왔다는 것을 잊어서는 안 된다. 우리는 그들의 혁명적 熱과 피를 계승하여 조선의 근로대중의 생활과 행복을 보장할 수 있는 인민총의에 의한 민주주의적 인민정부의 수립을 위해서 일부 타락한 민족 부르주아지의 정치적 모략을 배격하여 진정한 자유와 평등을 전취하고 완전한 민족해방을 위하여 敢鬪하지 않으면 안 될 것이다.

건국동지회강령
一. 제국주의적 관료 태도를 청산하고 근로대중으로써 생활관의 확립을 期함
二. 國民皆勞態勢를 확립하고 근로대중의 생활을 확보하는 신경제조직의 수립을 期함
三. 우리는 조선의 근로대중의 이익과 행복을 보장하는 인민정부의 수립을 期함

건국동지회행동강령
一. 민족의 총의로서의 인민공화국 건설에 적극협력하자
二. 인민의 자유의사에 의한 정부를 지지하자
三. 혁명적 행정기구를 재편성하자
四. 토지는 농민에게로 중요생산기관은 국유로 중요상업은 국영으로
五. 교육의 기회균등과 문화시설의 대중화
六. 老廢者의 부양과 인민의 진료는 국가의 부담으로
七. 언론, 출판, 집회, 결사, 신앙의 자유를 주장하자
八. 반동분자들의 파괴와 약탈과 모략에서 직장을 지키자
九. 건국동맹을 절대 지지하자
(備考) 건국동맹강령
(一) 민족적 역량을 정제 집중하여 진정한 민주주의 국가의 건설을 期함
(二) 발전적인 사회의 경제기구를 수립하여 근로대중의 완전한 해방과 민족자유의 철저한 실현을 期함
(三) 진보적 민족문인을 건설하여 전 인류 문화 향상에 공헌함을 期함

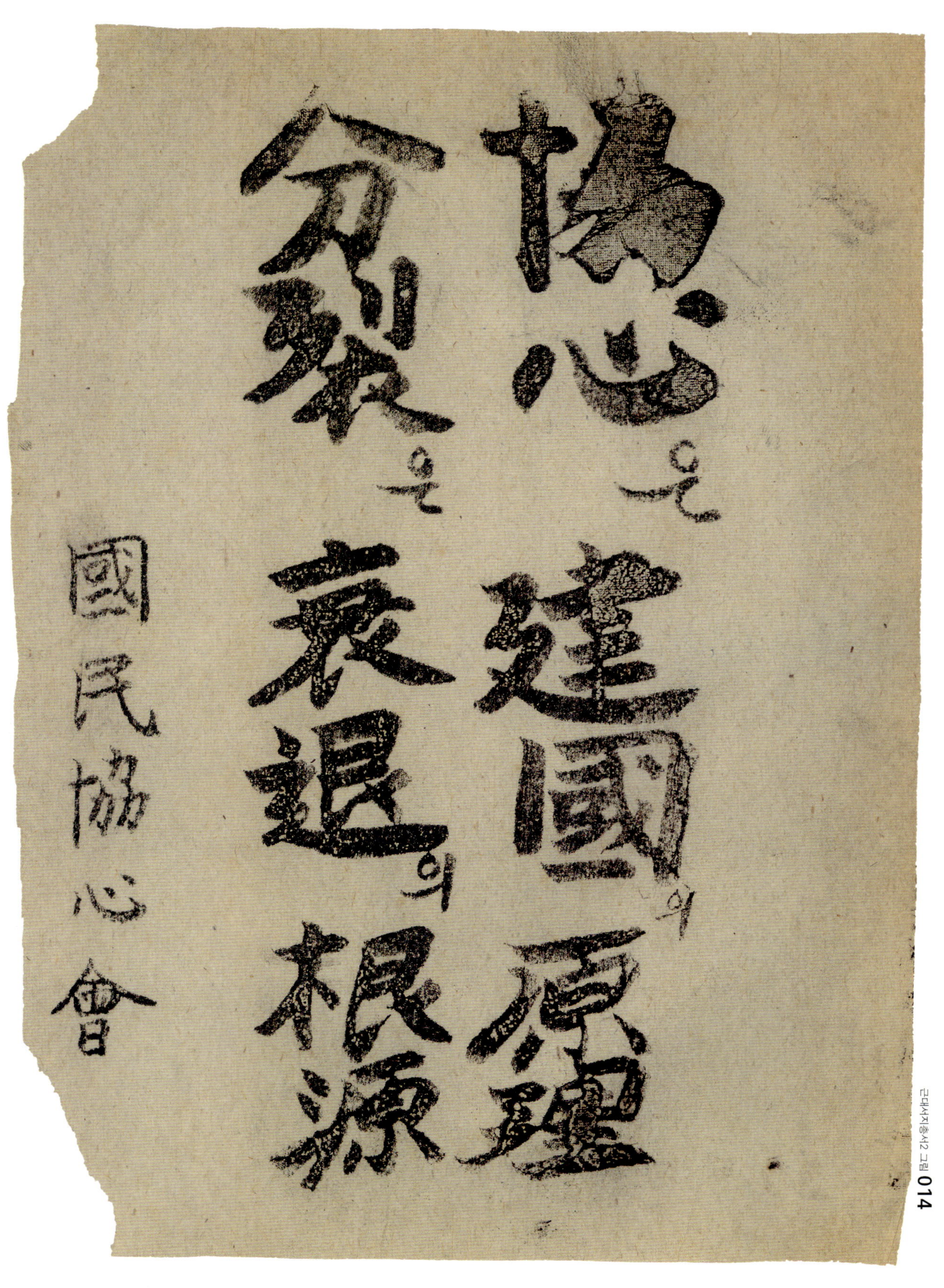

근대서지총서2 그림 **014**

국민협심회의 표어

"협심은 건국의 원리 분열은 쇠퇴의 근원"

근대서지총서2 그림 **015**

宣傳部
李光　金科益　文啓玉　金貞桓　朴慶浩　咸和鎮　禹甲麟
玄濟明
咸尚勳　金武森　黃信德　徐容吉　河祥鏞　李錫圭　鄭雲永
張連松　李鍾模　趙億濟　朴明煥　李相敦　李載明　李東培
李炳逸　安夕影　錢鎮漢　朴基采　曺亨珍

情報部
朴儀陽　卞熙鎔　林有棟　趙俊泳　李東濟　金用茂　李源喆
申泰翊　高炳南　金佑枰　鄭秀文

警護部
姜樂遠　金武森　徐相天　李景錫　卞天壽　鄭仁朝　曺東煥
吳鳳煥　鄭寅昌　權寧萬　孫基葉　沈相福　曺順同　方榮斗

交通部
李仁德　鄭喜燦　吳弼泳　白昌愛　姜應龍　朴濟道

임시정부 및 연합군 환영준비회 취지서 1945.8

臨時政府及 聯合軍 歡迎準備會趣旨

우리의기다리고바라던날은왓다　屈辱과壓迫에서自由와解放의첫거름을내딋게된우리의感激과歡喜는表現할말이없다

이제멀지안하우리臨時政府와聯合軍은民族解放의貴한선물을가지고이땅에들어오게되엇다

이날을맛기爲하야三十有餘星霜을가즌苦難을겨그며惡戰苦鬪하다가마춤내큰뜻을이류고故國으로돌아오는우리의先輩들을衷心으로歡迎하고誠意섯慰勞하는것은우리의純情의發露이며在內同胞로서의떳々한義務이다

聯合軍은莫大한犧牲으로엇은勝戰의깁뿜과惠澤을호을로取하지안코우리에게도논하주려는民族解放의恩人이다　우리가이들에게衷心으로感謝하고마음것歡迎하는것은人情이며儀禮며道理다

우리는政治的見解와外交的關係를超越해서다가치于先마음것歡迎하고慰勞하고感謝해야할것이다

乙酉八月　日

臨時政府及 聯合軍　歡迎準備會

京城鍾路中央基督教青年會舘內
（半島호텔에서二十五日移來함）

委員長　權東鎭
副委員長　金性洙
　　　　　許　憲
　　　　　李　仁

委員

權東鎭　元世勳　李克魯　李活（明倫町）　任永信　吳世昌
金良洙　洪命憙　裵正國　趙炳玉　鄭喜燦
許憲　黃信德　丁七星　高炳南　李仁　韓基駿　具滋玉
尹潽善　林誠鎬　金若水　宋鎭禹　俞億兼　金滋植
李義植　朴瓚熙　白寬洙　金武森　李甲秀　金觀植
李源赫　金俊淵　林有楝　安東源　俞珏卿　元世變
卞熙鎔　尹吉鉉　梁源模　白象圭　李珏允　趙憲泳
金山鎔　高秉幹　金鳴善　金度演　咸尚勳　崔奎東
金明信　金炳魯　　　　　　金性洙

實行委員
事務長　趙炳玉
事務次長　具滋玉　趙憲泳
總務部　李源赫　白象圭　金俊淵　尹潽善　崔斑宇　崔允東　李陽春
　　　　咸尚勳　金若水　朴瓚熙　金良洙　玄相允　金山
接待部　張子一　金一煥　李漢相　李泓
會計部　尹潽善　尹吉鉉　李乙奎　趙孝源　趙圭英

臨時政府及
聯合軍
歡迎會趣旨書 (訂正再發行)

우리의기다리고바라던날은왓다　屈辱과壓迫에서自由와解放의첫거름을걸게
된우리의感激과歡喜는表現할말이업섯다
이제멀지안하야우리臨時政府와聯合軍은民族解放의貴한선물을가지고이짱에
들어오게되엇다
이날을맛기爲하야三十有餘星霜을가즌苦難을겪으며惡戰苦鬪하다가마츰내큰
뜻을이루고故國으로돌아오는우리의先輩들을哀心으로歡迎하고誠意껏慰勞하
는것은우리의純情의發露이며在內同胞로서의떳떳한義務이다
聯合軍은莫大한犧牲으로엇은勝戰의깁봄과惠澤을호을롤取하지안고우리의게
도논하주려는民族解放의恩人이다　우리가이들의게哀心으로感謝하고마음껏
歡迎하는것은人情이며儀禮며道理다
우리는정治的見解와外交的關係를超越해서다가치于先마음껏歡迎하고　慰勞하
고감謝해야할것이다

乙酉八月　日

京城市민主催
京城町會聯合會內（堅志町百十一番地）
臨時政府及聯合軍歡迎會本部

委員長　權東鎭
副委員長　金性洙　李完仁　蘇完奎　元世勳

委員
趙炳玉　韓芏駿　元世勳　洪命憙　丁七星　高炳南　李克魯　黃信德　李活（明倫町）　襄正國　李佑世　任永信　吳世昌　鄭喜燦　朴容珍
尹澄植　李義善　金俊淵　朴瓚熙　林誠鎬　金川茂　金明信　盧義根　許麟　白澤　李炳奎　金永聖　蘇完奎　李春榮　李章烈
韓相吉　洪秉璿　盧聖錫　金殷鎬　李義植　趙孝淳　李儷聖　徐相天　金鳴善　梁源模　林有棟　白寬洙　金若水　高炳南
金度演　玄相允　安東源　金武森　宋鐵禹　李仁　韓擧洙　徐光高　洪咏裕　成和鎭　李定宰　李先根　金舜卿　俞喜游
李天臨　尹根燮　李致昌　李象範　白南求　洪正學　崔昌九　李錫學　成尚　崔奎東　俞斗卿　李甲秀　俞億　朴容　李鶴來
崔承萬　盧壽鉉　李泰吳　李海珪　金丞植　閔太植　高鳳　金性洙　尹元赫　趙憲泳　元益　金觀植　具滋玉　鄭喜燦　金弘琯

事務長　具炳玉　趙憲泳　朴洞
實行委員　趙炳玉　趙憲泳　朴洞

임시정부 및 연합군환영회본부
〈환영회 취지서〉(정정재발행) 1945.8

우리의 기다리고 바라던 날은 왔다. 굴욕과 압박에서 자유와 해방
의 첫걸음을 걷게 된 우리의 감격과 환희는 표현할 말이 없다.
이제 멀지 않아 우리 임시정부와 연합군은 민족해방의 귀한 선물
을 가지고 이 땅에 들어오게 되었다.
이 날을 맞이하기 위하여 삼십여 성상을 갖은 고난을 겪으며 악전
고투하다가 마침내 큰 뜻을 이루고 고국으로 돌아오는 우리의 선
배들을 애심으로 환영하고 성의껏 위로하는 것은 우리의 순정의
발로이며 재내동포로서의 떳떳한 의무이다.
연합군은 막대한 희생으로 얻은 승전의 기쁨과 혜택을 홀로 취하
지 않고 우리에게도 나눠주려는 민족해방의 은인이다. 우리가 이
들에게 애심으로 감사하고 마음껏 환영하는 것은 인정이며 의례
이며 도리다.
우리는 정치적 견해와 외교적 관계를 초월해서 다 같이 우선 마음
껏 환영하고 위로하고 감사해야 할 것이다.

대한민국인민정치당 〈黨是宣言〉 1945.8.15

우리 人民政治黨은 대한민국 자주독립의 기초를 확립하고 生民大同의 公福均益하는 경제 정치를 실시하여 偏富와 强權에 依行하는 국제질서를 조정하여 人類團欒의 평화세계의 건설을 企圖함
정강
一. 우리 黨은 在外한 대한국 임시정부를 護持하여 국내 정치기능을 布施함
二. 우리 黨은 戰禍의 연장을 방지하여 국내 치안을 확보함
三. 우리 黨은 大小各民施 經濟的 政治的 국제 歸一을 期함
대한민국 27년 6월 26일. 대한민국 인민정치당 白
黨務維新宣言
우리 黨 동지는 동지의 死生을 반복하면서 독립운동을 계적한 지 27년이었다. 금년에 이르러는 독립정부의 귀국과 반군의 入彊을 편리하기 위하여 제1차 정강에 의하여 당무에 진췌하였다. 금일에는 정부 귀국을 감격하며 반군의 도착을 환영한다. 금후에는 정부를 보익하여 민족 만년 대계를 建極하기 위하여 전민족대조직의 대정당 출현을 기원하는 바이다.
대한민국 27년 6월 26일. 대한민국 인민정치당 白

高麗靑年黨創立準備會 趣旨書

世界의 動亂이 終局을 告하고、平和의 新秩序가 建設되랴 하는 이때에、우리 朝鮮은 日本의 羈絆을 버서나 獨立을 回復할 機会를 엇게 되엿도다。三十六年間의 過去를 回顧함에 實로 感慨無量하도다。깁브고 즐겁은 나마지에 熱淚가 滂沱함을 禁할수 업도다。

그러나、우리가 모든 制度를 樹立하고 秩序를 整頓하야 完全한 獨立國家를 形成함에는、아직도 相當한 距離가 잇고 難関이 不少하도다。

目下 国内情勢를 観察하건대、混乱과 迷惑이 頗甚하야 民衆은 갈 바를 모르고、指導者들은 虛榮과 私心에 눈이 가린듯하도다。

大抵 政治制度의 樹立과 法律의 制定은 国家百年의 休戚이 関係하는 것이니、一步를 誤失하면 恨을 千載에 남기는 것이라 엇지 輕忽히 할 것이냐。우리는 맛당이 至誠으로 일에 當하야 每事를 研究的 態度로 處理하야、空然히 外国의 思潮에만 眩惑되지말고、朝鮮의 現状에 着目하야 国民의 実利実益을 図謀치 안이하면、不可하도다。

그러나、이것은 賢明한 先輩先覚들의 良謀善處가 有할것을 破信하는 바나、이것을 背後에서 支持하며 推進하는 것이 또한 우리青年들의 任務라고 할수 잇도다。

우리는 이에 感한 바 有하야 一大靑年運動을 開始하노니、眞摯하고 純粹한 愛国青年은 이에 贊成하고 合流하기 바라노라。

綱領
一、우리 民族의 自主獨立國家의 完成을 期함
二、우리 民族全体의 幸福과 繁榮을 期함
三、世界新秩序建設에 協力함

政策
一、民主主義政体支持
二、民生基本權利의 確保
  (ㄱ) 言論·集会·結社·宗敎의 自由
  (ㄴ) 最底生活의 確保
  (ㄷ) 敎育의 機会均等
三、大産業의 公營及 全国有

實踐要項
一、우리는 國家에 絶對忠誠을 盟誓함
二、우리는 秩序를 尊重하고 国法을 遵守함
三、우리는 指導者의 命令에 服從함
四、우리는 自省自修하야 人格完成에 努力함
五、우리는 身体를 鍊磨하고 勤勞의 習性을 涵養함

推戴顧問 (가나다順·무순서)
金觀植 金東元 金民洙 金洽龍 金炳魯 金性洙 金泳柱
羅景錫 梁柱三 劉錫昶 李完魯 李容高 李裕弼
朴容喜 方應模 白南薰 白樂濬 白麟濟
孫晋泰 宋鎮禹 吳胤善 吳世昌 玉璿珍 俞億兼
徐相天 尹河英 尹弘烈 張德秀 張鉉植 鄭寅普 鄭烈模 鄭魯湜
崔斗善 崔東旿 崔錫培 崔興琛
姜樂遠 具滋玉 權東鎮 金鴻亮 李勳求 李學洙 白永煐 徐相日 尹相殷 尹日善 曹晩植 趙鍾九 趙衡均 黃仁植 洪命熹 許憲 玄相允

指導委員 (가나다順·무순서)
許憲 玄相允 劉錫祖 李克魯 李容高 白寛洙 白樂濬 玉璿珍 俞億兼 張德秀 鄭香淇

고려청년당 창립준비회 취지서

세계의 동란이 종국을 고하고 평화의 신질서가 건설되려 하는 이 때에 우리 조선은 일본의 羈絆을 벗어나 독립을 회복할 기회를 얻게 되었도다. 36년간의 과거를 회고함에 실로 감개무량하도다. 기쁘고 즐거운 나머지에 熱淚가 滂沱함을 금할 수 없도다.

그러나 우리가 모든 제도를 수립하고 질서를 정돈하여 완전한 독립 국가를 형성함에는 아직도 상당한 거리가 있고 난관이 적지 않도다.

目下 국내정세를 관찰하건대 혼란과 미혹이 자못 심하여 민중은 갈 바를 모르고 지도자들은 허영과 사심에 눈이 가린 듯하도다.

대저 정비제도의 수립과 법률의 제정은 국가 백년의 休戚이 관계하는 것이니 一步를 誤失하면 恨을 千載에 남기는 것이라 어찌 輕忽히 할 것이냐. 우리는 마땅히 지성으로 일에 당하여 每事를 연구적 태도로 처리하여 공연히 외국의 사조에만 현혹되지 말고, 조선의 현상에 着目하여 국민의 실리실익을 도모치 아니하면 안 되도다.

그러나 이것은 현명한 先輩先覺들의 良謀善處가 있을 것을 확신하는 바이나 이것을 배후에서 지지하며 추진하는 것이 또한 우리 청년들의 임무라고 할 수 있다.

우리는 이에 느낀 바가 있어 일대청년운동을 개시하노니 진지하고 순수한 애국청년은 이에 찬성하고 합류하기 바라노라.

강령
一. 우리 민족의 자주독립국가의 완성을 期함
二. 우리 민족 전체의 행복과 번영을 期함
三. 세계 신질서 건설에 협력함

정책
一. 민주주의정체지지
二. 민생기본권리의 확보
(ㄱ) 언론, 집회, 결사, 종교의 자유
(ㄴ) 최저생활의 확보
(ㄷ) 교육의 기회균등
三. 대산업의 공영 및 전 국유

실천요령
一. 우리는 국가에 절대 충성을 盟誓함
二. 우리는 질서를 존중하고 국법을 준수함
三. 우리는 지도자의 명령에 복종함
四. 우리는 自省自修하여 인격 완성에 노력함
五. 우리는 신체를 연마하고 근로의 습성을 함양함

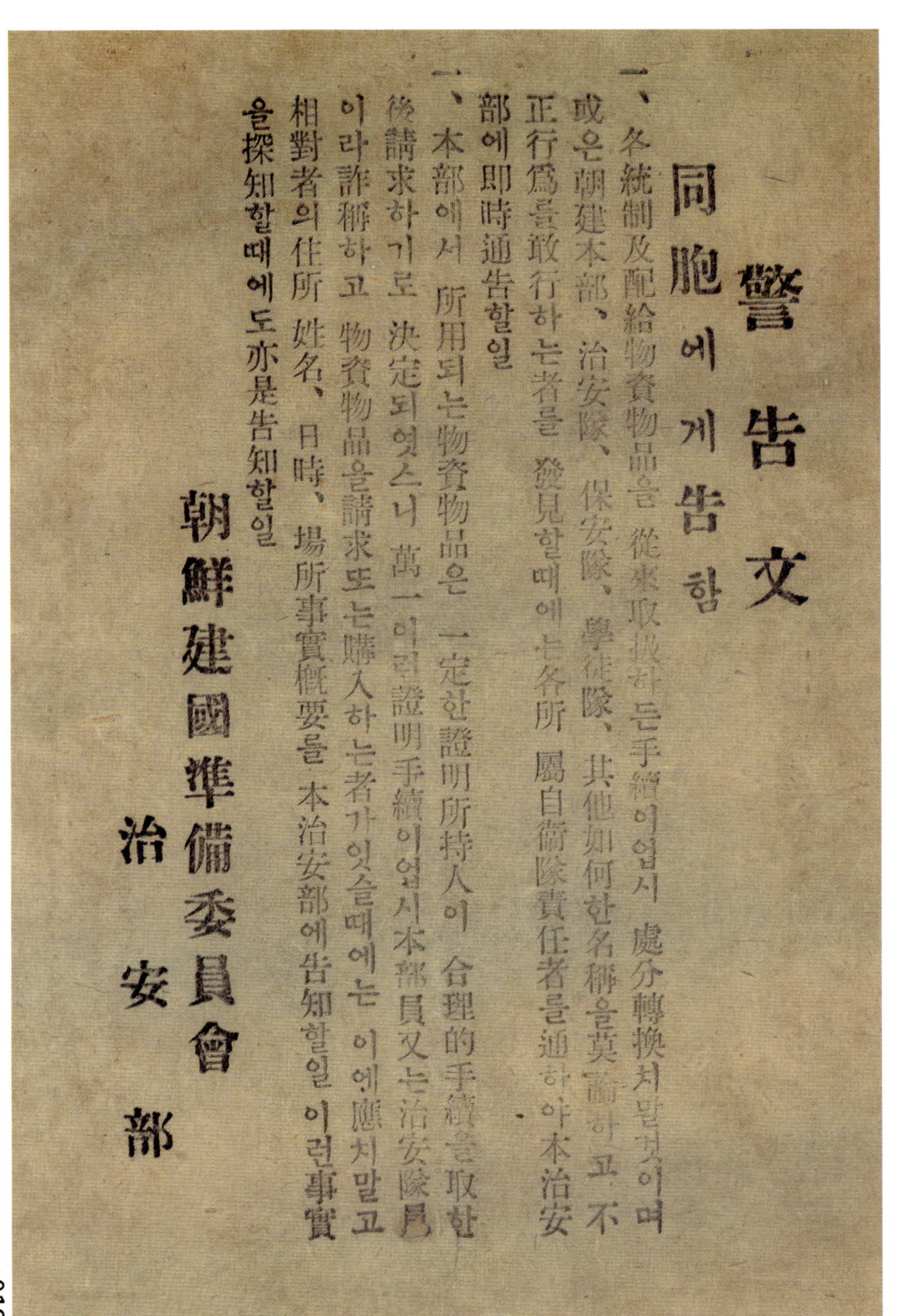

조선건국준비위원회 치안부의 경고문 〈동포에게 고함〉

一. 각 통제 및 배급물자물품을 종래의 취급하던 수속이 없이 처분 전환치 말 것이며 혹은 朝建本部, 치안대, 보안대, 학도대, 기타 如何한 명칭을 막론하고 부정행위를 감행하는 자를 발견할 때에는 각 소속 자위대 책임자를 통하여 본 치안부에 즉시 통고할 일

一. 본부에서 소용되는 물자물품은 일정한 증명소지인이 합리적 수속을 취한 후 청구하기로 결정되었으니 만일 이런 증명수속이 없이 본부원 또는 치안대원이라 허칭하고 물자물품을 청구 또는 구입하는 자가 있을 때에는 이에 응치 말고 상대자의 주소, 성명, 일시, 장소, 사실개요를 본 치안부에 고지할 일 이런 사실을 탐지할 때에도 역시 고지할 일

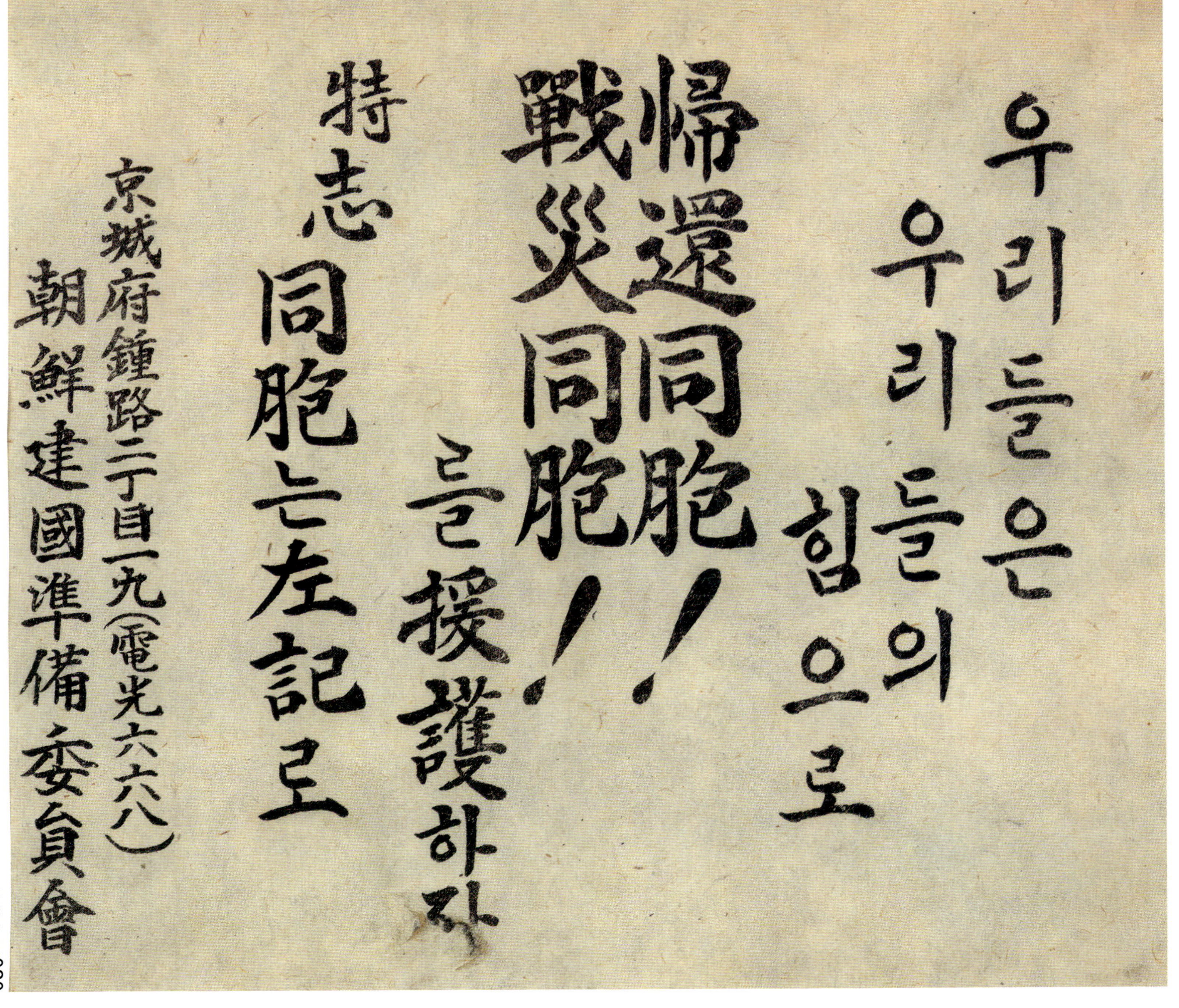

조선건국준비위원회

"우리들은 우리들의 힘으로 귀환동포, 전재동포를 원호하자"

조선건국준비위원회 원호회 설립 취지서

우리 조선의 찬란한 과거 역사는 원칙 定軌를 윤회하여 다시금 現下 우리에게 끝없는 광영을 준다. 이제야 완전한 정치형태를 확립하고자 삼천리 槿域의 방방곡곡에서 불타는 삼천만 동포의 피의 정열이 팽배 발발하게 된 것은 충심으로 동경하여 마지않는다. 先輩諸位의 臥薪嘗膽의 노력과 절대 희생이 결실되어 여기에 조선건국준비위원회가 태동하게 되어 착착 건국의 大道를 나아가고 있다. 이에 당하여 爲先 무엇보다도 긴급한 선결문제는 獄中 鐵枷에 구금 신음타가 이제야 광명을 보게 된 선각자 및 先輩 諸氏에게 또한 기아와 雨露를 면치 못하고 있는 수많은 戰災 憐閔 동포와 그리고 일본 본토 및 만주 중국 등지로부터 귀환 동포에 대한 원호운동인 것이다.

물론 종래까지 개인적으로 혹은 지지단체의 헌신적 노력을 바친 諸位에게 滿腔의 감사를 표하는 바이나 급각도의 형태전환으로 만족한 기능을 발휘치 못하여 要護者에게 불편을 느끼게 한 현상을 목격할 적에 이것은 오로지 우리들의 미급한 책임이라고 절감하는 바이니 우리들은 이번 조선건국준비위원회의 지시를 받아 좀 더 지금까지의 원호운동의 결함을 검토하여 최고도의 강력 민활한 실천적 조직체를 구성하여 원호운동에 一意挺身코자 하는 바이니 동포애에 불타는 諸位께서는 본 회의 취의를 십분 諒察하시고 진실에서 우러나는 衷情으로써 종전의 倍하여 적극적으로 아낌없는 원호운동의 지원과 찬조를 앙망하여 마지않는 바이다.

대한민국임시정부 국무원 주석 김구 〈국내외 동포에게 고함〉 1945.9.3

친애하는 국내외 동포 자매형제여 파시스트 강도의 최후의 疊壁을 고수하던 일본 제국주의자들이 9월 2일에 항서에 서명을 하였다.

일본 제국주의자의 패망으로 인하여 거세가 기뻐 뛰는 중에 있어서 조국의 해방을 눈앞에 목도하면서 삼천만 한국민족이 欣喜雀躍하는 중에 있어서 본 정부가 근 30년간에 주야로 그리던 조국을 향하여 전진하려는 前夕에 있어서 일찍이 조국의 독립을 완성하기 위하여 본 정부를 애호하고 독려하던 절대다수의 동포와 또 이것을 위하여 본 정부와 유리전전하면서 공동 분투하던 동포의 앞에 본 정부의 포부를 宣하려 할 때에 본 주석은 非常한 感奮를 금하지 못하는 바이다. 일국의 흥망과 이민족의 성쇠가 결코 우연한 것이 아니라 우리의 국운이 단절되는 데 있어 羞恥의 因素가 하다 하였다. 하면 금일에 조국이 해방되는 데 있어 각고하고 장절한 노력이 있었을 것은 삼척의 동자도 알 수 있는 것이다. 만일 하다한 우리 선열의 寶貴한 열혈의 대가와 中, 美, 蘇, 英 등 동맹군의 英勇한 전공이 없었으면 어찌 조국의 해방이 있을 수 있었으랴. 그럼으로 우리가 조국의 독립을 눈앞에 전망하고 있는 이때에 있어서는 마땅히 먼저 선열의 업적을 追想하며 滿腔의 경의를 올릴 것이며 盟軍의 위업을 선양하여 열렬한 사의를 표할 것이다. 우리가 처한 현 계단은 건국강령에 명시한 바와 같이 건국의 시기로 들어가려 하는 과도적 계단이다. 다시 말하면 復國의 임무를 아직 완전히 끝내지 못하고 건국의 초기가 개시되려는 계단이다. 그러므로 現下 우리의 임무는 번다하고도 복잡하며 우리의 책임은 중대한 것이다. 따라서 우리가 우리조국의 독립을 완성함에는 우리의 一言一句와 일거수일투족이 모두 다 영향을 주는 것을 명백하게 인식하고 매사를 임할 때에 먼저 확실하게 분석하여 명확한 판단을 내리고 명확한 판단 위에서 용기 있게 처리하여야 된다. 본 정부는 이때에 당면 정책을 如左히 제정 반포하였다. 이것으로써 현 계단에 처한 본 정부의 포부를 中外에 천명하고자 함이며 이것으로써 전진노선의 지침을 삼고자 함이다. 또한 이것으로써 동포 諸位의 당면노선의 지침까지 삼으려 하는 것이다.

친애하는 우리 동포 자매형제여 우리 조국의 독립과 우리 민족의 민주단결을 완성하며 국제간의 안전과 인류의 평화를 증진하기 위하여 본 정부의 당면정책을 실행하기에 공동노력하자.

임시정부당면정책

一. 본 임시정부는 最速 기간 내에 곧 입국할 것

二. 우리 민족의 해방 및 독립을 위하여 血戰한 中, 美, 蘇, 英 등 우방민족으로 더불어 절실한 제휴하고 연합국 헌장에 의하여 세계일가의 안전 및 평화를 실현함에 협조할 것

三. 연합국 중에 주요국가인 중, 미, 소, 영, 법, 오강에 향하여 먼저 우호협정을 체결하고 외교 途經을 另開할 것

四. 盟軍 駐在期 내에 일체 필요한 事宜를 적극 협조할 것

五. 평화회의 및 각종국제집회에 참가하여 한국의 應有한 발언권을 행사할 것

六. 국외임무의 결속과 국내임무의 전개가 서로 접속되매 필수한 과도조치를 집행하되 전국적 普選에 의한 정식 정권이 수립되기까지의 국내 과도정권을 수립하기 위하여 국내외 각 계층, 각 혁명당과, 각 종교집단, 각 지방대표와 著名 각 민주영수회의를 소집하도록 적극 노력할 것

七. 국내 과도정권이 수립된 즉시에 본 정부의 임무는 완료된 것으로 認하고 본 정부의 일체 직능 및 소유물건은 과도정권에게 교환할 것

八. 국내에서 건립된 정식 정권은 반드시 獨立國家民主政府均等社會를 원칙으로 한 新憲章에 의하여 조직할 것

九. 국내에 과도정권이 성립되기 전에는 국내 일체 질서와 대외 일체 관계를 본 정부가 負責維持할 것

十. 교포의 안전 및 귀국과 국내외에 거주하는 동포의 구제를 신속 처리할 것

十一. 敵의 일체 법령의 무효와 신법령의 유효를 선포하는 동시에 敵의 통치하에 발생된 일체 罪犯을 사면할 것

十二. 敵産을 몰수하고 敵僑를 처리하되 盟軍과 협상 진행할 것

十三. 적군에게 被迫出戰한 韓籍軍人을 국군으로 편입하되 盟軍과 협상 진행할 것

十四. 독립운동을 방해한 자와 매국적에 대하여는 공개적으로 엄중히 처분할 것

朝鮮建國準備委員會
援護會設立趣意書

우리朝鮮의 燦爛한 過去歷史는 原則定
軌을 輪廻하야 다시 再現下 우리에게 들녀는
光榮을 준다, 이제야 完全한 政治形態
를 確立코저 三千里 槿域의 坊々谷々에서
불타는 三千萬同胞의 피의 情熱이 澎湃
勃發하게될것을 表心으로 同慶하야마지안는다
先烈諸位의 回薪嘗膽의 努力과 絶對犧
牲의 結實되여 우리의 朝鮮建國準備實
會가 胎動하게되여 우리 建國의 大道를 나
아가고잇다, 이에 當하야 爲先 무엇보다
도 緊急한 先決問題는 獄中鐵枷의 拘禁
呻吟하다가 이제야 光明을 보게된 先覺者及先
烈諸氏에게 또한 飢餓와 雨露를 免치못
하고잇는 數많은 戰災 憐憫同胞와 그리고
日本々土에 又及 滿洲 中國 等也로 불어 歸還

親愛하는 國內外同胞姉妹兄弟여 파시스트ー强盜의 最後의 豎壁을 孤守하던 日本帝國主義者는
面 九月二日에 降書에 署名을 하엿다
日本帝國主義者의 敗亡으로 因하야 우리 三千萬韓國民族이 欣喜雀躍하는 中에 잇서서 祖國의 解放을 眼前에 目睹하
는서 우리 民族의 解放과 우리 祖國의 獨立을 眼前에 當面政策을 如
을 向하야 前進하려는 前夕에 잇서서 일즉이 祖國의 獨立을 完成하기爲하야 盟軍의 偉
督勵하던 絶對多數의 同胞와 또 이것을 爲하야 本政府와 流離轉轉하면서 共同奮鬪하던 一
히 本政府의 抱負를 告하려할때에 本主席은 非常한 感奮을 禁하지못하면서 一國의 興亡이 一
民族의 盛衰가 決코 偶然한 것이아니라 우리의 國運이 斷絶되는 데잇서서 恥辱的因素가 許多하며 우리의 革
하면 祖國이 解放되는데 잇서서 刻苦하고 壯絶한 努力이잇섯슬것이다
것이다 萬一許多한 우리 先烈의 寶貴한 熱血의 代價와 中、美、蘇、英等 友邦民族으로머무리 切實司
이엇섯스면 엇지 祖國의 解放이 잇슬수잇스랴 그럼으로 우리가 祖國의 敬
고 잇는 맛당이 먼저 先烈의 業績을 追想하야 滿腔의 敬

臨時政府 當面政策

一、本臨時政府는 最速期間內에 곳 入國할것
二、우리 民族의 解放 及 獨立을 爲하야 血戰하던 中、美、蘇、英等 友邦民族으로 더부러 切實司
提携하고 協同作戰하야 倭寇를 驅逐하며 軍事上 必要를 實現케할것
三、聯合國中에 主要國인 中、美、蘇、英、五國에 向하야 먼저 友好協定을 締結하고 外
交途經을 開始할것
四、盟軍駐在期間內에 一切 必要한 事宜를 積極協助할것
五、平和會議 及 各種國際集會에 參加하야 韓國의 應有發言權을 行使할것
六、國外任務의 結束과 國內任務의 展開가 서로 接續됨에 必要한 過渡措置를 執行하되 全國的
普選에 依한 正式政權이 樹立되기까지의 國內過渡政權을 樹立하기爲하야 國內外各
革命黨派、各宗敎集團、各地方代表와 著名한 各 民主領袖會議를 召集하도록 積極努力할것
七、國內過渡政權이 成立된 即時에 本政府의 任務는 完了된것으로 認하고 本政府의 一切職能及
所有物件은 過渡政權에게 交還할것
八、國內에서 過渡政權이 成立되기前에는 國內一切秩序와 對外一切關係를 本政府가 負責維持할것
九、國內에 建立된 正式政權은 반다시 獨立國家 民主政府 均等社會를 原則으로한 新憲章에 依
하야 組織할것
十、臨時政府의 一切 法令 及 이에 依하야 成立된 正式政權의 有效를 宣布하는 同時에 敵의 統治下에 發生된 一切 罰犯을
嚴重히 處分할것
十一、敵産을 沒收하고 敵僑를 處理하되 其 過程을 迅速遲滯하게 할것
十二、僑胞의 安全 及 還國과 國內外에 居住하는 同胞의 救濟를 迅速處理할것
十三、敵軍에게 被迫出征한 者와 혹은 韓籍軍人을 國軍으로 編入하되 盟軍과 協商進行할것
十四、獨立運動을 妨害한 者와 賣國賊에 對하야는 公開的으로 嚴重히 處分할것

大韓民國二十七年九月三日

大韓民國臨時政府
國務委員會主席 金 九
(大韓民國臨時政府特派事務局)

국민대회준비회의 취지서 1945.9.7

천하의 公道와 인류의 정의는 마침내 우리에게 자유와 해방의 기회를 약속하였으니 망국의 한을 품은 채 인종과 굴욕의 악몽에 시달리던 우리에게 광명의 새날을 위하여 진군하라는 巨鐘은 드디어 울었다. 필경 울고야 말았다.

연민과 怨淚로 점철된 과거를 회고할 때, 혹은 域外에서 동지의 의혈은 얼마나 흘렸으며 선배의 고투는 얼마나 쌓았는가? 우리에게 『이날』이 있음은 진실로 고절 36년 동안 누적한 희생의 소산이며 전 세계의 평화를 위하여 싸우던 우방의 후의로 인함이니 우리는 이날을 위하여 「이날」을 동경치 못할 우리 在天의 영령을 추도치 않을 수 없으며 聯合諸國의 의거에 대하여 滿腔의 謝意를 표명치 않을 수 없다.

울적하고 압축되었던 潛力이 순간에 폭발되고 일시에 반발하는지라 衝天하는 意氣, 저절로 常道와 正軌를 벗어나게 됨은 이 또한 자연이니 勢固當然하다 할 것이나 그러나 광복의 대업은 요원하고도 錯綜한지라 그러므로 하여서 더욱이 先後緩急의 질서는 절대로 유지되어야 할 것이며 대의명분의 기치는 선명하여야 할 것이다.

疆土는 잃었다 하더라도 삼천만 衆의 心頭에 응집된 國魂의 표상은 경술국변 이래로 망명지사의 기백과 함께 해외에 엄존하였던 바이니 오늘날 일본의 정권이 퇴각되는 이 순간에 있어서 이에

건립될 우리의 정부, 우리의 국가대표는 기미독립 이후로 구현된 『대한임시정부』가 최고요 또 유일의 존재일 것이다. 派黨과 色別을 초월하여서 이를 환영하고 이를 지지하고 이에 귀일함이 現下의 내외정세에 타당한 대의명분이나 舊政의 殘滓가 尙存한 작금에 있어서 우리 전 국민의 당면한 관심사는 우선

국민의 총의로써 우리 在重慶大韓臨時政府의 지지를 선서할 것

국민의 총의로써 연합각국에 사의를 표명할 것

국민의 총의로써 민정수습의 방도를 강구할 것

등이다. 政體政黨의 是非論도 이후의 일이며 政綱政策의 可否論도 이후의 일이니 이러해야 비로소 우리 대업의 巨步는 정정당당하다 할 것이다.

이에 僭越하나마 同憂의 責을 자부하는 발기인 일동은 연합군의 정식 내주와 인군의 무장해제를 당하여 국민총의의 所存을 성명할 필요를 느끼며 아울러 총의집결의 방법으로써 『국민대회』의 발회를 준비하는 바이니 現下의 실정은 만사가 임시적 편법이라 명실이 상부할 최선의 방법이 있을 수 없거니와 우리의 의도와 우리의 염원은 차선삼선일지라도 철두철미 대의명분의 지표를 고수하고 이를 구명코자 함에 있다.

만천하의 동포여 국가재건의 제일보를 위하여 『국민대회』의 기치 하에 삼천만 衆의 심혼을 응결하라. 그리하여 현재와 미래영겁에 우리의 행복과 번영을 期하라.

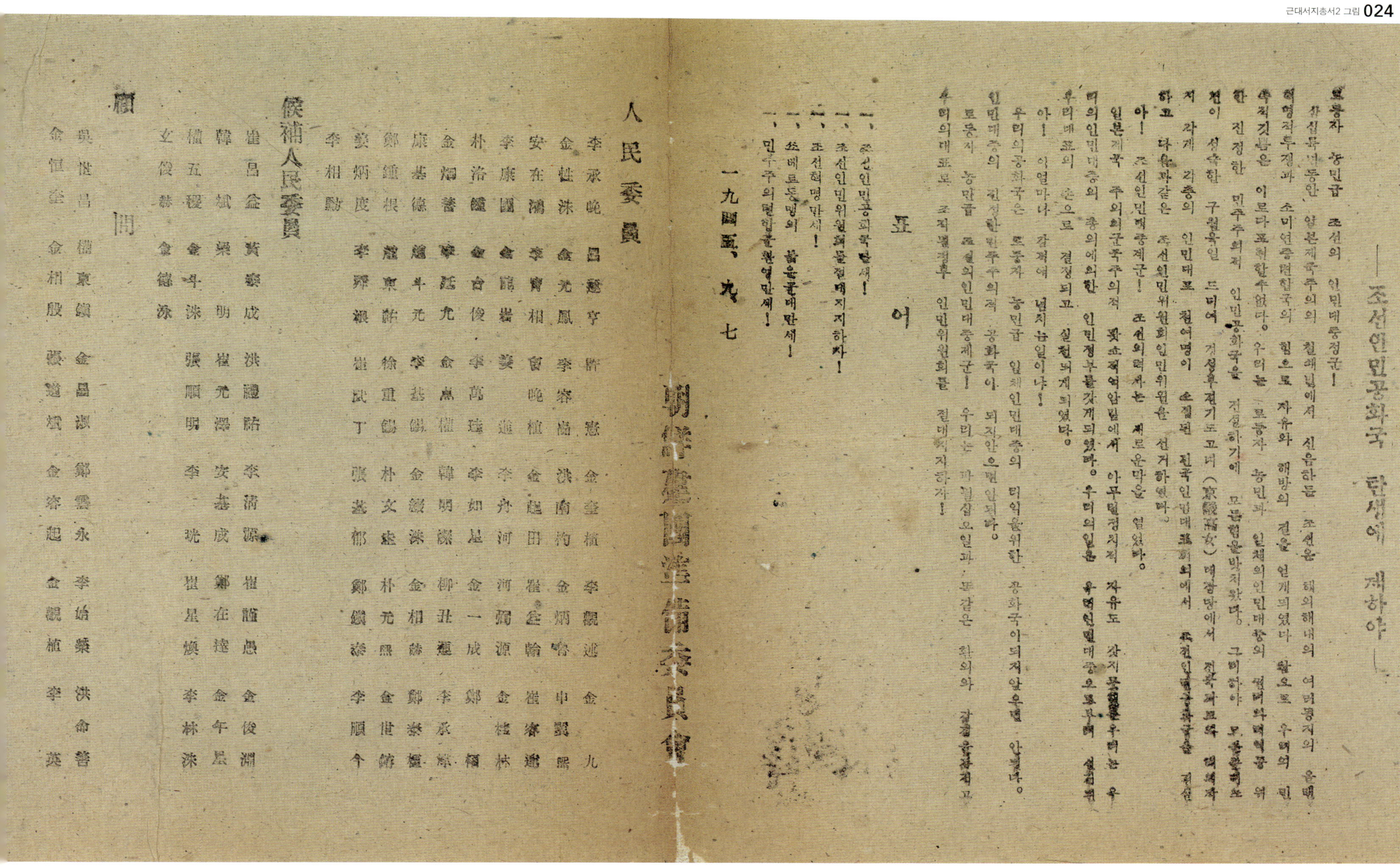

조선건국준비위원회 〈조선 인민 대중에게 격함—조선인민공화국 탄생에 제하여〉 1945.9.7

노동자 농민 급 조선의 인민대중제군!

36년 동안 일본 제국주의의 철쇄 밑에서 신음하던 조선을 해외해내의 여러 동지의 일대 혁명적 투쟁과 소미영중연합국의 힘으로 자유와 해방의 길을 얻게 되었다. 참으로 우리의 민족적 기쁨은 이루 다 표현할 수 없다. 우리는 노동자 농민과 일체의 인민대중의 격려와 이익을 위한 진정한 민주주의적 인민공화국을 건설하기에 모든 힘을 바쳐왔다. 그리하여 모든 ○○조건이 성숙한 9월 6일 드디어 경성부 경기도 高女(경기고녀) 대강당에서 전국 각도와 해외 각지 각계 각층의 인민대표 천어 명이 소집된 전국인민대표회의에서 조선인민공화국을 건설하고 다음과 같은 조선인민위원회인민위원을 선거하였다.

아! 조선인민대중제군! 조선의 역사는 새로운 막을 열었다.

일본 제국주의의 군국주의적 팟쇼적 억압 밑에서 아무런 정치적 자유도 갖지 못했던 우리는 우리의 인민대중의 총의에 의한 인민정부를 갖게 되었다. 우리의 일은 우리 인민대중으로부터 선거된 우리대표의 손으로 결정되고 실천되게 되었다.

아! 이 얼마나 감격에 넘치는 일이냐!

우리의 공화국은 노동자 농민 및 일체 인민대중의 이익을 위한 공화국이 되지 않으면 안 된다. 인민대중의 진정한 민주주의적 공화국이 되지 않으면 안 된다.

노동자 농민 및 조선의 인민대중제군! 우리는 8월 15일과 똑같은 환희와 감격을 느끼고 우리의 대표로 조직될 정부 인민위원회를 절대 지지하자!

표어

조선인민공화국 만세!

조선인민위원회를 절대 지지하자!

조선혁명 만세!

쏘베트동맹의 붉은 군대 만세!

민주주의연합군환영 만세!

朝鮮人民共和國政府發表 （九月十四日午後三時）

朝鮮人民共和國政府部署

主席　李承晩

副主席　呂運亨

國務總理　許憲

內政部長　金九（臨時代理 許憲）

外交部長　金奎植（臨時代理 呂運亨）

軍事部長　金元鳳（臨時代理 金世鎔）

財政部長　曹晩植

保安部長　崔容達

司法部長　金炳魯（臨時代理 許憲）

文教部長　金性洙（臨時代理 李萬珪）

宣傳部長　李觀述

經濟部長　河弼源

農林部長　康基德

保健部長　李萬珪

遞信部長　申翼熙（臨時代理 李康國）

交通部長　洪南杓

勞働部長　李胄相

書記長　李康國

法制局長　崔益翰

企書局長　鄭栢

조선인민공화국 정부 발표(조선인민공화국 정부 부서)
1945.9.14. 오후 3시

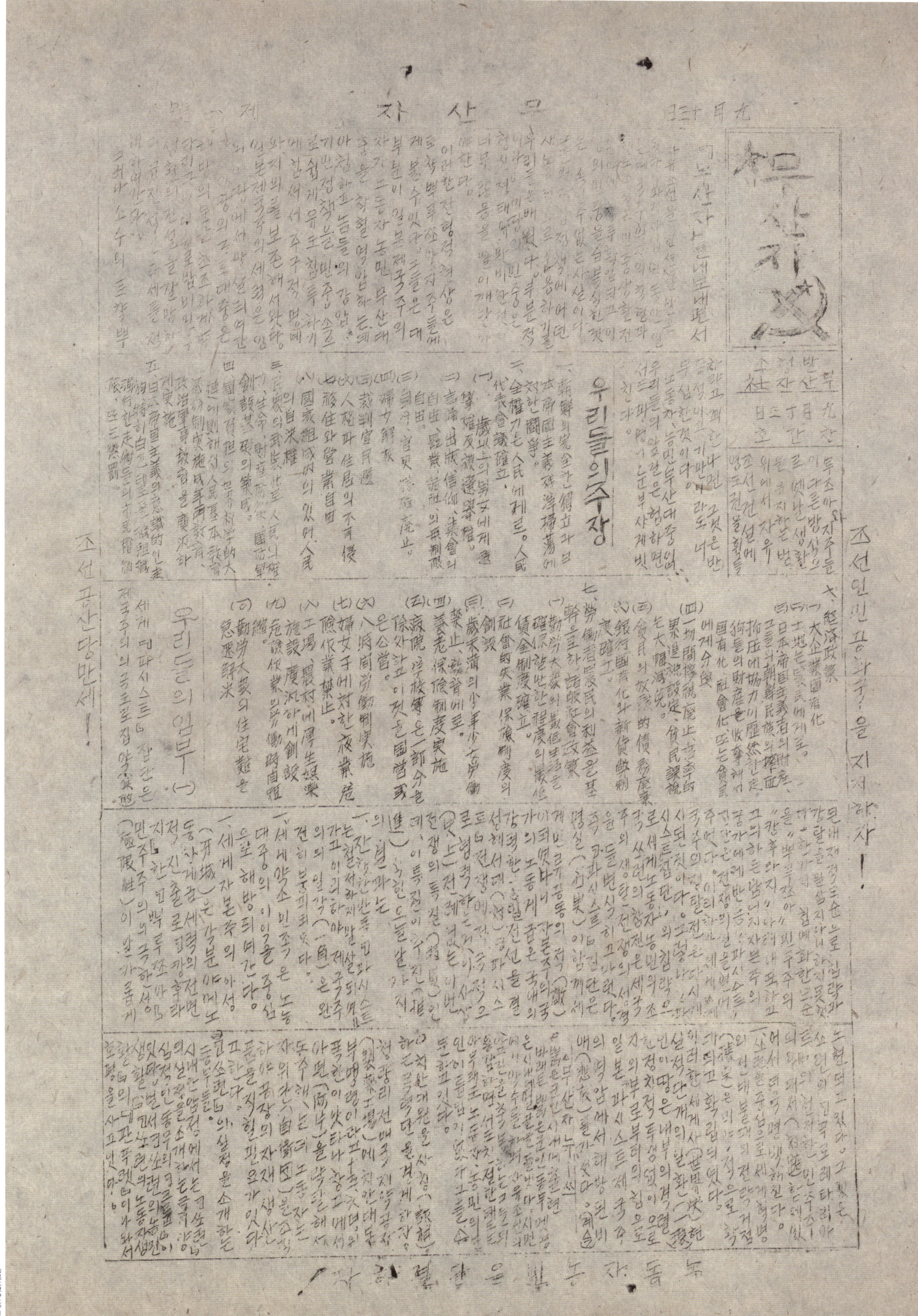

全市民諸君!

自由朝鮮은 드되여 實現되엿다。抑制者는 獲滅되엿다。解放者、蘇・米軍은 오날 來駐한다。解放의 깃뿜을 爆發식키자 歡呼하야 마지하자!

全市民諸君!

그러나 우리의 前途에는 幾多의 困難과 支障이 노여 잇다。우리는 完全獨立을 期하야 쎅々히 꾸준히 싸우지 안으면 안된다。

諸君은 勞農大衆과 鞏固히 結合하야 人民政府를 樹立하려고 鬪爭하지 아니하면 안된다。朝鮮의 完全獨立은 오즉 國民의 絕對多數者인 勞働者農民勤勞大衆의 政權把握에 依하야서만 達成된다。

全市民諸君!

諸君은 不純民族主義者들의 背反的 行動에 抗拒하고 勞働者農民의 革命的 勢力과 合流하라 오즉 社會主義朝鮮만이 中間階級의 利益을 擁護하며 確保하여 준다。一部反動分子의 惡宣傳을 斷乎一蹴하자! 自由朝鮮의 完全獨立 그것은 日本帝國主義者가 反共謀畧한 遺物이다。그때얻은 不正한 先入主見이다。自由朝鮮獨立의 達成을 否定하는 背反的 行動이다。힘써 人民戰線을 否認함은 朝鮮獨立의 達成을 否定하는 背反的 行動이다。勞農階級과 勤勞市民大衆의 人民戰線으로써 우리의 解放을 完成하자 銘記하라 國際的 支援은 오즉 우리의 强大한 勢力이 結成된때에만 獲得할수 잇슴을!!

◇ 蘇米軍 萬歲!

◇ 勞働者農民과 勤勞市民의 人民戰線萬歲!

◇ 朝鮮의 革命的 獨立萬歲!

◇ 勞働者階級의 唯一한 前衛戰鬪黨을 支持하자!

'노동자 농민과 근로 시민의 인민전선'을 촉구하는 좌익측의 격문 1945.9

전 시민 제군!
자유조선은 드디어 실현되었다. 억제자는 복멸되었다. 해방자, 蘇·米軍은 오늘 내주한다. 해방의 기쁨을 폭발시키자. 환호하여 맞이하자!
전 시민 제군!
그러나 우리의 앞길에는 수많은 곤란과 지장이 놓여 있다. 우리는 완전독립을 期하여 씩씩히 꾸준히 싸우지 않으면 안 된다.
제군은 불순 민족주의자들의 배반적 행동에 항거하고 노동자 농민의 혁명적 세력과 합류하라. 오직 사회주의 조선만이 중간계급의 이익을 옹호하며 확보하여 준다. 일부 반동분자의 악선전을 단호 일축하자!
그것은 일본 제국주의자가 반공모략한 유물이다. 그때 얻은 부정한 선입 주관이다. 자유조선의 완전독립에로의 전진은 오직 제군의 向背 如何가 큰 조건이 된다. 힘써 인민전선을 부인함은 조선 독립의 달성을 부정하는 배반적 행동이다. 勞農階級과 근로시민 대중의 인민전선으로써 우리의 해방을 완성하자. 銘記하라, 국제적 지원은 오직 우리의 강대한 세력이 결성된 때에만 획득할 수 있음을!!
◇蘇米軍 만세!
◇노동자 농민과 근로시민의 인민전선 만세!
◇조선의 혁명적 독립 만세!
◇노동자 계급의 유일한 前衛戰鬪黨을 지지하자!

═ 檄 ═

眼아 보았던야! 耳야 드럿느냐

오날 서울을 싸고도난 一大混亂은 그무엇을 像徵하난가인! 三千萬同胞

兄弟여! 精神을 차리자 또다시 녯날그대로 少數政客의 派爭은 全民族

으로 하야금 千邦萬丈의 泥濘에 싸치려고 蠢動한다

昔日의 丙子寃獄 己亥亂政 庚申黙鐵 己卯士禍 等々이며 中年에난 上海

北京이녀 本土와 亞領 서울 싀골 南火北風 이 모든 罪惡을 回顧한진대

참으로 소람이 끼칠뿐만이안가 오날의 亂麻形態는 呶呶치 안커니와

同胞兄弟여

△前車之覆은 後車之戒인저

建國元年九月 日

大韓義烈党本部

서울黃金町二丁目一六四一九번
電話本局一六四一九番

대한의열당 본부의 격문 1945.9

눈아 보았더냐! 귀야 들었느냐!
오늘 서울을 싸고도는 일대혼란은 그 무엇을 상징하는가?! 삼천만 동포 형제여! 정신을 차리자. 또다시 옛날 그대로 소수 정객의 파쟁은 전 민족으로 하여금 千邦萬丈의 泥濘에 빠뜨리려고 준동한다.
昔日의 丙子寃獄 己亥亂政 庚申黙鐵 己卯士禍 등등이며 중년에는 상해 북경이니 본토와 亞領, 서울 시골 남화 북풍이 모든 죄악을 회고할진대 참으로 소름이 끼칠 뿐만이 아닌가. 오늘의 亂麻形態는 呶呶치 않거니와 동포 형제여
△前車之覆은 後車之戒인저

急告

聯合軍一部가 七日에 入京할 豫定이든바 天候關係

로 因하야 八日로 延期되엿슴니다 聯合軍一部入京

本準備會는우리市民全體를動員하야街頭歡迎할行

列準備를着々進行中이든바 暫時的이나마아직警

察力이日本人의掌中에잇은것을奇貨로하야 彼等

은우리를日本國民의形式으로街頭歡迎行列에參加

식히고저彈庄하고잇슴니다

親愛하는三千萬同胞여!! 우리는隱忍自重하야近日

中우리臨時政府及聯合軍全體가入京時에우리白衣

同胞의高潔한本質을自由롭게發揮하면서誠意껏街

頭歡迎行列하기를約束하고 八日에聯合軍一部入

京時에는우리는歡迎叅加를拒否합시다

乙酉九月 日

우리獨立萬々歲!

京城鍾路中央基督敎靑年會舘內
(半島호텔에서二十五日移來함)

臨時政府及
聯合軍 歡迎準備會

임시정부 및 연합군 환영준비회 〈急告〉 1945.9

연합군 일부가 7일에 入京할 예정이던 바 天候 관계로 인하여 팔일로 연기되었습니다. 연합군 일부 입경 시 본 준비회는 우리 시민 전체를 동원하여 街頭歡迎할 行列 준비를 착착 진행 중이던 바 잠시적이나마 아직 경찰력이 일본인의 掌中에 있는 것을 奇貨로 하여 彼等은 우리를 일본국민의 형식으로 가두환영행렬에 참가시키고자 탄압하고 있습니다.
친애하는 삼천만 동포여!! 우리는 은인자중하여 근일 중 우리 임시정부 및 연합군 전체가 입경 시에 우리 백의동포의 고결한 본질을 자유롭게 발휘하면서 성의껏 가두환영행렬하기를 약속하고 8일에 연합군 일부 입경 시에는 우리는 환영참가를 거부합시다.

정진단 〈선언〉 1945.9

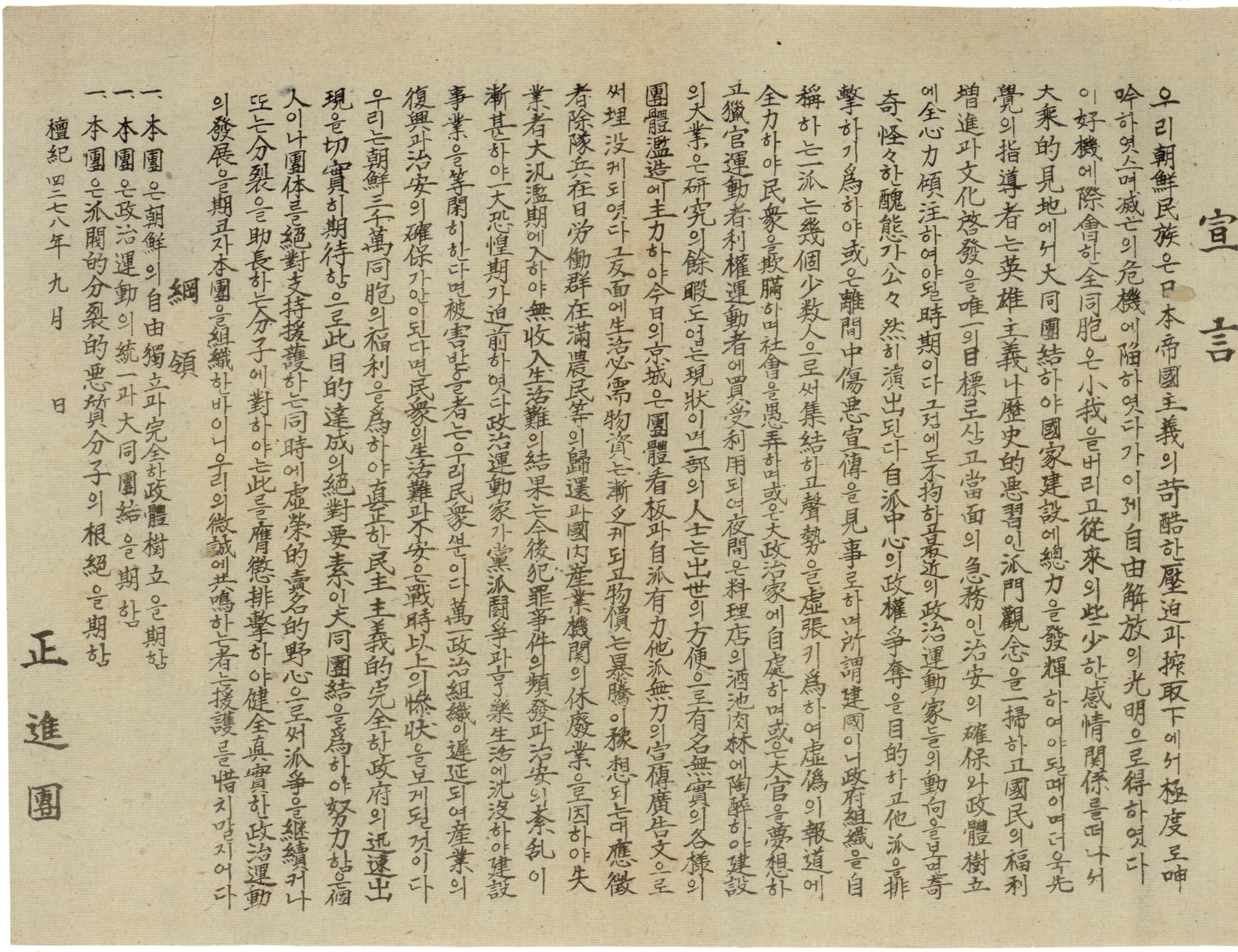

우리 조선민족은 일본 제국주의의 가혹한 압박과 착취 하에서 극도로 신음하였으며 멸망의 위기에 陷하였다가 이제 자유해방의 광명으로 得하였다. 이 호기에 제회한 전 동포는 小我를 버리고 종래의 사소한 감정관계를 떠나서 대승적 견지에서 대동단결하여 국가건설에 총력을 발휘하여야 될 때이며 더욱 선각의 지도자는 영웅주의나 역사적 악습인 파문 관념을 일소하고 국민의 복리증진과 문화계발을 유일의 목표로 삼고 당면의 급무인 치안의 확보와 政體 수립에 전 심력 경주하여야 될 시기이다. 그럼에도 불구하고 최근의 정치운동가들의 동향을 보면 奇怪<怪>한 추태가 공공연히 연출된다. 自派 중심의 정권 쟁탈을 목적하고 他派를 배격하기 위하여 혹은 이간 중상 악선전을 견사로 하며 소위 건국이니 정부조직을 자칭하는 일파는 幾個 소수인으로써 집결하고 성세를 허장기 위하여 허위의 보도에 전력하여 민중을 기만하며 사회를 우롱하며 혹은 대정치가에 자처하며 혹은 大官을 몽상하고 엽관운동자 이권운동자에 매수 이용되어 야간은 요리점의 주지육림에 도취하여 건설의 대업은 연구의 여가도 없는 현상이며 일부의 인사는 출세의 방편으로 유명무실의 各樣의 團體濫造에 주력하여 금일의 경성은 단체 간판과 자파유력 타파무력의 선전 광고문으로써 매몰케 되었다. 그 반면에 생활필수물자는 漸減케 되고 물가는 폭등이 예상되는데 응징자 제대병 재일노동군 재만농민 등의 귀환과 국내산업기관의 휴폐업으로 인하여 실업자 대범람기에 入하여 무수입 생활난의 결과는 금후 범죄사건의 빈발과 치안의 문란이 점심하여 일대공황기가 박전하였다. 정치운동가 당파투쟁과 향락생활에 침몰하여 건설사업을 등한히 한다면 피해 받을 자는 우리 민중뿐이다. 만일 정치조직이 지연되어 산업의 부흥과 치안의 확보가 안 된다면 민중의 생활난과 불안은 전시 이상의 참상을 보게 될 것이다. 우리는 조선 삼천만 동포의 복리를 위하여 진정한 민주주의적 완전한 정부의 신속출현을 절실히 기대함으로 此 목적달성의 절대요소인 대동단결을 위하여 노력함은 개인이나 단체를 절대 지지원호하는 동시에 허영적 賣名的 야심으로써 파쟁을 계속하거나 또는 분열을 조장하는 분자에 대하여는 此를 응징 배격하여 건전 진실한 정치운동의 발전을 期코자 본 단을 조직한 바이니 우리의 微誠에 공명하는 자는 원호를 惜치 말지어다.

강령

一. 본 단은 조선의 자유 독립과 완전한 政體 수립을 期함
一. 본 단은 정치운동의 통일과 대동단결을 期함
一. 본 단은 파벌적 분열적 악질분자의 근절을 期함

建國同盟政綱細目

一、自主政權의 樹立
二、人民代表會議의 急速結成
三、滿二十才以上男女의 選擧權及被選擧權의 確立
四、言論、出版、集會、結社、居住、信仰의 自由
五、
六、資本家富豪가所持한國家所要物件의隱匿及脫稅行爲에對한嚴罰
七、植民地文化政策의殘滓에對한掃蕩과自主的文化의建設
八、最低賃銀制의確立
九、八時間勞働制의確立
一○、婦人及少年勞働者의夜間作業、坑內作業、危險作業의禁止
一一、高度인累進所得稅의賦課와勞働者를爲한諸稅制의改革
一二、新管理通貨制確立과迅速的施行
一三、國軍編成의迅速化
一四、原則的으로土地는農民에게로
一五、重要生產、交通、通信機關은國有로
一六、重要企業商業、機關은國營으로
一七、勤勞者로中心한企業管理의實施
一八、農村協同組合의促進과農業生產部門에科學技術의積極的導入
一九、工業鑛業의計劃的擴充과技術者의計劃的動員●新技術者의大量養成
二○、婦人解放과男女平等權의確立
二一、封建的因襲의打破
二二、失業、養老、疾癈保險等各種社會保險의實施
二三、公營托兒所、幼稚園、養老院●姙產婦保養所의設立擴充
二四、敎育機關의大擴張●勤勞者敎育實施와그敎育費의國家補助또는負擔
二五、診療機關의公有化와社會衞生施設의擴充
二六、公營住宅公營食堂의增設
二七、健實한大衆娛樂機關의普及

建國同盟政綱細目

1. 자주정권의 수립
2. 인민대표회의의 급속결성
3. 만 이십 세 이상 남녀의 선거권 및 피선거권의 확립
4. 언론, 출판, 집회, 결사, 거주, 신앙의 자유
5.
6. 자본가 부호가 소지한 국가소요물건의 은닉 및 탈세행위에 대한 엄벌
7. 식민지문화정책의 잔재에 대한 소탕과 자주적 문화의 건설
8. 最低賃銀制의 확립
9. 8시간 노동제의 확립
10. 부인 및 소년 노동자의 야간작업, 갱내작업, 위험작업의 금지
11. 高度인 누진소득세의 부과와 노동자를 위한 諸稅制의 개혁
12. 新管理通貨制 확립과 신속적 시행
13. 국군편성의 신속화
14. 원칙적으로 토지는 농민에게로
15. 중요생산, 교통, 통신기관은 국유로
16. 중요기업 상업, 기관은 국영으로
17. 근로자를 중심으로 한 기업 관리의 실시
18. 농촌협동조합의 촉진과 농업생산부문에 과학기술의 적극적 도입
19. 공업광업의 계획적 확충과 기술자의 계획적 동원·신기술자의 대량 양성
20. 부인해방과 남녀평등권의 확립
21. 봉건적 인습의 타파
22. 실업, 양로, 疾癈 보험 등 각종 사회보험의 실시
23. 공영탁아소, 유치원, 양로원·임산부 보양소의 설립 확충
24. 교육기관의 대확장·근로자 교육 실시와 그 교육비의 국가보조 또는 부담
25. 진료기관의 공유화와 사회위생시설의 확충
26. 공영주택 공영식당의 증설
27. 건실한 대중오락 기관의 보급

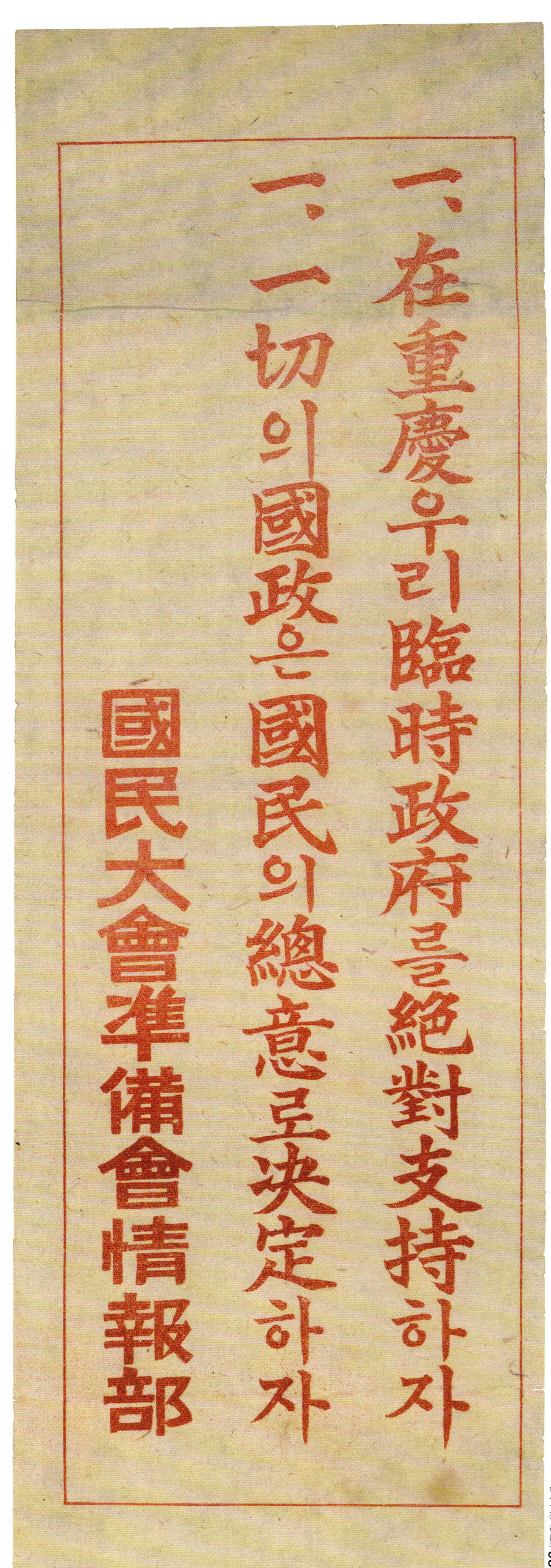

국민대회준비회 정보부의 표어

一. 在重慶 우리 임시정부를 절대지지하자
一. 일체의 국정은 국민의 총의로 결정하자

下級官公吏諸君에게 激告함 (乞回覽)

日本帝國정부에 隸屬되여 人間的自由와 進步의拘束과 阻害를받고 經濟的生活의 威脅을받는 下級言公吏 諸君들아!

三千萬朝鮮민족이 日本帝國主義의 羈絆을버서나 自主獨立의新國家를形成하야 全人類의自由意思의依한政權을 樹立하라고하는 이歷史的創建의날을마지하야 우리는新國家에 忠誠을다하며 人民總意로構成될政府에 積極的協力을盟誓하자。

帝國主義殖民政策의 奴隸的搾取에서 오날의 自由解放을얻 爲하야 犧牲된 國內國外의革命戰士와 聯合諸國戰士에게 感謝를表하며 우리들의 過誤를謝罪하고 淸算하자。

諸君들아! 오늘에所謂無血革命의참된 意義를把握하고 우리의歷史의使命을 遂行하자면 첫재로利己主義와 獨善的인 小市民의根性을버리고 勤勞大衆으로서의 生活態度을確立하며 둘재는個人主義的 一身의榮達을爲한 獵官的惡習을打破하고 機會主義的傍觀態度을리여 良心的信念下에 明確한見解를가지고 行動하자。

우리는 英雄主義的 寡頭專制정治는 勿論 資本主義的支配와搾取에依한 全人民의自由權과 生活權을 虐奪하라는 少數特權階級의정治機構와 經濟組織을排擊하자。

從來의 非良心的 獨善的인 指導者와 幹部들의 指揮와 命令을버서나 우리의 손으로破壞와 掠奪과 謀略을當하지안도록 우리의職場을지히자。

뜻을갓처하는동무여 이러한趣旨에서 建國同志會에 集結하자。

綱領

一、帝國主義的官僚態度를 淸算하고 勤勞大衆으로서의 生活視을確立하기를期함。

二、國民皆勞態勢를確立하고 勤勞大衆의生活을確保하는 新經濟組織의 樹立을期함

三、우리朝鮮의 勤勞者大衆의利益과 幸福을 保障하는 人民정府의 樹立을期함。

建國同志會

京城府淸進町一二四番鐵路골四側
電話光化門/一四九八番

건국동지회 〈하급관공리 제군에게 激告함〉

일본제국 정부에 예속되어 인간적 자유와 진보의 구속과 저해를 받고 경제적 생활의 위협을 받는 下級言公吏 제군들아!

삼천만 조선민족이 일본 제국주의의 羈絆을 벗어나 자주독립의 신국가를 형성하여 전 인류의 자유의사에 의한 정권을 수립하려고 하는 이 역사적 창조의 날을 맞이하여 우리는 신국가에 충성을 다하며 인민 총의로 구성될 정부에 적극적 협력을 맹서하자.

제국주의 식민정책의 노예적 착취에서 오늘의 자유해방을 얻기 위하여 희생된 국내국외의 혁명전사와 聯合諸國戰士에게 감사를 표하여 우리들의 과오를 사죄하고 청산하자.

제군들아! 오늘에 소위 무혈혁명의 참된 의의를 파악하고 우리의 역사적 사명을 수행하자면 첫째로 이기주의와 독선적인 소시민의 근성을 버리고 근로대중으로서의 생활태도를 확립하며 둘째는 개인주의적 일신의 영달을 위한 獵官的 악습을 타파하고 기회주의적 방관태도를 버려 양심적 신념하에 명확한 견해를 가지고 행동하자.

우리는 영웅주의적 과두전제정치는 물론 자본주의적 지배와 착취에 의한 전 인민의 자유권과 생활권을 학탈하려는 소수특권계층의 정치기구와 경제조직을 배격하자.

종래의 비양심적 독선적인 지도자와 간부들의 지휘와 명령을 벗어나 우리의 손으로 파괴와 약탈과 모략을 당하지 않도록 우리의 직장을 지키자

뜻을 같이 하는 동무여 이러한 취지에서 건국동지회에 집결하자.

강령

一. 제국주의적 관료태도를 청산하고 근로대중으로서의 생활관을 확립하기를 期함.

二. 國民皆勞態勢를 확립하고 근로대중의 생활을 확보하는 신경제조직의 수립을 期함.

三. 우리 조선의 근로대중의 이익과 행복을 보장하는 인민정부의 수립을 期함.

金金金金金金金金金金金金金金金金金金金金金金金金金金曹曹曹曹任南南奇奇奇鞠桂　具具具具具具具具　高高高高高高高高高
正道法洙武時用炳者敏漢濟鴻洛正熙萬臚炳明哲容鴻信鳳及時昌相夏觀憲科東燕圭亨　星鳳昌宮斗　　世泰炳聖本澄滋瓤永凡滋志相　在光水永羲華永
奎泰麟喆壽中茂魯水圭圭榮濟泳璟戊基洛根東鎬國晉均翼鎭學洙勳弼濟植白煥煥百珍煥淳春璞錫雄勤一鎬書俊赫玉祖根書觀暎俊旭文·煥完東澤定
金金
相日寂寬洛允俊鳴法基洪鎬鳴贊熙承孝度永永武元成相泰炳朔　文明根碩東　光禹然用善庸鍾麗重性淳與碩相鍾敎甲哲容在德重文曼永允泰日
敦永晉植泳羅玉善麟坤植弼亮淳俊植錫演煥喆永圭浩烈洙中燮鉉德培鎭植錬衡善城鉉亮性鉉　植鉉仁興玉龍億鍾英植車殷哲鉉根洙燮榮榮光鎬
李李李李李李李李李李李李李李李李李李　李李李李李李李李柳柳柳柳柳柳柳梁梁梁梁盧盧盧盧盧羅羅羅羅金金金金金金金金
鎭龍晶甲相正春休勤敏世軒鎬浩相時相英昌敏　熙寬鳳克源圭炳　貞榮容　基子志貞濟東源濟橒源就世承天壽百有景承明容塋泰鍾鍾彼學相大
壹範來成敦得昊烈求膚禎九柱呈殷玩學學煥弘蕭昇永九洙魯赫鳳憲仁烈國鐸英元厚永根善萬容博煥模湜愚佑錫鉉容春鎬奎均均勳基珏喆得善雨奉
李李李
承泰順　豐聖乙寅範奎甲源濟度道碩相鉉鍾起萬會元昌康恒得　曾正炳榮　　皐秉容丁能源容鍾東賢重起泰　光希斌鴻膺道庸鍾丙德象象先聖致殷
年榮鐸求熙植永英甲洙弘洛照濟奎規佑奎世竹極宰秀元植年憲林立洪俊淨華鎭穆奎雨喆植晙濟在熙鵬完羇雨宰承植洙衡憲洙濃松武範根鳳宰明
白白白白白白白白白白白白卞卞卞方朴朴朴朴林朴朴朴朴朴朴朴朴朴朴朴朴朴朴朴朴朴朴朴朴朴朴朴朴閔閔閔閔閔閔閔牟甽明
南永仁南南麟南南小泓涇寬壽鴻熙洙涼泰寬鶴容瓚鍾宗滕相平源晙柱容明斗秉仲古昌錫淳文準鍾儀明瓚用容元彰商癸丙圭庚泳丙丙昌虎道濟
祺基受鴻奎煥濟雲國峯均水洙天奎瑢源實遠燮田喜鉉華赫喆岡山植秉益羲蕎實來漢峰邱圭道禧圭萬陽煥熙淳海羲奎緒來植壽植輝吉德世植錫夷世
吳吳吳吳吳吳嚴嚴安安安安安安安安沈沈辛申申申申申中申申愼蘇孫孫孫孫孫孫孫孫宋宋宋宋宋薛薛成余徐徐徐徐徐徐徐徐徐徐徐徐
世弼翔景永錫鳳明柱栽昌鳳孝亭浩奉俊在鳳兌鳳　鉉東洪泰德公宰元鑞哲外奉錫基　在晉俊永錫南女　鍾　義樂廷成相東基恒相鳳基相渠丙容
昌泳殷淑基均彬燮天瑢南鎬相俊相鎬植德求鉉休玩彰旭均朔永淑休局植洙達祚臺翻角基泰模植夏憲滿雲根麟植薰基達巨巨燮錫瓚勳俊天鎬仁吉國
鄕鄕鄕鄕鄕鄕鄕鄕鄕鄕鄕鄕張張張張張鄕張張張張張張張張殷尹尹尹尹尹尹尹尹尹尹尹尹尹尹尹尹劉劉劉劉俞俞俞俞元
東琦顯求昶武　學吉晩基世準鍾光時世連澤錫震鉉起載　鉉鉉龍志子周聖鉉顯基相譜弘致　馨元弘治宅學在　洪明載錫貫興興鎭億致載乙朔
於琤模瑛容容鑅溶龍溶鋒權龍植好華煥松相英燮秀七沃性勃楠重河暎一杓容吉杓容殷善燮暎潭烈上宝衡塋起殷錫烈鍾五㸅壽山三熙彙敦午溶一燮
崔崔崔崔崔崔崔崔崔崔崔崔崔崔崔崔崔崔崔崔崔干車陳池池朱趙趙趙趙趙趙趙趙趙趙趙趙趙趙趙田錢金丁丁鄭鄭鄭鄭鄭鄭鄭鄭鄭鄭元
翰萬泰秉萬元淳泰承元文熙昌容　鉉養承箕秉養召大相洪載龍東潤鍾鍾鼎暖秉永憲炳鍾讓圭世在學鎭甲奎炳漢一珍機用載振宇元伊烈順魯仁
敎南旭錫東周泳萬寬烈松文均天培俊金寧濟吉王　根達基雄勳泌植九國奎夏源元泳玉悟鎬煥新新培漢淳七律吉亨容謨柱擧玹涇模衡模觀湜朔
孟文文文權權權權權權權權權權植黃黃黃洪洪洪洪洪洪洪洪洪郭郭郭郭　郭玄玄玄許許許咸咸咸咸咸河河河韓韓韓韓韓韓韓韓韓韓韓韓韓韓
基成奉箕基塋泰鎭命五泰義　承憙東文泳道淳鍾淳承鍾義元順　性柄鍾尙　福相濟東　　錫錫大憙尙龍祥錫泰德忠錫軫泰奎仁昇秉南國顯範
永洙錫玉淑奎憲洙柏璇陽善潭烈奎鎭哲洙哲　昌漢肅甲恒丑善吉燁燦夏夏干勳鈴山九明定政億然勳泰勤永勳鐵鋪辰洙權植完熙五柏鳳寅鎬洙鍾

한국민주당 발기인의 '결의'와 〈성명서〉 1945.9.8

결의

우리 독립운동의 결정체이요, 現下 국제적으로 승인된 대한민국 임시정부 외에 소위 정권을 참칭하는 일절의 多體 및 그 행동은 그 어떤 종류를 불문하고 이것을 단호 배격함.

右 결의함.

聲明書

一

일본의 포츠담 선언 수락에 의하여 우리 조선은 머잖아 자유 그리고 독립한 국가가 될 국제적 약속 아래 놓여 있다. 36년간 일본 제국주의의 철쇄 아래 압박 받고 신음하던 삼천만 민중이 이 광명과 자유의 날을 맞이할 때 그 환희와 열광이 어떠하랴. 우리는 연합국 특히 米中蘇英 4개 우방과 庚戌 이래 해외에 망명하여 혹은 砲烟彈雨의 전장에서 혹은 陰散冷酷한 철창 아래서 조국의 광복을 애쓰다가 쓰러진 무수한 동포 諸英靈 및 선배 諸公에게 감사를 드리지 않을 수 없다. 동시에 우리는 국내적으로 사상을 통일하고 결속을 공고히 하여 해외로부터 돌아오는 우리 대한민국임시정부를 맞이하고, 이 정부로 하여금 하루 바삐 4국 공동관리의 군정으로부터 완전한 자유독립정부가 되도록 지지 육성하지 않으면 안 될 것이다.

二

그런데 이 민족적 대의무, 大公道가 정해 있음에도 불구하고 소수인이 당파를 지어 『건국』이니 『인민공화국정부』이니를 참칭하여 己未 이래의 독립운동의 결정체요 국제적으로 승인된 在外 우리 임시정부를 부인하는 徒輩가 있다면 어찌 삼천만 민중의 용허할 바이랴.

지난 8월 15일 일본 항복의 報를 듣자 총독부 정무총감으로부터 치안유지에 대한 협력의 의뢰를 받은 여운형은 마치 독립정부 수립의 특권이나 맡은 듯이 4, 5인으로써 소위 건국준비위원회를 조직하고 혹은 신문사를 접수하며 혹은 방송국을 점령하여 국가건설에 착수할 뜻을 천하에 공포하였을 뿐 아니라 경찰서, 재판소 내지 은행, 회사까지 접수하려다가 실패하였다.

이 같은 중대한 시기에 일개 소수인으로서 방대한 치안문제가 선결되며 행정기구가 운행될 것으로 생각함은 망상이다 과연 곳곳에서 약탈 폭행이 일어나고 무질서 무통제가 연출되었다. 軍憲은 권력을 발동하여 시민에게 위협을 가하였다. 「建準」의 일파는 신문사 방송국으로부터 축출되고 가두로부터 遁치 않을 수 없게 되었다.

三

그 후의 하는 일은 무엇인가 四面楚歌 중의 呂安은 소위 위원을 확대한다 하여 소수의 지명인사를 그 건국준비위원회의 좁은 기구에 끌어 집어넣기에 광분하였다. 그러나 「建準」을 비난하는 자가 엽관운동자가 아닌 이상 그 위원 중의 하나로 임명된다고 옳다할 자는 없었다. 인심은 이탈하고 비난은 가중하매 그들은 각계각층을 망라한 450인의 인사를 초청하여 일당에서 시국대책을 협의할 것을 사회에 약속하였다. 그러매 同 建準 내에도 분열이 발생하여 간부 및 대론이 대두하였다. 이에 그 간부들 전원은 사표를 제출하고 소위 각계각층의 450명에게 초청장을 띄웠다고 신문에 발표하였다. 그러나 사실은 동 간부들 35명이 그대로 집합하여 呂安 사표 수리안은 18표 대 1표의 차로 겨우 유임되게 되었다.

四

일이 여기까지 이르면 발악밖에 남은 것은 없다. 그들은 이제 반역적인 소위 인민대회란 것을 개최하고 조선인민공화국정부란 것을 조직하였다고 발표하였다. 가소롭다 하기에는 너무도 사태가 중대하다. 출석도 않고 동의도 않은 국내지명인사의 명을 도용한 것을 말할 것도 없고 해외 우리 정부의 엄연한 주석 부주석 영수되는 諸英雄의 명명을 자기의 어깨에다 같이 놓아 某某 위원 운운한 것은 인심을 현혹하고 질서를 교란하는 죄 실로 萬死에 당한다. 그들의 언명을 들으면 해외의 임시정부는 국제적으로 승인받은 것도 아니요 또 하등 국민의 토대가 없이 수립된 것이니 이것을 시인할 것이 아니라는 것이다. 오호라, 邪徒여. 그대들은 현 대한임시정부의 요인이 기미 독립운동 당시의 임시정부의 요인이었으며 그 후 상해사변, 지나사변, 대동아전쟁 발발 후 중국 국민정부와 미국정부의 지지를 받아 중경 ◎ 워싱턴 ◎ 싸이판 ◎ 오키나와 등지를 전전하여 지금에 이른 사실임을 모르느냐, 동 정부가 카이

어떤 種類를不問하고 이것을斷乎排擊함

右決議한

聲明書

一

日本의 포츠담宣言受諾에依하야 우리朝鮮은未久에 自由且獨立한國家가될 國際的의約束下에놓여있다. 三十六年間日本帝國主義의鐵蹄下에 壓迫받고呻吟하든 三千萬民衆이 이光明과自由의날을맞이할때 그歡喜와熱狂이 어떠하랴. 우리는聯合國特히 米中蘇英四個友邦과庚戌以來海外에亡命或은砲煙彈雨의戰場에서 或은陰散冷酷한鐵窓下에서 祖國의光復을 쓰다가 썰어진無數한同胞諸英靈及先輩諸公에게 感謝를드리지않을수없다. 同時에 우리는國內的으로思想을統一하고 結束을堅固히하야 海外로부터 도라오는 우리大韓民國臨時政府를 마지하고, 이政府로하야금 하로밧비 四國共同管理의軍政으로부터 完全한 自由獨立政府가되도록 支持育成하지않으면안될것이다.

二

그런데 이民族的大義務, 大公道가 定해있음에도不拘하고 小數人이黨派를지어 「建國」이니 「人民共和國政府」니를僭稱하야 己未以來 獨立運動의結晶體요 國際的으로承認된在外우리臨時政府를否認하는徒輩가있다면 어찌三千萬民衆의容許할바이랴. 지난八月十五日 日本降伏의報를 듯자 總督府政務總監으로부터 治安維持에對한協力의依賴를받은 呂運亨은 마치獨立政權樹立의特權이나마 얻은듯이 所謂建國準備委員會를組織하고 或은新聞社를接收하며 或은放送局을占領하야 國家建設의特權이나마은듯이 天下에公布하얏슬뿐아니라 警察署, 裁判所乃至銀行會社까지 接收하려다가 失敗하얏다. 이가튼重大한時機에 一二小數人으로서 尨大한治安問題가解決되며 行政機構가運行될것으로 生覺함은妄想이다. 果然處々에서 掠奪暴行이이러나고 無秩序無統制가演出되얏다 軍憲은權力을發動하야 市民에게危務을加하얏다 「建準」의一派는 新聞社放送局으로부터 逐出되고街頭로부터 遁入치않을수없게되얏다.

三

그後의하는일은무엇인가 四面楚歌의呂安은 所謂委員會를擴大한다하야 小數의知名人士를 그建國準備委員會의좁은機構에, 끌어넣기에 狂奔하얏다 그러나 그들中의하나로任命되다고 是타하는者는없었다 人心은離脫하고 非難은加重하며 내부反對論이擡頭하얏다 이에 그幹部들全員은辭表를提出하고 所謂各界各層의 百五十名에게 招請狀을띄웟다고 新聞에發表하얏다 그러나事實은 同幹部들 三十五名이 그대로集合하야 呂安辭表受理案은 十八票對十七票의一票의差로 거우留任되게되얏다.

四

일이 여기까지이르면 發惡밖에 남은것은없다 그들은 이제叛逆的인 所謂人民大會란것을開催하고 朝鮮人民共和國政府란 것을組織하얏다고發表하얏다 可笑타하기에는 너무도事態가重大하다 出席도않고 同意도않은 國內知名人士의名을盜用한 것을 말할것도없고 海外우리政府의 儼然한主席副主席領袖되는 諸英雄의名々을自己의어깨에다 같이높아某々委員云々한 것은 人心을眩惑하고 秩序를攪亂하는 罪實로萬死에當한다 그들의言明을드르면 海外의臨時政府는 國際的으로承認받은것 도아니오 又何等國民의土臺가없이 樹立된것이니 이것을足認할것이아니라는것이다 嗚呼라邪徒여, 君等은現大韓臨時政府의要人이 己未獨立運動當時의臨時政府의要人이였으며 그後 上海事變, 支那事變, 大東亞戰爭勃發後 中國國民政府와 米國政府의支持를받어 重慶◦華盛頓◦싸이판◦沖繩等地를轉々하야 只今에이른事實을모로는가. 大韓臨時政府는 大獨立黨의土臺우에섯고 國內三千萬民衆의歡呼裡에 入京하랴한다 知名人士의 令名을빌엇다 自己威勢를보이랴는徒輩야 일즉이 汝等은 小磯總督官邸에서 合法運動을이르키랴다 嗤笑를當한徒輩이여 日本의壓迫이消漁[減]되자 政務總監, 京畿道警察部長으로부터 治安維持協力의委囑을받고 피를흘리지않고 政權을奪取하겟다는 野望을가지고나선 日本帝國의走狗들이다.

五

吾等은長久히 君等의傍若無人한 民心惑亂의 狂態를默認할수는없다 政府를僭稱하고 光復의英雄을汚辱하는 君等의行動은坐視할수없다 吾等의正義의快刀는 破邪顯正의義擧를斷行할것이다. 三千萬民衆이여 諸君은 이가튼徒輩들의 叛逆的言動에 眩惑치말고 民衆의眞正한意思를代表한 吾等의主義에共鳴하야 民族的一大運動을展開하지않으려는가.

一九四五年九月八日

韓國民主黨 發起人

姜仁澤　姜章洙　姜樂遠
金浪洙　金載學　金麟[illegible]
金相洽　金策一　金奉武
李熙宰　李壽福　李英輝
林鳳珍　林誠[illegible]
白南薰　白樂濬　白萬吉
吳[illegible]　吳[illegible]

로 회담의 三巨頭로부터 승인되고 샌프란시스코회의에 대표를 파견한 사실을 그대는 왜 일부러 은폐하려는가.

대한임시정부는 대독립당의 토대 위에 섰고 국내 삼천만 민중의 환호리에 입경하려 한다. 지명인사의 영명을 빌려 자기 위세를 보이려는 徒輩야, 일찍이 그대들은 小磯 총독관저에서 합법운동을 일으키려 嗤笑를 당한 도배이여, 해운대 온천에서 日人 眞鍋 某와 조선의 「라우렐」이 될 것을 꿈꾸던 도배이여, 일본의 압박이 消漁[減]되자 정무총감, 경기도 경찰부장으로부터 치안유지협력의 위촉을 받고 피를 흘리지 않고 정권을 탈취하겠다는 야망을 가지고 나선 일본제국의 주구들이다.

五.

우리들은 장구히 그대들의 방약무인한 민심 혹란의 광태를 묵인할 수는 없다. 정부를 참칭하고 광복의 영웅을 오욕하는 그대들의 행동은 좌시할 수 없다. 우리들의 정의의 쾌도는 파사현정의 의거를 단행할 것이다.

삼천만 민중이여, 제군은 이 같은 도배들의 반역적 언동에 현혹치 말고 민중의 진정한 의사를 대표한 우리들의 주의에 공명하여 민족적 일대운동을 전개하지 않으려는가.

計劃

一、歡迎 行事
가、歡迎行列
1) 正式 入城式때에 他団体와 連絡하여 所屬各本部会員 総動員으로 行하되 萬若 그러한 機会가 없는때엔 適當한 時日을 擇하여 獨自的으로 主要街路를 行進키로함
2) 会員二千餘名 総動員下 軍楽隊、管楽隊(以上 音楽建設本部主管)、輕音楽隊(演劇建設本部主管)를 行列中에 配置함
3) 会員은 各自 小型五仁国旗及大型標語旗、歡迎旗를 들고 行列에 参加함
4) 이에 所用되는 各種물건은 美術建設本部宣傳美術隊가 作成하되 物資에 関하여는 中協書記局内에 置한 物資獲得小委員会 이에 當함

나、建物、街頭装飾
会舘 其他建物装飾、重要街頭에 紀念塔、歡迎辞와 標語가든 아-치、포스터(美術本部宣伝美術隊 及文学建設本部主管)

다、歡迎歌、行進曲、歡迎出版物製作
1) 數種의 歡迎歌와 行進曲을 製作하며 一般에 普及토록함(文学本部及音楽本部主管)
2) 팜프러드·리-프레트로 歡迎詩集、歡迎文集等을 出版(文学本部主管)

라、歡迎音楽会開催
1) 主要都市에 歡迎音楽会를 開催하되 駐屯軍隊及帰還同胞를 対象으로 特色있는 楽曲을 擇할것
2) 国楽及洋楽을 適宜配置하여 移動的인 簡易音楽会도 準備할것

마、歡迎演劇公演
1) 春香傳等 傳統있고 華麗한것을 擇하여 駐屯軍隊及帰還同胞를 対象하여 公演할것(演劇本部劇団主管)
2) 輕音楽演奏会(演劇本部楽劇団主管)
3) 移動演劇隊、移動楽劇隊를 準備할것

바、記錄映画製作公開

조선문화건설중앙협의회 서기국 〈환영행사 및 기념사업 계획안〉 1945.9

요령
1. 연합군의 입성으로부터 시작되는 군대. 재외동포의 입성 및 귀환을 환영하는 행사와 이에 이어서 빛나는 자유독립을 기념하기 위하여 문화예술 각 부문(협의회 소속 각 건설본부)에 걸쳐 행하여야 할 사업의 개략을 제시함.
2. 연합군의 주둔 기간 내에 실행할 것을 목표로 하되 그의 철수 자료로 速할 時, 개중 시일을 요하는 사업은 연합군 철수 후에 亘하는 것도 있을 것을 상정하고 계획을 세움.
3. 환영행사와 기념사업을 표방하는 개인 혹은 단체, 또는 어떠한 단체나 개인이 기획하는 환영기념행사가 있을 것을 아는 때엔 상호연락을 취하여 혼란을 방지토록 하는 것은 물론이되 문화예술 부문만의 특색 있는 자주성을 가지고 행하는 것을 원칙으로 함.
계획

1. 환영행사
가. 환영행렬
1) 정식 입성식 때에 타 단체와 연락하여 소속 각 본부 회원 총동원으로 행하되 만약 그러한 기회가 없는 때엔 적당한 시일을 택하여 독자적으로 주요 街路를 행진키로 함.
2) 회원 2천여 명 총동원하 군악대, 관악대(이상 음악건설본부 주관), 경음악대(연극건설본부 주관)를 행렬 중에 배치함.
3) 회원은 각각 소형 5개국기 및 대형표어기, 환영기를 들고 행렬에 참가함.
4) 이에 소용되는 각종 물건은 미술건설본부 선전미술대가 작성하되 물자에 관하여는 中協 서기국 내에 置한 물자획득소위원회가 이에 當함.

나. 건물, 가두 장식
회관 기타 건물 장식, 중요 가두에 기념탑, 환영사와 표어가 든 아치, 포스터(미술본부 선전미술대 및 문학건설본부 주관)

다. 환영가, 행진곡, 환영출판물 제작
1) 數種의 환영가와 행진곡을 제작하여 일반에 보급토록 함(문학본부 및 음악본부 주관)
2) 팸플릿, 리플릿으로 환영시집, 환영문학집을 출판(문학본부 주관)

라. 환영음악회 개최
1) 주요 도시에 환영음악회를 개최하되 주둔군대 및 귀환동포를 대상으로 특색 있는 악곡을 택할 것.
2) 국악 및 양악을 適宜 배치하여 移動的인 간이음악회도 준비할 것.

마. 환영연극 공연
1) 춘향전 등 전통 있고 화려한 것을 택하여 주둔군 및 귀환동포를 대상하며 공연할 것(연극본부 극단 주관).
2) 경음악 연주회(연극본부 악극단 주관)
3) 이동극단, 이동악극대를 준비할 것.

바. 기록영화 제작 공개
1) 뉴스 공개
2) 기록영화를 작성하여 공개대회를 개최(영화본부 주관)

2. 기념사업

가. 중앙협의회 주관 사업
1) 문화종합강연회 개최
2) 문화전람회

나. 문학건설본부 주관 사업
1) 기념문 및 시집 출판
2) 국민가요 가사 현상모집
3) 기념문학 현상모집
4) 문예강연회

歡迎行事及紀念事業計劃案

中央協議會書記局提示

朝鮮文化建設中央協議會書記局

歡迎行事及紀念事業計劃案

中央協議会書記局提示

要領

一、聯合軍의 入城으로부터 시작되는 軍隊、在外同胞의 入城及帰還을 歡迎하는 行事와、이에 이어서 빛나는 自由獨立을 紀念하기 為하여 文化藝術各部門（協議会所属各建設本部）에 걸처 行하여야할 事業의 槪略을 提示함

二、聯合軍의 駐屯期間内에 実行할것을 目標로하되 그의 撤収가 料外로 速할時、個中 時日을 要하는 事業은 聯合軍撤収後에 亘하는것도 있을것을 想定하고 計画을 세움

三、歡迎行事와 紀念事業을 標榜하는 個人或은團體、또는 어떠한 團體나 個人이 企画하는 歡迎紀念行事가 있는것을 아는때엔 相互連絡을 取하여 混乱을 防止토록 하는것은 勿論이며 文化藝術部門만의 特色있는 自主性을 가지고 行하는것을 原則으로함

다. 음악건설본부 주관 사업
1) 기념 대음학회 개최
2) 애국가요(군가, 행진곡, 축제곡 기타) 발표 연주회 개최
3) 가곡 현상모집
4) 음악행진(연극부 소속 악극대와 협력)
5) 애국가요의 보급을 위한 街頭指揮週間 설치
6) 애국가요의 레코드 취입

라. 미술건설본부 주관 사업
1) 기념대미술전람회
2) 기록회화전람회
3) 소묘 제작과 街頭展
4) 이동미술전

마. 연극건설본부 주관 사업
1) 공동제작 신작품에 의한 기념대공연
2) 공동제작 신작품에 의한 악극대공연
3) 大野外劇

바. 영화건설본부 주관 사업
1) 기념극영화 제작
2) 장편기록영화

2. 愛國歌謠（單歌、行進曲、祝祭曲其他）発表演奏、会開催
3. 歌曲懸賞募集
4. 音楽行進（楽劇部所属楽劇隊外協力
5. 愛國歌謠의 普及을 爲한 街頭指揮週間設置
6. 愛國歌謠의 레코―드吹込

다、美術建設本部主管事業
1. 紀念大美術展覧会
2. 記録絵画展覧会
3. 素描製作과 街頭展
4. 移動美術展

다、演劇建設本部主管事業
1. 共同製作新作品에依한 紀念大公演
2. 楽劇大公演
3. 大野外劇

다、映画建設本部主管事業
1. 紀念劇映画製作
2. 長篇記録映画

소련군 총사령관 지스기야코프 대장의 〈포고〉

소련군 전 병사 장교의 이름으로 여러분의 해방된 조선 근로자 및 인텔리젠트에 반가운 인사 말씀을 드리겠습니다.
조선 민족은 다년간 일본제국주의의 질곡 아래 있습니다.
대원수 스탈린 동무의 지도하는 소련군은 조선을 해방하였습니다. 조선은 자유적 공화국이 되었습니다.
이때로부터 全 권력은 조선 민중의 손 안에 있습니다. 全 조선에 잇는 全 재산은 조선에 속합니다. 조선은 소련방과 손잡아 건실한 발전을 바랍니다. 이 순간으로부터 함남일대의 전 권력은 자유에 속합니다. 함남집행위원회에 속합니다. 전 도민 전부 民諸氏로 더불어 질서와 안녕을 지키기를 바랍니다. 오직 조선 민족의 노력이 있어야만 국가를 통일하여 나갈 수 있습니다. 조선의 독립운동에 파괴, 반역자, 친일파의 암약 행위를 발견한 때에는 곧 위원회에 告하여 미연 방지에 노력하여야 합니다. 금후로부터는 정권은 자유스러운 조선민족에 있습니다. 동시에 일본의 주권은 전부 말살되었습니다.
전 세계 민족 해방 만세!!
자유조선 만세!!
스탈린 동무 만세!!

1　뉴ー쓰 公開

2　記錄映画를 作成하여 公開大会를 開催 (映画本部主管)

二、紀念 事業

가、中央協議会主管事業

1　文化綜合講演会 開催

2　文化展覧会

나、文学建設本部主管事業

1　紀念文及詩集出版

2　國民歌謠歌詞懸賞募集

3　紀念文学懸賞募集

4　文芸講演会

다、音楽建設本部主管事業

1　紀念大音楽会 開催

蘇聯軍 總司領官 지스기야쯔푸대장 布告

소련군 전병사 장교의 이름으로 여러분의 해방된 조선 노
로자 밋 인테리겐차에 반가운 인사 말삼을 드리겟습니다。
조선民族은 다년간 일본제국주의의 질곡아래 잇습니다
대원수 (大元帥) 스타ー린 동무의 지도하는 소련군은 조선
을 해방하엿습니다 조선은 자유적 공화국이 되엿습니다。
아페로부터 全權力은 조선 민중의 손안에 잇습니다。全조선에
잇는 全재산은 조선에 속합니다 조선은 소련방과 손잡어
건설한 발전을 바랍니다。이순간으로부터 함남일대 (咸南一
帶)의 全권력은 자유에 屬합니다。咸南 집행위원회 (咸南
執行委員會)에 속합니다 전도민(道民) 전부 만계씨로더부러
질서와 안령를 직히기를 바랍니다。오즉 조선 민족의 노
력이 잇서야만 국가를 통일하야 나갈수 잇습니다。조선의 노
동립운동에 파괴、반역자、천일파의 암약 행위를 발건할쎄에
는 곳 위원회에 고(告)하야 미연방지 (未然防止)에 노력
하여야 합니다 금후로 부터는 정권은 자유스러운 조선민
족에 잇습니다。동시에 일본의 주권은 전부말살 되엿습니
다。
천세게 만족 해방만세!!
자유조선 만세!!
스타ー린 동무 만세!!

聲明書

一、朝鮮建國準備委員會와余의處地

朝鮮建國準備委員會는八月十五日로써發足하엿다。彈壓과混亂과의交錯하는途中에서強固한獨自的的目的意識으로그使命完遂의때문에邁進하여온것은否認할바못된다。余는最初부터이信條에서行動하엿다。現下朝鮮의政治的段階에서余의信奉하는政見은各層各界의士女들이超階級的또는超黨派的인處地를堅持하면서하루바삐우리三千萬民族大衆에게賦課된單一民族國家建設의大業을完遂하기에總意總力을集結하는데잇는것이니모든것을이目標로써出發、發展、歸結시켜야할것이다。即建準은朝鮮民族解放運動途程에서의超階級的協同戰線으로名實合致한過渡的인機構이아야한다。建準은獨自로서의政綱을가진政黨도아니오그運營者自身들때문에의細閣本部도아닌것이다。또그一時當面한任務로서國內秩序의自主的維持와大衆生活의確保및新國家建設의技術的인準備로서各方面의專門的인對策의研究와資材、材料의保管、管理에關한工作等々이다。即思想、技術兩面에걸치어嚴肅、果敢한實踐을要하는것이다。余는이굳은一念으로써忽々二十日間努力하여왓다。그러나이모든것이余의意圖와는背馳되는結果로됨에서余는斷然히引責勇退、副委員長의자리를떠낫다。

一、超階級的超黨派的見地에서各界勢力을總하하는目標로余로서의最善을다하엿다。余로서의滿足할成果는아즉不可能에갓가운事態이라余의引退는當然하다。

一、前述技術的인諸方面에잇어서도余로서는責任感을늑기지않을수없을만치調査、研究、立案、企劃等諸點에서아즉多分의未備잇다。余의引退는當然하다。

一、海外政權은그地域및思想體系에잇어서아즉歸十되지아니하엿고그革命戰士로서의功烈에는각각一律的인尊敬과友誼를가질바이지만余는重慶인臨時政府에最大한任務를許容하는것이當面必需의政策이라고믿는다。重慶臨時政府를全的으로承認하느냐?萬一의改造를要하느냐?는今後의事實問題로밀어두고重慶臨時政府를基準으로하로밧비新國家建設政權으로하여急速히國內整序를確立하고써統一民族國家建設途程에서些毫의碍滯없도록함을要함은多言을贅치안는바이니緊急當面한政治的要請에서이를支持하여야할것은現實當面한國際政局에의具眼者로서누구나一致할바이다。모든華美한理論도實踐에서國民大衆에게害惡을밋으는限그는至大한過誤인것이다。이點에關하야余의處地는建準에서全面的으로는許與되지안는다。余는引退함을要한다。

余는上述諸點에서첫재引責의意味로、둘재主見相異에因한矛盾의消却을爲하야建準副委員長의任을떠낫고事情에依하여는全面的引退까지를用意하고잇다。余는建準을떠남에잇어그곳同志諸氏에게惜別의情깊고特히畏敬하는呂運亨氏에게는情에서도不忍함도잇으나呂運亨氏또한公人으로서諒하시는바잇을줄牢信한다。

追記

余는建準을事實上退却한지이미四日以來의일이오、例의朝鮮國民黨은이미合同委員을뽑고外地各系統과合同準備中입으로그委員長의責을解除하엿고一切政治干與를끈헛다는余는方今各方面과아주無關係한一野人에돌아갓다。世間無根한風說과誤報에眩惑없또록늦으나마一言한것이다。

九月十日

安在鴻

안재홍의 성명서 〈조선건국준비위원회와 余의 처지〉
1945.9.10

조선건국준비위원회는 8월 15일로써 발족하였다. 탄압과 혼란과의 교착하는 도중에서 強固한 독자적인 목적의식으로 그 사명완수 때문에 매진하여 온 것은 부인할 바 못된다. 余는 최초부터 이 신조에서 행동하였다. 現下 조선의 정치적 단계에서 余의 신봉하는 政見은 각층각계의 士女들이 초계급적 또는 초당파적인 처지를 견지하면서 하루 바삐 우리 삼천만 민족 대중에게 부과된 단일 민족국가 건설의 대업을 완수하기에 총의 총력을 집결하는 데 있는 것이니 모든 것을 이 목표로서 출발, 발전, 귀결시켜야 할 것이다. 즉 建準은 조선민족해방운동 도정에서의 초계급적 협동전선으로 명실합치한 과도적인 기구이어야 한다. 建準은 독자로서의 정강을 가진 정당도 아니오, 그 운영자 자신들 때문에의 細閣本部도 아닌 것임을 따라서 다년간 해외에서 해방운동에 진췌하여 오던 혁명전사들의 지도적 결집체인 해외 정권과 대립되는 존재도 아닌 것이다. 또 그 일시 당면한 임무로서 국내 질서의 자주적 유지와 대중생활의 확보 및 신국가 건설의 기술적인 준비로서 각 방면의 전문적인 대책의 연구와 자재, 재료의 보관, 관리에 관한 공작 등등이다. 즉 사상, 기술 양면에 걸쳐 엄숙, 과감한 실천을 요하는 것이다. 余는 이 굳은 일념에서 忽忽 20일간 노력하여 왔다. 그러나 이 모든 것이 余의 의도와는 배치되는 결과로 됨에서, 余는

단연히 引責勇退, 부위원장의 자리를 떠났다.

一. 초계급적 초당파적 견지에서 각계 세력을 총결하는 목표로 余로서의 최선을 다하였다. 余로서의 만족할 성과는 아직 불가능에 가까운 사태이라 余의 引退는 당연하다.

一. 前述 기술적인 여러 방면에 있어서도 余로서는 책임감을 느끼지 않을 수 없는 만큼 조사, 연구, 입안, 기획 등 여러 점에서 아직 多分의 未備가 있다. 余의 引退는 당연하다.

一. 해외 정권은 그 지역 및 사상체계에 있어서 아직 귀일되지 아니하였고 그 혁명전사로서의 공렬에는 각각 일률적인 존경과 友誼를 가질 바이지만 余는 중경인 임시정부에 최대한 임무를 허용하는 것이 당면 필수의 정책이라고 믿는다. 중경임시정부를 전적으로 승인하느냐? 만일의 개조를 요하느냐?는 今後의 사실 문제로 밀어두고, 중경임시정부를 기준으로 하루 바삐 신국가 건설 정권으로 하여 급속히 국내 정서를 확립하고 통일민족국가 건설 도정에서 些毫의 碍滯 없도록 함을 요함은 多言을 贅치 않는 바이니 긴급 당면한 정치적 요청에서 이를 지지하여야 할 것은 현실 당면한 국제정국에의 具眼者로서 누구나 일치할 바이다. 모든 華美한 이론도 실천에서 국민 대중에게 해악을 미치는 한, 그는 지대한 과오인 것이다. 이 점에 관하여 余의 처지는 建準에서 전면적으로는 허여되지 않는다. 余는 引退함을 要한다.

余는 上述 여러 점에서 첫째 引責의 의미로, 둘째 主見 상이에 인한 모순의 소각을 위하여 建準 부위원장의 任을 떠났고, 사정에 의하여는 전면적 引退까지를 용의하고 있다. 余는 建準을 떠남에 있어 그곳 동지 諸氏에게 석별의 정 깊고 특히 畏敬하는 여운형 씨에게는 정에서도 부인함도 있으나 여운형 씨 또한 공인으로서 양하시는 바 있을 줄 牢信한다.

追記

余는 建準을 사실상 退却한지 이미 4일 이래의 일이오, 예의 조선민주당은 이미 합동위원을 뽑고 외지 각 계통과 합동 준비 중임으로 그 위원장의 責을 해제하였고, 일절 정치 간여를 끊었다는 余는 방금 각 방면과 아주 무관계한 한 야인에 돌아갔다. 세간 무근한 풍설과 오보에 현혹 없도록 늦으나마 일언한 것이다.

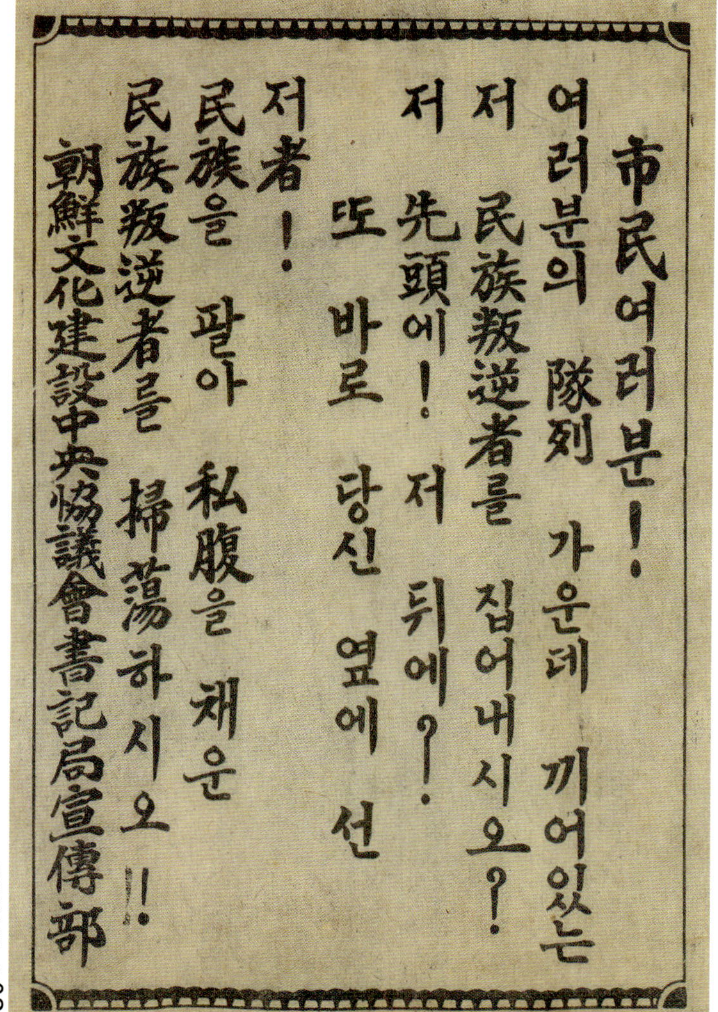

조선문화건설중앙협의회 서기국 선전국의 표어

"시민 여러분! 여러분의 대열 가운데 끼어있는 저 민족반역자를 집어내시오? 저 선두에! 저 뒤에? 또 바로 당신 옆에 선 저 자! 민족을 팔아 사복을 채운 민족 반역자를 소탕하시오!"

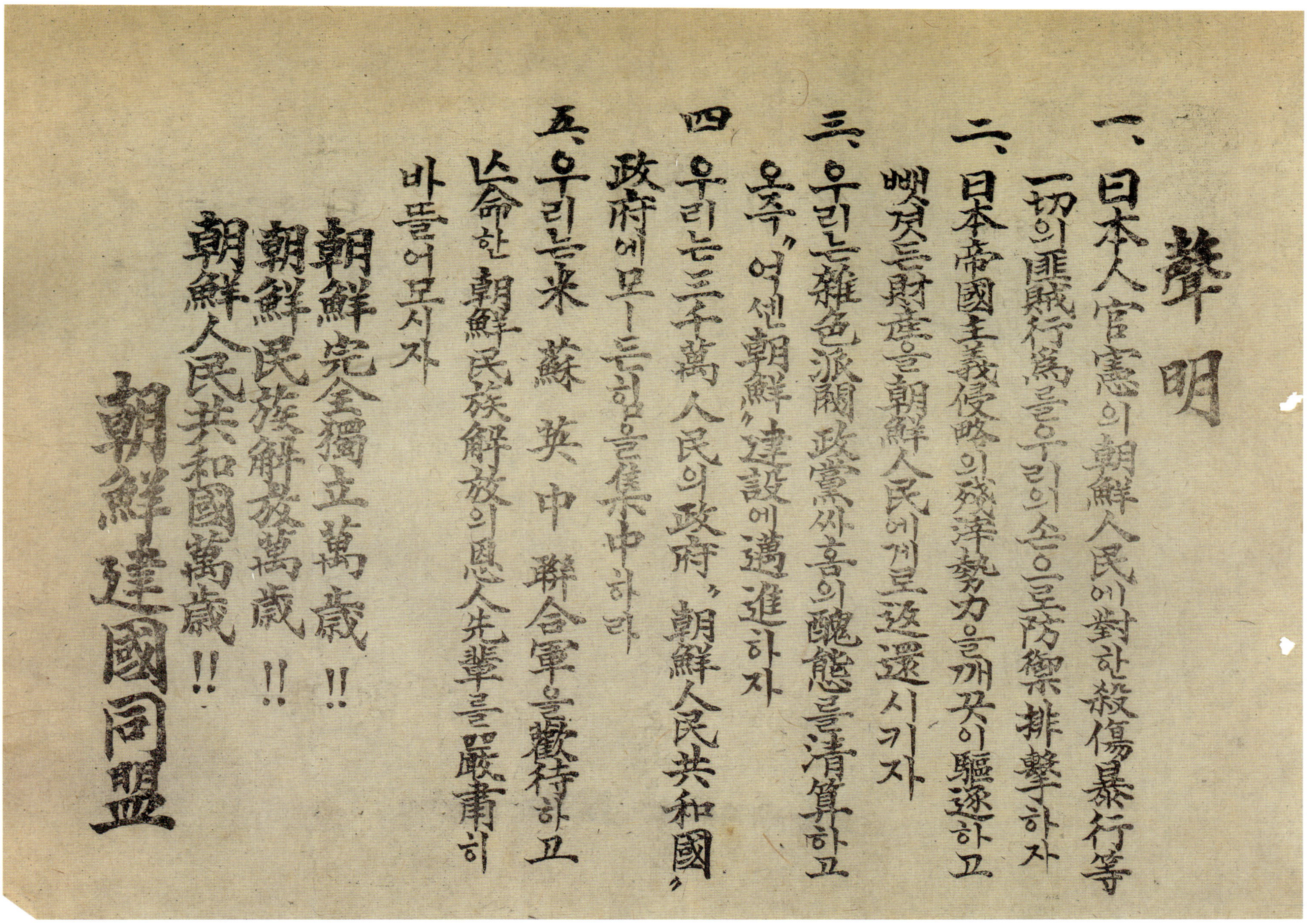

聲 明

一, 日本人官憲의 朝鮮人民에 對한 殺傷暴行等
一切의 匪賊行爲를 우리의 손으로 防禦排擊하자

二, 日本帝國主義侵略의 殘滓勢力을 깨끗이 驅逐하고
빼앗긴 財産을 朝鮮人民에게로 返還시키자

三, 우리는 雜色派閥政黨싸홈의 醜態를 淸算하고
"옥씬,여센 朝鮮"建設에 邁進하자

四, 우리는 三千萬人民의 政府 "朝鮮人民共和國"
政府에 모-든힘을 集中하라

五, 우리는 米 蘇 英 中 聯合軍을 歡待하고
亡命한 朝鮮民族解放의 恩人先輩를 嚴肅히
바들어모시자

朝鮮完全獨立萬歲!!
朝鮮民族解放萬歲!!
朝鮮人民共和國萬歲!!

朝鮮建國同盟

조선건국동맹 〈성명〉

一. 일본인 官憲의 조선인민에 대한 살상 폭행 등 일절의 비적행위를 우리의 손으로 방어 배격하자
二. 일본 제국주의 침략의 잔재 세력을 깨끗이 驅逐하고 빼앗겼던 재산을 조선인민에게로 반환시키자
三. 우리는 잡색파벌정당 싸움의 추태를 청산하고 오직 "억센 조선" 건설에 매진하자
四. 우리는 삼천만 인민의 정부 "조선인민공화국" 정부에 모든 힘을 집중하라
五. 우리는 米 蘇 英 中 연합군을 환대하고 망명한 조선민족해방의 은인 선배를 엄숙히 받들어 모시자
조선완전독립 만세!!
조선민족해방 만세!!
조선인민공화국 만세!!

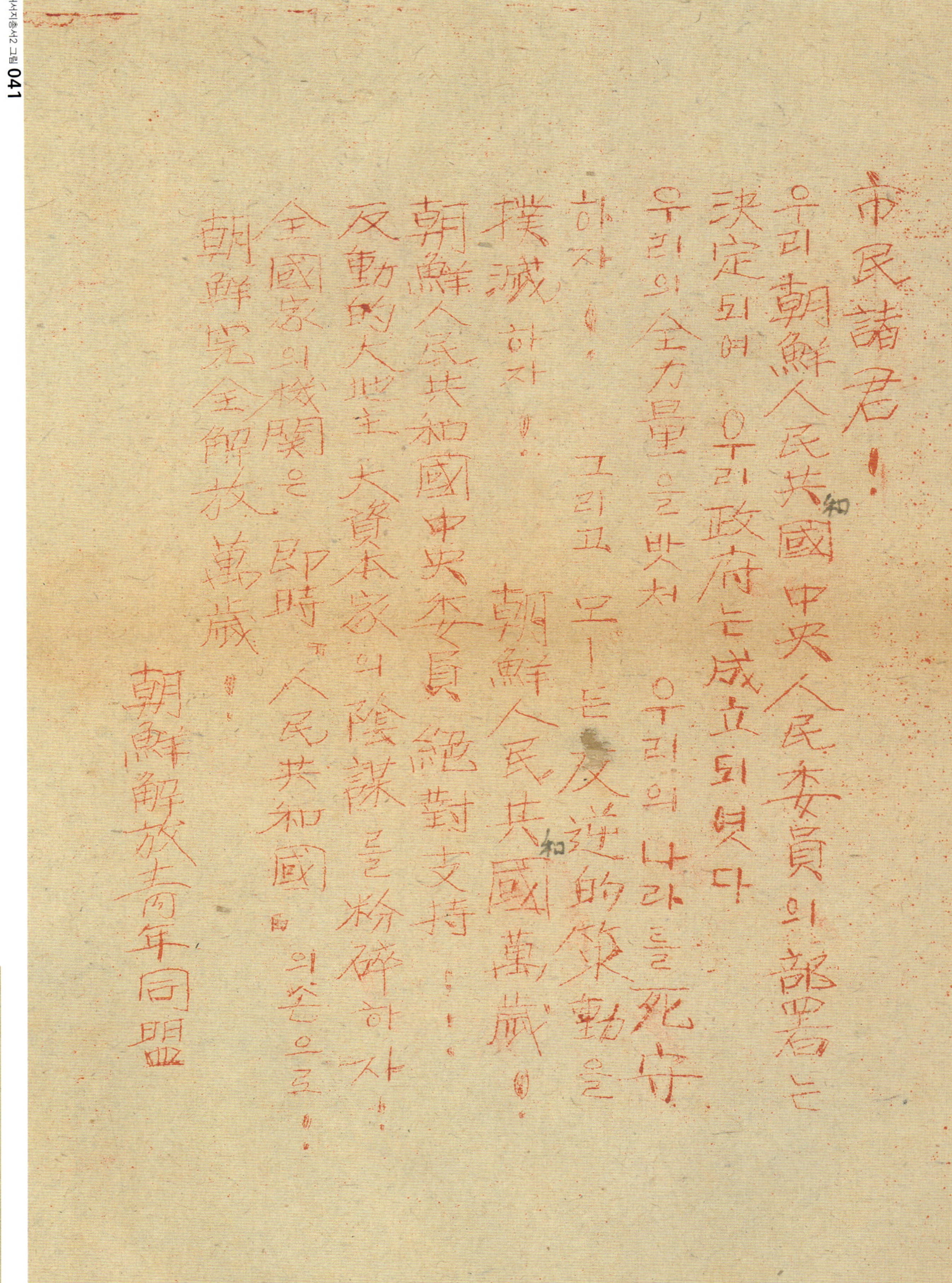

'조선인민공화국'을 지지하는 조선해방청년동맹의 필사본 격문

시민 제군!
우리 조선인민공국중앙위원의 부서는 결정되어 우리 정부는 성립되었다.
우리의 전 역량을 바쳐 우리의 나라를 사수하자! 그리고 모든 반역적 책동을 박멸하자! 조선인민공국 만세! 조선인민공화국중앙위원 절대 지지!! 반동적 대지주 대자본가의 음모를 분쇄하자! 전 국가의 기관은 즉시 인민공화국의 손으로! 조선완전해방 만세!

聲 明 書

建國準備委員會가 所謂朝鮮人民共和國이란 名稱
下에 下名等을 委員或은 顧問으로 發表하엿스
나 全然承諾한 事實이없을뿐만아니라 何等關係
가없음을 表明함

權東鎭
吳世昌
金性洙
金炳魯

권동진, 오세창, 김성수, 김병로의 건준위원 및 고문 발표에 관한 〈성명서〉

건국준비위원회가 소위 조선인민공화국이란 명칭하에 下名 등을 위원 혹은 고문으로 발표하였으나 전연 승낙한 사실이 없을 뿐만 아니라 하등 관계가 없음을 표명함

「팟쇼」를 排擊하고

民主主義原則에서 民族統一戰線을 完結하자!

나치쯤獨逸, 伊太利軍國主義日本은世界民主主義國家群의鬪門앞에審判받었다 世界第二次大戰은國際팟쇼를打倒하기爲하야全人類는敢然蹶起하였든것이아니였든가

우리民族은그國際「팟쇼」의一環인軍國主義日本에게直接壓迫搾取當하고그얼마나「팟쇼」라는것이殘惡無道한것인가를맛보아오지않었던가 八月十五日로써國際파시즘의本營은打倒되며 全人類는또다시平和와自由를爲하야建設戰에邁進하고있다 그러나地球우에뿌리깊이좀먹은國際파시즘의殘滓는再次擡頭코저이곳저곳에서最後의斷末魔的發惡을하고있다!!그것을우리는우리눈앞에있는것을잊어서는않된다 日本軍國主義가三十六年동안에單하나남겨놓고간큰膳物이곧이파시즘이다.

現在우리民族三千萬은民族統一戰線을絶叫하고있으며 完全自主獨立을爲하야不絕한努力을하고있다.

그러나이것을攪亂코저하는親日派民族叛逆者의무리가여기저기서갖인陰謀와兇計를策動하고있다 이것이다름아닌日本軍國主義가保護育成하여주든그殘滓勢力인것이다.

우리가日本軍國主義의暴惡한彈壓下에그와싸워오든主體的力量이發現되여結晶된것이朝鮮人民共和國이요 朝鮮人民共和國이야 말로우리民族이希求하여마지안는國家理念의表現이다 그리고 親日派民族叛逆者를除外한全民族은人民共和國의旗幟밑에모히여海外에서도라오는解放鬪士를모시려고苦待하였든것이다.

그런데 事態는豫期치않은方向으로돌고있다 親日派民族叛逆者는갖인策動으로써 海外에서도라오는解放鬪士를民衆과遊離식히고있다 即이들은新聖한民族統一戰線속에좀먹어드러와一身의延命策을꾀하는同時에또다시新政府의椅子를노리고過去의하든짓을되푸리하려고있다.

그들을萬一우리가民族統一戰線에排除치않으면우리는또다시日本軍國主義의壓迫과搾取보다더甚한壓迫과 搾取를朝鮮말하는日本놈에게받은것은覺悟하여야된다 그럼으로해쉬우리는斷乎이親日派民族叛逆者의策動을封鎖하지않으면안되는것이다.

보라 李承晩博士를둘러싼者누군가   왜李承晩博士는우리가期待튼바와어그러진方向으로혼자달리는가 이제또다시金九先生여러분을李承晩博士와같은구렁텅이로꼬집어넣을라는親日派民族叛逆者의策動이있다 一九日歡迎會의名稱을보라하ー지中將도金九先生도「個人의資格으로還國하였다」고實明하였다 그런데不拘하고이들親日派民族叛逆者는公々然히民族統一戰線을攪亂키爲하야그분들을朝鮮人民共和國과또한그를支持하고있는全人民과離間코지그名稱을어리석은文句로써붙이고있지않는가 이歡迎會도亦是親日派民族叛逆者의陰謀로쒸演出된一大喜劇에지나지않는것이다.

同胞여! 蹶起하라!

日本軍國主義의殘滓勢力을掃蕩하기爲하야 우리民族은總蹶起하지않으면祖國은또다시暗黑으로도라가는것이다.

그러나眞理는언제나나빛나는것이요 正義는반드시勝利하는것이다 眞理가나며正義가勝利하는날도遠의將來다 最後의끝은迫到하였다 最後의한숨이다.

한目標로! 親日派民族叛逆者를除外하자!

한마음으로! 民族統一戰線完結에힘차게나서자!

한사람과같이! 進步的民主々義政府朝鮮人民共和國을絶對支持하자!

朝鮮人民共和國萬歲!

朝鮮靑年總同盟萬歲!

朝鮮靑年總同盟

조선청년총동맹 〈팟쇼를 배격하고 민주주의 원칙에서 민족통일전선을 완결하자!〉

나치즘 독일, 이태리 군국주의 일본은 세계 민주주의 국가군의 군문 앞에 심판받았다. 세계제2차대전은 국제 팟쇼를 타도하기 위하여 전 인류는 敢然 궐기하였던 것이 아니었던가.

우리 민족은 그 국제「팟쇼」의 일환인 군국주의 일본에게 직접 압박 착취당하고 그 얼마나「팟쇼」라는 것이 잔인무도한 것인가를 맛보아오지 않았던가. 8월 15일로써 국제파시즘의 본영은 타도되고 전 인류는 또다시 평화와 자유를 위하여 建設戰에 매진하고 있다. 그러나 지구 위에 뿌리깊이 좀먹은 국제파시즘의 잔재는 재차 대두코자 이곳저곳에서 단말마적 발악을 하고 있다!! 그것을 우리는 우리 눈앞에 있는 것을 잊어서는 안 된다. 일본 군국주의가 36년 동안에 단 하나 남겨 놓고 간 큰 선물이 곧 이 파시즘이다.

현재 우리 민족 삼천만은 민족통일전선을 절규하고 있으며 완전 자주독립을 위하여 부단한 노력을 하고 있다. 그러나 이것을 교란코자 하는 친일파 민족반역자 무리가 여기저기서 갖은 음모와 흉계를 책동하고 있다. 이것이 다름 아닌 일본 군국주의가 보양 육성하여주던 잔재세력인 것이다. 우리가 일본 군국주의의 포악한 탄압하에 싸워오던 주체적 역량이 발현되어 결정된 것이 조선인민공화국이요, 조선인민공화국이야말로 우리 민족이 희구하여 마지 않는 국가 이념의 표현이다. 그리고 친일파 민족반역자를 제외한 전 민족은 인민공화국의 깃발 밑에 모여 해외에서 돌아오는 해방투사를 모시려고 고대하였던 것이다.

그런데 사태는 예기치 않은 방향으로 돌고 있다. 친일파 민족반역자는 갖은 책동으로써 해외에서 돌아오는 해방투사를 민중과 유리시키고 있다. 즉 이들은 신성한 민족통일전선 속에 좀먹어 들어와 일신의 구명책을 꾀하는 동시에 또다시 신정부의 의자를 노리고 과거에 하던 짓을 되풀이하려고 있다.

그들은 만일 우리가 민족통일전선에 배제치 않으면 우리는 또다시 일본 군국주의의 압박과 착취보다 더 심한 압박과 착취를 조선말 하는 일본놈에게 받을 것을 각오하여야 된다. 그럼으로 해서 우리는 단호히 친일파 민족반역자의 책동을 봉쇄하지 않으면 안 되는 것이다.

보라! 이승만 박사를 둘러싼 자 누군가. 왜 이승만 박사는 우리가 기대하던 바와 어그러진 방향으로 혼자 달리는가. 이제 또다시 김구 선생 여러분을 이승만 박사와 같은 구렁텅이로 끄집어 넣으려는 친일파 민족반역자의 책동이 있다. 19일 환영회의 명칭을 보라. 하-지 중장도 김구 선생도「개인의 자격으로 환국하였다」고 언명하였다. 그런데 불구하고 이들 친일파 민족반역자는 공공연히 민족통일전선을 교란키 위하여 그분들을 조선인민공화국과 또한 그를 지지하고 있는 전 인민과 이간코자 그 명칭을 어리석은 문구로 써 붙이고 있지 않는가. 이 환영회도 역시 친일파 민족반역자의 음모로써 연출된 일대 희극에 지나지 않는 것이다.

동포여! 궐기하라!

일본 군국주의의 잔재세력을 소탕하기 위하여 우리 민족은 총궐기하지 않으면 조국은 또다시 암흑으로 돌아가는 것이다.

그러나 진리는 언제나 빛나는 것이요 정의는 반드시 승리하는 것이다. 진리가 빛나며 정의가 승리하는 날도 불원의 장래다. 최후의 끝은 박도하였다. 최후의 한숨이다.

자, 한 목표로! 친일파 민족반역자를 제외하자!

  한 마음으로! 민족통일전선 완결에 힘차게 나서자!

  한 사람과 같이! 진보적 민주주의 정부 조선인민공화국을 절대 지지하자!

朝鮮人民共和國萬歲!

朝鮮靑年總同盟萬歲!

나아가 우리民族이 將來할 世界의 新文化建設에 뚜렷한 貢獻이 있기를 쐬할진대 보다도 完璧無缺한 自主獨立國家로서 힘차게 發展해야 될것이다. 이는오직 專制와 拘束 없는 大衆本位의 民主々義制度알에 皆勞皆學으로써 國民의 生活과 敎養을 向上시기며, 히 勤勞大衆의 福利을 增進시켜 毫末의 差別도 重壓도 없기를 期한다. 그리하야 우리는 民의 自由로운 發展을 保障하며 全民族의 團結된 總力을 기우려, 써國家의 基礎를 磐石우에 두고 世界新文化建設에 邁進하랴 한다.

同志여, 모이라! 韓國民主黨의 旗발알에로.

綱領

一、朝鮮民族의 自主獨立國家 完成을 期함
二、民主主義의 政體樹立을 期함
三、勤勞大衆의 福利增進을 期함
四、民族文化를 昂揚하야 世界文化에 貢獻함
五、國際憲章을 遵守하야 世界平和의 確立을 期함

政策

一、國民基本生活의 確保
二、互惠平等의 外交政策樹立
三、言論、出版、集會、結社及信仰의 自由
四、教育及保健의 機會均等
五、重工主義의 經濟政策樹立
六、主要産業의 國營又는 統制管理
七、土地制度의 合理的 再編成
八、國防軍의 創設

朝鮮民族國家萬歲!!
凱旋大韓政府萬歲!!
革命同志先輩萬歲!!
韓國民主黨萬歲!!

一九四五年九月

韓國民主黨

한국민주당의 대한임시정부 지지 〈선언〉 1945.9

일본 제국주의의 鐵鎖는 끊어졌다. 血汗의 투쟁! 참으로 36년, 세계사의 전환과 함께, 우리는 드디어 광복의 대업을 완성하게 되었다. 그리하여 우리는 반만 년의 빛나던 역사를 도로 밝혀 완벽 무결한 자주독립의 국가로서 久遠의 발전을 약속하게 되었다.

삼천만 가슴에 들끓어 용솟음치는 오늘의 기쁨이여! 이 기쁨은 곧 혁명 동지들에게 바치는 감사로 옮겨지고 더욱이 抱恨終天하신 순국제현에 생각이 사무치매 도리어 못내 슬플 뿐이다. 참으로 이 크나큰 광복의 공훈은 海內海外의 감춰진, 무수한 혁명 동지들의 혈한의 결정이 아니고 무엇이랴.

우리는 머지않아 해외의 개선 동지들을 맞이하려 한다. 더욱이 隣邦 중경에서 고전역투하던 대한임시정부를 중심으로 결집한 혁명 동지들을 생각건대, 그들은 두 번 거듭하는 세계의 대풍운을 타서 안으로 국내의 혁명을 고동하며 밖으로 민족의 生脈을 국제간에 顯揚하면서, 나중엔 군국주의 박멸의 一翼로 당당한 명분 아래 盟邦 中米蘇英 등 연합군에 끼어 빛나는 무훈까지 세웠다. 오늘의 기꺼운 광복 성취가 이 어찌 우연한 바이랴.

우리는 맹서한다. 중경의 대한임시정부는 광복 벽두의 우리 정부로서 맞이하려 한다.

그리고 또 우리는 약속한다. 군국주의의 戰壘를 爆滅하고 세계평화를 확립시키는 세기적 건설기를 당하여 자주독립을 회복한 우리는 盟邦諸國에 최고의 사의를 표하는 한편으로 국제평화의 대헌장을 끝까지 준수 확충하려 한다.

나아가 우리 민족이 장래에 할 세계의 신문화 건설에 뚜렷한 공헌이 있기를 꾀할진대 무엇보다도 완벽 무결한 자주독립국가로서 힘차게 발전해야 될 것이다. 이는 오직 전제와 구속 없는 대중 본위의 민주주의제도 아래 皆勞皆學으로써 국민의 생활과 교육을 향상시키며, 특 히 근로대중의 복리를 증진시켜 毫末의 차별도 중압도 없기를 期한다. 그리하여 우리는 전 국민의 자유로운 발전을 보장하며 전 국민의 단결된 총력을 기울여, 국가의 기초를 반석 위에 두고 세계 신문화 건설에 매진하려 한다.

동지여, 모이라! 한국민주당의 깃발 아래로.

강령
一. 한국민족의 자주독립국가 완성을 期함
二. 민주주의 政體 수립을 期함
三. 근로대중의 복리 증진을 期함
四. 민족문화를 앙양하여 세계문화에 공헌함
五. 국제헌장을 준수하여 세계평화의 확립을 期함

정책
一. 국민기본생활의 확보
二. 호혜평등의 외교정책 수립
三 . 언론, 출판, 집회, 결사 및 신앙의 자유
四. 교육 및 보건의 기회균등
五. 중공주의의 경제정책 수립
六. 주요산업의 국영 또는 통제관리
七. 토지제도의 합리적 재편성
八. 국방군의 창설

한국민족국가 만세!!
개선대한정부 만세!!
혁명동지선배 만세!!
한국민주당 만세!!

大震黨 京城 特使隊 一同 〈경고문〉 1945.9.14

夢寐에 그리던 고국산천에 들어온 지 半朔 만에 삼가 이천육백만 동포 제군에게 고한다. 물론 이 경고문은 在重慶 본 당의 지령에 의해서 발표하는 바이니 동포 제군은 일독 숙고하여 언동을 바로 잡기 바란다.

一. 조선의 정통 유일한 정부는 재중경 「대한민국임시정부」이다. 그 외에 정부를 참칭하거나 혹은 정부 수립을 기도하는 망국적 徒輩의 책동을 일절 배격하라!

二. 소위 「조선인민공화국」은 一黨治國과 공식적 계급혁명을 꿈꾸는 일부 망국의 야심배들의 위조물이니 동포 제군은 현혹되지 말라!

三. 특히 학도 제군과 청소년 제군에게 경고한다. 제군은 前記 망국의 도배들의 기만적 책동에 악용 당하고 있지 않는가? 제군은 좀 더 냉정한 이성과 예리한 비판력으로써 대국을 정당히 통찰하라!

四. 노동자와 농민 대중에게 고한다. 제군은 일부 소아병적 공식주의 중독자들의 암약과 책동을 엄계하라! 「대한민국임시정부」는 제군의 생활을 향상시키고 복리를 증진함에 가장 힘쓰고 연구하여 좋은 선물을 가지고 올 것이다.

五. 각당각파는 일치대동단결하여 조선의 완전독립을 획득하도록 힘쓰라! 지방성과 당파성을 고집하는 자는 자주독립을 방해하는 망국적 해충이다!

六. 사리행위로써 일본인의 부동산과 동산을 사는 자는 민족의 적이다.

조선의 자주독립을 방해하는 망국의 도배로서 끝까지 반성치 않는 경우에는 적당히 처치하라는 본 당의 엄숙한 명령을 받았음을 부언한다.

韓國民主黨發起人聲明書에 對한 聲討文

一

半世紀間의 殺人的 封鎖下에서 突發的으로 獲得한 言論出版의 自由는 萬籟交發의 新現象을 社會局面에 現出하고 잇다. 勿論 반가운 現象이다. 그러나 歷史的 動向과 人民의 眞意를 全然無視하고 政治的 中傷을 傍若無人한 態度로서 紙筆에 表現한다면 이는 當事者의 個人的 錯誤에 그치지안코 도로혀 社會人의 耳目을 混亂케하야 現在 解放途中에 잇는 새 朝鮮을 致命的으로 妨害하는 것이다. 우리는 이러한 重大한 觀點에서 韓國民主黨發起人聲明書에 對하야 冷靜히 數個條의 聲討를 天下에 公布하는 바이다.

二

該聲明書는 在外 韓國臨時政府를 우리 三千萬民衆이 永久히 支持할 것을 民族的 大義務, 大公道라고 高調하엿다. 勿論 이 政府構成員이 多年間 海外에 잇서서 民族解放戰線에서 偉大한 貢獻을 한 것은 누구나 否認치안는 바이다. 그러나 日本帝國主義의 植民地的 鐵鎖下에서 日常生活을 通하여 直接으로 惡戰苦鬪하며 九死一生하여온 巨大한 部隊는 海外에 잇지안코 도로혀 海內에 잇는 우리 三千萬同胞 그 中 特히 汗血로써 武裝한 絶大多數인 勞農大衆이 아닌가. 이것이 今日 國家的 獨立과 民族的 解放의 主體者가 되고 잇지안는가. 該聲明書의 重外輕內한 認識的 錯誤는 그 理由가 那邊에 잇는가. 該臨時政府도 最近 自己存在性의 限界를 言明하야 그 存續與否를 將次 民意에 물으려 한바 이른바 韓國民主黨發起人들은 어찌 大膽하게도 大義務, 大公道란 莊嚴한 句로서 民意를 壟絡하야 公論을 抑制하려는가. 이러한 言動은 結局 一種 少數人의 自階級의 崩壞를 擁護하려기 爲하여 海外政權에게 無原則的으로 迎合納媚하는 反動的 發作이 아니고 무엇. 民衆은 嚴正한 裁判을 나릴지어다.

三

八月十五日以來 建國準備委員會 呂運亨 一派가 獨立政府樹立의 特權을 總督府로부터 밧덧다고하야 맛치 總督承認政權처럼 中傷誣陷하엿다. 이어 民族人으로서 참아 掛口할 바이랴! 日本帝國主義가 自己反對인 獨立政權을 返還한다는 것은 그 裏面에 反帝的 民族이 그것을 戰鬪的으로 奪還한다는 것이 아닌가. 當時 呂氏一派의 接受는 呂氏個人의 手腕에 依한것이아니오 結局 國際的의 壓力과 民族的의 戰取가 呂氏一派를 通하야 發現된 部分的의 形式이아닌가. 그들이 新聞社를 接受하고 警察署, 裁判所乃至 銀行, 會社까지 接受하랴다 失敗하야던것을 該聲明書는 萬般 嘲笑하엿다. 뭇노라. 接受와 占領은 一時刻이라도 速히 하면 速히 할수록 우리 民族의 利益이 되지안는가. 이래 各 地方 民族은 自發的으로 蹶起奮鬪하야 邑面郡廳 其他 官署를 힘미치는대로 奪取占領하야 鑛山, 工場, 運輸機關 等 各處에서는 勞働者들이 委員會, 自衛團 等을 組織하야 管理 保護하기에 온갓 努力을 다하면서 잇다. 이것이 大衆의 革命的 實踐이 아니고 무엇일가. 그들은 敢鬪的 行動으로서 接受, 占領 或은 失敗하는 反面에 袖手傍觀할뿐 아니라 도로혀 退却하려는 日本帝國主의 官憲을 衝動하야 最後 非命에 어찌할줄을 모르는 走狗輩를 誘唆하야 그들의 奸臣 出發하는 革命的 事業을 意識的으로 妨害 乃至 破壞하려 하지안엇느냐. 十手所指인 汝等의 罪惡은 聰明한 民衆이 決코 容恕하려하지안는 바이다.

四

該聲明書는 人民代表大會를 開催하고 朝鮮人民共和國과 人民委員會를 組織한것을 一笑에 부치려한다. 勿論 緊急한 情勢에 따라 召集節次 及 其範圍가 不充分한 것은 自己批判을 嚴正히 할 餘地가 업지안타. 그럼으로 情勢의 容許에 따라 全國的의 人民代表大會를 보다 더 組織的으로 廣泛히 再召集하야 具體的 大決議가 잇지안으면 안된다. 그러나 萬般事를 現在 民衆과 써나잇는 海外政府에만 期待하고 目下 急切히 要求되는 民衆의 革命的 諸課業을 全然看過한다면 君等은 아름다운 空想에 빠진 훌늉한 機會主義者가되고 말것이니 무슨 權利로서 政治니 國家니 民族을 公々然히 云々할것인가. 虛無孟浪하거나 또는 根據薄弱한 中傷的 流言을 大衆의 압에서 無責任하게 公布한것은 一々히 우리의 論駁을 기다릴것업시 君等의 動機와 正體가 스々로 暴露됨을 따라 問題는 벌서 解決된것이다. 『民心惑亂의 狂態』는 結局 君等의 長物이아니고 무엇인가. 國內 知名士의 名字를 盜用햇다는 問責의 화살은 도로혀 君等自身의 가슴으로도 라간다. 該聲明書에 실닌 數百名에 達한 發起人의 名字가 모다 本人의 志願 及 其諒解에 依한것인가. 우리는 該聲明書에서 不幸히 盜用의 惡例를 저지안케 摘할수잇다. 推薦된 人名에 對하야 就任與否는 本人의 自由이니 決코 盜用이라고할수업거니와 一定한 意思의 聲明에 對하야 本人의 主張如何를 無視하고 그 名字를 冒錄한것은 그야말로 盜用이아니고 무엇일가. 民衆과 革命을 猜疑하고 中傷하는 徒輩는 하로바삐 民衆의 陣營으로부터 脫去하야 大衆의 嚴肅한 裁判을 기다릴지어다.

一九四五年 九月十一日

朝鮮共産黨、京城地區委員會宣傳部

조선공산당 경성지구 위원회 선전부 〈한국민주당 발기인 성명서에 대한 성토문〉 1945.9.11

一

반세기간의 살인적 봉쇄하에서 돌발적으로 획득한 언론출판의 자유는 萬籟交發의 신현상을 사회국면에 현출하고 있다. 물론 반가운 현상이다. 그러나 역사적 동향과 인민의 진의를 전연 무시하고 정치적 중상을 방약무인한 태도로서 지필에 표현한다면, 이는 당사자의 개인적 착오에 그치지 않고 도리어 사회인의 이목을 혼란케 하여 현재 解放途中에 있는 조선을 치명적으로 방해하는 것이다. 우리는 이러한 중대한 관점에서 한국민주당 발기인 성명서에 대하여 냉정히 수 개 조의 성토를 천하에 공포하는 바이다.

二

該 성명서는 재외 한국임시정부를 우리 삼천만 민중이 영구히 지지할 것을 민족적 대의무, 대공도라고 고조하였다. 물론 이 정부 구성원이 다년간 해외에 있어서 민족해방전선에서 위대한 공헌을 한 것은 누구나 부인치 않는 바이다. 그러나 일본 제국주의의 식민지적 鐵鎖 아래서 일상생활을 통하여 직접으로 악전고투하며 구사일생하여 온 거대한 부대는 해외에 있지 않고 도리어 해내에 있는 우리 삼천만 동포 그 중 특히 汗血로써 무장한 절대다수인 勞農大衆이 아닌가. 이것이 금일 국가적 독립과 민족적 해방의 주체자가 되고 있지 않는가. 該 성명서의 重外輕內한 인식적 착오는 그 이유가 어디에 있는가. 該 임시정부도 최근 자기존재성의 한계를 언명하여 그 존속여부를 장차 민의에 물으려 하거늘 이른 바 한국민주당 발기인들은 어찌 대담하게도 대의무, 대공도란 장엄한 문구로서 민의를 농락하여 공론을 억제하려 하는가. 이러한 언동은 결국 일종 소수인 自階級의 붕괴를 옹호하려기 위하여 해외정권에게 무원칙적으로 迎合納媚하는 반동적 발작이 아니고 무엇일까. 문중은 엄정한 재판을 내릴지어다.

三

8월 15일 이래 건국준비위원회 여운형 일파가 독립정부 수립의 특권을 총독부로부터 받았다고 하여 마치 총독승인정권처럼 中傷誣陷하였다. 이 어찌 민족인으로서 차마 掛口할 바이랴! 일본 제국주의가 자기반대인 독립정권을 반환한다는 것은 그 이면에 反帝的 민족이 그것을 전투적으로 탈환한다는 것이 아닌가. 당시 여 씨 일파의 접수는 여 씨 일파 개인의 수완에 의한 것이 아니요, 결국 국제적 압력과 민족적 전취가 여 씨 일파를 통하여 발현된 부분적 형식이 아닌가. 그들이 신문사를 접수하고 경찰서, 재판소 내지 은행, 회사까지 접수하려다가 실패하였던 것을 該 성명서는 萬般 조소하였다. 묻노라. 접수와 점령은 一時刻이라도 속히 하면 속히 할수록 우리 민족의 이익이 되지 않는가. 이래 각 지방 민족은 자발적으로 궐기 분투하여 읍면군청 기타 관서를 힘 미치는 대로 탈취 점령하여 광산, 공장, 운수기관 등 각 소에서는 노동자들이 위원회, 자위단 등을 조직하여 관리 보호하기에 온갖 노력을 다하면서 있다. 이것이 대중의 혁명적 실천이 아니고 무엇일까. 그들은 敢鬪的 행동으로서 접수, 점령 혹은 실패하는 반면에 수수방관할 뿐 아니라 도리어 퇴각하려는 일본 제국주의 官憲을 충동하여 최후 비명에 어찌할 줄을 모르는 주구배를 誘唆하여 그들의 간신 출발하는 혁명적 사업을 의식적으로 방해 내지 파괴하려 하지 않았느냐. 十手所指인 汝等의 죄악은 총명한 민중이 결코 용서하려 하지 않는 바이다.

四

該 성명서는 인민대표대회를 개최하고 조선인민공화국과 인민위원회를 조직한 것을 一笑에 부치려 한다. 물론 긴급한 정세에 따라 소집절차 및 그 범위가 불충분한 것은 자기비판을 엄정히 할 여지가 없지 않다. 그럼으로 정세의 용허에 따라 전국적 인민대표대회를 보다 더 조직적으로 광범히 재소집하여 구체적 대결의가 있지 않으면 안 된다. 그러나 만반사를 현재 민중과 떠나 있는 해외 정부에만 기대하고 目下 急切히 요구되는 민중의 혁명적 諸 과업을 전연 간과한다면, 그대들은 아름다운 공상에 빠진 훌륭한 기회주의자가 되고 말 것이니 무슨 권리로서 정치니 국가니 민족을 공공연히 운운할 것인가. 허무맹랑하거나 또는 근거박약한 중상적 유언을 대중의 앞에서 무책임하게 공포한 것은 일일이 우리의 논박을 기다릴 것 없이 그대들의 동기와 정체가 스스로 폭로됨을 따라 문제는 벌써 해결된 것이다. 『민심 혹란의 광태』는 결국 그대들의 長物이 아니고 무엇인가. 국내 知名士의 名字를 도용했다는 문책의 화살은 도리어 그대들 자신의 가슴으로 돌아간다. 該 성명서에 실린 수백 명에 달한 발기인의 名字가 모두 본인의 지원 및 그들의 양해에 의한 것인가. 우리는 該 성명서에서 불행히 도용의 악례를 적지 않게 지적할 수 있다. 추천된 인명에 대하여 취임 여부는 본인의 자유이니 결코 도용이라고 말할 수 없거니와 일정한 의사의 성명에 대하여 본인의 주장 여하를 무시하고 그 각자를 冒錄하는 것은 그야말로 도용이 아니고 무엇일까. 민중과 혁명을 猜疑하고 중상하는 도배는 하루 바삐 민중의 진영으로부터 탈거하여 대중의 엄숙한 재판을 기다릴지어다.

重慶에잇는우리臨時政府의放送內容 (朝鮮通信社 提供)

三千萬總結集의強力政府를期待故國에외치는在重慶臨時政府의放送內容

待望의朝鮮人民共和國은드듸여誕生되엿다。(昨報) 全國人民의熱狂的歡呼裡에構成이決定된것이다。國家의主權은人民의손에잇다는根本性格이決定되자、全國民의多大數를占하고잇는勞働者農民都市小市民等一般勤勞階級은勿論、全國民은斷然이우리의나라人民의나라朝鮮人民共和國의깃발아래로總集中하엿다全國人民의總意로써우리의代表人民委員五十五名을選擧하여、이人民委員을中心으로方今新政府組閣工作은着々進行中이다。이人民共和國의委員에는重慶臨時政府의閣僚가거지반그首位에選擧되여잇는것을보면이새로히誕生된朝鮮人民共和國은新政府와握手하고미리부터모든國家機構의基礎準備를해두자는것을明白히理解할수잇다。그러나一部에잇서는聯合軍이進駐하여올때까지靜觀하고잇다가重慶臨時政府가入京하면이를그대로마저드리겟다는主張을하고잇는便도잇는데이에서重慶臨時政府와新政府의關係에對하야重慶臨時政府八月二十六日放送을보면다음과갓다。

오날우리의가장急한義務는우리가우리에손으로國家를建設한다는것이다。親日派를徹底히撲滅하고日本帝國主義가領有하고잇는一切를우리에손으로沒收하고政治經濟思想의自由밑헤서國內에代表會議를열고正式政府를樹立하여야할것이다。韓國臨時政府는故國三千萬同胞의總意를結集한強力한政府가樹立될것을期待하고잇다。우리臨時政府를支持해준다면우리가그責任을마타도조코이미國內에그것이樹立되여잇다면우리는欣然히물러설것이요。또正式政府가樹立될때까지우리가國家育成의衡에當할用意도잇다。

建國同盟

건국동맹에서 발표한 〈중경에 있는 우리 임시정부의 방송 내용〉〈조선통신사 제공〉

삼천만 총결집의 강력 정부를 기대, 고국에 외치는 在重慶 임시정부의 방송내용

대망의 조선인민공화국은 드디어 탄생되었다. (昨報) 전 국민의 열광적 환호리에 구성이 결정된 것이다. 국가의 주권은 인민의 손에 있다는 근본성격이 결정되자, 전 국민의 대다수를 점하고 있는 노동자, 농민, 도시, 소시민 등 일반 근로계급은 물론, 전 국민은 단연히 우리의 나라, 인민의 나라, 조선인민공화국의 깃발 아래로 총집중하였다. 전국 인민의 총의로써 우리의 대표인민위원 55명을 선거하여, 이 인민위원을 중심으로 방금 신정부 細閣 공작은 착착 진행 중이다. 이 인민공화국의 위원에는 중경 임시정부의 각료가 거지반 그 수위에 선거되어 있는 것을 보면, 이 새로이 탄생된 조선인민공화국은 신정부와 악수하고 미리부터 모든 국가, 기구, 기초 준비를 해두자는 것을 명백히 이해할 수 있다. 그러나 일부에 있어는 연합군이 진주하여 올 때까지 靜觀하고 있다가 중경 임시정부가 입경하면 이를 그대로 맞아들이겠다는 주장을 하고 있는 편도 있는데, 이에서 중경 임시정부와 신정부의 관계에 대하여 중경 임시정부 8월 26일 방송을 보면 다음과 같다.

오늘 오리의 가장 급한 의무는 우리가 우리의 손으로 국가를 건설한다는 것이다. 친일파를 철저히 박멸하고 일본 제국주의가 영유하고 있는 일체를 우리의 손으로 몰수하고 정치 경제 사상의 자유 밑에서 국내에 대표회의를 열고 정의정부를 수립하여야 할 것이다. 한국임시정부는 고국 삼천만 동포의 총의를 결집한 강력한 정부가 수립될 것을 기대하고 있다. 우리 임시정부를 지지해 준다면 우리가 그 책임을 맡아도 좋고 이미 국내에 그것이 수립되어 있다면 우리는 흔연히 물러설 것이요, 또 정식정부가 수립될 때까지 우리가 국가 육성의 衝에 당할 용의도 있다.

조선독립동맹 경성 선봉 대표 〈한국민주당 발기인 강인택, 강장수, 강낙원 씨 외 육백여 인에게 고함〉 1945.9.14

1945년 9월 8일에 발표한 결의와 성명을 보았습니다.

대한민국임시정부 외에 모든 단체는 종류를 불문하고 단호 배격한다는 결의와 5항의 장황한 성명은 국내 사상통일을 주장하며 기실 통일을 방해하는 언동임을 자각하십니까.

조선의 국도인 경성에서 독립운동자 대표 천여 명이 이 회집하여 건립된 조선인민공화국은 배격하며 해외, 상해 一隅에서 수십 인이 조직한 대한민국임시정부는 절대 지지한다는 이유는 어디 있는가.

더욱 그 중 요인은 본국과 유리된 지 삼, 사십 년씩 되지 아니했나. 중경에 계신 선배는 諸公뿐 아니라 다년간 모시고 있던 우리도 諸公에게 지지 않을 만큼 경의를 표한다. 諸公은 어찌하여 우리 화북에 在하여 다년 日軍과 전쟁을 하며 상당한 희생을 하고 조국의 광복을 위하여 분투한 재외정권인 독립동맹은 너무 멸시하는 것이 아닌가.

미주 및 만주 소령 내에서 마찬가지로 분투한 전사는 어찌하여 기억지도 못하는가.

통일을 운운하며 통일을 방해하는 諸公은 우리 화북 각지의 사십여 개의 분맹과 6만여의 맹우가 국내에 들어오는 날 諸公과 일차 논의하여 보자.

조선인민공화국이란 국호는 대한민국이란 국호보다 훨씬 나을 줄로 확신한다. 조선이란 단군 이래 천여 년간 존재한 고유한 명사이다. 대한이란 이조 말엽 패망기에 잠깐 존재하였던 명사다. 어찌 대한이란 문구를 다시 인용하랴.

진정한 민주주의는 인민을 중심으로 한 것이 아니면 안 된다. 고로 조선인민공화국이란 국호는 확실히 조선 동포 삼천만의 총의를 표현한 것이다.

뿐 외라 재외 정권은 하나둘이 아닌 이상 어느 것은 절대 지지하고 어느 것은 배격한다는 편벽된 개인 야망을 가지고 민중을 혹란케 하는 것은 절대로 용인치 못할 것이다.

이 점에서 조선인민공화국은 국내 해외를 막론하고 조선의 독립을 위하여 분투한 지사는 이를 전부 포함하여 조직한 것이다.

이에 발기인 諸氏는 조선의 名士群 같다. 한데 어찌하여 비신사적인 근거 없는 胡說을 亂叫하여 타인의 인신공격까지 하는 것은 비신사적인 부끄러운 일이 아닌가.

呂運을 일본의 주구라 하니 그들이 3, 4차의 투옥과 경찰의 무수한 감금은 일본의 주구 노릇다 그리하였느냐.

呂는 과거 2년간 우리 독립동맹과 연락 모험하여 왔고 삼십여 년간 분투한 것을 민중이 알 것이다.

발기인 諸氏는 조국의 광복을 위하여 얼마나 분투하셨나 또 장덕수 선생을 필두로 유억겸 씨, 윤동 치호 씨의 弟姪 등을 위시하여 발기인 중 상당한 다수의 인사가 황민화운동에 얼마나 노력하셨는지 회고하여 보라.

건국준비위원회는 혼란 상태에 빠진 조선의 치안을 자주적으로 오늘까지 확보해왔으며 국내의 모든 세력을 통일하여 완전한 건국준비를 대처해왔다. 그러나 諸公은 조국의 이 어지러운 순간에 일미의 힘이라도 합친 것이 있는가. 기회주의적인 행동과 오히려 근거 없는 허언을 조작하여 통일을 교란하는 행동을 하여오지 아니했나.

발기인 중 유억겸 씨는 呂運 유임의 권고위원이었으며 이규갑 목사는 건국준비위원회의 재정부장이 아니었는가. 가증한 탈을 쓰고 민중을 기만하며 정치적 야망만을 채우려는 諸公이여 양심이 있거든 깊이 통회하라.

중경에 계신 대한민국임시정부가 국제적으로 승인받았다고 諸公은 말하나 그러면 어찌하여 이번에 당당히 모시고 들어와 조선통치에 당하게 하지 않고 하지 중장의 언명과 같이 조선의 인민의 총의로 인한 통일된 정부를 이제 수립하겠다는 것은 어찌 된 말인가. 또한 諸公은 대한민국임시정부가 중경으로부터 워싱턴, 싸이판, 오키나와 등을 전전하여 現今에 이르렀다고 허언을 하나, 중경에 계신 선배 諸氏는 분명코 중경에 계셔서 조국을 위하여 애태우고 계신 것을 아는데 어찌 민중을 기만하는가. 이는 오히려 선배 諸氏의 신망과 위신을 떨어뜨리는 일임을 생각지 못하는가.

과거의 일본이 전쟁 중 민중을 속여오던 그 행동을 그대로 모방하는 諸公은 깊이 반성하라. 우리는 언제나 실정을 率直히 민중 앞에 공개하여야 할 것이며 이것이 곧 진정한 민주주의국가의 표현이어야 할 것이다.

만주의 이백만, 소령의 사십만, 화북 화중의 십여만, 중경의 이천, 미주의 육천, 국내의 이천육백만 동포의 총의가 어디 있는가 물어보자.

친일파, 반동분자, 기회주의자, 중립파, 관망자, 각인각파의 언행을 우리는 일일이 다 알고 있다. 諸公의 위국노력도 엄격한 인민재판 앞에서 단호한 선고가 있을 것이다. 무엇보다도 민중은 이 사실을 잘 알 것이며 민중은 끝까지 야심이 없는 정당한 통일을 희망할 것이다.

제1차 성명에서 우리 독립동맹에 관한 역사 및 전적은 발표하였었고, 교통관계로 맹우 전체가 조국에 귀환하기는 약간의 일자가 걸릴 것이나, 先遣 부대는 벌써 경성에 진주하여 건국사업에 협력하며 일반 민중의 동향을 주시하고 있는 중 諸公의 결의와 성명이 하도 허황 맹랑하여 민중이 결코 추종치 않을 줄 아나 재외 정권들과 및 선배 동지들 사이에 이간 중상이 될 우려가 있으므로 이에 數言을 발표하여 諸公의 自肅自戒를 경고하노라.

朝鮮獨立同盟
京城 先峰 代表
一九四五年九月十四日

조선공산당 〈조선 민족 대중에게 고함〉

친애하는 동포들아! 형제 자매들아!

노동자 농민 제군! 우리 민족을 결박하던 일본 제국주의의 鐵鎖는 마침내 끊어지고 말았다. 압박착취의 血雨가 오던 우리 강산에는 자유해방의 태양이 떴다.

그러나 동포 제군아. 금일의 무혈혁명의 참된 의의를 잊어서는 안 된다.

우리가 자유해방의 금일을 전취하기 위하여 40년 동안 내외각지에서 악전고투한 해방운동의 腥風血雨가 조선 만주의 산하를 적시고 있지 않으냐? 우리는 삼천만의 심장을 짜서 해방전선에서 넘어진 조선 혁명전사와 蘇米英 諸國 전사 앞에서 삼가 감사를 올리자. 그리고 우리는 흥분을 누르고 냉정 침착하여 여하한 독립국가를 건설할 것인가를 세계의 면전에서 엄숙히 선언하지 않으면 안 된다.

첫째로 우리는 국가주권이 전 인민에게 있는 것을 크게 외치는 동시에 빈부와 남녀의 차별이 없는 선거 및 피선거권을 기초로 할 정치를 주장한다.

둘째로 제국주의자가 노동자 농민을 착취하여 만들어진 중요 공장, 중요 광산, 중요 교통운수기관 기타 일체 산업기관을 인민의 이름으로써 수취하여 그 기업기관에서 종업하고 있는 노동자와 농민에게 관리시키기를 주장한다.

셋째로 우리는 토지의 대부분이 국가에서 접수되는 전환기에 토지를 농민에게 분배하기를 주장한다.

이리하여 우리의 신국가는 전 국민의 생활권이 확보되는 착취 없는 경제제도의 완성을 목표로 돌진하지 않으면 안 된다.

동포 제군! 目下 최대급사인 민주주의국가의 정부를 여하히 수립할 것인가 전 민족의 이익을 대표하여 싸워온 해방운동에 헌신한 전사와 전 인민의 의지를 대표할 만한 인물을 집결하여 신국가인민대표회의를 결성하고 인민위원을 선거하여 신정부를 수립하여야 할 것이며 신정부의 지시하에 각 도와 각 부군읍면에 동일한 방식으로써 『임시도인민대표회의』, 『임시부군읍면인민대표회의』를 구성하고 인민위원을 선거하여 도인민위원회 및 부군읍면인민대표회를 구성하여야 할 것이다. 그리하여 신국가의 일체 권력을 인민대표회의가 가져야 될 것이다.

친애하는 형제 자매들아. 우리의 신국가 생활을 지급히 시작하기 위하여 일각의 주저 없이 중앙과 지방에 인민대표회의를 용감히 수립하자. 종래로 민족 대중의 원한을 갖고 있던 반동분자는 인민대표나 인민위원으로 선거치 말아야 된다.

형제 자매들아, 노동자 농민 제군들아, 중소상공업자 제군아, 어민 제군아, 청년 제군아, 학생 제군아, 인민대표자회의 수립에 모두 일어나라. 제군의 손으로 제군의 정부를 세우자!

一. 모든 권력을 「인민대표회의」로!
一. 조선인민공화국 수립 만세!
一. 민주주의적 통일정권 결성 만세!
一. 일체 비민족적인 중요 기업 기관은 국유화― 경제 영리는 노동자와 농민에게로!
一. 8시간 노동제와 생활확보 노임제 확립!
一. 토지는 농민에게로!
一. 교육기관의 확충, 근로교육 실시, 교육비의 국가 보조!
一. 조선인의 군인 및 관공리는 즉시 신국가의 소속으로 재편성!
一. 공화국 인민은 남녀 십팔 세 선거권 및 피선거권 평등 향유!
一. 조선공산당 만세!
一. 공산당 깃발 아래 노동자는 노동조합으로 농민은 농민조합으로!
一. 조선공산주의청년동맹 만세!
一. 무산계급해방 만세!
一. 쏘베트연방 만세!
一. 중국공산당 만세!

韓國民主黨發起人姜仁澤、姜章洙、姜樂遠氏外六百餘人에게告함

一九四五年九月八日에 發表한 決議와 聲明을 보앗습니다. 大韓民國臨時政府外에 모든 團體는 種類을 不問하고 斷乎排擊한다는 決議와 五項의 長荒한 聲明은 國內思想統一을 主張하며 其實統一을 妨害하는 言動임을 自覺하섭니까.

朝鮮의 國都인 京城에서 獨立運動者代表千餘名이 會集하야 建立된 朝鮮人民共和國은 排擊하며 海外、上海一隅에서 數十人이 組織한 大韓民國臨時政府는 絶對支持한다는 理由는 어데잇는가. 더욱 其中要人은 本國과 流離된지 三、四十年式 되지아니햇나. 重慶에게 신先輩는 諸公뿐아니라 多年間 되시고잇든 우리도 諸公에게지지안을만큼 敬意을 表한다. 諸公은 엇지하야 우리華北에 在하야 多年 日軍과 戰爭을하며 相當한 犧牲을하고 祖國의 光復을 爲하야 奮鬪한 在外政權인 獨立同盟은 녀무 滅視하는것이아닌가.

美洲及滿洲蘇領內에서 맛찬가지로 奮鬪한 戰士는 엇지하여 記憶지도못하는가. 統一을 云々하며 統一을 妨害하는 諸公은 우리華北各地의 四十餘個에 分盟과 六萬餘의 盟友가 國內에 드러오는날 諸公과 一次論議하여보자.

朝鮮人民共和國이란 國號는 大韓民國이란 國號보다 훨신나흘줄노 確信한다. 朝鮮이란 檀君以來四千餘年間 存在한 固有한 名詞이나 大韓이란 李朝末葉敗亡期에 잠간 存在하엿든 名詞다. 엇지 大韓이란 文句를 다시 引用하랴. 故로 朝鮮人民共和國이란 國號는 確實히 朝鮮同胞三千萬의 總意을 表現한것이다. 眞正한 民主主義은 人民을 中心으로한것이 아니면 안된다.

故로 朝鮮人民共和國은 國內海外를 莫論하고 朝鮮의 獨立을 爲하야 奮鬪한 在外政權은 하나 둘이아닌 以上 어느것은 絶對支持하고 어느것은 排擊한다. 個人野望을 가지고 民衆을 惑亂케하는것은 絶對로 容認치못할것이다. 朝鮮人民共和國은 國內海外를 莫論하고 이를 全部包含하야 組織한것이다.

發起人諸氏는 朝鮮의 名士群 갓다 한데 엇지하야 非紳士的인 根據업는 胡說을 他人의 人身攻擊까지 하는것은 非紳士的인 부고리운일이아닌가. 呂運亨을 日本帝國의 走狗라하니 그들이 三四次의 投獄과 警察의 無數한 監禁은 日本의 走狗노릇하다 그리하엿느냐. 呂는 過去 三十餘年間 우리獨立同盟과 連絡冒險하야왓고 三十餘年間 奮鬪한것을…

發起人 諸氏는 祖國의 光復을 爲하야 얼마나 奮鬪하시엿나. 또 張德秀先生을 筆頭로 俞億兼氏、伊東致吳氏의 弟任等을 爲始하야 發起人中相當한 多數의 人士가 皇民化運動에 얼마나 努力하엿는지 回顧하여보라.

建國準備委員會는 혼란狀態에빠진 朝鮮의 治安을 自主的으로 오날까지 確保해왓으며 國內의 모든 勢力을 統一하야 完全한 建國準備의 對處하여왓다. 그러나 諸公은 祖國의 이어지더운준간에 一미의 힘이라도 합친것이잇는가. 機會主義的인 行動과 오히려 根據업는 虛言을 造作하야 統一을 攪亂하는 行動을하여 오지아니햇나. 統一을 攪亂하는 行動은 民衆이 알것이다.

朝鮮民族大衆에게告함

親愛하는 同胞들아! 兄弟姉妹들아!

勞働者農民諸君! 우리民族을 結束하든 日本帝國主義의 鐵鎖는 마침내 끈어지고말엇다. 堅迫掩取의 血雨가 오든 거리江山에 오날의 自由解放의 太陽이 빗최엿다.

그러나 同胞諸君아! 今日의 無血革命의 참된 意義를 잇어서는 안된다. 우리가 自由解放의 今日을 戰取하기 爲하야 四十年동안 內外各地에서 惡戰苦鬪한 解放運動의 腥風血雨가 朝鮮滿洲의 山河를 적시고잇지않으냐? 우리는 三千萬의 心臟을 짜서 解放戰線에서 넘어진 조선革命戰士의 蘇米英諸國戰士앞에서 참가 感謝름을 녀자. 그리고 우리는 興奮을 늘르고 冷靜沈着하야 如何한 獨立國家를 할것인가를 世界의 面前에서 嚴肅히 宣言하지않으면 안된다.

첫재로 우리는 國家主權이 全人民에게 잇는것을 크게 웨치는 同時에 貧富와 男女의 差別이업는 選擧及學權을 基礎로한 政治를 主張한다.

둘재로 帝國主義者가 勞働者農民을 搾取하야 만드러진 重要工場 重要鑛山 重要交通運輸機關 其他一切要關을 人民의 이름으로써 收取하야 그 企業機關에서 從業하고잇는 勞働者와 農民에게 管理시키기를 主張한다.

섯재로 우리는 土地의 大部分이 國家에서 接受되는 轉換期에 土地를 農民에게 分配하기를 主張한다. 이리하야 우리의 新國家는 全國民의 生活權이 確保되는 搾取업는 經濟制度의 完成을 目標로 突進하지 면안된다.

同胞諸君! 目下最大急事인 民主主義國家의 政府를 如何히 樹立할것인가 全民族의 利益을 代表하야 爲하여온 解放運動에 獻身한 戰士와 全人民의 意志를 代表할만한 人物을 集結하야 新國家人民代表會議를 成하고 人民委員을 選擧하야 新政府를 樹立하여야할것이며, 新政府의 指示下에 各道와 各府郡邑面해 同一한 方式으로써 「臨時道人民代表會議」 「臨時府郡邑面人民代表會議」를 構成하고 人民委員을 選擧하야 道人民委員會及府郡邑面人民代表會議를 構成하여야할것이다. 그리하야 新國家의 一切權力을 人民代表會議가 갓어야 될것이다.

親愛하는 兄弟姉妹들아 우리의 新國家生活을 至急히 지작하기爲하야 一刻의 躊躇가업시 中央과 地方에 人民代表會議를 勇敢히 樹立하자. 從來로 民族大衆의 怨恨을 갓고잇든 反動分子는 人民代表나 人民委員으로 選擧치말어야된다.

兄弟姉妹들아 勞働者 農民諸君아 中小商工業者諸君아 技術者諸君아 漁民諸君아 靑年諸君아 學生諸君아 人民代表會議樹立에 모다 이러나라. 諸君의 손으로 諸君의 政府를 세우자!

一、모든 權力을 「人民代表會議」로!
一、朝鮮人民共和國樹立萬歲!
一、民主主義的 統一政權結成萬歲!
一、一切非民族的인 重要企業機關은 國有化ー經營管理는 勞働者와 農民에게로!
一、八時間勞働制와 生活確保의 勞質制確立!
一、土地는 農民에게로!
一、敎育機關의 大擴充、勤勞敎育實施、敎育費의 國家補助!
一、朝鮮人의 軍人及官公吏는 卽時新國家의 所屬으로 再編成!
一、共和國人民은 男女十八歲選擧權及被選擧權平等享有!
一、朝鮮共産黨萬歲!
一、共産黨旗빨아래 勞働者는 勞働組合으로 農民은 農民組合으로!
一、朝鮮共産主義靑年同盟萬歲!
一、無産階級解放萬歲!
一、쏘비드聯邦萬歲!
一、中國共産黨萬歲!

朝鮮共産黨

(本檄文을 各團體各愛國戰士들은 各自地域職域에서 印刷頒布하라)

유진오, 백남운, 이종수, 김영훈 〈성명서〉 1945.9.14

소위 '한국민주당' 발기인이라는 정체불명의 일당이 우리들의 명의를 도용하여 발기인의 일원으로 발표하였으나 사실무근이며 따라서 그런 비양심적인 성명과 결의에 가담한 사실이 전무함을 성명함

聲明書

所謂「韓國民主黨」發起人이라는 正體不明의 一黨이, 우리들의 名義를 盜用하야 發起人의 一員으로 發表하얏으나 事實無根이며 따라서 그런 非良心的인 聲明과 決議에 加担한 事實이 全無함을 聲明함

九月十四日

俞鎭午 白南雲 李鐘洙 金榮勲

조선인민공화국을 지지하는 '격문' 〈명심하라! 조선을 남북으로 분열시키고자 하는 음모를 보라—〉

자유, 독립에로 돌진하는 우리 국토의 북반부 소식을 듣지 못하는가? 남반부에도 우리의 자주독립은 반드시 완성되리라. 소련과 미국의 분할 점령 및 군정 실시가 어찌 우리의 통일정치를 방해하랴!! 어느 개인이나 단체가 나라의 삼분오열도 염두에 두지 않고 대중의 생활을 구시대로 환원시키고 미국의 옛날 남북전쟁을 이 땅에 재현시켜도 자신의 야망만을 성취해 보려는 자 있다면 이것은 반역자요, 망국자요, 매국노요, 대중기만자, 도피하는 특권자 또는 그 주구들일 것이다.

누구누구 어느 단체 어느 집단을 검토해 보자! 진정한 민족의 독립과 대중의 해방을 위하여 총 앞이나, 칼 머리에나 설 자인가? 아닌가? 전국 대중의 분노를 기어코 격화시키려는 몰염치한 비겁한, 친일노들!

보라! 조선인민공화국의 정강 및 시정방침을! 그는 남북에 일치 적용되고 노동자, 농민, 시민 심지어 부호까지라도 포용하여 그 생활조건을 개선 향상시키려 하지 않는가!!

우리는 지지하자! 사수하자!

민족해방의 선두에서 피로서 싸우는 용사들이 수립한 인민공화국을 부지하여 민족을 통일하고 하루 빨리 자유, 자주, 독립의 국가를 완성하자.

銘心하라！

一、朝鮮을 南北으로 分裂시키고자하는 陰謀를 보라ㅡ！

自由、獨立에로 突進하는 우리 國土의 北半部 消息을 듯지못하는가？ 南半部에도 우리의 自主獨立은 반다시 完成되리라. 蘇聯과 美國의 分割占領及 軍政實施가 엇지 우리의 統一政治를 害하랴!! 어느 個人이나 團体가 나라의 三分五裂도 念頭에두지않고 大衆의 生活을 舊時代로 還元식히고 美國의 녯날 南北戰爭을 이 따에 再現식혀도 自身의 野望만을 成就해 보랴는 者 있다면 이것은 反逆者요, 亡國者요, 賣國奴요, 大衆欺瞞者 逃避하는 特權者 또는 그 走狗들 거이다

누구〈어느 團体 어느 集團을 檢討해보자ㅡ！ 眞正한 民族의 獨立과 大衆의 解放을 爲하야 총 앞이나, 칼 머리에나 설 者인가？ 안인가？ 全國大衆의 憤怒를 期於코 激化식히려는 没廉恥한 卑怯漢、親日奴들ㅡ！

보라ㅡ！ 朝鮮人民共和國의 政綱及施政方針을ㅡ！ 그는 南北에 一致摘用되고 勞働者、農民、市民甚至於 富豪까지라도 抱擁하야 그 生活條件을 改善向上 식히려하지 안는가！！

우리는 支持하자ㅡ！ 死守하자ㅡ！

民族解放의 先頭에서 피로서 싸호는 勇士들이 樹立한 人民共和國을 扶持하야 民族을 統一하고 하로빨리 自由、自主、獨立의 國家를 完成하자

朝鮮人民共和國萬歲ㅡ！ 南北政治統一萬歲

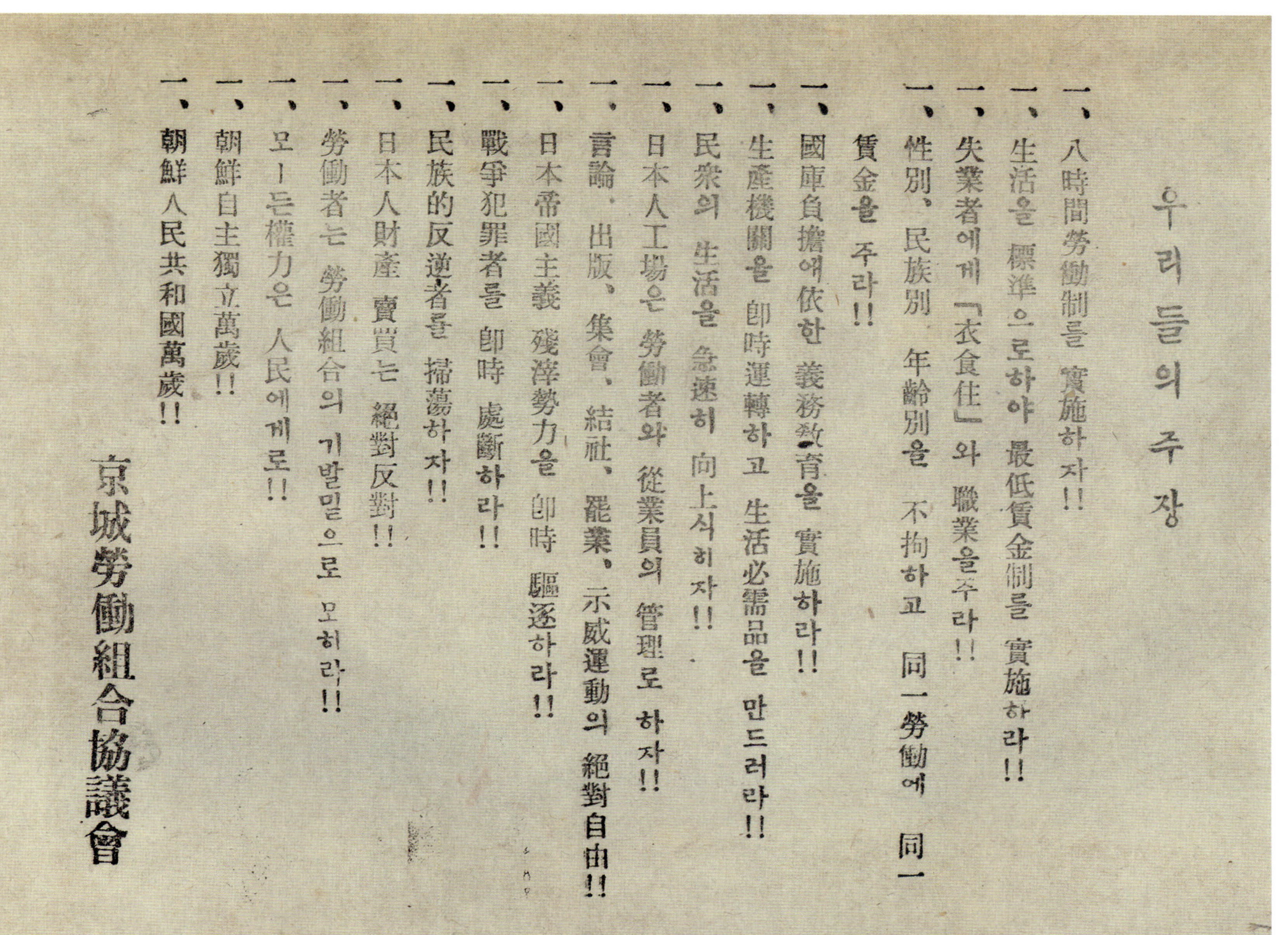

우리들의 주장

一, 八時間勞働制를 實施하자!!
一, 生活을 標準으로하야 最低賃金制를 實施하라!!
一, 性別, 民族別 年齡別을 不拘하고 同一勞働에 同一 賃金을 주라!!
一, 失業者에게 「衣食住」와 職業을주라!!
一, 國庫負擔에依한 義務敎育을 實施하라!!
一, 生産機關을 卽時運轉하고 生活必需品을 만드러라!!
一, 民衆의 生活을 急速히 向上식히자!!
一, 日本人工場은 勞働者와 從業員의 管理로 하자!!
一, 言論, 出版, 集會, 結社, 罷業, 示威運動의 絕對自由!!
一, 日本帝國主義 殘滓勢力을 卽時 驅逐하라!!
一, 戰爭犯罪者를 卽時 處斷하라!!
一, 民族的 反逆者를 掃蕩하자!!
一, 日本人財産 賣買는 絕對反對!!
一, 勞働者는 勞働組合의 기발밑으로 모히라!!
一, 모ー든 權力은 人民에게로!!
一, 朝鮮自主獨立萬歲!!
一, 朝鮮人民共和國萬歲!!

京城勞働組合協議會

朝鮮建國同盟

高麗靑年黨

경성노동조합협의회 〈우리들의 주장〉

一. 8시간 노동제 실시하자!!
一. 생활을 표준으로 하여 최저임금제를 실시하라!!
一. 성별, 민족별 연령별을 불구하고 동일노동에 동일임금을 주라!!
一. 국고 부담에 의한 의무교육을 실시하라!
一. 생산기관을 즉시 운전하고 생활필수품을 만들어라!!
一. 민중의 생활을 급속히 향상시키자!!
一. 일본인 공장은 노동자와 종업원의 관리로 하자!!
一. 언론, 출판, 집회, 결사, 파업, 시위운동의 절대 자유!!
一. 일본 제국주의 잔재세력을 즉시 驅逐하라!!
一. 일본인 재산 매매는 절대 반대!!
一. 노동자는 노동조합의 깃발 밑으로 모여라!!
一. 모ー든 권력은 인민에게로!!
一. 조선자주독립만세!!
一. 조선인민공화국만세!!

조선건국동맹 '조선인민공화국지지' 격문

조선인민공화국을 지지하자!
조선인민공화국은 북위 삼팔도선을 초월한 조선의 통일국가요, 그 인민위원은 삼천만 조선민족을 대표하는 동시에 조선인민의 동무이다. 신뢰하고 모든 일을 맡기며 그 지시를 받자! 소련 미국 중경 연안에서 활동하던 모든 인물과 요소를 총망라하고 조선의 총민의에 기초한 나라!! 인민공화국 정부를 절대 지지하자 조선민족 완전해방의 날까지 우리는 투쟁의 각오를 가지자!

고려청년당의 임시정부 지지 격문

우리 재외 임시정부를 환영하자 우리 정부는 하나뿐이다. 우리 대한임시정부는 조선 독립을 위하여 삼십 년 해외 풍상을 겪고 미중소영을 위시하여 전 세계의 승인을 얻었다. 이것이야말로 우리의 유일한 정통정부이다. 이 이외의 모든 건국운동은 반역적 책동이다. 우리는 진정한 민주주의 조선의 건설을 위하여 우리 임시정부를 절대 지지하자

警告文 第二號

一, 所謂「人民共和國」組閣發表에 對하야!
政權橫暴의 低劣無雙한 野慾과 斷末魔的 英雄主義의 最後的 發惡으로「人民共和國」에서는 組閣名簿를 社會에 公布하엿다。俗言에 人面獸心이라는 말도 잇거니와 彼等의 言動이야말로 正히 人虎獸心이라말하지안홀수업다。幽靈的組閣도 同胞的良心에밋추어보아 唾棄할・醜行이거늘하몰며 海外서三十餘年間朝鮮民族解放을爲하야惡戰苦鬪해온海外革命志士를侮辱하고 그存在세지도 否認하려는 그妄擧野行에對하야서는 그罪 千打萬殺에 至當타할것이다。
同胞諸君! 즉어도三千萬의우리民衆을 對象으로하는 政府를 不過幾十人이모혀서「人民共和國」이라고 僭稱하는것도世紀的狂態이거니와 그政府의首腦陣容을構成하는 組閣을幾個人이目意自想대로 机上私造하여世間에 公布하니 그것이果然人類의 正義이며 政治人의 公道라할것이냐? 쁜만안이라目的을 爲해서는手段을가리지안는 그들의傳統的戰術은더듸여 新聞社를暴力으로 一時接收하여自己들의宣傳目的의一部를達하엿다。即 乙酉九月十五日附每日新報紙를보라!編輯兼發行人名도업는 그야말로 幽靈新聞에다가 組閣發表를하엿으며 在重慶「大韓民國臨時政府」宣傳部長嚴恒燮先生의 이름사지쎄리自派에有利한無根한怪 話를 揭載하엿다。그러나上海解放通信社發電이라는「解放通信社」라는것이・人民共和派의 急造한幽靈通信社역을 同胞諸君은알어야할것이다。

打倒人民共和國!!
大韓民國臨時政府絕對支持!!

二, 所謂「韓國民主黨」首腦部에 一言함!
우리는海外에서도라와 諸氏의計畫하는바를듯고은 근히期待하는바것섯다。그러나時日이갈수록 우리期待가어그러짐을否認치못하잇다。첫재 發起人中에親日派에갓가운惡德分子가만은것은무슨 理由이며? 둘재 結黨式期日이 遷延됨은무슨理由이냐? 傳聞하는바에依하면 立黨初부터벌서地方色과 黨派的內肛으로暗鬪가甚하다하니 그것이果然事實이라면 그대들亦是自主獨立을妨害하는 惡質分子라고認定할수박에업다。猛省하라! 猛省치안는境遇에는十四日附本黨 一「警告文第一號」에記載된대로處置하겠다。

乙酉九月十五日

大震黨 京城特使隊一同

(本黨所在地 中華民國重慶)

大震黨 京城 特使隊 一同 〈경고문〉 제2호 1945.9.15

一. 소위 「인민공화국」 組閣 발표에 대하여!
정권 횡포의 저열무쌍한 야욕과 단말마적 영웅주의의 최후적 발악으로 「인민공화국」에서는 組閣 명부를 사회에 공포하였다. 속언에 인면수심이라는 말도 있거니와 彼等의 언동이야말로 바로 인피수심이라 말하지 않을 수 없다. 유령적 조각도 동포적 양심에 비추어 보아 唾棄할 추행이거늘 하물며 해외서 삼십여 년간 조선민족해방을 위하여 악전고투해 온 해외 혁명지사를 모욕하고 그 존재까지도 부인하려는 그 妄擧野行에 대하여서는 그 죄 千打萬殺에 지당타 할 것이다.
동포 제군! 죽어도 삼천만 우리 민중을 대상으로 하는 정부를 불과 기십 인이 모여서 「인민공화국」이라고 참칭하는 것도 세기적 광태이거니와 그 정부의 수뇌진용을 구성하는 조각을 幾 개인이 自意自想대로 机上私造하여 세간에 공포하니 그것이 과연 인류의 정의이며 정치인의 公道라 할 것이냐? 뿐만 아니라 목적을 위해서는 수단을 가리지 않는 그들의 전통적 전술은 드디어 신문사를 폭력으로 一時 접수하여 자기들의 선전목적 일부를 달하였다. 즉 乙未 9월 15일부 매일신보지를 보라! 편집 겸 발행인명도 없는 그야말로 유령신문에다가 조각 발표를 하였으며 在重慶 「대한민국임시정부」 선전부장 엄항섭 선생의 이름까지 빌려 자파에 유리한 무한한 괴설을 게재하였다. 그러나 상해해방통신사발전이라는 「해방통신사」라는 것이 인민공화파의 급조한 유령통신사임을 동포 제군은 알아야 할 것이다.
타도 인민공화국!
대한민국임시정부 절대 지지!
二. 소위 「한국민주당」 수뇌부에 일언함!
우리는 해외에서 돌아와 諸氏의 계획하는 바를 듣고 은근히 기대하는 바 컸었다. 그러나 시일이 갈수록 우리 기대가 어그러짐을 부인치 못하겠다. 첫째 발기인 중에 친일파에 가까운 악덕분자가 많은 것은 무슨 이유이며? 둘째 결당식 期日이 遷延됨은 무슨 이유이냐? 傳聞하는 바에 의하면 입당 초부터 벌써 지방색과 당파적 內抗으로 암투가 심하다 하니 그것이 과연 사실이라면 그대들 역시 자주독립을 방해하는 악질분자라고 인정할 수밖에 없다. 猛省하라! 맹성치 않는 경우에는 14일부 본 당 「경고문 제1호」에 기재된 대로 처치하겠다.

聲明書

同胞諸君!

　지난八月十五日은 우리로하여금 人間의感性이發揮할수있는 最大의感激을體驗케한 記할날인同時에 또한人類의歷史가命名할수있는 至高한使命을 우리에게賦課해준 거룩한 날이엇다.

　그러나 우리가意義깊은 이날을마지한지於一朔에 冷靜히우리의足跡을回顧할때 慚愧어찌이에더함이있스랴. 무엇보다도祖國의再建을爲하야 大同團結의精神밑에서 全民族的强力한態勢을完備함이 우리의最大且唯一의任務임에도不拘하고 이찌뜻당히發足進展되여야할統一旗幟는 四分五裂의亂舞속에서 그軸竿을잃어버리고 各種의政黨乃至政治團體가層生疊出하야 一見群雄割據의前奏曲을演出하는듯 民衆으로하여금 極度의不安과混迷속에彷徨케함이 이오늘의實相이아닌가.

　우리는果然이것으로써 過去우리民衆에게 오늘의光華를보이기爲하야 海外海內에서風餐露宿으로力戰血鬪하던나머지 或은絞首臺上의朝露가되고 或은彈雨硝煙속에살어진數많은 우리革命戰士에對한 우리의報答이라할것인가? 또는저一街頭에散亂히宣傳文과聲明書에瞠若하야 先輩를怨望하고岐路에서 헤매는靑少年과後進大衆에對한 그責任은 어떻다할것인가. 그보다도 이러한事態가持續되는限 明日에닥처올慘禍! 그것이우리民衆으로하여금 永遠不救의深淵에沈淪케할것임을생각할때 우리의焦躁와戰慄은 實로筆舌에絶함이있다.

　뜻잇는同胞諸君! 우리가一步의失墜로因하야 遺恨을千秋에남김도 이오늘이요 또一擲大擧로써光復宏業의基礎를確立함도 正히이때가아닌가.

　보라! 全民族統一結束의우렁찬소리는 바야흐로槿域의坊々谷々에澎湃하엿고 三千萬의總視聽은 이一點에集注하고있다. 이에우리『各黨統一期成會』는 이現實의緊迫한要求 밀에서現在分散된派生勢力을統一糾合하기爲하야 敢然히일어나 所信을宇內에宣布하노니各政黨과그類似團體는 客觀的情勢下의今日朝鮮의性格을聰明하게把握하야 主義思想의分界를超越하고 政道政略의小異를揚棄하야 渾然合流함으로써 名實共히全民族의各層을網羅한總力集結體인 一大統一戰線을結成하야 가장强勢的인推進力을 發揮하지않으면 안될것이다.

　萬一勢力의主流로自處하야 牙城을堅守하거나 或은無批判的인自家賢明을固執하야 知二의明을沒却하는者있다면 이는分明히 우리의自主獨立을拒否하는 叛逆的行動이아닐수 없으며 따라서 그들을斷手排擊하지않으면 안될것이다.

　同胞諸君! 우리의目標는 오직 하나가있을뿐이다. 一切의躊躇와靜觀은 斷然禁物이다. 蹶然히奮起하야 우리의運動에參加하라! 우리의運動을支援하라.

一九四五年九月十七日

各黨統一期成會

각당통일기성회 〈성명서〉 1945.9.17

동포 제군!

지난 8월 15일은 우리로 하여금 인간의 감성이 발휘할 수 있는 최대의 감격을 체험케 한 銘記할 날인 동시에 또한 인류의 역사가 명명할 수 있는 지고한 사명을 우리에게 부과해준 거룩한 날이었다.

그러나 우리가 의의 깊은 이날을 맞이한 지 어언 一朔에 냉정히 우리의 족적을 회고할 때 참괴 어찌 이에 더함이 있으랴. 무엇보다도 조국의 재건을 위하여 대동단결의 정신 밑에서 전 민족적 강력한 태세를 완비함이 우리의 최대 且 유일의 임무임에도 불구하고, 어찌 뜻하랴 마땅히 발족 진전되어야 할 통일 기치는 사분오열의 난무 속에서 그 軸竿을 잃어버리고, 각종의 정당 내지 정치단체가 層生疊出하여 일견 군웅할거의 전주곡을 연출하는 듯 민중으로 하여금 극도의 불안과 혼미 속에 방황케 함이 이 오늘의 실상이 아닌가.

우리는 과연 이것으로써 과거 우리 민중에게 오늘의 光華를 보이기 위하여 海外海內에서 풍찬노숙으로 역전혈투하던 나머지 혹은 교수대 상의 朝露가 되고, 혹은 彌雨硝煙 속에 사라진 수많은 우리 혁명전사에 대한 우리의 보답이라 할 것인가? 또는 저一 가두에 산란한 선전문과 성명서에 瞠若하여 선배를 원망하고 기로에서 헤매는 청소년과 후진대중에 대한 그 책임은 어떻다 할 것인가. 그보다도 이러한 사태가 지속되는 한 明日에 닥쳐올 참화! 그것이 우리 민중으로 하여금 영원불구의 심연에 침륜케 할 것임을 생각할 때, 우리의 초조와 전율은 실로 필설에 絶함이 있다.

뜻있는 동포 제군! 우리가 一步의 실추로 인하여 유한을 천추에 남김도 이 오늘이요, 또 一擲大擧로써 광복 굉업의 기초를 확립함도 바로 이때가 아닌가.

보라! 전민족통일결속의 우렁찬 소리는 바야흐로 槿域의 방방곡곡에 팽배하였고 삼천만의 총시청은 이 일점에 集注하고 있다. 이에 우리 『각당통일기성회』는 이 현실의 긴박한 요구 밑에서 현재 분산된 파생세력을 통일 규합하기 위하여 敢然히 일어나 소신을 우내에 선포하노니 각 정당과 그 유사단체는 객관적 정세하의 금일 조선의 성격을 총명하게 파악하여 주의 사상의 分界를 초월하고 政道 政略의 小異를 揚棄하여 혼연 합류함으로써 명실공히 전 민족의 각층을 망라한 총력집결체인 일대통일전선을 결성하여 가장 강세적인 추진력을 발휘하지 않으면 안 될 것이다.

만일 세력의 주류로 자처하여 아성을 堅守하거나 혹은 무비판적인 自家賢明을 고집하여 知二의 明을 沒刻하는 자 있다면 이는 분명히 우리의 자주독립을 거부하는 반역적 행동이 아닐 수 없으며 따라서 그들을 단호 배격하지 않으면 안 될 것이다.

동포 제군! 우리의 목표는 오직 하나가 있을 뿐이다. 일체의 주저와 靜觀은 단연 금물이다. 궐연히 분기하여 우리의 운동에 참가하라! 우리의 운동을 지원하라.

所謂「人民共和國」의 正體

前日 所謂 朝鮮人民代表大會란 것을 열고 五十五人의 人民委員을 選任하얏다는 消息은 朝鮮民族全体의 侮蔑과 賓蹙을 받엇지만「建準」一派는 다시 破廉恥하게도 人民共和國政府란 部署를 發表하야 全國民의 憤怒와 蔑視를 사고 있다. 所謂 閣僚 十七名 中의 五名이 海外 우리 臨時政府의 要人이요 三名이 國內에 居住하면서「人民委員」과 아무 關係가 없다는 것을 聲明한 분들이다. 그들은 民族的 尊敬의 對象者들을 自己네들 그룹에 너허가지고 自己네들의 威勢를 올리랴 하고 잇지만 大衆은 다 愚民이 아니다. 그 正体가 무엇인지는 잘 알고 잇다. 三千万 民衆이 아지 못하는 하로 밤중에 数十八이 모혀 人民代表會議가 무엇이며 海外에게서서 出席 못찬 것을 알면서 또 일부러 出席 안한 것을 聲明한 대도 不拘하고 臨時代理란 말이 왠 말이냐 十七名 中 十七名을 自己 共産党派로 맨들면 共産主義政府란 말을 듯겟소니까 民族全体의 탈을 쓰고 일부러 出席 못하고 안할 사람들의 이름을 받어 마치 民族全体의 意思인 것처름 꾸미는 狡猾하고도 沒廉恥한 徒輩들의 作亂이 아니냐 조히조각 하나로 政府를 맨들고 허물고 하는 小兒들의 作戱를 大衆은 속지 안을 것이다

九月 十六日

三千萬同胞여!回顧하라!

우리는 日本帝國主義鐵則 아래서 債券 國防献金! 무슨 献納이니하는 強制로 뜻업시 우리의 貪弱한 주머니를 털니지 안엇든가!

보아라! 外地에 잇는 七百萬戰災同胞들에게 目不忍見 慘狀를!

發揮하자! 놈들에게 搾取當하는 대신으로 우리 同族를 마음껏 사랑하자!

만어야만 精誠이 안이다! 한술에 밥 한푼에 돈!:이라도 우리 同族를 참으로 사랑하는 眞情이라면!

주저말고 發揮하라! 同族愛를!!

오라! 疾病에 苦痛하는 戰災同胞여! 本會로! 無料診察! 治療를!

大韓獨立協會 援護部

발행자 불명 〈소위 '인민공화국'의 정체〉
철필인쇄본, 1945.9.16

전일 소위 조선인민대표대회란 것을 열고 55인의 인민위원을 선임하였다는 소식은 조선민족전체의 모멸과 빈축을 받았지만「建準」일파는 다시 파렴치하게도 인민공화국정부란 부서를 발표하여 전 국민의 분노와 멸시를 사고 있다. 소위 각료 17명 중의 5명이 해외 우리 임시정부의 요인이요, 3명이 국내에 거주하면서「인민위원」과 아무 관계가 없다는 것을 성명한 분들이다. 그들은 민족적 존경의 대상자를 자기들 그룹에 넣어가지고 자기네들의 위세를 올리려 하고 있지만 대중은 다 우민이 아니다. 그 정체가 무엇인지는 잘 알고 있다. 삼천만 민중이 알지 못하는 하루 밤중에 수십 인이 모여 인민대표회의가 무엇이며 해외에 계셔서 출석 못한 것을 알면서 또 일부러 출석 안한 것을 성명한 데도 불구하고 임시대리란 말이 웬 말이냐 17명 중 17명을 자기 공산당파로 만들면 공산주의정부란 말을 듣겠으니까 민족 전체의 탈을 쓰고 일부러 출석 못하고 안할 사람들의 이름을 받아 마치 민족 전체의 의사인 것처럼 꾸미는 교활하고도 몰염치한 도배들의 작란이 아니냐. 종잇조각 하나로 정부를 만들고 허물고 하는 소아들의 유희를 대중은 속지 않을 것이다.

대한독립협회 원호부 〈삼천만 동포여 회고하라!〉

우리는 일본 제국주의 철책 아래서 채권 국방헌금! 무슨 헌납이니 하는 강제로 뜻 없이 우리의 빈약한 주머니를 털리지 않았던가!
보아라! 외지에 있는 칠백만 전재 동포들의 목불인견인 참상을!
발휘하자! 놈들에게 착취당하는 대신으로 우리 동족을 마음껏 사랑하자! 많아야만 정성이 아니다! 한 술의 밥 한 푼의 돈!이라도 우리 동족을 참으로 사랑하는 진정이라면! 주저 말고 발휘하라!
동족애를!!
오라! 질병에 고통하는 전재 동포여! 본 회로! 무료진찰! 치료를!

檄

親愛하는 學徒諸君!
世界反파쇼民主主義의 勝利와 우리의 革命的 先輩의 犧牲的 努力에 依하야 우리는 日本帝國主義의 植民地奴隸敎育에서 解放되엇다 우리는 우리의 말과 歷史를 배우지못하엿고 靑年으로서의 當然히 가저야할 理想도 希望도 다―이저버리려고 하엿는것이다 그러나 眞理는 勝利하는것이다 우리의 가슴깁히 잠겨잇든 大願은 끗내 동을트게하고마럿다 자―이러나자

親愛하는 學徒諸君!
우리들의 探求하는 眞理는 果然무엇에 쓰려고하는것인가 結局은 보담조흔 社會와 幸福스러운 國家를 建設하려는 歷史的인 非常時期이다 우리의 아버지도 어머니도 兄弟도 姉妹도 다갓치 이러나서 우리民族의 이偉大한建國事業에 맛당히 努力하고 聲援하지안으면 안될것이다

親愛하는 學徒諸君!
우리는 잘―알것이다 私를버리고 오즉 民族과社會를爲하야 싸워오신 海內海外를通한 革命的鬪士先輩들이 「朝鮮人民共和國」을 建設하고 또 政府部署를發表한 歷史的인事實을 그리고 그宣言과政綱, 施政方針이 朝鮮의完全獨立을遂行하고 民族의統一戰線을結成하는데 適切妥當하다는것이엇다 그리하야 우리들의 절믄情熱은 새로히 용소슴치게되고 우리의期待는 다만 그壯途를祝福하엿을뿐이엇다

그러면 民族의 모―든힘과努力이 여기에 結集되여야 할것이고 또 이를 育成發展시힐 義務도 또한各自에게 잇지안으면안될것이다

親愛하는 學徒諸君!
놀나지마러라 그런데 大韓民主黨이란 무엇을하려는것인가 似而非民主主義의粉飾밋에서 其實은 얼마안되는 土着뿌루조아지의利益을 擁護하기爲해서는 帝國主義의與黨되기에도 不辭하지안는다 所謂重慶臨時政府를 鬼神처럼 내세우고 또 그들絶對歡迎이라든 假面을버서버리고 그대로 實踐하야 인제는 厚顔無恥하게도 또따로히 對立政府를組織하지안엇는가 이무슨妄靈인가 이것이 民族의統一戰線을 破壞하려는計畫的陰謀가아니고 무엇인가 더욱이 所謂政府要員中에는 後日人民裁判이열닐때 民族叛逆者로 處斷될人物들이 包含되여잇지안는가 우리는斷乎히 排擊한다 우리는民族의일홈으로써 人民의일홈으로써 그들最後牙城이 覆滅될때까지 싸우겟다 民族의統一戰線과 朝鮮의完全獨立을 爲하야 싸우겟다

그리고 人民多數의要望에서 組織되고 또 民族大衆의利益을 革命的으로 擁護하려는 人民共和國을 絶對支持하려고한다

學徒야! 同胞여! 이러나자 나가자 우리의軍號는 저―農村에서 都市에서 소리놉히들 이고잇다

朝鮮學徒隊萬歲
朝鮮人民共和國萬歲

紀元四二七八年九月二十四日

朝鮮學徒隊

조선학도대 '격문' 1945.9.20

친애하는 학도 제군!
세계 反파쇼 민주주의의 승리와 우리의 혁명적 선배의 희생적 노력에 의하여 우리는 일본 제국주의의 식민지 노예교육에서 해방되었다. 우리는 우리의 말과 역사를 배우지 못하였고 청년으로서의 당연히 가져야 할 이상도 희망도 다― 잊어버리려고 하였던 것이다. 그러나 진리는 승리하는 것이다. 우리의 가슴 깊이 잠겨있던 大願은 끝내 동을 트게 하고 말았다. 자― 일어나자.

친애하는 학도 제군!
우리들이 탐구하는 진리는 과연 무엇에 쓰려고 하는 것인가. 결국은 보다 좋은 사회와 행복스러운 국가를 건설하는 데 이바지하려는 것이 아닌가. 때는 바로 민족의 완전독립을 위한 새 국가를 건설하려는 역사적인 비상 시기이다. 우리의 아버지도 어머니도 형제도 자매도 다 같이 일어나서 우리 민족의 이 위대한 건설사업에 마땅히 노력하고 성원하지 않으면 안 될 것이다.

친애하는 학도 제군!
우리는 잘― 알 것이다. 私를 버리고 오직 민족과 사회를 위하여 싸워 오신 海內海外를 통한 혁명적 투사 선배들이 「조선인민공화국」을 건설하고, 또 정부 부서를 발표한 역사적인 사실을. 그리고 그 선언과 정강, 시정방침이 조선의 완전독립을 수행하고 민족의 통일전선을 결성하는 데 적절타당하다는 것이었다. 그리하여 우리들의 젊은 정열은 새로이 용솟음치게 되고 우리의 기대는 다만 그 장도를 축복하였을 뿐이었다.

그러면 민족의 모― 든 힘과 노력이 여기에 결집되어야 할 것이고, 또 이를 육성 발전시킬 의무도 또한 각자에게 있지 않으면 안 될 것이다.

친애하는 학도 제군!
놀라지 마라. 그런데 대한민주당이란 무엇을 하려는 것인가. 사이비 민주주의의 분식 밑에서 기실은 얼마 안 되는 토산 부루주아지의 이익을 옹호하기 위해서는 제국주의의 여당 되기에도 불사하지 않는다. 소위 중경임시정부를 귀신처럼 내세우고 또 그들 절대 환영이라는 가면을 벗어버리고, 또 국민대회란 기만적 약속도 그대로 실천하여, 이제는 후안무치하게도 또 따로 대립 정부를 조직하지 않았는가. 이 무슨 망령인가. 이것이 민족의 통일전선을 파괴하려는 계획적 음모가 아니고 무엇인가. 더욱이 소위 정부 요원 중에는 후일 인민재판이 열릴 때 민족반역자로 처단될 인물들이 포함되어 있지 않은가. 우리는 단호히 배격한다. 우리는 민족의 이름으로써 인민의 이름으로써 그들 최후 아성이 복멸될 때까지 싸우겠다. 민족의 통일전선과 조선의 완전독립을 위하여 싸우겠다.

그리고 인민 다수의 요망에서 조직되고 또 민족대중의 이익을 혁명적으로 옹호하려는 인민공화국을 절대 지지하려고 한다.

학도야! 동포여! 일어나라. 나가자. 우리의 軍號는 저― 농촌에서 도시에서 소리 높이 들리고 있다.

조선학도대 만세
조선인민공화국 만세

조선인민공화국 선전부 〈일본패잔군의 무장해제를 철저히 단행하자〉 1945.9.30

미군이 진주한 지 이미 오래건만 아직도 무기를 휴대한 일본 군인이 항간을 헤매며 夜暗을 타서 방화, 발포, 刺殺, 폭탄투척 등 야만적인 행동을 하는 일본 제국주의 단말마들이 서울 거리에 준동하고 있다. 아— 어찌 가증한 일이 아니냐.
동포 여러분—. 우리는 이제껏 참아 왔다.
미군이 책임을 지고 노력할 줄 믿고 또한 바라나 우리는 우리들 손으로 이 가증한 왜놈들을 축출하자—.
ㄱ, 일체 일본인과의 상행위를 말자—
ㄴ, 일체 일본인에게 노역을 제공치 말자—
ㄷ, 일본인과 결탁하여 매국적인 행위를 하는 자를 적발하여 인민 재판이 열릴 때 이를 통고하자

日本敗殘軍의 武裝解除를 徹底히 斷行하자

米軍이 進駐한지 이미 오랫것만 아즉도 武器를 携帶한 日本軍人이 巷間을 허매며 夜暗을타서 放火、發砲、刺殺、爆彈投擲等 野蠻的인 行動을하는 日本帝國主義斷末魔들이 쉬울거리에 蠢動하고있다 아— 엇지 可憎한 일이않으냐
同胞여러분— 우리는 이제것 참아왔다
米軍이 責任을지고 努力할줄 밋고 또한 바라나 우리는 우리들손으로 이可憎한 倭놈들을 逐出하자—
ㄱ、一切日本人과의 商行爲를말자—
ㄴ、一切日本人에게 奇勞役을提供치말자—
ㄷ、日本人과 結托하야 賣國的인 行爲를하는者를 摘發하야 人民裁判이열일 때이를通告하자

一九四五年九月三十日

朝鮮人民共和國宣傳部

박흥식을 비난하는 필사본 전단

"일본제국주의의 주구인 동시에 조선 민족의 반역자인 박흥식은 새 조선 건설에 공헌하려고 일어선 우리 종업원자치위원회를 분해시키려고 MP에 고발하여 우리 위원장 문석태 씨를 납치시켰다. 민족반역자의 최후의 발악을 보라! 우리는 우리 대표자가 나올 때까지 한 발짝도 이 집 속에서 물러나지 않을 것이다. 시민 諸氏의 성원을 바랍니다."

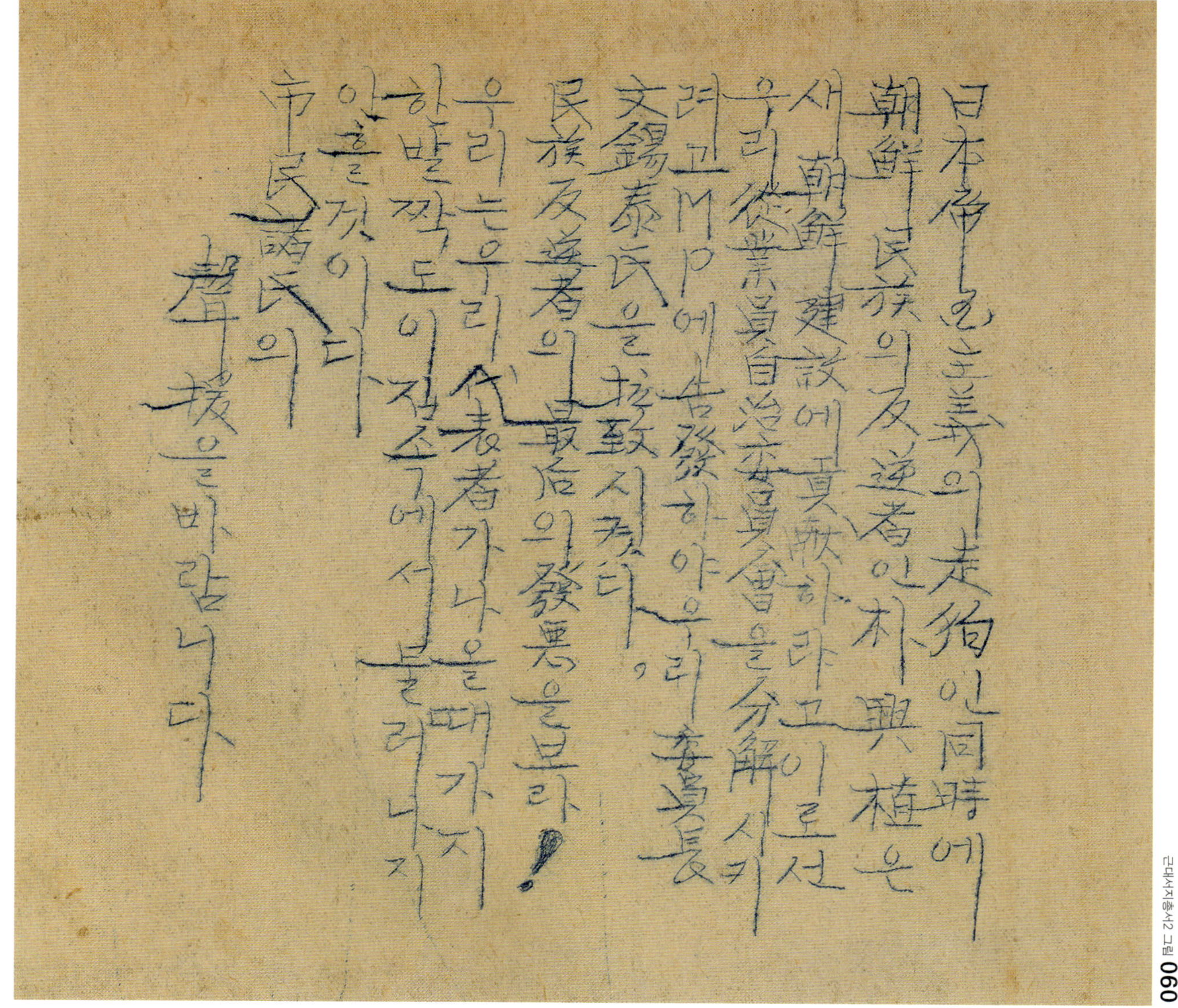

존 알 하─지 주조선미군총사령관, 육군중장 〈조선인 제군이여!〉 1945.9.29

미국군이 경성에 진주한 지 이미 3주일이 되었다. 3주일이라는 시일은 일본인이 귀국을 점령하였던 장구한 시일에 비하면 지극히 짧은 시일이지마는 그 동안에 조선을 위한 훨씬 자유로운 정치기구를 확립하고자 힘찬 발족을 하였노라. 이 지극히 짧은 시일 안에 左記 사항이 완성된 것이다.

가. 아베(阿部) 총독 및 각 국장의 파면
나. 미군정하에서 서울 중앙정부가 改組된 것
다. 검열부문의 폐지
라. 신문과 언론의 자유 확립
마. 일본군 헌병대의 무장해제 및 헌병대의 각종 경찰 기능 정지
바. 경기도는 현재 미군정하에 있으며 일본인 경찰관의 차차 파면
　　되고 그 대신 조선인 경찰관이 배치되고 있는 중인 것
사. 일본군 무장부대는 일정한 처소로 모는 중이며 일본군 무장부
　　대 본국 송환은 이미 시작된 것
아. 일본인 거류민의 일본 송환 계속
자. 미국군의 지배력은 부산에까지 이르렀으며 부산에 있는 일본
　　군 및 일본인 경찰은 그 기능을 정지당한 것

일본의 지배로부터 미국군의 지배로 옮기는 그 동안 제반 사항의 대체로 '피'를 흘리지 않고 완성되었다. 장차에 있어서도 하등의 사고 없이 남조선 전부의 점령이 완성되기를 바라는 바이다. 그런 고로 제군은 만사를 참고 또 참아라. 현상에 있어서 조선의 장래를 위하여 제군이 할 수 있는 최대 공헌은 어디까지든지 만사를 참는 일일 것으로 생각한다.

聯合軍을 中傷하는 惡質데마를 粉碎하자!

요지음 巷間에 떠도는데마中에 가장惡質인것이잇다。 거룩한使命을띄고 드러와잇는 聯合軍
將兵에 對하야 우리同胞로서는 敢히하지못할背信行爲가잇다。
惡質의데마를捏造하는者누구뇨?
惡質의데마를流布하는者누구뇨?
同胞와聯合軍을離間하려는者누구뇨?
우리의完全解放을阻害하려는者누구뇨?
言語의不通
風俗習慣의相異
그들에對한感謝의念의不足
우리를爲하야異域에와서 苦役겪는勇士를理解하려안코 慰勞할줄모르는無意識的인反民現象
할態度及
우리의外交術의拙劣性
等에依해서惹起되는 모든錯誤와誤解와猜疑를自己流로憶測하고 捏造하고 流布하는者누구뇨?
을針小棒大式으로擴大하고
더욱이나 北緯三十八度以北에駐屯해잇는 쏘聯軍을怨望하며 쫓겨온者누구뇨?
特히쏘聯軍은 朝鮮의完全解放을爲하야 親日派、守錢奴及民族叛逆者의利益까지는 옹護하
지안엇다。日本帝國主義의遺品인搾取機構를繼承存續시키어서 倍前하야自己私腹을 불너보
려다가 失敗當한反動分子들이지저귀는 그럴듯한 데마를粉碎하자!
들에게서 怨心을삿다。
意의黃金의미천까지를 뿌려가면서 捏造시키고流布시키는 北緯三十八度以南에서蠢動하는反
물너나가는 日本帝國主義에게서 相續받은搾取機構를 부둥켜안코 꿈꾸는蓄妾을爲하야得
動分子들의惡質데마를粉碎하자!
우리는惡質데마의捏造、流布되는原因을알엇다!
우리는惡質데마의捏造、流布하는過程을알엇다!
우리는惡質데마가反動分子의謀略인것을알엇다!
聯合軍將兵은 朝鮮의完全解放을援助하고옹護하려와잇다。
그들에게는 그들의非行을 處斷하는峻嚴한軍律이잇다。
私利私慾을꿈꾸며 自己三千萬同胞의完全한解放을 防害할目的으로聯合軍을中傷하야 그들
파의사이를 떼이려고 가진謀略을 다쓰는反動分子의策動에속지말라!
그들이뿌리는 惡質데마를徹底히粉碎하자!

一九四五年九月三○日

朝鮮人民共和國支持同盟

조선인민공화국 지지동맹 〈연합군을 중상하는 악질 데마를 분쇄하자!〉 1945.9.30

요즘 항간에 떠도는 데마 중에 가장 악질적인 것이 있다. 거룩한 사명을 띠고 들어와 있는 연합군 장병에 대하여 우리 동포로서는 감히 하지 못할 배신행위가 있다.
악질의 데마를 날조하는 자 누구냐?
악질의 데마를 유포하는 자 누구냐?
동포와 연합군을 이간하려는 자 누구냐?
우리의 완전해방을 저해하려는 자 누구냐?
언어의 불통,
풍속 습관의 상이,
그들에 대한 감사의 念의 부족,
우리를 위하여 이역에 와서 고역 겪는 용사를 이해하려 않고 위로할 줄 모르는 소극적이며 냉정한 태도 및 우리의 외교술의 졸렬성 등에 의해서 야기되는 모든 착오와 오해와 猜疑를 자기류로 억측하고 부연하는 무의식적인 반민현상을 침소봉대 식으로 확대하고 날조하고 유포하는 자 누구냐?
더욱이나 북위 38도 이북에 주둔해 있는 소련군을 원망하며 쫓겨 온 자 누구냐?
특히 소련군은 조선의 완전해방을 위하여 친일파, 수전노 및 민족 반역자의 이익까지는 옹호하지 않았다. 일본 제국주의의 유품인 착취기구를 계승 존속시켜서 倍前하여 자기 사복을 불려 보려다가 실패 당한 반동분자들이 지저귀는 그럴듯한 데마를 분쇄하자! 소련군은 자정하고 이들에게서 원심을 샀다.
물러 나가는 일본 제국주의에게서 상속 받은 착취기구를 부둥켜 안고 꿈꾸는 축첩을 위하여 의의 황금의 밑천까지를 뿌려가면서 날조시키고 유포시키는 북위 38도 이남에서 준동하는 반동분자들의 악질 데마를 분쇄하자!
우리는 악질 데마의 날조, 유포되는 원인을 알았다!
우리는 악질 데마의 날조, 유포하는 과정을 알았다!
우리는 악질 데마가 반동분자의 모략인 것을 알았다!
연합군 장병은 조선의 완전해방을 원조하고 옹호하려 와 있다.
그들에게는 그들의 비행을 처단하는 준엄한 군율이 있다.
사리사욕을 꿈꾸며 자기 삼천만 동포의 완전한 해방을 방해할 목적으로 연합군을 중상하여 그들과의 사이를 떼려고 갖은 모략을 다 쓰는 반동분자의 책동에 속지 말라!
그들이 뿌리는 악질 데마를 철저히 분쇄하자!

〈조선국군준비대 선포〉 철필인쇄본, 1945.9.5

乙酉 8월 20일 우리는 「귀환장병대」라는 명칭하에 귀환장병을 모으러 조직을 만들어 그들의 피로한 몸을 휴양케 하며 새로운 정신으로 훈련을 거듭하여 장래에 국군의 기초를 확립하기를 힘써온다. 이제 「조선국군준비대」로 개칭하고 한층 광범한 입장에서 훈련과 단결을 꾀하고자 한다.

강령
1. 우리는 現有 군사적 역량을 집결하여 국군 편성의 기초를 준비코자 함
2. 우리는 군벌적 발전을 경계함
3. 신정부 군대가 편성될 때는 그에 합류함
4. 우리는 주의적 혹은 파벌적 내쟁을 배척함
5. 우리는 자위 치안에 노력함

운영
1. 경성에 본부를 置하고 각 도에 지부를 두어 본부에서 직할하고 각 군읍에 분회를 두어 지부에 소속케 함
2. 본부에는 대장과 부대장을 두고 지부에는 지부장을 두되 필요에 의하여 고문을 둘 수 있음.

편성
1. 육해공군을 막론하고 군사적 훈련을 받은 자와 귀환병사 군속 관계자 또는 지원자 청년으로 대를 編함
2. 편대의 계급은 과거의 경험을 참작하여 훈련에 편의할 정도로 임시 책임을 담당케 함

조선공산당 중앙집행위원 〈통일된 조선공산당은 재건되었다!!〉

오늘날 조선의 정세는 노동계급으로 하여금 하루라도 바삐 그 전위인 그 지도자인 조선공산당을 내세우지 않으면 안 된다고 힘 있게 요구하고 있다

여기서 우리는 통일된 혁명적 조선공산당을 다시 건설하였다.

회고하면 1929년 이래 당 재건을 위하여 얼마나 많은 시일이 걸렸으며 얼마나 많은 희생을 당하였는가? 당 재건준비위원회에서는 과거 십여 년 동안 주관적 약점과 객관적 곤란에도 불구하고 꾸준히 국제당 지시하에서 준비활동을 계속한 것이다.

그런데 8월 15일에 장안 빌딩에서 「조선공산당」이 결성되었으나 그 자체가 옳지 못함을 자인하고 통일을 위하여 해체를 결정하였다. 여기에서 재건준비위원회에서는 자기자체의 기본조직을 중심하고 국내에 있는 혁명적 그룹과 자연발생적 그룹들과 또한 감옥에서 석방된 혁명적 동지들과 협력하여 대중의 기초 위에 선 유일한 통일적인 조선공산당중앙집행위원회를 결성한 것이다. 이에 국내에 있는 모든 공산주의자들은 다시 통일의 깃발 아래로 모여, 조선공산당을 재건한 것이다.

조선공산당의 주장

一. 조선공산당은 조선의 노동자 농민 도시빈민 병사 인텔리겐트 등 일반 근로인민의 정치적 경제적 사회적 이익을 옹호하여 그들의 생활의 금전적 개선을 위하여 투쟁한다.

一. 조선 민족의 완전한 해방과 모든 봉건적 잔재를 일소하고 자유 발전의 길을 열어주기 위하여 끝까지 투쟁한다.

一. 근로인민의 이익을 존중하는 혁명적 민주주의적 인민정부를 확립하기 위하여 싸운다.

천도교 청우당 〈삼천만 동포에게 고함〉

세계는 방금 이상적 신사회를 창조하려는 신기운에 깨어있다. 2차에 걸친 세계대전은 신단계에 임하려는 대파괴 대고민이었다. 조선은 이 신기운에 의하여 일약 새 사회에 참여한 好運兒가 되었다. 그러나 미소 양군의 南北分駐, 정당의 난립, 대중의 사상적 방황, 실업자사태 등등의 우려하지 않을 수 없는 현실에 당면하였다.

경애하는 동포여! 이 엄정 냉혹한 현실을 극복하고 위대한 이상 아래 민족혁명과 사회혁명을 완성하려면 어떻게 할 것인가?

一. 민족적 자주독립을 완성하기 위해서는 모든 주장을 일시 보류하고 강력한 통일전선을 결성하자

一. 빛나는 우리의 전통(문자, 언어, 도덕 등)을 살려서 신문화를 창조하자

一. 근면성실의 생산하는 민족이 되자

一. 각 직장 각 대중집회를 통하여 정치적 훈련을 활발히 전개하자

一. 事人如天의 정신에 맞는 새 윤리를 수립하자

一. 우리의 모든 생활을 과학화시키자

統一된 朝鮮共産黨은 再建 되엿다!!

오늘날 조선의 정세는 노동게급으로하여금 하로라도밧비 그 전衛인 그 지도자인 조선공산당을 내세우지안흐면 안된다고 힘잇게 요구하고 잇다

여기서 우리는 統一된 革命的 조선공산당을 다시 建設하엿다

회고하면 一九二九年以來 당재건을 爲하야 얼마나 만흔 시일이걸렷으며 얼마나만흔 犧牲을 당하엿는가? 당재건準備委員會에서는 과거 十여年동안 主觀的弱점과 客觀的곤난액도 불구하고 꾸준히 국제당지시下에서 準備활동을게續한것이다

그런데 八月十五日에 長안쎌딍에서「조선공산당」이 결성되엿으나 그자체가 을치못함을 자인하고 統一을爲하야 解체를 결정하엿다 여기에서 재건準備委員會에서는 자기자체의 기본조織을 中심하고 국내에잇는 革命的구루프와 自然發생적구루프들과 또한 감옥에서 석방된 革命的동지들과 協力하야 대중의 기초우에선 유일한 統一적인 조선공산당中央執行委員會를 결성한것이다 이에 국내에잇는 모ㅡ든 공산주의자들은 다시 統一의 깃발아래로모여, 조선공산당을 再建한것이다

朝鮮共産黨 의 主張

一, 조선공산당은 조선의 노동자 농민 도시貧민 병사 인테리겐차등 一반근勞인민의 정치적 경제적 사會적 이의율 옹호하여 그들의 생활의 급전적 개선을 爲하야 투쟁한다

一, 조선民族의 완전한 解放과 모ㅡ든 봉건적 잔재들 일소하고 自由發展의 길율 여러

一, 근勞인민의 리익율 尊重하는 革命的 민주주의적 인민정부들 확립하기爲하야 싸운다

朝鮮共産黨 中央執行委員會

三千萬同胞에 告함

世界는 方今 理想的 新社會를 創造하려는 新氣運에 쌔여잇다、二次에 걸친 世界大戰은 新段階에 臨하려는 大破壞 大苦민이엇다。朝鮮은 이 新氣運에 依하야 一躍새社會에 參與할 好運兒가 되엿다、그러나 美蘇 兩軍의 南北分駐、政黨의 亂立、大衆의 思想的 彷徨、失業者沙汰等々의 憂慮하지안을수업느 現實에 當面하엿다

敬愛하느 同胞여! 이 嚴正冷酷한 現實을 克服하고 偉大한 理想下에 民族革命과 社會革命을 完成하려면 엇더케할것인가?

一、民族的自主獨立을 完成하기爲하여는 모ㅡ든 主張을 一時保留하자

一、빗나느 우리의 傳統(文字、言語、道德等)을 살녀서 新文化를 創建하자

一、勤勉誠實의 生産하는 民族이되자

一、各職場各大衆集會를 通하야 政治的 訓練을 活潑히 展開하자

一、事人如天의 精神에 맞는 새 倫理를 樹立하자

一、우리의 모ㅡ든 生活을 科學化식히자

天道敎靑友黨

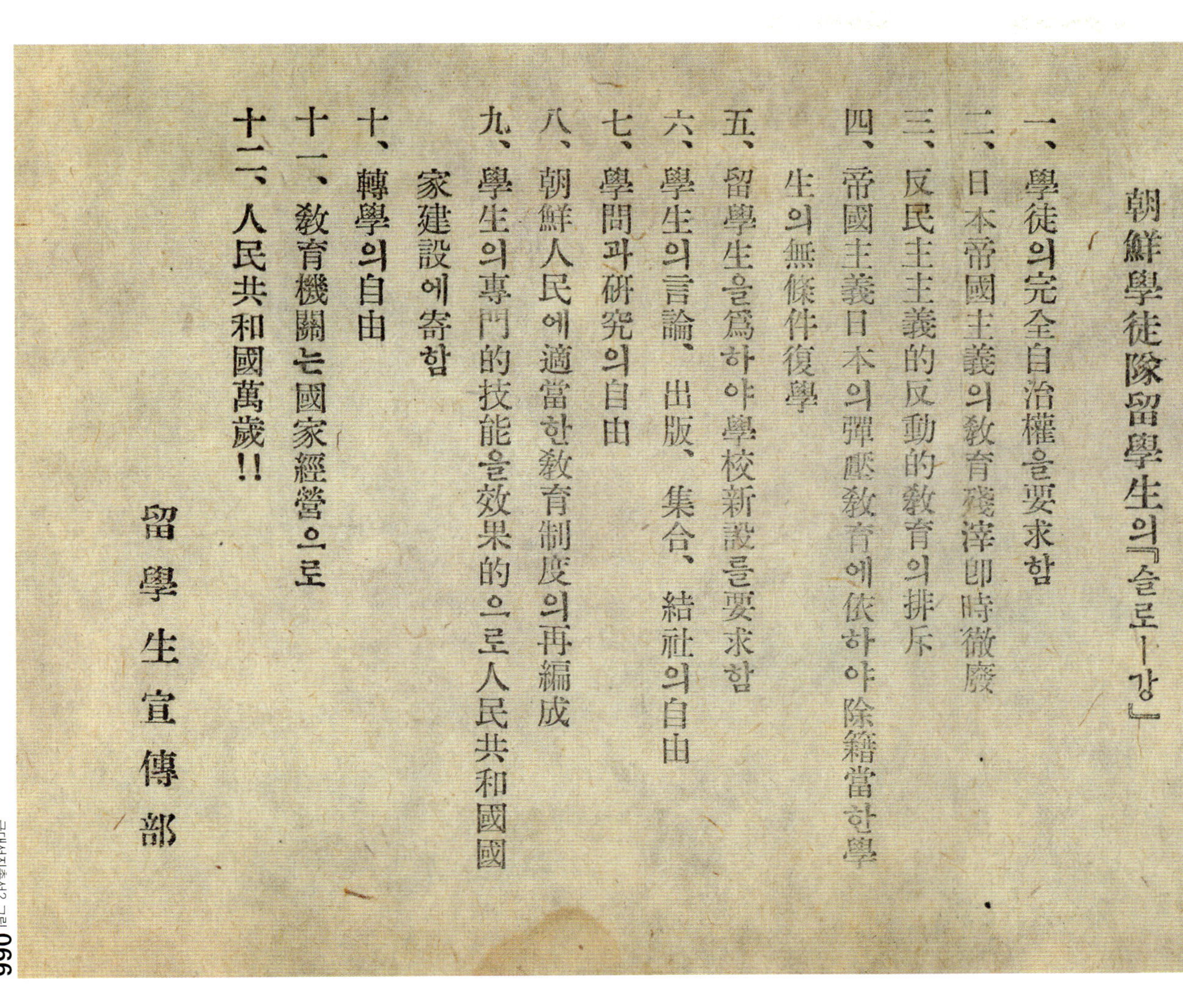

朝鮮學徒隊留學生의「슬로―강」

一、學徒의完全自治權을要求함
二、日本帝國主義의教育殘滓卽時徹廢
三、反民主主義的反動的教育의排斥
四、帝國主義日本의彈壓教育에依하야除籍當한學生의無條件復學
五、留學生을爲하야學校新設을要求함
六、學生의言論、出版、集合、結社의自由
七、學問과研究의自由
八、朝鮮人民에適當한教育制度의再編成
九、學生의專門的技能을效果的으로人民共和國國家建設에寄함
十、轉學의自由
十一、教育機關은國家經營으로
十二、人民共和國萬歲!!

留學生宣傳部

유학생 선전부 〈조선학도대 유학생의 슬로건〉

1. 학도의 완전자치권을 요구함
2. 일본 제국주의의 교육 잔재 즉시 철폐
3. 反민주주의적 반동적 교육의 배척
4. 제국주의 일본의 탄압 교육에 의하여 제적당한 학생의 무조건 복학
5. 유학생을 위하여 학교 신설을 요구함
6. 학생의 언론, 출판, 집합, 결사의 자유
7. 학문과 연구의 자유
8. 조선인민에 적당한 교육제도의 재편성
9. 학생의 전문적 기능을 효과적으로 인민공화국 국가 건설에 寄함
10. 전학의 자유
11. 교육기관은 국가 경영으로
12. 인민공화국 만세!!

「日惟光復은 天人是符라 聲此大罪하야 戒我同胞하노라」

檄

이는 大韓光復團의 根本精神이며 行動綱領이엿다。國賊을 芟除하고 國權을 光復하기 爲하야 杖釖赴義한 先烈 李相卨、李儁、羅喆、尹喜炳、洪範植、奇山度、諸先生의 大志를 紹承한 義烈 蔡基中、朴尙鎭、金漢鍾、李敬泰、林世奎、金相玉 諸氏의 結團倡導하신 光復運動이엿다。癸丑以後 三十餘年間倭賊의 惡刑과 迫害에도 不屈하고 國內外海外로 分散과 集結을 反復하면서 同胞의 護國精神과 民族의 元氣를 鼓動振作하엿다。祖國光復의 今日에 當하야 國恥의 歷史를 다 시回顧하면 國恥의 原因은 外敵倭賊에 만잇지안할고 國內奸賊에 基因한바도 多大하다。

그러면 亂類와 奸賊이 何代無之리요? 過去와 今日에만잇고 將來에는 반다시 업기를 그누가 保證하랴!! 除奸定國을 團義롯한 大韓光復團의 使命은 復國의 今日에 終止치안하고 今後建國及治國의 全過程을 通하야 一貫한 使命을 遂行하기로 再出發하는바이다

一、外賊에 阿附하야 同胞를 抑壓或은 迫害한者 又는 하랴하는者
二、光復精神을 忘却한 고民族統一을 分裂하랴하는者
三、國民의 公福을 偏取私竊하랴하는者
四、徒黨에 資勢하야 國家의 綱紀를 紊亂하랴하는者
等을 徹底肅淸하되 團員一同은 殺身成仁을 再決心하고 光復團本來의 使命을 忠誠實行하기로 天下에 宣誓함

檀紀四千二百七十八年　月　日

光復團代表　韓　勳
梁漢緯
尹瑩重

서울塱志町八〇番地
電話光六〇一番

광복단 〈檄〉 1945.10?

「日惟光復은 天人是符라 聲此大罪하여 戒我同胞하노라」
이는 대한광복단의 근본정신이며 행동강령이었다. 국적을 芟除하고 국권을 광복하기 위하여 杖釖赴義하신 선열 이상설, 이준, 나철, 윤리병, 홍범식, 기산도, 諸先生의 大志를 소승한 의열 채기중, 박상진, 김한종, 김경태, 임세규, 김상옥 諸氏의 결단창도하신 광복운동이었다. 癸丑 이후 삼십여 년간 왜적의 악형과 박해에도 불구하고 국내와 해외로 분산과 집결을 반복하면서 동포의 호국정신과 민족의 원기를 고동 진작하였다. 조국광복의 금일에 당하여 국치의 역사를 다시 회고하면 국치의 원인은 외적 왜적에만 있지 않고 국내 간적에 기인한 바도 多大하다.

그러면 난류와 간적이 何代無之리요? 과거와 금일에만 있고 장래에는 반드시 없기를 그 누가 보증하랴!! 除奸定國을 단의로 한 대한광복단의 사명은 복국의 금일에 종지치 않고 금후 건국 및 치국의 전 과정을 통하여 일관한 사명을 수행하기로 재출발하는 바이다.
一. 외적에 아부하여 동포를 억압 혹은 박해한 자 또는 하려 하는 자
二. 광복정신을 망각하고 민족통일을 분열하려 하는 자
三. 국민의 公福을 偏取私竊하려 하는 자
四. 도당에 資勢하여 국가의 綱紀를 문란하려 하는 자
등을 철저 숙청하되 단원 일동은 살신성인을 재결심하고 광복단 본래의 사명을 충성실행하기로 천하에 선서함.

同胞諸君에게 檄함!!

解放의깁붐과 與奮에서 激情的 生活을 한지벌서 두달이 갓갑다。 우리네 生活이 感情生活에서 理性生活로 자리를옴기게되매 同胞諸君은 冷酷한 現實에 對해서 여러가지 反省할 機會를 갓게 된줄멋는다。

우리가 期待하든 完全獨立은 果然 實現되엿는가? 우리의 仇敵倭族은 果然 完全히 우리 江山에서 遂出되엿는가? 經濟恐慌과 物價高로 말미암어 一大脅威를 받고 잇는 小市民生活 그中에서도 特히 知識人들의 生活은 엇던 方法으로 解決할것인가? 그리고 거리에 氾濫한 失業者의 洪水는 果然 무엇으로 막어낼 것인가? 그뿐이냐! 八月十五日 以後의 國內情勢는 果然 우리에게 엇더한 歷史的 課題를 提起하고 잇는가? 現在 北緯 三十八度를 境界로해서 朝鮮이 兩斷되여 잇지안느냐? 그리고 우리의 正統唯一한 政府가 海外에 嚴存하여 世界別强의 承認까지 밧고 잇음에 도 不拘하고 一部 政治的 野心輩들이 所謂 「人民共和國」을 私造 僭稱하야 그 宣傳工作에 狂奔하고 잇으며 人民投票를 云云하고 잇지안느냐? 그리고 某人은 「國民大會準備」를 云云하고 잇지안느냐? 허나 南北이 兩斷된 現下의 朝鮮에서 果然 人民投票와 國民代表召集만이 至高至上 急先務일가? 그리고 果然 眞正한 意味에 잇어서 人民投票와 國民大會가 現客觀的 情勢下에서 可能할 것인가?

안이다!! 우리는 하로밧비 그와갓은 對立性과 黨派性을 淸算하여 民族的 總力量을 한곳에 集結하여야겠다。 國內에 잇어서의 民族戰線을 結成하여 統一된 民族國家建設에 遂進함이 當面한 急務임을 斷言한다。 이것이우리 「大韓民國臨時政府」의 歸國을 促進식히며 아울너 우리民族의 完全獨立을 實現하는 捷經일것이다。

親愛하는 同胞諸君! 各黨派의 主義政綱에 對한 是非曲直은 新政府 樹立後로 保留함이 엇덜가? 모ー든 對立과 派爭을 卽時 停止하여 民族的 統一戰線을 樹立하도록 努力하자!! 大韓民國臨時政府를 絶對 支特하자!!

乙酉 十月 八日

大 震 黨 特使隊 一同

大震黨 特使帶 一同 〈동포 제군에게 격함!!〉 1945.10.8

해방의 기쁨과 흥분에서 격정적 생활을 한 지 벌써 두 달이 가깝다. 우리네 생활이 감정생활에서 이성생활로 자리를 옮기게 되매 동포 제군은 냉혹한 현실에 대해서 여러 가지 반성할 기회를 갖게 된 줄 믿는다.

우리가 기대하던 완전독립은 과연 실현되었는가? 우리의 仇敵 왜족은 과연 완전히 우리 강산에서 축출되었는가? 경제 공황과 물가고로 말미암아 일대 脅威를 받고 있는 소시민 생활 그 중에서도 특히 지식인들의 생활은 어떤 방법으로 해결할 것인가? 그리고 거리에 범람한 실업자의 홍수는 과연 무엇으로 막아낼 것인가? 그뿐이냐! 8월 15일 이후의 국내정세는 과연 우리에게 어떠한 역사적 과제를 제기하고 있는가? 현재 북위 38도를 경계로 해서 조선이 양단되어 있지 않느냐? 그리고 우리의 정통 유일한 정부가 해외에 엄존하여 世界別强의 승인까지 받고 있음에도 불구하고 일부 정치적 야심배들이 소위 「인민공화국」을 私造 참칭하여 그 선전공작에 광분하고 있으며 인민투표를 운운하고 있지 않느냐? 그리고 某人은 「국민대회준비」를 운운하고 있지 않느냐? 허나 남북이 양단된 現下의 조선에서 과연 인민투표와 국민대표소집만이 지고지상한 급선무일까? 그리고 과연 진정한 의미에 있어서 인민투표와 국민대회가 현 객관적 정세하에서 가능할 것인가?

아니다!! 우리는 하루 바삐 그와 같은 대립성과 당파성을 청산하여 민족적 총역량을 한 곳에 집결하여야겠다. 국내에 있어서의 민족전선을 결성하여 통일된 민족국가 건설에 추진함이 당면한 급무임을 단언한다. 이것이 우리 「대한민국임시정부」의 귀국을 촉진시키며 아울러 우리 민족의 완전독립을 실현하는 첩경일 것이다.

친애하는 동포 제군! 각 당파의 주의 정강에 대한 시비곡직은 신정부 수립 후로 보류함이 어떨까? 모든 대립과 파쟁을 즉시 정지하여 민족적 통일전선을 수립하도록 노력하자!! 대한민국임시정부를 절대 지지하자!

극단 혁명극장 창립공연 포스터
(박영호 작 〈번지 없는 부락〉) 1945.10

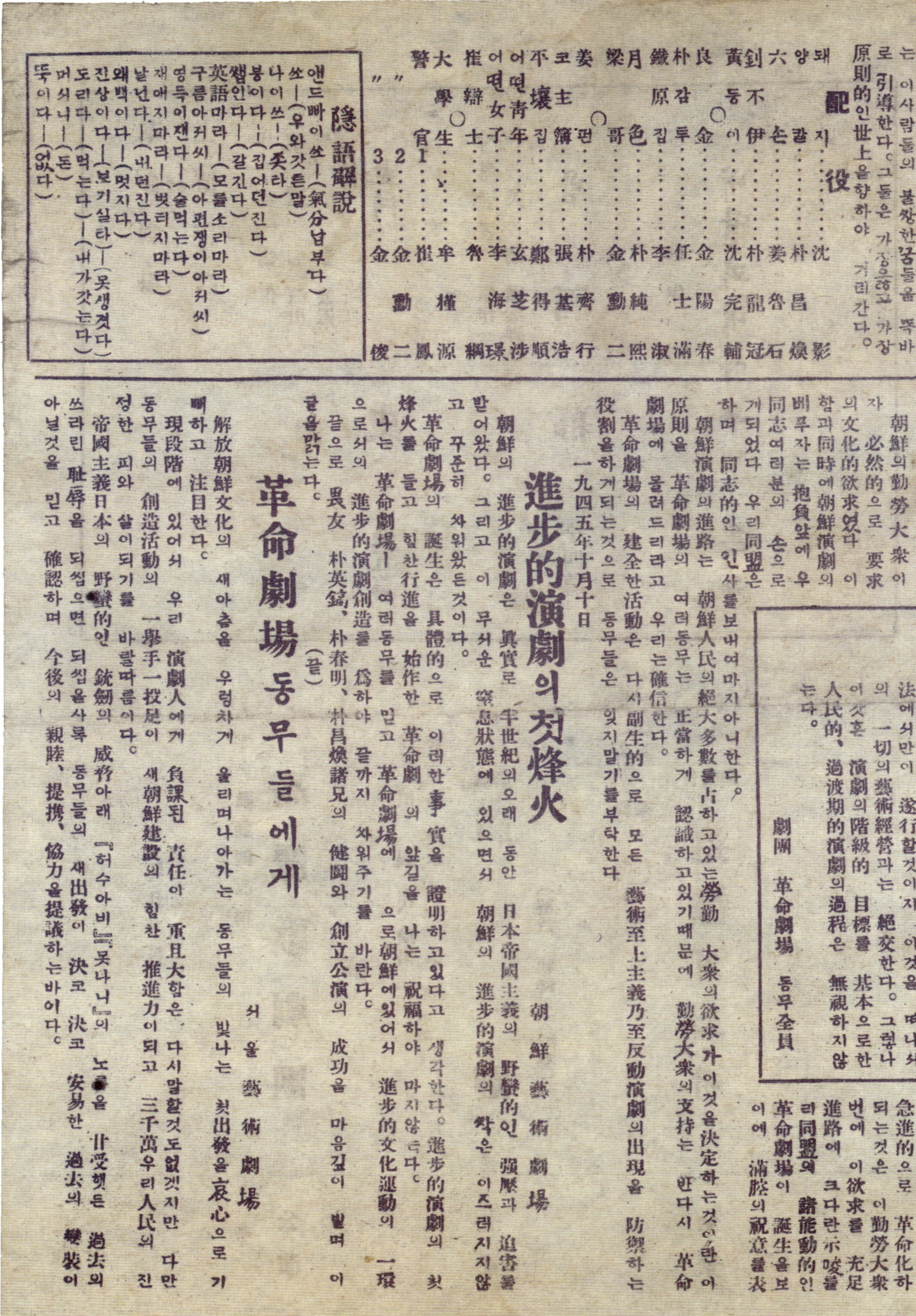

進步的演劇의 첫烽火

朝鮮藝術劇場

進步의 演劇은 眞實과 牛世紀의 오랜 동안 日本帝國主義의 野蠻的인 强壓과 追害를 받아왔다. 그리고 이 무서운 窒息狀態에 있으면서 朝鮮의 進步的演劇의 싹은 아즈러지지 않고 꾸준히 싸워왔든 것이다.

革命劇場의 誕生은 具體的으로 이러한 事實을 證明하고 있다고 생각한다. 進步的演劇의 첫 烽火를 들고 힘찬 行進을 始作한 革命劇場은 여러 동무들이 믿고 끝까지 싸워 주기를 바란다. 나는 革命劇場에 나아가 朝鮮에 있어서 進步的인 演劇을 爲하야 끝까지 싸워 주기를 바란다. 나의 進步的演劇創造를 爲하야 畏友 朴英鎬, 朴春明, 朴昌煥諸兄의 健鬪와 創立公演의 成功을 마음깊이 빌며 이 글을 맺는다. (끝)

革命劇場 동무들에게

서울 藝術劇場

解放朝鮮文化의 새아침을 우렁차게 울리며 나아가는 동무들의 빛나는 첫出發을 衷心으로 기뻐하고 注目한다.

現段階에 있어서 우리 演劇人에게 負課된 責任이 重且大함은 다시 말할 것도 없겠지만 다만 우리들의 創造活動의 一擧手一投足이 새朝鮮建設의 힘찬 推進力이 되고 三千萬우리人民의 진정한 피와 살이 되기를 바랄따름이다.

帝國主義日本의 野蠻的인 銃劍의 威務아래 『허수아비』 못나니의 노예을 甘受했든 동무들의 새出發이 決코決코 安易한 過去의 變裝이 아닐것을 믿고 쓰라린 恥辱을 되십을사록 동무들의 새出發을 確認하며 今後의 親睦, 提携, 協力을 提議하는바이다.

동무들이 주는 말

혁명극장의 사명

조선프롤레타리아예술연맹

8월 15일!

이 날은 우리가 일본 제국주의의 살인적 강압 밑에 모든 자유를 잃고 암흑의 밤을 걸어오다가 압박과 착취의 철쇄를 끊어버리고 해방의 아침을 맞이한 것이다.

이에 때를 같이하여 혁명극장이 탄생되고 첫 번 공연을 갖는 것은 의의가 심장하고 책임이 중대하다.

오늘의 현상으로 보아 과연 완전한 해방, 진정한 자유가 우리 앞에 왔다고 볼 수 있을까?

아니다. 우리 민족의 다대수인 노동자 농민의 계급적 해방이 없이는 진정한 의미의 독립도 없고 참다운 자유도 있을 수 없다.

여기에 우리로서 혁명극장에 대한 기대가 자못 큰 것이다. 그럼으로 금후에 극단으로서 걸어가는 길과 연극 활동을 근로대중은 반드시 주시할 것이니 과연 우리들의 극장이 되어 주기를 心으로 바란다.

영원한 청춘

프롤레타리아문학동맹

사회의 새로운 발전 새로운 앙양 그리고 뜻하지 않은 외부적 조건 이러한 것들이 연극의 새로운 형식의 창조에 커다란 힘을 부여하

〈번지 없는 부락〉 공연 관련 안내문

선언

동무여. 독일이 넘어졌다. 일본이 넘어졌다. 이리하여 지난 8월 15일로서 조선은 오랜 민족 모욕에서 벗어났다. 그러면 이것으로 조선은 완전해방이냐. 그 해방이란 대체 누구를 위한 해방이냐고 물을 것이다. 이때 우리는 세계사로 하여금 또 하나 다른 혁명이 있다고 대답시키자.

동무여. 또 하나 다른 혁명이란 무엇이냐. 그것은 「이 사람들만이 이긴다」는 선배의 말을 빌 것도 없이 자본주의사회에 있어서의 두 개의 기본계급의 하나인 노동계급의 완전해방을 위한 결정적인 혁명일 것이다.

동무여. 우리 혁명극장은 우리들의 연극적 임무를 이 같은 관점에서 인식에서 방법에서만이 수행할 것이지 이것을 떠나서의 일체의 예술경영과는 절교한다. 그러나 이 같은 연극의 계급적 목표를 기본으로 한 인민적, 과도기적 연극의 과정은 무시하지 않는다.

극단 혁명극장 동무 전원

박영호 作 • 박춘명 演出 • 김일영 裝置
희곡 '번지 없는 부락' 4幕 5場
작자로서의 말 박영호

사람은 누구나 꿈을 가진다. 때로는 뿔뿔이 떨어져서 때로는 한편이 되어서 자기가 쳐다보고 사모하는 생활을 추격한다. 그러나 역사는 이 사람들의 꿈속에서 가장 옳은 해결을 위하여 쉴 새 없이 작용한다.

몇 해 전 이번 전쟁이 일어나기 직전이다. 종로광교 건너편 三角町 眼鏡橋 밑에는 그때의 세상에서 가장 불쌍한 살림을 하는 번지 없는 동리가 있었다. 그러나 이 사람들에게도 저마다 화려한 꿈들은 가졌다.

어떤 혁명가의 유복자로서 망명한 아버지를 만나기 위한 수단으로 부대 주머닐 때리며 세계선수권을 얻으려는 돼지의 꿈, 中農에서 貧農 다시 농업노동자에서 넝마집으로 떨어져 가지고서도 언제든지 쥔 고향에 가서 빼앗긴 토지를 찾으려는 小부르型의 姜편의 꿈, 가난은 했으나 양반이었던 아버지가 어떤 지주집에 양자로 들어간 汶山집의 재산을 상속해 받으려고 재판하려는 양칼의 꿈, 한때는 閔판서댁 서슬 대문 안에서 인력거꾼으로 있다가 한일합방 후 전차, 자동차와 함께 일개 뜬버리꾼으로 종로로 나온 지가 수십 년이 되면서도 언제든지 귀족을 모시던 시절을 자랑하는 朴 감투의 꿈, 童妓로서 머리는 비극을 앞에 놓고 집을 이어 나가려는 良金의 꿈, 고향 정거장에 떼어버리고 온 개를 못 잊어하는 黃둥이의 꿈, 또는 구름 속의 思想의 菓子집을 노래하는 청년 시인, 六손의 꿈 釗不伊의 꿈, ―이 같은 혼란된 꿈들이 있었다.

일견해서 똑같은 계급이면서도 그 속에 여러 가지로 분화된 생활의 갈피는 따로따로였다. 그러나 歷史는 이 사람들의 불쌍한 꿈들을 똑바로 인도한다. 그들은 가장 옳고 가장 원칙적인 세상을 향하여 걸어간다.

朴英鎬作·朴春明演出·金一影裝置

戲曲 番地없는 部落 4幕 5場

作者로서의 말　朴英鎬稿

동무들이 주는 말

革命劇場의 使命

朝鮮프로레타리아藝術聯盟

永遠한 靑春

프로레타리아文學同盟

는 것은 사실이다. 그러나 나는 이러한 관계의 중요성을 필요 이상으로 강조할 용기는 없다. 나는 오히려 그것을 하나의 啓示的인 사실로밖에 보지 않는다. 모든 것은 그것이 아무리 질식적인 상태에 빠져 있었다고 하더라도 우리들 자신 속에 항상 존재해 있었다. 새로운 시대가 새로이 발견하게 되는 것…… 그것은 지금 바야흐로 개화의 단계에 들어가고 있는 것이라고 하더라도 항상 우리들 자신이 간수하고 준비해 온 것들이다.

우리들 가운데에도 반드시 몇 사람의 『잎』이 있을 것이고 『스타니스랍스키―』가 있을 것이다. 아― 있지 않으면 아니 된다고 나는 믿는다. 뿐만 아니라 『모스코-예술좌』도 있을 수 있고 『축지소극장』도 있을 수 있다. 그것들은 다만 이때까지 곤한 잠을 자고 있었을 따름이다.

그러나 우리의 영광스러운 새 시대는 우리를 이 곤한 잠에서 깨워 일으켜 놓았다. 모든 협잡물과 수면제는 이제야 완전히 우리의 주위로부터 퇴거명령을 받고 물러갔다.

여기에 잠을 깨고 번쩍 일어난 우리의 사랑스러운 존재 극단 『혁명극장』이 있다. 그는 우리 자신이 간수해 오고 준비해 온 일체의 것을 몸소 실천하기 위해 세상에 나왔다. 그는 우리가 기대하는 모든 것을 우리 앞에서 보기 좋게 실천해 나갈 것이다.

그는 언제나 젊다. 영원한 청춘이다. 그의 앞길은 양양하다.

조선프롤레타리아연극동맹 만세

혁명극장 만세

새 출발

조선프롤레타리아동맹

조선의 근로대중이 급진적으로 혁명화하자 필연적으로 요구되는 것은 이 근로대중의 문화적 욕구였다. 이번에 이 욕구를 충족함과 동시에 조선 연극의 진로에 커다란 시사를 베풀자는 포부 앞에 우리 동맹의 모든 능동적인 동지 여러분의 손으로 혁명극장이 탄생을 보게 되었다. 우리 동맹은 이에 만강의 축의를 표하며 동지적인 인사를 보내어 마지않는다.

조선 연극의 진로는 조선 인민의 절대다수를 점하고 있는 노동대중의 욕구가 이것을 결정하는 것이란 이 원칙을 혁명극장의 여러 동무는 정당하게 인식하고 있기 때문에 근로대중의 지지는 반드시 혁명극장에 몰려들리라고 우리는 확신한다.

혁명극장의 건전한 활동은 다시 부생적으로 모든 예술지상주의 내지 반동 연극의 출현을 방어하는 역할을 하게 되는 것으로 동무들은 잊지 말기를 부탁한다.

진보적 연극의 첫 봉화

조선예술극장

조선의 진보적 연극은 진실로 반세기의 오랫동안 일본 제국주의의 야만적인 강압과 박해를 받아왔다. 그리고 이 무서운 질식 상태에 있으면서 조선의 진보적 연극의 싹은 이지러지지 않고 꾸준히 싸워왔던 것이다.

혁명극장의 탄생은 구체적으로 이러한 사실을 증명하고 있다고 생각한다. 진보적 연극의 첫 봉화를 들고 힘찬 행진을 시작한 혁명극장의 앞길을 나는 축복하여 마지않는다.

나는 혁명극장이 여러 동무를 믿고 혁명극장에 앞서 조선에 있어서 진보적 문화 운동의 일환으로서의 진보적 연극 창조를 위하여 끝까지 싸워주기를 바란다.

끝으로 畏友 박영호, 박춘명, 박창환 제형의 건투와 창립 공연의 성공을 마음 깊이 실며 이 글을 마친다.

혁명극장 동무들에게

서울예술극장

해방 조선 문화의 새 아침을 우렁차게 울리며 나아가는 동무들의 빛나는 첫 출발을 충심으로 기뻐하고 주목한다.

현 단계에 있어서 우리 연극인에게 부과된 책임이 중대차함은 다시 말할 것도 없겠지만 다만 동무들의 창조활동의 일거수일투족이 새 조선 건설의 힘찬 추진력이 되고 삼천만 우리 인민의 진정한 피와 살이 되기를 바랄 따름이다.

제국주의 일본의 야만적인 총검의 위협 아래 『허수아비』, 『못난이』 등의 놀음을 감수했던 과거의 쓰라린 치욕을 되씹으면 되씹을수록 동무들의 새 출발이 결코 안이한 과거의 변질이 아닐 것을 믿고 확인하며 금후의 친목, 제휴, 협력을 제의하는 바이다.

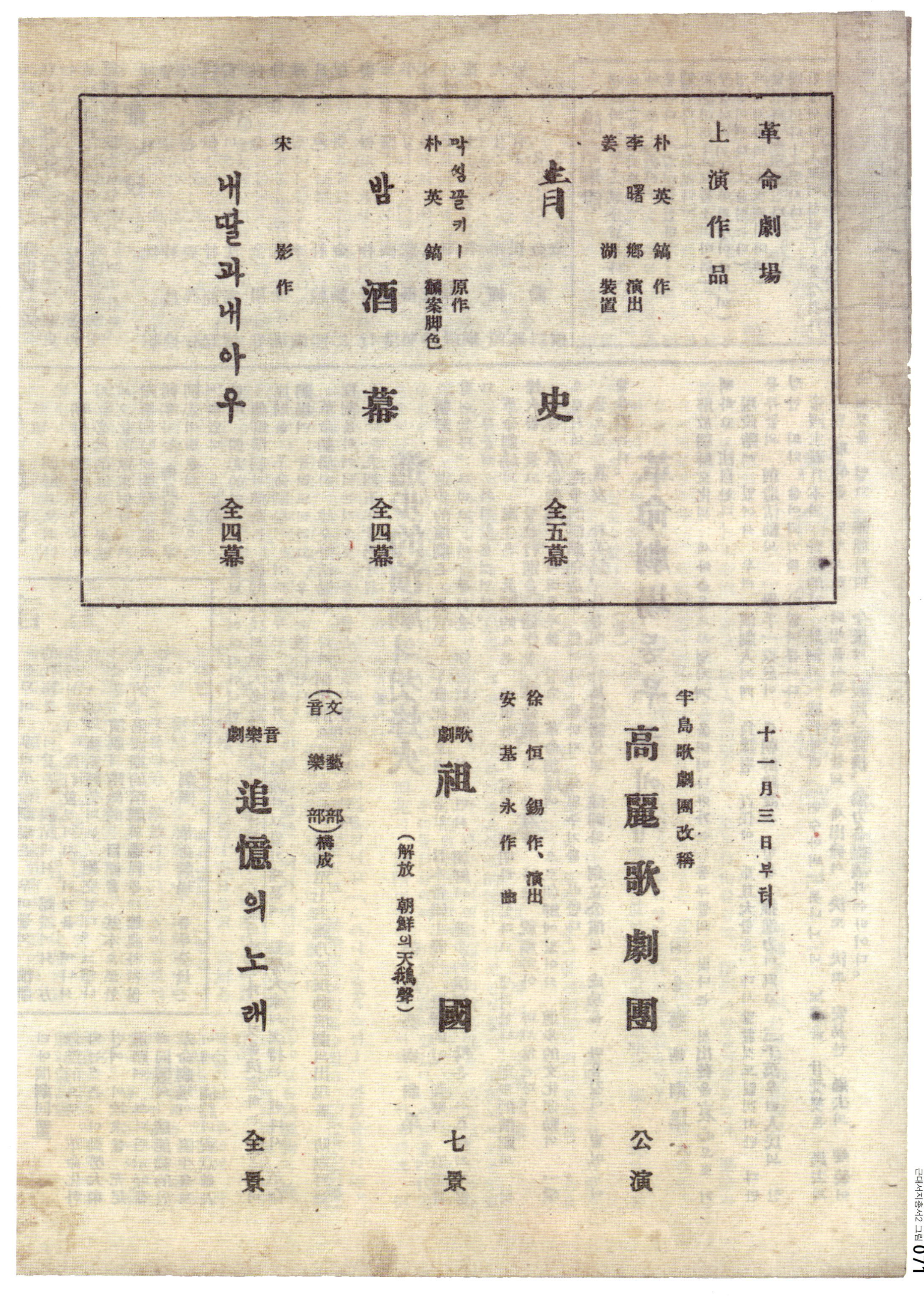

半島歌劇團改稱

高麗歌劇團 公演

十一月三日부터

革命劇場
上演作品

春月史　全五幕
朴英鎬　作
李曙鄉　演出
姜湖　裝置

밤酒幕　全四幕
막성꿀키ー　原作
朴英鎬　飜案脚色

내딸과내아우　全四幕
宋影　作

歌劇　祖國　七景
（解放　朝鮮의　天鵝聲）
徐恒錫　作、演出
安基永　作曲

音樂劇　追憶의노래　全景
（文藝部　音樂部）構成

혁명극장 공연 작품 안내

조선학병동맹 〈선언〉 철필인쇄본

진리와 정의에 ○殉하는 우리 학병은 악랄 무도한 逆反之輩의 근절 숙청을 期하고 신성한 우리 國史 창조를 위하여 금일, 전투준비를 완료하고 반성과 각성을 모르는 우매한 매국노며 제국주의 여당「한국민주당」및 모든 종류의 반역자에 대하여 감히 선전을 포고하노라

우리들은 오늘까지 너희들에 대하여 금할 수 없는 민족애와 위대한 포용력으로 단지 猛省을 학수고대하여 왔다. 그러나 너희들은 동포를 배신하고 사실을 은폐하며 여전히 후안무치한 주구로써 외력에 의존하여 阿諛迎合과 사리사욕에 탐닉하고「아놀드」장관의 國辱的 성명을 선동 발표케 하고 이에 더해 貴(鬼)黨 수령인 자칭 超애국지사「宋씨」는 조선민족의 정치력을 무시 부인하고 절대적 외력 의존을 강조 高唱하였다.

호시탐탐하던 우리는 은인자중을 억제할 수 없이 조국과 동포의 초석됨을 自任하고 생사를 초월하여 최후의 각오를 하였다. 사이비 민주주의 미명하에 조국의 정치적 독립을 방해하고 경제적 해방을 구속하는 제국주의 주구배의 事大黨漢들은 철저히 撲滅芟除하겠노라.

삼천만 동포여 정의와 허위의 역사적 투쟁에 정정당당히 총진군합시다.

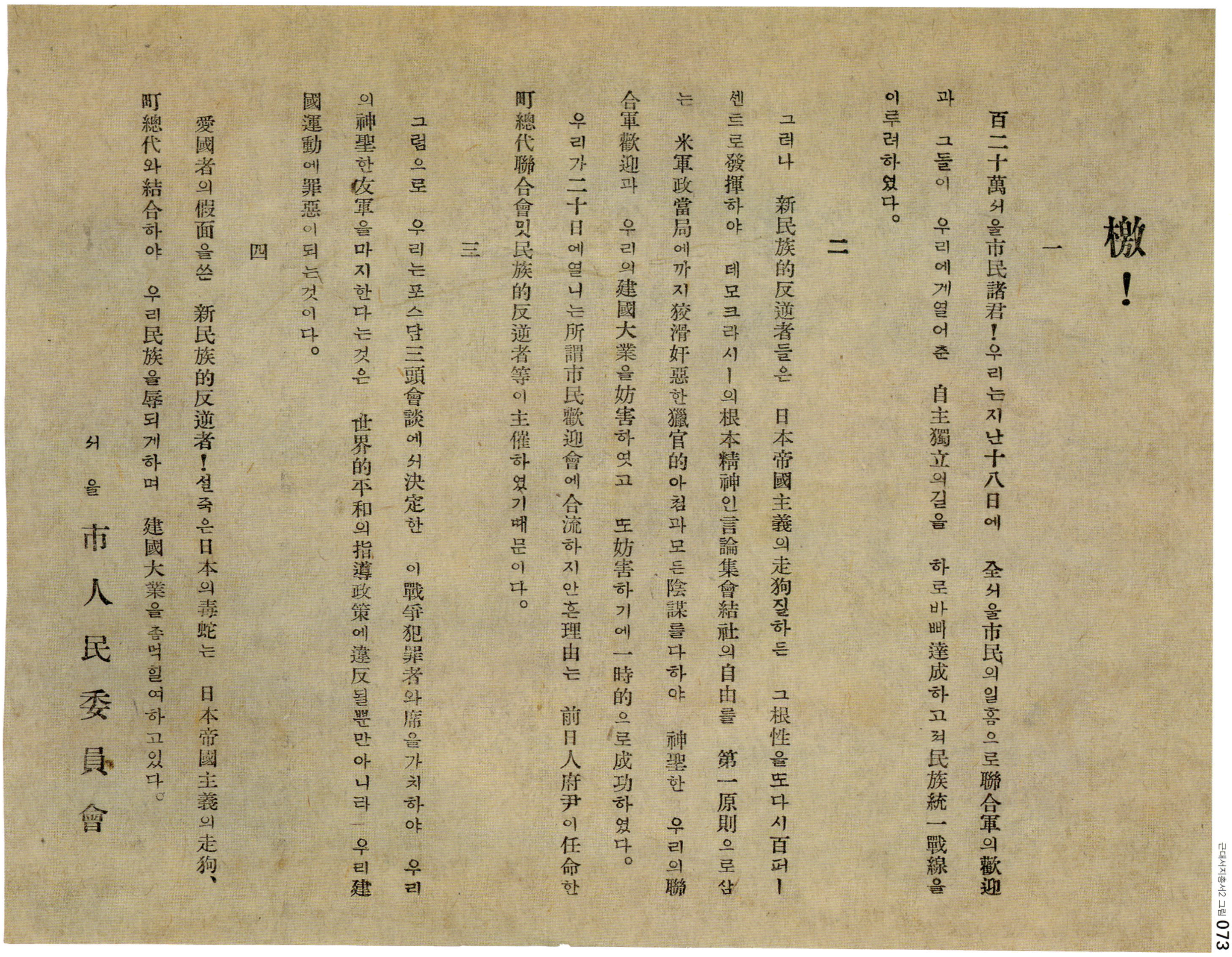

檄!

一

百二十萬서울市民諸君! 우리는지난十八日에 全서울市民의일홈으로聯合軍의歡迎과 그들이 우리에게열어준 自主獨立의길을 하로바삐達成하고져民族統一戰線을이루려하엿다。

二

그러나 新民族的反逆者들은 日本帝國主義의走狗질하든 그根性을또다시百퍼ㅣ센트로發揮하야 데모크라시ㅣ의根本精神인言論集會結社의自由를 第一原則으로삼는 米軍政當局에까지狡滑奸惡한獵官的아첨과모든陰謀를다하야 神聖한 우리의聯合軍歡迎과 우리의建國大業을妨害하엿고 또妨害하기에一時的으로成功하엿다。

우리가二十日에열니는所謂市民歡迎會에合流하지안흔理由는 前日人府尹이任命한町總代聯合會및民族的反逆者等이主催하엿기때문이다。

三

그럼으로 우리는포스담三頭會談에서決定한 이戰爭犯罪者와席을가치하야 우리의神聖한友軍을마지한다는것은 世界的平和의指導政策에違反될뿐만아니라 우리建國運動에罪惡이되는것이다。

四

愛國者의假面을쓴 新民族的反逆者! 설죽은日本의毒蛇는 日本帝國主義의走狗、町總代와結合하야 우리民族을辱되게하며 建國大業을좀먹힐여하고있다。

서울 市人民委員會

근대서지총서2 그림 073

서울시인민위원회 〈격!〉

一

120만 서울 시민 제군! 우리는 지난 18일에 전 서울시민의 이름으로 연합군의 환영과 그들이 우리에게 열어준 자주독립의 길을 하루 바삐 달성하고자 민족통일전선을 이루려 하였다.

二

그러나 新민족적 반역자들은 일본제국주의의 주구질하던 그 근성을 또다시 백퍼센트로 발휘하여 데모크라시의 근본정신인 언론집회결사의 자유를 제1원칙으로 삼는 미군정 당국에까지 교활간악한 엽관적 아첨과 모든 음모를 다하여 신성한 우리의 연합군 환영과 우리의 건국대업을 방해하였고 또 방해하기에 일시적으로 성공하였다.

우리가 20일에 열리는 소위 시민환영회에 합류하지 않은 이유는 전 日人 부윤이 임명한 町總代聯合會 및 민족적 반역자 등이 주최하였기 때문이다.

三

그러므로 우리는 포츠담 삼두회담에서 결정한 이 전쟁범죄자와 자리를 같이 하여 우리의 신성한 友軍을 맞이한다는 것은 세계적 평화의 지도정책에 위반될 뿐만 아니라 우리 건국운동에 죄악이 되는 것이다.

四

애국자의 가면을 쓴 신민족적 반역자! 설죽은 일본의 독사는 일본제국주의의 주구, 町總代와 결합하여 우리 민족을 욕되게 하며 건국대업을 좀먹으려 하고 있다.

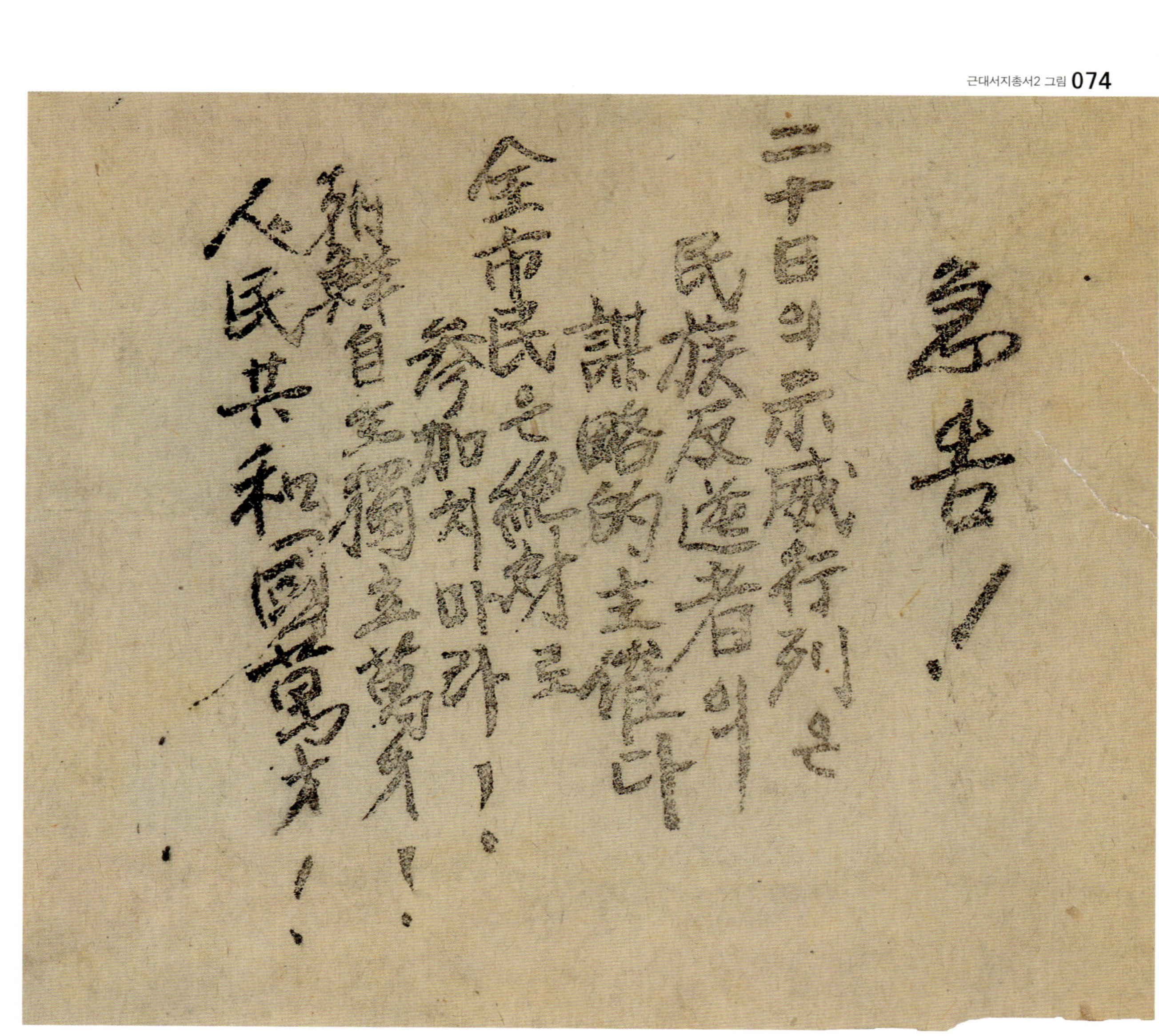

근대서지총서2 그림 074

急告!

二十日의 示威行列은 民族反逆者의 謀略的主催다

全市民은絕對로 參加치마라!

朝鮮自主獨立萬歲!

人民共和國萬歲!!

〈급고!〉

"20일의 시위행렬은 민족반역자의 모략적 주최다. 전시민은 절대로 참가치 마라! 조선자주독립 만세! 인민공화국 만세!"

통일정당결성준비회 〈선언문〉

해방의 날은 왔다! 사십여 년간 피 묻은 투쟁의 결정은 우방 각국의 열렬한 원조로 일본이 패전함에 「카이로」선언을 포함한 「포츠담」선언을 수락하자 우리는 그 제국주의의 질곡에서 이탈하여 완전한 자유독립을 획득한 것이다. 이것은 엄연한 旣成의 사실이다. 삼천만 동포는 歡喜雀躍함을 마지않으나 이제부터는 일각이라도 신건설에 힘써야 하겠노라. 해방을 위하여 흘리던 피와 땀을 이에 바쳐야 할 때가 왔다. 대중을 영도하여 민족의 총역량을 집결하여서 신국가의 완성에 노력함은 지도층의 책임이다. 열국과 비견하여 세계의 평화에 공헌하고 국민생활의 향상에 기여하자면 먼저 現下의 국제적 정세를 잘 살펴 국책의 수립에 과오가 없어야 하겠다. 미국의 자본주의는 개량의 일로로 나아가고 소련의 공산주의는 이념에 변화가 생기며 중국의 渝延(重慶과 延安) 합작과 일본의 군국주의 포기도 관심을 요한다. 우리는 국제 정세하에 독자적이고 협조적인 확고부동의 국책을 하루 빨리 수립하여야 할 필요에 절박하였다. 이 대방책은 결코 몇 사람이나 몇 개 소수당이 私論臆議할 바 아니다. 민족통일당의 출현이 目下의 급무이니 우리가 그 결성을 준비하는 까닭이 여기 있는 것이다. 건설의 초기에는 분열과 파쟁은 절대로 금물이다. 지도층은 맹성하라. 구구한 면목을 위하여 주저하지 말라. 일신의 영달을 꿈꾸고 기성세력 간을 배회하지 말라. 정권에 대한 야욕은 즉각 청산하라. 일체의 소승을 버리고 대동단결에 나서라. 일개인이나 소수를 핵심으로 私黨을 난립하여 국책을 私議함은 대중을 현혹케 하는 것이다. 국가 백년의 대계를 위하거든 개인이나 집단을 막론하고 통일당의 기치 아래 나서라. 국책은 오직 이 자리에서 수립하고 이 모임에서 실행하자!

우리는 무엇보다 먼저 통일당을 결성하자 널리 동지를 규합하여 그 준비에 착수하면서 이에 우리의 진의를 천하에 선언하노라.

朝鮮同胞여!

드르라! 보라! 이 慘狀을!

우리의 同胞七百萬여

滿洲에서넘어지고 日本에서쓸어진다

歸還途上에서오도가도못하고 온갖苦
痛과饑饉에울녀서 呻吟하는소래 하
날에사못첫다 이들을 어서 한시라
도쌀리건저내고 다려와야한다

우리의同胞는 우리의손으로!

京城府太平通(前朝鮮日報社內)
電話 本局七三三一〇五番

朝鮮外在戰災同胞救濟會本部

義捐金取扱所 同 上

조선재외전재동포구제회본부의 의연금 촉구 격문

조선 동포여!
들어라! 보라! 이 참상을!
우리의 동포 칠백만이 만주에서 넘어지고 일본에서 쓰러진다. 귀환도상에서 오도 가도 못하고 온갖 고통과 기아에 몰려서 신음하는 소리 하늘에 사무친다. 이들을 어서 한시라도 빨리 건져내고 데려와야 한다. 우리의 동포는 우리의 손으로!
조선재외전재동포구제회본부

10월 20일 시민대회 참가 거부를 촉구하는 전단

백만경성시민에게
친애하는 시민이여!
町總代연합회주최환영행렬에 참가치 마라!
일본제국주의의 제일선에서 가장 충실한 주구배로 우리 민족에 대한 끝없는 착취와 압박을 대행하던 소위 町總代聯合會가 가증하게도 연합군환영회를 擧行한다고 환영회비모집 등 갖은 사기적 행동을 또다시 거듭해가며
새로운 주인에게 꼬리를 치는 주린 개와도 같이 준동하고 있다.
친애하는 시민이여
우리는 이러한 친일적 반동분자의 모략에 속지 말자 그리고 일본제국주의의 잔재요소인 町總代연합회에 절대 참가치 말자
一. 친일적인 반동분자를 제외한 민족통일전선 수립 만세!
一. 언론, 출판, 결사, 집회, 파업, 시위의 절대 자유!
町總代연합회타도위원회
민족반역자내사위원회
친일분자박멸위원회

百萬京城市民에게

親愛하는 市民이여!

町總代聯合會主催歡迎行列에 參加치마라!

日本帝國主義의第一線에서 가장 忠實한 走狗輩로 우리
民族에對한 끝없는 搾取와 壓迫을代行하든 所謂 町總代聯
合會가 가증하게도 聯合軍歡迎會를 擧行한다고 歡迎會費
募集等 가진詐欺的行動을 또다시 거듭하여가며

새로운主人에게 꼬리를치는 주린개와도가치 준
동하고있다

親愛하는 市民이여

우리는 이러한, 親日的인 反動分子의 謀略에 속지말자
그리고 日本帝國主義의 殘滓要素인 町總代聯合會의 反
逆的會合에 絶對參加치말자

一, 親日的인 反動分子를 除外한 民族統一戰線
樹立萬歲!

一, 言論、出版、結社、集會、罷業、示威의 絶
對自由!

町總代聯合會打倒委員會
民族反逆者內査委員會
親日分子박滅委員會

國內同胞여!

그동안外地로밀리든
우리同胞七百萬은
方今、日本에서 滿洲에서
苦痛과 饑餓에울며
歸還道上에서 오지도
가지도못하야 彷徨하고잇다
보라 그리고생각하라
오즉 우리에同胞는
우리손으로만救해야한다
이제一刻도餘裕는업다
同胞이거던 누구나 잇는힘
을다하야 이들을救하자

朝鮮在外同胞東面救濟會

조선재외동포동면구제회에서 발행한 전단

조선재외동포동면구제회
국내 동포여!
그동안 외지로 밀리던 우리 동포 칠백만은 방금, 일본에서 만주에서 고통과 기아에 울며 귀환도상에서 오지도 가지도 못하여 방황하고 있다. 보라 그리고 오직 우리의 동포는 우리 손으로만 구해야 한다. 이제 一刻도 여유는 없다. 동포이거든 누구나 있는 힘을 다하여 이들을 구하자.

三千萬同胞여!!
總意를集中하자
우리의人民共和國으로!!
分裂은 破滅이다
사랑방 卓上에서空論을 버리고
誕生한 우리의 共和國 을
支持하자.
모이라!!
偉大한指導者의傘下로.
따르라!!
共和政治의指導理念에.
渴望하든 우리나라
피와땀으로 이루워진 우리라
朝鮮人民共和國萬歲!!

三千萬同胞여!!
文化를갖인國民의襟度로써私
心을버리고大義를 직히자!
國際憲章이支持하고約束한
民主主義우리國家의
기동이되자!
忠誠을다하자!!

高麗靑年黨

조선인민공화국 지지를 촉구하는 격문

삼천만 동포여!! 총의를 집중하자 우리의 인민공화국으로!!
분열은 파멸이다. 사랑방 탁상에서 공론을 버리고 탄생한 우리의
공화국을 지지하자.
모여라!! 위대한 지도자의 산하로.
따르라!! 공화정치의 지도이념에.
갈망하던 우리나라 피와 땀으로 이루어진 우리나라
조선인민공화국 만세!!

고려청년당의 격문

문화를 가진 국민의 襟度로써 사심을 버리고 대의를 지키자! 국제
헌장이 지지하고 약속한 민주주의 우리 국가의 기둥이 되자! 충성
을 다하자!

누가 民族叛逆者냐?

同胞들이여!
靑年들이여!
莫大한 人命과 財産을파괴한 팟쇼를掃蕩하자!
戰爭과 팟쇼의 앞잡이 親日派民族叛逆者를政治活動에서 除外하자!
우리民族은完全自主獨立을 保障하는 民族統一戰線을 結成하여야한다
그러나「덮어놓고뭉치자」하는 無條件統一을 主張하는 論客政黨이있다
그러면「덮어 놓고뭉치면」그結果는무엇인가?

(一) 親日派民族叛逆者는完全獨立되면過去의 罪狀이탈로되기때문에 獨立을防害
하는 謀略을永久히繼續하게될것이니 우리民族은永久히完全獨立못할것이다

(二) 팟쇼日本帝國主義戰爭에協力하야모흔全力으로地位와攻勢를確保한그네들이
大臣이나署長이된다면 聯合軍이撤襲한後斷然그들이自己의목을自己손으로
버힐理萬無하고 그들의利益만을擁護할것이다

(三) 進步的國體와軍政을離間식히고正當한民意를政府에傳達되지못하게할것이다
만은實例가있다.〈牙山事件南原事件等〉

(四) 故로이런統一은親日派民族叛逆者를保護하는結果가되며、이論者는親日派겸
民族叛逆者라하여도辨明하지못할것이다

뿐만아니라우리靑年은그不純한表들이政界에덤비는것을國民道德上正義感에서斷然코
許容할수없는것이다
그러면眞正한民族統一戰線은무엇인가?
ㄱ 親日派民族叛逆者를除外한海內海外의모ー든勢力만으로結成할것
ㄴ 政黨統一만으로서는不足하다
民族大衆의利益을代表하는文化團體、全國靑年團體、婦人團體、勞働者團體
農民團體、宗敎團體等으로서統一을結成할것
但單一政黨結成에앞서親日派民族叛逆者를除外할것
ㄷ、이統一은人民共和國을基礎로하여야한다!

★反팟쇼平和擁護萬歲!
★親日派民族叛逆者를除外한民族統一戰線萬歲!
★人民共和國萬歲!
★全國靑年團體總同盟서울市聯盟萬歲!

全國靑年團體總同盟
서울 市 聯 盟

전국청년단체총동맹 서울시연맹
《누가 민족반역자냐?》 1945.10 또는 11

동포들이여! 청년들이여!
막대한 인명과 재산을 파괴한 팟쇼를 소탕하자!
정쟁과 팟쇼의 앞잡이 친일과 민족반역자를 정치활동에서 제외하자!
우리민족은 완전자주독립을 보장하는 민족통일전선을 결성해야 한다.
그러나 「덮어놓고 뭉치자」하는 무조건 통일을 주장하는 논객정당이 있다.
그러면 「덮어놓고 뭉치면」 그 결과는 무엇일까?
(一) 친일과 민족반역자는 완전독립되면 과거의 죄상이 탈로되기 때문에 독립을 방해하는 모략을 永久히 계속하게 될 것이니 우리민족은 영구히 완전독립 못할 것이다.
(二) 팟쇼 일본제국주의 전쟁에 협력하여 모은 전력으로 지위와 공세를 확보한 그네들이 대신이나 서장이 된다면 연합군이 철퇴한 후 단연 그들이 자기의 목을 자기 손으로 벨 리 만무하고 그들의 이익만을 옹호할 것이다.
(三) 진보적 국체와 군정을 이간시키고 정당한 민의를 정부에 전달되지 못하게 할 것이다마는 실례가 있다. (아산사건 남원사건 등)

(四) 고로 이런 통일은 친일과 민족반역자를 보호하는 결과가 되며, 이 논자는 친일과 겸 민족반역자라 하여도 변명하지 못할 것이다.
뿐만 아니라 우리 청년은 그 불순한 표들이 정계에 덤비는 것을 국민도덕상 정의감에서 단연코 허용할 수 없는 것이다.
그러면 진정한 민족통일전선은 무엇인가?
ㄱ. 친일과 민족반역자를 제외한 海內海外의 모든 세력만으로 결성할 것
ㄴ. 정당통일만으로써는 부족하다. 민족대중의 이익을 대표하는 문화단체, 전국청년단체, 부인단체, 노동자단체, 농민단체, 종교단체 등으로써 통일을 결성할 것
ㄷ. 이 통일은 인민공화국을 기초로 하여야 한다!
★反팟쇼 평화옹호 만세!
★친일과 민족반역자를 제외한 민족통일전선 만세!
★인민공화국 만세!
★전국청년체총동맹서울시연맹 만세!

趣旨와 宣言

有史以來國을 墟학지 三十六年만에 國을 復한것은 我等朝鮮이 처음일것이다 我等으로하여금
有史以來創造的歷史를 가지게된것은 此實天爲, 人力의所致는아니다。
보라 日本으로하여금 三十五年前我國을 奪取치아니하엿드면 滿洲事變이 없었질수없었을것이고
滿洲事變이없었드면 日支事變이없었을것이고 日支事變이없었드면 所謂大東亞戰爭이없었을것
이고 大東亞戰爭이없었드면 平和를愛好하는 我友邦들의 聯合軍으로하여금 灰其民墟其國의最
後一擧에끼지는 躊躇하엿을것이다 日本의敗亡은 곧我等의復興이에 善惡의報應이昭々하고
因果의法則이嚴々치아니하냐 다시말하면 日本은好戰好死의惡으로 自招其亡한國이고 我等은
愛人愛生의善으로 自受其昌한國이아니냐。
그러나 我等으로하여금 이世紀的超有名한 創造史를가지게된것은 어찌春來花發水落石出의
自然的일뿐이랴 三十六年間苦風凄雨辛酸한 그歲月、刀山劍水崎嶇한그天地 三千里內外어디를
가든지 秦網이窄々하고 燕獄이重々한中에서도 不斷히 我忠臣烈士英雄豪傑先輩들의驚動天下의
碧血、感泣鬼神의熱淚가凝爲土化爲石結爲晶하여서 萬年不壞에基礎가되어지고 이礎石의底에는
恒河沙數의無名한 義男兒烈女子의丹心至願으로 凝固하여진 混成砂가받히고받혀잇다 이얼마
나悲壯崇嚴한史實이냐。
我三千萬同志시어 光復의基礎는我先輩들이 業已定拓하엿으니 今日我等의責務는 오즉이基礎
上에棟樑을建構하고 門戸를開暢하는 그것뿐이다 何圖昨日까지 荒凉滿目寂寞無聲孤獨의悲哀
를느끼던 我等에게杜石之良材가 滿山遍野의壯觀을呈하고 土木之名工이塡街成市의 盛事를傳
하니 머지않아서 秦苑綠燕漢宮黃葉의古墟에 金璧이玲瓏하고 雲錦이燦爛한新朝鮮大國家의
崇高壯嚴한 建設이있을것을豫期하는바이다 그러나無名한村竪野翁의不肖等도 이千古聖業의役
에잇어서 半寸釘半尺繩이라도 一粒砂一掬土라도있는바 忠誠을받혀서 一國民의義務를다하자
는決意에서 猥越을不拘하고 이無名會를發起한다。
我三千萬同胞시어 本會는文字 그대로不肖等과如한無名의同志가모여서 無名의忠誠을國家에
발히자는 그以外他何가없는것을 다시금宣言한다。

乙酉十月　日

無名會發起人

金明東　成樂緒　劉正　徐性孝　申說均
具然杰　李洪植　成元慶　朴鍾憲　黃禮性
李錫圭　成樂浩　申鉉商　成烈　沈弘燮
金重洙　李福文　權泰復　具聖會　羅秉素
崔炳弼　李圭奭　宋鎭百　李大浩　李鳳浩
林兢鎬　具然集　林豐鎬　李永珪

無名會 發起人의 〈취지와 선언〉 1945.10

유사 이래 나라를 墟한 지 36년 만에 나라를 되찾은 것은 우리들 조선이 처음일 것이다. 우리들로 하여금 유사 이래 창조적 역사를 가지게 된 것은 此實 天爲, 人力의 所致는 아니다.

보라 일본으로 하여금 35년 전 우리나라를 탈취치 아니했다면 단주사변이 있을 수 없었을 것이고 만주사변이 없었다면 日支사변이 없었을 것이고 일지사변이 없었다면 소위 대동아전쟁이 없었을 것이고 대동아전쟁이 없었다면 평화를 애호하는 우리 우방들의 연합군으로 하여금 그 백성을 재로 만들고 그 나라를 폐허로 만든 최후의 일거에까지는 주저하였을 것이다. 일본의 패망은 곧 우리들의 부흥이기에 선악의 보응이 昭昭하고 인과의 법칙이 嚴嚴치 아니하냐. 다시 말하면 일본은 好戰好死의 악으로 그 패망을 스스로 부른 나라이고 우리들은 愛人愛生의 선으로 그 번창함을 스스로 받아들인 나라가 아니냐.

그러나 우리들로 하여금 이 세기적 超有名한 창조사를 가지게 된 것은 어찌 春來花發 水落石出의 자연적일 뿐이랴. 36년간 苦風凄雨 辛酸한 그 세월, 刀山劍水 기구한 그 천지 삼천리 내외 어디를 가든지 秦網이 窄窄하고 연옥이 重重한 중에서도 부단히 우리 충신열사영웅호걸선배들의 경동천하의 碧血, 감읍귀신의 熱淚가 凝爲土 化爲石 結爲晶하여서 만년 불괴의 기초가 되고 이 초석의 바닥에는 恒河沙數의 이름 없는 義男兒 烈女子의 丹心至願으로 응고된 混成砂가 받치고 받쳐 있다. 이 얼마나 비장 숭엄한 사실이냐.

우리 삼천만 동지시여. 광복의 기초는 우리 선배들이 業已定拓하였으니 오늘 우리들의 책무는 오직 이 기초 위에 동량을 건구하고 문호를 개창하는 그것뿐이다. 何圖昨日까지 荒京滿目 寂寞無聲 고독의 비애를 느끼던 우리들에게 柱石之良材가 滿山遍野의 장관을 呈하고 土木之名工이 塡街成市의 성사를 전하니 머지않아서 秦苑綠蕪漢宮黃葉의 古墟에 金璧이 영롱하고 雲錦이 찬란한 신조선 대국가의 숭고장엄한 건설이 있을 것을 예기하는 바이다. 그러나 이름 없는 村竪野翁의 불초 등도 이 천고성업의 역에 있어서 半寸釘 半尺繩이라도 一粒砂 一掬土라도 있는 바 충성을 바쳐서 일국민의 의무를 다하자는 결의에서 猥越을 불구하고 이 무명회를 발기한다.

우리 삼천만 동포이어 본회는 문자 그대로 불초 등과 같은 무명의 동지가 모여서 무명의 충성을 국가에 바치자는 그 이외 다른 무엇이 없는 것을 다시금 선언한다.

민생회 〈취지서〉 1945.10?

조국 광복의 반가운 역사를 맞이하여 삼천만 동포의 가슴에 넘치는 기쁨을 누구나 금치 못할 것이다. 건국성업에 다 같이 힘 있게 일하여 민족의 행복과 문화 향상에 이바지하고자 하는 이때 시선을 돌려 사회의 현실을 살펴보면 불우에 처한 형제가 얼마나 구호를 호소하고 있는가. 사회의 복잡 多岐한 파동에 밀려 생활과 활력을 잃고 낙오의 열에서 방황하는 다수의 동포를 어찌 방관할 수 있으랴. 또는 해외에서 日夜 동경하던 해방의 고국산천을 찾아온 동포의 기쁨을 꺾어서도 안 된다. 다 같이 국가구성원인 그들의 손을 이끌고 나아가 건국의 훌륭한 역군에 되게 하려는가, 그대로 방치하여 영구히 사회의 질환이 되게 하려는가. 艱難相血 燐保相助의 良風美俗은 반만년의 전통적 국민성임을 믿는 바이다.
우리 민족의 연대책임과 만민공생의 염원이 있어야 국가가 흥륭하고 인류의 평화가 실현될 것이다.
우리 동지는 이 대책에 궐기하여
1. 조선에 있어 사회사업의 필요성을 고취함
2. 민족후생을 위하여 매진함
3. 국가적으로 사회사업에 접촉하여 인류평화에 진췌함
을 목적으로 나아가고자 하오니 특히 사회 선각 제현의 편달과 애호를 충심으로 바라는 바이다.

百二十萬서울市民諸君!

一

民族의 心臟인 首都서울은 三千里江山과함께 過去三十六年間 殘忍無道한 日本帝
國主義의 발굽에 짓밟혀왔섯다 그러나 우리에게도 解放의날은 왔다 隣邦蘇聯을
비롯하야 民主主義의 國家、美、英、中의 굳센團結과 果敢한 鬪爭밋 우리三千萬
民族大衆의 不絶의 抗爭은 結實이되어 드듸어 解放의 열매를맺게되엇다

二

우리民族의 기쁨이 어찌이에서 더함이있스랴! 今次大戰을 通하여 世界弱少民族
의 解放에 偉大한 功績을나타낸 우리의 解放者 聯合軍에對하여 우리가 가진感激
과感謝를어찌써 붓과입으로써 表現할수있스랴!
이에百二十萬市民은 一齊히 이러서서 聯合軍을마지하며 感謝의뜻을 올리려는것
이다

三

우리는 聯合軍에게 感謝를올리는 同時에 聯合軍의 敵이요 全世界人類의 敵이
며 우리民族의 敵인 日本帝國主義의 殘滓를 깨끗이淸掃하야 民族建國의 基盤을 닥
그며 또한便으로 우리聯合軍에게 報答하여야 할것이다
우리는 모ー든黨派와敎派를 超越하야 굿세게 團結하야 하로速히 建國大業을
完成하자!

四

오는 十八日 午後한時! 百二十萬市民諸君! 京城運動場에 모혀서 聯合軍을歡迎하고 自主獨立을爲하야
邁進하자! 그리하야 實踐에있어서 民族的統一戰線을具現하자!

一九四五年十月十五日

서울市人民委員會

서울시인민위원회 〈서울 시민에게〉 1945.10.15

120만 서울 시민제군!
민족의 심장인 수도 서울은 삼천리 강산과 함께 과거 36년간 잔인 무도한 일본제국주의의 발굽에 짓밟혀 왔었다. 그러나 우리에게도 해방의 날은 왔다. 隣邦 소련을 비롯하여 민주주의의 국가, 美, 英, 中의 굳센 단결과 과감한 투쟁 및 우리 삼천만 민족대중의 不絶의 항쟁은 결실이 되어 드디어 해방의 열매는 맺게 되었다.
우리 민족의 기쁨이 어찌 이에서 더함이 있으랴! 今次 대전을 통하여 세계 약소민족의 해방에 위대한 공적을 나타낸 우리의 해방자 연합군에 대하여 우리가 가진 감격과 감사를 어찌 붓과 입으로 표현할 수 있으랴! 이에 120만 시민은 일제히 일어서서 연합군을 맞이하며 감사의 뜻을 올리려는 것이다.
우리는 연합군에게 감사를 올리는 동시에 연합군의 적이요 전 세계 인류의 적이며 우리민족의 적인 일본제국주의의 잔재를 깨끗이 청소하여 민족 건국의 기반을 닦으며 또 한편으로 우리 연합군에게 보답하여야 할 것이다. 우리는 모든 당파와 교파를 초월하여 굳세게 단결하여 하루 속히 건국대업을 완성하자!
오는 18일 오후 1시! 120만 시민 제군! 경성운동장에 모여서 연합군을 환영하고 자주독립을 위하여 매진하자! 그리하여 실천에 있어서 민족적 통일전선을 구현하자!

大震黨 京城 特使帶 一同의 〈경고문〉 제3호 1945.10.12

젊은 지식인에게

제군은 조선 청년의 자부심과 그 책임성을 잊지 않았는가? 제군은 요사이 모처에 취직하려고 이력서를 가지고 다니지 않는가? 그러나 제군은 끝까지 제군의 이상을 추구할 의무가 있음을 잊어서는 안 된다. 그리고 과거에도 그랬거니와 현재와 미래에 있어서도 제군은 제군의 파지한 주의주장을 위하여 용감히 싸우는 투사가 되어야 할 것이다. 신조선 건설 도정에 있어서 한 개의 핵심체가 되며 지도적 역할을 할 조선의 청년 지식인이 그와 같이 安價로 몸을 판다면 이 얼마나 비통할 일이랴! 모든 근시적 사회현상과 현 단계의 亂相曲에 엄연히 초월해서 제군의 이상과 주의를 위하여 강렬한 투쟁을 하기 간절히 바란다.

언론인들에게

요사이 우후죽순 같이 발간되는 신문발행 책임자들에게 일언한다. 제군은 과연 언론보국의 정열과 지성으로써 붓대를 잡고 있는가? 그리고 소위 「공정무사」와 「불편부당」이 제군의 신조이며 기치라면 과연 그것을 지면에 반영시키고 있는가? 물론 某 黨의 기관지로 자처한다면 몰라도 그렇지 않고 불편부당의 社是를 주장한다면 보도의 공정성을 잃어서는 안 될 것이다. 某 紙는 그 창간 제1호에 전에 某 紙에 발표 기재된 某 집단 領袖의 신문기자회견담(그 내용의 저속무가치성은 논외로 하고)을 재게재하는 추태를 보여주지 않았느냐? 이것이 과연 언론인의 公道이며 양심일 것이랴! 언론의 공정성과 그 公器性을 자기 스스로 유린하는 이 같이 무책임한 언론인들의 동정을 우리는 세밀히 주시 內査하고 있음을 언명한다.

회색주의자들에게

요사이 소위 청년으로서 靜觀이니 불편부당이니 하며 무위소일하는 도배가 많음은 통탄할 노릇이다. 現下와 같이 급격한 변천기에 있어서 이 같은 기회주의적 언동을 하는 그대들 자신이 부끄럽지 않으냐? 청년 조선은 청년들의 활동을 다각적으로 요구하고 있다. 기회주의와 退嬰主義에서 뛰어나와 건국 초석이 될 용기가 없는가? 백절불굴의 의지력으로써 활동하는 자만이 최후의 승리를 얻게 될 것이다.

정당인에게

특히 각 정당 首胸部에게 일언함. 諸氏는 입당정신을 망각하고 엽관운동에 몰두하며 편협 고루한 당리당쟁을 일삼고 있지 않는가? 그리고 자아지반과 자파세력구성에 광분하고 있지 않는다? 이 같은 망국적 근성을 하루 바삐 청산하고 대동단결함이 신조선 건설을 위하여 절대로 요청되는 바이니 맹성하라!!

사대주의자들에게

타력 의존과 근시적 통찰력으로써 시국을 정확히 통찰치 못하고 날뛰는 그대들의 경거망동은 참으로 꼴불견이다. 그대들이야말로 조선의 완전독립을 해치며 방해하는 거대한 해충이다. 자주자력으로 완전독립을 획득하려는 민족적 기개와 애국적 정열을 마비시키는 마약이다. 반성하라!

우리에게는 오직 자주독립이 있을 뿐이다!! 이와 같은 엄숙한 민족적 요구를 무시하는 도배는 민족의 적으로 인정하여 適宜한 방법으로 처치할 것을 언명한다.

聲明書

一

朝鮮民族은 日本帝國主義桎梏으로붓터의 解放을爲하야 四十年동안 血鬪를 繼續하야왓다。日本帝國主義의 惡毒은 世界史上에서 그類例를 볼수없으나 우리는 呻吟의 구렁에서도 荊蕀의 길에서도 反帝反戰鬪爭을 敢行하여왓다。朝鮮은 日本帝國主義의 癌이되엿다。그러나 우리가 오날의 朝鮮民族의解放을우리의 自力만에 依한것으로 생각한다면 그것은 自身의 過大評價이다。民主主義聯合國의 戰勝의 結果임을 우리는 銘記하여야하며 우리의 解放을爲하야 勇戰한 聯合軍에對하야 우리는 언제나 感謝의 念과敬意를 가져야한다。民主主義의 勝利에依하야 우리는 解放되엿으며 國際問題의 民主主義的 解決에依하야 朝鮮의獨立은 約束된것이다。그러나 獨立은 自主的이여야한다 朝鮮의 完全獨立 獨立國家의建設은 國際的後援을 期待할지언정 朝鮮民族의 손으로만 우리의힘으로만 達成되는것이다。事大主義的 他力依存은 우리가 自身의 過大評價를 삼가하여야하는 以上으로 排擊되여야한다。

이러한 意味에잇어서 朝鮮에 進駐한 美蘇兩軍에對하야 우리는 그功과 그勞를 衷心으로 感謝하며 獨立國家建設을爲한 우리의 努力에 聲援이 잇기를期待한다。民主主義를爲하야 勇戰한 聯合國 特히 美蘇兩國의 進步的 使命이 이곳에 잇을것이며 그 盡力의 有終의 美도 또한 이곳에서 結實될것을 우리는 確信한다。

二

朝鮮의 完全獨立을 爲하여서는 朝鮮民族의 統一이 絶對로 要請된다。日本帝國主義의 走狗가되여 朝鮮民族의 搾取와 壓迫을 强化식히며 日本帝國主義 强奪戰을 東洋民族解放을爲한 「聖戰」이라하야 朝鮮靑年을 戰場으로 몰던 親日派 民族叛逆者을、그貫天의 罪惡은 決코 寬貸할수없는것이다。오날 그들은 또다시 朝鮮民族 犧牲에서 저들의 生命財産을 維持하랴고 朝鮮民族陣營을 分裂식히며 完全獨立과 統一政府樹立을 阻害하고잇다 그들은 또다시 外力에依存하야 民象을 抑制하랴고한다 이民族叛逆者들을 排擊하고 打倒하야 埋葬함으로써만 우리民族의 統一은 完成되며 完全獨立의 祈願은 達成될것을 朝鮮의 人民은 깨달아야한다。民族叛逆者의 存在와 그跳梁을 許容하는것은 朝鮮民族의 恥辱이며 우리에게 加하여오는 民族的侮蔑은 이徒輩의 陰謀로 생기는 民族統一의 分裂에 基因한다는것을 銘記하라。

三

朝鮮人民共和國의 誕生은 朝鮮人民의 總意이며 國際問題의 民主主義的 解決의 一環이다。第二次 全國人民代表大會의 召集은 完全獨立에의 巨步이며 眞正한 「民主主義原則」에 基한 人民을爲한、人民에依한 人民의 政府를 確立하랴는 우리民族統一을爲한 努力이다。우리 獨立國家建設은 解放된 朝鮮人民에게 賦與된 自由이며 이것이 또한 國際憲章의 精神이요 使命일것이다。이러한 意味에잇어서 軍政은 우리와 對立하는 存在가아니다。軍政은 모름지기 우리의 完全獨立을 後援할것이요 우리의 統一政府樹立을 助成하여야 할것이다。그럼으로 우리는 될수잇는대로 對立하라고하지도아니하며 또 그러한 必要도업는것이다。그러나 그 反人民的 政策에는 絶對로 反對한다。朝鮮人民共和國에對한 아놀드 軍政長官의 愚弄的 侮辱的 聲明은 이 反人民的 政策의 集中的表現인것이다。이에對하야 우리는 임의 우리의 遺憾의 뜻을 表明하엿거니와 朝鮮人民共和國은 儼然한存在이다。日本帝國主義에對한 血鬪로붓터 八月十五日의 解放以後 우리가 거러온 길은 唯一正當한 길이였으며 이길뿐이있으며 이길만이 正當한것이다。朝鮮人民共和國의 健全한發展 朝鮮의 完全獨立을 爲하야 朝鮮民族은 完全이統一되여야하며 朝鮮民族의 力量을 集中하여야한다。民族叛逆者의 排除에 依하여서만 이目的은 達成되는것이다。民族의 統一만이 우리에게 加하여진 民族的侮辱에 對한 唯一의 回答이다。過度한 興奮은 삼가라。無用의 摩擦은 避하라 그리고 朝鮮人民은 오즉 그에게指向된길을 굿세게거러라。그에게 賦與된 使命을 다하라。

一九四五年 十月 十六日

朝鮮人民共和國中央人民委員會

조선인민공화국 중앙인민위원회 〈성명서〉 1945.10.16

조선민족은 일본제국주의 질곡으로부터의 해방을 위하여 40년 동안 혈투를 계속하여 왔다. 일본제국주의의 惡毒은 세계사상에서 그 유례를 볼 수 없으나 우리는 신음의 구렁에서도 형극의 길에서도 反帝反戰투쟁을 감행하여왔다. 조선은 일본제국주의의 癌이 되었다. 그러나 우리가 오늘의 조선민족의 해방을 우리의 자력에만 의한 것으로 생각한다면 그것은 자신의 과대평가이다. 민주주의 연합국의 전승의 결과임을 우리는 명기하여야 하며 우리의 해방을 위하여 용전한 연합군에 대하여 우리는 언제나 감사의 염과 경의를 가져야 한다. 민주주의의 승리에 의하여 우리는 해방되었으며 국제 문제의 민주주의적 해결에 의하여 조선의 독립은 약속된 것이다. 그러나 독립은 자주적이어야 한다. 조선의 완전독립 독립국가의 건설은 국제적 후원을 기대할지언정 조선민족의 손으로만 우리의 힘으로만 달성되는 것이다. 사대주의적 他力 의존은 우리가 자신의 과대평가를 삼가야 하는 이상으로 배격되어야 한다. 이러한 의미에 있어서 조선에 진주한 美蘇 兩軍에 대하여 우리는 그 功과 그 勞를 충심으로 감사하며 독립국가 건설을 위한 우리 노력에 성원이 있기를 기대한다. 민주주의를 위하여 용전한 연합국 특히 미소 양국의 진보적 사명이 이곳에 있을 것이며 그 盡力의 유종의 미도 또한 이곳에서 결실될 것을 우리는 확신한다. 조선의 완전 독립을 위하여서는 조선 민족의 통일이 절대로 요청된다. 일본제국주의의 주구가 되어 조선 민족의 착취와 압박을 강화시키며 일본제국주의 강탈전을 동양민족 해방을 위한 「성전」이라 하여 조선 청년을 전장으로 몰던 친일파, 민족반역자, 그 貫天의 죄악은 결코 용대할 수 없는 것이다. 오늘날 그들은 또다시 조선민족의 희생에서 저들의 생명재산을 유지하려고 조선민족 진영을 분열시키며 완전독립과 통일정부 수립을 저해하고 있다. 그들은 또다시 외력에 의존하여 民象을 억압하려고 한다. 이 민족반역자들을 배격하고 타도하여 매장함으로써만 우리 민족의 통일은 완성되며 완전독립의 기원은 달성될 것을 조선의 인민은 깨달아야 한다. 민족반역자의 존대와 그 跳梁을 허용하는 것은 호전민족의 치욕이며 우리에게 가하여오는 민족적 모멸은 이 도배의 음모로 생기는 민족 통일의 분열에 기인한다는 것을 명기하라. 조선인민공화국의 탄생은 조선인민의 총의이며 국제문제의 민주주의적 해결의 일환이다. 제이차 전국인민대표대회의 소집은 완전독립에의 거보이며 진정한 민주주의 원칙에 기한 인민을 위한, 인민에 의한, 인민의 정부를 확립하려는 우리 성의의 표현이며 우리 민족 통일을 위한 노력이다. 우리 독립국가 건설은 해방된 조선인민에게 부여된 자유이며 이것이 또한 국제헌장의 정신이요, 사명일 것이다. 이러한 의미에 있어서 군정은 우리와 대립하는 존재가 아니다. 군정은 모름지기 우리의 완전독립을 후원할 것이요, 우리의 통일정부 수립을 조성하여야 할 것이다. 그러므로 우리는 될 수 있는 대로 속한 기간 내의 군정철폐를 요구하며 기대하나 군정 일반을 반대하여 이에 대립하려고 하지도 않으며 또 그러한 필요도 없는 것이다. 그러나 그 反인민적 정책에는 절대로 반대한다. 조선인민공화국에 대한 아놀드 군정장관의 우롱적 모욕적 성명은 이 反인민적 정책의 집중적 표현인 것이다. 이에 대하여 우리는 이미 우리의 유감의 뜻을 표명하였거니와 조선인민의 총의로 되고 국제헌장의 정신에 근거를 둔 조선인민공화국은 엄연한 존재이다. 일본제국주의에 대한 혈투로부터 8월 15일의 해방 이후 우리가 걸어온 길은 유일정당한 길이었으며 앞으로도 오직 이 길만이 있으며 이 길만이 정당한 것이다. 조선인민공화국의 건전한 발전 조선의 완전독립을 위하여 조선민족은 완전히 통일되어야 하며, 조선민족의 역량을 집중하여야 한다. 민족반역자의 배제에 의하여서만 이 목적은 달성되는 것이다. 민족의 통일만이 우리에게 가하여진 민족적 모욕에 대한 유일의 회답이다. 과도한 흥분은 삼가라. 無用의 마찰은 피하라. 그리고 조선인민은 오직 그에게 지향된 길을 굳세게 걸어라. 그에게 부여된 사명을 다하라.

우리 朝鮮人民이 … 最初로 마지하려는民主主義的選擧의 機會를 少將은 祝福은할지언정 그것을「虛僞」라고 …黨倒할 理由

를 우리는 到底히 發見할 수 없는 것이다.

要컨대 우리는 衷心으로 말하거니와 이談話가 아 놀드 少將自身의 意見이라고는 決코마더지지아니하며 또 밋고거아니한

다。단지 아 놀드 長官의 側近에 虛僞의 報告와 歪曲된 意見으로서 長官의 明哲한 判斷을 迷惑케하는 徒輩의 進言이 不幸히

一少將으로하여금 이러한 談話를 發表케 하였다면、이는 正히 長官과 우리人民의 두려운 友誼를 이 간하려는 奸惡한 徒黨의策

略이라 아니할수없다。첫재는 長官을 爲하야、돌재는 三千萬人民을 爲하야 우리는 이러한 徒黨의 撲滅과 掃蕩을 爲하야 아

놀드 長官閣下에게 즐겨 全力을 다하야 協働할 誠意가 있음을 表明한다。

萬一 日本에 協力하야 우리人民을 塗炭의 구렁에 넛코 聯合軍에게 敵對한者가 지나간時代의 民族反逆者라면 이러한 徒黨

은새로운時代의 民族的反逆者요、聯合軍의 敵이기째문이다。

더우기 우리는 이 新型民族反逆者群이 大槪는 日本의 對美戰爭에 協力하던土着地主、民族뿔죠아지와 그 走狗로 形成된舊民

族反逆者群이 一層 危險한것은 그 徒黨이 聯合軍의 忠僕이오 美軍政의協力者라는 새 假面을 쓰고잇는点이다

우리는 人民과 聯合軍의 面前에서 이 徒黨들의 새 假面을 버서고 舊와 新 두個의民族反逆者의 烙印을 찍어 一齊히 掃蕩

하지아니하면 아니된다。

親愛하는 우리 인데리겐챠 學生諸君!

親愛하는 우리 文化從事者 藝術家諸君!

이째야말로 모 든 躊躇와 巡遲과 機會主義的中立을 거더차고 果敢히 鬪爭에이러설때는왓다。우리의 國土와 人民과 그

文化우에 참을수없는 侮辱을 招來하고 그것을 새로운 奴隸狀態가운데로 몰아너흘라는 우리 人民의 不俱戴天의 仇敵인 民族反

逆者의 絕滅을 期하여 熾烈한 鬪爭을 展開할 때는 왓다。

이鬪爭이야말로 우리三千萬人民과 그 文化百年의 運命을 左右할 關頭임을 잇지말자!

우리는 이 神聖하고 榮光스러운 鬪爭에 으리文化統一戰線의 團結이 眞正한 價値를 發揮할것을 確信하면서

協업는 鬪爭의宣言으로 發表하는바이다。

★모 든 種類의 民族反逆者를 掃蕩하자!

★土着地主、民族뿔죠아지와 그 走狗를 打倒하자!

★모 든 權力을 人民의손에넛차!

★朝鮮의 政体는 朝鮮人民의손으로 決定하자!

★모 든 種類의 內政干涉을絕對反對하자!

★第二次人民代表大會를 絕對支持하자!

★朝鮮人民共和國樹立萬歲!

一九四五年 十月 十六日

朝鮮文化建設中央協議會

조선문화건설중앙협의회 〈군정장관 아놀드 소장의 담화에 대하여 삼천만 우리 인민에게 고한다〉 1945.10.16

친애하는 삼천만 우리 인민 제군!
친애하는 삼백만 우리 시민 제군!
반세기 동안 우리의 혈육을 착취하던 일본제국주의의 지배가 붕괴한 뒤 남북으로부터 진주한 美蘇 양국의 우호적인 원조 아래 우리는 연합군에 대한 깊은 감사의 염과 더불어 오직 인민전체의 행복의 토대가 될 신국가 건설의 일로를 걸어왔다. 이것이 우리 조선 인민 자신의 요구의 실천일 뿐 아니라 내주한 연합군의 사명 수행이 되는 것은 「카이로」선언과 트루먼 대통령의 선언에 의하여 명명백백한 일이다.
그런데 지난 10일 都下의 신문을 통하여 우리 삼천만 인민이 아메리카 합중국 조선 군정장관 아놀드 소장에게서 받은 一片의 담화는 대체 어떻게 읽어야 할 것인가?
어째서 연합군에 의하여 공인된 압박되었던 조선인민이 자기의 정부를 가지려는 행동이 그처럼 냉소와 야유와 모욕의 대상이 되어야 하는가? 더욱이 소장의 담화는 이것을 냉소하고 야유하고 모욕하기에 우리의 전래하는 풍습으로서는 도저히 다시 옮길 수조차 없는 저열한 언사로 충만하여있고 「미숙, 우매, 경솔한 신문 편집자」라든가 「유치하나마 성의껏 행동한 보안대」라든가 하는 어구로서 모욕은 우리 인민의 모든 층에 미치고 있다.

친애하는 삼천만 우리 인민 제군!
친애하는 삼백만 우리 시민 제군!
과연 우리의 정치적 요구나 언론기관이나 보안대가 저러한 최하급의 형용사로 모욕되어야 할 이유가 어디에 있는가!
우리는 공언하고자 한다. 「카이로」에 회집한 연합국의 권위 있는 대표자에 의하여 결정되고 「포츠담」회담에서 다시 확인된 조선의 자유와 독립의 현실을 위하여 삼천만 조선인민이 어떠한 政體 어떠한 정부를 수립하고 혹은 그것을 위하여 어떻게 준비한다는 것은 오직 삼천만 조선인민 자신의 자유스러운 의사에 속한다는 것을!
물론 그렇다고 우리는 조선에 내주하여 우리 인민을 일본제국주의 軍警의 지배하에서 이탈시켜준 美蘇兩軍과 그 군대가 처한 양국의 우호적 원조를 거부코자 함은 아니다. 그 때문에 우리는 우리에게 다소 불편한 여러 가지 점이 있어도 그것을 인내하고 이해하여 오늘에 이른 것이요, 또 장래에 있어서도 이 감사와 우의가 장구히 양국과 조선 사이를 연결하는 따뜻한 혈관이 될 것을 믿어 의심하지 않는 바이다.
그러나 우호적 원조는 어디까지나 도덕적인 것이요, 결코 어느 의미로서도 우리 조선인이 자기의 政體를 선택하고 정부를 수립하고 준비하는 데 대한 정치적 압박이나 간섭이어서는 절대로 안 된다. 이것은 결코 우리의 요구의 성질을 가진 의견일 뿐 아니라 이미 나치스 독일로부터 해방된 서구 諸國에 있어서 아메리카가 실

軍政長官 『아ー놀드』 少將의 談話에 對하야 三千萬우리人民에게 告한다

親愛하는 三千萬우리人民諸君!

親愛하는 三百萬우리市民諸君!

·半世紀동안 우리의 血肉을 搾取하던 日本帝國主義의 支配가 崩壞한뒤 南北으로부터 進駐한 美蘇兩國의 友好的인 援助 아레 우리는 聯合軍에對한 깊은 感謝의 念과 더부러 오직 人民全體의 幸福의 土臺가될 新國家建設의 一路를 걸어왔다。이것이 우리朝鮮人民自身의 要求의 實踐일뿐아니라 來駐한 聯合軍의 使命遂行이 되는것은 『카이로』宣言과 루ー만大統領의 宣言에依하여 明々白々한일이다。

그런데 지난十日 都下의 新聞을 通하야 우리三千萬人民이 아메리카合衆國 朝鮮軍政長官 아ー놀드少將에게서 받은 一片의談話는 大体 엇더케 읽어야 할것인가?

어째서 聯合軍에依하여 公認된 壓迫되였던 朝鮮人民이 自己의 政府를 가지려는 行動이 그처럼 冷笑와 挪揄와 侮辱의 對象이 되어야 하는가? 더욱이 少將의談話는 이것을 冷笑하고 挪揄하고 侮辱하기에 우리의 傳來하는 風習으로서는 到底히 다시 쓰움길수조차없는 低劣한言辭로 充滿하여있고 『未熟, 愚昧, 輕率한 新聞編輯者』라든가 『幼稚하나마 誠意 잇는行動한 保安隊』라든가 하는語句로서 侮辱은 우리人民의 모ー든脣에 밋치고있다。

親愛하는 三千萬우리人民諸君!

親愛하는 三百萬우리市民諸君!

果然 우리의 政治的 要求나 言論機關이나 保安隊가 그러한 最下級의 形容詞로 侮辱되어야할 理由가 어디에 있는가! 우리는 公言하고커하다。『카이로』에 會集한 聯合國의 權威있는 代表者에 依하야 決定되고 『포츠담』會談에서 다시確認된 朝鮮의自由와 實現을爲하야 三千萬朝鮮人民이 어떠한政体 어떠한政府를 樹立하고 或은 그것을爲하야 어떠케 準備한다는것은 오직 三千萬朝鮮人民自身의 自由스러운 意思에 屬한다는것을!

勿論 그러타고 우리는 朝鮮에 來駐하여 우리人民을 日本帝國主義軍警의 支配下에서 離脫시켜준 美蘇兩軍과 그 軍隊가 屬한 兩國의 友好的 援助를 拒否코커함은 아니다。그때문에 우리는 우리에게 多少 不便한 여러가지 点이 있어도 그것을 忍耐하고 理解하여 오날에 이른것이오 쓰 將來에 있어서도 이感謝와 友誼가 長久히 兩國과 朝鮮사이를 連結하는 따뜻한 血管이될것을 미더 疑心하지아니하는바이다。

그러나 友好的의 援助는 어되서지나 道德的인 것이오 決코 어느意味로서도 우리朝鮮人이 自己의 政体를 選擇하고政府를 樹立하고 準備하는데 對한 政治的 壓迫이나 干涉이여서는 絶對로 아니된다。이것은 決코 우리의 要求의 性質을가진 意見이 아니라, 이미 나치스 獨逸로부터 解放된 西歐諸國에있어서 아메리카가 實行하고있는 民主主義的인 國際政治上의 道德이라고 밋고있기때문이다。

우리는 아ー놀드長官의 祖國인 民主國 아메리카가『建設된 燦爛한 歷史와 그 憲法이 人民의 自由와 權利에 對해서 規定한 神聖한 條項을 어렷슬때부터 배워記憶하고있으며 反파시즘 反軍國主義戰爭을 通하야 世界民主主義의 繁榮을 爲하야

행하고 있는 민주주의적인 국제 정치상의 도덕이라고 믿고 있기 때문이다.

우리는 그렇다고 아놀드 군정장관 각하가 우리의 정치적 사유에 대하여 추호라도 간섭할 의사를 가졌다고 속단하려는 것은 천만 아니다.

우리는 아놀드 장관의 조국인 민주국 아메리카가 건설된 찬란한 역사와 그 헌법이 인민의 자유와 권리에 대해서 규정한 신성한 조항을 어렸을 때부터 배워 기억하고 있으며 反파시즘 反군국주의 전쟁을 통하여 세계 민주주의의 번영을 위하여 이바지한 위대한 공적과 특히 소장의 고매한 인격에 항상 깊은 경의를 표하고 있는 바이다.

그러므로 소장의 담화가 명년 3월 1일에 우리 조선 인민이 정치상의 모든 문제를 결정할 제2차 인민대표대회의 선거를 「허위」 운운하여 부정함에 이르러서는 더욱이 담화와 소장을 직접 연결하여 이해할 능력을 상실치 아니할 수 없었다. 왜 그러냐 하면 진정으로 민주주의적인 선거에서는 비록 무력을 가진 측이 소집자라 하더라도 인민의 의사에 反하면 패배하는 것이오. 또 赤手의 야당이라 할지라도 인민의 의사에 합하면 승리한다는 것은 민주주의 정치의 상식이기 때문이다. 가까운 예로, 우리는 수夏 영국 총선거에서 처칠의 패배와 노동당의 승리에 이 사실의 좋은 證左를 보지 않았는가?

우리 조선 인민이 최초로 맞이하려는 민주주의적 선거의 기회를 소장은 축복을 할지언정 그것을 「허위」라고 매도할 이유를 우리는 도저히 발견할 수 없는 것이다.

요컨대 우리는 충심으로 말하거니와 이 담화가 아놀드 소장 자신의 의견이라고는 결코 믿어지지 아니하며 또 믿고자 아니한다. 단지 아놀드 장관의 측근에 허위의 보고와 왜곡된 의견으로서 장관의 명철한 판단을 미혹케 하는 도배의 진언이 불행히 소장으로 하여금 이러한 담화를 발표케 하였다면 이는 바로 장관과 우리 인민의 두터운 우의를 이간하려는 간악한 도당의 책략이라 아니할 수 없다. 첫째는 장관을 위하여, 둘째는 삼천만 인민을 위하여 우리는 이러한 도당의 박멸과 소탕을 위하여 아놀드 장관 각하에게 즐겨 전력을 다하여 협동할 충분한 성의가 있음을 표명한다.

만일 일본에 협력하여 우리 인민을 도탄의 구렁에 넣고 연합군에게 적대한 자가 지나간 시대의 민족반역자라면 이러한 도당은 새로운 시대의 민족적 반역자요, 연합군의 적이기 때문이다.

더욱이 우리는 이 신형 민족반역자群이 대개는 일본의 대미전쟁에 협력하던 토착자본, 민족부르주아지와 그 주구로 형성된 舊民족반역자群이요 일부 위험한 새 민족반역자群은 그 도당이 연합군의 충복이요 미군정의 협력자라는 새 가면을 쓰고 있는 점이다.

우리는 인민과 연합군의 면전에서 이 도당들의 새 가면을 베기고 구와 신 두 개의 민족반역자의 낙인을 찍어 일제히 소탕하지 아니하면 아니 된다.

친애하는 우리 인텔리겐차 학생제군!

친애하는 우리 문화종사자 예술가제군!

이제야말로 모든 주저와 巡逡와 기회주의적 중립을 걷어차고 과감히 투쟁에 일어설 때는 왔다. 우리의 국토와 인민과 그 문화 위에 참을 수 없는 모욕을 초래하고 그것을 새로운 노예상태 가운데로 몰아넣으려는 우리 인민의 불구대천의 仇敵인 민족반역자의 절멸을 기하여 치열한 투쟁을 전개할 때는 왔다.

이 투쟁이야말로 우리 삼천만 인민과 그 문화 백년의 운명을 좌우할 關頭임을 잊지 말자!

우리는 이 신성하고 영광스러운 투쟁에 우리 문화통일전선의 단결이 진정한 가치를 발휘할 것을 확신하면서 이 성명을 타협 없는 투쟁의 선언으로 발표하는 바이다.

★모든 종류의 민족반역자를 소탕하자!
★토착지주, 민족부르주아지와 그 주구를 타도하자!
★모든 권력을 인민의 손에 넣자!
★조선의 政體는 조선 인민의 손으로 결정하자!
★모든 종류의 내정간섭을 절대 반대하자!
★제이차 인민대표대회를 절대 지지하자!
★조선인민공화국 수립 만세!

全朝鮮新聞記者大會

1945年 10月 23日 (火) 午後 四時

京城鍾路中央基督敎靑年會大講堂

愛國歌

一、東海물과 白頭山이 말으고 달도록
하나님이 보호하사 우리나라 만세
무궁화 三千里 華麗江山
大韓사람 大韓으로 기리保存하세

二、南山우에 저솔나무 鐵甲을 둘은듯
바람이슬 不變함은 우리氣像일세
무궁화 三千里 華麗江山
大韓사람 大韓으로 기리保存하세

三、이氣像과 이맘으로 忠誠을다하야
괴로우나 즐거우나 나라사랑하세
무궁화 三千里 華麗江山
大韓사람 大韓으로 기리保存하세

式　順

1. 司　　　會 …… 李鍾起
1. 國 歌 合 唱
1. 開 會 辭 …… 梁一同
1. 臨時執行部選擧
1. 經 過 報 告
1. 朝鮮新聞記者會結成宣言
1. 綱 領 規 約 發 表 …… 鄭　鎭
1. 宣 言 文 決 議 …… 金　正
1. 祝　　　辭
    1. 朝鮮美國駐屯軍最高指揮官 …… 쩐·알·하—지
    2. 美軍政長官 …… 에이·뷔·아—
    3. 美軍政情報部長 …… 에취·에스·뉴—
    4. 蘇聯京城總領事
    5. 中國京城總領事
    6. 美軍派遣記者團
    7. 人民共和國中央人民委員會
    8. 朝鮮共産黨
    9. 韓國民主黨
    10. 國民黨
    11. 建國同盟
    12. 朝鮮學術院
    13. 朝鮮語學會
    14. 朝鮮文化建設中央協議會
    15. 朝鮮크레마리아藥術同盟
1. 討 議 事 項
    1. 物故先輩追悼會開催의件
    2. 民族統一戰線에對한決議의件
    3. 北韓三八度問題時急解決에對한決議의件
    4. 太平洋方面聯合軍最高指揮官에民族感謝決議의
1. 其　　　他
1. 解 放 朝 鮮 萬 歲
1. 閉　　　會

—— 以 上 ——

KOREAN NEWS-PAPER REPORTERS'
CONFERANCE

Oct. 23RD 1945
Y. M. C. A. Chong-ro Seoul

—Program—

1. Presided·······················Chong Mo, Lee.
2. National Anthem················Audiance Stands.
3. Opening Address···············Jai Ha, Yang.
4. Election of Temporary Executive
5. Annual Report
6. Formal Declaration of organization
7. Reading of organizational rules and Laws.·······Jin Suk, Chung.
8. Approval of Declaration···············Chung Do, Kim.
9. Congretulatory Addresses

10. Discussion and decisions on Following Topics
    a. Condolence For Passed leaders
    b. Signing of the Proclamation on United National Front
    c. Signing of Petition on ways to Eliminate 38° Boundry-
       Difficulties
    d. Letter of Gratitude and thank to the Commander-in-chief
       allied Forces in the Pacific for the liberation of Korea
11. Long Living of Free Korea
12. Clossing Conferance

—End—

조선신문기자대회준비위원회에서 보내는 '전조선신문기자대회 결성식' 알림 편지 1945.10.16

謹啓
菊香이 馥郁한데 貴體 大安하심을 頌祝하오며 이번 在京 신문기자들의 발기로 진정한 언론보도의 자유를 확립하여 완전독립에 추진력 되기를 期하며 전 조선 신문기자대회결성식을 준비하는 중 10월 23일 오후 4시 경성 종로 기독교 청년회관 강당에서 이를 거행하기로 결정되어 선생의 臨席을 仰請하오니 悾偬하신 중 甚히 미안하오나 내림하여 주시면 生光이 이에 더함이 없겠습니다.

謹啓
菊香이 馥郁하오신데 貴體 大安하오심을 頌祝하오며 이번 在京 新聞記者들의 發起로 眞正한 言論報道의 自由를 確立하야 完全獨立에 推進力 되옵기를 期하와 全朝鮮新聞記者 大會 結成式을 準備하옵든 中 十月 二十三日 午後四時 京城 鍾路 基督敎 靑年會舘 講堂에서 이를 擧行하기로 決定되엿삽기 先生의 臨席을 仰請하오니 悾偬하시온 中 甚히 未安하오나 來臨하여 주시면 生光이 이에더함이업겟습니다

十月 十六日

朝鮮新聞記者大會準備委員會 白

座下

宣言

半世紀동안이나 우리 同胞를 野蠻的으로 強壓하고 搾取하든 日本帝國主義의 鐵鎖는 마츰내 絶斷되고말엇다 그러나 一方으로 우리 同胞의 살과뼈 속에는 아즉도 그 惡毒한 鎖片이 얼마나남아 잇는지모르며 他方으로 日本帝國主義者의 朝鮮事情에 對한 欺瞞的宣傳은 聯合國으로하여금 朝鮮의 現下 情勢에 對한 正確한 判斷을 困難케하고잇다 이러한 日本帝國主義의 殘滓로서 남어잇는 痕跡은 우리의 힘찬 建設로써만 退治될것이요 이에對한모든 支障이 完全히 排除되고서야만 씩씩한 建國도 잇슬수 잇다

우리들붓을든者 진실로 우리의 國家建設에 對한 諸障礙物을 正當히 批判하여 大衆압헤 그 正體를밝힘으로써 民族進路에 燈火가 될것을 그 使命으로한다 單純한 春秋의 筆法만으로서는 우리는 滿足치안는다 때는 바야흐로 우리에게 筆鋒의 武裝을 要求한다 모든民族的 建設에 한개의 推進이 되고 다시民衆의 志向을밝게하는 炬火가 되지못한다면 우리의 붓(筆)은 꺽거진붓이며 軟弱한붓이며 無能力한붓이다 民衆이 渴望하는 바는 우리의 힘잇고 바르고 勇敢한 筆鋒일뿐이다 우리는 이러한 大衆的要望에 저바림이업도록 盡力한다 民衆의 進路에對한 燦爛한 炬火를 이루어 朝鮮事情을國際的으로 正確히 報道하는針路가되기를 企圖한다 歷史的으로 우리에게賦與된 이러한 目標를遂行함에는 먼저 우리들의 結束이必要하다 그럼으로 現在에잇서 우리는 鐵石가튼團結된힘을 가지려한다 그리고 참된民族解放을爲한 歷史的正義를 發揚하는 強力한 筆鋒을 가지기를企圖한다 그리고 眞正한 言論의自由를 確保함으로서만 民族의 完全獨立에의길이열릴것이다 新聞이 흔히 「不偏不黨」을말하나 이것은 黑白을黑白으로서 가리어 秋毫도 歪曲치안는것만이 眞正한 「不偏不黨」인것을確信한다 嚴正中立이라는 機會主義的理念이 적어도 이러한 全民族的激動期에잇서서 存在할수업슴을 우리는確認한다 우리는 勇敢한 戰鬪的言論陣을 構築하기에 奮鬪함을宣言한다

綱領

一, 우리는 民族의完全獨立을 期한다
一, 우리는 言論自由의確保를 期한다

一九四五年十月二十三日

『朝鮮新聞記者會』準備委員會

조선신문기자협회 준비위원회 〈선언〉 1945.10.23

반세기 동안이나 우리 동포를 야만적으로 강압하고 착취하던 일본제국주의의 철쇄는 마침내 절단되고 말았다. 그러나 한편으로 우리 동포의 살과 뼈 속에는 아직도 그 악독한 鎖片이 얼마나 남아 있는지 모르며 他方으로 일본제국주의자의 조선사정에 대한 기만적 선전은 연합국으로 하여금 조선의 現下 정세에 대한 정확한 판단을 곤란케 하고 있다. 이러한 일본제국주의의 잔재로서 남아 있는 흔적은 우리의 힘찬 건설로써만 퇴치될 것이요, 이에 대한 모든 지장이 완전히 배제되고서야만 씩씩한 건국도 있을 수 있다. 우리들 붓을 든 자 진실로 우리의 국가 건설에 대한 모든 장애물을 정당히 비판하여 대중 앞에 그 정체를 밝힘으로써 민족 진로에 등불이 될 것을 그 사명으로 한다. 단순한 春秋의 필법만으로는 우리는 만족하지 않는다. 때는 바야흐로 우리에게 筆鋒의 무장을 요구한다. 모든 민족적 건설에 한 개의 추진이 되고 다시 민중의 지향을 밝게 하는 햇불이 되지 못한다면 우리의 붓(筆)은 꺾인 붓이며 연약한 붓이며 무능력한 붓이다. 민중이 갈망하는 바는 우리의 힘 있고 바르고 용감한 필봉일 뿐이다. 우리는 이러한 대중적 요망에 져버림이 없도록 진력한다. 민중의 진로에 대한 찬란한 햇불을 이루어 조선사정을 국제적으로 정확히 보도하는 針路가 되기를 企圖한다. 역사적으로 우리에게 부여된 이러한 목표를 수행함에는 먼저 우리들의 결속이 필요하다. 그러므로 현재에 있어 우리는 철석같은 단결된 힘을 가지려 한다. 그리고 참된 민족해방을 위한 역사적 정의를 발양하는 강력한 필봉을 가지기를 기도한다. 진정한 언론의 자유를 확보함으로서만 민족의 완전독립에의 길이 열릴 것이다. 신문이 흔히 「불편부당」을 말하나 이것은 흑백을 흑백으로서 가리어 추호도 왜곡하지 않는 것만이 진정한 「불편부당」인 것을 확신한다. 엄정중립이라는 기회주의적 이념이 적어도 이러한 전 민족적 격동기에 있어서 존재할 수 없음을 우리는 확인한다. 우리는 용감한 전투적 언론진을 구축하기에 분투함을 선언한다.

강령
一. 우리는 민족의 완전독립을 期한다.
一. 우리는 언론자유의 확보를 期한다.

宣言

八月十五日 民族의 自由解放이 잇은後 伊來七十日間 吾人은 內外
情勢를 凝視하면서 隱忍自重하여와섯다. 이제 天道敎大會에 臨하
야 吾人의 所信하는바 眞意의 一端을 滿天下同德과 밋朝鮮同胞에
게 宣言한다.

世上은 方今 理想的 世新界를 創造하려는 新氣運에 웃처잇다. 一
次大戰 二次大戰은 한系統의 氣運으로서 보다以上의 新階段에 올
으려는 大破壞大苦憫이엿다. 그리하야 理想의 世界는 히미하나마
우리의 心眼에 그 形模가 써올으게되엿다 朝鮮의 解放은 正히이때
에 된것이다 朝鮮은 一擧에 理想的 新世界에 參與할 好運兒가되엿
다 이것은 天時가 우리로하여금 飛躍的으로 新世界舞臺에 活躍할
만한 好機會를 준것이다.

그런데 우리 朝鮮內事情은 어떠한가 美蘇兩軍이 南北分駐한國
際的 微妙한關係, 各政黨의 對立鬪爭, 大衆의 思想的 彷徨等 모든事
態가 아즉 未整頓의 過渡期的 混沌에 빠진感이 업지안타. 此際에
吾人은 어찌하면 이 嚴正冷酷한 現實을 打開하고 偉大한 理想의 彼
岸에 到達할수잇슬가.

吾人은 民族을 世界共和의 單位로 理解하는 立場에서 어디까지
든지 民族自主의 精神下에 創造的 意味로써 水雲大神師의 法說이
신 地上天國을 東方에 建設코자하는 信念을 가진者이다. 이 意味에
서 朝鮮同胞는 民族精神의 結晶이며 東方文化의 精髓인 水雲思想
에 同歸一體가 되여 주기를바라는바이다.

吾人은 吾人의 信條인 輔國安民을 八十六年來 內的 祈願과 外的
革命試鍊 (甲午革命運動 甲辰開化運動 己未獨立運動) 으로지내
왔다. 그러나 今日以後는 建設的 輔國安民의 時期에 到達하엿다
建設은 現實이다 現實을써나서는 輔國安民이업다. 現下輔國安民
의 現實的 課題는 오즉獨立完成이다 獨立完成이 되기까지의 我等
三千萬朝鮮同胞는 何政黨何團體를 勿論하고 各其自家特有의 個
別的 行動을停止하고 唯一의 獨立促進의 目標를向하여 一致團結
協同戰線을 取하여야한다 玆에 吾人의 밋는바 綱領을 左와如히 宣
言한다.

一, 吾人은 今不比古不比의 人乃天主義로써 民族精神의 開闢을期
함.

二, 吾人은 人乃天의 新文化로써 新人間化育과 新生活創造를 期
함.

三, 吾人은 事人如天의 精神에맛는 新倫理樹立을 期함

四, 吾人은 日常輔國을爲하야 人民皆勞의 精神을 養함

五, 吾人은 自主的獨立國家의 完成을爲하야 全民族的 統一戰線의
結成을 促進함

布德八十六年十月二十五日

天道敎全國大會

천도교전국대회 〈선언〉 1945.10.25

8월 15일 민족의 자유해방이 있은 후 이래 70일간 우리는 내외정
세를 응시하면서 은인자중하여 왔었다. 이제 천도교대회에 임하
여 우리의 소신하는 바 진의의 일단을 만천하 同德과 및 조선동포
에게 선언한다.

세상은 방금 이상적 신세계를 창조하려는 新氣運에 묻혀있다. 1차
대전 2차대전은 한 계통의 기운으로서 보다 이상의 신계단에 오르
려는 대파괴, 대고민이었다. 그러하여 이상의 세계는 희미하나마
우리의 심안에 그 形模가 떠오르게 되었다. 조선의 해방은 바로 이
때에 된 것이다. 조선은 일거에 이상적 신세계에 참여할 好運兒가
되었다. 이것은 天時가 우리로 하여금 비약적으로 신세계 무대에
활약할 만한 好機會를 준 것이다.

그런데 우리 조선 내 사정은 어떠한가. 美蘇 兩軍이 南北分駐한 국
제적 미묘한 관계, 각 정당의 대립 투쟁, 대중의 사상적 방황 등 모
든 사태가 아직 미정돈의 과도기적 혼돈에 빠진 감이 없지 않다.
이때에 우리는 어찌하면 이 엄정 냉혹한 현실을 타개하고 위대한
이상의 피안에 도달할 수 있을까.

우리는 민족을 세계 공화의 단위로 이해하는 입장에서 어디까지
든지 민족자주의 정신 아래 창조적 의미로써 水雲大神師의 法設
이신 지상천국을 동방에 건설코자 하는 신념을 가진 자이다. 이 의
미에서 조선 동포는 민족정신의 결정이며 동방문화의 정수인 水
雲사상에 同歸一體가 되어주기를 바라는 바이다.

우리는 우리의 信修인 보국안민을 86년래 내적 기원과 외적 혁명
시련 (갑오혁명운동 갑신개화운동 을미독립운동)으로 지내왔다.
그러나 금일 이후는 건설적 보국안민의 시기에 도달하였다. 건설
은 현실이다. 현실을 떠나서는 보국안민이 없다. 現下 보국안민의
현실적 과제는 오직 독립완성이다. 독립완성이 되기까지의 우리
들 삼천만 조선 동포는 어떤 정당 어떤 단체를 물론하고 각기 自
家 특유의 개별적 행동을 정지하고 유일의 독립촉진의 목표를 향
하여 일치단결 협동전선을 취하여야 한다. 이에 우리의 믿는 바 강
령을 左와 같이 선언한다.

一, 우리는 今不比古不比의 人乃天主義로써 민족정신의 개벽을
期함.
二, 우리는 인내천의 신문화로써 신인간화육과 신생활 창조를 期
함.
三, 우리는 事人如天의 정신에 맞는 신윤리 수립을 期함.
四, 우리는 日帝輔國을 위하여 人民皆勞의 정신을 養함.
五, 우리는 자주적 독립국가의 완성을 위하여 전 민족적 통일전선
의 결성을 촉진함.

上海에서 歷史的誕生을 하엿다. 記憶도새로운「大韓民國臨時政府」가그아니냐. 民族自由의 先鋒隊가되여 피눈물나는 鬪爭을繼續하기二十有七年이다. 시베리아로 滿洲로 華北으로上海로 重慶으로印度로하와이로 美洲로 그리고海內에서 오로지 우리의自主獨立을 爲하는同志들의쓰거운熱과 사랑을밧으면서 이政府를메고 오날싸지싸와온臨時政府三十年鬪爭史를 엇지여기에다－記錄할수잇으랴. 그러나列國의뜻잇는분들과 손잡고 그들의政府의 支援을밧으면서 씩씩한얼골로이제還國의길에 오르게되엿다. 帝國主義日本에宣戰을布告하고聯合諸國과어깨를겨누며 堂々히싸워 戰史에偉勳을세워 오늘날自由의門을열은 우리光復軍의勇姿도 머지안어 우리압헤나타날것이다.

○

自由獨立大道가 永遠을向하야 열리엇다. 正義의칼을들고 이땅에自由를 樹立하기爲하야 알지못할線 三十八度를금긋고 南北에 美蘇兩軍이平和의進駐를한지두달. 우리는손드러 그들에게感謝의情을보내자. 그러나 그들은머지안허 이땅을 써날분들이다. 이땅主人은우리들이다. 自主獨立을부로짓는同志들의뭉치가 엇찌五十에만긋칠것이냐 千도좋코 萬도오히려 不足할것이다. 그러나 먼저 우리의國土를차자노코보자. 日本의남은뿌리가 아직도깁고 우리의힘이 크게뭉쳐지지못한데 世界의눈은 우리에게로몰렷다. 이때를노쳐 또다시四十年 五十年 아니 永遠히 남의 종노릇을한다면 이千秋의 恨을엇찌랴. 이民族的罪를 왜스사로지으랴. 우리血管의피가하나가아니냐. 우리나라또한둘될수잇스랴. 땅과民族도 하나이니 우리政府또한 하나로마지하자. 그리고 우리들은 다가치손을드러盟誓하자「우리는다가치 獨立을爲하야 몸을바치겠노라. 民族萬年의獨立國家를세우고야말리라」

大韓民國二十七年十月二十七日
大韓民國臨時政府特派事局
大韓民國臨時政府特派事員 白 昌 燮 外 一 人
白 人

대한민국임시정부 특파원 백창섭 외 1인의 〈독립 첫인사〉
1945.10.27

조국 오천 년 광복의 날은 열렸다. 삼천만 동포여 기쁘지 아니하냐.「동해물과 백두산이 마르고 닳도록 하나님이 보호하사 우리나라 만세」소리 높여 부르는 애국의 노래가 산천을 울리고 태극의 깃발이 창공에 휘날리는데 웃음이 넘치는 빛나는 얼굴과 얼굴. 꿈에 그리던 내 故土를 밟는 우리들은 울었노라. 반갑고 기쁘기 이에 더할 바 있으랴. 하늘이 우리를 돕고 연합국이 우리의 벗이 되고 우리의 동포 또한 한길로 뭉치니 자주독립이 우리 앞에 있도다. 자유해방이 우리 손에 있도다.

1919년 4월 17일 우리의 위대한 지도자 이승만 선생을 수반으로 건국의 선배들이 민족의 총의를 모아 피로 뭉친 우리의 정부가 이역 상해에서 역사적 탄생을 하였다. 기억도 새로운 「대한민국임시정부」가 그 아닌가. 민족 자유의 선봉대가 되어 피눈물 나는 투쟁을 계속하기 이십칠 년이다. 시베리아로 만주로 화북으로 상해로 중경으로 인도로 하와이로 미주로 그리고 해내에서 오로지 우리의 자주독립을 위하는 동지들의 뜨거운 열과 사랑을 받으면서 이 정부를 메고 오늘까지 싸워온 임시정부 30년 투쟁사를 어찌 여기에다 기록할 수 있으랴. 그러나 연국의 뜻 있는 분들과 손잡고 그들의 정부의 지원을 받으면서 씩씩한 얼굴로 이제 환국의 길에 오르게 되었다. 제국주의일본에 선전을 포고하고 연합 諸國과 어깨를 겨루며 당당히 싸워 戰史에 위훈을 세워 오늘날 자유의 문을 연 우리 광복의 勇姿도 머지않아 우리 앞에 나타날 것이다.

自由獨立大道가 영원을 향하여 열렸다. 정의의 칼을 들고 이 땅에 자유를 수립하기 위하여 알지 못할 선 38도를 금 긋고 남북에 美蘇 兩軍이 평화의 진주를 한 지 두 달. 우리는 손들어 그들에게 감사의 정을 보내자. 그러나 그들은 머지않아 이 땅을 떠날 분들이다. 이 땅 주인은 우리들이다. 자주독립을 부르짖는 동지들의 뭉치가 어찌 50에만 그칠 것이냐. 千도 좋고 萬도 오히려 부족할 것이다. 그러나 먼저 우리의 국토를 차차 놓고 보자. 일본의 남은 뿌리가 아직도 깊고 우리의 힘이 크게 뭉쳐지지 못한데 세계의 눈은 우리에게로 몰렸다. 이때를 놓쳐 또다시 40년 50년 아니 영원히 남의 종노릇을 한다면 이 천추의 한을 어쩌랴. 이 민족적 죄를 왜 스스로 지으랴. 우리 혈관의 피가 하나가 아니냐. 우리나라 또한 둘 될 수 있으랴. 땅과 민족도 하나이니 우리 정부 또한 하나로 맞이하자. 그리고 우리들은 다 같이 손을 들어 맹세하자.「우리는 다 같이 독립을 위하여 몸을 바치겠노라. 민족 만년의 독립국가를 세우고야 말리라.」

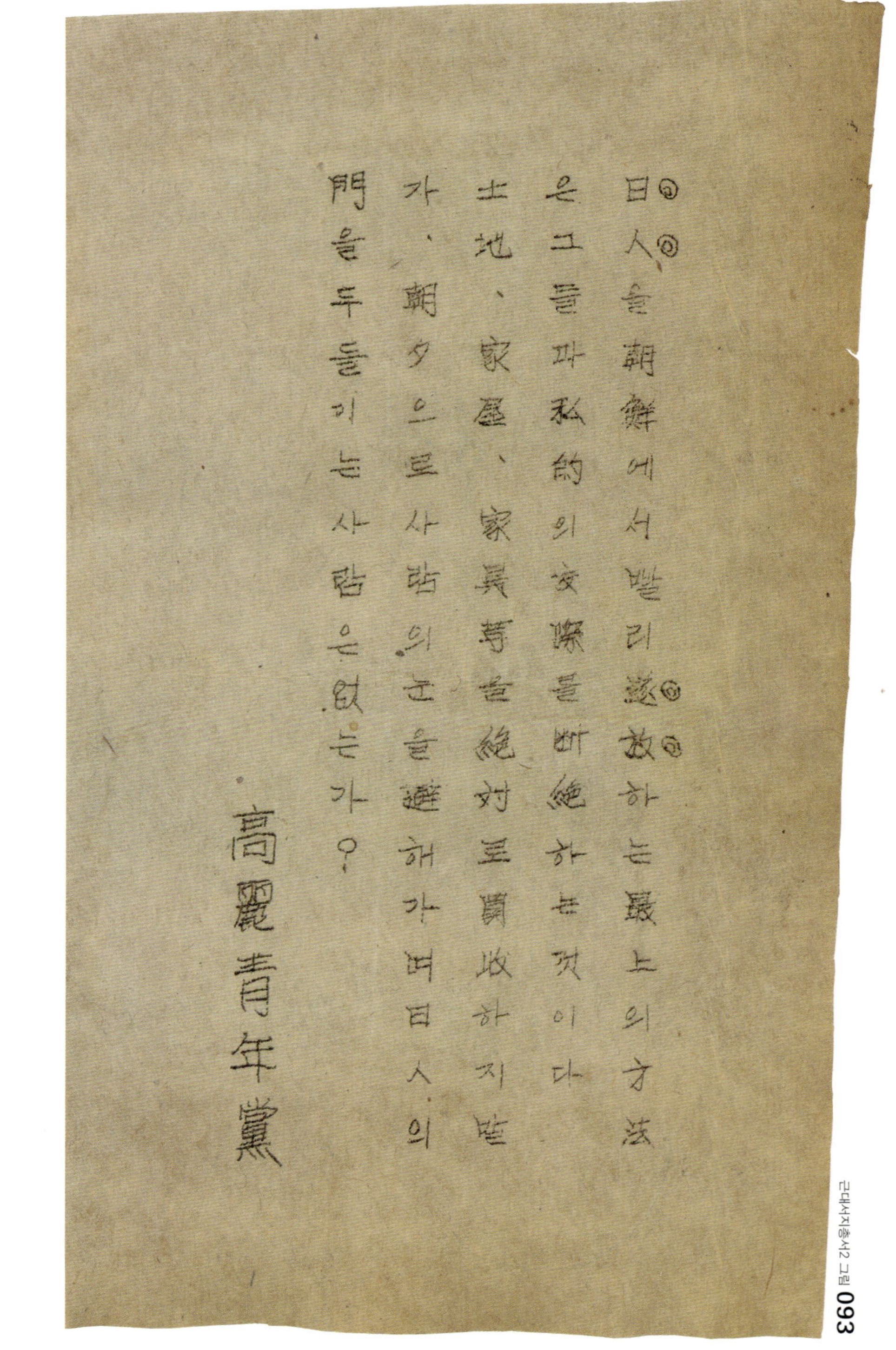

○ 日人을 朝鮮에서 빨리 逐出하는 最上의 方法은 그들과 私的인 交際를 斷絶하는 것이다 土地、家屋、家具等을 絶對로 買收하지 말가. 朝夕으로사람의 눈을 避하여가며 日人의 門을 두들기는 사람은 없는가?

高麗靑年黨

고려청년당의 필사본 전단

日人을 조선에서 빨리 추방하는 최상의 방법은 그들과 사적인 교제를 단절하는 것이다. 토지, 가옥, 가구 등을 절대로 매수하지 말자. 조석으로 사람의 눈을 피해 가며 日人의 문을 두드리는 사람은 없는가?

천도교 청우당 전당대회 〈선언〉 1945.10.31

천도교 青友黨은 기미독립운동 직후 천도교의 주의 목적을 민족적 사회적으로 달성하기 위하여 조직되었던 천도교의 전위대요 별동체였었다. 그리하여 한편 신문화운동을 전개시켜 민족혼의 육성과 민족적 혁명의식을 고취하는 동시 한편으로는 노동자 농민의 속에 들어가 그들을 조직하고 그들을 훈련하여 계급의식의 앙양과 투쟁력의 강화를 계속해왔었다. 그러나 天理를 不順하고 天命을 不顧하던 저 일본제국주의자들의 억압은 이 운동의 발전을 극단으로 저해하여왔다. 그러다가 1931년에 만주 침략과 1937년에 중국 본토 침략전을 개시한 뒤에는 일체의 혁명적 내지 비타협적인 모든 개인이나 모든 집단을 모조리 탄압 말살하는 통에 우리 당도 萬不得已 그 전선을 지하로 돌리지 않을 수 없게 되었다.

시대는 구르고 역사는 변한다. 인류사상 최대 참극인 제2차 세계대전은 「팟쇼」주의 몰락의 청산전이었고 군국주의 파괴의 결정판이었다. 「개 같은 왜적놈을 한울님께 조화받아 一夜間에 소멸한다」 하신 大神師의 예언은 저 세계사적 필연성과 부합되어 사실로써 나타나고야 말았다.

이제야 우리 조선민족은 해방을 얻고 자유를 갖게 되었다. 7년간이나 활화산 속 불덩어리와 같이 지하에서만 와글와글하고 있던 우리 당도 다시금 삼천만 형제들의 環視 중에 그 雄姿를 나타내게 되었다. 그리하여 그의 진용을 새로 정제하고 그의 본래 사명을 달성하기 위하여 일로매진하려 한다.

정신개벽, 민족개벽, 사회개벽이란 삼대 개벽을 과정으로 하여 지상천국 건설을 최후 이상으로 함은 본 당의 본래 사명이다. 그러나 민족개벽의 현 단계에 있어서는 진보적인 민주주의 국가의 건설과 완전한 민족 자주의 독립정부 수립이 당면의 최대 과업이니만큼 우리 당은 이 당면 과업을 완수하기 위하여 전 민족적 협동전선 결성에 최대의 협력을 제공하기로 공약한다.

獨立―첫인사―

祖國五千年 光復의 날은 열리었다. 三千萬同胞여 기쁘지아니하냐

「東海물과 白頭山이 마르고 달르도록 하나님이 보호하사 우리나라 萬歲」

소리높히부르는 愛國의 노래가 山川을울니고 太極의 旗ㅅ발이 蒼空에 휘날리는데 웃음이 넘치는 빛나는 얼골과 얼골。숨에 그리든 내 故土를 밟는우리 들은울엇노라。 반갑고기쁘기 이에더할배있으랴。 하늘이우

宣言

天道敎青友黨은 己未獨立運動直後ㅣ天道敎의 主義目的을 民族的 社會的으로 達成하기 爲하야 組織되었던 天道敎의 前衛隊요 別動體이었었다. 그리하야 한편 新文化運動을 展開시켜 民族魂의 育成과 民族的革命意識을 鼓吹하는同時 한편으로는 勞働者農民의 속에 들어가 그들을 組織하고 그들을 訓鍊하야 階級意識의 昂揚과 鬪爭力의 强化를 繼續해왔었다 그러나 天理를 不順하고 天命을 不顧하든 彼日本帝國主義者들의 抑壓은 이 運動의 發展을 極端으로 阻害하여왔다 그러다가 一九三一年에 滿洲侵略과 一九三七年에 中國本土侵略戰을 開始한뒤에는 一切의 革命的 乃至 非妥協的인 모든 個人이나 모든 集團을 모조리 彈壓抹殺하는 통에 우리黨도 萬不得已 그 戰線을 地下로 돌리지 않을수없게 되었다.

時代는 구을고 歷史는 變한다 人類史上 最大慘劇인 第二次世界大戰은 「팟쏘」主義沒落의 淸算戰이었고 軍國主義破壞의 決定版이었다. 「개같은 倭賊놈을 한울님께 造化받아 一夜間에 消滅한다」 하신 大神師의 預言은 저 世界史的 必然性과 符合되어 事實로써 나타나고야 말었다.

이제야 우리 朝鮮民族은 解放을얻고 自由를 갖게되었다 七年間이나 活火山속 불덩어리와같이 地下에서만 와글와글하고있던 우리黨도 다시금 三千萬兄弟들의 環視中에 그 雄姿를 나타내게 되었다 그리하야 그의 陣容을 새로整齊하고 그의 本來使命을 達成하기爲하야 一路邁進하려한다.

精神開闢, 民族開闢, 社會開闢이란 三大開闢을 過程으로하야 地上天國建設을 最後理想으로함은 本黨의 本來使命이다 그러나 民族開闢의 現段階에 있어서는 進步的인 民主主義國家의 建設과 完全한 民族自主의 獨立政府樹立이 當面의 最大課業이니만큼 우리黨은 이當面課業을 完遂하기爲하야 全民族的 協同戰線結成에 最大의 協力을 提供하기로 公約한다.

布德八十六年 十月三十一日

天道敎青友黨全黨大會

光州學生事件의 經緯

빛나는 光州學生鬪爭을 永遠히 記念하야 그 雄志를 본바다 우리들은 이 事件에 對하야 正確한 知識을가저야 만한다

一九二七年十一月七日 露西亞革命이 歷史的인 勝利를 確保하자 이 勝利者는 自信잇는 步武를 一步내듸기 始作하엿든것이다 그럼으로 勿論 朝鮮에서도 이 世界의 一般的影響을 避할수잇는것은 아니엿다 하물며 植民地의 酷毒한 搾取를밧고 잇는이곳에서랴

一九二九年以前의 朝鮮情勢를이러한 角度에서 檢討한다면 이 光州學生事件의 發端經過는 如何하얏든가

至今부터 十六年前 一九二九年十月三十日 全羅道羅州에서 日人光州中學通學生이 동포 女高普生을 戲弄하자 偶然히 이 光景을보게된 女高普生의 옵바인 光州高普學生이 憤慨한끗에 日人中學生을 때려주엇다는것이다 마츰내이것을본 光州日報(日系) 新聞記者가 翌朝 不公平하게 이問題를 取扱하자 俄然學校와 學校民族과 民族의 對立으로 緊張된 社會問題로 發展하고야말엇다 이러자 兩校學生들은 完全히 敵對視하게되여 그 空氣는매우險惡하야젓다

十一月二日下學後中學生들이 柔道先生을先頭로하야 朝鮮人通學生들을 襲擊하고자 光州驛을 指向한다는 急報를바든 高普生들이 非常召集々々結하자 結局民衆도 이에加擔參考함으로 完全한 民族對峙陣을치고 空氣는 甚히緊迫하야갓다

이急報을밧은 警察署와消防署員이 出動威脅함으로 이날은 無事히 左右로헤여젓으나 그것은 根本的解決은 않이오 오히려 高普生들은 官憲의 驕慢에對하야 後日을期하고 歸校하야 善後策을講究하였다

그結果는 即高普生은 蹴球靴로 日中生은 短刀로 武裝하였다는것이다

結局衝突은 回避할 最後의 寬容도 잇을수업섯다 果然十一月三日장날이며 明治節이고 米穀六萬石突破의 祝賀日이고해서 長安은 人山人海을이룬이날 大路에서 亂鬪劇이버러젓다

民族的優越感에 對한被壓迫者의 勇敢한 鬪爭과 에워싼 觀衆의 蓄積되엿든 民族欝憤의 爆風! 勝利者의 깃쁨! 滿足!

그러나 이것으로 鬪爭이 開始되엿다는것이 오른말이겟다

자이러자 日人中學生들이 敎練用武器로 武裝하야 高普를 奇襲한다는 情報를 엇자 賢明한우리의 指導者들은 戰法을게을이하지는않엇다 몽댕이로 武裝하고 赤旗歌를 씩씩하게부르는 大膽한示威行列은 우리들의 勇士를鼓舞團結시켯고 敵을 威壓하야 눌으고말엇다 이로因하야 全日人은 閉門蟄居하야 容納을허지못할 地境이엿다 이勇氣에 對한 報答은 即日로 兩校休校宣言 日人學生의 트럭으로 依한 團体警備歸家負傷者 十人入院 朝鮮人學生 十餘人假入院이며 事件責任者로써 名目上으로 日人五人同志十六名이 檢束되엿든것이다 性進會를 中心으로한 進步的學生會는 그 組織的인것과 勇氣에잇어서 臨機應變迅速한 戰術로써 對抗할수잇든것은 進步的理論의 影響밑에서 크나큰雄圖를 抱懷함에서가 않이고무엇이랴 그러나 이彈壓에도 不拘하고 繼續的으로 빵집 文房具를 主로한 消費組合運動에잇어 이周圍에集結한 高普生農校生師範生女高普生들의 光州學生聯盟은 正義에 비법하지않고 眞理를 사랑하며 同志를엇지않은 友情의戰士들이엿다

그럼으로 目的達成을 爲하야는 登校反對라는 大衆鬪爭을 繼續敢行하엿으며 동무들을救할야고 破獄計劃까지하야 日本帝國主義의 奴隷敎育撤廢 言論 集會 結社 연구의 自由! 學生自治權要求! 日人中學校閉鎖라는 슬로간밑에 示威行列을 强行하엿든것이다 이것이 바로 十一月二十二日이니 永遠히 잇지못할 날이겟다

赤手空拳으로 武裝한 동무들이 어찌 警官들의 銃칼과 詐欺的인 權威에 對抗하겟는가

檢束! 檢束! 또 檢束이다!

監獄! 監獄이다! 監獄行이란다!

이때의 光州에서의 學生鬪爭은 이것으로 끗을지엇으나 이것이 京城은 勿論이고 瞬時間에 全國的으로 波及된 事實을 이저서는 안될것이다

즉 當時 學生運動에 參加한 學校數가 初等學校五四校 中等學校一三六校 專門學校四校 學生數가 五萬四千名이며 犧牲者가 數千名이엿다는 劃期的인것으로 말미암아 日本은 勿論이오 蘇聯或은 倫敦의 一流新聞에도 이事實이 실렷다

年齡的으로는 十六才乃至二十二才인 이革命家들이 刑務所와 裁判所에서도 最後까지 그志操를 버리지않이하엿다는 點은 우리들 果然놀라지않을수업는

이英雄的鬪爭이 進步的學生들의 勇猛心과 鬪志임은 勿論이거니와 그러나 朝鮮의 問題를 오르게 세우고잇는 先輩들의 正確한 指導가잇은것을 이저서는 않이된다 이朝鮮民族解放運動의 完全한 前衛役割을논 이동무들이 最高四年以下의 監獄사리를 끗마치고다시금 그鬪爭을 驅使하야 朝鮮革命의 中心勢力을 構成하고잇음을 認識하야써 우리들은 朝鮮自主獨立國家建設의 積極的인 鬪爭을 光州學生鬪爭記念日을 알에두고 橄하노라!!

一九四五年十月三十日

光州學生事件記念鬪爭 萬歲

朝鮮人民共和國 萬歲

朝鮮學徒隊

조선학도대의 〈광주학생사건의 경위〉 1945.10.30

빛나는 광주학생 투쟁을 영원히 기념하여 그 웅지를 본받아 우리들의 투쟁 목표에 대한 끊임없는 공격을 가하면 우리들은 이 사건에 대하여 정확한 지식을 가져야만 한다.

1927년 11월 7일 러시아 혁명이 역사적인 승리를 확보하자 이 승리자는 자신 있는 보무를 일보 내딛기 시작하였던 것이다. 그러므로 물론 조선에서도 이 세계의 일반적 영향을 피할 수 있는 것은 아니었다. 하물며 식민지의 혹독한 착취를 받고 있는 이곳에서랴.

1929년 이전의 조선 정세를 이러한 각도에서 검토한다면 이 광주학생사건의 발단경과는 어떠하였던가.

지금부터 16년 전 1929년 10월 30일 전라도 나주에서 日人光州中學 통학생이 동포 女高普을 희롱하자 우연히 이 광경을 보게 된 여고보생의 오빠인 光州高普學生이 분개한 끝에 日人중학생을 때려주었다는 것이다 마침내 이것을 본 광주일보(日系) 신문기자가 翌朝 불공평하게 이 문제를 취급하자 아연 학교와 학교민족과 민족의 대립으로 긴장된 사회문제로 발전하고야 말았다. 이러자 兩校 학생들은 완전히 적대시하게 되어 그 공기는 매우 험악해졌다.

11월 2일 하교 후 중학생들이 유도선생을 선두로 하여 조선인 통학생들을 습격하고자 광주역을 지향한다는 급보를 받은 고보생들이 비상소집 집결하자 결국 민중도 이에 가담 참고함으로 완전한 민족대치진을 치고 공기는 심히 긴박해갔다.

이 급전을 받은 경찰서와 소방서원이 출동 위협함으로 이 날은 무사히 좌우로 헤어졌으나 그것은 근본적 해결은 아니고 오히려 고보생들은 官憲의 교만에 대하여 후일을 기하고 귀교하여 선후책을 강구하였다.

그 결과는 곧 고보생은 축구화로 日中生은 단도로 무장하였다는 것이다.

결국 충돌은 회피할 최후의 관용도 있을 수 없었다. 과연 11월 3일 장날이며 明治節이고 미곡 유만 석 돌파의 축하일이고 해서 장안은 인산인해를 이룬 이날, 대로에서 난투극이 벌어졌다.

민족적 우월감에 대한 피압박자의 용감한 투쟁과 에워싼 관중의 축적되었던 민족 울분의 폭풍!

승리자의 기쁨! 만족!

그러나 이것으로 투쟁이 개시되었다는 것이 옳은 말이겠다.

자 이러자 日人중학생들이 교련용 무기로 무장하여 고보를 기습한다는 정보를 얻자 현명한 우리의 지도자들은 전법을 게을리하지는 않았다. 몽둥이로 무장하고 적기가를 씩씩하게 부르는 대담한 시위행렬은 우리들의 용사를 고무 단결시켰고 적을 위압하여 누르고 말았다. 이로 인하여 전 日人은 폐문첩거하여 용납을 허치 못할 지경이었다. 이 용기에 대한 보답은 즉일로 兩校 휴교선언, 日人학생의 트럭으로 의한 단체경비 귀가부상자 10인 입원, 조선인학생 십여 인 假입원이며 사건 책임자로써 명목상으로 日人 5인 同志 16 명이 검속되었던 것이다. 性進會를 중심으로 한 진보적 학생회는 그 조직적인 것과 용기에 있어서 임기응변 신속한 전술로써 대항할 수 있던 것은 진보적 이론의 영향 밑에서 크나큰 雄圖를 抱懷함에서가 아니고 무엇이랴 그러나 이 탄압에도 불구하고 계속적으로 빵집 문방구를 주로 한 소비조합운동에 있어서 이 주위에 집결한 고보생 농교생 사범생 여고보생들의 광주학생연맹은 정의에 비법하지 않고 진리를 사랑하며 동지를 어찌 않는 우정의 전사들이었다.

그럼으로 목적달성을 위해서는 등교 반대하는 대중투쟁을 계속 감행하였으며 동무들을 구하려고 파옥 계획까지 하여 일본제국주의의 노예교육철폐 언론 집회 결사 연구의 자유! 학생 자치권 요구! 日人중학교 폐쇄라는 슬로건 밑에 시위행렬을 강행하였던 것이다. 이것이 바로 십일월 이십이일이니 영원히 잊지 못할 날이겠다.

적수공권으로 무장한 동무들이 어찌 경관들의 총칼과 사기적인 권위에 대항하겠는가.

검속! 검속! 또 검속이다!

감옥! 감옥이다! 감옥행이란다!

이때의 광주에서의 학생투쟁은 이것으로 끝을 지었으나 이것이 경성은 물론이고 瞬時間에 전국적으로 파급된 사실을 잊어서는 안 될 것이다.

즉 당시 학생운동에 참가한 학교 수가 초등학교 54교 중학교 136교 전문학교 4교 학생 수가 오만사천 명이며 희생자가 수천 명이었다는 획기적인 것으로 말미암아 일본은 물론이요 소련 혹은 런던의 일류 신문에도 이 사실이 실렸다.

연령적으로는 16세 내지 22세인 이 혁명가들이 형무소와 재판소에서도 최후까지 그 지조를 버리지 아니하였다는 점은 우리들 과연 놀라지 않을 수 없다.

이 영웅적 투쟁이 진보적 학생들의 용맹심과 투지임은 물론이거니와 그러나 조선의 문제를 옳게 세우고 있는 선배들의 정확한 지도가 있은 것을 잊어서는 아니 된다. 이 조선 민족 해방운동의 완전한 전위역할을 한 이 동무들이 최고 4년 이하의 감옥살이를 끝마치고 다시금 그 투쟁을 구사하여 조선 혁명의 중심세력을 구성하고 있음을 인식함으로써 우리들은 조선 자주독립국가 건설의 적극적인 투쟁을 광주학생투쟁기념일을 앞에 두고 橄하노라!

天道敎靑友黨綱領及政策

綱　領

一、民族自主의 理想的 民主國家의 建設을 期함
一、事人如天精神에 맛는 새倫理의 樹立을 期함
一、同歸一體의 新生活理念에 基한 經濟制度의 實現을 期함
一、國民皆勞制를 實施하야 日常輔國徹底를 期함

政　策

一、國際親善을 積極圖謀하되 外勢에 依存함을 反對함
二、人乃天의 新文化로서 民族元氣의 振作과 新生活의 創造를 期함
三、勞働者、農民、漁民、小市民、俸給生活者等의 生活向上과 最低生活의 保障을 期함
四、重要産業의 國家經營과 土地의 國有化를 期함
五、國民敎育의 一體는 國家負擔으로하며 社會敎育의 徹底化를 期함
六、人格向上과 技術重點의 敎育制度의 實施를 期함
七、二十歲以上男女에게 參政權을 賦與함
八、鑛工業、水産業의 急速한 發達과 農業의 科學化、中農化를 期함
九、失業防止、保健衛生、扶養、文化等 高度社會政策의 實施를 期함
十、言論、集會、信仰、結社、出版의 自由
十一、女性의 人格的、經濟的 平等을 期함

〈천도교 청우당 강령 및 정책〉

강령
一. 민족 자주의 이상적 민주국가의 건설을 期함
一. 事人如天 정신에 맞는 새 윤리의 수립을 期함
一. 同歸一體의 新生活 이념에 基한 경제제도의 실현을 期함
一. 國民皆勞制를 실시하여 日常輔國徹底를 期함

정책
一. 국제친선을 적극 도모하되 외세에 의존함을 반대함
二. 人乃天의 新文化로서 民族元氣의 진작과 新生活의 창조를 期함
三. 노동자, 농민, 어민, 소시민, 봉급생활자 등의 생활 향상과 최저 생활의 보장을 期함
四. 중요 생산의 국가 경영과 토지의 국유화를 期함
五. 국민교육의 일체는 국가 부담으로 하며 사회교육의 철저화를 期함
六. 인격 향상과 기술 중점의 교육제도의 실시를 期함
七. 20세 이상 남녀에게 참정권을 부여함
八. 광공업, 수산업의 급속한 발달과 농업의 과학화, 중농화를 期함
九. 실업 방지, 보건 위생, 부양, 문화 등 고도 사회정책의 실시를 期함
十. 언론, 집회, 신앙, 결사, 출판의 자유
十一. 여성의 인격적, 경제적 평등을 期함

朝鮮知識階級에게訴함

十月三十一日午前九時本黨首席總務宋鎭禹氏는하지中將을官邸로訪問하고約一時間에亘하야會談하얏는대中將은大略如左한談話를하고이뜻을朝鮮知職階級에게傳해달라고言明하얏다

우리는朝鮮의獨立과自由를爲하야일하러왓다, 우리는領土的野心이잇는것도아니오經濟的搾取를目的으로온것도아니다, 우리는우리食糧을갓다먹고우리衣服을갓다입는다, 아츰八時부터밤十時까지일하는것은오즉朝鮮사람의自由와幸福을爲하야서다, 朝鮮이自主獨立할만한힘이생기고어느他國에左右되지안을만한힘이생기면우리는朝鮮사람에게全部를매끼고歸國하겟다, 우리의妻子는故國에서苦待하고잇다, 그런대朝鮮知職階級들은무엇을하고잇느냐, 政治的高談峻論만하지말고實踐的行動을하라, 世上은無賴漢, 虛無主義者, 親日派의손에弄絡되고잇지안느냐, 日本人知職階級은四處에서숨어서이들을操縱하고잇다, 掠奪, 接收이것은모다反民族主義者親日派들의行動이아니냐, 民主主義者는諜報機關도가지지못하고잇지안느냐, 新聞과라디오가업다고不平을하지말라, 無智한大衆은新聞도라디오도읽을줄들을모른다, 그들에겐口傳이第一이다, 大衆속에뛰어가民族主義, 民主主義가무엇인가를말로알려주어라, 나는첫번왓슬때朝鮮人이全部反民主主義化한줄알고彷徨하얏다, 그러나眞相을알고보니全民衆은모다民族主義民主主義를贊成하더라, 이것을無賴漢, 虛無主義者, 破壞主義者親日派, 日本人들의跳梁에매쳐서勞動者는일을안코農民들은收獲을하지안토록, 煽動하고잇지안느냐, 우리美國은엇던思想을돕고어떤思想을排斥하는것이아니다, 民主主義는思想의自由를認定하는대特点이잇다, 正當한民主主義가왜活潑히展開되지못하고反民主主義, 親日派, 賣國奴들의跋扈에매쳐두는가, 日本人財産의賣買는民主主義의立場에서許可하지안을수업다, 그러나朝鮮人들이結束하고不買하면그들은그대로두고가지안을것인가, 朝鮮人親日派가日本人에게쫏차다니며사니까그들은배를퉁기고잇다, 우리는日本人이돈千圓以上을가저가지못하게하고, 物品도하나도못가저가게하고잇는대朝鮮人은이것을사러다니노라고주머니가비고옷은추레하게입고잇다

信託統治를云々하나이것은極東部長一個人의意見이오그사람이朝鮮政治를左右할地位에잇는것이아니다, 朝鮮사람이結束하야獨立할만한힘을뵈우면이제라도나는獨立을承認하겟다, 三十八度問題도三十八度以南의朝鮮人이내말대로一心協力하야民族的一致를뵈면그것은卽時解決될것이다, 다시强調하거니와朝鮮의知識階級이政治論만하지말고大衆속에뛰어들어가民主主義가무엇이며民族獨立이무엇인가를說明하야親日派無賴漢破壞者日本人들에게愚弄되지말기를바란다

檀紀四二七八年十一月一日

韓國民主黨宣傳部

한국민주당 선전부 〈조선 지식계급에게 訴함〉 1945.11.1

10월 31일 오전 9시 본 당 수석총무 송진우 씨는 하지 중장을 관저로 방문하고 약 한 시간에 亘하여 회담하였는데 중장은 대략 如左한 담화를 하고 이 뜻을 조선지식계급에게 전해달라고 언명하였다.

우리는 조선의 독립과 자유를 위하여 일하러 왔다. 우리는 영토적 야심이 있는 것도 아니요, 경제적 착취를 목적으로 온 것도 아니다. 우리는 우리 식량을 갖다 먹고 우리 의복을 갖다 입는다. 아침 8시부터 밤 10시까지 일하는 것은 오직 조선 사람의 자유와 행복을 위해서다. 조선이 자주독립할 만한 힘이 생기고 어느 타국에 좌우되지 않을 만한 힘이 생기면 우리는 조선 사람에게 전부를 맡기고 귀국하겠다. 우리의 妻子는 고국에서 고대하고 있다. 그런데 조선지식계급들은 무엇을 하고 있느냐. 정치적 고담준론만 하지 말고 실천적 행동을 하라. 세상은 무뢰한, 허무주의자, 친일파의 손에 농락되고 있지 않느냐. 일본인 지식계급은 四處에서 숨어서 이들을 조종하고 있다. 약탈, 접수 이것은 모두 반민족주의자 친일파의 행동이 아니냐. 민주주의자는 첩보기관도 가지지 못하고 있지 않느냐. 신문과 라디오가 없다고 불평을 하지 말라. 무지한 대중은 신문도 라디오도 읽을 줄들을 모른다. 그들에겐 구전이 제일이다. 대중 속에 들어가 민족주의, 민주주의가 무엇인가를 말로 알려주어라. 나는 첫 번 왔을 때 조선인이 전부 反민주주의화한 줄 알고 방황하였다. 그러나 진상을 알고 보니 全 민중은 모두 민족주의 민주주의를 찬성하더라. 이것을 무뢰한, 허무주의자, 파괴주의자 친일파, 일본인들의 跳梁에 맡겨서 노동자는 일을 않고 농민들은 수확을 하지 않도록, 선동하고 있지 않느냐. 우리 미국은 어떤 사상을 돕고 어떤 사상을 배척하는 것이 아니다. 민주주의는 사상의 자유를 인정하는데 특점이 있다. 정당한 민주주의가 왜 활발히 전개되지 못하고 反민주주의, 친일파, 매국노들의 발호에 맡겨 두는가. 일본인재산의 매매는 민주주의의 입장에서 허가하지 않을 수 없다. 그러나 조선인들이 결속하고 불매하면 그들은 그대로 두고 가지 않을 것인가. 조선인 친일파가 일본인을 쫓아다니며 사니까 그들은 배를 퉁기고 있다. 우리는 일본인이 돈 천 원 이상을 가져가지 못하게 하고 물품도 하나도 못 가져가게 하고 있는데 조선인은 이것을 사러 다니느라고 주머니가 비고 옷은 추레하게 입고 있다. 신탁통치를 운운하나 이것은 極東部長 일개인의 의견이요, 그 사람이 조선정치를 좌우할 지위에 있는 것이 아니다. 조선 사람이 결속하여 독립할 만한 힘을 배우면 이제라도 나는 독립을 승인하겠다. 38도 문제도 38도 이남의 조선인이 내 말대로 일심협력하여 민족적 일치를 보이면 그것은 즉시 해결될 것이다. 다시 강조하거니와 조선의 지식계급이 정치론만 하지 말고 대중 속에 뛰어 들어가 민주주의가 무엇이며 민족독립이 무엇인가를 설명하여 친일파, 무뢰한, 파괴자, 일본인들에게 우롱되지 말기를 바란다.

서산군인민위원회 〈서산군민에게 고함〉 대한임시정부와 비교하여 여운형과 인민공화국의 정당성을 선전하는 글* 필사본 1945.11.12

1. 대한임시정부란 무엇인가

지금으로부터 27년 전에 중국 상해에서 삼일운동의 지도자들이 십여 명 회합하여 조선독립을 목적하고 조직한 것인데 「대한으로 잃어버렸으니 대한으로 찾자」(대한이라는 국호는 일본 놈이 조선을 보호독립시킬 때에 지은 이름이다) 우리는 주권을 찾지 못하였으니 임시정부이다. 그리하여 대한임시정부 안에 있는 동지들은 이래 27년간 오로지 조선독립을 위하여 악전고투하여 왔던 것이다. 그런데 8월 15일 해방의 종소리가 울리던 즉시 임시정부 주석 김구 씨는 「국내에 완전한 정권이 생기면 우리는 들어가서 합류하겠다고 성명하였다.

조선이 독립된 오늘에 임시정부는 역할을 다하였고 정식정부가 필요하다. 대한으로 잃어버렸던 것을 대한으로 찾았으니 대한의 역할을 다하였다. 앞으로의 조선정부는 대한임시정부가 아니다. 조선의 정식정부가 출현할 것이나 우리는 前 대한임시정부의 요인들 김구 씨, 김규식 박사 김원봉 씨 등 모든 혁명투사 (판독불능) 들어 환영하는 것이지 8월 15일까지 그 역할을 다한 대한임시정부라는 것을 환영하는 것이 아니다. 이 의미를 철저히 인식하지 못하면 민족반역자들의 책동에 빠져서 30년 동안 우리 민족을 위

하여 분투하신 혁명동지들을 오해하기 쉽다. 그러므로 삼천만 민중이 다 같이 인민공화국에서도 의자를 비워놓고 선생들의 입국을 고대하고 있는 바이다.

2. 인민공화국이란 무엇인가

8월 14일 일본이 정식으로 항복하자 阿部 前 총독은 여운형 씨를 초청하여 일본이 항복하고 조선이 해방된 것을 말하고 국내 치안과 재류 일본인의 생명보호를 애걸함으로 呂 선생은 다음 5개조를 교환조건으로 승낙하셨다.

첫째, 전국 감옥에 있는 정치범과 경제범을 즉시 석방할 것

둘째, 치안 유지와 건국운동을 위한 정치운동에 대하여 절대로 간섭치 않을 것

셋째, 3개월간의 식량을 확보할 것

넷째, 학생을 훈련하고 청년을 조직하는 데 절대로 간섭하지 않을 것

다섯째, 노동자와 농민을 우리 건국사업에 동원하는 데 대하여 절대로 간섭하지 않을 것

우리의 지도자 여운형 선생은 1944년 8월에 (즉 1년 전) 일본놈이 거꾸러질 것을 미리 아시고 건국동맹이라는 한 단체를 조직하여 암암리에 조선독립운동을 하여 내려오셨던 것이다.

그리하여 이 5개조를 阿部에게 제출하시고 곧 나오셔서 조선 건국준비위원회를 만든 것이다. 그런데 그동안 북조선에는 소련군이 진주하여 (…판독불능…) 무장을 완전해제하고 모든 행정경찰기관을 조선사람에게 넘겨 맡겼음으로 각 (…판독불능…) 民委員會가 생겨서 우리 손으로 정치를 운영하는데 남조선에는 9월 8일 미군 진주를 앞두고 建準이라는 産婆役을 하는 조직체뿐이지, 미군 앞에 내놓고 우리는 이러한 자치능력 (…판독불능…) 있다는 것을 표명할 무엇이 없었다. 그러므로 8월 6일에 海內海外에서 조선에서 해방을 위하여 數(…판독불능…)年 或 數年 분투하여 내려오던 동지들 천여 명이 모여 비상한 시에는 비상한 일물만이 비상한 일을 한다는 의미에서 제1차 전국인민대표회의를 열었던 것이다. 엄격한 민주주의 원칙에 비추어보면 형식을 취하지 못한 감이 不無하나 진정한 의미에서 십수년래로 조선민족을 대표하여 조선민족의 이익을 위하여 싸워 내려온 혁명투사의 가장 정예분자들인 그 사람들이 전국인민의 대표라고 하여서 무엇이 부끄러우며 삼천만 중에도 한 사람이라도 누가 이것을 부인한 것인가. 만일 부인하는 자가 있다고 하면 이는 친일파이며 민족반역자이다. 그리하여 정강과 시정방침을 만들고 국호을 정하여 세계에 발표하고 미군의 來駐를 기다렸던 것이다. 상해 한 모퉁이에서 십여 명이 만들어낸 임시정부에 대하여 보면 어느 것이 정정당당한가. 일본놈들에게 등을 대고 살살대던 놈들이 다시 외국에 의존하여 대한임시정부를 팔고 저희들의 욕망을 채우려고 악선전하는데, 인민공화국을 비난하는 것이다. 그리하여 인민공화국은 삼천만이 열광적으로 지지 사수하는 가운데 나날이 성장하여 북조선은 말할 것도 없고 남조선에도 8할 이상이 전부 지방인민위원회가 조직되어 내년 3월 1일에는 제2차 전국인민대표대회를 열고 국제 승인을 받을 준비 중이다. 인민공화국이 공산주의라고 말하는 자는 소학교 1년생도 못된다. 또 중앙인민위원회에 공산주의자가 많다는 것은 모두 악선전이다. 공산주의이건 민족주의이건 무슨 상관있는가. 우리 삼천만 아니 7할 이상이 다 같은 농민만 잘 살게 해준다면 우리는 절대 사수할 것이다. 또 중앙의 인물은 우리 의사에 맞지 아니하면 바뀌든지 우리 손으로 갈면 될 것이나 정강과 정책은 따로 알려 주겠기에 여기에는 略하니, 다만 부탁할 것은 경성이나 지방이나 물론하고 여러분이 잘 알고 있는 바와 같이 제 욕심만 채우고 저만 잘 살라고 사리사욕에 눈을 두어 조선을 다시 팔아먹으려는 놈들의 악선전에 속지 말고 우리 농민은 일치단결하여 조선민족은 (친일파와 민족반역자는 제외함) 한데 뭉쳐 우리나라는 우리 손으로 건설합시다.

所謂人民代表大會에對하야

一

所謂朝鮮人民共和國政府가少數의建國準備委員會의委員들이모혀數時間동안에組織되고所謂政府要人이라稱하는主席以下主要人物이모다 承認도않고 參席치도않어事實上괴로루政權이란것은 天下周知의事實이어니와彼等所謂人民共和國政府製造者들은一旦犯한過誤를淸算할政治的良心이없이도허이것을塗糊하기위하야온갓苟且한辯明과교활한謀略을쓰고잇는것은 坐視할수없다 하물며人民代表의이름을빌어白晝당당히長安重要地에서會合을열고軍政府에는 人民共和國을取消하겠다 言明하고도自己네끼리모인會場과新聞에는依然히人民共和國을참稱하며 未久에政權이自己네게올것을宣傳하는奸惡한手段은正히默過할수가없다

二

當初建國準備委員會가親日派呂運亨을先頭로少數의親日派들로서組織되고日本人의資金과掠奪횡한物資로써純眞한學生과無智한勞動者農民을煽動하야民心을현혹게한罪過는이미本黨에서暴露한바어니와 그後建準은解消하야人民共和國을맨들고建準地方委員會는道•市•郡人民委員으로變換하야마치中央에正式政府가樹立되고地方엔그地方政權이樹立된것처럼假裝宣傳하얏다 이리하야밖으로는우리獨立運動의結晶体인大韓民國臨時政府를否認하고內로는自派以外의政黨團体를모다民族逆者라中傷하야自己네가오즉正統政府인처럼宣傳하얏다 이리하야 그들은或은農民에게作料를納入라하고或은勞動者에게職場에가지말라하야 全生産機關을休息케하얏을뿐아니라 無고한民族運動者를逮捕監禁하며人頭稅를賦課하야民生을塗炭에陷케하얏다

三

뭇노니大体君等人民共和國政府要人들은 누가選出하얏스며 그人民委員會는누가選出하얏던가 （人）民共和國政府組織의그릇되엿다는것은 所謂副主席呂運亨도認證하는바며 우리의大指導요革命의先輩인李承晚博士도指摘하는바다 民衆이支持않고 要人多數가無關係하다言明하며 組織者의責任者라認하는呂運亨도不可론論하는이때 어쩨이것을解体치않고 교활한言辭를쓰며 解体를주저하는가 君等은人民共和國의組織이非民主的이라 하야多數한地方人을會集시켜이것을支持케하며大衆의意思라고宣傳할心算인지모르나 所謂地方人民委員會란것이 北緯三十八度以北에선蘇軍의絕對支配下에組織되것이오 三十八度以南에선建準以來日本人의寄附와親日派의資金으로써煽動되어組織下共認의事實이다 이같이權力에壓迫되고金錢에買收되아組織된地方人民委員會의代表로써組織會議를人民代表會議라宣傳하고 이決議로써人民共和國의適法性을主張하는것은마치過去大戰中의라우렐政權이나汪兆銘政權과다름이없다 하물며三十六年間海外에서血戰苦鬪하며樹立된傳統잇는우리臨時政府를否認하고國內에서 온갓安協走狗 노릇을하든 幾個人物이解放後제힘으로解放된것갓이 誇하는罪는實로比할데없다 靑年의大部隊와知識階級은 모다人民共和國의反逆的임과親日性을確認고在外大韓民國臨時政府만이 우리正統政府란것을 支持力說하고잇다 人民共和國을참權하고는限君等은民衆으로부터離叛될지며 人民代表大會도空中樓閣이될것이다 大衆은모름직이反逆者의 모듬을破摧하라

大韓民國臨時政府萬歲

壇紀四二七八年十一月二十二日

韓國民主黨

한국민주당 〈소위 인민대표대회에 대하여〉 1945.11.22

一
소위 조선인민공화국정부가 소수의 건국준비위원회의 위원들이 모여 수 시간 동안에 조직되고, 소위 정부 요인이라 칭하는 주석 이하 주요 인물이 모두 승인도 않고 참석지도 않아 사실상 괴뢰 정권이란 것은 천하 주지의 사실이거니와 彼等 소위 인민공화국 정부 제조자들은 일단 범한 과오를 청산할 정치적 양심이 없이 도리어 이것을 塗糊하기 위하여 온갖 구차한 변명과 교활한 모략을 쓰고 있는 것은 좌시할 수 없다. 하물며 인민대표의 이름을 빌어 白晝 당당히 長安 중요지에서 회합을 열고 군정부에는 인민공화국을 취소하겠다 언명하고도 자기네끼리 모인 회장과 신문에는 의연히 인민공화국을 참칭하며 머잖아 정권이 자기네에게 올 것을 선전하는 간악한 수단은 진정 묵과할 수 없다.

二
당초 건국준비위원회가 친일파 여운형을 선두로 소수의 친일파들로서 조직되고 일본인의 자금과 약탈 횡령한 물자로써 순진한 학생과 무지한 노동자 농민을 선동하여 민심을 현혹케 한 죄과는 이미 본 당에서 폭로한 바이거니와, 그 후 建準은 해소하여 인민공화국을 만들고 建準 지방위원회 道·市·郡 인민위원으로 변환하여 마치 중앙에 정식정부가 수립되고 지방엔 그 지방정권이 수립된 것처럼 가장 선전하였다. 이리하여 밖으로는 우리 독립운동의 결정체인 대한민국임시정부를 부인하고 內로는 自派 이외의 정당단체를 모두 민족반역자라 중상하여 자기네가 오직 정통정부인 것처럼 선전하였다. 이리하여 그들은 혹은 농민에게 작료를 납입치 말라하고 혹은 노동자에게 직장에 가지 말라하여 전 생산기관을 휴식케 하였을 뿐 아니라 무고한 민족 운동자를 체포 감금하며 인두세를 부과하여 민생을 도탄에 빠지게 하였다.

三
묻노니 대체 그대들 인민공화국 정부 요인들은 누가 선출하였으며 그 인민위원회는 누가 선출하였던가. 인민공화국 정부조직이 그릇돼 있다는 것은 소위 부주석 여운형도 인증하는 바며 우리의 대지도요, 혁명의 선배인 이승만 박사도 지적하는 바다. 민중이 지지 않고 요인 다수가 무관계하다 언명하며 조직자의 책임자라 認하는 여운형도 불가를 논하는 이때 어찌 이것을 해체치 않고 교활한 언사를 쓰며 해체를 주저하는가. 그대들은 인민공화국의 조직이 비민주적이라 하여 多數한 지방인을 회집시켜 이것을 지지케 하면 대중의 의사라고 선전할 심산인지 모르나 소위 지방인민위원회란 것이 북위 38도 이북에선 蘇軍의 絶對支配下에 조직된 것이요, 38도 이남에선 建準 이래 일본인의 기부와 친일파의 자금으로써 선동되어 조직된 것인 것은 천하 공인의 사실이다. 이같이 권력에 압박되고 금전에 매수되어 조직된 지방인민위원회의 대표로써 조직된 회의를 인민대표회라 선전하고 이 결의로써 인민공화국의 적법성을 주장하는 것은 마치 과거 대전 중의 라우렐 정권이나 왕조명 정권과 다름이 없다. 하물며 36년간 해외에서 혈전고투하며 수립된 전통 있는 우리 임시정부를 부인하고 국내에서 온갖 타협 주구 노릇을 하던 幾個人物이 해방 후 제 힘으로 해방된 것 같이 과장하는 죄는 실로 비할 데 없다. 청년의 대부대와 지식계급은 모두 인민공화국의 반역적임과 친일성을 확인하고 재외 대한민국임시정부만이 우리 정통정부란 것을 지지 역설하고 있다. 인민공화국을 참칭하고 있는 한 그대들은 민중으로부터 이반될지며 인민대표대회도 공중누각이 될 것이다.
대중은 모름지기 반역자의 모임을 破摧하라.

중앙인민위원회 내정부 〈지시사항〉 1945.11.20

1. 조직강화의 철저
1) 지방인민위원회 보강: 현존 인민위원회 구성체를 재검토하여 그 조직과정에 있어서 불합리한 곳과 취약한 점이 있으면 재조직 또는 개편을 단행하여 민의에 기한 인민의 절대지지기관으로 확립할 것.
[주] (가)하향조직은 피하고 반(가칭 인민반)에서부터 상향조직으로 할 것. (나)인민의 신망이 부족하고 직책에 태만하는 인민위원이 있으면 개조 補缺할 것. (다)상임인민위원은 중복 또는 겸임을 가급적 피할 것.
○조직체계(조직요강에 의함)
농촌: 인민반(가칭)―부락(동, 리)인민위원회―면인민위원회―군인민위원회―도인민위원회
도시: 인민반(가칭)―洞里町인민위원회―區인민위원회―시(府邑)인민위원회―도인민위원회
2) 부녀의 계몽운동 지도: 明年 3월 1일 전국인민대표자 선거를 앞두고 부녀의 정치적 훈련과 지위향상을 위하여 그 계몽운동을 적극적으로 지도할 것.
3) 청소년의 지도: 청소년의 체력 증진과 군사예비지식 보급을 期하며 아울러 정치의식을 함양하여 건국의 중견적 추진력으로 할 것.
4) 農組 勞組와의 협조: 농민조합(농민위원회), 노동조합과 긴밀한 연락을 취하여 농민 노동자의 복리를 증진시킬 것.
2. 인민반 회의의 勵行
민의를 종합하는 인민반 회의를 월 1차 이상 개최하여 民政의 지침으로 하고 중앙 또는 도, 군, 시 인민위원회의 지시, 실천사항을 철저히 전달하여 과도기의 정치노선에 탈선됨이 없기를 기하는 동시에 진정한 민주정치의 보편화, 원활화를 기도할 것. (가)人民班定期常會(월 1회) 매월 말일. (나)부락(里, 町)인민위원회의(월 1회) 매월 25일. 단, 기일은 지방 사정 또는 緩急에 의하여 다소 변동도 무방하고, 수시로 또는 임시회의(常會)를 열어 국내 지방정세 등(선전문 기타 방법으로)을 신속 정확하게 보도할 것.
3. 인민계몽운동
1) 문맹퇴치: 일반 문맹에 대해서는 洞, 里 또는 부락 단위로 한글 강습소, 야간학교 등을 설치하여 문맹퇴치운동을 전개할 것. 일반 청소년은 문화, 정치, 경제, 사회과학을 중심으로 공민교육을 실시하도록 강구할 것.
2) 출판사업의 촉진: 인민위원회의 기관지 발행과 민간출판사업을 장려 지도하고 중앙의 신문, 통신간행물 등의 지방지부 진출을 적극적으로 유도할 것.
3) 건전오락 장려: 영화, 연극, 음악 등 건전한 오락의 지방 유입을 적극히 하고 시기에 따라 경기회(마라톤 기타 각종 스포츠) 등을 개최하여 健民運動에 힘써 정치의식과 사회생활, 단체의식을 앙양케 할 것.
4) 민생운동: 가옥 기구의 합리적 개선, 생활양식의 개량, 위생청소운동과 아울러 동, 리의 도로 교량 수리, 확충을 기하고, 써 隣保精神을 고취하며 인민생활의 질적 향상을 도모할 것.
5) 도박, 범죄 박멸 운동: 각 부락, 町에 民衛隊를 결성하여 민간 또는 관계 방면과 긴밀한 연락하에 首題運動을 대규모적으로 전개할 것.
4. 戰災民 구휼 사업
전재 동포 구휼 단체를 인민위원회의 統轄下에 두고 罹災 동포의 구호에 일정한 규율과 기준 밑에서 만전을 기할 것. (가)일본인 소유 가옥 몰수분은 전재민의 실정을 참작하여 우선적으로 貸, 給與할 것. (나)衣料, 食料 등 생활필수품은 우선적으로 배급할 것. (다)적당한 직장을 알선하여 취직케 할 것.

이상의 4개 지시사항을 실시하여 別紙 조사보고서와 같이 실시 상황, 경과를 左記와 如히(보고서) 제출하여 주옵기를 企望합니다.
記
지시사항 경과보고 기일: 1946년 1월 15일 한. 단, 경과상황 보고는 1945년 12월 말일 현재로 함.
제출방법: 각 군인민위원회에서 면인민위원회의 보고서에 基하여 종합보고서 3통을 작성, 1부는 도인민위원회, 1부는 중앙인민위원회에 직접 송부할 것.
보고요항: 보고는 가급적 구체적으로 상세히 기록하여 지방 실태 파악에 충분하도록 하여주시옵.
중앙과의 정기 연락: 도인민위원회에서는 연락관을 매월 3회 정기적으로 파견하되 중앙에 매월 1일, 10일, 20일 도착되도록 하여 연락의 긴밀을 취할 것.

國民黨咸南支部京城連絡部宣言

東亞 兩洋에서 人類의 反逆者인 文明의 破壞者인 파시즘과 帝國主의를 完全掃蕩한 聯合國의 友好的宣言으로말미아마 三千萬朝鮮民族은 日本帝國主의의 壓迫의 명에로부터 完全히 解放되엿다。

自由를 欲求하고 平和를 사랑하는 우리民族解放의 歡喜는 實로 疆土全域에넘치고잇다 인제우리民族은 完全自主獨立을 爲하야 總力量과熱을 이에集結하고奮鬪中이다。이런民族歷史曠古의重大契機에際會하야 美、蘇、兩軍의分担占據로말미아마 北緯三十八度以北에는 政治的 社會的으로 畸形的現象을現出하고잇음은 建國大業을爲하야 實로遺憾으로 生覺하는바이라 이것이 비록 一時的反撥現象이라고하나 愛國心에불타는民衆의期待와 奉公心을痲痺하고 모든 政治活動을窒息하고잇다。

現下 世界에共通된 思潮이요 朝鮮現實이切實히 要請하는 政治인 民主主義原則에 對한違反이요 建國大業에 障碍物인 이 모든 反撥勢力은 鬪爭克服하지안으면안된다 이에同感共鳴하는 咸興人士가 우리의理想이요 우리의主張인 政綱政策을 旗치로한 國民黨으로 總集結하야 이를推進하므로써 全民族大衆에順應키로한다 咸興人士는이에總參加하기를바란다。

여기 臨時的措處로 國民黨咸南支部連絡部를 서울에設置하는바이다。

一、우리는 完全自主獨立을爲하야 結束하자
二、우리는 모든 反動的 反撥的勢力을 鬪爭克服하자
三、우리는 民主主義的 民族國家建設에로 進軍하자

檀紀四二七八年十一月一日

京城府長橋町二十六番地
國民黨咸南支部
京城連絡部

국민당 함남지부 경성 연락부의 〈선언〉 1945.11.1

東亞 兩洋에서 인류의 반역이요, 문명의 파괴자인 파시즘과 제국주의를 완전 소탕한 연합국의 우호적 선언으로 말미암아 삼천만 조선민족은 일본제국주의의 압박의 멍에로부터 완전히 해방되었다.

자유를 욕구하고 평화를 사랑하는 우리 민족해방의 환희는 실로 강토 전역에 넘치고 있다. 이제 우리 민족은 완전자주독립을 위하여 총역량과 熱을 이에 집결하고 분투 중이다. 이런 민족역사 曠古의 중대 계기에 際會하여 미, 소, 양군의 분담 점거로 말미암아 북위 38도 이북에는 정치적 사회적으로 기형적 현상을 現出하고있음은 건국대업을 위하여 실로 유감으로 생각하는 바이다. 이것이 비록 일시적 반발현상이라고 하나 애국심에 불타는 민중의 기대와 奉公心을 마비하고 모든 정치활동을 질식하고 있다.

現下 세계에 공통된 사조요, 조선현실이 절실히 요청하는 정치인 민주주의 원칙에 대한 위반이요, 건국대업에 장애물인 이 모든 반발세력은 투쟁극복하지 않으면 안 된다. 이에 동감공명하는 함흥인사가 우리의 이상이요, 우리의 주장인 정강정책을 기치로 한 국민당으로 총집결하여 이를 추진함으로써 全 민족대중에 순응하기로 한다. 함흥인사는 이에 총 참가하기를 바란다.

여기 임시적 조처로 국민당 함남지부 연락부를 서울에 설치하는 바이다.
1. 우리는 완전자주독립을 위하여 결속하자
2. 우리는 모든 반동적 반발적 세력을 투쟁극복하자
3. 우리는 민주주의적 민족국가 건설에로 진군하자

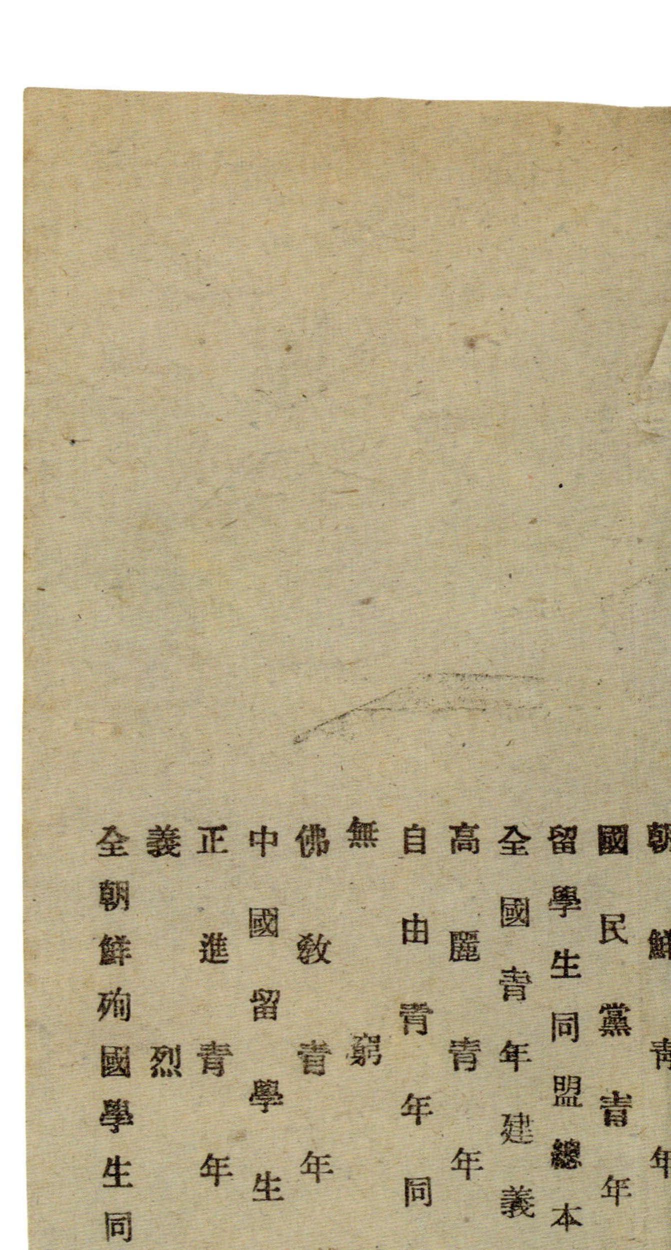

朝鮮靑年部
國民黨靑年部
留學生同盟總本部
全國靑年建義團
高麗靑年黨
自由靑年同盟
無窮
佛敎靑年會
中國留學生會
正進靑年
義烈團
全朝鮮殉國學生同盟

대한민국임시정부 환영회를 촉구하는 우익 청년단체들의 〈성명서〉 1945.11.7

우리들은 이제까지 엄숙한 침묵을 지키면서 건국사업에 있어서 청년으로서의 임무를 다하기에 힘써왔으며 일면으로 오로지 자체의 조직과 훈련에 매진하여왔다. 우리들이 渴仰苦待하는 대한민국임시정부를 국내에 맞이함에 우리의 태도를 만천하 청년대중에게 성명한다.

우리 임시정부는 우리 민족 유일의 정통정부이다. 27년간 민족해방을 위하여 혈투를 계속하여왔으며 국제무대상 우리 민족의 유일한 대변자로 사실상 승인정부로서 활약하여온 사실은 누구나 부인치 못할 것이다. 그간 국내의 혼란을 이용하여 국호를 참칭한 자 있으나 그것은 대한임시정부의 건국사상 위대한 공적과 오랜 동안 이 정부에 귀의 지지하여온 국민적 충의심을 이용하여 이 정부 요인의 명의를 임의 도용하여 호가호위 격으로 일시적 국민을 기만한 데 불과하다. 그들이 일부의 지지자를 얻었다면 이것은 도용된 우리 임시정부 요인의 명의를 지지함이니 이 역시 우리 국민의 임시정부 전적 지지의 열의가 발로된 한 형태이다.

이승만 박사가 그들 참칭국의 주석이 아니심을 성명하셨고 또한 우리가 현실적으로 우리 임시정부를 국내에 맞이한 오늘날 임시정부는 우리 국민의 유일한 정통정부이다. 우리는 민족적 양심에 비추어 우리 임시정부에 대립하는 일체의 조직을 해체하지 않으면 안 된다. 우리는 이승만 박사, 김구 주석 두 분의 국부를 奉戴하고 그 영도하에 있는 대한민국임시정부를 절대 지지하여 이 정부 산하에 전 민족의 각계각층의 총력을 집결시켜 국내에 있어서는 사실상 자주정부의 권위를 확립케 할 것이며 국외로는 全 민족적 통일태세에 의하여 강력한 민족 외교를 전개하지 않으면 아니 된다. 각자의 주의주장과 편견고집을 버리고 대국적 견지에서 대동단결하여 자주적 민주주의 국가를 완성함은 현 단계에 있어서 우리에게 부여된 至上命令이다. 이 지상명령에 배치하는 자 있다면 이는 우리 민족을 영원히 멸망케 하는 민족반역자이다. 우리는 이들을 철저히 박멸하지 아니하면 아니 된다.

모여라! 청년대중아! 천재일우의 민족 건설의 絶好機에 임하여 일체의 의타주의 사대주의를 배격하며 우리 민족 독자의 견지에서 일체의 사상적 혼란을 배제하고 진정한 민족이념을 파악하여 一死報國 우리청년에게 부여된 위대한 사명에 일로매진하자.

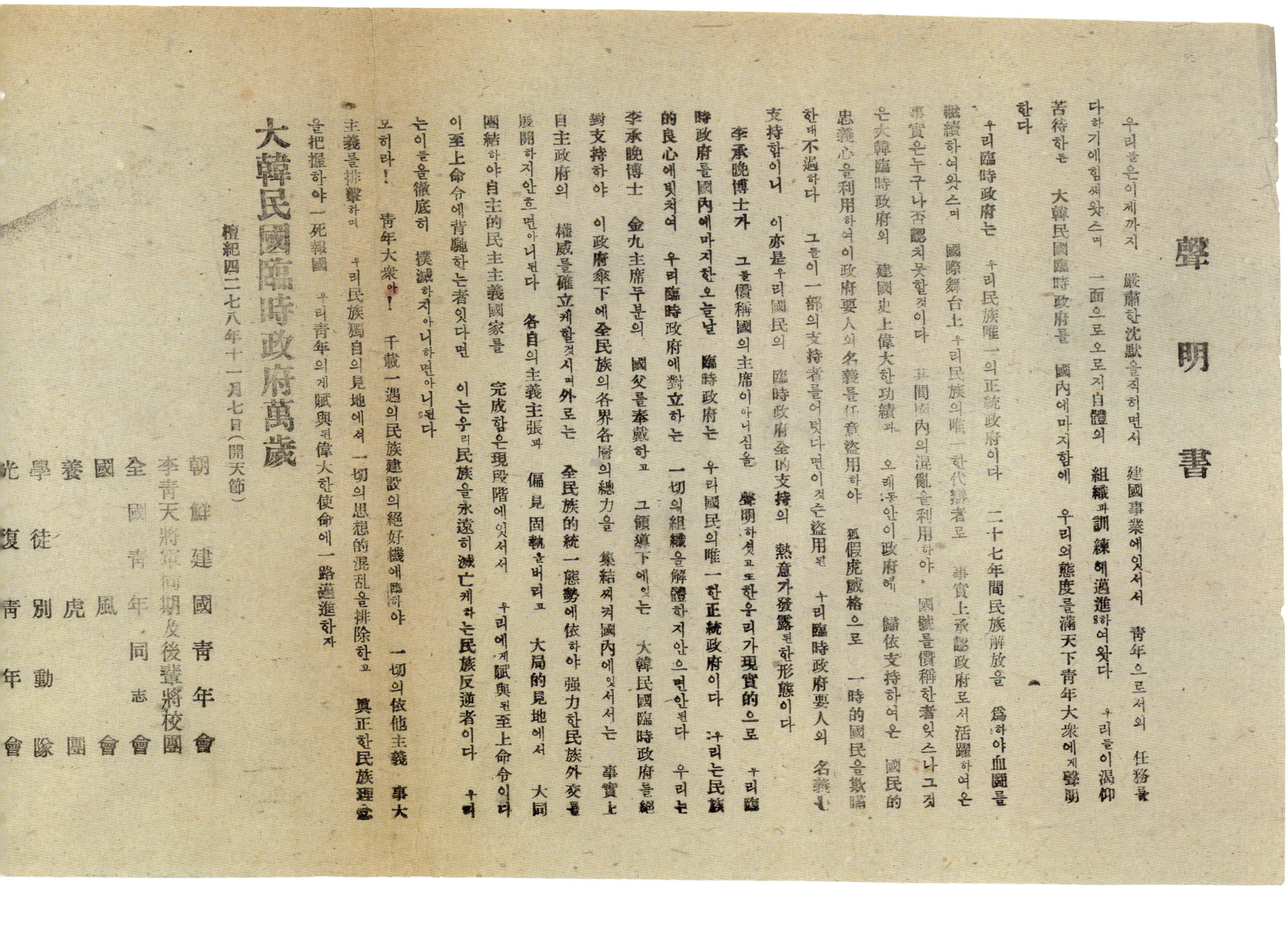

聲明書

우리들은이제까지 嚴肅한沈默을직히면서 建國事業에잇서서 青年으로서의 任務를다하기에힘써왓스며 一面으로오로지自體의 組織과訓練에邁進하여왓다 우리들이渴仰苦待하는 大韓民國臨時政府를 國內에마지함에 우리의態度를滿天下青年大衆에게聲明한다

우리臨時政府는 우리民族唯一의正統政府이다 二十七年間民族解放을 爲하야血鬪를繼續하여왓스며 國際舞台上우리民族의唯一한代辯者로 事實上承認政府로서活躍하여온事實은누구나否認치못할것이다 其間國內의混亂을利用하야 國號를僭稱한者잇스나그것은大韓臨時政府의 建國史上偉大한功績과 오래동안이政府에 歸依支持하여온 國民的忠義心을利用하여이政府要人의名義를任意盜用하야 狐假虎威格으로 一時的國民을欺瞞한데不過하다 그들이一部의支持者를어덧다면이것은盜用된 우리臨時政府要人의 名義를支持함이니 이亦是우리國民의 臨時政府全的支持의 熱意가發露된한形態이다

李承晩博士가 그들僭稱國의主席이아니심을 聲明하셧고또한우리가現實的으로 우리臨時政府를國內에마지한오늘날 臨時政府는 우리國民의唯一한正統政府이다 우리는民族的良心에빗처여 우리臨時政府에對立하는 一切의組織을解體하지안으면안된다 우리는李承晩博士 金九主席두분의 國父를奉戴하고 그領導下에잇는 大韓民國臨時政府를絕對支持하야 이政府傘下에全民族의各界各層의總力을 集結씨켜國內에잇서서는 事實上自主政府의 權威를確立케할것이며外로는 全民族的統一態勢에依하야 强力한民族外交를展開하지안흐면아니된다 各自의主義主張과 偏見固執을버리고 大局的見地에서 大同團結하야自主的民主主義國家를 完成함은現段階에잇서서 우리에게賦與된至上命令이다 이至上命令에背馳하는者잇다면 이는우리民族을永遠히滅亡케하는民族反逆者이다 우리는이들을徹底히 撲滅하지아니하면아니된다

모히라! 青年大衆아! 千載一遇의民族建設의絕好機에臨하야 一切의依他主義 事大主義를排擊하며 우리民族獨自의見地에서 一切의思想的混乱을排除하고 眞正한民族理念을把握하야一死報國 우리青年의게賦與된偉大한使命에一路邁進하자

大韓民國臨時政府萬歲

檀紀四二七八年十一月七日(開天節)

朝鮮建國青年會
李青天將軍同期及後輩將校團
全國青年同志會
國風會
養虎團
學徒別動隊
光復青年會

以上의 趣旨로서 在京西北人大會를 召集하려고한다 이大會가비록地域的性質
로因하야微力할지는모르나 우리의絕叫이야말로切實한體驗에서나오니만큼全
國民에對한一大呼訴가될것이고 따라서이것이一大國民運動으로展開될것을期
待하고밋는바이다

一、發起人 (無順)

一九四五年十一月　　日

梁槿煥　梁大卿　獨孤璇　方應謨　方興爽　盧鎭璞　盧義根　公炳禹
金勳　金麗植　金東元　金善亮　金晩炯　金亨洙　金善　金永基
金正道　金鎭泰　金熙善　金鴻亮　金智煥　金道泰　金錫璜　金龍巖
金眞　金德均　金世俊　金孝經　金世平　金信根　金勝哉　金鳳聖
金天明　金甲麟　金明夏　金基德　李雲　李丙虎　李大偉　李東洙
李學俊　李鶴松　李尙根　李仁泰　李西山　李鳳九　李承茂　李在鳳
李容高　李新明　李泰煥　李尙珏　李孝德　李昌煥　李忠馥　高秉幹
朴炳敎　朴仁德　朴龍洙　朴均　朴昌福　朴元圭　朴格欽　朴秉鳳
白基昊　白志燁　白世彦　白基學　白昌肇　白基濟　白炯爽　白炯濟
白南薰　崔能鎭　崔允寅　崔周　崔昌學　崔孝德　崔容振　崔榮麟
鄭一亨　鄭應龍　安國衡　安祐辰　張雲山　張秉良　孫基業　元翊燮
徐仁喆　姜應龍　咸德秀　張德秀　張道斌　黃大闢　黃淸頌　吳天錫　吳亂善
裵貞基　咸尙勳　趙鍾九　全禹鈺　全澤寶　玄相允　韓祥烈　韓景職　韓昇寅
辛良極　薛卿東　劉興山　尹河英　尹河敬　高有崙　高昌一　咸尙勳　元世勳　元翊燮
蔡鶴林　姜仁澤　羅炳德

顧問 (無順)
梁槿煥　襄貞基　金勳　金明夏
金東元　梁大卿　元世勳
高秉幹　李容高　安東源
辛良極　薛卿東　白麟濟
張道斌　金基德　崔榮麟
姜仁澤　咸尙勳　鄭一亨
白基昊　鄭一亨　崔能鎭
張德秀　金永基　李昌煥
　　　　　金永基　張德秀
　　　　　全禹鈺

一、大會召集委員
委員長　方應謨
副委員長　李雲

財政部　朴炳敎　高有崙
宣傳部　金亨洙　李丙虎
企劃部　支鳳燮　金正道　孫基業
總務部　金鎭泰

委員
金明夏　元世勳　金麗植　玄相允　金鴻亮
金東元　安東源　白麟濟　崔榮麟　蔡鶴林　金善
李容高　白南勳　李忠馥　李昌煥　金善　全禹鈺

一、大會召集時日及場所
時日　一九四五年十一月十八日(日曜)午后一時
一、場所　市內慶雲町　天道敎講堂
一、臨時事務所　朝鮮日報社
(電話本六〇二八番)

〈북위 38도선 철폐 촉진 재경서북인대회 소집 취지서〉
1945.11

반만년의 유구한 역사와 동방문화의 창조자인 우리 조선민족이 과거 40년간 포악무도한 일본제국주의 鐵蹄下의 노예생활로부터 포츠담 선언에 의하여 해방되었다. 우리의 환희야말로 비할 바 없다.

이에 우리는 금일의 해방을 위하여 영웅적 투쟁을 부단히 수행한 우국열사와 연합국에 대하여 무한한 감사와 경의를 표한다.

우리는 역사적 사회적 또는 문화적으로 완전무결한 단일민족이다. 따라서 우리는 단일민족국가를 형성할 것은 역사적 운명이라고 단언키에 주저치 않는다. 이같이 뚜렷한 역사적 사회적 사실임에도 불구하고 북위 38도선을 경계로 양분되어 남북이 판이한 정치적 경제적 또는 사회적 형태로 전개되고 있으니 이것은 우리가 바야흐로 희구하는 최고 목표인 단일민족국가 형성에 근본적으로 배치되는 것이며 민족통일운동에 일대장벽이 되는 것이다.

38도선은 우리의 경제적 활동에 있어서도 一大墻이 되고 말았다. 운수통신, 재화교류 기타 모든 경제적 활동이 두절됨으로 인하여 모든 산업기관은 그 기능이 정지되었으며 지역적으로 보더라도 38도 이남은 농업과 농업생산품을 원료로 한 경공업이 그 주요산업이라고 할 것이며 38도 이북은 지하자원과 그 생산품을 원료로 하는 중공업 또는 동업원동력인 전력과 석탄이 거지반 북부에서 산출되며 이에 伴하여 모든 중추산업이 이곳에 분포되어 있는 관계상 남북이 통합함으로써만 빈약하나마 국민경제의 자립을 완성할 수 있다.

이러함에도 불구하고 남북이 인위적으로 분할되었으니 우리 삼천만 동포가 총력을 발휘할 길이 만무하며 따라서 우리가 열망하는 통일적 국민경제를 기반으로 한 자주독립국가는 도저히 그 완성을 期할 수 없다. 38도선 存否가 우리 민족국가의 자주독립여부의 열쇠가 된다고 규정될진대 이 철폐문제는 오로지 삼천만 민중의 국민적 운동으로써만 해결될 성질의 것이다.

삼천만 동포여! 한 덩어리가 되어 38도선에 총역량을 집중하라! 우리 민족국가의 생명이 이 38도선상에 걸려있다. 우리는 이 선을 철폐함으로써만 민족국가의 생성발전을 圖할 수가 있다.

모이자! 얽히자! 한 덩어리가 되자! 38도선상으로!

우리는 국민적 입장에서 38도선의 성질을 규정하였다. 그러나 다시 관점을 서북인 입장으로 옮기련다. 경성은 우리의 수도이다. 문화 정치 경제 교육 등 모든 민족생활의 중심이다. 따라서 서북인으로서 경성에 내왕하는 인사 허다하다 그런데 38도장벽이 생긴 이래 서북인은 그 생활근거지인 고향에 갈 수도 없고 모든 경제적 사회적 활동이 아주 봉쇄되고 말았다. 우리는 그간 생활상의 갖은 辛苦를 참아가며 명일이나 내명일이나 하고 38도 문제가 해결되기만을 참으로 고대하였다.

그러나 박두한 冬期를 앞두고 이 이상 더 공수방관할 수 없다. 연말 이내로 38도선이 개통되지 않는다면 서북인의 사업과 가계는 총파국으로 귀결되고 말 것이기 때문이다.

우리 서북인은 우리의 당면한 생활권의 脅威를 배제하기 위하여 爲先문제를 다음과 같이 규정한다.

1. 우리는 38도선이 속히 전폐되기를 바란다.
2. 만일 국제적 사정으로 약간 지연되는 경우에는 당면한 교통, 통신, 재화교류뿐만이라도 즉시 실현되기를 요구한다.

이상의 취지로서 在京서북인대회를 소집하려고 한다. 이 대회가 비록 지역적 성질로 인하여 미력할지는 모르나 우리의 절규야말로 절실한 체험에서 나오니 만큼 全 국민에 대한 일대 호소가 될 것이고 따라서 이것이 일대 국민운동으로 전개될 것을 기대하고 믿는 바이다.

서북선동지회 〈西北鮮地方 이상없다〉 1945.11

캄캄한 암운에 잠겨있는 우리 삼천리 강산은 고요히 개이고 이제 우리 강산 방방곡곡에는 무궁화의 꽃봉오리가 맺혔다.

청천백일의 祥雲은 怪하게도 오색의 색채를 지니고 화려하게도 찬란하게도 우리 민족의 앞길을 축복하여 주었다.

日本帝政의 鐵鎖는 완전히 끝이고 이제 삼천만 백의동포에게는 자유와 평등과 독립과 해방의 우렁찬 종소리가 울렸다.

그러면 이 성스러운 자주독립을 우리에게 보내준 원인은 어디에 있으며 그 주동체는 무엇일까.

일본제정 철쇄에 끌리며 자유를 꿈꾸면서 노예생활을 해오던 우리 삼천만 백의동포에게 無約치 않은 하늘이 주신 선물이라고 하겠다.

그리고 또 강렬한 연합군의 전승이 원인이라고도 하겠다.

그러나 그리운 향토와 사랑하는 동포를 등지고 기미년 독립만세를 機로 대한민국의 독립을 선언하고 해외풍상 삼십여 년 혈투로 물든 대한민국 임시정부 여러 선생들의 공적이 결정이라고 누가 말하지 않겠는가.

우리는 선생들의 공로로 말미암아 화려한 국토와 그리운 조국과 친애하는 동포들을 찾게 되었다.

인간이면서도 그 인간의 전권은 謂失했던 우리는 이제 그 전권을 찾게 되었다.

약동하는 인간의 우리 동포들의 환희의 자태를 보라.

그러나 그 중에 불순한 역적의 도배가 있음을 보라.

넘치는 환희 중의 우리는 의외에도 비통한 사실을 보았다.

그리고 견고한 뿌리를 박느라고 보도기관을 매수하여 엄청난 선전을 하고 있다

可笑하다. 우리 삼천만 동포는 그리 무지하지는 않다.

소수의 역도의 발악이 있을 뿐 西北鮮은 물론하고 전국의 동포는 건전하게 대기의 태세를 보이고 있다.

바야흐로 임시정부 요인 전원은 환국하였다 인제 완전한 독립을 얻으려 한다. 동포요 우리는 임시정부를 후원하여 가속히 우리의 완전한 독립을 촉성하자

北緯三十八度線撤廢促進

在京西北人大會 趣旨書

半萬年의 悠久한 歷史와 東方文化의 創造者인 우리 朝鮮民族이 過去四十年間 暴惡無道한 日本帝國主義鐵蹄下의 奴隸生活로부터 포호담宣言에 依하야 解放되엿다 우리의 歡喜야말로 比할바없다

兹에 우리는 今日의 解放을 爲하야 英雄的鬪爭을 不斷히 遂行한 憂國列士와 聯合國에 對하야 無限한 感謝와 敬意를 表한다

우리는 歷史的 社會的인 또는 文化的으로 完全無缺한 單一民族이다 따라서 우리는 單一民族國家를 形成할것은 歷史的運命이라고 斷言키에 躊躇치안는다 이가치뚜렷한 歷史的 社會的인 事實임에도 不拘하고 北緯三十八度線을 境界로 南北이 兩分되여 南北이 判異한 政治的 經濟的 또는 社會的 形態로 展開되고잇으니 이것은 우리가바야흐로 希求하는 最高目標인 單一民族國家形成에 根本的으로 背馳되는것이며 民族統一運動에 一大墻壁이 되고말앗다

三八度線은 우리의 經濟的 活動에 잇어서도 一大墻壁이 되고말앗다 運輸通信、財貨交流 其他 모든 經濟的活動이 杜絶됨으로因하야 모든 産業機關은 其機能이 停止되엿으며 三十八度以南은 農業地帶이며 三十八度以北은 地下資源과 其生産品을 原料로 한 經工業이 其主要産業이라고할것이며 三十八度以北 地下資源과 其生産品을 原料로하는 重工業 또는 工業原動力인 電力과 石炭이 거지반 北部에서 産出되며 이에伴하야 모든 中樞産業이 이곳에 分布되여잇는 關係上 南北이 統合함으로써만 貧弱하나마 國民經濟의 自立을 完成할수있다

이려함에도 不拘하고 南北이 人爲的으로 分割되였으니 우리 三千萬同胞가 總力을 發揮할길이 萬無하며 따라서 우리가 熱望하는 統一的 國民經濟를 基盤으로한 自主獨立國家는 到底히 其完成을 期할수없다 三十八度線存否가 우리民族國家의 自主獨立與否의 鍵이된다고 規定될진대 이 撤廢問題는 오로지 三千萬民衆의 國民的運動으로써만 解決될性質의것이다

三千萬同胞여! 한덩어리가되여 三十八度線에 總力量을 集中하라! 우리民族國家의 生命이 三十八度線上에 걸처있다 우리는 이線을 撤廢함으로써만 民族國家의 生成發展을 圖할수가있다

모히자! 얼키자! 한덩어리가되자! 三十八度線上으로!

우리는 國民的立場에서 三十八度線의 性質을 規定하였다 그러나 다시 觀點을 西北人立場으로 옴기련다 京城은 우리의 首都이다 文化 政治 經濟 敎育 等 모든 民族生活의 中心이다 따라서 西北人으로서 京城에 來住하는 人士許多하다 그런데 三十八度墻壁이 생긴 以來 西北人은 其生活根據地인 故鄕에 갈수도없고 모든 經濟的 社會的 活動이 아주 封鎖되고말았다 우리는 其間 生活上의 가즌辛苦를 참아가며 明日이나 來明日이나 하고 三十八度問題가 解決되기만을 참으로 苦待하였다 그러나 迫頭한 冬期를 앞두고 이以上더 拱手傍觀할수없다 年末以內로 三十八度線이 開通되지 안는다면 西北人의 事業과 家計는 總破局으로 歸結되고말것이다

컴컴한 暗雲에 잠기여잇는 우리

西北鮮地方異狀

三千里江山은 고요히 개이고 인제 우리 江山 坊坊 谷谷에는 無窮花의 곳봉오리가 매첫다 青天白日의 祥雲은 怪하게도 五色의 色彩를 뛰이고 華麗하게도 우리民族의 前途를 祝福하여주엇다 日本帝政의 鐵鎖는 完全이 끗이고 인제 三千萬白衣同胞에게는 自由와 平等과 獨立과 解放의 우렁찬 鐘소래가 울리엿다

그러면 이 聖스러운 自主獨立을 우리의게 보내준 原因은 奈邊에잇으며 그 主動体는 무엇일까

日本帝政 鐵鎖에 끌리며 自由롭든 꿈꾸격 奴隷生活을 하여오든 우리 三千萬白衣同胞의게 無約치안은 하날이주신 膳物이라고도 하겟다 그리고 또 强烈한 聯合軍의 戰勝이 原因이라고도 하겟다 그리나 그리운 鄕土와 사랑하는 同胞를 등지고 海外風霜 三十余年 血鬪로 물드련 大韓民國의 獨立을 宣言하고 己未年獨立萬歲를 機로 大韓民國臨時政府諸先生들의 功勞이 結晶이라고 누가 막하지 안켓는가 그러운 祖國과 親愛하난 同胞들을 先生들의 功勞로말미암아 華麗한 國土와 함께 찾게되엿다

人間이면서두 그 人間의 全權을 喪失한 우리는 인제 그 全權을 찾게되엿다 躍動하는 人間의 우리同胞들의 歡喜한 姿態를 보라

然이나 그中에 不純한 逆賊의 徒輩가잇음을 보라 넘치난 歡喜中의 우리난 意外의 悲痛한 事實을 보앗다 그리고 堅固한 뿌리를 박앗느라고 報導機關을 買受하여 嚴청난 宣傳을 하고잇다

可笑롭다 우리 三千萬同胞는 그리 無智하지는안타 少數의 逆徒의 殘惡이잇슬뿐 西北鮮은 勿論하고 全國의 同胞난 健全하기 待期의 態勢를 쓰이고잇다

同胞오 우리는 臨時政府를 後援하여 可速히 우리의 完全한 獨立을 促成하자

이리하야 臨時政府要人全員을 還國하엿다 인제 完全한 獨立을 어더니ᄅ탸한다

서울市 桂洞町 一二四의 二七
西北鮮同志會
電話 光化門 〇六八四番

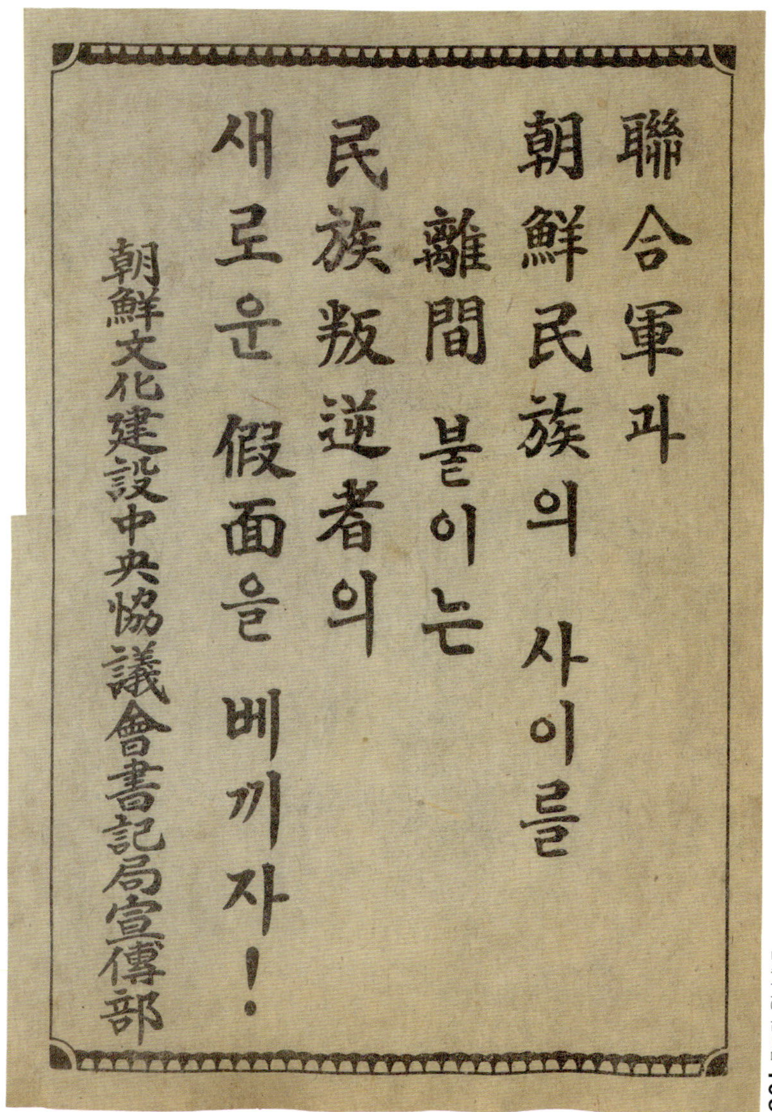

근대서지총서42 그림 **105**

조선문화건설중앙협의회 서기국 선전부의 표어

"연합군과 조선민족의 사이를 이간붙이는 민족반역자의 새로운
가면을 벗기자!"

근대서지총서42 그림 **106**

李喜宰 등 서명 명단:

趙慶浩 金大石 朴昌鎭 洪淳興 李源喆 尹仁炳 南榮祐 黃定煥 徐仁圭 黃愛施德 張哲基 徐丙澤 張熙昌 李枝盛 李瑢鎬 宋在英 吳賢根 尹昌淳 權重協 任元淳 吳夏英 尹桓燮 朴華燮 李東俊 陸定修 孟漢永 魏英煥 梁源喆 金東吉

梁源模 尹友榮 李堯憲 李東英 李寬濟 咸尙勳 趙炳玉 俞億乘 白寬洙 李聖鳳 金炳魯 尹肯變 鄭鍾植 李鳳烈 金商圭 姜仁澤 宋〇雲 金武森 鄭鳳圭 李源赫 崔〇天 朴昌邱 金載學 韓學洙 李寬求 玉璇珍 朴瓃熙 金若水 具然昶

李喜宰 金治善 鄭泰仁 朴容華 李泰馥 朴鍾華 沈鳳求 高永煥 張守憲 金秉鎔 韓珍熙 李圭夷 李壽億 鄭明林 李相敦 李鍾鎬 金敎煥 柳鎭河 金永燮 朴瑢煥 李璨榮 閔丙圭 金秉世 金鍾完 河萬石 崔東植 趙蛔洙 韓鏞淳 權五享

尹亮求 吳琁煥 金福植 金麗鶴 金鳴基 全昌基 愼道晟 裵炳憲 李起虎 李貞奎 姜遂昌 韓鎭洙 黃仁甲 李章珪 閔泳熙 鄭均轍 李厶喆 李寅榮 崔憲榮 李瑛鎬 金榮一 李應壽 李胤珪 柳喆馨 高〇鑽 林保男 李秀應 朴儀陽 李圭顯

張錫虎 車運京 李熊成 李辰琁 林誠鎬 金榮圭 李重國 李元植 金鍾漢 金平男 獨孤琁 李相壽 李正基 洪蘭裕 愼必晟 枕熙澤 鄭顯模 李龍鎬 安承漢 具本晋 尹昌洙 朴昌勳 韓基雄 高義升 李遇重 朴相五 安東源 金亨根 金鈞秉

金昌植 李倫九 李武載 李大石 金鍾萬 柳英秀 元石山 柳貞根 沈完燮 丁奎成 李翼夏 李冀夏 閔丙斗 李珣鎬 崔丙晏 白昌燮 薛寅植 洪喆裕 桂丙基 張玥燁 尹吉鉉 吳夫根 徐子洙 朴瀅進 金東鎭 尹健老 高昌林 俞亨載 俞英溶

李珍吉 李允文 李錫祚 李淳英 池盛彩 任政鎬 李仁興 李澤勝 金圭燁 金基昶 金辰龍 金重燁 金辰龍 金基元 姜昌洛 安承誨 安龜植 朴明煥 梁奎龍 李鍾植 尹容肅 尹常燮 尹泰善 宋鎭禹 金應漢 金東玉 金奉善

金澄圭 吳在成 李德奉 李載英 申鉉珏 朴泰弘 金德昔 金起在 李奇南 柳康浩 李載和 朴鶴成 金永基 黃洙永 成者亭 安永祚 金東澄 李起卿 具漢橫 具然永 南完山 張寬植 池德煥 李圭南 俞榮廣 崔學麗 韓東鎭

반세기간의 우리 민족을 혹독한 압박과 착취로써 파멸의 위기에 빠지게 하던 일본제국주의의 毒牙는 몰락되고 우리 민족에게는 완전한 해방의 기회가 도래하였다.

이 기회에 際遇한 우리는 조국의 광복을 위하여 국내국외에서 다년간 악전고투한 여러 동지선배에게 최고의 경의를 표하며 우리 민족해방을 위하여 지대한 동정과 비호를 아끼지 않은 연합군 각국에 충심으로 사의를 표하는 동시에 우리나라의 유일한 정부인 在重慶대한임시정부를 맞이하여 이상적 신정체를 확립케 하고 대중의 총의에 基한 진정한 자유 평등의 민주주의적 국가를 수립함으로써 조선 삼천만 민중의 복리증진과 문화향상을 꾀하며 겸하여 세계의 평화 확립과 문화건설에 일익의 임무를 다하여야 할 것이다.

우리는 이 목적 아래서 勇躍奮進하여 한국민주당 깃발 아래로 參集하여 총역량을 발휘할 것은 물론이거니와 특히 경성은 조선의 수도이며 정치 경제 문화의 중심지인 만큼 경성시내에 거주하는 우리는 그 사명이 중대한 것임을 알아야 한다.

그러므로 우리는 이에 힘을 합하고 소리를 같이 하여 민주당 경성지부를 발기하는 바이니 동감하시는 여러분은 앞을 다투어 협동의 함성을 올려 대업을 완성할지어다.

강령
1. 조선민족의 자주독립국가 완성을 期함
2. 민주주의의 정체 수립을 期함
3. 근로대중의 복리증진을 期함
4. 민족문화를 앙양하여 세계문화에 공헌함
5. 국제헌장을 준수하여 세계평화의 확립을 期함

정책
1. 국민기본생활의 확보
2. 호혜평등의 외교정책 수립
3. 언론, 출판, 집회, 결사 및 신앙의 자유
4. 교육 및 보건의 기회 균등
5. 중공주의의 경제정책 수립
6. 주요산업의 국영 또는 통제관리
7. 토지제도의 합리적 재편성
8. 국방군의 창설

韓國
民主黨 京城支部發起文

半世紀間우리民族을 酷毒한壓迫과搾取로써 破滅의危機에陷케하든 日本帝國主義의毒牙는 沒落되고 우리民族에게는 完全한解放의機會가 到來하였다。

이機會에 際遇한 우리는 祖國의光復을 爲하야 國內國外에서 多年間 惡戰苦鬪한 諸同志先輩에게 最高의敬意를表하며 우리民族解放을 爲하야 至大한同情과庇護를 악기지아니한 聯合軍各國에 衷心으로 謝意를表하는同時에 우리나라의唯一한 政府인 在重慶大韓臨時政府를 마지하야 理想的新政體를確立케 하고大衆의總意에基한 眞正한自由平等의 民主主義的國家를樹立함으로써 朝鮮三千萬民衆의 福利增進과 文化向上을圖하며 兼하야世界의平和確立과文化建設에 一翼의任務를다하여야할것이다。

우리는이目的아래서 勇躍奮進하야 韓國民主黨 기빨아래에로 參集하야 總力量을發揮할것은 勿論이어니와 特히京城은朝鮮의首都이며 政治◦經濟◦文化의中心地안만큼 京城市內에 居住하는 우리는 그使命이重大한것임을 알아야한다。

그럼으로 우리는이에 힘을合하고 소리를같이하야 民主黨京城支部를 發起하는바이니 同感하시는 여러분은 압흘다투어 協同의喊聲을울려 大業을完遂할지어다。

綱領
一、朝鮮民族의自主獨立國家完成을期함
二、民主主義의政體樹立을期함
三、勤勞大衆의福利增進을期함
四、民族文化를昂揚하야世界文化에 貢獻함
五、國際憲章을遵守하야世界平和의確立을期함

政策
一、國民基本生活의確保
二、互惠平等의外交政策樹立
三、言論、出版、集會、結社及信仰의自由
四、教育及保健의機會均等
五、重工主義의經濟政策樹立
六、主要産業의國營又는統制管理
七、土地制度의合理的再編成
八、國防軍의創設

發起人
（無順）

宣言

全世界弱小民族의 敵이요 自由와 文明의 破壞者인 「파시슴」과 日本帝國主義는 東亞兩洋에서 完全히 滅亡하고 聯合國의 正義와 우리民族先驅者의 寶貴한 鮮血로 三千萬 우리同胞는 解放되엇다

過去三十六年間 搾取와 壓迫下에서 朝夕으로 渴望하든 自由는 도라와 피꿇는 靑年에게 建國의 大業이 賦課진것이다

우리가 祖國의 獨立을 眼前에 놓고잇는이때 二十七年間 萬里異域에서 臥薪嘗膽 荊棘의 길을 밟으며 오로지 祖國의 解放만을 唯一의 目的으로 血鬪해온 大韓民國臨時政府를 國內에 마지하매 그解放史上의 至大한 功績과 오랫동안 이政府에 歸依支持하여온 國民의 信賴心에 비추어 現下 民族國家建設途中에있어 우리는 우려民族의 唯一의 統一政府로 絕對支持한다

非民族主義的 階級的鬪爭을 目的으로 直接 或은間接으로 民族統一戰線에 反逆的 影響을주는 團體或은機關에 對하여지는 絕對容認치못할것이다 그네들은 한民族의寶中한 生存過程에서 成長된獨自의歷史를 抹殺하는 所謂祖國이없고 民族이없는 賣國奴요 民族의 反逆者이니 우리로서는 絕對로放置할수업다

우리民族獨自의 見地에서 冷靜한 批判으로 異正한 民族現實을 把握하야 우리靑年에게 賦課된 이建國의 偉大한 使命에一路邁進하자

一, 우리는 大韓民國臨時政府를 絕對로 支持함
一, 우리는 民族統一戰線結成에 絕對 獻身함
一, 우리는 모-든反動的 反撥的 勢力을 鬪爭克服함

檀紀四二七八年十一月二十三日

北鮮靑年會

北鮮靑年會의 〈선언〉 1945.11.23

전 세계 약소민족의 적이요 자유와 문명의 파괴자인 「파시즘」과 일본제국주의는 東亞 兩洋에서 완전히 멸망하고 연합국의 정의와 우리 민족 선구자의 존귀한 선혈로 삼천만 우리 동포는 해방되었다.

과거 36년간 착취와 압박하에서 조석으로 갈망하던 자유는 돌아와 피 끓는 청년에게 건국의 대업이 부과된 것이다.

우리가 조국의 독립을 눈앞에 놓고 있는 이때 27년간 萬里異域에서 와신상담 형극의 길을 밟으며 오로지 조국의 해방만을 유일의 목적으로 혈투해온 대한민국임시정부를 국내에 맞이하매 그 해방 사상의 지대한 공적과 오랫동안 이 정부에 귀의 지지해온 국민의 신뢰심에 비추어 現下 민족국가 건설 도중에 있어 우리는 우리 민족의 유일의 통일정부로 절대 지지한다.

비민족주의적 계급적 투쟁을 목적으로 직접 혹은 간접으로 민족통일전선에 반역적 영향을 주는 단체 혹은 기관에 대하여서는 절대 용인치 못할 것이다. 그네들은 한 민족의 존중한 생존과정에서 성장된 독자의 역사를 말살하는 소위 오국이 없고 민족이 없는 매국노요 민족의 반역자이니 우리로서는 절대로 방치할 수 없다.

우리 민족 독자의 견지에서 냉정한 비판으로 진정한 민족 현실을 파악하여 우리 청년에게 부과된 이 건국의 위대한 사명에 일로매진하자.

一. 우리는 대한민국임시정부를 절대로 지지함
一. 우리는 민족통일전선 결성에 절대 헌신함
一. 우리는 모든 반동적 세력을 투쟁 극복함

反動的言論機關을 粉碎하자!

三千萬同胞諸君! 現下朝鮮의政局은나날이混沌化하야간다. 客觀的社會情勢는 우리三千萬民衆의希求하는바와 우리民族의良心的志向을無視하야가면서 그릇된路線으로 疾走하랴는듯하다. 보라! 우리同胞의解放을爲하야三十餘年동안 海外에서血戰苦鬪하든 우리의偉大한指導者 金九先生以下여러어른들이 未久에歸國하랴하는 現段階에잇서서 三千萬民衆이 누구를勿論하고雙手를들어 歡迎하고慶祝하여야할것은 當然以上의當然事로 새삼스러히 그理由를論證할必要좃차업슬것이다.

그런데萬一에여기金九先生을中心으로한要員一行의還國을拒否하며 그들의政治的集結體인「大韓民國臨時政府」의存在를意識的으로 否認하는徒輩가잇다면 이는確實히우리民族의敵이며 建國大業을 阻害하는唾棄할만한反動的의存在임을斷言한다.

그럿다! 不世出의政治的野心家이며 典型的英雄主義의權化인呂運亨一派의僞造紙幣인「人民共和國」이야말로八月十五日以後의우리民族陣營을分裂식힌 元凶이며 建國促成運動을 滅裂化식힌 張本人이다! 그들은 大韓民國臨時政府를 全面的으로 否認하며 그들의還國좃차 가진惡喇하手段으로 防害하고잇다. 그뿐안이라그들은自己네의野心과過去의政治的罪惡을 隱幣식히기爲하야 言必稱民族反逆者니무엇이니하며 惡宣傳을하고잇다. 이것이果然 人類良心의發現이며 政治公道의具現이랴— 우리는그들에게數次穩健한手段으로反省을要求하엿슴에도不拘하고 그들은反省은姑捨하고 加一層發惡을하여所謂「人民委員代表會」를서울市天道敎堂에서 開催하며 가진모略과 가진術策을다하여「大韓民國臨時政府」를抹殺하랴고暗躍하고잇스나 이와갓은惡德漢들의 傍若無人한狂態를 엇지拱手傍觀할수잇슬것이랴! (元凶 呂는稱病不參하여 責任回避를쇄하엿다) 여기에愛國의情熱과 憂國의純情에불타는 義烈靑年과 熱血學徒가 憤起하야 그들野心輩들에게 反省을 促하랴하엿스니 그들靑年學徒들이야말노 우리로서 맛당이將來를期待할만한 有爲한靑年이라할것이며 그들의義擧야말노 우리로서 讚揚하여야할바이어든 一部反動的言論機關에서 그들을가르처 暴力團이니 테로團이니하는 辱說을報導하니 如斯한言論機關은 우리靑年의손으로 破碎할지며 그와갓은惡德言論人은우리의손으로 冷酷히處斷일것을 嚴肅히公言하는바이다. 汝等言論人들은八月十五日前까지 日本帝國主義의人類殺戮戰을 理論的으로 正當化하기에 狂奔하엿스며 倭奴의戰爭殺人哲學을 合理化식히기에 모든精力을 提供하든 每日新報와京城日報에잇듯徒배로서 急作스러히黃色煽動新聞社에入社하야 무슨 낫작으로 民族反逆者를 云云하며 進步的知識人然한態度를 僞裝하랴하느냐! 反省하라! 萬一에反省하지안는境遇에는 우리靑年들의 義拳이 너이들에게 날나갈것을 公約하는바이다.

打倒 人民共和國!
打殺 反動的言論人!
大韓民國臨時政府絕對支持!!!

檀紀四千二百七十八年十一月二十四日

大韓靑年義血黨

대한청년의혈당 〈반동적 언론기관을 분쇄하자!〉
1945.11.24

삼천만 동포제군! 現下 조선의 정국은 나날이 혼돈화하여 간다. 객관적 사회정세는 우리 삼천만 민중의 희구하는 바와 우리 민족의 양심적 지향을 무시하여 가면서 그릇된 노선으로 질주하려는 듯하다. 보라! 우리 동포의 해방을 위하여 삼십여 년 동안 해외에서 혈전고투하는 우리의 위대한 지도자 김구 선생 이하 여러 어른들이 머잖아 귀국하려 하는 현 단계에 있어서 삼천만 민중이 누구를 물론하고 쌍수를 들어 환영하고 경축하여야 할 것은 당연 이상의 당연사로 새삼스레 그 이유를 논증할 필요조차 없을 것이다.

그런데 만일 여기 김구 선생을 중심으로 한 요원일행의 환국을 거부하며 그들의 정치적 집결체인 「대한민국임시정부」의 존재를 의식적으로 부인하는 무리가 있다면 이는 확실히 우리 민족의 적이며 건국대업을 저해하는 唾棄할 만한 반동적 존재임을 단언한다.

그렇다! 불세출의 정치적 야심가이며 전형적 영웅주의의 權化인 여운형 일파의 위조지폐인 「인민공화국」이야말로 8월 15일 이후의 우리 민족진영을 분열시킨 원흉이며 건국촉성운동을 멸렬화시킨 장본인이다! 그들은 대한민국임시정부를 전면적으로 부인하며 그들의 환국조차 갖은 악랄한 수단으로 방해하고 있다. 그뿐 아니라 그들은 자기네의 야심과 과거의 정치적 죄악을 은폐시키기 위하여 언필칭 민족반역자니 무엇이니 하며 악선전을 하고 있다. 이것이 과연 인류 양심의 발현이며 정치공도의 구현이랴! 우리는 그들에게 수차 온건한 수단으로 반성을 요구하였음에도 불구하고 그들은 반성은 고사하고 가일층 발악을 하여 소위 「인민위원대표

회」를 서울시 천도교당에서 개최하며 갖은 모략과 갖은 술책을 다하여 「대한민국임시정부」를 말살하려고 암약하고 있으니 이와 같은 악덕한들의 방약무인한 광태를 어찌 공수방관할 수 있을 것이랴!(원흉 呂는 稱病不參하여 책임회피를 꾀하였다.) 여기에 애국의 정열과 우국의 순정에 불타는 의열청년과 열혈학도가 분기하여 그들 야심배들에게 반성을 촉구하려 하였으니 그들 청년학도들이야말로 우리로서 마땅히 장래를 기대할 만한 有爲한 청년이라 할 것이며 그들의 의거야말로 우리로서 찬양하여야 할 바이거든 일부 반동적 언론기관에서 그들을 가리켜 폭력단이니 테러단이니 하는 욕설을 보도하니 이 같은 언론기관은 우리 청년의 손으로 파쇄할지며 그와 같은 악덕 언론인은 우리의 손으로 냉혹히 처단할 것을 엄숙히 공언하는 바이다. 汝等 언론인들은 8월 15일 전까지 일본제국주의의 인류 살육전을 이론적으로 정당화시키기에 광분하였으며 倭奴의 전쟁살인철학을 합리화시키기에 모든 정력을 제공하던 매일신보와 경성일보에 있던 도배로서 급작스럽게 황색선동신문사에 입사하여 무슨 낯짝으로 민족반역자를 운운하며 진보적 지식인연한 태도를 위장하려 하느냐! 반성하라! 만일에 반성하지 않는 경우에는 우리 청년들의 義拳이 너희들에게 날아갈 것을 공약하는 바이다.

타도 인민공화국!
타살 반동적 언론인!
대한민국임시정부절대지지!!!

鄭柏 〈성명서〉 1945.11.27

세칭 장안과 조선공산당이 지난 26일 該黨의 해소선언을 발하고 目下에 조선공산당으로 집중운동이 진행 중인 바 이에 대하여 일부 인사 간에 내가 該黨의 일원으로써 오해함으로 이에 성명을 발한다.

1. 지난 9월 8일 桂洞會合 이후 세칭 장안과 조선공산당이 이영 최익한 양 동지를 지도자로 하여 조선공산당과 대립하게 되자 나는 계급적 통일의 완성과 종래 파쟁 재현의 위험을 범치 않으려는 微衷으로써 잠시 무소속적 입지를 고수하여 양방 통일에 미력을 다한 것이다.

2. 따라서 該黨의 '현 단계에 대한 우리의 임무'의 발표한 정치노선은 내가 이미 8월 16일 조선공산당에 의하여 표명한 정치주장과 다르므로 그의 극좌적 노선에는 반대의 의견을 당시에 이미 표명하였다. 다시 말하면 나는 현 단계를 조선적 특수조건을 가진 자본민주주의혁명 계단으로 규정함으로 該黨의 현 단계를 부르주아민주주의 혁명과 프롤레타리아민주주의 혁명의 이중성적 병행론을 주장함으로 반대한 것이다.

3. 該黨이 한국민주당 및 조선국민당과의 제휴에 대하여 나는 그 결의 당시 경성에 있지 않았으므로 그 내용을 신문 발표로써 비로소 알게 되었던 바 일부 인사가 나를 3당 제휴 결의에 관계자로 誤傳하고 있는 것은 一笑에 부치는 바이다.

4. 이번 該黨의 해소 결정에 대하여 공산당이 결합이 없이는 진정한 민족통일전선 결성이 있을 수 없는 것을 주장하는 나로서는 이영, 최익한 양 동지의 수番 용단은 무산계급의 최고 조직체 결성에 최선의 성의를 실천하는 것으로 認하고 찬성의 경의를 보내는 바이다.

李承晩博士의 正體를 白日下에 公開하니
朝鮮民衆은 冷靜하게 再檢討하라

解放後 混乱狀態에 突入한 朝鮮의 現狀을 收拾한다는 理由로 우리三千萬 民衆앞에 嚴然히 나타난 朝鮮의 指導者라、稱하는 氏는 表面으로는 個人資格을 云云하면서 裡面에 잇서서는 民衆으로써 不可解의 態度를 取하여 民衆의게 疑惑을 주는同時에 乱暴한 權利行使에 民衆의 怨聲은 나날이 놉하지고잇다 氏가 朝鮮解放을 爲하여 一貫한 革命家의 生活을 햇다면 우리로서 曾敬의 念도 업는바는 아니다 우리民族은 表面으로 나타나는 看板만을 盲從하는 無意識 無理論한 大衆이아닌것을 氏自身이 再認識하기를 바란다 殘忍한 强도 日本帝國主義의 아래에서 直接으로 싸워온 우리는 決코 李氏自身이 생각하는것 갓흔 天痴的 存在는 아니다 오히려 四十年間 心血을 부어서 날카롭게 갈아노흔 銳利한 神經과 冷靜한 理智가 남어잇는것을 이저서는 안된다 그럼에도 不拘하고 指導者라는 美名下에 自己一身의 安慰만을 爲하고 三千萬의 眞意를 無視하는 指導原理를 누가 盲目的으로 딸으랴！

實로 三千萬圓의 大金을 蒐集하기로 한것이다 … 氏의 甘言을 그대로 밋고 某는 二百萬圓 某는 얼마〜하고 收金에 狂奔中이다 三十八度問題갓 解決될수만 잇… 면 三千萬圓은 勿論하고 三億萬圓이라도 우리가 내노아야 한다만은 李氏個人으로 三千萬圓에 解決될 三十八度線은 아니다 三千萬 民衆들이여 우리는 肯從愛國者가 되지말고 理智로 判斷하여 正當한 길을 것자 李氏의게 個人的으로 援助한다는것은 別問題이나 極히 삼가라 萬一이 事實을 알고도 如前히 돈을 내는者 잇다면 그는民衆의 敵인 同時에 利敵行爲이므로 가까운 將來에 大衆앞에서 容恕못할 嚴格한 審判을 바드리라 우제 李氏個人의게 一言하노라 朝鮮에와서 우리大衆을 爲하여 일한다는것은 매우 感謝한 일이나 李氏가 아니라도 朝鮮에 指導者와 일꾼은 얼마든지잇스니 朝鮮의 將來에 對하여는 絶對心安하고 하로밥비 行裝을 收拾하여 故國으로 도라가시라 只今先生의 故鄕 와싱톤에는 金髮碧眼의 아름다운 美夫人께서 先生의 도라오심을 苦待하고게실 터이니 速히 歸國하여 安樂한 家庭속에서 幸福스러운 餘生을 보내시라

一九四五年十一月

大韓獨立萬歲
臨時政府萬歲
大韓三千萬民族萬歲
金九主席萬歲

朝鮮愛國團本部

조선애국단본부 〈이승만 박사의 정체를 백일하에 공개하니 조선 민중은 냉정하게 재검토하라〉 1945.11

해방 후 혼란상태에 돌입한 조선의 현상을 수습한다는 이유로 우리 삼천만 민중 앞에 엄연히 나타난 조선의 지도자라 칭하는 이 씨는 표면으로는 개인자격을 운운하면서 이면에 있어서는 민중으로써 불가해의 태도를 취하여 민중에게 의혹을 주는 동시에 난폭한 권리행사에 민중의 원성은 나날이 높아지고 있다. 이 씨가 조선해방을 위하여 일관한 혁명가의 생활을 했다면 우리로서 존경의 염도 없는 바는 아니다. 우리 민족은 표면으로 나타나는 간판만을 맹종하는 무의식 무이론한 대중이 아닌 것을 이 씨 자신이 재인식하기를 바란다. 잔인한 강도 일본제국주의의 아래에서 직접으로 싸워온 우리는 결코 이 씨 자신이 생각하는 것 같은 天痴的 존재는 아니다. 오히려 40년간 심혈을 부어서 날카롭게 갈아놓은 예리한 신경과 냉정한 이지가 남아있는 것을 잊어서는 안 된다. 그럼에도 불구하고 지도자라는 미명하에 자기 일신의 안위만을 위하고 삼천만의 진의를 무시하는 지도 원리를 누가 맹목적으로 따르랴! 벌써 사회의 여론도 騷然하여 이 씨가 거주하는 敦岩莊에도 대중의 음파가 전해진 지 오래이리라. 이 씨의 태도는 전연 용서 못할 대중 기만으로만 맹진함으로 삼천만 대중 앞에 우선 성토 제1호를 보낸다. 이 씨는 사실에 있어서 개인자격으로 조선에 왔다고 하나 이때까지 행동한 모든 것은 실패도지뿐이다. 그 이유는 이 씨가 자기 자신을 돌아볼 줄 몰랐던 것이 최대 원인이며 이 씨의 재미 卜居은 성스러운 조선해방을 판매한 가장의 생활이었고 재미 동포들의 고혈을 뽑아 오늘날까지 평안한 생활을 계속해 왔다. 이 씨는 방금 미국여인을 맞이하여 워싱턴 요지에 굉장한 주택을 가지고 미국인 생활수준으로 보아서도 상류의 생활을 하고 있다. 아무런 생산수단이 없는 이 씨가 무슨 힘으로 이렇게 호화로운 생활을 하겠는가? 이것은 미국에 주재했던 조선인으로서는 모를 이가 없으리라. 과거에 하와이에도 고급주택과 저급주택을 꾸며놓고 평시에는 고급주택에 거주하면서 호사를 하다가 조선서 찾아가는 노동자와 학생을 만나면 저급주택에 안내하여 빈곤한 생활을 보여주고 往訪者의 동정과 존경을 함께 받은 외교적 혁명자로 가장한 무대배우였던 사실을 조선대중은 알아 두자. 이중생활 속에서 기만으로 일관한 이 씨의 정체를 발견한 재미 조선동포들 간에는 이 씨에 대한 논의가 컸던 사실을 우리는 잘 알고 있다. 동포들은 피 섞인 노동에서 얻은 金圓을 모아 조국해방을 눈물로서 간망하며 거둔 돈으로 자기명의의 예금 혹은 토지매수를 감행하여 이 씨 개인의 치부를 유일의 사업으로 했다. 이 씨는 동지회를 간판으로 풍운을 일으키는 작란꾼이다. 수차(數次) 전쟁 중에 재미 한족들은 통일된 행동을 하였으나 이 씨의 동지회만이 수년 말썽을 부리다가 드디어 탈퇴하고 재미 한족위원회에서는 이 씨를 제명까지 했다. 미주 전체에 있는 불과 일만여 명의 동포 중에서 제명까지 당한 이 씨가 삼천만의 지도자 운운은 이 무슨 허무맹랑한 일이며 국부 李박사라는 정도를 지나친 희롱적 명사이다. 조선민족의 독특한 관용성은 이 씨에게 조선의 지도자라는 간판까지 주게 되었다. 이 천재일우의 기회를 얻은 이 씨는 물실호기라 하고 조선에 와서 좀 더 큰 재산을 얻으려고 38도 문제를 워싱턴에 가서 외교로 해결하겠다는 구실로 삼천만 원의 대금을 모집하기로 한 것이다. 좌중에 모였던 일부 정치적 야심이 만만한 政治奸商輩들은 즉석에서 이 씨의 감언을 그대로 믿고 某는 이백만 원 某는 얼마얼마하고 수금에 광분 중이다. 38도 문제가 해결될 수만 있다면 삼천만 원은 물론하고 삼억만 원이라도 우리가 내놓아야 한다마는 이 씨 개인으로 삼천만 원에 해결될 38도선은 아니다. 삼천만 민중들이여 우리는 맹종애국자가 되지 말고 이지로 판단하여 정당한 길을 걷자. 이 씨에게 개인적으로 원조한다는 것은 別問題이나 극히 삼가라. 만일 이 사실을 알고도 여전히 돈을 내는 자 있다면 그는 민중의 적인 동시에 利敵行爲이므로 가까운 장래에 대중 앞에서 용서 못할 엄격한 심판을 받으리라.

이제 이 씨 개인에게 일언하노라 조선에 와서 우리대중을 위하여 일한다는 것은 매우 감사한 일이나 이 씨가 아니라도 조선의 지도자와 일꾼은 얼마든지 있으니 조선의 장래에 대하여는 절대 심안하고 하루 바삐 행장을 수습하여 고국으로 돌아가시라 지금 선생의 고향 워싱턴에는 금발벽안의 아름다운 미부인께서 선생의 돌아오심을 고대하고 계실 터이니 속히 귀국하여 안락한 가정 속에서 행복스러운 여생을 보내시라.

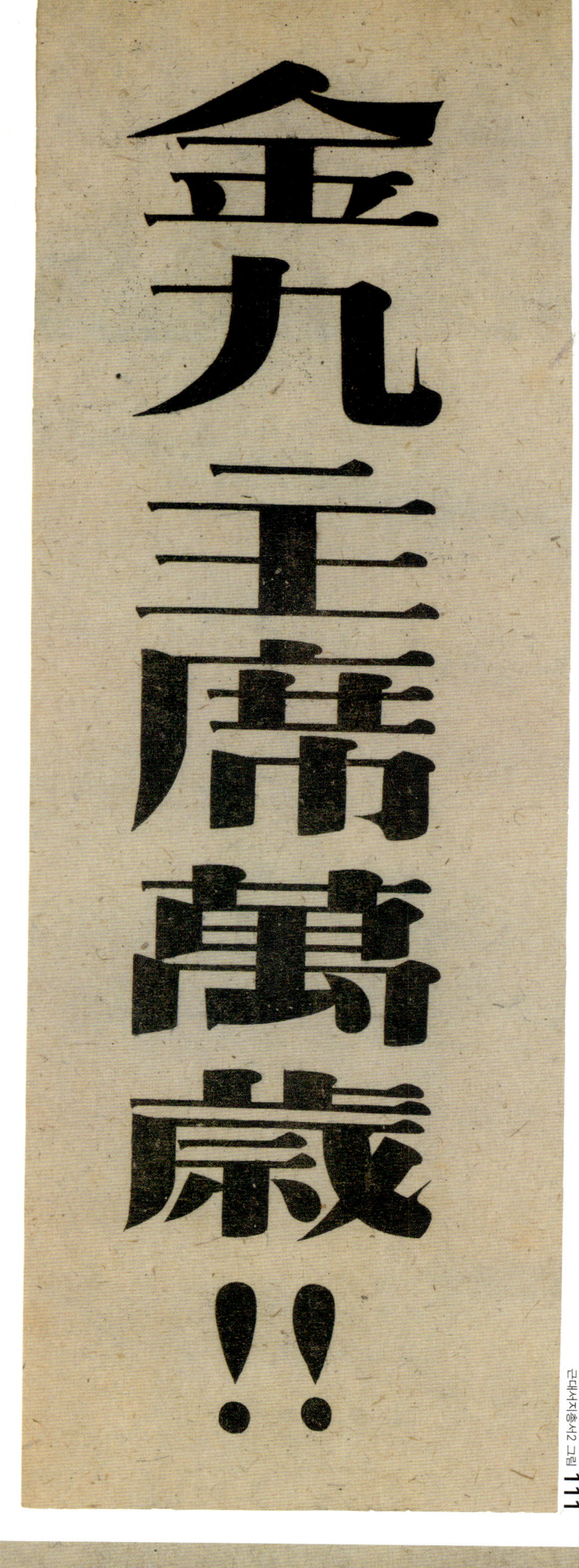

근대서지총서42 그림 **111**

반전반파쇼평화옹호투쟁위원회 〈살이 떨리는 12월 8일을 잊지 말자. 반전 반파쇼 평화옹호에 궐기하자〉 1945.12

동포 여러분!
전 동양 인류에게 전율과 공포를 초래한 영원히 우리 쓰라린 기억에서 사라질 수 없는 12월 8일이 닥쳐왔다. 소위 대동아전쟁이 폭발한 1941년 12월 8일을 계기로 우리 인류가 얼마나 귀중한 생명을 희생하였으며 경제상태가 얼마나 위기에 빠졌으며 문화가 얼마나 유린을 당하였는가.
제국주의의 최첨단인 이 「팟쇼」는 자기 개인의 私慾과 야망을 달키 위하여 갖은 기만과 위협으로 인류에게 이처럼 진저리나는 희생을 가져왔다.
특히 우리 조선은 이 「팟쇼」의 전쟁으로 말미암아 이루 형언할 수 없는 가혹한 현실을 체험했다. 우리들은 지원병에, 징병에, 징용에 보국대에 끌려가 얼마나 많이 죽었으며 우리 인민이 양식과, 철과, 유기 등 온갖 물자의 공출로 인하여 얼마나 주리고 악착한 생활을 겪어왔던가?
동포 여러분!
우리 조선이 해방된 오늘날 우리는 사리, 사욕을 만족시키기 위하여 대중을 기만하고 대중을 무시하는 팟쇼적 정부를 세워서는 안된다. 만약 그러한 정부를 세운다면 우리 인민은 필연적으로 다시 이러한 가혹한 현실에 부딪힐 것이다.
우리는 인민을 토대로 한 진보적 민주주의 원칙에 의한 인민정부를 수립하자! 이것만이 진실로 우리에게 복리를 가져오고 평화를 유지할 수 있다.
우리가 우리 인민을 위한 정부를 세우고 평화를 유지하자면 우리는 먼저 「팟쇼」적 잔재를 청산하고, 팟쇼적 전쟁범죄자와 친일파, 민족반역자를 하루 바삐 처단함으로써 가능할 것이다.
동포 여러분!
이를 갈지 않고는 맞이할 수 없는 12월 8일이 닥쳐왔다. 우리는 이 날을 당하여 한층 더 민주주의 정권 수립 촉성을 위하여 분투하자!
1. 전쟁을 반대하고 평화를 옹호하자!
2. 전 세계에서 팟쇼의 잔재를 청산하자!
3. 전쟁범죄자를 처단하자!
4. 팟쇼적 테러행위를 절대 배격하자!
5. 친일파, 민족반역자를 소탕하자!
6. 진보적 민주주의 정권 촉성 만세!

살이 떨리는 十二月八日을 잇지 말자
反戰反팟쇼平和擁護에 蹶起하자

同胞여러분!
全東洋人類에게 戰慄과 恐怖를 招來한 永遠히 우리 쓰라린 記憶에서 사라질 수 없는 十二月八日이 닥처왓다. 所謂大東亞戰爭이 爆發한 一千九百四十一年十二月八日를 契機로 우리人類가 얼마나 貴重한 生命을 犧牲하엿스며 經濟狀態가 얼마나 危機에 빠젓스며 文化가 얼마나 蹂躪을 當하엿는가.

帝國主義의 最尖端인 이「팟쇼」는 自己個人의 私慾과 野窯을 達키 爲하야 欺瞞과 威脅으로 人類에게 이처럼 진저리나는 犧牲을 가저왓다.

特히 우리朝鮮은 이「팟쇼」의 戰爭으로 말미아마 이로 形言할수없는 現實을 體驗햇다. 우리들은 志願兵에, 徵兵에, 徵用에 報國隊에 끌려가 얼마나 죽었으며 우리人民이 糧食과, 鐵과, 유器等 온갖 物資의 供出로 因하야 얼마나 주리고 악착한 生活을 격거왓든가?

同胞여러분!
우리朝鮮이 解放된 오늘날 우리는 私利, 私慾을, 滿足시키기爲하는 팟쇼的政府를 세워서는 안된다. 萬若 그러한 政府를 세운 더 우리人民은 必然的으로 다시 이러한 苛酷的現實에 부드칠것이다.

우리는 人民을 土臺로 한 進步的民主々義原則에 依한 人民政府를 樹立하자! 이것만이 眞實로 우리人民을 爲한 福利를 가저오고 平和를 維持할수잇다.

우리가 우리人民을 爲한 政府를 세우고 平和를 維持하자면 우리는 먼저「팟쇼」的殘滓를 淸掃하고, 팟쇼的戰爭犯罪者와 親日派, 民族叛逆者를 하로바삐 處斷함으로서 可能할것이다.

同胞여러분!
이롤 갈지안코는 마지할수업는 十二月八日이 닥처왓다. 우리는 이날을 當하야 한層더 民主々義政權樹立促成을위하야 奮鬪하자!

(1) 戰爭을 反對하고 平和를 擁護하자!
(2) 全世界에서 팟쇼의 殘滓를 淸掃하자!
(3) 戰爭犯罪者를 處斷하자!
(4) 팟쇼的테로行爲를 絕對排擊하자!
(5) 親日派、民族叛逆者를 掃蕩하자!
(6) 進步的民主主義政權促成萬歲!

一九四五年十二月   日

反戰反팟쇼平和擁護鬪爭委員會

★反戰反팟쇼平和擁護大講演會（七日午後一時）鍾路基督教青年會舘

근대서지총서42 그림 **112**

完全獨立의 先決條件은
民族統一 破壞者를 除함에 있다

우국동지협회 〈완전 독립의 선결 조건은 민족통일 파괴자를 除함에 있다〉 1945.12.1

전 세계의 시청은 지금 조선민족의 동향에 집중되고 있다. 통일이 되느냐 분열이 되느냐는 즉 독립이 되느냐 신탁통치가 되느냐 이 결과를 규정하는 것이다.

민족의 생사와 역사의 흥망이 분기되는 이 단계에 있어 삼천만 전 민중은 일치하여 우리 손으로 이 난관을 타개하지 아니하면 다시 찾을 수 없는 千載의 悔를 자손만대에 끼칠 것이다.

해방의 소리가 이 땅을 움직인 지 3개월이 지난 오늘날 우리의 위대한 지도자들이 심혈을 다하여 진력함에도 불구하고 왜 정국은 암담한 가운데 파묻혀 있는가. 이 순박한 민중의 죄인가. 천진한 청년들의 죄인가.

이것은 통일을 파괴하는 자 독립운동의 보조를 교란하는 반역자의 무리가 있기 때문이다.

우리는 민족반역자를 두 가지로 규정한다.

1. 8·15 이전의 친일파인 반역자
2. 8·15 이후의 통일전선 파괴자

현재의 긴급한 당면문제는 후자 즉 통일전선을 파괴하는 자를 타도하고 제거함에 있다.

一. 인민공화국이란 괴물을 타도하라.

소위 신조선을 건설할 중앙정부의 細胞를 幾個人의 뜻으로 누구의 집 골방에서 濫造하여 가지고 나와서 무리하게 대중의 공인을 강요하니 이는 상식에 비추어 수긍할 수 없는 일이다.

이미 저들이 수석으로 추대한 이승만 박사 김구 김규식氏가 그 불법을 지적하여 거부한 오늘에 와서 아직도 이를 고집함은 어리석음이 심한 자이다.

二. 반역자의 거두 박헌영을 타도하라.

삼천만 민족의 간절한 대망리에 진행된 이승만 박사의 중앙협의회 석상에서 朴 군은 민족의 총의를 반영한 결의문에 수정을 요구하여 통일을 파괴 하였다.

저는 「38도선이 조선을 양단하였다」는 사실적인 문구를 비난하여 이를 배타적이라 하였다. 이 사실과 논리에 배치되는 저의 궤변이 내포한 의도는 고의로 통일을 파괴하려는 책략의 발로요, 공산당 독자의 결의문을 발송하겠다는 위험은 민족의 不統一을 세계에 광고하겠다는 반역자 심리의 자기고백이 아니고 무엇이냐. 이같이 하여 저는 九分까지 진행된 민족통일을 파괴한 자이다.

저들에게는 당이 있고 국가가 없으며 주의가 있고 민족이 없다. 그럼으로 매국 매민족적 행위를 대담히 하는 것이다.

三. 인민위원회를 해체하라.

공산당이 부르짖는 민중의 총의 운운은 인민위원회의 배경을 가졌다는 것이나 38도 이북의 인민위원회란 99퍼센트가 적색분자요 이남 역시 七, 八分이 적색인데 이는 비합법적인 일부 소수인의 적색세포 단체의 계통임에 불과하다. 이로써 민중의 총의를 대표한

듯이 민의 민의 함은 언어도단의 일이다.

이 인민위원회 남북 각지에서 빚어내는 갖은 포학과 잔인무도한 행사는 후일 민족반역자 처단의 법정에서 폭로될 일이며 받을 바 선물이 있을 것이다.

함흥시민위원회란 비적의 무리는 우리는 순진한 중학생들을 붙잡아다가 지금 차디찬 철창 속에 가두었다. 저들의 조국 소련혁명기념일에 가두행렬에 나오지 않았다는 이유로, 신의주에서는 유망한 청년학생 삼십여 명이 반동자란 혐의로 총살당하고 삼백여 명이 중상을 입은 대포학사건은 지금 진행되고 있으며 경성의 복판에서 白晝에 순진한 학생들이 붙잡혀서 지하실에 감금되고 구타 고문 金錢 奪이 모진 악형을 당하지 않았느냐.

아! 만천하의 피 있는 동포들아 천인이 공노할 이 매국, 매민족자의 무리를 청산하지 않으면 이 나라는 멸망의 일로로 떨어질 밖에 없다.

四. 탈선된 左傾 狂者들

某某 지방에서는 적기를 고양하고 태극기를 달지 못하게 하며 ○國을 조국이라 부르고 애국가를 부르지 못하게 하며 조선역사를 금하고 마르크스를 本像으로 한다.

또 某 측에서 공장기계, 미곡, 의류를 탈취하여 국외로 반출하며 지폐를 濫造하여 가련한 동포의 소지품을 전부 착취하여감에 불구하고 이를 도리어 엄폐하니 이런 매국 매민족의 무리를 용납하고 건국이 될 것이냐.

저들이 구가하고 숭배하는 공산주의의 세계가 얼마나 이상적이요, 복지인지는 발을 38도 이북에 들여놓는 그 순간부터 驗味할 수 있는 일이다.

거기는 언론, 집회 기타 모든 자유의 억압, 강간, 강탈, 무리, 불안, 공포로 지옥의 모양을 그린 곳이다. 슬픔과, 눈물과, 한숨과 통분과 원한! 아! 38도의 저편 하늘 밑에는 우리 동포의 울음과 한숨이 쌓여있다.

五. 非曲된 기자층을 타도하라.

신문은 대중의 이목인데 조선민족의 최대관심사인 38도 이북의 비참한 정세는 하나도 기재하지 않고 간혹 이상의 죄악을 엄호하는 기사만 기재하여 민족을 기만하고 구부러진 筆端으로 통일전선에 균열을 생케 하며 악덕배를 고취하여 망국의 禍因을 조장한다. 우리는 기자 별로 저들의 죄상을 수집하고 있다.

六. 임시정부를 절대 지지하자.

우리는 본래 임시정부가 입국하면 국내정당과 합작하여 통일협동내각을 조직할 것을 기대하였다. 그러나 저들 반역자의 발호하는 상태는 정국의 혼란을 日復日增長시킬 뿐이다. 저들의 편협하고도 독선적인 관념은 도저히 협조할 여유가 없다. 현 정세가 이대로 추이된다면 조선민족의 앞에 놓인 천재일우의 기회는 영원히 말살되는 동시 영원히 구할 수 없는 멸망의 일로로 전략할 것은 명약관화한 일이다.

이것을 수습하고 구할 완전독립의 길은 오직 임시정부 절대 지지 이외에는 다시없는 것임을 성명한다.

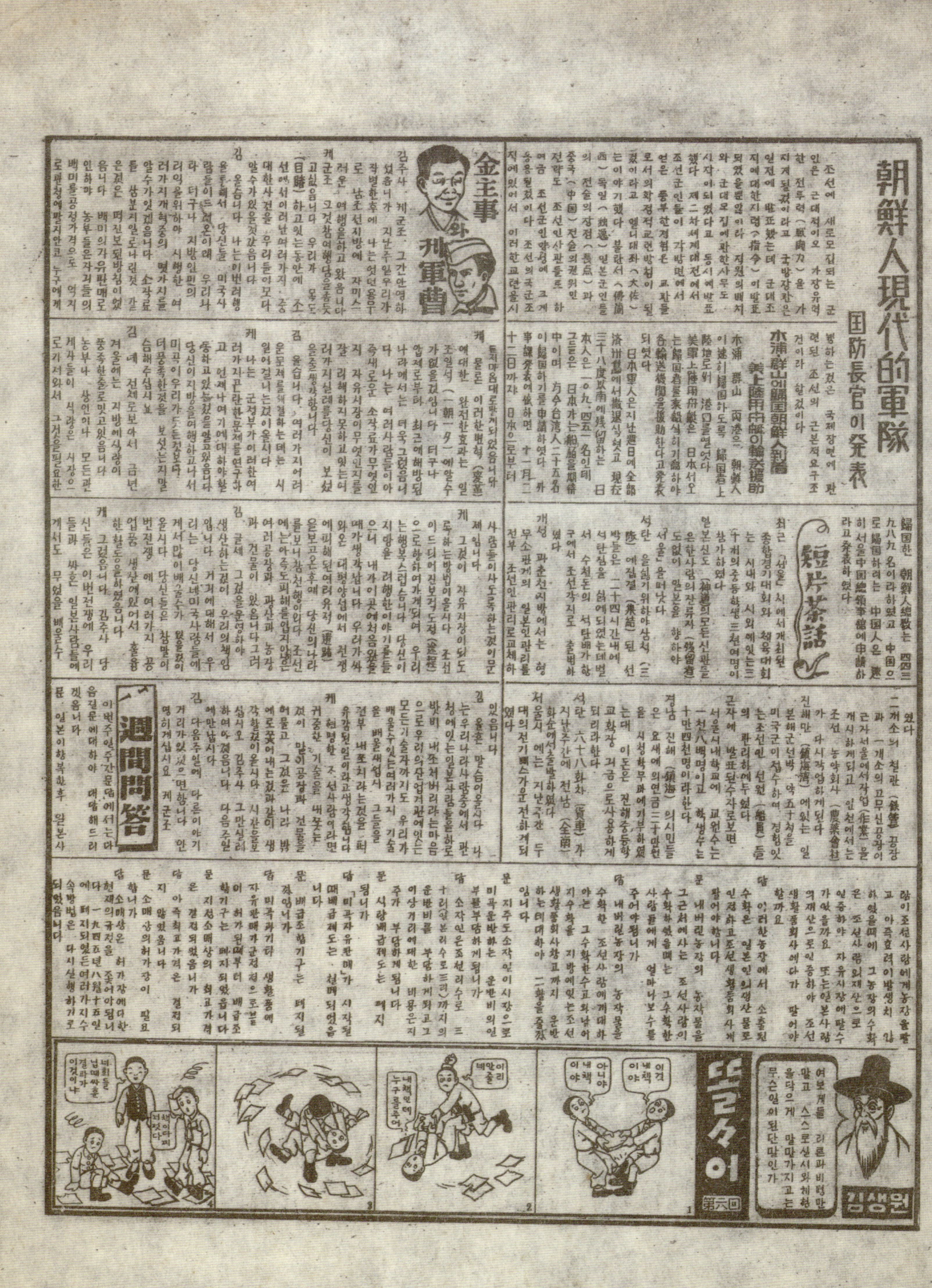

朝鮮人現代的軍隊

国防長官이発表

金主事와 朴軍曹

短評茶話

週間問答

조선진주군 미군정청 공보과 〈주간신보〉 1945.12.1

朝鮮서울軍政廳公報課發行　週間新報　一九四五年十二月一日　第七號　CHUKAN DIGEST　Public Information Section, Military Gov't., Seoul, Korea　1-DEC 45·No.7

週間新報

MILITARY 軍政廳 GOVERNMENT

特報

三十八度問題解決에

美國務省　모스크바政府와協議

朝鮮駐屯軍　美國司令官핫지中將은　金九先生以外十四名의隨員이울에도착하였다고차하였다고　그隨員들은中國으로부터　個人의資格으로　七命中이든　多年間海外에서亡命中이든　幾先生과그隨員들은　個人의資格으로……

라디오放送에依하며　美國務省은　朝鮮의經濟的政治的統一을　急速히希望하며　三十八度分割로因한問題를　모스코蘇聯政府와協議하였다고한다·비네쓰美國務長官이……

朝鮮軍政長官에　삘·아놀드少將

社說

뭉치는것이힘

朝鮮人指導者와軍政當局의協力

朝鮮의自由와完全獨立의希望은三千萬朝鮮人의가슴에湧소슴치고있었다·그러나朝鮮의將來가過去四十年以來처럼으로새로운希望에차朝鮮의將來가……

海外消息

朝鮮人을全面的으로多數任命

朝鮮敎育制度를左와如히公報

한국민주당 선전부 〈조선인민공화국은 不認〉

현재 조선 내에 조선인민공화국이니 하여 마치 정식으로 정부가 수립된 것 같이 선전하여 인심을 현혹하는 일부 단체가 있는데 미군정부 정보부장 「헤이우드」씨는 13일 오후 5시 往訪한 본 당 선전부 책임자에게 현재 조선 내에는 미군정부 외에는 여하한 정부도 있을 수 없다고 다음과 같이 언명하였다.

헤이우드 정보부장 談

현재 조선 내에는 미군정부 외에는 여하한 정부도 있을 수 없다. 관념적으론 어떤 정부를 운운할 수 있으나 사실상 정부는 미군정부 외에는 있을 수 없다. 조선인민공화국 운운은 인정할 수가 없다.

朝鮮人民共和國은 不認
米軍政府情報部長談

現在朝鮮內에 朝鮮人民共和國이니하야 마치正式으로 政府가 樹立된것같이 宣傳하야 人心을眩惑하는 一部團體가있는데 米軍政府情報部長「헤이우드」氏는 今十三日午後五時往訪한 本黨宣傳部責任者에게 現在朝鮮內에는 米軍政府以外에 如何한政府도 있을수없다고 다음과같이 言明하얏다

해이우드情報部長談
現在朝鮮內에는 如何한政府도 있을수없다 觀念的으론 어떤 政府를 云云할수있을지나 事實上 政府는 米軍政府以外에는 있을수없다 朝鮮人民共和國云云은 認定할수가없다

韓國民主黨宣傳部

근대서지총서2 그림 115

삼일동지회 役員 명부

三一同志會役員名簿

顧問
吳世昌　權東鎮　金昌俶　金東洙　李甲成
崔棨鏑　崔雲芋　金歲壽　洪正植
金承學　李鐘岱　鄭仁果　金鴻亮

領首　都寅權

總務部　金始顯　金錫璜　洪景植　韓觀變

情報部　呂行烈　文昌趙　金弼洙　韋東植

組織部　崔益煥　張漢武　金時澤　黃中極

地方部　宋錫煥　金鳳源　楊濟五　李丙旭　金闐永　李明夏

外宣部　洪崑植　黃大闕　盧基崇　朴喜可

政經部　盧聖鶴　閔丙世　康益夏　金善亮

青年部　金築喆　吳雲起

各道代表
平安北道　崔榮鎬
平安南道　金義善
黃海道　李根錫
咸鏡北道　康鎮乾
咸鏡南道　張斗良
江原道　洪仁植
京畿道　權東鎮
忠淸北道　洪命憙
忠淸南道　李晩鐘
慶尙北道　金冕炳
慶尙南道　李相大
全羅北道　申鉉彰
全羅南道　李丙旭

근대서지총서2 그림 116

三千萬同胞에게

奮起하여라 團結하자 三千萬同胞여 己未運動에
獻身努力한 우리 三一同志는 勿論이고 同一精神의
愛國者여 오나라 우리 臨時政府는 二十七年前國
內三千萬同胞의 總意로 漢城에서 組織하야 海外
風霜에 惡戰苦鬪한 結果 列國의 公認으로 今日國
都漢城에 凱旋하엿다 同志여 우리는 다一갓치臨
時政府의 前衛隊가 되자 三千萬同胞여 우리는 決
死的으로 臨時政府傘下에서 一致團結하자 愛國
者여 모이라 우리國家의 自由獨立完成時期는 왓
다 國家重建에 妨害하는 反逆者들이여 國民的
良心이 잇거든 速히 反省하라 絕對로 容恕치
못한다 天聽은 至公無私하다

大韓民國二十七年十二月 日

大韓民國臨時政府萬歲
金九主席萬歲
三一同志會萬歲

三一同志會外宣部

檄!!

帝國主義의 敎育制度와 文化政
策은 그대로 남어있다 民族反逆者
들은 同胞에 또다시 奴隷敎育을 劃
策하고 있다 새 朝鮮의 民衆을 爲
한 敎育制度와 文化政策을 確立하
지 않으면 안된다 그리고 全同胞에
均等한 敎育의 機會를 주지 아니하면
안된다
國家負擔의 九個年以上의 義務
敎育實施!!
帝國主義의 走狗輩를 文化와 敎育
의 責任的 地位에서 逐出 하라!!
學園의 自治!! 硏究의 自由!!
學生의 政治活動의 自由!!

朝鮮共産党
京城市委員会

삼일동지회 外宣部 〈삼천만 동포에게〉 1945.12

분기해라 단결하자 삼천만 동포여 기미운동에 헌신 노력한 우리 삼일 동지는 물론이고 동일 정신의 애국자여 오너라. 우리 임시정부는 27년 전 국내 삼천만 동포의 총의로 한성에서 조직하여 해외 풍상에 악전고투한 결과 열국의 공인으로 금일 국도 한성에 개선하였다. 동지여 우리는 다 같이 임시정부의 전위대가 되자. 삼천만 동포여 우리는 결사적으로 임시정부 산하에서 일치단결하자. 애국자여 모여라. 우리국가의 자유독립완성시기는 왔다. 국가 중건에 방해하는 반역자들이여. 국민적 양심이 있거든 속히 반성하라. 절대로 용서치 못한다. 天聽은 至公無私하다.
대한민국임시정부 만세
김구 주석 만세
삼일동지회 만세

조선공산당 경성시위원회 〈격!!〉

제국주의의 교육제도와 문화정책은 그대로 남아있다. 민족반역자들은 동포에게 또다시 노예교육을 획책하고 있다. 새 조선의 민중을 위한 교육제도와 문화정책을 확립하지 않으면 안 된다. 그리고 전 동포에 균등한 교육의 기회를 주지 않으면 안 된다.
국가부담의 9개년 이상의 의무교육 실시!! 제국주의의 주구배를 문화와 교육의 책임적 지위에서 축출하라!! 학원의 자치!! 연구의 자유!! 학생의 정치활동의 자유!!

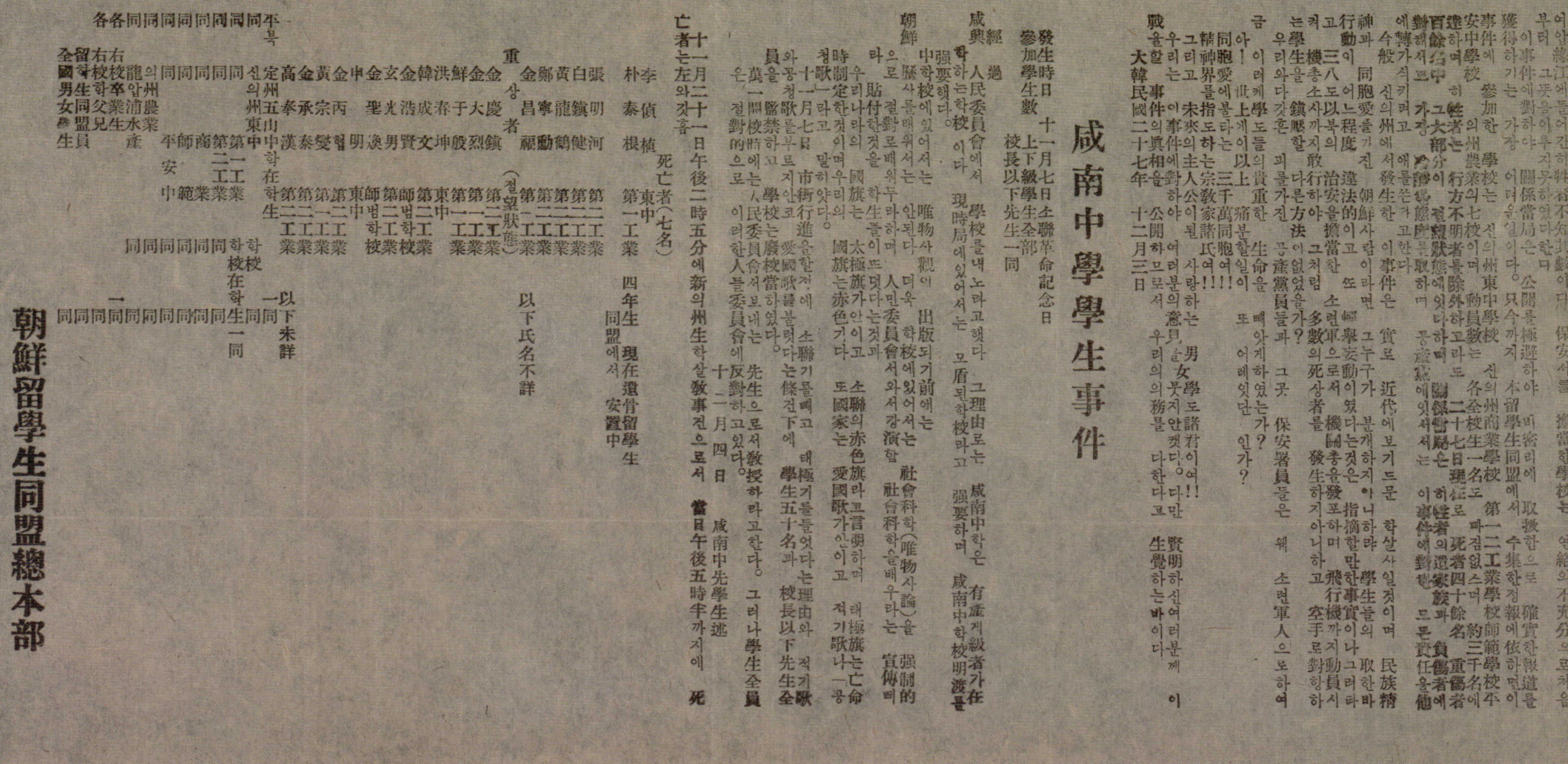

咸南中學學生事件

朝鮮留學生同盟總本部

조선유학생동맹총본부 〈신의주학생학살사건의 진상〉
1945.12

8월 15일 우리 조선이 일본제국의 유린으로부터 해방되자 38도라는 가장 불합리한 분할로 인하여 남북은 완전히 분단되어 38도 이북의 소식은 이남인이 알래야 알 수 없는 것이 現下의 정세일 것이다. 신의주학생사건이 발생된 지 이미 십여 일이 경과된 오늘날까지 아직도 38 이남에 이 진상이 공개되지 아니하였음은 대단히 유감한 일이다. 우리는 정당한 학생의 입장에 입각하여 천인이 공노할 이 사건에 대하여 의분을 느끼는 동시에 불편부당의 공정한 입장에서 이 사건의 진상을 만천하에 공개할 의분을 느끼는 바이다. 그러면 신의주학생학살사건이란 대개 어떠한 동기로 발생하였으며 그 경과와 결과는 어떠한가?

신의주에 蘇軍의 역사적 진주가 있은 이후로 그 지방의 행정 치안 기타 제 기관의 실권은 소위 자칭 공산주의자의 점유한 바 되어 그들의 정책 및 직접행동은 날이 갈수록 일반민중과 순진한 우리 학도들의 원한의 표적이 된 것이다.

구체적인 몇 가지만 이유를 든다면 대개 다음과 같다.

1. 모든 정책이 공산주의 그것만 옹호하며 전제적이요 탄압적인 것
2. 공산당은 일개 정당인데도 불구하고 공연히 무기를 소지하며 백색이라고 인정된 사람은 구금의 불법행위를 하는 것
3. 만주에서 나오는 우리 동포 전재민은 하룻밤의 숙소를 구하지 못하고 거리에서 방황하는 가련한 처지에 있는데도 불구하고 일본인의 가옥 및 기타 재산은 일부 권력 계급과 그의 친척 지기만이 점유하며 종전의 자기 가옥은 매도까지 하여 사리사욕을 취하는 것
4. 일본인 재산을 매도하여 이것을 공산당 경비에 사용하는 것
5. 식량대책에 있어서도 적절한 방책을 강구하지 못하여 자유판매도 금지하며 배급도 주지 아니하여 시민의 생활은 극도로 곤란하여짐에도 불구하고 정가배급의 특권을 일부 권력 계급만이 향유하는 것
6. 대부분의 관공서에는 스탈린 씨의 사진을 게시하여 종전에 일본 천황에 대한 그것과 같이 그 아래서 충성을 맹서하며 자칭 공산주의자들은 조선 만세보다 스탈린 대원수 만세 하기를 더욱 좋아하며 태극기보다 붉은기를 좋아하며 소련이 서북 조선에 있는 중요 공장의 기계 식량 기타 중요 물자 등을 국외로 運出하는 사실을 변호하는 사실
7. 공산주의 그것이 무엇인지도 능히 이해하지 못하는 假者 공산당원들 중에 소지한 무기를 악용하여 타인의 금전 재산을 약탈하는 등의 불상사가 빈번하게 발생하는 것

이와 같은 여러 가지 이유로 현상타파를 절실히 느낀 우리 학도들의 의분은 최고도에 달하였으며 지금 곧 폭발할 기세를 보이고 있었던 것이다.

이러한 때에 직접 신의주사건의 도화선이 된 것이 즉 정주 오산학생사건과 용암포사건이다.

정주 오산중학사건이란 즉 오산중학교 朱 교장이 11월 초순 전교생에게 질서 있고 평화한 이남의 현상을 소개하고 이북의 참상을 한심케 생각한다는 의미의 말을 하였다는 원인으로 보안서는 주 교장을 체포 감금하였다. 숭배하는 교장 석방을 요구하기 위하여 전교생은 보안서로 갔으나 보안서원은 불법하게도 발포까지 하여 이래로 학생과 署員 간에는 투쟁이 不絕하였다.

龍巖浦에는 신의주에서 약 10리 거리에 있는 소도시인데 이 용암포를 대표한 龍川郡 인민정치위원회 위원장은 李龍治인데 그는 그 배후에 있는 세력으로서 현재의 지위를 획득하여 사리사욕을 위하여 민중을 기만하고 억압함이 극심하였으므로 용암포에 있는 유일한 중등학교인 용암포수산학교 학생은 어느 웅변대회를 이용하여 그를 정면공격한 사실이 있었다. 그는 자기가 민중 앞에서 모욕을 받은 복수로 11월 중순 돌연히 수산학교 당국에게 교사를 무조건으로 내놓으라고 강요하였다. 교장 이하 전교생은 일치단결하여 신성한 교육기관을 무조건으로 양도할 수는 없다고 강경히 반대하였다. 그는 다시 공산당원과 소련 병사 2명을 학교에 보내어 교장을 위협하였으나 교장은 마침내 초지를 관철하고야 말았다. 그러나 이 위원장은 보안서로 하여금 교장 이하 교직원을 체포 감금케 하였다. 이에 수산학교 학생들은 이 위원장의 所爲에 분개하여 교장 이하 교직원의 석방문제 校舍문제 및 이 위원장의 파면 문제를 가지고 삼십여 명이 신의주 소련군 사령부에 가서 담판한 결과 어느 정도 유리한 조선으로 의기양양하여 애국가 만세를 唱和하면서 용암포로 돌아오게 되었다.

일행이 용암포 농민조합 앞으로 지나갈 때에 대기 중이던 농민조합원들이 학생들을 모욕함으로서 학생들과 농민 간에 일대 충돌이 발생하였는데 大衆寡不敵으로 삼십여 명 중 20명이 중상을 입어 그 자리에 넘어져 버렸다.

이 광경을 보던 용암포 제일교회 홍 장로는 중재에 힘썼으나 농민들은 이 놈 역시 자본주의자라 하여 난타하였으매 얼마 후에 절명하고 말았다. 이것이 바로 11월 20일이다. 이 사건을 전후로 용암포 일대의 애국단체 기독교회 목사사택 등은 좌익폭도의 습격하는 바 되어 피해 격심하며 난타로서 사망한 자 홍 장로 이하 4명이라 한다. 여기에 부언할 것은 무지한 농민들 배후에 그를 운전한 某 세력이 숨어있다는 것은 전후 사정에 비추어 보아서도 너무나 분명한 일일 것이다. 신의주 학생들에게 이 소식이 전해지자 신의주 학생들은 폭도들의 만행과 그 뒤에서 책동한 분자들의 비인도적 행위에 대하여 격분하는 동시에 중상을 입은 동지들을 위하여 동정의 눈물을 금치 못하였다 한다.

11월 23일 아침 각 학교위원들은 某 장소에 집합 토의한 결과 용암포에서 발생한 사건에 대하여 신의주 보안본부의 공산당 본부에서는 하등의 대책을 강구하지 않으며 오히려 폭도들의 폭행을 묵인하는 태도로 나아간 것은 그 이면에 어떠한 연락이 있음은 분명한 일이며 우리 학도들은 오늘날까지 평화적으로 그들의 각성을 바라고 있었으나 언론 집회 사상 결사 등에 대한 탄압은 날을 좇아 격심화하며 신성한 학원에까지도 그 魔手를 뻗어 인권을 유린하여 우리가 마땅히 향유해야 할 모든 자유를 구속하고 하물며 동지들을 打傷하여야 오직 실천만이 우리에게 남은 유일 최선의 수단이며 우리는 이때에 단연코 분기하여 공산당 중 부정분자와 건국의 장해물이 되는 거짓 애국자를 완전히 숙청하지 않으면 안 되겠다하여 그 구체안에 들어가서 同日 下午 2시를 期하여 공산당 본부와 인민정치위원회와 보안서를 습격하기로 각기 부서를 작정하였다.

약속한 시간이 되자 공산당을 담당한 제2공업학교와 사범학교 학생은 한손에는 태극기를 한손에는 적기를 들고 스탈린 우라!(만세)를 부르면서 쳐들어갔는데 한손에 적기를 들고 스탈린 만세를 부른 것은 우리는 反蘇도 아니요 反共도 아니라 다만 공산주의라는 미명하에 건국에 장해물이 되는 악덕분자를 숙청한다는 의미에 있었다한다. 학생들은 무기라는 것은 전연 있을 리 없고 하급생 중 일부는 돌을 가졌으나 대부분은 빈손으로 들어갔는데 당원은 처음부터 권총과 三八총을 난사하였다한다. 전투에 미경험한 하급생은 일시 퇴각하였으나 용감한 상급생은 퇴각한 하급생을 재차 집합시켜 이차공격을 감행하였는데 아! 그러나 처음부터 중립을 지켜 주리라고 믿었던 소련군의 발포! 학생들은 너무나 기가 막혀 일시는 말도 못하였다한다. 소련군은 처음에는 권총으로 발포하였으나 최종에는 72연발로서 가련한 우리 학생들에게 탄환의 세례를 주니 어린 학생들은 비명을 내며 그 다리에서 죽는 사람 중상을 입고 넘어지는 사람 진실로 형용할 수 없는 비참한 광경을 묻하였다한다. 희생자는 그 수를 더하고 소련군과 공산당원의 발포는 그치지 않으매 학도들은 하는 수 없이 눈물을 머금고 총퇴각을 하고야 말았던 것이다.

인민정치위원회를 담당한 동중과 제일공업은 포위를 완료하고 스탈린 우라!하고 외치며 습격하려고 하였는데 스탈린 우라! 소리와

기관총 소리가 동시에 낫다고 한다. 그곳에서도 학생들은 희생자만 남기고 결국 총퇴각하고 말았던 것이다. 의주 농업에서는 신의주로 향하여 행진해 오는데 돌연히 나타난 소련전투기 한 대가 저공비행을 하더니 학생들 위에 와서 꿈속에도 생각지 않은 機銃掃射를 감행하매 학생들은 四散되어 압록강에 들어간 희생자 부지기수이다. 보안서를 담당한 학교는 연락의 불충분으로 처음부터 그 뜻을 이루지 못하였다한다.

이 사건에 대하여 관계당국은 공개를 極避하여 비밀리에 취급함으로 확실한 보도를 획득하기는 가장 어려운 일이다. 지금까지 본 유학생동맹에서 수집한 정보에 의하면 이 사건에 참가한 학교는 신의주중학교 신의주상업학교 제1, 2공업학교 사범학교 평안중학교 의주농업의 7교이며 동원수는 각 전교생 1명도 빠짐없으며 약 삼천 명에 달하며 희생자는 행방불명자를 제외하고라도 27일 현재로도 사자 사십여 명 중상자 백여 명 중 그 대부분이 絶望狀態에 있다하며 관계당국은 희생자의 유가족과 부상자에 대해서도 가장 냉정한 태도를 취하며 공산당에 있어서는 이 사건에 대한 모든 책임을 他에 전가시키려고 애를 쓴다고 한다.

이번 신의주에서 발생한 이 사건은 실로 근대에 보기 드문 학살사건일 것이며 민족정신과 동포애를 가진 조선사람이라면 그 누가 분개하지 않으랴. 학생들의 취한 바 행동이 어느 정도 위법적이고 또 경거망동이었다는 것은 지적할 만한 사실이나 그렇다고 삼팔도 이북의 치안을 담당한 소련군으로서 기관총을 발포하며 비행기까지 동원시켜 기총소사까지 감행하여 그처럼 다수의 사상자를 발생지 않고 空手로 대항하는 학생을 진압할 다른 방법이 없었을까?

우리와 다 같은 피를 가진 공산당원들과 그곳 보안서원들은 왜 소련 군인으로 하여금 이렇게 학도들의 귀중한 생명을 빼앗게 하였는가?

아! 세상에 이 이상 통분할 일이 또 어디 있단 말인가?
동포애에 불타는 삼천만 동포여!!
정신계를 지도하는 종교가 諸氏여!!
그리고 미래의 주인공이 될 사랑하는 남녀 학도제군이여!!
우리는 이 사건에 대하여 여러분의 의견을 묻지 않겠다. 다만 현명하신 여러분께 이 전율할 사건의 진상을 공개함으로써 우리의 의무를 다한다고 생각하는 바이다.

함남중학학생사건
발생시일 11월 7일 소련혁명기념일
참가학생수 상하급생 전부 교장 이하 선생 일동

경과
함흥 인민위원회에서 학교를 내놓으라고 했다. 그 이유로는 함남중학은 유산계급자가 재학하는 학교이다. 현시구구에 있어서는 모순된 학교라고 강요하며 함남중학교 明渡를 강요했다.
중학교에 있어서는 유물사관이 출판되기 전에는 조선 역사를 배워서는 안 된다. 더욱 학교에 있어서는 사회과학(唯物史論)을 강제적으로 절대로 배워두라 라며 인민위원회서 와서 강연함 사회과학을 배우라는 선전삐라 첨부한 것을 학생들이 뜯었다는 것과 우리나라의 국기는 태극기가 아니고 고련의 적색기라고 언명하며 태극기는 망명시 제정한 것이며 우리의 국기는 적색기라 또 국가는 애국가가 아니고 적기가나 「공청가」라고 말하였다.
십일월 칠일 시가행진을 할 때에 소련 기를 빼고 태극기를 들었다는 이유와 적기가와 공청가를 부르지 않고 애국가를 불렀다는 조건하에 학생 50명과 교장 이하 선생 전원을 감금하고 학교는 폐교당하였다.
만일 개교시에는 인민위원회서 보내는 선생으로서 교수하라고 한다. 그러나 학생 전원은 절대적으로 이러한 인민위원회에 반대하고 있다.

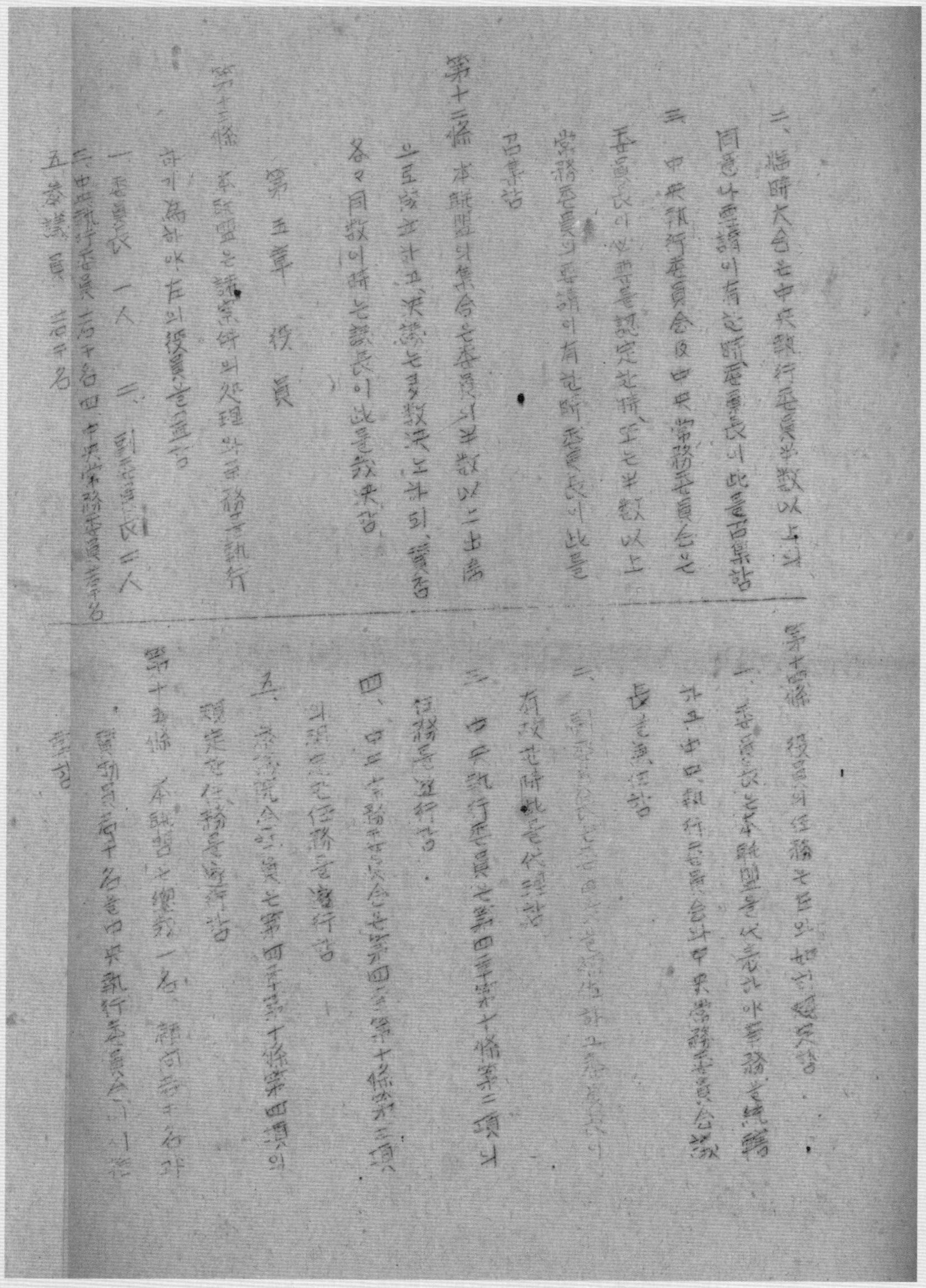

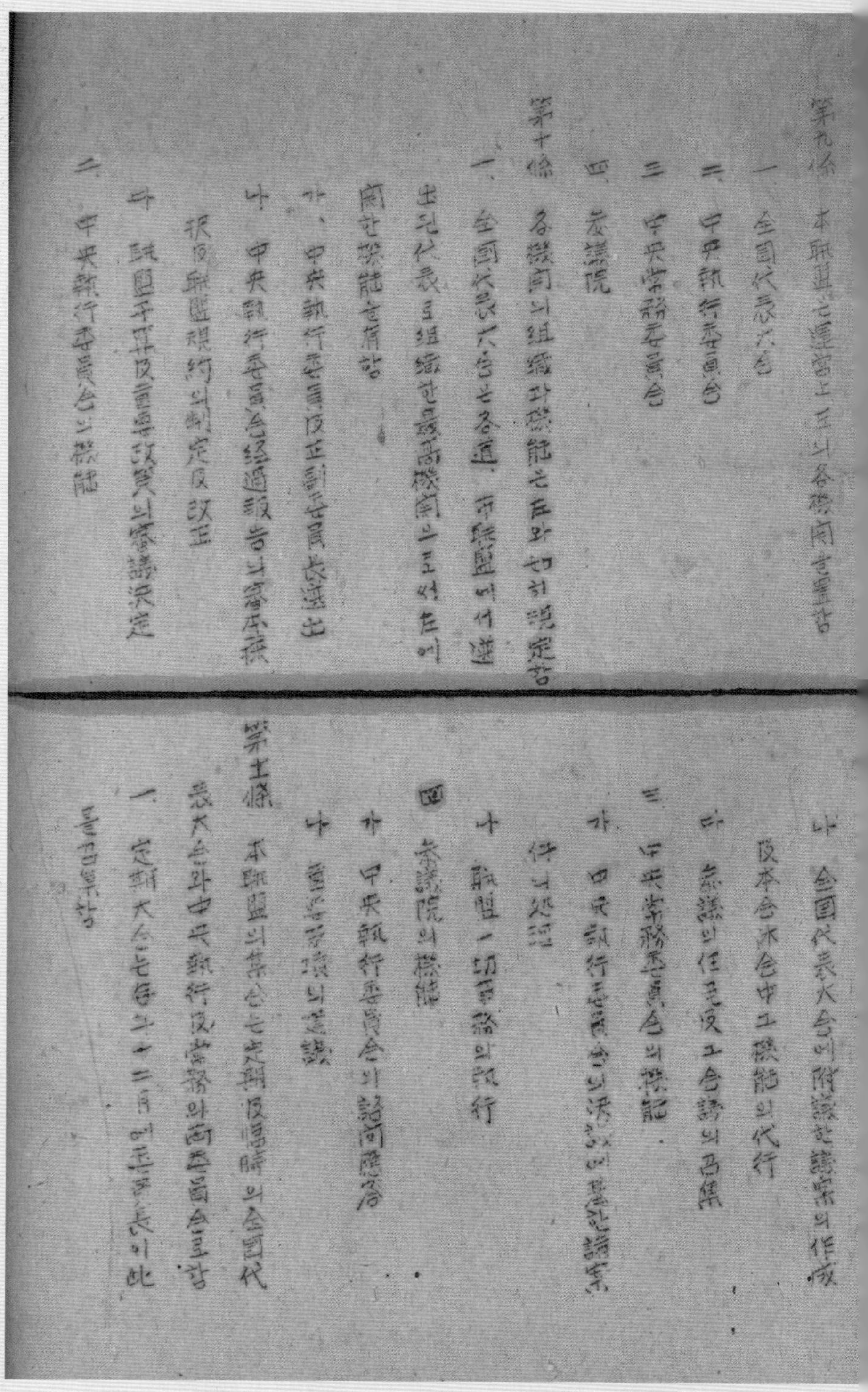

第九條　本聯盟은 … 左의 各機關을 設置함
一　全國代表大會
二　中央執行委員會
三　中央常務委員會
四　監察院

第十條　各機關의 組織과 職能은 左와 如히 規定함
一　全國代表大會는 …
[이하 各 機關의 職能에 관한 條項 — 판독 불가]

第十二條 …
第十三條 …

第五章　委員 …

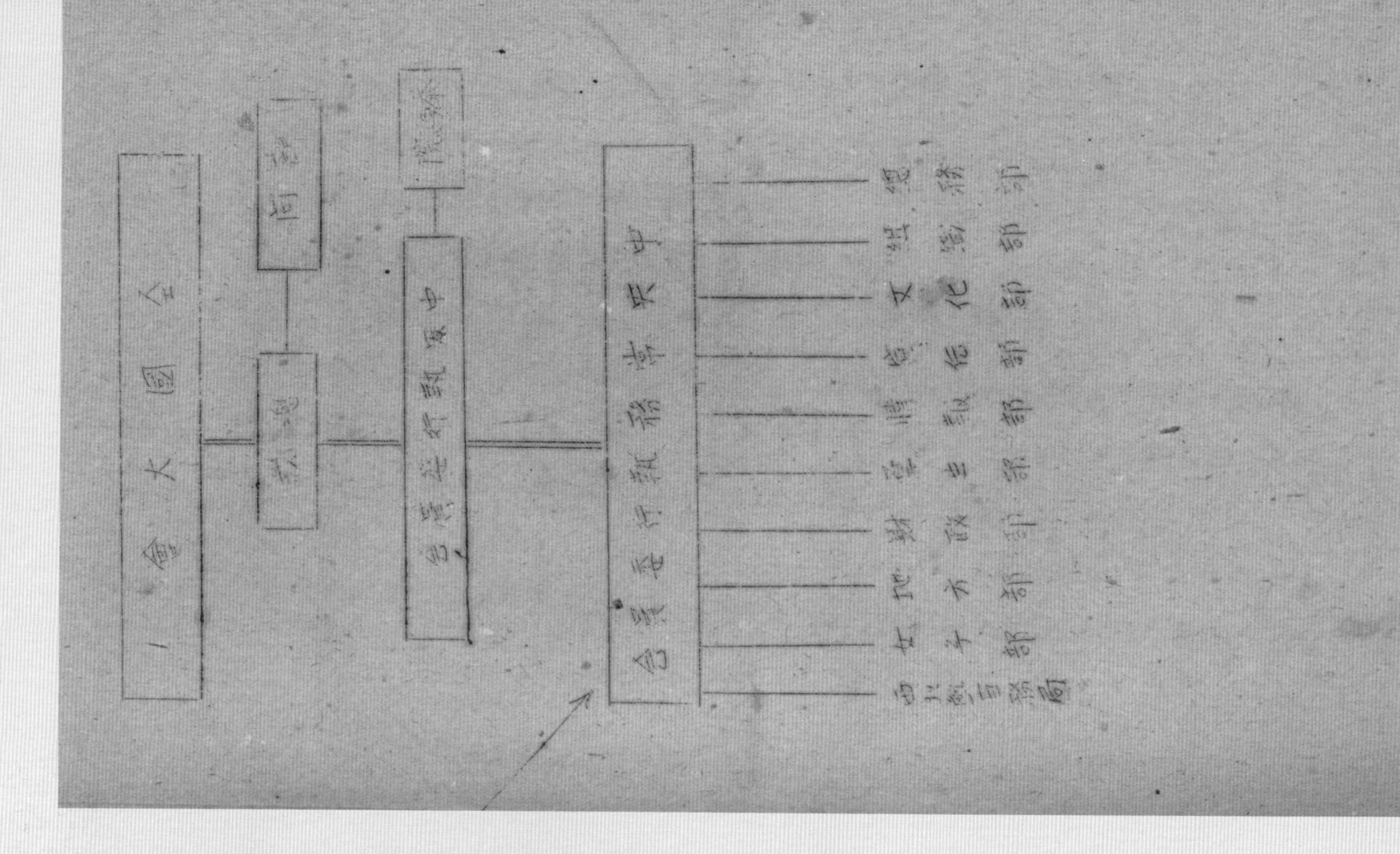

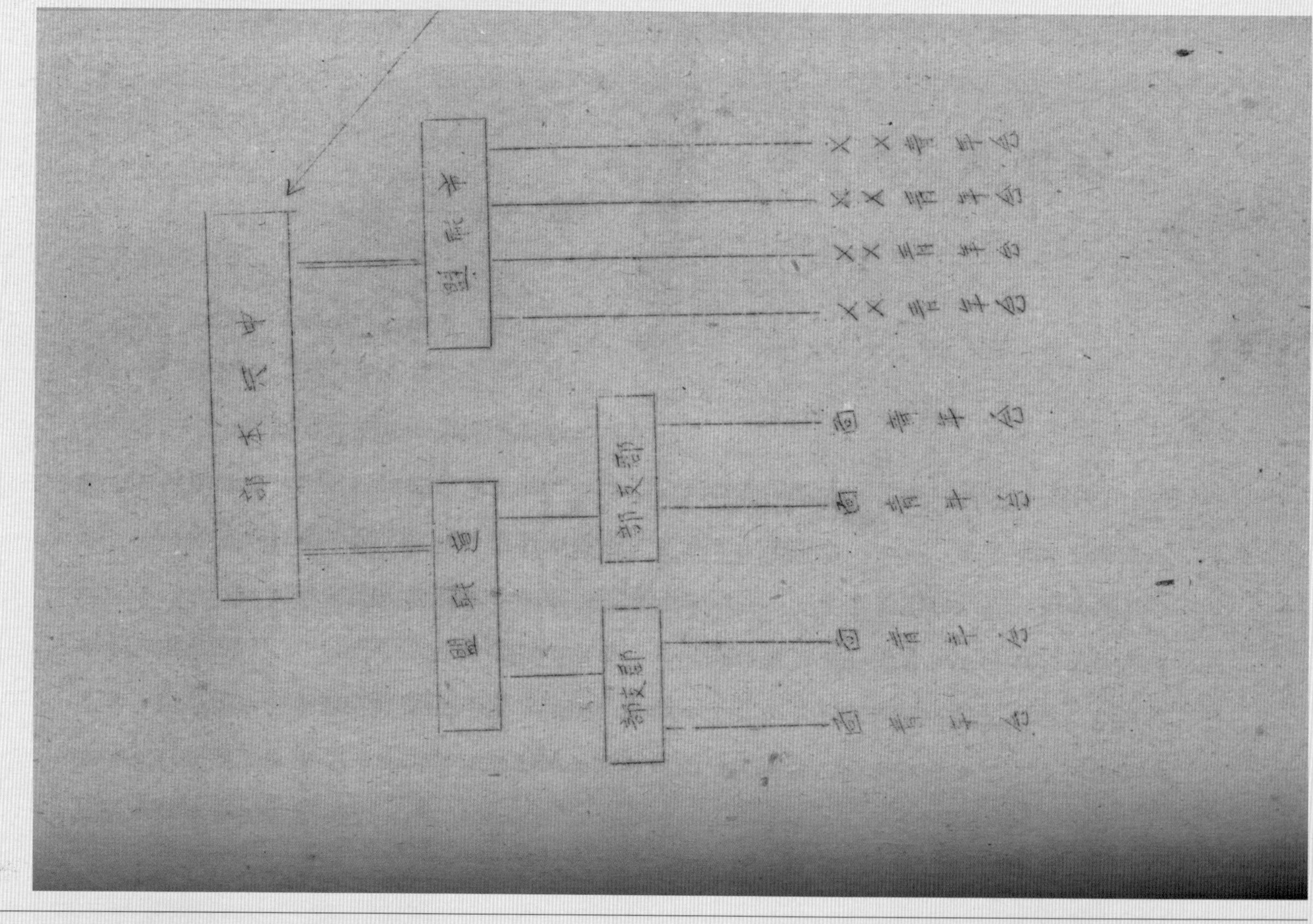

규약

제1장

제1조 본 연맹은 대한독립촉성청년총연맹이라 칭함
제2조 본 연맹은 본 연맹의 취지 강령을 관철함으로써 목적함
제3조 본 연맹은 본부를 서울시에 두고 도, 시(경성에 한하)에 연맹, 군, 도, 부에 지부를 置함

제2장 조직

제4조 본 연맹은 본 연맹의 취지 강령에 찬동하는 청년단체와 그에 협력하는 찬조원으로 조직함
제5조 본 연맹의 가맹 및 탈퇴는 중앙집행위원회 결의에 의함
제6조 본 연맹은 2개 도, 시 연맹 이상으로써 중앙본부를 구성하고 그 하부조직은 如左함
1) 도 연맹은 2개군, 島, 府 이상의 지부로써 조직함
2) 부, 군, 도 지부는 2개 면 청년단체 이상으로써 조직함
3) 시(경성에 한하) 연맹은 2개 이상 청년단체로써 조직함

제3장

제7조 본 연맹의 가맹 단체는 위원의 선거 및 피선거권을 有함
제8조 본 연맹의 가맹 단체는 본 규약을 준수할 의무를 有함

제4장 기관 및 집회

제9조 본 연맹은 운영상 左의 각 기관을 置함
1) 전국대표대회
2) 중앙집행위원회
3) 중앙상무위원회
4) 참의원
제10조 각 기관의 조직과 기능은 左와 如히 규정함
1) 전국대표대회는 각 도, 시 연맹에서 선출된 대표로 조직한 최고 기관으로써 左에 관한 기능을 有함
가. 중앙집행위원 및 正副 위원장 선출
나. 중앙집행위원회 경과보고의 심사 채택 및 연맹 규약의 제정 및 개정
다. 연맹 예산 및 중요 정책의 심의 결정
2) 중앙집행위원회의 기능
가. 중앙상무위원 선거
나. 전국대표대회에 附議한 議案의 작성 및 본회 휴회 중 그 기능의 대행
다. 參議의 任免 및 그 회의의 소집
3) 중앙상무위원회의 기능
가. 중앙집행위원회의 결의에 基한 諸案件의 처리
나. 연맹 일체 사무의 집행
4) 참의원의 기능
가. 중앙집행위원회의 자문 응답
나. 중요 사항의 建議
제11조 본 연맹의 집회는 정기 및 임시의 전국대표대회와 중앙집행 및 상무의 양 위원회로 함
1) 정기대회는 매년 12월에 위원장이 此를 소집함
2) 임시대회는 중앙집행위원 반수 이상의 동의나 요청이 有한 時 위원장이 此를 소집함
3) 중앙집행위원회 및 중앙상무위원회는 위원장이 필요를 인정한 시 또는 반수 이상 상무위원의 요청이 有한 時 위원장이 此를 소집함
제12조 본 연맹의 집합은 위원의 반수 이상 출석으로 성립하고, 결의는 다수결로 하되 贊否 각각 同數일 시는 의장이 此를 裁決함

제5장 役員

제13조 본 연맹은 諸案件의 처리와 사무를 집행하기 위하여 左의 역원을 置함
1) 위원장 1인
2) 부위원장 2인
3) 중앙집행위원장 약간 명
4) 중앙상무위원장 약간 명
5) 참의원 약간 명
제14조 역원의 임무는 左와 如히 규정함
1) 위원장은 본 연맹을 대표하여 사무를 통할하고 중앙집행위원회와 중앙상무위원회 의장을 겸임함
2) 부위원장은 위원장을 보좌하고 위원장이 有故한 時 此를 대리함
3) 중앙집행위원장은 제4장 제10조 제2항의 임무를 수행함
4) 중앙상무위원장은 제4장 제10조 제3항의 규정한 임무를 수행함
5) 참의원회 의원은 제4장 제10조 제4항의 규정한 임무를 수행함
제15조 본 연맹은 총재 1명, 고문 약간 명, 찬동원 약간 명을 중앙집행위원회에서 추대함

제6장 부서

제16조 본 연맹은 사무를 집행하기 위하여 左의 부서를 置함
1) 총무부 2) 조직부 3) 선전부 4) 정보부 5) 문화부
6) 지방부 7) 재정부 8) 여자부 9) 후생부 10) 西北鮮事務局
각 부, 국에는 부, 국장 1인과 약간명의 부원을 상임위원회에서 선임하여 部務를 처리케 함

제7장 재정

제17조 본 연맹의 재정은 기부금과 찬조금으로써 此를 충당함

부칙

제18조 본 규약은 전국대표 대회 출석 위원 3분의 2 이상의 동의에 의하여 개정함을 得함
제19조 중앙상무위원회는 사무집행의 만전을 기하기 위하여 세칙을 제정함을 득함

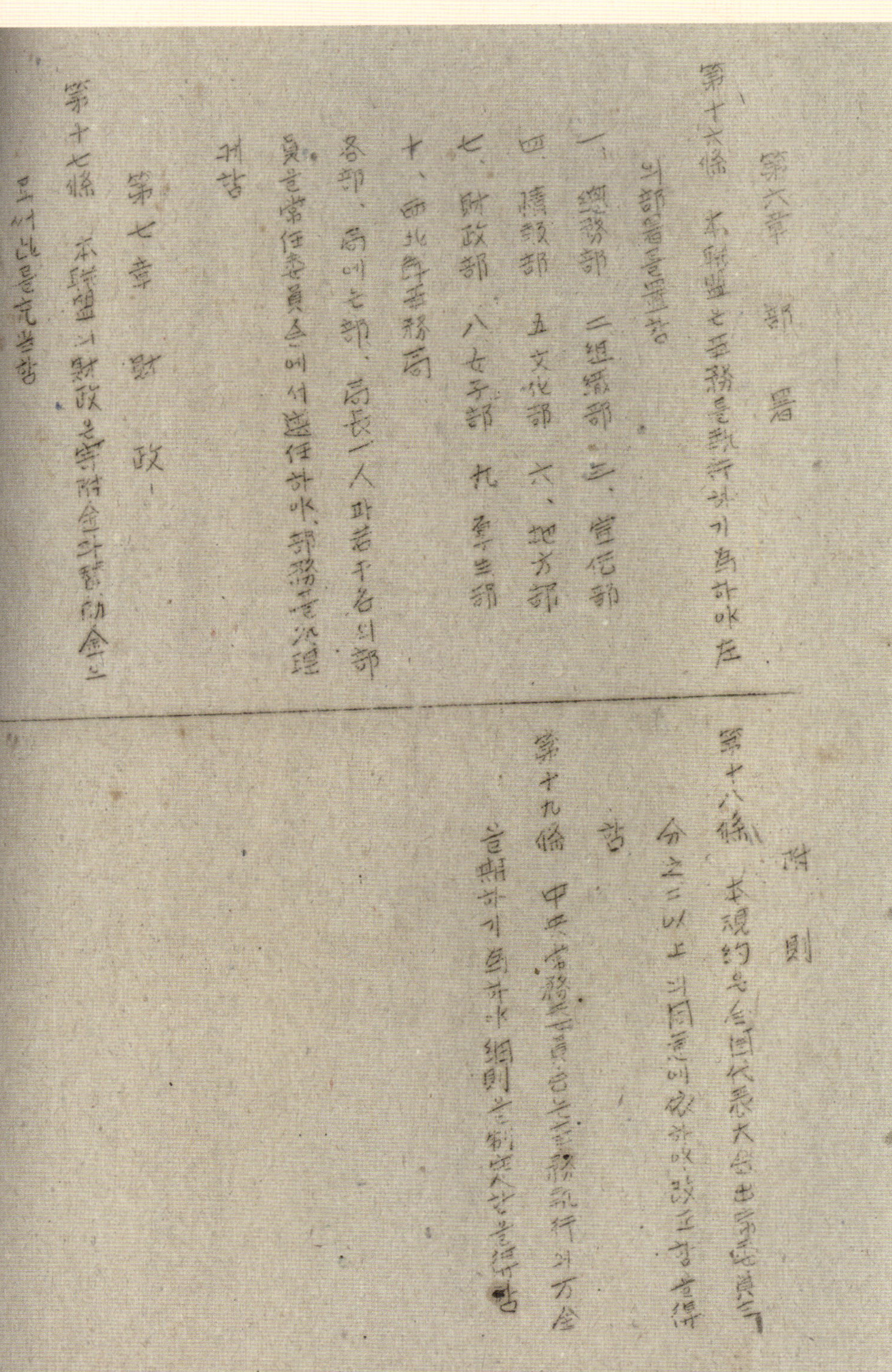

선언

시국은 청년을 손쳐 부른다.

혁명적인 열혈의 청년들은 이 天興의 好機를 잃지 않고 자주독립
의 대업을 완성코자 이에 궐기하였다. 현 단계에 국제정세와 건국
대한의 엄숙한 현실은 우리에게 민주주의 원칙에 의한 신국가의
건설을 요청하고, 강고한 협동에 의한 민족통일이 건국방략의 선
결요건인 것을 간파한 憂國의 투사는 자연으로 대한민국 임시정
부의 지지로 趨向할 것이며, 따라서 독립촉성에 헌신할 것이다. 모
든 煩鎖한 이론을 破碎하고, 단연코 실천에 일로로 돌진하자! 우
리들은 심신을 연마하여 건국청년으로서의 질적 향상에 노력하여
如上한 목적을 관철코자 청년운동을 전국적으로 전개시키려고 대
한독립촉성청년총연맹을 결성하였다.

굳건히 뭉쳐서 힘차게 싸우자!

모든 것을 우리 손으로 만들자.

강령

1. 우리는 민주주의 원칙에 의한 국가의 건설을 期함
2. 우리는 대한민국 임시정부를 지지하고 독립촉성에 헌신함
3. 우리는 심신을 연마하여 건국청년으로써 질적 향상에 노력함
4. 우리는 전국 청년 전선 통일을 期함
5. 우리는 국제 청년 단체와 제휴하여 세계평화 옹호에 노력함

그렇다고 해서 虛僞提說에 그릇引導된
조선愛國者여러분을 痛責하려는意思도없다.

一九四五年十二月十二日

在朝鮮美國駐屯軍最高指揮官

陸軍中將 쫀·알·하—지

聲明書

朝鮮의 安定과 獨立을 向하야나가는 進路에 繼續的으로생기는 誤解와 遲延을 禁할必要가있어 나는周到한諒解와 熟考를할後 여려분에게 이聲明을發表한다 이聲明을하는데있어서 나는朝鮮땅에서나신 여러분들이熱望하시는것과같아 나도 朝鮮의 完全永久한 自由獨立을熱望하고왓다고하는것을 여러분各自에게 確言하고싶다。여러분들과의 充分한諒解가있고 이우리는그目標에達할수가있는것이다。

이나의指揮밑에있는美軍이 朝鮮에처음進出할때에 美軍의使命과地位에對하야 局部的으로 誤解가있었니。이誤解가 豫想치못한 難險을持來하야 及其他朝鮮을爲하여 努力하는 우리의努力에까지 支障이있도록되였다。나의朝鮮과 朝鮮歷史와 朝鮮民族에對한 知識을미루워 이모든難險은 全혀誤解로因하여생긴것으로 確信햇든것이다。그럼으로나는 모든그릇된일에寬容과堅忍햇스며 또한 朝鮮의 自由와獨立을 明白히懇望하는 朝鮮大衆의誠實과善意를信任해왓엇다。나의堅忍에마츰내成果가생겻다。이는誤解의大部分은 眞正한動機에서생겻든것이요 只今은 그誤解가 거진다 — 一掃될까닭이다。

나의統率한美軍이 朝鮮에進出하기前에 朝鮮人民共和國이라는團体가 組織되였다。이團体의 名稱이表示하는바와같이 團體의行動이指示하는바와같이 이團體는한政黨이라는이보다 오히려政府로組織된것이다。그리고 이團體의指導者들도 朝鮮人에게 이것이 그들의新政府라고 宣傳한것이다。이것이 民間에많은誤解의原因이되였고 朝鮮獨立을援助하려는 나의努力에도 支障이되어왓다。이團員中에는 非難할餘地가없을만한 理解를가지고 多年間日本統治에反抗하여 不斷奮鬪한愛國志士도있다。그러나 이團體는多數한 朝鮮民衆에게 自己네가 朝鮮을統治하는것같이 밋도록 그團體를組織하고 運用해온것이다。이團體가聯合國에서 그런職權을가지고 政府의職能의一部라도引受햇다는것은 그團體指導者들이 現勢를잘理解치못한듯한点도있지만은 그들의過失이 過失이 行動으로因하야생기는誤解로 어떤群衆은 朝鮮人民共和國旗幟下에 軍政에反抗하며 또 反對까지도해왓다。그리하야 우리가다 — 갈아渴望하는 朝鮮獨立達成을實地로遲延시켯고 여러분의나라의 經濟安定樹立에도 重大한遲延이있게되였다。그러나 이러한群衆이다 — 朝鮮人民共和國正國員이라고밋기는 어려운일이다。

朝鮮人民共和國指導者와 累次會談한結果 그들도이런事態를잘안다고表示햇고 잘못햇다는것도自認햇고 十一月二十日 京城에다 自己네代表者大會開催만 내가許諾해준다면 自己네團體를 오직한政黨으로反再組織하여 또한거름더나가 自己네團員에게도 모든誤解가없도록하겟고 自己네正團員은 將來行動으로 軍政에協助하겟다는것을 保障하겟노라고 내게言約한것이다。그指導者들은 自己네言約을 充分히實行하리라는것과 朝鮮의福利를爲하여 自己네의私慾을超越하여 努力하리라는点에 나는充分한信任을가지고 그들의大會를許諾햇고 警察로 그大會를保護하기까지해 준것이다。

그大會가끝난後에 나는매우놀낫고 失望하였다。웨그런고하니 비록말로는軍政을돕고 協力한다고해슬지라도 指導者와代表者를 그大會를 이리저리利用하여 自己네의團體가 朝鮮政府인것같이한層더—自己네 勢力을擴大시킨것이다。그리고軍政廳은 自己네의團體가政府로行하려고하는데에 助長하고 敎唆한다는暗示를주엇다 그리하여 各地에있는朝鮮人心中에 적지않은混亂狀態를남겨노은가닭이다。換言하면事態를完全히明朗化하겟다든 自己네의約束을 적이지않은것이다。

이失信이있은까닭으로 나는오래동안참고생각한後 公衆의諒解를爲하여 聲明의必要를늣긴것이다。朝鮮人民共和國은 그自體가取擇한名稱如何를不問하고 어떤意味에서든지 『政府』도아니고 그리한職能을執行할 何等權利가없다。南部朝鮮에서作用하는 唯一한 政府는 聯合軍最高指揮官의 命令에依하여 樹立된軍政이있을뿐이다。그軍政의任務는 日本降伏條件을實行하며 破壞된朝鮮內日本 政府를代身하여 健全한朝鮮經濟機을세우며 朝鮮人의 朝鮮으로 朝鮮人을爲한統一한主權政府가세울수있는 그朝鮮獨立의길을 고 安定시키는데있었다。

朝鮮內에있는美國人과 軍政은 政黨이나 政綱을가지고 是非를하자는것도아니요 우리는政綱도 意思도 計劃도없다。어떤政黨이든지 合法的으로 政治運動을해간다면 그것을彈壓하거나 何等拘束하려는 希望도 意思도 計劃도없다。

그러나 앞으로 朝鮮民衆이다시 그릇引導되여 誤解를가지지않게하기爲하여 眞實을明白히말하도록 될것이다。

해주리라는 것과 朝鮮의 福利를 爲하야 自己네의 私慾을 超越하야 努力하리라는 點에 나는 充分한 信任을 가지고 그들의 大會를 許諾햇고 警察로 그 大會를 保護하기까지 한 것이다. 完全한 協力과 諒解가 成立되리라는 나와 同一한 信念을 가지고 아ー놀드少將도 그 大會開會式에 參席햇든 것이다.

그 大會가 끝난後에 나는 매우 놀뎃고 失望하였다. 웨 그런고 하니 비록 말로는 軍政을 돕고 協力한다고 해슬지라도 指導者와 代表者들은 그 大會를 이리저리 利用하야 自己네의 團體가 朝鮮政府인 것 같이 한層 더ー 自己네를 擴大시킨 것이다. 그리고 軍政廳은 自己네의 團體가 政府로 行勢하며 고 하는데에 助長하고 敎唆한다는 暗示를 주었다. 그리하야 各地에 있는 朝鮮人心中에 적지않은 混亂狀態를 남겨노은 싸닭이다. 換言하면 事態를 完全히 明朗化하겟다든 自己네의 約束을 짐이지 않은 것이다.

이 失言이 있은 싸닭으로 나는 오래동안 참고 생각한後 公衆의 諒解를 爲하야 聲明의 必要를 늣긴 것이다. 朝鮮人民共和國은 그 自體가 取擇한 名稱 如何를 不問하고 어쩐 意味에서든지 「政府」도 아니고 그러한 職能을 執行할 何等權利가 없다. 南部 朝鮮에서 作用하는 唯一한 政府는 聯合軍最高指揮官의 命令에 依하야 樹立된 軍政이 잇을 뿐이다. 그 軍政의 綱의 自由를 明白히 밋는다. 어떤 政黨이든지 合法的으로 政治運動을 해간다면 그것을 彈壓하거나 何等拘束하려는 希望도 意思도 計劃도 없다. 그러나 앞으로 朝鮮民衆이 다시 그릇 引導되야 誤解를 가지지 않케하기 爲하야 事實을 明白히 말하도록 됏 것이다.

나는 朝鮮의 統一과 將來에 깊은 關心을 가지고 있다. 나와 나의 將兵은 朝鮮建國을 爲하야 努力하고 있으며 充實하고 鞏固한 基礎우에 세운 朝鮮을 여러분에게 넘겨드디려고 한다. 앞으로 올 誤解와 假裝된 騷動을 防止하기 爲하야 어떠한 政黨이든지 政府로 行勢해보려는 行動이 있다면, 이것은 非法的行動으로 取扱하도록 하라고 나는 美駐屯軍과 軍政廳에 命令을 내렷고 美軍占領地域內 어느곳에서든지 聯合軍의 明示賦與한 權利가 없이 政府行勢를 하는 政黨이 잇도록 保障하기 爲하야 必要한 萬般措置를 即時해 노라고 命令을 내렷다. 이 指示는 어떤 團體의 合法的活動이나 또 政黨이 政黨으로만 活動한다면 거기 對하야 어떤 모양으로나 干涉을 하려는 것은 아니다.

그럿타고 해서 虛僞提說에 그릇 引導된 朝鮮愛國者 여러분을 痛責하려는 意思도 없다.

一九四五年十二月十二日

在朝鮮美國駐屯軍最高指揮官
陸軍中將 쩐·알·하ー지

재조선미국주둔육군최고지휘관 육군중장 하지 〈성명서〉
1945.12.12

조선의 안정과 독립을 향하여 나가는 진로에 계속적으로 생기는 오해와 지연을 금할 필요가 있어 나는 주도한 생각과 숙고를 한 후 여러분에게 이 성명을 발표한다. 이 성명을 하는 데 있어서 나는 조선 땅에서 나신 여러분이 열망하고 있다하는 것과 같이 나도 조선의 완전영구한 자유독립을 열망하고 있다하는 것을 여러분 각자에게 확인하고 있다. 여러분들과의 충분한 양해가 있고야 우리는 그 목표에 달할 수가 있는 것이다.

나의 지휘 밑에 있는 美軍이 조선에 처음 진출할 때에 미군의 사명과 지위에 대하여 국부적으로 오해가 있었다. 이 오해가 예상치 못한 難險을 拯來하여 급기야 조선을 위하여 노력하는 우리의 노력에까지 지장이 있도록 되었다. 나의 조선과 조선 역사와 조선민족에 대한 지식을 미루어 이 모든 난험을 전혀 오해로 인하여 생긴 것으로 확신했던 것이다. 그러므로 나는 모든 그릇된 일에 관용과 견인했으며 또한 조선의 자유와 독립을 명백히 갈망하는 조선대중의 성실과 선의를 신임해 왔다. 나의 간인에 마침내 성과가 생겼다. 이는 오해의 대부분은 진정한 동기에서 생겼던 것이요 지금은 그 오해가 거의 다 일소된 까닭이다.

나의 통솔한 미군이 조선에 진출하기 전에 조선인민공화국이라는 단체가 조직되었다. 이 단체의 명칭이 표시하는 바와 같이 이 단체의 행동이 지시하는 바와 같이 이 단체는 한 정당이라느니 보다 오히려 정부로 조직된 것이다. 그리고 이 단체의 지도자들도 조선인에게 이것이 그들의 신정부라고 선전한 것이다. 이것이 민간에 많은 오해의 원인이 되었고 조선독립을 원조하려는 나의 노력에도 지장이 되어왔다. 이 단원 중에는 비난할 여지가 없을 만한 이상을 가지고 다년간 일본통치에 반항하여 不屈不撓한 애국지사도 있다. 그러나 이 단체는 多數한 조선민중에게 자기네가 조선을 통치해 가는 것 같이 믿도록 그 단체를 조직하고 운용해 온 것이다. 이 단체가 연합국에서 그런 직권을 받지 않고 정부의 직능의 일부라도 인수했다지만 그 단체 지도자들이 現勢를 잘 이해치 못한 듯한 점도 있지만은 그들의 과실은 과실이다. 어찌되었든 조선인민공화국의 명칭과 행동으로 인하여 생기는 오해로 어떤 군중은 조선인민공화국 기치하에 군정에 반항하여 또는 공공연히 혹은 비밀리에 군정행정에 반대까지도 했다. 그리하여 우리가 다같이 갈망하는 조선독립 달성을 실지로 지연시켰고 여러분의 나라의 경제안정책 수립에도 중대한 지연이 있게 되었다. 그러나 이러한 군중이 다 조선인민공화국 正團員이라고 믿기는 어려운 일이다.

조선인민공화국 지도자와 누차 회담한 결과 그들도 이런 사태를 잘 안다고 표시했고 잘못했다는 것도 자인했고 11월 20일 경성에다 자기네 대표자 대회 개최로 내가 허락해준다면 자기네 단체를 오직 한 정당으로만 재조직하여 조선민중에게 자기네 태도를 명시하겠고 또 한걸음 더 나아가 자기네 단원에게도 모든 오해가 독립준비와 경제안정책 수립에 있어 군정에 협조하겠다는 것을 보장하겠노라고 내게 언약한 것이다. 그 지도자들은 자기네 언약한 바를 충분히 실행하리라는 것과 앞으로 생길 오해를 제거하기에 자기네의 전력을 다하여 신의 있게 해주리라는 것과 조선의 복리를 위하여 자기네의 사욕을 초월하여 노력하리라는 점에 나는 충분한 신임을 가지고 그들의 대회를 허락했고 경찰로 그 대회를 보호하기까지 해준 것이다. 완전한 협력과 양해가 성립되리라는 나의 동일한 신념을 가지고 아놀드 소장도 그 대회개회식에 참석했던 것이다.

그 대회가 끝난 후에 나는 매우 놀랐고 실망하였다. 왜 그런가 하니 비록 말로는 군정을 돕고 협력한다고 했을지라도 지도자와 대표자들은 그 대회를 이리저리 이용하여 자기네의 단체가 조선정부인 것 같이 한층 더 자기네를 확대시킨 것이다. 그리고 군정청은 자기네의 단체가 정부로 행세하려고 하는 데에 조장하고 敎唆한다는 암시를 주었다. 그리하여 각지에 있는 조선인심 중에 적지 않은 혼란상태를 남겨놓은 까닭이다. 환언하면 사태를 완전히 明朗化하겠다던 자기네의 약속을 지키지 않은 것이다.

이 失言이 있은 까닭으로 나는 오랫동안 참고 생각한 후 公衆의 양해를 위하여 성명의 필요를 느낀 것이다. 조선인민공화국은 그 자체가 取擇한 명칭 여하를 불문하고 어떤 의미에서든지 「정부」도 아니고 그러한 직능을 집행할 하등 권리가 없다. 남부 조선에서 작

在朝鮮美國駐屯陸軍最高指揮官하ー지中將

聲明書

朝鮮의 安定과 獨立을 向하야 나가는 進路에 繼續的으로 생기는 誤解와 遲延을 禁할必要가잇어 나는 周到한 생각과 熟考를한後 여러분에게 이聲明을 發表한다 이 聲明을 하는데 잇어서 나는 朝鮮땅에서 나신 여러분들이 熱望하시는것과같이 나도 朝鮮의 完全永久한 自由獨立을 熱望하고잇다 하는것을 여러분 各自에게 確言하고잇다 여러분들과의 充分한 諒解가잇고야 우리는 그目標에 達할수가 잇는것이다。

나의 指揮밑에 잇는 美軍이 朝鮮에 처음進出할 때에 美軍의 使命과 地位에 對하야 이들 部的으로 誤解가 잇었다。이 誤解가 豫想치못한 難險을 持來하야 及其他 朝鮮을 爲하야 努力하는 우리의 努力에까지 支障이 잇도록 되였다。나의 朝鮮과 朝鮮歷史와 朝鮮民族에 對한 知識을 미루워 이 모든 難險은 全혀 誤解로 因하여 생긴것으로 確信햇든것이다。그럼으로 나는 모든 그릇된일에 寬容과 堅忍햇스며 또한 朝鮮의 自由와 獨立을 明白히 懇望하는 朝鮮大衆의 誠實과 善意를 信任해왓엇다。나의 堅忍에 마츰내 成果가 생겻다。이는 誤解의 大部分은 眞正한 動機에서 생겻든것이오 只今은 그 誤解가 거진다ー一掃된 까닭이다。

나의 統率한 美軍이 朝鮮에 進出하기前에 朝鮮人民共和國이라는 團體가 組織되었다。이 團體의 名稱이 表示하는바와같이 이 團體의 行動이 指示하는 바와같이 이 團體는 한 政黨이라든이보다 오히려 政府로 組織된것이다。그리고 이 團體의 指導者들도 朝鮮人에게 이것이 그들의 新政府라고 宣傳한것이다。이것이 民間에 많은 誤解의 原因이되였고 朝鮮獨立을 援助하려는 나의 努力에도 支障이되여왓다。이 團員中에는 非難할 餘地가 없을만한 理想을 가지고 多年間 日本統治에 反抗하여 不斷奮鬪한 愛國志士도 있다。그러나 이團體는 多數한 朝鮮民衆에게 自己녀가 朝鮮을 統治해가는것같이 맺도록 그團體를 組織하고 運用해 온 것이다。이 團體가 聯合國에서 그런職權을 받지않고 政府의 職能의 一部라도 引受햇다는것은 그 團體指導者들이 現勢를 잘理解치못한듯한點도 있지만은 그들의 過失은 過失이다。엇지되였든 어떤 群衆은 朝鮮人民共和國의 名稱과 行動으로 因하야 軍政에 反抗하며 또는 公公然히 或은 秘密裡에 軍政行政에 反對 까지도 해왓다。그러나 이러한 群衆이 다ー朝鮮人民共和國正團員이라고 믿기는 어려운 일이다。

그리하야 우리가 다ー같이 渴望하는 朝鮮獨立達成을 實地도 遲延시컷고 여러분의 나라의 經濟安定策 樹立에도 重大한 遲延이잇게되였다。

朝鮮人民共和國指導者와 累次會談한結果 그들도 이런 事態를 잘 안다고表示햇고 잘못햇다는것도 自認햇고 十一月二十日京城에다 自己녀代表者大會開催만 내가 許諾해준다면 自己녀團體를 오직 한 政黨으로만 再組織하야 朝鮮民衆에게 自己녀 態度를 明示하겟고 또한거름 더나가 自己녀 團員에게 自己도 모든 誤解가 없도록 하겟고 自己녀 正團員은 將來 行動으로 朝鮮의 獨立準備와 經濟安定策 樹立에 있어 軍政에 協助하겠다는것을 保障하겠노라고 내게言約한것이다。그 指導者들은 自己녀言約한 바를 充分히 實行하려라는것과 앞으로 생길 誤解를 除去 하기에 自己녀의 全力을 다하야 信義있게

용하는 유일한 정부는 연합군최고지휘관의 명령에 의하여 수립된 군정이 있을 뿐이다. 그 군정의 임무는 일본 降伏條文을 실행하며 폐지된 조선 내 일본정부를 대신하여 건전한 조선경제책을 세우며 조선인의 조선인으로 조선인을 위한 통일한 주권정부가 세울 수 있는 그 조선독립의 길을 닦고 안정시키는 데 있다.

조선 내에 있는 미국인과 군정은 정당이나 정강을 가지고 시비를 하자는 것도 아니요 탄압하자는 것도 아니다. 우리는 정강의 자유를 명백히 믿는다. 어떤 정당이든지 합법적으로 정치 운동을 해간다면 그것을 강압하거나 하등 구속하려는 희망도 의사도 계획도 없다. 그러나 앞으로 조선민중이 다시 그릇 인도되어 오해를 가지지 않게 하기 위하여 사실을 명백히 말하도록 된 것이다.

나는 조선의 통일과 장래에 깊은 관심을 가지고 있다. 나와 나의 장병은 조선건국을 위하여 노력하고 있으며 충실하고 공고한 기초 위에 세운 조선을 여러분에게 넘겨드리려고 한다. 앞으로 올 오해와 가장된 소동을 방지하기 위하여 어떠한 정당이든지 정부로 행세해 보려는 행동이 있다면 이것은 비법적 행동으로 취급하도록 하려고 나는 美駐屯軍과 美政廳에 명령을 내렸고 미군점령지역 내 어느 곳에서든지 연합군의 明示賦與한 권리가 없이 정부행세를 하는 정당이 없도록 보장하기 위하여 필요한 만반조치를 즉시 해놓으라고 명령을 내렸다. 이 지시는 어떤 단체의 합법적 활동이나 또 정당이 정당으로만 활동한다면 거기 대하여 어떤 모양으로나 간섭을 하려는 것은 아니다.

그렇다고 해서 虛僞提設에 그릇 인도된 조선애국자 여러분을 통책하려는 의사도 없다.

共同鮮體宣言

우리는 정당의 분립이 민족 분열의 요인이 될 위험성이 있고 자주
독립의 시기를 지연시키는 大癌이 됨을 正覺한 지 오래다. 主義政
綱이 상이하면 별개 정당의 존재적 가치도 있겠지만 동일한 정치
이념을 파악한 정당이 수십 개나 난립함은 민족의 총력을 분산시
키는 외에 하등의 의의가 없다. 우리는 小我를 버리고 大我에 就하
여 민족적 총역량을 집결하여 민족의 지상명령인 민족자주독립을
전취하여 완전한 민주주의적 민족국가를 건설함에 혼신의 심혈을
경주하기로 결심하였다. 이 숭고 지대한 이상을 실천하기 위하여
각 정당대표는 정당합동준비위원회를 조직하고 약 2개월간 성심
토의한 결과 각 당은 완전히 발전적 해소를 단행하고 新黨을 결성
함에 일로매진하여 신당은 12월 14일을 기하여 결당대회를 개최
하였음으로 결당에 앞서 左記 여러 당은 삼천만 동포에게 완전해
체를 선언한다.

삼일당, 농민당, 대한민국국민당, 한민자유당, 대한신민당, 신조선
당, 조선해방동맹, 조선건국협찬회, 민일당, 조선민주당, 대한인민
정치당, 신민당, 백협노동당, 우국동맹, 한국혁신당, 고려청년당,
조선민족당, 한국민족당, 한국공화당, 고려사회민주당, 대한민정
당, 귀일당

新韓民族黨宣言

전 조선의 전투적 애국자의 조직인 신한민족당은 자기의 정치적
신조와 견해를 국민의 면전에 披歷하여 민족적 자유와 자중을 지
향하는 분투하며 있는 삼천만 형제자매에게 불러 외치노라.
지배하의 36년간 그 단말마적 악랄한 지배과정은 전 민족의 완전
해소정책으로 일관되었던 것이며 그 抑壓 輕侮 賤待는 개인 또는
특정한 계급에만 한한 것이 아니었으며 조선민족적인 모든 것을
최후의 한 조각까지 파괴하고 섬멸하려고 한 것이었다.
이 준험한 민족운명의 시련 속에서 고난을 거듭해오던 우리는 今
次의 세계전쟁이 국제팟쇼제국주의群의 패배로 종국됨에 이르러
비로소 억압자 일본의 기반에서 해방됨을 얻었다. 그러나 우리에
게도 자기의 운명을 스스로 결정할 수 있는 민족자주의 모든 권능
이 掌中에 획득되어있지는 않다.
다만 그것의 가능성이 우리의 눈앞에 전개되어있는 역사적 순간
계기에 처하여 있다.
보라 米英的인 민주주의 세력과 蘇聯的인 민주주의 세력의 상호
대립 모순마찰의 국제성은 숙명적인 38도선을 중심으로 우리의
강토를 양단하여 단일국가 단일민족인 조선으로 하여금 완연 異
國을 형성하였으며 정치적으로는 서로 대척적인 성격을 가진 두
강국에 의하여 분할되어 양대세력의 세계적 縮圖를 현현하여 조
선민족사회의 분열을 초래하고 있다. 그리고 미영적인 영향과 소
련적인 영향의 상극마찰로써 현현되는 대립모순은 조선민족사회
의 不統一과 혼란을 유발하여 다시금 중대한 민족적 불행이 우리
의 눈앞에 전대되려 하고 있다.
이와 같은 모든 국제적 착잡한 영향하에 처한 조선민족은 여하히
이 중대한 민족적 위기와 운명을 자주적으로 해결하며 개척하여
우리 민족국가의 장래 운명을 결정할 것인가 하는 결정적인 역사
적 중대한 계기에 직면하고 있나니 우리는 전 민족의 총역량을 영
웅적인 여러 혁명요소와 굳게 결부시켜서 우리 민족의 완전자주
독립획득운동을 효과적으로 앙양 발전하는 것이 우리의 유일한
全민족적 요구이며 중대 과제가 아니면 안 된다.
대저 민족은 모든 계급을 포섭한 생동하는 통일적 전체이다. 계급
은 민족의 일부이며 계급의 이해는 전 민족의 이익에 예속되어야
한다. 민족이 망하고서 계급만이 독자적으로 생존 발전할 수 없는
것이다. 민족이 가장 강렬하게 자기를 인식하며 구체적으로 결합
함은 他와 대립한 때이다. 우리는 타와 대립하였다. 우리의 자주와
독립은 대립자에 대한 극복과정을 통해서만 가능한 것이다.
조선민족해방과정의 현 단계가 이와 같은 정세에 처하여 있으니
우리는 조선을 圍繞한 객관적 주관적 모든 정세와 조건의 구체적
분석 파악에서 구체적인 운동의 기본방침이 결정되어야 한다.
그러나 조선해방전선의 전 분야는 사상운동적 영역을 벗어나지
못한 상태에서 관념적 이론과 전위로써 단일민족인 우리 민족의
역량과 혁명요소를 분열 분산시켜 과거 종파적인 소분파주의에

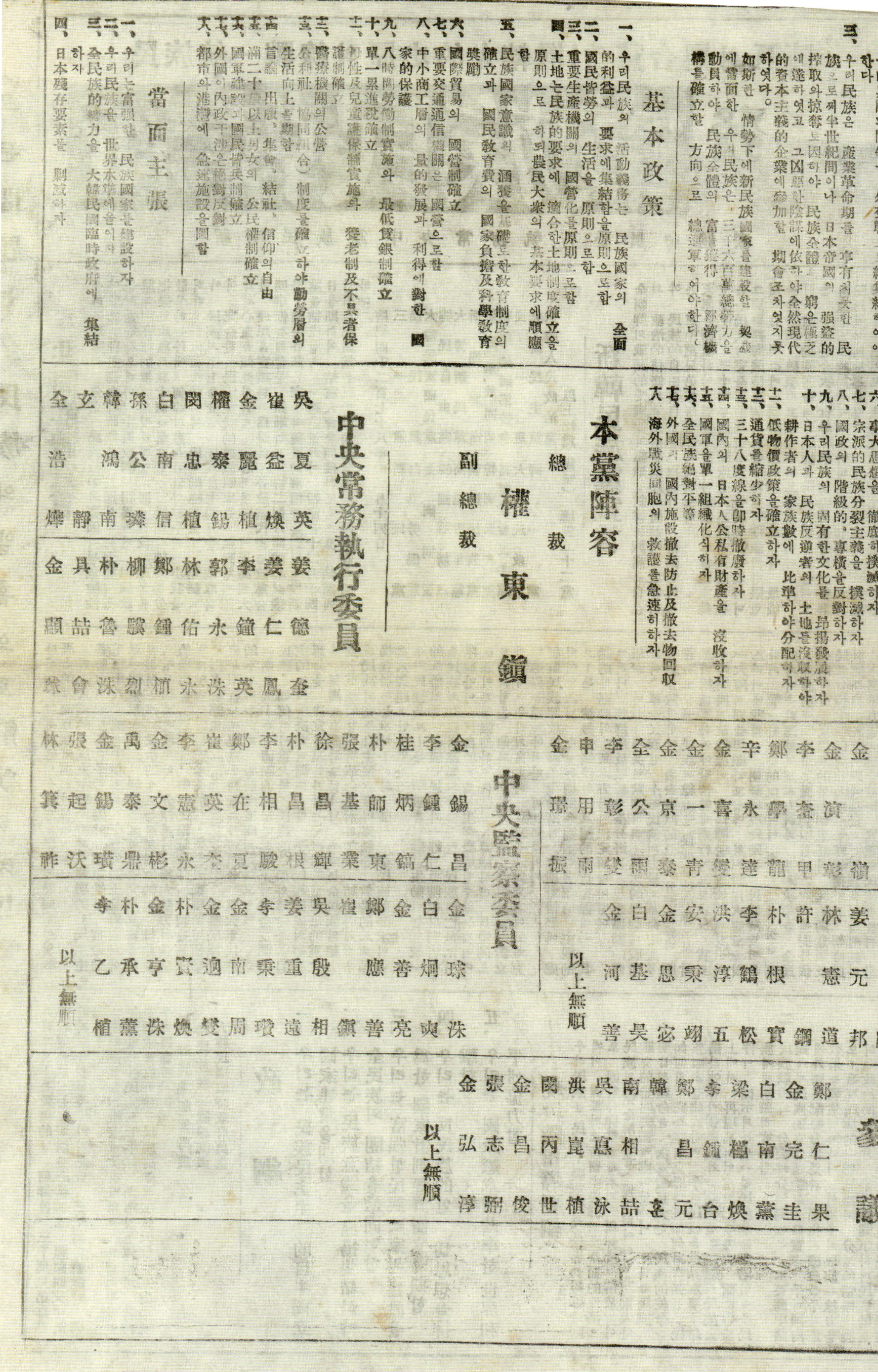

교착하고 있어 민족의 총력을 민족해방전선으로 당연히 총진군하
여야할 정세에 역행하고 있나니 실로 우리 민족해방전선의 자체
진영결성단계에 있어서 일대 진통기를 현현하고 있다. 어찌 對岸
火視할 수 있으랴. 이에 우리 진영은 조선의 현 단계는 민족해방이
우리의 유일한 역사적 사명이며 지상명령인 것을 고함치며 우리
운동의 기본방침과 기본정책을 전 민족의 면전에 명확히 제시 구
명함과 동시에 대외의존적이며 반민족적인 일체사상과 정치적 의
도 및 민족분열주의적 여러 경향을 폭로지적하고 조선민족완전자
주독립일점에 全民의 의식을 앙양 집결하며 투쟁역량을 집중하여
진정한 민족해방의 담담한 大道를 개척하며 조선의 운명을 결정
하련다.
그리고 모든 애국적인 조선의 삼천만 형제자매가 희망하고 있는
명랑한 심정으로 祖國回天에 이바지할 수 있도록 하려한다. 삼천
만의 조선의 동포여!
그대의 두 발을 祖土에 굳게 버티고 그대의 두 팔을 높이 벌리어
민족 오천 년의 광휘 있는 전통과 긍지를 계승 육성하여 민족 만
년의 위대한 기초를 세우며 매진하자.

정강
1. 우리는 민족민주주의적 자주독립국가 건설을 期함
2. 우리는 민족의식을 앙양 집결하여 전 민족의 단결을 공고히 함
3. 우리는 부강한 민족국가의 건설을 위한 국가계획경제 수립을
   期함
4. 우리는 反민족적인 일체 사상을 배격함
5. 우리는 국제헌장에 기준한 세계화평에 협력함

現段階指導要綱
1. 우리 민족은 민주주의혁명의 세계적 변혁단계에서 국제팟쇼제
   국주의群의 전면적 몰락으로 인하여 억압자 일본의 기반에서
   해방되어 민족의 완전해방을 획득하여야함은 중대한 역사적 순
   간 계기에 처하였나니 우리는 민족의 명일의 운명을 결정할 거
   대한 민족적 사명을 如何히 완전전취극복하며 여하히 부강한
   민족국가를 건설하며 우리 민족을 세계수준에 앙양하여 다시
   금 과거의 비참한 쓴 체험이 民族史上에서 재현됨이 없게 할 것
   인가의 여러 투쟁조건이 제시되는 유일한 민족혁명단계임을 전
   민족에게 명확히 구명함.
2. 민족전선의 분열과 분파투쟁은 미영소중 諸國에게 民族獨立遲
   延論의 구실을 주며 국내에 외국지배세력 신장과 강화의 기회
   를 주는 역효과를 발생케 하나니 이에 우리 민족은 총력을 모든
   반민족적 일체 사상과 분열적 割據主義의 정치적 의도와 과감
   히 투쟁하며 민족적 전력을 민주주의 혁명의 세계사적 임무에
   순응하면서 민족해방 일점에 집중하여 전 민족의 통일적 여론
   과 투쟁을 외교전으로 총집결하여야 한다.
3. 우리 민족은 산업혁명기를 향유치 못한 민족으로써 반세기간이
   나 일본제국의 強盜的 착취와 약탈로 인하여 민족 전체의 곤궁
   은 極乏에 달하였고 그 흉악한 음모에 의하여 전연 현대적 자본

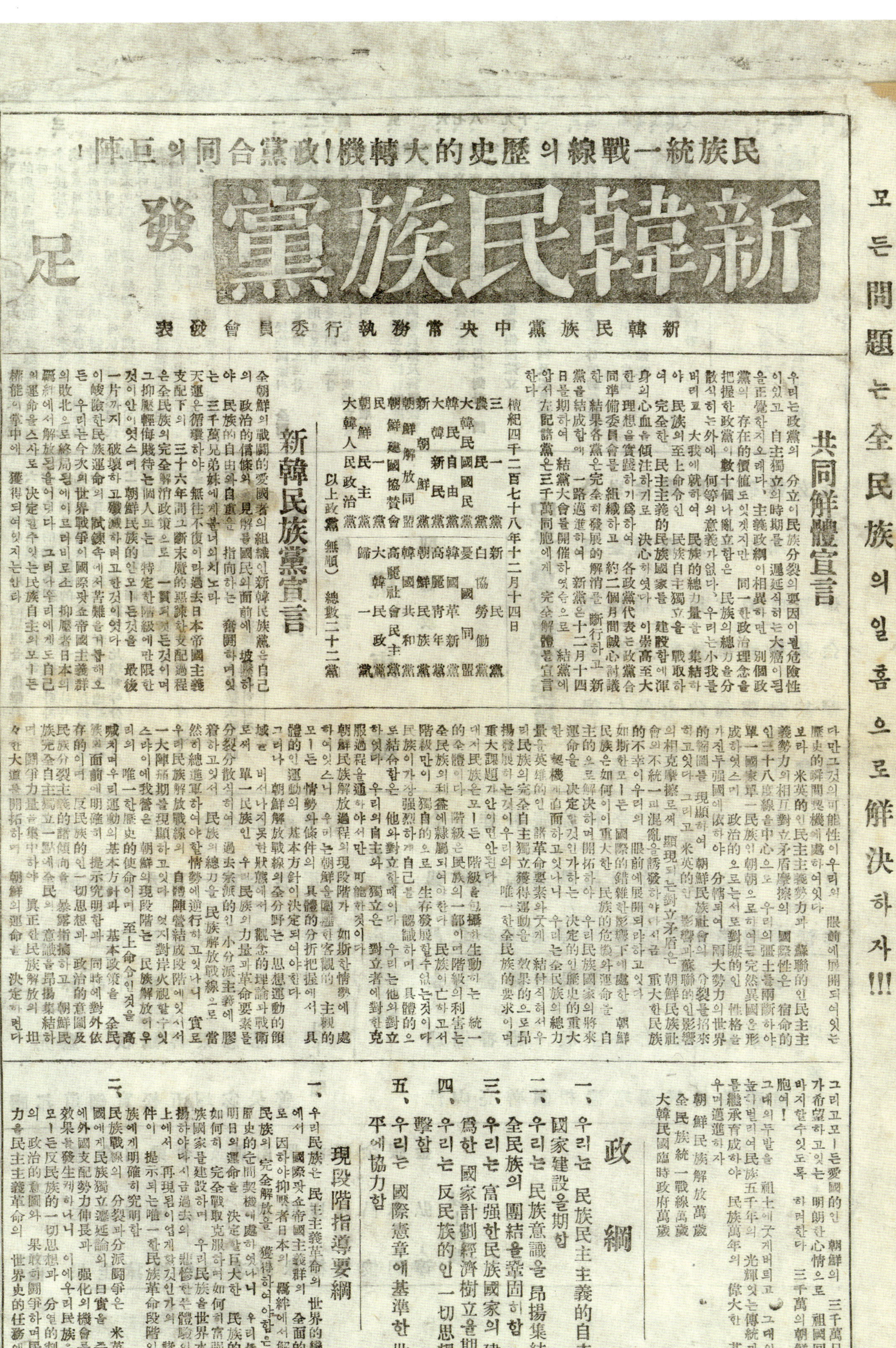

주의적 기업에 참가할 기회조차 얻지 못하였다.

이와 같은 정세하에서 신민족국가를 건설할 계기에 당면한 우리 민족은 삼천육백만 총 노력을 동원하여 민족 전체의 부를 획득하고 경제기구를 확립할 방면으로 총진군해야한다.

기본정책

1. 우리 민족의 활동의무는 민족국가의 전면적 이익과 요구에 집결함을 원칙으로 함
2. 國民皆勞의 생활을 원칙으로 함
3. 중요생산기관의 국영화를 원칙으로 함
4. 토지는 민족적 요구에 적합한 토지제도 확립을 원칙으로 하되 농민대중의 기본요구에 순응함
5. 민족국가 의식의 함양을 기초로 한 교육제도의 확립과 국민교육비의 국가부담 및 과학교육 장려
6. 국제무역의 국영제 확립
7. 중요교통통신기관은 국영으로 함
8. 중소상공의 양적 발전과 이득에 대한 국가적 보호
9. 8시간 노동제 실시와 최저임은제 확립
10. 단일 누진세 확립
11. 母性 및 兒童保護制 실시와 양로제 및 불구자 보호제 확립
12. 의료기관의 공영
13. 公利社(협동조합) 제도를 확립하여 근로층의 생활 향상을 期함
14. 언론, 출판, 집회, 결사, 신앙의 자유
15. 만 이십 세 이상 남녀의 公民權制 확립
16. 국군 건설과 國民皆兵制 확립
17. 외국의 내정간섭은 절대반대
18. 도시와 항만에 급속시설을 圖함

당면주장

1. 우리는 부강한 민족국가를 건설하자
2. 우리 민족을 세계수준에 올리자
3. 전 민족적 총력을 대한민국임시정부에 집결하자
4. 일본잔존요소를 박멸하자
5. 일체의 反민족적 사상을 배격하자
6. 사대사상을 철저히 박멸하자
7. 종파적 민족분열주의를 박멸하자
8. 국정의 계급적 전횡을 반대하자
9. 우리 민족의 고유한 문화를 앙양 발전하자
10. 일본인과 민족반역자의 토지를 몰수하여 경작자의 가족 수에 비준하여 분배하자
11. 저물가정책을 확립하자
12. 통화를 축소하자
13. 38도선을 즉시 철폐하자
14. 국내의 일본인 公私有 재산을 몰수하자
15. 국군을 단일 조직화시키자
16. 전 민족 절대평등
17. 외국의 국내시설 철거 방지 및 철거물 회수
18. 해외전재동포의 구호를 급속히 하자

愛國者는 參加치 말라
——十九日 데모 主催者는 親日派民族叛逆者들이다——

同胞여러분

金九先生은 言明하였다 「우리는 個人의 資格으로 還國하─」라고!

하─지中將도 言明하였다 「政府로서가 아니라 個人資格으로 入國한 것이라」고!

그럼에도─不拘하고 또 海內海外 모─든 愛國鬪士先輩들과 民衆의 總意를 無視하고 單只 大韓臨時政府를 唯一이라고 固執하야 所謂「政府」로써 歡迎한다는 그 主催者는 누구인가?

그것은 다른 사람 아닌 親日派民族叛逆者들이다!

그者들의 陰謀를 보라!

첫재 大韓臨時政府를 支持한다는 美名裡에서 그들의 過去의 罪狀을 감추고 그들의 地位와 私利를 延長식히려는 것이다

둘재 愚昧한 一部民衆과 純眞한 學徒들을 强制動員하야 臨時政府가 全民衆의 支持를 받고있는 것처름 虛僞誇張의 氣勢를 올려 民衆을 僞瞞하는 同時에 臨時政府要人으로 하여금 自己陶醉를 식혀 民族統一戰線攪亂의 重大한 誤謬를 犯하게하려는것이다

셋재는 우리全人民이 支持하고있는 人民共和國이 海外革命鬪士를 全部包容코하는데不拘하고 이들은 空然히 革命鬪士로하여금 對立식히고 커하는것이다

同胞여러분!

이들의 兇惡한 策動을 封鎖합시다!

市民여러분

우리는 十九日 親日派民族叛逆者들과 同行하야 海外革命鬪士를 侮辱하지맙시다

우리는 親日派民族叛逆者를 除外하고 참다운 歡迎을 다음機會에 합시다

一九四五年十二月十九日

朝鮮靑年總同盟
서울市聯盟

조선청년총동맹 서울시연맹 〈애국자는 참가치 말라─19일 데모 주최자는 친일파 민족반역자들이다─〉
1945.12.19

동포 여러분.
김구 선생은 연명하였다.「우리는 개인의 자격으로 환국하였다」라고!
하-지 중장도 연명하였다.「정부로서가 아니라 개인 자격으로 입국한 것이라」고!
그럼에도 불구하고 또 海內海外 모든 애국투사 선배들과 민중의 총의를 무시하고 단지 대한임시정부를 유일이라고 고집하여 소위「정부」로써 환영한다는 그 주최자는 누구인가? 그것은 다른 사람이 아닌 친일파 민족반역자들이다!
그자들의 음모를 보라!
첫째 대한임시정부를 지지한다는 미명리에서 그들의 과거의 죄상을 감추고 그들의 지위와 私利를 연장시키려는 것이다.

둘째 우매한 일부 민중과 순진한 학도들을 강제 동원하여 임시정부가 전 민중의 지지를 받고 있는 것처럼 허위 과장의 기세를 올려 민중을 僞瞞하는 동시에 임시정부 요인들로 하여금 자기도취를 시켜 민족통일전선 교란의 중대한 오류를 범하게 하려는 것이다.
셋째는 우리 전 인민이 지지하고 있는 인민공화국이 해외 혁명투사를 전부 포용코자 하는데 불구하고 이들은 공연히 혁명투사로 하여금 대입시키고자 하는 것이다.
동포 여러분!
이들의 흉악한 책동을 봉쇄합시다!
시민 여러분.
우리는 19일 친일파 민족반역자를 제외하고 참다운 환영을 다음 기회에 합시다.

臨時政府歡迎大會라는 것은?

그것이 眞實한 政府라면 三千萬民衆이 支持하는 政府라면 무슨까닭으로 過去의 親日派民族叛逆者賣國奴들이 모이여~이 歡迎大會를 開催한단말인가?

市民들이여!!

生覺해보자

「朝鮮은 아직 自主獨立할 能力이업스니 外國의 訓政期가 있여야한다」고 公言하는 宋鎭禹 張德秀같은 者들이 個人資格으로 還國하였다하시는 金九先生以下 諸革命先輩를 왜臨時政府란 일홈을붓처서 歡迎大會를 開催하는가」

親愛하는 市民이여!!

所謂 臨時政府歡迎大會야말노 그놈들의 陰謀와 奸策의 하나다

왜?

民族統一戰線을 攪亂하야 自主獨立을 遲延식히여서…제놈들의 過去現在의 罪狀을 陰蔽하고 生命과 財産을 維持할야고하는…策動이기때문이다.

賢明한 市民이여!!

우리게는 오즈지 海內海外의 革命鬪士로서 三千萬民族의 土臺우에서 있는 人民共和國만이 있지안는가?

市民이여!!

그놈들의 奸策에싸저서 歡迎大會에 參加하야 賣國奴의 일홈을 갓지안키를밋으며 또한 警告하노라

親日派、民族叛逆者 賣國奴를 埋葬하자!

人民共和國萬歲!!

一九四五年十二月十九日

靑總서울市聯盟

朝鮮勤勞靑年同盟 宣傳部

청총서울시연맹 조선근로청년동맹 선전부 〈임시정부환영대회라는 것은?〉 1945.12.19

그것이 진실한 정부라면 삼천만 민중이 지지하는 정부라면 무슨 까닭으로 과거의 친일파 민족반역자 매국노들이 모여 이 환영대회를 개최한단 말인가?

시민들이여!!

생각해보자.

「조선은 아직 자주독립할 능력이 없으니 외국의 訓政期가 있어야 한다」고 공언하는 송진우 장덕수 같은 자들이 개인 자격으로 환국하였다 하시는 김구 선생 이하 여러 혁명선배를 왜 임시정부란 이름을 붙여서 환영대회를 개최하는가」

친애하는 시민이여!!

소위 임시정부환영대회야말로 그놈들의 음모와 간책의 하나다.

왜?

민족통일전선을 교란하여 자주독립을 지연시켜서 제 놈들의 과거 현재의 죄상을 음폐하고 생명과 재산을 유지하려고 하는 책동이기 때문이다.

현명한 시민이여!!

우리에게는 오로지 海內海外의 혁명투사로서 삼천만 민족의 토대 위에 서 있는 인민공화국만이 있지 않는가?

시민이여!!

그놈들의 간책에 빠져서 환영대회에 참가하여 매국노의 이름을 갖지 않기를 믿으며 또한 경고하노라.

친일파 민족반역자 매국노를 매장하자!

인민공화국만세!!

大韓民國臨時政府凱旋全國歡迎大會

聯合國과 그 民衆에게 보내는 決議文

우리들全韓國南北各地로부터 會同한 各政黨과 實業 技術 文化 宗敎및職業關係의 諸集團을 綜合한 六百七十
餘團体의代表者들은 三千萬民衆의總意의集結로써 美 蘇 中 英 法 等聯合國과 佛國과및그모든國民에게 共同
聲明書를 보내는光榮을갖는다
우리들은四十一年間被隸國의 밑에 日本帝國主義의 暴虐한抑壓 搾取를받으면서 海內海外에서 不斷한反抗을繼續
하든中 聯合國의 民主主義擁護를위한 巨大한犧牲을아끼지않는 英雄的인戰爭이 日獨等國際팟쇼의勢力을徹底히
打倒하고 우리韓國民族에게도 解放을約束하는 友好的인援助를주는데對하야 다시금最大한感謝와最高한敬意를表
한다 우리들은이러한聯合國의援助로因하야 重慶에잇든 大韓民國臨時政府의主席과 前閣員들을歡迎하는空前의盛典
을 擧行하게됨과同時에 此決議로써 그들의臨時政府의政權을中心으로 一路推進하려는 韓國民族의總意를表明함이
妥當함을確信하고 兼하야左記의諸條項의要請을 提示키로한다

一, 우리들은韓國民族의徹底解放과 立卽完全한自主獨立國家됨을要請하고 그의對한모든支障의時急한撤廢를强調
한다 彊土와 人民과 主權과其他의行政特權을回復하는것이 우리國民의自由에依한 統一된獨立國家建設에絶
對必須의要件인것은 이에特히指摘함은 要치안할바이다 北緯三十八度線을界線삼어 韓國을南北으로 兩斷占領
한事實은 그것이八·一五以前에잇어 戰略的必要에기인한바라고치더라도 四個月이넘어간 오늘날에 오히려
이를踏襲하는것은 우리韓國으로 政治的經濟的및思想的인 方面과딸아서民衆의全生活部面에걸처 其大한害惡
을입히고 統一된民族國家建設에莫大한支障으로된다 이러한堪耐키어려운支障의繼續은 友好國에對한意外의誤
解와疎隔의感情을자아낼수잇음으로 正當한우리들三千萬의總意를돌아보아 迅速撤廢의處斷잇기를要求한다
二, 우리韓國民族은 太平洋岸에立國한지 四十數世紀에 恒常獨立과平和와正義에때문에 具現한歷史로써連續되
엇다 上代에서는長城을넘어北進하는侵略을 防止하기에 數世紀를싸웟고 近世에서는몽고의南侵을沮害하기에
百年의抗爭을繼續하엿고 近世에서는日本의大陸侵略을防止하기에 巨大한民族的精力을消耗하엿다 이처럼海
陸의要衝에잇어 侵略의防護者로 許久血戰한功勞는 國際史上그類例가드물다 이는今後에도우리에게賦課된使命
이요 우리에게는自由國됨을要請할權利가잇다 高度의文化傳統을가진 우리三千萬民衆에게自由와獨立을許與
치안는것은 우리自體의不斷한反抗을이르키게할뿐아니라 어느一國으로하여금韓國에서勢力을獨擅케하는것이
卽全東方의平和를破壞하고 딸아서世界의戰亂을惹起하는禍根으로되는事由는 一九一○年의韓日合倂以來 一九
四一年의太平洋戰爭까지의經驗을回顧함으로써 足히立證된다 우리는聯合國이國際팟쇼를共同으로破碎하고 侵略
主義國家를永遠히根絶하려는 崇高한本來의意圖에돌아보아 하루바삐우리에게 그公約한徹底한解放과獨立國家의
完成과및그主權國家로서의承認을주려고하는用意잇는것을信賴하여疑惑하지안으려고한다
三, 우리들은彊土와人民과의完全統一을促進한後 거기에熱烈한民族愛와祖國愛에立脚한各層各界의集結된
勢力으로써 階級的對立矛盾을止揚會通시킨 萬民共和의民主的國家의主權을再建하야 國際平和에貢獻할만한
獨立國家로서發展하여야할것을企劃念願하고잇다 그러나이것은明確한國際正義의理念에서 마땅히우리의民族自
決의手段에맡길것이고 어떠한形態로서의外國의干涉과强制는許치안는바이다
四, 韓國의國內情勢는하루바삐 穩固한統一政權을내세워서 獨自的으로時局收拾의任務에當케함을强烈히要請되고
잇다 韓國으로하여금 目下와같은半身不隨的形態로써持續하게하는것은 모든失業失職群의汎濫을加大케하고
民衆으로하여금失望과不安을增大케하는 結果로되어 全東方의社會的動搖의因素를짓게하는바이다 韓國의完
全獨立이없이는 隣接諸國의安全도잇을수없고 韓國의社會的不安定은隣接國의國情의不安定에도至大한影響
잇을것이다 韓國問題를 過小評價하고 過誤를새로이하면 全東方및全世界平和에도 巨大한威脅잇을뿐아니라
美·中·蘇·英·法 等國의積年血鬪도 혹은그大部의價値를損耗치아니함을 누가保障하랴? 이危機를迅速解
消하는것은오즉 韓國으로完全한統一政權을가지기에 아무런支障도없게하는것이다
우리는 待望하는것은 우리의自由를위하야 全生命으로써貫徹키로한다 이에새로운決意를굳게한다
우리는 友情과 信賴와 敬意로써貴 列國의明瞭한回答을 苦待키로한다

大韓民國二十七年十二月十九日

대한민국임시정부개선전국환영대회 〈연합국과 그 민중에게 보내는 결의문〉 1945.12.19

우리들 전 한국 남북 각지로부터 회동한 각 정당과 실업, 기술, 문화, 종교 및 직업관계의 여러 집단을 종합한 육백칠십여 단체의 대표자분들 삼천만 민중의 총의를 집결로써 美 蘇 中 英 法 등 연합국과 佛國과 및 그 모든 국민에게 공동성명서를 보내는 광영을 갖는다.

우리들은 41년간 被隸國의 밑에 일본제국주의의 포학한 억압 착취를 받으면서 海內海外에서 부단한 반항을 계속하던 중, 연합국의 민주주의 옹호를 위한 거대한 희생을 아끼지 않는 영웅적인 전쟁이 日獨 등 국제팟쇼의 세력을 철저히 타도하고 우리 한국민족에게도 해방을 약속하는 우호적인 원조를 주는 데 대하여 다시금 최대한 감사와 경의를 표한다. 우리들은 이러한 연합국의 원조에 인하여 중경에 있던 대한민국임시정부의 주석과 전 각원들을 환영하는 공전의 盛典을 거행하게 됨과 동시에 이 결의로써 그들의 임시정부의 정권을 중심으로 일로추진하려는 한국민족의 총의를 표명함이 타당함을 확신하고 겸하여 좌기의 여러 조항 요청을 제시하기로 한다.

一. 우리들은 한국민족의 철저해방과 立卽完全한 자주독립 국가 됨을 요청하고 그에 대한 모든 지장의 시급한 철폐를 강조한다. 강토 인민과 주권과 기타의 행정 특권을 회복하는 것이 우리 국민의 자유에 의한 통일된 독립국가 건설에 절대필수의 요건인 것은 이에 특히 지적함을 요치 안할 바이다. 북위 38도선을 界線삼아 한국을 남북으로 양단 점령한 사실은 그것이 8·15 이전에 있어 전략적 필요에 기인한 바라고 치더라도 4개월이 넘어간 오늘날에 오히려 이를 踏襲하는 것은 우리 한국으로 정치적 경제적 및 사상적인 방면과 따라서 민중의 전 생활부면에 걸쳐 심대한 해악을 입히고 통일된 민족국가 건설에 막대한 지장으로 된다. 이러한 감내키 어려운 지장의 계속은 우호국에 대한 의외의 오해와 疎隔의 감정을 자아낼 수 있음으로 정당한 우리들 삼천만의 총의를 돌아보아 신속철폐의 처단 있기를 요구한다.

二. 우리 한국민족은 太平洋岸에 立國한 지 40수세기에 항상 독립과 평화와 정의에 때문에 구현한 역사로써 연속되었다. 上代에서는 장성을 넘어 북진하는 침략을 방지하기에 수세기를 싸웠고 중세에서는 몽고의 남침을 저해하기에 백년의 항쟁을 계속하였고 근세에서는 일본의 대륙침략을 방지하기에 거대한 민족적 정력을 소모하였다. 이처럼 해륙의 요충에 있어 침략의 방호자로 許久血戰한 공로는 국제사상 그 유례가 드물다. 이는 今後에도 우리에게 부과된 사명이요, 우리에게는 자유국됨을 요청할 권리가 있다. 고도의 문화전통을 가진 우리 삼천만 민중에게 자유와 독립을 허여치 않는 것은 우리 자체의 부단한 반항을 일으키게 할 뿐 아니라 어느 一國으로 하여금 한국에서 세력을 獨擅케 하는 것이 즉 전 동방의 평화를 파괴하고 따라서 세계의 전란을 야기하는 화근으로 되는 사유는 1910년의 한일합병 이래 1941년의 태평양전쟁까지의 경험을 회고함으로써 족히 입증된다. 우리는 연합국이 국제 팟쇼를 공동으로 파쇄하고 침략주의국가를 영원히 근절하려는 숭고한 본래의 의도에 돌아보아 하루 바삐 우리에게 그 공약한 철저한 해방과 독립국가의 완성과 및 그 주권국가로서의 승인을 주려고 하는 용의 있는 것을 신뢰하여 의혹하지 않으려고 한다.

三. 우리들은 강토와 인민과의 완전통일을 촉진한 후 거기에 열렬한 민족애와 조국애에 입각한 각층각계의 집결된 열력으로써 계급적 대립 모순을 止揚會通시킨 만민공화의 민주적 국가의 주권을 재건하여 국제 평화에 공헌할 만한 독립국가로서 발전하여야 할 것을 기획염원하고 있다. 그러나 이것은 명확한 국제정의의 이념에서 마땅히 우리의 민족자결의 수단에 맡길 것이고 어떠한 형태로서의 외국의 간섭과 강제는 허치 않는 바이다.

四. 한국의 국내정세는 하루 바삐 穩固한 통일정권을 내세워서 독자적으로 시국수습의 임무에 당케 함을 강렬히 요청되고 있다. 한국으로 하여금 目下와 같은 반신불수적 형태로써 지속하게 하는 것은 모든 실업실직群의 범람을 加大케 하고 민중으로 하여금 실망과 불안을 증대케 하는 결과로 되어 전 동방의 사회적 동요의 因素를 짓게 하는 바이다. 한국의 완전독립이 없이는 隣接諸國의 안전도 있을 수 없고 한국의 사회적 불안정은 인접국의 국정의 불안정에도 지대한 영향 있을 것이다. 한국문제를 과소평가하고 과오를 새로이 하면 전 동방 및 전 세계 평화에도 거대한 위협 있을 뿐 아니라 美·中·蘇·英·法 등 國의 積年血鬪도 혹은 그 大部의 가치를 損耗치 아니함을 누가 보장하랴? 이 위기를 신속 해소하는 것은 오직 한국으로 완전한 통일정권을 가지기에 아무런 지장도 없게 하는 것이다.

우리는 대망하는 우리의 자유를 위하야 전 생명으로써 관철키로 하고 이에 새로운 결의를 굳게 한다.

우리는 우정과 신뢰와 경의로써 귀 열국의 명료한 회답을 고대키로 한다.

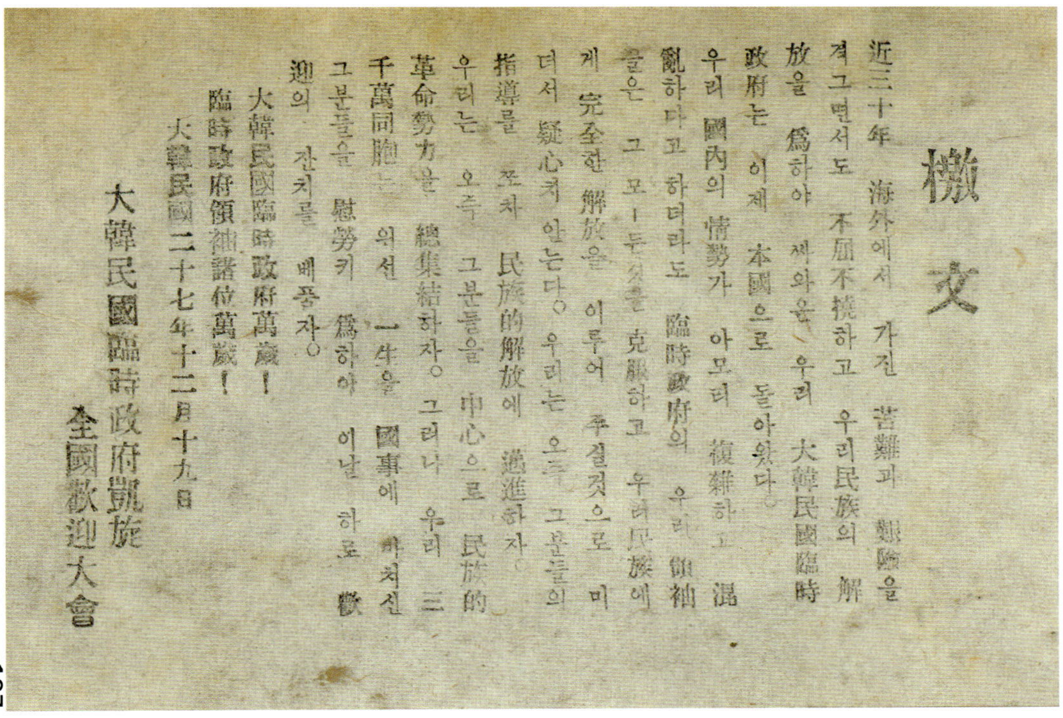

檄文

近三十年 海外에서 가진 苦難과 艱險을 겪그면서도 不屈不撓하고 우리民族의 解放을 爲하야 싸와온 우리 大韓民國臨時政府는 이제 本國으로 돌아왔다。
우리 國內의 情勢가 아모리 複雜하고 混亂하다고 하더라도 臨時政府의 우리 領袖들은 그 모-든것을 克服하고 우리民族에게 完全한 解放을 이루어 주실것으로 미더서 疑心치 안는다。우리는 오즉 그분들의 指導를 조차 民族的解放에 邁進하자。
우리는 오즉 그분들을 中心으로 民族的革命勢力을 總集結하자。그러나 우리 三千萬同胞는 위선 一生을 國事에 바치신 그분들을 慰勞키 爲하야 이날 하로 歡迎의 잔치를 베풀자。
大韓民國臨時政府萬歲！
臨時政府領袖諸位萬歲！
大韓民國二十七年十二月十九日
大韓民國臨時政府凱旋
全國歡迎大會

근대서지총서2 그림 127

대한민국임시정부개선 전국환영대회 〈격문〉 1945.12.19

근 30년 해외에서 가진 고난과 난험을 겪으면서도 불굴불요하고 우리 민족의 해방을 위하여 싸워온 우리 대한민국임시정부는 이제 본국으로 돌아왔다.
우리 국내의 정세가 아무리 복잡하고 혼란하다고 하더라도 임시정부의 우리 영수들은 그 모든 것을 극복하고 우리 민족에게 완전한 해방을 이루어주실 것으로 믿어 의심치 않는다. 우리는 오직 그분들의 지도를 좇아 민족적 해방에 매진하자.
우리는 오직 그분들을 중심으로 민족적 혁명세력을 총집결하자. 그러나 우리 삼천만 동포는 爲先 일생을 국사에 바치신 그분들을 위로키 위하여 이날 하루 환영의 잔치를 베풀자.
대한민국임시정부 만세!
임시정부영수제위 만세!

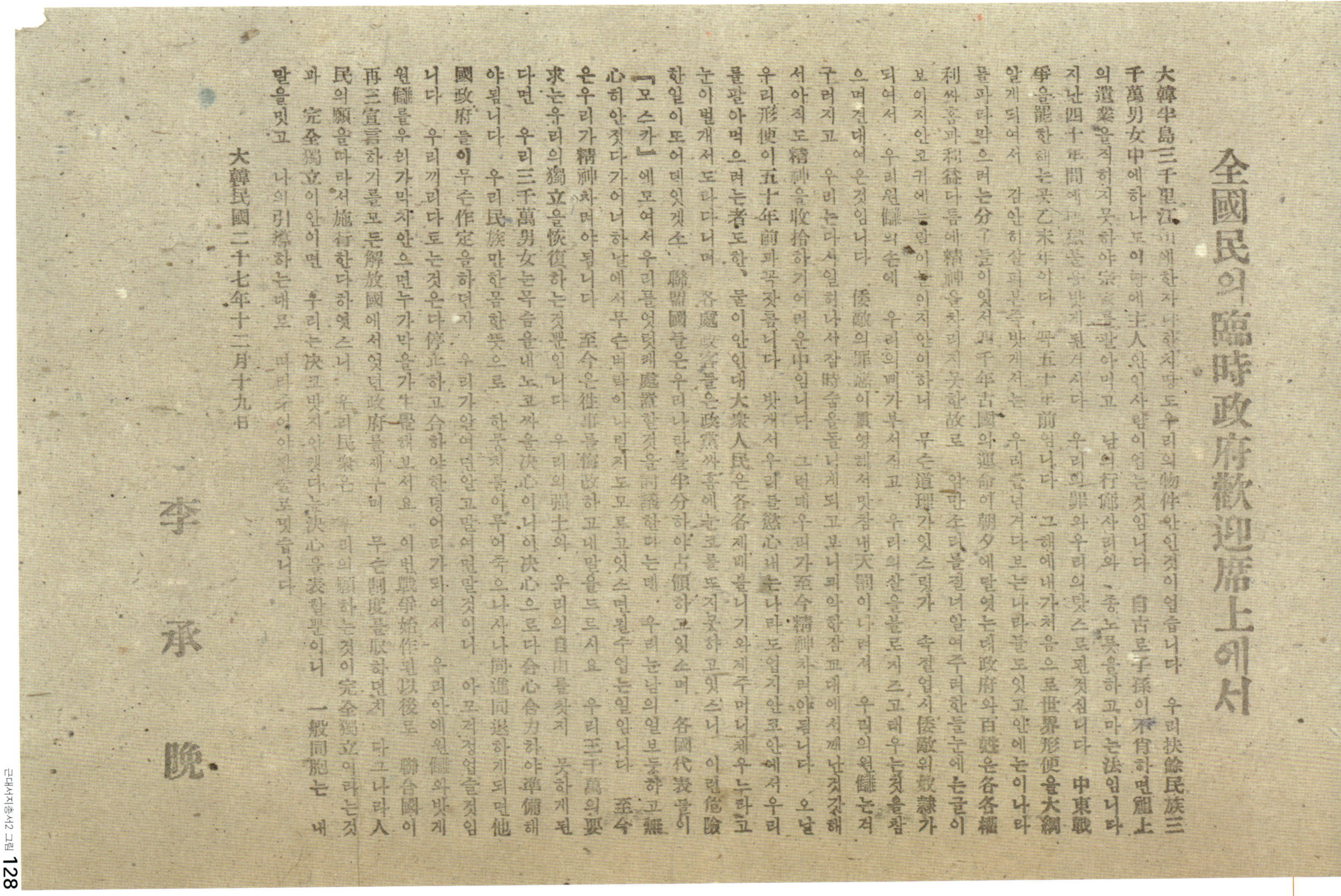

全國民의 臨時政府歡迎席上에서

大韓民國二十七年十二月十九日

李承晩

근대서지총서2 그림 128

이승만 〈전 국민의 임시정부환영회 석상에서〉 1945.12.19

대한반도 삼천리강산에 한 자나 한 치 땅도 우리의 물건 아닌 것이 없습니다. 우리 扶餘氏 민족 삼천만 남녀 중에 하나도 이 땅에 주인 아닌 사람이 없는 것입니다. 자고로 자손이 不肖하면 조상의 유업을 지키지 못하여 종실을 팔아먹고 남의 행랑살이와 종노릇을 하고 마는 법입니다. 지난 40년간에 獄틀을 받게 된 것이 다 우리의 죄와 우리의 탓으로 된 것입니다. 중동전쟁을 파한 해는 곧 을미년이 다 꼭 50년 전입니다. 그해에 내가 처음으로 세계형편을 대강 알게 되어서 가만히 살펴본 즉 밖에서는 우리를 넘겨다보는 나라들도 있고 안에는 이 나라를 팔아먹으려는 분자들이 있어 사천 년 고국의 운명이 조석에 달렸는데 정부와 백성은 각각 권리 싸움과 이익 다툼에 정신을 차리지 못한 고로 암만 소리를 질러 알려주려 한들 눈에는 글이 보이지 않고 귀에는 말이 들리지 않으니 무슨 도리가 있으리까. 속절없이 왜적의 노예가 되어서 우리 원수의 손에 우리의 뼈가 부서지고 우리의 살을 불로 지지고 태우는 것을 참으며 견뎌 온 것입니다. 왜적의 죄악이 貫盈해서 마침내 천벌이 내려서 우리의 원수는 거꾸러지고 우리는 다시 일어나서 잠시 숨을 돌리게 되고 보니 괴악한 잠꼬대에서 깨어난 것 같아서 아직도 정신을 수습하기 어려운 중입니다. 그런데 우리가 지금 정신 차려야 됩니다. 오늘 우리 형편이 50년 전과 꼭 같습니다. 밖에서 우리를 욕심내는 나라도 없지 않고 안에서 우리를 팔아먹으려는 자도 한둘이 아닌데 대중인민은 각각 제 배 불리기와 제 주머니 채우느라고 눈이 벌게져서 돌아다니며 각처정객들은 정당 싸움에 눈코를 뜨지 못하고 있으니 이런 위험한 일이 또 어디 있겠소. 연맹국들은 우리나라를 반분하여 점령하고 있으며 각국대표들이 「모스크바」에 모여서 우리를 어떻게 처치할 것을 토의한다는데 우리는 남의 일 보듯 하고 무심히 앉았다가 어느 하늘에서 무슨 벼락이 내릴지도 모르고 있으면 될 수 없는 일입니다. 지금은 우리가 정신 차려야 됩니다. 지금은 往事를 회개하고 내 말을 들으시오. 우리 삼천만의 요구는 우리의 독립을 회복하는 것뿐입니다. 우리의 강토와 우리의 자유를 찾지 못하게 된다면 우리 삼천만 남녀는 목숨을 내놓고 싸울 결심이니 이 결심으로 다 합심합력하여 준비해야 됩니다. 우리 민족만 한 몸 한 뜻으로 한 뭉치를 이루어 죽으나 사나 동진동퇴하게 되면 타국정부들이 무슨 작정을 하든지 우리가 알려면 알고 말려면 말 것이니 아무 걱정 없을 것입니다. 우리끼리 다투는 것은 다 정지하고 합해야 한 덩어리가 되어서 우리 안의 원수와 밖의 원수를 우리가 막지 않으면 누가 막을까 생각해보세요. 이번 전쟁 시작된 이후로 연합국이 재삼 선언하기를 모든 해방국에서 어떤 정부를 세우며 무슨 제도를 취하든지 아그 나라 인민의 願을 따라서 시행한다 하였으니 우리 민중은 우리의 원하는 것이 완전독립이라는 것과 완전독립이 아니면 우리는 결코 받지 않겠다는 결심을 표할 뿐이니 일반 동포는 내 말을 믿고 나의 인도하는 대로 따라주어야 될 줄로 믿습니다.

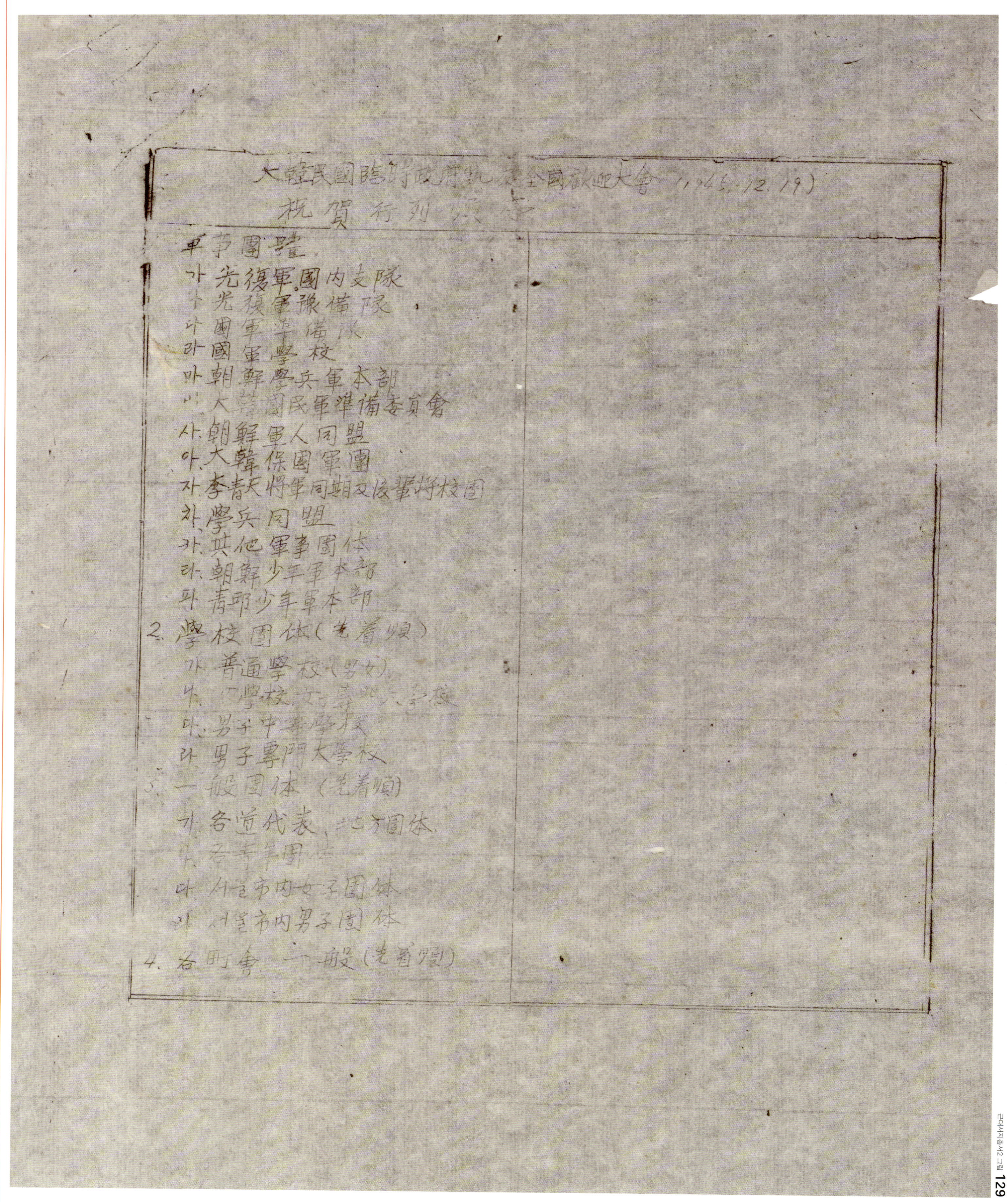

〈대한민국임시정부개선전국환영대회 축하행렬 순서〉

大韓民國臨時政府凱旋歡迎大會庶務部分担表

總務部　金河善　金學鈴　任元淳　于瑠榮　金命鶴

一、記錄係　柳昌秀　李炯基　李元榮　李鍾益　白碩基

二、檢身係　義勇團三十名

大會場

一、受付係　朴載甲　李用春　李朔煥　金學九
　　　　　　李雲圭外五名

二、印刷物配付係　義勇團李基淳外五名

三、迎接係　金命鶴　林璨鎬　徐廷煥　李元淳　嚴

四、各團体配置係　義勇團李基淳外二十名

宴會場

一、受付係　朴載甲　李用春　李朔煥　金學九
　　　　　　李基淳外五名

二、花章配付係　趙徵子　趙慶愛　金貞子　鄭英順　金安羅

三、茶菓係　金命鶴　李元淳　林璨鎬　嚴城萬　俞乙濬
　　　　　　徐廷煥

以上

〈대한민국임시정부개선환영대회 서무부 분담표〉

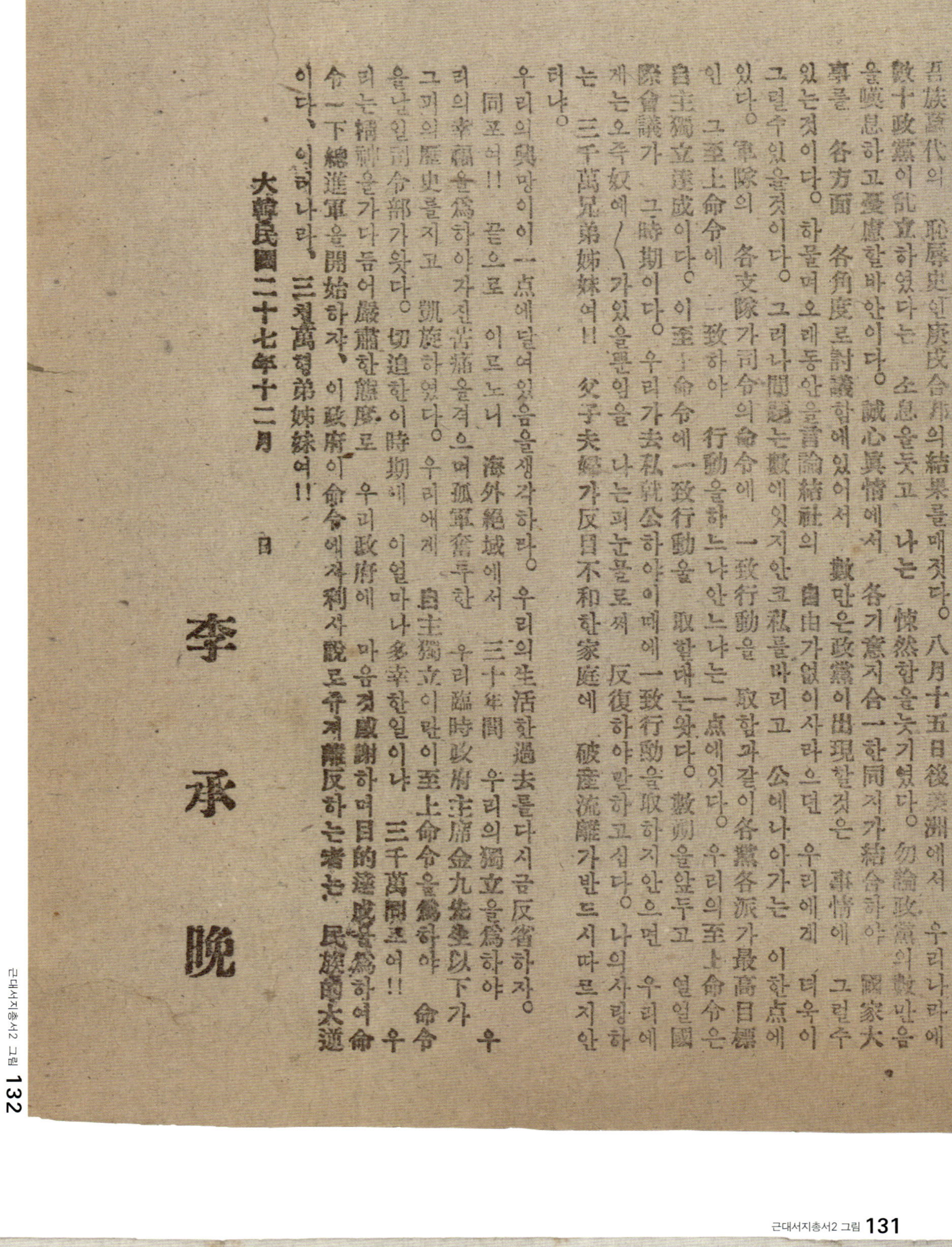

吾族歷代의 恥辱史인 庚戌合邦의 結果를 매젓다。八月十五日後滿洲에서 우리나라에 數十政黨이 亂立하엿다는 소식을듯고 나는 慄然함을늣기엿다。勿論政黨의 數만음을嘆息하고 憂慮할바 안이다。誠心眞情에서 各其意志合一한同지가 結合하야 國家大事를 各方面 各角度로 討議함에 잇어서 數만흔 政黨이 出現할것은 우리에게 그린수 있는것이다。하물며 오래동안을 言論結社의 自由가없이자라으던 우리에게 더욱 이그럴수있을것이다。그러나 問題는 數에잇지안코 私를바리고 公에나아가는 이한点에 있다。軍隊의 各支隊가 司令의 命令에 一致行動을 取함과같이 各黨各派가 最高目인 그 至上命令에 一致하야 行動을하느냐안느냐는 一点에잇다。우리의 至上命令을 主獨立達成이다。이至上命令에 一致行動을 取할때는 왓다。數만을앞두고 열열의 際會議가 그時期이다。우리가 去私就公하야이때에 一致行動을取하지안으면 우리재는 오즉奴예가있을뿐임을 나는 피눈물로써 反復하야말하고십답。나의사랑하는 三千萬兄弟姉妹여!! 父子夫婦가 反目不和한 家庭에 破産流離가반드시따르지 안터냐。우리의 싹망이이 一点에달여있음을생각하라。우리의 生活한 過去를다시금 反省하자。同포여!! 끝으로 이르노니 海外絶域에서 三十年間 우리의獨立을爲하야 우리의 幸福을爲하야가진 苦痛을격으며 孤軍奮鬪한 우리臨時政府主席 金九先生以下가 그의 歷史를지고 凱旋하였다。우리에게 自主獨立이만이 至上命令을爲하야 命令을난일 司令部가 왓다。切迫한이時期에 이얼마나 多幸한일이냐 三千萬同胞여!! 우리는 精神을가다듬어 嚴肅한 體面로 우리政府에 마음겿國謝하며 目的達成을爲하여 수一下總進軍을 開始하자、이政府이命令에 좇利서說로 규게離反하는者는 民族南大逆이다、이러나라、三천萬형弟姉妹여!!

大韓民國二十七年十二月 日

李承晩

환영회와 환영연 식순

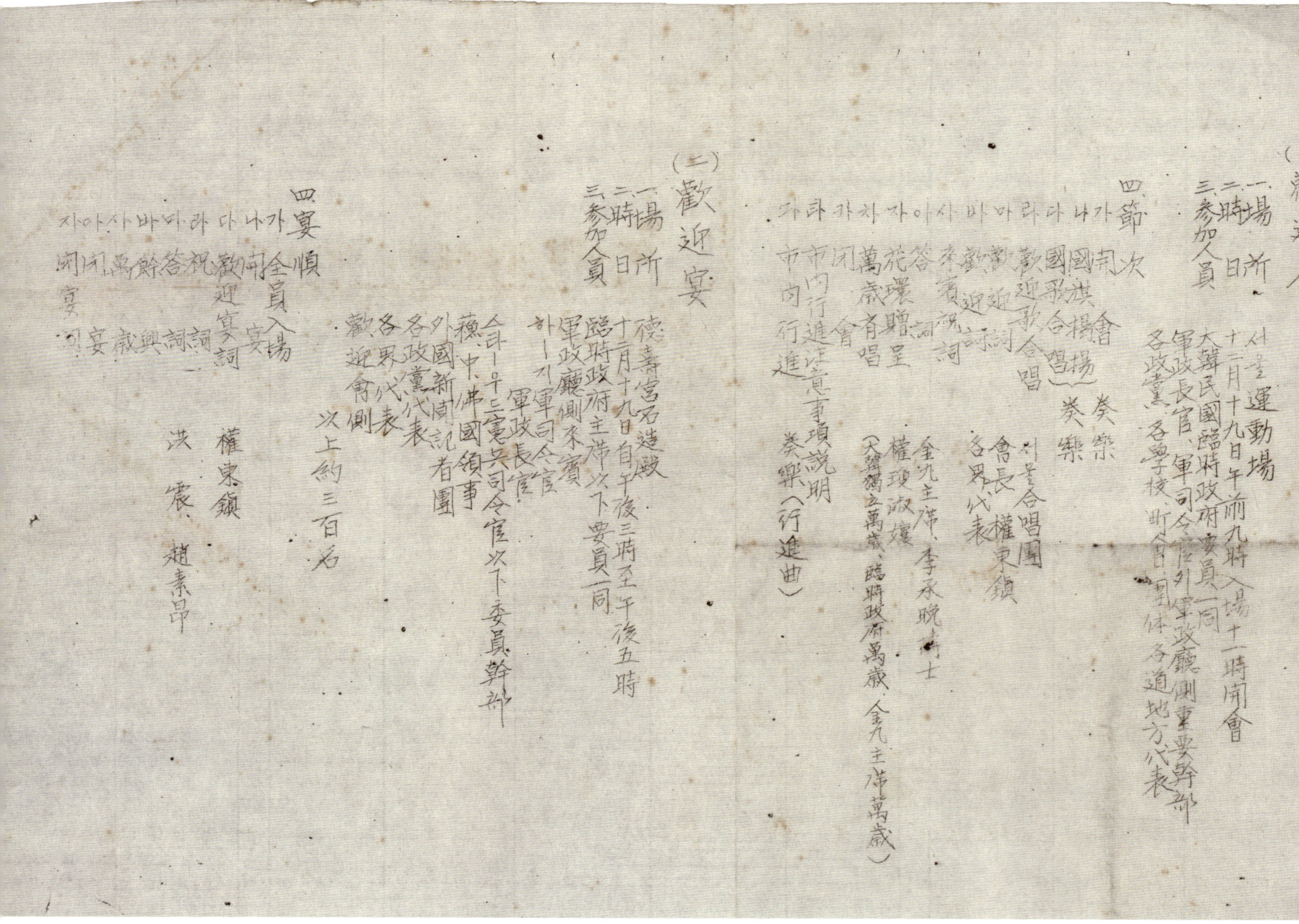

(一) 歡迎會
一、場所　서울運動場
二、時日　十二月十九日午前九時入場 十一時開會
三、參加人員　大韓民國臨時政府要員一同、軍政長官、軍司令官外 軍政廳側重要幹部、各政黨、各學校、町會、團體、各道地方代表
四、節次
　國旗揭揚（會場）（奏樂）
　國歌合唱（會場）（奏樂）
　歡迎歌合唱
　歡迎詞　會長 權東鎮
　來賓祝詞　各界代表
　答詞　金九主席、李承晩博士
　花環贈呈　權瓔孃
　萬歲唱　（大韓獨立萬歲、臨時政府萬歲、金九主席萬歲）
　閉會
　市內行進　注意事項說明　奏樂（行進曲）

(二) 歡迎宴
一、場所　德壽宮石造殿
二、時日　十二月十九日自午後三時至午後五時
三、參加人員　臨時政府主席以下要員一同、軍政廳側來賓 軍司令官、軍政長官 外 憲兵司令官以下委員幹部、藥中佛國領事、中佛國新聞記者團、外國領事團、各政黨代表、各界代表、歡迎會側　以上約三百名
四、宴順
　全員入場
　歡迎宴詞　權東鎮
　祝詞
　答詞　洪震、趙素昂
　餘興
　開宴歳興詞

이승만 〈삼천만 동포에게 고함〉 1945.12

나의 사랑하는 삼천만 형제자매여!! 나는 30년간 주야로 태평양을 건너다보며 그리운 금수 삼천리강산과 삼천만의 사랑하는 동포를 생각하며 눈물로 살아왔다. 반세기의 긴 노예생활에서 얼마나 아프고 괴로웠으며 배고프고 쓰라렸느냐?? 적의 채찍질과 그 노략질이 그 얼마나 심하였음을 생각할 때에 나의 가슴은 터질 듯하였다. 더욱이 거꾸러져 가는 우리의 적은 우리의 어린 아들을 몰아서 전장에 보내며 몹쓸 탄광 구렁에 쓸어 넣고, 어여쁜 어린 우리의 딸들까지 채찍질하여 견디기 어려운 노동판으로 보내는 소식을 들을 때에 나의 온몸은 분에 못 이겨 온몸이 마비될 듯하였다. 사랑하는 동포여!! 이것이 망국의 한이며 망국의 고통이다. 독립도 이것을 위함이며 해방도 이것을 위함이다. 이 고통의 한을 영원히 잊지 말자.

그러나 수많은 선열이 뿌린 신성한 피와 海內海外의 수많은 동지들의 악전고투가 헛되지 않고 연합 友軍의 적극 분투가 우리의 강적을 마침내 멸망의 구렁에 넣었다. 바야흐로 우리에게 자주독립의 통이 텄다. 나는 희망과 기쁨으로 조바치며 돌아온 지 벌써 數朔이다. 나의 바쁜 마음은 이 고토를 밟자마자 늙은이 몸을 채찍질하여 各道各邑을 찾고 싶었다. 그래서 그립던 삼천만 형제자매들의 손을 잡고 눈물로 그간의 고통을 위문하며 새로 세울 우리나라 자주독립의 복지낙토를 어떻게 세워야 할 것을 의논하고 싶었다. 그러나 모든 사정은 나에게 이것을 허락지 않았다. 나는 귀국 즉시 여러 동지들을 만나 국내의 모든 사정, 정치, 경제, 사회 등 각 방면의 사정을 듣고 새 나라를 건설할 모든 방략을 논의하였다. 삼천만 동포여?? 아래의 몇 가지를 눈물로 이르노니

一. 우리는 각기 자기의 직분을 다하자!!

사람은 자기의 맡은 직분을 다함으로써 사람다운 생활을 하는 것이니 자기의 직분을 다하지 못하는 사람은 반드시 남에게 의뢰하여 살아가지 않을 수 없으며 의뢰의 생활을 아니하지 못하는 사람에게는 자주독립의 생활이 있을 수 없는 것이다. 국민에게 자주독립의 생활이 없이 어찌 그 나라의 자주독립이 있기 바랄 수 있으랴. 국민 각자가 자기의 직분을 다하여 나아갈 때에 그 나라는 완전한 자주독립국가가 되는 것이니 우리는 이것이 국민도덕의 근본임을 명심하자. 어버이가 어버이의 직분을 다하고 자식이 자식의 직분을 다할 때에 그 집안은 화평하고 번창할 것이며, 그 국민이 다 자기의 직분을 다할 때에 그 나라가 화평 번창하는 것이다. 동포여! 우리는 새 나라의 국민으로써 각기 새 국민의 직분을 다하자. 학생은 학생으로서 학교의 紀律과 질서를 지키며 공부에 刻苦勉勵하며 정치가는 정치가로서 私를 버리고 자기의 양심이 가리키는 바에 따라서 국정과 국민지도에 參劃하고 실업가는 실업가로서 관리는 관리로서 교육가는 교육가로서 국민 각계각층이 다 같이 자기의 맡은 직분을 다하자.

二. 우리는 생산에 노력하자

과거의 우리 노동은 노예의 노동이었다. 우리 자신을 위한 노동이 아니라, 왜적을 잘 살리기 위한 머슴살이 노동이었다. 그래서 수많은 생산품을 내이면서도 우리는 飢寒을 못 이기지 않았느냐?? 그러나 今後의 우리의 노동은 참으로 우리 자신을 위한 노동이다. 우리가 심은 쌀은 빼앗아갈 놈 없이 우리가 배불리 먹을 것이며 우리가 짜는 布는 빼앗아갈 놈이 없이 우리가 따뜻이 입을 것이다. 우리는 모름지기 생산에 힘을 쓰자 더구나 망해가는 적이 우리의 모든 생산기관을 모조리 파괴하고 간 이매여라. 동포여!! 개인의 살림살이가 생산에 있는 것과 같이 한 국가의 근본도 생산에 있음을 깊이 알아야 한다. 생산 없이 소비만 하는 노름군의 살림살이가 어찌 길기를 바라랴. 나라를 세우려는 우리가 명심할 바가 이것이다. 부국강병도 오직 그 근본이 이에 있나니. 국내의 사정을 들을 때에 이 생산방면에 유감된 바가 적지 않다. 우리는 신흥국가의 국민으로 남보다 더 노력하고 생산하여 우리 자손에게만은 유산을 남기자!!

三. 우리는 일치단결하자

우리의 과거가 그 아프고 쓰라린 경험이 이것을 일으킨다. 단결이 없는 사회에 도덕이 없고 단결이 없는 국가에 번영이 없다. 단결이 없는 散沙 같은 사회에 어찌 참다운 국가가 건설될 수 있으랴. 상호 반목질시, 상호 사리추구가 마침내 日進會로 하여금 우리 민족 만대의 치욕인 경술합방의 결과를 맺었다. 8월 15일 후 미주에서 우리나라에 수십 정당이 난립하였다는 소식을 듣고 나는 송연함을 느꼈다. 물론 정당의 수많음을 탄식하고 우려할 바 아니다. 성심진정에서 각기 의지 합일한 동지가 결합하여 국가대사를 각 방면 각 각고로 토의함에 있어서 수많은 정당이 출현할 것은 사정에 그럴 수 있는 것이다. 하물며 오랫동안을 언론 결사의 자유가 없이 살았던 우리에게 더욱이 그럴 수 있을 것이다. 그러나 문제는 수에 있지 않고 私를 버리고 公에 나아가는 이 한 점에 있다. 군대의 각 지대가 사령의 명령에 일치행동을 취함과 같이 各黨各派가 최고 목표인 그 지상명령에 일치하여 행동을 하느냐 않느냐는 일점에 있다. 우리의 지상명령은 자주독립달성이다. 이 지상명령에 일치행동을 취할 때는 왔다. 數朔을 앞두고 열릴 국제회의가 그 시기이다. 우리가 去私取公하여 이때에 일치행동을 취하지 않으면 우리에게는 오직 노예, 노예가 있을 뿐임을 나는 피눈물로써 반복하여 말하고 싶다. 나의 사랑하는 삼천만 형제자매여 父子夫婦가 반목 불화한 가정에 破産 流離가 반드시 따르지 않더냐.

우리의 흥망이 이 일점에 달려있음을 생각하라. 우리의 생활한 과거를 다시금 반성하자.

동포여!! 끝으로 이르노니 해외 절역에서 30년간 우리의 독립을 위하여 우리의 행복을 위하여 갖은 소통을 겪으며 小弓 분투한 우리 임시정부 주석 김구 선생 이하가 그 피의 역사를 지고 개선하였다. 우리에게 자주독립이란 이 지상명령을 위하여 명령을 내릴 사령부가 왔다. 절박한 이 시기에 이 얼마나 다행한 일이냐. 삼천만 동포여!! 우리는 정신을 가다듬어 엄숙한 태도로 우리 정부에 마음껏 감사하며 목적달성을 위하여 명령 一下 총진군을 개시하자. 이 정부의 명령에 私利私說로 주저 이반하는 자는 민족적 大逆이다. 일어나라. 삼천만 형제자매여!!

三, 人民共和國 人民政府要人들은 民族統一이 一日의 주저를 不許하는
今日에 海外各地로부터 革命領袖가 繼々入國하는 此際에 謙遜히 勇
敢히 閣僚의 總辭職을 斷行하고 共和國의 國字까지도 揚棄하고 人民
總意의 裁斷에 맛기는 誠意와 滅私互讓의 襟度를보여 一日이라도 早速
히 獨立의 完成을 實現케하여야 할것이어늘 何等의 明朗한 態度를보이지
안코 虛名과 虛位만을 死守하랴하는것가트니 이는 非國士的이요 非政
治家的이요 非革命家的이다
四· 大衆앞에 赤信號를 보이지아니하면안될 가장 危險한 重大事實이 現出
피엿다
이는 오래동안 우리가 渴望苦待하든 臨時政府要人들이 우리가운데 나타
날때 우리가 얼마나 歡迎하엿으며 崇拜하엿든가 그러나 事實은 正反對
로 우리 國家民族將來의 크게 害毒이될 危險한 膳物을 齋來하엿다
臨時政府宣傳部長嚴恒燮은 臨時政府의 背景의 堅固와 實力의 雄厚
를 자랑하는 豪語로 自己의가장 親近한사람에게 漏說한바에 依하면 重
慶을 떠나기前에 一億萬圓의 巨金을 蔣主席으로부터 寄贈을받엇고 將
來에도 여러가지 實力으로 援助하기를 約束하엿다 그리하야 우리도 國
民政府와 가른 有力한 政府를 樹立하고 國民政府와 同一한 步調
로 將來의 緊密한 連絡을 取하기를 相約하고 電氣技術者中國靑年
三名과 同伴入國하야 短波送信機를 裝置하고 每夜이곳의모-든 事實
을 送信하고 잇는데 내가(嚴自身)이 任務에 當하고 잇다고 자랑삼어 臨
時政府와 中國國民政府와의 엇더한 密約이 잇다는것을 披露하엿다
무시 무시한 몸서리 끼치는말이다
獨立이 完成되기前에 他國과 엇더한 秘密의 協定이 잇다는것은 참危
險한일이나
中國의 屬國으로 復歸한단말이냐
새로 殖民地化 한단말이냐
엇지하야 우리國事의 內容을 一一히 外國에 報告한단말이냐 너머 恐
怖不堪하야 더말하고 십지않타
嚴은 上海에잇슬때부터 佛國警察에 服務한 經驗이 有한 適材임으로
이러한 秘密事業을 잘 遂行한것이니 適材適所라할것이다
그러나 金九主席은 朝鮮의 愛國者임으로 이러한 일을 知而故犯하엿
스리라고는 밋고십지않타
臨時政府要人諸位의 反省을 促하며 同胞 一般의 自警을 請한다
앞으로 情報가 收集되는대로 續報하랴한다
同胞들이여 奮起하야 事大思想을 防止하자

四二七八年十二月十日

義熱靑年同盟

각政黨을 解體하라

우리 黨을 찾자

모이라 뭉처라

三千萬同胞여!!

大韓民國臨時政府萬歲

朝鮮留學生同盟總本部

의열청년동맹 〈警報 第一〉 1945.12.10

해방된 조선이 통일이 못되어 독립의 완성을 이루지 못한 오늘이다. 정치적 소음, 경제적 궁핍 사회적 혼란 여러 가지로 최후 난관에 봉착한 일반 대중의 생활 상태는 지침을 잃고 千層浪上에 부침을 하고 있는 현상이다.

이때에 정치계의 상층부의 동태를 보면 언어도단되는 痛哭難禁의 일이 한두 가지가 아니다. 예를 들면

一. 한국민주당수 송진우는 공공연히 조선인은 아직 자치할 능력이 부족함으로 미군군정을 무기 연장하여 長時訓政을 요청한 일이 있어 일반의 물의가 비등되어 이와 같은 偶人의 胡說이 실현될까 우려되고 있다.

二. 경솔한 자칭공산주의자輩가 극우적 소아병환자로 狂叫亂舞하여 혁명대중의 노선을 霧迷케 하는 일이 일일이 열거키 불능한 정도이다.

태극기를 들었다 하여 반동적 행동이라 하며 蘇聯邦을 우리의 조국이라 부르며 농민대회에 스탈린을 명예의장으로 추대하는 비현실적 사대 행위는 고소를 금키 어렵다.

三. 인민공화국 인민정부 요인들은 민족통일이 1일의 주저를 불허하는 금일에 해외각지로부터 혁명영수가 속속 입국하는 이때에 겸손히 용감히 각료의 총사직을 단행하고 공화국의 국자까지도 揚棄하고 인민 총의의 재단에 맡기는 성의와 滅私互讓의 襟度를 보여 1일이라도 조속히 독립의 완성을 실현케 하여야 할 것이거늘 하등의 명랑한 태도를 보이지 않고 허명과 허위만을 사수하려 하는 것 같으니 이는 非國士的이요, 비정치가적이요, 비혁명가적이다.

四. 대중 앞에 적신호를 보이지 아니하면 안 될 가장 위험한 중대 사실이 현출되었다.

이는 오랫동안 우리가 갈망 고대하던 임시정부 요인들이 우리 가운데 나타날 때 우리가 얼마나 환영하였으며 숭배하였던가. 그러나 사실은 정반대로 우리 국가민족 장래의 크게 해독이 될 위험한 선물을 재래하였다.

임시정부 선전부장 엄항섭은 임시정부의 배경의 견고와 실력의 웅후를 자랑하는 豪語로 자기의 가장 친근한 蔣 주석으로부터 누설한 바에 의하면 중경을 떠나기 전에 일억만 원의 거금을 將 주석으로부터 기증을 받았고 장래에도 여러 가지 실력으로 원조하기를 약속하였다. 그리하여 우리도 국민정부와 같은 유력한 정부를 수립하고 국민정부와 동일한 보조로 장래의 긴밀한 연락을 취하기를 서로 약속하고 전기기술자 중국청년 세 명과 동반 입국하여 단파송신기를 장치하고 매일 밤 이곳의 모든 사실을 송신하고 있는데 내가(嚴 자신) 이 임무에 당하고 있다고 자랑삼아 임시정부와 중국국민정부와의 어떠한 밀약이 있다는 것을 披露하였다.

무시무시한 몸서리 끼치는 말이다.

독립이 완성되기 전에 타국과 어떠한 비밀의 협정이 있다는 것은 참 위험한 일이다.

중국의 속국으로 복귀한단 말이냐

새로 식민지화 한단 말이냐

어찌하여 우리 국사의 내용을 일일이 외국에 보고한단 말이냐.

너무 恐怖不堪하여 더 말하고 싶지 않다.

嚴은 상해에 있을 때부터 프랑스경찰에 복무한 경험이 있는 적재임으로 이러한 비밀사업을 잘 수행한 것이니 적재적소라 할 것이다.

그러나 김구 주석은 조선의 애국자임으로 이러한 일을 知而故犯하였으리라고는 믿고 싶지 않다. 임시정부 요인 諸位의 반성을 촉구하며 동포 일반의 自警을 청한다.

앞으로 정보가 수집되는 대로 속보하려 한다.

동포들이여 분기하여 사대사상을 방지하자.

조선유학생동맹총본부 〈삼천만동포에게 고함〉

우리들은 불편부당을 주안으로 삼아 삼천만 동포들의 자주독립을 위하여 대동단결을 부르짖는 청년학생들이다.
우리들은 참다못하여 오늘날 대동단결에 장해물인 『한국민주당』과 『인민공화국』의 실체를 솔직히 공개하노라.

인민공화국
지난 8월 21일 조선학도간부들은 자주독립의 속성을 기원하는 나머지 소위 『인민공화국』 국무총리되는 許憲 씨에게 그 자세한 내용을 타진하였다.
그때 허헌 씨는 『대한임시정부』는 『돈』이 없어서 환국치 못한다.
또 『임시정부』는 蔣介石 씨의 지령에 의하여 3일간에 작성된 정부라고 하며 『인민공화국정부』는 절대불변의 정부라고 언명하였다.
삼천만 동포여! 생각해 보자.
소위 인민공화국 총리라는 책임자로서 그 대답이 이것이다. 어리석은 허헌 씨! 산설고 물선 타국에서 그리운 고국을 바라보며 『조선독립』을 유일의 위안으로 일본과 총칼을 마주 대고 사투해온 동포 투사에 대한 대접이 이래야 되는가?
만일 임시정부가 허헌 씨 말과 같이 3일간에 작성된 정부라면 풍상 27년간 꾸준히 싸워주신 분들이 누구였는가?
근일 소위 흔히 보는 인민공화국이었던가?? 의리를 알고 양심이 있는 조선동포라면 그 누구를 막론하고 쌍수를 들어 임시정부를 환영하여야 될 것이 아닌가. 인민공화국을 조직하기 위하여 취한 기만적 술책은 다음과 같다.
一. 건국준비위원회를 모체로 정권장악을 꿈꾸다가 『임시정부』 절대 지지라는 한국민주당의 출현으로 建軍만으로서는 꿈을 달성키 부족함을 알고 하등에 예고 없이 야간에 공모자 육백여 명이 집합하여 55명 전국선출인민위원을 발표하였으나 과반수 위원의 승낙이 없었다는 것은 여러분 잘 아시는 것입니다.
선량한 민중을 誘하기 위하여 『이승만, 김구 선생』 등 여러 선배의 명의를 도용한 것이다.
一. 절대불변의 정부라면 정부에 실권을 잡아 국정을 운용해야 할 것인데도 불구하고 38도 문제, 아놀드 장관 성명 문제조차 해결치 못하고 있다.

一. 軍政下라고 민중을 기만치 말고 색채를 명백히 하여라.
一. 인민공화국의 현재까지 6천만 원이라는 막대한 금액을 소비하였다는데 그 재정 출처가 어디에 있는가? 우리 삼천만 동포는 그 출처를 알고 싶다.
一. 23일 각 정당대표회의석상에서 우리 조선인민의 지도자인 『이승만 선생』께서 『우리들은 36년간 유일한 대한민국임시정부를 가지고 있는 민족이다. 이 정부가 각국에 승인을 받았고 연합국에서 조선독립이란 약속을 뗀 정부이며 곧 환국치 못하는 것은 중국공산당의 책동이라』고 언명하였다.
인민공화국 주석은 이승만 박사이다.
주석께서 이런 언명을 하셨으니 자주독립속성을 위하여 속히 인민공화국을 해체하여라. 이것이 제일긴급문제이며 유일한 방법이다.

한국민주당
한국민주당은 임시정부를 지지한다는 대의명분 미명하에서 한몫 보자는 토착 부르주아지 기회주의자가 진입한 당이다.
조선의 장래와 당의 장래를 위하여 민족반역자, 자본주의사회를 꿈꾸는 자 등을 속히 추방하여라.
우리들은 야심 없는 인민의 눈 입 수족이 되기를 서약한다.
일반대중은 사십여 당으로 분립되어있는 것은 아니다. 소위 급성 정객들이 사십여 당들로 분립되어 자주독립을 지연시키는 것이다.
일반 인민은 지도자 이승만 선생을 중심으로 『한 뭉치』가 되자고 부르짖고 있다.
자주독립될 때까지 한데 뭉쳐서 각자의 주의를 버리자.
주의를 선전하는 자는 신탁관리를 원하는 자이다. 민족반역자다.

인민공화국을 해체하라
각 정당을 해체하라
우리 땅을 찾자
모여라 뭉쳐라
삼천만 동포여!!
대한민국임시정부 만세!

警報 第一

解放된 朝鮮의 統一이 못되여 獨立의 完成을 이루지못한 오날이다
政治的 騷音、經濟的 窮乏 社會的 混亂 여러 가지로 最後難關에 逢着한 一般大衆의 生活狀態는 指針을잃고 千層浪上에 浮沈을하고있는 現狀이다
이때에 政治界의 上層部의 動態를보면 言語倒斷되는 痛哭難禁의일이한두가지가아니다
例를들면
一、韓國民主黨首 宋鎭禹는 公公然히 朝鮮人은아직 自治할能力이不足함으로 美軍軍政을無期延長하야 長時訓政을要請한일이있어 一般의物議

三千萬同胞에게公開함

우리들은 不偏不黨을 主眼으로삼어 三千萬同胞들의 自主獨立을爲하야 大同團結을 부르짖는 靑年學生들이다.
우리들은 참다못하여 오늘날 大同團結에 障害物인 『韓國民主黨』과 『人民共和國』의 實體를 卒直히 公開하노라.

人民共和國
지난 八月 二十一日 朝鮮學徒幹部들은 自主獨立의 速成을 祈願하는 나머지 所謂「人民共和國」國務總理되는 許憲氏에게 其仔細한 內容을 打診하엿다.
그때 許憲氏는 「大韓臨時政府」는 「돈」이 없어서 還國치 못한다.
또 蔣介石氏의 指令에 依하여 三日間에 作成된 政府라고하며 「人民共和國政府」는 絕對不變의 政府라고 言明하였다.
三千萬同胞이! 生覺해보자.
所謂人民共和國總理라는 責任者로서 그 對答이이것이다. 어리석은 許憲氏! 산설고 물선 他國에서 그리운 故國을바라보며 『朝鮮獨立』을 唯一의 慰安으로 日本과 총칼을 마주 대고 死鬪해온 同胞鬪士에게 對한 待接이이러야되는가?
萬一臨時政府가 許憲氏말과같이 三日間에 作成된 政府라면 風霜二十七年間 꾸준히 싸워주신분들이 누구엿는가?
近日所謂흔히 보는 人民共和國이었는가? 義理를 알고 良心이 있는 朝鮮同胞라면 그 누구를 莫論하고 雙手를들어 臨時政府를 歡迎하여야될 것이아닌가. 人民共和國을 組織하기爲하여 取한 欺瞞的 術策은 다음과갓다.
一、建國準備委員會를 母體로 政權掌握을 꿈꾸다가 『臨時政府』絕對支持라는 韓國民主黨의 出現으로 建軍만으로서는 꿈을 達成키 不足함을알고 何等에 豫告없이 夜間에 共謀者六百餘名이集合하여 五十五名全國選出人民委員을 發表하였으나 過半數委員의 承諾이없었다는 것은 여러분 잘 아시는 것이다.
善良한 民衆을 誘하기爲하여 『李承晩、金九先生』等여러先輩의 名義를 盜用한것이다.
一、絕對不變의 政府라면 政府에 實權을잡어 國政을 運用하여야 할 것인데도 不拘하고 三十八度問題、아ー놀드長官 聲明問題조차 解決치 못하고 있다.
一、軍政下라고 民衆을 欺瞞치말고 色彩를 明白히하여라.
一、人民共和國의 現在까지 六千萬圓이라는 莫大한 金額을 消費하였는데 其財政出處가 何處에 있는가? 우리 三千萬同胞는 其出處를 알고싶다.
一、二十三日 各政黨代表會議席上에서 우리 朝鮮人民의 指導者인『李承晩先生』께서 『우리들은 三十六年間唯一한 大韓民國臨時政府를 가지고있는 民族이다. 이政府가 各國에 承認을받었고 聯合國에서 朝鮮獨立이란 約束을뗀 政府이며 곧 還國치못하는것은 中國共産黨의 策動이라』고 言明하였다.
人民共和國主席은 李承晩博士이다.
主席께서 이런 言明을하셨으니 自主獨立速成을 爲하여 速히 人民共和國을 解體하여라. 이것이 第一緊急問題이며 唯一한方法이다.

韓國民主黨
韓國民主黨은 臨時政府를 支持한다는 大義名分美名下에서 한몫보자는 土着부르주아지 機會主義者가 進入한 黨이다.
朝鮮의 將來와 黨의 將來를 爲하여 民族反逆者、資本主義社會를 꿈꾸는 者 等을 速히 追放하여라.
우리들은 野心없는 人民의 눈 입 手足이되기를 誓約한다.
一般大衆은 四十餘黨으로 分立되어있는 것은 아니다. 所謂急成政客들이 四十餘黨들로 分立되어 自主獨立을 遲延시키는 것이다.
一般人民은 指導者 李承晩 先生을 中心으로 『한뭉치』가되자고 부르짖고 있다.
自主獨立될때까지 한데뭉쳐서 各自의 主義를 버리자.
主義를 宣傳하는 者는 信託管理를 願하는 者이다. 民族反逆者다.

人民共和國을 解體하라
各政黨을 解體하라
우리 땅을 찾자
모여라 뭉쳐라
三千萬同胞여!!
大韓民國臨時政府 萬歲!

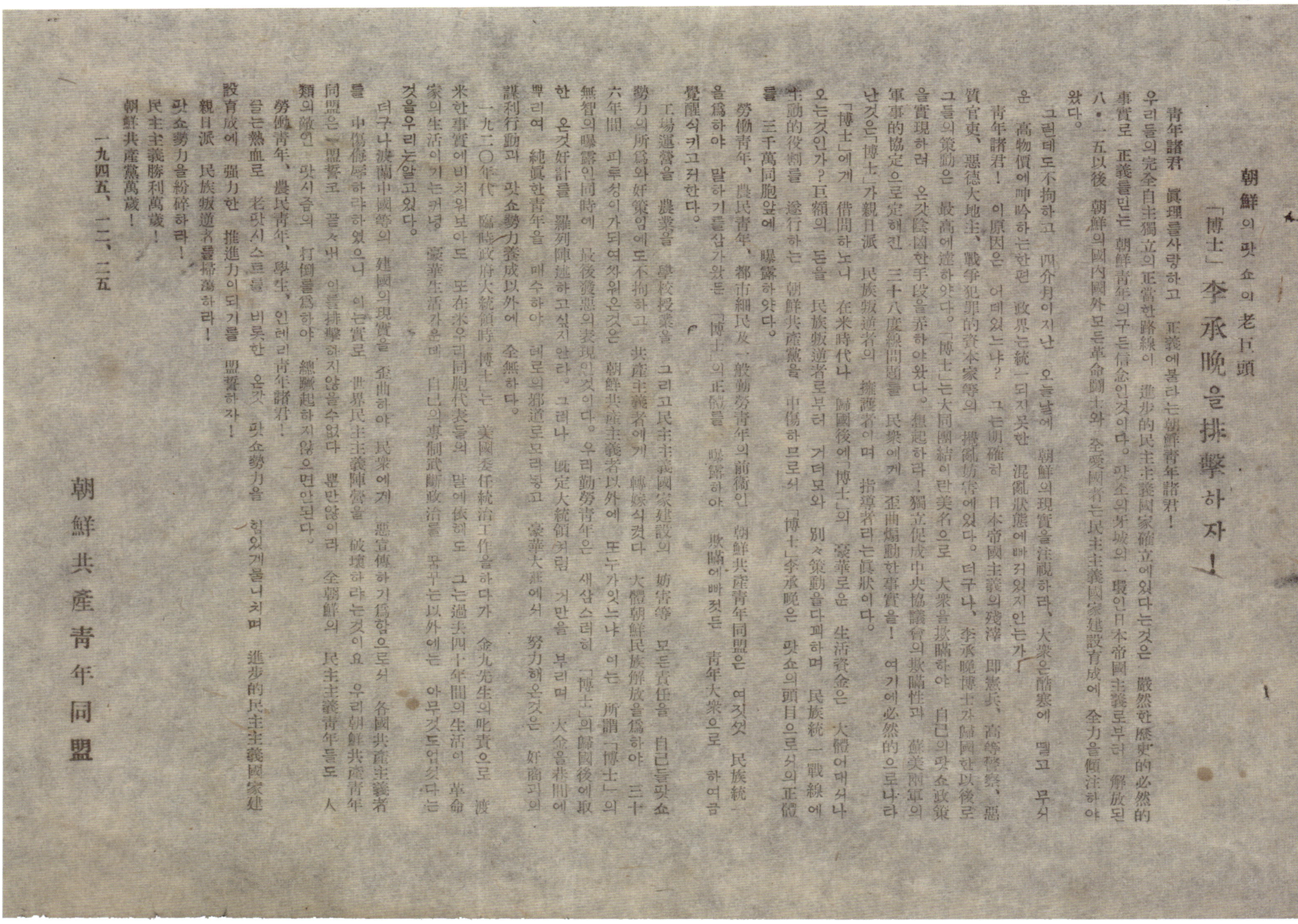

朝鮮의 팟쇼의 老巨頭
「博士」李承晩을 排擊하자!

靑年諸君 眞理를사랑하고 正義에불타는朝鮮靑年諸君!

우리들의完全自主獨立의正當한路線이 進步的民主主義國家確立에있다는것은 嚴然한歷史的必然的事實로 正義를믿는 朝鮮靑年의구든信念인것이다。팟쇼의牙城의一環인日本帝國主義로부터 解放된八·一五以後 朝鮮의國內國外모든革命鬪士와 全愛國者는民主主義國家建設育成에 全力을傾注하야왔다。

그런데도不拘하고 四介月이지난 오늘날에 朝鮮의現實을注視하라、大衆은酷寒에 떨고 무서운 高物價에呻吟하는한편 政界는統一되지못한 混亂狀態에빠저있지안는가!

靑年諸君! 이原因은 어데있느냐? 그는明確히 日本帝國主義의殘滓 卽憲兵、高等警察、惡質官吏、惡德大地主、戰爭犯罪的資本家等의 攪亂妨害에있다。더구나、李承晩博士가歸國한以後로그들의策動은 最高에達하얏다。「博士」는大同團結이란美名으로 大衆을欺瞞하야 自己의팟쇼政策을實現하려 온갓陰凶한手段을弄하야왔다。想起하라! 獨立促成中央協議會의欺瞞性과 蘇美兩軍의軍事的協定으로定해진 三十八度線問題를 民衆에게 歪曲煽動한事實을! 여기에必然的으로나타난것은「博士」가親日派 民族叛逆者의 擁護者이며 指導者라는眞狀이다。

「博士」에게 借問하노니 在米時代나 歸國後에「博士」의 豪華로운 生活資金은 大體어데서나오는것인가? 巨額의 돈을 民族叛逆者로부터 거더모와 別々策動을다꾀하며 民族統一戰線에主動的役割을 遂行하는 朝鮮共産黨을 中傷하므로서 「博士」李承晩은 팟쇼의頭目으로서의正體를 三千萬同胞앞에 曝露하얏다。

勞働靑年、農民靑年、都市細民及一般勤勞靑年의前衛인 朝鮮共産靑年同盟은 여짓것 民族統一을爲하야 말하기를삼가왔든 「博士」의正體를 曝露하야 欺瞞에빠젔든 靑年大衆으로 하여금覺醒식키고저한다。

工場運營을 農業을 學校授業을 그리고民主主義國家建設의 妨害等 모든責任을 自己들팟쇼勢力의所爲와奸策임에도不拘하고 共産主義者에게 轉嫁식켰다 大體朝鮮民族解放을爲하야 三十六年間 피투성이가되여싸워온것은 朝鮮共産主義者以外에 또누가잇느냐 이는 所謂「博士」의無智의曝露인同時에 最後發惡의表現인것이다。우리勤勞靑年은 새삼스러히 「博士」의歸國後에取한 온갓奸計를 羅列陳述하고싶지 안타。그러나 旣定大統領처럼 거만을 부리며 大金을巷間에뿌리여 純眞한靑年을 매수하야 테로의邪道로몰라넣고 豪華大莊에서 努力해온것은 奸商과의謀利行動과 팟쇼勢力養成以外에 全無하다。

一九二〇年代 臨時政府大統領時「博士」는 美國委任統治工作을하다가 金九先生의叱責으로 渡米한事實에비추워보아도 또在米우리同胞代表들의 말에依해도 그는過去四十年間의生活이 革命家의生活이기는커녕 豪華生活가운데 自己의專制武斷政治를 꿈꾸는以外에는 아무것도업섯다는것을우리는알고있다。

더구나波蘭中國等의 建國의現實을 歪曲하야 民衆에게 惡宣傳하기爲함으로서 各國共産主義者를 中傷侮辱하랴하였으니 이는實로 世界民主主義陣營을 破壞하랴는것이요 우리朝鮮共産靑年同盟은 盟誓코 끝々내 이를排擊하지않을수없다 뿐만않이라 全朝鮮의 民主主義靑年들도 人類의敵인 팟시즘의 打倒를爲하야 總蹶起하지않으면안된다。

勞働靑年、農民靑年、學生、인테리靑年諸君!

끓는熱血로 老팟시스트를 비롯한 온갓 팟쇼勢力을 힘있게물니치며 進步的民主主義國家建設育成에 强力한 推進力이되기를 盟誓하자!

親日派 民族叛逆者를掃蕩하라!

팟쇼勢力을粉碎하라!

民主主義勝利萬歲!

朝鮮共産黨萬歲!

一九四五、一二、二五

朝鮮共産靑年同盟

崔容德이다!

崔容達의隨行員九名都合十名이다 이十名이朝鮮四千萬同포를팔어먹엇다

天주!!

오직天주를加하야一族을滅하라

憂國志士聯盟

근대서지총서2 그림 137

조선공산청년동맹 〈조선의 파쇼의 노거두 '박사' 이승만을 배격하자!〉 1945.12.25

청년 제군, 진리를 사랑하고 정의에 불타는 조선청년 제군!

우리들의 완전 자주독립의 정당한 노선이 진보적 민주주의 국가 확립에 있다는 것은 엄연한 역사적 필연적 사실로 정의를 믿는 조선청년의 굳은 신념인 것이다. 팟쇼의 牙城의 일환인 일본제국주의로부터 해방된 8·15 이후 조선의 국내국외 모든 혁명투사와 전 애국자는 민주주의국가건설육성에 전력을 경주하여 왔다.

그런데도 불구하고 사 개월이 지난 오늘날에 조선의 현실을 주시하라. 대중은 혹한에 떨고 무서운 高물가에 신음하는 한편 정계는 통일 되지 못한 혼란 상태에 빠져있지 않는가!

청년 제군! 이 원인은 어디 있느냐? 그는 명확히 일본제국주의의 잔재 즉 헌병, 고등경찰, 악질관리, 악덕대지주, 전쟁범죄적 자본가 등의 교란방해에 있다. 더구나 이승만 박사가 귀국한 이후로 그들의 책동은 최고에 달하였다. 「박사」는 대동단결이란 미명으로 대중을 기만하여 자기의 팟쇼정책을 실현하려 온갖 음흉한 수단을 농하여왔다. 상기하라! 독립촉성중앙협의회의 기만성과 蘇美兩軍의 군사적 협정으로 정해진 38도선 문제를 민중에게 왜곡 선동한 사실을! 여기에 필연적으로 나타난 것은 「박사」가 친일파 민족반역자의 옹호자이며 지도자라는 진상이다.

「박사」에게 차문하노니 在美時代나 귀국 후에 「박사」의 호화로운 생활자금은 대체 어디서 나오는 것인가? 거액의 돈을 민족반역자로부터 걷어 모아 별별 책동을 다 꾀하며 민족통일전선에 주동적 역할을 수행하는 조선공산당을 중상함으로써 「박사」 이승만은 팟쇼의 두목으로서의 정체를 삼천만 동포 앞에 폭로하였다.

노동청년, 농민청년, 도시세민 및 일반근로청년의 전위인 조선공산청년연맹은 여지껏 민족통일을 위하여 말하기를 삼가왔던 「박사」의 정체를 폭로하여 기만에 빠졌던 청년대중으로 하여금 각성시키고자 한다.

공장운영을 농업을 학교수업을 그리고 민주주의국가건설의 방해 등 모든 책임을 자기들 팟쇼세력의 所爲와 간책임에도 불구하고 공산주의자에게 전가시켰다. 대체 조선민족해방을 위하여 36년간 피투성이가 되어 싸워온 것은 조선공산주의자 이외에 또 누가 있느냐 이는 소위 「박사」의 무지의 폭로인 동시에 최후 발악의 표현인 것이다. 우리 근로청년은 새삼스레 「박사」의 귀국 후에 취한 온갖 간계를 나열 진술하고 싶지 않다. 그러나 旣定 대통령처럼 거만을 부리며 대금을 항간에 뿌려 순진한 청년을 매수하여 테러의 사도로 몰아넣고 豪華大莊에서 노력해온 것은 奸商과의 모리행동과 팟쇼 세력양성 이외에 전무하다.

1920년대 임시정부 대통령 시 「박사」는 미국위임 통치공작을 하다가 김구 선생의 질책으로 도미한 사실에 비추어 보아도 또 재미 우리 동포대표들의 말에 의해도 그는 과거 40년간의 생활이 혁명가의 생활이기는커녕 호화생활 가운데 자기의 전제무단정치를 꿈꾸는 이외에는 아무 것도 없었다는 것을 우리는 알고 있다.

더구나 폴란드 중국 등의 건국의 현실을 왜곡하여 민중에게 악선전하기 위함으로서 각국 공산주의자를 중상모욕하려 하였으니 이는 실로 세계민주주의진영을 파괴하려는 것이요 우리 조선공산청년동맹은 맹서코 끝끝내 이를 배격하지 않을 수 없다. 뿐만 아니라 전 조선의 민주주의청년들도 인류의 적인 팟시즘의 타도를 위하여 총궐기하지 않으면 안 된다.

노동청년, 농민청년, 학생 인텔리청년제군!

끓는 열혈로 老팟시스트를 비롯한 온갖 팟쇼 세력을 힘 있게 물리치며 진보적 민주주의국가건설육성에 강력한 추진력이 되기를 맹서하자!

친일파 민족반역자를 소탕하라!

팟쇼 세력을 분쇄하라!

민주주의승리 만세!

조선공산당 만세!

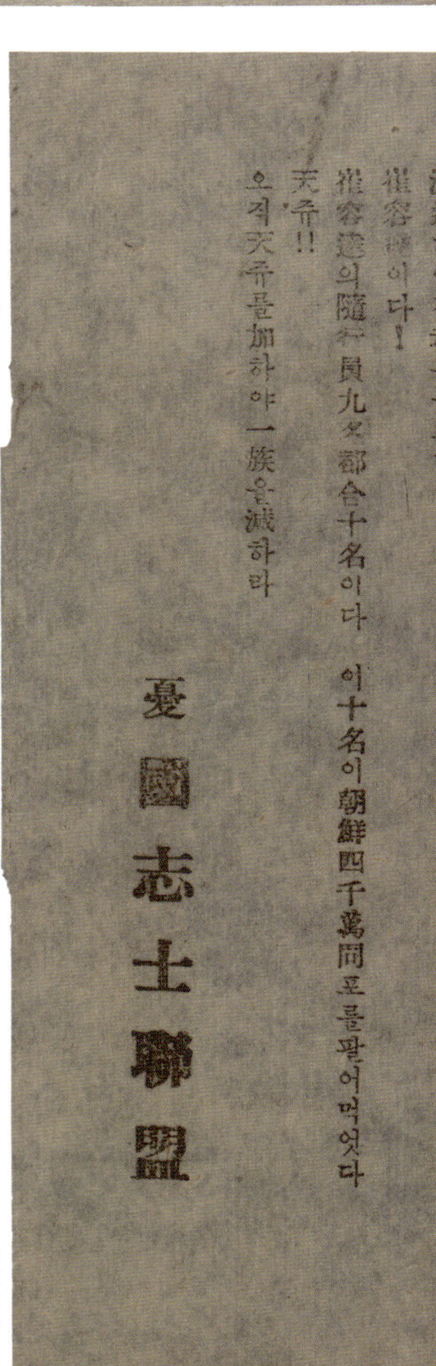

「朝鮮獨立五年後
信託統治委員會設置
三國外相會談決定說」

三千萬同胞들아 이死刑宣告文을 똑 바로 봣느냐
朝鮮獨立을 五年後에 승락한다는것은 五十年後 五百年後
或은 저-無情속으로미러넛는 사탕발님이다
우리는죽엇다!! 죽음바에는뜻잇게죽자 살어도뜻잇게살며 죽어도
뜻잇게죽는것이 우리 檀君에족속이다
各政黨 各團體 學校 會社 商人 되파리군 지게군 막버리
꾼 모다활작버서바리고 한데뭉치자
그리고 總罷業이다 총시위다
그리고 更生의죽엄속으로突進하자 「生命을앗기는者는 일허
바리고 生命을바리는者는 엇으리라」하는말은
「生」의鐵則이다
자/!! 죽엄에 總進軍이다
大韓民國軍事後援會

대한민국군사후원회 〈조선독립 5년 후 신탁통치위원회 설치 삼국외상회담 결정설〉 1945.12

이천만 동포들아. 이 사형선고문을 똑바로 보았느냐.
조선독립을 5년 후에 승낙한다는 것은 50년 후 500년 후 혹은 저 무정 속으로 밀어 넣는 사탕발림이다.
우리는 죽었다!! 죽을 바에는 뜻있게 죽자. 살아도 뜻있게 살고 죽어도 뜻있게 죽는 것이 우리 단군의 족속이다.
각 정당 각 단체 학교 사회 상인 되팔이꾼 지게꾼 막벌이꾼 모두 활짝 벗어버리고 한데 뭉치자.
그리고 총파업이다 총시위다.
그리고 갱생의 죽음 속으로 돌진하자. 「생명을 아끼는 자는 잃어버리고 생명을 버리는 자는 얻으리라」하는 말은 「생」의 철칙이다.
자!! 죽음에 총진군이다.

우국지사연맹 〈조선 신탁통치 이면공작 진상 폭로!!〉 1945.12.21

종로 인경이 울었다. 「託治排擊」의 萬雷같은 만세 소리가 천지를 뒤덮을 때 탁치의 비명인 듯!! 반탁의 호령인 듯!!
40년의 침묵을 깨뜨린 것이 울었다. 민족의 울음이냐!! 선조의 격동이냐!! 친애하는 동포여!!
조국을 찾기에 피로서 싸우려고 모여든 백만의 선량한 민중을 가로 보며 여기에 악마의 냉소가 있는 것을 아는가?? 모르는가??
우리는 여기에 그 진상을 폭로하련다.
모스크바 三相會議에 조선인으로서 조선의 소련신탁관리를 요청한 무리가 있었다. 그 이유에 日 소련이 5개년만 더 조선에 진주하면 우리는 전 조선을 적화시키고 소비에트 연방의 한편으로 조선인민공화국을 건설할 것이라고!! 알겠는가!! 조국을 모르고 민족을 팔아먹는 대역무도한 이들의 수작을!!
소련의 침략주의 야망을!!
이러한 야망과 권세의 노예자에게 李 박사를 비롯하여 전 민족이 「함께 뭉치자」고 열혈을 다하여 5개월이란 존귀한 세월을 허송하여 그놈들의 농락에 빠져가며 오늘날 신탁통치까지 되었으니 아!! 통분할지고!! 怒痛할지고!!
미국 육해군과 국무성 반스 씨가 조선즉시독립을 외치다가 조선대표라 詐稱한 무리들을 앞세운 소련의 집요한 야만 앞에 미국은 겨우 소련의 일국통치를 막아 ○○國 통치에까지 이끌었다.
우리는 미국의 진지한 건투에 감사를 올릴지언정 신탁의 공동책임자로 변모하는 것은 우리의 취할 바 태도가 아님을 알아야 한다.
우리는 오직 나머지 오상회의에 미국의 혼신의 건투만을 충심으로 빌자!!
하지 중장에 격려와 감사의 뜻을 표하라!!
美韓離間工作의 적색 모략에 빠지지 말라 그러면 소위 조선대표를 사칭하고 조선신탁통치를 요구한 악랄무도한 한국민족의 괴수는 누구냐!!
인민공화국이다!!
파견하여 간 자는 누구냐!
崔容達이다!
최용달의 수행원 9명 도합 10명이다. 이 10명이 조선 사천만 동포를 팔아먹었다. 天誅!! 오직 천주를 가하여 일족을 멸하라

朝鮮信託統治裏面工作員相暴露!!
一九四五年十二月三十一日!!

鍾路인경이울엇다
「託治排擊」의萬雷같은 이天地를뒤덥흘때
탁치의悲鳴인듯!!
反託의號令인듯!!
四十年의沈默을꺼트러인경이울엇다
民族의울음이냐!! 親愛하는同胞여!!
祖國을찾기에피로서싸우려고모여드는 百萬의善良한
民族을팔어먹는 大逆無道한이놈들의수작을!!
吾人은여기에 그眞相을暴露하련다
의冷笑가인는것을아는가?? 모르는가??
莫斯科三相會議에 朝鮮人으로서 朝鮮의蘇聯信託管理를 要請한무리가잇섯다
그理由에日蘇聯이五個年만더朝鮮에駐詰하면 우리는全朝鮮을赤化하고
蘇聯의一邦으로 朝鮮人民共和國을 建設할것이라고!! 알겟는가!!
祖國을몰으고 民族을팔어먹는 大逆無道한이놈들의수작을!!
蘇聯의侵略主義野望을!!
이렁한野翼과 權勢의奴隸者에게 李博士를비롯하야 全民族이 「함께뭉치자」고
熱血을다하며 五個月이란存貴한 歲月을虛送하여 그놈들의籠落에빠저가며 오날
信託統治까지되엿스니 아!! 痛憤할지고!! 怒痛할시고!!
美國海陸軍과 國務省반스氏가 朝鮮即時獨立을웨치다가 朝鮮代表라 詐稱한무리를 앞세운
蘇聯의執요한 만압헤 米國은겨우 蘇聯의一國統治를막아 ○○國통治까지
우리는 米國의 眞摯한健鬪에 感謝를올닐지언정 信託의共同責任者로 變貌하는것은
우리의取할바아님을안어야한다

대한민국임시정부 특파 사무국 〈우리 정부 27년 약사〉

만세

1919년 3월 1일 오전 10시 서울복판 파고다공원에 모인 청년 학도 삼천의 앞에 우리 민족자유해방의 독립선언이 큰소리로 세계를 향하여 낭독되었다. 밖으로는 동서약소 민족의 민족자결운동에 발을 맞추고 안으로는 서울을 비롯하여 평양, 선천, 신의주, 대구, 진주, 함흥 등 대도회로부터 방방곡곡에 민족해방의 만세소리 삼천리 지축을 흔들었다. 두 달 동안 기독교도를 필두로 천도교, 유교, 불교 등 종교단체를 위시하여 피가 끓는 젊은 학도와 청년들이 이 운동에 참가하기 백만을 넘기고 거룩한 피를 뿌려 호국의 靈이 된 분이 553인이라는 것은 영원히 우리의 기억에 새로운 것이다. 이 분화산 같은 운동의 불길은 동경으로 상해로 블라디보스토크로 하얼빈 간도 각지와 미주에까지 우리민족이 뿌리박고 사는 곳에는 다 같이 서로 호응되어 세계에 외쳐졌다. 이 운동에서 미국을 위시한 선교사 諸公들이 몸소 보여준 독립에의 열의는 오늘의 카이로 회담과 『포츠담』선언에 일맥상통되는 것이다. 독립의 선언문을 비롯하여 총독에게와 아울러 미국 대통령 월슨에게 독립의 청원문을 보낸 것은 한 개의 연분이라고 할까. 한길로 뭉친 전 민족의 총의를 모아 우리의 자주독립을 그 목적으로 이 해 4월 17일 上海佛租界에서 우리의 위대한 지도자 이승만 박사를 수반으로 이동휘, 이시락, 김규식, 신규식, 안창호 등 여러 혁명선배들 이 모여 대한민국임시정부를 세우고

神人一致中外協應하여 한성에 義를 擧한 이래 30일간에 평화적 독립을 삼백여 州에 광복 하고 국민의 신의로써 완전히 조직한 임시정부는 항구 완전한 자주독립의 복리를 우리 子孫黎民에게 세전하기 위하여 임시의정원의 결의로서 임시헌장을 선포함.

이라는 선포문을 머리로 민주공화제로 할 것과 계급을 일체평등으로 하며 信敎 등 자유와 보통선거를 규정하며 특히 국토회복 후 1개년 내에 국회를 소집한다는 등 10개조의 임시헌장이 제정되고 임시의정원의장 이동녕, 국무총리 이승만, 내무총장 안창호, 외무총장 김규식, 법무총장 이시영, 재무 최재형, 군무 이동휘, 교통 문창범 등 여러 부서가 작정되고

본 정부는 전 국민의 위임을 받아 조직된 고로 본 정부는 전 국민과 함께 일층전심 육력하여 임시헌법과 국제도덕의 소명을 준수하여 국토 광복과 邦基礎國의 대사명을 이행할 것을 여기에 선언한다. 동포 국민이여 분기하라 우리가 흘리는 한 방울의 피가 자손만대의 자유와 복락에 값하고 신국건설의 資와 기초가 될 것이다. 우리의 人道는 곧 일본의 야만을 교화하고 우리의 정의는 곧 일본의 폭력에 승리할 것이다. 동포의 최후의 1인까지 싸우라는 선서문이 반포되었다. 이 임시헌장 10개조를 기본삼아 임시헌법이 제1장 총령과 인민의 권리의무 임시대통령 임시의정원 국무원 법률재정 보칙의 8장 56개조로 제정되고 이에 따라 내정 군사 외교 재정 사법 각 항의 시정방침을 정하고 나아가서 각도 聯通制 國債通則 臨時地方交通局 事務章程 등을 제정하여 내부와 형식의 정비 충실에 힘썼다. 의정원에서는 조선국내를 8도로 나누어 경기엔 6인, 황해에는 각 3인 충청, 경상, 전라, 함경, 평안 5도에는 각 6인의 비례로 하며 국외에서는 蘇領 內에서 6, 중국에 6, 미국에 3인의 선출된 대의사로서 조직을 구성하였다. 이리하여 국제도시 상해에서 재외정권으로서의 그 존재를 드러내 놓은 것이다.

활동

일찍이 저 유명한 해외밀사파견을 위시하여 만국사회당대회와 25 약소민족회의에 대표를 보내어 우리주장을 세우기에 노력한 뒤를 받아 파리회의에는 김규식 대표의 명으로 합병조약의 무효를 주장한 당당한 청원서가 제출되어 세계의 주의를 끌었고 1921년 春夏 간에 열린 태평양회의에서의 활약은 아직도 우리 기억에 새롭다. 이 외교적 활동과 상호하여 一便武力에 의한 혁명을 기획하여 1920년부터 신의주역 폭파를 필두로 총독부 폭파 종로폭탄사건, 殖銀, 東拓에 폭탄의 세례를 주었던 것과 상해에서 田中義一 대장을 저격한 일로 일본위정자들의 간담을 서늘하게 하였다. 또 정부는 우리 민족의 진로는 교육과 산업의 부흥 발전시킴에 있는 것을 지령 선전하여 향학열과 교육열은 海內海外를 통하여 일대 운동

우리 政府 二十七年略史

萬歲

一九一九年三月一日午前十時 서울복판 한가다公園에 모인 靑年學徒三千의 압해 우리民族自由解放의 獨立宣言이 큰 소리로 世界를 向하야 朗讀되엿다 박그로는 東西弱少民族의 民族自決運動에 발을마추고 안으로는 서울을비롯하야 平壤、宣川、新義州、大邱、晉州、咸興等大都會로부터 坊々谷々에 民族解放의 萬歲소리 三千里地輪을흔들엇다 두달동안 基督敎徒를筆頭로 儒敎、佛敎等宗敎團體를爲始하야 天道敎、靑年들이 이運動에參加하기百萬을넘기고 거룩한피를뿌려護國의 神이된분이五百五十三人이라는것은 永遠히 우리의記憶에 새로울것이며 [illegible] 各地와美洲에까지 우리民族이싹터박고 사는곳에는 다가치로 呼應되어 世界에 嘩처젓다 獨立의宣言文을비롯하야 總督과 아울러 米國大統領손에게 獨立의請願文을보낸것은 한개의緣分이라고할가 우리의偉大한指導者 李承晩博士를首班으로 李東暉、李始榮、金奎植、申圭植、安昌浩等 여러 革命先驅들이 모여 大韓民國臨時政府를세우고 恒久完全한 自主獨立을 그目的으로 漢城에 義를 擧한 以來 三十有一個年에 平和的獨立을 三百餘州에 光復하고 國民의 信義로 外完全히 組織한 臨時政府는 民主共和制로 하며 臨時議政院의 決議로써 臨時憲章을 宣布함 階級을 一切撤廢하고 信敎等自由와 普通選擧를 規定하며 特히 國土恢復後 一個年內에 國會를 召集한다 臨時憲法과 國際道德의 所命을 遵守하야 子孫萬代에 物心으로 神國憲設의 貢과 基礎가 될것이다 臨時議政院 議長 李東寧 國務總理 李承晩 內務總長 安昌浩 外務總長 金奎植 法務總長 李始榮 財務總長 崔在亨 軍務總長 李東暉 交通 文昌範 等 諸部署가 作定되고 本政府는 全國民의 委托을 받어 臨時大統領 臨時議政院 國務院 內政 軍事 外交 財政 司法 等 各項의 施政方針을 定하고 八章五十六個條로 調定되고 大使令文이 頒布되엿다

으로 되어 『아는 것이 힘. 배워야 산다』는 부르짖음이 민족의 표어가 되었고 『우리살림 내 것으로』 하는 주창 아래 물산장려운동이 활발하게 전개되었었다. 이듬해인 1923년경부터는 소위 만주사변을 당하여 중국 측에서 排日運動이 일어나는 것을 기회삼아 韓中合作反滿抗日을 목표로 내걸고 중국동지들과 서로 악수하여 각지에서 운동을 전개하였다. 그 후 1932년 동경 二重橋에서 일본 황제를 살해코자 投彈한 이봉창의 전투와 동년 4월 29일 상해 虹口공원에서 白川 대장을 폭살하고 重光 公使의 다리를 꺾은 윤봉길의 공적이 그 사령 김구 선생과 함께 조선의 독립사상에 한 개의 횃불을 들어 장개석 장군으로 하여금 『중국 사억만이라도 뜻 두고도 못하는 일을 한 韓人靑年이 이를 실행하였다고』 찬탄하여 마지 않았다는 일은 너무도 유명하다.

혈세

해외에 망명한 분들과 이역에서 생을 구하는 동포들이 그 어려운 살림 속에서도 우리의 하나뿐인 정부를 위하여 푼푼이 모아 바치는 戶稅, 戶別稅는 물론 인두세까지 모아 바쳤다. 상해는 더 말할 것도 없이 東滿 북경 광동 등 중국지방에서는 물론 블라디보스토크 하얼빈 등지와 멀리 하와이 미주에 있는 동포들이 국민의 당연한 의무로서 여겨 그 赤誠을 다한 것은 실로 눈물겨웠다. 특히 미국재주동포 9천 명으로서 조직된 국민회에서는 매월 3, 4천 불씩 보내왔고 작년 봄에는 그들의 義捐인 30만 불을 특별의연금으로 보내어 독립을 위하여 써달라는 부탁은 특기할 일이었다. 이 외에 군자금의 조달 역시 해외동포들의 힘과 국내유지들의 血誠으로 막대한 금액이 헌납되었다. 한편 우방 중국에서는 우리 정부의 활동과 그 목표에 공명하여 군사교련 무기대여 등 원조 외에 중국국민당으로부터 매월 거액의 원조를 하겠다는 요청이었으나 우리 정부는 자력을 주로 하고 그래도 부족되는 것은 원조를 받기로 하여 그들의 협조가 꾸준히 계속되어 오늘날의 독립으로 추진시키는 데 큰 조력을 아끼지 않았다. 그러나 중일전쟁이 일어나서 상해가 전란의 중심지로 화하고 그 지역이 넓어지며 우리 정부에 가해지는 탄압이 심해가므로 우리 요인들은 각기 부서를 떼메고서 수난의 길에 오르게 되었다. 한 부분은 남경, 한 패는 광동 또는 장사 그리고 한구 등지를 전전하며 풍찬노숙을 거듭하였다.

장사에서는 日軍에서 파견된 밀정의 무리가 내습하여 현익철 씨는 생명을 바치시고 김구, 류동설 두 분은 부상되어 김구 선생은 왼편 가슴 속에 아직도 탄환이 남았다고 전한다. 중국정부의 중경 천도를 따라 우리 정부도 분산된 세력을 수합하여 뱃길로 한 달 비장한 결심으로 중경에 향한 것이 오늘로서 보면 7년 전 일이다. 일본제국주의 타도를 그 전쟁목표로 삼아서 중국 측과 합작하여 각지에서 싸우며 대동아전쟁에 이르렀다.

광복군

독립을 목표로 정부 산하에 집결된 청년투사들이 독립단으로는 혁명군으로 되어 지하와 표면으로 활동을 계속하다가 저 所爲 7 · 7 사변 이래 중국군대에 편입되어 한편 군사적 훈련과 전투 활동에도 참가하다가 1940년 우리 정부계 독립군대를 조직하게 되자 여기에 혁명적 단체와 그 소속부대는 물론 중국군대에 소속되었던 부대도 편입되어 우리의 국군 광복군이 탄생하게 된 것이다. 제국주의일본에다 우리나라 이름으로 선전을 포고하고 전쟁을 거듭한 지 5년이다. 중국군대와 제휴하여 매국노 왕정위 군대를 격파한 전공은 지금도 중국군인들 사이에 화제가 되어 내려오며 인도 버마 작전에는 미군에 가담하여 특무반으로서 활약하여 學兵徵兵의 조선군인을 귀속시키는 데 큰 성과를 거두고 지원병 출신 일개소대 60명을 그대로 전부 광복군에 편입시키는 데 성공하는 등 미군으로부터 감사장을 보내왔다. 태평양작전에는 미국에 있는 우리 동포들로서 조직된 600명 군대가 일부 미군 육전부대에 참가하고 일부 공군에 가담하여 빛나는 전과를 거두고 또 일부는 호주병에 협력하여 특무공작으로서 『사이판』필리핀작전에서 제1선을 담당하여 일본군으로 출전하였던 우리 학병부대와 징병출신을 多數히 귀환시켰다. 대륙작전에서는 5천여 명이 동원되어 중국군과 함께 각처에서 전전하며 선두에 서서 일본군과 총부리를 겨누어 격파하고 한편 특무공작을 통하여 조선사람 군인은 거의 귀속을 보게 되어 일본군세의 파괴와 광복군의 강화를 꾀하였다. 광복군은 중경에 제1지대, 서안에 제2지대, 안휘성 부양에 제3지대가 있고 그 중 제3지대가 천진으로 이주하는 중이다. 8월 15일을 전후하여 중국 각지 일본군에 들었던 귀환 또는 제대된 우리 군인들을 집결시켜 광복군의 대편성이 진행되고 있어 이미 15만을 불리고 있다. 이청천 장군을 총사령으로 고급참모 최창석 장군의 지휘하에 각 지대가 동원하고 있다.

환국

중국 측과 제휴하며 英, 美, 濠 등과 함께 대전 참가하여 그 전공을 세우며 한편 국제외교를 절충한 결과 중국을 필두로 프랑스 두 나라가 이미 대한민국 임시정부로 하여금 나라의 정부로 승인했고 미국 또한 近近 승인하기로 돼 있다. 프랑스는 자유의 나라라 우리 정부의 첫 출발이 상해 그들의 租界안에서 있었던 관계로 일본제국주의 마수에 대하여 꾸준히 보호해주어 오늘이 있게 한데 큰 인연을 지었고 미국에서는 우리나라 민족이 자주독립의 실력이 있다고 주장하는 분들이 많아 이 여론이 지배적이 돼있고 작년 3월 1일 우리 독립기념제일에는 우리 정부에 향하여 對日戰에 필요한 무기는 얼마든지 무조건으로 급여하겠다고 언명해왔다. 우리 정부의 現 진용을 보면 의정원에는 홍진, 최동오 두 분이 정부의장과 해내해외대표의원으로 되어 있고 정부에는 국무위원회를 조직하여 동위원회 주석에 김구 선생 부주석에 김규식 선생 위원에 이시영 조성환 차이양 황학수 조완구 박찬익 조소앙 안훈 김원봉 김명제 장건상 성준영 유림 김성숙 등 14인으로 되어 있고 부서에 들어 내무에 신익희 외무에 조소앙 군무에 김원봉 재무에 조완구 법무에 최동오 문화에 최양순 선전에 엄항섭 참모총장에 유동설 선생 등 해외풍상 27년의 자취를 이역에 남기고 씩씩한 우리의 국군인 광복군을 앞세우고 환국의 길에 올랐다.

한국민주당 훈련부 〈성명서〉 1945.12.21

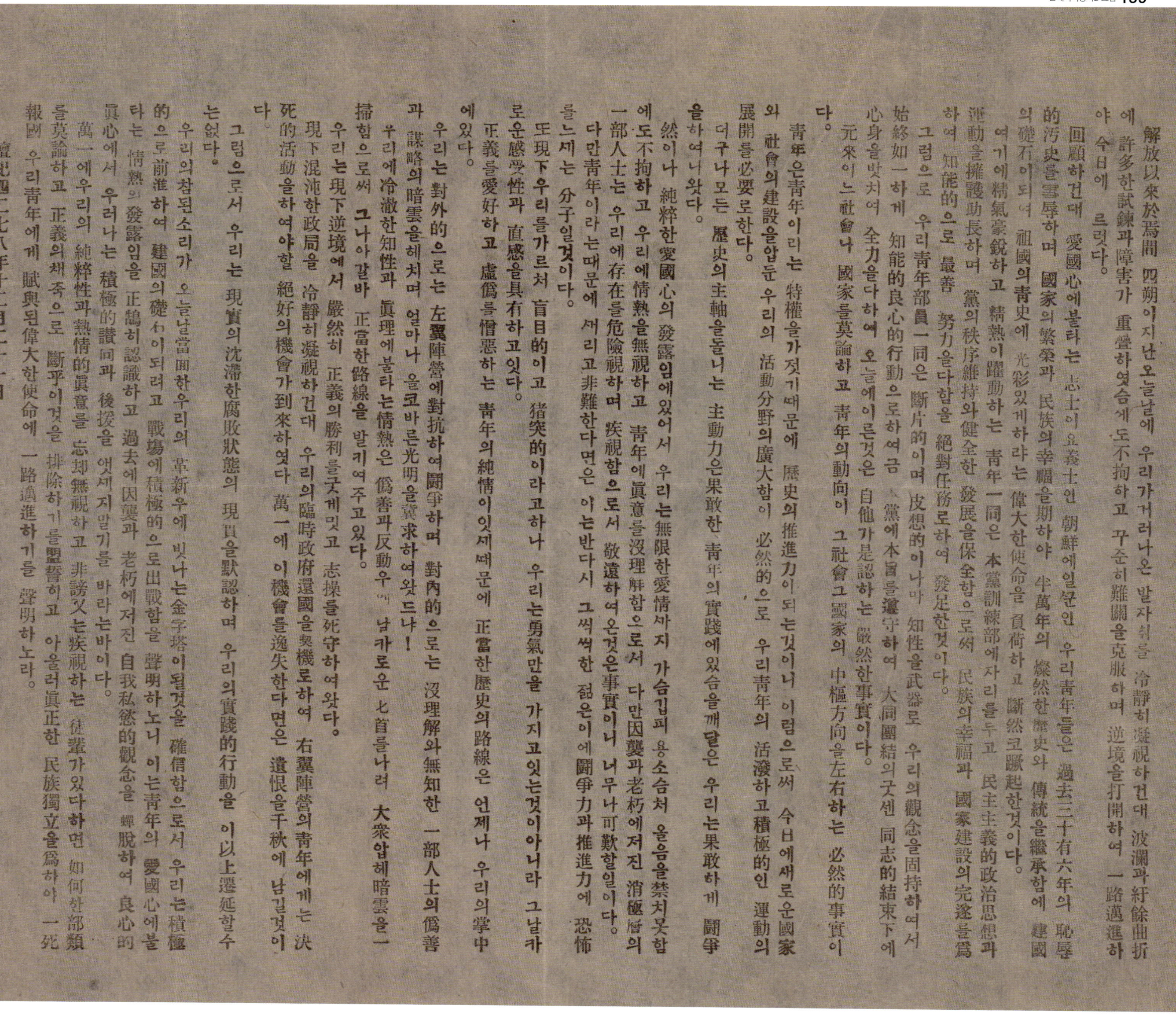

해방 이래 어언간 四朔이 지난 오늘날에 우리가 걸어 나온 발자취를 냉정히 응시하건대 파란과 우여곡절에 허다한 시련과 장해가 중첩하였음에도 불구하고 꾸준히 난관을 극복하며 역경을 타개하여 일로매진하여 금일에 이르렀다.

회고하건대 애국심에 불타는 지사이요 의사인 조선의 일꾼인 우리 청년들은 과거 36년의 치욕적 汚史를 설욕하며 국가의 번영과 민족의 행복을 기하여 반만년의 찬연한 역사와 전통을 계승함에 건국의 초석이 되어 조국의 청사에 광채 있게 하려는 위대한 사명을 부하하고 단연코 궐기한 것이다.

여기에 精氣豪銳하고 정열이 약동하는 청년 일동은 본 당 훈련부에 자리를 두고 민주주의적 정치사상과 운동을 옹호 조장하며 당의 질서유지와 건전한 발전을 보전함으로써 민족의 행복과 국가건설의 완수를 위하여 지능적으로 최선 노력을 다함을 절대임무로 하여 발족한 것이다.

그럼으로 우리 청년부원일동은 단편적이며 피상적이나마 지성을 무기로 우리의 관념을 고지하여서 시종여일하게 지능적 양심적 행동으로 하여금 당에 본지를 준수하여 대동단결의 군센 동지적 결속하에 심신을 바쳐 전력을 다하여 오늘에 이른 것은 자타가 시인하는 엄연한 사실이다.

원래 어느 사회나 국가를 막론하고 청년의 동향이 그 사회 그 국가의 중추방향을 좌우하는 필연적 사실이다.

청년은 청년이라는 특권을 가졌기 때문에 역사의 추진력이 되는 것이니 이럼으로써 금일에게 새로운 국가와 사회의 건설을 앞둔 우리의 활동분야의 광대함이 필연적으로 우리 청년의 활발하고 적극적인 운동의 전개를 필요로 한다.

더구나 모든 역사의 주축력은 과감한 청년의 실천에 있음을 깨달은 우리는 과감하게 투쟁을 하여 나왔다.

그러나 순수한 애국심의 발로임에 있어서 우리는 무한한 애정까지 가슴깊이 용솟음쳐 오름을 금치 못함에도 불구하고 우리의 정열을 무시하고 청년의 진의를 몰이해함으로서 다만 인습과 노후에 젖은 소극층의 일부인사는 우리에 존재를 위험시하며 질시함으로서 경원하여 온 것은 사실이니 너무나 가탄할 일이다.

다만 청년이라는 때문에 꺼리고 비난한다면 이는 반드시 그 씩씩한 젊은이에 투쟁력과 추진력에 공포를 느끼는 분자일 것이다.

또 現下 우리를 가리켜 맹목적이고 저돌적이라고 하나 우리는 용기만을 가지고 있는 것이 아니라 그 날카로운 감수성과 직감을 구유하고 있다.

정의를 애호하고 허위를 증오하는 청년의 순정이 있기 때문에 정당한 역사의 노선은 언제나 우리의 掌中에 있다.

우리는 대외적으로는 좌익진영에 대항하여 투쟁하며 대내적으로는 몰이해와 무지한 일부인사의 위선과 모략의 암운을 헤치며 얼마나 옳고 바른 광명을 기구하여 왔더냐!

우리의 냉철한 지성 진리에 불타는 정열은 위선과 반동 위에 날카로운 비수를 내려 대중 앞에 암운을 일소함으로써 그 나아갈 바 정당한 노선을 밝혀 주고 있다.

우리는 現下 역경에서 엄연히 정의의 승리를 굳게 믿고 지조를 사수하여왔다.

現下 혼돈한 정국을 냉정히 응시하건대 우리의 임시정부 환국을 계기로 하여 우익진영의 청년에게는 결사적 활동을 해야 할 절호의 기회가 도래하였다. 만일에 이 기회를 逸失한다면은 유한을 천추에 남길 것이다.

그럼으로써 우리는 현실의 침체한 부패상태의 현실을 묵인하며 우리의 실천적 행동을 이 이상 천연할 수는 없다.

우리의 참된 소리가 오늘날 당면한 우리의 혁신 위에 빛나는 금자탑이 될 것을 확신함으로서 우리는 적극적으로 전진하여 건국의 초석이 되려고 전장에 적극적으로 출전함을 성명하노니 이는 청년의 애국심에 불타는 정열의 발로임을 정곡히 인식하고 과거에 인습과 노후에 젖은 自我私慾的 관념을 선탈하여 양심적 진심에서 우러나는 적극적 찬동과 후원을 아끼지 말기를 바라는 바이다.

만일에 우리의 순수성과 열정적 진의를 망각무시하고 비방 또는 질시하는 도배가 있다 하면 여하한 부류를 막론하고 정의의 채찍으로 단호히 이것을 배제하기를 맹서하고 아울러 진정한 민족독립을 위하여 一死報國 우리 청년에게 부여된 위대한 사명에 일로매진하기를 성명하노라.

信託統治를絕對排擊
韓國民主黨에서決議

本黨에서는 十二月二十七日午後三時同黨會議室에서 中央執行委員會를 開催하고 目下莫府에서 開催된 三國外相會議에서 蘇聯이 朝鮮의 信託統治를 主張하얏다는說에 對하야 絕對排擊한다는 左의 決議를하얏다한다

決議

朝鮮의獨立은 카이로 宣言과 포츠담宣言에 依하야 國際的으로 約束된바이오 五千年의 歷史를갖인 朝鮮民族의 名譽와 生命發展에 必須的 條件이될뿐아니라 東亞平和의 絕對的要件이되는것이다 이제莫府에서 開催된 三國外相會談에서 蘇聯側으로부터 遽然히朝鮮의信託統治問題를 提議하얏다는것은 國際信義를 無視하며 朝鮮의生命的發展을 저害하며 東亞의 平和를 破壞하는것이다 本黨은 이에 이提案을 絕對排擊하는 同時에 우리는 最後의 一人까지 如何한 犧牲도 不辭하고 獨立貫徹을 爲하야邁進하기를 決議한

附帶決議

一, 右決議를 美蘇當局에 通告할것
二, 信託統治의 反對와 完全獨立促成을 爲하야 各黨各派와 提携하야 國民運動을 展開할것

大韓民國二十七年十二月二十七日

韓國民主黨

한국민주당 〈신탁통치를 절대배격, 한국민주당에서 결의〉
1945.12.27

본 당에서는 12월 27일 오후 3시 同 당 회의실에서 중앙집행위원회를 개최하고 目下 막부(모스크바)에서 개최된 삼국외상회의에서 소련이 조선의 신탁통치를 주장하였다는 說에 대하여 절대 배격한다는 左의 결의를 하였다 한다.

결의

조선의 독립은 카이로 선언과 포츠담 선언에 의하여 국제적으로 약속된 바이오. 오천 년의 역사를 가진 조선민족의 명예와 생명발전에 필수적 조건이 될 뿐 아니라 東亞 평화의 절대적 요건이 되는 것이다. 이제 막부에서 개최된 삼국외상회의에서 소련 측으로부터 遽然히 조선의 신탁통치문제를 제의하였다는 것은 국제신의를 무시하며 조선의 생명적 발전을 저해하며 동아의 평화를 파괴하는 것이다. 본 당은 이에 이 제안을 절대 배격하는 동시에 우리는 최후의 일인까지 여하한 희생도 불사하고 독립관철을 위하여 매진하기를 결의함.

부대결의

一. 右 결의를 미소 당국에 통고할 것
二. 신탁통치의 반대와 완전독립촉성을 위하여 各黨各派와 제휴하여 국민운동을 전개할 것

한국민주당 선전부 〈기사자료: 朝共 성명은 모략적, 한국민주당에서 성명〉 1945.12.26

조선민족통일기관으로서 독립촉성중앙협의회를 조직 중 조선공산당 및 인민당의 참가 거절로 停頓상태에 빠졌음은 이미 보도한 바이어니와 이에 대하여 한국민주당에서는 如左한 성명을 발표하였다.

성명서

現下 우리민족의 급무는 남북과 좌우를 막론하고 일치 협력하여 독립을 완성함에 있다. 우리민족 혁명의 선구자요, 독립운동의 대지도자인 이승만 박사가 환국 第一聲으로 각당각파를 초월하여 대동단결을 부르짖고 그 구체적 방법으로서 정당정파 각 단체를 총망라하여 대한독립촉성중앙협의회를 조직하기에 착수한 것은 실로 경의를 표할만한 중대사다. 본 당은 원래 모략과 책동을 일삼고 반역적인 소위 조선인민공화국을 조직한 분자들과는 더불어 일을 같이 할 수 없음을 알면서도 李 박사의 인격과 성의에 끌려 참을 수 없음을 참고 흔연 참가한 것이다. 그런데 조선공산당은 11월 2일 中協 조직 당일에 여러 단체와 같이 출석하고 38도선의 철폐에 대한 결의에 기립 찬성하고 나와서 그 집합이 불순하였느니 결의가 그릇되었느니 하여 반대성명을 하여 기껏 李 박사의 성의를 무시하였을 뿐 아니라 민족통일을 방해하였다.

그 다음 中協 銓衡위원을 임명함에 있어서 최초는 韓民에서 4명 국민당에서 1명 인민당에서 1명 공산당에서 1명하여 7명의 전형위원을 내었는데 편파하다하여 한민에서 1명 국민당에서 1명 인민당에서 1명 공산당에서 1명 천도교에서 1명 기타 2명하여 조선의 제일당인 본 당이 타당들과 같은 수효의 인물을 냄은 불합리하나 如是 박사의 성의에 끌려 승인하였었다. 그리하여 결국 중앙위원 39명 중 본 당 외 3당에서 4명씩 기타 2인 혹 1인이 나서 민족주의자 24인 공산주의자 15인이란 비례의 중앙위원을 선정하였다. 그런데 조선공산당은 성명을 발표하여 中協의 결성이 본 당의 모략에 의하였다 단정하고 본 당을 반역자의 모임이라 惡罵하며 심지어 李 박사를 老「파시스트」라 극언하니 대체 조선공산당 같은 모략적 반역적 집단이 어디 있느냐.

첫째 朝共은 중경대한민국임시정부 외에 延安, 모스크바, 연해주, 미주에 정권이 있으니 인민공화국도 조직함이 무방하다하였다. 그러나 연안 독립동맹원은 한 사람도 정권을 운위하는 사람이 없으며 미주서 귀국한 이도 미주에 정권 있다는 말을 하는 자가 없다. 농민들에게 토지는 네 것이다. 소작료를 내지 말라 선동하며 공장은 노동자의 것이라 상점은 점원의 것이다 하여 자치권 관리권을 요구케 하여 그들로 하여금 무위도식하게 하고 사상을 주입하고 본 당을 지주 자본가의 당이라 하여 민심을 이반케 하려는 것을 모략이 아니고 무엇이랴. 또 中協 문제에 있어서도 공산당은 왜 자기가 참가하고 결의한 것을 반대 성명하는가.

둘째 조선공산당은 본 당을 민족반역자의 모임이라 하나 본 당이 어찌 민족반역자의 모임이냐. 조선 건준이 일본정권의 후원 하에 조직되고 행동하였으며 그것이 기초가 되어 인민공화국을 만든 덕은 명확한 사실이다. 그런데 조공은 이 일본 정권의 연장체요, 친일자의 집단인 건준을 지원했고 인민공화국을 조직 지원하고 있다. 그러면 민족반역자는 조선공산당이 아니냐.

셋째 李박사를 「파시스트」라 惡罵하나 당초 그대들이 파시스트라 인정하면 왜 이 박사가 제창하는 中協에는 참가하였으며 박사의 지명하는 전형위원에 贊意를 표했는가. 결국 조공은 민족주의자와 공산주의자와의 비례를 동수로 하자고 주장하다가 부인되매 脫退한 것이 아니냐. 그대들의 요구대로 되면 민주주의요, 뜻대로 안 되면 파시스트냐.

모략과 중상과 이간으로서 통일을 방해하는 조선공산당이야말로 민족반역자의 모임이다.

記事資料

朝共声明과 誠實한
韓國民主黨의 声明

朝鮮民族統一機關으로서 樹立된 中央協議會
를 組織中 朝鮮共產黨 及 人民黨의 參加를 拒絕코
頓狀態에 삐컷合元이 이미 報道한 바이니와 이에 對
朴氏 朝鮮國民主黨에서는 如左한 声明을 發하였
다

声明書曰

現下 우리民族의 急務는 南北과 左右를 其論치 말고
一致協力하야 獨立을 完成함에 있다. 우리民族.
革命의 光榮을 獨立運動의 大指導者의 不承認
博士를 還國케 一聲으로 各黨各派를 超越하여 大局
團結을 부르짖고 그 具任的 政治로서 政黨政派로서
團體를 總網羅하야 大韓獨立促成中央協議會를
組織하기에 着手한 것은 實로 敬意를 表할 바한
重大한 事業이다. 本黨은 이곳 未諒解와 疑惑을
表達的인 新朝鮮人民共和國을 組織하야 今番이
라는 더부러 일홈으로 알수 없으면서도 한
友達的인 新朝鮮人民共和國을 組織하야 今番
李博士의 人格과 誠意에 끌려 한 朝
欣然 參加할 것이다. 그런대 朝鮮共產黨은 十月二日
中協組織 當日에 諸團體와 같이 出席하고 三十八度線의
撤廢에 對한 活議에 起草核質에 起코 나와서 그 保合이
不純하였느니 決議가 그릇되였으니 하나 反對聲明
을 밖에 기껏 李博士의 誠意를 無視하였으므로
아니라 民族統一으로 姑息코 했다.
그다음 中協諸衛委員을 任命함에 있어서 國

그다음 中協諸衛委員을 任命함에 있어서 國民黨은
韓民에서 四名 國民黨에서 一名 人民黨에서 一名 共產
黨에서 一名 대 偏僻
共코 나와서 韓民에서 一名 國民黨에서 一名 人民黨에서 一名
共產黨에서 天道敎에서 一名 其他三黨에서 朝鮮
의 第一黨인 共黨들과 같은 數名의 人物을
내는 不合理하나 而是 博士의 誠意에 끌려 就訖
하였었다. 그리하야 結局 由來委員 三十九名中
本黨外 三黨에서 四人식 共產主義者 十五人 이란 比例의 民族
主義 二十四人, 共產主義者 十五人 이란 比例의 民族

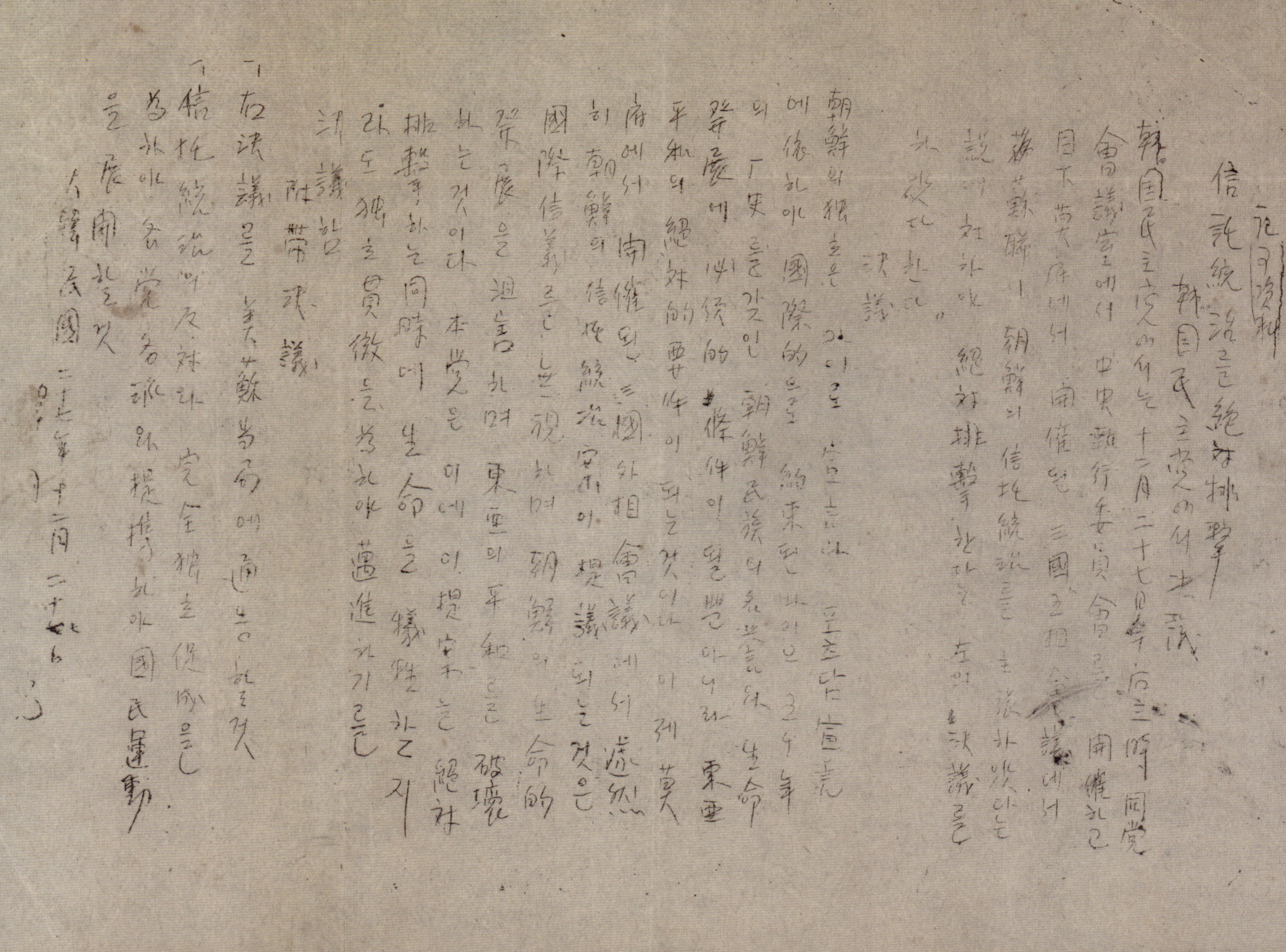

한국민주당 〈기사자료: 신탁통치를 절대 배격, 한국민주당에서 결의〉 1945.12.27

한국민주당에서는 12월 27일 오후 3시 同 당 회의실에서 중앙집행위원회를 개최하고 目下 막부(모스크바)에서 개최된 삼국외상회의에서 소련이 조선의 신탁통치를 주장하였다는 설에 대하여 절대 배격한다는 左의 결의를 하였다 한다.

결의

조선의 독립은 카이로선언과 포츠담선언에 의하여 국제적으로 약속된 바이므로 오천 년의 역사를 가진 조선민족의 명예와 생명 발전에 필수적 조건이 될 뿐 아니라 동아 평화의 절대적 요건이 되는 것이다. 이제 막부에서 개최된 삼국외상회의에서 태연히 조선의 신탁통치안이 제의되는 것은 국제신의를 무시하며 조선의 생명적 발전을 저해하며 동아의 평화를 파괴하는 것이다. 본 당은 이에 이 제안을 절대 배격하는 동시에 생명을 희생할지라도 독립 관철을 위하여 매진하기를 결의함.

附帶결의

一. 右 결의를 미소 당국에 통고할 것

一. 신탁통치의 반대와 완전독립촉성을 위하여 각당 각파와 제휴하여 국민운동을 전개할 것

신한민족당 〈신탁통치절대반대〉

"우리민족의 지상명령인 독립이 오직 민족적 숙원이었다. 5개년 신탁통치 문제를 억압하는 전 민족적 결사시위에 총진군하자"

信托統治絶對反對
우리民族의至上命令인獨立
이오直民族的宿願이였다
五個年信托統治問題를抑壓
하는全民族的決死示威에總
進軍하자
新韓民族黨

대한독립촉성전국청년총연맹 외 전국각단체대표자 일동 〈결의문〉 1945.12.28

대한민국 27년 12월 28일 오후 4시 대한독립촉성전국청년총연맹회
의실에서 각당 각파(42단체 대표 132명)의 대표자가 긴급 회합하여
신탁통치 배격에 대하여 토의한 결과 左記와 같이 결의하였다.
一. 연합국에 임시정부 즉시 승인을 요구함
一. 신탁통치 절대 배격
一. 전 전국군정청관공리는 총사직하라 특히 38도 이북에서는 행
  정사법담당자는 총 이탈하라
一. 전국민총파업(단 薪炭, 미곡만 제외함 (필요한 기간))
一. 전국남녀각학교는 총 휴학하라
一. 극동약소민족해방운동전개
一. 신탁통치배격국민대회개최
一. 언론기관으로서 신탁통치배격운동에 협력지 않는 자는 우리
  의 손으로 정간시킴
一. 신탁통치배격운동에 참가치 않는 자는 민족반역자로 규정함
一. 라디오의 유흥방송을 폐지
一. 각 정당은 즉시 해체하라
一. 우리의 운동경과를 라디오를 통하여 방송케 함
부대결의
군정청에 운동방침을 통고함

신탁통치반대국민총동원위원회 〈성명서〉 1945.12.28

우리는 피로써 건립한 독립국과 정부가 이미 존재하였음을 다시
선언한다. 오천 년의 주권과 삼천만의 자유를 전취하기 위해서는
자기의 정권활동을 옹호하고 외래의 탁치세력을 배격해야 한다.
우리의 혁혁한 혁명을 완성하자면 민족의 일치로써 최후까지 분
투할 뿐이다.
삼천만 대한전민족의 총궐기의 秋
신탁통치 절대반대!
결사코 자유를 전취하자!!
살아서 노예가 되느니보다 죽어서 조국을 방호하라!!

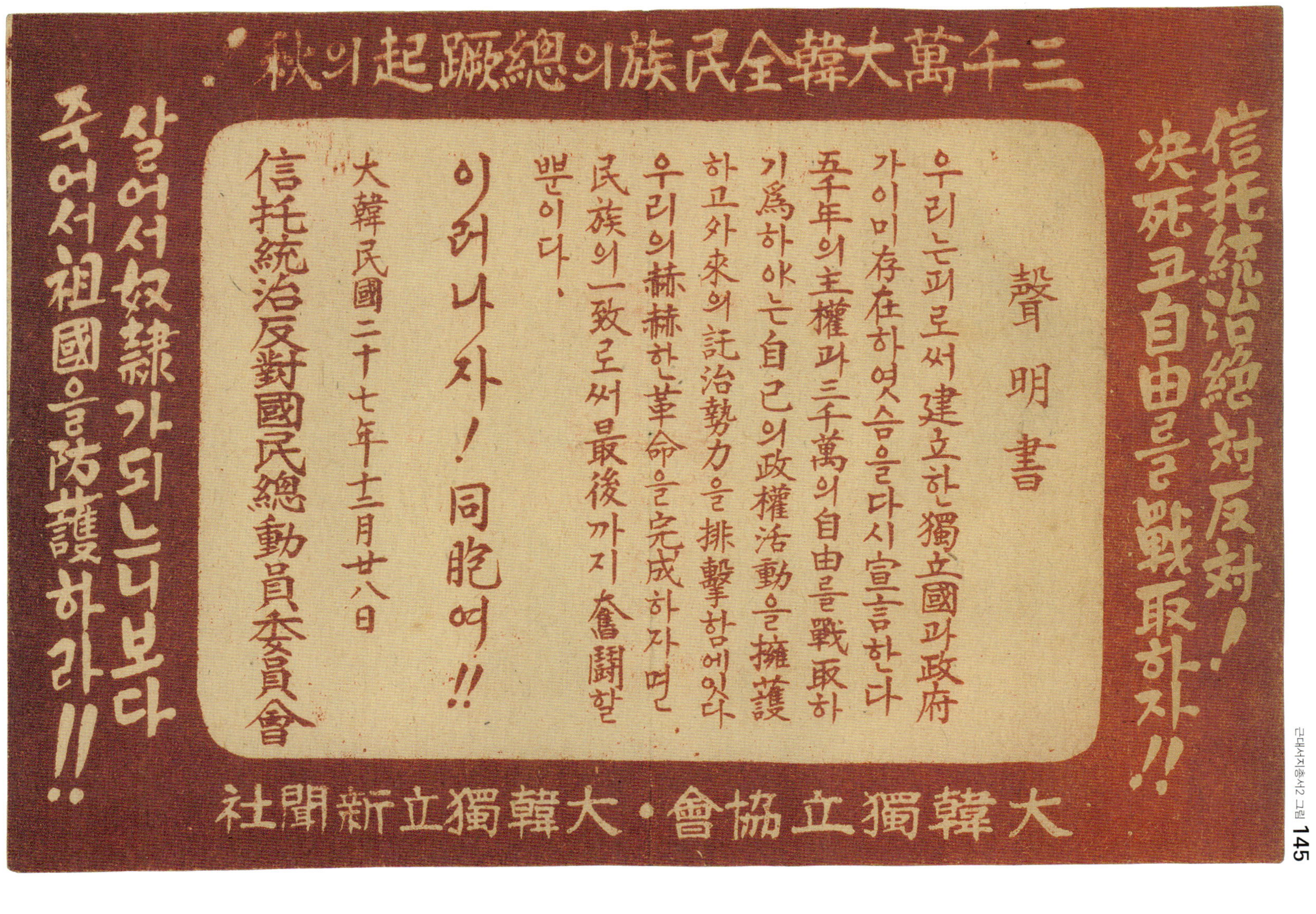

聲明書

信託統治를 絶對 反對합니다
臨時政府를 中心으로 三千萬이 決死로 鬪爭
합시다
爲先方法으로
一、臨政은 各黨各派各團体를 總網羅하야 共同
連署로 反對聲明을 中外에 發할 것
一、官公吏는 辭退하고 學校는 閉鎖하고 工場은 罷
業하고 商店은 閉門할 것
一、먼저 市民男女老少總動員하야 大示威運動
을 하고 地方에까지 展開할 것
一、各言論機關은 오즉「信託統治反對」
「自主獨立萬歲」의 標語를 宣傳할 것
一、各戶에는 國旗를 揭揚하고「信託反對」
「自主獨立萬歲」의 標語를 貼付할 것

檀紀四二七八年十二月二十八日
光復團

광복단 〈성명서〉 1945.12.28

신탁통치를 절대 반대합니다.
임시정부를 중심으로 삼천만이 결사로 투쟁합시다.
爲先 방법으로
1. 임정은 각당 각파 각 단체를 총망라하여 共同連署로 반대성명
   을 中外에 발할 것
1. 관공리는 사퇴하고 학교는 폐쇄하고 공장은 파업하고 상점은
   폐문할 것
1. 먼저 시민 남녀노소 총동원하여 대 시위운동을 하고 지방에까
   지 전개할 것
1. 각 언론기관은 오직 '신탁통치반대' '자주독립국만세'의 표어를
   선전할 것
1. 각 戶에는 국기를 계양하고 '신탁반대' '자주독립만세'의 표어를
   첨부할 것

삼천리 이 강토의 有生無生과 삼천만 이 민족의 남녀노유는 비협력국민운동에 총의총력을 집중하여 최상최대의 血誠을 발휘하라. 「카이로」선언을 위시하여 聯合 諸國은 조선의 절대자주독립을 선언하여왔다. 그럼에도 불구하고 금일에 이르러 조선의 신탁관리를 운위함은 국제신의를 무시함이요, 실로 우리 삼천만의 정의 인도적 기대에 배치됨이 크다.

이제 우리는 신탁관리에 대하여 절대로 반대의 의사를 표명한다. 삼천만 동포는 물론 有畜皆生에 이르기까지 신탁관리에 협력지 않기로 한다. 이것을 이른바 비협력국민운동이라 한다.

그 방법으로서 각 관아의 봉직자 각 교통기관 각 공장직원 및 점포 京鄉 일체 사회의 유기적 기관은 今月 29일을 위시하여 총파업을 단행하였다. 그 기한은 조선의 독립을 승인하는 그날까지로 하고 우리의 행동이 일치하기를 요청한다.

諸賢이 그 직장을 떠나는 날 춥고 주릴 것을 안다. 그러나 우리는 자주독립이었으면 살고 不然하면 九天野臺에 한가지 주려죽은 애국혼이 되어 이 삼천리를 수호하기로 한들 무슨 미련이 있으랴.

이 운동은 폭력행위가 아니다. 주의를 奴奴할 여지도 없다. 다만 부디 삼천만의 총의가 절대자주독립의 일념을 중외에 표명하고자 함이다. 이 진의를 중외에 표명하는 대표기관으로 우리 임시정부를 무조건으로 지지하여 이 민족의 총의를 드니 국제외교에 응수하도록 하기를 목표로 할 뿐이다.

오천년 성스러운 역사를 갖고 삼천리 이 강토의 雨露를 힘입어 生을 향유할 이 민족으로써 이 운동에 협력치 아니할 자 누구랴. 祖先 수백 대 혈통을 더럽히지 말고 자손천만대 치욕을 끼치지 않기는 오롯이 이 운동에 협력을 하고 아니함에 있다. 삼천리 방방곡곡 농산어촌을 통하여 비협력국민운동을 전개하라. 꾸준히 이 운동을 계속하라.

非協力國民運動을 展開하라

三千里이 疆土의 有生無生과 三千萬이 民族의 男女老幼는 非協力國民運動에 總意總力을 集中하야 最上最大의 血誠을 發揮하라

「카이로」宣言을 爲始하야 聯合諸國은 朝鮮의 絕對自主獨立을 宣言하여왔다 그럼에도 不拘하고 今日에 이르러 朝鮮의 信託管理를 云謂함은 國際信義를 無視함이요 實로 우리 三千萬의 正義 人道的 期待에 背馳됨이 크다

이제 우리는 信託管理에 對하야 絕對로 反對의 意思를 表明한다 三千萬同胞는 勿論 有畜皆生에 이르기까지 信託管理에 協力치안키로 한다 이것을 이름바 非協力國民運動이라 하며

그 方法으로써 各 官衙의 奉職者 各 交通機關 各 工場職員 及 店舗 京鄕 一切 社會의 有機的 機關은 今月二十九日을 爲始하야 總罷業을 斷行하였다 그 期限은 朝鮮의 獨立을 承認하는 그날까지로하고 우리의 行動은 一致하기를 要請한다

諸賢이 그 職場을 떠나는날 칩고 주릴것을안다 그러나 우리는 九天野臺에 한가지 주려죽은 愛國魂이되야 이 三千里를 守護하기로 산고 不然하면 確固무슨 未練이있스랴

此運動은 暴力行爲가아니다 主義를 奴奴할 餘地도업다 다만우리 三千萬의 總意가 絕對自主獨立의 一念에있슴을 中外에 表明코저함이다 이 眞意를 中外에 表明하는 代表機關으로 우리 臨時政府를 無條件으로 支持하야 이 民族의 總意를드니 國際外交에 應酬하도록하기를 目標로할뿐이다

五千年의 스러운 歷史를갖고 三千里이 疆土의 雨露를 힘닙어 生을 亨有할 이 民族으로써 이 運動에 協力치아닐者ㅣ누구랴 祖先數百代血統을 더럽히지말고 子孫千萬代恥辱을 끼치지안키는 오롯이 이 運動에 協力을하고아닌에있다 三千里坊々谷々農山漁村을 通하야 非協力國民運動을 展開하라 꾸준히 이 運動을 繼續하라

大韓民國二十七年十二月二十九日

大韓保國軍團

信託統治撤廢는
眞正한 民族統一戰線結成으로!

朝鮮靑年總同盟

一九四五年十二月二十九日

조선청년총동맹 〈신탁통치 철폐는 진정한 민족통일전선 결성으로!〉 1945.12.29

조선을 사랑하는 동포여! 청년들이여!
들었던가! 보았던가! 막부 삼국외상회의의 비보를!
이 청천벽력의 비보를 듣고 조선의 피가 흐르는 사람이라면 누구나 다 가슴이 울렁거렸을 것이다! 비장한 마음을 억제 못하였을 것이다! 울분에 넘쳤을 것이다! 그러나 동포들이여! 청년동무들이여!
정열의 기복에 一喜一憂하여서는 안 된다. 우리는 격분할 줄만 알아서는 안 된다. 그 신탁통치가 「부당」하다는 것을 아는 동시에 그것이 결정되게 된 근본적 원인을 추구할 줄도 알아야 된다. 우리는 비창하면 할수록 우리의 두뇌는 식어야만 된다! 냉정하라!
왜 신탁통치는 왜 연합국은 카이로 선언 포츠담 회담에서 확약하여준 그 조선독립을 5년 후가 아니면 승인할 수 없다 하였을까!
연합국은 세계 인류의 평화와 자유를 위하여 영웅적으로 궐기 反「팟쇼」 투쟁을 관철 드디어 평화와 자유를 이 지구에 또다시 약속하였던 것이 아닌가! 우리 조선도 역시 이 연합국의 힘으로서 그 잔학무도한 일본군국주의의 압박과 착취의 철쇄에서 해방된 것이며 조선의 완전독립도 국제무대서 공약된 것이다.
우리는 8·15 해방이 우리의 힘으로 약속된 것이 아니고 美蘇를 위시한 세계민주주의 국가群의 힘으로서 해방된 사실을 명확히 인식하는 동시에 우리 민족독립국가를 수립하는 데 있어서는 우리 삼천만 민중의 참된 이익과 진정한 부르짖음에 입각하여서만 결정될 문제일 것이다.
그러면 우리 삼천만 겨레는 8·15 이후 무엇을 희구하였으며 부르짖어 왔던가! 두말할 것도 없이 아무런 외래의 힘도 의거하지 않는 완전자유독립 그 하나뿐이었다. 이것을 달성키 위하여 모든 민족의 힘을 집결하여 참된 민족통일전선을 결성하기에 전 정력을 기울여 왔던 것이다. 그 통일전선에서는 친일과 민족반역자를 제거해야 한다는 것이 민족의 절대명령이요, 절대요청이었다.

보라! 우리 조선 안에 민족통일이 성숙하여가는 것을 가로막은 자 없었던가! 우리의 정치능력까지를 외국으로 하여금 의심케 한 자 없었던가! 독립에 피 끓는 동포여! 청년들이여! 우리의 눈앞 현실을 직시하라. 왜! 우리 민족 가운데 완전독립을 의식적 고의적 방해를 감히 불사한 자가 있었던 것이다! 그 자들로 말미암아 이제 조선민족으로서는 도저히 수락할 수 없는 결과를 초래하게 되었으니 과연 그것을 용서할 것인가.
상기하라! 신탁통치설은 누구의 입으로부터 나왔던 것인가 美極東部長 「보인센트」씨가 某 會席上에서 당분간 조선은 신탁관리를 하지 않으면 안 된다고 말 있기 전, 조선의 某 黨 요인이 「조선은 아직 자주독립을 할 능력이 없으니 미군정은 될 수 있으면 장기간 주둔하는 것이 좋다」고까지 또한 폭언은 아직도 머리에 생생한 것이 있다. 그때 우리는 이 두 가지 언사는 상당히 연관성을 가졌다고 확신하였었다. 우리는 그 후 이들이 미군정과 조선민족과를 이간시키고자 온갖 음흉한 모략과 음모를 책동하고 있는 구체적 사실을 비추어 볼 때 능히 그것이 관련이 있다고 단정하였었다. 아니 이것은 다만 추측이 아니고 실지로 그것이 엄연히 존재하고 있었던 사실을 여기서 지적하고야 말겠다.

친애하는 동포여! 청년이여! 놀라지 마라!
8월 15일 일본군국주의가 倒潰되자 친일과 민족반역자는 벌써 운명이 절박한 것을 자인하고 그들의 魔手는 국내뿐만 아니라 그 세력을 힘으로 삼아 국제무대에도 침입하였던 것이다. 즉 가장 말썽 많은 某 黨은 조선독립은 시기상조라 하며 조선은 정치적 능력이 없으니 訓政期間이 필요하다고 역설하였던 사실을 동포와 더불어 거듭 상기하며 금반 신탁통치설이 나오게 된 진상을 추구한다. 그것뿐이랴. 그것은 더 오랜 역사를 가지고 있었던 것이다. 현재 팟쇼화한 「박사」 이승만은 1920년대에 조선을 미국의 위임통치하에 두려고 열렬히 활동하던 사실도 명기하여야 될 한 「페이지」다. 실로 형언할 수 없는 죄상이 아니고 무엇인가! 미국에 있는 한길수가 그 보도를 듣고 「그 결정을 부득이 수락하리라」고 말하였으니

이것도 연결되는 것이 아니고 무엇이랴.
실로 친일과 민족반역자와 팟쇼분자들 무리는 일신의 연명책을 꾀하고 조선의 독립을 遷延시키고자 국내적으로는 민족통일전선을 교란하고 그럼으로 해서 국제적으로는 정치적 사기를 연출하는 동시에 조선의 단결이 안 되었다는 것을 표시하였으니 今日의 결과도 우연한 사실이 아니로구나!
우리는 좀 더 굳세게 억세게 단결할 것이었다. 우리는 너무나 소위 지도자에게만 맡기지 않았던가! 그렇기 때문에 「박사」 이승만이 같은 늙고 묵은 파시스트에게 僞瞞 당하고 있었던 것이 아닌가. 그렇다! 우리는 「친일과 민족반역자 제외」라고 절규하였으나 그 문제를 그렇게 중대시하지 않은 사람은 없었던가! 보라! 이 비통한 사실을!
우리는 신탁통치 그것이 조선민족을 치욕하는 것이라면 전 민족이 궐기하여 국제적으로 단연코 강력한 항쟁을 개시하여야 한다. 그리고 우리는 국내적으로 그 결과를 초래케 한 친일과 민족반역자와 팟쇼분자들 무리들의 책동을 단호 배제하지 않으면 안 된다는 굳은 결심 밑에 이를 배제 숙청하는 투쟁을 강력히 과감히 무자비하게 전개하지 않으면 안 된다.
거듭 강조한다! 정세의 기복에 一喜一憂하지 말라!
전진이다! 투쟁이다!
친일과 민족반역자와 팟쇼분자 배제전선에 힘차게 나서자!
친일과 민족반역자와 팟쇼분자를 제외한 진정한 민주주의민족통일전선을 완결하자!
우리 전 인민의 힘으로서 하루라도 속히 완전자주독립을 쟁취하자!

건설자동맹 〈檄〉

인민이 모르는 인민위원회가 어디 있으며 시민이 모르는 시민대회가 어디 있느냐. 『츠아(차르)』의 폭정에도 선거가 있었고 강도 일본 제정에도 선거체제가 있었다. 폐문의 도굴에서 인민 운운의 작란을 하여 인민의 이름을 도용한 너희들 해방운동통일전선을 파괴하는 그 반역의 죄는 他日 민중재판하에 단죄되리라. 대중아 속지 말라. 이승만 박사의 명의 도용도 이제는 알았다.

檄

人民이 모르는 人民委員會가 어데 잇으며 市民이 모르는 市委員會가 어데 잇느냐 『츠아』의 暴政에도 選擧가 잇엇고 强盜日本帝政에도 選擧体制가 잇엇다 閉門의 盜窟에서 人民云云의 作亂을 하야 人民의 일홈을 盜用한 너의들 解放運動統一線을 破壞하는 그 反逆의 罪는 他日民衆裁判下에 斷罪되리라

大衆아 속지말라 李承晩博士의 名義盜用도 이제는 알엇다

建設者同盟

十萬學徒에게 訴함

十萬學徒諸君! 諸君은 諸君들의 學友들이 民族獨立을 爲하야 民族叛逆者의 손에 鮮血을 흘리고 倒仆한 新義州學生事件, 咸興學生事件, 定州學生事件을 아는가 모르는가?

新義州學生事件은 龍川郡人民委員長 李龍洽이가 龍川水産學校 校舍를 無理하게 接收하랴하데서 發端헷다. 하도 많은 집가운데 何必 水産學校 校舍를 왜 내놓라고 强要하며 이것을 應치않는다고 왜 敎員을 逮捕監禁하는가, 郡人民委員會와 蘇聯軍當局에 陳情갓다오는 學生이 무슨 罪라고 農民組合, 勞動組合員은 天眞한 水産學校生徒二名을 毆打致死하며 이것을 止하는 洪長老를 卽死케햇는가.

이 龍川郡人民委員會의 失策을 質問하러 가는 것이 不當타하야 新義州商業, 新義州東中, 義州農業, 平安中學, 新義州師範, 新義州第一工業 生徒二千六百名에게 對하야 平北道人民委員會와 新義州共産黨은 門을 닫고 面會치않엇을뿐아니라 七十八連發短銃及長銃으로 生徒들을 射殺하며 散乱逃走하는 學生群에게 蘇軍의 應援을 얻어 飛行機上에서 機銃掃射하야 死者三十名, 重傷危殆者七, 八十名, 監禁者三百名을 낸 事實이 己未當時水原虐殺事件以外에 그런 큰 虐殺事件이 낫더냐. 共産黨이 朝鮮을 獨立하기 爲한 團体냐 獨立熱에 불타는 靑年學生을 殺戮하는 團体냐?

咸興學生事件은 共産黨이 中心된 咸南人民委員會가 十一月十七日 赤露革命紀念日에 全學生에게 赤旗를 들고 太極旗를 들지말고 赤旗歌, 革命歌만 부르고 愛國歌는 부르지말며 示威行列을 하라는 命令한데서 發端햇다. 朝鮮이 解放되엇스면 朝鮮國旗를 들고 朝鮮國歌를 부름이 當然하다. 北緯三十八度以北이 蘇聯邦의 一部로 생각하는 咸南道人民委員會는 學生들에게 朝鮮이 蘇聯邦의 一屬邦인 것으로 宣傳하고 强要하니 이 民族反逆者도 賣國奴들은 愛國熱에 불타는 靑年學徒들은 獄과 留置場에 집어넛는다.

定州學生事件은 郡人民委員會가 定州五山學校校長 朱基瑢氏와 同校理事長 金起鴻兩氏가 韓國民主黨에 入黨하엿다고하야, 監禁한데서 發端햇다. 憤慨한 同校生徒들은 或은 監禁當한 恩師를 奪還하며 或은 學校에 辱說을 퍼붓는 그들과 衝突하기에 寧日이업서 共産分子들은 五山學校閉鎖運動으로 東奔西走하고잇다. 이 共産黨, 이 人民委員會의 暴虐無道한 行狀을 보라, 十萬學徒諸君! 諸君들은 이러나 이 民族叛逆者, 賣國奴를 處斷하지않으려는가.

檀紀四二七八年十二月 日

學徒隊聯盟

근대사자료총서 42 그림 150

학도대연맹 〈10만 학도에게 訴함〉 1945.12

10만 학도 제군! 제군은 제군들의 학우들이 민족독립을 위하여 민족반역자의 손에 선혈을 흘리고 倒仆한 신의주학생사건, 함흥학생사건, 정주학생사건을 아는가 모르는가?

신의주정주학생사건은 龍川郡 인민위원장 李龍洽이가 용천수산학교 校舍를 무리하게 접수하려는 데서 발단했다. 하도 많은 집 가운데 하필 수산학교 교사를 왜 내놓으라고 강요하며 이것을 응치 않는다고 왜 교원을 체포 감금하는가, 군인민위원회와 소련군 당국에 진정 갔다 오는 학생이 무슨 죄라고 농민조합, 노동조합원은 전진한 수산학교생도 두 명을 구타 치사하며 이것을 제지하는 洪 장로를 즉사케 했는가.

이 용천군 인민위원회의 실책을 질문하러 가는 것이 부당타 하여 신의주상업, 신의주동중, 신의농업, 평안중학, 신의주사범, 신의주 제1공업 제2공업 생도 2천6백 명에게 대하여 平北道 인민위원회와 신의주 공산당은 문을 닫고 면회치 않았을 뿐 아니라 78연발 단총 및 장총으로 생도들을 사살하며 散亂逃走하는 학생群에게 蘇軍의 응원을 얻어 비행기상에서 機銃掃射를 하여 死者 30명, 중상위태자 7, 80명, 감금자 300명을 낸 사실이 기미 만세 당시 수원 학살사건 이외 어디서 그런 큰 학살사건이 났더냐. 공산당이 조선을 독립하기 위한 단체냐 독립열에 불타는 청년학생을 살육하는 단체냐?

함흥학생사건은 역시 공산당이 중심된 함남 인민위원회가 11월 17일 赤露혁명기념일에 전 학생에게 적기를 들고 태극기를 들지 말고 적기가, 혁명가만 부르고 애국가는 부르지 말며 시위행렬을 하라는 명령한 데서 발단했다. 조선이 해방되었다면 조선국기를 들고 조선국가를 부름이 당연하다. 북위 38도 이북이 蘇聯邦의 일부로 생각하는 함남도 인민위원회는 학생들에게 조선이 소련의 一屬邦인 것으로 선전하고 강요하니 이 민족반역자도 매국적이 아니고 무엇이냐. 이 매국노들은 애국열에 불타는 청년학도들은 감옥과 유치장에 집어넣는다.

정주학생사건은 군인민위원회가 정주 오산학교 교장 주기용 씨와 同校 이사장 김기홍 兩氏가 한국민주당에 입당하였다고 하여 감금한 데서 발단했다. 분개한 동 교 생도들은 혹은 감금당한 은사를 탈환하며 혹은 학교에 욕설을 퍼붓는 그들과 충돌하기에 寧日이 없어 공산분자들은 오산학교 폐쇄운동으로 동분서주하고 있다. 이 공산당, 이 인민위원회의 포학무도한 행상을 보라. 10만 학도 제군! 제군들은 일어나 이 민족반역자, 매국노를 처단하지 않으려는가.

1946

三千萬同胞들이여!

우리는 「託治反對」의 슬로건의 無批判的行動을 取하여서는아니된다 三相會議에서決定된것은 決코帝國主義的信託統治가아니다 우리는아즉民族的統一이完成되지못하고經濟狀態가總破綻의危機에直面하고있는것을이저서는않이될것이다 자칫하면우리는一國의信託으로다시一國의植民地로될危險이없지안있으며설사獨立된다하더래도他民族의經濟的搾取로因하야半植民地로轉落될危險도없지아니하다 우리가要求하는것은民主主義的原則우에서建設되는絕對自主獨立이다 이絕對自主獨立은오즉안으로民族統一을急速完成하며밖그로우리를平等으로待遇하는民主主義諸國家로부터友好的援助를얻어政治的經濟的으로우리民族이自主의길로發展함이없이는아니될것이다 그럼에도不拘하고一部指導者中에서는이번三相決定을맛치帝國主義的「託治」처럼無智하게故意的으로煽動하야 日帝를驅逐한民主主義諸友邦에공然한敵對行動을取하고또한이것을千載一遇의好機라하야全民族의眞實한要求가統一에있음을無視하고 自派專制確立의妄動을敢行하야統一과正反對되는民族分裂의큰過誤를犯하고있다

三千萬同胞여!

─우리는이無智한煽動과宣傳에動치말고不撓不屈의大決心으로民族統一戰線의族人발아래에總集結하야힘찬經濟的 政治的 文化的建設로써絕對自主獨立國家를完成하고民主主義諸友邦의確固한平等外交를樹立하자

一、民主主義的統一戰線結成萬歲!

一、朝鮮絕對獨立萬歲!

一九四六年一月一日

朝鮮共產黨中央委員會

同 서울 市 委 員 會

신탁통치의 진의를 밝히는 조선공산당중앙위원회 동서울 시위원회의 전단 1946.1.1

삼천만 동포들이여! 우리는 「託治反對」의 슬로건의 무비판적 행동을 취하여서는 안 된다. 삼상회의에서 결정된 것은 결코 제국주의적 신탁통치가 아니다. 우리는 아직 민족적 통일이 완성되지 못하고 경제상태가 총 파탄의 위기에 직면하고 있는 것을 잊어서는 안 될 것이다. 자칫하면 우리는 일국의 신탁으로 다시 일국의 식민지로 될 위험이 없지 않았으며 설사 독립된다 하더라도 타민족의 경제적 착취로 인하여 半식민지로 전락될 위험도 없지 아니하다. 우리가 요구하는 것은 민주주의적 원칙 위에서 건설되는 절대자주독립이다. 이 절대자주독립은 오직 안으로 민족통일을 급속완성하며 밖으로 우리를 평등으로 대우하는 민주주의 諸 국가로부터 우호적 원조를 얻어 정치적, 경제적으로 우리 민족이 자주의 길로 발전함이 없이는 아니 될 것이다. 그럼에도 불구하고 일부 지도자 중에서는 이번 삼상결정을 마치 제국주의적 「탁치」처럼 무지하게 고의적으로 선동하여 일제를 驅逐한 민주주의 諸 우방에 공연한 적대행동을 취하고 또한 이것을 천재일우의 호기라 하여 전 민족의 진실한 요구가 통일에 있음을 무시하고 자파전제확립의 망동을 감행하여 통일과 정반대되는 민족분열의 큰 과오를 범하고 있다.

삼천만 동포여!
우리는 이 무지한 선동과 선전에 動치 말고 불요불굴의 대결심으로 민족통일전선의 깃발 아래에 총집결하여 힘찬 경제적 정치적 문화적 건설로써 절대자주독립국가를 완성하고 민주주의 諸 우방의 확고한 평등외교를 수립하자.
一. 민주주의적 통일전선결성 만세!
一. 조선절대독립 만세!

조선공산청년동맹 서울시위원회 〈신탁통치 문제에 관하여 청년제군에게 격함〉

청년 제군!

누구보다도 가장 애국자인 젊은 피 끓는 제군은 「탁치」 문제에 관하여 커다란 관심을 가졌을 것이며 민족의 해방을 위하여 솔선하여 최후까지 싸워야 하겠다는 굳은 결심을 품고 있을 것이다. 청년의 美點은 피 끓는 정열만이 아니다. 진리를 탐구하고 정의를 애호하는 것은 청년에게만 볼 수 있는 진주라 할 수 있다. 이러한 진주가 정열의 중심이 되지 않았을 때에는 다만 그것은 망동이 되고 마는 것이다.

우리 청년은 이러한 정신의 여유를 가지고 우리 민족의 운명을 좌우하는 중대한 「신탁통치」 문제에 접치 않으면 안 된다.

청년제군!

그러면 「신탁통치제」의 내용을 검토해 보기로 하자!

1. 조선에 임시민주주의정부를 조직한다는 것인데 그 목적은 조선의 자유독립국가를 건설하고 우리 국가를 민주주의적 노선으로 발전시킬 조건의 구성과 일본통치의 장기적 害毒을 급속히 청소함에 있다.
2. 조선의 산업, 교통, 농업의 발전과 조선민족의 민족문화발전을 위하여 필요한 온갖 대책을 취하게 하였다.
3. 조선임시정부를 원조할 대책을 강구하기 위하여 南鮮의 미군사령관과 北鮮의 소군사령관의 대표로 공동위원회를 조직하게 되었다.
4. 동위원회는 남북조선에 관한 긴급문제의 해결과 행정 및 경제계의 정상생활의 강구를 위하여 또한 항시적 연락을 취키 위하여 美, 蘇 양군 사령부 사이에 2주일 이내로 조선내 美, 蘇 양군 사령부, 대표로 공동위원회를 소집하게 되었다.
5. 조선은 최장 5개년간의 美, 蘇, 英, 中 사개국의 신탁협력통치를 받도록 上記國에 제의하게 결정되었다.

이것이 문제 많은 「탁치」의 내용이다. 금일 우리들이 가장 요구하고 마지않은 문제가 다 여기에서 해결을 보지 않았는가.

첫째, 삼천만의 전 민족이 요망하고 있는 임시정부가 민주주의적 노선에 따라서 수립된다는 것이다. 이러한 의미의 정부가 되게 되면 조선은 자유독립국가로의 건설을 위하여 민주주의적으로 발전될 터이며 따라서 일본통치의 장기적 害毒인 팟쇼와 국수주의적 요소는 완전히 소탕될 것이다.

둘째, 今日의 우리의 경제가 파탄에 직면하여 있는 이때 南北鮮에 걸친 긴급문제가 해결되고 행정과 경제계의 정상생활이 회복하게 됨은 커다란 의의를 가진 것이며 우리의 산업, 교통, 농업의 발전을 기한다는 데에 이르러서는 그 의의가 더욱 큰 것이다.

셋째로 조선의 완전독립 문제는 「카이로」회담에서는 「적당한 시기」에 주겠다고 막연히 선언되었던 것이 今番 회의에 있어서는 최장 5개년 이내로 주겠다고 결정된 것이다.

청년제군!

우리가 일제의 잔학한 철제 밑에서 우리 민족의 해방을 위하여 꾸준히 싸워온 것은 사실이다. 그러나 일제로부터의 우리의 해방은 연합국의 다대한 특성에서 재래된 것이라는 사실을 잊어서는 안 된다.

그러면 여기에서 결론될 것은 무엇인가?

우리는 이 점을 충분히 반성하여 국내외의 정세를 잘 파악함으로서 반미, 반소적 행동에 종사하여 배은망덕하며 국제적으로 고립하여 우리의 독립을 영구히 포기할 것인가? 현명한 제군들은 절대로 그렇게 생각할 리 만무하리라고 믿는다.

최장 5년간의 신탁(협력) 통치제는 우리가 급속히 밑으로부터의 「민주주의민족전선」을 결성하여 친일파, 민족반역자를 철저히 소탕하고 우리 민족의 정치적, 경제적, 문화적 모든 실력을 세계에 표시한다면 5개년 이내에도 독립이 올 것이다. 이와 같은 전 민족적 요망은 1월 3일의 시민대회에서 조직적으로 충분히 발휘되었으며 대중이 무엇을 요구하고 있나하는 문제는 여기에서 해결을 본 것이다. 이러한 「민족전선」은 一黨, 一派나, 一階級의 이욕을 채우려는 것은 아니었고 전 민족적 요망인 것이다.

밑으로부터의 민주주의적 민족전선의 결성의 요구는 드디어 위로부터의 그것을 요청케 되어 「인공」측으로부터의 「임정」에 대한 통일문제가 제기케 되었다. 「인공」측은 진정한 「민족전선」의 결성을 위하여 「인공」, 「임정」의 동시 해체를 제의한 바 있었으나 임정은 「서식상」 접수키 어렵다는 이유로 그대로 반환하고 말았다.

청년 제군!

제군들은 잘 알 터이다. 민족의 사활이 결정되는 이러한 관두에 있어서 서식을 운위하여 자파의 세력만을 부식하려는 독선적 관료적인 임정의 태도는 그 얼마나 반민족적인가를!

그러나 이것은 결코 우연한 사실이 아니다. 제군!

탁치문제가 外電으로부터 전해온 후의 「임정」의 걸어온 길을 회고하자!

김구 일파의 소위 「임정」의 영수들은 조선신탁통치제를 제국주의적 정책인 위임통치제로 오해하여 자기들이 가장 애국자인 척한 탈을 쓰고 「신탁통치절대반대」의 슬로건 밑에서 탁치 문제로 격앙된 대중을 오도하여 「반탁데모」를 거행하여 민족의 분열을 도모하였었다. 그리고 국제적으로는 조선을 고립시키려 하였다. 소위 12월 31일의 반탁데모가 그 얼마나 강제적이었던가는 제군이 알 것이다. 뿐만 아니라 그들은 撤市罷業을 강요하여 시민 특히 근로대중의 생활을 위협했던 것이다.

이와 같이 모든 음모와 모략을 다하여 그들이 가장 애국자然한 가면을 쓰고 전 민족의 부르짖음을 무시하여 민족통일전선을 분열시켜 자파의 세력을 확대강화하려는 반민족적 행동에 나가게 된 것이다.

그들은 이것만에 만족치 않았다. 자파의 세력을 부식하기 위하여 白色테러를 강화하고 있으나 이 어찌 삼천만 민족이 증오치 않을까?

이러한 소위 「임정」의 모든 술책에도 불구하고 과연 대중은 속지 않았었다.

일월 삼일의 시위테러가 무엇보다도 웅변히 설명하였다. 이에 이르러 김구 씨는 철시파업의 중지를 명령하고 해외에 대하여 자기가 반탁운동을 진정했다는 허위선전을 하고 있다.

청년제군!

이것이 조선과 조선민중을 위하여 이역에서 싸웠다고 자칭하는 소위 임정이 우리 대중에게 준 선물이다.

금일에 있어서 조선민족을 위하여 말로만이 아니요, 실천에서 가장 용감하게 싸우고 있는 자가 누구인가는 제군은 잘 알 터이다.

청년제군!

제군은 피 끓는 정열이 있을 터이다.

제군은 가장 애국자일 터이다.

제군은 가장 정의에 불타고 있을 터이다.

제군은 주저할 것 없이 옳은 노선 밑에서 나라를 위하여 정의를 위하여 피 끓는 정열을 다하여 싸우자!

삼상회의절대지지 만세!

민족통일전선급속결성 만세!

조선완전독립 만세!

조선공산청년동맹 만세!

조선공산당만세!

조선청년총동맹 〈모스크바 삼상회의의 조선에 대한 결정을 해설한다〉 1946.1.8

막부 삼상회의에서 조선에 최고 5개년간의 신탁통치를 실시한다는 소식이 전해지자 「완전독립」을 절규한 조선 삼천만 민족은 실망하였던 것이 부정할 수 없는 사실이다. 그리고 우리는 그것이 조선독립을 제약하는 것이라 오인하여 반대하여 왔다.

그러나 우리는 최초에 있어서는 너무나 감정에만 흐르고 미처 그 결정의 본질적 구명을 못하였다. 우리는 이제 과학적으로 분석할 만한 시간의 여유를 가지게 된 오늘날 냉철한 두뇌로써 이것의 진의를 검토하여 보자!

우리는 다만 완전자유독립을 주장하여 왔으니 실제에 있어 민족통일이 완성되지 못하였다. 실로 친일과 민족반역자 팟쇼 분자들의 책동으로써 조선은 세계적으로 통일 못된 것이 표시되었던 것이다. 누구나 다 지금 당장 조선독립을 희구함은 물론이나 우리 민족이 연합국에 완전독립을 요구함에 앞서 우리 민족 자신의 힘이 과연 연합국으로 하여금 독립국가로서 승인할 수 있을만한 실력을 구비하였나하는 문제도 또한 냉정히 자기비판하지 않으면 안 될 것이다.

거듭 지적하는 바이지만 우리 조선은 완전한 단결이 안 된 것이 현실이며 정치면에 있어서는 파시즘의 일환인 일본군국주의의 잔재세력이 아직 소탕되지 않을 뿐 아니라 해외에서 돌아온 팟쇼적 세력이 이에 가담하여 조선에는 또다시 전 인류의 적인 파시즘 세력이 재차 대두하고 그들로 말미암아 민족통일이 지연되고 있는 것이다. 경제면에 있어서도 역시 누구나 다 인식하는 바와 같이 우리 조선경제는 태반이 일제경제체제 밑에 종속하여 있었던 만큼 우리의 경제력은 상당히 미약하다 아니 할 수 없다. 이것이 연합국으로 하여금 정치적 경제적으로 조선을 육성 발전시키려는 호의적 노파심을 발로케 한 것이다.

그런데 8·15 해방이 우리 자체의 힘으로써 해방이 되었다하면 문제는 단순할 것이며 외래의 힘에 제약받지도 않을 것이다. 그러나 8·15 해방은 세계 민주주의 연합국의 힘으로써 해방이 된 것인 고로 결국 조선독립은 연합국의 조선 역량에 대한 판정으로써 결정되는 것을 망각하여서는 문제의 해결을 그르치는 방향으로 끌어넣고 마는 것이다.

그러나 만일 국제회의 즉 카이로 선언 포츠담 회담에서 결정된 공약을 이행치 않았다면 우리는 단연 반대할 근거를 가질 수 있으나 그 공약을 이번 삼국외상회의에서 명시한데서야 더구나 그것을 진보적 결정으로 확약한데서야 우리는 오로지 하루 속히 强固한 민족통일전선을 완성하는 사업이 남아 있을 뿐이 아닐까. 즉 카이로 선언에서 적당한 시기에도 정당한 순서를 밟아 조선독립을 공약하였던 것을 「최고 5개년간」의 사개국의 신탁통치로써 조선독립의 길을 구체적으로 명시한 것이다.

여기에 이르러 문제의 초점인 「신탁」이라는 문구에 도달하였다.

우리는 신탁이라는 말을 제일 처음 들었을 때 너무나 감정적으로 흘렀기 때문에 그 「신탁」이라는 문구에만 구속되어 그 문구를 다만 일본제국주의가 조선에 침략할 때의 식민지 정책적인 을사조약이나 또는 제국주의적 위임통치로써 속단 곡해하였다. 그러나 「신탁」이라는 문구는 「샌프란시스코」 회의에서 규정한 바 있었던 것이다. 즉 이 「신탁」이라는 문구는 소위 식민지 半식민지화시키는 제국주의적 침략적 그러한 성격과는 전혀 판이할 뿐 아니라 도리어 그것과 정반대로 전쟁으로 인도하는 침략주의를 방지하기 위하여 아직 독립국가를 형성치 못한 민족으로 하여금 완전독립의 길을 열어주기 위한 규정이었던 것이다. 그러므로 「신탁」이라는 어구는 협정원문의 英, 露語를 보더라도 아는 바와 같이 「원조」 「협력」이라는 해독과 동일한 것이다.

그럼으로 해서 삼상회의협정문 「六」에도 있는 바와 같이 조선에 「임시민주정부설립을 원조한다」 명시하였으며 조선의 「정치적 경제적 발달을 촉진하고 독립에 기여하는 수단을 강구한다」 한 것이다. 이것을 단적으로 표시한다면 그 삼상회의의 조선에 대한 결정은 조선민족완전해방을 원조 촉진하는 데 그 의의를 가졌으며 조선의 민주주의 정권 수립을 적극적으로 협력하는 데 그 사명을 띠었다 할 수 있는 것이다.

여기에 이르러 이러한 우의적 연합국의 결정을 연합국의 배신행위 혹은 국제적 위반이라 하여 전적으로 반대한다면 여하한 결과를 재래할 것인가. 그것은 설명할 필요도 없이 조선은 국제적으로 고립될 뿐더러 우리가 열망하여 마지않는 완전독립도 국제적 고립으로 인하여 암초에 가라앉고 말 것이다. 따라서 우리는 오로지 최고 5개년이라는 것을 우리 민족자체의 힘을 세계에 빛내어 하루라도 속히 신탁문제를 해소시켜 완전자유독립을 전취할 노력이 있을 뿐이다.

그러면 이 신탁문제를 해소시키고 완전자유독립을 전취하는 과업을 완수하는 그 방법은 무엇인가. 그것은 8·15 이후 우리가 부르짖고 부르짖든 「민족통일」인 것이다. 즉 우리는 이 「민족통일」이 완결되는 날에는 세계에 대하여 완전독립을 요구할 권리를 가졌다고 단언하여도 좋을 것이다. 그럼으로 現下 조선 문제는 一도 민족일요. 二도 三도 다 민족통일이다.

反민주주의적 요소인 친일과 민족반역자 팟쇼분자를 제외한 민족통일전선 결성만이 신탁문제를 해결할 수 있는 것이요. 인민의 총의를 대표할 수 있는 민주주의정권 수립 즉 완전독립을 전취할 수 있는 것이다. 그럼으로 국제적으로 삼상회의의 조선에 대한 결정을 지지하고 국내적으로 밑으로부터 우러나 올라오는 민족통일전선을 완성하는 이것이 現 조선민족에게 부과된 사명이다.

우리民族의 방향을 결정할 수 없는 막다른 골목으로 몰아넣고 있지 아니한가

信託反對國民總動員委員會를 解散하라!!
팟시스트와 테로團을 根滅하자!!
三相會議決定을 支持하자!!
三日서울市民大會決議를 支持하자!!
美蘇共同委員會召集萬歲!!
朝鮮完全獨立促成萬歲!!

一九四六年一月七日

朝鮮科學者同盟
朝鮮演劇同盟
全鮮農民組合總聯盟
朝鮮共産青年同盟
朝鮮革命者救援會
失業者突撃隊
青年
서울市人民委員會

朝鮮文學同盟
朝鮮映畫同盟
朝鮮婦女總同盟
朝鮮學徒隊
朝鮮借家人同盟
徵士同盟
八一五出獄同志會
朝鮮共産黨서울市委員會

朝鮮社會科學研究所
朝鮮勞働組合全國評議會
朝鮮青年總同盟
朝鮮學兵同盟
서울町聯合會
革新教育者同盟
反맛쇼共同鬪爭委員會

좌익단체들이 공동으로 발행한 전단 〈삼상회의 결정을 바르게 인식하자!!〉 1946.1.7

파시즘의 침략과 억압에 대하여 평화와 자유를 사랑하는 국가가 승리한 결과로 우리민족에 8월 15일이라는 날이 왔다. 그리하여 일본제국주의의 반동주의는 조선에 있어서 해제되었다.

그러나 그 후 우리의 전 민족의 요구하는 것은 해결되어 있는가. 결코 해결되지 않았다.

민주주의적 민족통일정부의 수립은 우리 민족이 벌써부터 절실히 요구하던 바이다. 이 요구는 이조 봉건 왕, 귀족에 눌렸으며 청국의 반동주의에 눌렸으며 일본제국주의에 압살당하여 아직까지 이루지 못하였다. 언론 출판의 자유에 대하여 악질적인 역전투쟁과 그 유리한 기관을 잘 이용하는 사람들만이 마음대로 날뛰고 집회 결사의 자유에 대하여 테러와 습격과 살인, 강탈, 사형을 마음대로 하는 형편이다. 위선가와 데마고그(逆宣傳家)와 살인귀의 집단이었던 독일의 히틀러 일파가 어느 틈에 우리 땅에 들어와서 횡행천지하며 일본제국주의의 총칼과 발굽 밑에서 착취와 학살당하던 우리민족의 노동자와 농민과 지식층과 일반시민을 소란케 하며 미혹시키는 것 같다.

일본제국주의의 통치기구는 그대로 남아서 지속되고 있으며 우리 민족의 경제적, 문화적 생활에 있어서 남아있는 일본제국주의의 害毒은 우리 민족생활을 파국으로 몰아넣고 있다.

봉건적인 일체 諸 관계는 농업과 도시, 諸 산업을 지배하며 농민과 노동자와 도시 시민 산업자본가의 정상적인 발전을 아직 그대로 억누르고 있다. 일본제국주의가 남겨둔 대산업 등은 아직 전 민족을 위하여 운명되어 있지 아니하며 배급기구는 혼란하고 모리배 奸商들은 날뛰어서 국민의 諸 경제생활은 따라서 각각으로 파탄되어 가면서 있다.

전체로 8월 15일 이후 우리 민족의 전 생활 기구는 근본에 있어서 한 걸음도 나아지지 않았다. 이러한 때에 모스크바의 삼상회의의 조선에 대한 결정은 우리의 자주독립과 민주의건설에 이르는 길을 분지하였으며 그 보장을 지었다. 그 전문을 소개하면

삼국외상회의의 조선에 대한 결정(모스크바發 電信)

一. 조선의 자유독립국가를 건설하고 이 국가를 민주주의적 노선으로 발전시킬 조건의 조성과 일본통치의 장기적 害毒을 급속히 청소할 목적으로 임시민주주의정부를 조직하여 조선의 산업 교통 농업 발전과 조선민족의 민족문화의 발전을 위하여 필요한 온갖 대책을 취함.

二. 조선임시정부에 원조하기 위하여 미리 원조의 대책을 강구키 위하여 남부조선의 미군사령관과 북부조선 蘇연방군사령관의 대표로 공동위원회를 조직하여 이 위원회는 전체사업에 대한 제안 작성에 있어 조선의 민주주의적 정당과 사회단체와 반드시 협의한다. 위원회에서 작성한 제안은 공동위원회 대표인 二國의 최종적 결정을 취하기 전에 반드시 미국, 蘇연방, 대영제국, 중국 정부의 심의를 받아야 함.

三. 공동위원회에는 조선임시정부와 조선민주주의단체를 참가시켜 조선민족의 정치적 진보에 대한 원조와 협력(후견)의 대책을 강구함. 공동위원회 제안은 조선의 임시정부와 협의한 후 미국, 蘇연방, 대영제국 및 중국정부에 5개년 기간 이내의 조선 후견에 대한 공동심의를 받아야 한다.

四. 남북조선에 관한 긴급문제를 해결키 위하여 행정 및 경제계의 정상생활을 강구키 위하여 또한 항시적 연결을 취키 위하여 南鮮미국군사령부와 北鮮소련군사령부 사이에 2주일 이내로 조선 내 美 군사령부 대표로 공동위원회를 소집함. 민주주의동맹국의 파시스트의 모든 이간 음모를 물리치고 굳게 결속하여 세계의 야만적 파시스트 국가가 이태리, 독일, 일본 등을 분쇄하였고, 전쟁과 살인을 좋아하는 모든 반동분자의 기도에도 불구하고 今次 삼상회의는 민주주의국가의 결속이 더 강고하여졌음을 증명하였다. 그리하여 세계와 극동의 평화를 위한 보장을 만들어 민주주의전선을 일보 전진시키고 조선의 민주주의에로 발전의 길을 또한 튼튼히 하였다.

동포들이어! 우리들의 임무는 무엇인가. 민주주의적 민족통일을 세워야 하며 일본제국주의의 남은 害毒을 씻어 버리고 모든 봉건적 관계를 깨트리고 大産業을 일으켜 전 민족의 경제생활 등등을 향상하여 높은 문화를 준비하는 것이다. 이러한 우리 민족의 공통한 목표를 실현하기 위하여 우리는 민족통일전선을 급속히 결성

三相會議決定을 바르게 認識하자!!

파시슘의 침약과 억압에더하야 평화와자유를사랑하는국가가 승리한결과로 우리민족에 八月十五日이란날이왔다 그리하야 日本帝國主義의무장은 조선에와어서히되되었다 그러나그후우리의전민족의요구하는것은해결되어있는가。결코해결되지안엇다。

民主々義的民族통일정부의수립은우리民族이빗서붓어될실히요구하든바여다 이요구는李朝封建왕구쪽에눌리엇고 淸國의반동주의여눌리엇고 日本帝國主義에압살(壓殺)當하야아즉까지이루지못하엿다 言論出版의自由에대하야 악질적인역선건과 그유리한(有利)괴관을잘리용하는사람들만이마옴대로날뛰고 집회결사의자유에대하야 헤로와습격과살인、강탈、사형(私刑)을마음대로하는형편이다 위선가와데마고-그(逆宣傳家)와殺人鬼의 파 지식층파 一般市民을소란케하며 미혹(迷惑)식히는것갓다。

日本帝國主義의害毒은 우리민족생활을 파국(破局)으로몰아뉘고있다。

日本帝國主義의통치機구는그대로남어서지속되고있으며 우리民族의경제적、정치적、문화적생활에있어서남어있는日本帝國主義의혜독(害毒)은 농업과도시제산업을지배하며농민과노동자와 도시市民산업자본가의正常的인발전을막어직그대로여、놀러 배급기구(配給機構)는울난하고 모리배(謀利輩)간상(奸商) 대로어눌든 한거를느나어지지않었다。이러한때에 모스크바의三相會議의 조선에대한결정은 한거름드나어지지않었다。그보장(保障)을지었으며 그보문(全文)을소개하면

三國外相會議의朝鮮에對한決定(모스크바發通信)

一、朝鮮의自由獨立國家를建設하고 이國家를民主主義的路線으로發展식힐條件의造成과 日本統治의長期的害毒을急速히清掃할目的으로 臨時民主主義政府를組織하야 朝鮮의産業交通農業發展과 朝鮮民族의 民族文化의發展을爲하야 必要한온갓對策을取함

二、朝鮮臨時의政府에援助하기爲하야 또한適當한對策을講究키爲하야 밑이援助의對策을講究키爲하야 南部朝鮮의美軍司令官과 北部朝鮮蘇聯邦軍司令官의代表로共同委員會組織한다 이委員會는 全體事業에對하야 提案作成에있어 반다시 朝鮮의民主主義的政黨과 社會團體와반듯이協議한다 委員會에서作成한提案은 共同委員會의最終的結定을取하기前에 美國、蘇聯邦、大英帝國、中國政府의審議를받어야함

三、共同委員會에는 朝鮮臨時政府와 朝鮮民主主義團體를參加식혀 朝鮮民族의政治的、經濟的 進步에 對한援助와協力(後見)의 對策을講究함 共同委員會는 美國、蘇聯邦、大英帝國及中國政府에 五個年期間以內의 朝鮮後見에대한 共同審議를받어야한다

四、南北朝鮮에關한 緊急問題를解決하기爲하야 또한恒時的連絡을取키爲하야 行政及經濟界의正常生活을講究키爲하야 南部朝鮮美蘇軍司令部代表로共同委員會를召集함

南鮮美國軍司令部와北鮮蘇聯軍司令部사이에 二週日以內로 軍게결속하야 세게의야만적파시스트國家의 伊太利、獨逸、日本등을 분쇄(粉碎)하고 今次三相會議는 민주주의國家의 결속(結束)의 더강고하여젓음을 증명하였다。

그리하야 세界와極東의 평화를위한 보장(保障)을만들어 민주주의의 전선(戰線)을一步前진식히고 朝鮮의민주주의의 에로발전의길을또한든ㅅ 히하였다。

관련사진으로서12 그림
154

하는 것이 필요하다. 그리하여야만 우리가 얻은 성과를 확보하고 국내 건설과 국제평화를 보장할 수 있을 것이다. 최근에 소위 신탁통치 반대운동은 무엇을 의미하는가. 그들은 조선에 있어서, 민주주의건설을 거부하고 전제주의를 원하여 국내 내란을 책동하며 국제협조를 깨뜨려 우리 민족의 방향을 해결할 수 없는 막다른 골목으로 몰아넣고 있지 아니한가. 「피를 흘려 싸우자!」라고 부르짖고 있는가하면 「아니다. 피를 흘리지 말고 싸우자!」, 「저항하지 말고 싸우자!」라고 부르짖으며 투쟁의 구체적 방법도 없고 투쟁의 구체만 내용도 없이 다만 민족의 똑바른 정치적 각성을 방해하고 삼상회의 결정의 정당한 인식을 막고 일본제국주의 탓으로 무지하게 된 우리의 하나하나의 至貴한 동포들을 미신적으로 선동하여 그 순정적 애국심을 나쁘게 이용하여 유랑배와 테러단들이 기생하는 지반을 만들려는 모략이 우리 지귀한 동포들의 치욕이 아니고 무엇이 되는가. 어찌 우리의 자주독립과 민주주의로의 발전과 일본제국주의의 해독을 씻을 조건을 만들려는 삼상회의의 결정이 우리에게 치욕이 되는가. 그들이 싸우려는 대상은 국제적 국내적의 非민주주의적 요소가 아니고 도리어 민주주의와 싸우고 있는 것이 아닌가. 왜 살인단을 조종하며 살인귀의 석방운동을 하며 시민의 경제활동을 막고 평화와 자유를 사랑하는 민주주의 집단에 대하여 악질적인 데마고기(逆宣傳)와 파괴공작을 하며 평화와 자유를 사랑하는 민주주의 국가에 대한 반대 운동을 일으키는가. 세계의 현 단계에 이러한 무리들은 파시스트며 민족반역자들이다. 민족을 사랑하는 사람은 민족의 생활을 파국으로 이끌지 아니하여야 한다.

동포들이여!! 우리 민족의 분열을 획책하여 통일을 방해하며 독선적 태도로 자파 전제를 꿈꾸며 일본제국주의 질서가 그대로 유지되는 데 대하여 아무런 투쟁도 하지 아니하는 그들이 이제 삼상회의의 결정이 그 명칭이 무엇이든지 우리 조선의 민주주의적 건설에 원조가 되는 데 대하여 「피를 흘려 싸우자!」, 「피를 흘리지 말고 싸우자!」 하고 외치면서 민중을 옳지 못한 길로 선동하여 반대 운동을 일으키니 이들은 그 실상에 있어서 우리 민족의 자유로운 발전과 독립에 이르는 길을 파괴하고 현재 군정이 영구히 지속되는 것을 힘을 다하여 바라고 있는 것이 아니고 무엇인가. 이것은 우리 조선민족이 원하지 아니할 뿐 아니라 아메리카합중국도 소비에트동맹도 바라지 아니한다.

우리 민족이 통일되어 자각적으로 민주주의적 통일정부를 세우고 일본제국주의의 害毒을 능히 쓸어 없애서 極東 평화의 기초가 닦여 있다면 우리는 능히 완전히 독립을 얻을 줄 믿는다. 이것은 우리의 원군이던 민주주의 諸 국가에도 화익이 되는 것이다. 우리의 노력에 따라서 완전독립의 기한을 5년 이내에서 더 단축시킬 수 있는 것이다. 우리의 당면한 민족통일과 일본제국주의 잔재 소탕을 위한 투쟁 등을 간사하게 회피하고 현재 우리가 놓여 있는 처지를 조금도 생각하지 아니하고 이 현재의 우리의 울분을 우리 민족에게 진보적으로 해결되어있는 삼상회의의 결정에 대한 악의에 넘치는 반대운동으로 쏟는 것은 확실히 민중 기만이며 반동적이다.

우리는 완전독립의 기한을 단축시키기 위하여 민족통일전선을 우리 민족의 성스러운 과업으로 속히 결성하자! 민족분열책동가를 휩쓸어 없애자!

신탁반대국민총동원위원회를 해산하라!!

파시스트와 테러단을 根滅하자!!

三日 서울시민대회결의를 지지하자!!

미소공동위원회소집 만세!!

조선완전독립촉성 만세!!

打倒하여야만 統一도 있고 獨立도 있는 것이다.

三相會議를 支持하며 人民共和國을 中心으로 民主主義原則에 依한 民族統一戰線에 總力量을 集中하야 自主獨立의 戰取에 積極努力하는 것뿐이 오늘날 朝鮮民族에게 맞겨진 課業이다!!

一、撤市罷業을 中止하고 建設的으로!!
一、태로行動을 撲滅하자!!
一、民族統一을 促成하자!!
一、팟쇼를 撲滅하자!!
一、民主主義政權樹立萬歲!!
一、完全自主獨立을 戰取하자!!
一、朝鮮人民共和國을 死守하자!!

一九四六年 一月　日

靑總서울市聯盟宣傳部

청총서울시연맹 선전부 〈삼상회의의 眞意와 우리의 진로!!〉 1946.1

우리는 삼상회의에서 결정된 원문의 협력 「신탁」이란 그 본질은 일본제국주의의 침략 「조선을 식민지화 하는 것」과는 不同하다는 것을 정확히 파악하여야 한다. 즉 조선에 임시적 민주주의정부를 수립하여 정치적 경제적 민족문화의 원조와 협력 「신탁」을 하여 자유 발전을 보장하고 최고 5개년 내에 조선에 건설할 민주주의 국가 건설에 목표로 한 것을 알아야 한다. 그리고 이것이 카이로 선언과 포츠담 회담을 가장 구체화시킨 것이다. 즉 인도나 쟈바 등에서는 아직 보지 못하는 사실이다. 그러나 요즘 소위 지도자라는 그 자들이 의식적으로 反蘇反美的 태도로서 대중을 선동시키는 편이 많음은 위험천만이라 아니할 수 없다. 우리가 연합국을 적대시하는 것은 우리 민족을 국제적으로 고립화시키는 것이며 국내정세와 국제정세를 완전히 파악치 못하였다 할 것이다. 소위 대한임시정부의 김구 씨 일파는 삼상회의에서 결정된 협력 「신탁」이 그 의미를 잘 알면서도 불구하고 마치 조선을 식민지화하는 것 같이 대중을 기만하여 선동시키고 민중의 애국심을 역용하여 이 시기에 자기들의 세력을 대중에 부식시키려고 反신탁운동을 운운하는 것은 우리 민족의 운명을 危處로 인도하는 것을 똑바로 인식하여야 할 것이다. 보라!! 撤市罷業은 누가 명령한 것인가?

지금 서울만 하더라도 식량난과 기타 복잡다단한 사정을 시민 여러분은 잘 알 것이다. 이 책임은 의식적으로 민중을 기만한 소위 임시정부에 그 책임이 있는 것이다.

만약 삼상회의의 결정의 협력 「신탁」이란 것이 조선을 식민지화하는 것을 의미하더라도 그 책임은 연합국에 있는 것이 아니고 不統一한 우리 민족에 있을 것이다.

그러므로 우리는 임시적 감정에 행동을 좌우하여서는 안 될 것이며 거기 대한 투쟁대상과 방법을 완전히 파악하여야 할 것이다. 즉 제2차 세계대전은 동양에 일본제국주의와 서구에 독일 파시스트 방지 타도하기 위한 민주주의 諸 국가의 협동전선에 의하여 타도 승리할 것이다. 그러므로 전쟁은 끝났다 하더라도 그 잔재가 남아 있는 한 연합국은 공동투쟁을 계속할 것이다. 그럼으로 조선내의 일본제국주의 잔재 「친일파 민족반역자」와 팟쇼분자를 완전히 소탕치 못하면 연합국은 5년이 아니라 10년, 20년이라도 조선 문제에 간섭할 것이며 협력이 아니라 조선은 식민지화될 우려가 많다. 그러므로 우리는 이것을 정확히 파악하여 일본제국주의 잔재 「친일파 민족반역자」 팟쇼분자를 완전히 소탕하며 민주주의 원칙에서 강력한 민족통일을 결성하며 우리 민족이 완전자유독립할 능력이 있다는 것을 연합국에 보여주어야만 우리 민족이 공통된 요망이요, 생명을 바쳐 전취하려고 하는 완전주의독립 「민주주의정권 수립」을 전취할 수 있을 것이다. 그러므로 우리는 삼상회의를 지지하는 것이며 통일에 일로매진할 뿐이다.

여러분!! 보라!!

인민공화국에서는 이러한 즉 민중의 의사를 존중하는 의미에서 소위 임정 측에 대하여 공동해체를 제의하며 민족통일에 적극 노력하였으나 임정은 이를 거부하였지 않았는가. 이것은 통일을 분열시킨 최고 책임을 범한 것이다.

동포 여러분께 묻노라!! 임정이 무엇니까?

인민의 총의를 거부하며 자주독립을 방해하는 자칭 지도자가 있으니 여러분은 이것을 어찌 처단할 것인가. 김구 씨 일파는 개인의 자격으로 입국하였다면 통일에 노력할 것이지 친일파 민족반역자 팟쇼분자를 지지한다고 정부의 行勢를 하려고 하며 통일을 방해하고 反신탁이란 명목하에서 대중을 기만하고 온갖 음모와 획책을 다하는 동시에 파괴적 테러단을 조직하여 무기를 급여하며 유치장이 아닌 유치장을 설치하는 등등 천하가 용서치 못할 죄악이라 할 것이다. 임정이 이러한 분열행동과 팟쇼적 전제행위를 고집하는 이상 임정을 타도하여야만 통일도 있고 독립도 있는 것이다. 삼상회의를 지지하며 인민공화국을 중심으로 민주주의 원칙에 의한 민족통일 전선에 총역량을 집중하여 자주독립의 전취에 적극 노력하는 것뿐이오. 오늘날 조선민족에게 맡겨진 과업이다!!

一. 철시파업을 중지하고 건설적으로!!
一. 테러 행동을 박멸하자!!
一. 민족통일을 촉성하자!!
一. 팟쇼를 박멸하자!!
一. 민주주의정권 수립 만세!!
一. 완전자주독립을 전취하자!!
一. 조선인민공화국을 사수하자!!

全國學兵大會에 보냄

親愛하는 學兵諸君!

倭賊에 強壓으로 本意아닌 銃劍을 메워、그대들을 떠내보낼때、사랑하는 父母姉妹는 勿論、三千萬同胞는 말없이 울었노라。異域戰地에서 故國의 하날을 바라보든 그대들 가슴엔、불붓는 祖國光復의 情熱과 倭賊에 對한 니갈니는 憤怒와 復讐의 一念뿐이였으리라。

우리民族이 악끼여 마지안는 諸君들이 祖國解放에 발맞추어 그리운 鄕土로 도라오며、一方 光復軍에 編入되야 祖國의 牙城이 되였다는 消息을 들을때、全民族은 最大讚辭와 民族的感激으로 그대들을 마젓노라。

그러나 其後 國內狀態는 엇더하였느냐……

嗚呼라! 賣國奴의 奸策이여、所謂 似而非共産主義를 標榜하는 赤魔들은 凶計를 極하야、謀略、破壞、煽動을 일삼아、善良한 民衆의 視野을 어즈럽피고 誘惑買收에 魔手를 뻐쳐여、國內를 混雜分裂식켜、民衆으로하여금 塗炭의 구렁아에 빠트리며、內心快哉에 붉은 舌를 내둘릿다、그리하야 結果는 莫府會議에서 朝鮮託治問題를 傳하였다、이에 全民族은 뭉치여 怒氣는 冲天하고 託治絶對排擊、卽時 自主獨立을 부르지즈며 全民族이 一大示威運動으로 世界에 警鍾을 울리였다。

그後 數日을 隔하야 奸陰妖怪한 赤魔賣國奴는 斷末魔의 마즈막 發惡으로 도로혀 三相會議를 支持하야、朝鮮에 對한 蘇聯의 一國信託統治를 絶對支持하며、五年後 蘇聯의 一聯邦으로 屬國될것을 哀願하얏나니、아―眞實로 痛嘆할찌어다、吾族中에 如斯한 亡國根性의 賣國奴를 가짐이여!

親愛하는 學兵諸君!

가장 眞實하고、善良하고、勇敢한 學兵諸君이여! 한길로 뭉치여 賣國奴 赤魔似而非共産徒를 撲滅하야、祖國萬年大計의 大義名分을 직키여 自主獨立促成建國의 大道를 씩씩하고 힘차게 거러나가기 바라마지안는 바이다。

오늘날 全國學兵大會를 마지하야、學兵諸君에게 거듭 讚辭를 드리여 健鬪를 빌며、物故한 學兵諸位의 靈을 慰勞하노라。

大韓民國二十八年一月   日

大韓靑年團

대한청년단 〈전국학병대회에 보냄〉 1946.1

친애하는 학병 제군!

왜적에 강압으로 본의 아닌 총검을 메워, 그대들을 떠나보낼 때, 사랑하는 부모자매는 물론, 삼천만 동포는 말없이 울었노라. 異域戰地에서 고국의 하늘을 바라보던 그대들 가슴엔, 불붙는 조국광복의 정열과 왜적에 대한 이 갈리는 분노와 복수의 일념뿐이었으리라.

우리 민족이 아껴 마지않는 제군들이 조국해방에 발맞추어 그리운 향토로 돌아오며, 한편 광복군에 편입되어 조국의 아성이 되었다는 소식을 들을 때, 전 민족은 최대 찬사와 민족적 감격으로 그대들을 맞았노라.

그러나 그 후 국내 상태는 어떠하였느냐……

오호라! 매국노의 간책이여, 소위 사이비 공산주의를 표방하는 赤魔들은 흉계를 極하여, 모략, 파괴, 선동을 일삼아, 선량한 민중의 시야를 어지럽히고 유혹 매수의 魔手를 뻗어, 국내를 혼잡 분열시켜, 민중으로 하여금 도탄의 구렁텅이에 빠뜨리며, 내심 쾌재의 붉은 혀를 내둘렀다. 그리하여 결과는 막부 회의에서 조선탁치문제를 전하였다. 이에 전 민족은 뭉쳐 노기는 충천하고 탁치 절대 배격, 즉시 자주독립을 부르짖으며 전 민족이 일대 시위운동으로 세계에 경종을 울렸다.

그 후 수일을 격하여 奸陰妖怪한 赤魔 매국노는 단말마의 마지막 발악으로 도리어 삼상회의를 지지하여, 조선에 대한 소련의 일국 신탁통치를 절대지지하며, 오년 후 소련의 一聯邦으로 속국될 것을 애원하였나니, 아! 진실로 통탄할지어다. 우리 민족 중에 이와 같은 망국 근성의 매국노를 가짐이여!

친애하는 학병 제군!

가장 진실하고, 선량하고, 용감한 학병 제군이여! 한길로 뭉쳐 매국노 赤魔 사이비 공산도를 박멸하여 조국 만년대계의 대의명분을 지켜 자주독립촉성건국의 大道를 씩씩하고 힘차게 걸어 나가기 바라마지않는 바이다.

오늘날 전국학병대회를 맞이하여, 학병제군에게 거듭 찬사를 드려 건국을 빌며, 物故한 학병 諸位의 靈을 위로하노라.

팟쇼分子의 反動的 策動을 粉碎하자!

自由와 平和를 사랑하는 同胞여러분!
朝鮮民族의 眞正한 統一을 攪亂하는 팟쇼의 무리를 掃蕩하자、全世界의 無辜한 民衆을 殺戮과 飢餓에 모라넛튼 國際팟시슬殘黨이 日本軍國팟쇼의 敗退한 뒤를 이어 三千里江山에 跳梁하고 있다。
過去半世紀 日本軍國팟쇼强盜的 侵略搾取밑에 우리同胞가 바더온 害毒과 苦痛은 想起만 하여도 激憤을 禁치몰알것이다。
人類의 敵 國際팟쇼는 꺼구러젓으나 三千萬朝鮮同胞는 民族팟쇼의 可憎한 假面下에 自由와 獨立을 蠶食當하고 있다。
그들의 反動的 謀略은 나날이 白日下에 暴露되여간다。日本帝國主義에 忠誠을 다하야온 親日派民族反逆者를 意識的으로 擁護하고、無原則統一이란 欺瞞的 手段으로 民族分裂을 策한者가 누구냐 朝鮮民族의 政治能力을 無視하고 外國의 統治를 希求한者 누구냐？
三千萬同胞의 利益을 代表하는 進步的 政黨을 侮辱하고、眞正한 統一을 妨害하는者 누구냐？ 그들은 故意로 朝鮮의 獨立을 妨害하고 民主主義政府의 出現을 阻害하여왓든것이다。그러므로 世界民主々義의 先驅이며 平和愛護國인、英、米、蘇三國이 莫斯科外相會議에서 朝鮮에 眞正한 自主的 民主主義政府樹立을 慢助協力하기를 決意하엿을때 第一면저이를 反對한다고 날뛴者는 그들팟쇼分子들이다
同胞여러분！
冷靜히 正確한 觀察을 내리자、朝鮮이 外國의 信託管理를 當한다면 어느누가 抗爭치않이하랴？ 그러나 朝鮮民族을 日本帝國主義의 桎梏으로붙어 解放하여주엇으며 自由와 平和를 爲하야 피투성이에쎠 홈을 하여온 聯合國이 우리에게 壓迫과 奴隸化를 企圖할理가 있는가？ 斷然코 없다
三國外相會議에서 決定된 內容은 決코 朝鮮의 民族的 隸屬을 意味함이안이다 反動팟쇼의 跳梁을 封鎖하고 아즉도 肅淸되지몯안 日帝의 殘滓勢力을 뿌리까지 抹殺함으로써 朝鮮에 民主々義的 獨立政府를 세우는데 協力한다는 것임을 우리는 確認하는 것이다。
이는 世界民主主義諸國이 朝鮮에 보내는 膳物이 안일수없다。이를 信託이라고 捏造宣傳하야 朝鮮同胞로 하여곳 無意味한 抗爭을 惹起케 함은 實로 우리民族의 恩人인 民主主義聯合國을 强盜 日本과 同視하고 朝鮮民族을 自滅케하는 罪惡以外에 아무것도않이다
팟쇼分子의 最後的 發惡을 粉碎하는우리의 唯一한길은 朝鮮人民大衆이굳게 團結하야 親日派民族叛逆者를 除外한眞正한民族統一戰線을 急速히 結成합에 있어야한다
一、팟쇼分子、親日派、民族叛逆者를 徹底殲滅하자！
一、三相會議의 民主主義的 援助協力을 反對하고 朝鮮民族自滅을 招來하는 反動的 謀略을 粉碎하자！
一、民族統一戰線萬歲！
一、朝鮮完全自主獨立萬歲！
一九四六年一月　日
反팟쇼共同鬪爭京畿道委員會

반파쇼공동투쟁경기도위원회 〈파쇼분자의 반동적 책동을 분쇄하자!〉 1946.1

자유와 평화를 사랑하는 동포 여러분!
조선민족의 진정한 통일을 교란하는 팟쇼의 무리를 소탕하자. 전 세계의 무고한 민중을 살육과 기아에 몰아넣던 국제파시스트 잔당이 일본군국팟쇼의 패퇴한 뒤를 이어 삼천리강산에 跳梁하고 있다.
과거 반세기 일본군국팟쇼 강도적 침략 착취 밑에 우리 동포가 받아온 害毒과 고통은 상기만 하여도 격분을 금치 못할 것이다.
인류의 적 국제팟쇼는 거꾸러졌으나 삼천만 조선 동포는 민족팟쇼의 가증한 가면 아래에 자유와 독립을 잠식당하고 있다.
그들의 반동적 모략은 나날이 백일하에 폭로되어 간다. 일본제국주의에 충성을 다하여온 친일과 민족반역자를 의식적으로 옹호하고, 무원칙통일이란 기만적 수단으로 민족분열을 책한 자가 누구냐. 조선민족의 정치능력을 무시하고 외국의 통치를 희구한 자 누구냐?
삼천만 동포의 이익을 대표하는 진보적 정당을 모욕하고, 진정한 통일을 방해하는 자 누구냐? 그들은 고의로 조선의 독립을 방해하고 민주주의 정부의 출현을 저해하여 왔던 것이다. 그러므로 세계 민주주의의 선구이며 평화애호국인 英, 米, 蘇 삼국이 모스크바외상회의에서 조선에 진정한 자주적 민주주의 정부 수립을 원조협력하기를 결의하였을 때 제일 먼저 이를 반대한다고 날뛴 자는 그들 팟쇼분자들이다.
동포 여러분!
냉정히 정확한 관찰을 내리자. 조선이 외국의 신탁관리를 당한다면 어느 누가 항쟁치 아니하랴? 그러나 조선민족을 일본제국주의의 질곡으로부터 주었으며 자유와 평화를 위하여 피투성이의 싸움을 하여온 연합국이 우리에게 압박과 노예화를 企圖할 리가 있는가? 단연코 없다.
삼국외상회의에서 결정된 내용은 결코 조선의 민족적 예속을 의미함이 아니다. 반동팟쇼의 跳梁을 봉쇄하고 아직도 숙청되지 못한 일제의 잔재세력을 뿌리까지 말살함으로써 조선에 민주주의적 독립정부를 세우는 데 협력한다는 것임을 우리는 확인하는 것이다.
이는 세계 민주주의의 諸國이 조선에 보내는 선물이 아닐 수 없다.
이를 신탁이라고 날조 선언하여 조선동포로 하여금 무의미한 항쟁을 야기케 함은 실로 우리 민족의 은인인 민주주의 연합국을 강도 일본과 동일시하고 조선민족을 자멸케 하는 죄악 이외에 아무 것도 아니다.
팟쇼분자의 최후적 발악을 분쇄하는 우리의 유일한 길은 조선인 민대중이 굳게 단결하여 친일과 민족반역자를 제외한 진정한 민족통일전선을 급속히 결성함에 있어야 한다.
一. 팟쇼분자, 친일파, 민족반역자를 철저 섬멸하자!
一. 삼상회의의 민주주의적 원조 협력을 반대하고 조선민족 자멸
　　을 초래하는 반동적 모략을 분쇄하자!
一. 민족통일전선 만세!
一. 조선완전자주독립 만세!

今日의 獨立運動은 過去와 갓치 革命家만이 第一線에서 血戰하는 것이 안이요 全國民이 總動員하야 戰鬪하는것이다 過去의 革命戰線에 離脫한사람도 躊躇치말고 此際에 發奮하야 獨立戰線의 最後成功에 戮力하라 各自圖生할方法도업고 各自逃命할「길」도업다 血을이民族에 享受한以上 누구나 死生은이民族의 全體大同에서 決定되는것이요
에寸鐵을 가지지안코도 이瞬間의 最後勝利를 斷定하는바이다 人道에 立脚한 正義戰이 最後의 勝利를 獲得하는것은 歷史의 敎訓이요 法理의 鐵則이다 全同胞는「託治反對國民總動員」旗幟下로 總集結하자!!
그누가 民族의 鬪士가안이며? 그누가 國家의 柱石이안이랴?
光復團은 先烈의 莊嚴한 民族正氣를 繼承한 四十年鬪爭의 革命集團이다 熱烈한同胞愛도 革命傳統의 正義觀에 비추어 發動하는바이다 그럼으로 何人이라도 民族義務에 怠慢하거나 行動이不純한 徒輩에 對한 處斷이 峻嚴하다 이緊急한瞬間의 警戒에도 改新歸良치안는 分子는 斷乎懲膺할것을 檄告하는바이다 大韓三千里江山 一木一石까지 總動員하자!! 끗까지싸우자 써
우는힘이强大하면 强大할사록 싸우는 期限이 短縮된다!!
同胞여! 일어나거라

鬪爭公約

一、鬪爭方法은「國民總動員」組織으로 託治政權 不合作運動을 展開하야 極히 聖雄的인進退를 行할것
二、鬪爭對象은 託治를結論한 三國外相及其支持者의와 그錯誤된意識을 相對로하야 其錯誤를究明하야 反省케할뿐이요 三國國民及指導者에게는 友誼를持續할것
三、鬪爭精神은、文化民族으로서의 愛國自尊心과 人類平和를企圖하는 救世慈悲心과의 雙動一貫으로할것
四、鬪爭能力은 全國民의 物心兩面의 總集結로써하야 持久戰體制를 確立할것
五、鬪爭期間에는 民族內部의 磨擦或은紛糾와 그磨擦及紛糾를解決하라는作爲까지 一切를 斷然排除할것
六、鬪爭能率을 減損식히는 잔商暴利、蜚語宣傳、或죵式匪行을 公議로써決定할것
七、鬪爭目的을 達成할때까지 過渡期正式의 大韓民國自主政府를 推戴하야 對內對外의 諸政務를執行할것 即時停止하고 一切를獨立戰取한後에
（理由）託治의目的이 우리國家의 存在를變改하라함이안이고 政府組織其他內政에 干涉하라함인고로 方今 擬議되는 託治政權을排除하고 自主政權을確立不動함이 이瞬間에 緊急要請되는 重大課業인所以이다
檀紀四二七九年 一月　日
光復團

민족의 모욕 국제의 배신 신탁통치를 절대 배격하라!!
민족의 생명 평화의 초석 완전독립을 즉시 쟁취하자!!

삼상회의의 신탁통치 결정은 그 행위로 보아서 국제공약의 배신이요, 그 결과로 보아서 세계 재동란의 도화선장치이며 그 의도로 보아서 삼국문제 외교파탄의 미봉책에 불과한 순간적 졸렬 수단인 것을 지적한다.

이것을 지적 폭로함에 있어서 우리는 단순히 탁치가 대한 반만년 문화민족의 명예와 자존을 모욕함에 대한 반항심과 삼천만인 자유생존의 권능을 삭멸하려함에 대한 분노심에서 행하는 것만이 아니요, 그보다도 진일보하여 세계강약대소민족의 전 인류가 제국주의 모략외교에 기만되며 농락되어 참혹한 전화에 몇 번이나 反覇 희생되었음에도 불구하고 또다시 그 이상 최대 최악한 전화에 희생될 것을 차마 생각할 수 없는 양심과 의분에서 전 인류가 똑같이 원하는 그 평화이념을 대표하여 인도정의의 論劍을 들어서 모략외교의 魔手를 처단하고 인류평화의 진정한 기회를 창조하기 위하여 이를 용감하게 전 인류의 엄명한 정의재판에 공소하는 바이다.

『카이로』와 『포츠담』의 회의에서 한국의 자유와 독립을 공약 선언한 것은 그 무슨 이유던가? 세계평화와 직접관련을 가진 동양평화는 한민족의 자유와 한국의 독립을 확보함으로써 그것을 영속할 수 있는 근본 이유를 확인한 세계평화지도자들이 정중하게 결정한 사실이 아니었던가? 그러하였음에도 불구하고 전후의 인심이 아직도 안정되지 못한 이때에 대국외상의 권리를 남용하여 불과 三頭의 천합한 지혜로써 국제공약을 배반 개정한 것은 너무나 참월의 極한 행위이다.

또한 한민족이 자유를 잃으며 한국이 독립을 상실함으로 인하여 태평양의 평화가 붕괴되는 것은 제2차 세계대전의 경험이 유일한 사실 교훈이겠다. 그 역사적 변동 설명은 중화민족의 여론이 대변하는 바임으로 韓人의 舌鋒을 피로케 할 필요를 느끼지 않는 바이다. 다만 일언하면 한국병합을 음모하여 日韓합병의 준비를 선전한 須知分(당시 한국財政通權威者 美國人)의 왜혼은 의사 田明雲 씨의 총성에 분산되고 한국을 병합하며 동아대륙을 분할하려는 음모외교의 수괴 伊藤의 죄악은 열사 안중근 선생의 一彈에 폭로되었다. 그 음모의 연속 실현은 한국병합, 31개조약, 만주 割奪, 국제연맹와해, 제2차 세계대전 등의 순차적 인과 역력한 사실이었다.

또한 세계평화의 지도자로 자처하는 삼대국의 외상이면 세계문제에 관련한 태평양 문제를 좀 더 성의 있는 사고를 운용하여 互讓의 대승으로도 삼국 간 이해의 마찰을 해결치 못하고 삼국 간의 不統一을 掩葬하여 그 책임을 이 조그마한 반도의 불통일에 전가하여 신탁통치하자는 기상천외의 怪案으로써 삼국외교의 파탄 미봉하려 함은 그네들이 세계평화건설의 포부가 너무나 공허한 것을 자백하는 것이며 국제공약의 배신보다도 삼상 각자 국민의 이념과 기대에 위반하는 배신이며 각자의 곤란에 임하는 충성이 아니라고 단정한다.

또한 제1차 세계대전에서 합중국 백만의용 원정군이 「카이제루」의 횡포를 懲膺하고 歐洲의 난을 평정하였음에도 불구하고 월슨 대통령의 민족자결주의 이상적 평화안은 권모술 외교책에 떨어져 유야무야하였을 뿐 아니라 합중국 외교가는 『앵글로색슨』 동족애에 견인되어 국제연맹기능이 마비되는 것을 좌시하는 수밖에 없었다. 그 인과로 제2차 세계대전에서 미국 국민은 어떠한 경험과 교훈을 받았는가? 前轍之覆의 그 길을 또다시 밟는 이 순간의 위험을 경고하고 싶다 한민족에게 자선의 선물을 준다기보다도 미국 국민의 행복과 전 『앵글로색슨』족의 행복을 有하며 또 진정한 세계평화지도자가 되기 위하여 이 순간의 위험(신탁문제 해결기간)을 正視하고 국제신의로 돌아서기를 미국 국민 내지 지도자 諸氏에게 충고하는 바이나 우리는 이 충고를 할 수 있는 이 순간을 한민족의 가장 영광스러운 순간으로 생각한다.

또한 월슨 씨의 민족자결주의가 세계에서 그 자태를 감추게 되매 「레닌」 「스탈린」 兩氏 및 그 당원들은 「약소민족해방」을 전 세계에 향하여 고함하였었다. 그 고함소리는 일제의 隔離墻獄 속에 있는 이 강산에도 들렸다. 韓族의 耳膜에 울렸으며 심장을 고동시켰다. 우리는 그 고함의 방송국이요, 『포츠담』 선언의 참가국인 소련공화국의 외상이 참석한 삼상회의에 최대 영광의 기대를 가졌었다. 그럼에도 불구하고 그 결과는 우리의 기대에 逆이요, 反이다. 이것이 유물사관의 정직한 추리의 결론이라 할까? 한민족의 역사적 특성을 파악못하여 소련외상의 인식부족일까? 韓族의 해방, 자유를, 제창한 것은 미국 또한 영국보다도 소련이 역사적이며 무조건적이었다. 전후세계 안전보장을 시공하는 동양에서의 第一聲이 한국신탁통치라 하면 이는 세계평화지도자의 영광에 음영을 그리는 것임을 提醒하고 싶다. 이 제성의 충고는 소련공화국 각 지도자로서 감수할 이유 있는 한국청년애국자들의 영광스러운 특권이다.

또한 한국의 신탁통치제가 대영제국의 인도통치의 안전보장이라고 생각하는 것은 영국외상의 인식 착오이다. 한국의 불행이 인도화고 폭발의 도화선이 되지 않을 것을 그 누가 보증하라? 그보다도 인도를 독립시킴으로써 대영제국의 경제발전을 更일층 강화할 수 있는 묘안이 영국외상의 두뇌에는 배회치 않는가?

삼국외상회담의 발표에 국제간 외교내막의 他意가 없고 오직 한국에 독립정권을 수립하는 최후의 단계에서 韓族으로 하여금 민족정신이 통일. 결속, 견고를 更일층 결심시키는 노래삼 수단을 강구하는 노파심에 불과하고 하등 법적 결정의 고집이 아니라면 幸이다. 韓族을 위하여도 幸이요, 세계를 위하여도 幸이다.

반만년 문화대한민족 삼천만 동포여! 자주독립이다! 우리의 생명은 오직 자주독립이다. 자주독립을 쟁취하기 위한 「死」를 원할 뿐이요, 공동식민지의 노예 육신의 生을 원치 않는다. 기정사실로 독립된 국가의 정권을 또다시 누구에게 신탁하랴? 우리는 결정하였다. 독립혈전의 배수진을 전개하였다. 전 동포는 『탁치반대국민총동원』 기치 아래로 총집결하자!!

人道에 입각한 正義戰이 최후의 승리를 획득하는 것은 역사의 교훈이요, 법리의 철칙이다. 손에 촌철을 가지지 않고도 금일까지의 최후성공단계에 도달한 우리 獨立運動史는 무엇보다도 유력하게 이 순간의 최후승리를 단정하는 바이다.

금일의 독립운동은 과거와 같이 혁명가만이 제일선에서 혈전하는 것이 아니요, 전 국민이 총동원하여 전투하는 것이다. 과거의 혁명전선에 이탈한 사람도 주저치 말고 이때에 발분하여 독립전선의 최후성공에 유력하라. 생을 이 강토에 기탁한 이상, 누구나 死生은 이 민족의 전체 대동에서 결정되는 것이요, 각자 도생할 방법도 없고 각자 도명할 「길」도 없다. 피를 이 민족에게 享受한 이상 그 누가 민족의 투사가 아니며? 그 누가 국가의 주석이 아니랴?

광복단은 선열의 장엄한 민족정기를 계승한 40년 투쟁의 혁명집단이다. 열렬한 동포에도 혁명전통의 正義觀에 비추어 발동하는 바이다. 그러므로 누구라도 민족의무에 태만하거나 행동이 불순한 도배에 대한 처단이 준엄하다. 이 긴급한 순간의 경계에도 改新歸良치 않는 분자는 단호 懲膺할 것을 경고하는 바이다.

동포여! 일어나거라. 대한 삼천리강산 一木一石까지 총동원하자!!
끝까지 싸우자 싸우는 힘이 강대하면 강대할수록 싸우는 기한이 단축된다!!

투쟁공약

一. 투쟁방법은 『국민총동원』 조직으로 탁치정권불합작운동을 전개하여 극히 聖雄的인 진퇴을 행할 것

二. 투쟁대상은 탁치를 결론한 삼국외상 및 그 지지자의 ○二로 착오된 의식을 상대로 하여 그 착오를 구명하여 반성케 할 뿐이요 삼국국민 및 지도자에게는 우의를 지속할 것

三. 투쟁정신은 문화민족으로서의 애국자존심과 인류평화를 기도하는 구체 자비심과의 變動一貫으로 할 것

四. 투쟁능력은 전 국민의 물심양면의 총집결로써 하여 持久체제를 확립할 것

五. 투쟁능률을 감손시키는 잔상暴利, 蜚語선전, 罷쇼式匪行을 단연 배제할 것

六. 투쟁기간에는 민족 내부의 마찰 혹 분규와 그 마찰 및 분규를 해결하려는 作爲까지 전부 즉시 중지하고 일체를 독립 쟁취한 후에 公議로써 결정할 것

七. 투쟁목적을 달성할 때까지 과도기 정식의 대한민국자주정부를 추대하여 대내대외의 諸 政務를 집행할 것

(이유) 탁치의 목적이 우리 국가의 존재를 變改하려함이 아니고 정부조직 기타 내정에 간섭하려 함인 고로 방금 擬議되는 탁치정권을 배제하고 자주정권을 확립 부동함이 이 순간에 긴급 요청되는 중대과업인 까닭이다.

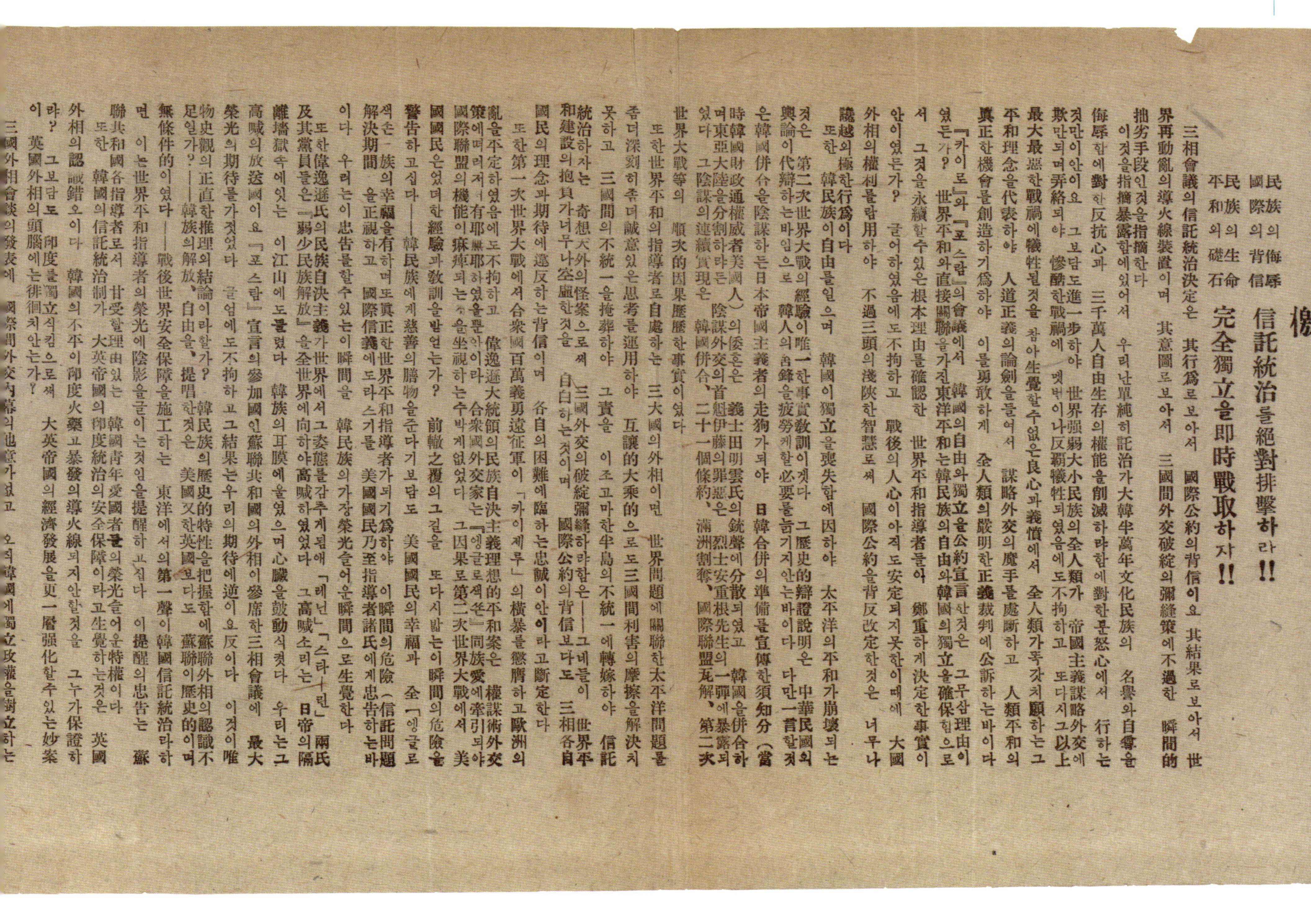

청총서울시연맹 청년돌격대 〈「대한임정」이여!! 건국청년회와의 관계를 끊어라!〉 1946.1.11

폭력은 건국의 암이다! 테러 행위는 파괴적 반민족적 건국의 방해물이라는 것은 누구나 다 인지하는 것이다.
그러면 자칭 혁명가요, 애국가요, 정치가인 소위 「대한임정」 요인들도 이만한 상식은 가지고 있을 것이라 확신하는 데 불구하고, 가장 악질적 테러단체 「건국청년회」를 뒤에서 조종하고 있음은 실로 유감천만지사라 아니할 수 없다.
아무리 과거 중국에 있을 때의 경력이 테러단체 藍衣社C.C團의 정보 수집을 맡아 보았다 하더라도 일반 귀국하여 소위 지도자로 자처하면 좀 행세를 달리하는 것이 좋지 않을까!
감히 경고한다! 이후 건국청년회와 관계를 끊으라! 우리는 모든 증거를 가지고 있다. 보라!! 건국청년회총지휘인 吳正邦(吳炳喆)이가 반탁총동원중앙위원인 사실만 보더라도 공공연히 그들과 같이 책동하고 있다는 것을 표시한 것이다 아니고 무엇이냐.
만일 그대로 건국청년회 불량배들을 竹添町 경비를 시키고, 종전대로 그들을 조종하는 날에는 그 폭력단의 本據, 「대한임정」을 타도하고 말 것을 여기에 성명한다.

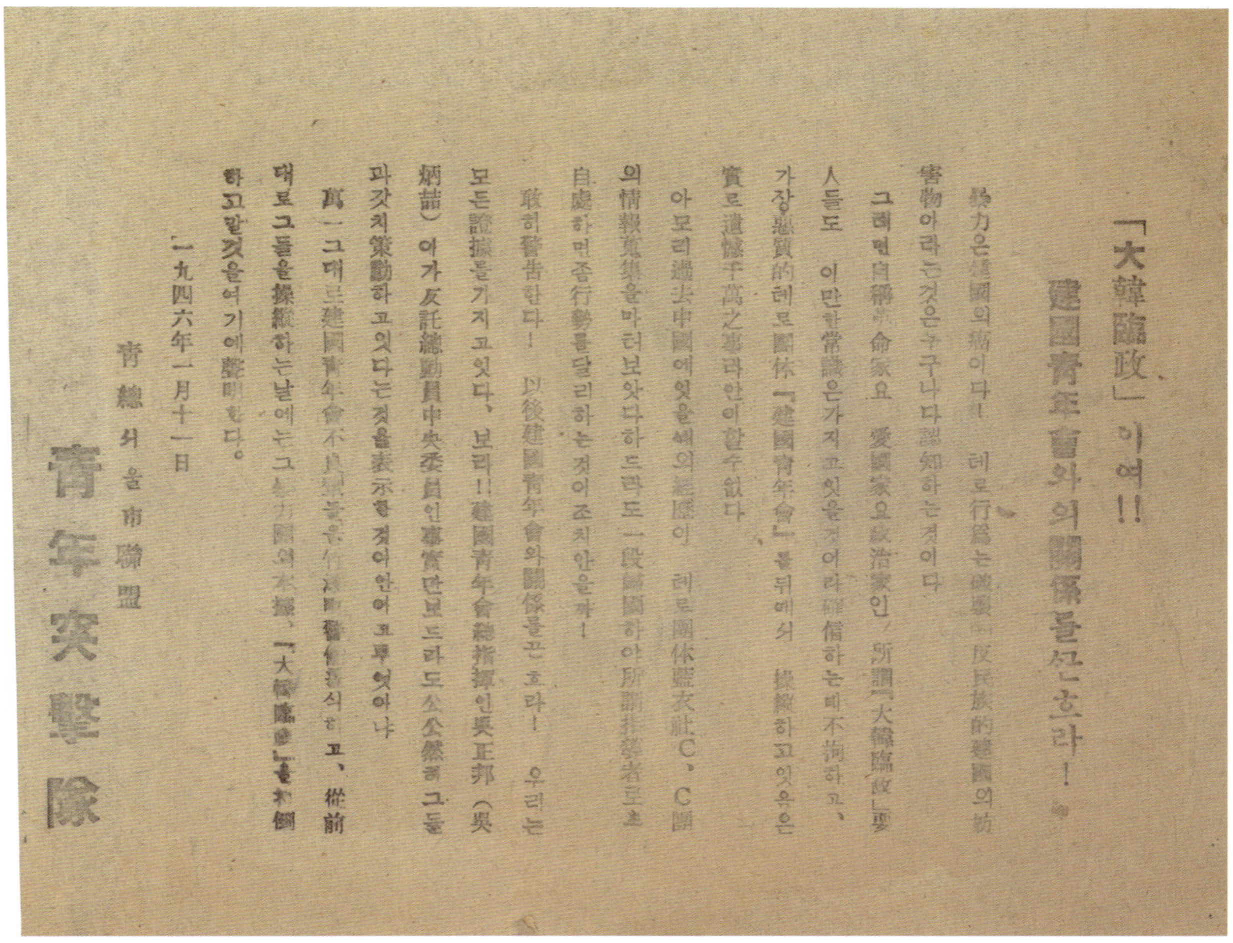
「大韓臨政」이여!!
建國靑年會와의關係를끈흐라!

暴力은建國의癌이다! 테로行爲는破壞的反民族的建國의妨害物이라는것은누구나다認知하는것이다
그러면自稱革命家요 愛國家요政治家인 所謂「大韓臨政」要人들도 이만한常識은가지고잇을것이라確信하는데不拘하고, 가장惡質的테로團体『建國靑年會』를뒤에서 操縱하고잇음은 實로遺憾千萬之事라안이할수없다
아모리過去中國에잇을때의經歷이 테로團体藍衣社C、C團의情報蒐集을마터보앗다하드라도一段歸國하야所謂指導者로自處하면좀行勢를달리하는것이조치안을까!
敢히警告한다! 以後建國靑年會와關係를끈흐라! 우리는 모든證據를가지고잇다, 보라!! 建國靑年會總指揮인吳正邦(吳炳喆)이가反託總動員中央委員인事實만보드라도公公然히그들과갓치策動하고잇다는것을表示한것이안이고무엇이냐
萬一그대로建國靑年會不良輩들을竹添町警備를식히고, 從前대로그들을操縱하는날에는그暴力團의本據, 「大韓臨政」을打倒하고말것을여기에聲明한다。
一九四六年一月十一日
靑總서울市聯盟
靑年突擊隊

근대서지총서2 그림 159

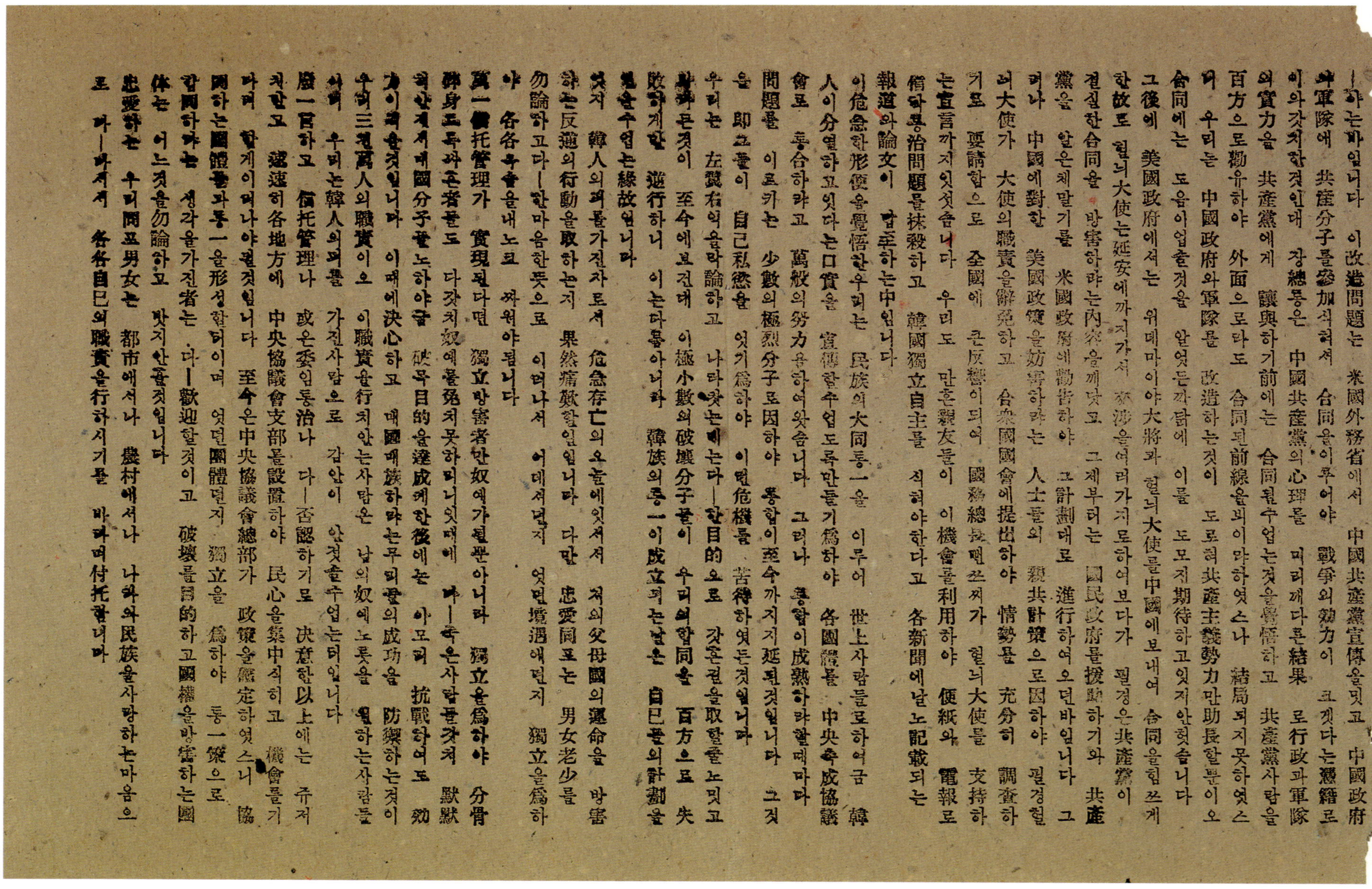
―하는바입니다 이改造問題는 米國外務省에서 中國共産黨宣傳을믿고 中國政府와軍隊에 共産分子를參加식혀서 合同을이루어야 戰爭의効力이 크겟다는藉口로 이와갓치한것인대 장總통은 中國共産黨의心理를 미리깨다른結果 로行政과軍隊의實力을 共産黨에게 讓與하기前에는 合同될수업는것을覺悟하고 共産黨사람을 百方으로勸유하야 外面으로라도 合同된前線을뵈이라하엿스나 結局되지못하엿스며 우리는 中國政府와軍隊를 改造하는것이 도로혀共産主義勢力만助長할뿐이오 合同에는 도움이업슬것을 알엇든까닭에 이를 도모지期待하고잇지안헛슴니다 그後에 美國政府에서는 위데마이야大將과 헐늬大使를中國에보내여 合同을힘쓰게한故로 헐늬大使는延安에까지가서 交涉을여러가지로하여보다가 필경은共産黨이 결심한合同을 방害하랴는內容을깨닷고 그제부터는 國民政府를援助하기와 共産黨을 압은체말기를 米國政府에勸告하야 그計劃대로 進行하여오던바입니다 그러나 中國에對한 美國政策을妨害하랴는 人士들의 親共計策으로因하야 필경헐늬大使가 大使의職責을辭免하고 合衆國國會에提出하야 情勢를 充分히 調査하기로 要請함으로 全國에 큰反響이되여 國務總長번쓰찌가 헐늬大使를 支持하는宣言까지잇섯슴니다 우리도 만흔親友들이 이機會를利用하야 便紙와 電報로 信탁통治問題를抹殺하고 韓國獨立自主를 식혀야한다고 各新聞에날노記載되는 報道와論文이 답至하는中입니다
이危急한形便을覺悟한우리는 民族의大同통一을 이루어 世上사람들로하여금 韓人이分열하고잇다는口實을 宣傳할수업도록만들기爲하야 各國體를 中央으로協議會로 통合하랴고 萬般의努力을하여왓슴니다 그러나 통합이成熟하랴할때마다 問題를 이르키는 少數의極烈分子로因하야 통합이至今까지延된것입니다 그것을 卽立들이 自己私慾을 엇기爲하야 이런危機를 苦待하엿든것입니다
우리는 左翼右익을막論하고 나라찻는데는다―한目的으로 갓흔권을取할줄노밋고 합하론것이 至今에보건대 이極小數의破壞分子들이 우리의합同을 百方으로 失敗하게한 逆行하니 이는다름아니라 韓族의통一이成立되는날은 自己들의計劃을 일울수업는緣故입니다
엇지 韓人의피를가진자로서 危急存亡의오늘에잇서서 저의父母國의運命을 방害하는反逆의行動을取하는지 果然痛歎할일입니다 다만 忠愛同포는 男女老少를 勿論하고다―한마음한뜻으로 이러나서 어데서던지 엇던境遇에던지 獨立을爲하야 各各누울을내노코 싸워야됩니다
萬一信託管理가 實現된다면 獨立방害者만奴예가될뿐아니라 獨立을爲하야 分骨碎身으로독싸운者들도 다갓치奴예를免치못하리니잇때에 차―윽은사람들갓처 默默히안저서매國分子들노하야금 破목目的을達成케한後에는 아모리 抗戰하여도 効과이업슬것입니다 이때에決心하고 매國매族하랴는무리들의成功을 防禦하는것이 우리三千萬人의職責이오 이職責을行치안는사람은 남의奴예노릇을 원하는사람들이며 우리는韓人의피를 가진사람으로 감안이 안질수업는터입니다
蹶一합하고 信託管理나 或은委임통治나 다―否認하기로 決意한以上에는 쥬저치말고 速速히各地方에 中央協議會支部를設置하야 民心을集中식히고 機會를기다려 합게이러나야될것입니다 至今은中央協議會總部가 政策을確定하엿스니 協同하는團體들과통一을形성할터이며 엇던團體던지 獨立을 爲하야 통一策으로 합同하랴는 생각을가진者는 다―歡迎할것이고 破壞를目的하고國權을방害하는團體는 어느것을勿論하고 밧지안흘것입니다
忠愛하는 우리同포男女는 都市에서나 農村에서나 나라와民族을사랑하는마음으로 다―나서서 各各自巳의職責을行하시기를 바라며付托합니다

근대서지총서2 그림 160

삼천만 동포여!!
우리나라는 드디어 5개년간 외국의 신탁통치하에 들게 되었다.
그러나 동포여!!
아직 늦지 않았다. 우리는 이제야 우리의 피로써 싸울 때를 맞이했다.
단군의 후예요, 고구려, 고려의 씩씩하고 굳센 정의의 군병이 아니었더냐!! 신라 백제의 찬란한 문화를 창조한 우리가 아니었더냐.
싸우자!!
신탁통치 절대 배격의 기치 밑에 삼천만 민족이여 뭉쳐서 싸우자.
이승만 박사의 외치는 민족통일을 위하여 독립촉성중앙협회 밑에 합쳤다면 신탁통치문제는 나오지 않았을 것이다.
민족분열의 책임자인
공산당이여!!
인민당이여!!
공산주의자여!!
오늘날이 오기를 기대한 그대들의 반역행위는 전 민족의 이름으로 단호히 용서치 않으리라.
그러나 우리는 이 긴박한 마당에 있어서 구태여 과거를 묻지 않으련다.
동포여!!
독립촉성중앙협의회에 모이자. 이승만 박사를 중심하여 연합국에 항의하고 조국의 땅을 우리 손 안에 찾자!!
동포여!!
미국과 중국이 조선즉시독립을 주장한 것과 소련이 조선의 一國委任統治를 주장한 것과를 잘 알 것이다.
우리의 敵은 누구냐!!
공산주의자여!! 아직도 독립촉성중앙협의회에 뭉치지 않으려는가!!
우리는 친애하는 동포들 앞에 조선독립을 위하여 신탁통치를 죽기로써 배격하는 이 박사의 방송 전문을 소개한다.
피 있는 자는 읽고서 모여라!!

신탁통치에 대한 우리의 결심
워싱턴에서 오는 통신에 의하면 아직도 조선신탁통치안을 주장하는 사람이 있는 모양입니다. 우리는 이러한 사람들에게 우리 조선은 다 이 안을 반대하고 완전독립 이외에는 아무 것이든지 용인치 않는다는 것을 기왕에도 알렸거니와 또 알리고자 합니다. 트루먼 대통령과 국무경 반스 씨와 연합군사령관 맥아더 대장과 조선의 하지 중장이 다 신탁통치를 반대하고 독립을 시킬 것을 주장합니다.

만일 우리의 결심을 무시하고 신탁관리를 우리에게 강제로 내려 씌운다면 우리 삼천만 민족은 차라리 나라를 위하여 싸우다가 죽을지언정 이를 용인할 수는 없을 것입니다.
왜적의 교활한 선전으로 세상 사람이 알기를 우리는 무엇이든지 남이 억지로 싸워주는 대로 따라가는 줄로만 아는 고로 연합국에 어떤 분자들은 우리를 무시함이니 우리는 결코 죽기로 싸워서 우리가 다 죽은 사람이 아닌 것을 세상에 증명하려는 것입니다!
진주만사변 이후로 과거 4년 동안 워싱턴의 일부 인사들이 한편으로는 왜적이 自來 선전한 말을 믿고 또 한편으로는 공산주의자들과 동정하여 우리 임시정부를 승인도 아니하고 우리 광복군이 공공한 지위에서 필수물자의 공급을 받아가며 참전할 기회도 막아서 백방으로 한국독립을 방해하여오던 것입니다. 외면으로 핑계하기는 한인들이 분열하여 합동이 못되니 어떤 단체가 內地韓人들을 대표한지 몰라서 도와줄 수 없다는 구실을 선전하고 있었습니다.
연래로 워싱턴에 이 일부 인사들이 은근히 중국을 분열시켜서 장개석 총통을 속으로 권고하여 중국정부와 중국군대를 개조하라고 한 고로 蔣 총통은 필경 루스벨트 대통령에게 요구하여 스틸웰 장군을 소환시키기에 이르렀나니 ○○○○○○ 아는 바입니다. 이 개조문제는 미국외무성에서 중국공산당 선전을 믿고 중국정부의 군대에 공산분자를 참가시켜서 합동을 이루어야 전쟁의 효력이 크겠다는 빙자로 이와 같이 한 것인데 장 총통은 중국공산당의 심리를 미리 깨달은 결과로 행정과 군대의 실력을 공산당에게 讓與하기 전에는 합동될 수 없는 것을 각오하고 공산당 사람을 백방으로 권유하여 외면으로라도 합동된 전선을 보이려 하였으나 결국 되지 못하였으니 우리는 중국정부와 군대를 개조하는 것이 도리어 공산주의 세력만 조장할 뿐이오. 합동에는 도움이 없을 것을 알았던 까닭에 이를 도무지 기대하고 있지 않았습니다.
그 후에 미국정부에서는 위데마이야 대장과 헐리 대사를 중국에 보내어 합동을 힘쓰게 한 고로 헐리 대사는 연안에까지 가서 교섭을 여러 가지로 하여 보다가 필경은 공산당이 절실한 합동을 방해하려는 내용을 깨닫고 그제부터는 국민정부를 원조하기와 공산당을 알은 체 말기를 미국정부에 권고하여 그 계획대로 진행하여 오던 바입니다. 그러나 중국에 대한 미국정책을 효해하려는 인사들의 친공 계책으로 인하여 필경 헐리 대사가 대사의 직책을 사면하고 합중국 국회에 제출하여 정세를 충분히 조사하기로 요청함으로 전국에 큰 반향이 되어 국무총리 반스 씨가 헐리 대사를 지지하는 선언까지 있었습니다. 우리도 많은 친우들이 이 기회를 이용하여 편지와 전보로 신탁통치 문제를 말살하고 한국독립자주를 시켜야 한다고 각 신문에 날로 기재되는 보도와 논문이 답지하는 중입니다.

이 위급한 형편을 각오한 우리는 민족의 대동 통일을 이루어 세상 사람들로 하여금 한인이 분열하고 있다는 구실을 선전할 수 없도록 만들기 위하여 각 단체를 중앙촉성협의회로 통합하려고 만반의 노력을 하여 왔습니다. 그러나 통합이 성숙하려 할 때마다 문제를 일으키는 소수의 극렬분자로 인하여 통합이 지금까지 지연된 것입니다. 그것은 즉 그들이 자기 사욕을 얻기 위하여 이런 위기를 고대하였던 것입니다.
우리는 좌익우익을 막론하고 나라 찾는 데는 다 한 목적으로 같은 길을 취할 줄로 믿고 바라던 것이 지금에 보건대 이 극소수의 파괴분자들이 우리의 합동을 백방으로 실패하게 할 역행하니 이는 다름 아니라 韓族의 통일이 성립되는 날은 자기들의 계획을 있을 수 없는 연고입니다.
어찌 韓人의 피를 가진 자로서 위급존망의 오늘에 있어서 저의 부모국의 운명을 방해하는 반역의 행동을 취하는지 과연 통탄할 일입니다. 다만 충애 동포는 남녀노소를 물론하고 다 한마음 한뜻으로 일어나서 어디서든지 어떤 경우에든지 독립을 위하여 각각 목숨을 내놓고 싸워야 됩니다.
만일 신탁관리가 실현된다면 독립방해자만 노예가 될 뿐 아니라 독립을 위하여 분골쇄신토록 싸운 자들도 다 같이 노예를 면치 못하리니 이때에 다 죽은 사람들 같이 묵묵히 앉아서 매국분자들로 하여금 파목 목적을 달성케 한 후에는 아무리 항전하여도 효력이 적을 것입니다.
이때에 결심하고 賣國賣族하려는 무리들의 성공을 방어하는 것이 우리 삼천만인의 직책이오. 이 직책을 행치 않는 사람은 남의 노예 노릇을 원하는 사람이니 우리는 한인의 피를 가진 사람으로 가만히 앉아 있을 수 없는 터입니다.
廢 一言하고 신탁관리나 혹은 위임통치나 다 부인하기로 결의한 이상에는 주저치 말고 속속히 각 지방에 중앙협의회지부를 설치하여 민심을 집중시키고 기회를 기다려 함께 일어나야 될 것입니다. 지금은 중앙협의회총부가 정책을 확정하였으니 협동하는 단체들과 통일을 형성할 터이며 어떤 단체든지 독립을 위하여 통일책으로 합동하려는 생각을 가진 자는 다 환영할 것이고 파괴를 목적하고 국권을 방해하는 단체는 어느 것을 물론하고 받지 않을 것입니다.
충애하는 우리 동포남녀는 도시에서나 농촌에서나 나라와 민족을 사랑하는 마음으로 다 나서서 각각 자기의 직책을 행하시기를 바라며 부탁합니다.

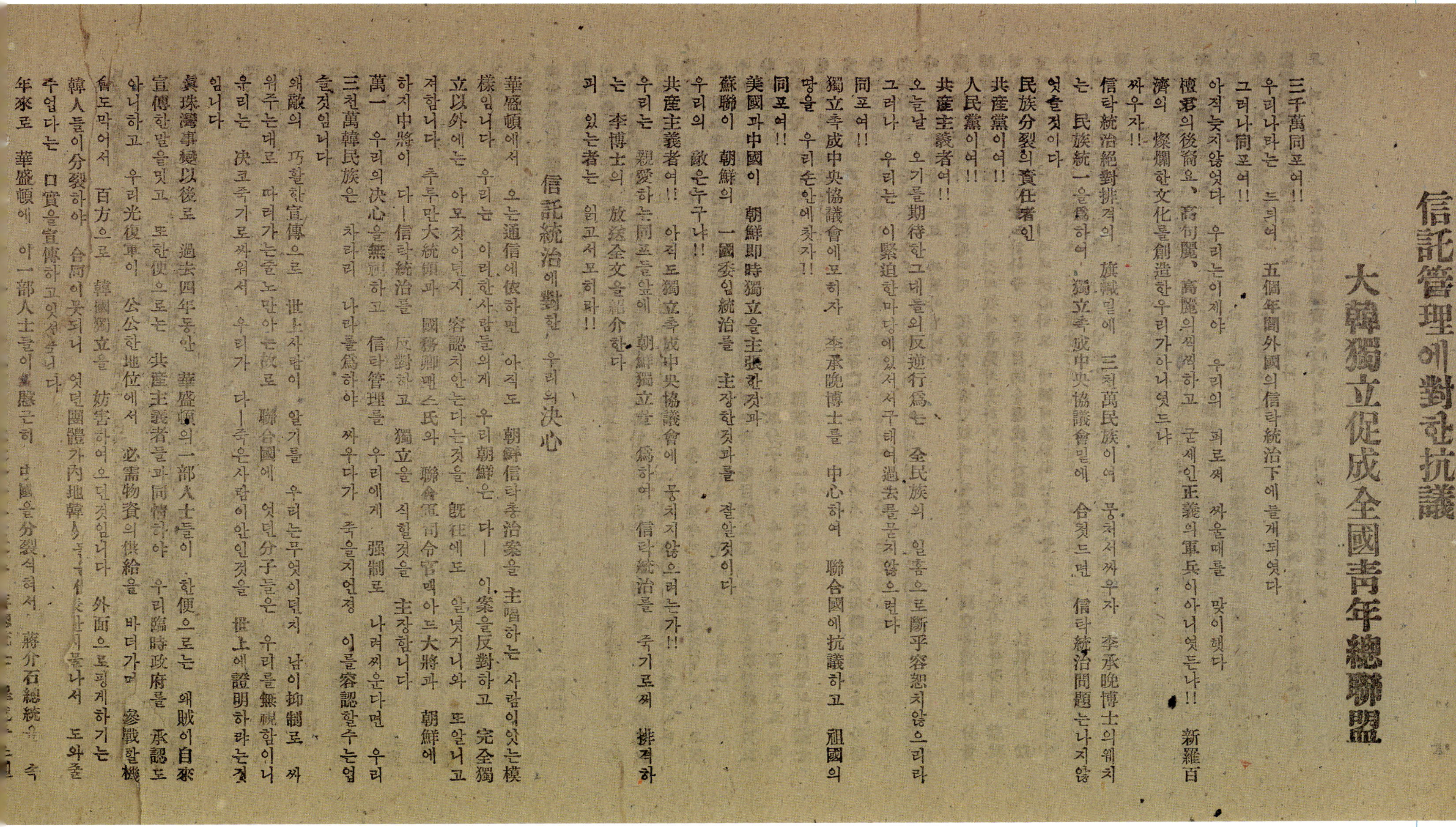

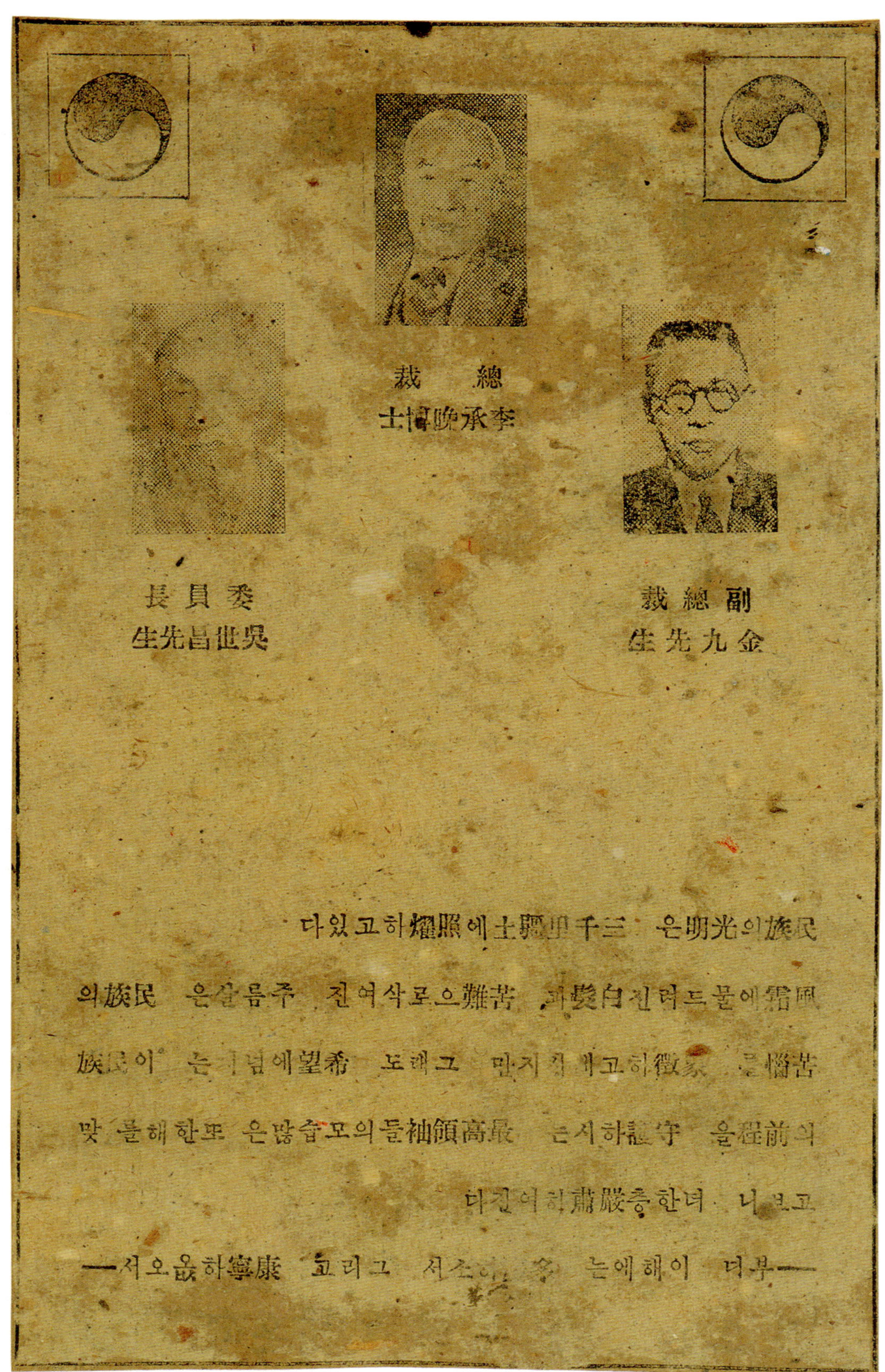

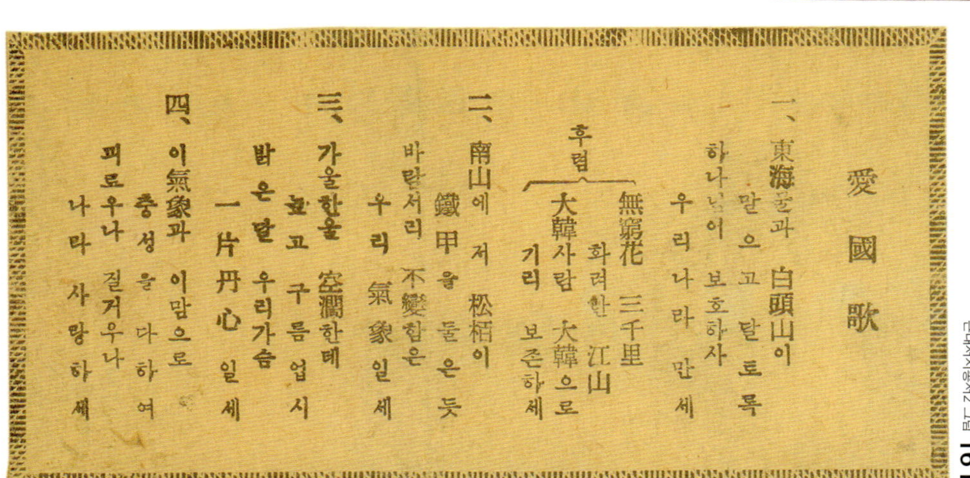

근대서지총서12 그림 161

총재 이승만, 부총재 김구, 위원장 오세창의 사진과 인사말 1946.1

민족의 광명은 삼천리 강토에 照耀하고 있다. 風霜에 물들여진 백발과 고난으로 새겨진 주름살은 민족의 고뇌를 상징하고 계시지만 그래도 희망에 넘치는 이 민족의 前程을 수호하시는 최고 영수들의 모습만은 또 한 해를 맞고 보니 더 한층 엄숙하여진다. —부디 이 해에는 행복하소서 그리고 康寧하옵소서—

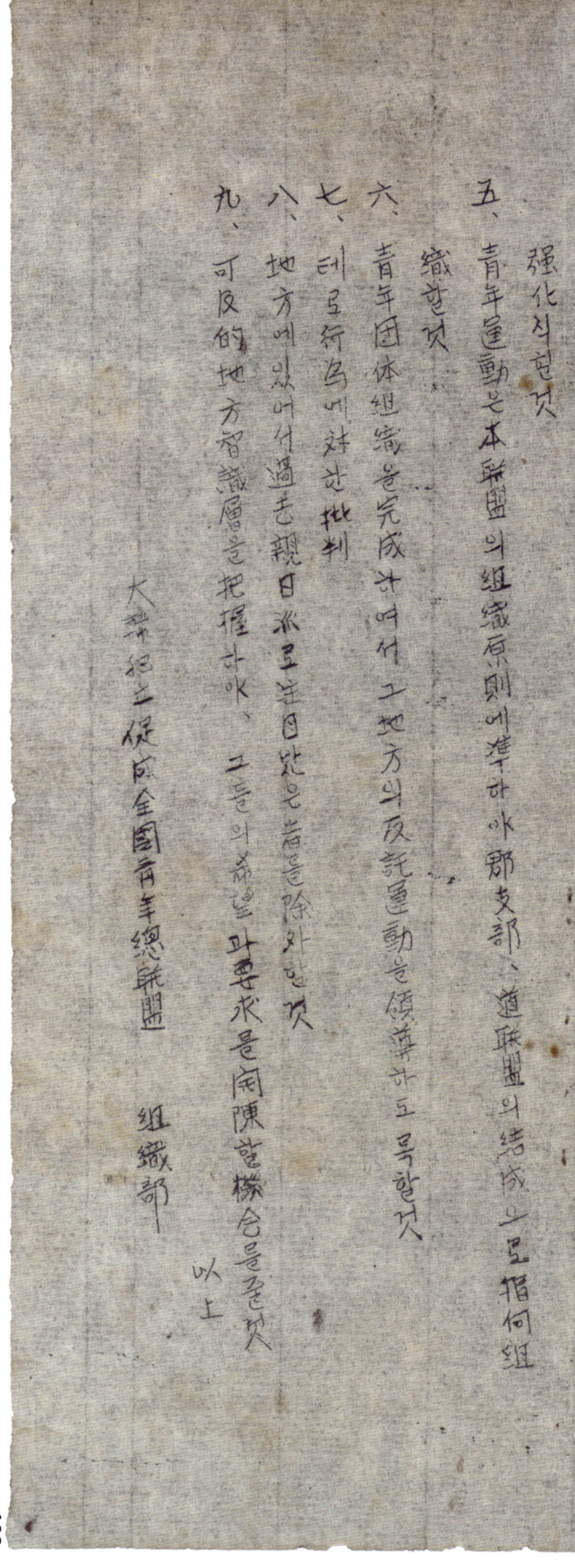

근대서지총서12 그림 162

162

대한독립촉성전국청년총연맹 조직부 〈지방조직대의 사명〉 1946.1?

1. 탁치반대국민총동원중앙위원회에서 임명한 각 도 대표에 배속되어 그 대표 지휘하에 지방 '반탁'운동을 조직할 것
2. 반탁조직은 범대중단체이니만큼 그 지방, 사회 각계를 망라하여 조직할 것
3. 그 반탁조직은 임시정부를 主動體로 한 독립운동의 재출발인 것, 따라서 반탁운동은 임시정부정식승인운동에로 지향할 것
4. 반탁운동은 청년이 추진력이 되어야 할 것이므로 그 지방에 청년운동을 조직 강화시킬 것
5. 청년운동은 본 연맹의 조직원칙에 준하여 군지부, 도연맹의 결성으로 지향 조직할 것
6. 청년단체 조직을 완성하여서 그 지방의 반탁운동을 영도하도록 할 것
7. 테러행위에 대한 비판
8. 지방에 있어서 과거 친일파로 주목받은 자를 제외할 것
9. 가급적 지방 지식층을 파악하여 그들의 희망과 요구를 개진할 기회를 줄 것

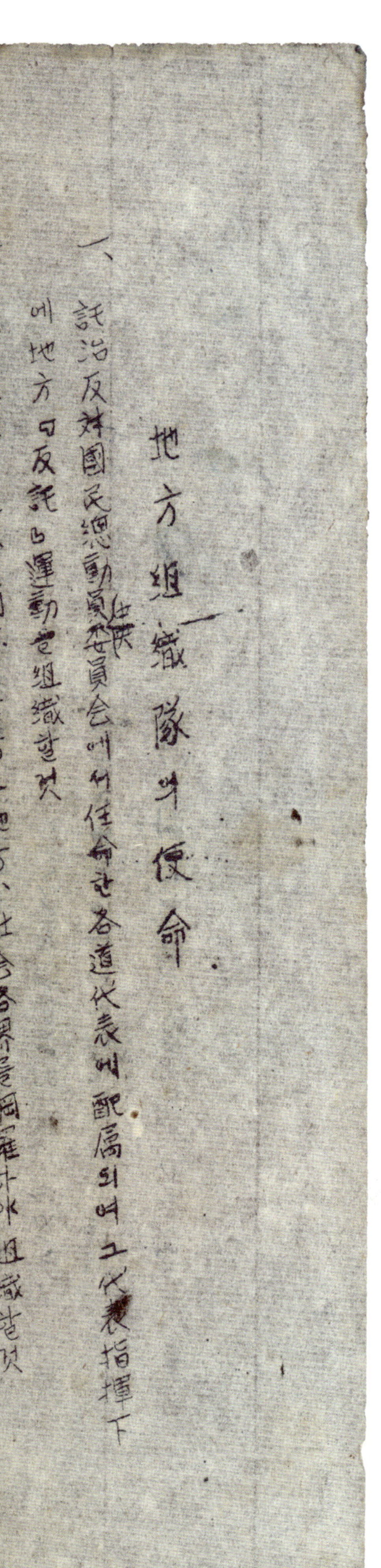

〈순국한 고 서북선사무국장의 장례는 총연맹장으로 來 4일 태고사에서 집행〉 1946.1

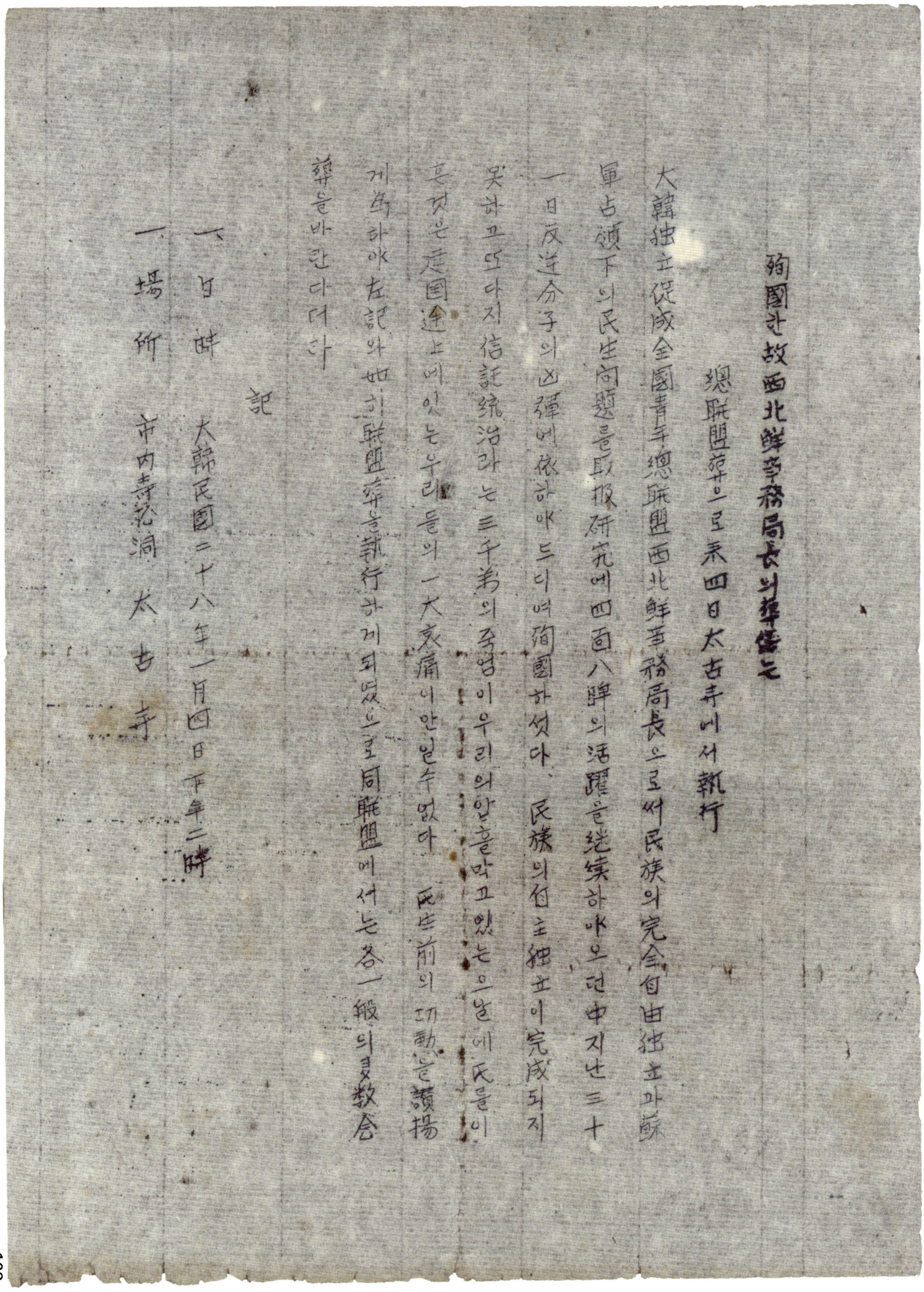

대한독립촉성전국청년연맹 서북선사무국장으로써 민족의 완전 자유독립과 蘇軍 점령하의 민생문제를 취급 연구에 四面八睥의 활약을 계속하여오던 중 지난 31일 반역분자의 흉탄에 의하여 드디어 순국하셨다. 민족의 자유독립이 완성되지 못하고 또다시 신탁통치라는 삼천만의 주검이 우리의 앞을 막고 있는 이 날에 씨를 잃은 것은 건국도상에 있는 우리들의 일대 哀痛이 아닐 수 없다. 씨 생전의 공훈을 찬양키 위하여 左記와 같이 연맹장을 집행하게 되었으므로 동 연맹에서는 각 일반의 다수 會葬을 바란다더라.

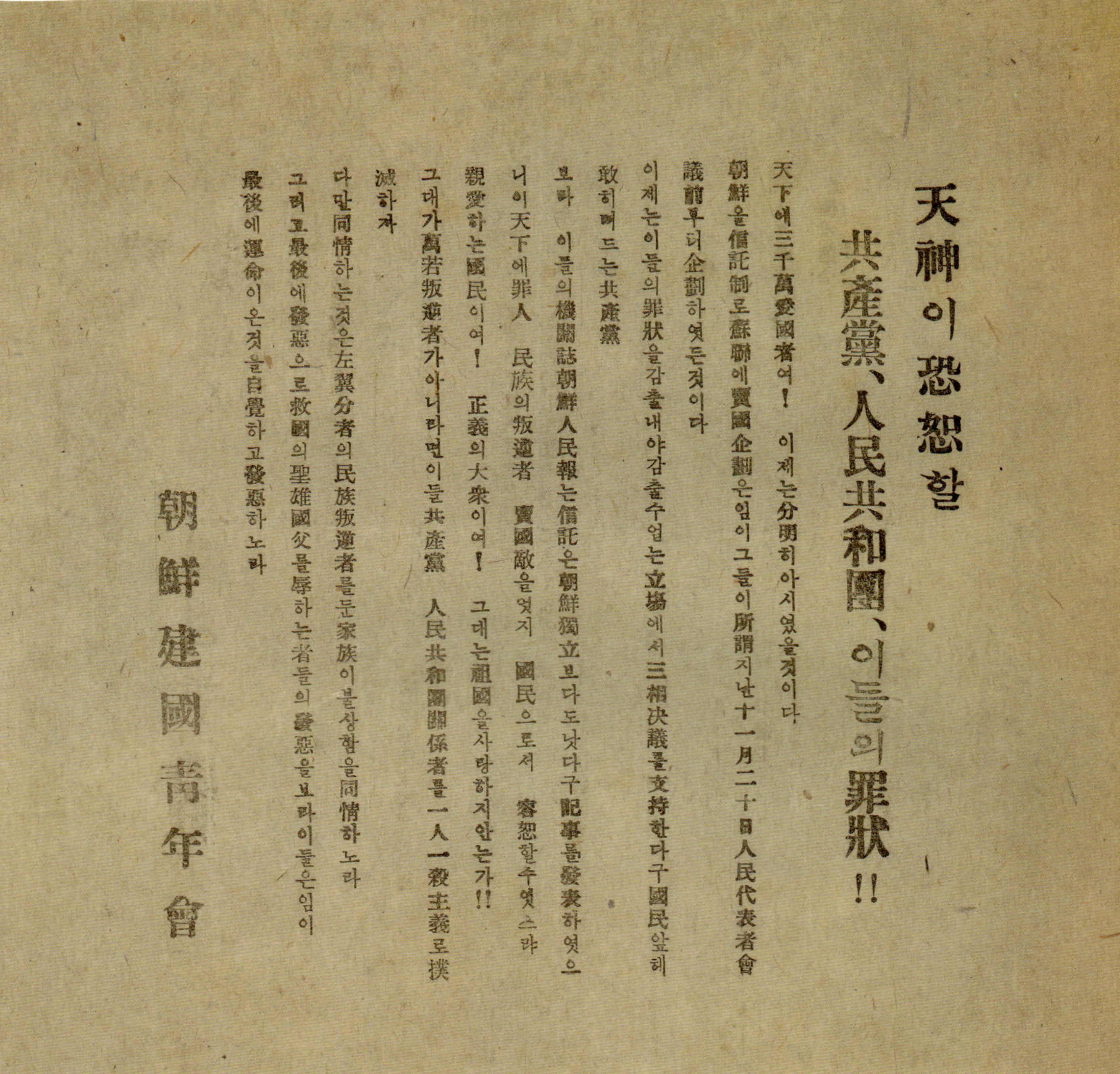

天神이 恐怒할
共産黨, 人民共和國, 이들의 罪狀!!

朝鮮建國靑年會

조선건국청년회 〈天神이 共怒할 공산당, 인민공화단, 이들의 죄상!!〉

천하에 삼천만 애국자여! 이제는 분명히 아셨을 것이다.
조선을 신탁제로 소련에 賣國企劃은 이미 그들이 소위 지난 11월 20일 인민대표자회의 전부터 기획하였던 것이다.
이제는 이들의 죄상을 감추래야 감출 수 없는 입장에서 삼상결의를 지지한다고 국민 앞에 감히 떠드는 공산당.
보라. 이들의 기관지 조선인민보는 신탁은 조선독립보다도 낫다고 기사를 발표하였으니 이 천하에 죄인 민족의 반역자 賣國敵을 어찌 국민으로서 용서할 수 있으랴.
친애하는 국민이여! 정의의 대중이여! 그대는 조국을 사랑하지 않는가!!
그대가 만약 반역자가 아니라면 이들 공산당 인민공화단 관계자를 一人一殺主義로 박멸하자.
다만 동정하는 것은 좌익분자의 민족반역자를 둔 가족이 불쌍함을 동정하노라.
그리고 최후의 발악으로 구국의 聖雄國父를 욕하는 자들의 발악을 보라. 이들은 이미 최후의 운명이 온 것을 자각하고 발악하노라.

대한독립실천단 〈공개문〉 1946.1.4

조선의 완전독립을 일일천추같이 갈망하시는 삼천만 동포여. 이 무시무시한 대음모의 비밀을 들어보라.
(1)자칭 共産主義輩 여운형, 박헌영, 허헌 이하 매국도당배 등이 최용달 외 ○명을 삼국외상회의에 파견하여 조선에 5개년만 일국에 의한 신탁통치를 실시해주면 完全 赤化시키겠다오.
(2)1월 2일 오후 3시 국제공산당(스탈린이 해산선언하였으나 실재 맹활동 중)에서 매국강도당 인공에 삼국외상회의 절대지지 하라는 명령이 있었다.
(3)박헌영은 적화 및 국민통일전선파괴운동비로 ○백만 원을 받아 각 단체를 매수하여 조선자주독립통일전선을 분리공작 중인 것. 대한민족을 사랑하고 대한국을 사랑하는 삼천만 동포여. 민족반역자는 누구이며 매국자는 누구인 것을 잘 알라! 1월 3일에 반탁시민대회가 돌변 신탁지지시민대회로 대중을 기만한 이유며 매국노의 주구배가 된 각 단체의 내용을 알라!! 매국강도들이여! 문노라. 조선이 신탁통치국제헌장 어느 條文에 해당한가? 삼천만 대중 앞에 죽음으로 사죄하라! 不然이면 사형을 집행하리라.

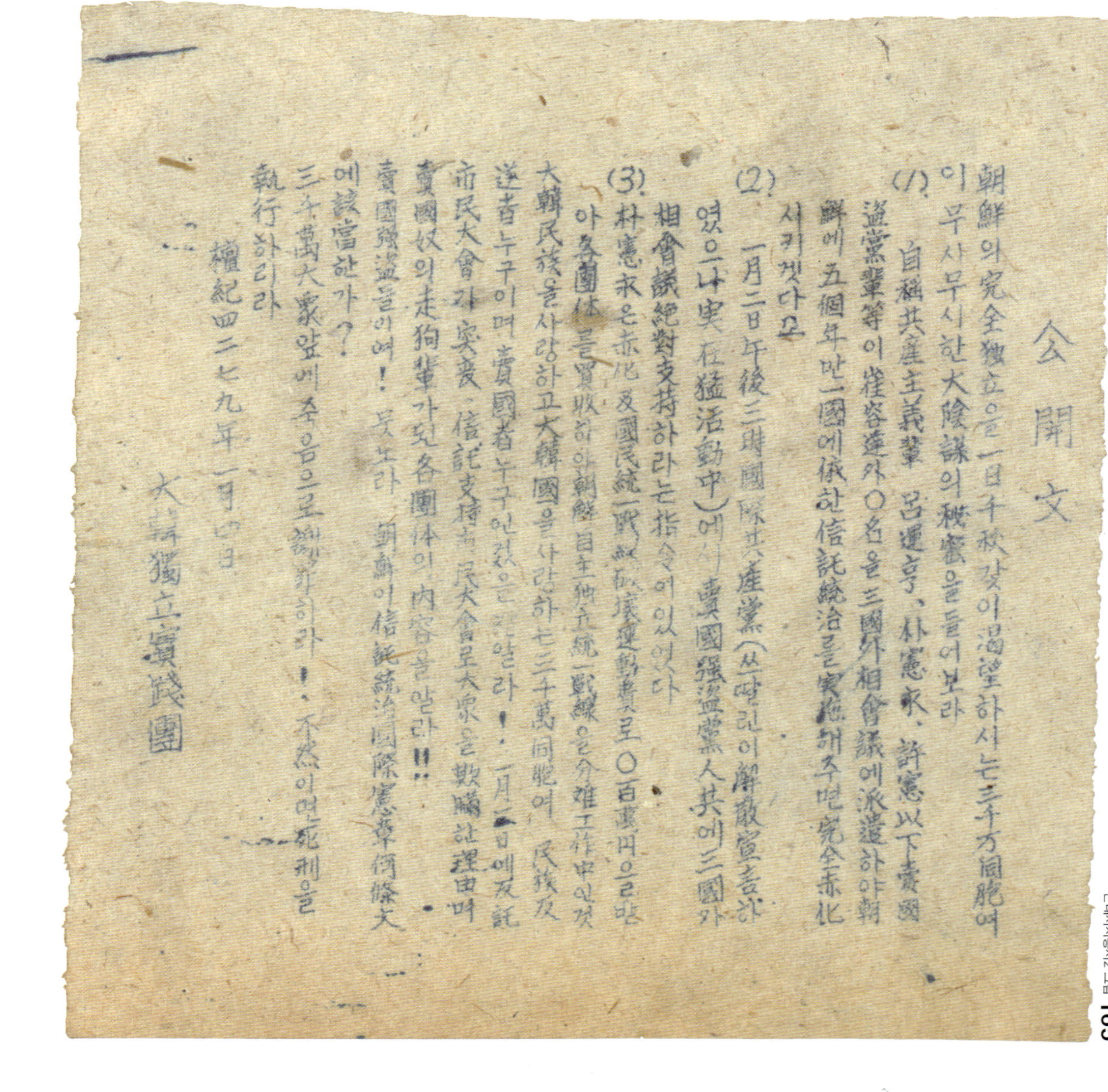

公開文

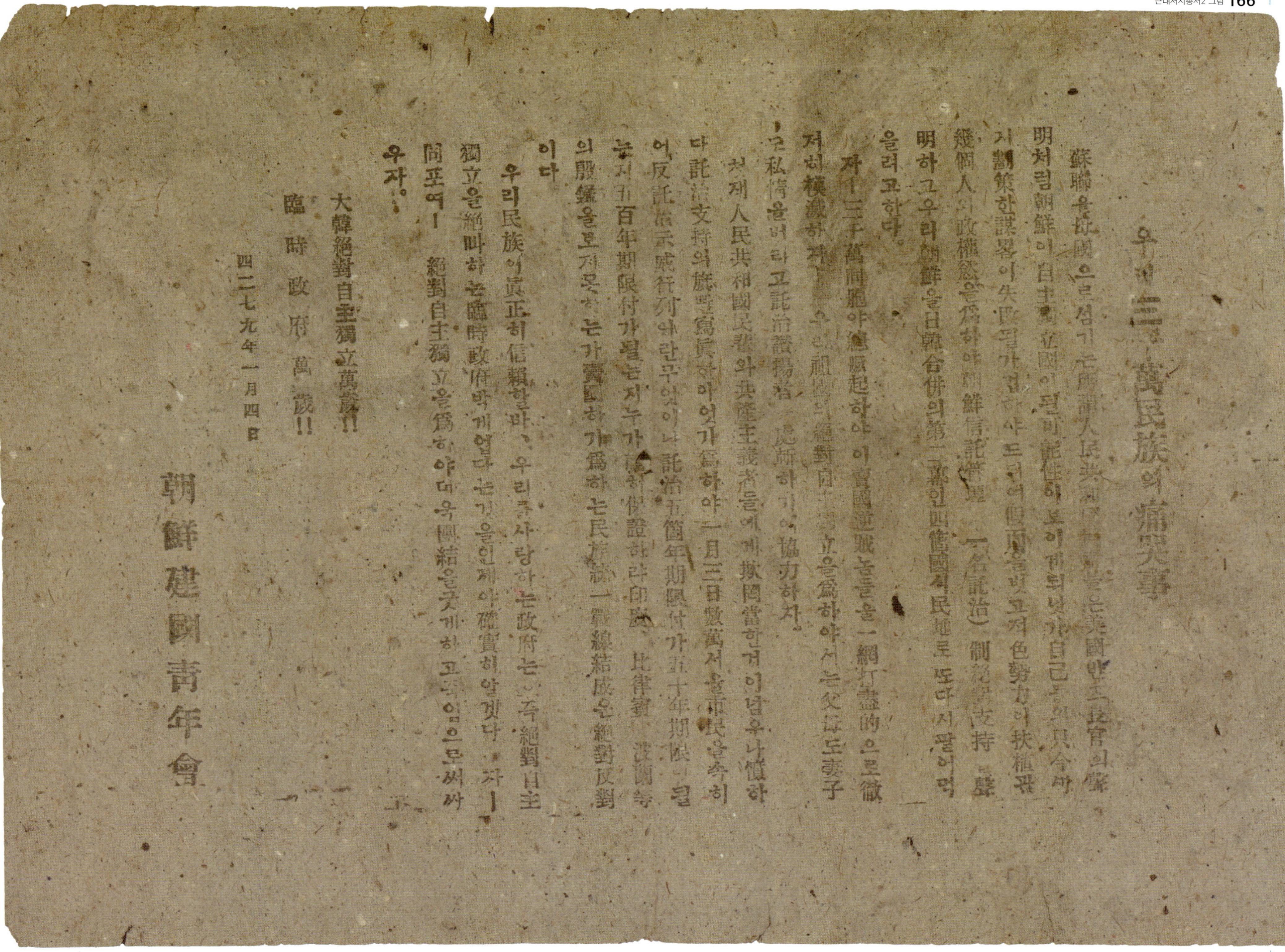

조선건국청년회 〈우리 삼천만 민족의 痛哭事〉 1946.1.4

소련을 모국으로 섬기는 소위 인민공화국 民輩들은 미국 반즈 장관의 성명처럼 조선이 자주독립국이 될 가능성이 보이게 되니까 자기들의 지금까지 획책한 모략이 실패될까 겁하여 드디어 가면을 벗고서 적색 세력의 부식과 幾個人의 정권욕을 위하여 조선신탁관리(일명 탁치)제 절대 지지를 성명하고 우리 조선을 일한병합의 제2막인 4개국 식민지로 또다시 팔아먹으려고 한다.
자—삼천만 동포야. 총궐기하여 이 매국역적놈들을 일망타진적으로 철저히 박멸하자. 우리 조국의 절대 자주독립을 위하여서는 부모도 처자도 私情을 버리고 탁치찬양자를 처단하기에 협력하자.
첫째 인민공화국민배와 공산주의자들에게 기망 당한 것이 너무나 분하다. 탁치 지지의 깃발 사진 하나 얻기 위하여 1월 3일 수만 서울시민을 속여 반탁치시위행렬이란 무엇이나 탁치 5개년 기한부가 50년 기한부가 될지 500년 기한부가 될지 누가 감히 보증하랴. 인도, 필리핀, 폴란드 등의 殷鑑을 보지 못하는가. 매국하기 위하는 민족통일전선결성은 절대 반대이다.
우리 민족이 진정히 신뢰할 우리를 사랑하는 정부는 오직 절대자주독립을 절규하는 임시정부밖에 없다는 것을 이제야 확실히 알겠다. 자 동포여! 절대자주독립을 위하여 더욱 단결을 굳게 하고 죽음으로써 싸우자.
대한절대자주독립만세!!
임시정부만세!!

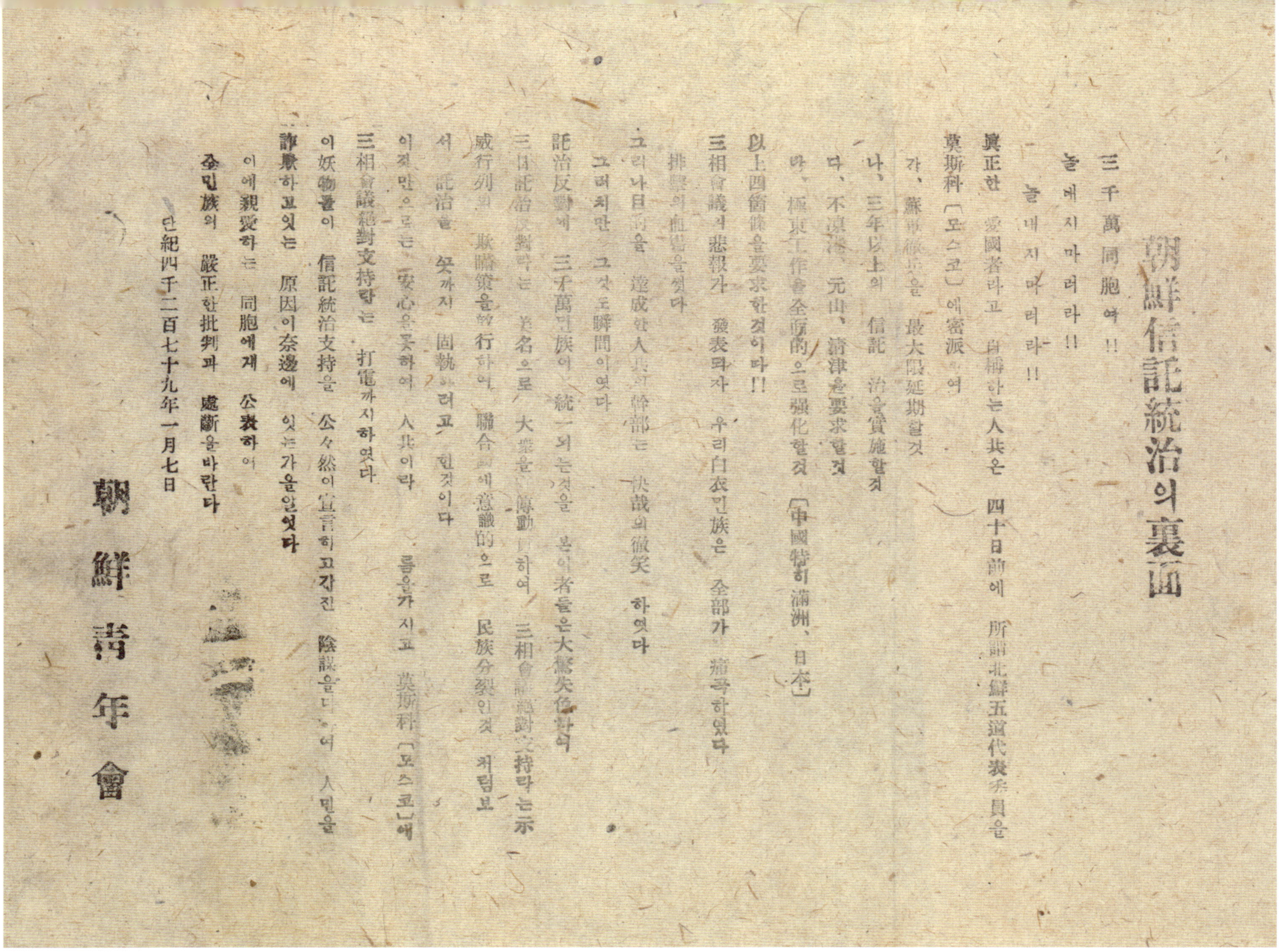

조선청년회 〈조선 신탁통치의 이면〉 1946.1.7

삼천만 동포여!!
놀라지 마라!! 놀라지 마라!!
진정한 애국자라고 자칭하는 人共은 사십일 전에 소위 북선5도 대
표위원을 모스크바에 밀파하여
가. 蘇軍衛兵을 최대한 연기할 것
나. 3년 이상의 신탁통치를 실시할 것
다. 不凍港 元山, 淸津을 요구할 것
라. 극동공작을 전면적으로 강화할 것 [중국, 특히 만주, 일본]
이상 4개조를 요구한 것이다!!
삼상회의의 비보가 발표되자 우리 백의민족은 전부가 통곡하였다.
배격의 혈서를 썼다.
그러나 목적을 달성한 人共의 간부는 쾌재의 미소를 하였다.
그렇지만 그것도 잠깐이었다.
탁치반대에 삼천민족이 통일되는 것을 본 이 자들은 대경실색하
여 3일 탁치반대라는 미명으로 대중을 선전 동원하여 삼상회담 절
대지지라는 시위행렬의 기만책을 행하여 연합국에 의식적으로 민
족분열인 것처럼 보여서 탁치를 끝까지 고집하려고 한 것이다.
이것만으로는 안심을 못하여 人共이라는 이름을 가지고 모스크바
에 삼상회의 절대지지라는 打電까지 하였다. 이 요물들이 신탁통
치지지를 공공연히 선언하고 갖은 음모를 다하여 인민을 사기하
고 있는 원인이 어디에 있는가를 알았다.
이에 친애하는 동포에게 공표하여 전민족의 엄정한 비판과 처단
을 바란다.

신탁통치 반대를 촉구하는 '대한독립협회'의 격문

친애하는 삼천만 동포여!
우리는 한사코 탁치를 배격하자! 탁치를 지지하는 무리는 과연 어
떠한 배짱인가?
우리 민족을 분열시키고 통일을 방해하는 大逆不道의 眞반역자는
과연 누구인가?
현명한 삼천만 동포는 스스로가 판단하시라

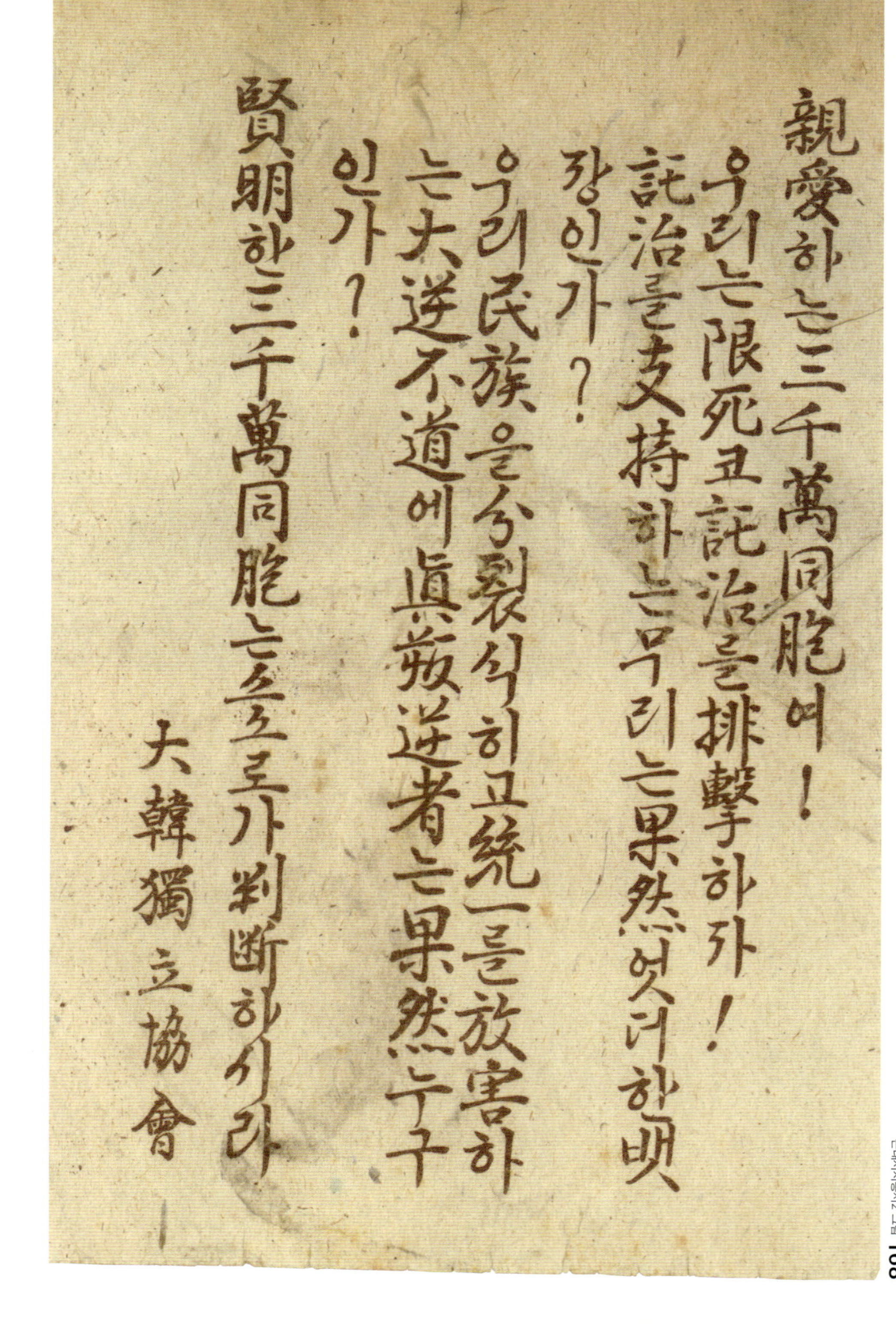

聲明書

眞情으로祖國을사랑하는
同胞兄弟姉妹여, 보아라
四大政黨共同聲明書란것은韓國民主黨 國民黨의代表名義를
盜用하야 信託問題에對한 從來그惡分子들의賣國奴的態度
를正當化식혀서大衆의憤怒를國民黨、韓民黨에轉嫁케하야其
子들의罪愆을掩蔽하랴는陰兇한謀畧임을天下에暴露한다 本
團은此等의陰謀를斷然히排擊하는同時에託治反對는오즉死로써
初志를一貫할뿐이다

打倒 人民共和國
打倒 共産黨、朝鮮人民黨
大韓獨立萬々歲
大韓民國臨時政府萬歲

大韓民國二十八年一月八日
大韓獨立義烈團

대한독립의열단 〈성명서〉 1946.1.8

진정으로 조국을 사랑하는 동포형제자매여, 보아라.
사대정당 공동성명서란 것은 한국민주당 국민당의 대표 명의를 도용하여 신탁문제에 대한 종래 그 악분자들의 매국노적 태도를 정당화시켜서 대중의 분노를 국민당, 한민당에 전가게 하여 그자들의 죄악을 엄폐하려는 음흉한 모략임을 천하에 폭로한다. 본단은 此等의 음모를 단연 배격하는 동시에 탁치반대는 오직 死로써 初志를 一貫할 뿐이다.
타도 인민공화국
타도 공산당, 조선인민당
대한독립 만만세
대한민국임시정부 만세

呂運亨先生에게對한公開狀

聲敬하는呂先生…… 先生은요사이 어데게십니까? 궁금합니다. 國事多端한이째에
지하여先生은 人民의陣頭에 나스지않습니까? 國際信託問題를中心으로 民論이激昻하
고있는이째에 先生은무슨理由로一言의意志表示도없읍니까? 듯는바에依하면 先生은身
邊이危險하여 市內某處妓生집에서避身起居하신다니 우리의失望은 形言키어렵습니
다. 都大體先生이 우리人民에게무슨罪를지엿기에 避身生活을하며 避身을하되 何必
日妓生집에서 享樂的消日을 하신단말이요? 理解하기힘듭니다. 假使先生의身邊이危險
타하드래도 一身의生命을앗기여危急存亡之秋에 째저있는國難時에 粉面妓生과더부러情
談으로消日하신다면 이얼마나 可嘆할노릇이겠읍니가? 先生의名譽를爲하여痛哭할노릇
입니다.

呂先生…! 先生은 일즉이 우리젊은學徒들에게「나는내生命을國家를爲하여草介같이
밧치겠다」고말하섯습니다. 그리고 써「海外臨時政府보다는 나를中心으로한 國內革
命勢力이彊하니 人民共和國을 만들자」고 力說하섯읍니다. 그러나 지금와서보니
生命을내놋코 民族解放을爲하야싸우시겠다는先生이 生命을잃을가 두려워서 妓生房
主人노릇을하고 先生의偉大한創造物인「人民共和國」이 한장의僞造紙幣가되고말고보
니 우리青年學徒들의 失望이큽니다.

呂先生…! 先生이 恒常우리들에게「宋鎭禹한놈이 朝鮮의信託管理를希望한다」고하
드니 宋氏는被殺當하고말앗습니다. 그러나 宋氏는設使男子답게 죽엇을망정 앗가운
사람한사람을잃은것갓슬뿐이나 信託管理를 支持하고希望하는것은 宋氏를中心한民族主
義陣營이않이고 先生의同志인共産黨과人民黨인것이 嚴肅한現實노證言되지 않엇슴니
서? 이에對한責任은누가가저야하겠슴니가? 先生이저야합니다.

呂先生! 妓生아가씨房、 뜨스한 이불속에서 或 이글을보시게될지物이나 하로밧비
街頭로뛰처나와 人民파더부러進軍 하십시요。 그렇나 우리는 임에決心한바있습니
다。呂運亨氏와는絶緣하겠다는決心을하였습니다。 말하자면 이것이偉大한先生에對한
우리學徒들에 絶緣狀입니다。

檀紀四二七九年一月八日

朝鮮學徒有志一同

조선학도유지 일동 〈여운형 선생에게 대한 공개장〉
1946.1.8

존경하는 呂 선생…… 선생은 요사이 어디 계십니까? 궁금합니다. 國事多端한 이때에 어찌하여 선생은 인민의 진두에 나서지 않습니까? 국제신탁문제를 중심으로 민론이 격앙하고 있는 이때에 선생은 무슨 이유로 一言의 의지표시도 없습니까? 듣는 바에 의하면 선생은 신변이 위험하여 시내 모처 기생집에서 피신 기거하신다니 우리의 실망은 형언키 어렵습니다. 도대체 선생이 우리 인민에게 무슨 죄를 지었기에 피신생활을 하며 피신을 하되 하필 日기생집에서 향락적 소일을 하신단 말이요? 이해하기 힘듭니다. 설사 선생의 신변이 위험타 하더라도 일신의 생명을 아껴 危急存亡之秋에 빠져있는 국난 시에 粉面妓生과 더불어 정담으로 소일하신다면 이 얼마나 可嘆할 노릇이겠습니까? 선생의 명예를 위하여 통곡할 노릇입니다.
여 선생…! 선생은 일찍이 우리 젊은 학도들에게 「나는 내 생명을 국가를 위하여 초개같이 바치겠다」고 말하셨습니다. 그리고 또 「해외임시정부보다는 나를 중심으로 한 국내혁명세력이 강하니 인민공화국을 만들자」고 역설하셨습니다. 그러나 지금 와서 보니 생명을 내놓고 민족해방을 위하여 싸우시겠다는 선생이 생명을 잃을까 두려워서 기생방 주인노릇을 하고 선생의 위대한 창조물인 「인민공화국」이 한 장의 위조지폐가 되고 말고 보니 우리 청년 학도들의 실망이 큽니다.
여 선생…! 선생이 항상 우리들에게 「송진우 한 놈이 조선의 신탁 관리를 희망한다」고 하더니 송 씨는 피살당하고 말았습니다. 신탁 관리를 지지하고 희망하는 것은 송 씨를 중심한 민족주의진영이 아니고 선생의 동지인 공산당과 인민당인 것이 엄숙한 현실로 증언되지 않았습니까? 이에 대한 책임을 누가 져야하겠습니까? 선생이 져야합니다.
여 선생! 기생아가씨방, 따뜻한 이불속에서 혹 이 글을 보시게 될지 모르나 하루 바삐 가두로 뛰쳐나와 인민과 더불어 진군하십시오. 그러나 우리는 이미 결심한 바 있습니다. 여운형 씨와는 절연하겠다는 결심을 하였습니다. 말하자면 이것이 위대한 선생에 대한 우리 학도들의 절연장입니다.

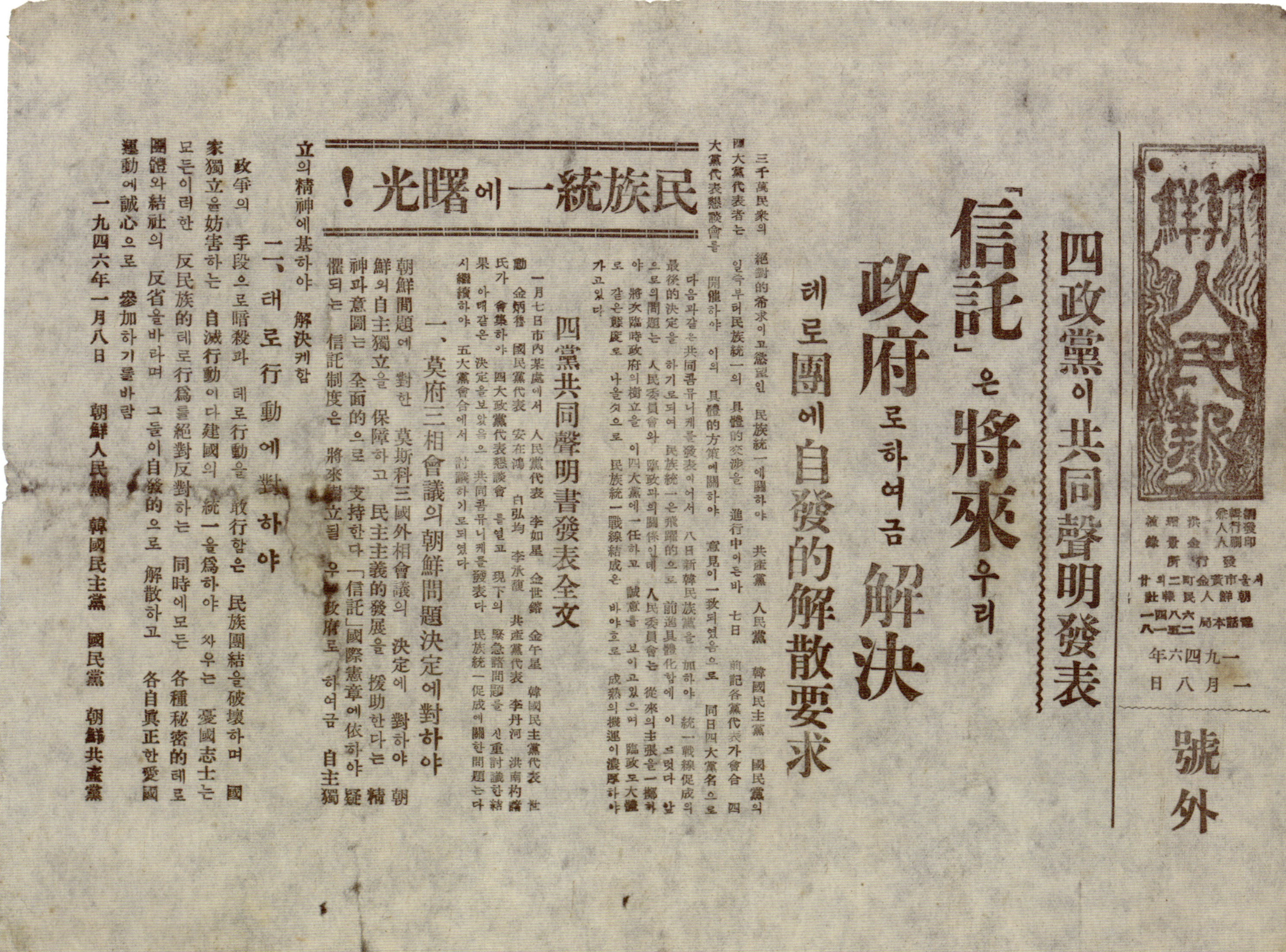

朝鮮人民報

號外

四政黨이 共同聲明發表

「信託」은 將來 우리 政府로하여금 解決

테로團에 自發的解散要求

一九四六年一月八日

發行印刷人 朝鮮人民報社
編輯 洪璡裕
發行所 서울市黃金町二의廿 朝鮮人民報社
電話本局 六八四一

! 民族統一에 曙光 !

三千萬民衆의 絶對的希求이고慾望인 民族統一에關하야 共産黨 人民黨 韓國民主黨 國民黨의 四大黨代表者는 일즉부터民族統一의 具體的交涉을 進行中이든바 七日 前記各黨代表가會合 四大黨代表懇談會를 開催하야 이의 其體的方策에關하야 意見이一致되였음으로 同日四大黨名으로 다음과같은共同콤뮤니케를發表 이어서 八日新韓民族黨을加하야 統一戰線促成의 最後的決定을 하기로되여 民族統一은飛躍的으로 前進其體化함에이르럿다 압흐로의問題는 人民委員會와 臨政과의關係인데 人民委員會는 從來의主張을一擲하야 將次臨時政府의樹立을 이四大黨에一任하고 誠意를보이고있으며 臨政도大體로 같은態度로 나올것으로 民族統一戰線結成은 바야흐로 成熟의機運이濃厚하야 가고있다

四黨共同聲明書發表全文

一月七日市內某處에서 人民黨代表 李如星 金世鎔 金午星 韓國民主黨代表 世勳 金炳魯 國民黨代表 安在鴻 白弘均 李承馥 共産黨代表 李丹河 洪南杓諸氏가會集하야 四大政黨代表懇談會를열고 現下의 緊急諸問題를 신重討議한結果 아래같은 決定을보았음으 共同콤뮤니케를發表다 民族統一促成에關한問題는 다시繼續하야 五大黨會合에서 討議하기로되였다

一、莫府三相會議의朝鮮問題決定에對하야
朝鮮問題에 對한 莫斯科三國外相會議의 決定에 對하야 朝鮮의自主獨立을 保障하고 民主主義的發展을 援助한다는 精神과意圖는 全面的으로 支持한다 「信託」國際憲章에依하야 疑懼되는 信託制度은 將來樹立될 우리政府로 하여금 自主獨立의精神에基하야 解決케함

二、테로行動에對하야
政爭의手段으로暗殺과 테로行動을敢行함은 民族團結을破壞하며 國家獨立을妨害하는 自滅行動이다建國의 統一을爲하야 싸우는 愛國志士는 모든이러한 反民族的테로行爲를絕對反對하는 同時에모든 各種秘密的테로 團體와結社의 反省을바라며 그들이自發的으로 解散하고 各自眞正한愛國 運動에誠心으로 參加하기를바람

一九四六年 一月八日
朝鮮人民黨 韓國民主黨 國民黨 朝鮮共産黨

조선인민보 〈호외〉 '4정당 공동성명발표' 1946.1.8

네 정당이 공동성명 발표
「신탁」은 장래 우리 정부로 하여금 해결 테러단의 자발적 해산 요구 삼천만 민중의 절대적 회구이고 욕망인 민족통일에 곤하여 공산당 인민당 한국민주당 국민당의 4대당 대표자는 일찍부터 민족통일의 구체적 교섭을 진행 중이던 바 7일 前記名 당 대표가 회합 4대당 대표간담회를 개최하여 이의 구체적 방책에 관하여 의견이 일치되었음으로 통일 4대당 名으로 다음과 같은 공동코뮤니케를 발표, 이어서 8일 신한민족당을 加하여 통일전선촉성의 최후적 결정을 하기로 되어 민족통일은 비약적으로 전진 구체화함에 이르렀다. 앞으로의 문제는 인민위원회와 임정과의 관계인데 인민위원회는 종래의 주장을 一擲하여 장차 임시정부의 수립을 이 4대당에 일임하고 성의를 보이고 있으며 임정도 대체로 같은 태도로 나올 것으로 민족통일전선결성은 바야흐로 성숙의 기운이 농후하여 가고 있다.
4대당 공동성명서 발표 전문
1월 7일 시내 모처에서 인민당 대표 이여성 김세용 김오성 한국민주당 대표 세훈 김병로 국민당 대표 안재홍 백홍균 이승복 공산당 대표 이단하 홍남표 諸氏가 회집하여 4대정당 대표간담회를 열고 現下의 긴급 諸 문제를 신중 토의한 결과 아래 같은 결정을 보았음으로 공동코뮤니케를 발표한다. 민족통일촉성에 관한 문제는

다시 계속하여 5대당 회합에서 토의하기로 되었다.
一. 막부 삼상회의의 조선 문제 결정에 대하여
조선 문제에 대한 모스크바 삼국외상회의의 결정에 대하여 조선의 자주독립을 보장하고 민주주의적 발전을 원조한다는 정신과 의도는 전면적으로 지지한다. 「신탁」국제헌장에 의하여 의구되는 신탁제도는 장래 수립될 우리 정부로 하여금 자주독립의 정신에 基하여 해결케 함.
二. 테러 행위에 대하여
정쟁의 수단으로 암살과 테러 행위를 감행함은 민족단결을 파괴하며 국가독립을 방해하는 자멸행동이다. 건국의 통일을 위하여 싸우는 우국지사는 모든 이러한 반민족적 테러행위를 절대 반대하는 동시에 모든 각종 비밀적 테러단체와 결사의 반성을 바라며 그들이 자발적으로 해산하고 각자 진정한 애국운동에 성심으로 참가하기를 바람

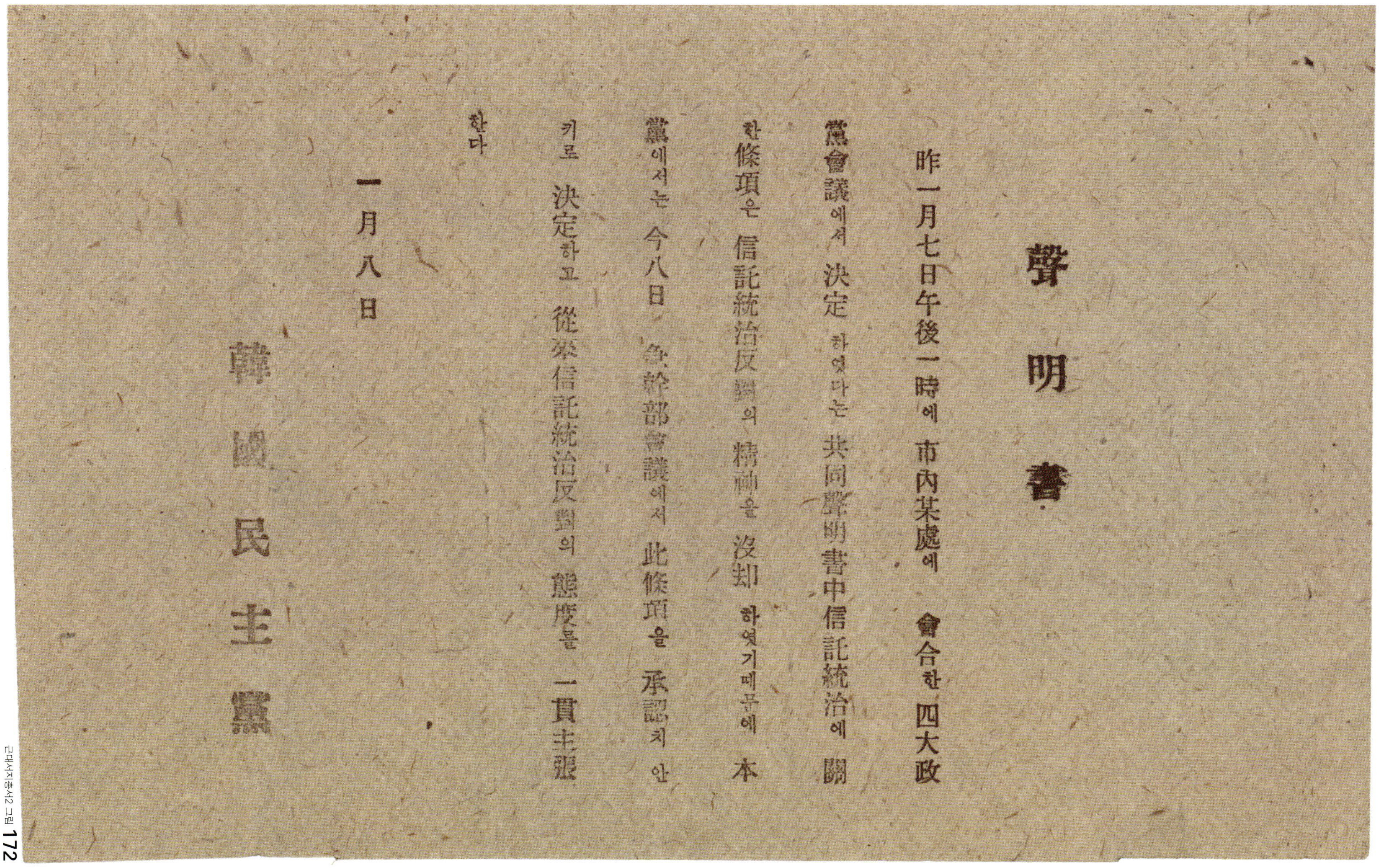

聲明書

昨 一月七日午後一時에 市內某處에 會合한 四大政
黨會議에서 決定 하엿다는 共同聲明書中信託統治에 關한
條項은 信託統治反對의 精神을 沒却 하엿기때문에 本
黨에서는 今八日 急幹部會議에서 此條項을 承認치 안
키로 決定하고 從來信託統治反對의 態度를 一貫主張
한다

一月八日
韓國民主黨

한국민주당 '4대정당 공동성명' 관련 〈성명서〉 1946.1.8

지난 1월 7일 오후 1시에 시내 모처에서 회합한 4대정당 회의에서 결정하였다는 공동성명서 중 신탁통치에 관한 조항은 신탁통치 반대의 정신을 沒却하였기 때문에 본 당에서는 이번 8일 急間부회의에서 이 조항을 승인치 않기로 결정하고 종래 신탁통치 반대의 태도를 一貫 주장한다.

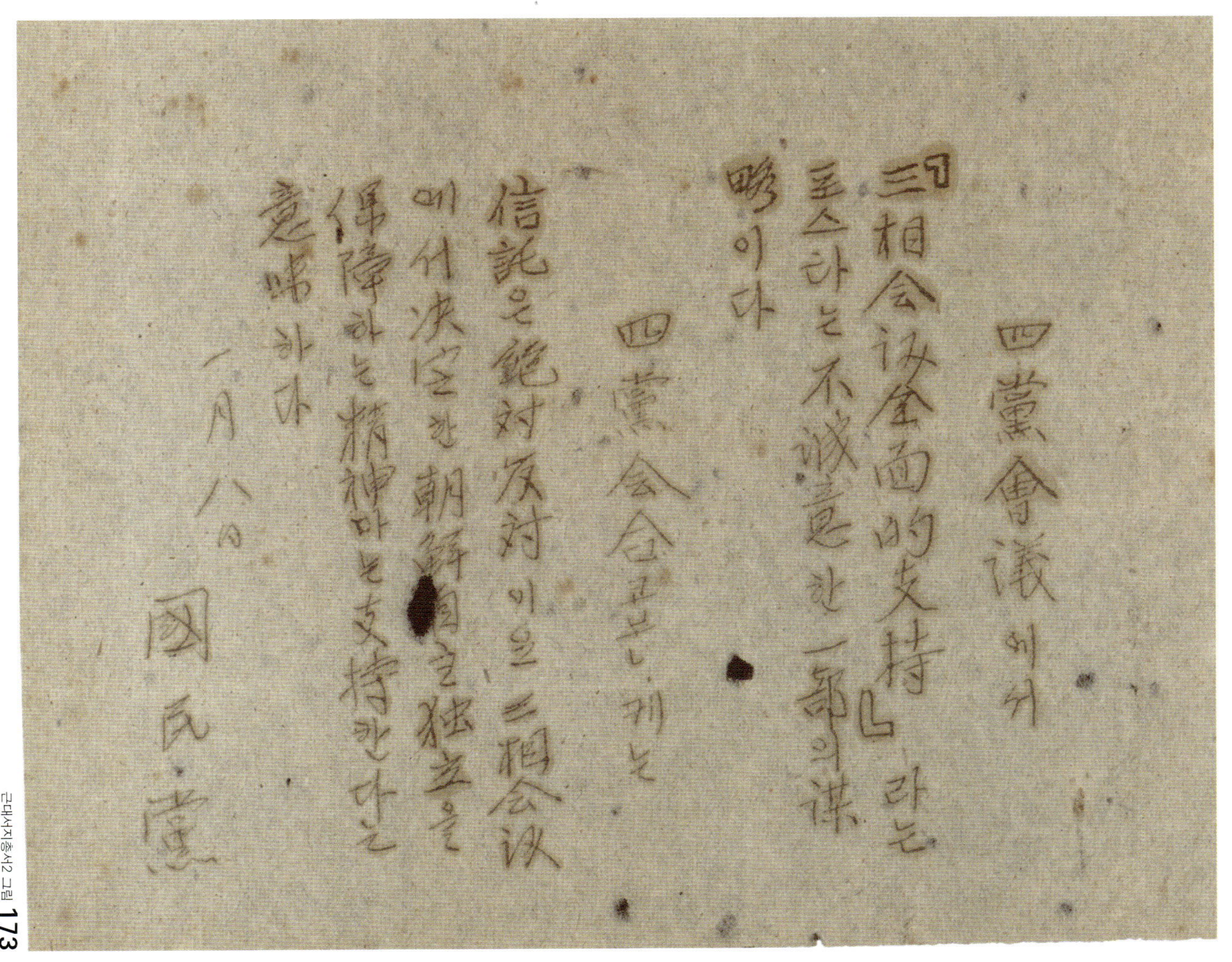

四黨會議에서
四黨會合코뮤니케는
三相會議全面的支持라는
포스타는 不誠意한 一部의 謀
略이다
信託은絶對反對이요三相會議
에서決定한朝鮮自主獨立을
保障하는精神만을支持한다는
意味하다

一月八日
國民黨

'4당 공동성명' 관련 국민당의 성명 1946.1.8

4당 회의에서 '삼상회의 전면적 지지'라는 포스터는 不誠意한 일부의 모략이다. 4당 회합 코뮤니케는 신탁은 절대 반대이요 삼상회의에서 결정한 조선 자주독립을 보장하는 정신만은 지지한다는 의미이다.

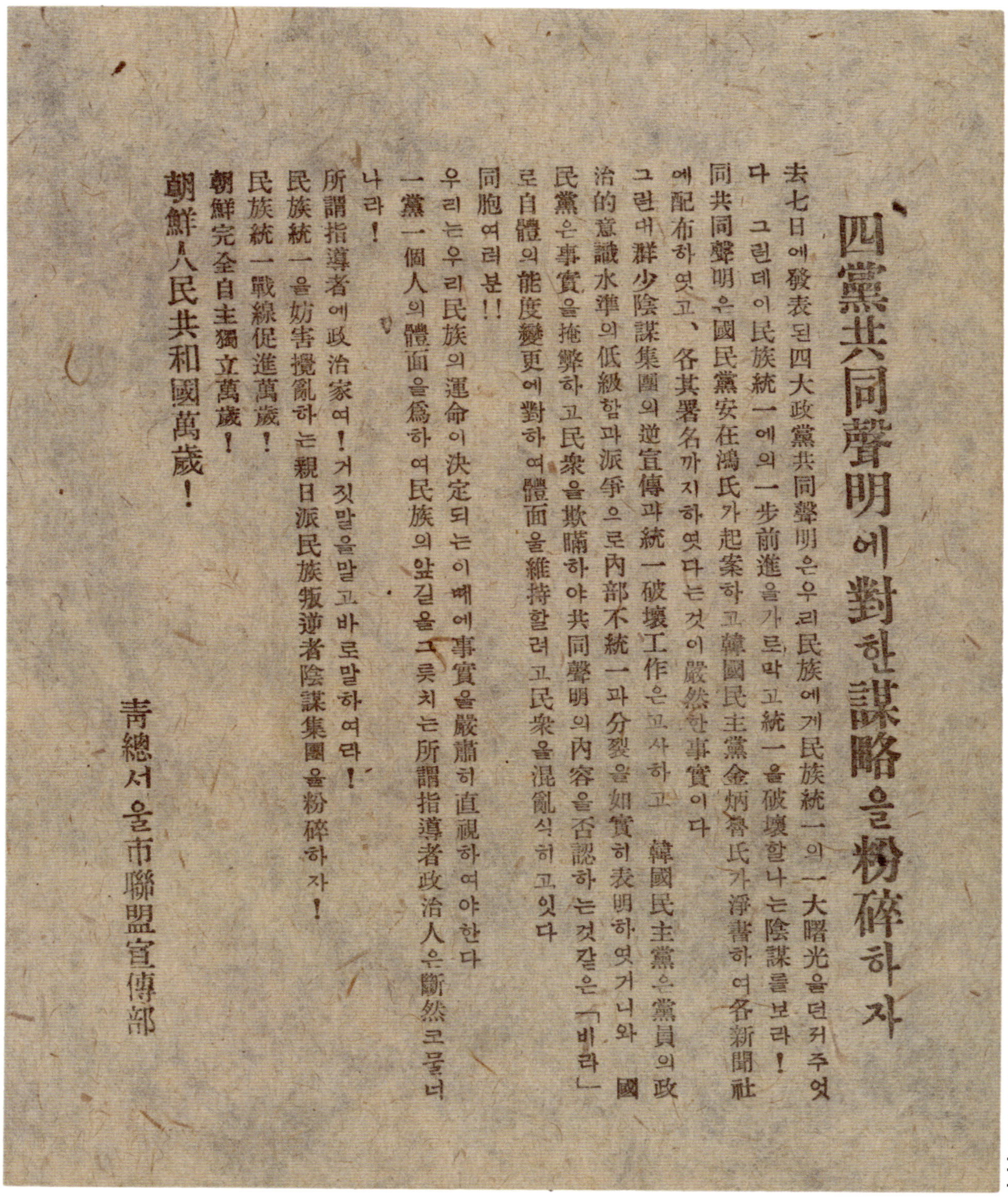

四黨共同聲明에對한謀略을粉碎하자

去七日에發表된四大政黨共同聲明은우리民族에게民族統一의一大曙光을던저주엇다 그런데이民族統一에의一步前進을가로막고統一을破壞할나는陰謀를보라!

同共同聲明은國民黨安在鴻氏가起案하고韓國民主黨金炳魯氏가淨書하여各新聞社에配布하엿고、各其署名까지하엿다는것이嚴然한事實이다

그런데群少陰謀集團의逆宣傳과統一破壞工作은고사하고 韓國民主黨은黨員의政治的意識水準의低級함과派爭으로內部不統一과分裂을如實히表明하엿거니와 國民黨은事實을掩弊하고民衆을欺瞞하야共同聲明의內容을否認하는것같은「비라」로自體의態度變更에對하여體面을維持할려고民衆을混亂식히고잇다

同胞여러분!!

우리는우리民族의運命이決定되는이때에事實을嚴肅히直視하여야한다

一黨一個人의體面을爲하여民族의앞길을그릇치는所謂指導者政治人은斷然코물너나라!

所謂指導者에政治家여! 거짓말을말고바로말하여라!

民族統一을妨害攪亂하는親日派民族叛逆者陰謀集團을粉碎하자!

民族統一戰線促進萬歲!

朝鮮完全自主獨立萬歲!

朝鮮人民共和國萬歲!

靑總서울市聯盟宣傳部

근대서지총서2 그림 174

그러나아직늦지안타三千萬兄弟姉妹여總蹶起하야죽엄으로써子孫萬代에恥辱이될信託統治를反對하쟈 그리하야完全自主獨立을戰取하쟈

一月九日

黑猛靑年聯盟

근대서지총서2 그림 176

청총서울시연맹 선전부 〈4당 공동성명에 대한 모략을 분쇄하자〉 1946.1.8

지난 7일에 발표된 사대정당 공동성명은 우리 민족에게 민족통일의 일대 서광을 던져 주었다 그런데 이 민족통일에의 일보 전진을 가로막고 통일을 파괴하려는 음모를 보라!
同 공동성명은 국민당 안재홍 씨가 기안하고 한국민주당 김병로 씨가 정서하여 각 신문사에 배포하였고, 각기 서명까지 하였다는 것이 엄연한 사실이다.
그런데 군소 음모집단의 역선전과 통일파괴공작은 고사하고 한국민주당은 당원의 정치적 의식수준의 저급함과 파쟁으로 내부 不統一과 분열을 여실히 표명하였거니와 국민당은 사실을 엄폐하고 민중을 기만하여 공동성명의 내용을 부인하는 것 같은 「비라」로 자체의 태도변경에 대하여 체면을 유지하려고 민중을 혼란시키고 있다.
동포 여러분!!
우리는 우리 민족의 운명이 결정되는 이때에 사실을 엄숙히 직시하여야 한다.
一黨 一個人의 체면을 위하여 민족의 앞길을 그르치는 소위 지도자 정치인은 단연코 물러나라!
소위 지도자에 정치가여! 거짓말을 말고 바로 말하라!
민족통일을 방해 교란하는 친일파 민족반역자 음모집단을 분쇄하자!
민족통일전선촉진 만세!
조선완전자주독립 만세!
조선인민공화국 만세!

檄

信託反對佈告

一、우리民族의 歷史와 傳統을 侮辱하는信託統治를 排擊하자

二、民族의總力을 集結하야 信託統治反對의 決死的示威에 總進軍하자

三、民族의總意를 欺瞞하는 一切思想的 動向을 排擊하자

四、우리는民族의 일홈으로 모든問題를 解決하기로 盟誓하자

五、우리는民族民主主義國家建設을 全民族과 約束하자

新韓民族黨

근대서지총서2 그림 175

신한민족당 〈격! 신탁 반대 포고〉

一. 우리 민족의 역사와 전통을 모욕하는 신탁통치를 배격하자
二. 민족의 총력을 집결하여 신탁통치반대의 결사적 시위에 총진군하자
三. 민족의 총의를 기만하는 일체 사상적 동향을 배격하자
四. 우리는 민족의 이름으로 모든 문제를 해결하기로 맹서하자
五. 우리는 민족민주주의국가건설을 전 민족과 약속하자

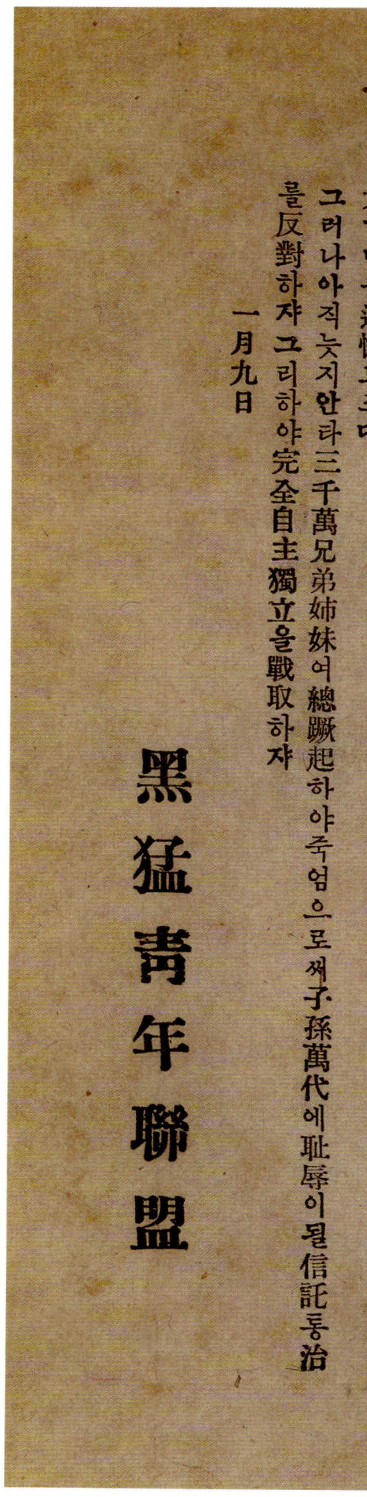

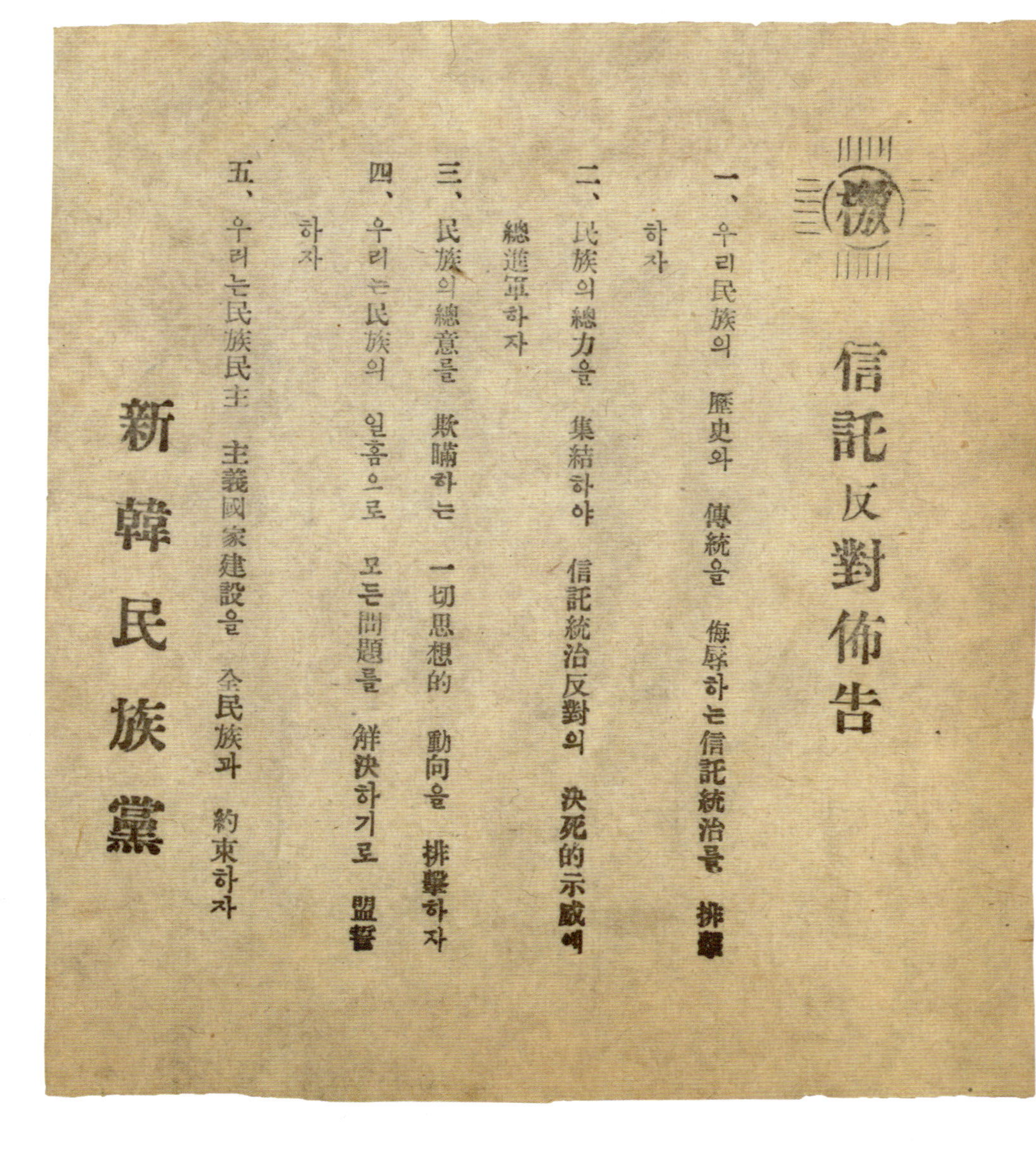

聲明書

一月八日附四政黨共同콤뮤니케에 對하야

人類의 理想은 生存의 安全을 爲하야 相扶相助의 人類一家를 實現하야써 世界平和를 確保함에 잇다、東西의 興亡史를 보라 戰爭을 이르킨 者는 戰爭에 亡하엿고、異民族을 侵畧하야 自民族의 榮華를 圖하든 「팟쇼」와 軍國主義國家가 그 侵畧戰爭에 敗亡한 것도 一次와 今次世界大戰의 結果가 確證하는바이다。그러함으로 世界平和 確保의 唯一한 方途는 모ー든 侵畧主義를 排除하고 諸 少弱民族의 生存權을 確認함에 잇다。

이러한 意味에서 第一次世界大戰當時 美國 월손 大統領은 民族自決主義를 主唱하엿다。그러나 侵畧主義의 毒素를 內包하고 戰勝國의 勢力만 一時規定하기 爲하야 構成된 國際聯盟은 드듸어 朝鮮民族의게 民族自決權을 주지안엇다 이것이 强者의 弱者에 對한 正義이엇다。

今次世界大戰에 잇서 聯合國은 直接 우리의 敵과 싸우든 關係로 朝鮮問題를 友의的으로 取扱하지 안을수업섯든 것이다、함으로 카이로 宣言과 포스담會談에서 우리의 獨立이 約束되엿든 것이다 마츰내 八·一五解放의 鍾소리가 들니쟈 三千里江山은 三千萬同胞의 歡喜로 가득 찻것만 十二月 二十九日 莫斯科三相會談은 四個國信託統治란 背信的 悲報를 傳하엿다 이것이 우리가 맛볼야는 第二次의 强者의 正義이다。

그러면 三相會談은 웨 이러한 結論을 엇게되엿스며 信託統治實施의 結果는 엇지될것인가 一은 蘇聯이 極東政策에 잇서々 舊帝政時代의 極東政策을 繼承하앗슴이요 二는 英國이 東歐에 잇서서의 蘇聯의 野望을 極東으로 돌님으로써 我田引水를 꾀하얏슴이요、三은 美國이 國民의 輿論에 反하야 消極的 態度를 取하얏슴에 잇다 이런 經緯로 비져낸 信託統治案이니 이 信託統治가 언더한 微妙한 文句로 粉裝을 할지라도 우리의게 가져올 實際問題는 明若觀火이다、結局은 고양이 쥐 생각밖에 아니된다、

이러함에도 不拘하고 朝鮮共産黨、人民黨이 이 信託통治를 支持하는 理由는 奈邊에 잇는가 一、그들은 祖國이 소聯이니 그 祖國一個國의 信託통治를 切望하얏다、그러하야 將次 朝鮮을 소聯의 聯邦이란 이름으로 赤色帝國主義鐵鎖로 얽으랴한다、朝鮮말하는 蘇聯人인 그들로서 當然한 計劃이다、二、그러나 結局 四個國의 信託治說이 傳하자 그들은 他三個國의 介在함이 不滿하야 四個國信託統治反對聲明書를 내여 反對하드니 反託運動이 燎原의 불가치이러나 三千萬同胞가 굿게뭉치여 臨時政府國際承認要求運動이 澎湃하야감에 自黨이 僞造한 人民共和國이 無色함을 보고 故意的으로 託治反對에 反抗하는 것도 그들로서는 當然한 일일 것이다、三、이와 關連하야 어차피 託治는 三相會議에서 決定된 것임으로 結局實施되고야 말것이니 託治를 支持하야 託治下에 樹立될 政權을 自黨에로 誘導할야는 野慾이다、非革命的이나마 科學的이라고 自負하는 그들의 權力迎合主義에 符合된다

이와가치 共産黨、人民黨은 朝鮮民族보다、祖國에 忠誠을다하며 獨裁主義原則에 依하야 手段을 가리지안코 權力을잡을야는 自己主義에 徹底한데 韓國民主黨과 國民黨은 언더한가 그 無定見함으로 因하야 共産黨의 陷穽에싸져 共産黨에 完全한 滿足을주엇다

「朝鮮問題에 關한 莫斯科三國外相會議의 決定에 對하야 朝鮮의 自主獨立을 保障하고 民主主義的 發展을 援助한다는 精神과 意圖는 全面的으로 支持한다、「信託」(國際憲章에 依하야 疑懼되는 信託制度)은 將來樹立될 우리 政府로 하여금 自主獨立의 精神에 基하야 解決케함」이러한 文句를 作成하야 노코 이것이 託治를 反對하는 意味라고 하는 사람이 잇고 率直하게 共産黨의 謀畧에 빠졋스니 否認한다는 사람이 잇다 後者는 小學校一學年으로 다시 갈지며 後者는 적어도 大政黨의 幹部로 언덜가하니 차라리 共産黨에 가서 謀畧戰術을 배우는 것이 조켓다、이것은 다ー 苟々한 辯明이다、그들은 다ー 朝鮮의 識者들인데 曖昧한 文句나 謀畧에 속앗슬것이아니고 他에 過誤點이잇서 犯한 일일것이니 一은 民族통一問題에 對한 誤謬이다、共産黨과 人民黨에서 우리民族의 不통一을 積極的으로 宣傳하지만 우리民族은 絕對로 分裂되지 안엇다、오히려 저들이 民族分裂을 이르킬여고 逆宣傳할뿐이다、所謂 政黨의 政見이 달르고 立場이 다름은 잇스나 이것이 곳 民族의 分裂은 아니다、一國一黨은 不可能한 것이요、이것을 强要하는 黨이 잇다면 이것은 獨裁主義요 「팟쇼」다 이러함에도 不拘하고 民族통一을 爲한 四黨會談이란 民主主義的 政

흑맹청년연맹 〈성명서—1월 8일부 4정당 공동코뮤니케에 대하여〉 1946.1.9

인류의 이상은 생존의 안전을 위하여 상부상조의 인류 一家를 실현하여서 세계평화를 확보함에 있다. 동서의 흥망사를 보라. 전쟁을 일으킨 자는 전쟁에 망하였고, 이민족을 침략하여 자민족의 영화를 圖하는 「팟쇼」와 군국주의 국가가 그 침략전쟁에 패망한 것도 1차와 금차 세계대전의 결과가 확증하는 바이다. 그러함으로 세계평화 확보의 유일한 방도는 모든 침략주의를 배제하고 諸 小弱민족의 생존권을 확인함에 있다.

이러한 의미에서 제1차 세계대전 당시 미국 윌슨 대통령은 민족자결주의를 주창하였다. 그러나 침략주의의 독소를 내포하고 전승국의 세력만 일시 규정하기 위하여 구성된 국제연맹은 드디어 조선민족에게 민족자결권을 주지 않았다. 이것이 강자의 약자에 대한 정의였다.

금차 세계대전에 있어 연합국은 직접 우리의 적과 싸우던 관계로 조선 문제를 우의적으로 취급하지 않을 수 없었던 것이다. 그래서 카이로 선언과 포츠담 회담에서 우리의 독립이 약속되었던 것이다. 마침내 8·15 해방의 종소리가 들리자 삼천리강산은 삼천만 동포의 환희로 가득 찼건만 12월 29일 모스크바 삼상회담은 4개국 신탁통치란 배신적 비보를 전하였다. 이것이 우리가 맛보려는 제2차의 강자의 정의이다.

그러면 삼상회담은 왜 이러한 결론을 얻게 되었으며 신탁통치 실시의 결과는 어쩌 될 것인가. 一은 소련이 극동정책에 있어서 舊제정시대의 극동정책을 계승하였음이요, 二는 영국이 동구에 있어서의 소련의 야망을 극동으로 돌림으로써 아전인수를 꾀하였음이요, 三은 미국이 국민의 여론에 反하여 소극적 태도를 취하였음에 있다. 이런 경위로 빚어낸 신탁통치안이니 이 신탁통치가 어떠한 미묘한 문구로 분장을 할지라도 우리에게 가져올 실제문제는 명약관화이다. 결국은 고양이 쥐 생각밖에 아니 된다.

이러함에도 불구하고 조선공산당, 인민당이 이 신탁통치를 지지하는 이유는 어디에 있는가 一. 그들은 조국이 소련이니 그 조국 일개국의 신탁통치를 切望하였다. 그리하여 장차 조선을 소련의 연방이란 이름으로 적색제국주의 鐵鎖로 얽으려 한다. 소련말을 하는 소련인인 그들로서 당연한 계획이다. 二. 그러나 결국 4개국의 신탁치설이 전하자 그들은 他 3개국의 介在함이 불만하여 4개국 신탁통치 반대성명서를 내어 반대하더니 반탁운동이 燎原의 불같이 일어나 삼천만 동포가 굳게 뭉쳐 임시정부 국제승인 요구운동이 팽배하여 감에 自黨이 위조한 인민공화국이 무색함을 보고 고의적으로 탁치반대에 반항하는 것도 그들로서는 당연한 일일 것이다. 三. 이와 관련하여 어차피 탁치는 삼상회의에서 결정된 것임으로 결국 실시되고야 말 것이니 탁치를 지지하여 탁치하에 수립될 정권을 自黨으로 유도하려는 야욕이다. 비혁명적이나마 과학적이라고 자부하는 그들의 권력영합주의에 부합된다.

이와 같이 공산당, 인민당은 조선민족보다, 조국에 충성을 다하며 독재주의원칙에 의하여 수단을 가리지 않고 권력을 잡으려는 자기주의에 철저한데 한국민주당과 국민당은 어떠한가. 그 無定見함으로 인하여 공산당의 함정에 빠져 공산당에 완전한 만족을 주었다.

『조선 문제에 관한 모스크바 삼상회의의 결정에 대하여 조선의 자주독립을 보장하고 민주주의적 발전을 원조한다는 정신과 의도는 전면적으로 지지한다. 「신탁」(국제헌장에 의하여 의구되는 신탁제도)은 장래 수립될 우리 정부로 하여금 자주독립의 정신에 통하여 해결케 함』 이러한 문구를 작성하여 놓고 이것이 탁치를 반대하는 의미라고 하는 사람이 있고 솔직하게 공산당의 모략에 빠졌으니 부인한다는 사람이 있다. 후자는 소학교 1학년으로 다시 갈지며 후자는 적어도 대정당의 간부로 어떨까 하니 차라리 공산당에 가서 모략전술을 배우는 것이 좋겠다. 이것은 다 구구한 변명이다. 그들은 다 조선의 식자들인데 애매한 문구나 모략에 속았을 것이 아니고 他에 과오점이 있어 의식하면서 범한 일일 것이니 一은 민족통일 문제에 대한 오류이다. 공산당과 인민당에서 우리 민족의 불통일을 적극적으로 선전하지만 우리 민족은 절대로 분열되지 않았다. 오히려 저들이 민족분열을 일으키려고 역선전할 뿐이다. 소위 정당의 정견이 다르고 입장이 다름은 있으나 이것이 곧 민족의 분열은 아니다. 一國一黨은 불가능한 것이요 이것을 강요하는 당이 있다면 이것은 독재주의요, 「팟쇼」다. 이러함에도 불구하고 민족통일을 위한 4당 회담이란 민주주의적 정당으로 無定見한 일이다. 二는 국제정세에 대한 기회주의적 관찰로 공산당에 굴복한 것이니 너무나 몰비판하다.

미소주둔군사령관의 예비회담과, 오상회의를 앞두고 우리 민족의 총의를 반영하여 우리의 운명을 결정할 중대시기에 극소수인이라고 하겠으나 소위 사대정당 간부와 임시정부 요인까지 3인이나 끼어 회동하여 그러한 결의를 하였다는 데는 비록 각자가 개인자격으로라고 할지라도 사건이 중대한 만큼 유감도 크다.

그러나 아직 늦지 않았다. 삼천만 형제자매여 총궐기하여 죽음으로써 자손만대에 치욕이 될 신탁통치를 반대하자. 그리하여 완전 자주독립을 전취하자.

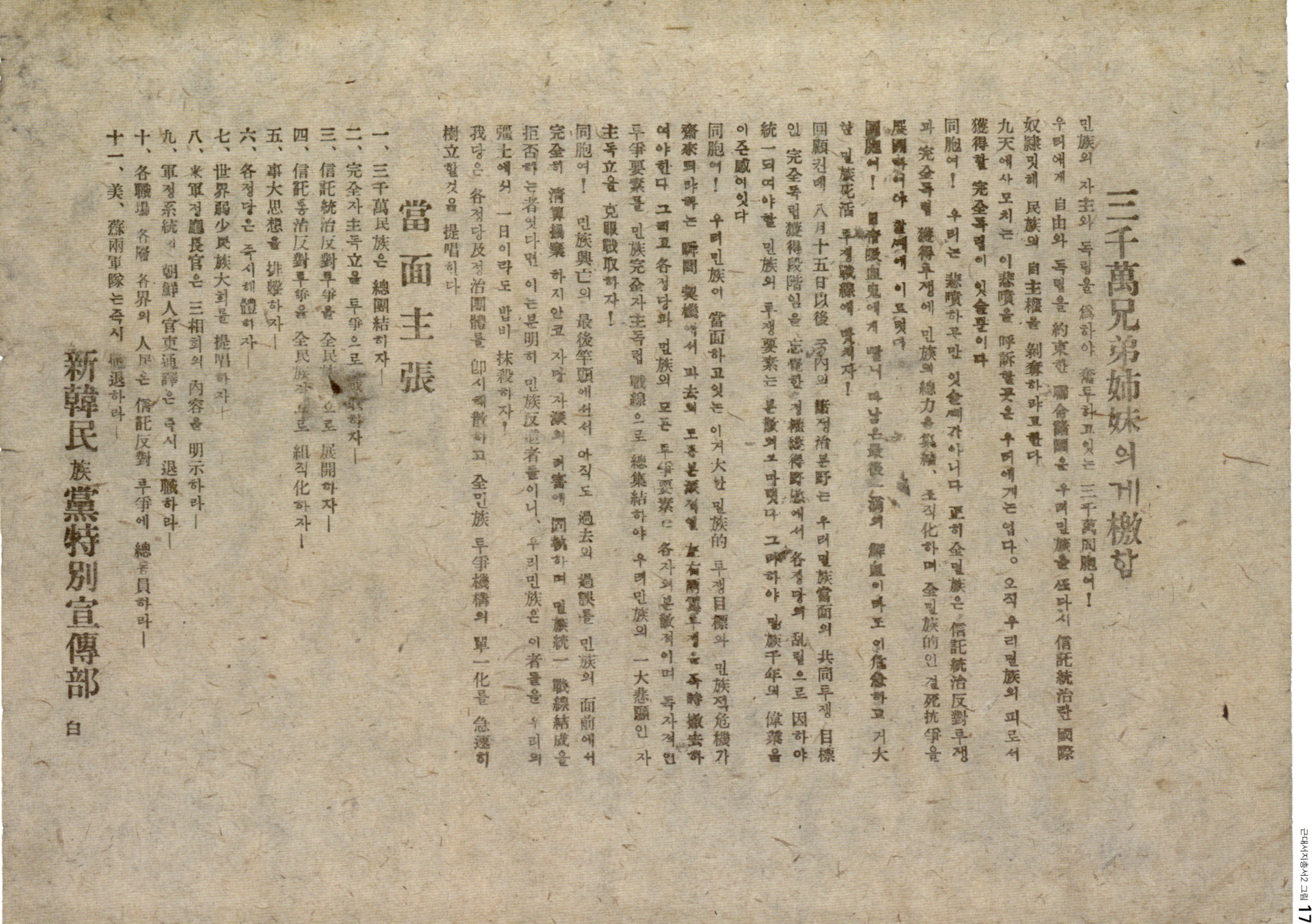

三千萬兄弟姉妹의 게檄함

民族의 자主와 독립을 爲하야 奮鬪하고잇는 三千萬同胞여!
우리에게 自由와 독립을 約束한 聯合諸國은 우리民族을 坐다시 信託統治란 國際
奴隸밋해 民族의 自主權을 剝奪하라고 한다
九天에사모치는 이悲憤을 呼訴할곳은 우리에게는 업다。오직 우리民族의 피로서
獲得할 完全독립이 잇슬뿐이다
同胞여! 우리는 悲憤하고만 잇슬째가아니다 正히 全民族은 信託統治反對루쟁
과 完全독립 獲得루쟁에 民族의 總力을 集結、조직化하며 全民族的인 결死抗爭을
展開하여야 할째에 이르덧다
同胞여! 日帝吸血鬼에게 빨니 따남은 最後 一滴의 鮮血이라도 이信念하고 거大
한 民族死活 루쟁戰線에 밧치자!
回顧컨대 八月十五日以後 國內의 諸정治분野는 우리民族當面의 共同루쟁 目標
인 完全독립獲得段階임을 忘懷한 거種總得政黨에서 各정당의 亂립으로 因하야
統一되여야할 民族의 루쟁要素는 분散되고 마럿다 그째하야 民族千年의 偉業을
이준感어잇다
同胞여! 民族興亡의 最後竿頭에쓰서 아직도 過去의 過誤를 民族의 面前에서
完全히 淸算抛棄 하지안코 자당자派의 利害에 固執하며 民族統一戰線結成을
拒否하는者가 잇다면 이는분明히 民族反逆者들이니、 우리民族은 이者들을 우리의
彊上에서 一日이라도 밧비 抹殺하자!
我당은 各정당及정治團體를 卽시解散하고 全民族 루爭機構의 單一化를 急速히
樹立할것을 提唱한다

當面 主張

一、三千萬民族은 總團結하자ㅡ
二、完全자主독立을 투爭으로 戰取하자ㅡ
三、信託統治反對투爭을 全民族으로 展開하자ㅡ
四、信託統治反對투爭을 全民族的으로 組織化하자ㅡ
五、事大思想을 排擊하자ㅡ
六、各정당은 즉시해體하자ㅡ
七、世界弱少民族大회를 提唱하자ㅡ
八、米軍정廳長官은 三相회의 內容을 明示하라ㅡ
九、軍정系統의 朝鮮人官吏通譯은 즉시 退職하라ㅡ
十、各職場 各層 各界의 人民은 信託反對 루爭에 總動員하라ㅡ
十一、美、蘇兩軍隊는 즉시 撤退하라ㅡ

新韓民族黨特別宣傳部 白

신한민족당 특별선전부 〈삼천만 형제자매에게 檄함〉

민족의 자주와 독립을 위하여 분투하고 있는 삼천만 동포여!
우리에게 자유와 독립을 약속한 聯合諸國은 우리 민족을 또 다시 신탁통치란 국제 노예란 밑에 민족의 자유권을 박탈하려고 한다.
九天에 사무치는 이 비분을 호소할 곳은 우리에게는 없다. 오직 우리 민족의 피로써 획득할 완전독립이 있을 뿐이다.
동포여! 우리는 비분하고만 있을 때가 아니다. 正히 전 민족은 신탁통치 반대 투쟁과 완전독립 획득 투쟁에 민족의 총력을 집결, 조직화하며 전 민족적인 결사항쟁을 전개하여야 할 때에 이르렀다.
동포여! 일제 흡혈귀에게 빨리다 남은 최후 一涌의 선혈이라도 이 위급하고 거대한 민족사활 투쟁 전선에 바치자!
회고컨대 8월 15일 이후 국내의 諸 정치 분야는 우리 민족 당면의 공동투쟁 목표인 완전독립 획득 단계임을 망각한 정권획득 야욕에서 각 정당의 난립으로 인하여 통일되어야 할 민족의 투쟁 요소는 분산되고 말았다. 그리하여 민족 천년의 위업을 잊은 감이 있다
동포여! 우리 민족이 당면하고 있는 이 거대한 민족적 투쟁 목표와 민족적 위기가 當來되려 하는 순간 계기에서 과거의 모든 ○본 ○적일 좌우양익투쟁을 즉시 철거하여야 한다. 그리고 각 정당과 민족의 모든 투쟁요소는 각자의 분산적이며 독자적인 투쟁요소를 민족완전자주독립 전선으로 총집결하여 우리 민족의 일대비원인 자주독립을 극복 전취하자!

동포여! 민족흥망의 최후 간두에 서서 아직도 과거의 과오를 민족의 면전에서 완전히 청산포기하지 않고 자당 자파와 이해에 고집하며 민족통일전선 결성을 거부하는 자라면 이는 분명히 민족 반역자들이니, 우리 민족은 이 자들을 우리의 강토에서 1일이라도 바삐 말살하자!
우리 당은 각 정당 및 정치단체를 즉시 해산하고 전 민족 투쟁기구의 단일화를 급속히 수립할 것을 제창한다.
당면주장
1. 삼천만 민족은 총 단결하자.
2. 완전 자주독립을 투쟁으로 쟁취하자
3. 신탁통치반대투쟁을 전 민족적으로 전개하자
4. 신탁통치반대투쟁을 전 민족적으로 조직화하자!
5. 사대사상을 배격하자
6. 각 정당은 즉시 해체하자
7. 세계약소민족대회를 제창하자
8. 미군정청장관은 삼상회의 내용을 명시하라
9. 군정계통의 조선인관리통역은 즉시 퇴직하라
10. 각 직장 각층 각계의 인민은 신탁반대 투쟁에 총동원하라
11. 美, 蘇 양 군대는 즉시 철퇴하라

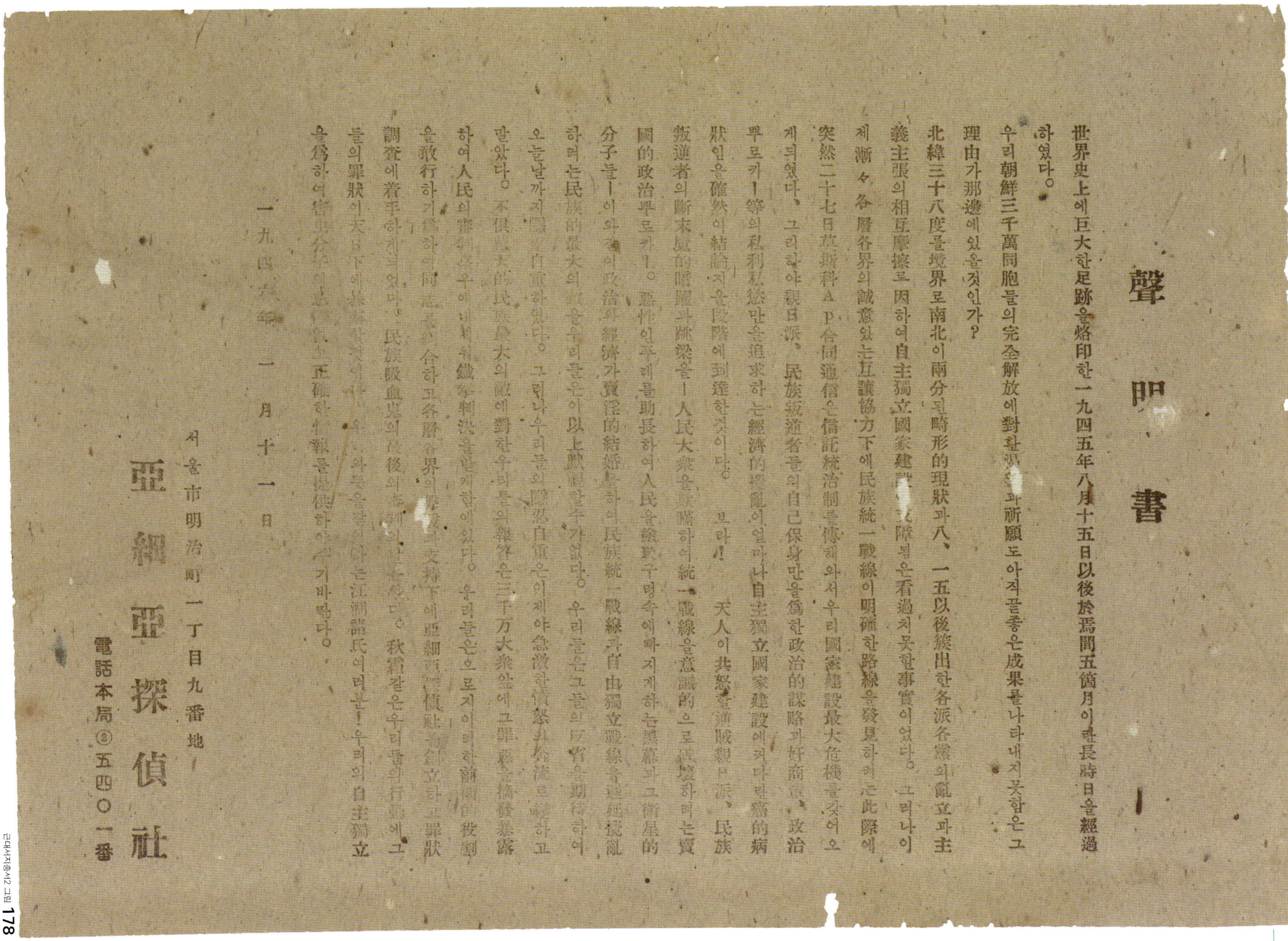

聲明書

世界史上에巨大한足跡을烙印한一九四五年八月十五日以後於焉間五箇月이란長時日을經過하였다。
우리朝鮮三千萬同胞들의完全解放에對한渴望과祈願도아직끝좋은成果를나타내지못함은그理由가那邊에있을것인가?
北緯三十八度를境界로南北이兩分된畸形的現狀과八、一五以後簇出한各派各黨의亂立과主義主張의相互摩擦로因하여自主獨立國家建設에支障됨은看過치못할事實이었다。그러나이제漸々各層各界의誠意있는互讓協力下에民族統一戰線이明確한路線을發見하려는此際에突然二十七日莫斯科AP合同通信은信託統治制를傳해와서우리國家建設最大危機를갖어오게되였다。그리하야親日派、民族叛逆者들의自己保身만을爲한政治的謀略과奸商輩、政治뿌로카ー等의私利私慾만을追求하는經濟的攪亂이얼마나自主獨立國家建設에커다란癌的病狀임을確然이結論지을段階에到達한것이다。 보라! 天人이共怒할逆賊親日派、民族叛逆者의斷末魔的暗躍과跳梁을ー人民大衆을欺瞞하여統一戰線을意識的으로破壞하려는賣國的政治뿌로카ー。惡性인푸레를助長하여人民을塗炭구렁속에빠지게하는黑幕과그衛星的分子들ー이와같이政治와經濟가賣淫的結婚을하여民族統一戰線과自由獨立戰線을遷延攪亂하려는民族的最大의敵을우리들은이以上默視할수가없다。우리들은그들의反省을期待하여오늘날까지隱忍自重하였다。그러나우리들의隱忍自重은이제야急激한憤怒와奔流로變하고말았다。不俱戴天的民族最大의敵에對한우리들의報答은三千万大衆앞에그罪惡을摘發暴露하여人民의審判台우에내세워鐵拳制裁를받게함에있다。우리들은오로지이러한前衛的役割을敢行하기爲하여同志를糾合하고各層各界의誠援과支持下에亞細亞探偵社를創立하고罪狀調査에着手하게되였다。民族吸血鬼의最後의審判의날이왔다。秋霜같은우리들의行動에그들의罪狀이天日下에暴露될것이다。우리와뜻을같이하는江湖諸氏여러분!우리의自主獨立을爲하여害虫分子의忌憚없고正確한情報를提供하여주기바란다。

一九四六年一月十一日

亞細亞探偵社
서울市明治町一丁目九番地
電話本局②五四〇一番

아세아탐정사 〈성명서〉 1946.1.11

世界史上에 거대한 족적을 낙인한 1945년 8월 15일 이후 어언간 5개월이란 장시일을 경과하였다.
우리 조선 삼천만 동포들의 완전해방에 대한 갈망과 기원도 아직 끝 좋은 성과를 나타내지 못함은 그 이유가 어디에 있을 것인가?
북위 38도를 경계로 남북이 양분된 기형적 현상과 8 · 15 이후 족출한 各派 各黨의 난립과 주의주장의 상호마찰로 인하여 자주독립국가 건설에 지장됨은 간과치 못할 사실이었다. 그러나 이제 점점 각층각계의 성의 있는 互讓 협력하에 민족통일전선이 명확한 노선을 발견하려는 此際에 돌연 27일 모스크바 AP합동통신은 신탁통치제를 전해 와서 우리 국가건설 최대위기를 가자 오게 되었다. 그리하여 친일파, 민족반역자들의 자기 보신만을 위한 정치적 모략과 奸商輩, 정치뿌로키- 등의 사리사욕만을 추구하는 경제적 교란이 얼마나 자주독립국가건설에 커다란 암적 병상임을 확연히 결론지을 단계에 도달한 것이다. 보라! 天人이 共怒할 역적 친일파, 민족반역자의 단말마적 암약과 도량을 인민대중을 기만하여 통일전선을 의식적으로 파괴하려는 매국적 정치 뿌로키. 악성 인플레를 조장하여 인민을 도탄 구렁 속에 빠지게 하는 흑막과 그 위성적 분자들. 이와 같이 정치와 경제가 賣淫的 결혼을 하여 민족통일전선과 자유독립전선을 지연교란하려는 민족적 최대의 적을 우리들은 이 이상 묵시할 수가 없다. 우리들은 그들의 반성을 기대하여 오늘날까지 은인자중하였다. 그러나 우리들의 은인자중은 이제야 급격한 분노와 분류로 변하고 말았다. 불구대천적 민족 최대의 적에 대한 우리들의 보답은 삼천만 대중 앞에 그 죄악을 적발 폭로하여 인민의 심판대 위에 내세워 철권판결을 받게 함에 있다. 우리들은 오로지 이러한 전위적 역할을 감행하기 위하여 동지를 규합하고 각층각계의 성원과 지지하에 아세아탐정사를 창립하고 죄상 조사에 착수하게 되었다. 민족 흡혈귀의 최후의 심판의 날이 왔다. 추상같은 우리들의 행동에 그들의 죄상이 天日下에 폭로할 것이다. 우리와 뜻을 같이 하는 강호 諸氏 여러분! 우리의 자주독립을 위하여 해충분자의 위험 없고 정확한 정보를 제공하여 주기 바란다.

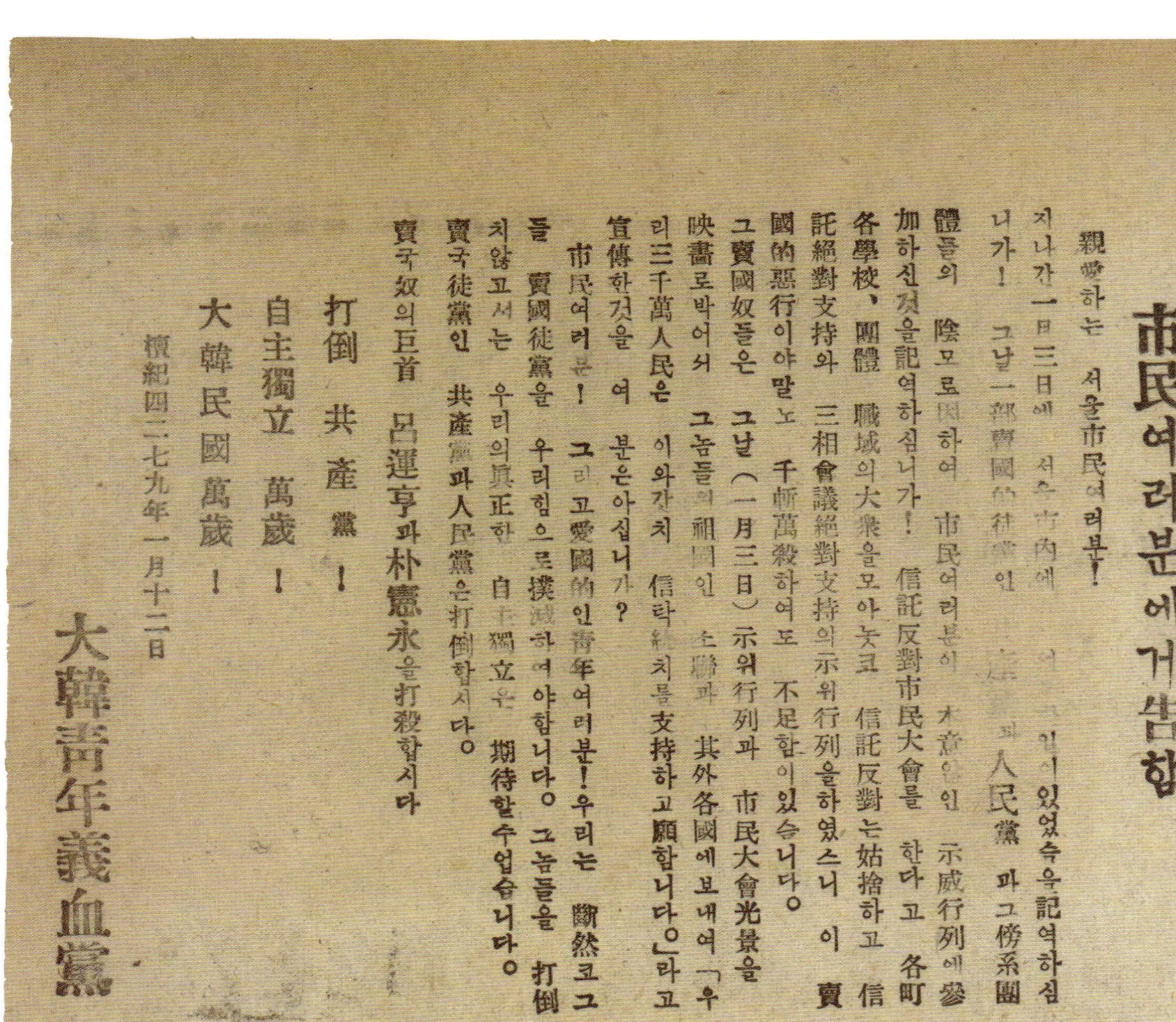

市民여러분에게告함

근대서울역사관 그림 **179**

근대서울역사관 그림 **180**

대한청년의혈당 〈시민 여러분에게 고함〉 1946.1.12

친애하는 서울시민 여러분!

지나간 일월 삼일에 서울시내에서 (…판독불능…)할 일이 있었음을 기억하십니까! 그날 일부 매국적 도당인 공산당과 인민당과 그 방계단체들의 음모로 인하여 시민 여러분이 본의 아닌 시위행렬에 참가하신 것을 기억하십니까! 신탁반대시민대회를 한다고 각 町 각 학교, 단체 職域의 대중을 모아놓고 신탁반대는 고사하고 신탁절대지지와 삼상회의절대지지의 시위행렬을 하였으니 이 매국적 악행이야말로 千斬萬殺하여도 부족함이 있습니다.

그 매국노들은 그날(1월 3일) 시위행렬과 시민대회 광경을 영화로 박아서 그놈들의 조국인 소련과 그 외 각국에 보내어 「우리 삼천만 인민은 이와 같이 신탁통치를 지지하고 원합니다」라고 선전한 것을 여러분은 아십니까?

시민 여러분! 그리고 애국적인 청년 여러분! 우리는 단연코 그들 매국도당을 우리 힘으로 박멸하여야 합니다. 그놈들을 타도치 않고서는 우리의 진정한 자주독립은 기대할 수 없습니다. 매국도당인 공산당과 인민당을 타도합시다.

매국노의 巨首 여운형과 박헌영을 타살합시다.

타도 공산당! 자주독립 만세! 대한민국 만세!

대한독립촉성전국청년연맹 〈매국노의 발악 선량한 민중을 기만〉 1946.1

조선즉시독립 대신에 막부 삼상회의는 신탁통치라는 민족의 치욕을 결과했다. 우리는 전 민족에 피로써 이 역사상의 오점을 ○○하고자 탁치반대를 부르짖고, 이는 실로 민족애와 思義之心의 발로요 질서정연한 우리의 태도는 우리 정신문화의 한 정화인 것이다. 이것만으로서도 공산당이 떠드는 우리의 정치훈련기가 과연 필요한가 아니한가의 하나의 실질적인 해답일 것이다.

그럼에도 불구하고 선량한 민중을 탁치반대시위운동으로 꾀어서 모아가지고 급기야는 탁치환영민중운동으로 역용하려 하였으니 민족을 팔려는 역도의 죄도 무겁거니와 이 사기행위야말로 조선을 위하여 한심치 않을 수 없고, 인면수심적 악질 행위 외에 아무것도 아닐 것이다.

그들은 그 독특한 모략선전술로써 탁치반대운동이 현재 주둔한 미국군정부와의 반항운동인 것 같이 역선전하나 이는 한국과 미국과의 難間을 꾀하여 독립의 唯一略을 봉쇄하려는 악전모략이다. 우리는 조선즉시독립을 독창한 미국에 민족적인 감사를 올릴지언정 반대할 아무런 이유도 없다.

우리는 바라건대 현명한 대중이 가까운 앞날에 이 매국노의 跳梁을 그 뿌리부터 붕괴하려는 것을 믿는다.

〈평택탁치대책위원회 해산의 모락을 일축하고 반탁군민 대회 대성황리에 개최〉 1946.1 / **대한독립촉성경남청년연 맹 〈조국을 살릴 청년아 血습하라〉** 1946.1

這般 반역자의 모략에 의하여 해산을 전하던 평택신탁통치대책위원회에서는 어제 17일 오후 1시부터 역전광장에서 위원장 최명환 씨 사회하에 삼만여 군중이 운집하여 반탁군민대회를 개최하고 탁치절대배격, 임시정부절대지지, 연합국에 대한 감사 등을 滿場 拍手로 결의한 다음 시민 열광적 환호리에 시위행렬까지 마치고 오후 4시 반 경 散會하였다더라.

5개년 신탁통치의 근본적 이유를 만든 전민족의 원수가 자칭 天子 格인 인민공화국인 사실을 아느냐.

왜 그러나! 그 이유는 일국에 두 국호가 존재치 못하기 때문이다. 우리 조국에는 벌써 30년 전부터 조국광복을 위하여 악전고투하여 전 세계에 대한민국의 엄존함을 인식시켰으며 전민족의 신망과 권위를 가진 대한민국임시정부가 엄존함에도 불구하고 무지선량한 민중을 기만 선동시켜 우리 「임정」과 대립한 까닭에 자주독립의 절대조건인 민족통일에 대하여 일대 분열을 야기시키고 말았다.

우리는 인민공화국 운운하는 망국적 폭언배에 금일까지의 非를 충고하여 즉시 듣지 않을 때는 민족 민족의 이름으로 서 철권제재를 감행할 것이다.

자손만세의 千載一遇期에 際會하여 국가지상명령 지상독립제일의 깃발 아래 생명을 바칠 청년들아 모여라.

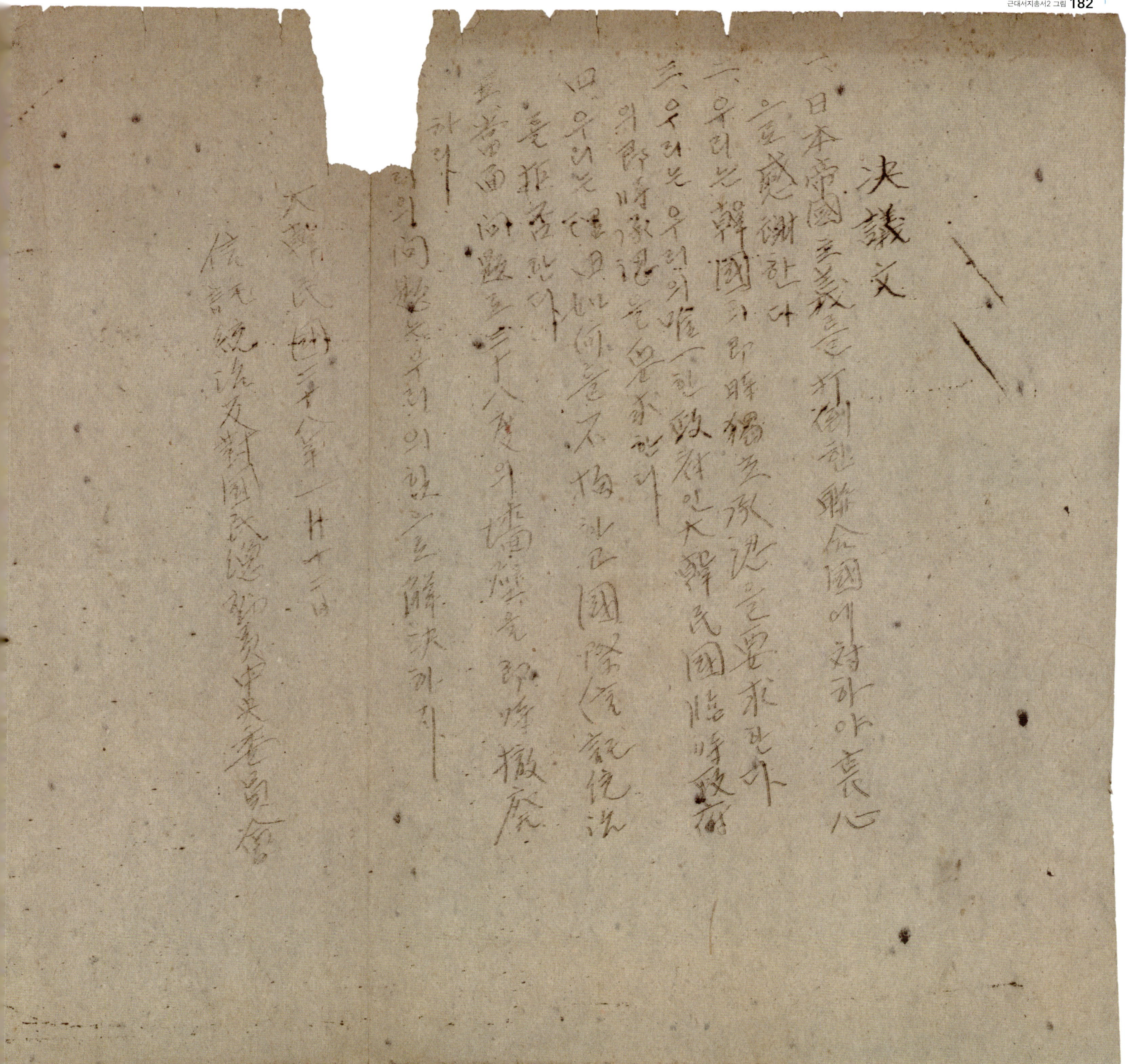

決議文

一, 日本帝國主義를 打倒한 聯合國에 對하야 衷心
　　으로 感謝한다

一, 우리는 韓國의 即時獨立承認을 要求한다

一, 우리는 우리의 唯一한 政府인 大韓民國臨時政府
　　의 即時承認을 要求한다

一, 우리는 如何한 理由로라도 國際信託統治를
　　拒否한다

一, 當面問題로 三十八度의 墻壁을 即時撤廢
　　하라

一, 우리의 問題는 우리의 힘으로 解決하자

大韓民國二十八年一月十二日

信託統治反對國民總動員中央委員會

신탁통치반대국민총동원중앙위원회 〈결의문〉 1946.1.12

1. 일본제국주의를 타도한 연합국에 대하여 충심으로 감사한다.
2. 우리는 한국의 즉시독립승인을 요구한다.
3. 우리는 우리의 유일한 정부인 대한민국임시정부의 즉시승인을
   요구한다.
4. 우리는 이유 여하를 불구하고 국제신탁통치를 거부한다.
5. 당면 문제로 38도의 장벽을 즉시 철폐하라
6. 우리의 문제는 우리의 힘으로 해결하자

赤色盜黨을 撲滅하자!!

親愛하는 三千萬同胞諸君! 特히 愛國的인 靑年學生諸君!
今年 一月中으로· 우리 祖國의 運命이 決定됨을 아는가? 現段階야말로 우리가 또다시 他國의 支配下에 奴隸生活을 하게 되느냐 그러치 안으면 自主獨立國家로서 自由를 亨有케 되느냐하는 歷史的 分岐點에 直面하엿다. 信託이냐? 自主獨立이냐? 가 決定되랴는 重大한 瞬間이다!
勿論 우리는 三千萬總意로써 自主獨立을 要求한다. 信託統治를 絕對拒否한다. 그러타! 우리는 反託治運動에 總蹶起하여 죽엄으로써 自主獨立을 獲取하여야 한다. 이 嚴肅한 至上命令을 拒否할者 누구이며 反對할者 누구이랴!
그러나 同胞諸君! 우리 三千萬同胞와 三千里疆土를 또다시 他國에 팔어먹으랴는 賣國的 徒黨이 있으니 이얼마나 悲痛한 일이냐! 이와 갓흔 賣族的 徒黨이 傍若無人한 態度로가진 謀略과 陰謀로써 우리民族國家 建設을 防害하고 잇스니 이얼마나 仰天痛哭할일이냐? 그러나 부즐없는 感傷으로써 慨嘆만할때가 안이다. 우리는 우리民衆의 愛國的 情熱로써 賣國的 赤色盜黨인 共産黨을 打倒撲滅하지안이면안된다. 信託統治를 支持하며 朝鮮을 팔어먹으랴는 共産黨과 그傍系 團體를 撲滅하지안으면안된다. 共産黨은 現代의 一進會이며 朴憲永 呂運亨은 現代의 李容九임을 그누가 否認하랴! 庚戌年에 李容九一派의 一進會가 우리 江山과 民族을 倭敵强盜國에 팔어먹은것을 엇지拱手傍觀할것이냐! 起할때에 오늘날의 朴, 呂의 赤色盜당의 野行을 엇지拱手傍觀할것이냐! 總蹶起하자! 그리고 그들 賣國徒黨인 共産黨과 人民黨을 撲滅하자!!
民族分裂의 元凶이 누구냐? 反逆集團 人民共和國을 私造僭稱한者가 누구냐? 無根한 中傷으로 靑年을 煽動하여 某黨首를 暗殺한者는누구냐? 信託統治를 招致케한者는누구냐? 賣國奴呂運亨과 朴憲永이다. 現代의 李容九인 呂, 朴一派를 撲滅打殺하자!!!
信託統治絕對反對!
打倒 共産黨!
自主獨立萬歲!
大韓民國政府萬歲!

檀紀四二七九年 一月十日

大韓靑年 義血黨

대한청년의혈당 〈적색도당을 박멸하자!!〉 1946.1.10

친애하는 삼천만 동포제군! 특히 애국적인 청년학생제군!
금년 1월 중으로 우리 조국의 운명이 결정됨을 아는가? 현 단계야말로 우리가 또다시 타국의 지배하에 노예생활을 하게 되느냐 그렇지 않으면 자주독립국가로서 자유를 향유케 되느냐하는 역사적 분기점에 직면하였다. 신탁이냐? 자주독립이냐?가 결정되려는 중대한 순간이다!
물론 우리는 삼천만 총의로써 자주독립을 요구한다. 신탁통치를 절대 거부한다. 그렇다! 우리는 반탁치운동에 총궐기하여 죽음으로써 자주독립을 獲取하여야 한다. 이 엄숙한 지상명령을 거부할 자 누구이며 반대할 자 누구이랴!
그러나 동포제군! 우리 삼천만 동포와 삼천리강토를 또다시 타국에 팔아먹으려는 매국적 도당이 있으니 이 얼마나 비통한 일이냐! 이와 같은 매족적 도당이 방약무인한 태도로 갖은 모략과 음모로써 우리 민족국가 건설을 방해하고 있으니 이 얼마나 앙천통곡할 일이냐? 그러나 부질없는 감상으로써 개탄만 할 때가 아니다. 우리는 우리 민중의 애국적 정열로써 매국적 적색도당인 공산당을 타도 박멸하지 않으면 안 된다. 신탁통치를 지지하며 소련에게 조선을 팔아먹으려는 공산당과 그 방계 단체를 박멸하지 않으면 안 된다. 공산당은 현대의 일진회이며 박헌영 여운형은 현대의 이용구임을 그 누가 부인하랴! 경술년에 이용구 일파의 일진회가 우리 강산과 민족을 왜적 강도국에 팔아먹은 것을 상기할 때에 오늘날의 朴, 呂의 적색도당의 야행을 어찌 공수방관할 것이냐! 총궐기하자! 그리고 그들 매국도당인 공산당과 인민당을 박멸하자!!
민족분열의 원흉이 누구냐? 반역집단 인민공화국을 私造 참칭한 자가 누구냐? 無根한 중상으로 청년을 선동하여 某 당수를 암살한 자는 누구냐? 신탁통치를 招致케 한 자는 누구냐? 매국노 여운형과 박헌영이다. 현대의 이용구인 呂, 朴 일파를 박멸 타도하자!!!
신탁통치절대반대!
타도 공산당!
자주독립 만세!
대한민국정부 만세!

賣國徒黨인 共産人民黨을 打倒합시다!
二十三日 歡迎會에 絕對로 參加치 맙시다!
信託統治絕對反對!
自主獨立萬歲!
愛國男女學生 快擧萬歲!

檀紀四二七九年 一月二十一日

大韓靑年 義血黨

대한청년의혈당 〈서울시민 여러분에게 고함〉 1946.1.21

친애하는 시민 여러분!

우리 민족국가 건설과 자주독립을 방해하고 있는 매국도당인 공산당과 인민당은 최후의 발악을 하고 있습니다. 우리는 가일층 그들 매국당의 발악을 엄중히 경계하여야 하며 그놈들의 음모와 기만에 속지 않도록 주의하여야 합니다.

삼천만 총의로써 신탁통치를 절대 반대함에 불구하고 삼상회의 결정안을 지지하고 신탁통치를 구가하는 매국노는 과연 누구입니까? 우리 삼천리강토를 소련 일국 신탁에 맡기고 10년 후에는 蘇연방의 一屬邦을 만들자는 매국적 의견을 미국대신문사 특파원에게 공언한 자는 과연 그 누구입니까. 그리고 신탁 절대 반대를 외치며 행진하는 우리 애국남녀학생에게 권총을 발사하고 곤봉으로 여학생을 난타하여 사상자를 내게 한 자는 과연 누구입니까? 이 모든 반역적 죄악의 장본인이 대역부도의 공산당가 인민당임은 현명하신 시민 여러분이 벌써 아실 바로 새삼스럽게 재론할 필요조차 없습니다. 그러나 그놈들이 자기들의 매국적 죄상을 정당화시키고 은폐시키기 위하여 갖은 모략과 음모를 하고 있음에 대해서 정확한 인식과 銳刺한 판단력을 가져야만 합니다. 첫째로 그들 매국도당은 신탁지지가 대다수 인민의 총의라는 것을 조작 선전키 위해서 지난 1월 3일에 반탁시민대회라고 기만시켜 시민 여러분을 동원시켜놓고 그 반대로 신탁지지를 공언하고 삼상회의 결정안 지지를 염치없이 선전한 것을 여러분은 기억하실 줄 믿습니다. 그런데 오는 23일에 소위 미소대표환영시민대회라는 명목으로 그들 매국노들은 또다시 신탁절대지지의 妄擧野行을 하려고 책동하고 있으니 시민 여러분은 절대로 참가치 않을 뿐만 아니라 그 대회를 민중의 힘으로 분쇄토록 하여야 합니다. 만일에 이번 23일 시민대회에 참가하는 자는 단체와 개인을 막론하고 매국적으로 인정하여 적당한 시기에 처단할 것을 언명합니다. 둘째로 공산당 대표 박헌영의 신문기자 회견담에 대중의 격분을 사서 매국노 타도의 운동이 京鄕 각지에 일어나자 그들은 당황하여 갖은 변명을 다하되 반동적 신문기자회(매수당한 악덕 기자회) 명의로 변명 선전문을 인쇄 살포하는 등 온갖 악질수단을 다하고 있음을 시민 여러분은 아셔야 합니다. 다음으로 그들 매국도당은 自黨 직속 테러단인 국군준비대와 학병동맹으로 하여금 가장 음흉한 살인행위를 하여왔음은 세인이 공지하는 사실인데 그들 폭력단은 최후의 발악으로 신탁반대행진을 하는 순진한 학생들을 난사 구타까지 하며 경찰 당국에서 그들 테러단의 소굴을 검색하여 테러단을 일망타진하자 그 책임을 애국학생들에게 전가시키려고 갖은 모략적 수단을 다하고 있으니 이 죄상이야말로 千斬萬戮하여도 부족할 것입니다.

친애하는 시민 여러분! 이제껏 총기를 가지고 암살행위와 폭행을 한 것이 누구입니까? 그들 매국도 자신이야말로 테러의 원흉임에 불구하고 애국학생들의 일시적인 감정의 충격으로 말미암아 그들 매국노의 魔窟을 습격 청소하였다 하여 반동적 신문기관을 동원하여 테러배격을 운운하는 그자들이야말로 人皮獸心的 도배입니다. 그놈들의 음모를 간파하여 절대로 농락당하지 말아야 합니다.

매국도당인 공산당 인민당을 타도합시다!
이십삼일 환영회에 절대로 참가치 맙시다!
신탁통치 절대 반대!
자주독립 만세!
애국남녀학생쾌거 만세!

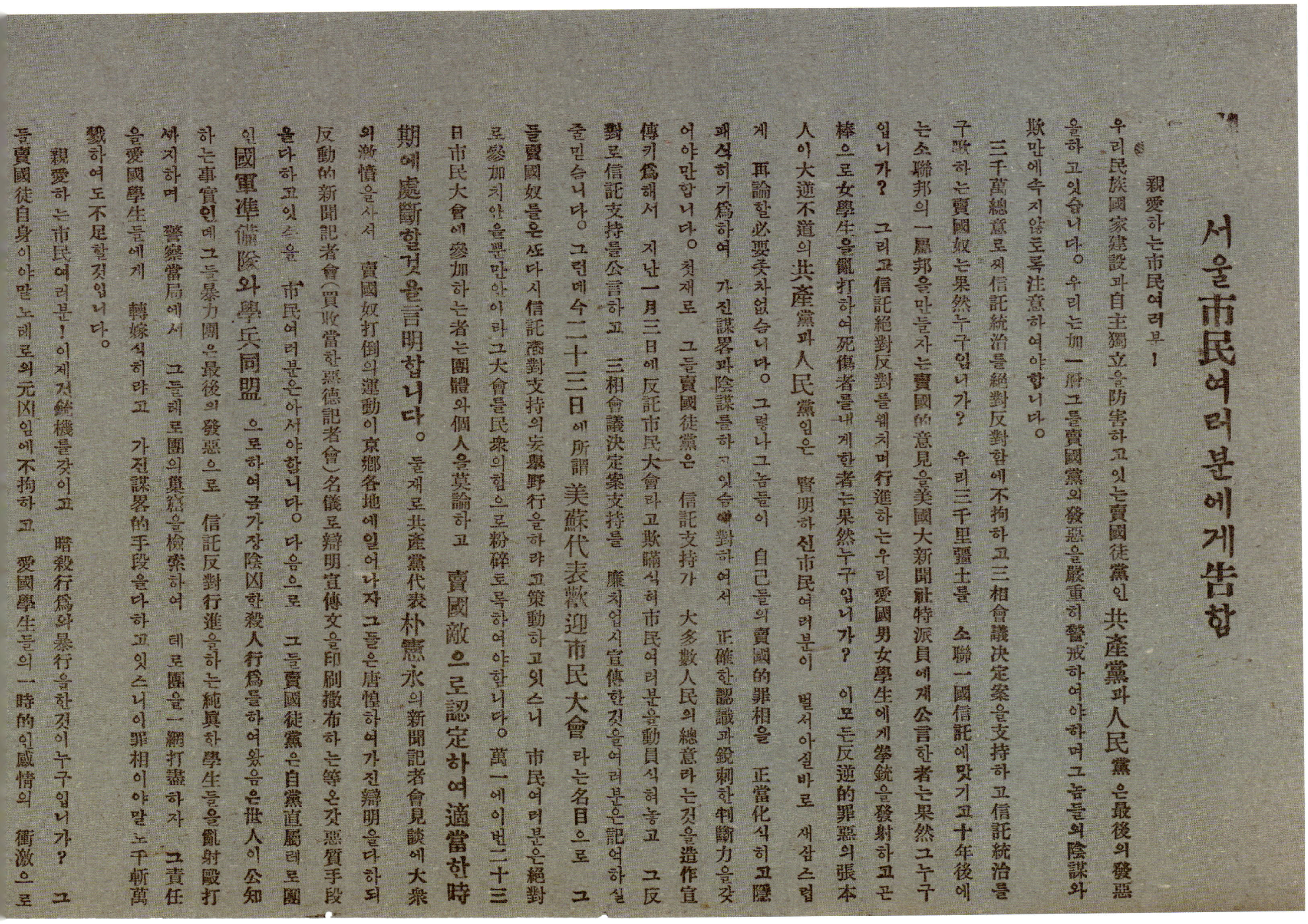

반탁치전국학생총연맹의 격문 〈구출하자!! 함정에서 신음하는 조선학도대를!〉 1946.1?

조선학도대를 해부해보자

그것은 十數의 제국전문대학생으로 구성되어 있다. 그들은 완전히 여운형 박헌영 허헌 등의 모략에 넘어가 있는 것이다. 지금 서울대학강당에서 수십 년 전에 赤國 소련 혁명시대의 「레닌」이 부르짖던 케케묵은 암실의 공산주의를 그들에게 강제 수강시키고 있다. ○순진한 학생들은 그 안에서 양심의 눈을 떠서, 그 모략을 깨닫고 단연코 탈퇴하려고 하였다. 그러나 삼천리강산을 소련에 팔아먹으려 하는 자칭「근로대중을 사랑한다」는 파괴적 공산당 소위 인민공화국(공산당 등의 정권강도들이 만든 것)을 배경으로 삼은 자들이 이 학생들을 보고 다음과 같이 경고하였다. 「만약 退會하면 규약에 의하여 처치한다.」 즉 총살한다는 것이다. 그래서 그 학생들은 우러나오는 민족적 정열을 부둥켜안고 눈물을 먹으며 鐵鎖의 협박 아래 신음하고 있는 것이다. 이상은 민족의식에 각성하여 그 속에서 신음하던 학생의 진실한 고백이다.

조선학도대의 내용은 어떤가. 城大 이십여 명, 京醫 십수 명, 京師 십수 명, 普專 십여 명, 高工, 高商, 女醫專, 女師, 梨大, 淑專 각각 수 명, 합계 팔십여 명, 이것이 그들의 전부인 것이다. 이들의 모략하에 순진한 남녀 학도가 이용당한 일도 있었던 것이다. 그러나 그들도 일시적으로 모략에 걸린 것이고 결국은 그 악몽에서 깰 것이다. 순진한 학도가 그 저급한, 타락한, 파괴적, 퇴보적 공산주의를 믿을 수 있을 것인가? 단연코 믿지 못할 것이다. 그러므로 그 배후에는 감찰대의 권총이 따라다니는 것이다. 공산당의 음모와 악덕은 여기까지 이르렀던 것이다. 이 가련한 우리 학생들, 삼천리강산의 동량이 될 이 청년들, 그들은 어찌하여 차질한 것인가. 그것은 파괴와 소란을 일삼는 매국노, 도박적 집단 공산당의 선동으로 인한 것이다. 우리는 眞性과 눈물로서 충고한다.

친애하는 학도대 諸君이여. 민족 천년의 운명을 생각하고 각성하여라. 만일 의연히 매국노하고 동일한 행동을 취한다면 그것은 우리 학생의 수치요, 우리나라의 대손실일 뿐 아니라 우리 역사의 일대 오점을 찍는 것이다.

우리는 兄들의 동기를 잘 안다. 형들의 순진한 정열과 명철한 이지를 믿는다. 그러나 형들의 방향은 전혀 민족의 영광과는 반대의 길인 줄 알아라. 형이여! 각성하여라. 우리는 오천년의 찬란한 역사를 가진 단일민족임을 잊었느냐. 우리는 태극기 앞에 같이 죽을 공동운명체임을 아느냐? 모르느냐?

자! 같이 손을 잡고 나아가자!!

朝鮮女性에게 仰望함

우리는 民族的 自覺밑에 冷靜히 現女性의 位置를 科學的으로 사른認識
을하자
歷史的 必然을 再認識하자
우리는 賢母良妻란 重且大한 任務를 쌍肩에미고 完全한 自主獨立國家
의礎石이되자國民의總意를 勢力利害關係로 無視하는 賣國奴에우리
賢明한女性은 大義와 잠다운路線을잇지말라 이게오로지 自主獨立
에이바지하는女性의길이다

一, 信託統治絕對反對
一, 賣國奴(人共)打倒
一, 大韓民國臨時政府萬歲

反託全國學生總聯盟白
梨大反託學生會
서울女醫專學生會
淑專學生會
中央女專學生會
세부란스看護員養成所

반탁전국학생총연맹 〈조선 여성에게 仰望함〉 1946.1?

우리는 민족적 자각 밑에 냉정히 현 여성의 위치를 과학적으로 산 인식을 하자.
역사적 필연을 재인식하자
우리는 현모양처란 중차대한 임무를 양 어깨에 메고 완전한 자주독립국가의 초석이 되자. 국민의 총의를 세력 이해관계로 무시하는 매국노에 우리 현명한 여성은 대의와 참다운 노선을 잊지 말라.
이제 오로지 자주독립에 이바지하는 여성의 길이다.
一. 신탁 통치 절대 반대
一. 매국노(인공) 타도
一. 대한민국임시정부 만세

이 反逆者의 罪相을 보라!

同胞諸君! 八, 一五以後의 民族反逆者가 누구이냐? 八, 一五以後에 우리民族을 分
裂식힌 元凶이 누구냐?
稀世의 野心家이며 惡魔인 呂運亨 과 朴憲永 이야말노 民族反逆者이며 民族分裂
의 元凶이다
呂運亨이가 反逆集團 「人民共和國」을 만들어 大統領이되랴고가진 陰謀와厚顏
無恥한戰術을 敢行한것은 一般이 周知하는事實이거니와 그들의運動資金은 都大體어데
서나왔는가를 調査하여보자!

一金 五千萬圓 滿洲關東軍參謀部
一金 五百萬圓 總督府警務局
一金 二百萬圓 朝鮮憲兵司令部
一金 五百萬圓 日本人世話會
一金 五十萬圓 大和塾 (保護觀察所)
一金 百萬圓 朴興植
一金 百萬圓 白樂承
一金 百萬圓 韓相龍

이外에 所謂 特別監察隊 들의 掠奪한 金品이 不知其數인데 그것으로 反逆集團 各
民委員會活動資金에 充當하엿스나. 前記資金의 大部分이 그들反逆者의 私生活費와
新聞記者買收資金으로 濫費되엿다.
朴憲永 은 朝鮮의 스탈린 首相을꿈꾸는者로 許憲, 呂運亨, 李康國等과密謀하여
各地人民委員會의署名捺印한請願書 五個年間 소聯軍隊가朝鮮에駐돈해달나는 ——請願
書를莫斯科三相會議開會前에發送하엿다.
同胞諸君! 前記呂, 朴一派의反逆的이며 賣國的行動으로因하여 信託統治案이決定
된것이다. 그래서 共産黨과人民黨에서는 信託統治를 極히讚揚하며 三相會議를絕對
支持한다고하지않는가?
이事實에對한 正確한認識을갖이고우리국民의總力을 賣國徒黨인共産黨打倒에 集中하
여야한다.

呂運亨, 朴憲永을打殺하라!
信託통치를 絕對反對하자!
죽엄으로써 自主獨立을얻자!
大韓民國政府를 支持하자!

檀紀四二七九年一月十二日

大韓靑年義血黨

대한청년의혈당 〈이 반역자의 죄상을 보라!〉 1946.1.12

동포제군! 8·15 이후의 민족반역자가 누구이냐? 8·15 이후에 우리 민족을 분열시킨 원흉이 누구냐?
희세의 야심가이며 악마인 여운형과 박헌영이야말로 민족반역자이며 민족분열의 원흉이다.
여운형이가 반역집단 「인민공화국」을 만들어 대통령이 되려고 갖은 음모와 후안무치한 전술을 감행한 것은 일반이 주지하는 사실이거니와 그들의 운동자금은 도대체 어디서 나왔는가를 조사하여 보자!
一金 5천만 원　만주관동군참모부
一金 5십만 원　총독부경무국
一金 2백만 원　조선헌병사령부
一金 5백만 원　일본인세화회
一金 5십만 원　대화숙(보호관찰소)
一金 백만 원　박흥식
一金 백만 원　백락승
一金 백만 원　한상용
이외에 소위 특별감찰대들의 약탈한 금품이 부지기수인데 그것으로 반역집단 인민위원회 활동자금에 충당하였으나, 前記 자금의 대부분이 그들 반역자의 사생활비와 각 신문기자 매수자금으로 濫費되었다.
박헌영은 조선의 스탈린 수상을 꿈꾸는 자로 허헌, 여운형, 이강국 등과 密謀하여 각지 인민위원회의 서명 날인한 청원서 — 5개년간 소련군대가 조선에 주둔해달라는 — 청원서를 모스크바 삼상회의 개회 전에 발송하였다.
동포제군! 前記 呂, 朴 일파의 반역적이며 매국적 행동으로 인하여 신탁통치안이 결정된 것이다. 그래서 공산당과 인민당에서는 신탁통치를 극히 찬양하며 삼상회의를 절대 지지한다고 하지 않는가?
이 사실에 대한 정확한 인식을 가지고 우리 국민의 총력을 매국도당인 공산당 타도에 집중하여야 한다.
여운형, 박헌영을 타살하라!
신탁통치를 절대 반대하자!
죽음으로써 자주독립을 얻자!
대한민국정부를 지지하자!

탁치반대국민총동원중앙위원회의 〈격!!〉 1946.1.12

친애하는 동포여! 망국의 한을 잊지 마라!
「탁치」는 또다시 우리 민족 멸망의 길이다. 친애하는 동포여! 굳게 단결하자!
「탁치지지」를 주장하는 매국노를 소탕하라
대한민국임시정부 절대 지지하자
자주독립 만세

檄!!
親愛하는同胞여! 亡國의恨을잊지마라!
「託治」는 또다시우리民族滅亡의길이다 親愛하는同胞여! 굳게
團結하자!
「託治支持」를 主張하는賣國奴를掃蕩하라
大韓民國臨時政府絶對支持하자
自主獨立萬歲
大韓民國二十八年一月十二日
託治反對國民總動員中央委員會

신탁통치반대국민총동원중앙위원회 〈선언〉 1946.1

경술국치 이래 36년에 우리는 다시 민족적 치욕과 조국의 위기에 맞닥뜨렸다. 「모스크바」 삼상회의에서 결정된 한국신탁통치안은 즉 그것으로 8·15 이후 우리들의 환희와 광명의 감격은 또다시 실망과 암흑의 구렁으로 몰아넣게 되었고 연합국에 대한 신뢰와 감사조차 회의와 불안 속에 덮이려고 한다. 여기에서 우리는 全 삼천만 민중의 총지를 통일 집결하여 신탁통치반대운동 전면적으로 전개함을 요청한다. 즉 「통치」 반대는 민족해방운동으로서의 독립운동의 재출발이다. 모든 계급적 당파적 局見을 단연 揚棄하고 각자가 허심회개하는 思地에서 통일건국과 건국구민의 유일한 노선으로 매진키로 하자!!

1905년(을사) 일본의 韓國監理와 1910년 庚戌 한국의 복멸은 우리가 국제적으로 전연 고립한 중에서 제국주의일본의 독단하에 결행되었고 英帝국은 영일동맹에서 제정 러시아는 「포쓰마우스」 강화조약에서 脣齒迷關係를 가진 각각 일본의 포함한 침략을 지지 혹 방관할 밖에 없었고 중국은 그 자위에 급급하여 거의 瀕危한 상태에서 전후 반세기에 가까운 항쟁을 하여 왔다 우리는 당시 한국의 표징과 타성적인 국제관계는 그로써 오늘날의 연합국에 대한 우호를 상할 바 아닌 것을 잘 안다. 그러나 오늘날 연합국은 선전한 희생으로써 국제괏쇼를 격쇄한 숭고한 처음 一念을 돌아보고 「카이로」 선언과 샌프란시스코 회의에서 작성된 국제헌장에 의하여 국제적으로 공약된 한국의 독립을 즉시 축성키에 전력을 다하지 아니하고 만일 「탁치」 문제로써 1905년의 과오를 거듭하는 경우에는 일본제국주의 40년의 침략으로 인한 전 동방과 전 세계의 불행을 연출하는 화근을 만드는 결과로 될 것이 명백하다.

제1차 세계대전에서 미국이 공약한 「민족자결」과 「非併土」 등 원안을 『베르사유』 평화회의에서 협상 측의 우주열강이 위반하였음으로 관하여 제2차 대전은 마침내 발발하는 禍因을 지었다. 이번에 『모스크바』 삼상회의에서 구제의 數國은 다시 미국과의 공약한 바를 위반하여 제3차 세계대전의 화근을 만들려고 한다. 이 문제에 관하여 고식적인 태도를 단연 청산하고 지금에 있어 발본적인 처리를 하지 않는 한에야 다시 미증유한 인류의 禍因을 불러내고 그들의 자손은 거의 주기적으로 전쟁의 참화를 되풀이하는 파국에 빠질 것이니, 이는 4개국의 책임 있는 정치가 및 그 민중들이 함께 심대한 사고로써 머리부터 방지함을 요할 바이다. 한국민족의 철저해방과 그의 완전자주독립은 전 동방 평화와 세계의 안녕상에 없지 못할 중대한 요점인 것을 잊어서는 아니 된다. 우리에게 민족통일로써 대우를 삼는가?? 북한 38도선을 살피로 한 남북 양단점령에서 야기된 사상적 당파적 약간 명의 혼란은 그 장벽의 철저 및 교통행위 등의 통일로써 즉시 해산시킬 것이다. 우리에게 자주의 힘이 없을 것을 의심하는가?? 과거 10세기 동안 史上에 뚜렷이 나타난 우리들의 서방대륙과 북방과 동남해양의 諸 민족의 부단한 침략을 혈전으로써 방지하면서 조국과 동포를 영구히 護持하여온, 강인하고 자제력이 강한 생생한 역사와 전통은 넉넉히 독립 자주의 실력을 파지하고 있음을 입증할 것이다. 우리에게 남북통일과 자주정치와 산업경제의 재건설과 국방무장의 정비 등으로써 하여 동방의 세계구성의 독립국가로서 참렬케 하여 세계평화의 한편의 분담자로서 확립하게 됨은 금차 대전에 있어서의 방심함을 허치 않는 필요과제가 아니면 아니 될 것이다.

우리는 모든 건국구민의 대의에서 일치단결하여 이 신탁통치반대와 자주독립완성의 날까지 모든 신축성과 대응성에 걸맞은 국민운동을 추진 전개 및 완성함을 요한다.

동포여!! 뭉처라. 신탁통치반대 국민총동원위원회의 깃발 아래로!! 그리고 봉화를 들어라.

우리는 첫째, 우리들 자신을 철저 해방시켜야 한다!! 둘째, 전 세계를 제3차 대전의 위기에서 건져버리자!!

宣言

檀紀四二七九年一月　日
信託統治反對國民總動員中央委員會本部

저 偉大한 八月十五日은 世界의 流血로말미암아 凱旋의記錄으로 되엿스나 그렇다고 우리에겐 반드시 偶然한것이라고는 볼수없는 일이다。우리에게도 過去에 피흘러 記錄도 있고、鬪爭에 鬪爭을 거듭한 史實도 없지않다。그러나 우리가 우리自身을 解放하기爲하야 全民族的 鬪爭을 敢行하지못한 事實만은 否認못할것이오 이것이 解放과 獨立을 부르짓는 우리의 過去의 弱點이기도하지만 팟쇼의 排擊과 弱少民族解放과 國際平和를 提唱하기에 일삼은 聯合國이 오늘 우리三千萬國民에게 自主獨立의 完成을 爲한다는 美名으로 信托統治의 侮辱을 合理化함에있어서는 實로 驚愕憤怒하지않을수없다。

祖國愛에 불타는 民族的憤激의 事實을 앞두고、回顧컨대、八月十五日以後 簇生된 政黨亂立의 事實은 大體 朝鮮의 自主獨立을 爲하야 무엇을 說明함이었든가。

解放은 朝鮮三千萬國民의 일홈아래에 約束된것이었으나 이 三千萬을 서로 서로 利權같이 불러가며 부르짖은 五十、六十 政黨의 黨爭은 그야말로 眞心과 誠意와 愛國心의 發露로서엿든가。그러나、그와反對로 모든 事態는 分裂로 化하야 群少英雄들이 곳곳에 陣을 치고 排他와 中傷과 테로로 政治의일을 삼었으니 八月十五日을 經過하야 四五箇月된 오늘 政治와 經濟、社會、文化、各方面을 通하야 아무런 進展이 없었고 나아가서는 國際舞臺에 朝鮮統一의 不可能이라는 印象을 三千萬民衆의일홈으로 주고말었다。이로말미아마 國民은 混濁低迷에 彷徨케되고 그威信을 喪失한 모든 政黨은 霹靂같이 電波를 通하야 달려든 信托統治앞에서 果然 무슨 準備가 있었든가、이것은 참으로 容恕못할 歷史的過誤를 犯함이안이었든가。

우리는 親日派와 叛逆者에對한 排擊과 嚴罰을 要求하는바이나 國權을 잃고 異民族의 壓政下에있든 三十六年의 蹂躪을넘어서 萬代에 누릴 國家完全獨立을 꾀하는 이날 엇지 親日派 叛逆者 팟쇼 云々만으로 不統一의原因을삼으며 獨立을 遲延하는理由로삼으랴。國家의獨立이없는곳에 人權도없고 自由도없고 生活도없고 政黨도 없다는것은 八月十五日以前이 賢明한事實로서우리에게 明示하고있지않는가。

보라 이느덧 聯合國은 우리에게 信托統治라는 苛酷한事實을 던지고있으니 이에 우리는 무었으로 答하여야 올으랴 오직 統一이 있을뿐이오 오늘 이 儼然한事實이 統一을爲한 內的外的의唯一絕對한 原動力이되지않으면 外來의 强力的 侵入以外에 우리의獨立은 없을것이다。이에 各政黨은 自黨의 小利를 버리고 世界의耳目에 뚜렷

을……이것은 土地가 작음도 않이요、人口가 적음도 않이요 오직 分裂이라는事實이니 우리를 弱體化한것도 이事理를 엇지버서나랴。다시 世界列強의 모든 歷史를 눈뜨고 살펴보라 어느列強에 우리의 몸과 마음을 함부로 許할것인가 實로 우리는 世界를 爲한다는 엉뚱한 事實보다 朝鮮을 세워야함이 더急한先務로 되여있음을 銘記하지않을수없다。

이에 우리는 八月十五日後 數個月동안 政事의統一을 祈願하며 自重하든次어느듯自主獨立은 우리의손을 떠나게되야 上殿을 合衆國에 모시고 蘇聯에 모시고 中國에 모시고 英國에 모시게됨에 우리는 드듸어 世界의奴隷란屈辱을 버슬수없을뿐만아니라 世界史上 初有의 이 植民地的事實을 물리치기爲하야 民衆의總意를 集結한托治不合作運動展開에 邁進하려는바이니

一、各政黨은 卽時 解消하야 統一政府를 樹立하며
一、親日派、叛逆者와 反獨立的言動을排擊하며
一、自主獨立完成을爲하야 信托政權을擊退하기로함

檀紀四二七八年十二月三十一日

中央文化協會

중앙문화협회 〈신탁통치배격 성명서〉 1945.12.31

저 위대한 8월 15일은 세계의 유혈로 말미암아 凱旋의 기록으로 된 것이나 그렇다고 우리에게 반드시 우연한 것이라고는 볼 수 없는 일이다. 우리에게도 과거에 피 흘린 기록도 있고, 투쟁에 투쟁을 거듭한 사실도 없지 않다. 그러나 우리가 우리 자신을 해방하기 위하여 전 민족적 투쟁을 감행하지 못한 사실만은 부인 못할 것이오. 이것이 해방과 독립을 부르짖는 우리의 과거의 약점이기도 하지만 팟쇼의 배격과 약소민족해방과 국제평화를 提唱하기에 일삼은 연합국이 오늘 우리 삼천만 국민에게 자주독립의 완성을 위한다는 미명으로 신탁통치의 모욕을 합리화함에 있어서는 실로 경악 분노하지 않을 수 없다.

조국애에 불타는 민족적 분격의 사실을 앞두고, 회고컨대, 8월 15일 이후 족생된 정당 난립의 사실은 대체 조선의 자주독립을 위하여 무엇을 설명함이었던가.

해방은 조선 삼천만 국민의 이름 아래에 약속된 것에 틀림없었으나 이 삼천만을 서로 서로 利權같이 불러가며 부르짖은 50, 60 정당의 당쟁은 그야말로 진심과 성의와 애국심의 발로로써였던가. 만일 그렇다면 그것은 오직 하나에로 귀일되고 통일된 것이 아니었던가. 그러나, 그와 반대로 모든 사태는 분열로 화하여 群小 영웅들이 곳곳에 진을 치고 배타와 중상과 테러로 정치의 일을 삼았으니 8월 15일을 경과하여 4, 5개월 된 오늘 정치와 경제, 사회, 문화, 각 방면을 통하여 아무런 진전이 없었고 나아가서는 국제무대에 조선통일의 불가능이라는 인상을 삼천만 민중의 이름으로 주고 말았다. 이로 말미암아 국민은 混濁低迷에 방황케 되고 그 위신을 상실한 모든 정당은 벽력같이 전파를 통하여 달려든 신탁통치 앞에서 과연 무슨 준비가 있었던가, 이것은 참으로 용서 못할 역사적 과오를 범함이 아니었던가.

우리는 친일파와 반역자에 대한 배격과 엄벌을 요구하는 바이나 국권을 잃고 이민족의 압정하에 있는 36년의 유린을 넘어서 만대에 누릴 국가완전독립을 꾀하는 이날 어찌 친일과 반역자 팟쇼 운동만으로 不統一의 원인을 삼으며 독립을 지연하는 이유로 삼으랴. 국가의 독립이 없는 곳에 인권도 없고 자유도 없고 생활도 없고 정당도 없다는 것은 8월 15일 이전이 현명한 사실로서 우리에게 명시하고 있지 않은가.

보라. 어느덧 연합국은 우리에게 신탁통치라는 가혹한 사실을 던지고 있으니 이에 우리는 무엇으로 답하여야 옳으냐. 오직 통일이 있을 뿐이오. 오늘 이 엄연한 사실이 통일을 위한 내적 외적의 유일절대한 원동력이 되지 않으면 외래의 强力的 침입 이외에 우리의 독립은 없을 것이다. 이에 각 정당은 自黨의 小利를 버리고 세계의 이목에 뚜렷한 민족의 권위로서의 통일정권을 수립하기에 매진하여야 하며 이것이 또한 우리의 살 길이요. 꼽박한 현실적 사정이 강요하는 바이니 이 이외의 모든 선택은 굴욕과 복종과 노예화를 초래할 것뿐이다.

보라 분열되는 나라의 운명과 비극을…… 중국의 오랜 半식민지적 역사와 인도의 사실을…… 이것은 토지가 적음도 아니요, 인구가 적음도 아니요. 오직 분열이라는 사실이니 우리를 약체화한 것도 이 사리를 어찌 벗어나랴. 다시 세계열강의 모든 역사를 눈뜨고 살펴보라. 어느 열강에 우리의 몸과 마음을 함부로 허할 것인가. 실로 우리는 세계를 위한다는 엉뚱한 사실보다 조선을 세워야함이 더 급한 선무로 되어있음을 명기하지 않을 수 없다.

이에 우리는 8월 15일 후 수 개월 동안 정사의 통일을 기원하며 자중하던 차 어느덧 자유독립은 우리의 손을 떠나게 되어 상전을 합중국에 모시고 소련에 모시고 중국에 모시고 영국에 모시게 됨에 우리는 드디어 세계의 노예란 굴욕을 벗을 수 없을 뿐만 아니라 세계사상 초유의 이 식민지적 사실을 물리치기 위하여 민중의 총의를 집결한 탁치불합작운동 전개에 매진하려는 바이니

一. 각 정당은 즉시 해소하여 통일정부를 수립하며
一. 친일파, 반역자와 反독립적 언동을 배격하며
一. 자주독립완성을 위하여 신탁정권을 격퇴하기로 함.

중앙문화협회 〈신탁통치반대 성명서〉 1946.1.12

우리가 다 알다시피 조선은 사천 년의 역사를 가진 나라입니다. 이 장구한 연대는 세계의 열강인 영국이나 소련이나 미국에서도 보기 어려운 역사의 기록으로 되어있습니다. 이 사천 년 동안 통일되고 단일된 조선민족은 일러전쟁의 승리를 계기로 한 군국주의 일본의 침략을 받아 36년 동안 국권을 빼앗기게 되어 지난 8월 15일까지 모든 모욕과 착취와 희생을 당하여 왔습니다. 그동안 우리의 모든 선배들은 이 국권을 찾아내기 위하여 해외에서 피를 흘리며 싸우고 국내에서 감금을 당하며 학살까지도 당하여 왔습니다.

그러던 중 1차 세계대전 후 파리강화조약에서 우리는 조선독립을 열망하고 기대하였던 것이나 세계열강은 민족자결주의를 14개조의 하나로 뚜렷이 선언하고서도 일본의 모략 때문에 독립을 승인하지 않았습니다.

제2차 세계대전이 벌어지자 연합국은 세계평화와 약소민족해방을 위하여 회담에서 조선을 자유로운 독립국가로 한다는 조문을 내세웠고, 포츠담회담에서 일본 영토를 제한하여 구주 사국 본토로 정하였으니 조선은 그 영토에서 제외된 것입니다. 이제 문제는 카이로회담 조문에 「적당한 시기」라는 것입니다. 그러면 이 적당한 시기란 대체 언제입니까. 모스크바 삼상회담에서 최고 5년이라고 하였습니다. 그러면 우리는 그것을 지지하여 이 5년을 기다려야 할 것입니까. 기다려서는 50년이 가도 독립은 못하기 쉽습니다.

독립을 원조 지지한다 함은 그렇게 결의하였으니 그렇게 구실 삼을 수밖에는 없는 것입니다. 우리는 거기에 속아서는 안 될 것입니다. 독립은 자주적으로 전취하는 것이요, 남의 인정을 기다려서는 원칙적으로 되지 않는 것입니다. 즉시 독립하여야 우리는 얼마나 놀라운 민족적 발전을 하겠습니까. 그렇다고 우리는 배타적으로 나아가자는 것은 절대로 아닙니다. 세계열강과는 외교적으로 우호적 제휴 아래에서 민주주의의 대세에 순응하여야 하겠으나 그 것은 의존함이 아니요, 어디까지든지 자주적 입장에서입니다. 세계강은 소련이고 영국이고 미국이고 할 것 없이 모두 다 자유와 독립을 생명 이상으로 소중히 여기는 바입니다. 그럼으로 우리가 독립을 주장한다고 미워하거나 나쁜 놈이라고는 하지 않을 것입니다. 전 생명을 바치고 독립을 요구함에서 더욱 우리의 민족적 권위와 가치를 높이 평가하여 줄 것입니다. 그럼으로 그 적당한 시기라는 것은 일본이 카이로 포츠담 양 회담을 수락한 후 또 일본군이 조선에서 완전히 철수한 오늘이 아니면 안 될 것입니다. 오늘이 바로 그날입니다. 오늘을 놓치면 부지하세월입니다. 생각해 보십시오. 적당한 시기가 대체 언제인가고? 명년입니까, 내명년입니까. 또 독립할 만한 정도라는 것은 무슨 일정한 수학적 공식이나 도표가 있는 것입니까. 독립을 안 주자면 또 5년 후라도 마찬가지 구실은 얼마든지 있습니다. 5년 동안에 조선이 정치적, 경제적으로 열강이 독립을 반드시 승인할 만큼 된다고 누가 보증하겠습니까. 5년 동안 신탁통치를 받는 것이 자주독립해서 5년 동안 건설하는 것보다 더 빨리 완전독립을 완수할 수 있겠습니까. 만일 최고로 5년이 지나서도 아직도 독립할 능력이 없다고 한다면 우리는 무기를 들고 영국에 달려들고, 미국과 싸우고. 소련에 가서 반항하겠습니까. 비행기를 태워주지 않으면 歐羅巴, 美洲, 蘇聯, 中國 천지를 徒步行脚하겠습니까. 이 변전하는 세상에서 5년 후의 삼외상은 누구가 될 것입니까. 최근 1년 동안만 보더라도 히틀러가 죽고 무솔리니가 죽고, 루즈벨트가 죽고 중국서 國共이 싸우고 승전한 처칠이 물러간 이 정세를 보면 5년 동안에 세계적으로 무슨 변화가 생길지 누가 알겠습니까. 또 원자폭탄을 둘러싸고 제3차 대전은 반드시 일어나지 않으리라고 누가 감히 단언하겠습니까. 그러면 자주권 없는 조선민족은 어디로 가야합니까. 망하기밖에 쉬운 것이 없는 것입니다. 때를 잃고 보면 또다시 세계에 방황하는 민족의 오명을 면치 못할 것입니다. 생각하여 보십시오. 이제 신탁통치가 실시되고 그 다음에 우리가 다시 독립운동을 한다고 가정해 보십시오. 영국에 가서 애원하고, 미국이나 중국에 가서 또다시 애원하면 「너희들은 신탁통치를 하여달라고 시위행렬까지 하지 않았는가」하면 우리는 어찌 얼굴을 들고 무엇으로 대답하겠습니까. 참으로 분하고 원통한 일입니다. 일본이 우리를 침략한 것은 그때 우리의 힘이 부족하였다고 하겠지만 독립을 강력히 주장하여야 할 이 시기에 삼상회담을 지지한다는 구실로 신탁통치를 구성한다는 시위행렬까지는 아무리 하여도 이해할 도리가 없고 또 민족적으로 보아 스스로 치욕을 자청함이 너무도 과하지 않습니까. 우리는 지금

後見管理나 後見統治라는 말은 쓰지 않고 信託이라고 합니다. 이것은 聯合國憲章 第七… 識的으로 알기 쉽게 말하자면 信託會社의 例나 規約과 그것이 잘 이 될 것입니다. 이歷史가 깊습니다. 여기에 길게 쓸 수는 없으나 大體로 破産當한 者나 精神異常者나 自己의 것을 自主的으로 處理할 能力이 없기 때문에 어떠한 法的인 團體에 自己의 것을 處理 못하게 하는 것입니다. 에서 그 自主的 能力이 생겼다고 認定할 때까지는 決코 마음대로 處理 못하게 하는 것입니다. 그다음부터는 自己의 것을 맡겨 놓고서도 빌어야 합니다. 後見이라 하여 個人이거나 社會거나 國家거나 마찬가지이니 한 나라라도 억울한데 政治形態가 다르면 어얼마나 기막힌 일입니까. 萬一 三外相會談을 支持하는 문들의 말과 같이 後見 聯合國이 實際에 있어서 우리에게 어떠한 管理政治를 行하는가고…… 또 이 信託이 朝鮮에만 適用되는 最初의 일이 아닙니까. 우리는 이것을 물러쳐야 할 것입니다.

三外相會談 近處에나 갔다 왔읍니까, 結局 電波에만 놀고 있고 재흠만 벌려지고 있고. 衆이 한 덩어리로 뭉쳐야 이것이 解決되고, 우리의 前路에 曙光이 빛일 것입니다. 朝의 靑年과 우리의 無窮한 後代에 繼承될 것이 아닙니까, 그 갈길은 그들의 마음과 뜻에 리가 獨立이라는 것만은 찾어 놓아야 하지 않겠읍니까, 그러므로 우리는 獨立한다는 牲이라도 覺悟하고 勇進하여야 할 줄 압니다. 우리는 美蘇兩軍政會談을 둘러싸고 反託大示威를 또다시 하기로 하여야 할 것입니다. 지지 않으리라고 어찌 믿겠읍니까, 全民族의 總意를 그들 앞에 보여주어야 할 것입니다.

檀紀 四二七九年 一月 十二日

中央文化協會

信託統治反對聲明書

우리가 다 아다싶이 朝鮮은 四千年의 歷史를 가진 나라입니다. 이 長久한 年代는 世界의 列强인 英國이나 蘇聯이나 美國에서도 보기어려운 歷史의 記錄으로 되어있읍니다. 이 四千年동안 統一되고 單一된 朝鮮民族은 日露戰爭의 勝利를 契機로 한 軍國主義 日本의 侵略을 받어 三十六年동안 國權을 빼앗기게되야 지난 八月 十五日까지 모든 屈辱과 搾取와 犧牲을 當하여 왔읍니다. 그동안 우리의 모든 先輩들은 이 國權을 찾어내기 爲하야 海外에서 피를 흘리며 國內에서 虐殺까지 當하여 왔읍니다. 그러든 中 第一次 世界大戰後 巴里媾和條約에서 世界列强은 民族自決主義를 十四個條의 하나로 뚜렷이 宣言하고서 우리는 朝鮮獨立을 熱望하고 期待하였든 것이나 世界列强은 承認하지 않었읍니다. 第二次 世界大戰이 버러지자 聯合國은 世界平和와 弱少民族解放을 爲하야 카이로會談에서 朝鮮을 自由로운 獨立國家로 한다는 條文을 내세웠고, 포츠담會談에서 日本領土를 制限하야 九州, 四國 本土로 定하였으니 朝鮮은 그 領土에서 除外된것입니다. 이제 問題는 카이로 會談條文에 「適當한時期」라는것입니다. 그러면 이 適當한時期란 大體 언제입니까, 莫斯科三外相會談에서 最高 五年이라고 하였읍니다. 그러면 우리는 그것을 支持하야 이 五年을 기다려야 할것입니까, 기다려서는 五十年이가도 獨立은 못하기쉽습니다. 그러면 獨立을 援助支持한다함은 그렇게 決議하였으니……

근대서지총서2 그림 191

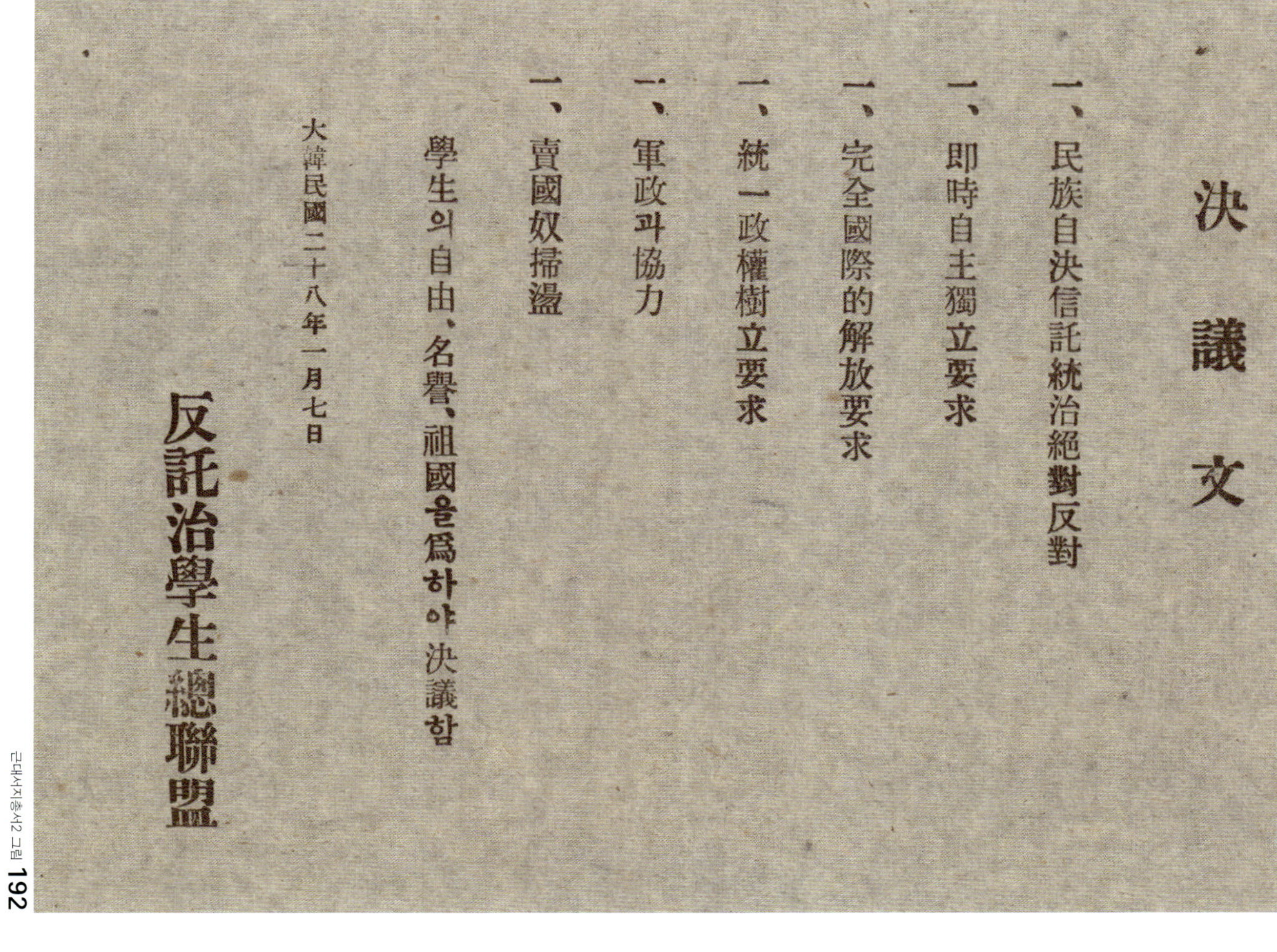

決議文

一、民族自決信託統治絕對反對
一、即時自主獨立要求
一、完全國際的解放要求
一、統一政權樹立要求
一、軍政과 協力
一、賣國奴掃盪
學生의 自由、名譽、祖國을 爲하야 決議함
大韓民國二十八年一月七日
反託治學生總聯盟

근대서지총서2 그림 192

전 민족적으로 탁치를 반대하는 한편 정치적으로 이 반탁운동을 토대로 하여 국제에 여론을 일으켜야 할 것 아닙니까. 우리는 충분히 독립할 능력이 있고, 또 세계에는 우리보다 못한 나라가 독립국으로 얼마든지 있고 또 외몽고 같은 나라는 우리보다 역사나 문화가 높아서 독립한 것이라고는 반드시 볼 수는 없을 것입니다. 또 우리의 독립은 결코 무상의 대가도 아닙니다. 일본에 침략된 후 3·1운동 이후 우리는 얼마나 독립운동을 하여왔습니까. 이제 독립을 못하면 또 성명 삼자가 설 자리를 얻지 못할 것이니 나라가 독립 못하고 무엇이 있겠습니까. 계급해방도 없고 인권도 다 없는 것은 8월 15일 이전이 잘 증명하지 않습니까. 열강 열강하고 열강만 믿어서는 안 될 것입니다. 세계열강이란 모든 식민지의 것으로 강해지질 않았습니까. 세계역사를 잘 보셔야 합니다.

또 요사이 신탁이라는 말이 번역이 잘못되어 오해받는다고 하는 분들도 있으나 결국, 오해된 번역은 아닙니다. 「트러스트쉽」이란 확실히 신탁입니다. 또 듣기 좋게 「후견」이라 하여도 맛뜻은 마찬가지입니다. 오직 국제상 용어로는 후견관리나 후견통치라는 말은 쓰지 않고 신탁이라고 합니다. 이것은 연합국헌장 제75조에 뚜렷이 쓰여 있습니다. 상식적으로 알기 쉽게 말하자면 신탁회사의 예나 규약으로 보시면 잘 아실 것입니다. 이 신탁이라는 말에는 歐洲에 있어서는 이미 역사가 깊습니다. 여기에 길게 쓸 수는 없으나 대체로 파산당한 자나 정신이상자나 연소한 자가 철이 나지 못하여 자기의 것을 자주적으로 처리할 능력이 없기 때문에 어떠한 법적인 단체에 자기의 것을 철이 들 때까지 위탁하여 두면 거기에서 그 자주적 능력이 생겼다고 인정할 때까지는 결코 마음대로 처리 못하게 하는 것이니 마치 금치산과 거의 같은 성질의 것입니다. 그 다음부터는 자기의 것을 맡겨놓고서도 빌어야 합니다. 후견이라 하여도, 꼭 그와 마찬가지입니다. 이것은 개인이거나 사회거나 국가거나 마찬가지이니 한 나라도 억울한데 정치형태가 다른 연합 4, 5개국에 신탁 혹은 후견되면 이 얼마나 기막힌 일입니까. 만일 삼외상회담을 지지하는 분들의 말과 같이 후견이라고 한다 하더라도 승인해 보십시오. 연합국이 실제에 있어서 우리에게 어떠한 관리정치를 행하는가 하고…… 또 이 신탁이나 후견관리란 세계역사상에서 오직 조선에만 적용되는 최초의 일이 아닙니까. 우리는 이것을 물리쳐야 할 것입니다. 이것을 물리치기 위하여 우리는 미소양군정회담이 있기 전에 또다시 반신탁대운동을 전 민족적으로 전개하여야 할 것입니다. 국제의 내막이 어떠한지 조선서 지금 정당끼리 무얼 하고 있는지 우리는 참으로 위기에 닥치고 있습니다. 조선서 서로서로 떠들어도 누구 한 분 모스크바 삼외상회담 근처에나 갔다 왔습니까. 결국 전파에만 놀고 있고 싸움만 벌어지고 있으니 우리는 전 민족의 이름으로 민중이 한 덩어리로 뭉쳐야 이것이 해결되고, 우리의 전로에 서광이 비칠 것입니다. 조선을 누가 가지든지 그것은 우리의 청년과 우리의 무궁한 후대에 계승될 것 아닙니까. 그 갈 길은 그들의 마음과 뜻에 달렸겠지만 이 현 단계에 있어서 우리가 독립이라는 것만은 찾아놓아야 하지 않겠습니까. 그러므로 우리는 독립한다는 이 엄숙한 사실 앞에서는 어떠한 희생이라도 각오하고 용진하여야 할 줄 압니다.

우리는 미소양군정회담을 둘러싸고 반탁대시위를 또다시 하기로 하여야 할 것입니다. 그들이 우리의 기대에 어그러지지 않으리라고 어찌 믿겠습니까. 전 민족의 총의를 그들 앞에 보여주어야 할 것입니다.

「모스크바」三相會議의 決定이、아래와가치 그 一、二兩項에서는、朝鮮의 民主主義的 自由獨立國家建設을、援助한다고規定하고、第三項에서는、美소共同委員會가組織한、朝鮮臨時政府에、諮問하야最高五個年期間、의 朝鮮信托에對한、共同檢討를、行한다는、趣旨의決定이다。그럼으로 우리는 聯合國家와의、友好關係에돌아보아、그들이 朝鮮의民主義的自由獨立國家建設하는데에、援助한다는、精神과意圖는、感謝하야全面的으로支持하나그手段方法으로서의、美소共同委員會가朝鮮임時政府를組織하고、그政府에朝鮮信托을諮問決定하랴함은、自主獨立精神에根本的으로 背馳되는故로 四大政黨은이信托統治를反對拒否하는方法으로는、우리손으로左右兩翼이統一하야 우리의三十年歷史를가지고民族總意로組織된 現臨時政府를中心으로 過渡政府를組織하고、그政府로하여곰 朝鮮信托의諮問을一致團結하야 거否하자는、手段方法을規定하고反對運動에서 한거름더나가서信托을拒否하는、方略을樹立하여 다음의共同콤뮤니케를發表하엿스니 臨時政府를美소共同委員會에서、組織하는것을反對하고、우리臨時政府로하여곰 우리가自主的으로解決함은 分明히三相會議의決定한手段方法을反對하고、信托을共同戰線으로拒否하자함이確然하거늘、民族統一에不誠意하고、自黨의모累만을피하는者一部가 共同콤뮤니케를誤用宣傳하여、統一戰線을攪亂함은遺憾千萬이다、大衆은正確한認識과信念으로우리의손으로信托을拒否할째지、一致團結하야、國民總力戰을展開하자

檀紀四二七九年 一月十二日

國 民 黨

三國外相會議의 朝鮮에 對한 決定 (莫사科發通信)

一、朝鮮의自由獨立國家를建設하고 이國家를民主主義的路線으로發展시킬條件의構成과 日本통治의長期的害毒을急速히淸掃할目的으로 임時民主主義政府를組織하야朝鮮의 産業、交通、農業發展과朝鮮民族의 民族文化의發展을爲하야 必要한온갖對策을取함

二、朝鮮임時政府에 援助하기爲하야 미리援助의對策을講究기爲하야 南部朝鮮이美軍司令官과 北部朝鮮소聯軍司令官의代表으로共同委員會를組織하며 이委員會는全體事業에對한 提案作成에있어 朝鮮의民主主義的정黨과 社會團體에諮問함、委員會에서 作成한提案을共同委員會에代表인兩國의 最終的決定을取하기前에반드시美國 蘇聯邦 大英帝國 中國政府에檢討시키기爲하야傳達함

三、共同委員會에는 朝鮮臨時政府의 朝鮮民主主義團體를參加시켜 朝鮮民族의정治的、經濟的進步에對한援助와協力(信托)의對策을講究함 共同委員會提案은朝鮮臨時政府에諮問한後美國、소聯邦、大英帝國及中國政府에最高五個年 期間의 朝鮮信託에對한共同檢討를行기爲하야傳達함

四黨共同콤뮤니케

一、莫府三相會議의 朝鮮問題決定에對하야 朝鮮問題에關한 莫斯科三國外相會議의決定에對하야 朝鮮의自主獨立을保障하고 民主主義的發展을 援助한다는 精神과意圖는 全面的으로 支持한다「信托」(國際憲章에依하야疑懼되는信託制度)은 將來樹立될 우리政府로하여곰 自主獨立의

국민당 〈신탁통치를 반대 거부하는 방략〉 1946.1.12

「모스크바」 삼상회의의 결정이, 아래와 같이 그 1, 2 양항에서는, 조선의 민주주의적 자유독립국가 건설을, 원조한다고 규정하고, 제3항에서는, 미소 공동위원회가 조직한, 조선임시정부에, 자문하여 최고 5개년의, 조선신탁에 대한, 공동검토를, 행한다는, 취지의 결정이다. 그럼으로 우리는 연합국가와의, 우호관계에 돌아보아, 그들이 조선의 민주주의적 자유독립국가 건설하는 데에, 원조한다는 정신과 의도는, 감사하여 전면적으로 지지하나 그 수단방법으로서의, 미소 공동위원회가 조선임시정부를 조직하고, 그 정부에 조선신탁을 자문 결정하려함은, 자유독립정신에 근본적으로 배치되는 고로 4대 정당은 이 신탁통치를 반대 거부하는 방법으로는, 우리 손으로 좌우양익이 통일하여 우리의 삼천 년 역사를 가지고 민족 총의로 조직된 현 임시정부를 중심으로 과도정부를 조직하고, 그 정부로 하여금 조선 신탁의 자문을 일치단결하여 거부하자는, 수단방법을 규정하고 반대운동에서 한 걸음 더 나아가서 신탁을 거부하는, 방략을 수립하여 다음의 공동코뮤니케를 발표하였으니 임시정부를 미소 공동위원회에서 조직하는 것을 반대하고, 우리 임시정부로 하여금 우리가 자주적으로 해결함은 분명히 삼상회의의 결정한 수단방법을 반대하고, 신탁을 공동전선으로 거부하자함이 확연하거늘, 민족통일에 불성의하고, 자당의 모략만을 꾀하는 자 일부가 공동코뮤니케를 오용 선전하여, 통일전선을 교란함은 유감천만이다. 대중은 정확한 인식과 신념으로 우리의 손으로 신탁을 거부할 때까지, 일치단결하여, 국민총력전을 전개하자.

국민당

삼국외상회의의 조선에 대한 결정(모스크바發 통신)

一. 조선의 자유독립국가를 건설하고 이 국가를 민주주의적 노선으로 발전시킬 조건의 구성과 일본통치의 장기적 害毒을 급속히 청소할 목적으로 임시민주주의정부를 조직하여 조선의 산업, 교통, 농업발전과 조선민족의 발전을 위하여 필요한 온갖 대책을 취함.

二. 조선임시정부에 원조하기 위하여 미리 원조의 대책을 강구키 위하여 남부조선이 미군사령관과 북부조선 소련군사령관의 대표로 공동위원회를 조직하며 이 위원회는 전체 사업에 대한 제안 작성에 있어 조선의 민주주의적 정당과 사회단체에 자문함. 위원회에서 작성한 제안을 공동위원회에 대표인 양국의 최종적 결정을 취하기 전에 반드시 미국 蘇연방 대영제국 중국정부에 검토시키기 위하여 전달함.

三. 공동위원회에는 조선임시정부의 조선민주주의단체를 참가시켜 조선민족의 정치적 경제적 진보에 대한 원조와 협력(신탁)의 대책을 강구함. 공동위원회 제안은 조선임시정부에 자문한 후 미국 蘇연방 대영제국 및 중국정부에 최고 5개년 기간의 조선신탁에 대한 공동검토를 행키 위하여 전달함.

四黨共同콤뮤니케

一. 막부삼상회의의 조선 문제 결정에 대하여 조선 문제에 관한 모스크바삼국외상회의의 결정에 대하여 조선의 자주독립을 보장하고 민주주의적 발전을 원조한다는 정신과 의도는 전면적으로 지지한다. 「신탁」(국제헌장에 의하여 疑懼되는 신탁제도)은 장래 수립될 우리 정부로 하여금 자주독립의 정신에 의하여 결정케 함.

반탁전국학생총연맹 〈성명서〉 1946.1.12

완전한 자유에 신탁이니 후견이니 운운하는 여유 있는 자는 조선을 떠나라 삼상회의 지지는 조선의 진보적 노선이라 하는 자는 누구냐? 그 이유가 어디에 있나냐? 이면에 세력 이해관계로 오천 년 역사와 빛나는 문화를 파는 매국노들의 음모 파괴를 유일한 기술로 한 최후 발악을 보라.

전국 학생 일동 (매국노 학생 제거)을 맞다.

이 연합국 학생과 같이 평화의 종소리를 듣지 아니하면 안 된다.

이게 신조선의 바른 노선이다.

결의문

一. 민족자결 신탁통치 절대 반대

一. 즉시 자주독립 요구

一. 완전 국제적 해방 요구

一. 통일정권 수립 요구

一. 매국노 소탕

학생의 자유, 명예, 조국을 위하여 결의함

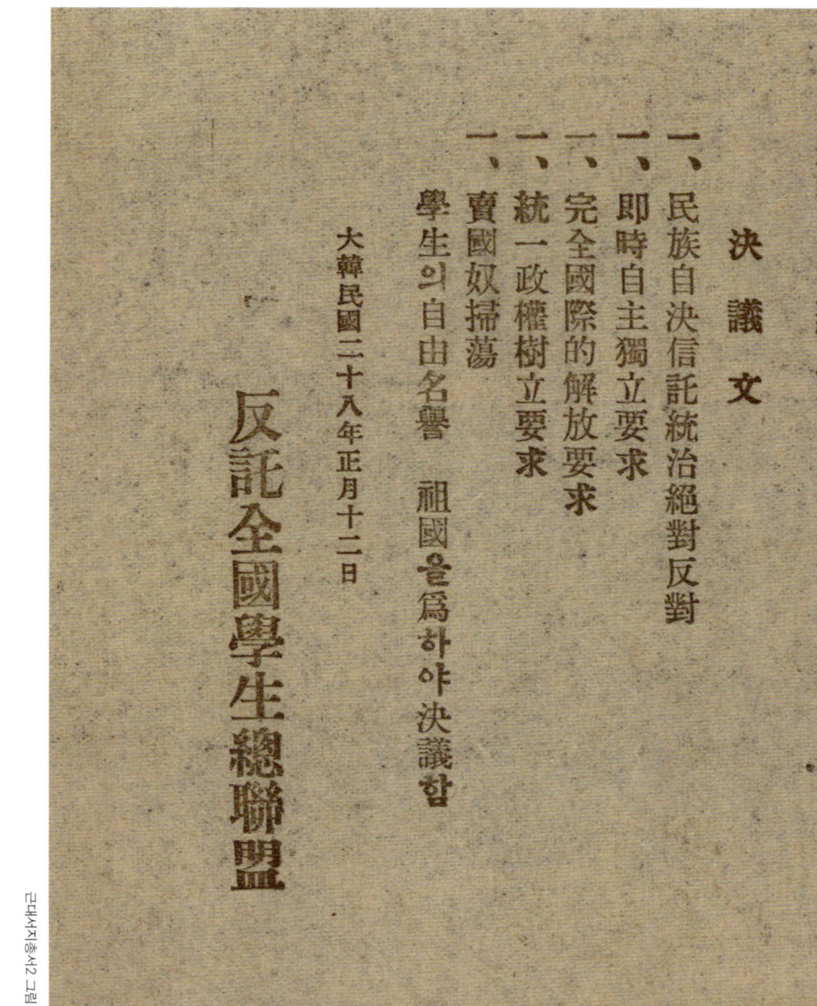

聲 明 書

完全한自由에信託이니後見이니云々하는餘裕잇는者는朝鮮을떠나라 三相會議支持는朝鮮의進步的路線이라하는者는누구냐? 그理由가奈邊에잇나 裏面에勢力利害關係로五千年歷史와빗나는文化을파는賣國奴들의陰謀破壞을唯一한技術로한最後發惡을보라

全國學生一同(賣國奴學生除去)을맛다。

이聯合國學生과갓이 平和의종소리을듯지안이하면안된다 이게

新朝鮮의바은路線이다

決議文

一、民族自決信託統治絕對反對

一、卽時自主獨立要求

一、完全國際的解放要求

一、統一政權樹立要求

一、賣國奴掃蕩

學生의自由名譽 祖國을爲하야決議함

大韓民國二十八年正月十二日

反託全國學生總聯盟

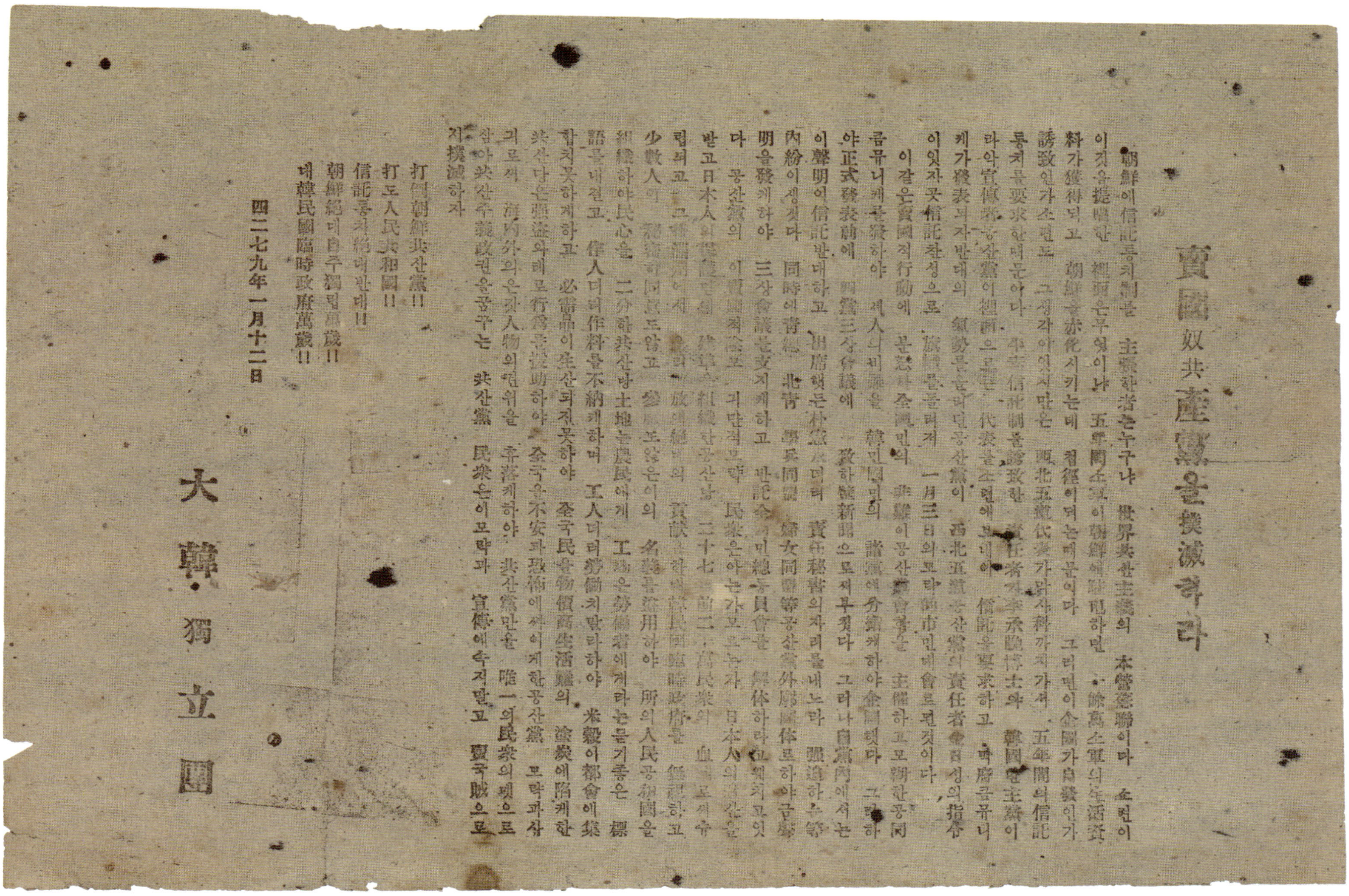

대한독립단 〈매국노 공산당을 박멸하라〉 1946.1.12

조선에 신탁통치제를 주장한 자는 누구냐. 세계 공산주의의 본영 소련이다. 소련이 이것을 제창한 이면은 무엇이냐. 5년간 蘇軍이 조선에 주둔하면 십여 만 소군의 生活資料가 획득되고 조선을 赤化시키는 데 첩경이 되는 때문이다. 그러면 이 기도가 자발인가 유치인가. 소련도 그 생각이 있지만은 서북 5도 대표가 모스크바까지 가서 5년간의 신탁통치를 요구한 때문이다. 평소 신탁제를 유치할 책임자가 이승만 박사와 한국민주당이라 惡宣傳者 공산당이 이면으로는 대표를 소련에 보내어 신탁을 요구하고 모스크바 코뮤니케가 발표되자 반대의 기세를 올리던 공산당이 서북오도 공산당의 책임자 김일성의 지령이 있자 곧 신탁 찬성으로 기치를 돌려서 1월 3일의 모략적 시민대회로 된 것이다.
이 같은 매국적 행동에 분노한 전 국민의 비난이 공산당 회합을 주최하고 모호한 공동코뮤니케를 발하여 세인의 비난을 한민 국민의 諸黨에 분담케 하여 기도했다. 그리하여 정식 발표 전에 사당 삼상회의에 일치된 벽신문으로 써 붙였다. 그러나 자당 내에서는 이 성명이 신탁 반대하고 출석했던 박헌영더러 책임비서의 자리를 내놓으라고 강박하는 등 내분이 생겼다. 동시에 靑總, 北靑, 학병동맹, 부녀동맹 등 공산당 외곽 단체로 하여금 성명을 발케 하여 삼상회의를 지지케 하고 반탁전국민총동원을 해체하라고 외치고 있다. 공산당의 이 매국적 음모 기만적 모략 민중은 아는가 모르는가. 일본인의 재산을 받고 일본인의 보호 밑에 建準을 조직한 공산당 27년 전 삼천만 민중의 혈투로써 수립되고 그 만주에서 우리 해방에 절대의 공헌을 한 대한민국임시정부를 무시하고 소수인이 비밀히 동의도 않고 참석도 않은 이의 명의를 도용하여 소위 인민공화국을 조직하여 민심을 二分한 공산당 토지는 농민에게 공장은 노동자에게라는 듣기 좋은 표어를 내걸고 作人더러 작료를 不納케 하며 工人더러 노동치 말라 하여 미곡이 도회에 집합치 못하게 하고 필수품이 생산되지 못하여 전 국민을 物價高 生活難의 도탄에 빠뜨린 공산당은 강도와 테러행위를 원조하여 전국을 불안과 공포에 싸이게 한 공산당 모략과 사기로써 해내외의 온갖 인물의 권위를 추락케 하여 공산당만을 유일의 민중의 벗으로 삼아 공산주의 정권을 꿈꾸는 공산당 민중은 이 모략과 선전에 속지 말고 賣國賊으로서 박멸하자.
타도 조선공산당!!
타도 인민공화국!!
신탁통치 절대 반대!!
조선절대자주독립 만세!!
대한민국임시정부 만세!!

기독교흥국형제 명의의 〈격!〉 1946.1

아! 삼천만의 머리 위에 「탁치」의 폭탄이 떨어졌다! 어찌할 것이냐? 오직 총 단결하여 「정의의 싸움」이 있을 뿐이다. 이 굴욕을 받고 살 것이냐? 아니다! 피를 부어 희생의 제물이 되자!! 성스러운 우리 근역의 자주독립을 위하여 男女老幼, 좌익우익을 물론하고 모두 다 나오라! 이 전선에 발맞추어 완전독립을 전취하기까지 씩씩히 진군하자! 하나님이 우리 편이 되시니 누가 능히 우리를 대적할 것이냐. 반드시 최후의 승리가 있을 것이다.

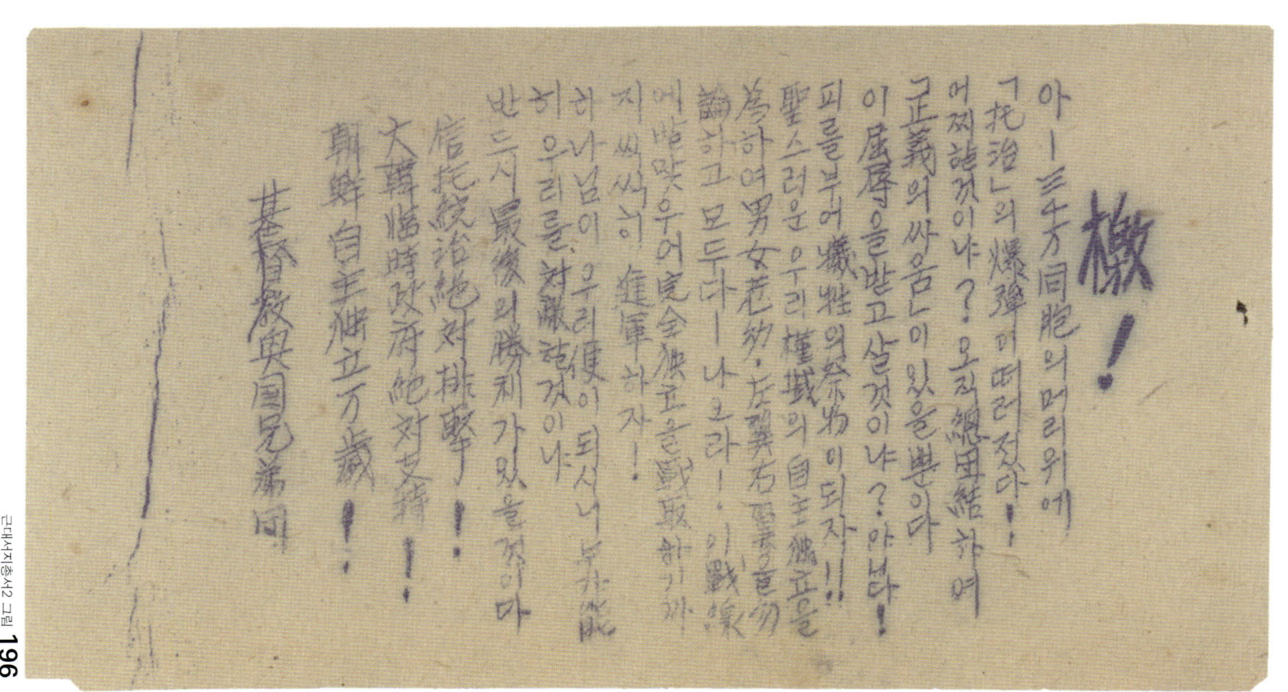

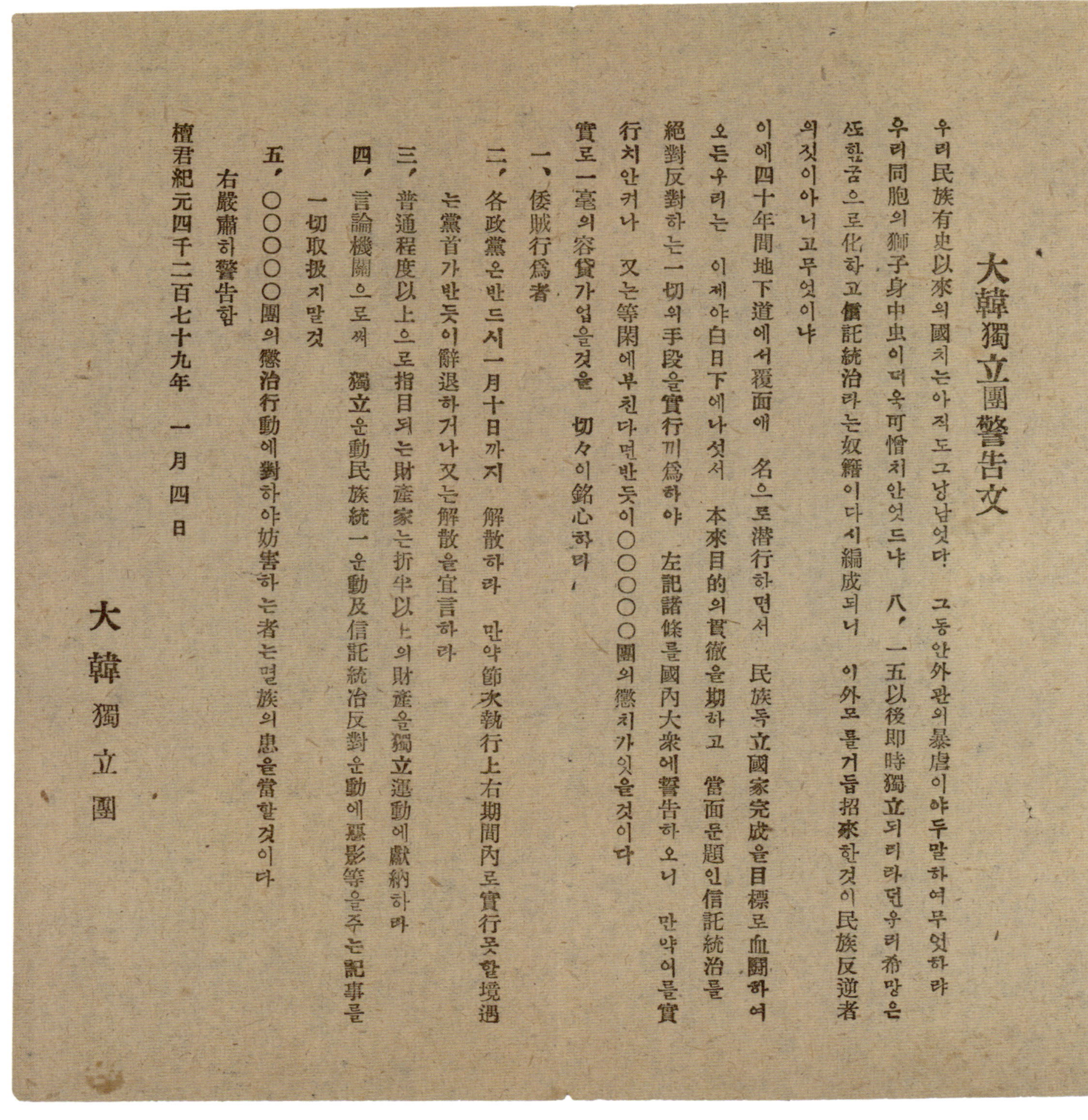

대한독립단 〈대한독립단 경고문〉 1946.1.4

우리 민족 유사 이래의 국치는 아직도 그냥 남았다. 그동안 외관의 포학이야 두말하여 무엇하랴.

우리 동포의 사자 몸 속의 벌레가 더욱 가증치 않았더냐. 8·15 이후 즉시 독립되리라던 우리 희망은 또한 꿈으로 화하고 신탁통치라는 奴籍이 다시 편성되니 이 외모를 거듭 초래한 것이 민족반역자의 짓이 아니고 무엇이냐.

이에 40년간 지하도에서 覆面에 (假)名으로 잠행하면서 민족독립국가 완성을 목표로 혈투하여 오던 우리는 이제야 백일하에 나서서 본래 목적의 관철을 기하고 당면문제인 신탁통치를 절대 반대하는 일체의 수단을 실행키 위하여 左記 諸條를 국내 대중에 서고하오니 만약 이를 실행치 않거나 또는 등한에 부친다면 반드시 ○○○○○團의 징치가 있을 것이다.

실로 일호의 용대가 없을 것을 절절이 명심하라.

一. 왜적행위자
二. 각 정당은 반드시 1월 10일까지 해산하라 만약 절차 집행상 右 기간 내로 실행 못할 경우는 당수가 반드시 사퇴하거나 또는 해산을 선언하라
三. 보통 정도 이상으로 지목되는 재산가는 절반 이상의 재산을 독립운동에 헌납하라
四. 언론기관으로써 독립운동 민족통일운동 및 신탁통치반대운동에 惡影 등을 주는 기사를 일절 취급치 말 것
五. ○○○○○團의 징치행동에 대하여 방해하는 자는 멸족의 환을 당할 것이다
右 엄숙히 경고함

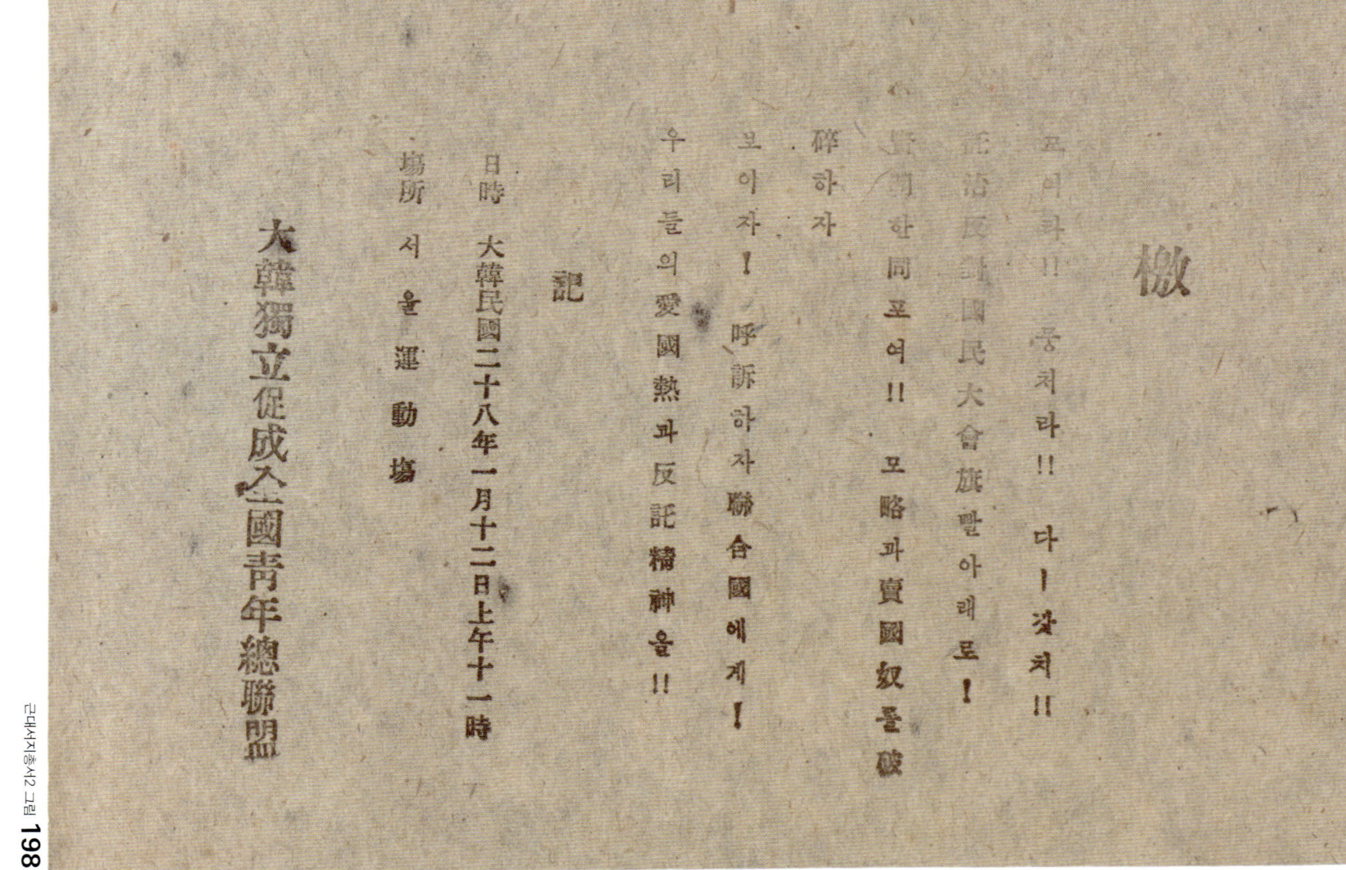

대한독립촉성전국청년총연맹, 1월 20일 '탁치반대국민대회' 참석을 독려하는 〈격〉 1946.1

모여라!! 뭉쳐라!! 다 같이!!
탁치반대 국민대회 깃발 아래로!
현명한 동포여!! 모략과 매국노를 파쇄하자.
보이자! 호소하자 연합국에게!
우리들의 애국열과 반탁정신을!!

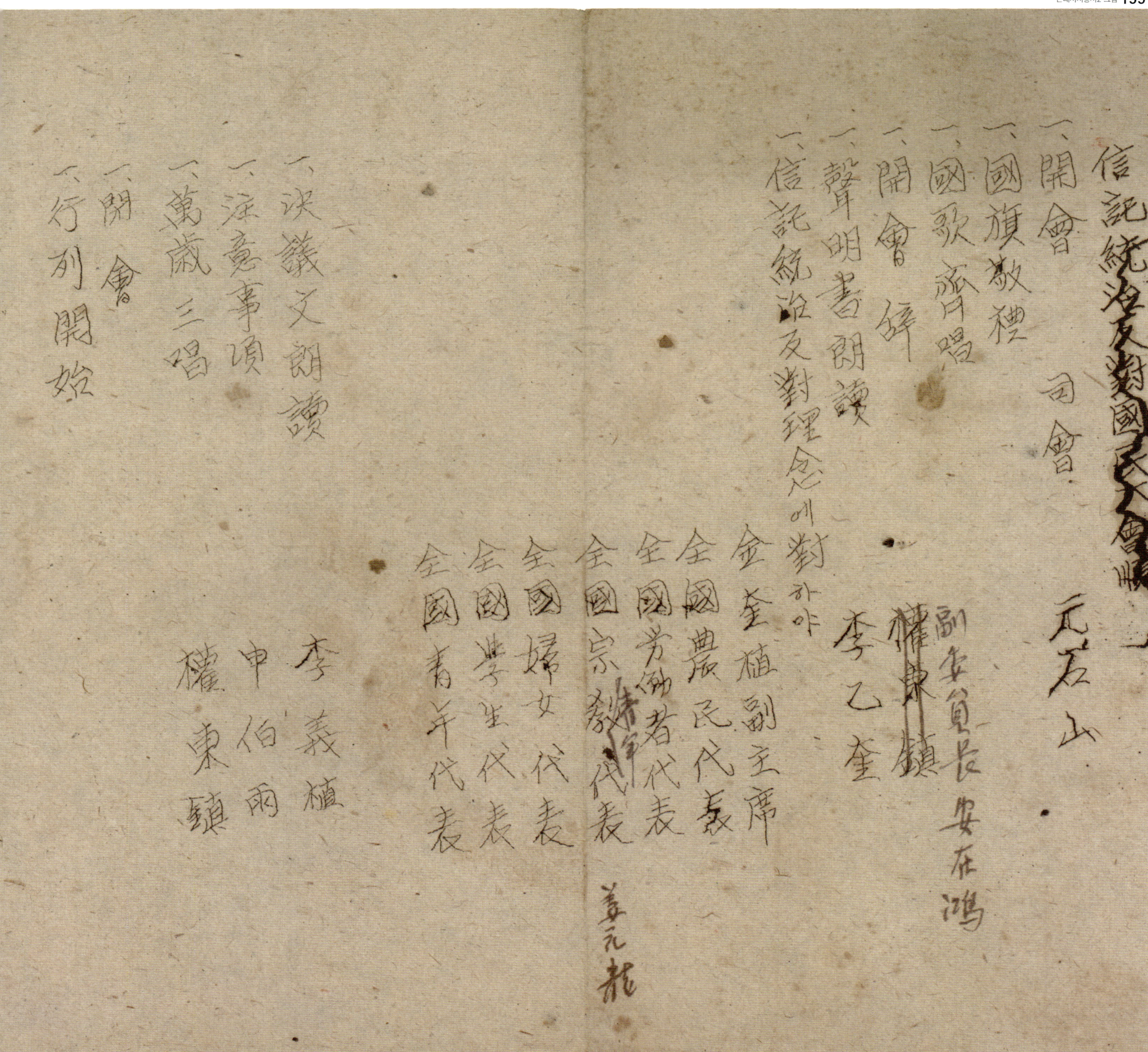

信託統治反對國民大會順序

一、開會　　司會　　元容山
一、國旗敬禮
一、國歌齊唱
一、開會辭
一、聲明書朗讀
一、信託統治反對理念에對하야

副委員長　安在鴻
權東鎭
李乙奎

金奎植　副主席
全國農民代表
全國勞働者代表
全國宗敎代表
全國婦女代表
全國學生代表
全國靑年代表

姜元龍

一、決議文朗讀
一、注意事項
一、萬歲三唱
一、閉會
一、行列開始

李義植
申伯雨
權東鎭

재야단체들의 신탁통치반대국민대회 식순 1946.1.12

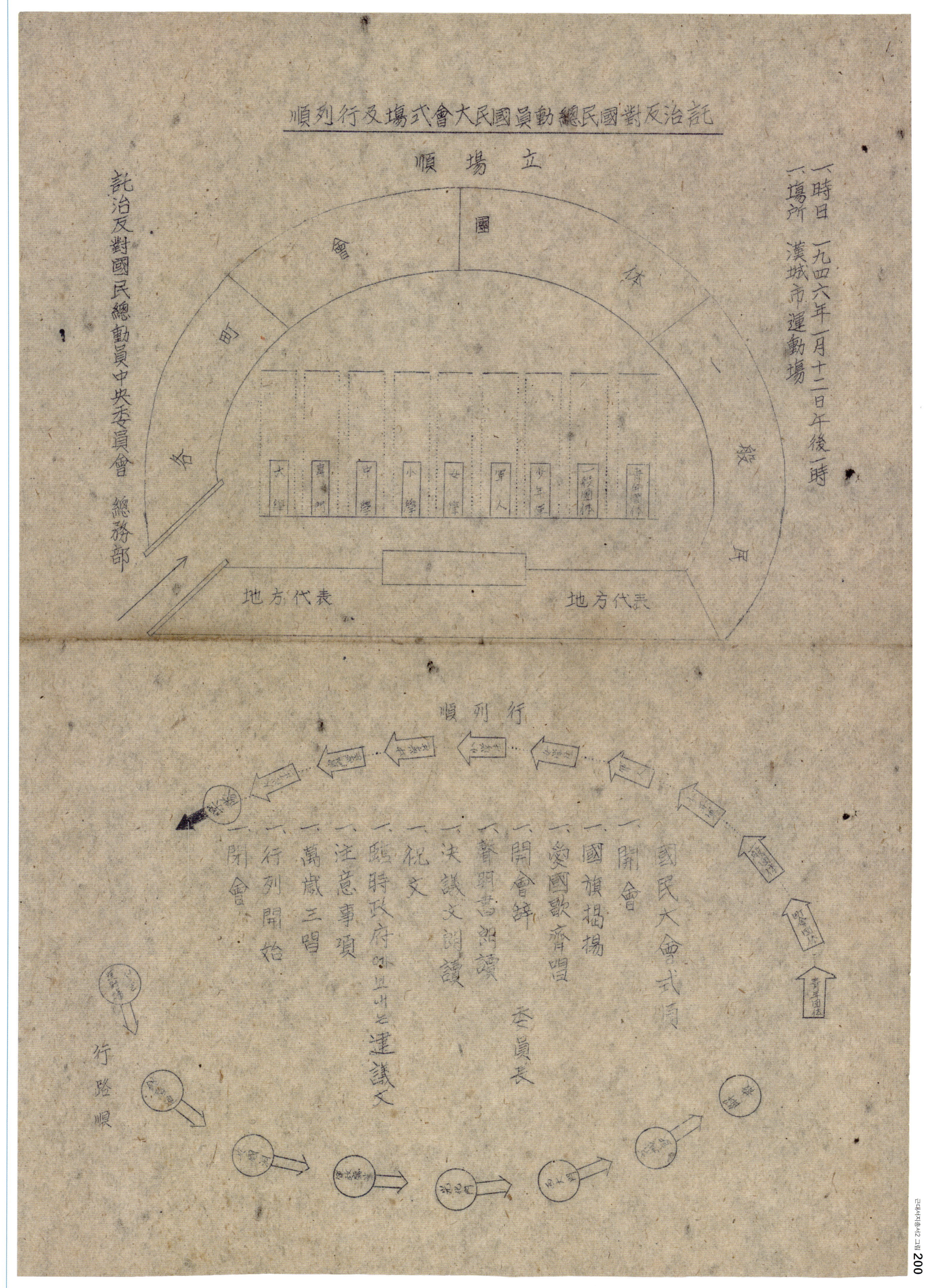

託治反對國民總動員國民大會式場及行列順
順 立場 圖
國 體 會 町 各 學校
大學 專門 中學 小學 女學 軍人 少年軍 各團體
地方代表
地方代表
一、時日 一九四六年一月十二日午後一時
一、場所 漢城市運動場
託治反對國民總動員中央委員會 總務部
順列行
國民大會式順
一、開會
一、國旗揭揚
一、愛國歌齊唱
委員長
一、開會辭
一、聲明書朗讀
一、決議文朗讀
一、祝文
一、臨時政府에보내는 建議文
一、萬歲三唱
一、行列開始
閉會
行路順

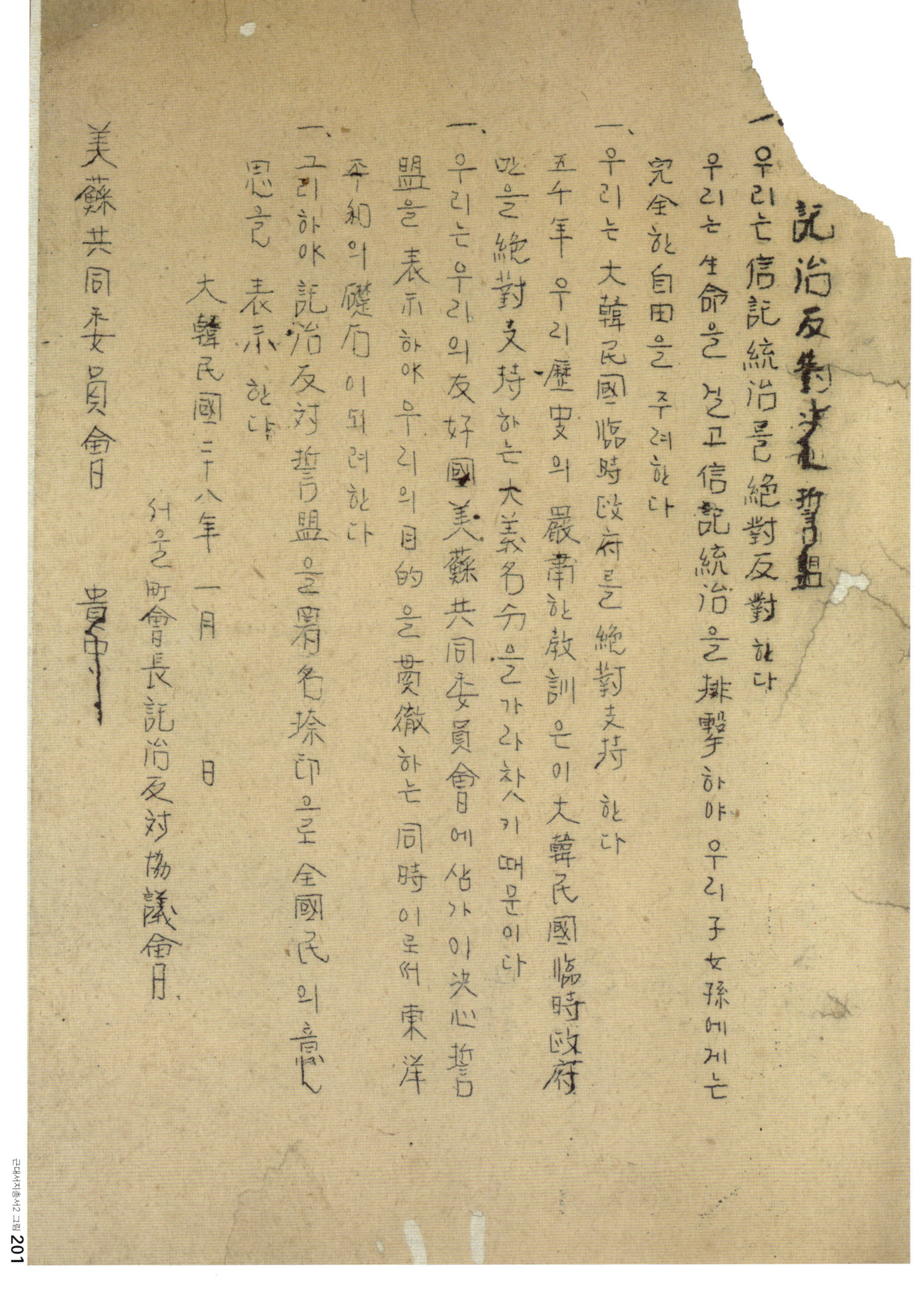

서울町會長託治反對協議會에서 미소공동위원회에 보낸 '誓盟' 1946.1

一. 우리는 신탁통치를 절대 반대한다. 우리는 생명을 걸고 신탁통치를 배격하여 우리 子女孫에게는 완전한 자유를 주려한다.

一. 우리는 대한민국임시정부를 절대 지지한다. 오천 년 우리 역사의 엄숙한 교훈은 이 대한민국임시정부만을 절대 지지하는 대의명분을 가르쳤기 때문이다.

一. 우리는 우리의 우호국 미소 공동위원회에 삼가 이 결심서맹을 표시하여 우리의 목적을 관철하는 동시 이로써 동양 평화의 초석이 되려 한다.

一. 그리하여 탁치반대서맹을 서명날인으로 전 국민의 의사를 표시한다.

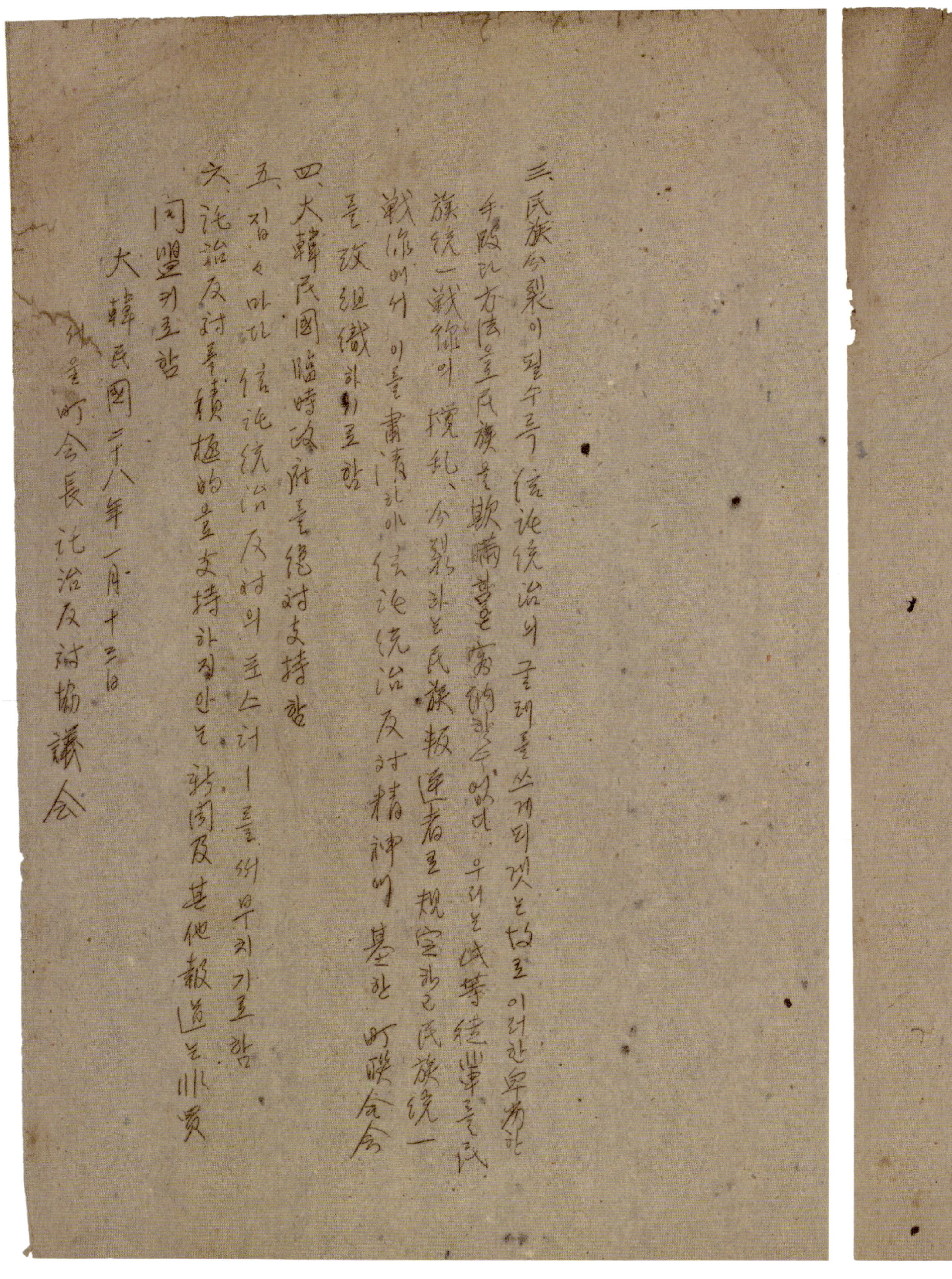

서울町會長 탁치반대협의회 〈공동성명서〉 1946.1.13

「모스크바」삼국외상회의의 결정이 연합 4개국의 「카이로」및 「포츠담」선언으로 약속된 우리 민족의 자주독립을 최고 5개년 기한부로 미루고 신탁통치라는 民族 萬代의 치욕을 뒤집어씌우려 함으로 삼천리강산의 삼천만 민족혼이 최후의 일인까지 血鬪奮戰하여 자주독립을 戰取하려고 방방곡곡 일어서는 즈음에 지난 1월 3일 서울시 인민위원회와 町연합회의 정노식 이하 일부 민족반역자가 신탁을 감수하여 삼천리강토를 신탁영토로 연합국의 공동 식민지화하려는 책동으로 거짓 탁치반대시민대회라고 속여서 시민대중은 이를 알지 못하고 신탁통치절대반대의 기치를 들고 寒風雪上을 무릅쓰고 모였더니 그 반역자 등이 강제로 신탁통치반대 기치를 몰수하고 신탁통치 감수 지지를 무리로 선포하여 마치 시민이 신탁통치를 감수 지지하는 것 같이 전 민족을 기만하고 연합국을 속여 自派의 음모를 꾀하여 자기 입장만을 保持하려 함은 120만 시민의 이름으로 단연 용서할 수 없는 일이다. 그러므로 이제 此等 민족반역자의 숙청을 단행하여 우리의 서울시 町연합회를 개편하기를 성명하는 동시에 左의 결의문을 中外에 선포한다.

결의문

1. 신탁통치, 후견협력 등 운운은 외지 세력의 우리 통치권 간여로써 대한독립이 아니다. 그러므로 대한독립을 요구하는 우리는 120만 시민의 이름으로 30년래 우리의 血精과 민족 총의로 된 現 임시정부의 즉시 승인을 요구하는 동시에 그 의도와 정신의 여하를 불문하고 신탁통치, 후견협력 등은 절대 배격함.

2. 1월 3일 서울시 인민위원회, 町연합회 등 주최로 된 소위 신탁통치반대서울시민대회로 시민을 초집하고 신탁통치를 강요하여 이것을 시민의 총의로 가장함은 실로 통분함이 이에서 더할 바 없다. 이것은 독립을 방해하고 삼천리강토를 연합국에 신탁영토로 식민지화하려는 일부 민족반역자의 모략으로 세계 이목을 현혹케 함은 우리 120만 시민을 기만하고 삼천만 대중을 멸망의 구렁텅이로 끌어넣으려는 책동이므로 우리는 단연 이를 내외에 천명하여 1월 3일 시민대회를 전면적으로 부인함.

3. 민족분열이 될수록 신탁통치의 굴레를 쓰게 되겠는 고로 이러한 비열한 수단과 방법으로 민족을 기만함은 용납할 수 없다. 우리는 此等 도배를 민족통일전선을 교란, 분열하는 민족반역자로 규정하고 민족통일전선에서 이를 숙청하여 신탁통치반대정신에 基한 町연합회를 改組織하기로 함.

4. 대한민국임시정부를 절대 지지함.

5. 집집마다 신탁통치반대의 포스터를 써 붙이기로 함.

6. 탁치반대를 적극적으로 지지하지 않는 신문 및 기타 보도는 不買同盟키로 함.

共同聲明書

「모스크바」三國外相会議의 決定이 聯合四個國이의「카이로」및「포」宣言
으로 約束된 우리 民族의 自主独立을 最高五個年 期限附로 미루고 信託統治
라는 民族秋代의 恥辱을 뒤지게되니 우리한그로 三千里江山의 三千萬民族魂이
最後의 一人까지 闘太히 戰하야 自主独立을 戰取하려고 坊々曲々 이러케를 흠
에 去一月三日 서울市人民委員会와 町聯合会의 鄭魯湜以下 一部民族叛
逆者가 信託을 甘受하야 三千里種土를 信託領土로 聯合國의 共同植民
化하라는 罪動을 거짓 託治 及 對市民大会라고 우리外 東大衆을 이끌아
지못해 信託統治絶対 반대의 旗幟를 들고 寒風雪上을 무릅쓰고 모혓
드니 그叛逆者等이 强制로 信託統治 及 対 旗幟를 没收하고 信託統治를
支持를 無理로 宣布하야 미치 市民이 信託統治를 甘受支持하는 것같이 全民族
을 欺瞞하 聯合國을 속여 自收의 陰謀를 꾸미야 個己立場에 固持하려함
으로 百萬市民의 이름으로 斷然 懲罰하지 않을수 없는 것이라, 그럼으로 이에
此等民族叛逆者의 肅淸을 断行하야 우리의 서울市町聯合会를 改組
하기를 聲明하고 左의 決議文을 中外에 宣布한다.

決議文

一, 信託統治, 後見協力等 云々은 外他勢力에 우리統治權干涉로서 大韓独立이아니니
그러므로 大韓独立을 要求하는 우리는 百二十萬市民의 이름으로 三十萬大韓의
與情과 民族總意로서 現臨時政府의 即時承認豈 要求하는同時 그志圖와精神
과 如히 言不同하こ 信託統治, 後見協力等은 絶対排撃함.

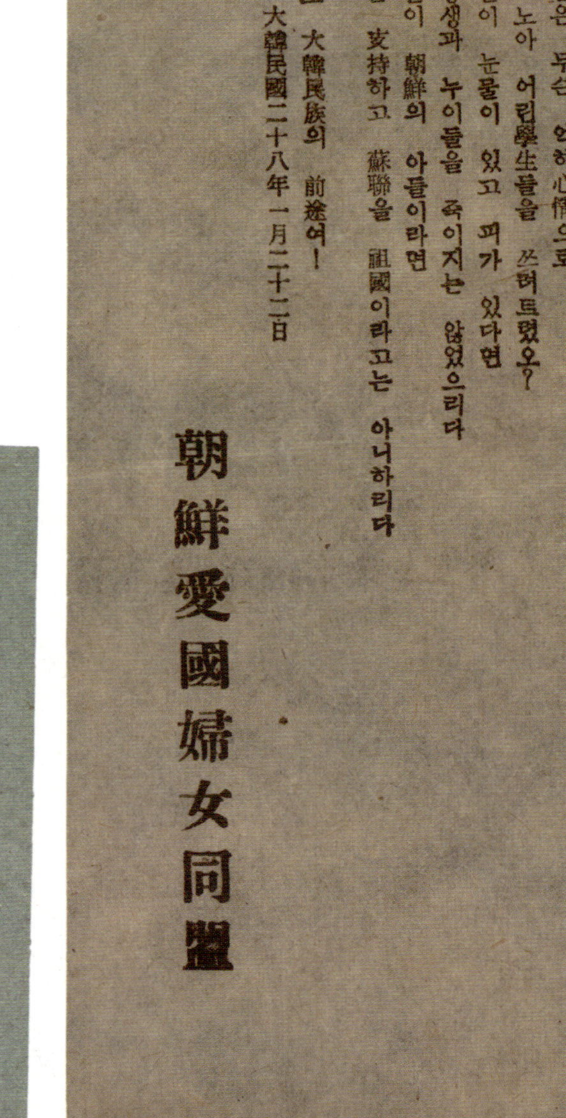

朝鮮愛國婦女同盟

그대들은 무슨 어느 心情으로
銃을 노아 어린學生들을 쓰러트렸오?
그대들이 눈물이 있고 피가 있다면
어린동생과 누이들을 죽이지는 않었으리다
그대들이 朝鮮의 아들이라면
託治를 支持하고 蘇聯을 祖國이라고는 아니하리다

오오 大韓民族의 前途여!
大韓民國二十八年 一月二十二日

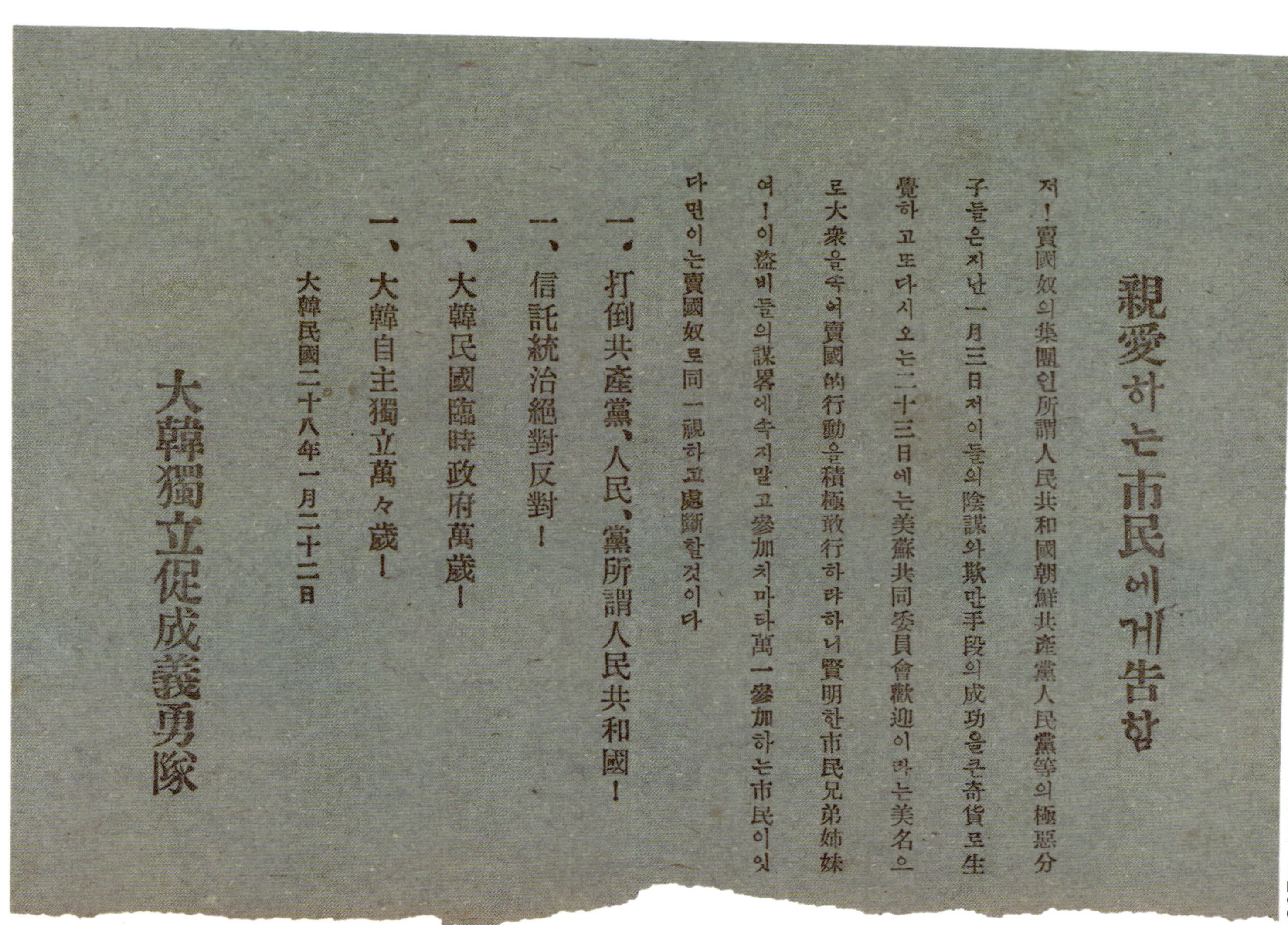

親愛하는 市民에게 告함

저! 賣國奴의 集團인 所謂人民共和國朝鮮共産黨人民黨等의 極惡分子들은 지난 一月三日 저이들의 陰謀와 欺瞞手段의 成功을 큰 奇貨로 生覺하고 또다시 오는 二十三日에는 美蘇共同委員會歡迎이라는 美名으로 大衆을 속여 賣國的 行動을 積極敢行하라하니 賢明한 市民兄弟姉妹여! 이 盜비들의 謀畧에 속지말고 參加치마라 萬一 參加하는 市民이 잇다면이는 賣國奴로 同一視하고 處斷할것이다

一、打倒共産黨、人民、黨所謂人民共和國!
一、信託統治絶對反對!
一、大韓民國臨時政府萬歲!
一、大韓自主獨立萬々歲!

大韓民國二十八年 一月二十二日

大韓獨立促成義勇隊

대한독립촉성의용대 〈친애하는 시민에게 고함〉 1946.1.22

저! 매국노의 집단인 소위 인민공화국 조선공산당 인민당 등의 극악분자들은 지난 1월 3일 저희들의 음모와 기만수단의 성공을 큰 기화로 생각하고 또다시 오는 23일에는 미소 공동위원회 환영이라는 미명으로 대중을 속여 매국적 행동을 적극 감행하려 하니 현명한 시민형제자매여! 이 盜匪들의 모략에 속지 말고 참가치 마라. 만일 참가하는 시민이 있다면 이는 매국노로 동일시하고 처단할 것이다.
一. 타도 공산당, 인민당, 소위 인민공화국!
一. 신탁통치 절대 반대!
一. 대한민국임시정부 만세!
一. 대한자주독립 만만세!

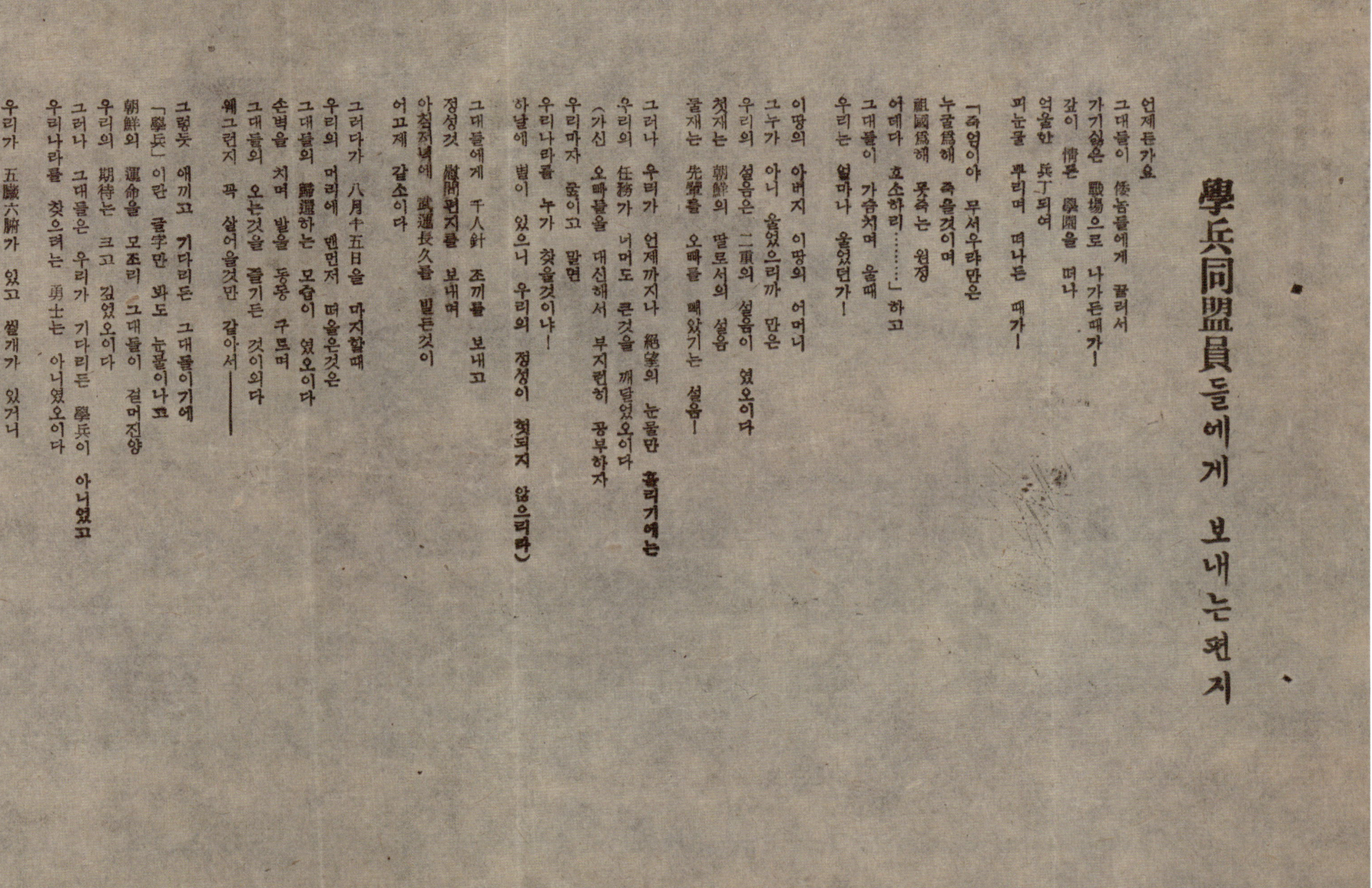

조선애국부녀동맹 〈학병 동맹원들에게 보내는 편지〉
1946.1.22

언제던가요,
그대들이 왜놈들에게 끌려서
가기 싫은 전장으로 나가던 때가!
깊이 정든 학원을 떠나
억울한 병정이 되어
피눈물 뿌리며 떠나던 때가!

「죽음이야 무서우랴만은
누굴 위해 죽을 것이며
조국 위해 못 죽는 원정
어디다 호소하리……」 하고
그대들이 가슴 치며 울 때
우리는 얼마나 울었던가!

이 땅의 아버지 이 땅의 어머니
그 누가 아니 울었으리까마는
우리의 설움은 이중의 설움이었소이다.
첫째는 조선의 딸로서의 설움
둘째는 선배를 오빠를 빼앗기는 설움!

그러나 우리가 언제까지나 절망의 눈물만 흘리기에는
우리의 임무가 너무도 큰 것을 깨달았소이다.
(가신 오빠들을 대신해서 부지런히 공부하자
우리마저 굽히고 말면
우리나라를 누가 찾을 것이냐!
하늘에 별이 있으니 우리의 정성이 헛되지 않으리라)

그대들에게 千人針 조끼를 보내고
정성껏 위문 편지를 보내며
아침저녁에 武運長久를 빌던 것이
엊그제 같소이다.

그러다가 8월 15일을 맞이할 때
우리의 머리에 맨 먼저 떠오른 것은
그대들의 귀환하는 모습이었소이다.
손뼉을 치며 발을 동동 구르며
그대들의 오는 것을 즐기던 것이외다.
왜 그런지 꼭 살아올 것만 같아서 ―

그렇듯 아끼고 기다리던 그대들이기에
「학병」이란 글자만 봐도 눈물이 나고
조선의 운명을 모조리 그대들이 걸머진 양
우리의 기대는 크고 깊었소이다.
그러나 그대들은 우리가 기다리던 학병이 아니었고
우리나라를 찾으려는 용사는 아니었소이다.

우리가 오장육부가 있고 쓸개가 있거니
지난날의 왜놈들 종노릇이 뼈저리게 아팠기에
(독립을 못줄 테면 차라리 죽음을 다오
독립 없이 민족의 자유는 없다)
목메어 울고 몸부림쳐 울다가
우리나라를 팔아먹으려는 놈들의 토굴을 없앤다고
흥분한 김에 인민당과 그 주구의 토굴을 쳐부순 것을

그대들은 무슨 억하심정으로
총을 놓아 어린 학생들을 쓰러뜨렸소?
그대들이 눈물이 있고 피가 있다면
어린 동생과 누이들을 죽이지는 않았으리라
그대들이 조선의 아들이라면
탁치를 지지하고 소련을 조국이라고는 아니하리다.

오오! 대한민국의 前途여!

조선애국부녀동맹 〈학생들의 가슴에!〉 1946.1.24

사랑하는 학생들이여!
우리가 일어나야 할 때가 왔습니다.
생명을 걸고 싸워야 할 때가 왔습니다.

가만히 있다가는 나라 없는 학생이 되고
XX스키—라고 姓을 갈려는지도 모르고
8월 15일 이전처럼 노예교육을 받게 됩니다.

진실로 조국위급존망지추가 이때입니다.
대한민족의 性命이 좌우되는 때가 이때입니다.
독립이냐? 속국이냐? 生이냐? 死냐?의 관두에 선 것입니다.

친애하는 학생들이여!
정신을 차립시다. 사태를 직시합시다.
조국이 지금 빈사의 중태에 빠져있다는 것을 압시다.

병을 근본적으로 다스리기 위하여 원인을 구명합시다.
엄숙한 자기비판과 아울러 진상을 정확히 파악합시다.
학생의 양심과 형안으로 모든 곡절을 밝힙시다.

8월 15일 직후 여운형 주재로 건국준비위원회가 탄생하고
東震공화국이란 국호로 처음 組閣이 되었습니다.
閣員 中에 이 박사 김구 선생이 계시기에 가슴이 뛰었지요.

야— 벌써 임시정부와 연락이 있었구나하고 감탄했지요.
그 후 며칠이 못 되어서 인민공화국이 생겼습니다.
무어냐고 했더니 인민공화국이 정말 조선을 위한 정부라고요.

임시정부는 사상이 완고한 노인만 계시기 때문에
자본주의고 구식정권이 되어서
자본가와 지주만을 잘 살게 하는 정부다.

조선사람이 9할이 빈민이요 노동자인데
그런 정부가 실권을 잡으면 조선사람에게 불행이 있을 뿐이다.
그러므로 인민과 근로대중을 위하는 인민공화국이 섰다고—

우리는 순진한 학생이므로 정말 그런 줄만 알았지요.
감쪽같이 속아서 인민공화국 만세도 몇 번이나 불렀습니다.
선전이란 무엇인지 그 魔力에 끌렸던 것입니다.

그 후 임시정부가 그렇지 않다는 것을 알고 얼마나 놀랐던지요!
세계의 정계에 신망이 높은 혁명가들이시고
진정한 의미의 진보적 민주주의 정권인 것을 볼 때!

임시정부의 정강을 본 사람은 누구나 다 놀란 것입니다.
토지를 국유로 사회공장도 큰 것은 국유로 교육도 국비로
유한계급 착취계급을 없애고 호혜상조의 균등 사회를!

이 정부를 자본주의라고 노동자와 농민을 꾀어서 이간시킨 것입니다.
천인공노할 역도들이 권력을 잡으려고
순진한 민중을 속인 것을 그제야 안 것입니다.

보시라. 신탁통치를 지지하고 속국이 되겠다고 자원하고
민족지도자를 암살하고 천진한 우리 학생들을 죽이며
삼천만 동포가 원하는 자주독립을 고의로 방해하는 것을!

안으로 이렇게하여 중병에 걸린 것인데
외국에서는 그것을 통일이 안 되었다고 보는 것입니다.
그리하여 세계에 공약한 독립을 주려는지 말려는지—

친애하는 학생들이여!
조국의 이 중병을 고칠 사람이 누구겠습니까!
피가 있고 정의를 알고 민족을 사랑하는 이가 누구겠습니까.

조국의 杆城이여! 支柱여! 이 땅의 초석이여!
대한민국의 운명을 개척할 천사여 학생들이여!
삼천만을 이끌고 정의의 깃발을 올리사이다.

높이 드사이다 독립 전취의 깃발을!
높이 드사이다 매국노 타도의 깃발을!
호령하사이다 삼천만 동포의 행진을!

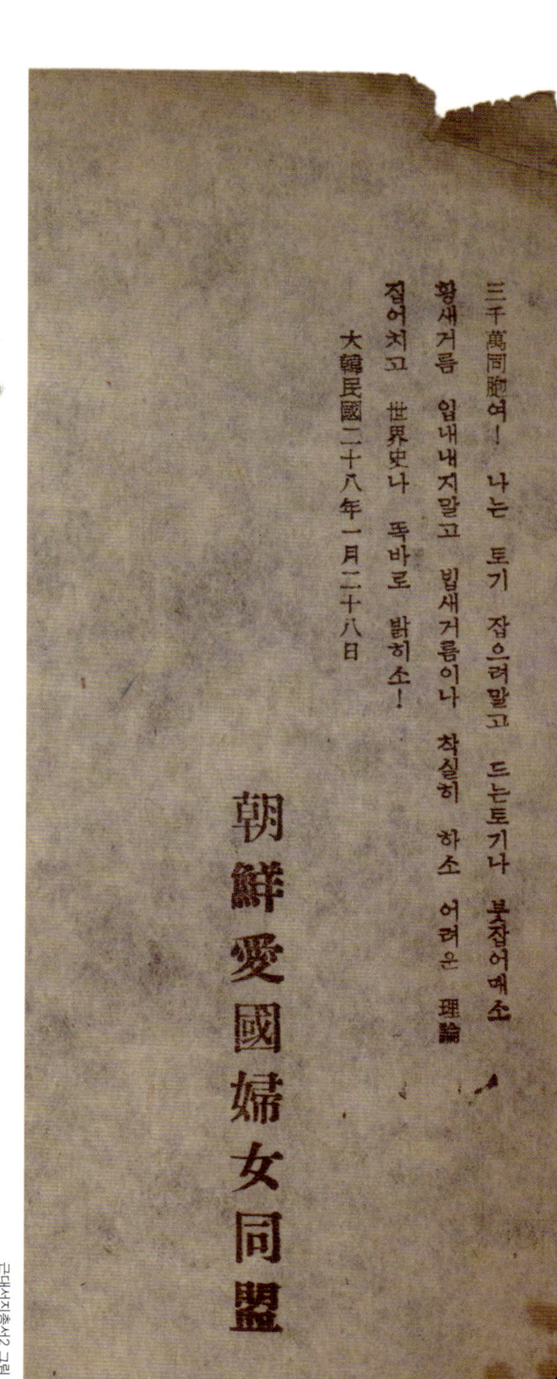

學生들의 가슴에!

사랑하는 學生들이여!
우리가 일어나야할 때가 왔읍니다
生命을 걸고 싸워야 할 때가 왔읍니다
가만이 있다가는 나라없는 學生이되고
××스키—라고 姓을 갈려는지도 몰으고
八月十五日以前처럼 奴隷敎育을 받게됩니다
眞實토 祖國危急存亡之秋가 이때입니다
大韓民族의 性命이 左右되는때가 이때입니다
獨立이냐? 屬國이냐? 生이냐? 死냐? 의 關頭에 선것입니다

親愛하는 學生들이여!

근대서지총서2 그림 205

조선애국부녀동맹 〈기원〉 1946.1.28

8월 15일 후—
중국에서 만주에서 일본에서 하루에도 수만 명씩 열을 지어 고국 강산으로 돌아오는 우리 동포!

살을 에이는 雪寒風에 숫제 배적삼 맨발로 수천 리 머나먼 길을 路費 한푼 없이 홀몸도 아닌 姙婦며 非肉不飽 非帛不暖의 칠십 노인이며 오래 굶주려 엄마 아빠 애꿎게 우는 어린이들이며 구절양장 선 길에 지칠 대로 지친 그 아버지 그 어머니의 고초며

나라를 잃고 姓까지 간 백성이니 무슨 위엄이 있나 가라면 거저나 가라 해야 거지꼴이나 면하지 돈도 뺏고 옷도 뺏어 벌거숭이 만든 채 사정없이 채찍 쳐서 개 몰듯이 몰아냈네.

사해동포 신의제일의 나라에서도 민족해방 공산주의 신사들도 하나같이 우리 동포를 몰아냈네 그들이 쫓겨오며 목메어 부르짖는 소리 소리 「좋아도 내 나라 나빠도 내 나라 고와도 내 동포 미워도 내 동포다. 내 나라 내 동포 부디 부디 잘 살아라!」

그들이 이 땅을 떠날 때 원래가 무산자라 땅마지기 집채나 있는 것 모조리 팔아 노자 쓰며 떠났거니 이 땅에 온대야 집 한 간 발 한 뙈기 있을 리 없건만 그러나 조선으로! 고국을 향하여 줄달음질쳐 들어온다 — 이것이 민족이다!

—蓮托生— 동고동락 희비애락을 같이 해야 할 동족!

궂으나 좋나 같이 지고 가야 할 운명 아래 삼천리 반도 이 땅에 대어난 삼천만!

인류사회의 질서단위로 민족만이 가장 자연이다. 민족해방이란 지극히 엄숙한 순리기에 예나 오늘이나 지구상 이 구석 저 구석에서 간단없이 부르짖고 있건만 제1차 제2차 세계대전이 모두 민족해방의 성전이었건만 인도 佛印(프랑스령 인도차이나) 蘭印(인도네시아)이며 카이로 포츠담에서 공약한 조선민족의 해방이며

他族에게 사리부당한 요구를 함이 제국주의요 억울한 굴레를 씌움이 군국주의요 팟쇼다. 日獨伊를 제국주의 군국주의 팟쇼라고 타도하였거든 日獨伊의 전철을 밟을 자야 있고 없고

세계의 강자들이여! 남의 민족 원조는 못할망정 자유나 빼앗지 마소. 인도는 폭동이 생길까봐 조선은 경제력으로 빈약해서 독립을 못 준다고? 그렇게 친절하기 전에 정의를 존중하소. 계급해방 돕기 전에 민족해방 도와주고 원조야 못할망정 가난한 살림 가져가지나 마소.

삼천만 동포여! 나는 토끼 잡으려 말고 드는 토끼나 붙잡아 매소. 황새걸음 입내 내지 말고 뱁새걸음이나 착실히 하소. 어려운 이론 집어치우고 세계사나 똑바로 밝히소!

祈願

八月十五日後—
中國에서 滿洲에서 日本에서 하로에도 數萬소식 列을 지어 故國江山으로 도라오는 우리同胞!

살을 여이는 雪寒風에 숫제 배적삼 맨발로 數千里 머나먼길을 路費 한푼없이 姙婦 非肉不飽 非帛不暖의 七十老人이며 오래 굶주려 엄마 아빠 애꿎게 우는 어린이들이며 九折羊腸 선길에 지칠대로 지친 그아버지 그어머니의 苦楚며

나라를 잃고 姓까지간 百姓이니 무슨 威嚴이 있나 가라면 거저나 가라해야 거지꼴이나 免하지 돈도 뺏고 옷도 뺏어 벌거숭이 만든채 事情없이 책죽처서 개몰듯이 돌아냈네

四海同胞 信義第一의 나라에서도 民族解放共産主義紳士들도 하나같이 우리同胞를 몰아냈네 그들이 쫓겨오며 목메어 부르짖는 소리 소리 「좋아도 내나라 나빠도 내나라 고와도 내同胞 미워도 내同胞다 내나라 내同胞 부대 부대 잘살어라!」

그들이 이땅을 떠날때 原來가 無産者라 땅마지기 집채나 있는것 모조리 팔어 路費쓰며 떠났거니 이땅에 온대야 집 한간 발 한때기 있을리 없전만 그러나 朝鮮으로! 故國을 向하야 줄다름질처 들어온다—이것이 民族이다!

一蓮托生—同苦同樂 喜悲哀樂을 같이해야할 同族!

궂으나 좋나 같이지고 가야할 運命아래 三千里半島 이땅에 태여난 三千萬!

人類社會의 秩序單位로 民族만이 가장 自然이다 民族解放이란 至極히 嚴肅한 順理기에 예나 오늘이나 地球上 이구석 저구석에서 間斷없이 부르짖고 있건만 第一次 第二次 世界大戰이 모다 民族解放의 聖戰이였건만 印度 佛印 蘭印이며 카이로 포츰에서 公約한 朝鮮民族의 解放이며

他族에게 事理不當한 要求를 함이 帝國主義요 억울한 굴레를 씨움이 軍國主義요 팟쇼다 日獨伊를 帝國主義 軍國主義 팟쇼라고 打倒하였거든 日獨伊의 前轍을 밟을者야 있고 없고

WE OPPOSE TRUSTEESHIP RULE

1. It is a violation of the principle of self-determination which all Koreons stand for.

2. It contradicts the promise which The Allied Nations made several times during the second world war.

3. The Trusteeship rule of Korea will bring a serious result of disaster and chaos in the Far East.

UNITED CHRISTIAN CHURCH OF KOREA

근대서지총서2 그림 **207**

우리는 신탁통치를 반대한다.

1. 모든 한국사람들을 대신하는 민족자결 주의의 원칙에 위반이다

2. 그것은 2차세계대전후 국제연합의 약속에 반대된다.

3. 한국의 신탁통치는 극동에서 재앙과 혼돈의 심각한 결과를 초래할것이다.

「한국 기독교인 연합」

同胞는 위친다

一、民族自決
信託統治絶對反對
一、即時自主獨立要求

三相會議支持란
賣國奴掃蕩
一、歷史的過程을朝鮮民族은自覺으로科學
的으로認識함
自由名譽祖國을
爲하야決死로鬪爭함을宣言함

反託治普專學生會

근대서지총서2 그림 **208**

전조선순국학생동맹 〈신탁통치 절대배격!〉

一. 우리 학생은 민족의 자멸인 탁치를 절대 배격한다.
一. 연합국은 조선에 자주독립을 카이로 선언에 약속한 대로 실행
　　코자 하는데 그 중 某國이 이를 배격하는 그 사실을 진정한 동
　　포는 다 잘 알고 있다.
一. 소위 시민대회라 하고 민중을 기만하여 공산주의 선전 행렬한
　　것을 진정한 동포는 눈물 없이 볼 수 없다.
보라! 그들은 회장에서 피로 새겨가며 부르던 애국가보다 적기가
를 버젓이 부르고 某國을 마치 조국화하여 하는 그 모략을 타도하
라!!

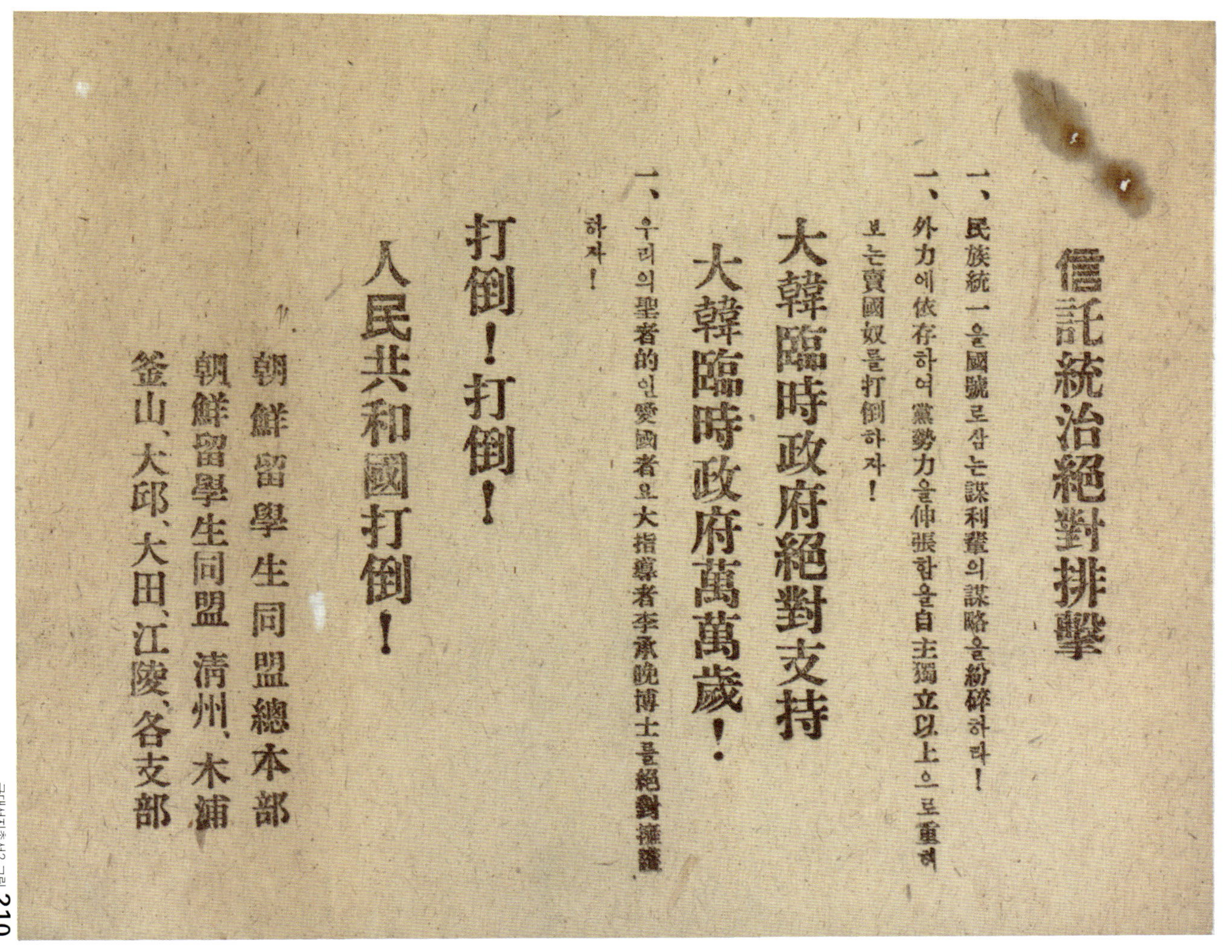

조선유학생동맹총본부 및 각 지부 〈신탁통치 절대배격〉

一. 민족통일을 국호로 삼는 모리배의 모략을 분쇄하라!
一. 외력에 의존하여 黨세력을 신장함을 자주독립 이상으로 중히
　　보는 매국노를 타도하자!
一. 우리의 聖者的인 애국자요 대지도자 이승만 박사를 절대 옹호
　　하자!

聯合國學生에게 보냄

大韓民國學生一同은 親愛한 情으로 世界의 平和와 解放을 爲하야 鬪爭한 聯合國學生에 感謝의 뜻을 表하며, 아울러 우리 消息과 希望을 보낼가 한다.

回想하건되 過去四十年동안 日本의 虐政下에서 우리 大韓民國學生은 積極的 或은 消極的으로 大義名分을 爲하야 싸워왔다. 그러나 우리의 鬪爭과 情熱이 꽃을 맺기에는 너머도 酷毒한 暴風이 있었고 野蠻的인 彈歷이 있었다. 그러나 世界의 平和를 爲한 聯合國靑年學徒의 聖스러운 勞力이 우리의 힘을 돕고 꽃을 맺게 되여 우리는 다 갓치 平和의 날을 마지하게 되엿든 것이다. 그날 大韓民國學生은 聯合國學生 未面 의 友에 衷心으로 感謝하엿고 親愛之情을 禁치못하엿다. 그러고 우리는 自主獨立만을 目標로 奮鬪努力하여왔다. 그러한 今日 一部的인認識不足에 依하야五年間의 信託管理云云하는 消息이 傳하여짐으로, 우리 大韓民國學生은 이에 良心的이고 強力한 反對意志를 表하고 가장 良心的이요 · 正義만을 爲하는 聯合國靑年學徒諸友에 大韓民國은 四千年의 歷史와 燦爛한 文化를 保有한 民族의 國家임을 告하고, 우리 大韓民國學徒의 即時自主獨立要求에 助力이 있기를 바라며, 이로끝친다.

西紀一九四六年一月 日

大韓民國學生 一同
反託治全國學生總聯盟

대한민국학생일동 반탁치전국학생총연맹 〈연합국 학생에게 보냄〉 1946.1

대한민국 학생 일동은 친애한 정으로 세계의 평화와 해방을 위하여 투쟁한 연합국 학생에 감사의 뜻을 표하며, 아울러 우리 소식과 희망을 보낼까 한다.

회상하건대 과거 40년 동안 일본의 압정하에서 우리 대한민국 학생은 적극적 혹은 소극적으로 대의명분을 위하여 싸워왔다. 그러나 우리의 투쟁과 정열이 꽃을 맺기에는 너무도 혹독한 폭풍이 있었고 야만적인 강압이 있었다. 그러나 세계의 평화를 위한 연합국 청년학도의 성스러운 노력이 우리의 힘을 돕고 꽃을 맺게 되어 우리는 다 같이 평화의 날을 맞이하게 되었던 것이다. 그날 대한민국 학생은 연합국 학생 未面의 벗에 충심으로 감사하였고 친애지정을 금치 못하였다. 그러고 우리는 자주독립만을 목표로 분투 노력하여왔다. 그러한 금일 일부적인 인식 부족에 의하여 5년간의 신탁관리 운운하는 소식이 전하여짐으로, 우리 대한민국 학생은 이에 양심적이고 강력한 반대의지를 표하고 가장 양심적이요 정의만을 위하는 연합국 청년학도 諸友에 대한민국은 40년의 역사와 찬란한 문화를 보유한 민족의 국가임을 고하고, 우리 대한민국 학도의 즉시 자주독립 요구에 조력이 있기를 바라며, 이로 끝마친다.

三千万우리同胞에게告함

탁치반대국민총동원중앙위원회본부 〈삼천만 우리 동포에게 고함〉 1946.1

국가와 민족의 흥망이 때를 삼가지 않았으며 난신적자가 어느 땐들 없었으리오. 오늘날 우리 동포가 갱생하려는 이때에 모스크바 삼상회의는 국제헌장을 배신하고 우리들에게 신탁통치라는 불길한 보도를 가져왔고 일군의 정치 브로커는 이 기회를 이용하여 자기네의 사리사욕을 위하고 민족분열을 일으키며 양 같은 민중을 기만한 사실이 백주에 엄연히 단행됨을 볼 때에 우리들의 억울한 과거가 다시금 회상되어 스스로 떨림과 분함을 억제할 수가 없다.

그러므로 「민족자주독립」이란 우리들의 절대 신조인 이 노선을 교란시키고 일방적 私利를 꿈꾸는 邪徒들의 모략과 그 역설을 타파분쇄치 않은 우리 민족의 앞길에 무서운 운명이 기다리고 있음은 말할 것도 없을 것이다.

우리들은 먼저 우리들의 절대적 신조인 자주독립과 근위국가 신탁통치라는 것이 본질적으로 상용되느냐 아니 되느냐를 구명하여야 한다. 국제신탁통치란 그것을 아무리 巧言摘辭으로 해결할지라도 결국에 있어서 타력의존이며 예속적인 것임을 면할 수 있다. 이것이 어찌 자주독립과 상통될 수 있으리요!! 문자 그대로가 명백히 말하고 있지 않으냐. 그러므로 저 사도도 양심이 있고 민족의 피가 있음으로 12월 29일에는 대자특서로 「신탁통치 절대반대」 「완전자주독립」이란 표어를 무슨 위원회 무슨 당이니 하는 명의로 거리거리에 붙이더니 불과 이삼일을 못 참고 그 태도가 표변되어 갖은 기변역설로 외치기를 「이번 삼상회의는 세계민주주의발전에 있어서 가장 진보적 조치 운운 삼국은 세계를 지도하는 책임과 의무를 가지고 있는 것은 反「팟쇼」 전쟁에 있어서나 전후에 있어서나 동일하다는 것을 보여주는 것이다.」라고 국제적 예속조치인 이 신탁통치 우리들 삼천만 동포에게 끼쳐진 눈물겨운 이 능욕을 도리어 칭양찬미하고 있다.

국제회의에서 여러 번 천하에 공포한 우리들의 자주독립을 승인치 않고 국제적 신탁통치라는 배신행위가 도리어 진일보한 민주주의라 함은 어떤 소리냐.

이번 대전에 있어서 한 민족이 세계전복을 꿈꾸던 「팟쇼」를 타도한 연합국이 전 세계에게 공헌한 바는 우리들도 쌍수를 들어 예찬하여 마지않는다. 전 세계 인류의 해방을 성공한 연합국의 회합이 열강의 세력균형이란 舊態를 아직 벗지 못함을 볼 때 그 회합

의 결의를 무조건으로 승복할 수는 없을 것이다. 그리고 연합군의 승리한 원인은 「세계민주주의연합국군대의 힘으로 된 것이다!!」라고만은 말할 수가 없을 것이다. 「팟쇼」와 독재가란 인류적이며 따라서 20억 전 인류의 배격을 받았던 까닭이라는 것을 알려야 한다. 동시에 이번 8·15 해방도 비록 他力的이라고도 말하나 반드시 그것이 전격 해방은 못 된다. 우리들은 40년간 꿈이 없었던 우리들의 혈루를 몰각하여서는 아니 될 것이다. 이럼에도 불구하고 일부 정치 모리배들의 인식부족이 무조건으로 「모스크바」회의를 예찬하고 있다. 「카이로」회담으로부터 「포츠담」회의에 이르기까지 누차에 걸쳐 우리들의 자주독립을 약속하였으니 일본군대가 철퇴한 금일에는 마땅히 즉시 자주독립의 승인을 선언할 것이 아닌가. 「팟쇼」 잔재를 日獨에서 운위한다고 조선에서도 이것을 운운하려는 것은 광인의 소리다.

조선의 「팟쇼」화와 「친일잔당」이 무서워서 국제적 신탁통치를 통하여 자주독립을 완수한다는 것은 도무지 알 수 없는 소리다. 그리고 戰前戰後에 있어서 수 개 열강의 세계 지도를 승인한다는 것은 어디서 나온 주장이며 이론일진 모르나 일찍이 米蘇中英 등 諸國이 세계 지도를 꿈꾼다거나 책임지겠다고 요구한 적도 제안한 적도 없었다. 그럼에도 불구하고 자진하여 굴복을 표명하는 이유는 무슨 까닭이냐. 「코민테른」에 복종하던 대국 의존을 떠나 살 수 없다는 사대사상에서가 아니면 열강에 아부하여 정권에 참여하자는 노예적 매국적 심리에서 나온 야심적 행위임은 상식으로도 넉넉히 알 수 있으며 오로지 그네들의 私利私營만을 위하여 민족분열을 모책하면서도 도리어 신탁통치반대 국민운동을 지목하여 분열운동이라고 능욕하며 「김구 주석 일파」를 반동적 「팟쇼」라고 저주함은 참으로 볼 수 없는 반역도들의 폭행이다.

이러한 모든 점을 비추어 보건대 근간 항간에 유포되는 문자와 모든 모략적 언동을 비판하며 일월 삼일에 서울운동장에서 전 시민을 능욕하던 기만적 반역적 邪黨들의 행동을 엄정히 감시하여야 할 것이다. 이러한 비판과 감시가 우리에게 완전한 자주독립으로의 正路를 찾아줄 것이다.

삼천만 우리 형제자매들아!!

매국멸족을 꾀하는 일체 도배들의 감어이설에 속지 말고 굳게굳게 한 덩이로 뭉쳐서 신탁통치를 결사 배격하여 우리 대한민국임시정부를 하루 바삐 정식정부로 국제 승인을 받기로 싸우자!!

조선노동조합전국평의회 〈망국적 음모 반탁 국민대회를 분쇄하자!!〉

삼상회담의 결정이 조선의 자주독립을 위하여 가장 옳은 길이라는 것은 정당히 알려지고 있는 바이거니와 이 결정이 발표되자 가장 선두에서 이를 반대하고 나선 자는 팟쇼분자, 친일파, 민족반역자다. 그것은 삼상회담의 결정이 일본제국주의의 잔재 세력을 소탕하고 민주주의의 적 팟쇼들은 「신탁통치」라는 말을 일부러 왜곡하여 민중을 기만하고 철시파업을 선동 강요하며 테러를 감행하여 대중 생활을 위협하고 그 틈을 타서 자파 세력의 부식확장에 광분하여온 것은 우리가 지금까지 보아온 사실이다. 그자들은 이제 또다시 12일 서울운동장에서 「반탁국민대회」라는 것을 열어 국제이간과 민족분열을 획책하고 있다. 「반탁국민대회」야말로 민족을 멸망시키려는 파쇼분자, 친일파, 민족반역자들의 최후의 발악이며 망국적 음모다.

亡國的陰謀
反託國民大會를
粉碎하자!!

三相會談의 決定이 朝鮮의 目主獨立을 爲하야 가장 옳은 길이라는 것은 正當히 알려지고 있는 바이어니와 이 決定이 發表되자 가장 先頭에서 이를 反對하고 나선 者는 팟쇼分子、親日派、民族叛逆者다 그것은 三相會談의 決定이 日本帝國主義의 殘滓勢力을 掃蕩하고 民主主義의 敵 팟쇼를 根滅하는 것을 第一條件으로 하였기 때문이다。그者들은 一信託統治이라는 말을 일부러 歪曲하야 民衆을 欺瞞하고 撤市罷業을 煽動强要하며 테로를 敢行하야 大衆生活을 威脅하고 그름을 타서 自派勢力의 扶植擴張에 狂奔하야온 것은 우리가 지금까지 보아온 事實이다。그者들은 이제또다시 十二日 서울運動場에서 「反託國民大會」라는 것을열어 國際離間과 民族分裂을 劃策하고 있다。「反託國民大會」야말로 民族을 亡滅직히라는 팟쇼分子、親日派、民族叛逆者들의 最後의 發惡이며 亡國的 陰謀다。

撲滅하자! 팟쇼分子、親日派、民族叛逆者!!
紛碎하자! 反託國民大會!!
支持하자! 三相會議決定!!

朝鮮勞働組合全國評議會

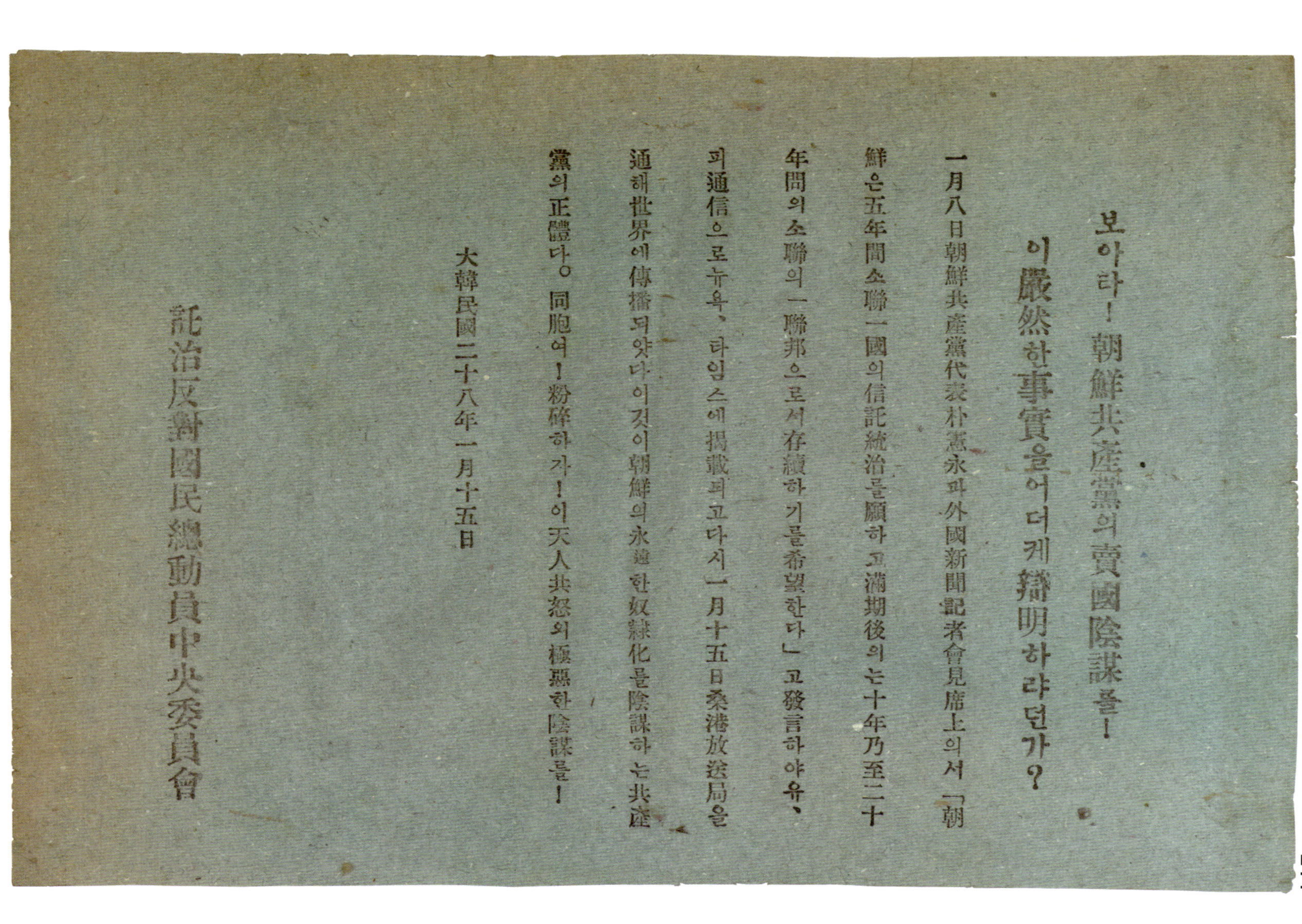

보아라! 朝鮮共産黨의 賣國陰謀를!
이 嚴然한 事實을어더케 辯明하랴던가?

一月八日朝鮮共産黨代表朴憲永과 外國新聞記者會見席上의서 「朝鮮은 五年間 蘇聯一國의 信託統治를 願하고 滿期後의는 十年乃至二十年間의 蘇聯의 一聯邦으로서 存續하기를 希望한다」고 發言하야유、피通信으로 뉴욕、타임스에 揭載되고다시 一月十五日 桑港放送局을 通해 世界에 傳播되얏다 이깃이 朝鮮의 永遠한 奴隷化를 陰謀하는 共産黨의 正體다。同胞여! 粉碎하가! 이 天人共怒의 極惡한 陰謀를!

大韓民國二十八年一月十五日

託治反對國民總動員中央委員會

탁치반대국민총동원중앙위원회의 〈보아라! 조선공산당의 매국 음모를! 이 엄연한 사실을 어떻게 변명하려는가?〉
1946.1.15

박헌영이 기자회견에서 "조선은 5년간 소련 일국의 신탁통치를 원하고 만기 후에는 10년 내지 20년간의 소련의 일 연방으로서 존속하기를 희망한다"고 했다면서 이를 매국 행위라 하여 맹비난하고 있다.

1월 8일 조선공산당 대표 박헌영과 외국신문기자회견석상에서 "조선은 5년간 소련 일국의 신탁통치를 원하고 만기 후에는 10년 내지 20년간의 소련의 일 연방으로서 존속하기를 희망한다"고 발언하여 U.P통신으로 뉴욕타임스에 게재되었다. 이것이 조선의 영원한 노예화를 음모하는 공산당의 정체다. 동포어! 분쇄하자! 이 천인공노의 극악한 음모를!

一月五日

朴憲永氏會見眞相에 對하야

지난五日 朝鮮共産黨代表朴憲永氏와·國內記者十二名 外國記者團七名과의 共同會見席上에서 行해진 一問一答中「朝鮮에 쏘비에트國이 建設되면 蘇聯에 編入되는가」하는 外國記者의 質問에 對하야 朴氏는 朝鮮의 「現段階는 封建的殘滓를 清掃하는 民主主義變革 過程에 있음으로 社會主義朝鮮이 언제 建設될지모르나·十年或은 二十年後에 建設된다 하드라도 朝鮮은 언제나 獨立한 나라로 自立한다」고 對答한事實은 一月六日附國內各新聞에 所載된 바로써 우리는이것을 再確認하는同時에 朴氏가「蘇聯의 一聯邦 으로 朝鮮이 參加됨을希望한다」고 對答했다는것은當時會見席上에 參席하였든 美國「星條旗紙」記者콘웰氏의言明(一月十七日附서울신문參考) 그대로 우리도드른事實이 全然없음을 新聞記者의 良心으로써 이에 聲明한다

一九四六年一月十八日

一月五日會見時

參席(通信及新聞十二社)

記者 一同

一、 三相決議를 支持하자!
一、 蘇米代表團을 歡迎하자
一、 모스코바決定은 朝鮮獨立을 保障하는 民主主義路線이다
一、 反托運動은 民主主義建設의 妨害이다
一、 朝鮮解放을 爲하야 來援한 聯合軍에게 祝賀를 드리자
一、 蘇米兩國과의 親善을 強化하자

建國婦女同盟安城支部

1월 5일에 있었던 박헌영의 기자회견에 참석한 통신 및 신문 12사 기자 일동의 〈박헌영씨 회견 진상에 대하여〉 1946.1.18

박헌영이 기자회견에서 "소련의 일 연방으로 조선이 참가하기를 희망한다"고 말한 사실이 없음을 밝히는 성명서.
지난 5일 조선공산당 대표 박헌영 씨와 국내기자 12명 외국기자단 7명과의 공동회견석상에서 행해진 일문일답 중 「조선에 소비에트국이 건설되면 소련에 편입되는가」하는 외국기자의 질문에 대하여 朴 씨는 조선의 「현 단계는 봉건적 잔재를 청소하는 민주주의 변혁 과정에 있으므로 사회주의 조선이 언제 건설될지 모르나 독립한 나라로 자립한다」고 대답한 사실은 1월 6일부 국내 각 신문에 所載된 바로써 우리는 이것을 재확인하는 동시에 朴 씨가 「소련의 一 연방조선이 참가됨을 희망한다」고 대답했다는 것은 당시 회견석상에 참석하였던 미국「성조기紙」기자 콘웰 씨의 언명(1월 7일부 서울신문 참고) 그대로 우리도 들은 사실이 전연 없음을 신문기자의 양심으로써 이에 성명한다.

삼상결의 지지와 찬탁을 주장하는 '건국부녀동맹 안성지부'의 구호 1946.1?

一. 삼상결의를 지지하자!
一. 蘇米대표단을 환영하자
一. 모스크바 결정은 조선독립을 보장하는 민주주의 노선이다
一. 반탁운동은 민주주의 건설의 방해이다
一. 조선해방을 위하여 내원한 연합군에게 축하를 드리자
一. 蘇米 양국과의 친선을 강화하자

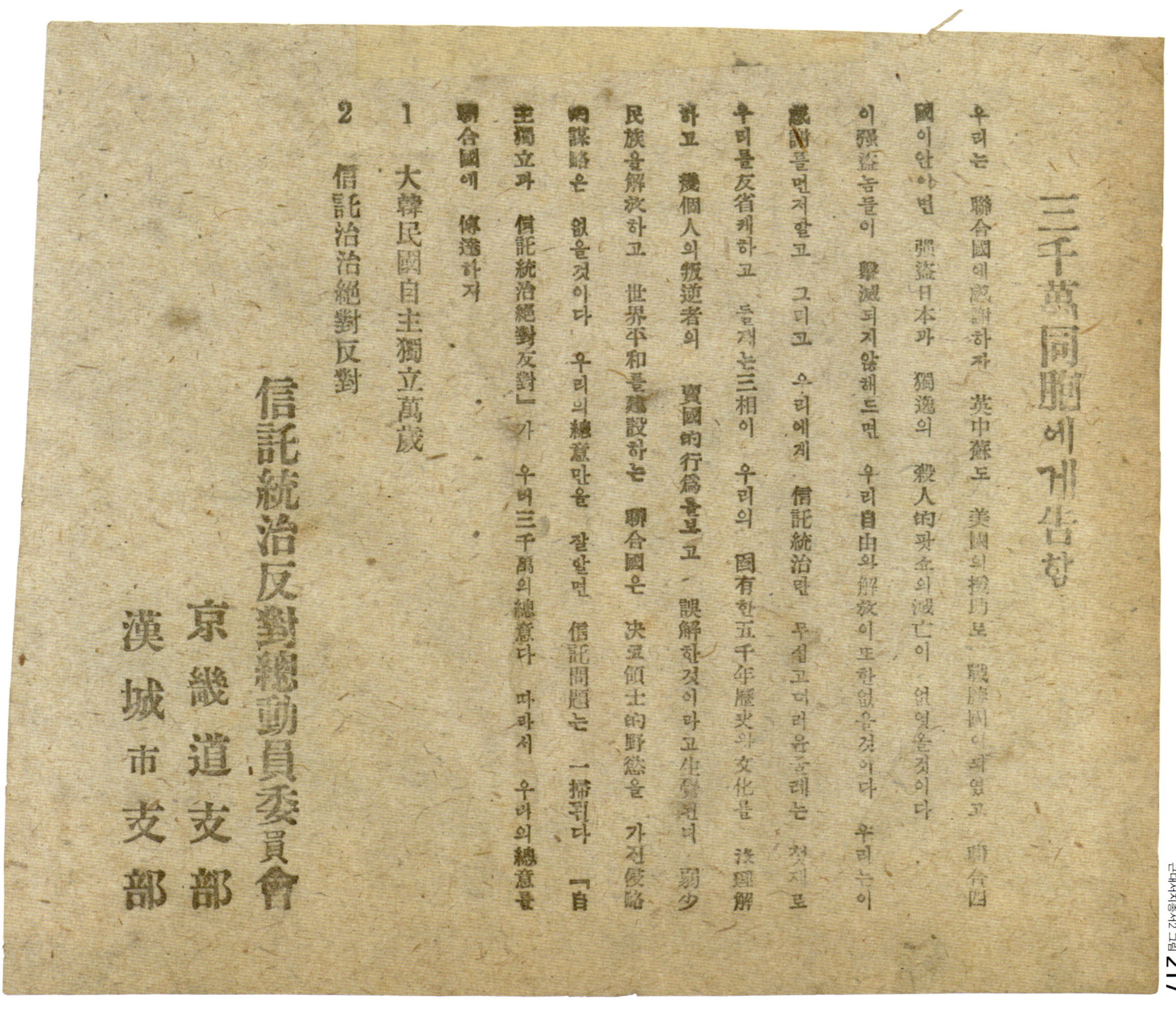

三千萬同胞에게告함

우리는 聯合國에感謝하자 英中蘇도 美國의援助로 戰勝國이되엿고 聯合四
國이안이면 强盜日本과 獨逸의 殺人的팟쇼의滅亡이 업엇을것이다
이强盜놈들이 擊滅되지않해드면 우리自由와 解放이또한업슬것이다 우리누이
感謝를먼저할고 그리고 우리에게 信託統治란 무섭고더러운굴레는 첫재로
우리를反省케하고 둘재는三相이 우리의 固有한五千年歷史와文化를 誤解
하고 幾個人의叛逆者의 賣國的行爲를보고 誤解한것이라고生覺컨녀 弱少
民族을解放하고 世界平和를建設하는 聯合國은 決코領土的野慾을 가진侵略
的謀略은 업을것이다 우리의總意만을 잘알면 信託問題는 一掃된다 「自
主獨立과 信託統治絕對反對」가 우리三千萬의總意다 따라서 우리의總意를
聯合國에 傳達하자

1 大韓民國自主獨立萬歲
2 信託治治絕對反對

信託統治反對總動員委員會
京畿道支部
漢城市支部

근대서지총서2 그림 217

신탁통치반대총동원위원회 경기도 및 한성시 지부 〈삼천만 동포에게 고함〉 1946.1?

우리는 연합국에 감사하자. 英中蘇도 미국의 원조로 승전국이 되었고 연합 4국이 아니면 강도 일본과 독일의 살인적 팟쇼의 멸망이 없었을 것이다.
이 강도놈들이 격멸되지 않으면 우리 자유와 해방이 또한 없을 것이다. 우리는 이 감사를 먼저 하고 그리고 우리에게 신탁통치란 무섭고 더러운 굴레는 첫째로 우리를 반성케 하고 둘째는 三相이 우리의 고유한 오천 년 역사의 문화를 몰이해하고 幾個人의 반역자의 매국적 행위를 보고 오해한 것이라고 생각된다. 약소민족을 해방하고 세계평화를 건설하는 연합국은 결코 영토적 야욕을 가진 침략적 모략은 없을 것이다. 우리의 총의만을 잘 알면 신탁문제는 일소된다. 「자주독립과 신탁통치절대반대」가 우리 삼천만의 총의다. 따라서 우리의 총의를 연합국에 전달하자.

신탁통치반대총동원위원회 경기도 및 한성시 지부 〈격〉 1946.1?

공산당과 인민당이여 그대들이 오천 년간 꾸준히 흐르는 조선혼을 버렸는가. 반성하라. 반성하고 각성하면 다 우리 한 덩어리 동포가 되고 반성치 아니하고 반동하면 민족반역자 賣國賊이 된다. 알아라.

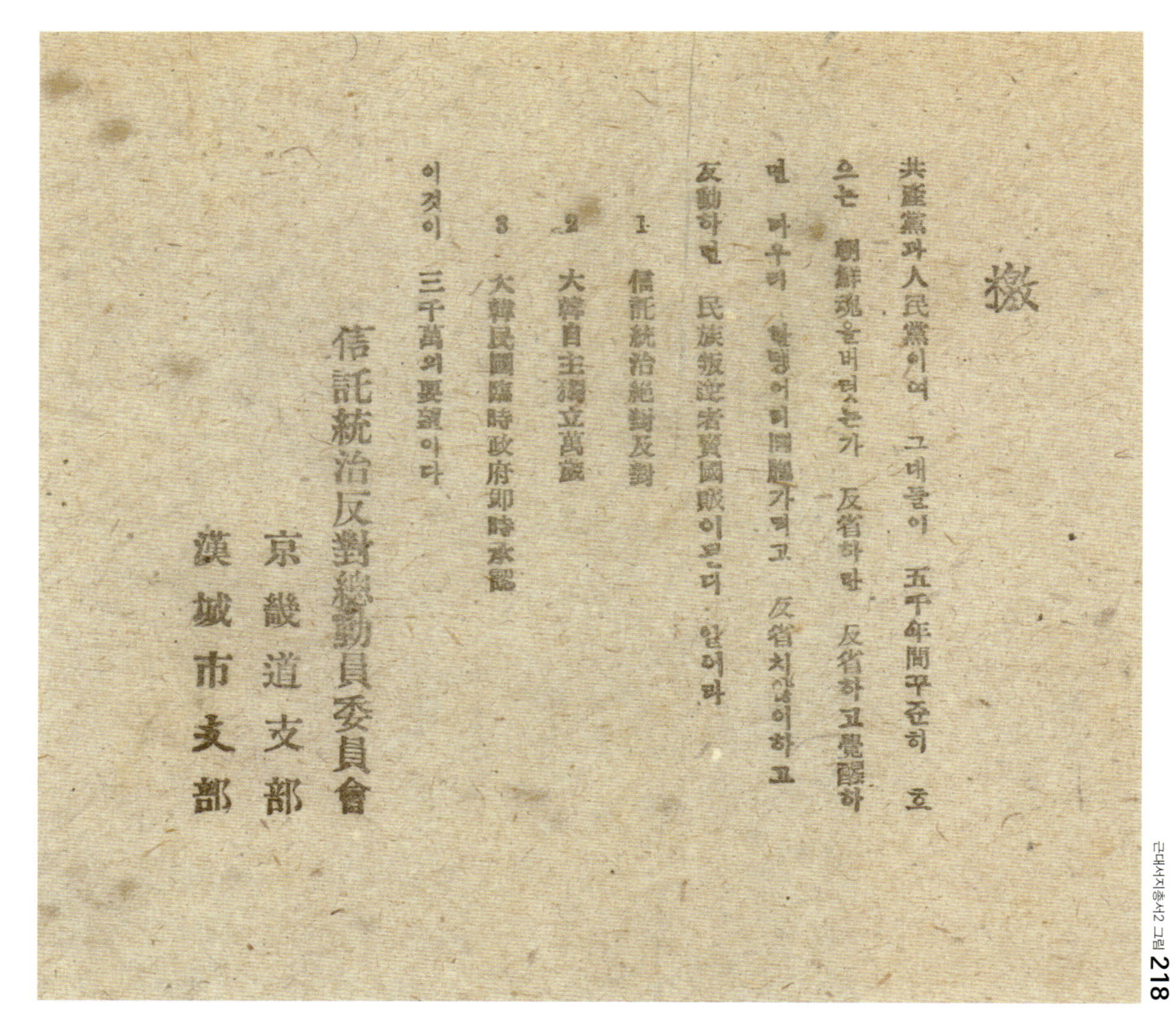

檄

共產黨과人民黨이여 그대들이 五千年間꾸준히 흐
르는 朝鮮魂을버렷는가 反省하라 反省하고覺醒하
면 마우리 한덩어리問題가되고 反省치않이하고
反動하면 民族叛逆者賣國賊이된다 알어라
이것이 三千萬의要望이다

1 信託統治絕對反對
2 大韓自主獨立萬歲
3 大韓民國臨時政府卽時承認

信託統治反對總動員委員會
京畿道支部
漢城市支部

근대서지총서2 그림 218

탁치반대국민총동원중앙위원회 〈을사조약을 회고하여 탁치를 배격하자!〉

이연벌연(以燕伐燕)의 후견을 반대. 가도멸괵(假道滅虢)은 열강의 상투.

조선유학생동맹총본부 〈청년학도는 외친다!!〉 1946.1?

一. 탁치설이 전하여지자, 가장 조선민족을 사랑하는 듯이 탁치설은 모략일 것이다 혹은 결사적으로 항쟁하겠다고 하던 某 黨이 반탁치국민운동으로 삼천만 동포가 뭉치게 되는 것을 두려워하는 나머지 수일이 못 되어 민족통일을 파괴시켜 自당파의 세력을 신장하려고 「삼상회담 지지」라 하며 진정한 동포의 불타는 애국열을 파괴하고 정확한 민족의식을 흐리게 하는 그 흉악한 모략을 우리 학도들은 잘 알겠다.

一. 우리는 보았다! 지난 1월 3일 소위 반탁치도시민대회를 한다고 각 町會마다 이날 참가치 않는 자는 민족반역자다 친일파다 하며 순진한 민중을 모아놓고 그들이 한 것이 무엇이었더냐?
과연 망국적 행위가 아니었던가?
반탁치에 반대하여 탁치를 지지한다하며 적기가를 마치 國歌視하고 우리 민족이 피로 맺어 불러오던 애국가를 부르기조차 두려워하는 그네들을 나라를 사랑하는 동포는 눈물 없이 볼 수 없었다.

一. 기만과 모략과 「팟쇼」를 유일한 수단으로 삼는 비애국자 지도자들이여!!
하루 빨리 私利를 버리고 小我를 떠나 진정한 동포와 함께 우리의 국토를 찾는 완전자주독립의 깃발 밑에 국민대행진을 다 같이 힘차게 하지 않으련가!!
끝까지 자기가 판 묘혈에 들어가야만 하겠는가!

一. 그릇된 자칭 민족지도자들이여! 소위 대중을 구실로 삼지 말고 삼천만 동포 청년 학도들이 그 무엇을 기원하는가를 살펴보라! 그것은 오직 외력의존 절대 배격! 절대 자주독립 요구!! 민족자결!!만을 결사적으로 요구하고 있다는 사실을 똑똑히 보았겠지!

一. 우리나라의 勞農大衆을 위하자면 우선 우리의 국토를 찾아놓고 완전독립이 된 다음에 비로소 노농대중을 행복스럽게 할 수 있을 것이다.
또 우리나라가 완전한 독립국가로서 되기 전부터 계급투쟁을 먼저 하여 同血의 민족을 분열시키고 있는 것은 다 사리사욕에 도취되어진 동포를 팔고 국토를 파는 매국노라고 우리 학도들은 동포들과 같이 규정하고 싶다. 동포 동지들이여

一. 齊히 매국노를 소탕하자

다음은 전단 이미지의 전문이다.

（전단 1）

乙巳條約을 回顧하야
託治를 排擊하자!
以燕伐燕의 後見을 反對
假途滅虢은 列强의 常套

託治反對國民總動員中央委員會

（전단 2）

青年學徒는 웨친다!!

一, 託治說이 傳하야지자 가장 朝鮮民族을 사랑하는듯이 託治說은 謀略일 것이다 或은 決死的으로 抗爭하겠다고 하든 某黨이 反託治國民運動으로 三千萬同胞가 뭉치게 되는 것을 두려워하는 남어지 數日이 못되여 民族統一을 破壞식켜 自黨派의 勢力을 伸張하려고 「三○會談支持」라 하며 眞正한 同胞의 불타는 愛國熱을 破壞하고 正確한 民族意識을 흐리게하는 그 兇惡한 謀略을 우리學徒는 잘 알것다.

一, 우리는 보았다! 지난 一月三日 所謂反託治都市民大會를 한다고 各町會마다 이날 參加치않는 者는 民族反逆者다 親日派다하며 純眞한民衆을 모하놓고 그들이 한것이 무엇이었드냐? 果然 亡國的의 行爲가 아니였든가?
反託治에 反對하야 託治를 支持한다하며 赤旗歌를 마치 國歌視하고 우리民族이 피로 매저불으든 愛國歌를 부르기좃차 두려워하는 그네들을 나라를 사랑하는 同胞는 눈물없이 볼수없었다.

一, 欺瞞과 謀略과 「팟쇼」를 唯一한 手段으로 삼는 非愛國者指導者들이여!!
하로 빨리 私利를 버리고 小我를 떠나 眞正한 同胞와 함께 우리의 國土를 찾는 完全自主獨立의 旗발밑에 國民大行進을 다같이 힘차게 하지않으련가!!
끝까지 자기가 판 墓穴에 들어가야만 하겠는가!

一, 그릇된 自稱民族指導者들이여! 所謂大衆을 口實로 삼지말고 三千萬同胞靑年學徒들이 그 무엇을 祈願하는가를 살펴보라! 그것은 오즉 外力依存絶對排擊! 絶對自主獨立要求!! 民族자決!! 만을 決死的으로 要求하고 잇다는 事實을 똑똑히 보았겟지!

一, 우리나라의 勞農大衆을 爲하자면 비로소 勞農大衆을 幸福스럽게 할수 잇을것이다 또 우리나라가 完全한 獨立國家로서 되기 前부터 階級鬪爭을 먼저 하야 同血의 民族을 分裂식키고 잇는 것은 다 一私利私慾에 陶醉되여진 同胞를 팔고 國土를 파는 賣國奴라고 우리學徒들은 同胞들과 같이 規定하고 싶다. 同胞同志들이여

一, 齊히 賣國奴를 播蕩하자
信託統治絶對反對!!
外力依存絶對排擊!
大韓自主獨立萬歲!!

朝鮮留學生同盟總本部

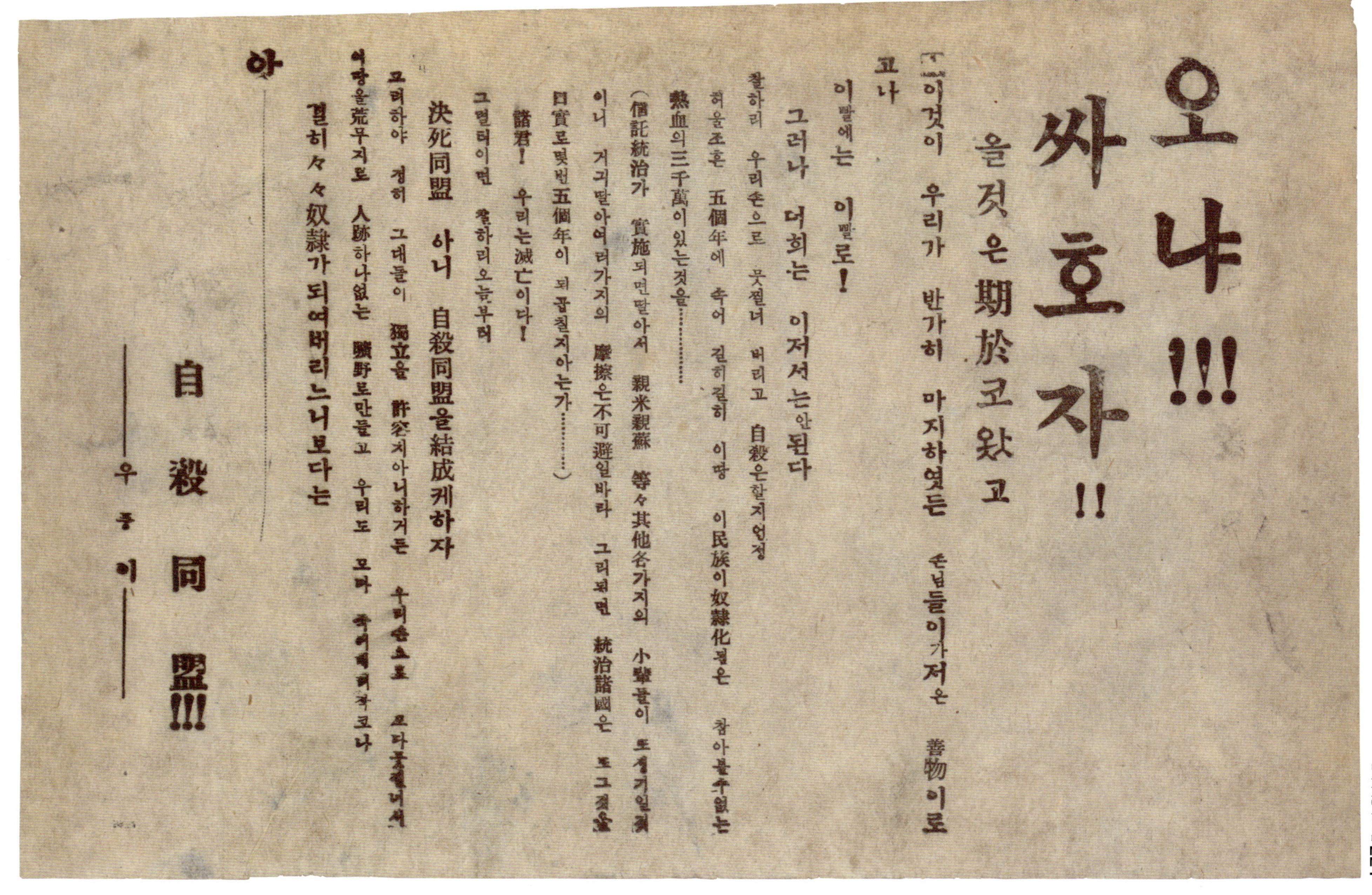

자살동맹 〈오냐!!! 싸우자!! 올 것은 기어코 왔고〉
1946.1?

이것이 우리가 반가이 맞이하였던 손님들이 가져온 선물이로구나
이빨에는 이빨로!
그러나 너희는 잊어서는 안 된다.
차라리 우리 손으로 뭉찔러 버리고 자살은 할지언정 허울 좋은 5
개년에 속아 길이길이 이 땅 이 민족이 노예화됨은 차마 볼 수 없
는 열혈의 삼천만이 있는 것을……
(신탁통치가 실시되면 따라서 親米親蘇 등등 기타 갖가지의 小輩
들이 또 생길 것이니 거기 따라 여러 가지의 마찰은 불가피일 바
라, 그리되면 통치 諸國은 또 그것을 구실로 몇 번 5개년이 되곱칠
지 아는가……)
제군! 우리는 멸망이다!
그럴 터이면 차라리 오늘부터 결사동맹 아니 자살동맹을 결성케
하자!
그리하여 정히 그대들이 독립을 허용치 않거든 우리 손으로 모두
뭉찔러서 이 땅을 황무지로 인적 하나 없는 광야로 만들고 우리도
모두 죽어버리자꾸나.
길이길이 노예가 되어버리느니보다는
아……………자살동맹!!!

다시 奴隷 될 수 없다

피 흘려 獨立하자

信託統治란 民族에의 死刑宣告

嗚呼라!

새 朝鮮은 胎 속에서 窒息되었다. 三千萬의 우리 民族은 다시 奴隷가 되었다. 倭놈의 毒牙에서 벗어난 우리는 다시 「信託管理」라는 쇠 사슬에 얽히어 또다시 犬馬의 賤待를 받게 되었다.

三千萬 同胞들이어! 하늘을 우러러 痛哭을 하자.

그리고 피로써 獨立에로 突進하자.

우리에게 獨立이 아니어든 죽음을 다구!

그리고 모든 党은 即時 解体하라. 옥신 각신할 때가 아니다.

피로 抗爭하자!

政党의 싸움은 드디어 우리 民族을 새로운 奴隷로 만들었다.

이 罪의 罰을 받으라. 재를 쓰고 朝鮮民衆의 발아래 待罪하라.

그리고 이제 우리는 民族의 總意로써 우리 鉄血의 勇士을 앞에 내세우고 朝鮮獨立의 한길로 외치며 몰려 나가자.

「信託」은 우리 民族의 恥辱, 國家의 破滅이다.

三千萬의 「죽음」으로써 自由를 戰取하자!

〈다시 노예 될 수 없다. 피 흘려 독립하자. 신탁통치란 민족에의 사형선고〉 1946.1?

오호라!
새 조선은 胎 속에서 질식되었다. 삼천만의 우리 민족은 다시 노예가 되었다. 왜놈의 毒牙에서 벗어난 우리는 다시 「신탁관리」라는 쇠사슬에 얽혀 또다시 犬馬의 천대를 받게 되었다.
삼천만 동포들이여! 하늘을 우러러 통곡을 하자.
그리고 피로써 독립에로 돌진하자.
우리에게 독립이 아니거든 죽음을 다오!
그리고 모든 당은 즉시 해체하라. 옥신각신할 때가 아니다.
피로 항쟁하자!
정당의 싸움은 드디어 우리 민족을 새로운 노예로 만들었다.
이 죄의 벌을 받으라. 재를 쓰고 조선민중의 발아래 待罪하라.
그리고 이제 우리는 민족의 총의로써 우리 철혈의 용사를 앞에 내세우고 조선독립의 한길로 외치며 몰려 나가자.
「신탁」은 우리 민족의 치욕, 국가의 파멸이다.
삼천만의 「죽음」으로써 자유를 전취하자!

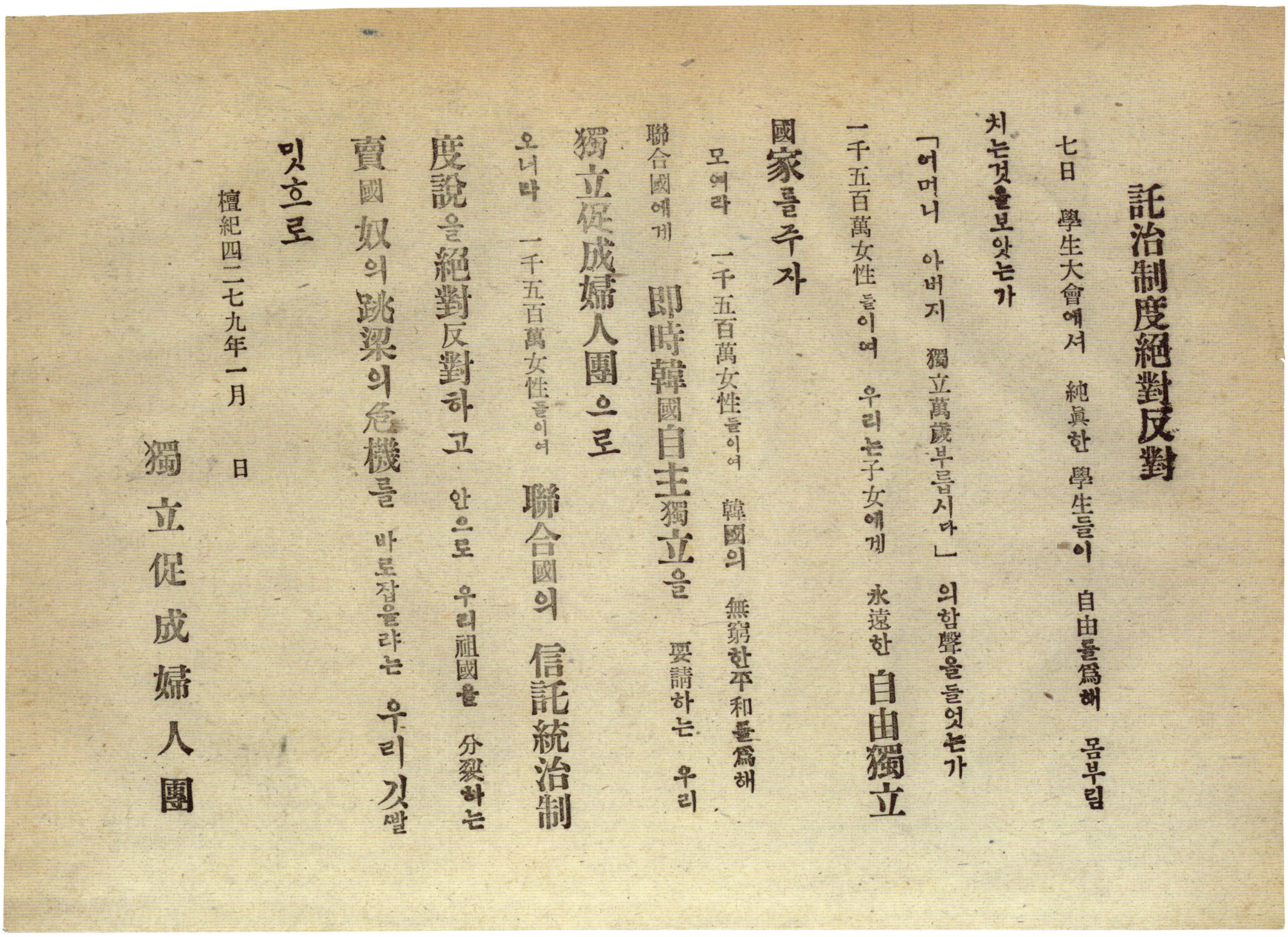

託治制度絕對反對

七日 學生大會에셔 純眞한 學生들이 自由를 爲해 몸부림
치는것을보앗는가
「어머니 아버지 獨立萬歲부릅시다」의함聲을들엇는가
一千五百萬女性들이여 우리는子女에게 永遠한 自由獨立
國家를주자
모여라 一千五百萬女性들이여 韓國의 無窮한平和를爲해
聯合國에게 即時韓國自主獨立을 要請하는 우리
獨立促成婦人團으로
오너라 一千五百萬女性들이여 聯合國의 信託統治制
度說을絕對反對하고 안으로 우리祖國을 分裂하는
賣國奴의跳梁의危機를 바로잡을라는 우리 깃발
밋흐로
檀紀四二七九年一月 日
獨立促成婦人團

독립촉성부인회 〈탁치제도절대반대〉 1946.1

7일 학생대회에서 순진한 학생들이 자유를 위해 몸부림치는 것을
보았는가.
「어머니 아버지 독립 만세를 부릅시다」의 함성을 들었는가.
일천오백만 여성들이여 우리는 자녀에게 영원한 자유독립국가를
주자.
모여라. 일천오백만 여성들이여, 한국의 무궁한 평화를 위해 연합
국에게 즉시 한국자주독립을 요청하는 우리 독립촉성부인단으로
오너라. 일천오백만 여성들이여, 연합국의 신탁통치제도설을 절대
반대하고 안으로 우리 조국을 분열하는 매국노의 跳梁의 위기를
바로잡으려는 우리 깃발 밑으로

宣誓

우리三千萬同胞여 痛哉痛哉라 우리는다시奴隷가된다 今般莫斯
科會談에서發表한 信託統治를 絶對反對하자! 우리는獨立을爲하
야 反對할뿐不啻라 世界의平和를爲하야 反對한다 우리가平和가
되지못하면 世界가平和치못한것은 歷史가證明하는眞理이다
보라! 우리나라는 世界戰爭의 緩衝地帶인故로 自古列强은絶
對로 우리內政을 干涉치않이하여서 平和되고우리는 어느一國에
對하든지絶對로不偏不倚하야 中立을維持하여서 不和된것을서로忘
却하여서는않이된다 우리가今에 三千萬의소리로 聯合盟邦反省을
要求하는同時에 우리도自力으로 우리나라를 統治할줄로 아러야
한다 美蘇兩軍이 南北에進駐以來로 讐敵倭寇를驅逐하고 우리獨
立을援助한다는것은 感謝하거니와 三相會議로붙어 信託統治한다
는것은 무었을根據하여서 나온것인가」이는곳平和가 破壞되고戰
禍가再發될危機에 臨한것이않이라 누가斷言하리요 이게었지死로
써 反對할일이않이랴
우리全國民은 總蹶起總突進하야 싸울뿐이다 또는우리가自立할
뿐이다
全國正義忠勇의同胞여! 一時一刻을逸치말고 義勇團旗幟下에總
合體로猛進하자!
一、우리陪達民族아 總蹶起하자!
二、信託統治를絶對排擊하자!
三、三十八度線南北의 米蘇兩軍政撤廢를要求하고 우리大韓政府
　가統治하게하자!
四、國民은勿論이어니와 全國官公吏는 各其職域에在하야 政府
　를擁護하지않이하면 反動分子로認定하자!
五、治安과生活은 우리손으로하자!
六、不偏不倚의 中立外交로써 世界平和에協力하자!
七、各政黨을解體하고 民族戰線을統一하자!
八、統一戰線에反動分子는打倒하자!

全國義勇團總本部

전국의용단총본부의 〈선서〉

우리 삼천만 동포여 통재 통재라. 우리는 다시 노예가 된다. 이번 모스크바회담에서 발표한 신탁통치를 절대 반대하자! 우리는 독립을 위하여 반대할 뿐. 뿐만 아니라 세계의 평화를 위하여 반대한다. 우리가 평화가 되지 못하면 세계가 평화치 못한 것은 역사가 증명하는 진리이다.
보라! 우리나라는 세계전쟁의 완충지대인 고로 예로부터 열강은 절대로 우리 내정을 간섭치 않아서 평화되고 우리는 어느 일국에 대하든지 절대로 不偏不倚하여 중립을 유지하여서 평화된 것을 서로 망각하여서는 아니 된다. 우리가 今에 삼천만의 소리로 연합맹방 반성을 요구하는 동시에 우리도 자력으로 우리나라를 통치할 줄로 알아야 한다. 美蘇 양군이 남북에 진주 이래로 讐敵倭寇를 驅逐하고 우리 독립을 원조한다는 것은 감사하거니와 삼상회의로부터 신탁통치한다는 것은 무엇을 근거하여서 나온 것인가. 이는 곧 평화가 파괴되고 전화가 재발될 위기에 임한 것이 아니라 누가 단언하리오. 이게 어찌 死로써 반대할 일이 아니다.
우리 전 국민은 총 궐기 총 돌진하여 싸울 뿐이다. 또는 우리가 자립할 뿐이다.
전국 正義忠勇의 동포여! 一時一刻을 逸치 말고 의용단 기치하에 총합체로 猛進하자!
一. 우리 배달민족아 총궐기하자!
二. 신탁통치를 절대 배격하자!
三. 38도선 남북의 米蘇兩軍政 철폐를 요구하고 우리 대한정부가 통치하게 하자!
四. 국민은 물론이거니와 전국 관공리는 각기 職域에 머물러 정부를 옹호하지 않으면 반동분자로 인정하자!
五. 치안과 생활은 우리 손으로 하자!
六. 不偏不倚의 중립외교로써 세계평화에 협력하자!
七. 각 정당을 해체하고 민족전선을 통일하자!
八. 통일전선에 반동분자는 타도하자!

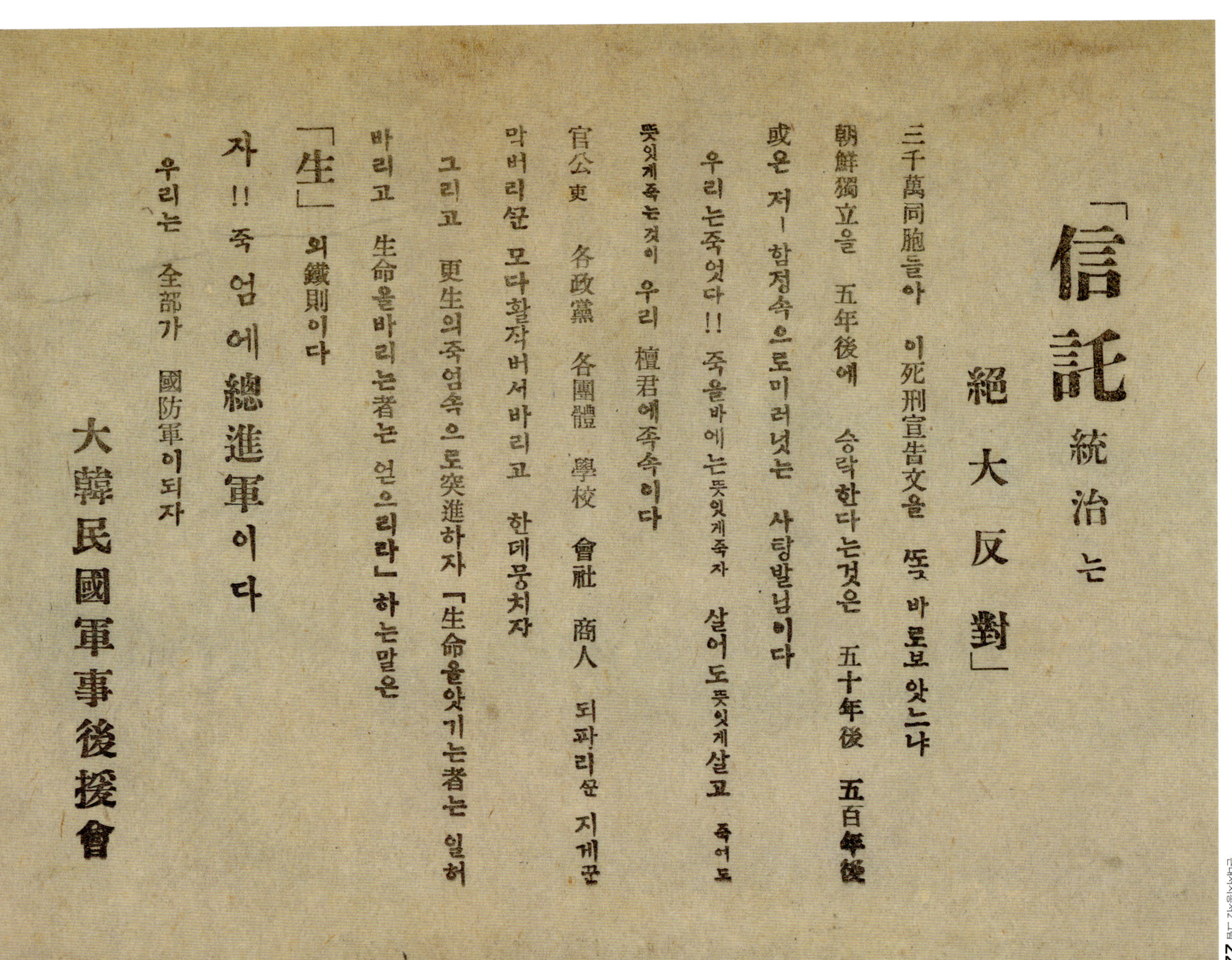

근대사진총서2 그림 225

대한민국군사후원회 〈신탁통치는 절대 반대〉

삼천만 동포들아 이 사형선고문을 똑바로 보았느냐
조선독립을 5년 후에 승낙한다는 것은 50년 후 500년 후 혹은 더—
함정 속으로 밀어넣는 사탕발림이다.
우리는 죽었다!! 죽을 바에는 뜻 있게 죽자. 살아도 뜻 있게 살고
죽어도 뜻 있게 죽는 것이 우리 단군의 족속이다.
관공리 각 정당 각 단체 학교 회사 상인 되팔이꾼 지게꾼 막벌이
꾼 모두 활짝 벗어버리고 한데 뭉치자.
그리고 갱생의 죽음 속으로 돌진하자. 「생명을 아끼는 자는 잃어
버리고 생명을 버리는 자는 얻으리라」하는 말은 「생」의 철칙이다.
자!! 죽음에 총진군이다.
우리는 전부가 국방군이 되자.

전국학생총연맹본부 〈삼천만 동포에게 고함〉

一. 신탁통치를 찬성 지지하는 매국적은 공산당, 人共이다
二. 역적무리 인민공화단 타도
三. 매국적 공산당 공산분자 말살
四. 1월 3일 데모한 자는 매국노다 죽이자 너는 러시아로 가라
五. 이것을 지도한 놈들 우리 청년이 잡아 죽이자
六. 人共, 공산당, 인민당, 인민위원회는 나라 팔아먹는 매국당이다
　　악마다
七. 시골 분들은 지방인민위원회를 때려 부숴라
八. 1월 3일 데모는 거꾸러지는 공산당의 최후 발악이다
九. 人共은 문제 아니다 공산분자를 목살하자
一○. 신탁은 소련이 주장하였음을 아느냐
一一. 악마 박헌영 허헌 여운형 타살

어머니 아버지 전 학생과 같이 만세 부릅시다
一. 신탁통치 절대반대!!
二. 민족자결 자주독립 만세!!
三. 국부 이승만 박사 만세!!
四. 김구 주석 만세!!
五. 대한민국 임시정부 만세!!
六. 전 학생과 뭉쳐 조국 해방 만만세!!

三千萬同胞에告함

一、信託統治를贊成支持하는 賣國賊은 共産黨、人共이다
二、逆賊群 人民共和團打倒
三、賣國賊 共産黨 共産分子抹殺
四、一月三日 데모한者는 賣國奴다 죽이자 너는 露西亞로가라
五、이것을指導한놈들 우리靑年이잡어 죽이자
六、人共、共産당、人民당、人民委員會는 나라파라먹는 賣
　　國黨이다 惡魔다
七、시골분들은 地方人民委員會를 때려부셔라
八、一月三日 데모는 꺼구러지는 共産당의 最後發惡이다
九、人共은問題아니다 共産分子를 沒殺하자
一○、信託은 蘇聯이主張하였음을 아느냐
一一、惡魔 朴憲永 許憲 呂運亨 打殺

어머니 아버지
全學生과갓치 萬歲부릅시다
一、信託統治 絶對反對!!
二、民族自決 自主獨立萬歲!!
三、國父 李承晩博士萬歲!!
四、金九主席萬歲!!
五、大韓民國臨時政府萬歲!!
六、全學生과뭉치어 祖國解放萬々歲!!
全國學生總聯盟本部

근대사진총서2 그림 226

조선건국청년회 여청연대 〈정의의 조선의 여성아!!〉

우리는 賣笑婦 될까 보냐. 보라 민족반역자 여운형의 추태를. 딸 삼형제가 있는 것을 유일의 시회로서 공산당 간부를 만날 때마다, 아! 그대가 내 사윗감이로다 하여 어리석은 간부가 얼마나 속았나. 이러한 수단으로 속인 黨 간부가 7, 8명, 이 중 국군준비대 부사령 박승환이도 이 중에 한 분자이다. 乙種 料理店主의 여운형, 이렇게 비겁하게도 딸을 미끼로 공산당 간부에게 팔아먹고 이제 또 일천백만 조선의 여성을 소련에 의탁하려는 총참모가 여운형이다. 보라! 정의의 여성아! 매국적 이들의 최후의 발악을 보라. 박멸하라. 공산당 인민공화국 인민보 조선의 여성아! 나와라 싸워라.

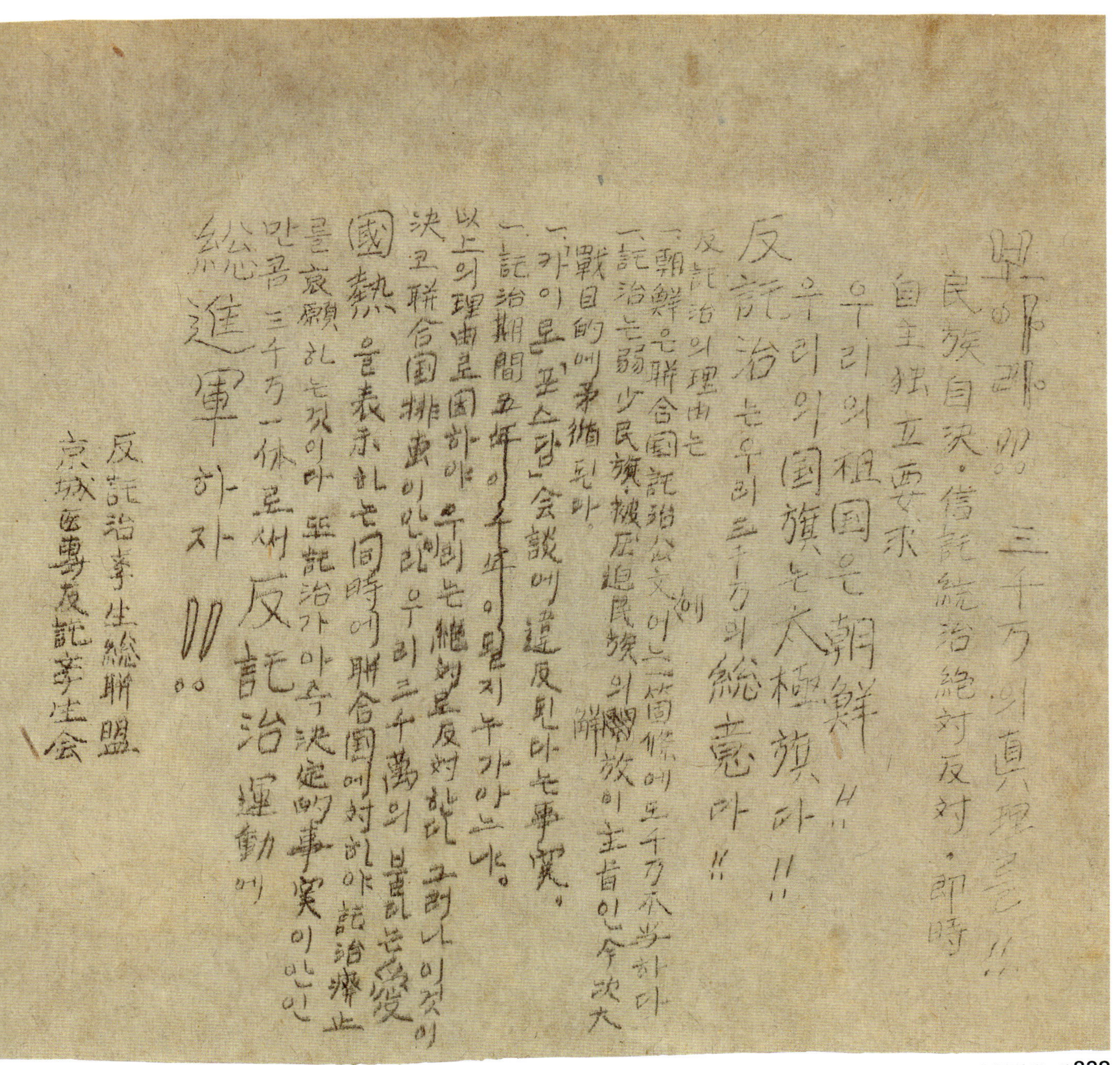

반탁치학생총연맹 경성의전반탁생회 〈보아라!! 삼천만의 진리를!!〉

민족자결·신탁통치 절대 반대·즉시 자주독립 요구
우리의 조국은 조선!! 우리의 국기는 태극기다!! 반탁치는 우리 삼천만의 총의다!!
반탁치의 이유는
一. 조선은 연합국 탁치 공문 어느 1개조에도 천만부당하다.
一. 탁치는 약소민족·피압박민족의 해방이 주지인 수次 대전 목적에 모순된다.
一. 「카이로」「포츠담」회담에 위반된다는 사실.
一. 탁치 기간 5년이 천년이 될지 누가 아느냐.
이상의 이유로 인하여 우리는 절대로 반대한다. 그러나 이것이 결코 연합국 배격이 아니라 우리 삼천만의 불타는 애국열을 표시하는 동시에 연합국에 대하여 탁치 폐지를 애원하는 것이다. 또 탁치가 아직 결정적 사실이 아닌 만큼 삼천만 일체로써 반탁치운동에 총진군하자!!

正義의 審判이 나리엇다

明察한大衆아 街頭을살펴라

左翼分者中의도 最後發惡을보라

全國民이 信託反對외 흥분한잇때의 所謂國軍準備隊 (一名國軍、一名憲軍) 이라는절도단을 조직하여 무지한 地方農民에게 軍糧米라구 供出을바더서 배을채우고 最近建靑이 事業部의 資金이 잇다는 것을알고 昨三十一日隊員이업는름을타서 建國의 一大礎石이될建靑本部을 襲擊하여 金品을절치한 罪로서 目下 이者들의 幹部는 法의재승을 밧기爲하여 鍾路保安署의 國軍幹部二十名이 檢束中이며 本町保安署의 三十名이 檢束외잇으며 同時의 이르한 절도단을 法은解散命令을 내려여서

그동안 문재의 절도團 國軍準備隊의 복장과 완장은 서울의 거리에서 日本놈의 자체가업서지드이 감추고마럿다 全滅당하고마럿다

最後의 發惡의서 發惡을하는 宣傳삐라만도못한 人民報는 엉트리업는 기록이로서 民衆을 속히고잇지안는가

서울의 街色과 人心은 이재야完全히 재달고 分明히 發見하엿스리라

反逆分者들의 賣國歡의 行動을 分明히보시엇고 三千萬萬年 大計의 道義의建國을 쁘나 惡과 謀略으로 惡質主義로 建國할녀든 及逆者의 最後을이재야 分明히 보섯스리라

다귀치는되로 人共의 及逆者 人民報의 反逆者의 書記輩을 박멸하라

愛國者的인 國民이면 朝鮮혼이잇는 正義의民族이면 보는대로 박멸하시라

共産主義는 이재야 共散主義가 대엇고 人民報는 引慢報로 最後을告하엿고

우리正義의 建靑아 所謂國軍인니 憲軍인니 準備隊인니 하는 절도團을 백멸 完成의 萬歲을 불넛쓰니 이재는 完全獨立을 爲하여 及逆者의 殘黨소동의 길노 옴기노라

大韓民國臨時政府萬歲

朝鮮建國青年會

근대서지통사12 그림 229

조선건국청년회에서 발행한 신탁통치 반대 및 좌익 비판 전단

정의의 판단이 내렸다. 明察한 대중아 街頭를 살펴라.

좌익분자 중에도 최후 발악을 보라.

전 국민이 신탁반대에 흥분한 이때의 소위 국군준비대(일명 국군, 일명 憲軍)이라는 절도단을 조직하여 무지한 지방농민에게 국량미라고 공출을 받아서 배를 채우고 최근 建靑이 사업부의 자금이 있다는 것을 알고 지난 31일 대원이 없는 틈을 타서 전국의 일대 초석이 될 건청본부를 습격하여 금품을 절취한 죄로서 목하 이 자들의 간부는 법의 제재를 받기 위하여 종로 보안서의 국군 간부 20명이 검속 중이며 본 町 보안서에 30명이 검속에 있으며 동시에 이러한 절도단을 법은 해산명령을 내려서 그동안 문제의 절도단 국군준비대의 복장과 완장은 서울의 거리에서 일본놈의 자취가 없어지듯이 감추고 말았다. 전멸당하고 말았다.

최후의 발악에서 발악을 하는 선전삐라만도 못한 인민보는 엉터리같은 기록으로써 민중을 속이고 있지 않는가.

지체 없이 도망칠까 준비대가 건청대원을 체포하였느니 무엇이었느니 하는 꼴은 일본놈이 최후에 망하면서 '米英 격멸' 하면서 몸부림치던 일본식 작전을 어쩌면 그렇게 잘 배웠는지 신통하도다.

명찰한 대중은 이미 판단하였을 것이다. 서울의 街色과 인심은 이제야 완전히 깨닫고 분명히 발견하였으리라. 반역분자들의 매국적의 행동을 분명히 보셨고 삼천만 만년대계의 도의의 건국을 떠나 악과 모략으로 악질주의로 건국하려는 반역자의 최후를 이제야 분명히 보셨으리라.

다 그치는 대로 人共의 반역자 인민보의 반역자의 書記輩를 박멸하라. 애국적인 국민이면 조선혼이 있는 정의의 민족이면 보는 대로 박멸하시라. 共産主義는 이제야 共散主義가 되었고 人民報는 引慢報로 최후를 고하였고 우리 정의의 건청아 소위 국군이니 헌군이니 준비대이니 하는 절도단을 박멸 완성의 만세를 불렀으니 이제는 완전독립을 위하여 반역자의 잔당 소탕의 길로 옮기노라.

聲明書

一月三日 서울市人民委員會主催로 進行된덕 서울市商民大會 名義의 市街行列은 市民의 反信託統治熱에 치열한 興奮을 利用하여 町會를 通하여 信託統治反對示威行列을 決行하겠다고 大衆을 欺瞞動員한 後 其實은 一, 信託統治反對運動을 反對하는 意思表示로서의 모스크바三相會議支持를 決議하고 同標語와 二, 『自稱臨時政府打倒』等口號等을 揭揚하면서 現場에서 欺瞞된것을 破하고 大擧退却하는 大衆의 一部를 無理하게 引率行進하아 一般國民의 耳目을 眩惑케할뿐아니라 國際的으로 우리民族의 總意를 司曲하여 通報하려는 應意를 發露한것은 現下三千萬의 總意와 逆行하는 반逆行爲일뿐더러 民族統一을 事實에서 저害하는 重大한 犯過로서 嚴正한 民族審判의 아래에 斷然 許容되지안할바이다

이에 그 眞상을 聲明한다

大韓民國二十八年一月四日

託治反對國民總動員 서울市委員會

탁치반대국민총동원서울시위원회 〈성명서〉 1946.1.4

1월 3일 서울시 인민위원회 주최로 진행된 『서울시민대회』 명의의 시가행렬은 시민의 반신탁통치熱의 치열한 흥분을 이용하여 町會를 통하여 신탁통치반대시위행렬을 결행하겠다고 대중을 기만 동원한 후 기실은 一. 신탁통치반대운동을 반대하는 의미표시로서의 모스크바 삼상회의 지지를 결의하고 同標語와 二. 『자청임시정부타도』 등 구호 등을 양양하면서 현장에서 기만됨을 파하고 대거 퇴각하는 대중의 일부를 무리하게 인솔 행진하여 일반국민의 이목을 현혹케 할 뿐 아니라 국제적으로 우리 민족의 총의를 비곡하여 통보하려는 응의를 발로한 것은 현하 삼천만의 의의와 역행하려는 반역행위일 뿐더러 민족통일을 사실에서 저해하는 중대한 犯過로서 엄정한 민중 심판의 아래에 단연 허용되지 않을 바이다.
이에 그 진상을 성명한다.

檄

一、三千萬同胞는이러스라 民族自滅인託治를絕對排擊하자
一、託治를支持하는賣國敵은共產黨、人共이다 逆賊巢窟人民共和國을打倒하자
一、最後로發惡하는共產黨은테로團으로變하엿다 賣國奴共產黨을撲滅하자
一、보라!共產分子들의掠奪을 三八線以北에同胞를戰災者로만드럿다
一、託治는蘇聯의主張이다 民族叛逆者呂運亨、許憲、朴憲永、을打殺하자 오라!모여라靑年들아!우리의陣營으로!

一、信託統治絕對反對
一、大韓民國臨時政府萬歲

朝鮮建國靑年會

조선건국청년회 〈檄〉

一. 삼천만 동포는 일어서라. 민족 자멸인 탁치를 절대 배격하자.
一. 탁치를 지지하는 매국적은 공산당. 人共이다. 역적소굴 인민공화국을 타도하자.
一. 최후로 발악하는 공산당은 테러단으로 변하였다. 매국노 공산당을 박멸하자.
一. 보라! 공산분자들의 약탈을, 삼팔선 이북의 동포를 전재자로 만들었다.
一. 탁치는 소련의 주장이다. 민족반역자 여운형, 허헌, 박헌영을 打殺하자. 오라! 모여라 청년들아! 우리의 진영으로!

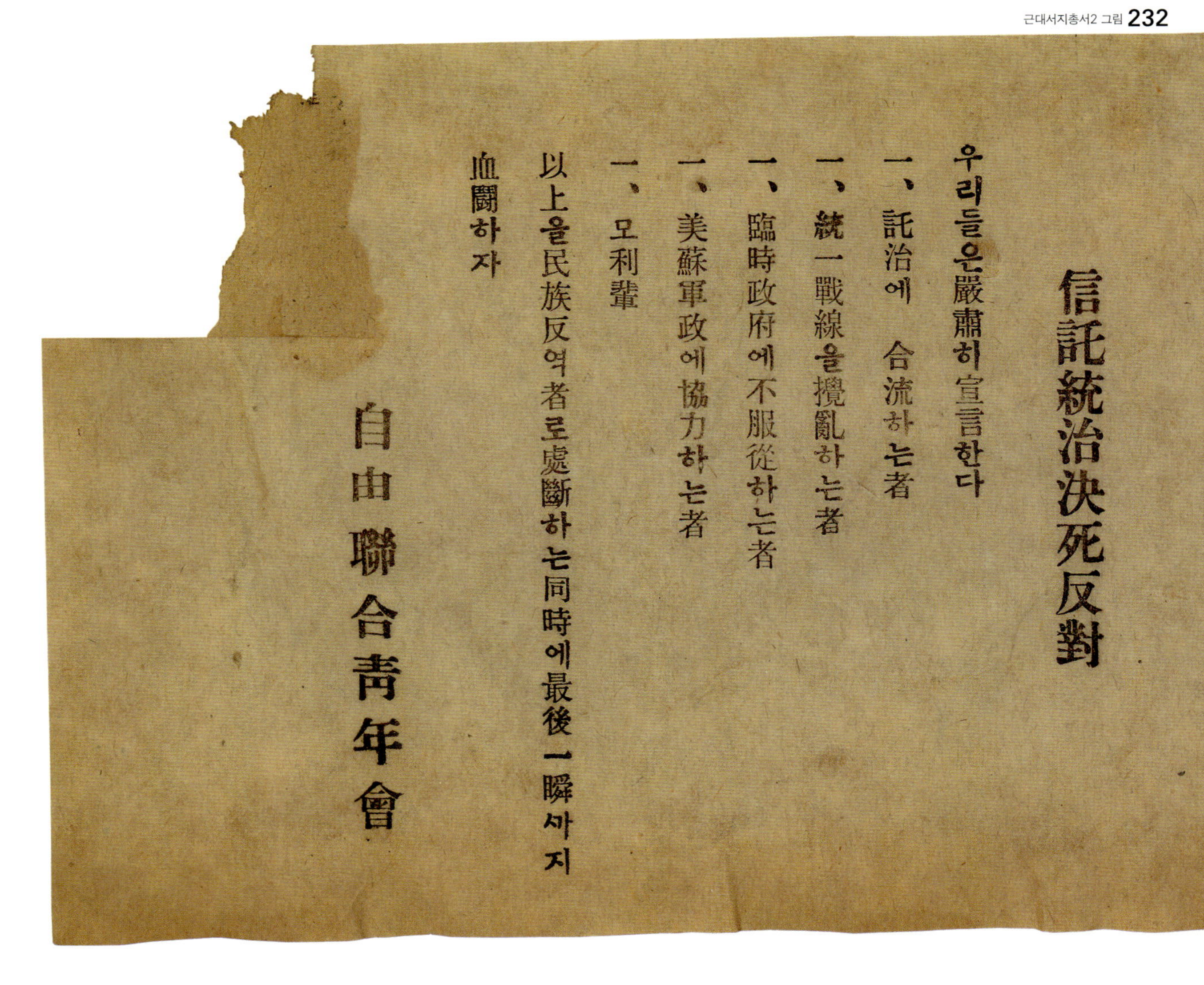

信託統治決死反對

우리들은 嚴肅히 宣言한다
一, 託治에　合流하는者
一, 統一戰線을 攪亂하는者
一, 臨時政府에 不服從하는者
一, 美蘇軍政에 協力하는者
一, 모리輩
以上을 民族反逆者로 處斷하는 同時에 最後 一瞬까지
血鬪하자

自由 聯合 靑年會

자유연합청년회 〈신탁통치결사반대〉

우리들은 엄숙히 선언한다
一. 탁치에 합류하는 자
一. 통일전선을 교란하는 자
一. 임시정부에 불복종하는 자
一. 미소군정에 협력하는 자
一. 모리배
이상을 민족반역자로 처단하는 동시에 최후 일순까지 血鬪하자

聲 明 書

지난年末에莫府三相會議의決議라하여우리나라에信託統治制를實施하고五年間의期限附로
獨立을承認하겟다는消息이들자全國民은물끌듯反對의物議가紛々하며그意思表示로서서울
을비롯하야地方各處와各政黨各團體各階各層이同一한愛國熱에한데뭉치여示威行列서지하
엿든것이다그러면우리는무엇을反對함이며무엇을要求함이런가?冷靜히檢討해보기로하자
우리의反對하는意思의內容은外來勢力의우리內政干涉에對한排擊이다聯合國에對하야將來
我國과의友好關係와世界平和를爲하야우리나라를即時獨立國家로써承認해달라는要求이다
信託、協助、後見等의言句를 弄하여內政干涉의因果的關係를매즈려는
三國外相의脫線的好意를反對함이다
勿論우리外의이要求가列强의各自가政治的我見을떠나誠意잇게世界平和를建設하랴는大乘的
勇斷이없이는實現되기어려울줄을안다。그러나우리의運動이前途多難함을覺悟하고도오즉
이길만이우리民族將來의幸福을차자올길이며世界平和의最高的段階의을알므로써
우리의要求가實現될때까지境遇에싸러서는不合作、非妥協、非暴力
으로鬪爭하려함이다
同胞여!勢力에阿첨하여朝變夕改하는追勢輩들의詭辯에속지마라、그네들은어느時代에던
지浮動하여寄生을피하는패들이니公理의腐懲과嚴正한史筆의森嚴한審判이未久에不無할것
이다。

託治反對國民總動員中央委員會

大韓民國二十八年一月　　日

탁치반대국민총동원중앙위원회 〈성명서〉 1946.1

지난 연말에 막부삼상회의의 결의라 하여 우리나라에 신탁통치제를 실시하고 5년간의 기한부로 독립을 승인하겠다는 소식이 들리자 전 국민은 물 끓듯 반대의 물의가 분분하며 그 의사표시로서 서울을 비롯하여 지방각처와 각 정당, 각 단체, 각계각층이 동일한 애국열에 한데 뭉쳐 시위행렬까지 했던 것이다. 그러면 우리는 무엇을 반대함이며 무엇을 요구함이런가? 냉정히 검토해보기로 하자. 우리의 반대하는 의사의 내용은 외래세력의 우리 내정간섭에 대한 배격이다. 연합국에 대하여 장래 우리 나라와의 우호관계와 세계평화를 위하여 우리나라를 즉시 독립국가로서 승인해달라는 요구이다.

신탁, 협조, 후견 등의 言句를 弄하여 내정간섭의 인과적 관계를 맺으려는 삼국외상의 탈선적 호의를 반대함이다.

물론 우리의 이 요구가 열강의 각자가 정치적 我見을 떠나 성의 있게 세계평화를 건설하려는 대승적 용단이 없이는 실현되기 어려울 줄을 안다. 그러나 우리의 운동이 전도다난함을 각오하고도 오직 이 길만이 우리 민족 장래의 행복을 찾아올 길이며 세계평화의 최고적 단계임을 앎으로써

우리의 요구가 실현될 때까지 경우에 따라서는 불합작, 비타협, 비폭력으로 투쟁하려 함이다.

동포여! 세력에 아첨하여 조변석개하는 追勢輩들의 궤변에 속지 마라, 그네들은 어느 시대에든지 부동하여 기생을 꾀하는 패들이니 공리의 응징과 엄정한 史筆의 삼엄한 심판이 머잖아 없지 않을 것이다.

이런 것으로 눈이 뒤집힌 파시스트 및 우익진의 파괴적 선동에 속아 인민의 권리와 민족의 영원한 행복을 팔아버리겠는가?

외국의 금융자본과 결탁하여 국토와 민족을 또다시 팔아먹으려는 「팟쇼」라는 강도로 보는가?

「親蘇」한다는 무고는 「親美」의 음모요 「反美」한다는 허설은 「反蘇」하자는 모략이다.

현명한 청년제군!

우리는 「반소」도 「반미」도 경계하여야 한다. 다만 연합국을 신뢰하자 — 우리는 오직 자주독립을 위하여 국가건설을 위하여 그리고 인민정권의 수립을 위하여 싸우자! 통일하자! 단결하자!

삼상회의는 우리에게 최고 5년의 시험기를 주었다. 이 동안을 하루라도 단축시키자면 우리의 모든 공장과 철도와 통신을 부흥시켜야 한다. 합심하여 일해야 한다.

청년제군! 주의하라

어느 곳 빵을 먹다가 무엇을 타고 돌아왔는가?

어느 나라 돈으로 호강을 했기에 이렇게 우리를 팔아 그 은혜를 갚으려는가?

이들은 호화로운 더운 자리에서 기름진 음식으로 트림을 하며 왕권을 꿈꾸고 있지 않은가? 또 그 밑에서 아양을 떠는 「간신」들의 음흉한 책략을 우리는 잘 안다.

공장에서 농촌에서 맨발 벗고 굶주리는 근로인민들이여! 우리가 살 길은 오직 우리 손으로 찾아야 한다. 우리의 아름다운 삼천리강토, 유구한 민족 오천 년의 역사는 우리 인민의 손으로만 빛나게 하자.

「신탁반대」란 노동자 농민을 또다시 착취하려는 우익 독재자들의 구호다.

청년아 나오라! 우리는 정의의 용사, 민중의 운명을 짊어지고 옳은 진로의 선두에 서자.

一. 조선을 원조하는 삼상회의를 지지하자!
一. 민주주의국가群의 일원으로서 독립할 준비를 하자!
一. 海外流浪政客의 독선주의를 배격하자!
一. 완전자주독립은 민주주의 원칙으로!
一. 조선공산당청년동맹 만세!
一. 조선공산당 만세!

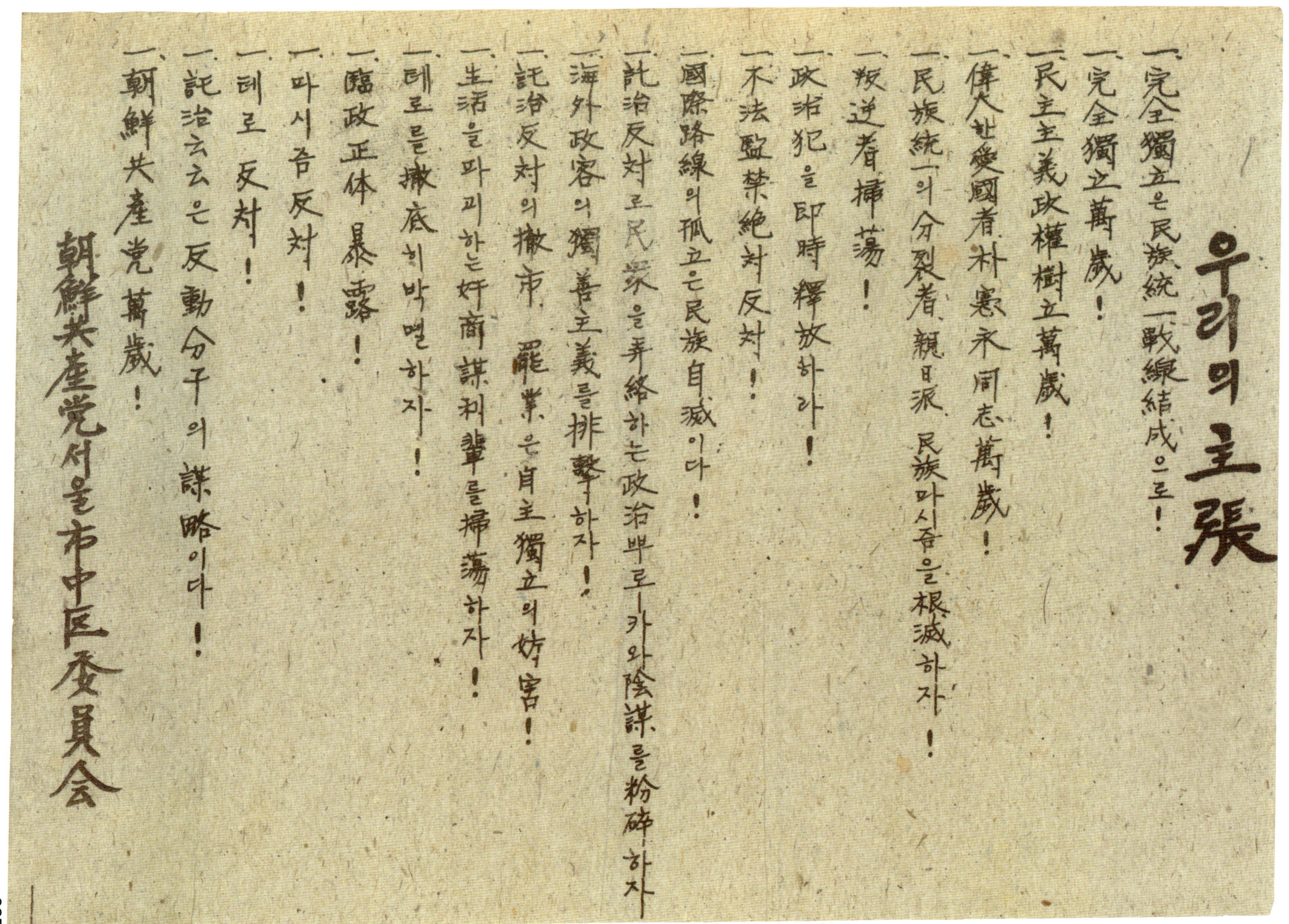

조선공산당 서울시 중구위원회 〈우리의 주장〉

一. 완전독립은 민족통일전선결성으로!
一. 완전독립 만세!
一. 민주주의정권 수립 만세!
一. 위대한 애국자 박헌영 동지 만세!
一. 민족통일의 분열자, 친일과, 민족 파시즘을 근멸하자!

一. 반역자 소탕!
一. 정치범을 즉시 석방하라!
一. 불법 감금 절대 반대!
一. 국제노선의 고립은 민족 자멸이다!
一. 탁치반대로 민중을 농락하는 정치브로커와 음모를 분쇄하자!
一. 해외정객의 독선주의를 배격하자!
一. 탁치반대의 철시, 파업은 자주독립의 방해!

一. 생활을 파괴하는 간상모리배를 소탕하자!
一. 테러를 철저히 박멸하자!
一. 임정 정체 폭로!
一. 파시즘 반대!
一. 테러 반대!
一. 탁치 운운은 반동분자의 모략이다!
一. 조선공산당 만세!

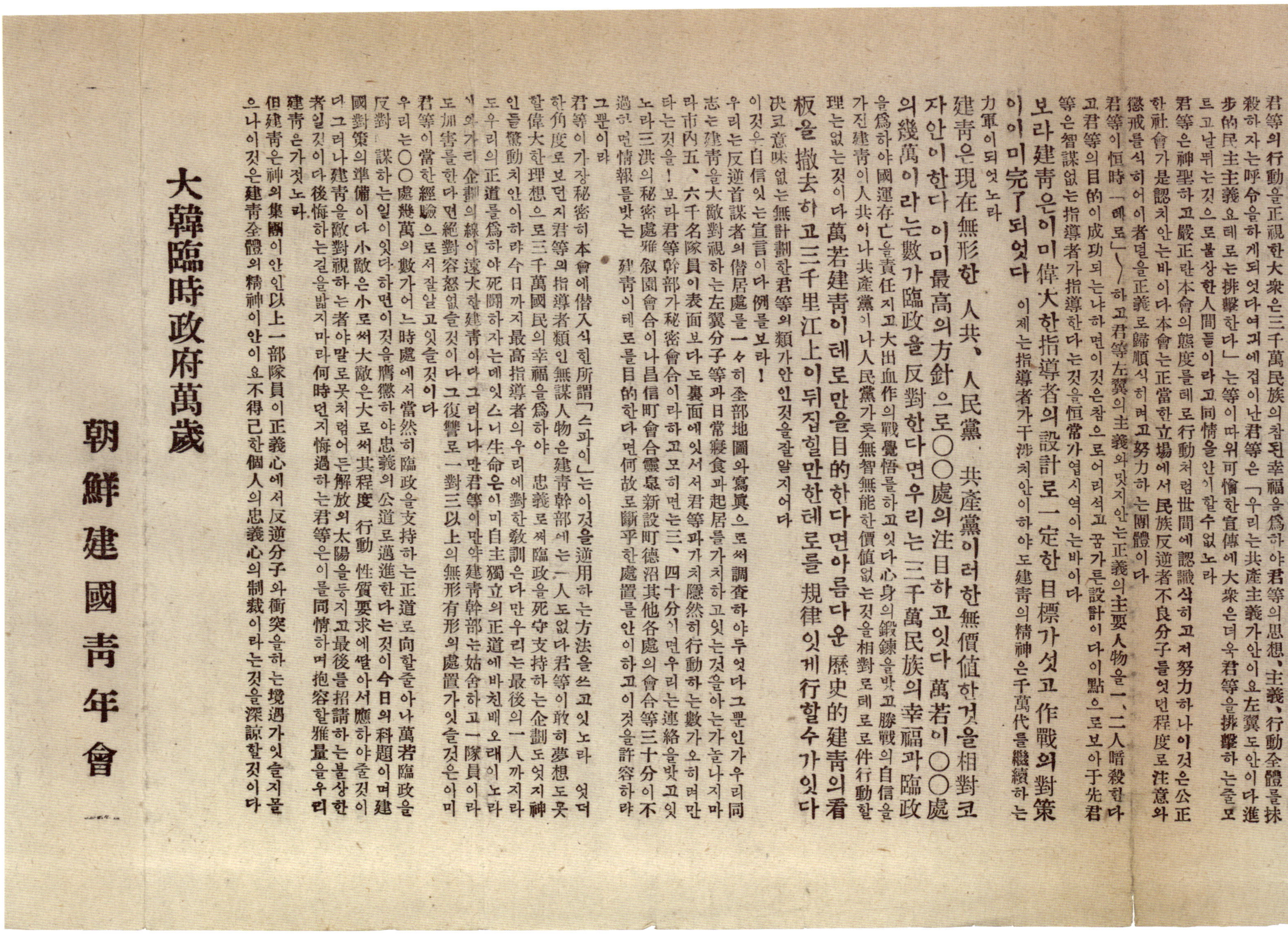

大韓臨時政府萬歲

朝鮮建國靑年會

조선건국청년회 〈테러의 유래와 진리를 소개함〉

최근 좌익분자 등이 각종형식으로 「테러」를 배격하자는 선전을 당돌하게 하고 있다. 일반사회가 좌익분자 등을 배격하는 근본적 이유가 어디 있는가를 공산주의분자가 이제야 자각한 모양이다.
현명하신 대중
8월 15일 해방선언 이후 이들 좌익분자 들은 그 얼마나 폭언망동을 하였는가. 「피 없는 혁명은 없다」하고 자기들의 주의와 주장이 용납되지 않는다면 테러협박을 마음대로 하여 서울市中은 일시 수라장화하였던 것은 누구나 다 기억이 아직 새로울 줄 안다. 현재 정위 38도 이북의 비참한 협박정책과 무슨 다름이 있었으랴.
민심을 위협하고자, 돌격대니 선봉대니 하고 무슨 불량성을 띤 惡團名을 사용하는 것이 가장 훌륭한 전법인 줄 알고 무엇을 접수하느니 무엇을 협박하느니 하여 갖은 추태를 다 부리던 그들은 그때 「테러」는 오직 좌익분자만이 전용할 수 있는 수단인 줄 알고 천정을 모르고 날뛰었다.
이것을 이 이상 묵인할 수 없다는 天下志士의 부르짖음에 따라 본회는 감연히 반역자와 테러단 소탕에 당한 것인데 이자들은 금일에 이르러 실력으로 당할 수 없음을 알고 도리어 「이제는 테러를 배격한다」라고 양언하는 한편 이면은 의연히 테러 암살을 성행하고 있다. 이러한 기만적 수작을 누가 믿어줄 것인가. 인물인재가 가장 부족한 이 나라의 실정을 자민족적 입장에 충분히 알면서도 범한 이 대죄를 어떻게 감추고 감히 테러를 배격한다는 성명서를 발표하느냐.
현명한 대중이여 만약 본회가 이러한 正道를 취하여 아니하였던들 금일의 서울시는 어떻게 되었을 것인가.
그대들의 행동을 正視한 대중은 삼천만 민족의 참된 행복을 위하여 그대들의 사상, 주의, 행동전체를 말살하자는 호령을 하게 되었다. 여기에 겁이 난 그대들은 「우리는 공산주의가 아니요 좌익도 아니다. 진보적 민주주의요 테러는 배격한다」는 등 이따위 가증한 선전에 대중은 더욱 그대들을 배격하는 줄 모르고 날뛰는 것으로 불쌍한 인간들이라고 동정을 아니 할 수 없노라.

그대들은 신성하고 엄정한 본회의 태도를 테러행동처럼 세간에 인식시키고자 노력하나 이것은 공정한 사회가 시인치 않는 바이다. 본회는 정당한 입장에서 민족반역자 불량분자를 어떤 정도로 주의와 징계를 시켜 이자들을 정의로 귀순시키려고 노력하는 단체이다.
그대들이 항시 「테러」 「테러」하고 그대들 좌익의 주의와 맞지 않는 정의의 주요인물을 일, 이인 암살한다고 그대들의 목적이 성공되느냐 하면 이것은 참으로 어리석고 꿈같은 설계이다. 이 점으로 보아 우선 그대들은 지모 없는 지도자가 지도한다는 것을 항상 가엾이 여기는 바이다.
보라 건청은 이미 위대한 지도자의 설계로 일정한 목표가 섰고 작전의 대책이 이미 완료되었다. 이제는 지도자가 간섭치 아니하여도 건청의 정신은 천만대를 계속하는 역군이 되었노라.
건청은 현재 무형한 人共, 인민당, 공산당 이러한 무가치한 것을 상대코자 아니한다. 이미 최고의 방침으로 ○○처에 주목하고 있다. 만약 이 ○○처의 幾萬이라는 수가 臨政을 반대한다면 우리는 삼천만 민족의 행복과 감정을 위하여 국운존망을 책임지고 대출혈을 일으키며 싸울 각오를 하고 있다. 심신의 단련을 받고 승전의 자신을 가진 건청이 人共이나 공산당이나 인민당 같은 무지무능한 가치 없는 것을 상대로 테러로 件행동할 리는 없는 것이다.
만약 건청이 테러만을 목적한다면 아름다운 역사적 건청의 간판을 철거하고 삼천리강산이 뒤집힐 만한 테러를 규율 있게 행할 수가 있다.
결코 의미 없는 무계획한 그대들의 類가 아닌 것을 잘 알지어다.
이것은 자신있는 선언이다. 예를 보라!
우리는 반역수모자의 潛居處를 일일이 전부 지도와 사진으로써 조사하여 두었다. 그뿐인가 우리 동지는 건청을 大敵對視하는 좌익분자 등과 일상 침식과 기거를 같이 하고 있는 것을 아는가. 놀라지 마라 시내 5, 6천 명 대원이 표면보다도 이면에 있어 그대들과 같이 행동하는 수가 오히려 많다는 것을 보라! 보라 그대들의 간부가 비밀회합이라 하고 3, 40분이면 우리는 연락을 받고 있노라. 三洪의 秘密處, 雅叙園 회합이나 昌信町 회합, 靈泉

新設町 德沼 기타 각 처의 회합 등 30분이 불과하면 정보를 받는 건청이 테러를 목적한다면 무슨 까닭으로 단호한 처치를 아니하고 이것을 허용하랴. 그뿐이랴.
그대들이 가장 비밀히 본회에 잠입시킨 소위 「스파이」는 이것을 역용하는 방법을 쓰고 있노라 어떠한 각도로 보든지 그대들의 지도자류인 無謀 人物은 건청 간부에는 일인도 없다. 그대들이 감히 몽상도 못할 위대한 이상으로 삼천만 국민의 행복을 위하여 충의로써 臨政을 死守支持하는 기획도 어찌 神인들 격동치 아니하랴. 금일까지 최고지도자의 우리에 대한 교훈은 다만 우리는 최후의 일인까지라도 우리의 正道를 위하여 死鬪하자는 데 있으니 생명은 이미 자유독립의 正道에 바친 바 오래이노라. 이와 같이 기획의 線이 원대한 건청이다. 그러나 다만 그대들이 만약 건청 간부는 고사하고 一 대원이라도 가해를 한다면 절대 용서 없을 것이다. 그 복수로 一對三 이상의 無形有形의 처치가 있을 것은 이미 그대들이 당한 경험으로서 잘 알고 있을 것이다.
우리는 ○○처 幾萬의 수가 어느 時處에서 당연히 臨政을 지지하는 正道로 향할 줄 아나. 만약 감정을 반대음모하는 일이 있다 하면 이것을 응징하여 충의의 公道로 매진한다는 것이 금일의 과제이며 건국대책의 준비이다. 小敵은 小로써 大敵은 大로써 그 정도 행동, 성질 요구에 따라서 응하여 줄 것이다. 그러나 건청을 적대시하는 자야말로 모처럼 얻은 해방의 태양을 등지고 최후를 초래하는 불쌍한 자일 것이다. 후회하는 길을 밟지 마라. 언제든지 悔過하는 그대들은 이를 동정하며 포용할 아량을 우리 건청은 가졌노라.
단 건청은 神의 집단이 아닌 이상 일부 대원이 정의심에서 반역분자와 충돌을 하는 경우가 있을지 모르나 이것은 건청 전체의 정신이 아니요, 부득이한 개인의 충의심의 제재라는 것을 심량할 것이다.

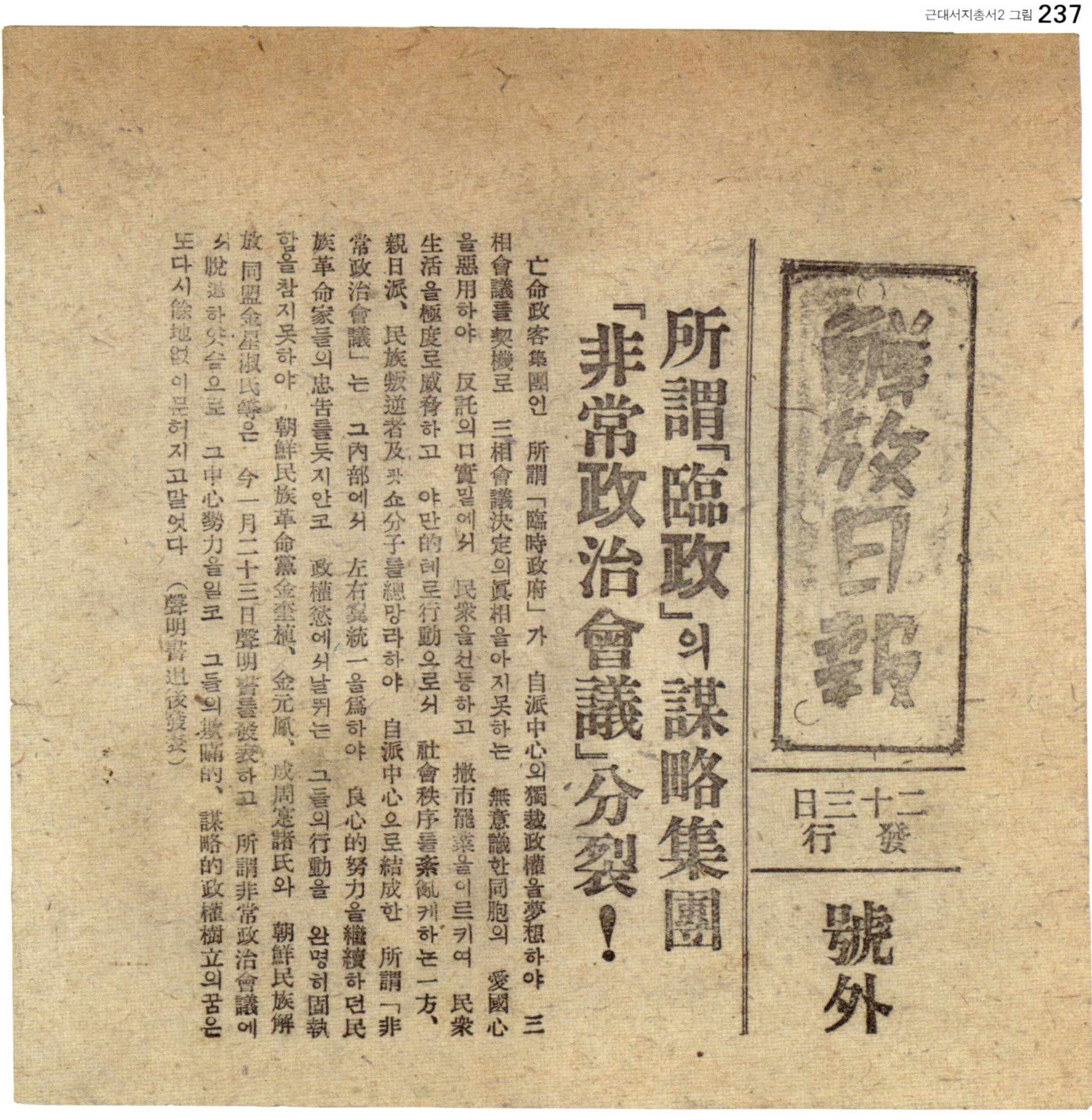

해방일보 호외 〈소위 '임정'의 모략집단 '비상정치회의'의 분열〉 1946.1.23

망명 정객집단인 소위 「임시정부」가 자파 중심의 독재정권을 몽상하여 삼상회의를 계기로 삼상회의 결정의 진상을 알지 못하는 무의식한 동포의 애국심을 악용하여 반탁의 구실 밑에서 민중을 선동하고 철시파업을 일으켜 민중생활을 극도로 위협하고 야만적 테러행동으로써 사회직서를 문란케 하는 한편, 친일파, 민족반역자 및 팟쇼분자를 총망라하여 자파 중심으로 결성한 소위 「비상정치회의」는 그 내부에서 좌우익통일을 위하여 양심적 노력을 계속하던 민족혁명가들의 충고를 듣지 않고 정권욕에서 날뛰는 그들의 행동을 완명히 고집함을 참지 못하여 조선민족혁명당 김규식, 김원봉, 성주식 諸氏와 조선민족해방동맹 김성숙 씨 등은 오는 1월 20일 성명서를 발표하고 소위 비상정치회의에서 탈퇴하였음으로 그 중심세력을 잃고 그들의 기만적, 모략적 정권 수립의 꿈은 또다시 여지없이 무너지고 말았다. (성명서 추후 발표)

蘇美代表團歡迎委員會 시민대회준비위원회 〈소미대표단을 환영하자〉 1946.1.16

一.

蘇美를 선두로 한 민주주의 연합국의 日獨伊 팟쇼국가에 대한 피투성이의 영웅적 투쟁의 승리로 말미암아 우리 조선은 해방의 길이 열렸고 카이로선언에 의하여 약속되었던 조선의 독립은 모스크바삼국외상회의에서 세계적 노선인 민주주의적 원칙하에서 조선의 완전자주독립에의 길이 열리게 되었다.

二.

삼국외상의 결정에 의해서 열리게 되는 소미협의회에서는

첫째로 38도선문제의 해결로 북조선의 공업과 남조선의 식량의 교류로 새로운 경제 건설에 의하여 지금의 생활의 불안이 해결될 길이 열리게 될 것이오.

둘째로 민주주의적 통일적인 임시정부가 국제적 승인하에서 수립될 것이오.

셋째로 이 민주주의적 임시정부와의 협의하에서 조선의 완전자주독립은 실현될 것이다.

三.

오천 년 우리 동포는 이 민주주의적 세계평화노선에 의해서 조선의 완전자주독립의 원조를 위하여 열리게 되는 소미협의회 대표단을 마음껏 뜨거운 정성으로 맞이하자!

오는 1월 23일 오후 1시 120만 서울 시민은 일제히 서울운동장에 모여 소미대표단을 환영하자!

政策

一、人民代表大會召集과憲法制定을促進
二、滿二十歲以上男女의選擧權及被選擧權의確立(但民族叛逆者를除外함)
三、婦女解放과男女平等權의確立
四、言論、出版、集會、結社、信仰의自由
五、自主的外交政策과互惠通商政策의確立
六、朝鮮內의日本財産及民族叛逆者의財産을沒收하야國有又는國民에게適宜分配
七、國民私有財産의最高限度制定
八、農民을本位로한農地의適正分配及耕作制度의樹立
九、高度累進稅의賦課와勤勞層을爲한稅制의樹立
一〇、通貨及物價의安定과庶民金融對策의樹立
一一、主要企業은國營又는公營으로하고中小企業은國家指導下에自由經營
一二、平和産業의急速回復과國民生活必需品의確保
一三、工業의急速發展을爲한諸政策實施
一四、農業生産의科學化와農村協同組合의促進
一五、鑛、林、水産業의計劃的開發
一六、食糧及生活必需品의適正配給制度樹立
一七、新朝鮮에適應한都市、港灣、鐵道、道路、河川、農地、林野等의國土計劃促進
一八、八時間勞働制及最低賃金制의確立과國民皆勞制度의實施
一九、婦女及少年勞働者의夜間、坑內、危險作業及幼年勞働의禁止
二〇、失業者及戰災者救濟對策의樹立
二一、各種社會保險의實施
二二、醫療機關、托兒所、養老院、姙産婦保養所等의國營及公營施設擴充
二三、健民運動의積極的推進
二四、衣、食、住의改善等新生活運動의展開
二五、國家負擔에依한義務敎育의實施
二六、文盲退治及社會敎育의促進
二七、學術及敎育機關의擴充과敎育家、研究家、技術家의優遇
二八、우리固有文化를啓發하야民族的矜持를昂揚
二九、健實한大衆娛樂機關의設立擴充
三〇、國民皆兵制度에依한國軍編成

朝鮮人民黨

조선인민당 〈정책〉

1. 인민대표대회소집과 헌법제정을 촉진
2. 만 20세 이상 남녀의 선거권 및 피선거권의 확립(단 민족반역자를 제외함)
3. 부녀해방과 남녀평등권의 확립
4. 언론, 출판, 집회, 결사, 신앙의 자유
5. 자주적 외교 정책과 호혜통상정책의 확립
6. 조선내의 일본재산 및 민족반역자의 재산을 몰수하여 국유 또는 국민에게 적선분배
7. 국민사유재산의 최고한도제정
8. 농민을 본위로 한 농지의 적정분배 및 경작제도의 수립
9. 고도 누진세의 부과와 노동층을 위한 稅制의 수립
10. 통화 및 물가의 안정과 서민금융대책의 수립
11. 주요기업은 국영 또는 공영으로 하고 중소기업은 국가지도하에 자유경영
12. 평화산업의 급속회복과 국민생활필수품의 확보
13. 공업의 급속발전을 위한 제 정책 실시
14. 농업생산의 과학화와 농촌협동조합의 촉진
15. 鑛, 林, 水産業의 계획적 개발
16. 식량 및 생활필수품의 적정배급제도 수립
17. 新조선에 적용한 도시, 항만, 철도, 도로, 하천, 농지, 임야 등의 국토계획 촉진
18. 8시간 노동제 및 최저임금제의 확립과 國民皆勞制度의 실시
19. 부녀 및 소년 노동자의 야간, 坑內, 위험작업 및 유년 노동의 금지
20. 실업자 및 戰災者 구제대책의 수립
21. 각종 사회보험의 실시
22. 의료기관, 탁아소, 양로원, 임산부 보양소 등의 국영 및 공영 시설 확충
23. 健民운동의 적극적 추진
24. 의, 식, 주의 개선 등 신생활운동의 전개
25. 국가부담에 의한 의무교육의 실시
26. 문맹퇴치 및 사회교육의 촉진
27. 학술 및 교육 기관의 확충과 교육가, 연구가, 기술자의 優遇
28. 우리 고유문화를 계발하여 민족적 긍지를 昂揚
29. 건실한 대중 오락기관의 설립 확충
30. 國民皆兵制度에 의한 국군편성

반탁치전국학생총연맹 〈보아라!! 1·18사건의 진상을〉
1946.1

1월 18일 서울 정동예배당에서는 반탁전국학생총연맹 주최로 성토대회가 있었던 바 화랑의 후예의 열화의 기백을 만천하에 공포하니 그 결사적 의기의 다대한 감동과 새로운 결의를 굳세게 한 약 2천의 청중들은 회가 끝나자 애국가를 高唱하며 소련영사관에 질서 정연하게 쇄도하여 신탁절대반대 자주독립만세를 부르며 미소공동위원회 수석대표에게 보내는 탄원서를 수교, 미영사관, 반도호텔을 거쳐 조선호텔에서 미 대표에 보내는 탄원서를 수교, 이어서 만세와 애국가를 고창하며 행진중, 악귀 인민보 앞에 이르자 매국노 가짜 공산당의 주구 인민보에 대한 울분은 폭발 극도의 血憤으로 운집한 대중들과 통분으로 궐기한 일부 학생들은 드디어 이 마굴에 천벌을 내리고 말았다. 이어서 매국노의 소굴 인민당, 서울시민위원회에서도 민중의 격분은 폭발하였다. 때마침 MP는 권총을 난사하며 곤봉으로 민중을 난타하였으나 우리의 廣當할 바 매국노를 소탕하는 데 있어서 여하한 제재도 도저히 이를 방지할 수 없었다. 특히 애국심의 불타는 여학생들은 우리의 누차의 권고에도 불구하고 MP의 난타를 받아 넘어지면서도 애국가를 높이 부르며 남학생과 더불어 최후의 순간까지 투쟁하겠다하여 우리들의 결심은 益益 고조할 뿐이었다. 마침내 우리의 행렬이 서대문 二丁目 파출소 앞에 이르자 돌연! 오십여 명의 暴漢이 나타나 우리의 순국행렬에 대하여 장총 피스톨을 난사하며 비열무쌍하게도 우리 여학생들의 곤봉 난타를 집중, 이십여 명은 그 자리에서 넘어졌으나 여학생들은 난타로 피를 토하면서도 피탄하여 쓰러져가는 동지를 껴안고 꽉 스크럼을 짜고 독립만세와 애국가를 高唱하며 성스러운 행진을 계속할 뿐이었다. 오호! 우리의 성스러운 행진의 대한 가증할 매국노의 불의의 습격! 친애하는 삼천만 동포들이여 공정한 심판을 이들에게 내려주소서. 폭도들은 여학생을 拉去하기 시작하였으나 순국의 투사들은 어깨동무하여 애국가를 높이 부르며 역적 무리에게 무기 없는 저항을 하면서 그들의 마굴로 끌려가는 것을 목격한 한 남학생은 기선을 취하여 경관에 이를 고하여 우리 용사들을 구출하고 주구 2명을 체포하였다. 그의 고백에 의하면 이 一群은 학생동맹원, 국군준비원, 해방청년대원, 청년돌격대원 합 오십여 명으로 이들은 每人 當 金 25원씩의 매국노들에 매수당하여 인민당 명령하에 이 같은 천인공노할 죄악을 범하고 말았다. 친애하는 삼천만 동포 여러분!

우리 땅에는 아직도 이같이 후안무치한 가련한 인생들이 방황하고 있다. 그러나 안심하여라. 우리 학도는 우리의 힘으로 삼천리강산을 찾고야 말 터이니 諸兄은 오늘날 우리들의 百死不屈의 투지를 여성의 불타는 의기를 역력히 보였을 줄 믿는다. 우리는 이제야 오로지 지상에서 가장 비열하고 간악한 박헌영을 수령으로 하는 매국노들을 철저적으로 소탕하며 우리의 완전독립을 전취하겠노라. 우리의 뒤에는 전국 십수만의 남녀학생과 삼천만의 용사가 따르니 우리는 빛나는 태극기 아래 죽음으로써 우리 강토를 찾고야 말 것이다.

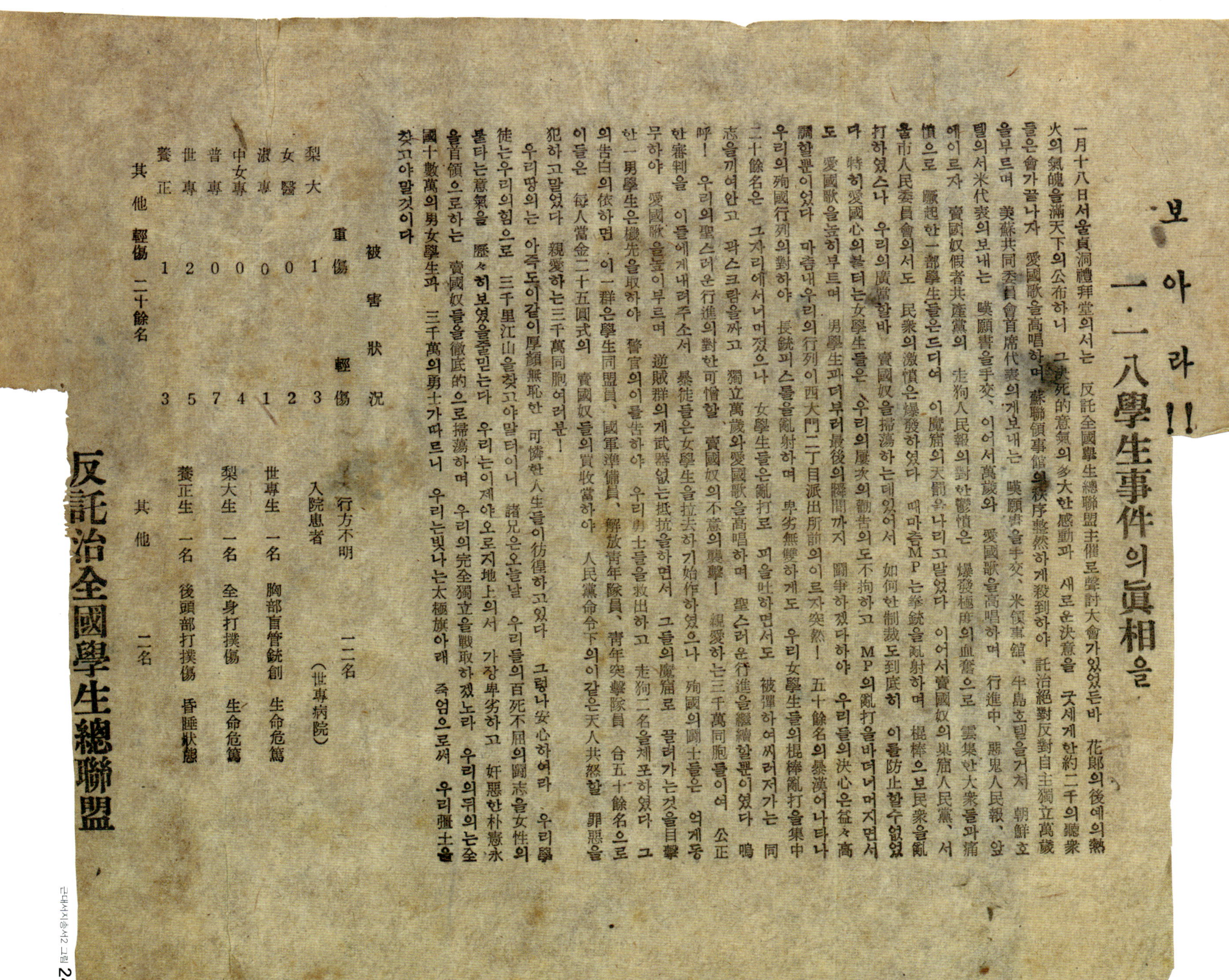

보아라!! 1·1八學生事件의 眞相을

一月十八日서울貞洞禮拜堂의서는 反託全國學生總聯盟主催로 擊討大會가 있었든바 花郞의 後裔의 熱火의 氣魄을 滿天下의 公布하니 그 決死的 意氣의 多大한 感動과 새로운 決意을 굿세게 한 約二千의 聽衆들은 會가 끝나자 愛國歌을 高唱하며 蘇聯領事館의 秩序整然하게 殺到하야 託治絶對反對自主獨立萬歲을 부르며 美蘇共同委員會首席代表의게보내는 嘆願書을 手交, 米領事館, 牛島호텔을 거처 朝鮮호텔의서 米代表의 보내는 嘆願書을 手交, 이어서 萬歲와 愛國歌을 高唱하며 行進中, 惡鬼 人民報 앞에 이르자 賣國奴假者共産黨의 走狗 人民報의 對한 鬱憤은 爆發極度의 血奮으로 雲集한 大衆들과 痛憤으로 蹶起한 一部學生들은 드디여 이 魔窟의 天罰을 나리고 말었다 이어서 賣國奴의 巢窟 人民黨, 서울市人民委員會의서도 民衆의 激憤은 爆發하였다 때마츰 MP는 擧銃을 亂射하며 棍棒으로 民衆을 亂打하였으나 우리의 廣當할 바 賣國奴을 掃蕩하는데 있어서 如何한 制裁도 到底히 이를 防止할 수 없었다 特히 愛國心의 불타는 女學生들은 우리의 屢次의 勸告의도 不拘하고 MP의 亂打을 바다 너머지면서도 愛國歌을 高唱하며 男學生과 더부러 最後의 瞬間까지 鬪爭하겠다하야 우리들의 決心은 益益 高調할 뿐이었다 마츰내 우리의 行列이 西大門 二丁目 派出所 앞에 이르자 突然! 五十餘名의 暴漢이 나타나 우리의 殉國行列의 對하야 長銃피스톨을 亂射하며 卑劣無雙하게도 우리 女學生들을 棍棒 亂打을 集中 二十餘名은 그자리에서 너머졌으나 女學生들은 亂打로 피를 吐하면서도 被彈하야 스러저가는 同志을 껴안고 꽉 스크럼을 짜고 獨立萬歲와 愛國歌을 高唱하며 聖스러운 行進을 繼續할 뿐이였다 嗚呼! 우리의 聖스러운 行進의 對한 可憎할 賣國奴의 不義의 襲擊! 親愛하는 三千萬同胞들이여 公正한 審判을 이들의게 내려주소서 暴徒들은 女學生을 拉去하야 기始作하였으나 殉國의 鬪士들은 어깨동무하야 愛國歌을 놉이 부르며 逆賊群의게 武器없는 抵抗을 하면서 그들의 魔窟로 끌려가는 것을 目擊한 一男學生은 機先을 取하야 警官의 이를 告하야 우리 勇士들을 救出하고 走狗二名을 逮捕하였다 그의 告白의 依하면 이 一群은 學生同盟員, 國軍準備員, 解放靑年隊員, 靑年突擊隊員 合 五十餘名으로 이들은 每人當金二十五圓式의 賣國奴들의 買收當하야 人民黨命令下의 이같은 天人共怒할 罪惡을 犯하고 말었다 親愛하는 三千萬同胞여러분!

우리땅의는 아즉도 이같이 厚顔無恥한 可憐한 人生들이 彷徨하고 있다 그렇나 安心하여라 우리 學徒는 우리의 힘으로 三千里江山을 찾고야 말 터이니 諸兄은 오늘날 우리들의 百死不屈의 鬪志을 女性의 불타는 意氣을 歷歷히 보였을줄 믿는다 우리는 이제야 오로지 地上의서 가장 卑劣하고 奸惡한 賣國奴들을 徹底的으로 掃蕩하며 우리의 完全獨立을 戰取하겠노라 우리의 뒤에는 全國十數萬의 男女學生과 三千萬의 勇士가 따르니 우리는 빛나는 太極旗 아래 죽엄으로 우리 疆土을 찾고야 말것이다

被害狀況

入院患者 二名 (世專病院)
行方不明 二名

被害	重傷	輕傷
梨大	1	3
女醫	2	5
淑專	0	7
中女專	0	4
普專	0	1
世專	0	2
養正	1	3
其他	二十餘名	二十餘名

世專生 一名 胸部盲管銃創 生命危篤
梨大生 一名 全身打撲傷 生命危篤
養正生 一名 後頭部打撲傷 昏睡狀態
其他 二名

反託治全國學生總聯盟

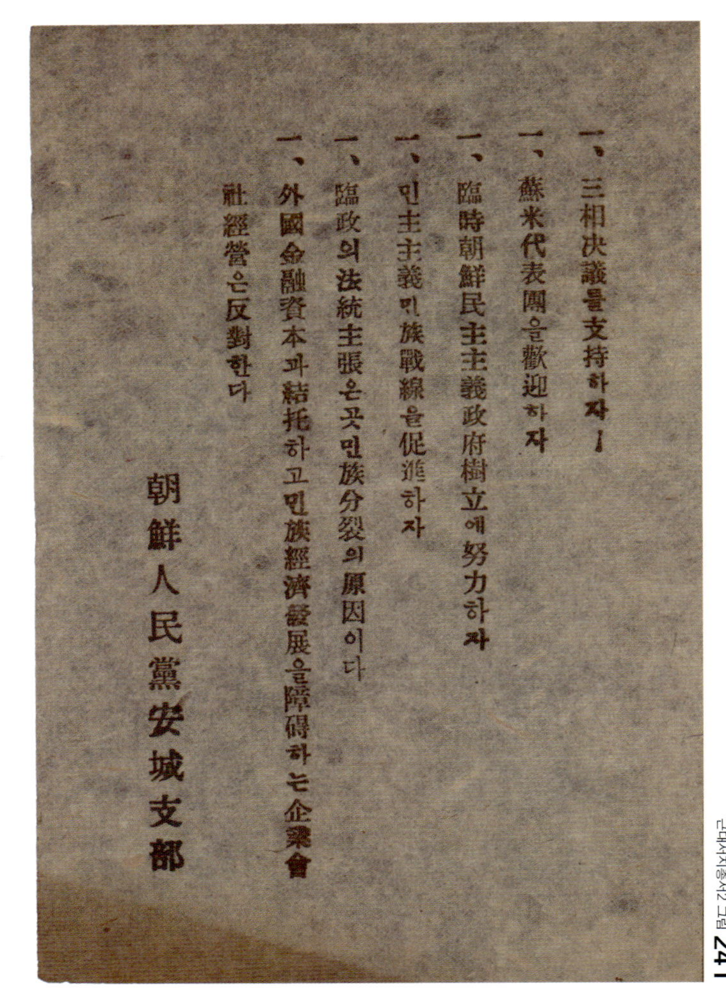

一、三相決議를 支持하자ㅣ
一、蘇米代表團을 歡迎하자
一、臨時朝鮮民主主義政府樹立에 努力하자
一、民主主義민族戰線을 促進하자
一、臨政의 法統主張은 곧 민族分裂의 原因이다
一、外國金融資本과 結托하고 민族經濟發展을 障碍하는 企業會社經營은 反對한다
朝鮮人民黨安城支部

조선인민당 안성지부의 구호

一. 삼상결의를 지지하자!
一. 소미대표단을 환영하자
一. 임시조선민주주의정부 수립에 노력하자
一. 민주주의 민족전선을 촉진하자
一. 임정의 법통 주장은 곧 민족분열의 원인이다
一. 외국금융자본과 결탁하고 민족경제 발전을 장애하는 기업회
　사경영은 반대한다

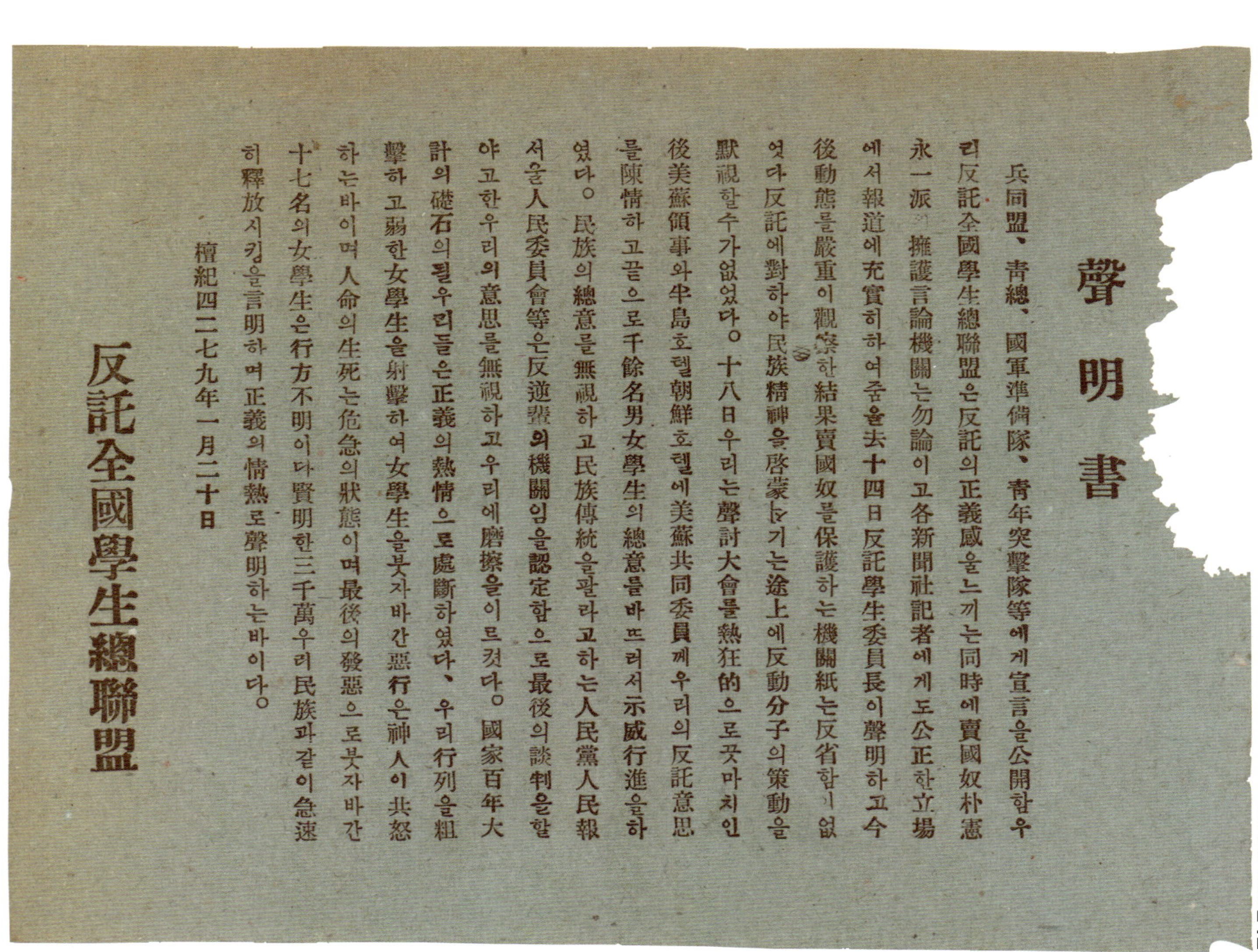

聲明書

兵同盟、青總、國軍準備隊、青年突擊隊等에게 宣言을 公開함우리 反託全國學生總聯盟은 反託의 正義感을 느끼는 同時에 賣國奴朴憲永一派와 擁護言論機關는 勿論이고 各新聞社記者에게도 公正한 立場에서 報道에 充實히하여줌을 去 十四日 反託學生委員長이 聲明하고 今後動態를 嚴重이 觀察한 結果 賣國奴를 保護하는 機關紙는 反省함ㅣ없엇다 反託에 對하야 民族精神을 啓蒙식히기는 途上에 反動分子의 策動을 默視할수가없었다。十八日우리는 聲討大會를 熱狂的으로 끛마치인 後美蘇領事와 半島호텔朝鮮호텔에 美蘇共同委員께 우리의 反託意思를陳情하고끛으로千餘名男女學生의 總意를 바드러서 示威行進을 하엿다。民族의 總意를 無視하고 民族傳統을 팔라고하는 人民黨人民報 서울人民委員會等은 反逆輩의 機關임을 認定함으로 最後의 談判을 할야고한우리의 意思를 無視하고 우리에 磨擦을 이르켯다。國家百年大計의礎石의 될우리들은 正義의 熱情으로 處斷하였다、우리 行列을 粗擊하고 弱한 女學生을 射擊하여 女學生을 붓자바간 惡行은 神人이 共怒하는바이며 人命의 生死는 危急의 狀態이며 最後의 發惡으로 붓자바간 十七名의 女學生은 行方이不明이다 賢明한三千萬우리 民族과 같이 急速히 釋放시킴을 言明하며 正義의 情熱로 辨明하는바이다。

檀紀四二七九年一月二十日

反託全國學生總聯盟

반탁전국학생총연맹 〈성명서〉 1946.1.20

학병동맹, 청총, 국군준비대, 청년돌격대 등에게 선언을 공개함.
우리 반탁전국학생총연맹은 반탁의 정의감을 느끼는 동시에 매
국노 박헌영 일파 옹호언론기관은 물론이고 각 신문사 기자에게
도 공정한 입장에서 보도에 충실히 하여줌을 지난 14일 반탁학생
위원장이 성명하고 今後 동태를 엄중히 관찰한 결과 매국노를 보
호하는 기관지는 반성함이 없었다. 반탁에 대하여 민족정신을 계
몽시키는 途上에 반동분자의 책동을 묵시할 수가 없었다. 18일 우
리는 성토대회를 열광적으로 끝마친 후 美蘇 領事와 반도호텔 조
선호텔에 미소공동위원께 우리의 반탁의사를 진정하고 끝으로 천
여 명 남녀학생의 총의를 받들어서 시위행진을 하였다. 민족의 총
의를 무시하고 민족 전통을 팔려고 하는 인민당 인민보 서울인민
위원회 등은 반역배의 기관임을 인정함으로 최후의 담판을 하려
고 한 우리의 의사를 무시하고 우리에 마찰을 일으켰다. 국가 백년
대계의 초석이 될 우리들은 정의의 열정으로 처단하였다. 우리 행
렬을 저격하고 약한 여학생을 사격하여 여학생을 붙들어간 악행
은 神人이 共怒하는 바이며 인명의 생사는 위급의 상태이며 최후
의 발악으로 붙잡아간 17명의 여학생은 행방불명이다. 현명한 삼
천만 우리 민족과 같이 급속히 석방시킴을 언명하며 정의의 정열
로 성명하는 바이다.

悲哀

슬픈消息이 들려왔소이다
우리의心臟을 을을히 저미어내는
모질고 쓰라린 消息이—

가슴에 사모친 獨立을 찾으려 이땅의 어린이들이
목메어 부르짓고 몸부림저울다가
마침내 죽엄을 결심하였소이다
(우리나라를 팔어먹으려는 놈들을죽이고 이몸이 죽어저서 民族의기둥이되려네!)

오오 갸륵한天使여 勇敢한兵士들이여—
그들의 族人발은 嚴冬의 雪寒風에 휘날렸다

빨안 조막손들이 숫재맨손으로
도적들의 토굴을 산산히 부실제
그들의 鮮血이 白雪을 물드렸더이다

그들의 정성은 三千萬을 울렸다
三千里江山도 눈물을 먹음고—
그러나 도적들은 如前히 딴배포였다

그대들이 太極旗들고 愛國歌부르며
달밤의 長安거리를 行進할제
도적들이 銃을들고 그들의 뒤를따렸다

도적들은 猛獸처럼 달려들어
함부로 銃을 노았다
凶彈이 어린이들의 가슴을 뚫었다
(男學生도쓸어지도 女學生도쓸어졌다)

오오 悲痛함이여 그들은 永遠히갈것인가!
그러나 보다며 슳은일이 있오이다
二十日의 몇新聞의 굽으러진記事—

우리民族의아버지 世界弱小民族의기둥
宋鎭禹氏가 도적의凶彈에 도라가실때
한마디 哀惜의 말도없든 그들이—

도적의 토굴을 부신것이 民族의 수치라고
社說에 政治面에 社會面에 얼마나 떠드렀나
도적의 走狗아니여든 참다운 목탁되라

오오 惡臭여 이땅에서 사라지라!

大韓民國二十八年一月二十日

朝鮮愛國婦女同盟

슬픈 소식이 들려왔소이다.
우리의 심장을 울울히 저미어내는
모질고 쓰라린 소식이 —

가슴에 사무친 독립을 찾으려 이 땅의 어린이들이
목메어 부르짖고 몸부림쳐 울다가
마침내 죽음을 결심하였소이다.
(우리나라를 팔아먹으려는 놈들을 죽이고 이 몸이 죽어져서 민족의 기둥이 되려네!)

오오! 갸륵한 천사여 용감한 병사들이여!
그들의 깃발은 嚴冬의 雪寒風에 휘날렸다.

빨간 조막손들이 숫제 맨손으로
도적들의 토굴을 산산이 부실 때
그들의 선혈이 白雪을 물들였더이다.

그들의 정성은 삼천만을 울렸다.
삼천리강산도 눈물을 머금고 —
그러나 도적들은 여전히 딴 배포였다.

그대들이 태극기 들고 애국가 부르며
달밤의 장안 거리를 행진할 때
도적들이 총을 들고 그들의 뒤를 따랐다.

도적들은 맹수처럼 달려들어
함부로 총을 놓았다.
凶彈이 어린이들의 가슴을 뚫었다.
(남학생도 쓰러지고 여학생도 쓰러졌다.)

오오 비통함이여 그들은 영원히 갈 것인가!
그러나 보다 더 슬픈 일이 있소이다.
이십일의 몇 신문의 구부러진 기사!

우리 민족의 아버지 세계약소민족의 기둥
송진우 씨가 도적의 흉탄에 돌아가실 때
한마디 애석의 말도 없는 그들이 —

도적의 토굴을 부순 것이 민족의 수치라고
사설에 정치면에 사회면에 얼마나 떠들었나.
도적의 주구 아니거든 참다운 목탁 되라.

오오 악취여, 이 땅에서 사라져라!

반탁전국학생총연맹 '결의문' 1946.1.20

1월 18일 오후 2시 정동예배당에 모인 우리 반탁전국학생총연맹
주최의 반탁 성토대회는 「탁치냐 독립이냐」 「조국흥망이 조석에
박두하였구나」 피 끓는 우리 젊은 학도들은 「국가의 독립 없이 학
문의 자유도 없다」 불같은 이런 열변을 토하고 그 기세로 가두에
뛰어나가 정연한 시위행렬을 하게 되었다.
우리의 행렬이 임시정부 요인 숙소를 거의 도착하려 할 쯤 뒤로부
터 돌연히 학병동맹, 前 국군준비대 등 일단 오십여 명이 나타나
후진인 연약한 여학생들을 곤봉으로 무수난타하고 권총으로 난사
하기 시작하여 마침내 백여 명의 부상자를 내고 그 중에 7, 8명은
생명 위독에 빠졌다.
학병동맹은 우리의 선배다. 형이요, 오라비다. 누이나, 아우가 설혹
잘못이 있다하더라도 말로 지도하고 편달해야 할 것이거늘! 하물
며 매국매족하는 도배들이 던져주는 더러운 돈 몇 푼에 팔려서 연
약한 누이동생들을 무자비하게 방망이로 때려 골을 깨뜨리고, 피
를 흐르게 하고, 어린 동생들을 有毒인 탄으로 쏘아 거리에 쓰러지
게 하니 이 어찌 長憂慨歎할 바이 아니랴? 삼천만 父老, 형제, 자매
여!! 이제 우리 반탁학생전국총연맹은 일치 결속하여 이러한 불상
사를 배후에서 조종하는 저 매국매족하는 도배들에게 동족으로서
의 절연을 표명하는 동시 그들을 국외로 추방을 강요하여 그 실현
과 함께 속히 국내통일을 도모하고 조국의 완전자주독립을 맹서
하나이다.

同胞의 心臓에 檄합니다

親愛하는 同胞들이여!
朝鮮을 사랑하는 이들이여!
民族의 幸福을 圖謀하는 이들이여!
朝鮮의 運命을 걸머진 사람들이여!

八月十五日이란「歷史的感激의날!
이땅에 解放의손님이 白馬타고오시고
우리를동여맨 쇠사슬도 끊어젓거니

움추린 나래 한꺼번에펴고
고흔샘에 바래인곳
모다가희고 모다가鮮明하련만、

그러나—
웨 이다지 荒凉하고
엉경퀴가시길이 상기아니 끝이나이까—

보시라!
慷慨激越하는 様을
暴力鬪爭合集散의 醜態를!
(〇月十八日밤에도 愛國至誠애불타는 우리男女學生이 暴漢들의銃彈에 쓸

거레여!
피와눈물과 談笑解決의力量은어이타하며
仁愛光明의德을저바리며오?
너무寒心하지않소!

大韓民國二十八年一月二十日 저녁
北漢山기슭에서
朴憲永一派의 暴力主義와 陰謀와
謀略과 反目과 分裂政策을슬어하며

朝鮮愛國婦女同盟

조선애국부녀동맹 〈동포의 심장에 격합니다〉 1946.1.20

친애하는 동포들이여! 조선을 사랑하는 이들이여!
민족의 행복을 도모하는 이들이여! 조선의 운명을 걸머진 사람들이여!
8월 15일이란 역사적 감격의 날!
이 땅에 해방의 손님이 백마 타고 오시고
우리를 동여맨 쇠사슬도 끊어졌거니

움츠린 나래 한꺼번에 펴고
고운 샘에 바래인 듯
모두가 희고 모두가 선명하련만

그러나—
왜 이다지 황량하고
엉경퀴가시길이 상기 아니 끝이 납니까!

보시라! 慷慨激越하는 樣을
폭력투쟁이합집산의 추태를!
(1월 18일 밤에도 애국지성에 불타는 우리 남녀 학생이 暴漢들의
총탄에 쓰러졌소이다.)

거레여!
피와 눈물과 담소 해결의 역량은 어이타 하며
仁愛光明의 덕을 저버리려오?
너무 한심하지 않소?

북한산 기슭에서 박헌영 일파의 폭력주의와 음모와 모략과 반목과 분열정책을 슬퍼하며

개 가 사람의 탈을 쓰고 社會로 나오려는

새 로운 狂犬聲이 봄도 오기 前에 社會에

들니도다

이 것도 解放朝鮮이 안이면　듯지못할眞相!

一月二十一日各新聞發表를大衆은보앗는가

賣國賊이라는全國民의大呼令에　살길을찻자는수작으로　人民黨反逆

비가「우리도反託에參加한다」 는宣傳을　은근히發表하얏스니　何

時는支持하고　何時는反對인가

이들의 가엽슨進步的民主主義標語下에 延命路를求하다가　餘地없시

失敗當하고　인제는民主主義國家建設이니　完全自主獨立萬歲니하는

삐라를共産黨이쓰게되엇다　大體이者덜이狂人의所行도猶萬不同이지

信託支持한다는者가　完全自主獨立萬歲란무엇인가

所謂이것덜이政黨이라하고　갈팡질팡 허매이는그꼴　그所行을　그

대로두고보는것이　서울市民全體의過誤임을크게　쌔달어야할것이다

朝鮮建國靑年會

**조선건국청년회 〈개가 사람의 탈을 쓰고 사회로 나오려는
새로운 狂犬聲이 봄도 오기 전에 사회에 들리도다〉**
1946.1

이것도 해방 조선이 아니면 듣지 못할 진상!
1월 21일 각 신문 발표를 대중은 보았는가
賣國賊이라는 전 국민의 대호령에 살 길을 찾자는 수작으로 인민
당 반역비가「우리도 반탁에 참가한다」는 선전을 은근히 발표하였
으니 언제는 지지하고 언제는 반대인가
이들의 가여운 진보적 민주주의 표어하에 延命路를 구하다가 여
지없이 실패 당하고 이제는 민주주의국가 건설이니 완전자주독립
만세니 하는 삐라를 공산당이 쓰게 되었다. 대체 이자들이 광인의
소행도 猶萬不同이지 신탁 지지한다는 자가 완전자주독립 만세란
무엇인가
소위 이것들이 정당이라 하고 갈팡질팡 헤매는 그 꼴 그 소행을
그대로 두고 보는 것이 서울시민 전체의 과오임을 크게 깨달아야
할 것이다.

탁치반대국민총동원위원회 〈공산당에 묻노라〉 1946.1

汝等은 開口하면 왈 「민족통일의 분열자」 「민족반역자」 「파쇼」 등 배격을 절규하여 우리의 귀를 아프게 하였다. 그러면 결국 그것은 그대들을 자책하며 저주하는 소리이냐, 그렇지 않으면 他를 지칭하여 저주 詆罵하는 소리이냐? 묻노니

(一) 민족통일의 분열을 일으키는 방해자가 누구이냐

8·15 후 이승만 박사의 귀국까지 汝等의 독선 자행한 그 행동 건국준비위원회를 비롯하여 某 청년회, 某 자위대 등등을 가지고 치안 교란하고 그 공포적 諸 행위가 무엇이냐? 인민위원회이니 인민공화국을 조직하여 가지고 인심을 교란하며 우리의 정통적 정부요 유일한 삼천만의 정부인 임시정부를 대항하여 한 나라에 두 정부를 세운 자가 누구냐? 폭력적 역도당을 조직하여 정직한 혁명지사를 협위하여 혁명노선을 교란하는 자가 누구냐? 대답하라!

(二) 민족반역자가 누구냐

38도 이북에서 지은 汝等의 죄악을 감출 길이 없고 따라서 민중의 단죄를 피할 길이 없으므로 某국군의 비호를 받자는 천박악독한 계획에서 「삼상회의」 결의인 신탁통치를 지지 환영하여 우리의 자주독립을 거세하고 「구구한 辨解」로써 국제적 통치를 주장하는 一進會的 매국역도가 그 누구이냐. 민족반역자가 과연 누구이냐.

(三) 「파쇼」는 누구의 주장이며 주의냐

一國一黨을 이상으로 하고 계급의 독재라는 괴변에서 개인의 전제독재를 주장하는 자가 누구이냐? 「파쇼」와 개인전제의 독재와 무슨 차이가 있느냐.

이 몹쓸 매국역도들아! 명백히 대답하라.

共産黨에게 뭇노라!

汝等은 開口하면 曰「民族統一의 分裂者」「民族叛逆者」「파쇼」等 排擊을 絕叫하여 우리의 귀를 앞흐게 하였다 그러면 決局 그것은 君들을 自責하며 咀呪하는 소리이냐 그럿치 안으면 他를 指稱하야 咀呪 詆罵하는 소리이냐? 뭇노니

(一) 民族統一의 分裂을 이르키는 妨害者가 누구이냐

八·一五後 李承晚博士의 歸國까지 汝等의 獨善 恣行한 그 行動 建國準備委員會를 비롯하야 某靑年會, 某自衛隊 等々을 가지고 治安攪亂하고 그 恐怖的 諸行爲가 무엇이냐? 人民委員會이니 人民共和國을 組織하야 가지고 人心을 攪亂하며 우리의 正統的 政府이요 唯一한 三千萬의 政府인 臨時政府를 對抗하야 한 나라에 두 政府를 세운 者가 누구냐? 暴力的 逆徒黨을 組織하야 正直한 革命志士를 脅威하야 革命路線을 攪亂하는 者가 누구냐? 對答하라!

(二) 民族叛逆者가 누구냐

三十八度以北에서 지은 汝等의 罪惡을 감출 길이 없고 따라서 民衆의 斷罪를 避할 길이 없음으로 某國軍의 庇護를 받자는 淺薄惡毒한 計劃에서 「三相會議」 決議인 信託統治를 支持歡迎하야 우리의 自主獨立을 去勢하고 「苟々한 辯解」로써 國際的 統治를 主張하는 一進會的 賣國逆徒가 그 누구이냐 民族叛逆者가 果然 누구이냐

(三) 「파쇼」는 누구의 主張이며 主義이냐

一國一黨을 理想으로 하고 階級의 獨裁라는 怪辯에서 個人의 專制獨裁를 主張하는 者가 누구이냐? 「파쇼」와 個人專制의 獨裁와 무슨 差異가 있느냐

이 몹쓸 賣國逆徒들아! 明白히 對答하라

共産黨卽時討滅萬歲!

大韓民國二十八年 一月　日

託치反對國民總動員委員會

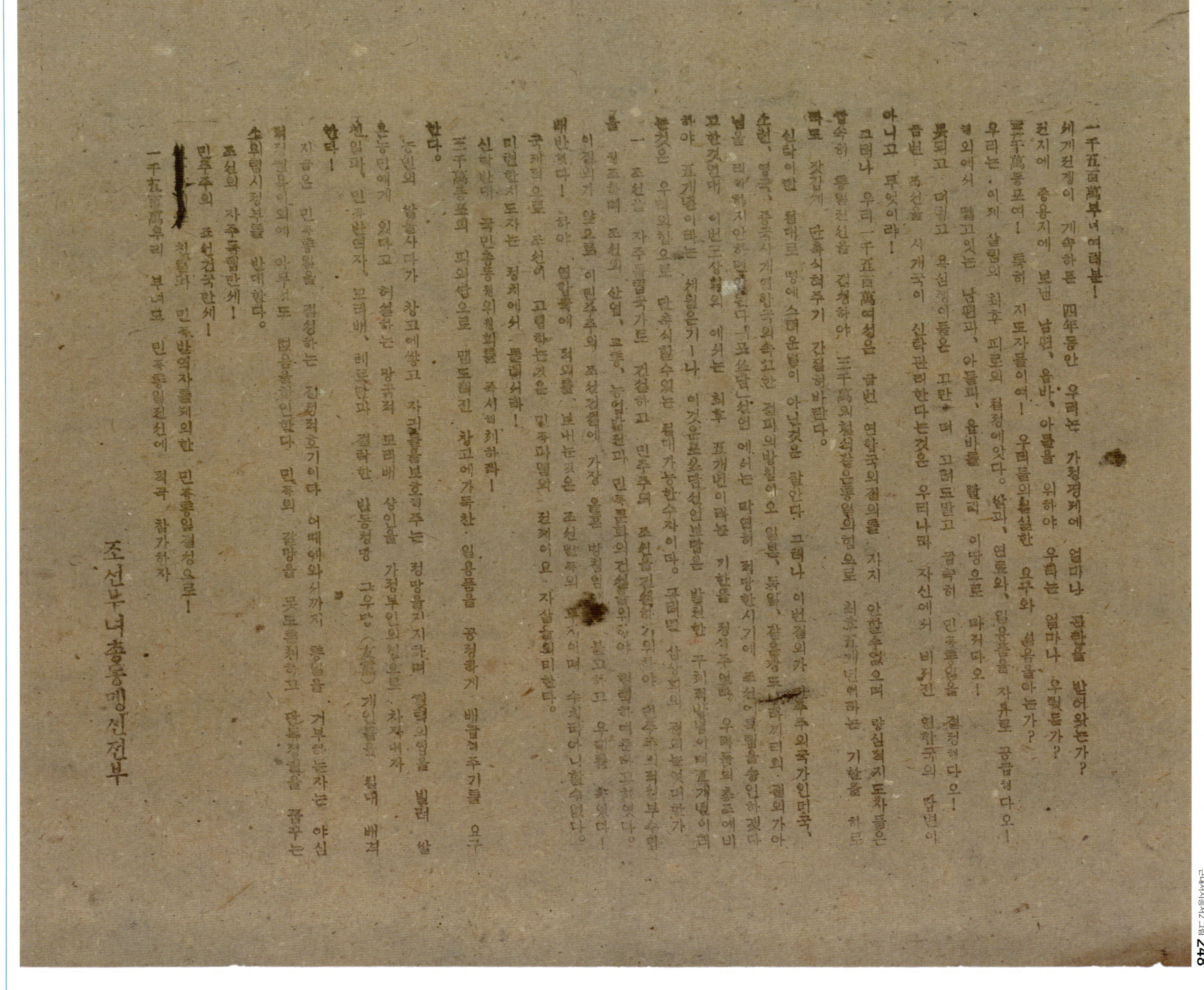

조선부녀총동맹선전부 〈일천오백만 부녀 여러분!〉 1946.1

일천오백만 부녀 여러분!
세계전쟁이 계속하던 4년 동안 우리는 가정경제에 얼마나 곤란을 받아왔는가?
전지에 징용지에 보낸 남편, 오빠, 아들을 위하여 우리는 얼마나 울었던가?
삼천만 동포여! 특히 지도자들이여! 우리들의 절실한 요구와 설움을 아는가?
우리는 이제 살림의 최후 피로의 절정에 있다. 쌀과, 연료와, 일용품을 자유로 공급해다오!
해외에서 떨고 있는 남편과, 아들과, 오빠를 빨리 이 땅으로 맞아다오!
못되고 더럽고 욕심쟁이들은 고만 더 고려도 말고 급속히 민족통일을 결정해다오!
금번 조선을 4개국이 신탁관리한다는 것은 우리나라 자신에서 빚어 연합국의 답변이 아니고 무엇이랴!
그러나 우리 일천오백만 여성은 금번 연합국의 결의를 지지 안 할 수가 없으며 양심적 지도자들은 급속히 통일전선을 결성하여 삼천만의 철석같은 통일의 힘으로 최후 5개년이라는 기한을 하루라도 가깝게 단축시켜 주기 간절히 바란다.
신탁이란 절대로 명예스러운 일이 아닌 것을 잘 안다. 그러나 이번 결의가 민주주의 국가인 미국, 소련, 영국, 중국 4개 연합국의 숙고한 결과의 방침이요 일본, 독일 같은 강도 나라끼리의 결의가 아님을 이해하지 않으면 안 된다. '포츠담' 선언에서는 막연히 적당한 시기에 조선에 독립을 승인하겠다고 한 것인데 삼상회의에서는 최후 5개년이라는 기한을 정해 주었다. 우리들의 초조에 비하여 5개년이라는 세월은 기나 이것은 포츠담 선언보다는 발전한 구체적 방법이며 5개년이라는 것은 우리의 힘으로 단축시킬 수 있는 절대 가능한 숫자이다. 그러면 삼상회의 결의는 어떠한가.
1. 조선을 자주독립국가로 건설하고 민주주의 조선을 건설하기 위하여 민주주의적 정부 수립을 원조하며 조선의 산업, 교통, 농업 발전과 민족문화의 건설을 위하여 협력하여 준다고 하였다.
이 결의가 앞으로 이 민주주의 조선 건설에 가장 옳은 방침임에도 불구하고 우리를 속였다! 배반했다! 하여 연합국에 적의를 보내는 것은 조선 민족의 무지이며 수치라 아니할 수 없다.
국제적으로 조선이 고립하는 것은 민족 파멸의 전제이요 자살을 의미한다.
미련한 지도자는 정치에서 물러서라!
신탁반대국민총동원위원회를 즉시 해체하라!
삼천만 동포의 피와 땀으로 만들어진 창고에 가득 찬 일용품을 공정하게 배급해 주기를 요구한다.
농민의 쌀을 사다가 창고에 쌓고 자기들을 보호해 주는 정당을 지지하며 권력의 힘을 빌려 쌀은 농민에게 있다고 허설하는 망국적 모리배 상인을 가정부인의 힘으로 찾아내자. 친일파, 민족반역자, 모리배, 테러단과 결탁한 반동정당 그 友黨 개인들을 절대 배격한다!
지금은 민족통일을 결성하는 결정적 호기이다. 이때에 와서까지 통일을 거부하는 자는 야심적 정권욕 이외에 아무것도 없음을 확인한다. 민족의 갈망을 못 들은 체하고 단독정권을 꿈꾸는 소위 임시정부를 반대한다.

조선의 자주독립 만세!
민주주의 조선건국 만세!
○○○○ 친일파, 민족반역자를 제외한 민족통일 결성으로!
일천오백만 우리 부녀도 민족통일전선에 적극 참가하자.

信託說에 憤怒한 大衆이
박장 大笑가 웬 말이요

朝鮮建國靑年會 女靑部

조선건국청년회 여청부 〈신탁설에 분노한 대중이 박장대소가 웬 말이오〉 1946.1

서울의 시민이여 웃고 말 것인가.
남대문통의 웃음의 바다.
울다가 웃는다는 말은 이때에 쓰는 말일까.
지난 1월 23일 美蘇환영회라는 미명하에 좌익분자 등은 가장 수가 많은 것처럼 선전도 하고 賣國奴團의 존재가 있는 것처럼 하려고 하였으나 사람 없는 행렬을 할 수는 없고 町會로 돌아다니면서 감언 선전하였으나 그것도 실패에 돌아가니 하는 수 없이 서울 近村의 순진한 농민을 찾아가서 23일 美蘇환영시민대회에 조선악대가 참가하면 그 성적에 따라서 석유, 광목, 설탕, 성냥 등 배급을 준다. 또는 경성까지 트럭으로 무임왕복을 시켜준다고 감언이설에 속은 농민은 과연 낱낱이 장구 쟁과리를 갖추어 행렬하다가 시민이 분노하여 이것은 환영 행렬이 아니라.
매국노 공산당이 조선인의 문화, 시대 진보 정도가 이것뿐이라는 악선전을 기획하고 자치능력이 진실로 없다는 표시물을 보이자는 행렬임을 천진한 농민이 모르고 행렬한다고 시민이 대성 질책하면서 투석 곤봉이 졸지에 비 오듯 하니 농민은 도망질을 하면서 하는 말이 「아니 광목, 석유 배급 준다더니 뭇매 배급이 웬 일이오」 남대문통에 모인 순진한 농민은 그래도 정말인가 하여서 「배급이 정말일까요」 하고 묻는 말에 지나가던 某 공장 여직공 「여보시오 배급이 무슨 배급이요. 우리처럼 눈치 있게 일당비나 받아서 참열하는 것처럼 하다가 눈치 있게 빠져야지요」
「삼천만 전 국민이 신탁을 지지하자는 공산당이라 하면 부모자식 간에도 죽이려 하는 판에 공산당 그자들은 이미 짐작하고 트럭을 타고 행렬하다가
기회 있는 대로 달아나려고 준비한 것을 모르고 눈치 없는 당신들의 잘못으로 부상만 당하였구려. 당신들 줄 배급품이 있으면 어째서 나라를 팔아먹으려 하겠소」

이 말에는 김서방, 박서방 깨어진 장구 북을 들고 이것은 누가 고치나. 하마터면 광목 배급에 속아 왔다가 귀신 모를 사형 배급을 받을 뻔했군. 여비 한 푼 없는 농촌민이 공산당이 아니라 共死黨이로군 하며 부상당한 농민의 진상은 명찰한 대중이 보았으리라.
이자들이 항상 이러한 방법으로 대중을 기만하고 민중을 자기들의 농락물로 취급하는 반역자를 묵인하고 있는 서울의 시민 역시 죄를 범하고 있다 하여야 할 것이다.
보라, 1월 3일의 모략 데모와 이번에는 배급으로 속인 농민의 모임 금후에는 또다시 무엇으로 속이려는가.
항상 이자들은 그때그때 모면책을 써서 연명하는 이들도 기획이 있다고 할는지요. 만약 기획이 있다고 하면 자주독립을 방해하는 기획 이외에 아무것도 없다고 말할 것이외다.

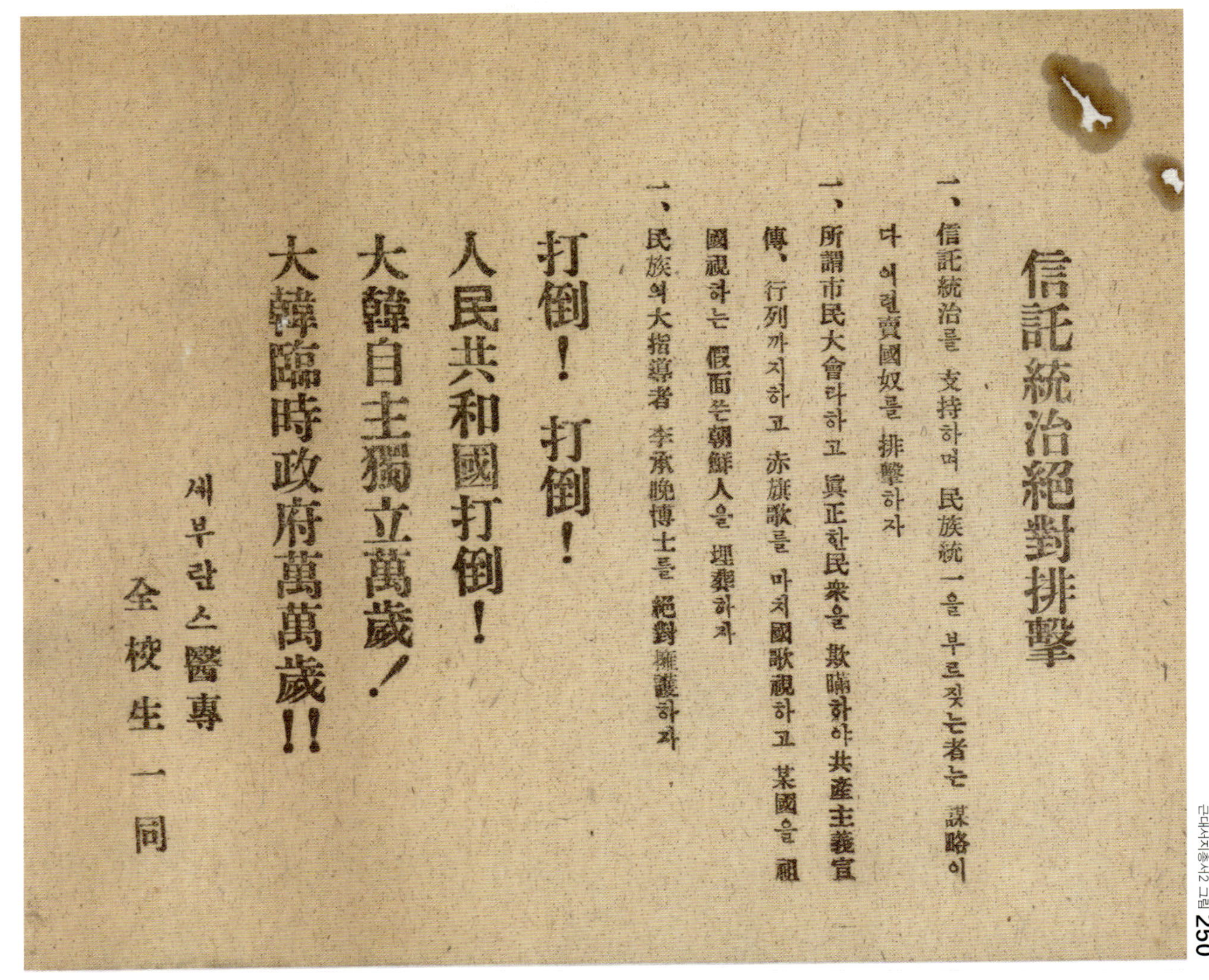

信託統治絕對排擊

一、信託統治를 支持하며 民族統一을 부르짖는 者는 謀略이
다 여러賣國奴를 排擊하자
一、所謂市民大會라하고 眞正한民衆을 欺瞞하야共産主義宣
傳、行列까지하고 赤旗歌를 마치國歌視하고 某國을 祖
國視하는 假面쓴朝鮮人을 埋葬하자
一、民族의大指導者 李承晩博士를 絶對擁護하자

打倒! 打倒!
人民共和國打倒!
大韓自主獨立萬歲!
大韓臨時政府萬萬歲!!

세부란스醫專
全校生 一同

세브란스의전 전교생 일동 〈신탁통치절대배격〉

一. 신탁통치를 지지하며 민족통일을 부르짖는 자는 모략이다 이
런 매국노를 배격하자
一. 소위 시민대회라 하고 진정한 민중을 기만하여 공산주의선전,
행렬까지 하고 적기가를 마치 國歌視하고 某國을 祖國視하는
가면 쓴 조선인을 매장하자
一. 민족의 대지도자 이승만 박사를 절대 옹호하자

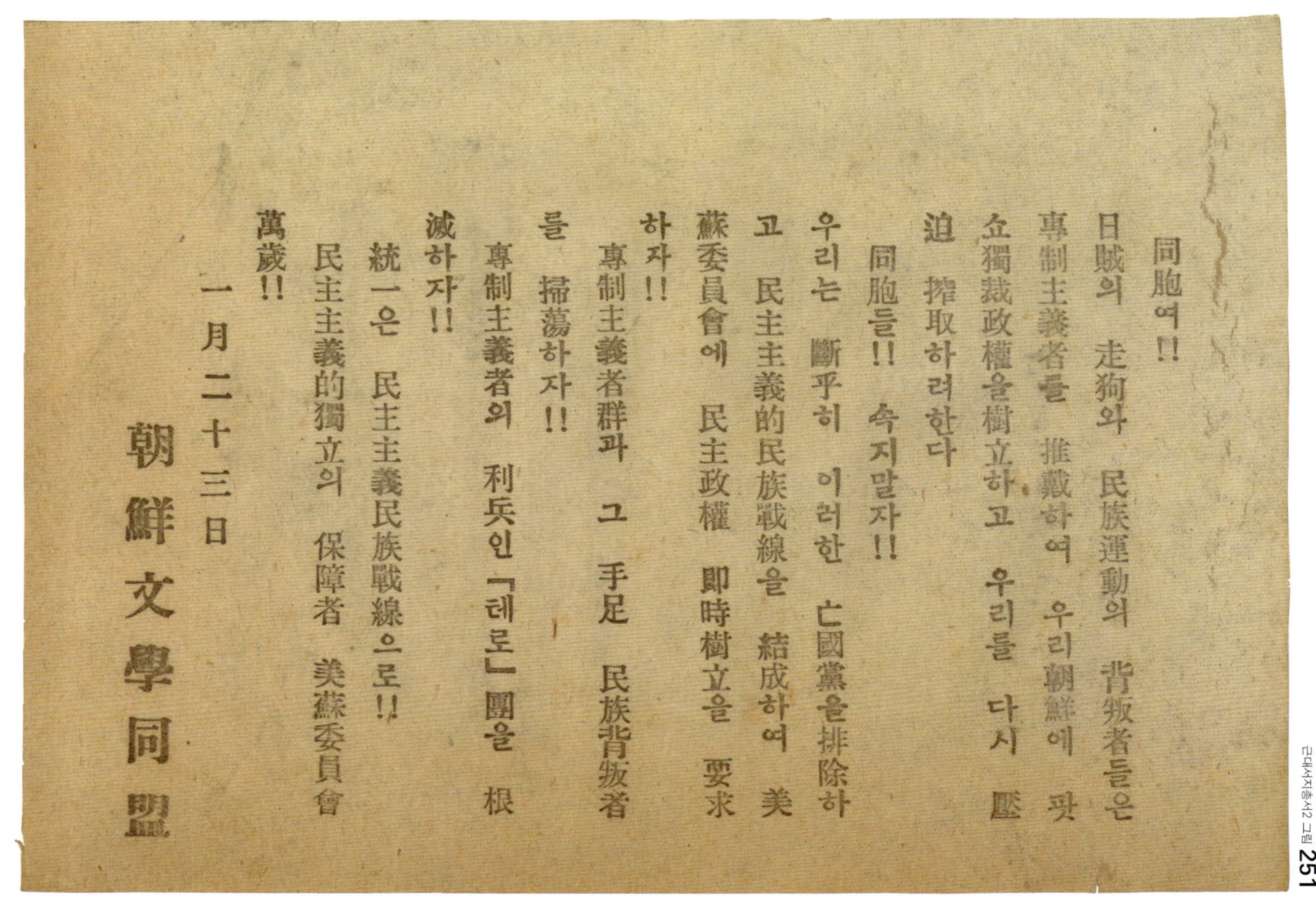

同胞여!!
日賊의 走狗와 民族運動의 背叛者들은
專制主義者를 推戴하여 우리朝鮮에 팟
쇼獨裁政權을 樹立하고 우리를 다시 壓
迫 搾取하려한다
同胞들!! 속지말자!!
우리는 斷乎히 이러한 亡國黨을 排除하
고 民主主義的民族戰線을 結成하여 美
蘇委員會에 民主政權 卽時樹立을 要求
하자!!
專制主義者群과 그 手足 民族背叛者
를 掃蕩하자!!
專制主義者의 利兵인 「테로」團을 根
滅하자!!
統一은 民主主義的民族戰線으로!!
民主主義的獨立의 保障者 美蘇委員會
萬歲!!

一月二十三日
朝鮮文學同盟

조선문학동맹 〈동포여!!〉 1946.1.23

日賊의 주구와 민족운동의 배반자들은 전제주의자를 추대하여 우
리 조선에 팟쇼독재정권을 수립하고 우리를 다시 압박 착취하려
한다.
동포들!! 속지 말자!!
우리는 단호히 이러한 망국당을 배제하고 민주주의적 민족전선을
결성하여 미소위원회에 민주정권 즉시 수립을 요구하자!!
전제주의자群과 그 수족 민족배반자를 소탕하자!!
전제주의자의 利兵인 「테러」단을 근멸하자!!
통일은 민주주의 민족전선으로!!
민주주의적 독립의 보장자 미소위원회 만세!!

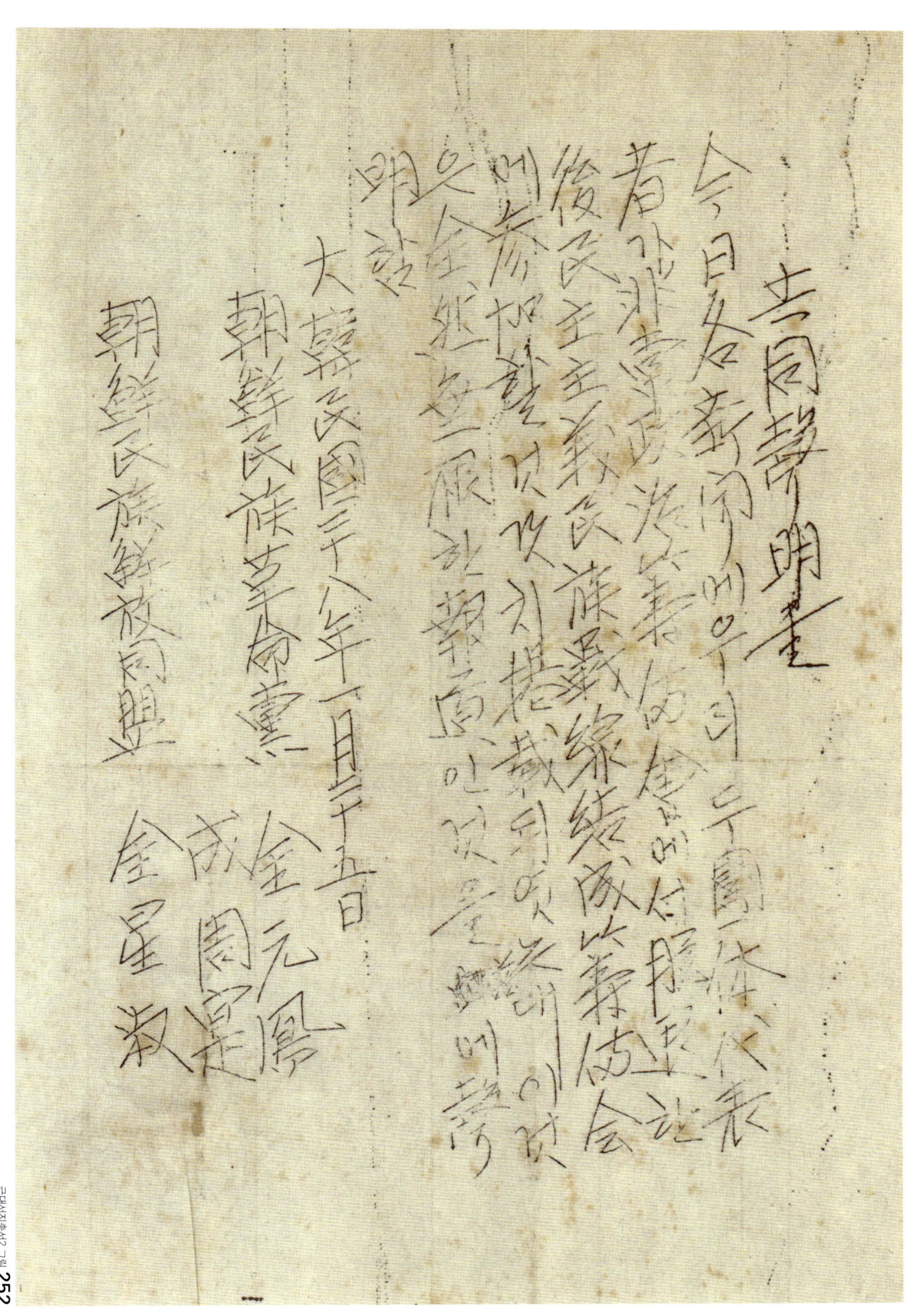

조선민족혁명당 金元鳳·成周寔, 조선민족해방동맹 金星淑의 〈공동성명서〉 1946.1.25

금일 각 신문에 우리 두 단체 대표자가 非常政治籌備會에서 탈퇴한 후 民主主義民族戰線結成籌備會에 참여할 것 같이 게재되었는데 이것은 전연 무근한 보도인 것을 이에 성명함.

진주시민유지일동이 발행한 전단 1946.1월말

때는 바야흐로 우리 삼천만 민족의 사활을 정하는 기로에 봉착하였다!!
小我를 버리고 신조선 건설을 위한 민족적 대의명분을 지키는 것이 당연한 일이 아닌가. 양심 있는 정당인이여. 정의를 찾고 있는 부민이여, 어제까지 누가 신탁배격을 외쳤으며 오늘에 신탁을 지지하라고 하는 자는 또 누구냐. 여우 두레박을 써도 유분수지. 이 것이 무슨 억하심정이냐. 완강히 자기를 고집하는 것은 민족을 위한 것도 아니요, 대중을 위한 것도 아니다. 삼천만 민중은 갈 길을 방황하고 오직 국내 단결을 기대하고 있지 않느냐. 국민의 호소는 관념의 유희가 아니고 현실의 요구이다. 이 현실은 과감한 정치추진력의 집결이다. 우리 삼천리강산과 우리 삼천만 민족을 도마 위에다 놓고 지금 미소대표자회의를 계속하고 있는 이때 미소환영대회가 도대체 무엇이냐.

현명한 대중이여!!
승리는 정의에 있다!! 무지한 농민 노동자를 기만하여 자기들의 세력을 좀 더 결집시키기 위한 매국적 반역행위는 지난 23일 소위 미소환영 시위행렬 시에 신탁지지라는 깃발을 보아도 알 것이다. 西北鮮 학생사건을 보시오. 아니 서북선에서 여자자매를 빼앗기고 의분에 참지 못하여 38선 이남을 달려온 동포들에게 물어보아도 잘 알 것이다.
이러한 賣國賊의 毒牙를 判然히 안 이때, 우리는 그들의 야욕을 분쇄하여야 할 것이다. 신성한 우리 국토에서 소련을 조국이라고 하는 매국도들을 하루 바삐 배제하여야 할 것이다.

통일정권수립촉성회 〈선언〉 1946.2

자주독립을 급속 실현하려는 것은 전 삼천만 민족의 熱願渴望이다. 자주독립을 위해서는 기타의 모든 것은 오직 좋이요, 無이다. 한 덩어리로 뭉치는 데도 오직 至誠至意가 있을 뿐이다. 8·15 이전의 학정하에서 고통하던 우리로서 누구 한 사람 이에 힐거하는 이가 있으랴. 민족은 반드시 뭉쳐야 하겠고 정치는 반드시 통일되어야 할 국내외의 급박 또 엄연한 정세하임으로 전 민족은 조그만 통일의 계기라도 있을 때마다 놓치지 않으려고 초조했다. 과거 6개월 동안에 이번에는 꼭 되어야 한다는 통일에 대한 열광적 의욕이 몇 차례나 움직였으나 그는 어느 누구의 탓인지 번번이 실패로 돌아가고 말았다. 모든 정치집단체들 사이에 빈번한 교섭과 회동이 있었고 또 이제도 있지만 그 목적하는 바 통일공작에는 이렇다는 진전을 보여주지 못한다. 그러나 우리에게 긴밀히 연관 연합국간의 기도는 쉴 새 없이 발전하고 있다. 이 통일난에 낙망한 전 민족 개개의 면면에는 근심스런 빛이 횡일하고 志人들은 통분 겸한 비탄을 금치 못하며 義人들은 팔을 걷고 熱淚 흐름을 깨닫지 못한다.

우리는 자주독립을 전취치는 못하였을지언정 가져다주려는 독립의 실현을 위한 정치적 통일에도 오히려 성의가 부족하고 능력이 넉넉하지 못한가. 우리 전 민족이 죽음으로라도 불식해야 할 外회는 통일이 아니고는 막을 길이 없다. 꼭 해야 할 통일이다. 이가 금일 조선민족에게 내린 至上必尊의 명령이요, 또 조선민족이 올라서야 할 不可違 不可脫의 귀선이다.

우리는 여기에서 전 민족과 함께 통절히 느끼는 바이다. 비통과 애절을 일삼을 때가 아니다. 모든 정치세력의 집중통합에 의한 통일정권의 급속 실현을 촉성하려는 단 한가지의 지상목적을 위하여 어느 派黨에도 편기치 않는 입장에서 지금까지 민족해방을 위하여 투쟁한 독립운동자들로서 이 모임을 발기한 것이니 이 급박 또 위험한 시국을 통절히 염려하는 천하의 동지들이여. 엄연히 모여서 아낌없는 쇄신의 노력을 바쳐서 통일정권 촉성의 진로를 개척하자!

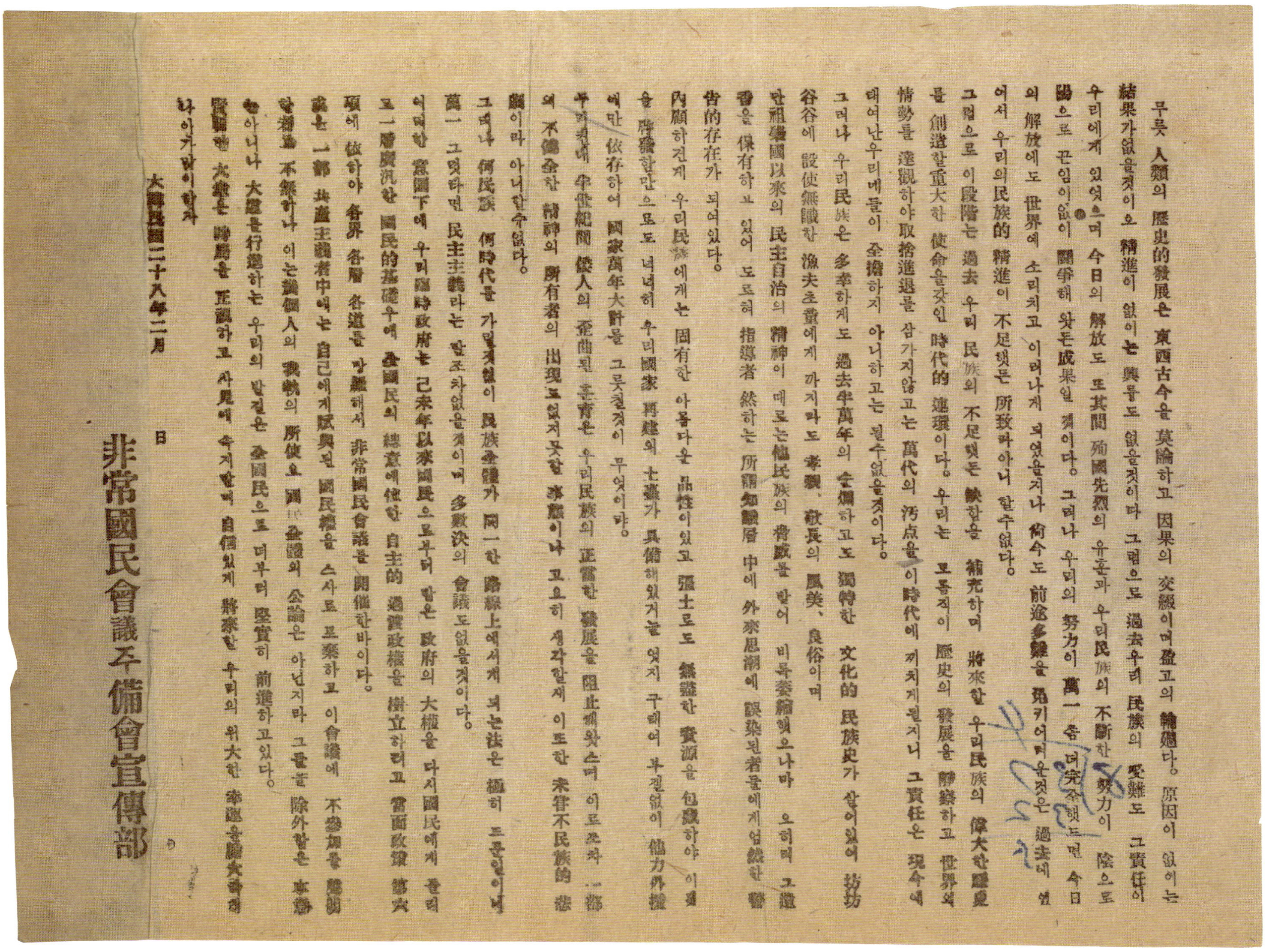

비상국민회의주비회 선전부의 '선언' 1946.2

무릇 인류의 역사적 발전은 동서고금을 박론하고 인과의 交綴이며 영고의 윤회다. 원인이 없이는 결과가 없을 것이요, 精進이 없이는 흥륭도 없을 것이다. 그러므로 과거 우리 민족의 수난도 그 책임이 우리에게 있었으며 금일의 해방도 또 그간 순국선열의 유훈과 우리 민족의 부단한 노력이 음으로 양으로 끊임이 없이 투쟁해 왔던 성과일 것이다. 그러나 우리의 노력이 만일 좀 더 완전했다면 금일의 해방에도 세계에 소리치고 일어나게 되었을지나 아직도 전도다난을 먼키 어려운 것은 과거에 있어서 우리의 민족적 정진이 부족했던 소치라 아니할 수 없다.

그러므로 이 단계는 과거 우리 민족의 부족했던 결함을 보충하며 장래할 우리 민족의 위대한 역사를 창조할 중대한 사명을 가진 시대적 연환이다. 우리는 모름지기 역사의 발전을 靜察하고 세계의 정세를 달관하여 取捨進退를 삼가지 않고는 만대의 오점을 이 시대에 끼치게 될지니 그 책임은 現今에 태어난 우리네들이 전담하지 않고는 될 수 없을 것이다.

그러나 우리 민족은 다행하게도 과거 반만년의 찬란하고도 독특한 문화적 민족사가 살아있어 방방곡곡에 설사 무식한 어부초동에게까지라도 효친, 경장의 풍미, 양속이며 檀祖 肇國 이래의 민주자치의 정신이 때로는 타민족의 脅威를 받아 비록 위축했으나마 오히려 그 遺香을 보유하고 있어 도리어 지도자然하는 소위 지식층 중에 외래 사조에 오염된 자들에게 엄연한 경고적 존재가 되어 있다.

內顧하건대 우리 민족에게는 고유한 아름다운 품성이 있고 강토로도 無盡한 자원을 포장하여 이것을 계발하여 국가만년대계를 그르칠 것이 무엇이랴.

두려워하건대 반세기간 倭人의 왜곡된 훈육은 우리 민족의 정당한 발전을 저지해왔으며 이로써 일부의 불건전한 정신의 소유자의 출현도 없지 못할 사실이나 고요히 생각할 때 이 또한 미상불 민족적 비극이라 아니할 수 없다.

그러나 어느 민족 어느 시대를 가릴 것 없이 민족 전체가 동일한 노선상에 서게 되는 법은 극히 드문 일이니 만일 그렇다면 민주주의라는 말조차 없을 것이며 다수결의 회의도 없을 것이다.

이러한 의도하에 우리 임시정부는 기미년 이래 국민으로부터 받은 정부의 대권을 다시 국민에게 돌리고 일층 광범한 국민적 기초 위에 전 국민의 총의에 의한 자주적 과도정권을 수립하려고 당면 정책 제6항에 의하여 各界各層各道를 망라해서 비상국민회의를 개최한 바이다. 혹은 일부 공산주의자 중에 자기에게 부여된 국민권을 스스로 포기하고 이 회의에 불참가를 성명한 자도 없지 아니하나 이는 幾個人의 아집의 시킨 바요, 국민 전체의 공론은 아닌지라. 그들을 제외함은 본의는 아니나 大道를 행진하는 우리의 발길은 전 국민으로 더불어 견실히 전진하고 있다. 현명한 대중은 시국을 正視하고 사건에 속지 말며 자신 있게 장래할 우리의 위대한 행운을 담대하게 나아가 맞이하자.

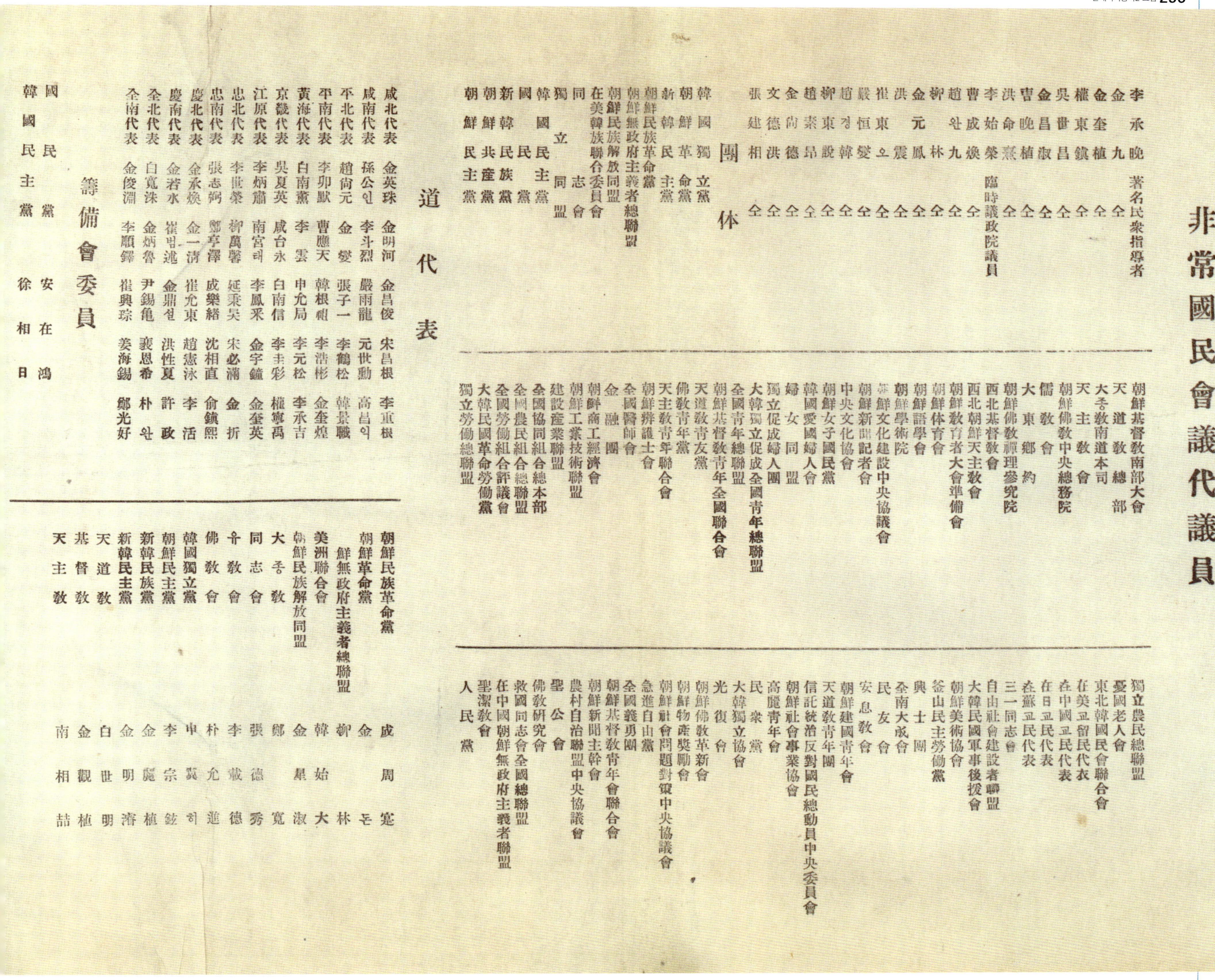

非常國民會議代議員

李承晚 著名民衆指導者
金九 仝
金奎植 仝
權東鎭 仝
吳世昌 仝
金昌淑 仝
曺晚植 仝
洪命熹 仝
李始榮 臨時議政院議員
曹成煥 仝
趙완九 仝
柳林 仝
金元鳳 仝
洪震 仝
崔東오 仝
嚴恒燮 仝
趙경韓 仝
柳東說 仝
趙素昂 仝
金尙德 仝
文德洪 仝
張建相 仝

團体

韓國獨立黨
朝鮮革命黨
新韓民主黨
朝鮮民族革命黨
朝鮮無政府主義者總聯盟
朝鮮民族解放同盟
在美韓族聯合委員會
同志會
獨立同盟
韓國民主黨
國民黨
新韓民族黨
朝鮮共產黨
朝鮮民主黨

朝鮮基督敎南部大會
天道敎總部
大종敎南道本司
天主敎會
朝鮮佛敎中央總務院
儒敎會
大東鄉約
朝鮮佛敎禪理參究院
西北基督敎會
西北朝鮮天主敎會
朝鮮敎育者大會準備會
朝鮮体育會
朝鮮語學會
朝鮮學術院
朝鮮文化建設中央協議會
朝鮮新聞記者會
中央文化協會
朝鮮女子國民黨
韓國愛國婦人會
婦女同盟
獨立促成婦人團
大韓獨立促成全國青年總聯盟
全國青年總聯盟
朝鮮基督敎青年全國聯合會
天道敎青友黨
佛敎青年黨
天主敎青年聯合會
朝鮮辯護士會
全國醫師會
金融團
朝鮮商工經濟會
朝鮮工業技術聯盟
建設産業聯盟
全國協同組合總本部
全國農民組合總聯盟
全國勞働組合評議會
大韓民國革命勞働黨
獨立勞働總聯盟

獨立農民總聯盟
憂國老人會
東北韓國民會聯合會
在美교留民代表
在中國교民代表
在日교民代表
在蘇교民代表
三一同志會
自由社會建設者聯盟
大韓民國軍事後援會
朝鮮美術協會
釜山民主勞働黨
興士團
全南大成會
民友會
安息敎會
朝鮮建國青年會
天道敎青年團
信託統治反對國民總動員中央委員會
朝鮮社會事業協會
高麗青年會
民衆黨
大韓獨立協會
光復會
朝鮮佛敎革新會
朝鮮物產獎勵會
朝鮮社會問題對策中央協議會
急進自由黨
全國義勇團
朝鮮基督敎青年會聯合會
朝鮮新聞主幹會
農村自治聯盟中央協議會
聖公會
佛敎研究會
救國同志會全國總聯盟
在中國朝鮮無政府主義者聯盟
聖潔敎會
人民黨

道代表

咸北代表 金英珠 金明河 金昌俊 宋昌根 李重根
咸南代表 孫公인 李斗烈 嚴雨龍 元世勳 高昌익
平北代表 趙尙元 金燮 張子一 李鶴松 韓景職
平南代表 李卯默 曹應天 韓根祖 李浩彬 金奎煌
黃海代表 白南薰 李雲 申允局 李元松 李承吉
京畿代表 吳夏英 咸台永 白南信 李圭彩 權寧禹
江原代表 李炳龍 南宮래 李鳳采 金宇鏞 金奎英
忠北代表 李世榮 柳萬馨 延秉昊 宋必滿 金折
忠南代表 張志弼 鄭亭澤 成樂緖 沈相直 俞鎭熙
慶北代表 金承煥 金一淸 崔允東 趙憲泳 李活
慶南代表 金若水 崔범述 金鼎설 洪性夏 許政
全北代表 白寬洙 金炳魯 尹錫龜 裵恩希 朴완
全南代表 金俊淵 李順鐸 崔興琮 姜海錫 鄭光好

籌備會委員

國民黨 安在鴻
韓國民主黨 徐相日

朝鮮民族革命黨 成周寔
朝鮮革命黨 金돈
朝鮮無政府主義者總聯盟 柳林
美洲聯合會 韓始大
朝鮮民族解放同盟 金星淑
大종敎 鄭寬
同志會 張德秀
유敎會 李載德
佛敎會 朴允進
韓國獨立黨 申翼히
朝鮮民主黨 李宗鉉
新韓民族黨 金麗植
新韓民主黨 金明濬
天道敎 白世明
基督敎 金觀植
天主敎 南相喆

비상국민회의 대의원 명단

聲明書

二月一日부터二日間 京城에서 開催된 非常國民會議는 海內海外의 各層各派를 總網羅한 全國民的 會合이다 招請團體九十 地方代表六十五 其他合二百二名中 百六十七名이 參加한 事實만으로도 名實共히 全民族的 總意임을 證明하얏다 그런데 朝鮮共産黨 朝鮮人民黨等 一部團體가 이에 參加치않고 따로 所謂民主主義 民族戰線結成大會를 開催한다는것은 民族의 統一을 妨害하고 獨立에의 길을 遷延시키는데 不過하다 元來부터 朝鮮共産黨은 統一을 反對하야 中協에서는 幹部의 比率問題로 脫退하고 五黨會議에는 信託受諾을 固執하야 어제 聯合國이 우리더러 統一하면 獨立되나 不統一하면 信託을 받을것이라하는데 統一에 參加하야안코 信託을 固執하는 意圖는 那邊에 在한가 分裂과 謀略으로 自派의 勢力扶殖만을 일삼는 朝鮮共産黨一派의 所謂民主主義 民族戰線結成大會는 民族的 反逆行動이다 우리는 이 謀略的會合을 三千萬民衆의 이름으로 拒否한다

大韓民國二十八年二月十三日

韓國民主黨
國民黨
大韓獨立促成全國靑年總聯盟
女子國民黨
愛國婦人會
儒敎會
天主敎
佛敎總務院
朝鮮基督敎聯合會

우익정당 및 단체들의 〈성명서〉 1946.2.13

2월 1일부터 2일간 경성에서 개최된 비상국민회의는 해내해외의 각층각파를 총망라한 전 국민적 외합이다. 초청 단체 90, 지방대표 65, 기타 합 201 명 중 167명이 참가한 사실만으로도 명실공히 전 민족적 총의임을 증명하였다. 그런데 조선공산당 조선인민당 등 일부 단체가 이에 참가치 않고 따로 소위 민주주의 민족전선 결성대회를 개최한다는 것은 민족의 통일을 방해하여 독립에의 길을 遷延시키는 데 불과하다. 원래부터 조선공산당은 통일을 반대하여 中協에서는 간부의 비율문제로 탈퇴하고 오당회의에는 신탁수락을 고집하여 어제 연합국이 우리더러 통일하면 독립되나 불통일하면 신탁을 받을 것이라 하는데 통일에 참가치 않고 신탁을 고집하는 의도는 어디에 있는가. 분열과 모략으로 자파의 세력 부식만을 일삼는 조선공산당 일파의 소위 민주주의 민족전선 결성대회는 민족적 반역행동이다. 우리는 이 모략적 회합을 삼천만 민중의 이름으로 거부한다.

一九四六年二月二十日

靑年動員聯合同盟本部

1. 綱領

一、自主自律의 志操・道義精神의 涵養
二、自尊自持의 氣魄・實踐精神의 强調
三、自負自恃의 信念・愛國精神의 修鍊
四、自助自勉의 努力・犧牲精神의 皷吹

2. 三大運動

一、新生活運動

① 淸潔整齊　② 公衆訓鍊　③ 時間嚴守
④ 儀禮簡素　⑤ 相互扶助　⑥ 反求良心

二、新國民運動

文字常識普及	文盲識盲의 打破	知識向上
勤勞精神皷吹	懶怠安逸觀念打破	萬民皆勞
協調精神皷吹	派閥猜忌觀念打破	平等互惠
質儉精神皷吹	奢侈浮華觀念打破	矯風整俗
民尊思想普及	官尊民卑思想打破	實事求是

三、新文化運動

國民精神의 高調
民族文化의 發揚 〕民族文化의 反省自覺
外來文化의 攝取
國際精神의 協調 〕民族文化의 探求樹立

근대서지총서42 그림 258

청년동원연합동맹본부 〈청년동원연맹 선언〉 1946.2.20

우리 겨레의 역사 위에 암운이 휘덮인 적이 어찌 한두 번이었으련만 뼈에 사무친 슬픔은 경술의 굴욕에 더한 바 없었으며 인류의 역사 위에 비친 서광이 어찌 또한 한두 번에 그치련만 이 겨레의 가슴을 흔든 즐거움은 민족 해방의 거룩한 횃불에 더함이 없었다. 40년 동안 긴 압제의 신음에서 소생하여 자유 독립의 영원한 기쁨을 약속받을 때 우리 민족으로서 그 누가 지난날의 치욕과 앞날의 희망에 지순의 感淚를 흘리지 않는 이 있었는가. 가시밭길을 걸어 피 흘리고 간 선열을 추모할 때 우리는 더럽고 약하게 살아온 자신을 가책하였으며 막대한 희생으로 해방을 선사한 연합우방에게 감사의 뜻을 표하기 전에 우리는 서로 뜯고 싸우며 살아온 지난날을 회오하지 않을 수 없었다. 그러나 8월 15일의 이 환희와 감격이 아직도 사라지지 않았건만 그 뒤의 우리는 또 얼마나 더럽게 살아왔는가.

백성은 왜적 아래 배운 지난날의 악습을 버리지 않고 사리욕에 빠져 자멸의 생활을 기다리며 모든 것을 믿고 맡겨온 우리의 지도자들은 독립의 진정한 노선이 이미 명확함에도 불구하고 정권욕에 눈이 어두워 黨同伐異하여 헛되이 민중을 분열 방황시키고 있으니 붕당의 분규와 골육의 상쟁이 국가쇠망의 원인이 됨은 동서고금의 史乘에 昭昭한지라 뜻 있는 이 어찌 憫然히 嘆을 금할 수 있겠는가. 삼천만의 총의는 오직 자주독립의 넉 자밖에 아무것도 없으니 우리 힘으로 세우고 우리 힘으로 키운 독립 국가를 볼 양이면 이제 죽어도 한이 없다는 것이다. 그러나 거리에는 인민이 모르는 인민의 총의가 횡행하며 내외의 진의를 파악하지 못하는 관념의 유희가 진보적 민주주의를 가장하고 있다.

불공평한 계급의 존재를 부정하고 萬民皆勞의 대의에서 불로자본을 제한 혹은 부인하는 것은 인류 이념의 지향이니 또한 우리의 민의에 틀림없으나 남의 나라의 연방으로 들어가도 좋다는 조국말살론은 누구의 민의이며 자주독립의 민족의식을 뿌리로 하여 외래사상의 장점을 섭취함은 민의라 하더라도 한 주의의 공식을 고집하여 장점과 함께 결점까지 강요하는 것은 누구의 민의인가. 끊임없이 몰려오는 외세의 물결 속에 부딪혀 흐르고 거스름이 그 기회를 잃지 않아 민족과 문화를 지키며 連綿 사천 년의 역사를 누려온 것은 우리 민족의 강인성과 구원의 발전성을 말하는 것이니 이와 같은 역사의 거울에 비추어 볼지라도 자가농성의 국수주의와 妄自尊大의 군국주의가 있을 수 없거늘 오늘의 민족주의를 누가 부질없이 우익이라 하며 국수주의라 부르는가. 나치스 독일의 침략 앞에는 소련도 赤軍에게 노동계급해방의 誓辭 대신에 최후의 목숨까지 조국을 위하여 바친다는 소비에트 민족주의를 고취하지 않았는가. 민족주의를 짐짓 우익이라 불러 자본주의 기관이라 하며 진보적 타협을 맹목적으로 거부함은 통일 파괴와 독립 지연을 스스로 책임지는 데 지나지 않는다 할 것이니 모든 혁명가는 어두운 곳에서 모해를 일삼지 말고 무슨 이름이든 자리를 함께하여 마땅히 민중의 視聽 앞에 정정당당히 투쟁하여야 할 것이다.

한 줄기 같은 핏줄에 엉켜 떨어질 수 없으며 한 덩이 같은 마음으로 뭉쳐 흩어질 수 없으며 같은 운명을 함께 지는 것이 민족이거늘 우리의 방황과 분열이 어찌 이다지 심한가. 매양 이를 생각할 때 우리 청년은 끓는 피를 참기 어려웠으나 혼란을 더할까 겁내어 이때까지 은인자중하여 왔던 것이다. 그러나 이제 긴박한 정세 아래 흥망을 좌시할 수 없어 우국의 일념으로 우리들은 분연히 궐기하지 않을 수 없게 되었다. 우리들의 분기는 헛되이 정당에 附同하여 민족 분열을 증장시키려는 것이 아니라 오직 성실한 국민운동을 전개함으로써 민족향상의 사도가 되고자 할 따름이다. 시대를 바르게 파악하고 전망하는 진정한 민족정신에 입각한 민주주의를 위하여 우리는 죽음도 달게 받기를 맹서하는 바이다. 일본제국주의의 참혹한 驅使에도 강제되었거든 이 거족적 의분에 어찌 한 번 죽음을 아끼겠는가.

바라노니 천하의 뜻 같은 젊은 동무는 모두 다 이 깃발 아래로 모이라. 그리하여 우리는 소리 높이 외치자. 아무 허영과 비굴이 없는 이 세 마디 구호를!

일체의 기회주의를 타도하자!

자주독립을 전취하자!

민족정신을 앙양하자!

青年動員聯盟宣言

우리 겨레의 歷史위에 暗雲이 휘덮인적이 어찌 한두번이었으랴만 뼈에 사모친 슬픔은 庚戌의 屈辱에 더한바 없었으며 人類의 歷史위에 비최인 曙光이 어찌 또한 한두번에 그치랴만 이 겨레의 가슴을 흔든 즐거움은 民族解放의 거룩한 홰ㅅ불에 더함이 없었다。四十年동안 긴 壓制의 呻吟에서 蘇生하여 自由獨立의 永遠한 기쁨을 約束받을때 우리 民族으로서 그 누가 지난 날의 恥辱과 앞날의 希望에 至純의 感淚를 흘리지 않는이 있었는가。가시밭길을 걸어 피 흘리고 간 先烈을 追慕할 때 우리는 더럽고 약하게 살아온 自身을 苛責하였으며 莫大한 犧牲으로 解放을 선사한 聯合友邦에게 감사의 뜻을 표하기전에 우리는 서로 뜯고 싸우며 살아온 지난 날을 悔悟하지않을수 없었다。그러나 八月十五日의 이 歡喜와 感激이 아직도 살아지지 않았건만 그뒤의 우리는 또 얼마나 더럽게 살아왔는가。

백성은 倭敵아래 배운 지난 날의 惡習을 버리지않고 私利慾에 빠저 自滅의 生活을 기다리며 모든것을 믿고 맡겨온 우리의 指導者들은 獨立의 眞正한 路線이 이미 明確함에 不拘하고 政權慾에 눈이 어두어 黨同伐異하여 헛되이 民衆을 分裂彷徨시키고 있으니 朋黨의 紛糾와 骨肉의 相争이 國家衰亡의 原因이 됨은 東西古今의 史乘에 昭昭한지라 뜻있는이 어찌 憫然이 嘆을 禁할수 있겠는가。三千萬의 總意는 오직 自主獨立의 넉자밖에 아무것도 없으니 우리 힘으로 세우고 우리 힘으로 키운 獨立國家를 보량이면 이제 죽어도 恨이 없다는 것이다。그러나 거리에는 人民이 모르는 人民의 總意가 橫行하며 內外의 眞意를 把握하지 못하는 觀念의 遊戱가 進步的 民主主義를 假裝하고 있다。

不公平한 階級의 存在를 否定하고 萬民皆勞의 大義에서 不勞資本을 制限 혹은 否認하는것은 人類理念의 志向이니 또한 우리의 民意에 틀림 없으나 남의 나라의 聯邦으로 들어가도 좋다는 祖國抹殺論은 누구의 民意이며 自主獨立의 民族意識을 뿌리로하여 外來思想의 長點을 攝取함은 民意라 하드라도 한 主義의 公式을 固執하여 長點과 함께 缺點까지 强要하는것은 누구의 民意인가。끄님 없이 몰려오는 外勢의 물결속에 부디치어 흐르고 거스림이 그 機를 잃지 않아 民族과 文化를 지키며 連綿四千年의 歷史를 누려온것은 우리 民族의 强靭性과 久遠의 發展性을 말하는것이니 이와 같은 歷史의 거울에 비추어 볼지라도 自家籠城의 國粹主義와 妄自尊大의 軍國主義가 있을수 없거늘 오늘의 民族主義를 누가 부질 없이 右翼이라하며 國粹主義라 부르는가。나치스獨逸의 侵略앞에는 蘇聯도 赤軍에게 勞働階級解放의 誓辭대신에 最後의 목숨까지 祖國을 위하여 바친다는 쏘비에트 民族主義를 鼓吹하지 않았는가。民族主義를 짐짓 右翼이라 불러 資本主義機關이라하며 進步的妥協을 盲目的으로 拒否함은 統一破壞와 獨立遲延을 스스로 責任지는데 지나지 않는다 할것이니 모든 革命家는 어둔 곳에서 謀害를 일삼지말고 무슨 이름이든 자리를 함께 하여 마땅히 民衆의 視聽앞에 正正當當히 鬪爭하여야 할것이다。

한 줄기 같은 피ㅅ줄에 엉키어 떨어질수 없으며 한덩이같은 마음으로 뭉치어 흩어질수 없으며 같은 運命을 함께 지는것이 民族이어늘 우리의 彷徨과 分裂이 어찌 이다지 甚한가。매양 이를 생각할 때 우리 青年은 끓는 피를 참기 어려웠으나 混亂을 더할까 겁내어 이 때까지 隱忍自重하여 왔던것이다。그러나 이제 緊迫한 情勢아래 興亡을 坐視할수 없어 憂國의 一念으로 우리들은 憤然히 蹶起하지 않을수 없게되었다。우리들의 奮起는 헛되이 政黨에 附同하여 民族分裂을 增長시키려는 者가 아니라 오직 誠實한 國民運動을 展開하므로써 無自覺한 民衆의 混亂을 막고저 함이니 實踐으로써 백성의 範이 되며 實踐으로써 民族向上의 使徒가 되고저 할따름이다。時代를 바르게 把握하고 展望하는 眞正한 民族精神에 立脚한 民主主義를 위하여 우리는 죽음도 달게 받기를 盟誓하는바이다。日本帝國主義의 慘酷한 驅使에도 强制되었거든 이 擧族的 義憤에 어찌 한번 죽음을 아끼겠는가。

바라노니 天下의 뜻 같은 젊은 동무는 모두다 이 기빨아래로 모이라。그리하여 우리는 소리 높이 외치자、아무 虛榮과 不純과 卑屈이 없는 이 세마디 口號를!

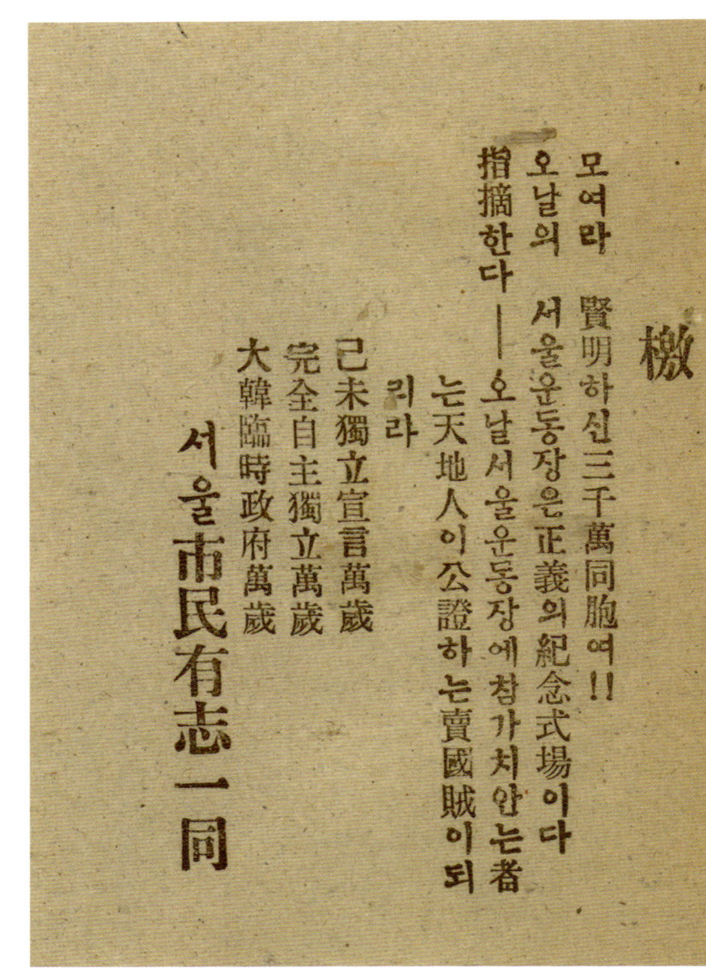

서울시민유지 일동 〈檄〉 1946.2

모여라 현명하신 삼천만 동포여!! 오늘의 서울운동장은 정의의 기념식장이다. 지적한다─ 오늘 서울운동장에 참가치 않는 자는 天地人이 공증하는 매국적이 되리라.
기미독립선언 만세
완전자주독립 만세
대한임시정부 만세

대한독립촉성전국청년총연맹 한성시총연맹 〈친애하는 2백만 시민이여!!〉

모여라!! 서울운동장으로!! 그리고 상기하자!! 삼천만의 피로 뭉친 독립선언을!! 추모하자!! 삼천리강산을 뜨거운 피로 물들인 애국투사들을!!
현명한 시민들이여!! 이 가족적 국경일을 당하여 1월 3일과 같이 모략에 빠져 매국적이 되지 말고 다 같이 서울운동장에 모여서 연합국에 삼천만의 애국열을 표시함으로써 하루 바삐 완전한 자주독립을 전취하자!! 아이도 어른도 부녀도 노인도 다 같이 서울운동장에 모여서 다 같이 기념합시다!!
기미독립선기념전국대회 만세!!

대한독립촉성국민회 〈성명서〉 1946.2

독립자주의 성업을 완수함은 삼천만 한국인의 요구요, 희망이요, 의무요, 책임이다. 8·15 해방의 종소리와 함께 터져 나온 만세의 함성은 이 민족혼의 폭발이요, 이 애국열의 비등이 아니고 무엇이었는가.

그러나 슬프다. 정당은 난립하고 민족은 분열의 危地에 빠지게 되어 국내에는 희망이 消散되고 국외에는 依憑이 疊生케 되었다. 때 마침 우리 혁명의 원로 이승만 박사가 미주로부터 환국하시와

「먼저 한 덩어리가 되어 국토를 찾자」

고 외치신 말씀에 감격하여 일어난 독립촉성중앙협의회는 各道各郡에 걸쳐 계통 있는 국민운동을 전개하여오던 중 소위 인공계통의 일부 분자가 분리하여 나아가게 된 것은 매우 유감스러운 일이었다.

또한 작년 12월 28일 발표된 모스크바 삼상회의의 조선신탁통치설은 실로 청천벽력 같은 흉보였다. 그러나 우리는 전화위복의 문자를 빌어 민족통일의 호기를 삼고자 사상의 좌우 이해의 多少를 초월하여 거민족적 운동으로 탁치반대국민총동원회를 결성하여 이래 各道各郡에 지부를 조직하고 민족의 의사통일과 민족의 역량집결을 위하여 맹활동을 계속하여왔다. 噫라. 호사다마로 또한 그렇게 인공계통이 불과 수일에 탁치를 지지한다는 반민족적 행동을 그렇게 하게 되었으니 이 점에 대하여서는 檀祖의 피를 받고 檀域에 생을 누린 韓人으로서 누구나 의분을 금치 못할 바이다.

한편으로 독립촉성중앙협의회와 탁치반대국민총동원회는 똑같은 목적하에 전개된 국민운동에도 불구하고 상대되는 성격을 가진 듯이 오해 또는 중상이 있을는지도 모르고 대중의 요망도 또한 동일한 국민운동에 명칭만이라도 둘이 싫다는 점이 절실히 나타나게 되었다. 이때에 마침 금번 '中協'에서 소집한 지방대표대회를 기회로 이승만 박사 김구 주석 兩 영수의 승인을 받아 중협과 반탁이 무조건 합체를 단행하여 이에 대한독립촉성국민회라는 명칭으로 재출발을 하게 되었다.

본회는 정당이 아니요, 순연한 국민운동단체임을 이 기회에 천명하는 동시에 임시정부 주최인 비상국민회의와 대립하는 단체도 아님을 다시금 언명한다. 이와 같이 본회는 자주독립을 목적하는 순진한 국민운동으로 특별히 강령을 가지지도 아니함을 부언한다.

국가를 사랑하는 국민이여 모여라!!

민족을 사랑하는 동포여 모여라!!

노동자 농민 대중이여!! 조국이 없이는 계급도 사상도 행복도 아무 것도 없다

청년이여!! 학생이여!! 건국의 大道는 그대들의 앞에 열렸다!!

모여라 대한독립촉성국민회의 깃발 아래로!!

선언

檀祖의 聖血이 얽히고 가가의 문자로 連하는 삼천만 동포의 혼을 통하여 우리는 다음의 몇 가지를 엄숙히 선언함

一. 우리는 대한의 완전한 자주독립을 위하여 최후까지 싸울 것을 선언함

二. 우리의 운동은 정당정파를 초월한 순연한 국민운동임을 선언함

三. 우리는 남북과 좌우의 통합을 期하여 지역적으로나 사상적으로나 통일완수를 위하여 사력을 다할 것을 선언함

聲明書

獨立自主의 聖業을 完遂함은 三千萬韓人의 要求요 希望이오 義務요 責任이다. 八·一五解放의 鍾소래와 함께 터저나온 萬歲의 喊聲은 이 民族魂의 爆發이오 이 愛國熱의 沸騰이 아니고 무엇이엿는가.

그러나 슬프다 政黨은 亂立하고 民族은 分裂의 危地에 陷케되야 國內에는 希望이 消散되고 國外에는 依憑이 疊生케되엿다. 때마츰 우리革命의 元老李承晩博士가 米洲로부터 還國하시와

「먼저 한덩어리가되야 國土를찾자」

고 외치신말슴에 感激하야 일어난 獨立促成中央協議會는 各道各郡에 걸치어 系統잇는 國民運動을 展開하여오든 中 所謂人共系統의 一部分子가 分離하여나아가게된것은 매우 遺憾스러운일이엿다.

또한 昨年十二月二十八日 發表된 莫斯科三相會議의 朝鮮信託統治說은 實로 青天벽력가른 凶報이엿다. 그러나 우리는 轉禍爲福의 文字를빌어 民族統一의 好機를삼고 思想의左右 利害의多少를 超越하야 擧民族的運動으로 託治反對國民總動員會를 結成하야 以來 各道各郡에 支部를組織하고 民族의意思統一과 民族의力量集結을爲하야 猛活動을 繼續하여왓다. 噫라 好事多魔하야 또한 그러케 人共系統이 不過數日에 託治를支持한다는 反民族的行動을 그러케 하게되엿스니 이點에 對하야서는 檀祖의피를밧고 檀域에生을누린 韓人으로서 누구나 義憤을 禁치못할바이다.

一方으로 獨立促成中央協議會와 託治反對國民總動員會는 다 가른 目的下에 展開된 國民運動임에도 不拘하고 相對되는 性格을가젓드시 誤解또는中傷이 잇슬는지도모르고 大衆의要望도 또한 同一한 國民運動에 名稱만이라도 둘이질타는 點이 이機會에 切實히 나타나게되얏다. 이때에마츰 今番「中協」에서召集한 地方代表大會를 機會로 李承晩博士 金九主席 兩領袖의 承認을바더 中協과反託이 無條件合體를 斷行하야 이에 大韓獨立促成國民會라는名稱으로 再出發을하게되얏다.

本會는 政黨이아니오 純然한國民運動團體임을 이機會에闡明하는同時에 臨時政府主催인 非常國民會議와 對立하는 團体도아님을 다시금言明한다. 이와가치 本會는 自主獨立을 目的하는 純眞한國民運動임으로 特別히 綱領을 가지지도 아니함을 附言한다.

國家를 사랑하는 國民이여 모히라!!

民族을 살니라는 同胞여 모히라!!

勞働者 農民大衆이여!! 祖國이업시는 階級도 思想도 幸福도 아모것도업다

靑년이어!! 學生이어!! 建國의大道는 그대들의 압헤 열니엇다!!

모히라 大韓獨立促成國民會의 旗발아래로!!

宣　言

檀祖의 聖血이 열키고 가가의 文字로 連하는 三千萬同胞의 魂을 通하야 우리는 다음의 멋가지를 嚴肅히 宣言함

一, 우리는 大韓의 完全한 自主獨立을 爲하야 最後까지 싸울것을 宣言함

二, 우리의 運動은 政黨政派를 超越한 純然한 國民運動임을 宣言함

三, 우리는 南北과 左右의 統合을 期하야 地域的으로나 思想的으로나 統一完遂를 爲하야 死力을 다할것을 宣言함

大韓民國 二十八년 二月　　日

大韓獨立促成國民會

中國學生反蘇示威運動의 衝擊!

二月二十三日重慶으로부터의 AP通信은 全世界를 衝擊하는 重大報道를 傳하고있다 二十二日에 在重慶大學專門中學等十九校의 學生三萬名이 約百名의 敎授에 引率되여 一里나 되는 長蛇의 陣으로 反蘇示威運動을 擧行하였다는것이다

中國의 學生들이 只今으로부터 十年前에 排日運動의 先鋒이되여「倭人은 滿洲로부터 即時 撤退하고 우리의 손에 港灣을 返還하라」는 旗人발을 올렸든것을 記憶한다 當時에 中國民衆은 學生들의 旗人발아래 無條件團結하였다 中國天地는 一朝에 排日、反日의 一色으로 變하였든것이다 그리하야 그들은 마침내 不義悖德의 鐵槌를 나리었다 爾來轉戰十載! 正義必勝의 天理에 依하야 보다더 中國民族의 偉大한 精氣로써 宿敵을 屈服시킨것이다

國家가 隆昌하는 길은 오로지 靑少年學徒의 雙肩에 달린것이다 그 國家가 어느程度로 優秀한 靑少年學徒를 가졌는가 하는問題는 實로 그 國家의 力量을 재는 尺度가 되는것이다 靑少年은 人生의 봄이다 幸福과 歡喜를 謳歌하는것이 靑少年이요 來日을 創造하는것이 靑少年의 特權이며 義務인것이다 中國의 學生은 十年前에 거룩한 犧牲으로써 未來의 平和境을 創造할 礎石이 됨으로써 오늘의 勝利를 얻었고 그代價로써 오늘의 幸福과 歡喜를 享有하게된것이다

그들은 이제 또다시 跛行的인 오늘의 現實—— 그들의 祖國에 對한 蘇聯의 過度한 干涉과 侵略的行動과 모든 屈辱的現實에 對하야 本能的反抗의 旗人발을 올린것이다 그들에게는 오직 完全한 意味의 自主와 自由가 아니면 아모런 意義도없는것이다 倭敵을 물리치기에 가진 苦楚와 貴重한 피를 흘렸거든 그 땀이 中國色으로 化해야할것이요 中國人의 自由와 幸福이 있어야할것이어늘 오늘의 滿洲는 中國人의 滿洲가아니며 中國人을 尊重하는 滿洲가아니라 다만 日章旗 代身 赤旗가 휘날리게되여 倭敵代身 露赤의 天地가되여 中國人에게는 何等의 自由도 幸福도없는것이다 있나니 恐怖요 飢餓요 테로요 强盜 脅迫 强奪인것이다

「얄타」協定에서 旅順과 大連을 蘇聯에게 빼았긴것도 痛憤하거든 滿洲鐵道까지 빼았고 生命의 自由까지 拘束하는 侮辱과 壓迫을 어떻게 進步的民主主義며 民主主義民族戰線이라고하며 人民과 勤勞大衆을 爲하는것이라고 할수가있을것인가! 생각하면 中國人들도 氣가막힐것이다 人類의 平和와 幸福을 爲하야 國際共産黨을 組織하고 民族主權을 尊重하라고 熱烈히 부르짖든 蘇聯 그「스탈린」이 旅順과 大連을 빼았고 滿洲鐵道를 빼았으며 滿洲를 料理하야 自國의 兵站基地로 만들려는 野心을 가진줄은 꿈에도 생각지 않었을것이다 그리고 터키에 領土를 要求하며「이란」에 叛亂을 일으키고「씨리아」「레바논」을 不幸하게 만드는 張本人이될줄을 어떻게 想像이나 할수있었을것인가! 滿洲에서 外國의 勢力을 完全히 淸掃하기 前에는 中國의 安全도 幸福도 있을수없는것은 吾人도 千番이나 萬番이나 肯定한다 바라건대 中國學生의 旗人발은 天意일것이요 中國民族의 良心의 權化일것이니 그뜻이 人類의 幸福과 自由와 平和를 爲하야 크게 굳게 열매를 맺어주기를!

끝으로 朝鮮의 敎授와 모든 敎員들이여! 그대들이 良心이있다면 從來의 機會主義를 淸算하시라! 그대들이 敎育者라면 次世를 擔當할 學生들에게 뼈가있고 피가있고 生命이있는 敎養을 싸아주어야할것이아닌가 敎育者는 政治에 干涉하지않는다 나는 아모런主義도없다 臨時政府를 支持할것도없고 人民共和國을 反對할것도없다 그러면——그대들에게 묻노니 臨時政府가 祖國의 光復을爲한 絕對的存在인것도 몰은고 人民共和國이民族을 滅亡케하며 賣國奴養成機關인것도 몰은다면 그렇게도 良心이무디고 判斷力이없다면 그대들은 무슨낯으로「先生님」이란 말을듯고있는가 그래 三萬學生을引率하여 大示威運動을일으킨 中國의 百餘名敎授들은 果然敎育者로서의 脫線行爲를한것이라고 冷笑하려는가 願컨대 그대들이 率先하야 民族進路의 指針이되기를!

大韓民國二十八年二月二十四日

朝鮮愛國婦女同盟

조선애국부녀동맹 〈중국학생 반소시위운동의 충격!〉
1946.2.24

2월 23일 중경으로부터의 AP통신은 전 세계를 충격하는 중대보도를 전하고 있다. 22일에 在重慶 대학 전문 중학 등 19교의 학생 3만 명이 약 백 명의 교수에 인솔되어 1리나 되는 長蛇의 陣으로 反蘇시위운동을 거행하였다는 것이다.

중국의 학생들이 지금으로부터 10년 전에 排日운동의 선봉이 되어 「왜인은 만주로부터 즉시 철퇴하고 우리의 손에 항만을 반환하라」는 깃발을 올렸던 것을 기억한다. 당시에 중국민중은 학생들의 깃발 아래 무조건 단결하였다. 중국 천지는 一朝에 배일, 반일의 일색으로 변하였던 것이다. 그리하여 그들은 마침내 不義悖德의 철퇴를 내렸다. 이래 轉戰 十載! 정의필승의 천리에 의하여 보다 더 중국 민족의 위대한 정기로써 숙적을 굴복시킨 것이다.

국가가 융창하는 길은 오로지 청소년 학도의 雙肩에 달린 것이다. 그 국가가 어느 정도로 우수한 청소년 학도를 가졌는가 하는 문제는 실로 그 국가의 역량을 재는 척도가 되는 것이다. 청소년은 인생의 봄이다. 행복과 환희를 구가하는 것이 청소년이요, 내일을 창조하는 것이 청소년의 특권이며 의무인 것이다. 중국의 학생은 10년 전에 거룩한 희생으로써 미래의 平和境을 창조할 초석이 됨으로써 오늘의 승리를 얻었고 그 대가로써 오늘의 행복과 환희를 향유하게 된 것이다.

그들은 이제 또다시 파행적인 오늘의 현실— 그들의 조국에 대한 소련의 과도한 간섭과 침략적 행동과 모든 굴욕적 현실에 대하여 본능적 반항의 깃발을 올린 것이다. 그들에게는 오직 완전한 의미의 자주와 자유가 아니면 아무런 의의도 없는 것이다. 왜적을 물리치기에 갖은 고초와 귀중한 피를 흘렸거든 그 땀이 중국색으로 화해야 할 것이요, 중국인의 자유와 행복이 있어야 할 것이거늘 오늘의 만주는 중국인의 만주가 아니며 중국인을 존중하는 만주가 아니라 다만 일장기 대신 적기가 휘날리게 되고 왜적 대신 露赤의 천지가 되어 중국인에게는 하등의 자유도 행복도 없는 것이다. 있나니 공포요, 기아요, 테러요, 강도, 협박, 강탈인 것이다.

「얄타」협정에서 旅順과 大連을 소련에게 빼앗긴 것도 통분하거든 만주철도까지 빼앗고 생명의 자유까지 구속하는 모욕과 압박을 어떻게 진보적 민주주의며 민주주의 민족전선이라고 하며 인민과 근로대중을 위하는 것이라고 할 수가 있을 것인가! 생각하면 중국인들도 기가 막힐 것이다. 인류의 평화와 행복을 위하여 국제공산당을 조직하고 민족주권을 존중하라고 열렬히 부르짖던 소련 그 「스탈린」이 여순과 대련을 빼앗고 만주철도를 빼앗으며 만주를 요리하여 자국의 병참기지로 만들려는 야심을 가진 줄은 꿈에도 생각지 않았을 것이다. 그리고 터키에 영토를 요구하며 「이란」에 반란을 일으키고 「시리아」 「레바논」을 불행하게 만드는 장본인이 될 줄을 어떻게 상상이나 할 수 있었을 것인가! 만주에서 외국의 세력을 완전히 청소하기 전에는 중국의 안전도 행복도 있을 수 없는 것은 우리도 천 번이나 만 번이나 긍정한다. 바라건대 중국 학생의 깃발은 천의일 것이요, 중국민족의 양심의 權化일 것이니 그 뜻이 인류의 행복과 자유와 평화를 위하여 크게 굳게 열매를 맺어주기를!

끝으로 조선의 교수와 모든 교원들이여! 그대들이 양심이 있다면 종래의 기회주의를 청산하시라! 그대들이 교육자라면 다음 세대를 담당할 학생들에게 뼈가 있고 피가 있고 생명이 있는 교양을 쌓아주어야 할 것이 아닌가. 교육자는 정치에 간섭하지 않는다. 나는 아무런 주의도 없다. 임시정부를 지지할 것도 없고 인민공화국을 반대할 것도 없다. 그러면— 그대들에게 묻노니 임시정부가 조국의 광복을 위한 절대적 존재인 것도 모르고 인민공화국이 민족을 멸망케 하며 매국노 양성 기관인 것도 모른다면 그렇게도 양심이 무디고 판단력이 없다면 그대들은 무슨 낯으로 「선생님」이란 말을 듣고 있는가. 그래 3만 학생을 인솔하여 대시위운동을 일으킨 중국의 백여 명 교수들은 과연 교육자로서의 탈선행위를 한 것이라고 냉소하려는가. 원컨대 그대들이 솔선하여 민족 진로의 지침이 되기를!

조선부녀총동맹 〈3월 1일의 민족해방기념을, 3월 8일의 국제부인데이를 성대히 기념하자〉 1946.3

3월 1일은 우리 조선민족 해방의 첫 봉화를 든 역사적 기념일이다.
3월 8일은 전 세계 부인 해방을 부르짖는 국제부인데이이다.
일천오백만 조선의 부녀자들이여!
조선민족의 반분을 차지한 조선의 부녀자의 해방이 없는 곳에 조선의 해방이 있을 수 없다.
조선의 부녀자가 봉건적 압박으로부터 해방되지 않고는 조선의 민주주의는 실현되지 않을 것이다.
조선의 부녀자들이여!
우리 국가 건설을 위하여 우리의 경제 건설을 위하여 우리의 문화 건설을 위하여 규방으로부터 일어서자!

一. 모든 권력은 인민에게로 돌려라!
一. 정치적 사회적 경제적 남녀평등권을 요구한다!
一. 남녀 임금 차별을 철폐하라!
一. 모자보호법을 확립하라!
一. 공사창제도를 철폐하고 인신매매를 금지하라!
一. 불법감금과 폭력행위를 절대 반대한다!
一. 쌀을 다오, 나무를 다오!
一. 봉건잔재 팟쇼 친일파 민족반역자를 배격하자!
一. 조선자주독립 만세!
一. 조선부녀해방 만세!
一. 세계부녀해방 만세!
一. 민주주의정부수립 만세!
一. 소미공동위원회환영 만세!

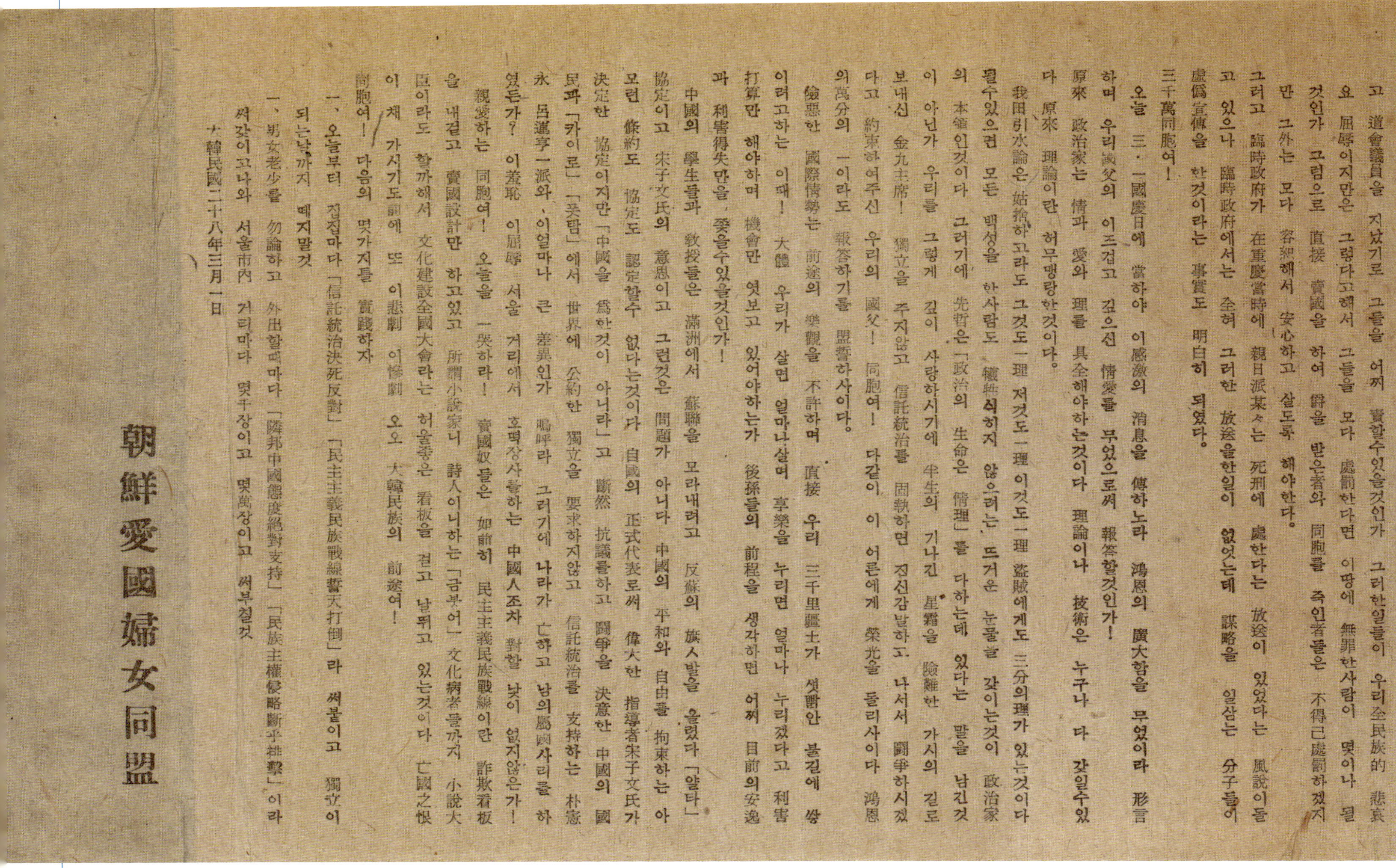

고 道會議員을 지냈기로 그들을 어찌 탓할수잇을것인가 그러한일ㅇ
요 屈辱이지만은 그렇다고해서 그들을 모다 處罰한다면 이땅에 無罪한사람이 몇이나 될
것인가 그럼으로 直接 賣國을 하여 爵을 받은者와 同胞를 죽인者들은 不得已處罰하겠지
만 그外는 모다 容納해서 安心하고 살도록 해야한다。
그러고 臨時政府가 在重慶當時에 親日派某々는 死刑에 處한다는 放送이 있었다는 風說이돌
고 있으나 臨時政府에서는 全혀 그러한 放送을 한일이 없었는데 謀略을 일삼는 分子들이
虛僞宣傳을 한것이라는 事實도 明白히 되었다。
三千萬同胞여!
오늘 三·一國慶日에 當하여 이感激의 消息을 傳하노라 鴻恩의 廣大함을 무엇이라 形言
하며 우리國父의 이뜨겁고 깊으신 情愛를 무엇으로써 報答할것인가!
原來 政治家는 情과 愛와 理를 具全해야하는것이다 理論이나 技術은 누구나 다 갖일수있
다 原來 理論이란 허무맹랑한것이다 我田引水論은 姑捨하고라도 그것도 一理 저것도 一理 이것도 一
理 도적에게도 三分의理가 있는것이다 될수있으면 모든 百姓을 한사람도 犧牲식히지 않으려는 뜨거운 눈물을 갖이는것이 政治家
의 本領인것이다 그러기에 先哲은 「政治의 生命은 情理」를 다하는데 있다는 말을 남긴것
이 아닌가 우리를 그렇게 깊이 사랑하시기에 半生의 기나긴 星霜을 險難한 가시의 길로
보내신 金九主席! 獨立을 주지않고 信託統治를 固執하면 짚신감발하고 나서서 鬪爭하시겠
다고 約束하여주신 우리의 國父! 同胞여! 다같이 이 어른에게 榮光을 돌리사이다 鴻恩
의 萬分의 一이라도 報答하기를 盟誓하사이다。
險惡한 國際情勢는 前途의 樂觀을 不許하며 直接 우리 三千里疆土가 샛빨안 불길에 싸
이려고하는 이때! 大體 우리가 살면 얼마나살며 享樂을 누리면 얼마나 누리겠다고 利害
打算만 해야하며 機會만 엿보고 있을것인가! 後孫들의 前程을 생각하면 어찌 目前의 安逸
과 利害得失만을 쫓을수있을것인가!
中國의 學生들과 敎授들은 滿洲에서 蘇聯을 모라내려고 反蘇의 旗발을 올렸다 「얄타」
協定이고 宋子文氏의 意思이고 그런것은 問題가 아니다 中國의 平和와 自由를 拘束하는 아
모런 條約도 協定도 認定할수 없다는것이다 自國의 正式代表로써 偉大한 指導者宋子文氏가
決定한 協定이지만 「中國을 爲한것이 아니라」고 斷然 抗議를하고 鬪爭을 決意한 中國의 國
民파 「카이로」「포츰」에서 世界에 公約한 獨立을 要求하지않고 信託統治를 支持하는 朴憲
永 呂運亨一派와·이얼마나 큰 差異인가 嗚呼라 그러기에 나라가 亡하고 남의屬國사리를 하
였든가? 이羞恥 이屈辱 서울 거리에서 호떡장사를하는 中國人조차 對할 낯이 없지않은가!
親愛하는 同胞여! 오늘을 一哭하라! 賣國奴들은 如前히 民主主義民族戰線이란 詐欺看板
을 내걸고 賣國設計만 하고있고 所謂小說家니 詩人이니하는 「금붕어」文化病者들까지 小說大
匠이라도 할까해서 文化建設全國大會라는 허울좋은 看板을 걸고 날뛰고 있는것이다 亡國之恨
이 채 가시기도前에 또 이悲劇 이慘劇 오오 大韓民族의 前途여!
同胞여! 다음의 멋가지들 實踐하자
一、오늘부터 집집마다 「信託統治決死反對」 「民主主義民族戰線誓天打倒」라 써붙이고 獨立이
되는날까지 떼지말것
一、男女老少를 勿論하고 外出할때마다 「隣邦中國態度絕對支持」 「民族主權侵略斷乎排擊」이라
써갖이고나와 서울市內 거리마다 멋千장이고 멋萬장이고 써부칠것
大韓民國二十八年三月一日

朝鮮愛國婦女同盟

조선애국부녀동맹 〈소위 친일파에 대한 김구 주석의 大赦方針, 동포여 鴻恩의 萬分之一이라도 보답하자!〉 1946.3.1

임시정부 김구 주석께서는 소위 친일파 엄벌문제에 대하여는 깊은 이해와 情愛로써 임해야 한다는 신조로 측근자 某 씨의 전하는 바에 의하면 대략 다음과 같은 방침을 세우고 계시다 한다. 즉 인류 역사상 유례를 볼 수 없는 강도 왜적이 37년간이나 이 땅에 머물러 있었으니 그동안 백성들의 고초가 얼마나 컸을 것인가? 그 지독한 학정 밑에서 생명을 유지하노라니 무슨 비극인들 안 생겼으랴! 심지어 성명까지도 갈았는지라 도지사를 지냈다거나 국수서장을 지내고 도회의원을 지냈기로 그들을 어찌 탓할 수가 없을 것인가. 그러한 일들이 우리 전 민족적 비애요, 굴욕이지만은 그렇다고 해서 그들을 모두 처벌한 사람이 몇이나 될 것인가. 그러므로 직접 매국을 하여 작록을 받은 자와 동포를 죽인 자들은 부득이 처벌하겠지만 그 외는 모두 용서해서 안심하고 살도록 해야 한다.
그리고 임시정부가 在重慶 당시에 친일파 某某는 사형에 처한다는 방송이 있었다는 풍설이 돌고 있으나 임시정부에서는 전혀 그러한 방송을 한 일이 없었는데 모략을 일삼는 분자들이 허위선전을 한 것이라는 사실도 명백히 되었다.
삼천만 동포들이여!
오늘 3·1 국경일에 당하여 이 감격의 소식을 전하노라 鴻恩의 광대함을 무엇이라 형언하며 우리 國父의 이 뜨겁고 깊으신 정애를 무엇으로써 보답할 것인가!
원래 정치가는 情와 愛와 理를 俱全해야 하는 것이다. 이론이나 기술은 누구나 다 가질 수 있다. 원래 이론이란 허무맹랑한 것이다. 아전인수론은 고사하고라도 그것도 일리 저것도 일리 이것도 일리 도적에게도 삼분의 理가 있는 것이다. 될 수 있으면 모든 백성을 한 사람도 희생시키지 않으려는 뜨거운 눈물을 가지는 것이 정치가의 본령인 것이다. 그렇기에 先哲은 「정치의 생명은 情理를 다하는 데 있다」는 말을 남긴 것이 아닌가. 우리를 그렇게 깊이 사랑하시기에 半生의 기나긴 성상을 험난한 가시의 길로 보내신 김구 주석! 독립을 주지 않고 신탁통치를 고집하면 짚신감발하고 나서서 투쟁하시겠다고 약속하여주신 우리의 國父! 동포여! 다 같이 이 어른에게 영광을 돌리사이다. 홍은의 만분의 일이라도 보답하기를 맹서하사이다.
협악한 국제정세는 앞길의 낙관을 불허하며 직접 우리 삼천리강토가 새빨간 불길에 싸이려고 하는 이때! 대체 우리가 살면 얼마나 살며 향락을 누리면 얼마나 누리겠다고 이해타산만 해야 하며 기회만 엿보고 있어야 하는가. 후손들의 앞길을 생각하면 어찌 목전의 안일과 이해득실만을 좇을 수 있을 것인가!
중국의 학생들과 교수들은 만주에서 소련을 몰아내려고 反蘇의 깃발을 올렸다. 「얄타」협정이고 宋子文 씨의 의사이고 그런 것은 문제가 아니다. 중국의 평화와 자유를 구속하는 아무런 조약도 협정도 인정할 수 없다는 것이다. 자국의 정식대표로써 위대한 지도자 송자문 씨가 결정한 협정이지만 「중국을 위한 것이 아니라」고 단연 항의를 하고 투쟁을 결의한 중국의 국민과 「카이로」「포츠담」에서 세계에 공약한 독립을 요구하지 않고 신탁통치를 지지하는 박헌영 여운형 일파와 이 얼마나 큰 차이인가. 오호라. 그러기에 나라가 망하고 남의 속국살이를 하였던가? 이 수치이 굴욕 서울 거리에서 호떡장사를 하는 중국인조차 대할 낮이 없지 않은가!
친애하는 동포여! 오늘을 一哭하라! 매국노들은 여전히 민주주의 민족전선이란 사기 간판을 내걸고 매국설계만 하고 있고 소위 소설가니 시인이니 하는 「금붕어」 문화병자들까지 소설大匠이라 할까 해서 문화건설전국대회라는 허울 좋은 간판을 걸고 날뛰고 있는 것이다. 망국지한이 채 가시기도 전에 또 이 비극 이 참극 오 대한민국의 앞길이여!
동포여! 다음의 몇 가지를 실천하자
一. 오늘부터 집집마다 「신탁통치결사반대」 「民主主義民族戰線誓天打倒」라 써 붙이고 독립이 되는 날까지 떼지 말 것
一. 남녀노소를 물론하고 외출할 때마다 「隣邦中國態度絕對支持」 「민족주권침략단호배격」이라 써 가지고 나와 서울 시내 거리마다 몇 천 장이고 몇 만 장이고 써 붙일 것

所謂親日派에 對한 金九主席의 大赦方針
同胞여 鴻恩의
萬分之一이라도 報答하자!

臨時政府 金九主席께서는 所謂親日派嚴罰問題에 對하야는 젊은 理解와 情愛로써 臨해야한다

전국청년총연합회·전국여자청년총연합회
〈전 시민에게 고함!!〉 1946.3

애국에 불타는 전 시민 諸位는 속지 맙시다.
오직 우리의 삼일기념행사는 서울운동장에서 거행하는 기미독립선언기념전국대회 참가에 있다!! 매국노 역도배는 남산공원으로 모이려 한다. 반탁행렬을 한다고 순진한 시민을 속여 이백만 한성시민을 출동케 하고 탁치 지지 행렬로 돌변하여 삼천만 동포 앞에 千秋萬代의 遺恨의 죄과를 범케 한 賣國陰輩들이 금번에는 삼일기념준비위원회라는 맹랑한 명목하에 별별 갖은 수단으로 또다시 우리 한성시민을 속여 모략 시위를 하려는 준비를 하고 있는 전율할 음모에 속지 맙시다!
기미독립투쟁기념행사에 두 장소와 두 派類가 있어 무엇하리오? 이것으로도 우리 민족이 분열되고 통합력이 없어 독립할 자격이 없다는 것을 연합국에 보이려 독립을 지연시키고 某國에 연방으로 편입시키자는 역도행위를 잘 알아야 합니다!
시민이여! 3월 1일! 서울운동장으로 모입시다!!
천추만대에 잊지 못할 3월 1일 기미독립선언을 기념하기 위하여 노소남녀학생 전 시민은 모두 모입시다!! (서울운동장으로)
역도배 집합장 남산공원으로 가지 말고 동포애에 불타는 시민이여 서울운동장으로 총집합합시다!! 3월 1일 정오 12시 서울운동장으로!!

全市民에게 告함!!
愛國에 불타는 全市民諸位는ㅡ 속지 맙시다!
오즉 우리의 三一記念行事는 서울運動場에서 擧行하는 己未獨立宣言記念全國大會參加에있다!! 賣國逆徒輩는 南山公園으로 모히려 한다! 反托行列을 한다고 純眞한 市民을 속이여 二百萬漢城市民을 出動케하고 託治支持行列 노 突變하여 三千萬同胞앞에 千秋萬代의 遺恨의 罪過를 犯게한 賣國陰輩들이 今番에는 三一記念準備委員會라는 盃狼한 名目下에 別々가진 手段으로 또다시 우리漢城市民을속이여 謀略示威를하려는 準備를하고있는 戰慄할陰謀에 속지맙시다!
己未獨立鬪爭記念行事에 두場所와 두派類가있어 무엇하리요?? 이것으로도 우리民族이 分裂되고 統合力이없어 獨立資格이없다는것을 聯合國에보이여 獨立을 遲延식히고 某國에聯邦으로編入식히자는 逆徒行爲를 잘알어야합니다ㅡ
市民이여! 三月一日! 서울運動場으로모입시다!!
千秋萬代에잊이못할 三月一日己未獨立宣言을記念하기爲하여 老少男女學生全市民은 모다묽입시다!!
(서울運動場으로)
逆徒輩集合場南山公園으로가지말고 同胞愛에불타는 市民이여 서울運動場으로 總集合합시다!!
三月一日正午十二時 서울運動場으로!!
全國靑年總聯合會
全國女子靑年總聯合會

대한청년의열단 〈檄!〉 1946.2

봄이다. 해방의 봄이다. 그리고 완전자주독립으로 달음질치는 봄이다. 우리 한국민족은 전국적으로 역사적인 기미독립운동의 봉화를 올리는 삼일절 국경일을 내일모레로 앞두고 우리의 가슴은 뛰고 피는 끓는다. 아! 감격의 삼일절! 민족 전체의 흥분은 기미년으로 더듬어 올라가 선열에 바치는 追念 또한 새롭다.

기미년에 뿌린 피 묻은 씨는 을유해 가을에 열매를 거두었으니 씨 뿌린 어른 모른 체 하고 제각기 열매만 따먹으려는 이 소위 「모리배」 作戲를 우리는 한사코 배격한다. 조국의 독립을 위하여 총칼 없이 왜적과 싸웠다. 그때는 속칭 좌도 우도 없었다. 꼴 흉한 파쟁도 없었다. 그저 대한독립 만세를 목이 터지게 외쳤을 뿐이다. 각 종파 수백만 교도가 합쳤고, 남녀학생이 뭉쳤다.

그렇다. 과연 그렇다. 기미년 때 그대로 우리 삼천만의 마음은 모름지기 돌아가야 하겠다. 「괴로우나 즐거우나 한마음 한뜻으로 나라 사랑하세」 애국가 3절 그대로 순백무구하게 삼일절을 맞자! 기미년 그대로 각 종교 각 파를 중심으로 정당과 주의 주장을 떠나서 이승만 박사, 김구 주석을 명예회장으로 하였다는 서울운동장의 기미독립선언기념식전으로 앞뒤를 다투어 빨리 가자. 지긋지긋한 신궁참배 흉내 내려는 모략에 속지 말자. 온갖 방해와 분열을 일삼는 모략에 빠지지 말자!

근대서지총서2 그림 **266**

삼일기념전국준비위원회 〈120만 시민은 남산공원으로!!〉 1946.2.28

친애하는 120만 서울시민 여러분!
27년 전 3월 1일! 이날 이천만 우리 동포들은 남녀노유 할 것 없이 다 같이 仇敵 일본제국주의를 타도하려고 봉기하였습니다. 그리하여 잔악한 일제헌병의 총검 아래 수천의 동포는 학살되었고 수십만의 우리 형제들은 체포 혹은 투옥되었습니다. 실로 삼일운동은 우리 민족이 우리 해방과 독립을 얻기 위한 「피의 기록」이었습니다. 해방 후 처음 이날을 맞이하는 우리들 가슴 속에는 필설로 형용키 어려운 감회가 떠오릅니다.
친애하는 120만 시민 여러분!
우리는 이 「역사의 날」을 기념하기 위하여 왜놈의 정신적 魔殿이던 남산광장에 모여 시민대를 개최합시다. 과거 40년간 倭旗의 그림자에 더럽혔던 남산 꼭대기에 다시 우리들의 빛나는 태극기를 높이 답시다. 우리 민족을 영구한 노예의 쇠사슬로 얽매려고 하던 왜놈 학정의 상징인 「황국신민서사탑」을 우리의 발로 짓밟아 버리고 가슴을 헤치고 한껏 만세를 부릅시다. 120만 시민 여러분! 자— 남산으로 모입시다. 손에 손에 태극기를 들고…….
一. 제27주년 삼일운동기념 만세
一. 조선완전자주독립 만세!
一. 친일파와 민족반역자를 소탕하자!
一. 민주통일 정부 수립은 민주주의적으로!
一. 국수주의와 테러를 분쇄하자!
一. 5당(신찬민족당, 인민당, 공산당, 독립동맹, 조선민주당) 협조 만세!
一. 민주주의전부 수립 만세!

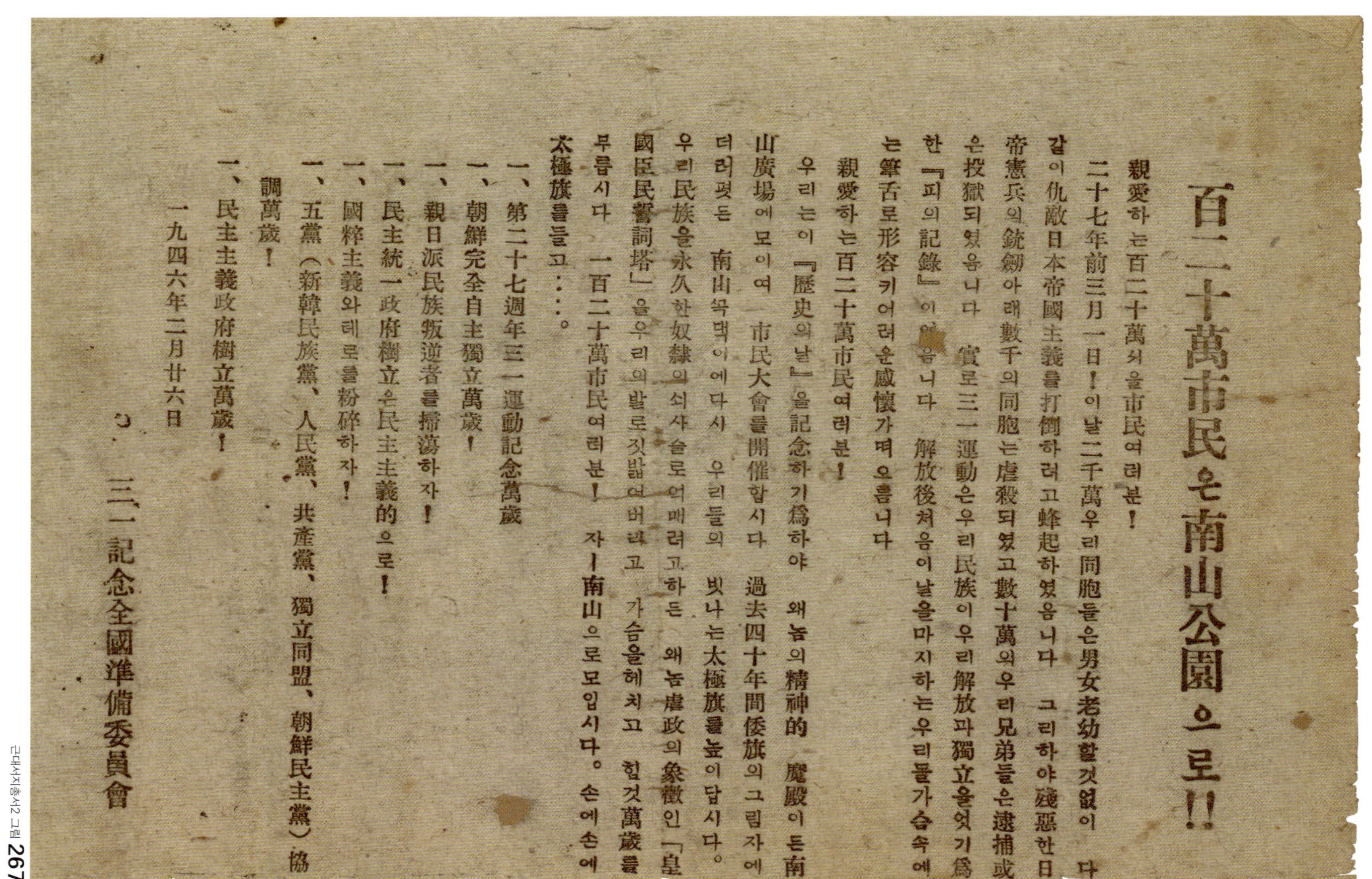

百二十萬市民은南山公園으로!!

親愛하는百二十萬市民여러분!
二十七年前三月一日!이날二千萬우리同胞들은男女老幼할것없이 다같이仇敵日本帝國主義를打倒하려고蜂起하였읍니다 그리하야殘惡한日帝憲兵의銃釼아래數千의同胞는虐殺되었고數十萬의우리兄弟들은逮捕或은投獄되었읍니다 實로三一運動은우리民族이우리解放과獨立을얻기爲한「피의記錄」이었읍니다 解放後처음이날을마지하는우리들가슴속에는筆舌로形容키어려운感懷가떠오릅니다
親愛하는百二十萬市民여러분!
우리는이「歷史의날」을記念하기爲하야 왜놈의精神的魔殿이든南山廣場에모이여市民大會를開催합시다 過去四十年間倭旗의그림자에더럽혓든南山꼭댁이에다시우리들의빛나는太極旗를높이답시다우리民族을永久한奴隷의쇠사슬로얽매려고하든왜놈虐政의象徵인「國民民誓詞塔」을우리의발로짓밟어버리고 가슴을헤치고 힘것萬歲를부릅시다 一百二十萬市民여러분!자ー南山으로모입시다。손에손에太極旗를들고……。
一, 第二十七週年三一運動記念萬歲
一, 朝鮮完全自主獨立萬歲!
一, 親日派民族叛逆者를掃蕩하자!
一, 民統一政府樹立은民主主義的으로!
一, 國粹主義와테로를粉碎하자!
一, 五黨(新韓民族黨、人民黨、共産黨、獨立同盟、朝鮮民主黨)協調萬歲!
一, 民主主義政府樹立萬歲!
一九四六年二月廿六日
三一記念全國準備委員會

근대서지총서2 그림 **267**

한국민주당 서울시당부 〈학생 삼일절 투쟁을 위한 一言〉

1946.2.27

식민지에 있어서의 학생반제정치투쟁이란 공적이 크다. 중국이 그리하였고 인도가 그러하였고, 또 조선이 그러하다. 1919년의 삼일투쟁을 비롯하여 6·10만세 사건, 광주 학생 사전 또 8·15 직후의 학도대의 활동 등등은 진실로 공적이 높은 우리 학생들의 과감한 정치투쟁들이었다. 이에 있어서 만일 학생을 정치투쟁선으로부터 분리시키겠다는 이가 있으면 그는 무식이 아니면 조선을 영원히 帝蹄下에 두겠다는 반역배들의 말일 것이다.

전번 학병 사건을 직후하여 모 당국자는 「학생은 학교로 돌아가 공부만 하라.」는 포고를 내릴 때 우리는 당국자의 비건설성을 통한히 여긴 바 있거니와 이번 삼일절을 맞아서는 조선공산주의 계열에서 학생의 가두진출을 만류하고 있다. 그는 학생이 임정 산하로 동원됨을 두려워하는 데 주원인이 있겠지마는 한 개의 派勢的 대립을 위해 운동의 원칙성을 왜곡시키는 현 공산당의 무정견한 방침과 아울러 삼일절이 갖는 전 민족적 의의를 이해치 못하는 데 대해서 우리는 심히 유감스러워 하는 바이다.

이번의 삼일절은 임정이나 인공 등의 어느 한 단체의 집결을 위해서가 아니고 8·15 후 조선민족이 맞는 제1차의 성스럽고 중대한 의의가 있는 일대 정치적 慶節인 것이다. 이 성스럽고 중대한 의의가 있는 경절에 태극기를 들고 해방의 노래를 부르며 질서와 정열로써 가두로 나섬은 뒷집의 金匹夫, 朴匹婦도 그리 할 일이거든 하물며 정의감이 강하고 정열과 세력이 왕성한 학생들이라.

학생 제군은 최근의 일만이라고 8·15 직후의 학도대의 활동은 민족에게 심히 믿음직한 신뢰를 주었거든 이 삼일절의 투쟁에도 그 의기를 보여 민족의 자부력을 더욱 강하게 할 것이다.

우리는 지금 바로 안으로는 민족 자기의 통합과 그 건설적 기세를 조직하여야 하고 밖으로는 조선민족이 가진 자주독립의 욕망과 그 뚜렷한 실력을 최대한으로 국제간에 宣示하지 않으면 안 될 순간에 처하였다. 이때에 있어서 맞이하는 우리의 삼일절은 京鄕各地와 남녀노소를 막론하고 물 끓듯 한 민족적 혁명적 건설의 기세를 봉하여야 한다.

이러함에서 작년 9월 24일 인민공화국 지지의 구호하에 학생의 가두데모를 조직한 공산주의 측이 오늘 와서는 일변하여 그 학생의 가두행진을 보류함이 우습기도 하며 또 다른 일면은 다른 일부에서 우리 학생들의 기세를 一自我便으로 이용하려는 必算이 있다면 우리는 그도 부인한다.

학생 제군은 어디까지든 건설조선민족의 아들로서 또 딸로서 「모략정치가 타도, 민족자주독립 만세, 학생 우리는 순국 초석이 되자」의 슬로건을 들고 제군이 전날 굴욕적으로 배운 일제의 집단훈련을 역으로 우리 민족 위업에 선용하는 집단적 질서로써 삼일절날 정오 경성운동장을 기점으로 일대 학생 정치 투쟁의 가두행진을 시작하고 前揭 슬로건의 삐라를 뿌리고 가두연설을 하라. 그리고 그 전야인 28일 밤에는 요처 요처마다 군들이 표명하고 싶어 하는 정치적 어구를 써 붙여라.

또 아버지 누나가 모두 삼일절에 행동으로써 동원되려는 포스터도 써 붙여라.

그리고 당일은 각기 학교를 단위로 선생님과 小使를 합한 의좋은 參集을 하라.

민족의 완전독립을 기하고 그 정신에서 삼일절을 지킴은, 교장, 학생, 小使할 것 없이 조선 동포로서는 다 같이 요구하는 동일한 志望인 것이다. 지난날 경성대학학생동향과 같이 교수와 학생을 분리시키는 談謬를 다시는 범치 말고 제군은 학교에서부터 전 민족적인 이념의 친애와 통합을 갖고 나서라.

이는 분열된 조선 오늘의 전선을 통합에로 추진하는 국민적 압력인 것이며 聖節 삼일기념일을 국제간에 뚜렷이 드러내는 효과를 가질 것이다.

삼일기념전국준비위원회 〈삼일기념을 맞이하면서 삼천만 동포에게 격함〉 1946.2.26

삼천만 동포들이여! 형제들이여! 자매들이여!

1919년 3월 1일! 이날을 기하여 일부 친일파를 제외한 전 조선민족은 男女老幼 할 것 없이 강도 일본제국주의를 타도하기 위하여 일제히 궐기하였던 것이다. 천지를 진동시킨 「독립만세」의 함성은 무단정치의 鐵鞭으로 우리 민족을 압박하고 착취하던 일본제국주의와 그 주구배의 간담을 서늘하게 하였다. 이리하여 인류사상 그 유례를 찾기 어려운 무력단압의 폭거는 시작되었던 것이다. 피에 주린 놈들의 손에 헛되이 살해된 동포의 수 그 몇 천이며 놈들의 총검에 찔린 동포의 수 그 몇 만이었던고!

삼천리 산야는 문자 그대로 유혈의 수라장을 이루었으며 또한 수십만의 우리 동포가 체포 투옥되었던 것이다. 실로 삼일운동은 조선민족이 그의 해방과 독립을 전취하기 위한 「피의 기록」이었다는 의미에 있어서 그 후 17년간 해내해외에서 전개된 반일혁명투쟁의 항쟁할 수 있으며 또한 불멸의 기념탑을 이루었던 것이다.

우리 민족의 뼈마디에 원한이 사무치는 이 역사의 날을 우리들은 어떻게 맞아야 할 것이며 이 삼일운동을 어떻게 기념하여야 할 것인가?

우리는 해방 후 처음 맞이하는 삼일기념사업을 민족통일 촉성에 이바지함으로써 의의있게 하려는 것이며 이렇게 하는 것만이 삼일운동에 피 흘린 우리 동포들의 유지를 계승하는 까닭이라고 생각하는 것이다. 이런 의미에서 민족 통일이 전 민족적 열망이라면 삼일기념을 일대 민족적 기념행사로써 통일해달라는 것도 또한 한 개의 민족적 요청이라는 것을 잊어서는 안 된다. 우리 삼일기념전국준비위원회가 실로 이와 같은 민족적 요청인 기념행사의 통일을 목적으로 할 신한민족당, 인민당, 독립동맹, 공산당, 조선민주당 등 오당회의의 공동성명에 의하여 前記 오당과 諸 대중 단체를 망라하여 조직된 것이다.

우리는 이 중차대한 임무를 수행하기 위하여 아직 본 위원회에 합류되지 않은 한민당을 중심으로 한 「기미독립선언기념전국대회」에 대하여 기념행사를 통일할 것을 제안하였으나 同 회의 성의 있는 대답을 접하지 못하였음으로 본 위원회는 예정과 같이 그날 남산광장에 기념시민대회를 개최하고 기념식을 거행하기로 된 것이다. 그러나 행사 통일에 대한 교섭은 앞으로도 열성껏 계속하려고 한다.

우리는 가장 경건한 마음으로 맞아야 할 민족적인 기념행사에 있어서 「법통」만을 주장하는 것은 한 개의 정치 모략의 도구로 이용하는 것으로 단정할 것이며 나아가서는 민족분열의 책임은 「기미독립선언 전국대회」를 지도하고 있는 한민, 국민 양당의 지도자들이 져야할 것을 삼천만 동포에게 성명한다.

기미독립선언기념전국대회준비사무소의 대회 알림장 및 일정표 1946.2

諸位의 존체 만안을 앙축하오며 陳者 오는 3월 1일은 우리 한국민족으로서 영원히 잊지 못할 갱생의 날입니다. 회고하건대 과거 40년 전 우리 겨레 중 사리사욕에만 눈이 어두워 자기 동족을 敵에게 팔아먹은 소수분자의 매국적으로 인하여 어언 10년간을 生不如死의 노예생활을 하여 오다가 더 이상 참을 수 없음으로 우리나라 자주독립을 선언하고 이를 세계만방에 선포하며 敵 일본에게 항쟁하여 敵 총검하에 수십만 남녀, 애국지사들의 무참한 희생을 봐 왔던 것입니다. 이날이 곧 27년 전 기미 3월 1일입니다. 그러므로 이를 기념하기 위하여 在서울 각 종교단체, 각 정당, 각 문화단체, 각 청년단체, 각 부녀단체, 저명인사 각계각층을 총망라하여 「기미독립선언기념 전국대회」를 조직하고 별지 사항과 같이 3월 1, 2, 3일간 서울을 비롯하여 삼천리강산 방방곡곡에서 우리 삼천만 동포가 총동원하여 기미독립선언기념행사를 성대히 거행하기로 하였습니다. 이것이 곧 국민갱생운동입니다. 우리 유일 목적인 완전자주독립도 이에 있습니다. 그리고 영구사업으로 「독립기념관」 건립과 「先賢錄」을 간행하고자 하옵니다. 貴地에서도 각 단체와 연락하여 연합으로 이날을 의의 깊게 기념하시기를 바라오며 우리 한국민족의 고유한 민족성을 고취하여 완전자주독립을 촉성케 하심을 바라옵니다.

따라서 우선 준비된 몇 종의 인쇄물을 송정하오니 査收하시고 부족됨은 貴地에서 同樣으로 다수 인쇄하여 사용하시도록 하시오며 혹 문의사항이 있으면 본 회 준비사무소로 연락하여주심을 敬望하옵니다.

謹啓 時下孟春

諸位의 尊體萬安을 仰祝하오며 陳者 오는 三月一日은 우리 韓國民族으로서 永遠히 잇지 못할 更生의 날임니다 回顧하건대 過去四十年前 우리겨레中 私利私慾에 만눈이어두어 自己同族을 敵에게 파라며은 少數分의 賣國賊으로 因하야 於焉十年間을 生不如死의 奴隷生活을 하여오다가 以上더ー 참을수업슴으로 우리나라自主獨立을 宣言하고 이를世界萬邦에 宣布하며 敵日本에게 抗爭하야 敵銃釼下에 數十萬男女、愛國志士들의 無慘한 犧牲을ㅂ앗든것임니다 이날이 곳 二十八年前己未三月一日임니다 그럼으로 이를紀念하기爲하야 在서울各宗敎團體、各政黨、各文化團體、各靑年團體、各婦女團體、著名人士各界各層을總網羅하야 『己未獨立宣言記念全國大會』를組織하고 別紙事項과갓이 三月一、二、三日間 서울을비롯하야 三千里江山 坊々谷々에서 우리三千萬同胞가 總動員하야 己未獨立宣言記念行事를 盛大히興行하기로하엿슴니다 이것이 곳 國民 更生運動입니다 우리唯一目的인 完全自主獨立도 이에잇슴니다 그러고永久事業으로 『獨立紀念舘』建立과 『先賢錄』을刊行코저하옵니다 貴地에서도 各團體와連絡하야 聯合으로 이날을意義깁게 記念하시기를바라오며 우리韓國民族의固有한 民族性을 鼓吹하야完全自主獨立을 促成케하심을바라옵니다。追而爲先準備된 멧種의印刷物을送呈하오니 査收하시고不足됨은 貴地에서 同樣으로 多數印刷하야使用하시도록하시오며 或問議事項이有하면 本會準備事務所로 連絡하야주심을敬望하옵니다。

檀紀四千二百七十九年二月　日

漢城市鍾路區慶雲町八八（天道敎總本部內）
己未獨立宣言記念全國大會準備事務所
電話光化門一一〇四番

貴下

己未獨立宣言記念全國大會

當日行事節次

一、全國各戶國旗揭揚
一、全國各戶及市街淸掃實行
一、殉國先列追慕式擧行
一、獨立宣言紀念式典
一、祝賀旗行列
　行路ー서울運動場ー東大門ー鍾路ー安國町ー軍政廳ー光化門四街ー西大門ー義州
　通ー京城驛前ー南大門ー解散
一、打鍾三分間
一、市內裝飾、重要地點에記念塔、記念祝賀門建立
一、講演會及演藝會開催
一、各種競技大會開催（三日間）
一、京水間마라손競技
一、花電車、自動車隊行進
一、活動寫眞撮影及己未三月一日獨立宣言光景上演

매국적징치각단체긴급협의회 〈박헌영의 매국 언사는 사실— 기만, 모략에 대중은 속지 말라〉 1946.2.20

제군은 18일부 군정청 발표를 보았는가. 조선공산당 책임비서 박헌영은 1월 5일 외인기자회견 석상에서 소련 일국에 의한 신탁통치에 이의가 없다 하였고 10년이나 20년 후 소비에트화한 조선은 소연방의 일연방이 될 것을 희망하였다. 그리고도 이 반향이 불리하니까 외인기자의 추방을 요구하고 재내신문기자들로서는 이것을 부인하는 성명을 하게 하는 책동을 하지 않았는가. 조선공산당의 모략과 정책이다. 그런 것을 알아야 한다. 계급주의 독재주의의 공산주의가 민주주의와 민족통일전선으로 도용하는 그 의도가 어디 있는지 민중은 분명히 알았을 것이다. 북위 38도 이북에 가보라. 거기 언론, 출판, 집회, 결사의 자유가 있더냐. 민족독립이란 말을 쓰게 하더냐. 무지한 대중에게는 토지와 금전을 준다고 꾀고 지식계급에게 민주주의 민족전선이란 미명을 내걸고 어쨌든 민족적 영웅 민족적 권위자의 위신을 훼손시켜 공산주의자의 영도하에 전 조선민족을 끌어넣어 某 연방에 종속케 하자는 것이 그들의 究極 목표다. 신탁통치를 반대하면 이것을 면할 수 있다고 연합국에서 언명하는데 기어이 신탁통치를 받겠다고 고집하는 의도가 어디 있는지 생각하면 알 것이다. 조선공산당에게 정권을 맡길 수는 없다. 그들은 매국적인 때문이다. 민중은 이 朝共의 모략과 책동에 속아서는 안 된다.

근대서지총서 그림 **272**

근대서지총서 그림 **271**

소聯의 一聯邦되기 要求한
朴憲永一派를 排擊하라
賣國賊懲治緊急協議會結成

朝鮮共産黨責任秘書朴憲永이 昨　年十一月五日及今年一月八日外人
記者團에對하야　朝鮮共産黨은五年이나 十年이나蘇聯一國에依한信
託統治를要求하고 그後는蘇聯邦의一聯邦으로서 參加하기를希望한
다 言明한事實은三千萬의憤怒를사서 一月十六日韓國民主黨本部에
서三十八團體가會合하야 賣國賊懲治緊急協議를組織하고 賣國賊朴
憲永徒黨을擊滅하는國民大會 聲討講演會를開催하기로되엇는데 그
決議內容은如左하마

決議

우리三千萬民衆은하로바삐完全獨立을要求한다 그런데 莫府三相會
議에서 蘇聯의一國에依한朝鮮의信託統治를主張하고 이것을朝鮮共
産黨이支持決議한것은三千萬民衆의憤怒의的이되어잇다 特히同黨責
任秘書朴憲永이 一月八日外國記者團에對하야 朝鮮共産黨은蘇聯
一國에依한信託統治를十年이나 二十年이나받어도조코 그後는蘇聯
邦의一聯邦으로서 參加할것을贊成한다고言明한것은實로 朝鮮의獨
立을抹殺하고永遠히 朝鮮民族을蘇聯이奴隷化를誘致하는賣國賣族의
行爲로서 三千萬民衆의一齊히排擊하는바이다 吾等은全國民的運動
을이르켜 朝鮮共産黨을擊滅하기로決議한다

附帶決議

一、吾等은朝鮮共産黨責任秘書朴憲永打倒國民大會를開催함
一、吾等은朝鮮共産黨責任秘書朴憲永聲討講演會를開催함
一、此決議를美蘇中英四當局에打電함
一、朝鮮共産黨責任秘書朴憲永의 言動은賣國行爲이므로 軍政廳에
　　對하야어는 同一派와의 面會放送聲明等一切政治行動을禁止할
　　것을要求함
一、各新聞通信社에對하야朴憲永一派의 言動에對한記事取扱을不許
　　할것을要求함

賣國賊懲治各團體緊急協議會

參加團体

全國靑年總聯盟
獨立促成婦人會
香路婦人會
韓國愛國婦人會
國民黨
佛敎中央總務院
天道敎靑年會
大韓革新靑年會

建國學生會
朝鮮女子國民黨
京城女子基督靑年會
朝鮮建國靑年會
反託國民總動員京城支部
反託國民總動員市支部
基督敎靑年會
大韓獨立促成全國總聯盟

三一記念行事에 對한 七政黨의 交涉顚末

三千萬同胞들이여! 兄弟들이여! 姉妹들이여!
三一運動은 朝鮮民族의 日本帝國主義를 打倒하고 自主獨立을 得하야 自己自身의 손으로지은 「피의記錄」이엇다는 意味에잇어서 朝鮮民族解放鬪爭史의 첫페이지를 빛내게하는 民族的抗爭인同時에 不滅의記念塔을 이루엇든것이다。 그럼으로 우리는 解放後 처음마지하는 오는 三一記念은 階級、黨派、主義主張을 超越하야 全民族的인 一大記念行事로써 三千萬民族이 다 같이 마지하지않어서는 아니된다는 見地에서 新韓民族黨、人民黨、韓民黨、國民黨、共産黨 獨立同盟、朝鮮民主黨、(統一政權促成會 代表二名은 옵써버로서 參席) 等 七政黨代表者들이 지난 十二日午後二時 新韓民族黨事務所에 모혀서 如何한方法으로든지 此記念行事만은 統一시키자는 熱意아래 討議한結果 三千萬民族이 다같이 熱望하고잇는 民族統一工作에 이바지하는 意味에서 旣成兩準備會(己未獨立宣言全國大會 及 三一記念鬪爭委員會)는 發展的解消를 斷行하고 記念行事一切를 前記七政黨에 一任하고 大會의 名譽議長은 獨立宣言에 署名한 三十三人으로 日帝支配下에 變節하지않은분가운데서 推戴하자는 內容의 共同聲明을 發表하려고하엿든바 韓氏、國氏、兩黨은 共同聲明에 參加할수없다고하고 退場하엿으므로 前記共同聲明은 結局 韓氏、國氏、兩黨을 除外한 五黨만으로 發表하게되엿다。 이五黨聲明에 依하야 三一記念鬪爭委員會는 即時 發展的解消를 斷行하는同時에 前記五黨은 各界各層을 網羅하야 三一記念全國準備委員會를 組織하야 三一記念만은 全民族的인 行事로서 準備하고잇는 一方 己未獨立宣言 全國大會準備會에 對하야 些少한 體面問題라거나 모든過去의 確執을버리고 本記念行事의 統一을 交涉하고잇으나 아즉 誠意잇는回答이 없으므로 本委員會로서는 豫定과갓치 三月一日南山廣場에서 記念市民大會를 開催할것을 發表하는同時에 萬般準備를 進行하고잇는바 一方 己未獨立宣言 全國大會에 對하여는 最後까지 交涉을 繼續하려고 하는것이며 同胞들이여! 兄弟들이여! 姉妹들이여!
같은날 같은民族으로서 똑같은 民族的記念行事를 우리를 解放하여준 聯合軍의 面前에서 그들의 護衛아래 擧行한다는것을 同胞들은 어떠케 生覺하는가 이것이야말로 一大民族的 수치가아니고 무엇인가? 이처럼 當然한 事理를 無視하고 「體面」이나 「感情」에 사로잡혀 우리들의 提案을 拒否한다면 民族分裂에 對한 責任은 「己未獨立宣言 記念全國大會」가 져야 할것이마。

西紀 一九四六年二月廿五日

三一記念全國準備委員會

己未獨立宣言紀念全國大會

삼일기념전국준비위원회 〈삼일기념행사에 대한 7정당의 교섭 전말〉 1946.2.25

삼천만 동포들이여! 형제들이여! 자매들이여!
삼일운동은 조선민족이 일본제국주의를 타도하고 자주독립을 위하여 자기 자신의 손으로 지은 「피의 기록」이었다는 의미에 있어서 조선민족 해방투쟁사의 첫 페이지를 빛나게 하는 민족적 항쟁인 동시에 불멸의 기념탑을 이루었던 것이다. 그러므로 우리는 해방 후 처음 맞이하는 오는 삼일기념은 계급, 당파, 주의주장을 초월하여 전 민족적인 일대 기념행사로써 삼천만 민족이 다 같이 맞이하지 않아서는 아니 된다는 견지에서 신한민족당, 인민당, 한민당, 국민당, 공산당, 독립동맹, 조선민주당, (통일정권촉성회 대표 두 명은 옵저버로서 참석) 등 7정당 대표자들이 지난 12일 오후 2시 신한민족당 사무소에 모여서 어떠한 방법으로든지 이 기념행사만은 통일시키자는 열의 아래 토의한 결과 삼천만 민족이 다 같이 열망하고 있는 민족통일공작에 이바지하는 의미에서 기성 兩준비회(기미독립선언 전국대회 및 삼일기념투쟁위원회)는 발전적 해소를 단행하고 기념행사 일체를 前記 7정당에 일임하고 대회의 명예의장은 독립선언에 서명한 33인으로 일제 지배하에 변절하지 않은 분 가운데서 추대하자는 내용의 공동성명을 발표하려고 하였던 바 한민, 국민, 양당은 공동성명에 참가할 수 없다고 하고 퇴장하였으므로 前記 공동성명은 결국 한민, 국민 양당을 제외한 5당만으로 발표하게 되었다. 이 5당 성명에 의하여 삼일기념투쟁위원회는 즉시 발전적 해소를 단행하는 동시에 前記 5당은 각계각층을 망라하여 삼일기념전국준비위원회를 조직하여 삼일기념만은 전 민족적인 행사로서 준비하고 있는 한편, 기미독립선언 전국대회준비회에 대하여 사소한 체면문제라거나 모든 과거의 確執을 버리고 본 기념행사의 통일을 교섭하고 있으나 아직 성의 있는 회답이 없으므로 본 위원회로서는 예정과 같이 3월 1일 남산광장에서 기념 시민대회를 개최할 것을 발표하는 동시에 만반 준비를 진행하고 있는 바 한편 기미독립선언 전국대회에 대하여는 최후까지 교섭을 계속하려고 하는 것이다. 동포들이여! 형제들이여! 자매들이여!
같은 날 같은 민족으로서 똑같은 민족적 기념행사를 우리를 해방하여준 연합군의 면전에서 그들의 호위 아래 거행한다는 것을 동포들은 어떻게 생각하는가 이것이야말로 일대 민족적 수치가 아니고 무엇인가? 이처럼 당연한 사리를 무시하고 「체면」이나 「감정」에 사로잡혀 우리들의 제안을 거부한다면 민족 분열에 대한 책임은 「기미독립선언 기념전국대회」가 져야 할 것이다.

기미독립선언기념전국대회 〈기미독립선언기념문〉
1946.3.1

단기 4252년 기미 3월 1일!
이날은 조선민족이 후손만대 영원히 잊지 못할 기념의 날이다. 오천 년 역사에 최대의 치욕인 병합의 오점을 우리의 피로 씻는 날이요, 민족의 독립과 자유를 세계만방에 선언한 날이다.
28년 전 이날 참담하던 제1차 대전은 이미 끝나고 신세계 건설의 기본조건으로 성명한 이국대통령 윌슨 씨의 민족자결주의는 전 세계 피압박민족에게 전한 폭탄적 喜報였다. 우리의 생존권을 빼앗고 인권을 억압한 적의 총검 밑에서 10년간을 와신상담한 우리의 민족적 의분은 드디어 폭발되어 용감하게도 비무장 항쟁이 시작된 날이다. 삼천리 방방곡곡에 일어나는 태극기의 물결 삼천만의 이구동성으로 터져 나오는 고함 소리! 움직이는 태산같이 밀리는 潮水같이 터지는 폭음같이 수만 수천 대중의 조국애에 불타는 시위의 희생을 내었다. 나라 망한 자의 슬픔은 삼천리 산하에 충만하고 삼천만의 가슴 속에 서렸다. 그리하여 안으로는 不死魂의 독립의식을 강하게 하고 밖으로는 천하의 동정을 환기하였다.
민족해방의 동기는 기미 3월 1일에 싹트고 잎 피기 시작하여 을유 8월 15일에 그 열매를 맺게 되었다.
기미운동을 修人事라 하면 을유해방은 待天命이었다. 전자는 因이며 후자는 과였다. 만일 우리 민족으로서 이 운동이 없었다 하면 금일의 해방은 무의식적 의타적이라는 기록을 역사에 남기고 말 것이다. 그러므로 제1차 대전의 독립선언과 제2차 대전의 독립획득은 오로지 민족혼의 지속적 활동을 표시한 것으로서 전자를 민족 전체의 의사 발표라면 후자는 혁명 선배들의 해내해외에서 악전고투한 결정일 것이니 이는 실로 천명과 인위의 신비적 연결이라 할 수 있다.
기미 오늘의 의거는 우리 민족의 혈관 속에 언제나 약동하고 있는 민족 자주적 성격이 한 번 발현된 것뿐이니 앞으로 어느 누구를 물론하고 우리의 주권을 혹시나 침해하는 異邦이 있을 때에는 우리는 몇 번이라도 다시 3월 1일의 표현을 가져올 것이오, 그렇지 않을 수 없을 것이니 우리의 삼일제단은 민족 자주의 정신에서 전개되어가는 민족의 의혈로써 영원히 썻어갈 것이다.
우리는 영원히 이 신성한 의지를 師表로 하여 민족적 자주 자율의 건국정신을 삼자. 아! 신명이여. 우리를 영원히 도우소서.

己未獨立宣言紀念文

檀紀四千二百五十二年己未三月一日!
이날은 朝鮮民族이 後孫萬代 永遠히 잊지못할 紀念의날이다 五千年
歷史에 最大의恥辱인 倂合의汚點을 우리의피로 씻슨날이오 民族의獨
立과自由를 世界萬邦에 宣言한날이다
二十八年前 이날 慘憺하던 第一次大戰은이미 맛나고 新世界建設의
基本條件으로 聲明한 美國大統領―윌슨氏의 民族自決主義는 全世
界被壓迫民族에게傳한 爆彈的喜報이엿다 우리의生存權을빼앗고 人
權을抑壓한敵의銃劍밑에서 十年間을臥薪嘗膽한우리의民族的義憤은
드디어爆發되여勇敢하게도 非武裝抗爭이始作된날이엿다 三千里坊
々谷々에 일어나는太極旗의물결 三千萬의異口同聲으로 터져나오는
高喊소리! 움지기는泰山가티 밀리는潮水가티 터지는爆音가티 數
萬數千大衆의 祖國愛에불타는示威의行列은進行되엿다 나라망한者의슬픔
銃칼에마즌同胞兄弟姉妹幾拾萬의犧牲을내엿다
은三千里山河에充滿하고 三千萬의 가슴속에서리엇다 그리하야內로
는不死魂의獨立意識을强하게하고 外로는天下의同情을喚起하엿다
民族解放의動機는 己未三月一日에싹트고 입피기始作하여 乙酉八月
十五日에그열매를맺게되엿다
己未運動을修人事라하면 乙酉解放은待天命이엿다 前者는因이며
後者는果엿다 萬一 우리民族으로서 이運動이업섯다하면 今日의解
放은 無意識的 依他的이라는記錄을歷史에남기고말것이다 그럼으로
第一次大戰의獨立宣言과第二次大戰의獨立獲得은 오로지民族魂의持
續的活動을表示한것으로서 前者를民族全體의意思發表라면 後者는
革命先輩들의海內海外에서 惡戰苦鬪한結晶일것이니 이는實로天命
과 人爲의神秘的連結이라할수잇다
己未 오늘의義擧는 우리民族의血管속에 언제나躍動하고잇는 民族
自主的性格이 한번發現된것뿐이니 아프로 어느누구를勿論하고 우
리의主權을 혹시나侵害하는 異邦이잇슬때에는 우리는멧번이라도 우
다시三月一日에表現을 가저올것이오 그러치안을수업슬것이니 우
리의三一祭壇은 民族自主의精神에서 展開되어가는民族의義血로써
永遠히잇서갈것이다
우리는永遠히 이神聖한意志를 師表로하여 民族的自主自律의建國精

三一國慶節第二十七回記念式順

大韓民國二十八年三月一日　午前九時四十分

漢城市鍾路普信閣前

開會宣言 …………… 李承晚博士

打鍾（七回）…………… 政黨合同

愛國歌（一節）…………… 一同

式辭 …………… 李承晚博士

默禱（殉國先烈을爲한）…………… 一同

獨立宣言書朗讀 …………… 吳世昌先生

慶祝辭 …………… 金九先生

萬歲三唱（發聲）…………… 金奎植博士

主催　大韓國民代表民主議院

李甲成　朴熙道　崔聖模
李明龍　朴東完　崔麟
李昇薰　申洪植　韓龍雲
李鍾勳　申錫九　洪秉箕
李鍾一　吳世昌　洪基兆
林禮煥　吳華英
朴準承　鄭春洙

宣言書

吾等은 玆에 我朝鮮의 獨立國임과 朝鮮人의 自主民임을 宣言하노라. 此로써 世界萬邦에 誥하야 人類平等의 大義를 克明하며, 此로써 子孫萬代에 誥하야 民族自存의 正權을 永有케 하노라.

半萬年 歷史의 權威를 仗하야 此를 宣言함이며, 二千萬 民衆의 誠忠을 合하야 此를 佈明함이며, 民族의 恒久如一한 自由發展을 爲하야 此를 主張함이며, 人類的 良心의 發露에 基因한 世界改造의 大機運에 順應並進하기 爲하야 此를 提起함이니, 是ㅣ 天의 明命이며, 時代의 大勢ㅣ며, 全人類 共存同生權의 正當한 發動이라. 天下何物이던지 此를 沮止抑制치 못할지니라.

舊時代의 遺物인 侵略主義, 强權主義의 犧牲을 作하야 有史以來 累千年에 처음으로 異民族 箝制의 痛苦를 嘗한 지 今에 十年을 過한지라. 我 生存權의 剝喪됨이 무릇 幾何ㅣ며, 心靈上 發展의 障礙됨이 무릇 幾何ㅣ며, 民族的 尊榮의 毀損됨이 무릇 幾何ㅣ며, 新銳와 獨創으로써 世界文化의 大潮流에 寄與補裨할 機緣을 遺失함이 무릇 幾何ㅣ뇨.

噫라, 舊來의 抑鬱을 宣暢하려 하면, 時下의 苦痛을 擺脫하려 하면, 將來의 脅威를 芟除하려 하면, 民族的 良心과 國家的 廉義의 壓縮銷殘을 興奮伸張하려 하면, 各個 人格의 正當한 發達을 遂하려 하면, 可憐한 子弟에게 苦恥的 財産을 遺與치 아니하려 하면, 子子孫孫의 永久完全한 慶福을 導迎하려 하면, 最大急務가 民族的 獨立을 確實케 함이니, 二千萬 各個가 人마다 方寸의 刃을 懷하고, 人類通性과 時代良心이 正義의 軍과 人道의 干戈로써 護援하는 今日, 吾人은 進하야 取하매 何强을 挫치 못하랴, 退하야 作하매 何志를 展치 못하랴.

丙子修好條規 以來 時時種種의 金石盟約을 食하얏다 하야 日本의 無信을 罪하려 아니 하노라. 學者는 講壇에서, 政治家는 實際에서, 我 祖宗世業을 植民地視하고, 我 文化民族을 土昧人遇하야, 한갓 征服者의 快를 貪할 뿐이오, 我의 久遠한 社會基礎와 卓犖한 民族心理를 無視한다 하야 日本의 少義함을 責하려 아니 하노라. 自己를 策勵하기에 急한 吾人은 他의 怨尤를 暇치 못하노라. 現在를 綢繆하기에 急한 吾人은 宿昔의 懲辨을 暇치 못하노라. 今日 吾人의 所任은 다만 自己의 建設이 有할 뿐이오, 決코 他의 破壞에 在치 아니하도다. 嚴肅한 良心의 命令으로써 自家의 新運命을 開拓함이오, 決코 舊怨과 一時的 感情으로써 他를 嫉逐排斥함이 아니로다. 舊思想 舊勢力에 羈縻된 日本 爲政家의 功名的 犧牲이 된 不自然 又 不合理한 錯誤狀態를 改善匡正하야, 自然 又 合理한 正經大原으로 歸還케 함이로다. 當初에 民族的 要求로서 出치 아니한 兩國倂合의 結果가, 畢竟 姑息的 威壓과 差別的 不平과 統計數字上 虛飾의 下에서 利害相反한 兩民族間에 永遠히 和同할 수 업는 怨溝를 去益深造하는 今來實績을 觀하라. 勇明果敢으로써 舊誤를 廓正하고, 眞正한 理解와 同情에 基本한 友好的 新局面을 打開함이 彼此間 遠禍召福하는 捷徑임을 明知할 것 아닌가. 또, 二千萬 含憤蓄怨의 民을 威力으로써 拘束하는 것은 다만 東洋의 永久한 平和를 保障하는 所以가 아닐 뿐 아니라, 此로 因하야 東洋 安危의 主軸인 四億 支那人의 日本에 對한 危懼와 猜疑를 갈사록 濃厚케 하야, 그 結果로 東洋 全局이 共倒同亡의 悲運을 招致할 것이 明하니, 今日 吾人의 朝鮮獨立은 朝鮮人으로 하여금 正當한 生榮을 遂케 하는 同時에, 日本으로 하여금 邪路로서 出하야 東洋 支持者인 重責을 全케 하는 것이며, 支那로 하여금 夢寐에도 免하지 못하는 不安, 恐怖로서 脫出케 하는 것이며, 또 東洋平和로 重要한 一部를 삼는 世界平和 人類幸福에 必要한 階段이 되게 하는 것이라. 이 어찌 區區한 感情上 問題ㅣ리오.

아아, 新天地가 眼前에 展開되도다. 威力의 時代가 去하고 道義의 時代가 來하도다. 過去 全世紀에 鍊磨長養된 人道的 精神이 바야흐로 新文明의 曙光을 人類의 歷史에 投射하기 始하도다. 新春이 世界에 來하야 萬物의 回蘇를 催促하는도다. 凍氷寒雪에 呼吸을 閉蟄한 것이 彼一時의 勢ㅣ라 하면, 和風暖陽에 氣脈을 振舒함은 此一時의 勢ㅣ니, 天地의 復運에 際하고 世界의 變潮를 乘한 吾人은 아모 躊躇할 것 업스며, 아모 忌憚할 것 업도다. 我의 固有한 自由權을 護全하야 生旺의 樂을 飽享할 것이며, 我의 自足한 獨創力을 發揮하야 春滿한 大界에 民族的 精華를 結紐할지로다.

吾等이 玆에 奮起하도다. 良心이 我와 同存하며 眞理가 我와 並進하는도다. 男女老少 업시 陰鬱한 古巢로서 活潑히 起來하야 萬彙群象으로 더부러 欣快한 復活을 成遂하게 되도다. 千百世 祖靈이 吾等을 陰佑하며 全世界 氣運이 吾等을 外護하나니, 着手가 곳 成功이라. 다만 前頭의 光明으로 驀進할 따름이니라.

公約三章

一, 今日 吾人의 此擧는 正義 人道 生存榮을 爲하는 民族的 要求ㅣ니, 오직 自由的 精神을 發揮할 것이오 決코 排他的 感情으로 逸走하지 말지나라.

一, 最後의 一人까지 最後의 一劃까지 民族의 正當한 意思를 快히 發表하라.

一, 一切의 行動은 가장 秩序를 尊重하야, 吾人의 主張과 態度로 하여금 어대까지던지 光明正大하게 하라.

기미독립선언문 〈선언서〉 1946.3.1(?)

우리는 여기에 우리 조선의 독립국임과 조선인의 자유민임을 선언하노라. 이로써 세계만방에 고하여 인류평등의 대의를 극명하며 이로써 자손만대에 고하여 민족자존의 정당한 권리를 영유케 하노라.

반만년 역사의 권위를 의지하여 이를 선언함이며, 이천만 민중의 성충을 합하여 이를 佈明함이며, 민족의 항구여일한 자유발전을 위하여 이를 주장함이며, 인류적 양심의 발로에 기인한 세계 개조의 대기운에 순응병진하기 위하여 이를 제기함이니, 이것이 하늘의 明命이며, 시대의 대세이며, 전 인류 공존 동생권의 정당한 발동이라, 天下何物이던지 이를 저지 억제치 못할지니라. 구시대의 유물인 침략주의, 강권주의의 희생을 일으켜 유사이래 누천년에 처음으로 이민족 겸제의 통고를 맛본 지 지금에 십년을 지난지라, 우리 생존권의 박탈됨이 무릇 얼마이며, 심령상 발전의 장애됨이 무릇 얼마이며, 민족적 존영의 훼손됨이 무릇 얼마이며, 신예와 독창으로써 세계문화의 大潮流에 寄與 補裨할 기연을 유실함이 무릇 얼마이뇨.

噫라, 舊來의 억울을 선양하려 하면, 時下의 고통을 파탈하려 하면, 장래의 협위를 芟除하려 하면, 민족적 양심과 국가적 염의의 壓縮銷殘을 흥분신장하려 하면, 각개 인격의 정당한 발달을 마치려 하면, 가련한 자제에게 苦恥的 재산을 유여치 아니하려 하면, 자자손손의 영구완전한 慶福을 導迎하려 하면, 최대급무가 민족적 독립을 확실케 함이니, 이천만 각개가 사람마다 방촌의 칼날을 품고, 인류통성과 시대양심이 正義의 軍과 人道의 干戈로써 護援하는 오늘, 우리는 나아가 취하매 어떤 강함을 꺾치 못하랴, 물러나 만들매 어떤 뜻을 펴지 못하랴.

병자수호조규 이래 시시종종의 금석맹약을 食하였다 하여 일본의 無信을 罪하려 아니 하노라. 학자는 강단에서, 정치가는 실제에서, 우리 祖宗世業을 식민지시하고, 우리 문화민족을 土昧人遇하여, 한갓 정복자의 쾌락을 탐할 뿐이요, 우리의 久遠한 사회기초와 卓犖한 민족심리를 무시한다 하여 일본의 少義를 탓하려 아니 하노라. 자기를 책려하기에 급한 우리는 남의 怨尤를 겨를하지 못하노라. 현재를 綢繆하기에 급한 우리는 宿昔의 징변을 겨를하지 못하노라. 오늘날 우리의 소임은 다만 자기의 건설이 있을 뿐이오, 결코 남의 파괴에 있지 아니하도다. 엄숙한 양심의 명령으로써 自家의 신운명을 개척함이오, 결코 舊怨과 일시적 감정으로써 남을 嫉逐排斥함이 아니로다. 舊사상 舊세력에 羈縻된 일본 위정가의 공명적 희생이 된 부자연 또 불합리한 착오상태를 개선광정하여, 자연 또 합리한 正經大原으로 귀환케 함이로다. 당초에 민족적 요구로서 나오지 아니한 양국합병의 결과가, 필경 고식적 위압과 차별적 불평과 통계숫자상 허식의 아래에서 이해상반한 양 민족 간에 영원히 화동할 수 없는 원한의 구령을 갈수록 깊게 만드는 지금의 실적을 보라. 勇明果敢으로써 옛 과오를 바로잡고, 진정한 이해와 동정에 기본한 우호적 신국면을 타개함이 피차간 遠禍召福하는 첩경임을 잘 알 것 아닌가. 또, 이천만 含憤蓄怨의 백성을 위력으로써 구속함은 다만 동양의 영구한 평화를 보장하는 것이 아닐 뿐 아니라, 이로 인하여 동양안위의 주축인 4억 지나인의 일본에 대한 危懼와 猜疑를 갈수록 농후케 하여, 그 결과로 동양 全局이 共倒同亡의 悲運을 招致할것이 분명하니, 오늘날 우리의 조선독립은 조선인으로 하여금 정당한 生榮을 마치게 하는 동시에, 일본으로 하여금 邪路에서 나와 동양 지지자인 중책을 온전케 하는 것이며, 지나로 하여금 夢寐에도 피하지 못하는 불안, 공포에서 탈출케 하는 것이며, 또, 동양평화로 중요한 일부를 삼는 세계평화, 인류행복에 필요한 계단이 되게 하는 것이라. 이 어찌 구구한 감정상의 문제이리오.

아, 신천지가 눈앞에 펼쳐지도다. 위력의 시대가 지나고 도의의 시대가 오도다. 과거 전 세기에 鍊磨長養된 인도적 정신이 바야흐로 신문명의 서광을 인류의 역사에 투사하기 시작하도다. 신춘이 세계에 와 만물의 回蘇를 보채도다. 凍氷寒雪에 호흡을 閉蟄한 것이 저 한 때의 형세라 하면, 和風暖陽에 氣脈을 振舒함은 이 한 때의 형세이니, 천지의 復運에 때하고 세계의 變潮를 올라탄 우리는 아무 주저할 것 없으며, 아무 꺼릴 것 없도다.

우리의 고유한 자유권을 호전하여 生旺의 즐거움을 누릴 것이오, 우리의 자족한 독창력을 발휘하여 春滿한 大界에 민족적 정화를 結紐할지로다. 우리들이 여기에 분기하도다. 양심이 우리와 함께 있으며 진리가 우리와 함께 나아가도다. 남녀노소 없이 음울한 古巢에서 활발히 일어나와 萬彙群象으로 더불어 흔쾌한 부활을 이루게 되도다. 千百世 祖靈이 우리들을 음으로 도우며 전 세계 기운이 우리들을 밖에서 지키니, 착수가 곧 성공이라. 다만, 前頭의 광명으로 驀進할 따름인저.

公約三章

一. 오늘날 우리의 이 거동은 정의, 인도, 생존, 존영을 위하는 민족적 요구이니, 오직 자유적 정신을 발휘할 것이오, 결코 배타적 감정으로 벗어나지 말라.

一. 최후의 일인까지, 최후의 일각까지 민족의 정당한 의사를 쾌히 발표하라.

一. 일체의 행동은 가장 질서를 존중하여, 우리의 주장과 태도로 하여금 어디까지든지 광명정대하게 하라.

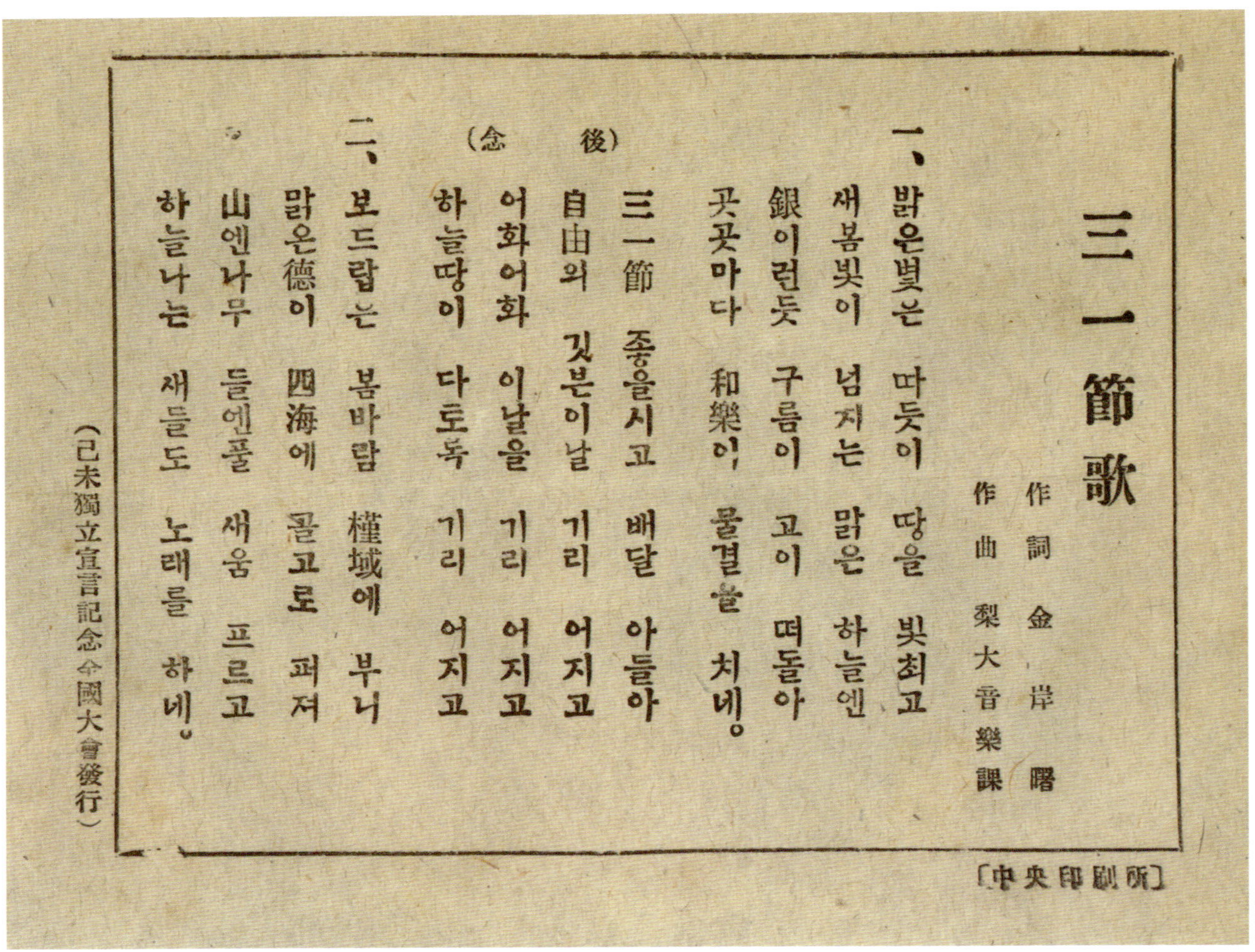

기미독립선언기념전국대회 발행 〈三一節歌〉
김안서 작사 / 이대 음악과 작곡

一.
밝은 볕은 따뜻이 땅을 비추고 새 봄빛이 넘치는 맑은 하늘엔
銀이런듯 구름이 고이 떠돌아 곳곳마다 和樂이 물결을 치네.
후렴
삼일절 놓을시고 배달 아들아 자유의 기쁜 이날 길이 어지고
어화어화 이날을 길이 어지고 하늘 땅이 닿도록 길이 어지고
二.
보드라운 봄바람 權域에 부니 맑은 덕이 四海에 골고루 퍼져
산엔 나무 들엔 풀 새움 푸르고 하늘 나는 새들도 노래를 하네.

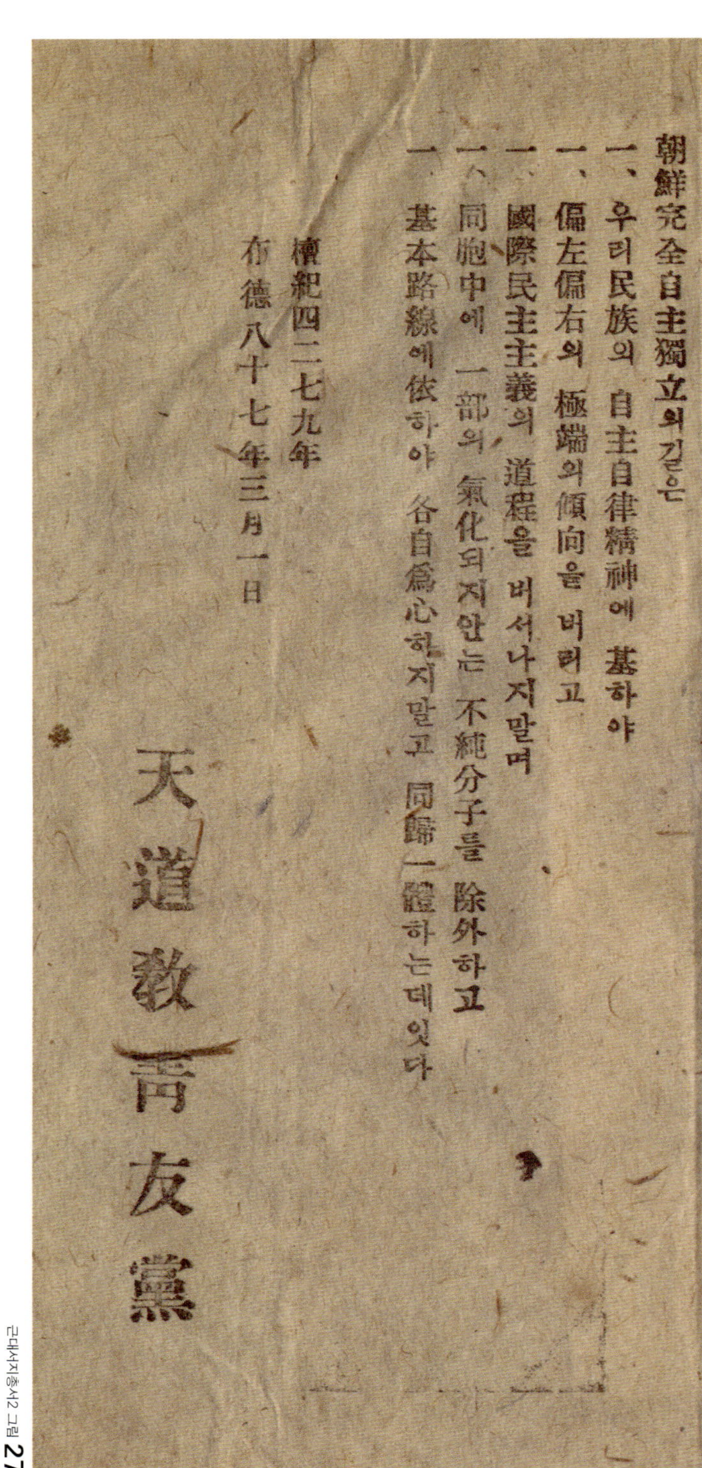

천도교 청우당 〈위대한 '삼일운동' 기념 만세〉 1946.3.1

기미 3월 1일!

이날은 조선민족의 산 혼이 부르짖는 날이었다. 암흑에서 광명을 찾는 날이었다. 역사전환의 큰 금을 그은 날이었다. 삼천만 겨레를 온순한 양 같이 알았고 삼천리 이 땅을 무풍지대로 알았던 일본제국주의자들에게는 실로 청천벽력이었다. 다년간의 압박과 착취에 신음하던 민중들은 화산의 폭발과 같이 남자도 여자도 노인도 청년도 소년도 한 사람도 빠짐없이 만세를 불렀다. 목통이 터지도록 부르고 또 불렀다. 시위운동은 전 조선 방방곡곡에 일제히 전개되었다. 敵 일본도 놀랐거니와 세계도 놀랐다. 이날이 있은 것은 돌발적 우연의 사실이 아니요, 역사적 필연의 소산이니, 원인은 결과를 낳고 결과는 다시 원인이 되어 다음 결과로 된 것이다.

距今 87년 전 경신년에 우리 동방에 동학이 출현하였다. 그 후 35년! 갑오동학운동은 조선에서 처음으로 일어난 민권혁명이었는데, 당시 동학군은 정부군 및 일본군과 싸워 수십만의 희생자를 내었다. 이 해에 일청전쟁이 일어나 청국의 패배로 일본의 침략은 본격적으로 시작된 것이다.

갑신개화운동은 역시 동학당이 중심이 되어 민주 정치를 실현하기 위하여 민력 양성에 획기적 대운동을 일으켰는데 일러전쟁에 승리한 일본의 鐵蹄下에 일시 실패되었다. 우리의 위대한 독립수령 孫義庵 선생께서 독립을 확보하기 위하여 일본이 보호라는 명목하에 침략생동을 개시함에 대하여 항쟁하였으나 대세는 불리하여 소위 을사조약이 있은 후 경술합병을 지나 15년만인 기미년에 와서 숙적 일본을 향하여 전민족의 울분은 터져 함성을 지른 것이 삼일운동이었다.

이 운동의 획책이 주로 손의암 선생의 秘計와 용단에서 나왔고 우리 수천 도인의 피살과 그 후 수만 도인의 희생자가 난 것은 세인의 기억에 너무도 생생한 사실이다. 28년 전 이날은 제1차 세계대전이 끝난 후 전 세계 약소민족의 해방운동이 팽창하던 당시였다. 이때로부터 해내해외에서 수많은 의인열사가 싸워왔던 것이다.

38년 후 때는 을유 8월 15일! 日獨伊의 국제파시즘이 최후의 몰락을 고하고 米英蘇中 등 국제 민주주의의 승리와 갑오 이래 우리의 혈투 오십여 년의 역사는 필연으로 일치하여 해방의 기쁨을 가져온 것이다.

그리하여 오늘이 해방 후 첫 기념인 것이다. 어찌 감격치 않으며 어찌 반갑지 않으랴?

갑오운동과 일청전쟁, 갑신운동과 일러전쟁, 제1차 세계대전과 기미운동, 제2차 세계대전과 을유해방, 그리고 을사조약과 을유해방! 이 역사적 운명은 우리에게 무엇을 가르쳐주는가?

「조선의 민주주의는 갑오동학운동에서 밭을 갈아 씨를 뿌렸고 갑신개화운동에서 제초하여 기미독립운동에서 꽃이 만발하였고 이제 결실의 시기가 되었다」는 것은 세인이 공인하거니와 우리는 그 동안에 얼마나 피와 땀을 흘렸던가? 그 중에도 기미년 이날은 해방투쟁의 총진군을 선언한 날이었다.

축복된 이 기념의 날! 우리는 먼저 동학의 창건 이후 87년래의 혈투사에 나타난 누백년의 순국열사와 기미 전후의 모든 민족적 투사의 영령을 위하여 명복을 빌어 마지않는다.

삼천만 동포여! 28년 전 그날과 같이 소리 높이 만세를 부르자! 그리고 그날과 같이 행진하자!

그리하여 그때 그날에 보여준 정열과 용기와 경험을 살려 그 위에 엄정 냉혹한 이론의 무장을 갖추어가지고 건설적 과감한 행동을 통하여 금일의 약속된 독립을 완전히 전취하자!

그리 하는 데서만 이날을 기념하는 의의는 크고 넓고 또 깊을 것이다.

들으라 우리들의 표어를! 조선완전독립의 길은
一. 우리 민족의 자주자율 정신에 기하여
一. 편좌편우의 극단의 경향을 버리고
一. 국제 민주주의의 의정을 벗어나지 말며
一. 동포 중에 일부의 기화되지 않는 불순분자를 제외하고
一. 기본 노선에 의하여 각자 爲心하지 말고 同歸一體하는 데 있다.

偉大한 「三一運動」記念萬歲

己未三月一日!

이날은 朝鮮民族의 산 魂의 부르지즌 날이엿다。暗黑에서 光明을 찾는 날이엿다。歷史轉換의 큰 금을 그은 날이엿다。三千萬겨레를 溫順한 羊가티 알엇고 三千里이땅을 無風地帶로 알엇든 日本帝國主義者들에게는 實로 靑天霹靂(벽력)이엿고。多年間의 壓迫과 搾取에 呻吟하는 民衆들은 火山의 爆發과가티 男子도 女子도 老人도 靑年도 少年도 한사람도 빠짐업시 萬歲를 불럿다。목통이 터지도록 불으고 또 불럿다。示威運動은 全朝鮮 坊坊曲曲에 一齊히 展開되엿다。敵 日本도 놀랫거니와 世界도 놀랫다。이날이 잇은것은 突發的 偶然의 事實이아니요 歷史的 必然의 所産이니、原因은 結果를 나코 世界도 놀랫다 原因은 結果를 나코 結果는 다시 原因이되야 다음 結果로 되여진것이다。

距今八十七年前 庚申年에 우리 東方에 東學이 出現하엿다。그後 三十五年! 甲午東學運動은 朝鮮에서 처음으로 일어난 民權革命이엿는데、當時 東學軍은 政府軍及日本軍과 싸워 數十萬의 犧牲者를 내엿다。이해에 日淸戰爭이 일어나 淸國의 敗北으로 日本의 侵略은 本格的으로 始作된것이다。

甲辰開化運動은 亦是 東學黨이 中心이되야 民主政治를 實現하기爲하야 民力養成에 劃期的 大運動을 이르켯는데 日露戰爭에 勝利한 日本의 鐵蹄下에 一時 失敗되엿다。우리의 偉大한 獨立首領 孫義庵先生께서 獨立을 確保하기爲하야 日本이 保護라는 名目下에 侵略行動을 開始함에 對하야 抗爭하엿으나 大勢는 不利하야 所謂 乙巳條約이잇은後 庚戌合倂을지나 十五年만인 己未年에와서 宿敵日本을 向하야 全民族의 鬱憤은터저 喊聲을질은것이 三一運動이엿다。

이 運動의 劃策이 主로 孫義庵先生의 秘計와 勇斷에서나왓고 우리 數千道人의 被殺과 그後 數萬道人의 犧牲者가난것은 世人의記憶에 너무도 生生한 事實이다。二十八年前 이날은 第一次世界大戰이 끗난後 全世界弱少民族의 解放運動이 膨脹하든 當時엿다。이때로부터 海內海外에서 數만은 義人烈士가 싸워왓든것이다。

三十八年後 때는 乙酉八月十五日! 日獨伊의 國際파시즘이 最後의 沒落을告하고 米英蘇中等 國際民主主義의 勝利와 甲午以來 우리의 血鬪 五十餘年의 歷史는 必然으로 一致하야 解放의 깃붐을 가저온것이다。

그리하야 오늘이 解放後 첫 記念인것이다。엇지 感激치안으며 엇지 반갑지안으랴?

甲午運動과 日淸戰爭、甲辰運動과 日露戰爭、第一次世界大戰과 己未運動、第二次世界大戰과 乙酉解放、그리고 乙巳條約과 乙酉解放! 이 歷史的運命은 우리에게 무엇을 가르처주는가?

「朝鮮의 民主主義는 甲午東學運動에서 밧흘갈아 씨를뿌렷고 甲辰開化運動에서 除草하야 己未獨立運動에서 꼿치滿發하엿고 이제結實의時期가되엿다」는것은 世人이 共認하거니와 우리는 그동안에 얼마나 피와땀을 흘렷든가? 그中에도 己未年 이날은 解放鬪爭의 總進軍을 宣言한날이엿다。

祝福된 이 記念의날! 우리는 먼저 東學의 創建以後 八十七年來의 血鬪史에 나타난 累百萬의 殉國烈士와 己未前後의 모든民族的 鬪士의 英靈을爲하야 冥福을빌어마지안는다。

三千萬同胞여! 二十八年前 그날과가치 소리놉혀 萬歲불으자! 그리고 그날과가치 行進하자!

그리하야 그때 그날에보여준 情熱과 勇氣와 經驗을 살려 그우에 嚴正冷酷한 理論의 武裝을 갓추어가지고 建設的果敢한 行動을通하야 今日의 約束된 獨立을 完全히 戰取하자!

그리 하는데서만 이날을 記念하는 意義는 크고 넓고 또 깁흘것이다。

들으라 우리들의 標語를! 朝鮮完全獨立의 길은
一、우리 民族의 自主自律 精神에基하야
一、偏左偏右의 極端의傾向을버리고
一、國際民主主義의 議程을 버서나지말며
一、同胞中에 一部의 幾化되지안는 不純分子를除外하고
一、基本路線에依하야 各自 爲心하지말고 同歸一體하는데잇다。

전조선문필가협회결성준비위원회 〈문화단체총연맹에 보내는 성명〉 1946.3.10

해방 후 조선 문화 운동은 출발에서부터 일부의 책동으로 인하여 지극히 불순한 파벌과 교묘한 모략으로 과오의 노선을 걸어왔음은 이미 천하에 폭로된 사실이니 이는 조선문화건설중앙협의회가 오류백의 회원 명을 나열하고 일차의 총회도 없이 몇 사람이 직장을 專擅하자 급기야 소위 산하 예술 각 부문이 모조리 탈퇴하매 부득이 이 회를 해소하고 또다시 문학가동맹을 날조하여 조선의 역사적 현실성을 무시한 일부 정당의 책동적 요구로 전체의 이름을 빌어 다시금 엉뚱하게도 문화단체총연맹이란 대간판을 걸고 속으로는 독립하려는 조국을 某國의 일연방화하려고 꾀하면서 그 현실적 또는 역사적 불합리를 감추려고 민주주의 민족문화 건설의 기만 강령을 붙이고서도 모스크바 삼상회의를 맹목 지지하며 신탁통치를 원조니 후견이니 하는 怪해석을 하여 민족적 반역을 감행하였음은 삼천만이 간파한 사실이 아니었는가. 신탁을 절대 지지하면서 어찌 문필가협회에 대하여 성명한 바와 같이 「양심이 명령하는 바」 「조국을 사랑」함이라 하랴. 대체 그대들이 사랑하는 조국이란 어디인가 조선문필가협회는 오늘까지 문화영역에서의 「가장 불순한 방법으로 민족문화 건설에 일대 파괴적 교란」하는 현상에 비분을 금치 못하여 맹연히 결성됨은 이미 발표된 우리의 취지가 명시하는 바이며 또 소아병적 문화반동으로 인하여 「불행한 동포의 간절한 희망」에 대한 그대들의 비양심적 유린을 破摧하고 진정한 민주주의 문화를 건설하려 함이니 이로부터 그대들은 진정한 문화 건설 이론으로 말미암아 당황실색할 것이며 악랄한 모략의 마각이 폭로되리라. 이에 삼천만 국민은 현명한 판단으로 저들의 과오와 모략을 경계하여주기 바란다.

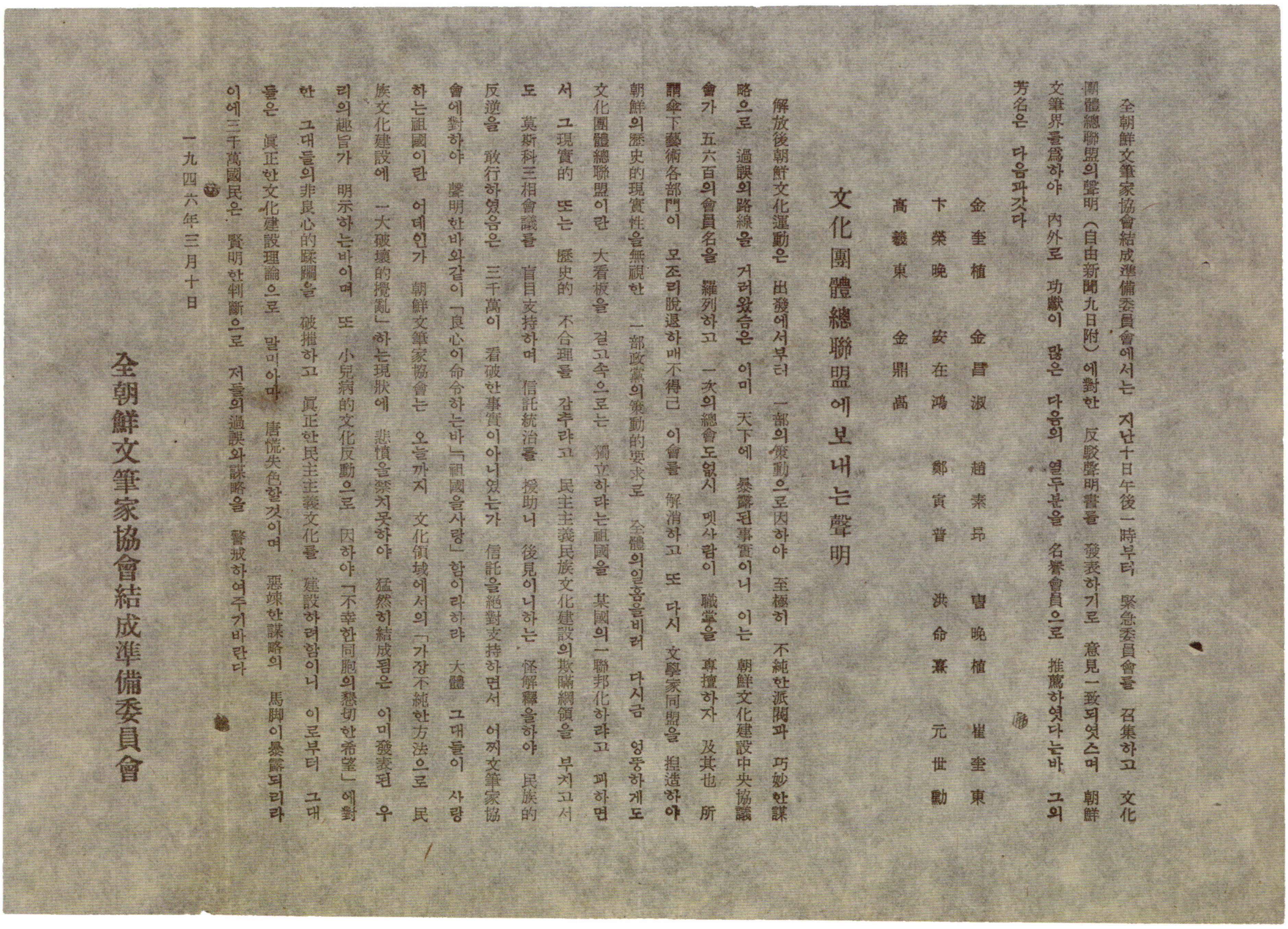

全朝鮮文筆家協會結成準備委員會에서는 지난 十日午後一時부터 緊急委員會를 召集하고 文化團體總聯盟의 聲明(自由新聞九日附)에 對한 反駁聲明書를 發表하기로 意見一致되엿스며 朝鮮文筆界를 爲하야 內外로 功獻이 많은 다음의 열두분을 名譽會員으로 推薦하엿다는바, 그외 芳名은 다음과갓다

金奎植　金昌淑　趙素昂　曺晩植　崔奎東
卞榮晩　安在鴻　鄭寅普　洪命憙　元世勳
高羲東　金鼎卨

文化團體總聯盟에 보내는 聲明

解放後朝鮮文化運動은 出發에서부터 一部의 策動으로 因하야 至極히 不純한 派閥과 巧妙한 謀略으로 過誤의 路線을 거러왔음은 이미 天下에 暴露된 事實이니 이는 朝鮮文化建設中央協議會가 五六百의 會員名을 羅列하고 一次의 總會도 없이 몇사람이 職掌을 專擅하자 及其也 所謂 傘下藝術各部門이 모조리 脫退하매 不得已 이會를 解消하고 또 다시 文藝家同盟을 捏造하야 朝鮮의 歷史的 現實性을 無視한 一部政黨의 策動的 要求로 全體의 일홈을비러 다시금 엉뚱하게도 文化團體總聯盟이란 大看板을 걸고 속으로는 獨立하랴는 祖國을 某國의 一聯邦化하라고 꾀하면서 그 現實的 또는 歷史的 不合理를 감추랴고 民主主義民族文化建設의 欺瞞綱領을 부치고서도 莫斯科三相會議를 盲目支持하며 信託統治를 援助니 後見이니하는 怪解釋을하야 民族的 反逆을 敢行하였음은 三千萬이 看破한事實이 아니었는가 信託을 絶對支持하면서 어찌文筆家協會에 對하야 聲明한바와같이 「良心이命令하는바」「祖國을사랑」함이라하랴 大體 그대들이 사랑하는 祖國이란 어데인가 朝鮮文筆家協會는 오늘까지 文化領域에서의 「가장不純한方法으로 民族文化建設에 一大破壞的攪亂」하는現狀에 悲憤을禁치못하야 猛然히結成됨은 이미發表된 우리의趣旨가 明示하는바이며 또 小兒病的文化反動으로 因하야 「不幸한同胞의懇切한希望」에對한 그대들의非良心的蹂躪을 破摧하고 眞正한民主主義文化를 建設하려함이니 이로부터 그대들은 眞正한文化建設理論으로 말미아마 唐慌失色할것이며 惡辣한謀略의 馬脚이暴露되리라 이에三千萬國民은 賢明한判斷으로 저들의過誤와謀略을 警戒하여주기바란다

一九四六年三月十日

全朝鮮文筆家協會結成準備委員會

親愛하는 南朝鮮同胞여 北위三十八度以北에 산ㅡ情報를 第二回 재傳하려다 賢明하신 大衆 本會는 反動分子의 各種의 謀略과 惡宣傳과 毒牙을 바더가면서 北위三八線以北에 實情을 調査하려 비밀히 兩線을 分하여 決死情報隊가 出發한지 八十餘日만에 近近 歸京하게 된다 보라 死의 線을 突破하여 그들 가는곳에는 如何한 피자취가 잇섯든가 本會의 調査部員의 勇敢한 活動과 建國의 이바지하려는 壯途에서 自己에 生命을 돌보지안이하고 實情을 調査한 部隊中 三八以北咸鏡線第一着의 報告을 드리라 大衆! 지난번 人民報記事에는 元山市民이 信託은 支持하는 新聞은 市民行列이 盛大히 잇섯다는 記載가 잇섯다 누구나 아즉도 記憶할줄믿노라 社會의 公正한 耳目이라하엿다 그러면 本會調査部의 情報와 對照 여보지라 信託問題로분개한것은 二八線以北以南이다를바업섯다 다ㅡ만 民族反逆者 左翼分子만이 反動한것이다 于先元山에 消息부터이다 元山은 北部人民委員會가잇고 南部人民委員會가잇다 元山 柳北部委員長周旋으로 反託市民行列을 準備하여 行列을 進行할때에 南部委員長康基德은 민속히 蘇軍當局의밀고한까닭의 蘇軍의 壓迫으로 行列은 中途의 中止되엿고 柳氏는 卽時 蘇軍에게 監禁當하엿다 이事實이 元山市民의 耳目에 여지자 康基德은서울로 逃亡하엿고 柳氏는 蘇軍에게 極惡한 悲刑을밧다가 지난二月十九日의 咸興刑務所로 移動되엿다 驛에 「도락구」의 몸을실흔 柳氏는 이미 最後을 覺悟한듯이 悲참한빛으로 咸興의街頭를살피며 軍營通(町名)을 通過할때는 午前十一時四十分이엿다 明察하신 大衆 左翼分子에 非人道的인所行을보시라 自民族을 他國軍에게 밀고하여 人道의버서난 極刑을밧게하는 이들은 同志도 同族도업는 妄種族이다 아즉도 本性 곳치지못하고 康基德은 民戰中央委員이라는 빗조흔 看板宣傳으로 民族을 分裂하고 賣國的陰謀는 繼續하 있지안혼가 그러나 賢明하신 大衆 本會는 참으로 死의線을 突破하면서 相當한 犧牲者를내면서 三八以北의各處를 八十餘日을苦鬪하면서 實情을 一一히 調査한 決死特派隊가 近近歸京하게됩니다 本會의 報告는 어느 左右對立에서나온 感情의 報導도안니요 實際의事實을 그대로 南朝鮮 大衆에게 傳하려한다 本部隊가 全部歸京되면 參考의 寫眞까지도 大衆앞에나타날줄믿노라 여기서 共產黨의 全體의 罪照事가 혁々히 나타날것이며 共產黨의 賣國的 所行도 分明히 나타날것으로믿노라 同時의 三八以北主要都市及中小地帶에 事情을問議하시길 必要하신분은 北偉三十八度以北咸鏡線으로 鐵原、新高山、安邊、元山、定平、咸興、退潮・北青、新浦、端川、吉州、明川、惠山 汝大津、北鏡城、羅南、清津、茂山、會寧까지의 必要를要하시는분과 또는 開城서平壤、新義州까지 鐵道鉛線은 中小都市를 勿論하고 詳細한 情報를 수집하엿스니必要를要하지는분은 三月十五日以後本會調査部로 問議하여구시면 左翼分子等의 약탈 或은 殺害、監禁、其他가 詳細히 調査되여있습니다 地方의 安否와 其他의 利用하심을바라나이다

朝鮮建國青年會調査部

조선건국청년회 조사부

친애하는 남조선 동포여 북위 38도 이북의 산—정보를 제2회 재전하련다. 현명하신 대중 본회는 반동분자의 각종의 모략과 악선전과 독아를 받아 가면서 북위 38도 이북의 실정을 조사하려 비밀히 양 선을 나누어 결사정보대가 출발한 지 팔십여 일만에 近近 귀경하게 된다. 보라 死의 선을 돌파하면서 그들 가는 곳에는 여하한 피 자취가 있었다. 본회의 조사부원의 용감한 활동과 건국에 이바지하려는 장도에서 자기의 생명을 돌보지 아니하고 실정을 조사한 부대 중 38 이북 함경선 제1착의 보고를 들어라. 대중! 지난번 인민보 기사에는 원산시민이 신탁을 지지하는 시민행렬이 성대히 있었다는 기재가 있었다. 누구나 아직도 기억할 줄 믿노라. 신문은 사회의 공정한 이목이라 하였다. 그러면 본회 조사부의 정보와 대조하여 보시라.

신탁문제로 분개한 것은 38선 이북 이남이 다를 바 없었다. 다만 민족반역자 좌익분자만이 반동한 것이다. 우선 원산의 소식부터이다. 원산은 북부인민위원회가 있고 남부인민위원회가 있다. 원산 柳 북부위원장 주선으로 반탁시민행렬을 준비하여 행렬을 진행할 때에 남부위원장 康基德은 신속히 蘇軍 당국에 밀고한 까닭에 蘇의 압박으로 행렬은 중도에 중지되었고 류 씨는 즉시 蘇軍에게 감금당하였다.

이 사실이 원산시민의 이목에 전하여지자 강기덕은 서울로 도망하였고 柳 씨는 蘇軍에게 극악한 악형을 받다가 지난 11월 19일에 함흥형무소로 이동되었다.

역에서 「트럭」에 몸을 실은 류 씨는 이미 최후를 각오한 듯이 비참한 빛으로 함흥의 가두를 살피며 軍營通(町名)을 통과할 때는 오전 11시 40분이었다.

명찰하신 대중 좌익분자의 비인도적인 소행을 보시라. 자민족을 타군군에게 밀고하여 인도에 벗어난 극형을 받게 하는 이들은 동지도 동족도 없는 망종족이다. 아직도 본성 고치지 못하고 강기덕은 민전중앙위원이라는 빛 좋은 간판 선전으로 민족을 분열하고 매국적 음모는 계속하고 있지 않은가. 그러나 현명하신 대중 본회는 참으로 死의 선을 돌파하면서 상당한 희생자를 내면서 38 이북의 각처를 팔십여 일을 고투하면서 실정을 일일이 조사한 결사특파대는 近近 귀경하게 됩니다. 본회의 보고는 어느 좌우대립에서 나온 감정의 보도도 아니요, 실제의 사실을 그대로 남조선 대중에게 전하려 한다.

본 부대가 전부 귀경되면 참고의 사진까지도 대중 앞에 나타날 줄 믿노라. 여기서 공산당의 전체의 좌악사가 혁혁히 나타날 것이며 공산당의 매국적 소행도 분명히 나타날 것으로 믿노라. 동시에 38 이북 주요도시 및 중소지대의 사정을 문의하시길. 필요하신 분은 북위 38도 이북 함경선으로 철원, 신고산, 안변, 원산, 정평, 함흥, 퇴조, 북청, 신포, 단천, 길주, 명천, 혜산, 여대진, 북경성 , 나남 청진, 무산, 회녕까지의 필요를 요하시는 분과 또는 개성서 평양, 신의주까지 鐵道鉛線은 중소도시를 물론하고 상세한 정보를 수집하였으니 필요를 요하시는 분은 3월 15일 이후 본회 조사부로 문의하여 주시면 좌익분자 등의 약탈 혹은 살해, 감금, 기타가 상세히 조사되어 있습니다.

지방의 안부와 기타의 이용하심을 바라나이다.

근대서지총서42 그림 **282**

時 日　三月十三日(水)下午一時
處 所　鍾路基督敎靑年會舘

慎驄範　高鳳京　明柱完　鄭文基　鄭槿陽　沈鶴鎭
安鍴三　高鳳京　玄相允　金容璿　文仁柱　都逢涉
李寅基　金起田　白南薰　趙憲泳　金錫煥　姜乻澤
丁奎昶　孫貞圭　崔奎東　金思驥　李聖鳳　金良璟
朴術晉　方信榮　趙東植　金鳳集　李先根　崔允植
朴鍾鴻　金活蘭　李炳奎　金允基　李甲洙　安東赫
　　　　朴仁德　金法麟　文元柱　崔奎南　李軒求

李曦卿　金桂淑　金炫奇　尹福鎭　金朝奎　石仁海　朴魯洪　具本雄　申石草　朴魯洪
鄭寅承　安浩相　咸秉業　崔禮順　金海剛　金大均　韓黑鷗　李象範　黃澳　金大均
李克魯　李崇寧　徐斗銖　崔以權　金慈惠　金史良　金奎澤　李承萬　李昇圭　金史良
崔鉉培　呂尙鉉　黃順元　崔義順　李圭熹　兪恒林　鄭弘巨　盧壽鉉　申龜鉉　兪恒林
張志暎　李亨雨　趙靈出　朱壽元　李大容　崔仁化　鄭玄雄　高義東　廉想涉　崔仁化
黃義敦　金東仁　咸亨洙　金午男　李在郁　李挽元　尹喜淳　張勿　朴八陽　李丁潘
權蕙奎　方仁根　李海文　宋敢植　李挽元　宋敦植　吉鎭燮　崔載德　張貞心　宋敦植

徐恒錫　卞榮晩　許永鎬　吳宗植　宋錫夏
咸大勳　張志暎　黃義敦　權蕙奎

盧良根　閔丙斗　朴寅植　辛石汀　蔣貞植　金正植　林學洙　鄭芝鎔　崔載裕　許俊　尹圭涉
吳崑　洪命熹　揚美林　吳基永　尹泰榮　尹茲英　李泰俊　李源朝　申百秀　鄭飛石　鄭烈模
朴魯甲　申鼎彦　桂鎔默　金永錫　金光洲　白石　宋南憲　林炳哲　安懷南　朱永涉　趙雲
趙南嶺　洪一善　柳致眞　李泰熙　朴泰俊　李泰雨　安含光　崔鶴松　任和　金台俊　李源植
成百善　申敬淳　李相昊　李甲基　朴勝極　金北原　朴世永　柳致環　李秉哲

一、自主獨立、即時戰取
一、民族解放、階級解放、時同斷行

綱　領

獨立戰線聯盟
서울市太平通二丁目八一
電話本局一○六一番

근대서지총서42 그림 **281**

獨立戰線聯盟趣旨書

今日은 內外政情이 緊迫하고、民族存亡이 傾刻에 달린때다。政黨은統一을 達成치못하고、畢竟左右兩派로 分열되고 말었다。이로써 外人은 民族分열을 말하고、朝鮮人에게는 獨立自治의 能力이없다는 斷案을 나리라하고있다 그래서 獨立은 危태로워졌다。그러나 彼政黨들은 三千萬 民衆의 代表機關도 아니고、그指導者들은 民衆이 選出한 代表者도 아니다 저히는 스스로 일어나서 黨을짓고、쟁議를일삼는것이다。그리고 저히는 國民中의 數十人에 不過한 數다 이제 우리三千萬이 저히의 過誤의 結果를 앉아서뒤집어쓸 必要는없다。이에 우리 民衆은 일어나서 그들政黨을 쓸어버리고、民衆自体의 總力으로써、獨立을 戰取하랴는것이다。우리는 元來 分열된일이없다。우리의意思 우리의熱은 自初至終 오직 獨立으로 統一되여있다 이제우리는 그統一된 民意를、組織表現하며 그總力量을 發揮하면 된다。三千万同胞여、團結하자 그리하야 獨立戰線을벌리고、獨立戰取로 總突擊을하자。

綱領
一、自主獨立、即時戰取
一、民族解放、階級解放、時同斷行

獨立戰線聯盟
서울市太平通二丁目八一
電話本局一○六一番

독립전선연맹 〈독립전선연맹 취지서〉

금일은 내외 政情이 긴박하고 민족 존망이 경각에 달린 때다. 정당은 통일을 달성치 못하고, 필경 좌우 양 파로 분열되고 말았다. 이로써 外人은 민족분열을 말하고, 조선인에게는 독립 자치의 능력이 없다는 단안을 내리려 하고 있다. 그래서 독립은 위태로워졌다. 그러나 저 정당들은 삼천만 민중의 대표자 기관도 아니고, 그 지도자들은 민중이 선출한 대표자도 아니다. 저희는 스스로 일어나서 당을 짓고 쟁의를 일삼는 것이다. 그리고 저희는 국민 중의 십수 인에 불과한 수다. 이제 우리 삼천만이 저희의 과오의 결과를 앉아 서 뒤집어쓸 필요는 없다. 이제 우리 민중은 일어나서 그들 정당을 쓸어버리고 민중 자체의 총력으로써 독립을 전취하려는 것이다. 우리는 원래 분열된 일이 없다. 우리의 의사, 우리의 열망은 자초 지종 오직 독립으로 통일되어 있다. 이제 우리는 그 통일된 민의를 조직 표현하며 그 총역량을 발휘하면 된다. 삼천만 동포여, 단결하자. 그리하여 독립전선을 벌리고, 독립 전취로 총돌격을 하자.

강령
一. 자주독립 즉시전취
一. 민족해방 계급해방 동시 단행

8월 15일 이전 우리는 일본군국주의 앞에서 해골의 춤을 추며 皇道의 폭풍 아래 밀려서 조국과 역사를 버리고 살아왔다. 이 비애의 도탄 속에서 비록 준비 없이 받아들인 해방이나마 삼천만 민중에게 잊어버렸던 민족적 각성을 깨우쳐 자유 독립의 길을 열어주었음에 열광하지 않을 수 없었다. 이로써 학정은 끝나고 민중은 열광하였으나 오랫동안 민중을 떠났던 지도자들은 조선이 나아갈 목표를 한곳에 두지 않고 따라서 민중의 사상을 삼분사열케 하여 드디어 비약이 도리어 실추로 轉化하려 하고 피의 의식으로서 간망하던 독립은 지도자의 입에서 정권화되고 민중의 정열에서 멀어진 듯한 감도 없지 않으니 실로 8·15 이후의 조선정당사는 진리를 은폐한 기록이 아닐 수 없게 되었다.

물론 세계의 정세가 단순치 않고 사상의 계열이 복잡한 가운데서 억압이 되었던 36년의 모두가 숨김없이 폭발되는 해방 후의 사태가 모색을 거치지 않고 간단히 정돈되기 어려움은 임이 예상한 바이었으나 국권을 게을리하여 빼앗겼던 죄의 36년을 잊어버리고 독립의 전후에 公에 밝지 못하고 私에 어두워 환경에 대한 민속한 처리가 감행되지 못한 채 세계가 주시하는 白日의 태양 아래서 외적과 싸우지 못한 용기를 다하여 동족끼리 피비린 암투를 계속함으로 일삼아 어느덧 우리는 일본의 독점을 떠나 연합국 사이에 끼인 듯하니 이 어찌 과거의 역사적 과오가 건국 초기의 위대한 역사적 현실에 반복됨이 아니라 하며 만대에 누릴 통일 국가 건설에 一大恨事라 아니하랴.

이에 文筆을 가진 우리들은 붓을 반드시 정당의 칼로 삼음이 아니나 민중의 여론에 지표가 서지 못한 이 혼란된 사태에 처하여 이미 각성되었고 또 각성되려는 문화인의 현대적 정치에의 정열을 다시금 순화하여 태극 깃발 아래에 삼천만의 정열을 집중시키고 공의를 형성하여 한결같이 인권이 존중되고 자유가 옹호되고 계급이 타파되고 빈부가 없는 가장 진정하고 가장 민주적인 국가관 세계관을 밝혀 세계와 인류에 공통된 민족국가 이념 위에 역사가 중단되었던 조국을 재건하려 함이니 세계에 빛나는 한 민족 한 국가로 자처할 이 국민문화의 형성은 小派閥의 독재도 용납되지 않을 것이요, 계급적 利己도 허용되지 않을 것이요, 전체에의 반동도 묵인되지 못할 뿐 아니라 논리에 있어서 모순이 없고 성격에 있어서 준철하며 감성에 있어서 발랄하여 스스로 자주자율하는 고귀한 도덕성이 요청되어야 할 것이다.

이에 전조선문필가협회가 한번은 반드시 통일된 민족국가를 건설하려는 민족적 숙명 아래서 역사적 현실적 필연성을 띠고 탄생하는 바이니 우리는 어디까지든지 민주주의의 공식적 정당강령화를 넘어서 생활 속에서 생명에 부닥치고 다시 생활의 이념이 되어 정치로 향하여 가는 진정한 민주주의 문화를 건설하려 한다. 전도가 다난하니 강호제현의 아낌없는 편달만이 우리를 正路에서 벗어나지 않게 하리라고 믿는 바이다.

강령

一. 진정한 민주주의 국가 건설에 공헌하자
一. 민족자결과 국제공약에 준거하여 즉시 완전 자주독립을 촉성하자
一. 세계문화와 인류평화의 이념을 구명하여 이의 일환으로 조선문화를 발전시키자
一. 인류의 복지와 국제평화를 빙자하여 세계제패를 꾀하는 모든 비인도적 경향을 배격하자

조선청년동맹 〈자칭 지도자 이승만·김구 양씨의 정체를 직시하자!〉 1946.3.15

미국 「로스엔젤레스」에서 우리 동포의 손으로 발간하는 「조선독립신문」 1월 23일부는 이승만, 김구 兩 氏의 행적에 관하여 다음과 같이 전하고 있다. 「李, 金 양 씨는 미국 뉴욕시 광업가들과 밀약을 맺고 조선의 광업권을 그들 광업가를 위하여 확보할 것을 대상으로 뉴욕시 브로드웨이 11번지 미국인 멜뻬-어 씨를 조선의 광업 고문으로 임명하고, 정치자금으로 백만 불을 받았으며, 중국 중경정권과 9개조 밀약을 맺고 조선의 외교권을 담보로 매월 3백만 불의 자금을 받았다. (이 9개조약은 중경정부가 폐기하였다 한다.) 그리고 李, 金 양씨가 정권을 장악하는 것을 원조하기 위하여 李 씨의 친우 굿펠터 大佐를 조선에 파견하리라는 것이다.

李 박사는 국내 신문기자단과의 담화에서 증거를 내놓으라고 하며 증거 없이 이런 말을 하는 자는 국법에 의하여 징치하리라고 말하였다. 대체 暗暗리에 증거를 남겨두는 바보는 없을 것이 아닌가. 국법이란 존엄한 언사로 위협할 것이 아니라 자신의 언행실천으로써 증명하여야 할 것이다.

어무나 무섭고도 가증한 사실이다. 이승만, 김구 양 씨의 매국적 본질은 실증적으로 나타나고 말았다. 우리는 한 번 다시 그의 입국 후의 행동을 돌아보자.

李, 金 양 씨의 反민주주의적 독선적 고압적 언동은 고사하고 그들은 국내의 진보적 대중을 두려워하여 친일파, 민족반역자를 규합하여 자파 세력의 토대로 삼았다. 그러므로 임정의 양심적인 김원봉 외 三 씨가 탈퇴한 것이 아니었던가. 그들은 삼상회의 결정반대를 선동하고 불합작 성명을 감행하여 대중 기만적 흡수에 급급하더니 마술사 같은 솜씨로 비상국민회의니 최고정무위원회니며 들더니, 뒤따라가던 민중을 내버리고 군정자문기관인 소위 남조선대한민국대표민주의원으로 전락하여 군정의 그늘에 숨어, 삼상회의에서 결정한 임시정권은 자기네가 독점하겠다고 본심을 토로 반동적 본질을 폭로하였다. 이로써 그들의 모든 언동은 정권획득 욕망에서 나온 술책 이외의 아무 것도 아니었다는 것을 여실히 증명하고 있지 않은가.

놀라지 말라! 민주의원 취임 제1차 착수사업이 조선민족의 고혈의 집적체요, 怨府인 왜적의 동양척식회사를 영국의 동인도회사를 본받아 미국의 이익을 위한 기관으로 개편 확장한 공적은 참으로 「위대」하구나! 동포여! 우리는 분노에 사지가 떨리고, 피가 끓어오른다. 그러나 조선의 운명은 조선인민이 결정할 것이다. 우리는 냉정히 현실을 직시하고, 우리의 장래를 정시하자! 동포여! 자칭 지도자라는 사람에 맹종하지 말자! 우리는 우리의 민족의 권리와 이익을 위하여 그들의 반동성을 폭로하며 배격하자!

청년통신동맹 〈公開〉

삼천만 대중······ 형제자매여 건국의 실제의 방해자는 누구인가. 대한민국임시정부를 지지한다는 것이 유일의 무기와 미명과 某 청년단체의 완력의 보호로 연명하여 오던 한국민주당의 금일의 그들 태도는 어떠한가 보라. 임정 절대 지지라는 미명도 이제는 자취를 감추고 도리어 근일 한민당 간부 및 당원은 모처 모처에서 공연히 임정 요인의 배격 선언과 배신의 언동을 감행하고 있지 않는가.

韓民과 결탁하던 청년제군도 반성하라. 이제야 그대들도 음흉의 집단 한민의 소굴 근본정신을 깨달았으리라.

미명을 팔고 보호로 연명한 한민의 금일의 정책을 보라.

과도정권은 임정이 중심이 아니요, 한민이 중심 수립한다는 언동과 또는 그 준비로서 군정청 각계방면과 경찰진까지 한민을 중심하여 배치하고 自黨 세력 확충에 혈안이 뒤집힐 형세에 임하였노라.

근일은 갖은 惡種의 재료를 공급하여 무인가 학교 사재 몰수 방침까지 군정 당국과 밀의하고 있지 않은가.

대중······. 이것이 민족 분열이요, 매국적 소행이 아니고 무엇일까. 삼천만 민중의 적은 좌익이 아니라 결국은 한민이 유일의 적이 될 것이며 친미정책에서 과거 친일과 일진회와 같은 한민이 될 것을 아시는가. 타도하라 한민의 무리를. 야심 분자의 집단 한민의 무리를 박멸하여 삼천만 대중의 백년의 유한이 없도록 하자.

삼천만 애국자는 일어나자 민족을 사랑하는 동포는 한민을 타도 박멸하자.

서울시민주주의민족전선준비위원회 〈서울시민에게〉
1946.3.15

삼천만 동포가 바라고 원하는 것은 말할 것도 없이 완전자주독립이며 민주정부 수립이다. 이것으로만 농민에게 토지를 주며 시민에게 직업과 쌀과 나무를 주어 긴급한 인민의 생활문제를 해결할 수가 있다. 그리고 이것을 이루는 것은 민족통일에 있다. 그럼에도 불구하고 이 민족통일이 못 된 것은 입으로 통일을 부르짖고 속으로 통일을 방해하며 입으로 민주주의를 부르짖으면서 독재정치를 꿈꾸는 지도자가 있기 때문이다.

보라! 민족이 생사의 기로에서 헤매고 있는 이 마당에 동척이 신한공사로 변하는데 넋을 팔고 드물게 보는 풍년 속에서 일찍이 보지 못한 기아에 동포가 울고 있는 이때에 남조선대한민국을 대표하였다고 자칭하는 민주의원은 무엇을 하고 있는가? 町名개정과 우측통행이 그 첫 사업이다. 그는 벌써 삼천만 동포에게 모든 권력을 맡았다고 생각하고 자기를 비방하는 사람은 국법으로 처벌한다고 선언하고 있다. 그들은 이것이 팟쇼가 아니고 민주주의라고 한다.

우리 120만 서울시민은 삼천만 동포와 함께 더 속을 알 수 없으며 의심할 여유도 없다. 오직 명백한 한 갈래 길 인민의 정부를 세우는 데 모든 힘을 뭉쳐야 하며 이에 반대하는 세력과 싸워야 할 것이다. 우리는 이것으로만 비로소 우리의 긴급한 생활문제를 해결할 수가 있으며 일제의 만주국 아닌 참된 자주독립국가가 세워질 것이다.

모든 인민은 민주주의 민족전선 깃발 밑으로 모이자!

民主政策大綱

一九四六年二月六日
同 年三月十五日 李承晚博士放送
民主議院通過

(一) 全國의 完全한 政治的、經濟的、教育的、平等의 原則을 基礎로한 獨立國家의 均等社會를 建設함
(二) 正式政府는 可及的 速히 普選制度에 依한 國民會議를 通하야 建立하고 普選에는 男女滿二十歲以上된者는 選擧權이 있고 滿二十五歲以上된者는 被選擧權이 있음
(三) 眞正한 民主的憲法을 制定하야 言論、集會、信敎、出版 及 政治運動 等의 自由를 保障함
(四) 日本이 韓國에 實施하던 法律과 制度는 一切廢業함
(五) 敵産 及 反逆者의 財産은 公私有를 勿論하고 沒收함
(六) 最速限度 內에 우리의 經濟와 産業을 再建하고 重要한 日用品을 速히 生産하기 爲하야 經濟를 計畫實行함
(七) 主要한 工業、鑛山、森林、公益施設、銀行、鐵道、通信、水利、漁業、電氣及運輸機關 等은 國營으로함
(八) 消費者와 販賣者와 生産者에게 對한 公正한 福利를 保障하기 爲하야 모든 商業的 及 産業的 企業의 國家監督制度를 制定함
(九) 모든 沒收土地는 農民의 耕作能力에 依準하야 再分配함
(十) 大地主의 土地도 同一한 原則에서 再分配함 現所有權者에 對하야서는 適當히 報償함
(十一) 再分配된 土地에 關한 代償은 國家에 長期的으로 辨納함
(十二) 私營典當과 高利貸金을 禁함
(十三) 健全한 通貨制度를 確立함
(十四) 모든 重要生活必需品은 適當한 時期까지 一切價格을 統制하고 配給制度를 實施함
(十五) 徵稅制度를 制定하야 貧寒한 勞働者와 農民에게는 完全히 免稅케하며 零細農地에 對한 過重한 課稅를 撤廢함
(十六) 相續制度를 高度의 累進率로 定함
(十七) 國家의 負擔으로 義務教育制度를 實施함
(十八) 國家負擔으로 民族文化를 發揚식힘
(十九) 모든 勞働者와 雇傭人을 爲하야 失業保險과 社會保險制度를 定함
(二十) 最低賃金法을 制定함
(二一) 醫藥의 國家統制를 實施하고 모든 勞働者와 農民과 雇傭人의 福利를 爲하야 適當한 公共厚生施設을 設置함
(二二) 十四歲未滿小兒의 雇傭을 禁함
(二三) 婦女와 十六歲未滿小兒에는 六時間、壯丁勞働者에게는 八時間 勞働制度를 確立함
(二四) 姙産婦에 對한 醫療上援助와 社會의 補助를 實施함
(二五) 自由를 愛好하는 모든 나라들과 友好關係를 緊密히 하며 또 相互間의 通商을 平和互惠의 原則下에서 勵行하되 어떠한 나라에게든지 特權을 주지않음
(二六) 어느 一個國이나 幾個國으로써 우리 主權을 侵害하지 못하도록 防備할 것
(二七) 適當한 陸、海、空의 國防軍을 設置함

民 主 議 院

이승만 박사 방송, 1946. 3. 15. 민주의원 통과 〈민주정책대강〉 1946.2.6

1. 전국의 완전한 정치적, 경제적, 교육적, 평등의 원칙을 기초한 독립국가의 균등사회를 건설함
2. 정식정부는 가급적 속히 普選제도에 의한 국민회의를 통하여 건립하고 보선에는 남녀 만 20세 이상 된 자는 선거권이 있고 만 25세 이상 된 자는 피선거권이 있음
3. 진정한 민주적 헌법을 제정하여 언론, 집회, 信敎, 출판 및 정치 운동 등의 자유를 보장함
4. 일본이 한국에 실시하던 법률과 제도는 일절 폐업함
5. 敵産 및 반역자의 재산은 공사유를 물론하고 몰수함
6. 최속한도 내에서 우리의 경제와 산업을 재건하고 중요한 일용 품을 속히 생산하기 위하여 경제를 계획 실행함
7. 주요한 공업, 광산, 삼림, 공익시설, 은행, 철도, 통신, 수리, 어업, 전기 및 운수기관 등은 국영으로 함
8. 소비자와 판매자와 생산자에게 대한 공정한 복리를 보장하기 위하여 모든 상업적 및 산업적 시업의 국가감독제도를 제정함
9. 모든 몰수 토지는 농민의 경작 능력에 의준하여 재분배함
10. 대지주의 토지도 동일한 원칙에서 재분재함 현 소유권자에 대하여서는 적당히 보상함
11. 재분배된 토지에 관한 대상은 국가에 장기적으로 변납함
12. 사영 여당과 고리대금을 금함
13. 건전한 통화제도를 확립함
14. 모든 중요생활 필수품은 적당한 시기까지 일절 가격을 통제하고 배급제도를 실시함
15. 징세제도를 제정하여 빈한한 노동자와 농민에게는 완전히 면세게 하며 영세 농지에 대한 과중한 과세를 철폐함
16. 상속제도를 고도의 누진율로 정함
17. 국가의 부담으로 의무교육 제도를 실시함
18. 국가 부담으로 민족문화를 發揚시킴
19. 모든 노동자와 고용인을 위하여 실업보험과 사회보험 제도를 정함
20. 최저임금법을 제정함
21. 의약의 국가통제를 실시하고 모든 노동자와 농민과 고용인의 복리를 위하여 적당한 공공후생시설을 설치함
22. 14세 미만 소아의 고용을 금함
23. 부녀와 16세 미만 소아에는 6시간, 장정 노동자에게는 8시간 노동제도를 확립함
24. 임산부에 대한 의료상 원조와 사회적 보장을 실시함
25. 자유를 애호하는 모든 나라들과 우호관계를 긴밀히 하며 또 상호간의 통상을 평화호혜의 원칙하에서 勵行하되 어떠한 나라에게든지 특권을 주지 않음
26. 어느 일개국이나 幾個國으로써 우리 주권을 침해하지 못하도록 방비할 것
27. 적당한 육, 해, 공의 국방군을 설치함

민주주의민족전선 선전부 〈임시정부 수립 촉진을 위하여
삼천만 동포에게 고함〉 1946.4.1

조국을 사랑하는 동포 여러분! 우리는 모두 우리의 조국 조선이
남의 속국이 되지 않고 지배를 받지 않고 압박을 받지 않기를 원
합니다. 그렇게 원함으로 독립을 얻기 위하여 싸워왔고 싸우고 있
습니다. 따라서 조선의 독립은 만주국이나 왕정위의 중화민국과
같은 이름만의 독립국이나 되어서는 아니 됩니다. 그리고 어느 한
나라에 의한 半식민지여서는 안 됩니다. 완전자주독립국가로서의
조선이여야 합니다. 동시에 조선은 일을 주고 땅을 주고 쌀을 줄
수 있는 진정한 민주주의 나라, 인민에 의한 인민을 위한 인민의
나라여야 합니다. 우리는 어디까지든지 이러한 나라를 세우기 위
하여 싸워야 합니다.
그러한 조선의 민주주의 임시정부 수립은 이미 삼상회의 결정에
의하여 국제적으로 약속이 되어 있으며 그 약속을 실행하기 위하
여 미소공동위원회는 방금 열리고 있습니다. 따라서 삼천만 조선
민족은 이러한 진정한 민주주의 임시정부가 하루 바삐 수립되도
록 민족적 의사를 회의에 반영시켜야 합니다. 모든 反민주주의 세
력을 단연 배격하며 진정한 민주주의 깃발 밑에 전 민족은 결집하
여야 합니다. 우리는 어디까지든지 완전자주독립의 민주주의 조
선 건설을 위하여 노력하여야 합니다.

祖國을사랑하는同胞여러분! 우리는모다우리의祖國
朝鮮이남의屬國이되지않고支配를받지
않기를願합니다. 그러케願함으로獨立을얻기위하야싸
워왔고싸우고있읍니다. 딸아서朝鮮의獨立은滿洲國이
나汪精衛의中華民國과같은이름만의獨立國이나되어서
는아니됩니다. 그리코어느한나라에依한半植民地여서
는않됩니다. 完全自主獨立國家로서의朝鮮이여야합니
다. 同時에朝鮮은일을주고땅을주고쌀을줄수있는眞正
한民主義나라, 人民에依한人民을爲한人民의나라여
야합니다. 우리는어디까지든지이러한나라를세우기위
하야싸워야합니다.
그러한朝鮮의民主主義臨時政府樹立은이미三相會議
決定에依하야國際的으로約束이되여있으며그約束을實
行하기위하야美蘇共同委員會는방금열리고있읍니다.
딸아서三千萬朝鮮民族은이러한眞正한民主主義臨時政
府가하로바삐樹立되도록民族的意思를會議에反映식혀
야합니다. 모든反民主義勢力을斷然排擊하며眞正한
民主主義旗人발밑에全民族은結集하여야합니다. 우리
는어디까지든지完全自主獨立의民主主義朝鮮建設을爲
하야努力하여야합니다.
一九四六年四月一日

民主主義民族戰線宣傳部

臨時政府樹立促進을爲하야
三千萬同胞에게告함

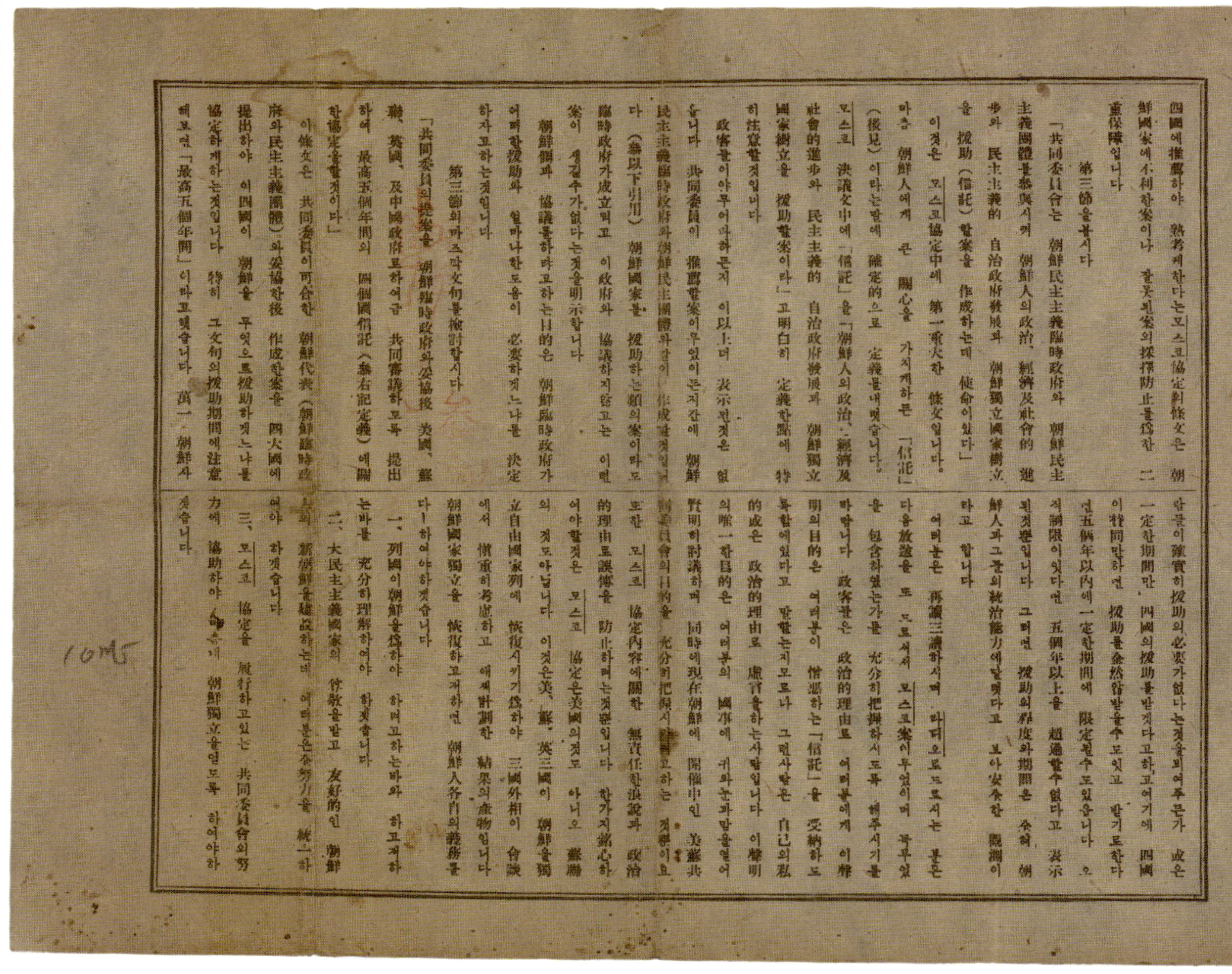

조선 서울 미군정청사령부 〈재조선 미군 총사령관 하지 중장의 조선 국민에게 대한 성명서〉 1946.4

미소공동위원회에서 성명서 제5호를 발표하였는데 이것이야말로 조선독립을 향하여 나가는 가장 중대한 걸음의 하나이올시다. 미소 두 나라의 대표는 조선민주주의 임시정부 수립에 관한 제안을 작성하려고 민주주의 정당과 사회단체와 협의할 건에 의견일치가 되었습니다.

지금 조선 사람에게 자기네 사랑하는 나라의 장래를 빚어내는 데 있어 공동위원회와 협력할 수 있는 오랫동안 기다리던 그 기회가 왔습니다. 3대국은 모스크바에서 조선을 위하여 실용적 안을 채택했습니다. 큰 사용을 앞에 둔 조선 애국지사는 그들이 오래 동경하던 조선독립을 달성하려면 어떠한 길을 취할 것인가 충분히 알기 위하여 모스크바 협정을 한층 더 현명하게 침착하게 검토하여야 되겠습니다. 그러므로 그 모스크바 결의를 구구절절이 검토해봅시다.

제1절에

「조선을 일개독립국가로 재건하여 민주주의 원칙하에 그 국가를 발전시킬 諸 조건을 창설하며 조선에 있어 장기간 일본의 통치로 생긴 가혹한 잔재를 급속히 청소하기 위하여 조선민주주의 임시정부를 수립하여 이로써 조선의 산업, 교통, 농업의 발전과 민족의 문화향상에 관한 필요한 대책을 도모케 할 것이다.」

이것은 조선인의 포부를 실현하며 조선정부를 수립시킬 모스크바 회담의 목적을 너무도 명백히 한 것임을 더 다른 해설을 요치 않습니다.

그 다음 제2절에

「조선임시정부 수립을 도우며 이에 대한 적당한 안을 미리 구비시키기 위하여 남조선의 미군사령부대표와 북조선의 소련군사령부대표로써 조직된 공동위원회가 설치된다.」

이것은 현재 서울서 되고 있는 미소공동위원회 설치에 대한 조문이요, 일본의 잔인한 압박을 제거하기 위하여 양국군이 조선에 주둔하고 있는 근본적 현실도 시인하는 바입니다. 이 조문은 조선 문제와 가장 인연이 가까운 양국 대표가 조선 사람들로 하여금 임시정부를 수립하는 데 원조하도록 하며 여러 절박한 조선 문제를 완화시킬 준비공작을 하도록 한 것입니다. 그러므로 이 공동위원은 조선민주주의 임시정부 수립에 대한 안을 준비하려고 합니다.

그 다음 계속하여

「이 제안을 작성하는 데 공동위원은 조선민주주의 정당과 사회단체와 협의할 것이다」 했습니다.

이 조문은 조선 사람으로 하여금 자기네의 임시정부 수립에 관한 준비와 안을 작성하도록 보장한 것입니다. 단 이것은 민주주의적 성격을 가진 조선정당과 사회단체가 반가이 협력하고 최선의 노력을 하여 그 공동위원을 도우리라는 가정하에서 단정을 내린 것입니다.

다음으로

「공동위원이 작성한 안을 공동위원을 파견한 양국 정부가 최종적으로 결정하기 전에 소련, 중국, 영국 및 미국 정부에 제출할 것이다.」

여기서 주의할 것은 공동위원회가 조선과도정부 수립 건에 대하여 최종적 결정을 하지 않는다는 점입니다. 공동위원은 조선인을 참여시켜 추천할 안을 작성하여 조선 대표들과 협의한 후 공동위원이 작성한 안을 사국에 추천하여 숙고케 한다는 모스크바 협정의 조문은 조선국가에 불리한 안이나 잘못된 안의 채택방지를 위한 이중보장입니다.

제3절을 봅시다.

「공동위원회는 조선민주주의 임시정부와 조선민주주의 단체를 참여시켜 조선인의 정치, 경제 및 사회적 진보와 민주주의적 자치정부발전과 조선독립국가 수립을 협조(信託)할 안을 작성하는 데 사명이 있다.」

이것은 모스크바 협정 중에 제일 중요한 조문입니다. 마침 조선인에게 큰 관심을 가지게 하던 「신탁」(후견)이라는 말에 확정적으로 정의를 내렸습니다. 모스크바 결의문 중에 「신탁」을 「조선인의 정치, 경제 및 사회적 진보와 민주주의적 자치정부 발전과 조선독립국가 수립을 원조할 안이라」고 명백히 정의한 점에 특히 주의할 것입니다.

정객들이야 무어라 하든지 이 이상 더 표시된 것은 없습니다. 공동

M. G. 11

朝鮮서울美軍政廳司令部

在朝鮮美軍總司令官하ー지中將의
朝鮮國民에게對한聲明書

美蘇共同委員會에서 聲明書第五號를 發表하였는데 이것이야말로 朝鮮獨立을 向하야나가는 가장重大한 거름의하나이올시다 美蘇두나라의代表는 朝鮮民主義臨時政府樹立에關한提案을作成하며고 民主主義政黨과社會團體의協議할件에 意見一致가되었읍니다 뉘수 朝鮮사람에게 自己네의사랑하는 나라의 將來를비저내는데있어 共同委員會와協力할수있는 오래동안기다리든 그機會가왔읍니다 三大國은 모스코에서朝鮮을爲하야 實用的案을採擇햇습니다 에둔 朝鮮愛國志士는 그들이 오매 憧憬하든 朝鮮獨立을達成하려면 어떠한걸을取할것인가 充分히알기爲하야 모스코協定을 一層더賢明하게 沈着하게 檢討하여야되겠습니다 그럼으로 그 모스코決議를句々節々이檢討해봅시다

第一節에
「朝鮮을一個獨立國家로 再嬉하여 民主主義原則下에 그國家를發展시킬 諸條件을創設하며 朝鮮에있어 長期間日本의統治로생긴 苛酷한殘滓를 急速히清掃하기爲하여 朝鮮民主主義臨時政府를樹立하여、이로써 朝鮮의産業、交通、農業의發展과民族의文化向上에關한必要한對策을 圖謀게할것이다」
이것은 朝鮮人의抱負를實現하되 朝鮮政府를樹立시질모스코會談의目的을 너무도 明白히한것인올 머다른解說을要치안습니다

그다음第二節에
「朝鮮臨時政府樹立을도으며 이에對한 適當한案을미리 準備시키기爲하야 南朝鮮의美軍司令部代表와北朝鮮의 蘇聯軍司令部代表로써 組織된共同委員會가設置되다ー」
이것은現在 서울서열리고있는 美蘇共同委員會設置에 對한條文이요 日本의殘忍한壓迫을除去하기爲하야 朝鮮에駐屯하고있는 根本的現實도 是認하는바 朝鮮問題와가장 因緣이깊은 臨時國代表가 朝鮮사람들로하여금 臨時政府를樹立하는데授助하도록하며 어떠切迫한朝鮮問題를解和시킨 朝鮮民主主義臨時政府樹立에對한案을 準備하려고한다

그다음繼續하야
「이提案을作成하는데 共同委員會는 朝鮮民主主義政黨과社會團體와協議할것이다」햇습니다
이條文은 朝鮮사람으로하여금 自己네의臨時政府樹立에關한準備와案을 作成하도록保障한것입니다 但이것은民主主義的性格을가진 朝鮮政黨과社會團體가 반가히 協力하고 最善의努力을하야 그共同委員을도으리라는 假定下에서 斷定을내린것입니다
「共同委員이作成한案을 共同委員을派遣한 聯國政府가最終的으로決定하기前에 蘇聯、中國、英國及美國政府에提出할것이다」여기서 注意할것은 共同委員會가 朝鮮過渡政府樹立件에對하야 最終的決定을하지않는 點이니다 共同委員은 朝鮮人을恭與시켜 推薦할 案을作成하야 四國에게提出하고 그나라들로熱考케할 니다 朝鮮代表들과協議한後 共同委員이 作成한案을

위원이 추천할 안이 무엇이든지간에 조선민주주의 임시정부와 조선민주단체와 같이 작성할 것입니다. (添 이하 인용) 조선 국안을 원조하는 류의 안이라도 임시정부가 성립되고 이 정부와 협의하지 않고는 이런 안이 생길 수가 없다는 것을 명시합니다.
조선 측과 협의를 하려고 하는 목적은 조선임시정부가 어떠한 원조와 얼마나 도움이 필요하겠느냐를 결정하자고 하는 것입니다.
제3절의 마지막 문구를 검토합시다.
「공동위원의 제안을 조선임시정부와 타협 후 미국, 소련, 영국, 및 중국 정부로 하여금 공동 심의하도록 제출하여 최고 5개년간의 4개국 신탁(添 右記 정의)에 관한 협정을 할 것이다.」
이 조문은 공동위원이 可合한 조선대표(조선임시정부와 민주주의 단체)와 타협한 후 작성한 안을 4대국에 제출하여 이 4국이 조선을 무엇으로 원조하겠느냐를 협정하게 하는 것입니다. 특히 그 문구의 원조 기간에 주의해보면 「최고 5개년간」이라고 했습니다. 만일 조선 사람들이 확실히 원조의 필요가 없다는 것을 보여주든가, 혹은 일정한 기간만 4국의 원조를 받겠다고 하고 여기에 4국이 찬동만 하면 원조를 전연 안 받을 수도 있고 받기로 한다면 5개년 이내에 일정한 기간에 한정될 수도 있습니다. 오직 제한이 있다면 5개년 이상을 초과할 수 없다고 표시된 것뿐입니다. 그러면 원조의 정도와 기간은 전혀 조선인과 그뿐의 통치능력에 달렸다고 보아 안전한 관측이라고 합니다.
여러분은 재독 삼독하시며 라디오로 들으시는 분은 다음 방송을

또 들으서서 모스크바 안이 무엇이며 꼭 무엇을 포함하였는가를 충분히 파악하시도록 해주시기를 바랍니다. 정객들은 정치적 이유로 여러분에게 이 성명의 목적은 여러분이 중요하는 「신탁」을 수납하도록 함에 있다고 말할지 모르나 그런 사람은 자기의 사적 혹은 정치적 이유로 허언을 하는 사람입니다. 이 성명의 유일한 목적은 여러분의 국사에 귀와 눈과 마음을 열어 현명하게 토의하며 동시에 현재 조선에 개최 중인 미소공동위원회의 목적을 충분히 파악시키려고 하는 것뿐이요, 또한 모스크바 협정 내용에 관한 무책임한 낭설과 정치적 이유로 誤傳를 방지하려는 것뿐입니다. 한 가지 욕심하여야 할 것은 모스크바 협정은 미국의 것도 아니요, 소련의 것도 아닙니다. 이것은 美. 蘇. 英 삼국이 조선을 독립자유국가열에 회복시키기 위하여 삼국외상이 회담에서 신중히 고려하고 애써 계획한 결과의 산물입니다. 조선국가독립을 회복하고자 하면 조선인 각자의 의무를 다 하여야 하겠습니다.
一. 열국이 조선을 위하여 하려고 하는 바와 하고자 하는 바를 충분히 이해하여야 하겠습니다.
二. 대민주주의 국가의 존경을 받고 우호적인 조선인의 신조선을 건설하는 데 여러분은 전 노력을 통일하여야 하겠습니다.
三. 모스크바 협정을 이행하고 있는 공동위원회의 노력에 협조하여 마침내 조선독립을 얻도록 하여야 하겠습니다.

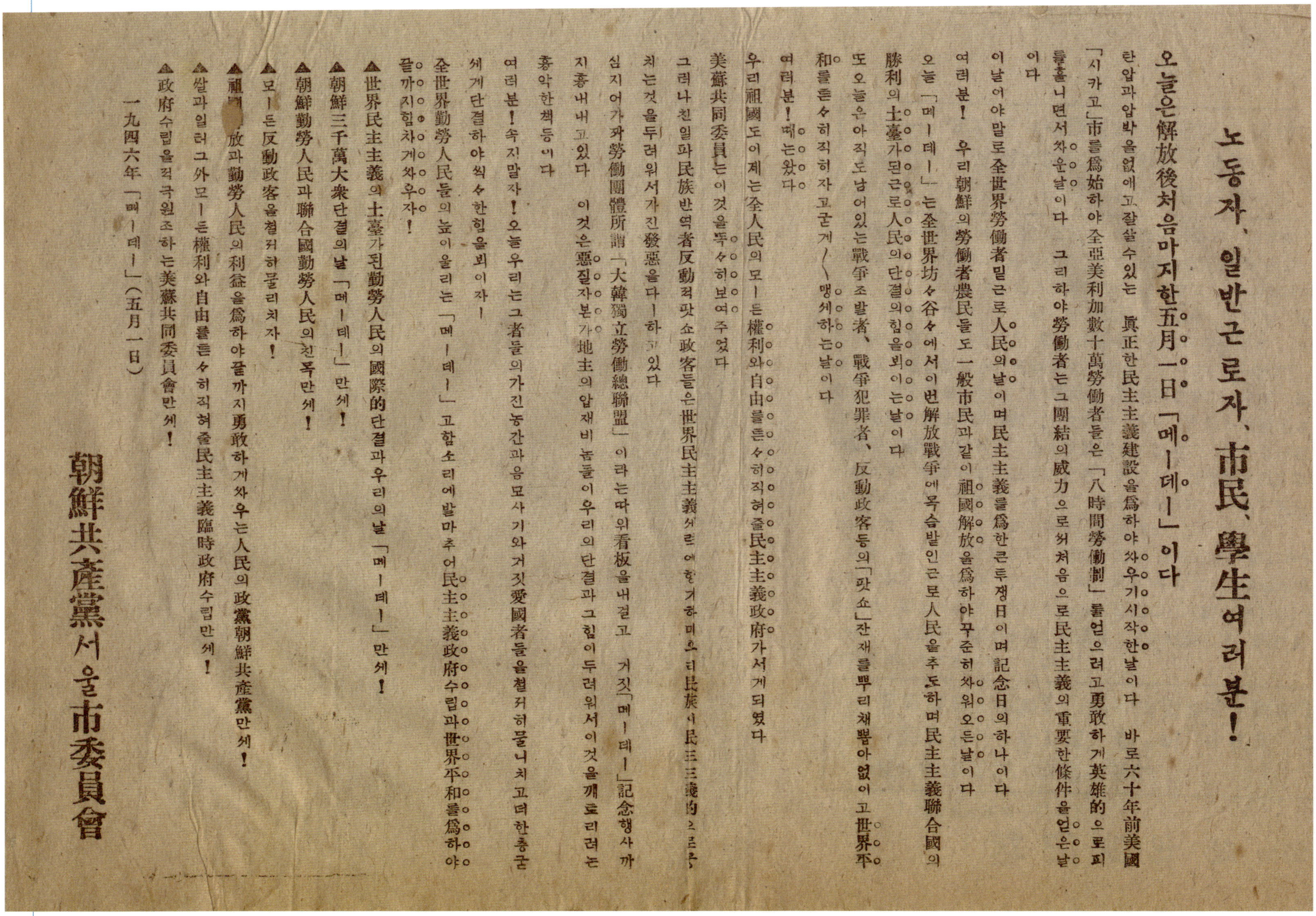

노동자、일반근로자、市民、學生여러분!

오늘은解放後처음마지한五月一日「메ㅣ데ㅣ」이다

탄압과압박을없에고잘살수있는 眞正한民主主義建設을爲하야싸우기시작한날이다 바로六十年前美國「시카고」市를爲始하야全亞美利加數十萬勞働者들은「八時間勞働制」를얻으려고勇敢하게英雄的으로피를흘니면서싸운날이다 그리하야勞働者는그團結의威力으로써처음으로民主主義의重要한條件을얻은날이다

이날이야말로全世界勞働者및근로人民의날이며民主主義를爲한큰투쟁日이며記念日의하나이다

여러분! 우리朝鮮의勞働者農民들도一般市民과같이祖國解放을爲하야꾸준히싸워오든날이다

오늘「메ㅣ데ㅣ」는全世界坊々谷々에서이번解放戰爭에목숨받인근로人民을추도하며民主主義聯合國의勝利의土臺가된근로人民의단결의힘을뵈이는날이다

또오늘은아직도남어있는戰爭조발者、戰爭犯罪者、反動政客등의「팟쇼」잔재를뿌리채뽑아없이고世界平和를튼々히직히자고굳게〳〵맹세하는날이다

여러분! 때는왔다

우리祖國도이제는全人民의모ㅣ든權利와自由를튼々히직혀줄民主主義政府가서게되였다

美蘇共同委員는이것을똑々히보여주었다

그러나친일파民族반역者反動적팟쇼政客들은世界民主主義서력에항거하며우리民族이民主主義的으로뭉치는것을두려워서가진發惡을다ㅣ하고있다

심지어가짜勞働團體所謂「大韓獨立勞働總聯盟」이라는따위看板을내걸고 거짓「메ㅣ데ㅣ」記念행사까지흉내내고있다 이것은惡질자본가地主의압재비놈들이우리의단결과그힘이두려워서이것을깨트리려는흉악한책등이다

여러분! 속지말자! 오늘우리는그者들의가진농간과음모사기와거짓愛國者들을철저히물니치고더한층굳세게단결하야씩々한힘을뵈이자ㅣ

全世界勤勞人民들의높이울리는「메ㅣ데ㅣ」고함소리에발마추어民主主義政府수립과世界平和를爲하야끝까지힘차게싸우자!

▲世界民主主義의土臺가된勤勞人民의國際的단결과우리의날「메ㅣ데ㅣ」만세!

▲朝鮮三千萬大衆단결의날「메ㅣ데ㅣ」만세!

▲朝鮮勤勞人民과聯合國勤勞人民의친목만세!

▲모ㅣ든反動政客을철저히물리치자!

▲祖[illegible]放과勤勞人民의利益을爲하야끝까지勇敢하게싸우는人民의政黨朝鮮共産黨만세!

▲쌀과일터그外모ㅣ든權利와自由를튼々히직혀줄民主主義臨時政府수립만세!

▲政府수립을적극원조하는美蘇共同委員會만세!

一九四六年「메ㅣ데ㅣ」(五月一日)

朝鮮共産黨서울市委員會

조선공산당 서울시위원회 〈노동자, 일반근로자, 시민, 학생 여러분! 오늘은 해방 후 처음 맞이한 5월 1일 메이데이이다〉 1946.5.1

탄압과 압박을 없애고 잘 살 수 있는 진정한 민주주의 건설을 위하여 싸우기 시작한 날이다. 바로 60년 전 미국 「시카고」시를 위시하여 전 아메리카 수십만 노동자들은 「8시간 노동제」를 얻으려고 용감하게 영웅적으로 피를 흘리면서 싸운 날이다. 그리하여 노동자는 그 단결의 위력으로써 처음으로 민주주의의 중요한 조건을 얻은 날이다.

이 날이야말로 전 세계 노동자 및 근로인민의 날이며 민주주의를 위한 큼 투쟁일이며 기념일의 하나이다.

여러분! 우리 조선의 노동자 농민들도 일반시민과 같이 조국해방을 위하여 꾸준히 싸워오던 날이다.

오늘 「메이데이」는 전 세계 방방곡곡에서 이번 해방 전쟁에 목숨 바친 근로인민을 추도하며 민주주의 연합국의 승리의 토대가 된 근로인민의 단결의 힘을 보이는 날이다.

또 오늘은 아직도 남아있는 전쟁조발자, 전쟁범죄자, 반동정객 등의 「팟쇼」 잔재를 뿌리 채 뽑아 없애고 세계평화를 튼튼히 지키자고 굳게굳게 맹세하는 날이다.

여러분! 때는 왔다!

우리 조국도 이제는 전 인민의 모든 권리와 자유를 튼튼히 지켜줄 민주주의 정부가 서게 되었다. 미소 공동위원회는 이것을 똑똑히 보여주었다.

그러나 친일파 민족반역자 반동적 팟쇼 정객들은 세계 민주주의 세력에 항거함이 우리 민족이 민주주의적으로 뭉치는 것을 두려워서 갖은 발악을 다 하고 있다.

심지어 가짜 노동단체 소위 「대한독립노동총연맹」이라는 따위 간판을 내걸고 거짓 「메이데이」기념 행사까지 흉내 내고 있다. 이것은 악질 자본가 지주의 앞잡이 놈들이 우리의 단결과 그 힘이 두려워서 이것을 깨뜨리려는 흉악한 책동이다.

여러분! 속지말자! 오늘 우리는 그자들의 갖은 농간과 음모, 사기와 거짓애국자들을 철저히 물리치고 더 한층 굳세게 단결하여 씩씩한 힘을 보이자!

전 세계 근로인민들의 높이 울리는 「메이데이」고함소리에 발맞추어 민주주의정부 수립과 세계평화를 위하여 끝까지 힘차게 싸우자!

▲세계 민주주의의 토대가 된 근로인민의 국제적 단결과 우리의 날 「메이데이」 만세!

▲조선 삼천만 대중 단결의 날 「메이데이」 만세!

▲조선 근로인민과 연합국 근로인민의 친목 만세!

▲모든 반동정객을 철저히 물리치자!

▲조국해방과 근로인민의 이익을 위하여 끝까지 용감하게 싸우는 인민의 정당 조선공산당 만세!

▲쌀과 일터 그 외 모든 권리와 자유를 튼튼히 지켜줄 민주주의의 임시정부 수립 만세!

▲정부 수립을 적극 원조하는 미소공동위원회 만세!

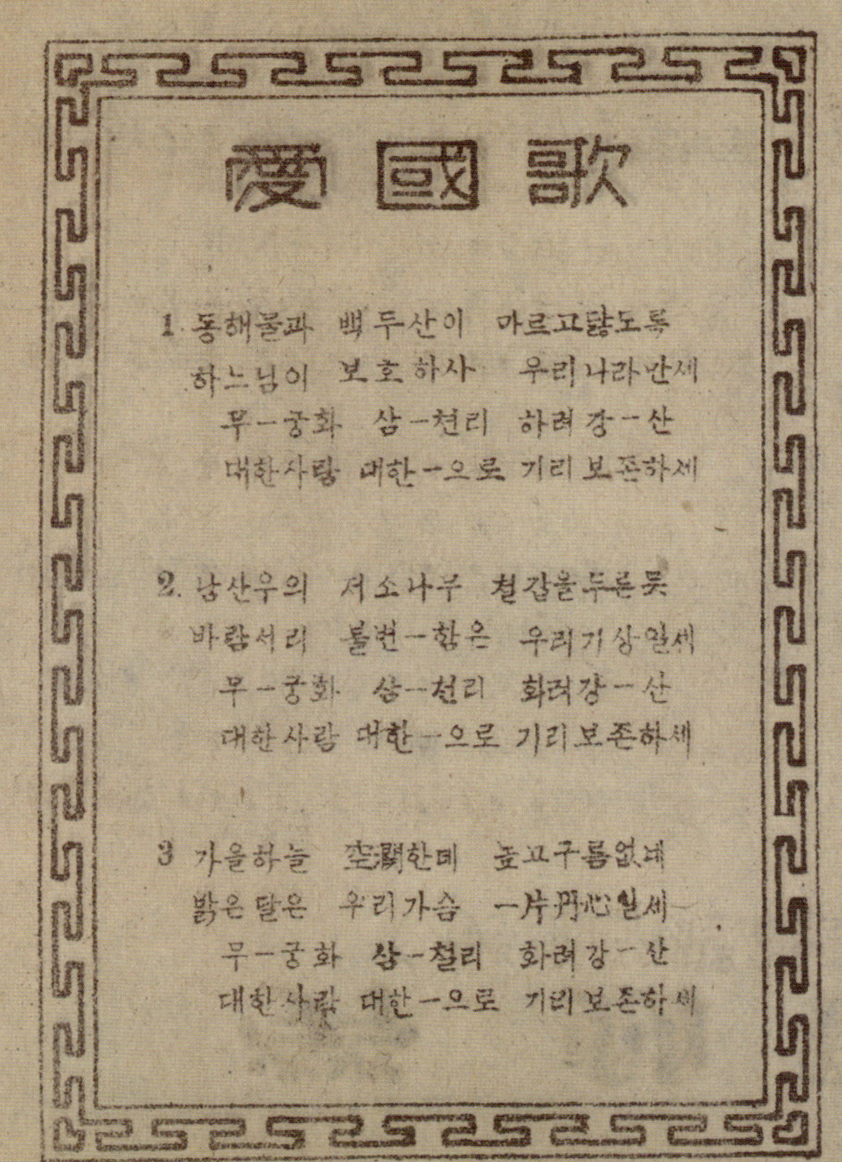

경상남도 노동국 〈노동가〉 악보 및 가사 1946

반탁전국학생총연맹 〈삼천만 白衣族에게 僞造를 폭로한다〉 1946.5

인류 화폐 靑史를 유린한 朝共 간부들아! 건국준비위원회도 왜적과 결탁한 위조다. 인민공화국의 유령 정권도 위조다. 民戰 산하 일천만도 위조다. 인민보 현대일보 해방일보 중앙신문도 위조다. 농민에게 분배한다는 토지정책도 위조다. 그네들이 부르는 조국 삼천만 강산도 위조다. 그네들이 부르는 민주주의도 공산팟쇼요, 위조다. 朝共 全評 全農 학생단체도 위조다. 독서회도 休를 책동하기 위한 위조회다. 그네들이 쓰는 지폐까지 위조다.
僞造輩의 거성 박헌영 동무여 조공을 대표하여 삼천만 백의족에게 사죄하라.
僞造陣의 명성 이관술 권오직 동무여 천벌이 두렵거든 한시 바삐 자수하라.

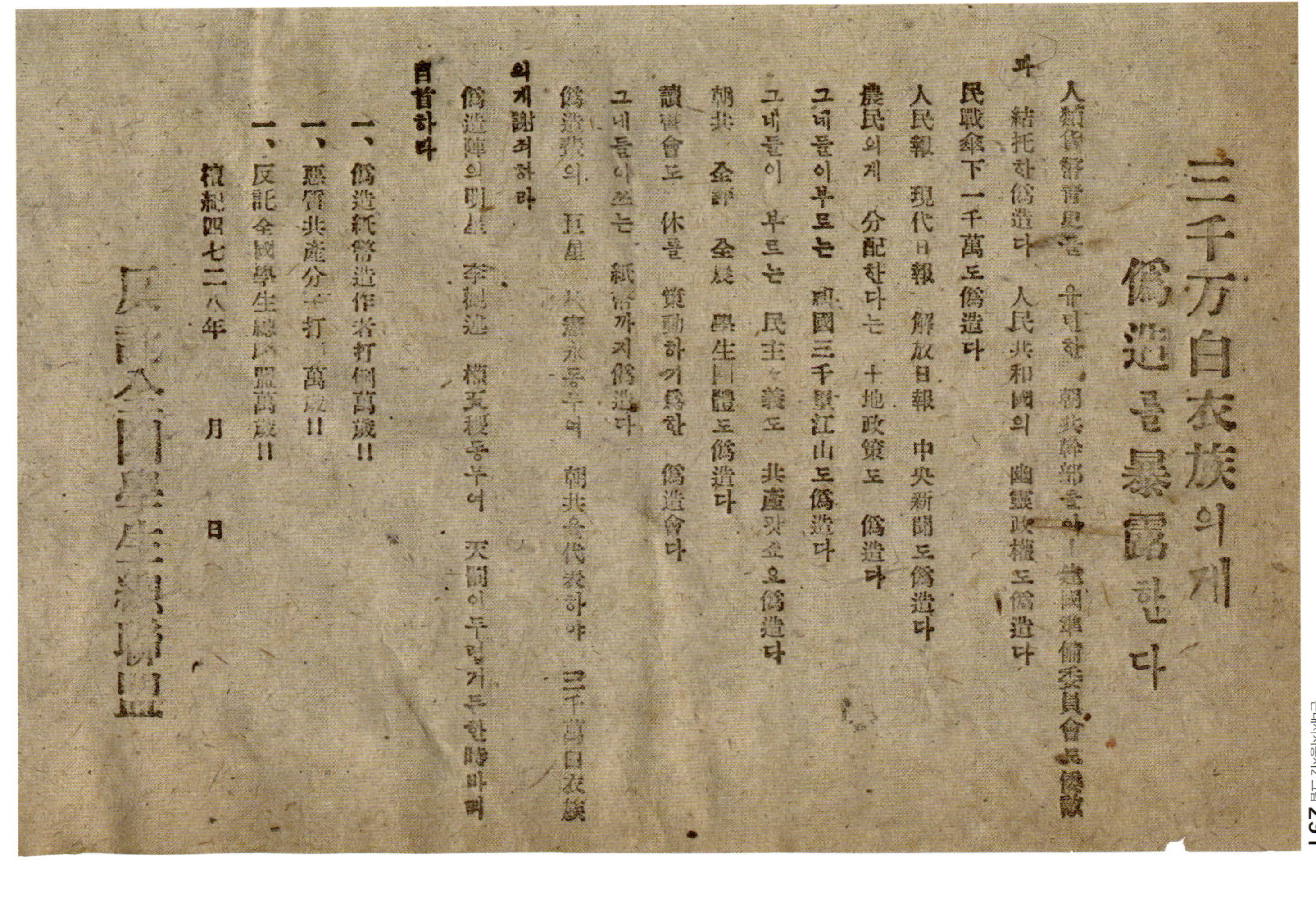

三千万白衣族의게 僞造를 暴露한다

人類貨幣靑史를 유린한 朝共幹部들아! 建國準備委員會도 僞造
다, 結托한 僞造다. 人民共和國의 幽靈政權도 僞造다
民戰傘下 一千萬도 僞造다
人民報 現代日報 解放日報 中央新聞도 僞造다
農民의게 分配한다는 土地政策도 僞造다
그네들이부르는 祖國三千里江山도 僞造다
그네들이 부르는 民主主義도 共産팟쇼요 僞造다
朝共 金評 金農 學生團體도 僞造다
讀書會도 休를 策動하기爲한 僞造會다
그네들이쓰는 紙幣까지僞造다
僞造輩의 巨星 朴憲永동무여 朝共을代表하야 三千萬白衣族
의게謝罪하라
僞造陣의 名星 李觀述 樹五稷동무여 天罰이두렵거든한時바삐
自首하라
一, 僞造紙幣造作者 打倒萬歲!!
一, 惡質共産分子 打倒萬歲!!
一, 反託全國學生總聯盟萬歲!!

反託全國學生聯盟

조선노동조합전국평의회 〈'공산당위조지폐사건'을 날조한 反動輩의 음모를 폭격하자!!〉 1946.5.16

공산당 중앙위원회는 소위 위조지폐사건과 하등 관계가 없다는 것을 성명했다. 반동진영에서는 또한 공산당이 방화 음모를 하고 있다고 허위선전하고 있다. 이것은 마치 히틀러가 독재정권을 수립하기 위하여 쓴 방법이요, 또 이를 성공했던 것이다. 히틀러는 독일공산당이 지폐를 위조했다고 데마를 방송하였고 독일공산당 원증을 위조하여 국회의사당에 방화를 시켜놓고 이것을 공산당의 행위라고 국민을 기만하여가지고 공산주의자를 체포 학살하고 정권을 장악했던 것이다. 이 히틀러의 성공이 이번 전쟁을 가져왔고 독일민족을 파멸시킨 원인이 되었다는 것을 상기 명심하라. 소위 조공위조지폐사건에 대한 선전은 민주주의 조선 건설에 결정적 중대 역할을 하고 있는 공산당의 권위를 삭감시켜서 함정에 떨어뜨리려고 요즘 反動反共테러 강도를 하고 대자본가 대지주와 친일파 민족반역자들의 전제정권 소위 「남조선단독정부」를 수립하려는 매국적 모략선전이다. 이러한 모략선전은 결코 공산당에만 관계있는 것이 아니라 전 인민을 모해하려는 것을 철저히 인식하고 속지 말라. 이러한 모략에 넘어간 독일인민이 오늘 어떠한 비참한 운명에 빠졌는가를 생각하면 충분한 것이다.
一. 팟쇼적 전제를 꿈꾸는 반동모략을 분쇄하자!
一. 민족을 양분하는 남조선단독정부 수립의 음모를 분쇄하자!
一. 미소공위 속개, 남북통일정부 수립 만세!

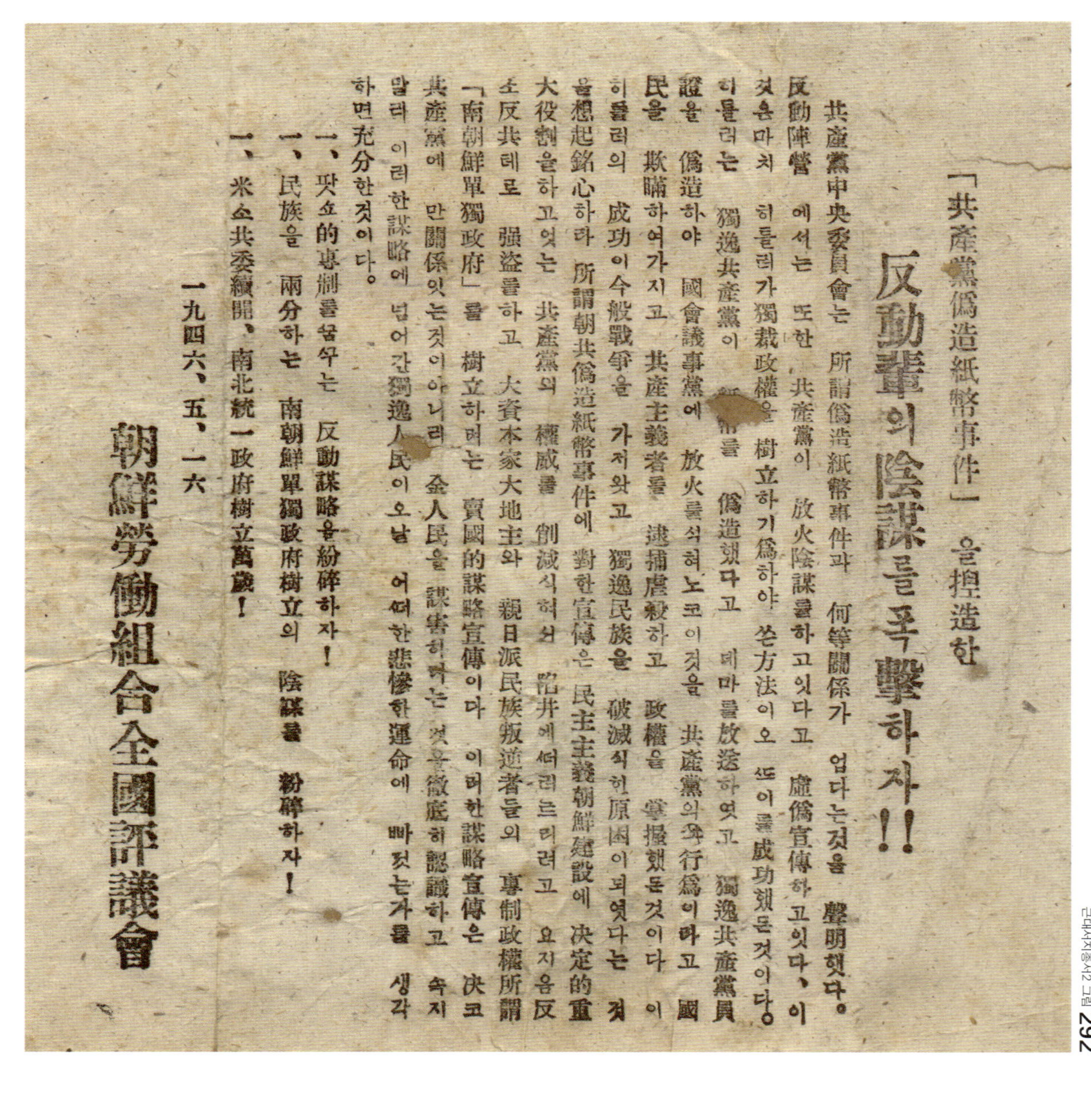

「共産黨偽造紙幣事件」을 捏造한
反動輩의 陰謀를 폭擊하자!!

共産黨中央委員會는 所謂僞造紙幣事件과 何等關係가 업다는것을 聲明했다。
反動陣營에서는 또한 共産黨이 放火陰謀를하고잇다고 虛僞宣傳하고잇다、이
것은마치 히틀러가獨裁政權을 樹立하기僞하야 쓴方法이오 또이를成功했든것이당
히틀러는 獨逸共産黨이 紙幣를 僞造했다고 데마를放送하엿고 獨逸共産黨員
證을 僞造하야 國會議事堂에 放火를식혀노코이것을 共産黨의行僞이라고 國
民을 欺瞞하여가지고 共産主義者를 逮捕虐殺하고 政權을 掌握했든것이다 이
히틀러의 成功이今般戰爭을 가저와고 獨逸民族을 破滅식힌原因이되엿다는것
을 想起銘心하라 所謂朝共僞造紙幣事件에 對한宣傳은 民主主義朝鮮建設에 決定的重
大役割을하고잇는 共産黨의 權威를 削減식혀서 陷井에떠러트리려고 요지음反
共反테러로 强盜를하고 大資本家大地主와 親日派民族叛逆者들의 專制政權所謂
「南朝鮮單獨政府」를 樹立하려는 賣國的謀略宣傳이다 이러한謀略宣傳은 決코
共産黨에만關係잇는것이아니라 金人民을 謀害하려는 것을徹底히認識하고 속지
말라 이러한謀略에 넘어간獨逸人民이 오날 어떠한 悲慘한運命에 빠젓는가를 生覺
하면充分한것이다。
一, 팟쇼的專制를꿈꾸는 反動謀略을紛碎하자!
一, 民族을 兩分하는 南朝鮮單獨政府樹立의 陰謀를 紛碎하자!
一, 米소共委續開、南北統一政府樹立萬歲!

一九四六、五、一六
朝鮮勞働組合全國評議會

반탁전국학생총연맹 〈學園을 책동하는 毒牙—독서회 지령으로 폭로된 赤禍〉 1946.5.17

학원의 민주화를 내어걸고 정의와 진리의 탐구에 다감한 학생을 선동하여 신성한 학원의 꽃밭을 짓밟아 새 조선의 풀과 싹을 끊으려는 비밀이 모두가 드러났다.

경성의학전문학교의 일부 학생 간에는 교원배척찬락결의 식량문제 政專문제 등 여러 가지 문제를 들고 동맹휴학을 선동하는 사실이 종종 있었으나 다수 학생의 반대로 그렇다할 불상사는 일어나지 않았다.

돌연 지난 10일에 독서회—일명 五六會 회원이 某 정당의 지령을 받아 여러 가지 모략한 사실과 모략의 지령서 발각으로 말미암아 그 마각이 드러나게 되었다. 이에 분개한 학생들은 지난 11일 오후 5시부터 학생회를 개최하고 그에 대한 대책을 토의하였다.

공작지령내용

○공작상의 주의 1. 공작책임자는 親疎관계에 따라 정할 것 2. 대상학생을 따라 실시할 것 3. 영향력이 큰 대상학생에 중점 공작할 것 특히 운동부원 왈패들을 동맹원으로 삼을 것 4. 공작계획을 예정하되 수회 거듭하여 공작방법성과를 검토할 것 5. 工作表는 두 부 작성하여 한 부는 상부에 제출할 것 6. 공작경과를 정기적으로 別紙 제3호

정보조사요목 (가)세력관계, 교사 反中進政黨관계 학생 反中進反託관계 세포의 할 것 (나)교내의 여론조사 당면문제에 관하여 기숙사문제, 쌀, 학비문제 학생들의 민주학문 건설에 대한 의욕 학원 내 「팟쇼」 등 잔재 — 反蘇선전교육조사 政專학교문제에 대한 반응 과거 투쟁 건(8 · 15 이후) 「스트라이크」 조건 성숙 여하 기타 학생여론조사 (다)반탁학생에 관한 정보 (라)국내국외정보 — 식량관계조사 식량궁핍상태 모리배의 스톡크 상태 이상의 諸 항목은 조사되는 대로 즉시 조직을 통하여 보고할 사.

현명한 전국학생제군 盟休魔는 뛰놀고 있다 속지 말라!!

一. 맹휴폭동분자를 완전 소탕하라
一. 순진한 학생을 책동하는 지도자를 타도하라
一. 맹휴반대투쟁위원회 만세
一. 반탁전국학생총연맹 만세

조선공산당 서울시위원회 〈동포 여러분!〉 1946.5.10

미소공동위원회의 휴회는 정부 수립을 그만큼 늦게 한 것이 사실이다. 공동위원회는 왜 휴회로 들어갔느냐? 오늘날 세계 어느 나라 할 것 없이 국제 민주주의 노선을 떠나 그 민족의 진정한 발전이 있을 수 없다.

우리 조선의 전부 수립도 완전독립도 이 길을 좇아야 한다.

그럼에도 불구하고 동족의 피와 땀을 마음대로 빨고 인민의 모든 권리와 자유까지 빼앗으려고 하는 이승만, 김구 일파들의 그 흉악한 反연합국, 反민주주의적 책동과 모략으로 말미암아 그리 된 것을 똑똑히 알아야 한다.

보라! 그들은 오늘날 이렇게 된 것을 무슨 큰 성공이나 한 것처럼 박수로 날뛰고 있다.

또 그들은 연합국을 욕하고 「테러」로 민족분열을 선동하고 민주정부 수립을 방해하기 위하여 삼상회의 결정 반대의 반탁운동을 하고 있다.

동포 여러분!
우리는 그들의 모략에 속지 말고 책동에 넘어가지 말자!
우리는 잘 알고 있다.
삼상회의결정은 첫째 일제의 악독한 해독을 씻어 없애고 전 인민에게 주권을 준다는 것을!
둘째 연합국의 후원으로 허물어진 산업과 민족문화를 일으켜 완전독립의 길을 열어준다는 것을!
동포 여러분!
타도하자! 인민을 욕하고 연합국을 배반하고 정부 수립과 세계평화를 방해하는 이승만, 김구 일파를!
지키자! 우리 정부 수립과 완전독립과 세계평화를 위하여 미소 양국의 군은 협조를!
강화하자! 민주주의정부 수립을 위한 전 인민의 굳센 단결을!

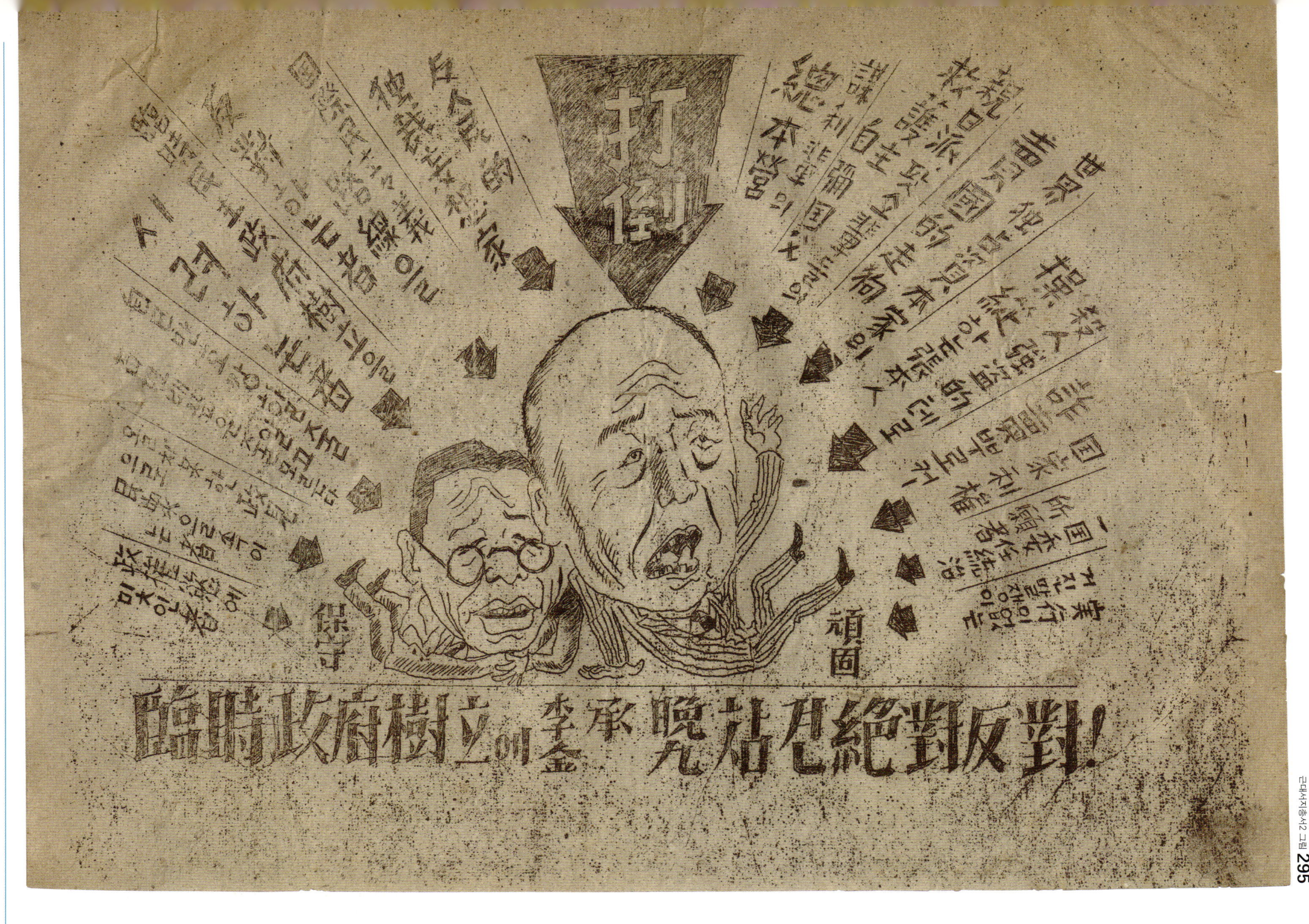

〈임시정부 수립에 이승만 · 김구 참견 절대 반대!〉

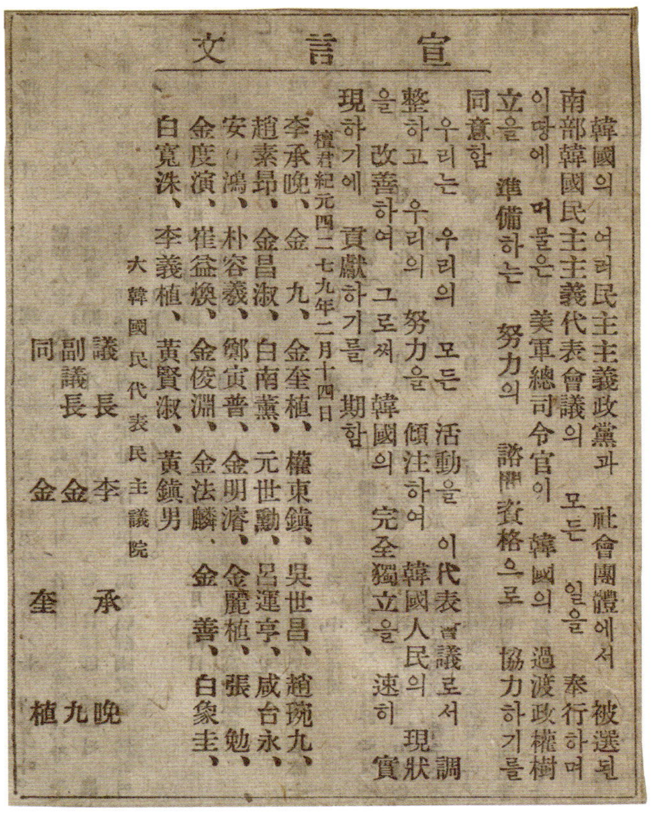

대한국민대표민주의원 〈선언문〉 / 〈비상국민회의의 각 부서의 진용〉 / 〈'민전' 중앙의원 상임집행부〉

宣言文

現하기에 우리는 우리의 모든 活動을 이 代表會議로서 調整하고 우리의 努力을 傾注하여 韓國人民의 現狀을 改善하여 그로써 韓國의 完全獨立을 速히 實現하기에 貢獻하기를 期함.

우리는 우리의 努力을 傾注하여 韓國의 完全獨立을 速히 實現하기를 期함.

同意함. 準備하는 努力의 諸般 資格으로 協力하기를 立을 이 땅에 머물은 美軍總司令官이 韓國의 過渡政權樹立을 準備하는 努力에 協力하기를

檀君紀元四二七九年二月十四日

李承晚、金九、金奎植、權東鎮、吳世昌、趙琬九、
趙素昂、金昌淑、白南薰、元世勳、呂運亨、咸台永、
安鴻、朴容羲、鄭寅普、金明濬、金麗植、張勉、
金度演、金俊淵、金法麟、金善、白象圭、
白寬洙、李義植、黃賢淑、黃鎮男、

大韓國民代表民主議院
議長 李承晚
副議長 金奎植
同議長 金九

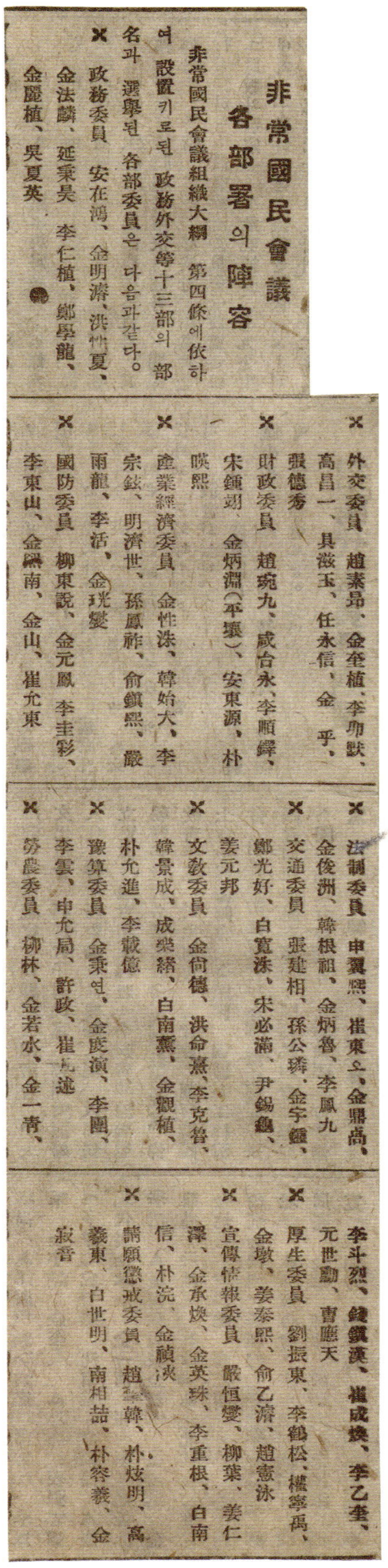

非常國民會議 各部署의 陣容

非常國民會議組織大綱 第四條에 依하여 設置키로된 政務外交等 十三部의 部名과 選擧된 各部委員은 다음과같다.

政務委員 安在鴻、命明濬、洪性夏、
金法麟、延秉昊、李仁植、鄭�龍、
金麗植、吳夏英

외교委員 趙素昂、金奎植、李卯訣、
高昌一、具滋玉、任永信、金、平、
張鐵壽

財政委員 趙琬九、安東源、朴、
宋鍾劦、金炳潤(平壤)、

産業經濟委員 金性洗、薛始大、李
宗鈺、明濟世、孫麟衡、俞鎮熙、嚴

國防委員 柳東說、金光燮、
李東山、金麟南、金山、崔允東

法調委員 申翼熙、崔東오、金照高、
金俊洲、辣振翎、金炳魯、李鳳九、

交通委員 張根相、孫公珠、金宇鉉、
鄭光好、白寬洙、宋必滿、尹錫龜、

文敎委員 金俊淵、洪命憙、李克魯、
韓萬成、成樂緖、白南薰、金鑕根、

産業委員 朴允進、李敏健、
李雲、申允局、許政、崔九述、李圖、
勞農委員 柳林、金若水、金一靑、

李斗鎮、錢鎮漢、崔成煥、李乙薰、
元世勳、青廳天
厚生委員 劉振東、李鴂松、權奪禹、
金融、姜泰雨、俞乙濬、趙憲泳、美仁
宣傳情報委員 殷丁愛、柳濠、美仁
譯、金永煥、金英城、金重根、白南
信、朴沇、金鎬淡
開顯戒嚴委員 趙漢、朴炫明、高
毫東、白世明、南相喆、朴容學、金
寂雷

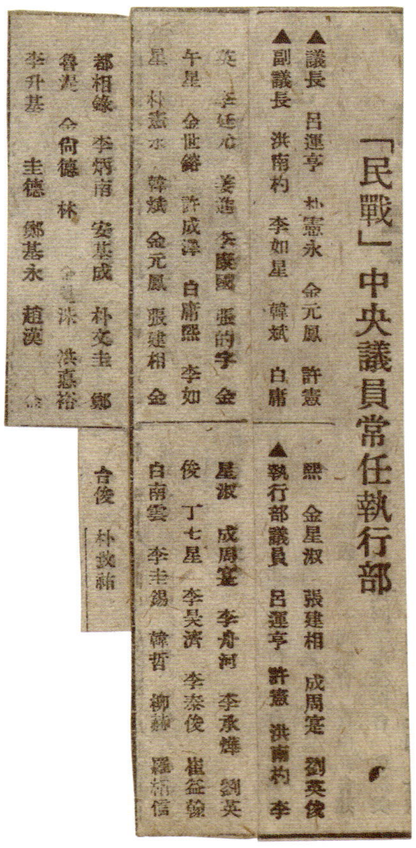

「民戰」中央議員常任執行部

▲議長 呂運亨、朴憲永、金元鳳、許憲、白南雲
▲副議長 洪南杓、李如星、韓斌

都相祿、李炳南、安基成、朴文圭、鄭
魯湜、命佾德林、洪惠裕
李升基、圭德、鄭基永、趙潤
合俊、朴敬緖

星淑、成周寔、郭建相
▲執行部議員 金星淑、郭建相、
俊、丁七星、呂運亨、許憲、成周寔
白南雲、李承燁、劉英
李朱利、李承燁、劉英
李冕澐、李容俊、洪南杓、李
孫永信、柳海、鄭栢、柳

전국농민조합총연맹 〈친애하는 동포여!!〉 1946.5.14

우리는 언제나 바르게 보고 냉철히 비판하여 옳은 길을 찾아 나가자!!

一. 삼상결정은 세계 민주주의 노선이며 미소공동위원회는 삼상결정의 조선에 대한 구체적 실천을 위한 機關이다.

一. 그럼에도 불구하고 삼상결정을 끝끝내 반대하여 美蘇 이간을 책모하며 남조선단독전제정권을 세우려고 민주적 통일정부 수립을 방해하고 반소 반공적 모략과 테러를 일삼는 자 누구냐?

一. 보라!! 「共委」의 휴회를 결렬로 선동하며 통일적 민주주의 임시정부 수립이 지연됨을 보고 좋아서 狂躍하는 자 누구인가?

一. 여러분은 잘 알 것입니다. 독립되기 전부터 금광과 외교권을 예매하여 처먹고도 만족치 못하여 끝까지 민족을 노예로 만드는 남조선단독전제정권을 세우지 못하여 최후의 狂疾的 발악을 하는 이승만, 김구 등의 도배들이 아니 그 누구인가!

一. 이 민족도살부 이승만, 김구 등 테러수괴가 입국한 이래 작금을 막론하고 동족살해와 가옥파괴가 없는 날이 있었던가? 이들은 소위 「독립전취국민대회」라는 것을 기만 소집하고 정당, 신문사, 사회단체 등을 습격하여 건물파괴, 물품강탈 등을 감행하고 있지 않는가?

一. 현명하신 삼천만 동포여!! 이러한 악질적 반동단체의 테러와 모략에 동요되지 말자! 건국을 어디까지나 방해하며 민족을 도살하려는 이승만, 김구 등을 두목으로 한 반동집단을 과감히 분쇄하자!

공동위원회는 곧 속개된다! 우리의 실업도 삼팔선도 민주주의 임시정부 수립으로써 해결된다!! 우리는 우리 민주주의 임시정부를 세우기 위하여 「共委」의 속개와 그 성공에 전 민족적 역량을 총집결하여 성의껏, 힘껏, 끝까지 협력하자.

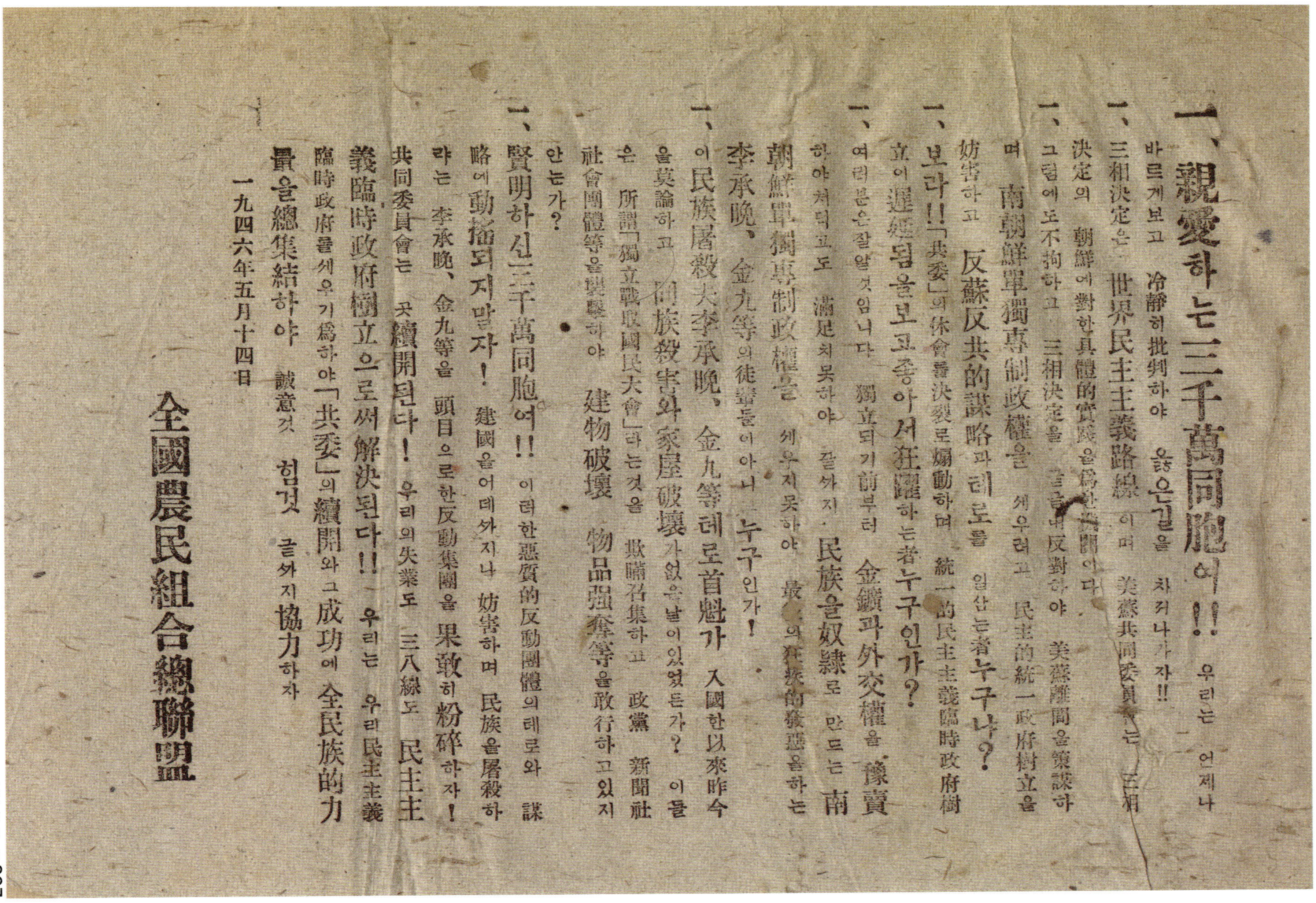

一、親愛하는三千萬同胞여!! 우리는 언제나 바르게보고 冷靜히批判하야 옳은길을 차저나가자!!

一、三相決定은 世界民主主義路線이며 美蘇共同委員會는 三相決定의 朝鮮에對한具體的實踐을爲한機關이다

一、그럼에도不拘하고 三相決定을 끝끝내反對하야 美蘇離間을策謀하며 南朝鮮單獨專制政權을 세우려고 民主的統一政府樹立을 妨害하고 反蘇反共的謀略과테로를 일삼는者누구냐?

一、보라!!「共委」의休會를決裂로煽動하며 統一的民主主義臨時政府樹立이遲延됨을보고좋아서狂躍하는者누구인가?

一、여러분은잘알것입니다 獨立되기前부터 金鑛과外交權을 豫賣하야처먹고도 滿足치못하야 끝까지· 民族을奴隷로 만드는 南朝鮮單獨專制政權을 세우지못하야 最後의狂疾的發惡을하는 李承晩、金九等의徒輩들이아니 누구인가!

一、이民族屠殺大李承晩、金九等테로首魁가 入國한以來昨今을莫論하고 同族殺害와家屋破壞가없은날이있었든가? 이들은 所謂「獨立戰取國民大會」라는것을 欺瞞召集하고 政黨 新聞社 社會團體等을襲擊하야 建物破壞 物品强奪等을敢行하고있지 안는가?

一、賢明하신三千萬同胞여!! 이러한惡質的反動團體의테로와 謀略에動搖되지말자! 建國을어데까지나 妨害하며 民族을屠殺하라는 李承晩、金九等을 頭目으로한反動集團을 果敢히粉碎하자!

共同委員會는 곳續開된다! 우리의失業도 三八線도 民主主義臨時政府樹立으로써解決된다!! 우리는 우리民主主義臨時政府를세우기爲하야「共委」의續開와그成功에 全民族的力量을總集結하야 誠意것 힘것 끝까지協力하자

一九四六年五月十四日

全國農民組合總聯盟

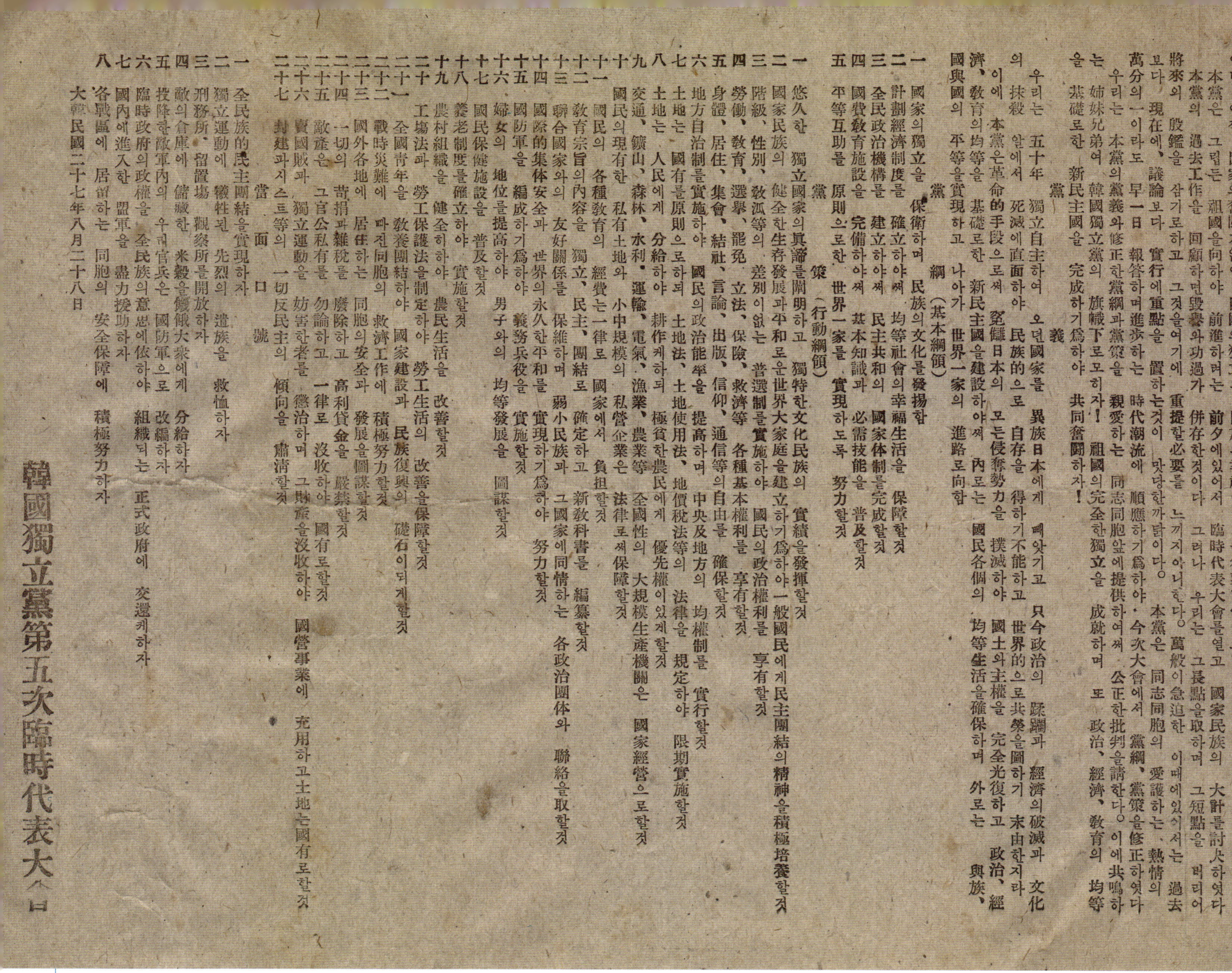

韓國獨立黨第五次臨時代表大會宣言

大韓民國二十七年八月二十八日

〈한국독립당 제5차 임시대표자 대회 선언〉 1945.8.28

본 당은 선조선열의 장엄한 전통적 민족정기를 소승하여 민주독립의 위대한 시대적 정신에 기인하여 이에 국내외 동지, 동포에게 정중히 선언을 발표한다.

본 당은 유구한 역사적 계통을 가진 반일투쟁을 계속하여 강렬히 전개하여왔다. 그러나 우리의 투쟁대중이 소멸된 이때에 있어서는 과거를 다시 검토하면서 신단계의 임무를 규정하지 아니하지 못하게 되었다.

일본제국주의가 한국에 침입한 이후 70년래로 우리는 우리 민족의 자주독립을 위하여 분전하였다. 이것은 「왜적을 박멸하고 조국의 완전한 주권을 쟁취」하려는 민족정신의 표현이었다. 회고하건대, 갑신혁명, 갑오경장, 의병의 유격전, 독립협회, 대한자강회, 반일구국, 除奸, 삼일대혁명 등은 그 대표적 운동이었다. 그 발전과정에 있어서 비록 객관적 정세로 인하여 그 環節의 大小가 不一하고 형태가 부동하였지만 금일까지 꾸준히 생장하고 발전하여왔다. 그 최후의 환절이 곧 한국독립당이다. 따라서 혁명역사가 한국독립당에게 부여한 임무는 「원수 일본의 침탈세력을 박멸하고 조국을 완전 광복하는 것」이다. 본 당은 이 같이 유구한 연원을 가진 광영스러운 역사적 임무를 완성하기 위하여 우리의 민족운동을 복국, 건국, 치국의 계단으로 分期 진행할 필요를 확인하였다. 그리고 특히 전국과 치국의 전 과정을 통하여 본 당의 일관한 목표는 정치, 경제, 교육의 균등을 기초로 한 신민주국을 건립하는 동시에 민족과 민족, 나라와 나라의 평등을 실현하고 나아가 세계일가의 진로로 향함에 있는 것이다.

따라서 본 당은 이 목표에 조속히 도달하고자 심혈을 경주하여 적극 노력하고 있다. 이것이 우리 동포가 본 당을 옹호하는 이유가 되는 것이며 또 국내외의 광대한 동지들이 확고한 자신을 가지고 견인불발하는 정신으로써 혈전을 전개한 원천이 되는 것이다. 이제 우리는 천백배의 용기를 가지고 조국의 독립, 자주와 동포의 민주, 단결과 전 인류의 공영을 위하여 최후까지 분투할 것을 더 한 번 결심한다.

現下 왜적은 붕괴되었다. 우리의 조국은 동맹국의 우의적 협조하에 해방되고 있다. 이로부터 정의의 예봉은 다시 빛나며 파시스트 강도 무리는 햇빛 아래 微菌과 같이 소멸되게 되었다. 국가와 국가 간, 민족과 민족 간의 안전은 그 보장의 길이 평탄하며 전 세계 인류는 자유, 평등의 행복을 누리게 되었다. 그러나 하늘은 스스로 돕는 자를 돕는 것이다. 어찌 自家의 분투가 없이 자국의 독립과 自族의 행복이 있기를 희망할 수 있으랴?

본 당은 그립던 조국을 향하여 전진하려는 前夕에 있어서 임시대표대회를 열고 국가 민족의 대계를 討決하였다.

본 당의 과거 공작을 회고하면 毁譽와 功過가 병존한 것이다. 그러나 우리는 그 장점을 취하며 그 단점을 버려 장래의 殷鑑을 삼기로 하고 그것을 여기에 重提할 필요를 느끼지 아니한다. 만반이 급박한 이때에 있어서는 과거보다 현재에, 의논보다 실행에 중점을 두는 것이 마땅한 까닭이다. 본 당은 동지동포의 애호하는 열정의 만분의 일이라도 하루 빨리 보답하며 진보하는 시대조류에 순응하기 위하여 이번 대회에서 黨綱, 黨策을 수정하였다.

우리는 본 당의 黨義와 수정한 당강과 당책을 친애하는 동지동포 앞에 제공하여서 공정한 비판을 청한다. 이에 공명하는 자매형제여 한국독립당의 기치하로 모이자! 조국의 완전한 독립을 성취하며 또 정치, 경제, 교육의 균등을 기초로 한 신민주국을 완성하기 위하여 공동 분투하자!

당강

1. 국가의 독립을 보위하며 민족의 문화를 발양함
2. 계획경제제도를 확립하여 균등사회의 행복 생활을 보장할 것
3. 全民정치기구를 건립하여 민주공화의 국가체제를 완성할 것
4. 국비교육시설을 완비하여 기본지식과 필수기능을 보급할 것
5. 평등互助를 원칙으로 한 세계 일가를 실현하도록 노력할 것

당책

1. 유구한 독립국가의 진체를 천명하고 독특한 문화민족의 실적을 발휘할 것
2. 국가민족의 건전한 생존발전과 평화로운 세계 대가정을 건립하기 위하여 일반 국민에게 민주단결의 정신을 적극 배양할 것
3. 계급, 성별, 교파 등의 차별이 없는 보선제를 실시하여 국민의 정치권리를 향유할 것
4. 노동, 교육, 선거, 파면, 입법, 보험, 구제 등 각종 기본 권리를 향유할 것
5. 신체, 거주, 집회, 결사, 언론, 출판, 신앙, 통신 등의 자유를 확보할 것
6. 지방자치제를 실시하여 국민의 정치능률을 제고하며 중앙 및 지방의 균권제를 실행할 것
7. 토지는 국유를 원칙으로 하되 토지법, 토지사용법, 지가세법 등의 법률을 규정하여 限期 실시할 것
8. 토지는 인민에게 분급하여 경작케 하되 극빈한 농민에게 우선권이 있게 할 것
9. 교통, 광산, 삼림, 수리, 운수, 전기, 어업, 농업 등 전국성의 대규모생산기관은 국가 경영으로 할 것
10. 국민의 現有한 사유토지와 小中규모의 私營기업은 법률로써 보장할 것
11. 국민의 각종 교육의 경비는 일률로 국가에서 부담할 것
12. 교육 종지의 내용을 독립, 민주, 단결로 확정하여 신교과서를 편찬할 것
13. 연합국가와의 우호관계를 보유하며 약소민족과 그 국가에 동정하는 각 정치단체와 연락을 취할 것
14. 국제적 集體 안전과 세계의 영구한 평화를 실현하기 위하여 노력할 것
15. 국방군을 편성하기 위하여 의무병역을 실시할 것
16. 부녀의 지위를 제고하기 위하여 남자와의 균등 발전을 도모할 것
17. 국민보건시설을 보급할 것
18. 양로제도를 확립하여 실시할 것
19. 농촌조직을 건전히 하여 농민생활을 개선할 것
20. 공장법과 勞工보호법을 제정하여 勞工생활의 개선을 보장할 것
21. 전국 청년을 교양 단결하여 국가 건설과 민족 부흥의 초석이 되게 할 것
22. 戰時 재난에 빠진 동포의 구제공작에 적극 노력할 것
23. 국외 각지에 거주하는 동포의 안전과 발전을 도모할 것
24. 일체의 苛捐과 잡세를 폐지하고 고리대금을 엄금할 것
25. 敵産은 그 관공 사유를 물론하고 일률로 몰수하여 국유로 할 것
26. 매국적과 독립운동을 방해한 자를 징치하며 그 재산을 몰수하여 국영사업에 충용하고 토지는 국유로 할 것
27. 봉건파시스트 등의 일체 반민주의 경향을 숙청할 것

당면구호

1. 전 민족적 민주단결을 실현하자
2. 독립운동에 희생된 선열의 유족을 구휼하자
3. 형무소 유치장, 관찰소를 개방하자
4. 적의 창고에 저장한 미곡을 기아대중에게 분급하자
5. 투항한 적군내의 우리 관병을 국방군으로 개편하자
6. 임시정부의 정권을 전 민족의 의사에 의하여 조직되는 정식정부에 교환케 하자
7. 국내에 진입한 맹군을 전력 원조하자
8. 각 戰區에 거류하는 동포의 안전 보장에 적극 노력하자

韓國獨立黨第五次代表大會宣言

本黨은 先祖先烈의 莊嚴한 傳統的 民族正氣를 紹承하야 民主獨立의 偉大한 時代的 精神에 基因하야 玆에 國內外同志 同胞에게 鄭重히 宣言을 發表한다

本黨은 悠久한 歷史的 系統을 가진 反日鬪爭을 繼續하야 強烈히 展開하여왓다 그러나 우리의 鬪爭對象이 消滅된이때에 있어서는 過去를 다시 檢討하면서 新段階의 任務를 規定하지아니하지못하게되었다 日本帝國主義가 韓國에 侵入한 以後七十年來로 우리는 우리民族의 自主獨立을 爲하야 奮戰하엿다 이것은 「倭敵을 撲滅하고 祖國의 完全한 主權을 爭取」하려는 民族精神의 表現이었다. 回顧하건데、甲申革命、甲午更張、義兵의 遊擊戰、獨立協會、大韓自强會、反日救國、除奸、三一大革命等은 그代表的 運動이었다. 그發展過程에있어서 비록 客觀的 情勢로 因하야 그 環節의 大小가 不一하고 形態가 不同하엿지만 今日까지 꾸준히 生長하고 發展하여있다. 그 最後의 環節이 곧 韓國獨立黨에게 賦與한 任務는 「冤讎日本의 侵奪勢力을 撲滅하고 祖國을 完全光復하는 것」이다. 本黨은 如斯히 悠久한 淵源을갖인 光榮스러운 歷史的 任務를 完成하기爲하야 우리의 民族運動을 復國、建國、治國의 階段으로 分期進行할 必要를 確認하엿다. 그리고 特히 建國과 治國의 全過程을 通하야 本黨의 一貫한 目標는 政治、經濟、敎育의 均等을 基礎로한 新民主國을 建立하는 同時에 族與族、國與國의 平等을 實現하고 나아가 世界一家의 進路로 向함에 있는 것이다. 둠아서 本黨은 이目標에 早速히 到達하고저 心血을 傾注하야 積極努力하고 있다. 이것이 우리同胞가 本黨을 擁護하는 理由가 되는 것이며 또 國內外의 廣大한 同志들이 確固한 自信을 가지고 堅忍不拔하는 精神으로써 本黨을 擁護하는 血戰

조선공산당 〈민족통일과 진정한 독립을 달성하자!!〉

1946.6.10

동포들이여! 오늘 우리 민족은 빛나는 반일투쟁일의 하나였던 6월 10일을 맞이하였다.

오늘날의 반동의 두목들이 전부 일본제국주의의 충복이 되었거나 국외자본가의 던저주는 빵조각과 침대 위에서 낮잠으로 유랑하던 시기 1926년 6월 10일 李坧王의 인사날을 기하여 침략자의 어마어마한 경계를 돌파하고 조선공산당은 천도교의 선량한 부분과 협력하여 대담하게 이 반일투쟁을 조직하였다. 槿花彊土에 삼일대운동을 일으킨 우리 민족이 썩썩하게 살아있고 을지문덕과 이순신의 위대한 민족적 전통을 끊지 않았다는 것을 또 한 번 증명하였다. 이 운동은 민족통일을 제기하였으며 일본제국주의 박멸과 민족의 완전해방을 외쳤다.

동포들이여! 오늘날 반동두목들의 민주주의 민족통일정부 수립 방해와 남조선단독전제정권 수립 음모를 보라! 자율정부란 탈 밑에서 외국의 몇 개 금융자본가에게 경제적 가장 中軸部分을 팔아먹고 그 괴뢰정권 확립의 음모를 보라! 조선공산당이 조국의 완전독립과 민주운동의 중추력이 되어있는 다만 그 까닭으로 그들 반동두목들은 그에 대한 모함과 박해공작에 열중하고 있다.

이 무리들은 우리 민족의 위대한 전통을 파괴하는 무리가 아니고 무엇이냐. 민족의 피를 빨기 위하여 임진왜병에게 전국토의 유린을 맡겨버린 그 가증한 당쟁놈과 조국의 민주주의 개혁을 누르기 위하여 일본제국주의를 모셔 드린 이완용 도배의 심정을 계승한 들이 아니고 무엇이냐.

동포들이여!

인민의 이익을 위하여 싸워온 조선공산당은 결코 거짓말을 아니한다. 일본제국주의가 영구하지 못한 것과 꼭 같이 이 반동두목들의 『자유』로운 음모와 跳梁이 반드시 길지 못할 것이다.

일본제국주의의 害毒과 봉건전제적 속박을 하루 바삐 씻어 버리기를 목적한 민주주의 임시정부 수립의 유일한 길인 미소공동위원회의 재개를 촉진하지 아니하면 아니된다. 이것만이 우리 민족의 통일민주정권을 세울 수 있는 것이다.

진정한 민주독립을 완성하자!

6·10운동의 빛나는 정신을 계승하자!

반동분자들의 모든 민주진영파괴음모공작을 분쇄하자!

자율정부 등의 가면을 쓴 남조선단독전제정권 수립의 음모를 분쇄하자!

미소공동위원회 재개를 촉진하자!

民族統一과 眞正한 獨立을 達成하자!!

同胞들이여! 오늘우리民族은 빗나는 反日鬪爭日의 하나이었든 六月十日을마지하였다 오늘날의 反動의 頭目들이 全部日本帝國主義의 忠僕이되엇거나 國外資本家의 던저주는 빵쪼각과 寢臺우에서 낫잠으로 流浪하든 時期一九二六年六月十日 李坧王의 인산날을期하야 侵略者의어마어마한 警戒를 突破하고 朝鮮共産黨은 天道敎의 善良한部分과 協力하야 大膽하게 이反日鬪爭을 組織하였다 槿花彊土에 三一大運動을 이르킨우리民族이 씩씩하게살어있고 乙支文德과 李舜臣의 偉大한民族的傳統을 끈치않었다는 것을 또 한번證明하였다 이運動은 民族統一을 提起하였으며 日本帝國主義撲滅과 民族의 完全解放을외첫다。

同胞들이여! 오늘날反動頭目들의 民主主義民族統一政府樹立妨害와 南朝鮮單獨專制政권樹立陰謀를보라! 自律政府란탈밋헤서 外國의멋개金融資本家에게經濟的가장 中軸部分을아며팔고 그傀儡政權確立의陰謀를보라! 朝鮮共産黨이 祖國의完全獨立과民主化운동의中樞力이되야있는 다만그까닭으로 그들反動頭目들은 그에對한謀陷과 迫害工作에熱中하고있다 이무리들은 우리民族의 偉大한傳統을 破壞하는무리가아니고 무엇이냐 民族의피를뺄기爲하야 壬辰倭兵에게 全國土의蹂躪을 맥거버린그可憎한黨爭놈과 조國의民主主義改革을 눌르기爲하야 日本帝國主義를모시여드린 李완用徒輩의 心情을繼承한者 들이아니고 무엇이냐。

同胞들이여!

人民의利益을爲하야 싸워온 朝鮮共産黨은 決코거짓말을 아니한다 日本帝國主義가 永久하지못한것과 꼭같이이反動頭目들의 『自由』로운陰謀와 묘藥이반듯 이길지못할것이다

日本帝國主義의 害毒과 封建專制的束縛을 하루밧비씻어버리기를 目的한民主主義臨時政府樹립의・唯一한길인 美蘇共同委員會의・再開를 促進하지아니하면 아니된다이것만이우리 民族의統一的民主정권을 세울수있는것이다。

眞正한民主獨立을 완成하자!

六十운동의 빗나는精神을 繼承하자!

반동분자들의모든 民主陣營破壞陰謀工作을 粉碎하자!

自律정부等의假面을쓴 南朝鮮單獨專制정권樹립의陰謀를粉碎하자!

美蘇共同委員會再開를 促進하자!

一九四六、六、一○

朝鮮共産黨

聲　明　書

三千萬民族의願念은 오즉自主獨立完成이오, 朝鮮民族의至上命令은 民族國家建設에있음은 國際公約이保證하고 國際의影響아래 움직이는朝鮮의運命을攪亂하는 共産黨의赤鬼朴憲永一派는 階級鬪爭을至上目標로하고 이彊土와民族을 蘇聯의隸屬化하려는것이 그鬪爭이오 手段이오 發惡인것을 이저서는안된다

共産主義의政治理念이 國家와民族을否定하고 世界의現存國家를 破壊하고 無産者獨裁를實現함으로써 蘇聯邦에加盟하는것만이 共産主義者들의至上命題인것이니 그目的을達成하기爲하야 蘇聯의走狗 노릇하는것이 所謂朝鮮共産黨이다

一九二〇年으로부터 共産黨運動의國際的 또는民族的으로 그罪狀을枚擧하면 民族을팔아共産黨의탈을쓰고 國際共産黨을欺瞞取財한 上海共産黨의四十萬圓事件(畢境責任者暗殺)과 이橫財를嫉妬하고 露産韓族 卽얼마우재로組織된 닐구-스크共産黨의 同族殺戮戰인黑河事變(赤衛軍加勢로二七名青年獨立軍犠牲)을 비롯하아三十年間國際的으로 欺瞞을縱横하고 國內的으로 民族蹂躪을任意로한 經緯가 모다國家와民族을판것이오 心臓과信條를판 國際失信共黨偽造、同志謀陷、紀律破壊、民族蹂躪、詐欺強盗로만 一貫하여 그根性을 가젓던것이다

朝鮮의現實은 決코階級革命段階가 아닌것이事實임에있어 그行爲가不利할뿐아니라 三千萬이擧族的으로 反共態勢가強化됨을 아는그들은 五年間信託統治를自願함을奇貨로 西北同胞만이라도 赤化를意圖하엿으나 民族魂은獨立線이 가로놓엿음을안 그들은蘇聯邦化를 企劃하엿든것이다

今般美蘇共同委員會가 國際公約에依한 朝鮮에自主獨立政權樹立을 氣魂을描寫하여 樹立할것이事實이라면 米側의託治反對民族民主政黨과 民主主義各團體가 臨政樹立에參加하는것을 疑懼하고 蘇代表를策動하야 朝鮮三千萬同胞의 生命의的이었던 同委員會를停會시킨것은 斷然赤鬼의惡戲이오 獨立反逆임을規定하고 民族이여朝鮮共産黨打倒에總進軍하자!

驚愕! 九百萬圓偽造紙幣事件!(公報局發表)

이는共産黨惡戲의 最大한戰術이다 인푸레를助長하야 細民階級卽勞働者、農民、俸給生活者들을 生活難에모라넣고는 그原因을南朝鮮米軍政에놀니고 그責任을資本家와地主에轉嫁하여 無産階級으로하여금 米軍政과資本家와地主에對한 敵愾心을鼓吹하여 階級鬪爭에 一石二鳥의實効를어들려는것이었으나 배달魂의靈智는 이險惡한殺人的謀計를 容認치않고 拔根한것이니 民族이여! 이赤鬼朝鮮共産黨打倒에 憤然히總蹶起할지어다 朝鮮共産黨은 自己들만이偽造紙幣를 發行한것이아니라 倭人들을노하여금 四十億의通貨를膨脹시켰다

卽建國準備委員會가 倭人의本國回還까지 生命資産을保障한다는 美名으로數千萬圓의 資金을橫取하야濫用하엿던것과 數千萬圓의資金을얻은 代身에互額의紙幣를 日本으로密送한다고結約하고 八·一五以後의 民族蹂躪과經濟攪亂의 殺人的罪惡이있음에도不拘하고九百萬圓(現發表)偽造紙幣事件은 天人共怒할民族的罪惡이오 階級的惡戲임을銘刻하고 三千萬同胞여! 民族的良心과愛國的至誠으로 獨立戰取에整列한 民族陣營의民主主義各政黨과 愛國主義各團體는 總蹶起하야朝鮮共産黨打倒戰에 總攻擊을開始하자!

一、大韓完全自主獨立萬歲
二、獨立戰取國民運動萬歲
三、朝鮮共産黨徹底打倒萬歲

檀紀四二七九年五月　日

獨立戰取國民大會
朝鮮共産黨徹底打倒實踐委員會

獨立戰取國民大會 · 조선공산당철저타도실천위원회 〈성명서〉 1946.5

삼천만 민족의 원념은 오직 자주독립완성이요, 조선민족의 지상명령은 민족국가 건설에 있음은 국제공약이 보증하고 국제적 영향 아래 움직이는 조선의 운명을 교란하는 공산당의 赤鬼 박헌영 일파는 계급투쟁을 지상목표로 하고 이 강토와 민족을 소련의 예속화하려는 것이 그 투쟁이요, 수단이요, 발악인 것을 잊어서는 안 된다.

공산주의의 정치이념이 국가와 민족을 부정하고 세계의 현존국가를 파괴하고 무산자 독재를 실현함으로써 蘇聯邦에 가맹하는 것만이 공산주의자들의 지상명제인 것이니 그 목적을 달성하기 위하여 소련의 주구 노릇하는 것이 소위 조선공산당이다.

1920년으로부터 공산당 운동의 국제적 또는 민족적으로 그 죄상을 매거하면 민족을 팔아 공산당의 탈을 쓰고 국제공산당을 기만 취재한 상해공산당의 40만 원 사건(필경 책임자 암살)과 이 횡재를 질투하고 露産韓族 즉 얼마 후 새로 조직된 닐구-스크 공산당의 동족살육·전인 흑하사변(赤衛軍 가세로 27명 청년독립군 희생)을 비롯하여 30년간 국제적으로 기만을 종횡하고 국제적으로 민족유린을 임의로 한 경위가 모두 국가와 민족을 판 것이요, 심장과 신조를 판 國際失信共黨僞造, 동지모함, 규율파괴, 민족유린, 사기 강도로만 일관하여 그 근성을 가졌던 것이다.

조선의 현실은 결코 계급혁명단계가 아닌 것이 사실임에 있어 그 행위가 불리할 뿐 아니라 삼천만이 거족적으로 반공태세가 강화됨을 아는 그들은 5년간 신탁통치를 자원하였고 삼팔 이북에 赤軍이 진주함을 기화로 서북동포만이라도 적화를 의도하였으나 민족혼은 독립을 찾고 조국혼은 민족에 도화선이 가로놓였음을 안 그들은 蘇聯邦化를 기획하였던 것이다.

이번 미소공동위원회가 국제공약에 의한 조선에 자유독립정권 수립을 할 바에는 조선의 현실과 민족의 기혼을 묘사하여 수립할 것이 사실이라면 美 측의 탁치반대민족민주정당과 민주주의 각 단체가 임정 수립에 참가하는 것을 의구하고 蘇 대표를 책동하여 조선 삼천만 동포의 생명의 목적이었던 동위원회를 정회시킨 것은 단연 赤魂의 惡戲이요, 독립반역임을 규정하고 민족이여 조선공산당 타도에 총진군하자!

경악! 9백만 원 위조지폐사건! (공보국 발표)

이는 공산당 惡戲의 최대한 전술이다. 인플레를 조장하여 세민계급, 즉 노동자, 농민, 봉급생활자들을 생활난에 몰아넣고는 그 원인을 남조선미군정에 돌리고 그 책임을 자본가와 지주에 전가하여 무산계급으로 하여금 미군정과 자본가와 지주에 대한 적개심을 고취하여 계급투쟁에 일석이조의 실효를 얻으려는 것이었으나 배달혼 靈智는 이 험악한 살인적 모계를 용인치 않고 拔根한 것이니 민족이여! 이 赤鬼 조선공산당 타도에 분연히 총궐기할지어다. 조선공산당은 자기들만이 위조지폐를 발행한 것이 아니라 왜인들로 하여금 사십억의 통화를 팽창시켰다.

즉 건국준비위원회가 왜인의 본국 동조까지 생명자산을 보장한다는 미명으로 수천만 원의 자금을 횡취하여 남용하였던 것과 수천만 원의 자금을 얻은 대신에 거액의 지폐를 일본으로 밀송한다고 결약하고 8·15 이후의 민족유린과 경제교란의 살인적 죄악이 있음에도 불구하고 9백만 원(현 발표) 위조지폐사건은 천인공노할 민족적 죄악이요, 계급적 악희임을 銘刻하고 삼천만 동포여! 민족적 양심과 우국적 지성으로 독립전취에 정렬한 민족진영의 민주주의 각 정당과 애국주의 각 단체는 총궐기하여 조선공산당 타도전에 총공격을 개시하자!

一. 대한완전자주독립 만세
二. 독립전취국민운동 만세
三. 조선공산당 철저 타도 만세

조선문화단체총연맹 〈6·10운동 20주년을 기념하자!!〉

사랑하는 동포여!

삼일운동이 패배한 뒤 갈수록 포악해가던 일본제국주의의 압박에 抗하여 전 민중이 과감한 투쟁에 궐기하였던 6월 10일이 왔다. 여하한 압제와 박해에도 멸하지 않는 자유해방의 정신에 불타는 우리의 민족적 상징인 6월 10일이 왔다.

사랑하는 동포여!

우리는 영원히 기억하자! 삼일운동을 짓밟은 일본제국주의의 총검과 말발굽의 위력은 비겁한 정객의 일단으로 하여금 안전한 지대를 구하여 국외로 도망케 하였고 국내의 지주와 자본가들을 회유하여 일제의 충실한 동반자로 만드는 데 성공한 것이었으며 우리 민중은 일제와 동족 자본가와 토지의 이중압박과 착취하에 신음하게 된 것이다.

사랑하는 동포여!

1926년 6월 10일은 실로 우리 민중이 자기의 힘으로 비겁한 정객의 도망과 민족상층부의 배반을 물리치고 감연히 반일대투쟁에 일어선 날이다. 그럼에도 불구하고 일제가 물러간 금일 삼일운동의 도피자와 6·10운동의 배반자들은 또 다시 삼천만 민족의 유일한 희망인 통일민주정부의 수립을 방해하려고 남조단독정부 수립의 흉계를 진행시키고 있다.

★ 동포들! 6·10투쟁의 빛나는 민족통일전선으로 통일민주정부 수립을 촉진시키자.

★ 통일민주정부 수립의 모체인 미소공동위원회를 재개시키자!

★ 삼일운동의 도피자와 6·10운동의 배반자들의 남조단독정부 흉계를 파쇄하자!

六·一〇運動二十週年을 念記하자!!

사랑하는 同胞여!

三一運動이 敗北한뒤 갈사록 暴惡해가든 日本帝國主義의 壓迫에 抗하여 全民衆이 果敢한 鬪爭에 職起하엿든 六月十日이 왓다. 如何한 壓制와 追害에도 滅하지안는 自由解放의 精神에 불타는 우리의 民族的象徵인 六月十日이 왓다.

사랑하는 同胞여!

우리는 永遠히 記憶하자! 三一運動을 짓밟은 日本帝國主義의 銃劍과 馬蹄의 偉力은 卑怯한 政客의 一團으로 하여곰 安全한 地帶를 求하여 國外로 逃亡케하엿고 國內의 地主와 資本家들을 懷柔하여 日帝의 充實한 同伴者로 맨드는데 成功한것이엿으며 우리民衆은 日帝와 同族 資本家와 地主의 二重壓追과 搾取下에 呻吟하게 될것이다.

사랑하는 同胞여!

一九二六年 六月十日은 實로 우리民衆이 自己의힘으로 卑怯한 政客의 逃亡과 民族上層部의 背叛을 물니치고 敢然히 反日大鬪爭에 이러슨날이 다. 그럼에도 不拘하고 日帝가 물러간 今日 三一運動의 逃避者와 六、一〇運動의 背叛者들은 또다시 三千萬民族의 唯一한希望인 統一民主政府의 樹立을 妨害하랴고 南鮮單獨政府樹立의 凶計를 進行식히고 있다.

★ 同胞들! 六、一〇鬪爭의 빗나는 民族統一戰線으로 統一民主政府樹立을 促進식히자!

★★ 統一民主政府樹立의 母體인 美蘇共同委員會를 再開식히자!

★★★ 三一運動의 逃避者와 六、一〇運動의 背叛者들의 南鮮單獨政權凶計를 破碎하자! ★

朝鮮文化團體總聯盟

六·十運動을記念하자!
우리의 독립을위하야싸우자!

보라! 二十年前 民族의 피와 熱로써 싸운 六·一〇運動은 우리에게 이렇게 브르지젓다

「兄弟여! 자매여! 나아가서싸워라— 그리하여 完全한獨立을회복하라!」

「土地를農民에게주라!」

民族의統一戰線우에서 싸운六·一〇運動을기념하며 우리에게완전한독립과 민주주의건설을 위하야 위세를올니자!

언제나 독립을 방해하고 民族을謀陷하는 國內의왜적을처부지자!

언제나 祖國을위하야 싸우고 獨立을위하야 피흘닌六·一〇運動을지도하여준, 日帝의暴壓밑에서도 싸우며자라온

우리民族의唯一한政黨!

朝鮮共産黨萬歲!

主權을人民에게돌녀주고 민주주의적 原則밑에 獨立을주려는 三相會議決定을支持하자!

三八線을永久化시키려하고 南朝鮮만떼여서 專制吸血테로政府을세우려는 反動頭目을처물니치고 米蘇共同委員會再開을要求하자!

民族의唯一한 살길은 全民族이 누구나다 民主主義民族戰線의傘下에서 眞正한

獨立을 戰取하기爲한 革命的 傳統을살니는데잇다!

一, 六十運動二十週年紀念萬歲!

一, 反動巨頭의南朝鮮單獨專制政府樹立劃策을粉碎하자!

一, 民族의光! 人民의자랑! 朝鮮共産黨萬歲!

一, 民主主義와獨立을주기위한 美蘇共同委員會再開를要求하자!

一, 紙幣僞造事件의眞相을公開하라!

一, 朝鮮完全獨立萬歲!

一九四六年六月十日

全國農民組合總聯盟

전국농민조합총연맹 〈6·10운동을 기념하자! 우리의 독립을 위하여 싸우자!〉 1946.6.10

보라! 20년 전 민족의 피와 열로써 싸운 6·10운동은 우리에게 이렇게 부르짖었다.
「형제여! 자매여! 나아가서 싸워라! 그리하여 안전한 독립을 회복하라!」
「토지를 농민에게 주어라!」
민족의 통일전선 위에서 싸운 6·10운동을 기념하며 우리에게 완전한 독립과 민주주의 건설을 위하여 위세를 올리자!
언제나 독립을 방해하고 민족을 모함하는 국내의 왜적을 처부수자!
언제나 조국을 위하여 싸우고 독립을 위하여 피 흘린 6·10운동을 지도하여 준, 일제의 폭압 밑에서도 싸우며 자라온
우리 민족의 유일한 정당!
조선공산당 만세!

주권을 인민에게 돌려주고 민주주의적 원칙 밑에 독립을 주려는 삼상회의 결정을 지지하자!
삼팔선을 영구화시키려 하고 남조선만 떼어서 전제흡혈테러정부를 세우려는 반동두목을 쳐 물리치고 미소공동위원회 재개를 요구하자!
민족의 유일한 살 길은 전 민족이 누구나 다 민주주의 민족전선의 산하에서 진정한 독립을 전취하기 위한 혁명적 전통을 살리는 데 있다.
一. 6·10운동 20주년 기념
一. 반동거두의 남조선단독전제정부 수립 획책을 분쇄하자.
一. 민족의 빛! 인민의 자랑! 조선공산당 만세!
一. 민주주의와 독립을 주기 위한 미소공동위원회 재개를 요구하자!
一. 지폐위조사건의 진상을 공개하라!
一. 조선완전독립 만세!

聲明書

天道敎로하야금 分而復合 合而復分의 崎嶇한路線을 밝게 된것은 何故인가 八·一五以前日帝의 壓迫밑에서는 意見의 對立 環境의 惡戱가 重要한原因이였으며 今日의分裂은 矛盾을內包한데서 氣和心合이 못되였던것이 直接原因이였다 同歸一體를 누구보다信條로삼는 우리로서 또다시分裂의길을 밟지안으면 안되게될때 엇지心胆이俱裂치안었을것이며 世上에서도 또한 奇怪의感을갖이 안었을것인가 그러나 今日은언던때인가 日本帝國主義의鐵鎖는 끈어지고 人類歷史가命名할수있는 至高한使命을 우리에게주어 半萬年의 빛나든歷史를 도로밝혀 完壁無缺한 自主獨立의國家를 힘차게 建設할 이때이다

分裂은禁物이요 同歸一体만이 至上命令이라해서 相互牽制밑에서 坐而不立 立而不步의感을 늣기면서 그날〈 躊躇逡巡 歲月을보내지못할今日인것을 痛感함으로써이다

敎會가分離된以上 敎會의前衛的使命을띠었든黨이며 實質的으로 總部의指示를 받었든黨으로서의 靑友黨은 엇지될것이냐가問題안일수었다 그럼으로 天道敎總部에屬한 우리로서는 混線騷音의氛圍氣를 깨끗이淸算하고 民族的自主獨立으로부터 世界的平和建設에로 나아가는 甲午革命 甲辰改革 已未獨立 三大運動의 歷史的崇嚴한生命을 繼承하야써 輔國安民의 大道를實踐하며 布德天下의 大願을完遂코자 이에 靑友黨과 緣을絶하고 我等百萬同德으로 더부러 名實共히 敎政一致의 天道敎的公黨인 天道敎輔國黨을 結成한다

布德八十七年七月七日

天道敎輔國黨

천도교보국당 〈성명서〉 1946(포덕 87년).7.7

천도교로 하여금 分而復合 合而復分의 기구한 노선을 밟게 된 것은 어떤 까닭인가. 8·15 이전 일제의 압박 밑에서는 의견의 대립 환경의 惡戱가 중요한 원인이었으며 금일의 분열은 모순을 내포한 데서 氣和心合이 못 되었던 것이 직접원인이었다. 同歸一體를 누구보다 신조로 삼는 우리로서 또 다시 분열의 길을 밟지 않으면 안 되게 될 때 어찌 心胆이 俱裂치 않았을 것이며 세상에서도 또한 기괴의 감을 갖지 않았을 것인가. 그러나 금일은 어떤 때인가. 일본제국주의의 철쇄는 끊어지고 인류역사가 명명할 수 있는 지고한 사명을 우리에게 주어 반만년의 빛나는 역사를 도로 밝혀 완벽 무결한 자주독립의 국가를 힘차게 건설할 이때이다.

분열은 금물이요, 동귀일체만이 지상명령이라 해서 상호견제 밑에서 坐而不立 立而不步의 감을 느끼면서 그날그날 躊躇逡巡 세월을 보내지 못할 금일인 것을 통감함으로써이다.

교회가 분리된 이상 교회의 전위적 사명을 띠었던 당이며 실질적으로 총부의 지시를 받았던 당으로서의 청우당은 어찌될 것이냐가 문제 아닐 수 없었다. 그러므로 천도교 총부에 속한 우리로서는 혼선 소음의 분위기를 깨끗이 청산하고 민족적 자주독립으로부터 세계적 숭엄한 생명을 계승하여 보국안민의 大道를 실천하며 施德天下의 大願을 완수코자 이에 청우당과 緣을 絶하고 우리들 백만 同德으로 더불어 명실공히 교정일치의 천도교적 공당인 天道敎輔國黨을 결성한다.

제2차 세계대전에 있어 연합국의 영웅적 투쟁은 최후적 승리를 얻어 세기적 역사를 전환시키고 있다.
이에 우리들은 인류의 새로운 평화를 갈망하며 완전한 자주를 요구한다. 민족의 자주가 있음에서 세계의 평화는 이룰 수 있고 세계의 평화가 있음에서 민족의 발전을 얻을 수 있다.
이에 우리는 후천개벽의 종주인 천도교를 모체로 보국안민 광제창생의 지고한 사명을 자부하며 유일의 공당인 천도교보국당을 창건한다.
黨是
一. 인내천주의의 교정일치의 실현
一. 吾心汝心의 민족적 자생독립국가의 건설
一. 同歸一体의 세계적 평화의 수립

建黨宣言

第二次世界大戰에있어 聯合國의英雄的鬪爭은 最后的勝利를
언어 世紀的歷史를 轉換시키고 있다
이에我等은 人類의새로운 平和를渴望하며 完全한 自主를
要求한다 民族의自主가있음에서 世界의平和는 일울수있고
世界의平和가 있음에서 民族의發展을 얻을수있다
이에 우리는 後天開闢의宗主인 天道敎를母体로 輔國安民
廣濟蒼生의 至高한使命을自負하며 唯一의公黨인 天道敎輔國
黨을 創建한다

黨 是

一、 人乃天主義의敎政一致의實現
一、 吾心汝心의民族的自主獨立國家의建設
一、 同歸一体의世界的平和의樹立

布德 八十七年 七月 七日

天道敎輔國黨

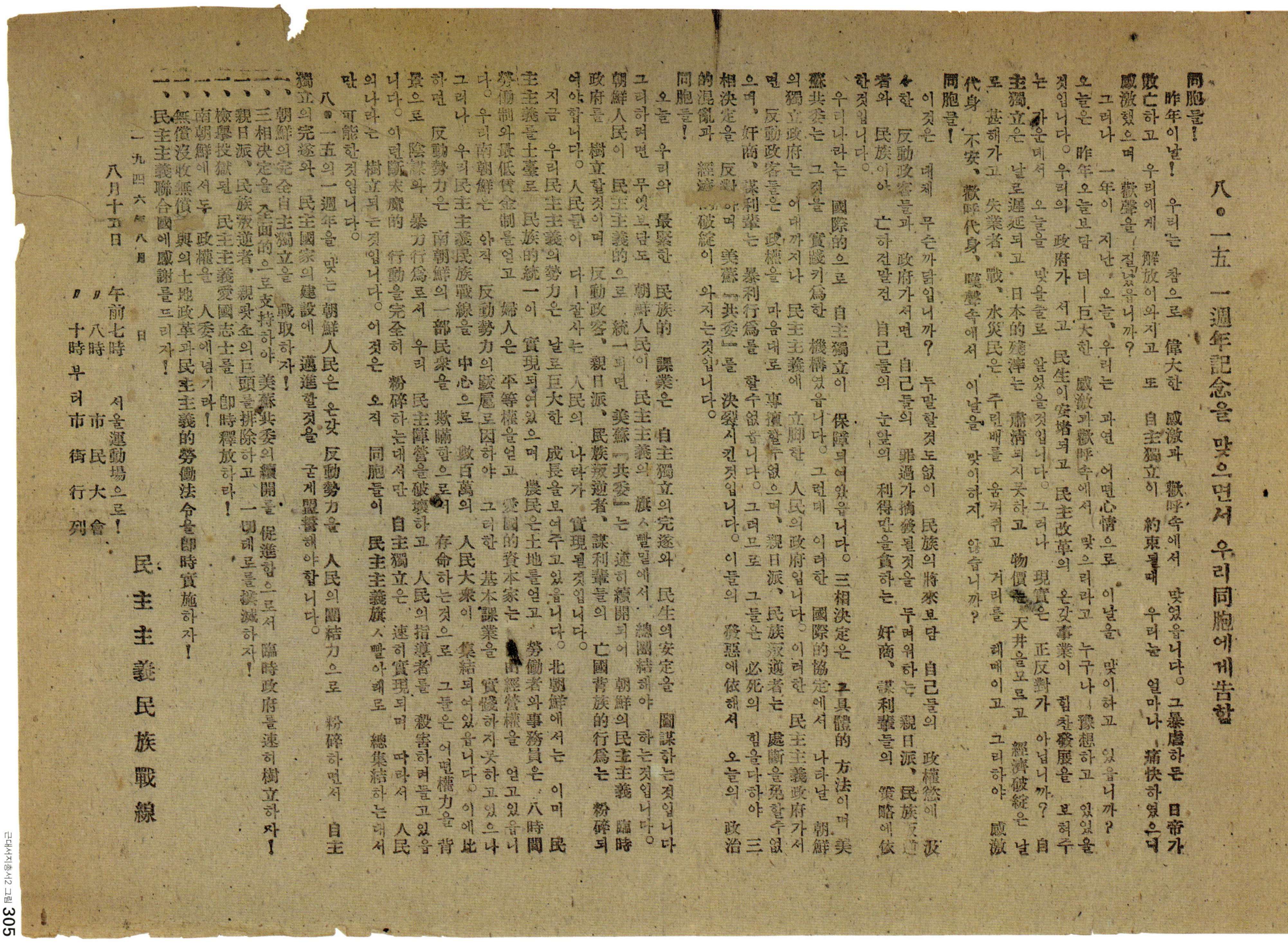

민주주의민족전선 〈8·15 1주년을 맞으면서 우리 동포에게 고함〉 1946.8

동포들!

작년 이날! 우리는 참으로 위대한 감격과 환호 속에서 맞았습니다. 그 포학하던 일제가 패망하고 우리에게 해방이 와지고 또 자주독립이 약속될 때. 우리는 얼마나 통쾌하였으니 감격했으며 환성을 질렀습니까?

그러나 1년이 지난 오늘 우리는 과연 어떤 심정으로 이날을 맞이하고 있습니까? 오늘은 작년 오늘보다 더 거대한 감격과 환호 속에서 맞으리라고 누구나 상상하고 있었을 것입니다. 우리의 정부가 서고 민생이 안도되고 민주개혁의 온갖 사업이 힘찬 발전을 보여주는 가운데서 오늘을 맞을 줄로 알았을 것입니다. 그러나 현실은 정반대가 아닙니까? 자주독립은 날로 지연되고 일본적 잔재는 숙청되지 못하고 물가는 천정을 모르고 경제파탄은 날로 심해가고 실업자, 戰, 水災民은 주린 배를 움켜쥐고 거리를 헤매고 그리하여 감격 대신 불안, 환호 대신, 탄성 속에서 이날을 맞이하지 않습니까?

동포들!

이것은 대체 무슨 까닭입니까?

한 반동정객들과 정부가 서면 자기들의 죄과가 적발될 것을 두려워하는 친일파, 민족반역자와 민족이야 망하건 말건 자기들의 눈앞의 이득만을 탐하는 奸商, 모리배의 책략에서 의한 것입니다.

우리나라는 국제적으로 자주독립이 보장되어 있습니다. 삼상 결정은 그 구체적 방법이며 미소공위는 그것을 실천키 위한 기구였습니다. 그런데 이러한 국제적 협정에서 나타날 조선의 독립정부는 어디까지나 민주주의에 입각한 인민의 정부입니다. 이러한 민주주의 정부가 서면 반동정객들은 정권을 마음대로 專擅할 수 없으며, 친일파, 민족반역자는 처단을 면할 수 없으며, 奸商, 모리배는 폭리행위를 할 수 없습니다. 그러므로 그들은 필사의 힘을 다하여 삼상 결정을 반대하며 미소「共委」를 결렬시킨 것입니다. 이들의 발악에 의해서 오늘의 정치적 혼란과 경제적 파탄이 와지는 것입니다.

오늘 우리의 最緊한 민족적 과업은 자주독립 완수와 민생의 안정을 도모하는 것입니다. 그리하려면 무엇보다도 조선인민이 민주주의의 깃발 밑에서 총 단결해야 하는 것입니다. 조선인민이 민주주의적으로 통일되면 미소「공위」는 속히 속개되어 조선의 민주주의 임시정부를 수립할 것이며 반동정객, 친일파, 민족반역자, 모리배들의 망국배족적 행위는 분쇄되어야 합니다. 인민들이 다 잘 사는 인민의 나라가 실현될 것입니다.

지금 우리 민주주의의 세력은 날로 거대한 성장을 보여주고 있습니다. 북조선에서는 이미 민주주의를 토대로 민족적 통일이 실현되어 있으며 농민은 토지를 얻고 노동자와 사무원은 8시간 노동제와 최저임금제를 얻고 부인은 평등권을 얻고 애국적 자본가는 자유경영권을 얻고 있습니다. 우리 남조선은 아직 반동세력의 발호로 인하여 그러한 기본과업을 실천하지 못하고 있으나 그러나 우리 민주주의 민족전선을 중심으로 수백만의 인민대중이 집결되어 있습니다. 이에 비하면 반동세력은 남조선의 일부 민중을 기만함으로서 존명하는 것으로 그들은 어떤 권력을 배경으로 음모와 폭력행위로서 우리 민주진영을 파괴하고 인민의 지도자를 살해하려 들고 있습니다. 이런 단말마적 행동을 완전히 분쇄하는 데서만 자주독립은 속히 실현되며 따라서 인민의 나라는 수립되는 것입니다. 이것은 오직 동포들이 민주주의 깃발 아래로 총집결하는 데서만 가능한 것입니다.

8·15의 1주년을 맞는 조선인민은 온갖 반동세력을 인민의 단결력으로 분쇄하면서 자주독립의 완수와, 민주국가의 건설에 매진할 것을 굳게 맹서해야 합니다.

一. 조선의 완전자주독립을 전취하자!

一. 삼상 결정을 전면적으로 지지하여 미소공위의 속개를 촉진함으로써 임시정부를 속히 수립하자!

一. 친일파, 민족반역자, 親팟쇼의 거두를 배제하고 일체 테러를 박멸하자!

一. 검거, 투옥된 민주주의 애국지사를 즉시 석방하라.

一. 남조선에서도 정권을 人委에 넘기라!

一. 무상몰수, 무상증여의 토지 개혁과 민주주의적 노동법령을 즉시 실시하자!

一. 민주주의 연합국에 감사를 드리자!

전국학생총연맹의 전국학생독립전취대회 〈선언〉
1946.8.14

왜적이 물러간 후 조국의 상태는 정당이 난립함으로 질서는 혼란되었고 연합군이 진주하여 군정이 실시된 지 이미 1년이 가까웠어도 우리 민중의 생활은 나날이 긴박하여 가고만 있으니 이 난국의 수습은 더욱 더 앞날이 순탄치 못하다.

이처럼 조국의 운명은 바야흐로 위급존망지추에 있다. 오천 년의 유구한 역사적 전통을 지녔고 정의와 정열로써 나라를 위하여 순국하신 선열의 피와 뜻을 계승한 우리 학도들! 조국위난을 앞에다가 가로놓고 어찌 晏然할 수 있으랴. 신탁을 절대로 배격하고 민족반역분자를 철저히 숙청함으로써 민족의 대의를 위하여 봉기할 때라 할 것이니 이것이 민족애에 불타는 우리 청년학도의 당연한 임무다.

이리하여 연합국이 공약으로써 선언한 우리의 자주독립을 하루바삐 실현하여 줄 것을 전 세계에 호소하려는 것이다.

이에 조국애에 불타고 생을 鴻毛와 같이 생각하는 우리 백만 학도는 애국적 憤熱로써 조국의 자주독립을 전취하기 위하여 총궐기함을 선언하는 것이다.

단기 4279년 8월 14일
전국학생독립쟁취대회

결의문
우리는 사천 년래 고수하던 조국의 독립에 분투할 최후 단계에 임하여 정중하게 아래와 같이 결의한다.
一. 전국적 대표기구로써 반탁적 신정권을 즉시 수립하여 국토와 민족과 주권의 통일을 완성하자.
二. 美, 蘇, 中, 英, 法의 5개국 정부에 향하여 자주독립의 신정권을 승인케 하자.
三. 美, 蘇 대립의 38선이 우리 민족분열의 근원이니 38선을 즉시 철폐하여 조국의 위기를 방지하자.
四. 남북 학생은 일치단결하여 독립을 쟁취하고 비독립 요소를 소탕하며 모리배를 완전히 말살하여 학생생활을 위기에서 구제하자.

宣言

倭賊이 물러간 後 祖國의 狀態는 政黨이 亂立함으로 秩序는 混亂되었고 聯合軍이 進駐하여 軍政이 實施된지 이미 一年이 가까웟어도 우리 民衆의 生活은 나날이 緊迫하여 가고만 있으니 이 難局의 收拾은 더욱더 앞날이 順坦치 못하다.

이처럼 祖國의 運命은 바야흐로 危急存亡之秋에 잇다. 五千年의 悠久한 歷史的傳統을 지녓고 正義와 情熱로서 나라를 爲하야 殉國하신 先烈의 피와 뜻을 繼承한 우리 學徒들! 祖國危難을 앞에다 가로노코 어찌 晏然할수 잇으랴. 信託을 絕對로 排擊하고 民族反逆分子를 徹底히 肅淸함으로써 民族의 大義를 爲하야 蜂起할 때라 할것이니 이것이 民族愛에 불타는 우리 靑年學徒의 當然한 任務다.

이리하야 聯合國이 公約으로써 宣言한 우리의 自主獨立을 하로바삐 實現하여 줄것을 全世界에 呼訴하려는 것이다.

이에 祖國愛에 불타고 生을 鴻毛와 같이 생각하는 우리 百萬學徒는 愛國的 憤熱로서 祖國의 自主獨立을 戰取하기 爲하여 總蹶起함을 宣言하는 것이다.

檀紀四二七九年八月十四日
全國學生獨立戰取大會

決議文
우리는 四千年來 固守하던 祖國의 獨立애 奮鬪할 最後段階에 臨하여 鄭重하게 아래와 같이 決議한다.
一, 全國的 代表機構로써 反託的 新政權을 卽時 樹立하여 國土와 民族과 主權의 統一을 完成하자.
二, 美, 蘇, 中, 英, 法의 五個國政府에 向하여 自主獨立의 新政權을 承認케 하자.
三, 美, 蘇 對立의 三八線이 우리 民族分裂의 根源이니 三八線을 卽時 撤廢하여 祖國의 危機를 防止하자.
四, 南北學生은 一致團結하여 獨立을 戰取하고 非獨立要素를 掃蕩하며 謀利輩를 完全抹殺하여 學生生活을 危機에서 救濟하자.
檀紀四二七九年八月十四日
全國學生總聯盟

대한민주청년동맹 〈연합국은 국제적 공약을 급속 실천하라〉

삼천만 동포들이여 우리는 국제적으로 보장된 자주독립을 삼천만의 이름으로 민주주의 원칙에 의하여 국제적 여론 심판의 이행청구소송을 제기하자. 만약 위반하는 나라 있다면 국제적 노선인 세계 민주주의를 무시하는 팟쇼임을 지적하여 당연히 日獨의 판례를 준하여 원자력 처형이 있어야 될 것이다.

반역자들이여 급속히 반성하라. 우리 8백만 청년동지들은 양심으로 반성하는 자에 대하여 관대히 용서할 아량을 가지고 있다. 그렇지 않으면 민족의 총의는 부득이 인민법정을 만들어야 할 것이며 판례는 역사적으로 그대들에게 교훈이 되어 있는 [무솔리니]의 예를 적용케 될 것이다.

一. 38도선을 타도 분쇄하자!
二. 생지옥에서 방황하는 서북동포를 구하자!
三. 비양심적 정당은 싸움 클럽이 아니다. 즉시 해체하라!
四. 매국노를 타도 박멸하자!
五. 연합국평화친선 만세!
六. 대한자주독립 만세!

聯合國은 國際的 公約을 急速實踐하라

三千萬同胞들이여 우리는 國際的으로 保障된 自主獨立을 三千萬의 일홈으로 民主主義原則에 依하야 國際的輿論審判의 履行請求訴訟을 提起하자 萬若 違反하는 나라 있다면 國際的路線인 世界民主主義를 無視하는 팟쇼임을 指摘하야 當然히 日獨伊의 判例를 準하야 原子力으로 處刑이 있어야 될것이다

反逆者들이여 急速히 反省하라 우리 八百萬靑年同志들은 良心으로 反省하는 者에 對하야 寬大히 容恕할 雅量을 가지고 있다 不然而면 民族의 總意는 不得已 人民法廷을 만드러야 할것이며 判例는 歷史的으로 그대들에게 敎訓이 되여잇는 「뭇쏘리니」의 例를 適用케 될것이다

一, 三八度線을 打倒 분쇄하자!
二, 生地獄에서 彷徨하는 西北同胞를 救하자!
三, 非良心的 政黨은 싸흠俱樂部가 안이다 卽時 解体하라!
四, 賣國奴을 打倒撲滅하자!
五, 聯合國平和親善萬歲!
六, 大韓自主獨立萬歲!

大韓民主靑年同盟

一九四六年八月　日
朝鮮共産黨中央宣傳部

八·一五를 마지하야 同胞에게 檄함

민주주의 민족전선 만세!!

땅과 일과 쌀을 주는 人民民主政府樹立萬歲!!

朝鮮을 또다시 植民地化하려는 모―든 帝國主義政策을 絶對排擊하자!!

北朝鮮의 偉大한 民主改革을 南朝鮮에도 即時實施하라!!

民主主義民族戰線萬歲!!

조선공산당 중앙선전부 〈8·15를 맞이하여 동포에게 檄함〉 1946.8

동포들!!

감격과 희망과 흥분의 기념의 날 8·15도 어언간 1년을 맞이하게 되었다. 그러나 우리가 바라고 기다렸던 것이 과연 몇 가지나 실현된 것이 있는가!!

동포들!!

우리들의 기대와는 정반대로 날이 가고 달이 지날수록 점점 더 혼란과 비참이 닥쳐오고 있나니 금일의 이 꼴 보자고 우리는 8·15 해방을 그처럼 목을 놓아 기대하였던 것인가?

거리를 쳐다보라!! 실업자의 무리 홍수 같이 밀리고 戰災民·귀환동포는 갈 곳 없어 헤매고 공장문은 굳게 닫혀 산업은 마비되고 모리배의 창고 속에는 수천 가마니 쌀이 있건만 쌀 배급소 앞에는 맥없는 부인들이 한 되의 미국제 밀가루를 탈 양으로 늘어서 있지 않는가?

농촌을 쳐다보라!! 겨우겨우 지어놓은 보리는 하곡수집령인가에 의하여 다 빼앗기고 그도 모자라 사서까지 공출하여 아사자는 속출하고 부황병은 창궐하고 있지 않는가? 일제시대와 마찬가지 고율소작료 소작권이양 등등 그 어느 곳에서 해방을 찾아 볼 수 있는가?

땅과 일과 쌀을 주는 인민민주정부 수립 만세!!

테러는 대낮에 횡행하여 모든 민주주의 기관과 단체와 지도자에게 제 마음대로 폭행하는 것은 가만히 두면서도 평화군중에게 총을 놓아 젊은 학도의 생명을 빼앗고도 오히려 그것을 표창하는 악덕 경찰이 있는가 하면 부편부당은 집어치우고 민주주의자는 증거 없더라도 처벌하라는 언어도단의 사법관도 있지 않는가? 학원을 쳐다보라!! 민주주의 교수는 무단히 쫓겨나고 선생을 때린 여학생은 가만 두고 구타당한 선생은 갖은 죄명으로 구금당하며 부족한 것은 학교건만 그것조차 없애려는 악덕관리도 있지 않는가!!

행정·사법·경찰·학교에 숨어든 친일파 민족반역자를 몰아내라!!

민주주의 언론·출판·집회는 방해 당하고 민주주의 애국자는 투옥당하며 물가는 천정부지로 비싸져서 비록 취직자라도 두 끼의 죽조차 먹을 길 없는데다가 홍수와 호열자(콜레라)는 창궐하니 『차라리 이럴진대 일본놈 시대가 오히려 나았다』라는 애처로운 원성이 방방곡곡에 자자하지 않는가?

그러나 동포들!!

눈을 돌이켜 북조선을 쳐다보라!! 농민은 땅을 얻어 자유로운 농민의 힘찬 소리 들리며 진보적 노동법령은 실시되어 노동자, 사무원은 보호되고 남녀동등권은 법률로써 확인되어 민주주의 개혁의 위대한 진행이 착착 실행되고 있지 않는가?

본래가 부족하던 쌀은 함북이 실제 전쟁터가 되어 더욱 부족할 것임에도 불구하고 모든 동포들은 살아가는 데 풍년 들었다던 작년, 일본에도 북조선에도 안 보낸 곡창 남조선의 이 기근상태는 어찌된 셈인가?

북조선의 위대한 민주개혁을 남조선에도 즉시 실시하라!!

동포들!

남북조선의 이 차이는 어디서 오는 것인가? 그 이유는 북조선에서는 모든 정치적 권력이 인민의 손에 넘어왔고 남조선에서는 그와 반대로 친일파, 민족반역자, 팟쇼분자가 정치적 권력을 잡고 미군정 역시 이들만을 원조하기 때문이다.

조선을 또다시 식민지화하려는 모든 제국주의정책을 절대 배격하자!!

동포들!

우리들의 나아갈 길은 어느 것인가? 남조선에도 북조선의 위대한 민주개혁을 즉시 실시하여야 할 것이며 친일파, 민족반역자, 테러리스트, 팟쇼분자, 모리배를 숙청하고

토지는 밭가는 농민에게 무상으로 나누어 주어라!

정권은 군정으로부터 인민위원회에 즉시 넘겨라!

군정고문기관 혹은 입법기관 창설 절대 반대!

의 깃발을 높이 들고 삼상회의의 총체적 지지 원칙 위에 남북조선의 민주주의적 통일로 민주정권을 수립하여야 할 것이다. 이 길만이 민생을 도탄에서 구하는 길이며 이 길 이외의 모든 길은 더욱 더욱 암흑과 비참을 자아내는 길이다.

민주주의 민족전선 만세!!

동포들!

1주년을 맞이하는 8·15 해방기념일은 安價한 축하로써 맞이하기에는 너무나 현실은 처참하다. 우리는 작년 이때에 바랐던 모든 것을 얻기 위하여 더욱 힘찬 투쟁을 맹세 실천함으로써 이날을 맞이하자!

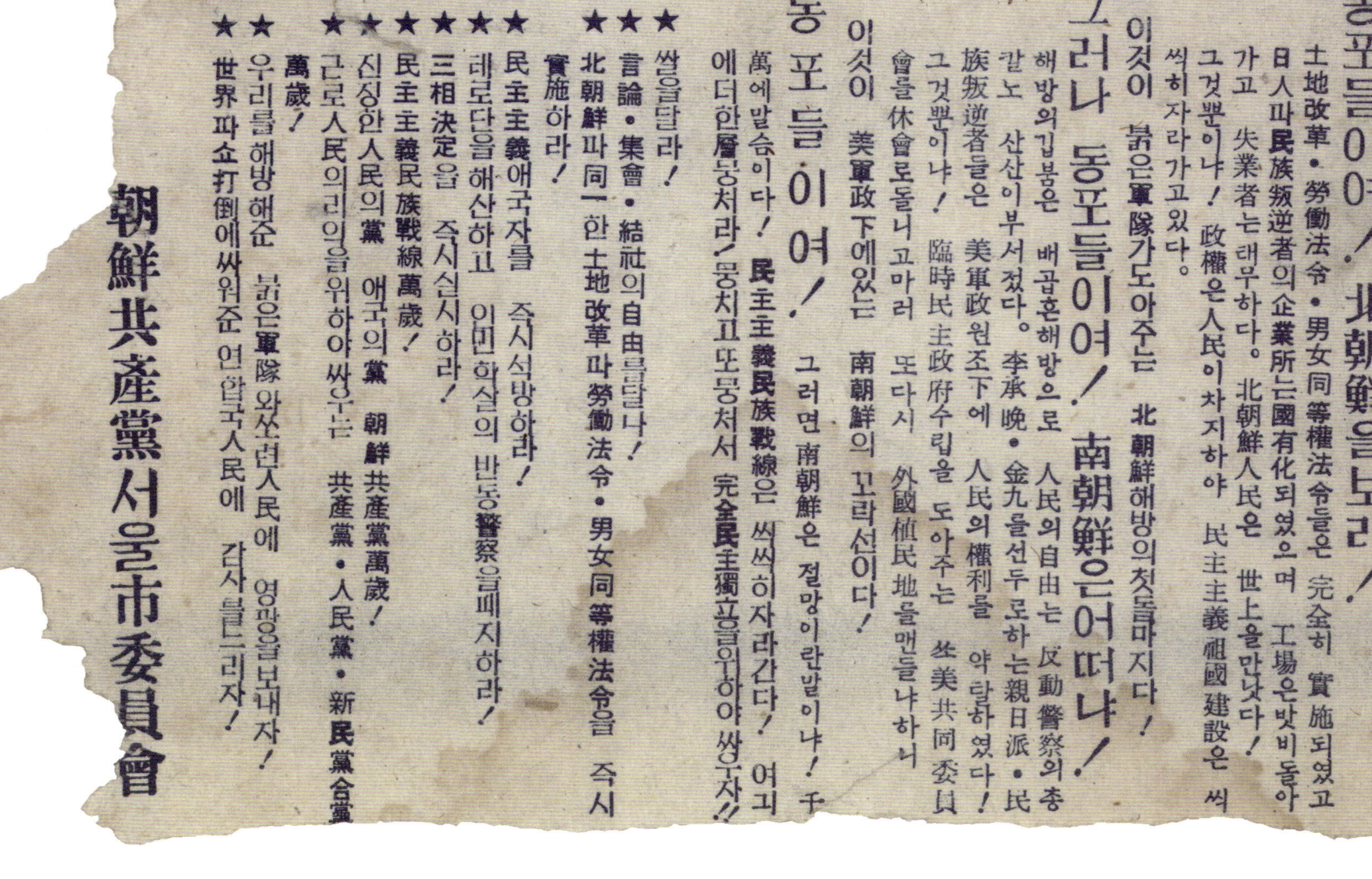

조선공산당 서울시위원회 〈동포들이여! 북조선을 보라!〉
1946.8.15

동포들이여! 북조선을 보라!
토지개혁 · 노동법령 · 남녀동등권법령들은 완전히 실시되었고 日人과 민족반역자의 企業所는 국유화되었으며 공장은 바삐 돌아가고 실업자는 태무하다. 북조선 인민은 세상을 만났다!
그것뿐이냐! 정권은 인민이 차지하여 민주주의 조국 건설은 씩씩히 자라가고 있다.
이것이 붉은 군대가 도와주는 북조선 해방의 첫돌 맞이다!
그러나 동포들이여! 남조선은 어떠냐!
해방의 기쁨은 배고픈 해방으로 인민의 자유는 반동경찰의 총칼로 산산이 부서졌다. 이승만 · 김구를 선두로 하는 친일파 · 민족반역자들은 미군정 원조하에 인민의 권리를 약탈하였다!
그것뿐이냐! 임시민주정부 수립을 도와주는 소미공동위원회를 휴회로 돌리고 말아 또다시 외국 식민지를 만들려 하니

이것이 미군정하에 있는 남조선의 꼬락서니이다!
동포들이여! 그러면 남조선은 절망이란 말이냐! 여기에 더 한층 뭉쳐라! 뭉치고 뭉쳐서 완전민주독립을 위하여 싸우자!!
★쌀을 달라!
★언론 · 집회 · 결사의 자유를 달라!
★북조선과 동일한 토지개혁과 노동법령 · 남녀동등권법령을 즉시 실시하라!
★민주주의 애국자를 즉시 석방하라!
★테러단을 해산하고 인민 학살의 반동 경찰을 폐지하라!
★삼상 결정을 즉시 실시하라!
★민주주의 민족전선 만세!
★진정한 인민의 당, 애국의 당, 조선공산당 만세!
★근로인민의 이익을 위하여 싸우는 공산당 · 인민당 · 신민당 합당 만세!
★우리를 해방해 준 붉은 군대와 소련인민에 영광을 보내자!
★세계파쇼 타도에 싸워준 연합국 인민에 감사를 드리자!

三千萬同胞들아 動요하지말자 !
鋼鐵 것른 맘을 가져라 !!

朝鮮 靑年 聯盟

조선청년연맹 〈삼천만 동포들아 동요하지 말자! 강철 같은 마음을 가져라!〉 1946.8.15

사랑하는 삼천만 동포들이여!!

우리들은 민족진영에 굳세고 불타는 이 애국심과 투쟁력을 전적으로 안심하고 해주기를 바란다. 무엇보다도 여러분들의 의지가 굳세게 준비가 되어있고 또한 우리들 애국운동에 매진분투하고 있는 동지들에 강철 같은 마음과 어느 때나 조국과 동포들에 해방과 복리를 위해서라면 一死를 가볍게 내던질 각오와 용의하에서 싸우고 있다는 것을 잊어서는 안 된다. 그렇다. 대중 여러분들의 뭉쳐진 힘과 튼튼히 믿어줌이 있어야 우리들은 또한 활발하게, 힘차게 그 어떠한 희생과 고통과 위대한 적이 있더라도 달게 받고 참고 싸워 이겨나갈 수 있다는 것을 재삼 잊어주지 말기를 바란다. 해방(?)이라는 말이 그 얼마나 값뜬 유행어가 되었으며 자유라는 허수아비에게 白晝에 醉夢에 그 얼마나 세상이 떠들고 날뛰었던가 그 해방이란 말과 자유라는 美名稱은 저 가륵한 공산당 도배들의 모든 대죄악에 제작과정에 있어서 백년 동안에 한 번도 찾아보기 어려운 좋은 기회를 주었던 것밖에는 그 아무런 혜택을 우리들 선량한 국민에게는 준 것도 없으며 도리어 쓰디쓴 고소를 금치 못하는 바다. 보아라! 모든 공산당들에 許詐와 음모와 매국적 행동과 반역적 반동과 팟쇼적 민주주의국가 건설에 목적을 공산당들에 저간 1년 동안에 大罪惡史과 이번 8·15기념일을 기하여 일대 동족끼리의 사상적 견해에 相違로 피를 흘리게 하려하고 민심을 극도로 혼란에 휘몰아 넣어 그 기회를 타서 야만적 행동을 하여 몰락의 길을 걷고 있는 자기네 민전파들에 보잘 것 없는 나머지 발악과 빈곤한 여력을 마지막으로 대중에게 애소하고 회복시키려다가 폭로되어 일대 파란을 일으킨 사실 때문에 지금의 민심이 얼마나 공산당들을 대하는 행동이 强盜視하고 있고 역적처럼 생각하고 미워하고 있다는 것을 민전파들은 잊어서는 안 될 것이다. 잘 알고 있을 거다. 대중 여러분!

우리들이 그동안 1년 동안 싸워왔다는 것 활동했다는 사업 그 전부가 건국운동을 했다고 진실하게 외치거나 양심적으로 이바지했다는 말을 공언하기에 주저하여 마지않는 바이다. 우리 국민운동에 종사한 모든 국민단체 청년단체 학생단체 기타 애국단체에 활동이라는 범위 혹은 전부가 叩惜하고도 억울하게 도저히 못된 조국을 팔아먹으려 들고 민족에 분열을 시키고 독립을 저해 지연시키고 빈민대중을 더욱 더욱 도탄에 흙구렁에다 몰아넣고도 오히려 멀지 않은 장래에는 틀림없이 공산당의 세상이 된다고 무식한 대중들에게 허위 악선전을 일삼아 민심을 교란시키는 꼴을 보고들을 때마다 切齒를 하고 열두 번 죽을 때까지 놈들을 이 깨끗하고 성스러운 강산에서 쫓아내지 않고서는 조선의 독립이라는 커다란 희망과 聖業보다도 도리어 삼천만을 굶게 하고서 서로 싸우게 하고 죽게 만들고 타국의 종이 되는 운명과 결과밖에는 남지 않을 것이라는 것을 똑똑히 알았기 때문에 그놈들과 열렬하게 싸워왔으며 영웅적 행동을 해왔으며 그 얼마나 성스러운 희생의 피를 뿌려왔는가 보아라. 여러분 사랑하는 동포들이여! 우리들 애국운동자들은 1개년 동안을 두고 그 못된 공산당놈들과 아까운 시간을 놈들을 똑바른 노선으로 인도하기 위하여 독립 쟁취를 위하여 국민의 생활안정과 복을 利爲하여 타국의 노예의 굴레에 들지 않으려 얼마나 싸워왔으며 희생을 했음에도 불구하고 놈들은 그래도 참회의 눈물도 없이 더욱 더욱 최후에 발악을 하고 있는 오늘날에 있어서 우리들은 최후의 결단적 행동을 취하지 않아서는 안 된다. 여러분 사랑하는 동포들이여! 조선에서 공산당을 내어 몰자! 자기네들이 희구하고 몽상하는 상전에 조국으로 逐放하기를 맹세하자. 때려 엎어라 공산당을 참된 독립을 찾고 하루라도 속히 건국과 굶주림을 모르고 자유와 해방을 얻고 찾으려거든 공산당들의 존재를 말살하거나 쫓아내지 않고는 차지하지 못하겠다는 것을 잊지 말자. 8·15기념일을 반공투쟁기념일로 규정하고 공동 보조를 맞추기를 바라 마지않는 바다.

Program for the Celebration of the
First Anniversary of World Peace and Liberation
of Korea, 15 August 1946

Mr. Oh Sei Chang Presiding

Part I

1. Introduction .... Mr. S. C. Oh
2. Prelude .... Korea Symphony Orchestra
3. Korean National Song.......... 7th Division Band
4. National Anthems of U. S. A., England, U. S. S. R., and China by the Korean Symphony.
5. Adresses:
   a. Lt. General J. R. Hodge
      (Interpretation, Dr. M. M. Lee)
   b. Major General A. V. Arnold
      (Interpretation, Dr. H. H. Underwood)
   c. Major General A. L. Lerch, The Military Governor
      (Interpretation, Dr. Y. H. Chyung)
   d. Dr. Rhee Syng Man.
   e. Mr. Kim Koo
   f. Dr. Kimm Keu Sik
   g. Mr. Lyuh Woon Hyung
   h. Mr. Hu Hun
6. Presentation of flowers – to Generals Hodge, Arnold, Lerch and Bruce
7. Liberation Song.............. The grand women's Glee Club

Part II

1. Reading the Messeage to Allied Nations... Mr. Yu Uck Kyum
2. Reading Resolutions .... Mr. Suh Chung Heui
3. Mansei................................ Dr. Rhee SyngMan
4. Postlude................................ 7th Division Band

第一部

一、開會辭 …………… 司會者
二、奏樂 …………… 高麗交響樂團
三、愛國歌 …………… 第七師團樂隊
四、聯合國々歌演奏 …………… 高麗交響樂團
五、記念辭
　　하―지中將（李卯默博士譯）
　　아―놀드少將（元漢慶博士譯）
　　러―취少將（鄭一亨博士譯）
　　李承晩博士
　　金九先生
　　金植博士
　　呂運亨先生
　　許憲先生
六、花束進呈
七、記念歌 …………… 女子合唱團

第二部

一、聯合國家에게보내는「메쩨이지」朗讀 …………… 俞億兼先生
二、決議文朗讀 …………… 徐廷禧先生
三、萬歲三唱 …………… 李承晩博士主唱
四、奏樂 …………… 第七師團樂隊

〈8 · 15 세계평화 및 해방기념식 순서〉
1946.8.15

재미한족연합위원회대표단 〈조선민중에게〉 1946.8.15

인류사상의 일대 신기원인 8 · 15! 오늘은 특히 우리의 해방 1주년 기념! 뜻 깊은 오늘! 이날을 맞이함에 이하 삼대원칙을 민중 앞에서 당돌히 외치노라

一. 좌우합작

이를 위하여는 각 파 지도자층은 주관적 태도를 떠나서 객관적 실정에 비추어 純 조선적이 되어라.

二. 통일정부 수립

이를 위하여는 각 당에서 독선적 태도와 고집을 버리고 정권 야욕을 떠나서 純 조선적이 되어라.

三. 민중생활 안정

이를 위하여는 누가 절실히 생각하는가! 우리는 합작도 통일도 모두 이를 위하여 최종 목적을 삼는 純 조선적이어야 된다.

朝鮮民衆에게

人類史上의 一大新紀元인 八〇一五！ 오늘은 特히 우리의 解放一週年紀念！ 뜻 깊은 오늘！ 이날은 맞이함에 以下 三大原則을 民衆 앞에서 當突히 웨치노라

一、左右合作

이를 爲하야는 各派指導者層은 主觀的態度를 떠나서 客觀的實情에 비치워 純朝鮮的이 되여라

二、統一政府樹立

이를 爲하야는 各黨에서 獨善的 態度와 固執을 버리고 政權野慾을 떠나서 純朝鮮的이되여라

三、民衆生活安定

이를 爲하야는 뉘가 切實히 생각하는가！ 우리는 合作도 統一도 모다 이를 爲하야 最終目的을 삼는 純朝鮮的이라야 된다

一九四六年八月十五日

在美韓族聯合委員會代表團

（普成社印行）

八・一五世界平和及解放記念式順序

時日　一九四六年八月十五日午前十一時
場所　軍政廳廣場

Program for the Celebration

of the

First Anniversary of World Peace

and

Liberation of Korea

15 August 1946

三千萬同胞여 一致團結하자!!

昨年八月十五日! 우리는 얼마나 기뻐서 서로껴안고 울었든것이냐!?
三千萬同胞여! 무엇보담도 먼저祖國을 사랑하고우리의손으로 大韓自主獨立國家를 세우자!
民族的良心을버리고 贊託云云하는모든 賣國奴와獨立을모르고 私腹을두다리는 謀利輩와惡質謀略破壞分子를除外掃蕩하고 우리들의손으로 반듯이 반듯이 祖國의獨立을戰取하자! 解放一週年記念日을當하야 우리는 一致團結로써 三千萬이한덩어리가되여 嚴肅히盟誓하자! 全民族의이름으로써 世界에盟誓하자!
三千萬同胞여! 三千里의坊坊谷谷에서 우리는 이날을祝賀함과同時에 새로운愛國魂을불러이르키자!

韓國靑年會

한국청년회 〈삼천만 동포여 일치단결하자!!〉 1946.8.15

작년 8월 15일! 우리는 얼마나 기뻐서 서로 껴안고 울었던 것이냐? 삼천만 동포여! 무엇보다도 먼저 조국을 사랑하고 우리의 손으로 대한자주독립국가를 세우자! 민족적 양심을 버리고 찬탁 운운하는 모든 매국노와 독립을 모르고 私腹을 두드리는 모리배와 악질모략파괴분자를 제외 소탕하고 우리들의 손으로 반드시 반드시 조국의 독립을 전취하자! 해방 1주년 기념일을 당하여 우리는 일치단결로써 삼천만이 한 덩어리가 되어 엄숙히 맹서하자! 전 민족의 이름으로써 세계에 맹서하자! 삼천만 동포여! 삼천리의 방방곡곡에서 우리는 이날을 축하함과 동시에 새로운 애국혼을 불러일으키자!

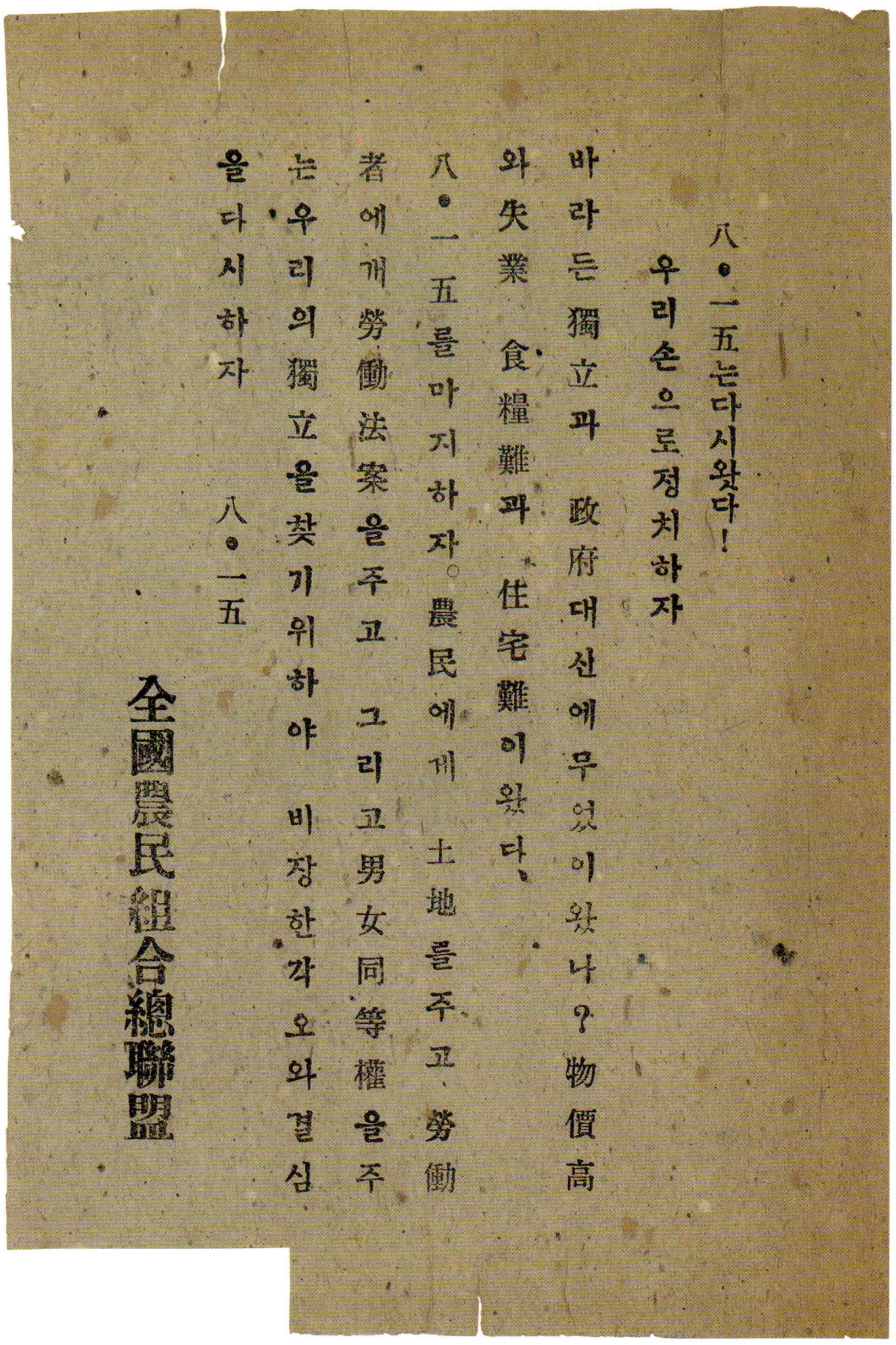

八·一五는다시왔다!
우리손으로정치하자
바라든獨立과 政府대신에무엇이왔나? 物價高
와失業 食糧難과 住宅難이왔다、
八·一五를마지하자。農民에게 土地를주고 勞働
者에게勞働法案을주고 그리고男女同等權을주
는우리의獨立을찾기위하야 비장한각오와결심
을다시하자
八·一五
全國農民組合總聯盟

근대서지총서2 그림 314

전국농민조합총연맹 〈8 · 15는 다시 왔다! 우리 손으로 정치하자〉 1946.8.15

바라던 독립과 정부 대신에 무엇이 왔나? 물가고와 실업 식량난과 주택난이 왔다.
8 · 15를 맞이하자. 농민에게 토지를 주고 노동자에게 노동법안을 주고 그리고 남녀동등권을 주는 우리의 독립을 찾기 위하여 비장한 각오와 결심을 다시 하자.

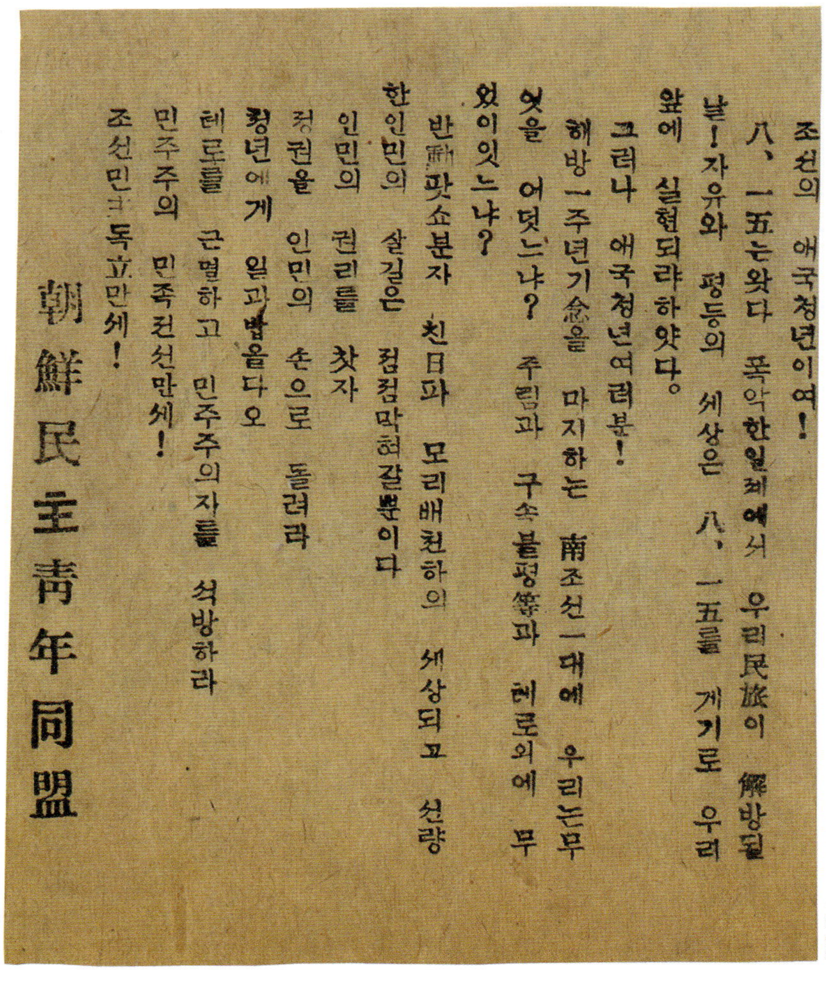

조선의 애국청년이여!
八、一五는왔다 폭악한일체에서 우리民族이 解방된
날! 자유와 평등의 세상은 八、一五를 게기로 우리
앞에 실현되랴하얏다。
그러나 애국청년여러분!
해방一주년기念을 마지하는 南조선一대에 우리는무
엇을 어덧느냐? 주림과 구속불평等과 테로외에 무
엇이잇느냐?
반動팟쇼분자 친日파 모리배천하의 세상되고 선량
한인민의 살길은 점점막혀갈뿐이다
인민의 권리를 찾자
정권을 인민의 손으로 돌려라
청년에게 일과밥을다오
테로를 근멸하고 민주주의자를 석방하라
민주주의 민족전선만세!
조선민족독立만세!
朝鮮民主青年同盟

근대서지총서2 그림 315

조선민주청년동맹 〈조선의 애국청년이여!〉 1946.8.15

8 · 15는 왔다. 포악한 일체에서 우리 민족이 해방된 날! 자유와 평등의 세상은 8 · 15를 계기로 우리 앞에 실현되려 하였다.
그러나 애국청년 여러분!
해방 1주년 기념을 맞이하는 남조선 일대에 우리는 무엇을 얻었느냐? 주림과 구속 불평등과 테러 외에 무엇이 있느냐?
반동팟쇼분자 친일파 모리배 천하의 세상 되고 선량한 인민의 살길은 점점 막혀갈 뿐이다.
인민의 권리를 찾자
정권을 인민의 손으로 돌려라
청년에게 일과 밥을 다오
테러를 근멸하고 민주주의자를 석방하라
민주주의 민족전선 만세!
조선민족 독립 만세!

우리의 敵은 누구이냐!!!

解放의 날 八·一五·週이 닥쳐왔다 그 暴虐하던 倭敵은 이땅에서 抹殺되였다 그러나 倭적안인 다른 敵이 또다시 우티를 破滅과 暗黑의 구렁이로 이끌고 있다 建國事業의 支離滅裂 大衆生活의 破滅 失業者의 洪水 經濟犯罪의 續出等々 이 一聯의 참膽한 現實을 招來케 한 우리의 적은 果然누구이냐?
그것은 階級革命을 爲하야 民族의 破滅도 不辭하고 民族을 分裂식히며 某國의 走狗가 되여 信託統治를 밧겠다는 · 共産黨이요 目的을 爲하야는 · 手段을가리지안코 一千二百萬圓의 紙幣를 僞造하야 經濟界를 攪亂식히는 · 共産黨이다 그리고 지난날의 榮華를 다시 獨占하랴는 似而非愛國者들이다
同胞여! 우리의 적을 確實히 알라 그리고 八·一五의 感激과 覺悟를새로히하야 우리의 적을 抹殺하는同時에 · 끗까지 鐵鋼갓흔 · 團結力을 持續하야 우리의 獨立을 遲延케하는 · 國際팟쇼의 壓力을克服하고 · 祖國의 完全獨立을 戰取하자!!

檀紀四二七九年八月十五日

大韓獨立促成全國靑年總聯盟

대한독립촉성전국청년총연맹 〈우리의 적은 누구이냐!!〉
1946.8.15

해방의 날 8·15 1주년이 닥쳐왔다. 그 포학하던 왜적은 이 땅에서 말살되었다. 그러나 왜적 아닌 다른 적이 또다시 우리를 파멸과 암흑의 구렁으로 이끌고 있다. 건국사업의 지리멸렬 대중생활의 파멸 실업자의 홍수 경제범죄의 속출 등등 이 일련의 참담한 현실을 초래케 한 우리의 적은 과연 누구이냐?
그것은 계급혁명을 위하여 민족의 파멸도 불사하고 민족을 분열시키며 某國의 주구가 되어 신탁통치를 받겠다는 공산당이요 목적을 위해서는 수단을 가리지 않고 1, 2백만 원의 지폐를 위조하여 경제계를 교란시키는 공산당이다. 그리고 지난날의 영화를 다시 독점하려는 사이비 애국자들이다.
동포여! 우리의 적을 확실히 알라. 그리고 8·15의 감격과 각오를 새로이 하여 우리의 적을 말살하는 동시에 끝까지 鐵鋼같은 단결력을 지속하여 우리의 독립을 지연케 하는 국제팟쇼의 압력을 극복하고 조국의 완전독립을 전취하자!!

決議

一、美蘇共委의 停會의 責任을 糾明하고 國際媾和會議에 民族自決을 呼訴함.

二、南北을 兩斷하고 經濟을 混亂케하는 三八障壁을 斷然撤廢할 것을 要求함

三、李承晩博士 金九主席 金奎植博士를 領首로 推戴하고 自主的 臨時政府를 即時樹立할것을 籲望함

〈결의〉 1946.8.15

一. 미소공위의 停會의 책임을 규명하고 國際媾和會議에 민족자결을 호소함
二. 남북을 양단하고 경제를 혼란케 하는 38장벽을 단연 철폐할 것을 요구함
三. 이승만 박사 김구 주석 김규식 박사를 영수로 추대하고 자주적 임시정부를 즉시 수립할 것을 籲함

독립노농당 선전부 〈독립운동을 新發足하자!〉 1946.8.15

우리가 자유를 위하여 전 민족의 40년간 피와 눈물로 싸워온 비장한 업적과 인류공영의 세계기운이 합치되어 기만과 포학을 최선의 원리로 신뢰하던 倭强盜는 그 응분의 패망을 자취한 지 이미 1년이나, 약소민족해방을 천하에 성명한 동맹국이 이유 없는 신탁문제를 제기하여 우리를 간섭한다.

8월 15일은 다만 민주국의 승리로 전쟁이 끝난 의미만에서 우리가 축하하나 우리가 죽음으로 투쟁하고 동맹국이 도의로 약속한 국가의 자주독립이 성취되지 못한 조건에는 오직 모양 다른 망국의 통한이 골수에 사무칠 뿐이다.

異族의 侵壓 밑에 국토는 양분되고 국민은 언론 집회 교통의 자유조차 없다.

자존심이 유린되고 생활까지 파멸 당한 국민은 격분한 심정을 억제치 못한다. 우리는 남은 피가 있고 자유를 위해 흘릴 결심이 있다. 누구나 우리의 자주독립을 방해하면 왜강도의 후계자로 대처하려니와 먼저 엄정한 자기비판이 필요하다.

出奴入主의 야비한 근성을 타고난 敗類들이 귀중한 애국 애족의 어구를 盜用하면서 망국멸족의 죄악을 기탄없이 감행한다.

역사의 조류와 민중의 趨向을 무시하고 권세와 모략으로 독선적 관념을 실현하려는 환상이 작용한다.

민주와 단결을 구두에 걸고 爭權과 奪利에 전력하는 정치모리배가 횡행한다. 능력 모를 지도자와 원칙 없는 당파들이 천박한 술책으로 민중의 시청을 현혹한다. 일일이 열거 못할 말기적 현상을 신흥민족으로서 도저히 용인할 수 없고 오직 각자의 맹성으로 민족양심을 발로하여 과오를 용감히 청산하고 진정한 민주의 정신으로 내분을 정리하고 外侮를 방어하여 완전한 자주독립을 즉시로 탈환치 아니하면 우리 민족은 영원의 침륜에 떨어질 것이다.

조선일은 조선이 처리하고 인민의 국가는 인민이 건설할 것이니 부여된 사명을 수행 아니하는 책임은 인민에게 지워진다.

민중은 궐기하자! 자유는 증품이 아니요, 오직 희생만으로써 획득할 수 있는 것이다. 미신과 맹종은 절대로 금물이다. 세계화평과 조선의 자유독립을 위하여 노력하는 동맹국에 우리는 만강의 사의를 표하면서 피차의 初志를 하루 속히 실현하려면 동맹국은 조선이 자립할 능력이 있는 것과 조선민족의 분열은 삼팔선의 설치가 최대 원인이 되는 것을 인식하여 조선 문제는 조선에 일임하고 필요한 원조만 주기를 희망하며 패전국이 아닌 조선에서 군사점령을 속히 철폐하기를 요청한다.

一. 국민양심을 발로하여 과오를 청산하자!
一. 진정한 민주주의를 즉시 실행하자!
一. 전 민족이 총단결하여 독립운동을 신출발하자!
一. 자율정부를 속히 수립하자!
一. 탁치를 절대로 거부하자!
一. 군사점령의 철폐를 요구하자!

八·一五 解放記念日을 記憶하실때
꼭!! 한가지 더 記憶하여 주소서 可憐한
戰災同胞를!! 그들은 祖國이 光復되엿다
고 찾어 왔거만 이江山은! 이땅은! 쓸
쓸한 曠野와같고 물없는 砂漠같이 보인답
니다.
사랑하시는 여러同胞들이시여!
이들을 어찌 하시렵닛가?
아들을 엇떻게 하시렵닛가?
집없고! 일터없고! 먹을것없어 어린 子女
머리 쓰다듬으며 눈물짓는 戰災同胞를!
그들은 내뼈요! 내살이 아니오닛가?
呼訴하며 哀願하오니
戰災同胞를!! 救합시다!
援護합시다! 살니십시다.

京城府中區黃金町三丁目一六八

朝鮮援護事業協會
援護週報社

조선원호사업협회 · 援護週報社 1946.8

8·15 해방기념일을 기억하실 때 꼭!! 한 가지 더 기억하여 주소서. 가련한 戰災동포들!! 그들은 조국이 광복되었다고 찾아왔건만 이 강산은! 이 땅은! 쓸쓸한 광야와 같고 물 없는 사막 같이 보인답니다.
사랑하시는 여러 동포들이시여!
이들은 어찌 하시렵니까?
이들을 어떻게 하시렵니까?
집 없고! 일터 없고! 먹을 것 없어 어린 자녀 머리 쓰다듬으며 눈물짓는 전재동포를! 그들은 내 뼈요! 내 살이 아니오니까?
호소하며 애원하오니
戰災동포를!! 구합시다!
원호합시다! 살리십시다!

同胞여러분!
三十餘年間 倭鬼의 暗黑에구름장이 휘덮이엿든 우리三千
里江土는 第二次世界大戰이 聯合軍의 歷史的인 勝利로 終幕
을나리자 全人類平和의 鐘소래가 天地를울니든 八月十五日
우리땅에도 解放에꽃다발을 膳物로 들고차저오든 八月十
五日! 三千萬거래의 웅소슴처든 그날 語언間一週年에 뜻
깊흔解放記念日을 마지하게되엿다 그러나
同胞여러분!
「카이로會談에서」「포쓰담宣言에서」 公約된 우리의 獨立
은 一部惡質指導者에 固執으로 因하야 올줄을모르고 經濟
는날로混亂하야 物價는高度로 失業者는 洪水를이르고 生
活難은날로심하야 三千萬은 塗炭에해매이는 이 엇지焦燥
感을禁할수있으랴 親愛하는 同胞여러분 삶의길은 오―
즉하나 民族統一 自主獨立에 있다는것을 아러야할것이다
그리하야 生孫萬代에 安定處를 잡는이 아모것도없는것이다
愛國志士 愛國靑年들이여 三千萬同胞여 뭉처라 모와라
라 民族統一 自由獨立을盟誓하는 朝鮮新化黨기발아래로
이리하야우리는 昨年八·一五 그날에 減激으로 다시도라가
자 民族統一獨立戰取에 그날로 우리는뭉처여 三千萬總進
軍을하야 國際的公約인 獨立을援得하기를 오늘盟誓하자

自主獨立萬歲
民族統一萬歲
朝鮮新化黨萬歲

檀紀四二七九年八月十五日

朝鮮新化黨
宣傳部

조선신화당 선전부 〈동포 여러분!〉 1946.8.15

삼십여 년간 倭鬼의 암흑의 구름장이 휘덮였던 우리 삼천리 강토는 제2차 세계대전이 연합군의 역사적인 승리로 종막을 내리자 전 인류 평화의 종소리를 천지를 울리던 8월 15일 우리 땅에도 해방의 꽃다발을 선물로 들고 찾아오던 8월 15일! 삼천만 거래의 용솟음치던 그날 어언간 1주년에 뜻 깊은 해방기념일을 맞이하게 되었다. 그러나
동포 여러분!
「카이로 회담에서」「포츠담 선언에서」 공약된 우리의 독립은 일부 악질지도자의 고집으로 인하여 올 줄을 모르고 경제는 날로 혼란하여 물가는 고도로 실업자는 홍수를 이르고 생활난은 날로 심하여 삼천만은 도탄에 헤매는 이 어찌 초조감을 금할 수 있으랴. 친애하는 동포 여러분. 삶의 길은 오직 하나 민족통일 자주독립에 있다는 것을 알아야 할 것이다. 그리하여 生孫萬代에 安定處를 잡는 이 아무 것도 없는 것이다. 우국지사 애국청년들이여 삼천만 동포여 뭉처라 모여라 민족통일 자주독립을 맹서하는 朝鮮新化黨 깃발 아래로 이리하여 우리는 작년 8·15 그날의 감격으로 다시 돌아가자 민족통일 독립전취의 그날로 우리는 뭉처 삼천만 총진군을 하여 국제적 공약인 독립을 획득하기를 오늘 맹서하자.

전국학생총연맹 독립전취 계몽부 〈독립전취 학생 구호〉
1946.8

1. 자율! 자결! 자치! 만세!
2. 반탁! 반전! 반제! 만세!
3. 애국! 애족! 애교! 만세!
4. 남북통일 좌우합작은 한국의 팔자!
5. 모리배와 의타분자를 숙청하자!
6. 우리를 우리말로 문맹을 타파하자!
7. 삼팔선 철폐는 전국학생의 손으로!
8. 민족통일은 미소 양군의 撤退로!
9. 공약된 독립은 안 오고 믿었던 해방은 어디로!
10. 토지는 국유로 경작권은 농민으로!

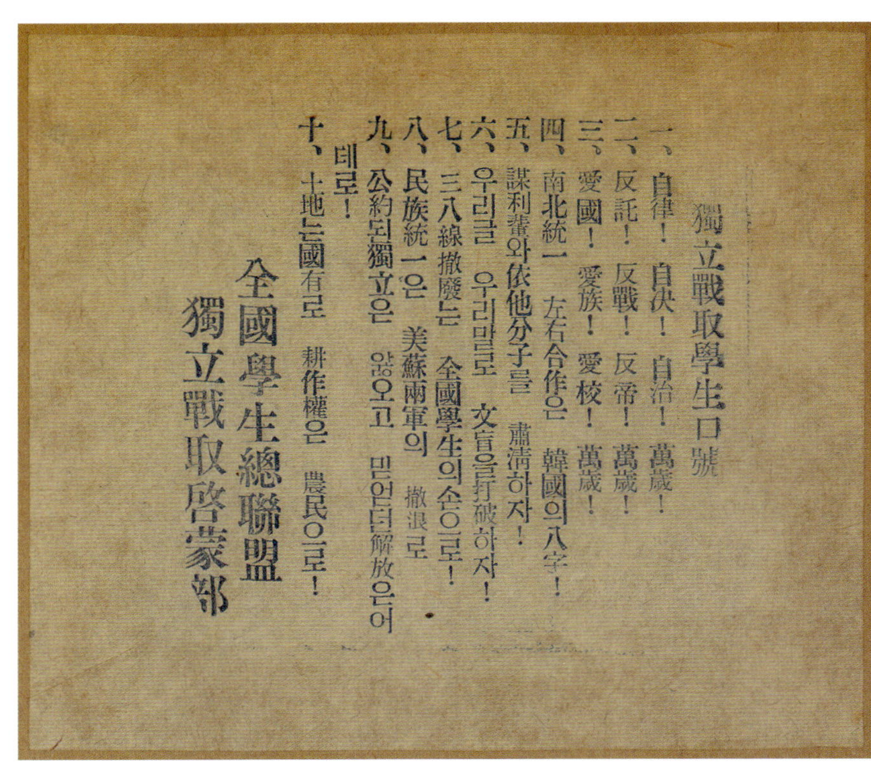

**서울학생통일촉성회 〈8 · 15해방 1주년 기념일을 맞이하
여 학생 제군에게 격함〉** 1946.8

一. 8 · 15 해방 1주년 기념일을 맞이하여 우리 학생은 비민주적인
　학원으로부터 해방하자
一. 학원의 언론 집회 출판 결사 연구 및 시위의 자유를 억압 방해
　하는 외부세력의 간섭을 절대로 배격하자
一. 전 민족의 민주과업을 앞두고 학생의 통일전선을 분열 파괴하
　는 盜稱 '전국학생총연맹'은 즉시 해산하라.
一. 학원의 민주화를 방해하는 친일파 민족반역자 및 팟쇼 교수를
　추방하자
一. 교수 학생의 자치권과 政經系 폐쇄 이공계 축소를 초래하는 소
　위 "국립서울대학案"을 즉시 철회하라
一. 민주학원 건설의 모태인 인민적 민주주의 임시정부를 수립할
　미소공동위원회의 속개를 촉진하자
一. 교수와 학생의 생활을 안정 보장할 수 있는 인민정권을 확립하자
一. 민주주의를 사랑하는 모든 학생은 學統 깃발 아래로 단결하자

조선문화단체총연맹 〈친애하는 동포들이여!〉 1946.8

감격도 깊었던 작년 8월 15일 우리는 얼마나 기뻐서 날뛰었는가?
그러나 1년이 지난 오늘날 남조선이 되어가는 꼴은 어떠한가?
친일파는 또 다시 정권을 잡고 애국자는 또다시 감옥으로 가고 우리 민중들은 또다시 배고파 살 수가 없다.
친애하는 동포들이여!
이제 조선의 운명은 一步一步 일제시대보다 더 흉악한 식민지화의 길로 빠져 들어가는 것을 똑바로 알자!! 조선을 외국독점자본의 식민지로 팔아먹으려는 이 친일파와 새로운 민족반역자 「팟쇼」 우익두목을 타도하지 아니하면 내년 8월 15일에는 우리는 아주 일제시대의 만주국 토인 꼴이 되고 말 것이다.
친애하는 동포들이여!
오늘부터 우리는 맹서코 이 새로운 매국노를 소탕하고 명년 8월 15일에는 「독립조선」 「자유조선」 「인민조선」의 깃발을 들고 축하하도록 하자!!
◇ 남조선서도 북조선과 같이 친일파 민족반역자를 속히 처단하자!!
◇ 남조선서도 북조선과 같이 토지를 농민에게 거저 분배하라!
◇ 남조선서도 북조선과 같이 일본인 공사 재산과 반역자의 재산을 몰수하여 국유로 하자!!
◇ 남조선서도 북조선과 같이 노동법령과 남녀동등권법을 실시하라!!
◇ 남조선서도 북조선과 같이 문화인과 예술가를 우대하고 활동의 완전한 자유를 보장하며 모든 문화기관을 문화인의 손에 맡겨라!!
◇ 남조선서도 북조선과 같이 군정을 철폐하고 정권을 인민위원회에 넘겨라!!

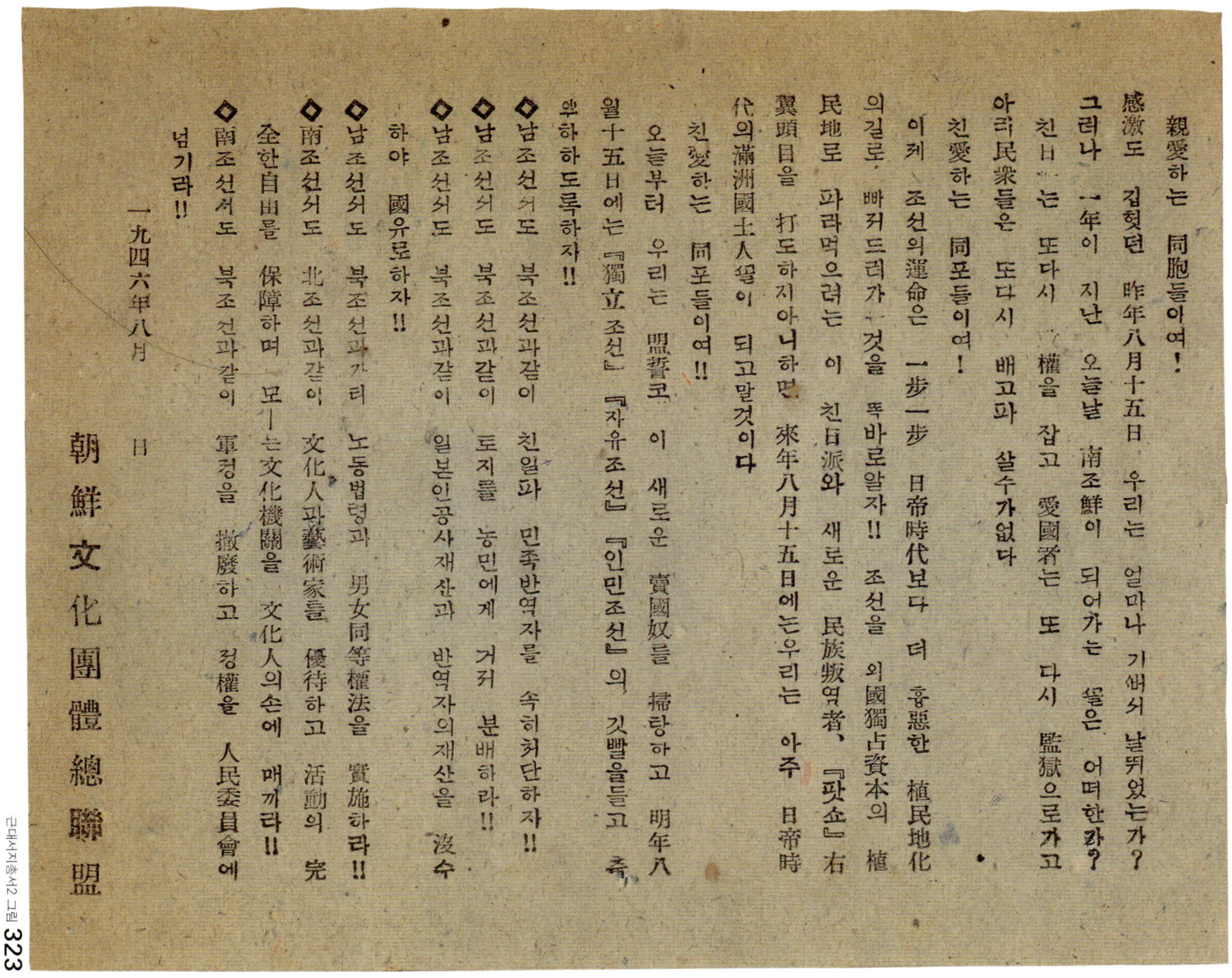
親愛하는 同胞들이여!
感激도 깊헛던 昨年八月十五日 우리는 얼마나 기뻐서 날뛰었는가?
그러나 一年이 지난 오늘날 南조鮮이 되어가는 꼴은 어떠한가?
친日파는 또다시 政權을 잡고 愛國者는 또 다시 監獄으로가고
우리民衆들은 또다시 배고파 살수가없다
친愛하는 同포들이여!
이제 조선의運命은 一步一步 日帝時代보다 더 흉惡한 植民地化의길로 빠저드러가는 것을 똑바로알자!! 조선을 외國獨占資本의 植民地로 파라먹으려는 이 친日派와 새로운 民族叛역者『팟쇼』右翼頭目을 打도하지아니하면 來年八月十五日에는우리는 아주 日帝時代의滿洲國土人꼴이 되고말것이다
친愛하는 同포들이여!!
오늘부터 우리는 盟誓코 이 새로운 賣國奴를 掃탕하고 明年八月十五日에는『獨立조선』『자유조선』『인민조선』의 깃빨을들고 축하하도록하자!!
◆남조선서도 북조선과같이 친일파 민족반역자를 속히처단하자!!
◆남조선서도 북조선과같이 토지를 농민에게 거저 분배하라!!
◆남조선서도 북조선과같이 일본인공사재산과 반역자의재산을 沒수하야 國유로하자!!
◆남조선서도 북조선과가티 노동법령과 男女同等權法을 實施하라!!
◆南조선서도 北조선과같이 文化人과藝術家를 優待하고 活動의 完全한自由를 保障하며 모-든文化機關을 文化人의손에 매끼라!!
◆南조선서도 북조선과같이 軍정을 撤廢하고 정權을 人民委員會에 넘기라!!
一九四六年八月 日
朝鮮文化團體總聯盟

근대서지총서2 그림 323

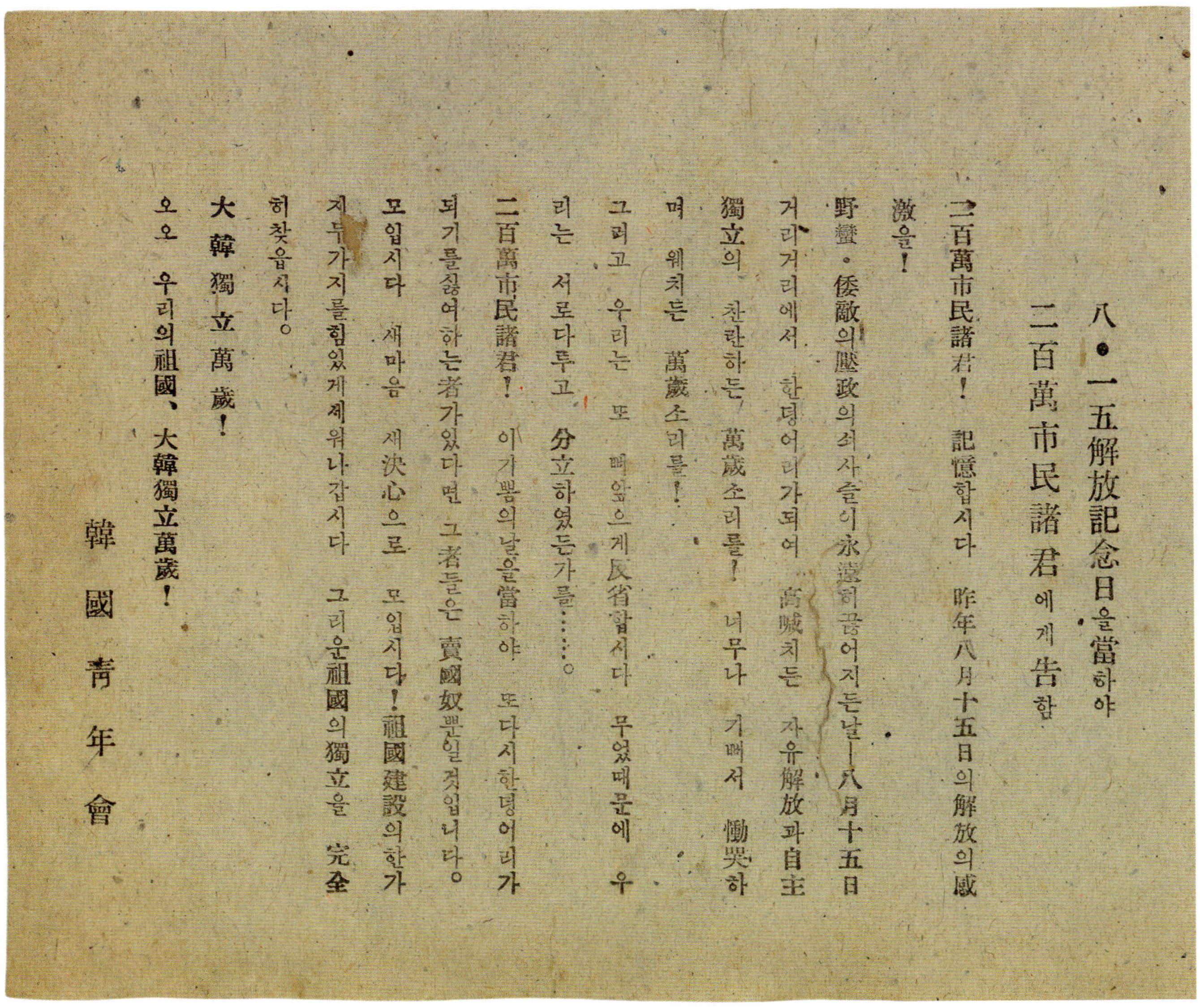
八·一五解放記念日을當하야
二百萬市民諸君에게告함
二百萬市民諸君! 記憶합시다 昨年八月十五日의解放의感激을!
野蠻·倭敵의壓政의쇠사슬이永遠히끊어지든날—八月十五日 거리거리에서 한덩어리가되여 高喊치든 자유解放과自主獨立의 찬란하든 萬歲소리를! 너무나 기뻐서 慟哭하며 웨치든 萬歲소리를!
그리고 우리는 또 뼈앞으게反省합시다 무엇때문에 우리는 서로다투고 分立하였든가를……。
二百萬市民諸君! 이기뿜의날을當하야 또다시한덩어리가 되기를싫어하는者가있다면 그者들은 賣國奴뿐일것입니다。
모입시다 새마음 새決心으로 모입시다! 祖國建設의한가지두가지를힘있게세워나갑시다 그리운祖國의獨立을 完全히찾읍시다。
大韓獨立萬歲!
오오 우리의祖國、大韓獨立萬歲!
韓國青年會

근대서지총서2 그림 324

한국청년회 〈8 · 15 해방기념일을 당하여 2백만 시민 제군에게 고함〉 1946.8

2백만 시민제군! 기억합시다. 작년 8월 15일의 해방의 감격을!
야만 · 왜적의 압정의 쇠사슬이 영원히 끊어지던 날 8월 15일 거리거리에서 한 덩어리가 되어 고함치던 자유해방과 자주독립의 찬란하던 만세소리를! 너무나 기뻐서 통곡하며 외치던 만세소리를!
그리고 우리는 또 뼈아프게 반성합시다. 무엇 때문에 우리는 서로 다투고 분립하였던가를…….
2백만 시민제군! 이 기쁨의 날을 당하여 또다시 한 덩어리가 되기를 싫어하는 자가 있다면 그자들은 매국노뿐일 것입니다.
모입시다. 새 마음 새 결심으로 모입시다! 조국 건설의 한 가지 두 가지를 힘 있게 세워 나갑시다. 그리운 조국의 독립을 완전히 찾읍시다.

國恥記念日에 際하야

全國民에 檄함

오늘은 八·二九日國恥紀念日이니 지금으로부터 三十七年 前庚戌에 國家와 彊土가 倭敵에게 强奪當한 날이다 도리켜보건대 乙巳保護條約의 締結에서 國運은 挽回할수없이 기우렀고 丁未年의 帝位讓位로 主權은 完全히 形骸만남게되었으며 다시 親日走狗輩 一進會의 策動과 李完用以下 賣國奴大臣들의 陰謀奸計는 勿論 倭敵의 軍事的强壓아래 全國民의 强烈한 反對도 不拘하고 二十二日 夜牛三更을期하야 極祕裡에 寺內正毅와 李完用이 저 所謂 合併條約이라는 것을 締結한後 將來할事態에 對하야 萬端의 準備와 凶計까지 다꾸며놓고 皇帝의 詔勅과함께 最後의宣告를 全國民에게 發表한날이 곧 八·二九의 오늘이니 이날부터 悲絶慘絶한 國恥民辱이 이江山을 掩襲케되고 그리하야 이날에서 비롯한 國恥民辱은 滿三十六年동안 三千萬生民을 塗炭에 呻吟케하고 기름진 이國力을 골고루 搾取하야 極度의 悲哀와 苦痛속에 民族의 生命을 自盡케하고저 꾀하였든 것이니 聯合國의 戰勝과 八·一五解放이 半年쯤만 遷延되었으면 이땅에 남어있을 生命이 그얼마나 되었으며 保有될 國力이 몇푼어치나 되었을것이랴! 하마 民族的 滅亡의 最後段階에서 우리는 八·一五解放을 맞이하야 最大의感激을 禁할수없었든것이며 이와同時에 「카이로」會談以來 韓國의 獨立이 國際公約인줄 斟酌함으로써 無限한 希望과 歡喜도 가질수있었든 것이다 …

… (중략) …

一, 祖國을 異域 異民族에게 찾으려는 一切 逆徒輩를 排擊하자!
一, 赤, 白色을 莫論하고 外力에 結付하야 自黨自派의 獨裁를 꿈꾸는 一切의 反動勢力을 打倒하자!
一, 貨幣濫造輩나 一切의 謀利輩를 肅清하야 民族의 內部를 깨끗이하자!
一, 民族의 總力量을 集結하야 우리의힘 우리의손으로 臨時政府樹立에 邁進하자!
一, 三十七個星霜동안 받어온 國恥民辱을 一刻이라도 잊지말자!
一, 完全獨立을 戰取할때까지 우리의團結 우리의鬪爭을 느추지말자!
一, 最後一人最後一刻까지의 己未獨立運動은 아즉도繼續中이며 一層强烈하게 展開되어야한다
八百萬國民會々員은 勿論 全國의 男女老幼는 總蹶起하야 最後決戰에 民族的인 勝利를 獲得하자!

大韓獨立萬歲!

大韓獨立促成國民會

대한독립촉성국민회 〈국치기념일에 際하여 전 국민에게 격함〉 1946.8.29

오늘은 8·29일 국치기념일이니 지금으로부터 37년 전 경술에 국가와 강토가 왜적에게 강탈당한 날이다. 돌이켜 보건대 을사보호조약의 체결에서 국운은 만회할 수 없이 기울었고 정미년의 제위양위로 주권은 완전히 형해만 남게 되었으며 다시 친일 주구배 일진회의 책동과 이완용 이하 매국노 대신들의 음모 간계는 물론 왜적의 군사적 강압 아래 전 국민의 강력한 반대에도 불구하고 22일 야반 삼경을 기하여 극비리에 寺內政毅와 이완용이 저 소위 합병조약이라는 것을 체결한 후 장래할 사태에 대하여 만단의 준비와 흉계까지 다 꾸며놓고 황제의 조칙과 함께 최후의 선고를 전 국민에게 발표한 날이 곧 8·29의 오늘이니 이날부터 悲絶慘絶한 國恥民辱이 이 강산을 엄습케 되고 그리하여 이날에서 비롯한 국치민욕은 만 36년 동안 삼천만 생민을 도탄에 신음케 하고 기름진 이 국력을 골고루 착취하여 극도의 비애와 고통 속에 민족의 생명을 자진케 하고자 꾀하였던 것이니 연합국의 전승과 8·15 해방이 반년쯤만 遷延되었다면 이 땅에 남아있을 생명이 그 얼마나 되었으며 보유될 국력이 몇 푼어치나 되었을 것이랴! 하마 민족적 멸망의 최후 단계에서 우리는 8·15 해방을 맞이하여 최대의 감격을 금할 수 없었던 것이며 이와 동시에 「카이로」회담 이래 한국의 독립이 국제공약인 줄 짐작함으로써 무한한 희망과 환희도 가질 수 있었던 것이다. 그리하여 이 감격 이 희망 이 환희 속에서 우리는 36년의 비분도 잊어버리고 지난해의 8·29만은 흥분 속에 무시해버릴 수가 있었던 것이 아니랴! 그러나 삼천만 동포 형제자매여! 해방된 지 만 일개 성상에 우리는 무엇을 알게 되었으며 그 무엇을 얻게 되었던가? 공약인 줄 알았던 완전독립이 지난해 12월 말 막부삼상회의라는 데서 원조와 후견이라는 미명 아래 신탁관리란 위험요소를 내포한 줄 비로소 안 것이며 잠정적인 줄 믿었던 38장벽과 국토의 분단점거가 이 민족의 새로운 희생과 대가가 없이는 좀처럼 철폐되지 않을 것을 비로소 깨닫게 된 것이요, 빈번한 외빈의 내왕과 지리멸렬한 국제회담에서 이 나라의 독립을 위하여 저들이 얼마나 무성의함을 짐작케 된 것이오, 이 반면 우리 내부의 사상적인 분열과 대립은 정계, 재계, 실업, 문화 각방면의 혼란을 초래하여 갈망하던 독립과 질서와 건설 대신 색다른 군정의 계속과 반역도배의 파괴공작에서 오는 치안의 교란과 모리배의 발호에서 오는 근로대중의 생활고 외 심지어 僞幣監造事件까지 발생하여 재계와 산업계의 혼란 불안이 증대해 가고 있을 뿐 그 무엇을 찾았으며 그 무엇을 얻었던가? 엎친 데 덮친다고 악질의 전국적 만연과 수해의 襲來는 戰災 하나만도 극복할 수 없어 헐떡이는 이 민족을 또다시 실망과 고난의 심연으로 밀어 넣을 위기에 임한 터이니 해방의 1주년은 기실 비분침통의 1주년으로 되고 말았으며 독립 기대의 1주년은 기실 의연한 예속의 1주년밖에 아무 것도 안 된 것이다. 삼천만 동포 형제자매여! 이날 이 마당에서 또 다시 국치민욕을 뼈저리게 느끼지 않는 자 그 어디 있으랴. 이 수치를 면치 않고서 우리 민족의 생존의 의의를 찾을 수 없는 것이며 이 울분을 한시 바삐 해소치 않고 우리 민족의 살 길은 타개되지 않는 것이다. 친애하는 동포 형제자매여! 민족의 진로는 오로지 시각을 다투어 자주독립을 전취하는 길밖에 없는 것이니 그 무엇을 주저하며 그 누구에게 의뢰할 것이랴. 한국의 자주독립은 韓人의 손으로 전취될 것이요, 외력에 의존코자 함은 오로지 자멸이 있을 뿐이다. 백척간두에서 左顧右眄치 말고 자주독립 자율건국의 일로만 매진하자! 이 일을 위하여

一. 조국을 이역 이민족에게 찾으려는 일체 역도배를 배격하자!
一. 적, 백색을 막론하고 외력에 결부하여 自黨自派의 독재를 꿈꾸는 일체의 반동세력을 타도하자!
一. 貨幣監造輩나 일체의 모리배를 숙청하여 민족의 내부를 깨끗이 하자!
一. 민족의 총역량을 집결하여 우리의 힘 우리의 손으로 임시정부 수립에 매진하자!
一. 37개 성상 동안 받아온 국치민욕을 일각이라도 잊지 말자!
一. 완전독립을 전취할 때까지의 우리의 단결 우리의 투쟁을 늦추지 말자!
一. 최후 일인 최후 일각까지의 기미독립운동은 아직도 계속 중이며 한층 강렬하게 전개되어야 한다.

8백만 국민회 회원은 물론 전국의 男女老幼는 총궐기하여 최후결전에 민족적인 승리를 획득하자!

조선신화당 선전부 〈동포 여러분!〉 1946.8.29

회오리바람처럼 지나간 서기 1910년 8월 29일! 이날이 바로 우리 반도 삼천리 반만년의 역사를 위하여 또는 우리 조선민족의 生孫 永樂의 운명을 위하여 발버둥 치던 첫날이었다. 아니 이날은 우리의 역사와 함께 동포가 倭鬼의 발굽 아래서 유린되며 신음하기 시작하던 첫날이었다.

동포 여러분!

이로 하여금 우리 민족은 자기의 생존을 위하는 창조력이나 진취력을 여지없이 억압되어 마침내 밥 먹는 동물 모양 그날그날의 잔명을 이어가며 적개심에 불타가며 자족할 따름이었다. 또한 수많은 우국지사들이 망국의 한을 품고 동서남북으로 四散亡命케 하던 8월 29일이었다. 나의 강토이며 나의 조국이지만은 이 강산 이 조국에서 사람답게 살려는 자 있었다면 그 야수왜적은 서슴지 않고 폭력으로써 이들을 驅逐하며 추방하고 투옥 타살함이 이 얼마나 비참한 우리 민족의 생애였으니 오직 彼等 왜귀의 鼻息下에서 인형처럼 놀려지는 자여만 이 강산 위에서 그 실낱같은 생명을 간신히 보존할 따름이었다. 이 얼마나 치욕되는 생활이었던고 우리는 이와 같은 치욕의 생활 속에 노예의 생활을 거듭함이 36년 장구한 세기에 달함을 생각할 때에 오늘의 감개 한층 더 새로움을 느끼는 바이다.

그러나 천운이 순환하여 연합군의 영웅적인 승리로 우리 민족으로 하여금 재생의 즐거움을 주게 하였다. 폭력의 시대는 가고 도의의 시대는 오려 한다.

동포 여러분!

1910년 8월 29일 이날은 국민적 치욕의 첫날이었다. 어찌하여 우리에게 이와 같은 참상의 날이 있게 되었는지 우리는 반성하여야 하겠다. 「하늘은 스스로 돕는 자를 돕는다는 말이다」 우리 조력의 부족은 그와 같은 날을 초래케 한 것이다. 우리는 우선 自助力을 만들어야하겠다. 1910년 8월 29일과 같은 날을 오지 않게 함이 우리 민족의 책무이며 완전자주독립을 전취함이 우리 민족의 삶의 길이다. 우리는 명심하자 우리는 남을 책하지 말고 스스로 자기를 책하여 독립 획득에 이바지함을 맹서하자.

대한독립촉성국민회 〈국민구호〉 1946.8.29

一. 國恥의 雪恥는 자주독립뿐이다!
一. 한국의 정부는 한국인이 세워야 한다!
一. 우리의 총역량을 정부 수립에로 집결하자!
一. 우리 정부가 있어야 옳은 민주가 있다!
一. 우리 정부가 있어야 굶지 않는다!
一. 우리 정부가 있어야 헐벗지 않는다!
一. 우리 정부가 있어야 일터가 있다!
一. 입법행정권은 우리가 가져야 한다!
一. 남북 군정의 조속 철퇴를 위하여 협력을 다하자!

국치기념국민대회 〈8·29 국치기념 애국자는 서울운동장에 모이자〉 1946.8.29

경술년 8월 29일! 삼천만 우리 동포가 일제의 노예가 되던 날! 아직 독립도 찾지 못한 채 36주년을 맞이하는 감회 비장하다! 친애하는 삼천만 동포 형제자매여!
우리는 결단코 또다시 남의 노예가 되어서는 아니 된다. 우리에게는 독립이나 그렇지 않으면 차라리 죽음이 있을 뿐이다. 동포여! 자주독립만을 갈망하는 형제자매여 한 사람도 빠짐없이 29일 오전 11시 서울운동장에 모이자. 그리하여 우리의 자주독립을 우리 힘으로 기필코 즉시 전취할 것을 맹서하자. 거족적 총력을 합쳐서 연합국이 세계에 공약한 우리의 자주독립을 당장 달라고 세계에 향하여 외치자! 지축이 울리도록 외치자! 자주독립이 실현될 때까지 외치자!

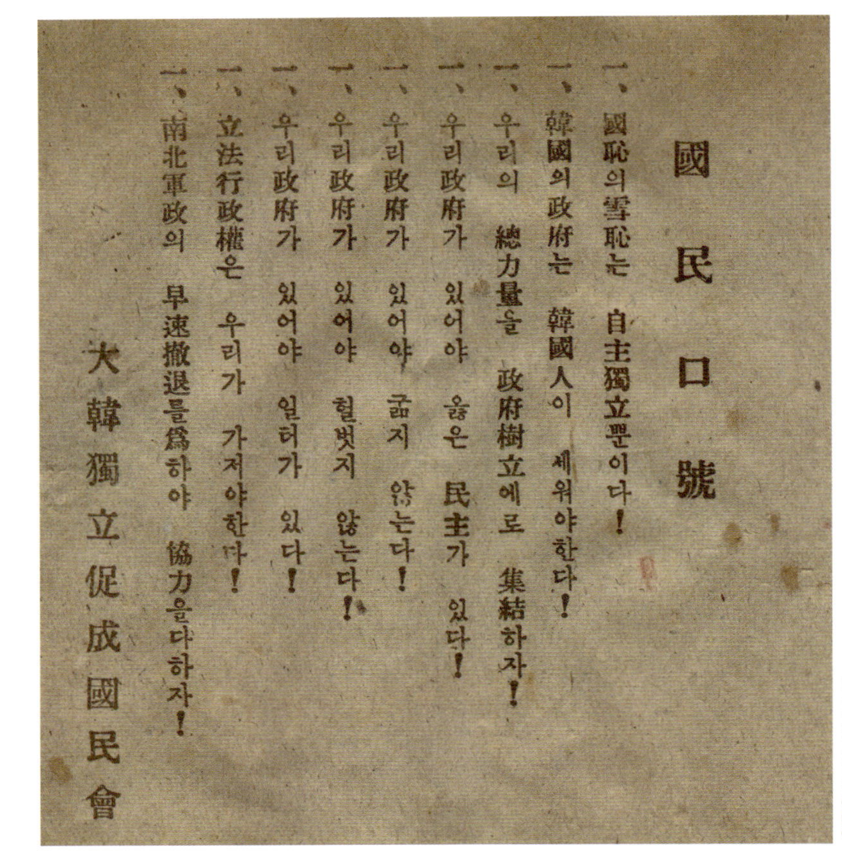

國民口號

一. 國恥의 雪恥는 自主獨立뿐이다!
一. 韓國의 政府는 韓國人이 세워야한다!
一. 우리의 總力量을 政府樹立에로 集結하자!
一. 우리 政府가 있어야 옳은 民主가 있다!
一. 우리 政府가 있어야 굶지 않는다!
一. 우리 政府가 있어야 헐벗지 않는다!
一. 우리 政府가 있어야 일터가 있다!
一. 立法行政權은 우리가 가져야한다!
一. 南北軍政의 早速撤退를 爲하야 協力을다하자!

大韓獨立促成國民會

근대서지총서42 그림 327

八·二九國恥記念

愛國者는 서울運動場에모이자

庚戌年八月二十九日! 三千萬 우리同胞가 日帝의奴隷가되든날! 아직獨立도 찾지못한채 三十六週年을마지하논 感懷悲壯하다! 親愛하는三千萬同胞兄弟姉妹여! 우리는決斷코 또다시남의奴隷가되여서는 않이된다. 우리에게는獨立이나 不然이면 차라리죽엄이있을뿐이다. 同胞여! 自主獨立만을 渴望하는兄弟姉妹여 한사람도빠짐없이 二十九日午前十一時서울運動場에모이자. 그리하여 우리의自主獨立을 우리힘으로 期必코即時戰取할것을盟誓하자 擧族的의總力을合쳐서 聯合國이世界에公約한우리의自主獨立을當場달라고 世界에向하야 世界에웨치자! 自主獨立이實現될때까지웨치자! 地軸이울리도록웨치자! 自主獨立이...치자! 모이라! 모이라! 서울運動場으로! 自主獨立旗발아래로!

八·二九國恥記念國民大會

근대서지총서42 그림 328

學徒同志들에게 檄함

全國百萬學徒들이어!
三十七年前庚戌에 倭敵이 祖國을 强奪한날 親日走狗 一進會 李完用
一派賣國大臣들이 나라를 파러먹은원수의 八、二九는온다。
祖國愛에불타는百萬同志들이어!
三千萬生民을 塗炭에 呻吟케하고 기름진 이 江山을 搾取하여 말이
게하고 彈壓에 彈壓으로 民族生命을 灰燼케하려든 國恥民辱의 三
十六年間을 想起하라。
民族愛에 불타는 學徒戰士들이어
昨年八月十五日 우리는 民族的滅亡最後段階에서 希望과 歡喜에 躍
動하며 蘇生하엿다。
그러나 獨立의 國際公約은 信託으로 變하고 三八障壁은 國十의
分割占領은 南北의軍政은 우리에게 새犧牲과 새代價와 새隸屬을 强
要하고 잇지안을가!!!
이것도解放이냐? 이것도自由냐 悲憤 沈痛을 禁할길이없고나 國
家없는民族의 서러움을 다시금 느끼노라。
獨立運動의 尖兵들이여 祖國을찻자 民生을救하자 今年으로 國恥
日을 永遠히 抹殺시키자。
第二世李完用一派賣國逆徒輩一切를 擊滅하자。一切의 倭色、親日色을
掃蕩하고 左右赤白을 莫論하고 外國과結託阿첨하며 獨裁를 꿈꾸는
非民主的反動分子를 打倒하자。
祖國과 民族의 運命은 靑年學徒의 雙肩에 노여잇다。最後一人最
後一刻까지 一層强烈하게 獨立鬪爭을 展開시키자。
그래서 獨立을 戰取하고 祖國을찻자。
나가자 二十九日 서울運動場으로
全國百萬學徒萬歲
全國學生總聯盟萬歲
國恥日行事(國民大會) 二十九日 午前十時 서울運動場

全國學生總聯盟

전국학생총연맹 〈학도동지들에게 격함〉

전국 백만 학도들이여!
37년 전 경술에 왜적이 조국을 강탈한 날 친일 주구 일진회 이완
용 일파 매국 대신들이 나라를 팔아먹은 원수의 8·29는 온다.
조국애에 불타는 백만 동지들이여!
삼천만 생민을 도탄에 신음케 하고 기름진 이 강산을 착취하여 마
르게 하고 탄압에 탄압으로 민족 생명을 灰燼케 하려던 국치민욕
의 36년간을 상기하라.
민족애에 불타는 학도 전사들이여!
작년 8월 15일 우리는 민족적 멸망 최후 단계에서 희망과 환희에
약동하며 소생하였다.
그러나 독립의 국제 공약은 신탁으로 변하고 38장벽은 국토의 분
할점령은 남북의 군정은 우리에게 새 희생과 새 대가와 새 예속을
강요하고 있지 않은가!!!
이것도 해방이냐? 이것도 자유냐. 비분 침통을 금할 길이 없구나.
국가 없는 민족의 서러움을 다시금 느끼노라.
독립운동의 첨병들이여. 조국을 찾자. 민생을 구하자. 금년으로 국
치일을 영원히 말살시키자.
제2세 이완용 일파 매국 역도배 일체를 격멸하자. 일체의 왜색, 친
일색을 소탕하고 좌우적백을 막론하고 외국과 결탁 아첨하며 독
재를 꿈꾸는 비민주적 반동분자를 타도하자.
조국과 민족의 운명은 청년 학도의 雙肩에 놓여 있다. 최후 일인
최후 일각까지 한층 강렬하게 독립투쟁을 전개시키자.
나가자 29일 서울운동장으로 그래서 독립을 전취하고 조국을 찾자.
국치일 행사(국민대회) 29일 오전 10시 서울운동장

國境과民族을 超越한다는 「스타린」도、
祖國興亡이 一戰에엇다고、痛呼
死守하자— 同胞여—
우리彊土、우리國家、우리政府를

大韓民國國民大會

대한민국국민대회에서 뿌린 전단

"국경과 민족을 초월한다는 스탈린도, 조국흥망이 一戰에 있다고,
痛呼, 사수하자— 동포여— 우리 강토, 우리 국가, 우리 정부를"

한국청년회 선전부 〈청년에게 격함〉

한국의 장래를 두 어깨에 짊어진 8백만 청년제군!
조국광복의 정열에 넘치는 우리 8백만 청년제군!
우리 한국청년회는 지금 순수한 조국애와 자주독립의 염원에 불타는 청년제군에게 호소하려 한다.
한국의 독립이 약속된 지 벌써 오랜 시일을 경과했음에도 불구하고 자주독립정부의 실현은 아직도 까마득한 오늘날. 저들 소위 자칭 좌익이라 운위하는 자들의 모략과 음모는 날로 심하여 국내의 통일을 결렬시키고 있는 오늘날 제2차의 미소공동위원회가 저들 「신탁지지파」의 정권획득운동으로 말미암아 유회되어 버리고만 오늘날!
제군이 만일 참으로 나라를 사랑하고 정의를 아는 이 나라의 청년이라면 제군은 이제 공수방관하고 있을 수 없을 줄 안다. 「독립이냐 죽음이냐!」 이 두 가지 중에 한 가지를 택해야 될 줄 안다.
일어서라! 8백만의 열혈청년제군! 그리하여 우리는 우리의 손으로 독립을 전취하자!
지도자와 위원회만을 넋 없이 바라보던 때는 지났다. 우리는 우리들 8백만의 피와 전력을 합하여 일대 국민운동을 전개하자! 독립전취운동을 전개하자. 독립 없는 괴로움이 무엇이었던가를 제군은 벌써 경험하지 않았느냐?
모여라!! 8백만 청년제군!
한국청년회의 깃발 밑으로! 그리하여 우리는 삼천리의 방방곡곡에 한국청년회 지부 아래 결속하여 기어이 기어이 독립을 빼앗아 오자!

근대서지총서42 그림 332

大韓民國國民大會

이제우리大韓國民이, 總蹶起하야하는이措置는祖國興亡의絶頂에臨하야必然의天意順服이니 天意
는卽民心이요民心은卽天心이요天心은卽性靈이다 이性靈은卽一이니一로써構成한臨時政府를一
로써一貫할려하는大韓國民의至誠은至公無私하신하나님이下鑑하시는바이다
이에우리三千萬大韓國民은今日을卜하야總民意에依한臨時政府閣僚를擧族的으로改選할과同時
日의大韓民國臨時政府로奉行할이니今日이決行은卽天命이심을받들어天下萬邦에宣布하노라
大韓民國二十八年八月二十八日

근대서지총서42 그림 331

靑年에게 檄함

韓國의將來를 두억깨에질머진 八百萬靑年諸君!
祖國光復의情熱에넘치는 우리八百萬靑年諸君!
우리韓國靑年會는 至今 純粹한祖國愛와 自主獨立의念願에꼴타는 靑年諸君에게 呼訴하려한다。
韓國의獨立이約束된지 벌서 오랜時日을經過했음에도不拘하고 自主獨立政府의實現은 아직도 깜아득한오늘날。저들, 所謂自稱左翼이라云爲하는者들의謀畧과 陰謀는날로甚하야 國內의統一을泮裂식히고있는 오늘날 第二次의美蘇共同委員會가 저들「信托支持派」의 政權獲得運動으로말미암어 流會되어버리고만 오늘날!
諸君이 만일 참으로 나라를사랑하고 正義를아는 이나라의 靑年이라면 諸君은 인제 拱手傍觀하고있을수없을줄안다。「獨立이냐 죽엄이냐!」이 두가지中에, 한가지를 擇해야될줄안다
이러서라! 八百万의熱血靑年諸君! 의손으로 獨立을戰取하자。그리하야 우리는 우리
指導者와 委員會만을 넋없이 바래보드데는 지냈다。우리는 우리들八百万의피와 力을合하야 一大國民運動을展開하자!獨立戰取運動을展開하자。獨立없는苦로움이 무엇이었든가를 諸君은 벌서 經驗하지않었느냐?
모히라!! 八百萬靑年諸君!
韓國靑年會의 旗발밑으로! 그리하야 우리는 三千里의坊坊谷谷에 韓國靑年會支部아래結束하야 期於히期於히 獨立을빼서오자!

韓國自主獨立萬歲!
自主獨立運動萬歲!
韓國靑年會結成萬歲!
韓國靑年會全國支部結成萬歲!

韓國靑年會宣傳部

大韓民國臨時政府正式推戴宣言文

우리는自主的民主主義獨立國家建設을宣布한다

하나님은半萬年前불어半島三千里槿域을우리大韓民族의國土로命하여주섯다

우리들은이疆土를絶對死守하며따라서繁榮과發展에努力함이　檀君天祖의弘業을繼承하는唯一의民道이다

그런데不幸하게도過去三十餘年間은倭敵의侵略下에聖域과國民은破滅과瀕死에到達하엿다

그러나하나님은恒常弱한者를保護하시나니今次世界大戰에있어서聯合軍의偉大한勝利로말미암아「카이로」「포스담」兩次會談의宣言에依하야世界弱少民族解放과同時우리大韓民族도自由의解放을엇게되엿다

우리大韓國民은聯合軍의抑强扶弱하는實踐的正義에對하야感謝를드리는바이며解放後完全한獨立國家建設을爲하야準備에努力함과同時特別히美蘇共同委員會에對하야는莫大한企待와希望을抱持하였엇다　그러나意外에도美蘇共同委員會에對한企待와希望은虛無에歸하였으니歲月은於焉間一年을지나는동안우리大韓國民은秩序없는濁流中에서左往右往、目下우리祖國疆土에는所謂三八度線이라는古不聞、今不聞의國境的怪網을布張한채로公公然히單一한韓民族의分裂을助長할뿐만안이라以北地域에있어서는無道한誅求와强歷으로말미암아全國內에波及된思想及經濟界의混乱은其極에達하야大韓國民으로하야금自滅의慘境을招來케할뿐이니嗚呼라이悲慘한現實에立脚한우리三千萬大韓國民은明日의希望보다도今日의現實을咀呪하는最大苦境에逢着하얏다　안이他力에依存한獨立政府樹立에對하야는失望이라고볼수잇는現實에서忍從의無謂함을自覺함과同時昨日까지取한우리의全幅的信賴와謙讓的態度가넘어도어리석엇다는것을스스로慚愧하는바이다　換言하면우리國家의大業을오로지他力에依存하려는弱한思潮에서捨近取遠한것이卽昨日까지에取한우리의行動이엿다

그러나自今三千萬의大韓國民은決死的自力으로써建國을實行하려하노니우리는눈물과피로써임이樹立한大韓民國臨時政府가잇다　이臨時政府는民族的의又는國際的의으로보아가장合法的인政府이다

西歷一九一九年巴里에서歐洲大戰의終幕을契機로한世界平和會議의公約下에當時海內、海外에居留하는大韓三千萬國民은純潔한朝鮮魂의結合으로써數萬의鮮血을뿌리고上海에樹立한大韓民國臨時政府이다

이血塔의臨時政府는世界가公認하얏을뿐않이라美、蘇、英、中、佛友邦은直接間接으로援助가있엇다

大韓民國臨時政府는이와같은國際的公認과支持援助下에서過去二十七年間을何等의支障없이우리韓國半萬年의偉大한歷史를오로지確保하얏으며드되여解放에至하얏으니友邦諸國에對하야深厚한

대한민국국민대회 〈대한민국임시정부 정식 추대 선언문〉
1946.8.28

우리는 자주적 민주주의 독립국가 건설을 선포한다.

하나님은 반만년 전부터 반도 삼천리 槿域을 우리 대한민족의 국토로 명하여 주셨다.

우리들은 이 강토를 절대 사수하며 따라서 번영과 발전에 노력함이 단군 天祖의 홍업을 계승하는 유일한 民道이다.

그런데 불행하게도 과거 삼십여 년간은 왜적의 침략하에 성역과 국민은 파멸과 빈사에 도달하였다.

그러나 하나님은 항상 약한 자를 보호하시나니 今次 세계대전에 있어서 연합군의 위대한 승리로 말미암아 「카이로」 「포츠담」 兩次 회담의 선언에 의하여 세계 약소민족해방과 동시 우리 대한민족도 자유의 해방을 얻게 되었다.

우리 대한민국은 연합군의 억강부약하는 실천적 정의에 대하여 감사를 드리는 바이며 해방 후 완전한 독립국가 건설을 위하여 준비에 노력함과 동시 특별히 미소공동위원회에 대하여는 막대한 기대와 희망을 抱持하였었다. 그러나 해외에도 미소공동위원회에 대한 기대와 희망은 허무에 귀하였으니 세월은 어언간 1년을 지나는 동안 우리 대한민국은 질서 없는 탁류 속에서 우왕좌왕, 目下 우리 조국강토에는 소위 38도선이라는 古不聞, 今不聞의 국경적 怪網을 포장한 채로 공공연히 단일한 한민족의 분열을 조장할 뿐만 아니라. 이북지역에 있어서는 무도한 誅求와 강압으로 말미암아 전국 내에 파급된 사상 및 경제계의 혼란은 그 극에 달하여 대한국민으로 하여금 자멸의 慘境을 초래케 할 뿐이 오호라, 이 비참한 현실에 입각한 우리 삼천만 대한국민은 명일의 희망보다는 금일의 현실을 저주하는 최대 苦境에 봉착하였다. 아니 他力에 의존하는 독립정부 수립에 대하여는 실망이라고 볼 수 있는 현실에서 인종의 無謂함을 자각함과 동시 작일까지 취한 우리의 전폭적 신뢰와 겸양적 태도가 너무도 어리석었다는 것을 스스로 참괴하는 바이다. 환언하면 우리 국가의 대업을 오로지 타력에 의존하려는 약한 사조에서 捨近取遠한 것이 즉 작일까지에 취한 우리의 행동이었다.

그러나 지금부터 삼천만의 대한국민은 결사적 자력으로써 건국을 실행하려 하노니 우리는 눈물과 피로써 이미 수립한 대한민국 임시정부가 있다. 이 임시정부는 민족적 또는 국제적으로 보아 가장 합법적인 정부이다. 서력 1919년 파리에서 歐洲大戰의 종막을 계기로 한 세계평화회의의 공약하에 당시 해내, 해외에 거류하는 大韓 삼천만 국민이 순결한 조선혼의 결합으로써 수만의 선혈을 뿌리고 상해에 수립한 대한민국 임시정부이다.

이 血塔의 임시정부는 세계가 공인하였을 뿐 아니라 美, 蘇, 英, 中, 佛 우방은 직접 간접으로 원조가 있었다.

대한민국 임시정부는 이와 같은 국제적 공인과 지지원조하에서 과거 27년간을 하등의 지장 없이 우리 한국 반만년의 위대한 역사를 오로지 확보하였으며 드디어 해방에 이르렀으니 友邦諸國에 대하여 심후한 감사를 드리는 바이다.

이제 우리 삼천만 대한국민은 세계가 공인하고 또 역사적인 이 임시정부를 해방된 대한민국의 임시정부로 추대함은 오로지 천명임을 자각하고 한민족의 총의인 것을 각성하였다.

이제 우리 대한국민이 총궐기해야 하는 이 조치는 조국흥망의 절정에 임하여 필연의 天意順服이니 천의는 곧 민심이요, 민심은 곧 천심이요, 천심은 곧 性靈이다. 이 성령은 곧 一이니 一로써 구성한 임시정부를 一로써 일관하려 하는 대한국민의 지성은 지공무사하신 하나님이 下鑑하시는 바이다.

이에 우리 삼천만 대한국민은 금일을 卜하여 총 민의에 의한 임시정부 각료를 거족적으로 개선함과 동시 금일의 대한민국 임시정부로 봉행함이니 금일 이 결행은 곧 천명이심을 받들어 천하에 만방에 선포하노라.

李始榮　趙擎韓　咸台永
吳世昌　朴烈　金尚德
權東鎮　金朋濬　朴賛翊
洪震　朴憲永　朴容羲
吳夏永　元世勳　金俊淵
李鍾台　金昌淑　曹成煥
李青天　金星淑　金元鳳
洪命憲　金日成　南相喆
李鍾郁　張建相　金觀植
金教准　成周寔　任永信
金鴻亮　金法麟　黃賢淑

大韓民國二十八年八月二十九日

大韓民國國民大會

니가 獨立을준다고 떠들기는 놈이 멋슌들으더
리에게 주지도않고 바리지도 안음은 米國 강내이
만 全國을 橫行케니 大体 볏고 版임
하는 米軍政의 欺瞞政策에 속아 넘어간우
리가 안이지만, 몸이아라서거 宣傳으로하썬
五쮈昊王顥들의 주태란이 더 더럽니가 一
直正한 愛國者를 제포 監標하고 暗
黑天地로변하는 南鮮이 所謂 大韓獨促
이란 허□者枚 아레 親日 走均들의 모여서
謀利할 公論만하는 놈들의 所行은 이다음
第一먼저 庶断할대지만 우리는 여기에 誘引
當해선은 絶対로 朝鮮民族이안이 올시다 一
이놈들을 友動分子들을 우리는 監視하고注
視합시다. 南朝鮮一帯에서 지금 이놈들의
무기 제일먼저 따라나고 되엿다는 事實을우
리는 記憶해야됩니다. 親日派民族敎延
者를 建國途上의 第一먼저 排除해야될이때
에 오히려 이놈들의 獨促이란 이놈으로正面
나서 그럴듯이 宣傳하고 俊裝하고있음니다

米軍政은 速히 撤退하라 一
이놈들의 압재비를 全部処断하자!

大韓民國臨時政府閣僚

大統領	李承晩
副統領	金九
國務總理	金奎植
內務部長官	安在鴻
外務部長官	趙素昂
軍務部長官	柳東說
財務部長官	趙琬九
學務部長官	兪億兼
法務部長官	崔東昕
郵政部長官	呂運亨
治安部長官	趙炳玉
交通部長官	申翼熙
工務部長官	許憲
農林部長官	黃學秀
商務部長官	金性洙
厚生部長官	李容尙
鑛務部長官	金枓奉
建設部長官	曺晩植
勞働部長官	柳林
宣傳部長官	嚴恒燮

대한민국국민대회 〈대한민국임시정부 각료, 대한민국 국무위원〉 명단 1946.8.29

〈동포에게 격함〉

이승만을 앞잡이로 내세워 미군정은 우리를 개나 도야지로 취급하여 결국 南鮮 일대에서 미군정 반대의 봉화를 들고 과감히 투쟁을 계속하고 있습니다. 쌀은 귀신이 다 가져가는지 우리에겐 주지도 않고 바라지도 않은 미국 강냉이만 전국을 횡행하니 대체 어떻게 되는 판입니까. 독립을 준다고 떠들기는 남의 몇 배를 더하는 미군정의 기만정책에 속아 넘어갈 우리가 아니지만 몸이 달아서 거짓 선전을 하는 우익 거두들의 추태란 어떠합니까! 진정한 애국자는 모조리 체포 감금하고 암흑천지로 변하는 남선에 소위 大韓獨促이란 허울 좋은 간판 아래 친일 주구들이 모여서 謀利할 公論만 하는 놈들의 소행은 이다음 제일 먼저 처단할 테지만 우리는 여기에 유인당해서는 절대로 조선 민족이 아니올시다! 이놈들 반동분자들을 우리는 감시하고 주시합시다. 남조선 일대에서 지금 이놈들의 목이 제일 먼저 달아나고 있다는 사실을 우리는 기억해야 됩니다. 친일과 민족반역자를 건국도상에 제일 먼저 배제해야 될 이때에 오히려 이놈들의 獨促이란 이름으로 정면에 나서 그럴 듯이 선전하고 가장하고 있습니다. 미군정은 속히 撤退하라! 이놈들의 앞잡이를 전부 처단하자!

信託統治決死反對

一、民族分裂은 根本的 政治理念이 相剋한 兩軍이 長期駐屯하기 때문이다
一、兩軍이 長期駐屯의 結果는 依外主義와 事大思想만이 助長되고
一、獨立遷延、經濟混亂、産業不振、社會無秩序、民生은 塗炭으로 빠질뿐이오
一、이러고두 其責任을 朝鮮民族에게 轉嫁식이며 所謂援助한다는 美名下에 託治云云은 萬不當한일이다
一、託治는、朝鮮이 必要한것이 아니라 美蘇兩國의 立場上 必要한것이니
一、美蘇兩國의 勢力均衡策上 必要로 朝鮮이 國際胞隷的 犠牲될 義務는없다
一、三八線은 第三次大戰의 火藥庫化되고있다 世界平和는 朝鮮을外國無干涉으로 安全地帶를만드는데에있다
一、美蘇여! 國際憲章民族自決原則에依하야 朝鮮에即時自主獨立을承認하라

大韓獨立促成國民會

대한독립촉성국민회 〈신탁통치결사반대〉

一. 민족 분열은 근본적 정치 이념이 상극한 양 군이 장기 주둔하기 때문이다.
一. 양 군이 장기 주둔의 결과는 의외주의와 사대사상만이 조장되고
一. 독립遷延, 경제혼란, 산업부진, 사회무질서, 민생은 도탄으로 빠질 뿐이오.
一. 이러고도 그 책임을 조선민족에게 전가시키며 소위 원조한다는 미명하에 탁치 운운은 만부당한 일이다.
一. 탁치는 조선이 필요한 것이 아니라 미소양국의 입장상 필요한 것이니
一. 미소양국의 세력균형책상 필요로 조선이 국제胞隷的 희생될 의무는 없다.
一. 삼팔선은 제삼차 대전의 화약고화되고 있다. 세계평화는 조선을 외국 무간섭으로 안전지대를 만드는 데에 있다.
一. 미소여! 국제헌장 민족자결 원칙에 의하여 조선에 즉시 자주독립을 승인하라.

韓國의 四國共同管理(英美蘇中)를 絶對 反對하자

同胞여 米蘇兩軍이 分割占據한 一年間에 政治經濟文化社會에 모―든 方向을얼마나무서운 破滅와混亂이 齎來되엿는가!!
(託治―美蘇共委―四個國共同管理)이것이 所謂莫府三相決定第三項의 內容이다 二國이共同占領한一年도이며 캐 悲慘하거던하물며 四國共同管理하게되면얼마나慘憺하리오 우리는決死코 우리의自主獨立을 主張한다 우리民族의、正當한自主獨立의 路線을反對하는集團들은(錯誤된國際主義에서 離脫하자) 우리民族의 唯一한(活路는民族的自主獨立을) 保障한모―든 國際憲章과(우리民族統一된戰線의 威力으로써)完全自主獨立을 戰取하는데잇다

金民族의 力量을反託一線으로集中하자
金青年은 金國青年의 總集結體인 獨青總聯盟에뭉치자

大韓獨立促成全國青年總聯盟

대한독립촉성 전국청년총연맹 〈한국의 4국 공동관리를 절대 반대하자〉 1946.8

동포여, 미소 양군이 분할 점거한 1년간에 정치, 경제, 문화, 사회의 모든 방향을 얼마나 무서운 파멸과 혼란이 齎來되었는가!!
(탁치 미소 공위 4개국 공동 관리) 이것이 소위 막부 삼상결정 제3항의 내용이다. 2국이 공동 점령한 1년도 이렇게 비참한데 하물며 사국 공동 관리하게 되면 얼마나 비참하리오. 우리는 결사코 우리의 자주독립을 주장한다. 우리 민족의 정당한 자주독립의 노선을 반대하는 집단들은 (착오된 국제주의에서 이탈하자) 우리 민족의 유일한 (활로는 민족적 자주독립을) 보장한 모든 국제 헌장과 (우리 민족통일된 전선의 위력으로써) 완전 자주독립을 전취하는 데 있다.
전 민족의 역량을 반탁 일선으로 집중하자.
전 청년은 전국 청년의 총 집결체인 獨青總聯盟에 뭉치자.

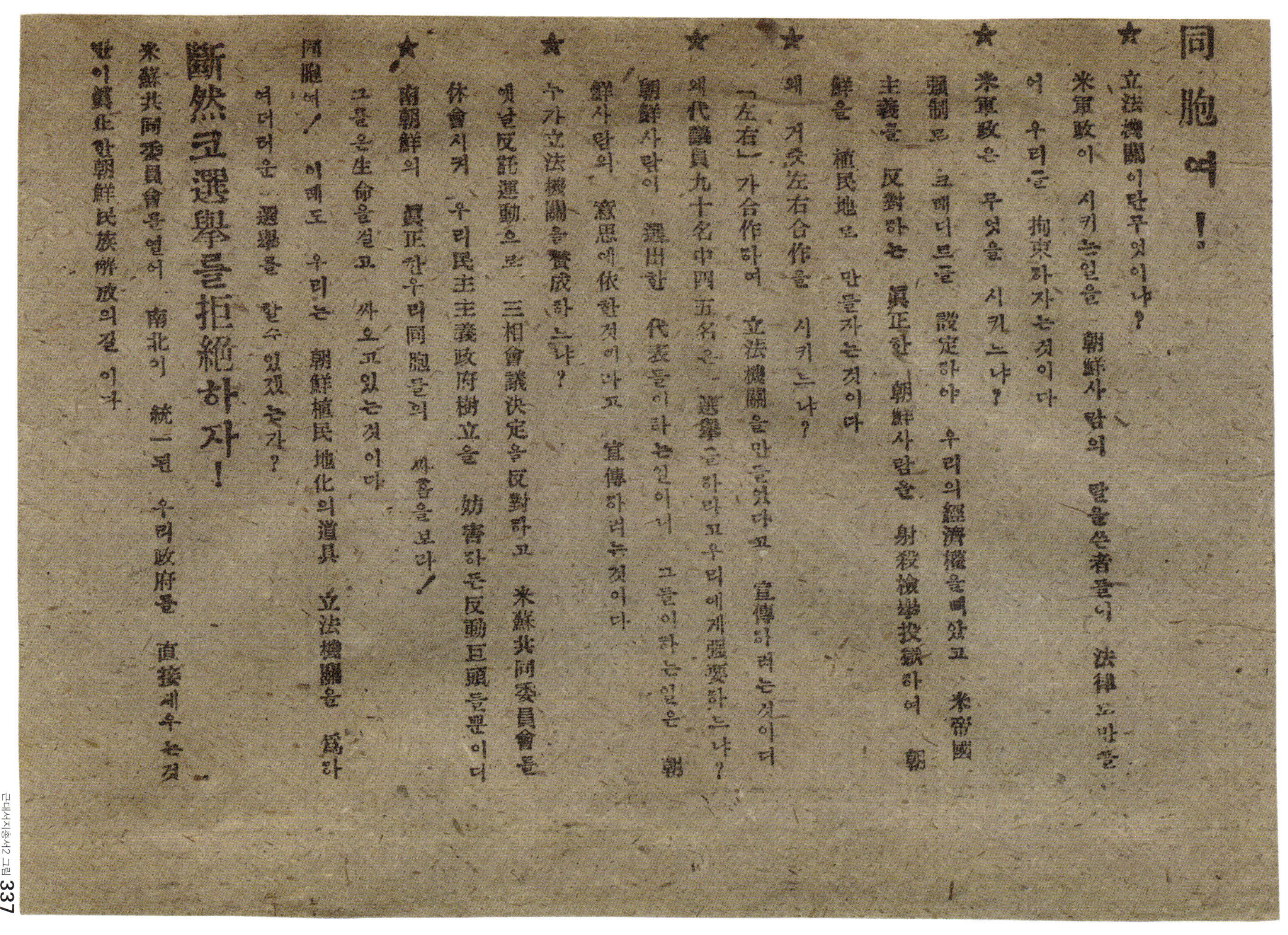

과도입법의원 선거 반대를 주장하는 〈조선공산당 또는 민전 측의〉 전단 〈동포여!〉

★입법기관이란 무엇이냐?
미군정이 시키는 일을 조선 사람의 탈을 쓴 자들이 법률로 만들어 우리를 구속하자는 것이다.
★미군정은 무엇을 시키느냐?
강제로 크레디트를 설정하여 경제권을 빼앗고 米제국주의를 반대하는 진정한 조선사람을 사살 검거 투옥하여 조선을 식민지로 만들자는 것이다.
★왜 거짓 좌우합작을 시키느냐?
「좌우」가 합작하여 입법기관을 만들었다고 선전하려는 것이다.
★왜 대의원 90명 중 4, 5명은 선거를 하라고 우리에게 강요하느냐?
조서사람이 선출한 대표들이 하는 일이니 그들이 하는 일은 조선 사람의 의사에 의한 것이라고 선전하려는 것이다.
★누가 입법기관을 찬성하느냐?
옛날 반탁운동으로 삼상회담결정을 반대하고 미소공동위원회를 휴회시켜 우리 민주주의 정부 수립을 방해하던 반동 거두들뿐이다.
★남조선의 진정한 우리 동포들의 싸움을 보라!
그들은 생명을 걸고 싸우고 있는 것이다.
동포여! 이래도 우리는 조선식민지화의 도구 입법기관을 위하여 더러운 선거를 할 수 있겠는가? 단연코 선거를 거절하자! 미소공동위원회를 열어 남북이 통일된 우리 정부를 직접 세우는 것만이 진정한 조선민족 해방의 길이다.

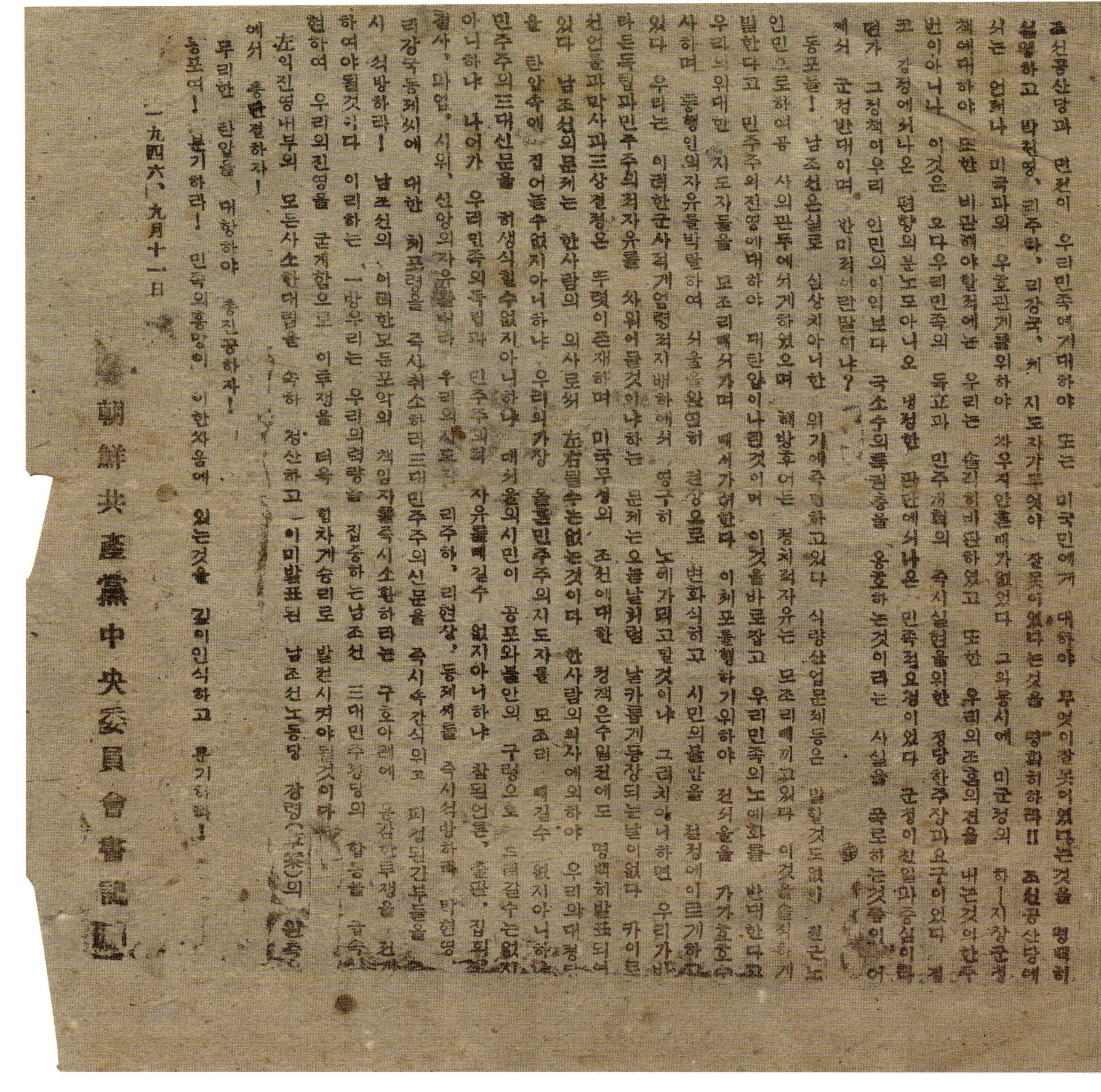

朝鮮共産黨中央委員會書記局

一九四六、九月十一日

조선공산당 중앙위원회 서기국 〈하지 장군의 성명을 반대하여 전 동포에게 격함〉 1946.9.11

동포들!

미주둔군 사령관 하지 장군은 드디어 남조선의 민주주의를 그 뿌리째 뽑아버리고 완전한 파시스트 군사적 반동정책을 실행하고 있다. 언론, 출판, 결사 등의 자유는 근로인민대중에게 있어서는 오직 한 개의 꿈으로 화하고 말았다. 9월 6일 조선인민보, 현대일보, 중앙신문의 정간과 함께 수백 명의 엠피가 각각 그 신문사를 점거하고 대량의 간부를 검거한 것을 비롯하여 민주주의 민족전선과 조선공산당의 최고지도자들에 대한 체포령을 발하고 9월 7일 그 휘하의 경찰관을 총동원하여 가두에서 자동차를 일제 수색하고 통행인에 대한 자유를 방해하고 야간 주택에 불법 침입 수색을 행하고 9월 8일에 이르러서는 전 경찰을 들어 서울시의 가가호호의 가택수색과 아울러 공산당의 지도자 이주하, 홍남표씨 외 대량의 검거 등은 실로 대 서울을 일종의 전쟁으로 만들어 인심은 흉흉하고 시민의 공포는 절정에 달하고 있다. 우리가 일찍이 일제의 탄압을 세계 무비의 포악한 잔인한 것으로써 알았다면 최근 벌어진 남조선의 사태는 고금초유의 횡포라 아니할 수 없다. 하지 장군은 이러한 잔악한 탄압을 근로인민과 민주진영에 단행하면서 한편으로는 우리 민중의 자주독립을 보장한다면서 이러한 폭압을 합리화하기 위하여 '소수당'이 미주둔군의 안전에 대한 위해를 가한다고 방송하고 있다. 다만 일제와 다른 태도는 일제는 노골적으로 조선을 자기의 식민지라 하였음에 반하여 하지 장군은 말로만은 조선의 독립을 보호 원조한다면서 실제에 있어서는 식민지의 노예화 정책을 기만적으로 단행하는 점에 있을 뿐이다. 우리는 하지 장군에게 솔직히 묻고자 한다. 조선 민족 중 특히 조선공산당과 민주주의 민족전선에서 어느 때 누가 어느 곳에 어떠한 형태로써 미주둔군의 안전에 대하여 위해를 가하였으며 가하려 하던가. 또는 우리 민족의 90% 이상의 근로인민을 대표한 정당인 공산당과 모든 근로인민의 총역량을 집중한 민전이 어째서 소수당이 되는가. 이 두 문제를 명확히 해답하여야만 조선 민족에 대한 하지 장군의 탄압의 이유가 조금이라도 나올 것이 아니냐. 또한 조선 민족의 자주독립을 위하여 어떠한 일을 어느 때 어떻게 하여 지금 남조선이 어떠한 상태에 있다함을 구체적으로 증명하여야 조선 민족이 하지 장군의 기만에 대한 의혹이 조금이라도 풀어질 것이 아니냐. 또한 조선인민보, 현대일보, 중앙신문이 어느 곳에 우리 민족의 이익과 배치되고 근로인민이 하고자 하는 말을 아니 실린 곳이 있는가. 그 정간의 이유를 명확히 하라! 무릇 언론의 자유라 함은 그 기관이 하지 장군이 생각하는 대로만 게재함이 언론의 자유라고 장군은 해석하는가. 그 기관이 민족의 이익을 위하여 자기들이 생각하는 것을 기술함이 언론의 자유인가. 이것을 명확히 해답하여야 할 것이 아니냐. 나아가 조선공산당과 민전에 대한 탄압! 특히 조선 최고의 민주주의적 지도자들의 체포는 무슨 이유로써 행하는가. 조선의 독립과 자유를 말로만으로라도 위한다는 장군으로 일제지배시대 권력으로써 수십 년간 조선 독립과 자유를 위하여 가장 영웅적으로 가장 옳게 싸워온 조선공산당에 대한 탄압과 그의 지도자를 어떻게 체포할 수 있는가. 만약 탄압한다면 조선공산당과 민전이 우리 민족에게 대하여 또는 미국민에게 대하여 무엇이 잘못되었다는 것을 명백히 설명하고 박헌영, 이주하, 이강국, 제 지도자가 무엇이 잘못이었다는 것을 명확히 하라!! 조선공산당에서는 언제나 미국과의 우호관계를 위하여 싸우지 않은 때가 없었다. 그와 동시에 미군정의 하지 장군 정책에 대하여 또한 비판해야 할 적에는 우리는 솔직히 비판을 하였고 또한 우리의 좋은 의견을 내는 것이 한두 번이 아니나 이것은 모두 우리 민족의 독립과 민주개혁의 즉시 실현을 위한 정당한 주장과 요구이었다. 결코 감정에서 나온 편향의 분노도 아니요 냉정한 판단에서 나온 민족적 요청이었다. 군정이 친일파 중심이라든가 그 정책이 우리 인민의 이익보다 극소수의 특권층을 옹호하는 것이라는 사실을 폭로하는 것쯤이 어째서 군정반대이며 반미적이란 말이야?

동포들! 남조선은 실로 심상치 아니한 위기에 직면하고 있다. 식량산업문제 등은 말할 것도 없이 전 근로인민으로 하여금 死의 관두에 서게 하였으며 해방 후 얻은 정치적 자유는 모조리 뺏기고 있다. 이것을 솔직하게 말한다고 민주주의 진영에 대하여 대탄압이 내린 것이며 이것을 바로잡고 우리 민족의 노예화를 반대한다고 우리의 위대한 지도자들을 모조리 빼앗아가며 빼앗아가려 한

하—지將軍의 聲明을 反對하야 全同胞에 檄함

다. 이 체포를 행하기 위하여 전 서울을 가가호호 수사하며 통행인의 자유를 박탈하여 서울을 완연히 전장으로 변화시키고 시민의 불안을 절정에 이르게 하고 있다. 우리는 이러한 군사적 계엄령적 지배하에서 영구히 노예가 되고 말 것이냐 그렇지 아니하면 우리가 바라던 독립과 민주주의적 자유를 싸워 얻을 것이냐 하는 문제는 오늘날처럼 날카롭게 등장되는 날이 없다. 카이로선언과 모스크바 삼상 결정은 뚜렷이 존재하며 미국무성의 조선에 대한 정책은 수일 전에도 명백히 발표되어 있다. 남조선의 문제는 한 사람의 의사로써 좌우할 수는 없는 것이다. 한 사람의 의사에 의하여 우리의 대정당을 탄압 속에 집어넣을 수 없지 아니하냐. 우리의 가장 옳은 민주주의 지도자를 모조리 뺏길 수 없지 아니하냐. 민주주의 3대 신문을 희생시킬 수 없지 아니하냐. 대 서울의 시민이 공포와 불안의 구렁으로 들어갈 수는 없지 아니하냐. 나아가 우리 민족의 독립과 민주주의적 자유를 뺏길 수 없지 아니하냐. 참된 언론, 출판, 집회, 결사, 파업, 시위, 신앙의 자유를 내라. 우리의 지도자 이주하, 이현상 등 諸氏를 즉시 석방하라. 박헌영, 이강국 등 諸氏에 대한 체포령을 즉시 취소하라. 3대 민주주의 신문을 즉시 속간시키고 피검된 간부들을 즉시 석방하라! 남조선의 이러한 모든 포악의 책임자를 즉시 소환하라는 구호 아래에 용감한 투쟁을 전개하여야 될 것이다. 이리하는 한편 우리는 우리의 역량을 집중하는 남조선 3대 민주정당의 합동을 급속 실현하여 우리의 진영을 굳게 함으로써 이 투쟁을 더욱 힘차게 승리로 발전시켜야 될 것이다.

좌익진영 내부의 모든 사소한 대립을 속히 청산하고 이미 발표된 남조선노동당 강령(草案)의 원칙에서 총 단결하자!
무리한 탄압을 대항하여 총진군하자! 동포여! 분기하라! 민족의 흥망이 이 한 싸움에 있을 것을 깊이 인식하고 분기하라!

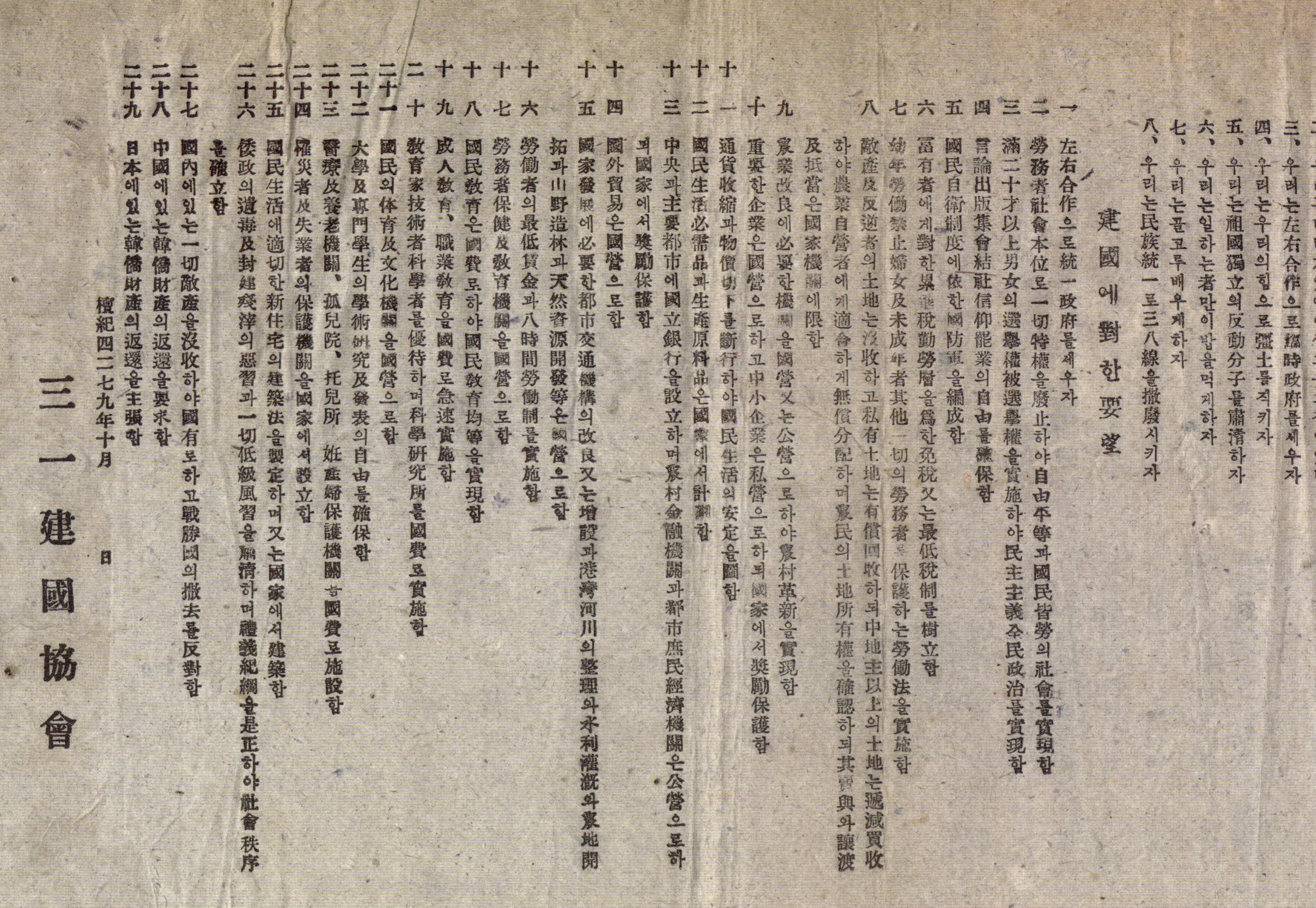

三一建國協會

檀紀四二七九年十月　日

建國에 對한 要望

一、左右合作으로 統一政府를 세우자
二、勞務者社會本位로 一切特權을 廢止하야 自由平等과 國民皆勞의 社會를 實現함
三、滿二十才以上男女의 選擧權被選擧權을 實施하야 民主主義全民政治를 實現함
四、言論出版集會結社信仰能業의 自由를 確保함
五、國民自衛制度에 依한 國防軍을 編成함
六、富有者에게 對한 累進稅 勤勞層을 爲한 免稅又는 最低稅制를 樹立함
七、幼年勞働禁止 婦女及未成年者其他一切의 勞務者를 保護하는 勞働法을 實施함
八、敵産及反逆者의 土地는 沒收하고 私有土地는 有償回收하되 中地主以上의 土地는 農民에게 適合하게 無償分配하며 農民의 土地所有權을 確認하되 及抵當은 國家機關에 限함
九、農業改良에 必要한 機關을 國營又는 農村革新을 實現함
十、重要한 企業은 國營으로 하고 中小企業은 私營으로 하야 農村 國家에서 獎勵保護함
十一、通貨收縮과 物價切下를 斷行하야 國民生活의 安定을 圖함
十二、國民生活必需品과 生産原料品은 國家에서 計劃함
十三、中央과 主要都市에 國立銀行을 設立하며 農村金融機關과 都市庶民經濟機關은 公營으로 하되 國家에서 獎勵保護함
十四、國外貿易은 國營으로 함
十五、國家發展에 必要한 都市交通機構의 改良又는 增設과 港灣河川의 整理와 水利灌漑와 農地開拓과 山野造林과 天然資源開發等은 國營으로 함
十六、勞働者의 最低賃金과 八時間勞働制를 實施함
十七、勞務者保健及敎育機關을 國營으로 함
十八、國民敎育은 國費로하야 國民敎育均等을 實現함
十九、成人敎育、職業敎育을 國費로 急速實施함
二十、敎育家技術者科學者를 優待하며 科學硏究所를 國費로 實施함
二十一、國民의 体育及文化機關을 國營으로 함
二十二、大學及專門學生의 學術硏究及發表의 自由를 確保함
二十三、醫療及養老機關、孤兒院、托兒所、姙産婦保護機關을 國費로 施設함
二十四、罹災者及失業者의 保護機關을 國家에서 設立함
二十五、國民生活에 適切한 新住宅의 建築法을 製定하며 又는 國家에서 建築함
二十六、倭政의 遺毒及封建殘滓의 惡習과 一切低級風習을 肅清하며 體義紀綱을 是正하야 社會秩序를 確立함
二十七、國內에 있는 一切敵産을 沒收하야 國有로 하고 戰勝國의 撤去를 反對함
二十八、中國에 있는 韓僑財産의 返還을 要求함
二十九、日本에 있는 韓僑財産의 返還을 主張함

三一建國協會 〈선언〉 1946.10

본 협회는 삼일건국동지회를 혁신개조하기 위하여 새로운 노선으로 매진하면서 이에 경애하는 동포에게 선언한다.

8·15의 해방은 참으로 저 포악한 왜적의 질곡 밑에서 신음하고 있던 우리 민족에게 재생의 새 노선을 지시하는 동시에 과거 수십 년래의 피 묻은 투쟁인 삼일혁명의 역사적 과업을 급속 완수할 기회를 주었다. 이 해방이 벌써 1주년 넘었으되 강토는 38장벽으로 분할되어 있으며 민족은 불통일과 대립 마찰이 심각화하여 자멸의 길을 밟으려 하고 있으며 일부 지도자는 사대적 경향 종파적 편견 군림적 관념으로 서로 배제 알력하여 우리 배달민족의 혁명역량을 분산시켜 한갓 반동세력을 조장하고 민족해방전선을 파괴하고 있다. 따라서 임시정부 수립은 그 기간을 遷延하고 질서는 문란되고 모리배는 횡행하고 있으며 더욱이 근로대중을 비롯한 일반 동포는 실업 불안 기아 공포에 싸여 있다.

이에 우리는 민족적 위기인 현 단계에서 삼일혁명정신을 전 민족적으로 다시 새롭게 발휘하여 조국독립을 지연시키고 민족분열을 조장시키는 일체의 행동을 배격하며 자주독립과 혁명적 건설에 우리의 총역량을 집결하여 민주주의 신국가의 완성을 지상목표로 삼고 민족통일전선을 세워 일치 맹진함에 협력 분투하려 한다.

경애하는 동포여! 맹성 분기하자. 自欺 주저하지 말고 재생의 新路로 携手 매진하여 역사적 과업을 완성하자. 우방은 이를 기대하며 이를 원조한다. 시기는 우리를 위하여 머무르지 않는다.

강령

1. 삼일혁명정신을 계승 발휘하여 민주주의 국가 수립에 공헌함
2. 계획경제제도를 확립하여 국민생활의 안정과 균등에 노력함
3. 민주주의 문화를 앙양하여 사회생활의 향상과 인류평화에 기여함

구호

1. 우리는 나라가 있어야 자유가 있다.
2. 우리는 나라가 있어야 쌀과 옷과 집이 있다.
3. 우리는 좌우합작으로 임시정부를 세우자
4. 우리는 우리의 힘으로 강토를 지키자
5. 우리는 조국독립의 반동분자를 숙청하자
6. 우리는 일하는 자만이 밥을 먹게 하자
7. 우리는 골고루 배우게 하자
8. 우리는 민족통일로 삼팔선을 철폐시키자

건국에 대한 요망

1. 좌우합작으로 통일정부를 세우자
2. 노무자사회 본위로 일체특권을 폐지하여 자유 평등과 국민皆勞의 사회를 실현함
3. 만 이십 세 이상 남녀의 선거권 피선거권을 실시하여 민주주의 全民정치를 실현함
4. 언론 출판 집회 결사 신앙 파업의 자유를 확보함
5. 국민자위제도에 의한 국방군을 편성함
6. 부유자에 대한 누진세 근로층을 위한 면세 또는 최저세를 수립함
7. 유년노동금지 부녀 및 미성년자 기타 일체의 노무자를 보호하는 노동법을 실시함
8. 敵産 및 반역자의 토지는 몰수하고 사유 토지는 유상 회수하되 중지주 이상의 토지는 체감 매수하여 농업자영자에게 적합하게 무상분제하며 농민의 토지 소유권을 확인하되 그 매여와 양도 및 저당은 국가기관에 한함
9. 농업개량에 필요한 기관을 국영 또는 공영으로 하여 농촌혁신을 실현함
10. 중요한 기업 국영으로 하고 중소기업은 사영으로 하되 국가에서 장려 보호함
11. 통화수축과 물가절하를 단행하여 국민생활의 안정을 꾀함
12. 국민생활 필수품과 생산원료품은 국가에서 계획함
13. 중앙과 주요 도시에 국립은행을 설립하며 농촌금융기관과 도시민경제기관은 공영으로 하되 국가에서 장려 보호함
14. 국외무역은 국영으로 함
15. 국가 발전에 필요한 도시 교통 기구의 개량 또는 증설과 항만 하천의 정리와 수리관개와 농지개척과 산야 조림과 천연자원 개발 등은 국영으로 함
16. 노동자의 최저임금과 8시간 노동제를 실시함
17. 노무자 보건 및 교육기관을 국영으로 함
18. 국민교육은 국비로 하여 국민교육균등을 실현함
19. 성인교육, 직업교육을 국비로 급속 실시함
20. 교육가 기술자 과학자를 우대하며 과학연구소를 국비로 실시함
21. 국민의 체육 및 문화기관을 국영으로 함
22. 대학 및 전문학생의 학술연구 및 발표의 자유를 확보함
23. 의료 및 양로기관, 고아원, 탁아소, 임산부보호기관을 국비로 시설함
24. 이재자 및 실업자의 보호기관을 국가에서 설립함
25. 국민생활에 적절한 신주택의 건축법을 제정하며 또는 국가에서 건축함
26. 왜정의 遺毒 및 봉건잔재의 악습과 일체 저급풍속을 숙청하며 예의기강을 시정하여 사회 질서를 확립함
27. 국내에 있는 일체 적산을 몰수하여 국유로 하고 전승국의 철거를 반대함
28. 중국에 있는 韓僑 재산의 반환을 요구함
29. 일본에 있는 한교 재산의 반환을 주장함

一. 국민회는 가장 애국적이요, 진정한 민주주의에 의한 조국재건을 의도하는 국민운동의 주력집단이다. 정권욕을 초월하는 전민족적 독립투쟁기구이다. 이 목표하에 이 機構를 그 大義貫徹의 날까지 固守 매진하여야 한다.

一. 민족통일총본부는 그 「본부의 주의」에서 표명되어 있음 같이 「기성 각 정당과 단체는 그 주의와 주장을 물론하고 다 총본부와 연락하여 통일을 실행함」을 목표로 하는 민족문제 협의기관으로 자임한 자이다. 「민통」 자신이 국민회를 장악함은 그 본래의 취의와도 위배되고 하물며 야심적 派黨分子의 정권용단의 공구화할 우려가 없지 않다. 그는 민족진영 재분열의 禍機를 포장한 것으로 절대 방지하여야 한다.

(가) 세 영수의 합의로써 이 국민회로 하여금 전 민족 총결의 주력집단 되는 본연의 노선을 정진토록 하자!

(나) 민족진영의 위기를 匡救하자!

(다) 간부진에 擧族的으로 公正有能한 인물을 포용하자!

宣言

本協會는 三一建國同志會를 革新改組하야 새로운 路線으로 邁進하면서 이에 敬愛하는 同胞에게 宣言한다

八一五의 解放은 참으로 저 暴惡한 倭敵의 桎梏밑에서 呻吟하고 있던 우리 民族에게 再生의 재路線을 指示하는 同時에 過去 數十年來의 피묻은 鬪爭인 三一革命의 歷史的 課業을 念速完遂할 機會를 주었다 이 解放이 벌서 一週年 넘었으되 疆土는 三八障壁으로 分割되여 있으며 民族은 不統一과 對立摩擦이 深刻化하야 自滅의 길을 밟으며 하고 있으며 一部 指導者는 事大的 傾向 宗派的 偏見 君臨的 觀念으로서로 排擠軋轢하여 우리배달民族의 革命力量을 分散시키어 한갓 反動勢力을 助長하고 民族解放戰線을 破壞하고 있다 따라서 臨時政府樹立은 其期間을 遷延하고 秩序는 紊亂되고 謀利輩는 橫行하고 있으며 옥이 勤勞大衆을 비롯한 一般同胞는 失業不安餓餓恐怖에 싸혀있다 이에 우리는 民族的 危機인 現段階에서 三一革命精神을 全民族的으로 重新發揮하야 祖國獨立을 遷延시키고 民族分裂을 助長시키는 一切의 行動을 排擊하며 自主獨立과 革命的 建設에 우리의 總力量을 集結하야 民主主義新國家의 完成을 至上目標로 삼고 民族統一戰線을 세워 一致猛進함에 協力奮鬪하려 한다

敬愛하는 同胞여! 猛省奮起하자 自欺蹶躇하지말고 再生의 新路로 携手邁進하여 歷史的 課業을 完成하자 友邦은 이를 期待하며 이를 援助한다 時機는 우리를 爲하여 머무르지 않는다

綱領

一、三一革命精神을 繼承發輝하야 民主主義國家樹立에 貢獻함

二、計劃經濟制度를 確立하야 國民生活의 安定과 均等에 努力함

大韓獨立促成國民會代表諸氏에게 告함

一, 國民會는 가장 愛國的이오 眞正한 民主主義에 依한 祖國再建을 意圖하는 國民運動의 主力集團이다 政權慾을 超越하는 全民族的 獨立鬪爭機構이다 이 目標下에 이 機構를 그 大義貫徹의 날까지 固守 邁進하여야 한다.

一, 民族統一總本部는 그 「本部의 主義」에서 表明되어있음 같이 「旣成各 政黨과 團體는 其主義와 主張을 勿論하고 다一總本部와 連絡하야 統一을 實行함」을 目標로 하는 民族問題協議機關으로 自任한 者이다 「民統」 自身이 國民會를 掌握함은 그 本來의 趣意와도 違背되고 하물며 野心的 派黨分子의 政權용단의 工具化할 憂慮가 不無하다 그는 民族陣營再分裂의 禍機를 包藏한것으로 絶對防止하여야한다.

(가) 三領袖의 合意로써, 이 國民會로하야금一 全民族總結의 主力되는 本然의 路線을 正進토록하자!

(나) 民族陣營의 危機를 匡救하자!

(다) 幹部陣에 擧族的으로 公正有能한 人物을 包容하자!

檀紀四二七九年九月　日

有 志 一 同

전국근로자동맹 〈무산근로자 대중에 고함〉

우리 전국근로자동맹은 이번 경성을 비롯하여 남조선 일대에 걸친 파업 형태는 적색계열의 매국적인 파괴적 정치 모략임을 전 민족과 더불어 엄정히 규탄하는 바이다. 현 단계의 실정에 비추어 당국 當路者의 책임이 중대함은 물론 우리 삼천만 민족은 전무후무한 난관에 봉착한 이때 핏줄을 같이한 동족으로서 파괴적 반동분자를 갖게 됨을 痛嘆悲憤하여 마지않는다.

선량한 무산근로대중을 기만, 유혹, 농락하는 적색계열 반동분자들을 是正치 않고서는 민족 천년의 雄遠한 행복과 건설 과업을 어찌 성취하랴? 따라서 소위 건국을 위하여 이바지한다는 美名的 정치 모략배와 架空的 이론을 嘯導하는 한담정객, 득세모리배, 奸商輩 등 건국 대업의 반동 주구들은 자주독립 신국가 건설을 갈망하여 실천 추진하는 무산근로대중에게 머리를 숙여 양심으로 참회하라. 따라서 봉건적인 파벌과 자본주의적 착취 세력을 배격하여 난국 타개는 오로지 건국의 전위대인 무산근로대중의 힘과 단결의 투쟁으로서만 있을 것을 주장한다.

근대서지총서2 그림 **341**

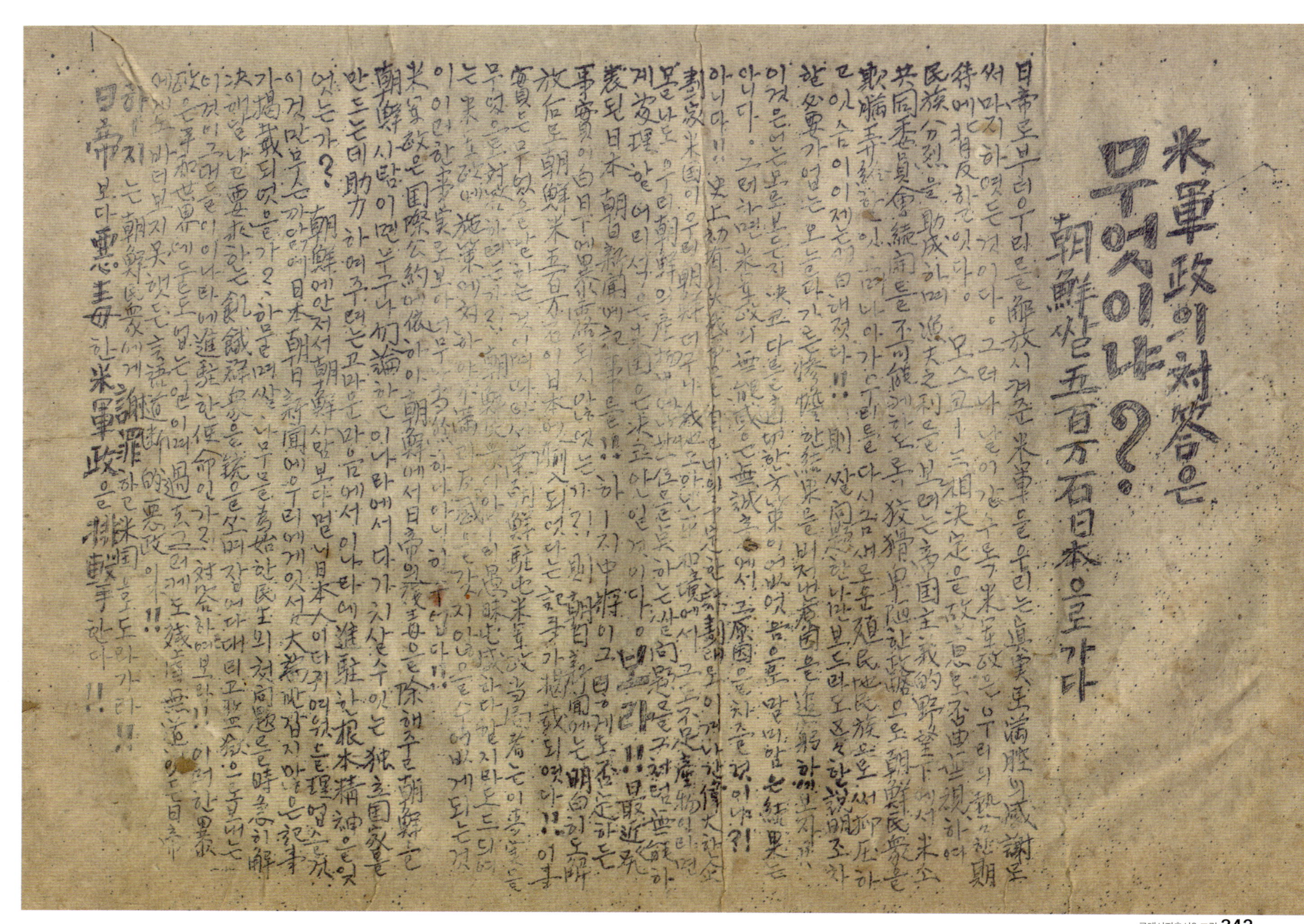

근대서지총서2 그림 **342**

〈미군정의 대답은 무엇이냐? 조선 쌀 500만 석 일본으로 가다〉

일본으로부터 우리를 해방시켜준 미군을 우리는 진실로 滿腔의 감사로써 맞이하였던 것이다. 그러나 날이 갈수록 미군정은 우리의 열렬한 기대에 배반하고 있다. 모스크바 삼상 결정을 고의로 왜곡 무시하여 민족분열을 조성하며 어부지리를 보려는 제국주의적 야망하에서 미소공동위원회 속개를 불가능케 하도록 교활 비루한 정략으로 조선민중을 기만 농락하고 있으며 나아가 우리를 다시금 새로운 식민지 민족으로써 억압하고 있음이 이제는 명백해졌다!! 즉 쌀 문제 하나만 보더라도 구구한 설명조차 할 필요가 없는 오늘과 같은 참담한 결과를 빚어낸 원인을 추구하여 보자!! 이것은 어느 모로 보든지 결코 다른 적절한 방책이 없었음으로 말미암은 결과는 아니다. 그러하면 미군정의 무능 혹은 무성의에서 그 원인을 찾을 것이냐!? 아니다!! 사상초유의 대전쟁을 자기네의 예정한 계획대로 이겨나간 위대한 기획이 미국이 우리 조선 더구나 우리 땅도 아닌 平和境에서 그도 부족 산물이라면 몰라도 우리 조선의 산물 중에서 〇位를 점하는 쌀 문제를 그처럼 무능하게 처리할 어리석은 미국은 결코 아닐 것이다. 보라!! 최근 발표된 일본 朝日新聞의 기사를!! 하지 중장이 그렇게도 부정하는 사실이 백일하에 폭로되지 않았는가!? 즉 朝日新聞에는 명백히도 해방 후로 朝鮮米 500만 석이 일본에 수입되었다는 기사가 게재되었다!! 이 사실은 무엇을 말하는 것이며 따라서 남조선 주둔 미군정 당국자는 이 사실을 무엇으로 대답하려는가?! 조선민중이 아무리 우매 둔감하다 할지라도 드디어는 미군정의 시책에 대하여 불만과 반감을 갖지 않을 수 없게 되는 것이 이러한 사실로 보아 너무나 당연하다 아니 할 수 없다!! 미군정은 국제공약에 의하여 조선에서 일제의 殘毒을 제해주고 조선을 조선 사람이면 누구나 물론하고 이 나라에서 다 같이 살 수 있는 독립국가를 만드는 데 조력하여 주려는 고마운 마음에서 이 나라에 진주한 근본정신을 잊었는가? 조선에 앉아서 조선 사람보다 멀리 일본인이 더 귀여웠을 리 없을 것이건만 무슨 까닭에 일본 朝日新聞에 우리에게 있어서 大端 반갑지 않은 기사가 게재되었을까? 하물며 쌀, 나무를 위시한 민생의 첫 문제를 시급히 해결해 달라고 요구하는 기아군중을 총을 쏘며 잡아다 데리고 감옥으로 보내는 이것이 그대들이 이 나라에 진주한 사명인가? 대답하여 보라!! 이러한 폭정은 평화세계에 둘도 없는 일이며 과거 그렇게도 잔학무도했던 일제에게도 받아보지 못했던 언어도단적 악정이다!! 하지는 조선 민중에게 사죄하고 미국으로 돌아가라!! 일제보다 악독한 미군정을 배격한다!!

316

조선공산당 〈경찰 폭압을 반대하여 인민에게 고함〉
1946.10.2

삼천만 동포 여러분이시여! 1919년 3·1대투쟁에서 우리 독립을 요구하는 평화적 시위 군중을 강포하고 야수적인 일본제국주의자들이 마음대로 학살한 것은 우리 민족의 千秋遺恨일 뿐 아니라 당시 문명국들에서는 그 무력적 폭압 방법과 그 야만적 잔인성을 비난하는 여론이 폭풍우처럼 일어났었다.

그러나 어찌 못하였으랴. 이러한 야만적 야수적 학살이 소위 해방이 되었다는 이 땅에서 소위 민주주의 건국을 입으로라도 부르짖는 이 나라에서 더욱 외국인이 아니라 같은 우리 민족의 손에서 또한 1919년 일제의 야만성을 가장 비난하던 미국인의 지배하에 있는 남조선에서 일어나고 있다. 이 어찌 민족적 분노와 정의적 충격을 참을 수 있느냐. 동포들! 우리의 해방은 전 인민의 총의에 의하여 모든 문제를 해결한다 함이 그 본질이며 그 약속이 아니냐. 인민의 총의는 먼저 언론, 출판, 집회, 결사, 파업, 시위, 信敎의 자유가 확보되어야 정당하게 정확히 발표될 것이 아니냐. 또한 민주주의적 자유라 함은 다수의 요구에 소수의 이익이 복속되는 것이 그 원칙이 아니랴. 그러면 우리나라의 노동자가 파업과 시위의 자유가 있어야 될 것이며 우리나라의 인민도 언론과 결사의 자유가 있어야 될 것은 물론이려니와 그 파업, 시위, 언론, 결사가 전 인민의 절대다수의 이익을 대표할 때에는 그것이 반드시 실천되며 실현되어야 할 것이 아니냐.

동포들! 금번 노동자들의 파업과 인민들의 시위가 무엇 때문에 행하여졌는가. 첫째 남조선의 전 인민이 더 살아갈 수 없는 민생문제를 위하여, 둘째 우리나라를 재차 식민지화하려는 당국자의 모든 폭압과 모든 정책을 반대하여 일어난 것이다. 그것이 오늘날 우리 민족의 처지와 발전에 있어 정당하고도 필연적인 것은 누가 의심할 여지가 없는 것이다. 그런데 이 파업이 어떻게 취급되었는가. 철도의 형제들이 경찰과 테러단의 연쇄 습격으로 2명의 直死者와 백여 명의 부상자를 내고 천칠백여 명의 檢束者를 냈음을 비롯하여 어느 곳을 물론하고 정당한 요구를 들고 평화적 파업 시위가 있는 곳에는 총살, 蹴散 검거가 경찰에 의하여 잔인하게도 행하여지고 있다. 남조선의 인민은 바로 역사 미증유의 공포와 학살 속에서 전율하고 있다. 오늘날 경찰의 [힘은] 무한대이며 이 경찰은 어느 곳에서 어떠한 일에든지 자기들이 생각하여 좋다고만 하면 동족의 살육을 마음대로 하여도 관계없으며 민족의 지도자를 마음대로 검거할 수 있으며 '포고' 한 장이면 그것이 법률이 되는 全權의 把指者이다. 이것은 제재하는 아무 기관도 없고 비난하면 즉시 체포되는 민주주의 세계와는 아주 떠나고 해방 국가에는 아주 볼 수 없는 독재적 권력적 탄압적 기관이며 존재이다. 이것은 검색이라는 명목하에 마음대로 주택에 침입하며 마음대로 시민을 검색하여 신성한 인권을 여지없이 마음대로 유린한다. 농성하고 있는 철도 형제들을 어째서 학살 검거하느냐. 오늘날 인민의 자유가 이렇게도 없느냐. 일본제국주의자의 경찰이 파업노동자들에게 이러한 일을 한 일이 있었느냐.

대구의 사건을 보라. 정당한 요구로서 평화적 시위를 행하는 노동자 학생에게 경찰은 발포를 시작하였다. 이것은 귀중한 우리의 아들 학생을 사살하였다. 시위군중은 우리의 아들이 저 야수들의 총끝에서 시뻘건 피를 쏟고 거꾸러짐을 볼 때 분노가 충천되어 그 시체를 메고 경찰서로 간 것이다. 경찰은 다시 이 격앙한 대중에게 학살을 시작하였다. 이에 군중은 포학무도하고 잔인무쌍한 경찰을 정의로써 응징하기를 결심한 것이다. 사건의 발단이 이렇게 된 것이다. 정의에서 일어선 대구의 시민은 동족의 손으로 동족을 학살함을 반대하여 일어선 것이요 이것은 바로 전 민족의 선두에서 일제보다 더 잔인포학한 경찰을 반대하여 일어선 것이다. 이것은 남조선 전 인민의 총의를 대표하여 용감히 일어선 것이다. 이에 이 반대투쟁은 原의 火勢처럼 남조선 전체를 휩쓰는 기세로서 진전되는 것이다.

이 사태는 확실히 비상하고도 중대한 사태이다. 우리는 이 사태를 직면하여 그 전 책임이 남조선 인민의 의사와는 전연 반대되는 무제한의 권력으로 인민의 살육을 마음대로 하는 경찰에게 있음을 선언한다. 그럼으로 당국자는 이러한 민족적 중대 사태를 당하여 그 근본적 원인과 직접적 동기가 어디 있는지를 확실히 예민히 파악하여 그 원인을 제거하고 그 동기를 다시 짓지 않도록 최대한의 성의로써 그 해결에 충실히 하여야 될 것이다. 오늘의 남조선은 인민을 잘 살육하고 민주운동을 잘 억압하는 자로써 민족적 영웅을 만들어서는 이 나라는 外帝의 식민지의 괴뢰 잔재의 부활밖에 없을 것이다. 동포들이여! 일어서서 이 인민의 칼방이를 단호히 권력의 지위에서 물러서게 하라! 그리하여야만 조선민족은 정치적 자유와 신성한 인권이 보장될 것이다.

파업과 시위를 폭력으로 탄압한 경찰관을 즉시 물러서라!
노동자의 파업과 인민의 반파쇼 경찰투쟁을 적극 지지하자!
언론, 출판, 집회, 결사, 파업, 시위, 신교의 자유를 확보하자!
민주주의적 경찰의 건설을 적극 주장하자!
테러단을 즉시 해체시키고 테러단의 괴수 이승만을 추방하라!
인민을 폭압한 경찰 책임자를 즉시 체포하라!
이번 파업 시위에서 검거된 인민을 무조건 전부 즉시 석방하라!
민주주의적 애국자를 즉시 해방하고 민주주의 진영 탄압을 즉시 중지하라!
미소공위를 속개하여 삼국외상회의 결정을 즉시 실천하라!
위대한 지도자 박헌영 선생의 체포령을 취소하라!
민주주의 수립 조선 건설 만세!

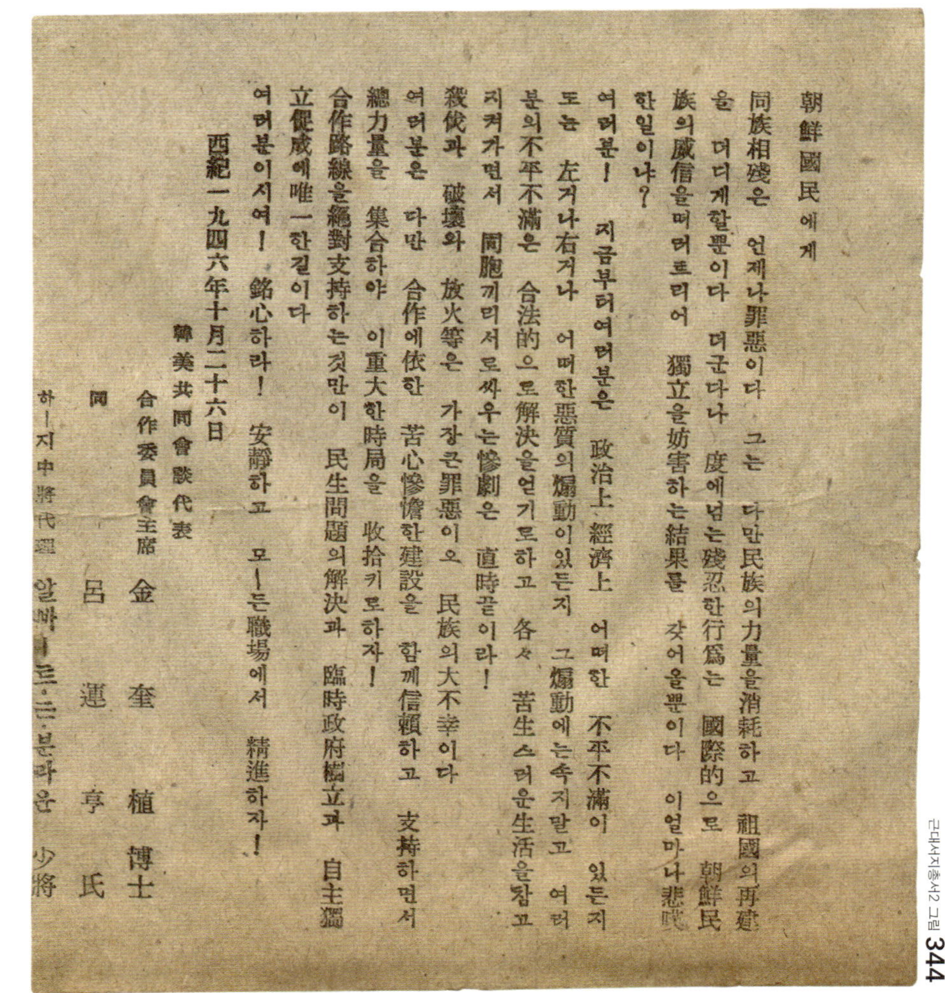

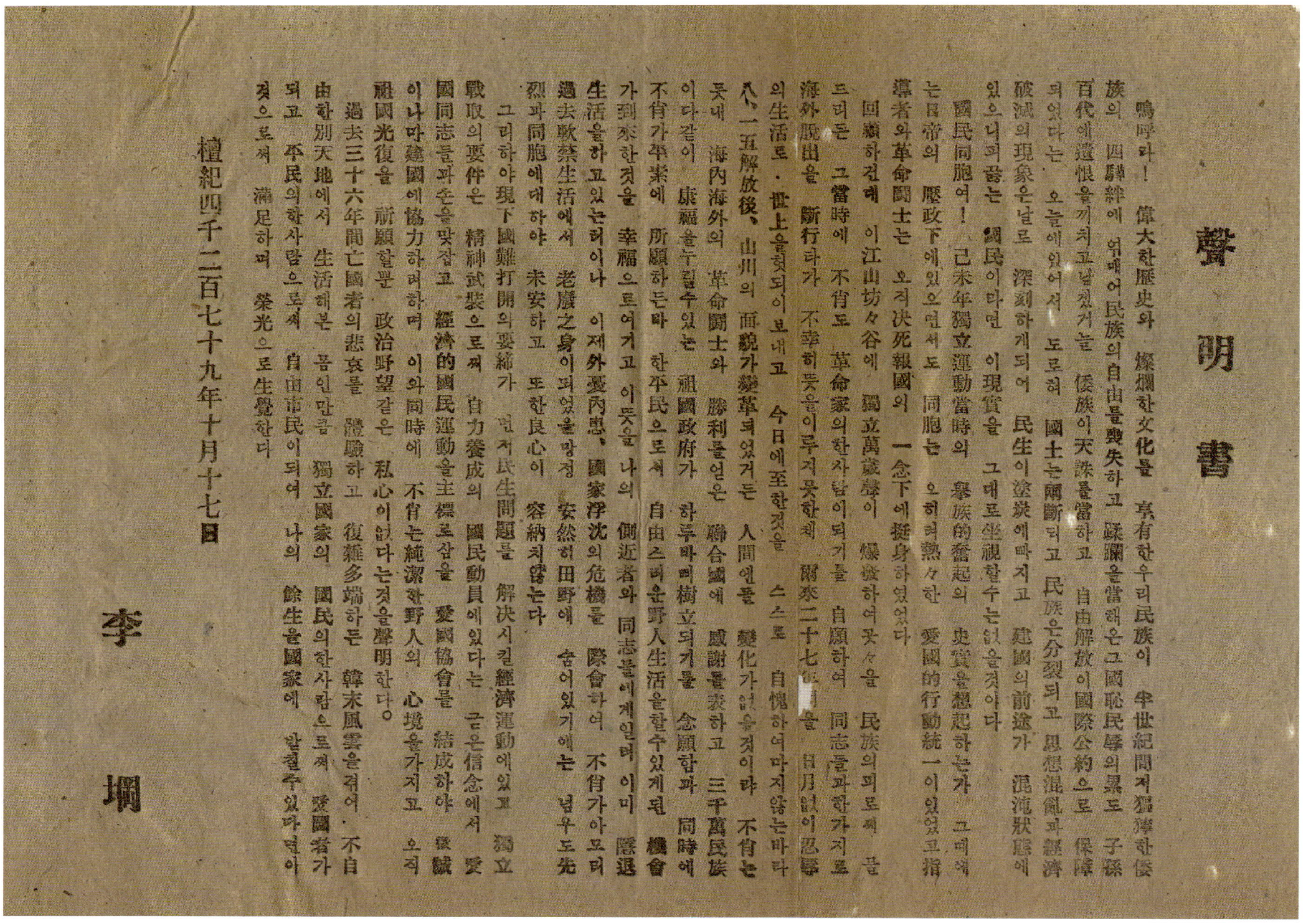

朝鮮國民에게

同族相殘은 언제나 罪惡이다 그는 다만 民族의 力量을 消耗하고 祖國의 再建을 더디게할뿐이다 더군다나 度에 넘는 殘忍한 行爲는 國際的으로 朝鮮民族의 威信을 떨어트려서 獨立을 妨害하는 結果를 가저올뿐이다 이얼마나 悲慘한일이냐?

여러분! 지금부터 여러분은 政治上 經濟上 어떠한 不平不滿이 있든지 또는 左거나 右거나 어떠한 惡質의 煽動이 있든지 그 煽動에는 속지말고 여러분의 不平不滿은 合法的으로 解決을 얻기로 하고 各々 苦生스러운 生活을 참고 지켜가면서 同胞끼리서로싸우는 慘劇은 直時끝이라!

殺伐과 破壞와 放火等은 가장큰 罪惡이오 民族의 大不幸이다

여러분은 다만 合作에 依한 苦心慘憺한 建設을 함께 信賴하고 支持하면서 總力量을 集合하야 이 重大한 時局을 收拾키로하자!

合作路線을 絶對支持하는 것만이 民生問題의 解決과 臨時政府樹立과 自主獨立促成에 唯一한 길이다

여러분이시여! 銘心하라! 安靜하고 모-든 職場에서 精進하자!

西紀一九四六年十月二十六日

韓美共同會談代表

合作委員會主席 金 奎 植 博士

同 呂 運 亨 氏

하-지中將代理 알버-트·브라운 少將

근대서지총서2 그림 344

한미공동회 대표 합작위원회 주석 김규식 박사, 동 여운형 씨, 하지 중장 대리 알버트 브라운 소장 〈조선 국민에게〉
1946.10.26

동족상잔은 언제나 죄악이다. 그는 다만 민족의 역량을 소모하고 조국의 재건을 더디게 할 뿐이다. 더군다나 도에 넘는 잔인한 행위는 국제적으로 조선민족의 위신을 떨어뜨려 독립을 방해하는 결과를 가져올 뿐이다. 이 얼마나 비탄한 일이냐?
여러분! 지금부터 여러분은 정치상 경제상 어떠한 불평불만이 있든지 또는 좌거나 우거나 어떠한 악질의 선동이 있든지 그 선동에는 속지 말고 여러분의 불평불만은 합법적으로 해결을 얻기로 하고 각각 고생스러운 생활을 참고 지켜가면서 동포끼리 서로 싸우는 참극은 즉시 끝이라!
살벌과 파괴와 방화 등은 가장 큰 죄악이요, 민족의 대불행이다.
여러분은 다만 합작에 의한 고심참담한 건설을 함께 신뢰하고 지지하면서 총역량을 집합하여 이 중대한 시국을 수습하기로 하자!
합작노선을 절대지지하는 것만이 민생문제의 해결과 임시정부 수립과 자주독립 촉성에 유일한 길이다.
여러분이시여! 명심하라! 안정하고 모든 직장에서 정진하자!

聲明書

嗚呼라! 偉大한歷史와 燦爛한文化를 享有한우리民族이 半世紀間저獰猙한倭族의 四騶絆에 얽매어民族의自由를喪失하고 蹂躙을當해온그國恥民辱의累도 子孫百代에遺恨을끼치고남겠거늘 倭族이天誅를當하고 自由解放이國際公約으로 保障되었다는 오늘에있어서 도로혀 國土는兩斷되고 民族은分裂되고 思想混亂과經濟破滅의現象은날로 深刻하게되어 民生이塗炭에빠지고 建國의前途가 混沌狀態에있으니피끓는 國民이라면 이現實을 그대로坐視할수는없을것이다

國民同胞여! 己未年獨立運動當時의 擧族的奮起의 史實을想起하는가 그때에는日帝의 壓政下에있으면서도 同胞는 오히려熱々한 愛國的行動統一이있었고指導者와革命鬪士는 오직決死報國의 一念下에挺身하였었다

回顧하건댄 이江山坊々谷에 獨立萬歲聲이 爆發하여곳々을 民族의피로써 물드리든 그當時에 不肖도 革命家의한사람이되기를 自願하여 同志들과한가지로 海外脫出을 斷行타가 不幸히뜻을이루지못한채 爾來二十七年을 日月없이忍辱의生活로·世上을헛되이보내고 今日에至한것을 스스로 自愧하여마지않는바다

八·一五解放後, 山川의 面貌가變革되었거든 人間엔들 變化가없을것이랴 不肖는 못내 海內海外의 革命鬪士와 勝利를얻은 聯合國에 感謝를表하고 三千萬民族이다같이 康福을누릴수있는 祖國政府가 하루바삐樹立되기를 念願함과 同時에 不肖가平素에 所願하든바 한平民으로써 自由스러운野人生活을할수있게된 機會가到來한것을 幸福으로여기고 이뜻을 나의 側近者와 同志들에게일러 이미 隱退生活을하고있는터이나 이제外憂內患, 國家浮沈의危機를 際會하여 不肖가아모리過去歎禁生活에서 老廢之身이되었을망정 安然히田野에 숨어있기에는 넘우도先烈과同胞에게대하야 未安하고 또한良心이 容納치않는다

그리하야現下國難打開의要締가 먼저民生問題를 解決시킬經濟運動에있고 獨立戰取의要件은 精神武裝으로써 自力養成의 國民動員에있다는 굳은信念에서 愛國同志들과손을맞잡고 經濟的國民運動을主標로삼을 愛國協會를 結成하야 微誠이나마建國에協力하려하며 이와同時에 不肖는純潔한野人의 心境을가지고 오직祖國光復을 祈願할뿐 政治野望같은 私心이없다는것을聲明한다。

過去三十六年間亡國者의悲哀를 體驗하고 復雜多端하든 韓末風雲을겪어·不自由한別天地에서 生活해본 몸인만큼 獨立國家의 國民의한사람으로써 愛國者가되고 平民의한사람으로써 自由市民이되여 나의 餘生을國家에 받칠수있다면이것으로써 滿足하며 榮光으로生覺한다

檀紀四千二百七十九年十月十七日

李 堈

근대서지총서2 그림 345

〔의친왕〕 李堈 〈성명서〉 1946.10.17

오호라! 위대한 역사와 찬란한 문화를 향유한 우리 민족이 반세기간 저 교활하고 사나운 왜족의 四羈絆에 얽매여 민족의 자유를 상실하고 유린을 당해온 그 국치민욕의 누도 자손백대에 유한을 끼치고 남겠거늘 왜족이 天誅를 당하고 자유해방이 국제공약으로 보장되었다는 오늘에 있어서 도리어 국토는 양단되고 민족은 분열되고 사상 혼란과 경제 파멸의 현상은 날로 심각하게 되어 민생이 도탄에 빠지고 건국의 앞길이 혼돈 상태에 있으니 피 끓는 국민이라면 이 현실을 그대로 좌시할 수는 없을 것이다.
국민 동포여! 기미년 독립운동 당시의 거족적 분기의 史實을 상기하는가. 그때에는 일제의 압정하에 있으면서도 동포는 오히려 열렬한 애국적 행동 통일이 있었고 지도자와 혁명투사는 오직 決死報國의 일념하에 挺身하였었다.
회고하건대 이 강산 방방곡곡에 독립만세 소리가 폭발하여 곳곳을 민족의 피로써 물들이던 그 당시에 불초도 혁명가의 한사람이 되기를 자원하여 동지들과 한가지로 해외탈출을 단행하다가 불행히 뜻을 이루지 못한 채 이래 27년간을 日月 없이 인욕의 생활로 세상을 헛되이 보내고 금일에 이른 것을 스스로 자괴하여 마지않는 바라. 8·15 해방 후, 산천의 면모가 변혁되었거든 인간엔들 변화가 없을 것이랴. 불초는 못내 해내해외의 혁명투사와 승리를 얻은 연합국에 감사를 표하고 삼천만 민족이 다 같이 康福을 누릴 수 있는 조국 정부가 하루 바삐 수립되기를 염원함과 동시에 불초가 평소에 소원하던 바 한 평민으로서 자유스러운 야인생활을 할 수 있게 된 기회가 도래한 것을 행복으로 여기고 이 뜻을 나의 특근자와 동지들에게 일러 이미 은퇴생활을 하고 있는 터이나 이제 외우내환, 국가부침의 위기를 際會하여 불초가 아무리 과거 연금생활에서 老廢之身이 되었을망정 안연히 田野에 숨어 있기에는 너무도 선열과 동포에 대하여 미안하고 또한 양심이 용납지 않는다.
그리하여 現下 국난타개의 요체가 먼저 민생문제를 해결시킬 경제운동에 있고 독립전취의 요건은 정신무장으로써 자력양성의 국민동원에 있다는 굳은 신념에서 애국 동지들과 손을 맞잡고 경제적 국민운동을 主標로 삼을 애국협회를 결성하여 微誠이나마 건국에 협력하려 하며 이와 동시에 불초는 순결한 野人의 심경을 가지고 오직 조국광복을 기원할 뿐 정치 야망 같은 사심이 없다는 것을 성명한다.
과거 36년간 망국자의 비애를 체험하고 복잡다단하던 韓末 풍운을 겪어 부자유한 별천지에서 생활해본 몸인 만큼 독립국가의 국민의 한 사람으로서 애국자가 되고 평민의 한 사람으로서 자유시민이 되어 나의 여생을 국가에 바칠 수 있다면 이것으로써 만족하여 영광으로 생각한다.

再次南朝鮮人民에게 告함

朝鮮共産黨

一九四六·一〇

조선공산당 〈재차 남조선 인민에게 고함〉 1946.10

남조선 노동자, 농민, 학생, 관공리, 소시민 여러분!

우리는 여러 번 동포들에게 금번 철도 노동자의 총파업의 목적과 그 의의에 대하여 성명을 발표하고 ○○동포들의 민족적 요구를 용감한 철도 형제들이 선두에서 자기희생적 행동으로 부르짖은 것과 동포들의 열렬한 형제적 원조와 동정적 궐기를 요청하였던 것이다.

○○이번 총파업은 그 목적이 결코 한 부문의 노동자가 그 생활을 타개하려함에 있는 것이 아니요, 전 인민의 생활이 똑같은 파멸로 들어가게 됨을 반대하여 일어난 것이며 우리 민족이 재차 식민지 노예로 전락됨을 항거하여 일어난 것이다. 이것은 24일 철도파업이 그 영웅적 전투를 개시하자 南鮮 각지를 통하여 다른 부문의 노동자들이 노도와 같이 궐기하여 전 국민적 대파업에 돌진할 것과 학생, 관공리, 사원 등이 이에 호응하여 일어난 것과 농민, 소시민이 무한한 동정과 형제적 지지를 아낌없이 던져주는 것으로 넉넉히 證示되는 것이다.

이 위대한 제국주의정책의 항거운동과 민주독립의 민족적 요구는 끊임없이 燎原의 火勢로써 전국을 휩쓸고 있으며 앞으로 더욱 더욱 이 화세는 맹렬하게 타 거대한 농민이 이 투쟁에 대거 진출할 것은 조금도 의심할 여지가 없는 것이다.

이에 놀란 제국주의자의 주구들은 드디어 이 인민의 反帝국주의적 애국운동을 잔혹한 폭압과 교활한 모략으로 파괴하려고 결심하고 전대미문의 대학살을 감행하며 감행하려 한다.

동포들! 이 外帝走狗의 총 두목 이승만은 이 목적을 감행키 위하여 26일 파괴적 반동적 테러단 大韓勞總의 위원장으로 재빨리 「취임」하여 휘하의 우익 각 정당을 소집하고 이 반동적 테러단을 강화하여 우리의 선봉대 철도 형제들을 테러로써 파괴할 것을 「선포」하고 그 자금 150만 원을 분담하기를 명령하였다. 이 테러단의 괴수가 극히 비밀히 이 학살계획을 진행하는 한편 하지 장군의 마 하는 「철도 종업원이 복업하기를 승낙하였다」느니 「복업을 반대하는 자는 엄벌에 처한다」느니 하는 모략과 위협을 라디오를 통하여 중대방송이라는 명칭하에 행하였었다. 이것은 우리 전투적 형제들에게 어떠한 폭압이 있을 것을 넉넉히 예측케 한 것이다.

그러나 용감하고 자기희생적으로써 우리 민족과 우리 인민들의 이익을 위하여 이러한 철도의 형제들이 이 위협과 모략과 학살음모에 퇴각할 리는 없을 것이 아니나 한걸음도 그 전투적 부서에서 움직임이 없이 농성전을 계속하였던 것이다.

동포들! 9월 13일 오전 5시! 아직도 새벽빛이 음울하게도 짙어있고 철도의 형제들은 연일 투쟁에서 피로한 잠이 깨기 전의 시각을 이용하여 하지 장군의 휘하 경찰대 수천 명과 이승만의 휘하 테러단 수천 명이 완전한 무장을 정비하여 군용 자동차를 나눠 타고 전차에 응호되어 철도 파업단의 중심지 機關區를 향하여 기습적 돌격을 감행하였다. 暗夜의 탄환은 빗발같이 쏟아지고 곤봉은 사정없이 형제들의 온몸을 내려쳤다. 그 현장에서 2명의 귀중하고도 용감한 형제가 학살되고 백여 명이 중경상을 입게 되고 천여 명이 검속되었었다.

우리는 일찍이 1929년 원산 대파업을 지낸 일이 있다. 그때의 일제가 아무리 잔학하였다 하나 파업노동자에게 이 같은 폭압을 가한 일이 있는가? 또는 하지 장군의 나라 미국에서는 전후 수백만의 파업자가 났지만은 이러한 방법으로 파업자를 압박한 일이 있는가? 실로 정당한 요구와 평화적 방법으로 나가는 대중운동을 이러한 포악무도하고 잔인무도한 방법으로 나오는 것은 동서고금에 그 유례가 없는 것이며 천인공분의 행위가 아닐 수 없다. 이것이 외국제국주의자가 한 국가식민지를 강제 병합할 때 무력으로 점거하는 수단이 아니고 무엇이냐. 이러한 일이 공공연히 진행되어도 우리 국가가 식민지화의 급격한 도중에 있음을 부인하고 우리 민족이 外帝의 노예적 천시와 학대 아래 있는 것을 의심할 자 있느냐?

30일의 사건은 이뿐이나 老파시스트의 휘하는 경찰의 응호하에서 세상이 중립이라고 부르는 자유신문사를 습격하여 야만적 파괴를 마음껏 하고 全評과 民戰을 습격하고 공산당 본부를 돌격하여 시계 등 물품을 강탈하였었다. 극도의 도덕적 타락은 이 강도들의 본질이려니와 이 강도들을 응호하는 하지 장군의 휘하에게 다시 한 번 놀라지 아니할 수 없다.

동포들! 우리는 이러한 분격한 사태를 직면하여 어떻게 할 것인가? 오직 단결의 무기로써 더욱 용맹을 다하여 우리의 민족적 목적과 생존상 권리를 획득할 때까지 이 투쟁을 전진시키지 아니하면 아니 될 것이다.

전국적 노동자는 한 사람도 빠짐없이 총파업에 참가하여야 한다.

전국적 농민은 토지를 얻기 위하여 토지정혁의 투쟁에 총 기립하여야 한다.

전국적 학생은 학원의 파시스트제도를 반대하여 총 휴학에 돌진하여야 한다.

전국적 소시민은 정치적 자유와 생활 향상을 위하여 撤市外貨賣買을 거절하여야 한다.

전국적 관리는 민족적 차별 천대를 반대하여 총 휴직을 단행하여야 한다.

전국적 경찰관은 민주독립의 진정한 일꾼으로 반동적 학살을 반대하고 민주주의운동 옹호를 위하여 분기하여야 한다.

동포들! 우리에게는 뚜렷한 국제공약이 있다. 外帝가 아무리 우리 동포를 노예화하려 하여도 우리 민족이 강력히 그것을 반향함에는 이 공약이 실현되고야 마는 것이다. 그러나 이 공약이 우리의 투쟁이 없이 우리에게 오거니 하여서는 그것은 한 개의 아름다운 꿈인 것을 오늘의 현실이 증명치 아니 하는가 또한 우리 뒤에는 전 세계 민주진영 특별히 북조선의 형제들의 위대한 원조가 있다. 반동분자가 아무리 우리나라를 外帝에 팔아먹고 그들의 안락을 기도한다하여도 우리 민족이 그것을 반대함에는 이 행동이 성공하지 못한 것이다. 그러나 이 반동분자들의 배족행위도 우리의 민주독립을 위한 투쟁에서만 그 결정적 타격이 가능한 것을 알아야 될 것이다.

전국 동포여! 일제히 분기하라! 독립이 성공될 때까지 민주주의가 우리의 것이 될 때까지 행복과 자유가 우리 민족에 올 때까지 돌진하라!

〈입법기관은 왜 반대하여야 하는가?〉

시민 여러분!

요즈음 소위 입법기관이니 좌우합작이니 하는 문제에 대하여 여러분은 매우 궁금히 생각하실 것입니다. 본래 이 문제는 우리가 자나 깨나 고대하고 있는 조선의 자주독립을 좌우하는 문제이며 따라서 우리 민족이 또다시 타국의 노예가 되느냐? 안 되느냐? 하는 즉 우리 삼천만의 생사를 결정하는 문제이기 때문에 가장 중대한 것입니다.

그러면 소위 입법기관을 기어코 강요하는 군정청의 의도는 과연 무엇이며 또는 이것을 찬성 협력하는 배족적인 우익반동 거두들의 정체를 우리는 이 위급한 마당에서 다시 한 번 엄숙한 마음으로 밝혀야 할 것입니다.

시민 여러분!

첫째, 미군정은 남조선 일대에서 폭발된 反제국주의의 인민의 봉기를 당하여 당황하고 있다. 군정은 이미 말로에 가까워졌음을 아는 그들은 조선인민의 요구를 들어주느냐 그렇지 않으면 최후로 또 새로운 사기술책을 쓰느냐 하는 곤경에 빠지고 말았다.

여기에서 그들은 민중으로부터 독립 무용하게 된 지금까지의 군정의 앞잡이 기관인 민주의원을 뒤로 숨기고 새로운 앞잡이 기관을 만들 필요를 느끼게 된 것이다. 즉 그들의 식민지정책을 솔직 대담하게 비판하는 정당, 회사단체, 언론기관 등은 탄압하고 진정한 민주주의 애국자들을 검거 투옥하고 소위 사기적 위장좌우합작을 구호로 민중을 현혹케 하고 머잖아 개최될 소미공위에서 그들의 발언권을 크게 하여 남북통일을 방해하는 동시에 식민지 정책의 토대를 좀 더 완전히 잡을 때까지 군정을 연장하기 위하여 소위 입법기관을 만들려고 결사적으로 덤비는 것이다.

시민 여러분!

우리의 자주독립을 위하여 가장 급한 것은 남북의 통일로 소미공위를 속개시켜 우리의 정부를 수립할 뿐이고 입법은 수립된 조선 정부에서 할 일이다. 조선인민의 이름을 도취하여 결재권은 하지 장군이 한손으로 장악한 입법기관이 현재의 군정청입법과 무엇이 달라서 새삼스럽게 다시 만들 필요가 있는가?

그들은 입법기관에서 육천만 불의 강제차관 등의 모든 식민지 정책을 조선인의 이름으로 승인하며 합법적으로 협력 실시케 할 것이다.

둘째, 소위 좌우합작의 정체를 보자. 진실한 민주주의 애국자는 전부 검거 투옥하고 누구를 상대로 누구를 중심으로 좌우합작을 한다는 말인가. 또 교묘한 사기적 술어로 표시된 합작 7원칙을 보라.

첫째, 토지개혁에 있어서 몰수, 유조건 몰수, 체감매상으로 무상 분여한다고 하니 그 구분의 규정은 입법기관에 모인 친일과 민족 반역자와 대지주들이 할 터이니 가히 짐작할 수 있을 것이 아닌가? 그리고 유조건 몰수나 체감매상은 누구의 돈으로 하는가? 백성의 절대다수인 농민들이 부담하는 국가재정으로 매상하는 것은 결국 유상분배가 아니고 무엇이냐?

둘째, 친일과 민족반역자를 처단한다는 조항을 보면 합작위원회에서 제안하여 입법기관에서 심의 결정하여 실시한다고 하니 진정한 민주주의 애국자들을 검거 투옥으로 제외하고 친일과 민족 반역자 특히 해방 후의 새로운 반역자들만으로 될 입법기관에서 그들이 자기 자신을 어떻게 처단한다는 말인가?

시민 여러분!

米제국주의의 어리석은 사기술책에 절대로 속지 말라 이제는 우리도 흑백을 가릴 줄 알아야 살아 갈 것이다.

우리는 진정한 민주주의 애국자만으로 남북이 통일되어 소미공위를 속개시키고 북조선과 같이 민주과업을 철저히 실행하여 인민을 행복스럽게 하는 민주주의 정부를 세우기에 전력을 다하자!

一. 진정한 민주주의 애국자를 석방하고 지명체포령을 취소하라!

一. 독립을 지연시키고 군정을 연장하는 입법기관 절대 반대!

一. 위장좌우합작을 배격하자!

一. 소미공위를 시급 속개하여 우리 임시정부를 세우자!

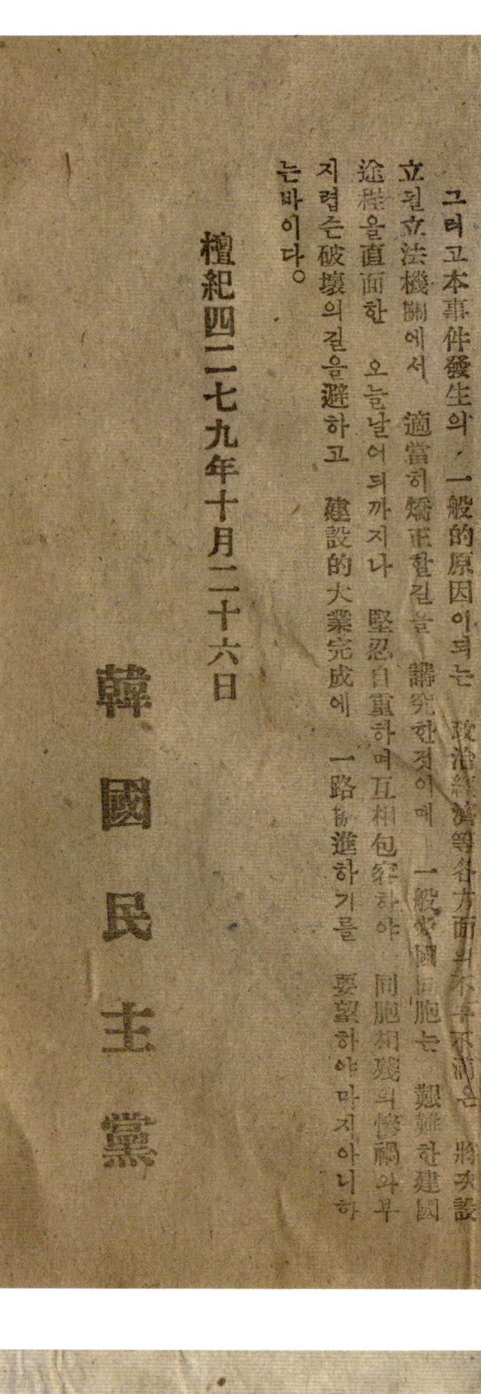

그리고 本事件發生의, 一般的 原因이 되는 政治經濟等 各方面의 ... 將次 設 ... 立法機關에서 適當히 矯正할길을 講究한것이며 一般愛國同胞는 艱難한 建國 途程을 直面한 오늘날에 이까지나 堅忍自重하야 同胞相殘의 慘禍와 부 ... 지렴은 破壞의 길을 避하고 建設的 大業完成에 一路協進하기를 要望하야 마지아니하는 바이다.

檀紀四二七九年十月二十六日

韓國民主黨

한국민주당 〈소요사건과 입법기관에 대한 성명〉
1946.10.26

一

우리는 한민족의 완전한 자주독립국가의 건설과 민주주의적 임시정부의 수립을 요망하며 그를 위하여 온갖 노력을 경주하고 있다. 그러나 그것만을 무기한으로 기다리고 있을 수는 없다. 現下의 긴박한 민생, 경제, 사회, 정치 등등의 문제는 일일이라도 속히 군정의 행정권이 우리의 손에 이양되어야 할 것을 요청하고 있다. 이 긴박한 현실적 민족적 요청을 구현화함에는 먼저 민의를 대표하는 입법기관과 다음에는 이 입법기관에 전책임을 지는 행정기구의 조직이 필요함으로 본 당은 8·15 해방 1주년 기념일을 卜하여 이 민족적 요청을 대표하여 입법권과 행정권을 포함한 남조선의 정치적 전권을 한인에게 이양하기를 하지 장군에게 요구하였던 것이다. 금번에 설치되는 입법기관은 이러한 일반적 요청에 의하여 되는 것이니 곧 우리의 완전한 임시정부가 수립될 때까지라도 韓人의 민의에 의한 자치적 정치를 현실하기 위하여 취한 임시적 조치의 한 단계인 것이다. 그 구성방법 등에 있어서 不備한 점이 多多한 것은 물론이다. 그러나 이 점은 입법기관이 성립된 후에 제정될 선거법에 의하여 십분 교정될 수 있고 또 그 교정이야말로 금번 입법기관의 중대한 사명의 하나이다. 본 당은 이러한 몇 가지 조건하에서 입법기관 설치에 찬성일 뿐 아니라 그를 적극적으로 주장하여 온 것이다.

二

그런데 최근 보도에 의하면 지난 24일 조선인민당, 남조선신민당, 조선공산당, 사회민주당, 신진당, 민족혁명당, 청우당, 재미한국연합회, 한국독립당, 독립노동당 등 열 개 단체가 입법기관문제에 대하여 공동성명을 발표하고 目下 진행 중에 있는 입법의원 선거의 중지를 요청하는 동시에 그 이유로서는 「민생문제의 해결 대량으로 검거 투옥된 인민의 즉시 석방 등 민심의 수습을 위한 처치가 가장 緊切한」 까닭이라 하였다. 본 당은 이 공동성명을 크게 유감으로 생각하는 동시에 단호 반대한다.

三

目下 민생이 도탄에 빠져 헤매는 難境은 누구나 다 같이 통절히 느끼는 바이다. 그러나 긴급함이 민생문제의 해결을 위한 책임정치의 기구로서 성립되는 입법기관을 반대하고 민생문제의 해결이 선결 조건이라고 叫呼하는 것은 마치 투약을 반대하고 病治를 주장하는 것과 같은 논리의 모순이요, 정치적 상식을 벗어나는 일이다.

둘째, 금번 소요에 「대량으로 검거 투옥된 인민의 즉시 석방」이 과연 민심 수습의 적정한 방법이 될까. 금번 남조선 각지에 돌발된 소요사건은 공전의 참극이요, 민족적 치욕이다. 이 사건에 정치, 경제, 사회적 복잡다단한 원근대소의 원인이 복재하여 있음은 물론이다. 그러므로 右 10개 정당에서는 조사단을 파견하기로 하였으며 좌우합작위원회에서도 미군장교와 연합하여 조사를 진행 중에 있는 것이다. 그 조사가 끝도 나기 전에 사법검찰 당국에 피검되어 있는 자의 석방부터 먼저 요구하는 짓은 이치에 부당할 뿐 아니라 治刑의 본말을 전도하는 것이다. 일시 군중심리에 아부하여 인기를 취하려는 본의가 아니다. 朋黨周比의 폐습을 이어 일부 좌익계열의 비행을 故飾하려는 뜻이 아닐진대 과연 책임 있는 정당의 발언으로서는 크게 유감이라 하지 아니할 수 없다.

금번의 소요는 그 원근의 원인은 하여하였든지 현실의 행동 그 자체를 보면 일부 좌익계열의 책략에 선동된 饑民亂徒의 잔인무도한 폭동이다. 혹은 곤봉을 들고 혹은 괭이와 낫을 혹은 권총 장총을 들고 成群作黨하여 관공서를 습격하며 양민의 住家를 방화 파괴하여 物材를 약탈하며 인명을 살해하되 심지어 姙婦의 배를 가르며 유아를 때려죽이며 죽은 사체의 가죽을 벗기며 눈에 못을 박고 자는 사람을 불사르는 등 잔학무도한 만행을 도처에 연출하였다. 이는 삼천만의 민족적 양심과 오천 년의 문화적 역사가 도저히 용서치 못할 천인공노의 죄악이다. 이 죄악을 무시하고 「인민을 즉시 석방」하여 민심을 수습하려는 것은 치국의 대도를 그르칠 뿐 아니라 치안의 괴멸을 자초하는 것이다. 본 당은 검찰 당국이 毅然히 法柄을 잡고 亂徒의 책임을 철저히 규명하여 시비를 판정함으로써 법강을 세우고 치안을 확보하기에 遺漏가 없이하기를 요망하며 본 사건에 대처하는 검찰 당국의 다대한 고심과 노력에 대하여 십분 경의를 표하는 바이다.

四

그리고 본 사건 발생의 일반적 원인이 되는 정치 경제 등 각 방면의 불평불만은 장차 설립될 입법기관에서 적당히 교정할 길을 강구한 것이매 일반제국동포는 간난한 건국 도정을 직면한 오늘날 어디까지나 건인자중하며 호상포용하여 동포상잔의 참화와 부절없는 파괴의 길을 피하고 건설적 대업완성에 일로 협진하기를 요망하여 마지아니하는 바이다.

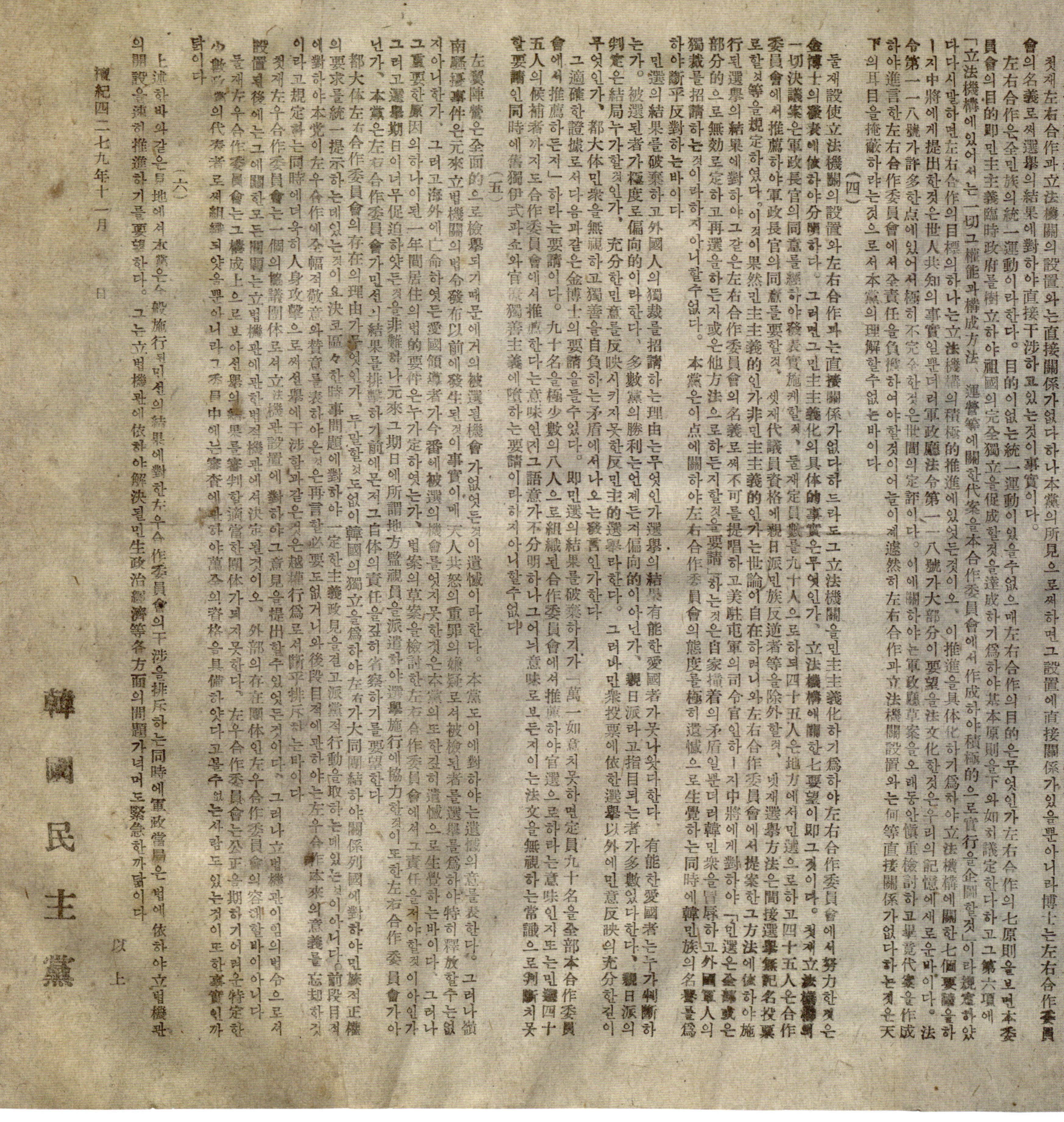

檀紀四二七九年十一月　日

以上

韓國民主黨

한국민주당 〈임시입법의원과 좌우합작위원회와의 관계에 대한 성명〉 1946.11

(1)

좌우합작위원회 주석 김규식 박사는 좌우합작과 입법기관문제에 관한 몇 가지 왜곡된 견해를 일소코자 한다는 의취하에 지난 1일 다음과 같은 요지를 포함한 성명서를 발표하였다.

첫째, 입법기관설치문제에 관하여 좌우합작은 전 민족의 통일운동이요, 입법기관설치와는 직접 관계가 없는 것이다. 다만 입법기관이 기왕 미군정에 의하여 설치되는 터이매 이것을 민주주의화시키려는 노력은 할 수 있다는 것이다.

둘째, 대의원의 선거와 개원일자결정에 관하여 이는 군정청에서 한 것이요, 합작위원의 행한 바는 절대로 아닐 뿐 아니라 도리어 남조선의 혼란된 사태와 입법의회원의 지방 선거기일이 너무 촉박한 점에 비추어 김 박사는 11월 4일에 거행할 입법의원 개식을 12월 1일로 연기하여 좌익군영도 공평하게 참여하도록 하며 혹 비합법적 지방선거가 있다면 이를 정리할 기회를 주어 합리적인 입법기구의 구성을 주장하고 만일 그것이 여의치 못하면 정원 90명을 전부 합작위원회에서 추천할 것을 요청하였던 것이다.

(2)

그리고 김규식 박사는 이번 임시입법의원의 민선의원선거의 결과에 지방감시원의 보고를 중심으로 하여 지난 4일 대략 다음과 같은 요지를 포함한 서한을 하지 중장에게 제출하고 이번 「지방민선을 전부 혹은 부분적으로 무효로 정하고 재선을 하든지 혹은 지방법으로 하든지」 할 것을 요청하였다. 즉 그 이유로서는 「전국적으로 보아 유능한 애국자가 못나왔고 더구나 좌익군영은 전면적 검거 때문에 被選될 기회가 없었던 것이 유감이며 또 피선된 자가 극도로 편향적인 데다가 친일파라고 지목되는 자도 다수 있어서 독립기구에 대하여 전 민중에게 실망을 주었고 충분한 민의를 반영시키지 못한 反민주적 선거란 것을 국민대중에게 인식케 하여 진실한 입법기구가 아니라는 인상을 주게 되」어 「선거가 원만하게 되지 못」한 까닭이라 하였다.

(3)

김규식 박사는 한민족의 최고영도자의 한 분으로서 본 당의 추앙하여 마지아니하는 바이며 그 좌우합작에 관한 絶大한 노력에 대하여는 만강의 경의를 표하는 바이다. 민족적 경앙이 높으니 만큼 박사의 언동의 민족적 영향은 지대하고 그 영향이 지대한 만큼 박사와 소견을 달리 하는 본 당의 정직한 의견을 솔직히 표명함은 다 같이 사랑하는 민족 노선의 시정과 아울러 박사에게 충실한 까닭이 되는 줄로 생각한다.

첫째, 좌우합작과 입법기관의 설치와는 직접 관계가 없다하나 본 당의 소견으로써 하면 그 설치에 직접 관계가 있을 뿐 아니라 박사는 좌우합작위원회의 명의로서 선거의 결과에 대 하여 직접 간섭하고 있는 것이 사실이다.

좌우합작은 전 민족의 통일운동이라 한다. 목적이 없는 통일운동이 있을 수 없으매 좌우합작의 목적은 무엇인가 좌우합작의 7원칙을 보면 본위원회의 목적 즉, 민주주의 임시정부를 수립하여 조국의 완전 독립을 촉성할 것을 달성하기 위하여 기본원칙을 아래와 같이 의정한다하고 제6항에 「입법기구에 있어서는 일체 그 권능과 구성방법, 운영 등에 관한 대안을 본 합작위원회에서 작성하여 적극적으로 실행을 기도할 것」이라 규정하였다. 다시 말하면 좌우합작의 목표의 하나는 입법기구에 관한 7개 요강을 하지 중장에게 제출한 것은 세인 공지의 사실일 뿐더러 군정청 법령 제118호가 대부분이 요망을 법문화한 것은 우리의 기억에 새로운 바이다. 법령118호가 허다한 점에 있어서 극히 불완전한 것은 세간의 정평이다. 이에 관하여는 군정청 초안을 오랫동안 신중 검토하고 필경 대안을 작성하여 진언한 좌우합작위원회에서 전 책임을 부담하여야 하게 이제 거연히 좌우합작과 입법기관설치와는 하등 직접 관계가 없다는 것은 천하의 이목을 엄폐하려는 것으로써 본 당의 이해할 수 없는 바이다.

(4)

둘째, 설사 입법기관의 설치와 좌우합작과는 직접 관계가 없다하더라도 그 입법기관을 민주주의화하기 위하여 좌우합작위원회에서 노력한 것은 김 박사의 발표에 의하여 분명하다. 그러면 그 민주주의화의 구체적 사실은 무엇인가, 입법기관에 관한 7요망이 즉 그것이다. 첫째 입법기관의 일체 결의안은 군정장관의 동의를 거쳐 발표 실시케 할 것, 둘째 정원수를 90인으로 하되 45인은 지방에서 민선으로 하고 45인은 합작위원회에서 추천하여 군정장관의 동의를 요할 것, 셋째 대의원 자격에 친일과 민족반역자 등을 제외할 것, 넷째 선거방법은 간접선거 무기명 투표로 할 것 등을 규정하였다. 이것이 과연 민주주의적인가 非민주주의적인가는 勿論이 自在하려니와 좌우합작위원회에서 제안한 그 방법에 의하여 시행된 선거의 결과에 대하여 그 같은 좌우합작위원회의 명의로서 불가를 제창하고 미주둔군의 사령관인 하지 중장에게 대하여 「민선은 전부 혹은 부분적으로 무효로 정하고 재선을 하든지 혹은 지방법으로 하든지 할 것을 요청」하는 것은 자가당착의 모순일뿐더러 韓 민중을 모욕하고 외국군인의 독재를 초청하는 것이라 하지 아니할 수 없다. 본 당은 이 점에 관하여 좌우합작위원회의 태도를 극히 유감으로 생각하는 동시에 한민족의 명예를 위하여 단호 반대하는 바이다.

민선의 결과를 파기하고 외국인의 독재를 초청하는 이유는 무엇인가. 선거의 결과 유능한 애국자가 못 나왔다한다. 유능한 애국자는 누가 판단하는가. 被選된 자가 극도로 편향적이라 한다. 多數黨의 승리는 언제든지 편향적이 아닌가. 친일파라고 지목되는 자가 다수 있다. 친일파의 판정은 결국 누가 할 것인가. 충분한 민의를 반영시키지 못한 反민주적 선거라 한다. 그러나 민의를 반영시키는 선거에 의한 선거 이외에 민의 반영의 충분한 길이 무엇인가. 도대체 민중을 무시하고 독선에서 자부하는 모순에서 나오는 발언인가 한다. 그 적확한 증거로서 다음과 같은 김 박사의 요청을 들 수 있다. 즉 민선의 결과를 파기하기가 「만일 여의치 못하면 정원 90명을 전부 본 합작위원회에서 추천하든지」하라는 요청이다. 90명을 극소수의 8인으로 조직된 합작위원회에서 추천하여 관선으로 하라는 의미인지 또는 민선 45인의 후보자까지도 합작위원회에서 추천한다는 의미인지 그 어의가 불분명하나 그 어느 의미로 보든지 이는 법문을 무시하는 상식으로 판단치 못할 요청인 동시에 舊獨伊式 파쇼와 관료독선주의에 빠지는 요청이라 하지 아니할 수 없다.

(5)

좌익진영은 전면적으로 검거되기 때문에 거의 피선될 기회가 없었던 것이 유감이라 한다. 그러나 영남소요사건은 원래 입법기관의 법령 발포 이전에 발생된 것이 사실이매 친일분자노의 중죄의 혐의로써 피검된 자를 선거를 위하여 특히 석방할 수는 없지 아니하지난달에는 가장 비참하고도 부끄러운 여러 가지 사건이 조선에 일어났습니다. 조선 사람이 조선동포를 참혹하게 죽였으며 조선 사람이 조선동포의 재산을 불사르고 또 약탈하였고 조선에 건전한 경제를 수립하기 위하여 활동하고 있는 여러 애국지사의 노력을 방해하는 파괴를 하였습니다.
일본의 학정 밑에서 다 같이 고생하여온 우리 동포를 죽이라고 한 사람이 누구입니까? 조선동포가 서로 분열하라고 하는 것은 무슨 말입니까? 이번에 일어난 폭동의 가장 무서운 고비도 결국은 아무 것도 아니었을 뿐입니다. 그것은 식량문제를 해결하지 못하였을 뿐 아니라 도리어 여러 사람에게 가져올 식량을 못 가져오게 하였으며 주택 문제를 해결하지 못하였을 뿐 아니라 도리어 조선 사람이 의지할 집조차 파괴하였고 독립과 자치를 돕기는커녕 세상 사람들로 하여금 조선 사람은 아직 자치능력이 없다는 의심을 가지게 하였을 뿐입니다.
그러나 지금은 모든 것이 지나갔습니다. 우리 조선 사람은 지금이야 비로소 저 선동자들이 파괴로서 더 좋게 건설할 수 있고 살육으로써 더 좋게 정치 할 수 있고 폭동으로써 우리 조선 동포를 먹이고 또 일자리를 줄 수 있다고 하는 모든 약속이 얼마나 헛되었다는 것을 알았습니다.
우리는 우리가 극렬한 언사와 거짓말을 하는 사람들에게 그릇 인도되었던 것을 부끄러워합니다. 우리는 우리가 문제를 깊이 생각하여 보지 아니하였기 때문에 우리 조선동포가 죽고 그들의 가족이 고생하게 된 것을 보고 마음이 퍽 설렙니다.
자! 이제는 다 같이 일합시다. 우리가 서로 협력하여서 공동노력으로써 건전하고 힘찬 조선을 건설합시다. 우리는 힘써 일하고 고상한 생각으로써 조선으로 하여금 우리 자손에게 전하여 주고 싶은 훌륭한 나라가 되게 합시다. 조선동포여 단결합시다.

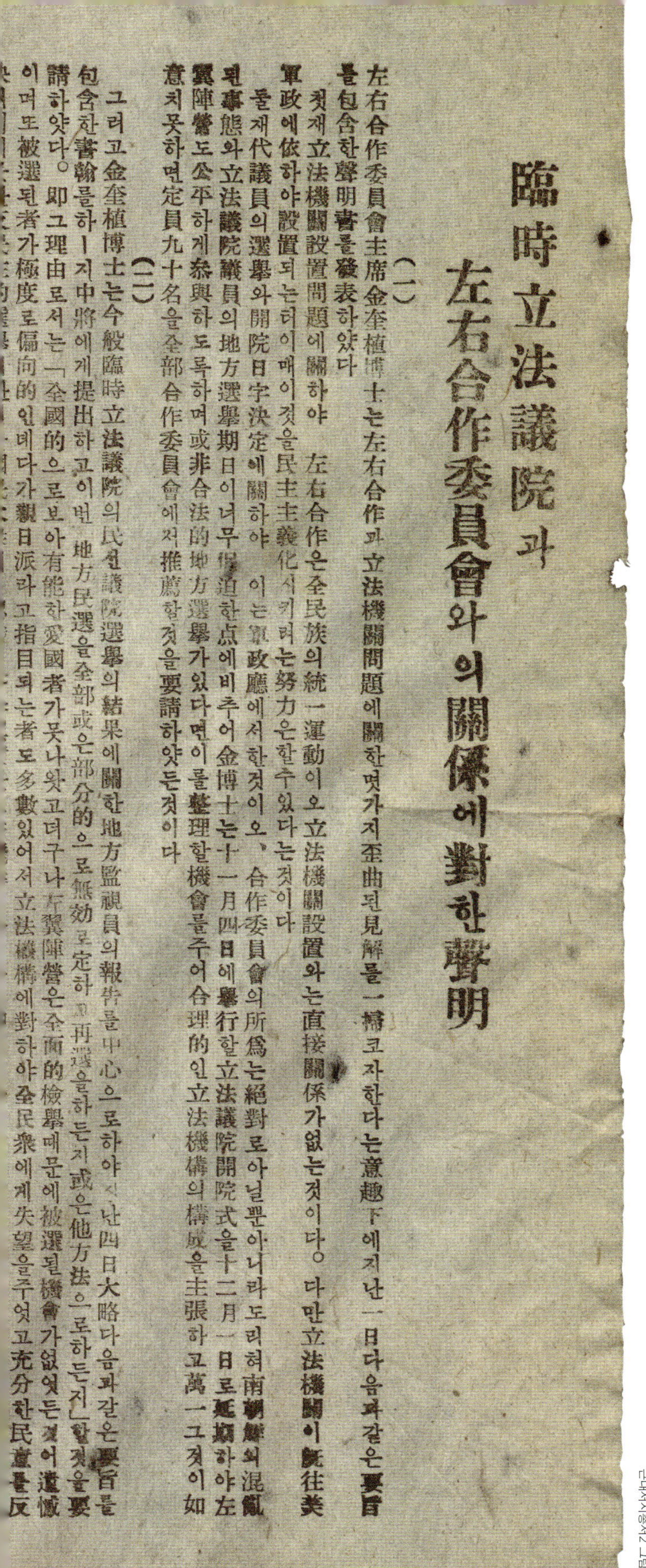

臨時立法議院과 左右合作委員會와의 關係에 對한 聲明

左右合作委員會主席 金奎植博士는 左右合作과 立法機關問題에 關한 멧가지 歪曲된 見解를 一掃코자 한다는 意趣下에서 지난 一日 다음과 같은 要旨를 包含한 聲明書를 發表하였다

(一) 立法機關設置問題에 關하야
左右合作은 全民族의 統一運動이오 立法機關設置와는 直接關係가 없는 것이다. 다만 立法機關이 旣往美軍政에 依하야 設置되는 터이매 이것을 民主主義化시키려는 努力은 할 수 있다는 것이다. 이는 軍政廳에서 한 것이오 合作委員會의 所爲는 絶對로 아닐뿐아니라 도리혀 南朝鮮의 混亂된 事態와 立法議院議員의 地方選擧期日이너무 無迫한 点에비추어 金博士는 十一月四日에 擧行할 立法議院開院式을 十二月一日로 延期하야 左翼陣營도 公平하게 參與하도록 하며 或은 非合法的 地方選擧가 있다면 이를 整理할 機會를 주어 合理的인 立法機構의 構成을 主張하고 萬一 그것이 如意치못하면 定員九十名을 全部合作委員會에서 推薦할 것을 要請하얏든 것이다

(二)
그리고 金奎植博士는 今般臨時立法議院의 民選議院選擧의 結果에 關한 地方監視員의 報告를 中心으로하야 지난 四日 大略다음과같은 要旨를 包含한 書翰을 하ㅣ지中將에게 提出하고 이번 地方民選을 全部 或은 部分的으로 無效로 定하고 再選을 할든지 或은 他方法으로 하든지 할것을 要請하얏다. 即 그 理由로서는 「全國的으로 보아 有能한 愛國者가 못나왓고 도리구나 右翼陣營은 全面的 檢擧때문에 被選될 機會가없엇든 者어 遺憾이며 또 被選된 者가 極度로 偏向的인데다가 親日派라고 指目되는 者도 多數있어서 立法機構에 對하야 全民衆에게 失望을주엇고 充分한 民意를 反

가. 그리고 해외에 망명하였던 애국영도자가 금번에 피선의 기회를 얻지 못한 것은 본 당의 또한 깊이 유감으로 생각하는 바이다. 그러나 그 중요한 원인의 하나가 된 1년간 거주의 법적 요건은 누가 정하였는가. 법안의 초안을 검토한 좌우합작위원회에서 그 책임을 져야 할 것이 아닌가. 그리고 선거기일이 너무 촉박하였던 것을 비난하나 원래 그 기일에 소위 지방감시원을 파견하여 선거시행에 협력한 것이 또한 좌우합작위원회가 아닌가. 본 당은 좌우합작위원회가 민선의 결과를 배격하기 전에 먼저 그 자체의 책임을 깊이 성찰하기를 요청한다.
도대체 좌우합작위원회의 존재의 이유가 무엇인가. 두말할 것도 없이 한국의 독립을 위하여 좌우가 대동단결하여 관계 열국에 대하여 민족적 정권의 요구를 통일 제시하는 데 있는 것이요, 결코 구구한 시사문제에 대하여 일정한 주의 정견을 걸고 派黨的 행동을 취하는 데 있는 것이 아니다.
첫째 좌우합작위원회는 일개의 협의단체로서 입법기관설치에 대하여 그 의견을 제출할 수 있었던 것이다. 그러나 입법기관이 이미 법령으로써 설치된 후에는 그에 관한 모든 문제는 입법기관에 관한 법적 기관에서 결정될 것이요, 외부의 존재 단체인 좌우합작위원회의 허용해야 할 바가 아니다.
둘째 좌우합작위원회는 그 구성상으로 보아선 擧의 결과를 심판할 적당한 단체가 되지 못한다. 좌우합작위원회는 공정을 기하기 어려운 특정한 소수정당의 대표자로써 조직되었을 뿐 아니라 그 위원 중에는 심사에 관하여 만전의 자격을 구비하였다고 볼 수 없는 사람도 있는 것이 또한 사실인 까닭이다.
(6)
상술한 바와 같은 견지에서 본 당은 이번 시행된 민선의 결과에 대한 좌우합작위원회의 간섭을 배척하는 동시에 군정 당국은 법에 의하여 입법기관의 개설을 속히 추천하기를 요망한다. 그는 입법기관에 의하여 해결될 민생 정치 경제 등 각 방면의 문제가 너무도 긴급한 까닭이다.

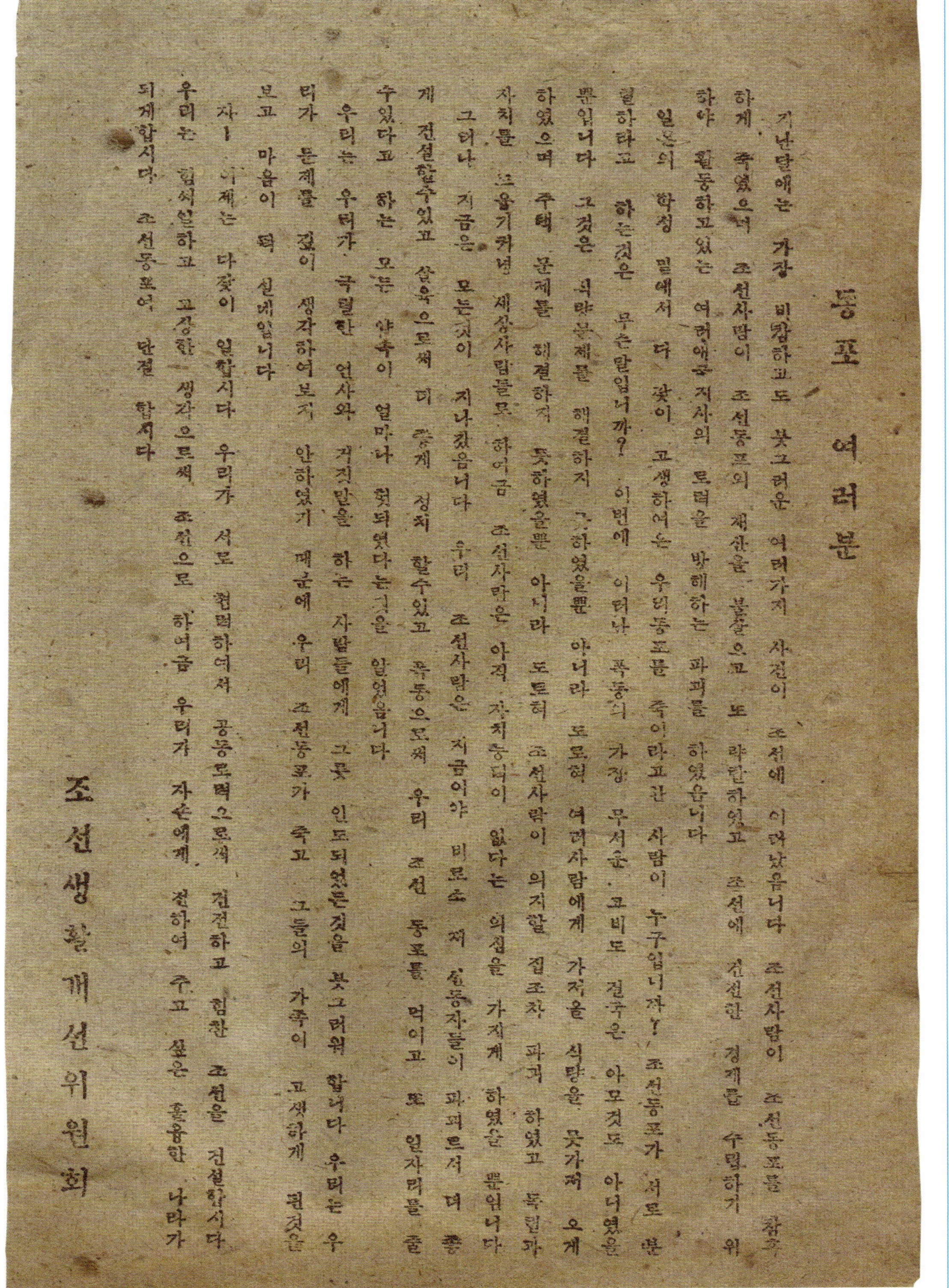

이승만 〈軍政移讓〉 1946.11.12

1년이 지나도록 미군정 당국들과 합작하여 정권 수립을 共圖하여 보았으나 다 성공이 못 되고 지금은 하지 중장의 발령과 러치 장관의 9월 12일의 발표로 군정실권을 韓人職員들에게 넘기고 미국인들은 고문 자격으로 보좌케 하기로 하여 벌써 각 部廳에 문패까지 고쳐달고 또 사무소를 나누어서 미국 고문관들을 따로 있게 하기로 다른 처소에 준비되었으니 정부의 두령될 인선만 결정되면 지금 廳은 한인 직원들에게 넘겨 맡기고 러치 장관 이하 모든 미국인들은 새 처소로 이사할 터이라 한다. 우리는 이 정책을 극히 찬동하나니 그 이유는 如下하다.

一. 이 정책이 가장 지혜로우니 臨政이나 과도정부를 수립하기에 다소 급료와 많은 시일을 허비할 모든 폐단을 면하고 이 정부를 과도정부로 대신하여 각국의 승인을 요구할 것이며

二. 한인 직원들이 군정에서 얻은 경력과 직무를 집행하여 계속 진전하리니 생소한 인원을 새로 선택하느니보다 事半功倍할 것이오.

三. 미국인 중에 우리의 사정을 이해하고 우리와 동정하는 親友들을 잃지 않고 日後 완전정부를 수립한 후에라도 고문과 技師로 ○○채용할 필요가 있을 것이며

四. 이 정부로 각국에 승인을 받은 후는 소련과 직접으로 교섭하여 연합국의 동정을 얻어서 우호적으로 타협할 가능이 지금보다 나을 것이며

五. 과도정부에 불완전한 점이 있거나 혹 직원 중에 합격치 못한 인원이 있다 할지라도 지금 구성 중인 입법부에서 민의를 따라 점차로 교정하리니 남들이 진선진미하게 만들어서 넘겨주기를 기다리고 앉아 있느니보다 나을 것이오.

六. 이 과도정부의 관할하에서 전국투표방식을 정하여 완전정부를 公選組織하는 것이 최속 한도 내에 순조로 진행할 것이오.

七. 공산분자들이 북방에서 재력과 병력으로 오십만 명을 준비하고 수천 명씩 연속 잠입하여 우리 경관들과 우리 부녀와 아해들을 참살하며 衝火 파업 파괴 등 각종의 비인도인 악행으로 南鮮을 威挾 정복하려는 위험한 毒禍에 대하여 중립하는 미국인 관할하에서는 우리가 속수무책이니 속히 정권을 가져야 상당한 국방을 준비할 것이오.

八. 미곡 문제와 다른 민생에 급박한 정세를 우리 친우들이 아무리 노력하나 원칙적으로 해결하기 어려우며 따라서 民怨이 생기며 排美선동자들의 구실을 주어 한미 친선에 지장이 多大한 것을 방지할 수 있을 것이며

九. 우리는 최고주권을 누가 잡게 되든지 문제를 삼지 말고 다만 정권 회복만을 주장하여 실시되기만 힘쓸 것이며

十. 하지 중장은 필요한 경우가 있을 때까지 현상 권위를 계속 보유할 것이다.

그러므로 우리는 이 정책을 절대 지지한다. 우리는 허명을 버리고 실지를 주장하리니 공연히 남을 비평하거나 혹 紛擾를 일으키는 모든 비민주적 부적당한 방법을 취하지 말고 각 당 각 단체가 다 이에 합심하여 공개적으로 민론을 일으켜서 이 정책이 실행되기를 力圖할 것이다. 하지 중장과 러치 장관은 이미 공개적으로 발표한 즉 의혹할 여지가 없을 것이다. 우리에게 오는 것을 받아가지고 잘 만들기를 힘쓸 것이다. 爲先 南鮮이라도 자치정부를 완성하기를 결심할 것이다.

소위 「左右合作」이란 무엇인가?

〈소위 좌우합작이란 무엇인가〉

◎ 미국은 조선에 상품을 가져다 팝니다. 그러나 그것은 우리가 우리 손으로 공장을 세우고 우리 상품을 만드는 데 필요한 물건이 아니고 통조림, 과자, 담배 같은 것입니다.
이승만의 말대로 『값싸고 품질 좋은』 이 상품이 들어오면 우리가 만든 상품은 팔리지 않고 공장은 문을 닫게 됩니다. 이러하면 우리 산업은 파괴되고 미국 자본가들이 들어와 공장을 세우고 우리 동포를 부려 이익을 거두어 갑니다. 이에 반대하면 탄압을 받게 됩니다. 우리는 또 다시 식민지가 되는 것입니다.

◎ 이래서 미국은 자기 말을 잘 듣는 정부를 세우려는 것입니다. 지금 조선의 우익은 미국의 말을 잘 듣습니다. 이것은 근로대중이 해방되고 정치적 자유를 얻게 되면 자기네 특권이 없어지는 까닭입니다.

◎ 진정한 좌익은 인민대중을 해방하고 그 생활 안정과 정치적 자유를 보장하는 경제 부흥과 조선의 진정한 해방을 위하여 싸우고 있습니다. 좌익은 제국주의에 반대합니다. 민중도 이것이 옳다고 생각합니다.

◎ 그래서 미군정은 좌익을 무참하게 탄압하는 한편 좌익에 숨어 있는 그 앞잡이를 시켜 책동합니다. 좌익 중에 약한 사람들은 이것이 무서워 동요를 일으키고 이 앞잡이들과 함께 참된 좌익에서 떨어져 나갑니다. 그래도 그들은 자기를 좌익이라고 합니다. 그렇지 않으면 대중은 자기를 지지하지 않게 되는 까닭입니다. 그러나 그들이 실제로 하는 일은 미군정이 요구하는 대로 하는 것입니다.

◎ 이 참된 좌익에서 떨어져 나간 사람과 우익을 합친 것이 요즘 우리더러 지지하라고 하는 『좌우합작』입니다.

◎ 이 『좌우합작』은 좌익 비슷한 말을 많이 합니다. 그래야 민중의 지지를 받을 수 있겠다는 것입니다. 민중의 지지를 못 받으면 미군정도 어쩔 수 없는 것입니다. 일본놈들은 민중이 지지 안 해도 상관이 없으나 미국은 삼상회의 결정이 있는 까닭에 일본 놈들처럼 못하는 것입니다.

◎ 그래서 미군정은 『좌우합작』을 시켜서 좌익 비슷한 말을 많이 하게 하나 이것은 우리 민중을 속여 지지를 얻으려는 것이고 실제로 하는 일은 그 말과는 정반대되는 일을 합니다.

◎ 보십시오! 『좌우합작』은 『정치범을 석방』하느니 『언론, 출판, 집회, 결사』의 자유 심지어는 『교통의 자유』까지 준다고 떠들고 또는 『미소공동위원회를 촉개한다』고 우리를 속여 자기네를 지지하게 하고 그 실은 남조선단독정부의 변태물 제2 『민주의원』=美帝국주의의 식민지화 도구 『입법의원』부터 만들었던 것입니다.

◎ 동포들은 이 『입법의원』이 무엇인지 알고 선거를 안 한 까닭에 그 민선대의원선거에서 유명한 친일파만이 당선되자 김규식은 『좌익이 안 들었으니 다시 선거하자』고 하였습니다. 그러나 이것은 『좌익 비슷한 것』을 섞어서 민중이 속을 만한 식민지화 도구를 만들자는 것입니다.

◎ 미소공동위원회를 속히 열고 『남북이 통일된 정부를 세우겠다』고 말은 하면서도 왜 이제 와서 기어코 『입법의원』을 만들려고 할까요. 미소공동위원회에서 이것을 내세워 가지고 『삼상결정』을 이행하련다』고 속이고 사실은 이 『입법의원』을 토대로 만주국 같은 정부를 세워보자는 것입니다. 이승만, 김구가 이 『좌우합작』을 지지하여 이 『입법의원』을 토대로 국권을 회복하자는 이유도 여기 있습니다.

동포여 이 『좌우합작』에 속고 『입법의원』을 만들어 『미소공위』를 지연시키고 만주국 같은 독립을 하여야 하겠습니까? 미소공동위원회는 머지않아 열리리라고 합니다. 우리는 이 『좌우합작』에 속지 말고 『입법의원』을 반대하여 남북이 통일된 우리 정부 쌀과 자유와 완전한 해방을 보장하는 민주주의정부를 세웁시다.

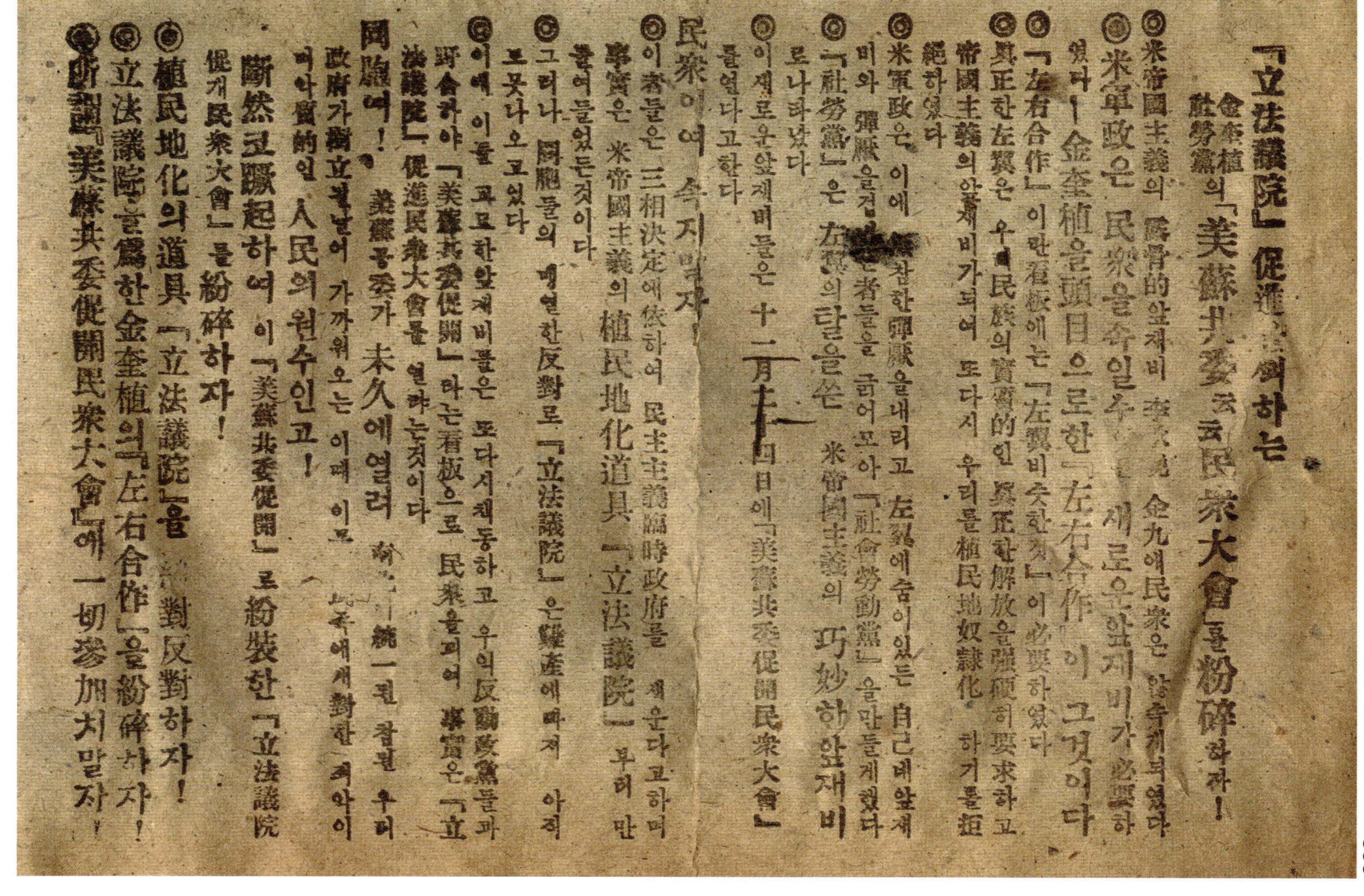

〈'입법의원' 촉진을 꾀하는 社勞黨 김규식의 '미소공위 운운 민중대회'를 분쇄하자!〉

◎ 미제국주의의 노골적 앞잡이 이승만, 김구에 민중은 안 속게 되었다.
◎ 미군정은 민중을 속일 수 있는 새로운 앞잡이가 필요하였다―김규식을 두목으로 한 '좌우합작'이 그것이다.
◎ '좌우합작'이란 간판에는 '좌익 비슷한 것'이 필요하였다.
◎ 진정한 좌익은 우리 민족의 실질적인 진정한 해방을 강경히 요구하고 제국주의의 앞잡이가 되어 또다시 우리를 식민지 노예화하기를 거절하였다.
◎ 미군정은 이에 무참한 탄압을 내리고 좌익에 숨어 있던 자기네 앞잡이와 탄압을 겁내는 자들을 긁어모아 '사회노동당'을 만들게 했다.
◎ '사로당'은 좌익의 탈을 쓴 米제국주의의 교묘한 앞잡이로 나타났다.
◎ 이 새로운 앞잡이들은 [1946년] 11월 24일(실제로는 12월 1일)에 '미소공위촉개민중대회'를 연다고 한다. 민중이여 속지말자.
◎ 이 자들은 삼상결정에 의하여 민주주의 임시정부를 세운다고 하며 사실은 미제국주의의 식민지화 도구 '입법의원'부터 만들려 들었던 것이다.
◎ 그러나 동포들의 맹렬한 반대로 '입법의원'은 난산에 빠져 아직도 못 나오고 있다.
◎ 이에 이들 고고한 앞잡이들은 또다시 책동하고 우익 반동 정당들과 야합하여 '미소공위촉개'라는 간판으로 민중을 꾀어 사실은 '입법의원' 촉진민중대회를 열려는 것이다.
동포여! 미소공위가 머잖아 열려 남북이 통일된 참된 우리 정부가 수립될 날이 가까워오는 이때 이 무슨 민족에게 대한 죄악이 더 악질적인 인민의 원수인고! 단연코 궐기하여 이 '미소공위촉개'로 분장한 '입법의원촉개민중대회'를 분쇄하자!
◎ 식민지화의 도구 '입법의원'을 절대 반대하자!
◎ 입법의원을 위한 김규식의 '좌우합작'을 분쇄하자!
◎ 소위 '미소공위촉개민중대회'에 일절 참가치 말자!

民族代表外交使節後援會趣旨書

方今 美國에서 開催中인 UN總會는 五十四個國의 代表가 世界의 安全保障과 人類平和의 再建을 圖謀하려는 世紀的會合인만큼 全世界의 視聽을 集中하고있는터로 또한 우리三千萬겨레의 關心아닐수없을뿐더러 積極的으로 이總會의 歸趨에 寄與하고 促進시키려는바가 있어야할것이다 八·一五即後로 말하면 即時獨立이나 될것같이 感激하였고 우리政府가 곧樹立될것같이 各色政黨이 簇生하였으나 저 莫府三相決定이 發表되자 即時獨立에對한 期待는 失望으로 變하였고 정작 그때부터 託治反對運動과 獨立促成運動을 積極的으로 推進시켜야할것이어늘 부질없이 政爭 派閥 暴動으로만 終始한感이 不少하였고 可顧할만한것으로는 겨우 左右合作運動과 立法議院設置에關한 不透明한 迂餘曲折이 있었을뿐이다 이에 機會는 到來하였다 우리民族의 自尊을 널리宣揚하고 獨立의決意를 極力으로 實踐할機會는 왔다 今次의 UN總會에는 善隣蘇聯은 勿論 蘇聯의 衛星國家도 參加하였고 前에는 被厭迫弱少民族이었으나 至今은 새로운獨立國의 代表도 參加하였다 이에 있어 우리民族도 이미「카이로」와「포츠담」宣言에서 獨立이約束된바에야 어찌 이總會에 參加하기를 躊躇하랴 今番 우리民族의 最高指導者李承晩博士의 渡美야말로 三千萬同胞의 榮譽와 三千里疆土의 運命을 雙肩에 질머지고나서는 空前의 壯擧라 할것이다 어찌써 同胞된者 滿腔의 熱誠과 積極의聲援을 아끼랴 不意의 三八線障壁의 徹廢도 莫府三相決定의 根本的修正도 우리의한결같은 念願인 完全自主獨立도 實로 이機會에 달려있다 우리는 다시금 제각己 제 몸을 團束하고 제精神을 가다듬어서 國內로는 意識的으로 組織的으로 擧族的으로 總蹶起하여 完全한自主獨立의 國民運動을 일으켜야하고 國外로는 우리民族代表를 名實共히 最後의 한사람까지라도 支援하여 世界의 輿論을 喚起시켜야하고 國際道義에 呼訴해야만한다 獨立戰取의 時機는 迫到하였다 이에 同胞의 沖天의 赤誠과 擧國의 支援을 衷心으로 바라는바이다

檀紀四二七九年十一月二十六日

民族代表外交使節後援會

委員 （無順）
― 第一次發表 ―

趙演鈜 崔泰應 楊美林 廉想涉 黃錫禹 李昌洙 柳一韓 金漢奎 張弘植 寧甲秀 徐相天 朴承浩 金晉燮 徐元出 異河潤 朴鍾和

崔義楗 郭西淳 李鍾模 張甚鳳 沈影燮 林炳哲 曹喜淳 河相龍 張鳳鎬 金玖 李瑄根 朴順天 安碩柱 洪燦 朴俊 梁泰柱東

徐廷柱 朴容德 金東里 成俊德 金珖燮 崔淳周 閔圭植 鄭恒範 鄭求忠 韓晟洪 朴恩聲 李軒求 咸大勳 朴泰鈜 李鍾禹

洪九範 鄭弘巨 吳時泳 李允鍾 吳宗植 李貞淳 李鍾泰 鄭雲用 具鎔費 李時穆 黃基成 都遠涉 金乙漢 許永鎬 蔡東鮮

민족대표외교사절후원회 〈민족대표외교사절후원회취지서〉 1946.11.26

방금 미국에서 개최 중인 UN총회는 54개국의 대표가 세계의 안전보장과 인류평화의 재건을 도모하려는 세기적 회합인 만큼 전 세계의 시청을 집중하고 있는 터로 또한 우리 삼천만 겨레의 관심 아닐 수 없을 뿐더러 적극적으로 이 총회의 귀추에 기여하고 촉진시키려는 바가 있어야 할 것이다. 8·15 즉후로 말하면 즉시 독립이나 될 것 같이 감격하였고 우리 정부가 곧 수립될 것 같이 각색 정당이 족생하였으나 저 막부삼상결정이 발표되자 즉시 독립에 대한 기대는 실망으로 변하였고 정작 그때부터 탁치반대운동과 독립촉성운동을 적극적으로 추진시켜야 할 것이거늘 부질없이 정쟁 파벌 폭동으로만 終始한 감이 적지 않았고 돌아볼 만한 것으로는 겨우 좌우합작운동과 입법의원설치에 관한 불투명한 우여곡절이 있었을 뿐이다. 이제 기회는 도래하였다. 우리 민족의 자존을 널리 선양하고 독립의 결의를 極力으로 실천할 기회는 왔다. 이번의 유엔총회에는 善隣 소련은 물론 소련의 위성국가도 참가하였고 전에는 피압박 약소민족이었으나 지금은 새로운 독립국의 대표도 참가하였다. 이에 있어 우리 민족도 이미 '카이로'와 '포츠담' 선언에서 독립이 약속된 바에야 어찌 이 총회에 참가하기를 주저하랴. 금번 우리 민족의 최고지도자 이승만 박사의 渡美야말로 삼천만 동포의 영예와 삼천리강토의 운명을 양 어깨에 짊어지고 나서는 공전의 장거라 할 것이다. 어찌 동포된 자로서 만강의 열성과 적극의 성원을 아끼랴. 불의의 38선 장벽의 철폐도 막부삼상결정의 근본적 수정도 우리의 한결같은 염원인 완전자주독립도 실로 이 기회에 달려있다. 우리는 다시금 제각기 제 몸을 단속하고 제 정신을 가다듬어서 국내로는 의식적으로 조직적으로 거족적으로 총궐기하여 완전한 자주독립의 국민운동을 일으켜야 하고 국외로는 우리 민족 대표를 명실 공히 최후의 한 사람까지라도 지원하여 세계의 여론을 환기시켜야 하고 국제도의에 호소해야만 한다. 독립 전취의 시기는 박도하였다. 이에 동포의 沖天의 赤誠과 擧國의 지원을 충심으로 바라는 바이다.

聲明書

民權을 擁護하야 一般國民에게 呼訴한다

本黨은 過渡立法議院의 設置를 贊同하고 積極的으로 主張하야왓다 그것은 오즉 臨時政府樹立以前에라도 民意에 依한 政治를 冀願한 까닭이다 左右合作委員會에서 民選의 全部 或 一部를 改選하거나 九拾名議員全部를 同委員會에서 推薦케 하든지 하라는 非法的 獨裁的 要請을 하―지中將에게 提出하얏슬때 本黨은 民族의 名譽와 民權의 擁護를 爲하야 斷乎 그 要請을 排擊하얏든것이다 그後하―지中將은 何等 明確한 理由의 提示도 업시 서울特別市와 江原道의 民選의 無效를 宣言하얏다

本黨은 그 不當性을 屢屢 開陳하야 同中將의 愼重한 再考慮를 要請하는 同時에 天下人의 良心的 判斷에 呼訴하얏고 百貳拾萬首都市民의 代表者인 洞長會에서도 同中將의 無效宣言의 理由가 不明함을 糾彈하야 再選擧의 施行을 拒絕하고 있다 換言하면 서울特別市와 江原道의 民選은 目下 하―지中將과 一般市民間에 係爭中에 있다고할수 있는 것이다 이와같은 實情에도 不拘하고 軍政廳에서는 立法議院을 十一日에 召集하고 이어서 十二日에 開院式을 擧行하기로 하얏다 이것은 分明히 民意와 民權을 아울러 無視하는 非民主主義的 措置이오 不法的 行動이다 選擧가 完了되기前에 開院式을 擧行함은 非法이오 서울特別市와 江原道民의 代表者選出의 機會를 剝奪함은 民權의 蹂躪이라아니할수업다 本黨은 서울市民과 江原道民의 名譽와 特權의 擁護를 爲하야 開院式의 延期를 하―지中將에게 要請하얏다 그러나 하―지中將은 本黨의 正當한 要求를 無視하고 立法議院의 召集과 開院式을 豫定대로 斷行하얏다 本黨所屬代議員과 그 뜻을같이하는代議員二十一名은 이 不法措置에 屈從하기를 拒否하고 서울市와 江原道의 民選代表가 決定될때까지 開院의 延期를 要請하고 出席하기를 保留하얏다 立法議院은 全議員의 四分之三의 出席이 업스면 法的으로 構成될수업는것이다 이것은 法令第一一八號第六條에 分明히 決定되여 있다

本黨所屬及其他代議員의 出席拒否로 因하야 十一日召集議院은 法的으로 構成되지못한것이다 이에 屈慌한 軍政廳에서는 立法議員以外에는 變更할수업는 法令第一一八號의 法定數에 關한 規定을 卽席에서 變更하야 全議員의 過半數로서 法定數를 定한後 何等 公布도업시 그 新規定에 依하야 立法議院을 構成되얏다하고 議事를 進行한것이다 이것은 民意와 民權을 無視할뿐아니라 法의 根本原則을 破壞하는것이다 法은 軍政廳의 便利를 爲하여서는 언제든지 어떠케든지 軍政廳의 任意대로 改正할수업다는것을 意味한 獨裁專斷의 行動이라아니할수업다 하―지中將은 民主主義的 政府의 樹立을 冀願하야 過渡的 立法議院을 創設하는것이다 그러나 民主主義 府는 民意와 民權의 尊重을 基本條件으로 하는것이다 民主主義的 建設의 初步에 있어서 上述한바와같은 가지가지의 民權蹂躪과 不法行動은 將來 民主主義의 健全한 發達을 爲하야 本黨의 到底히 默過할수업는 바이다 이에 三千萬大衆의 自由와 權利를 爲하야 軍政當局의 非民主主義的 措置에 抗議하는 同時에 一般國民의 良心에 呼訴하야 正當한 批判을 要請한다

以上

檀紀四二七九年十二月十二日

韓國民主黨

한국민주당 〈성명서 ― 민권을 옹호하여 일반 국민에게 호소한다〉 1946.12.12

본 당은 과도 입법의원의 설치를 찬동하고 적극적으로 주장하여 왔다. 그것은 오로지 임시정부 수립 이전에라도 민의에 의한 정치를 기원한 까닭이다. 좌우합작위원회에서 民選의 전부 혹 일부를 개선하거나 90명 의원 전부를 同 위원회에서 추천케 하든지 하라는 非法的 독재적 요청을 하지 중장에게 제출하였을 때 본 당은 민족의 명예와 민권의 옹호를 위하여 단호 그 요청을 배격하였던 것이다. 그 후 하지 중장은 하등 명확한 이유의 제시도 없이 서울특별시와 강원도의 민선의 무효를 선언하였다.

본 당은 그 부당성을 누누이 개진하여 同 중장의 신중한 재고려를 요청하는 동시에 천하인의 양심적 판단에 호소하였고 120만 수도 시민의 대표자를 동장회의에서도 同 중장의 무효 선언의 이유가 불명함을 규탄하여 재선거의 시행을 거절하고 있다. 환언하면 서울특별시와 강원도의 민선은 目下 하지 중장과 일반 시민 간에 係爭 중에 있다고 할 수 있는 것이다. 이와 같은 실정에도 불구하고 군정청에서는 입법의원을 11일에 소집하고 이어서 12일에 개원식을 거행하기로 하였다. 이것은 분명히 민의와 민권을 아울러 무시하는 非민주주의적 조처요, 불법적 행동이다. 선거가 완료되기 전에 개원식을 거행함은 非法이요, 서울특별시와 강원도민의 대표자 선출의 기회를 박탈함은 민권의 유린이라 아니할 수 없다. 본 당은 서울시민과 강원도민의 명예와 특권의 옹호를 위하여 개원식의 연기를 하지 중장에게 요청하였다. 그러나 하지 중장은 본 당의 정당한 요구를 무시하고 입법의원의 소집과 개원식을 예정대로 단행하였다. 본 당 소속 대의원과 그 뜻을 같이 하는 대의원 21명은 이 불법 조치에 굴종하기를 거부하고 서울시와 강원도의 민선 대표가 결정될 때까지 개원의 연기를 요청하고 출석하기를 보류하였다. 입법의원은 전 의원의 4분의 3의 출석이 없으면 법적으로 구성될 수 없는 것이다. 이것은 법령 제118호 제6조에 분명히 결정되어 있다.

본 당 소속 및 기타 대의원의 출석 거부로 인하여 11일 소집 의원은 법적으로 구성되지 못한 것이다. 이에 당황한 군정청에서는 입법의원 이외에는 변경할 수 없는 법령 제118호의 법정수에 관한 규정을 즉석에서 변경하여 전 의원의 과반수로서 법정수를 정한 후 하등 공포도 없이 그 신규정에 의하여 입법의원을 구성되었다 하고 議事를 진행한 것이다. 이것은 민의와 민권을 무시할 뿐 아니라 법의 근본 원칙을 파괴하는 것이다. 법은 군정청의 편리를 위하여서는 언제든지 어떻게든지 군정청의 임의대로 개정할 수 있다는 것을 의미할 독재 전단의 행동이라 아니 할 수 없다. 하지 중장은 민주주의적 정부의 독립을 기원하여 과도적 입법의원을 창설하는 것이다. 그러나 민주주의 정부는 민의와 민권의 존중을 기본 조건으로 하는 것이다. 민주주의적 건설의 初步에 있어서 상술한 바와 같은 가지가지의 민권 유린과 불법 행동은 장래 건전한 발달을 위하여 본 당이 도저히 묵과할 수 없는 바이다. 이에 삼천만 대중의 자유와 권리를 위하여 군정 당국의 非민주주의적 조치에 항의하는 동시에 일반 국민의 양심에 호소하여 정당한 비판을 요청한다.

謹啓 時下嚴寒之際에

尊體錦安하시오며 建國偉業에 奮鬪하옵심은

欽羨不已이오며 感荷無比이외다 就白 今

般立法議員選出에 際하야 本會에서 우리의

指導者요 愛國志士인 左記三氏를 推薦하

왔압든바 貴下의 絕對한 聲援을 特蒙하와 候

補者로 當選되엿음은 感荷萬千인 同時에우

리 建國을 爲하야 欣幸不已로소이다 連하야 來

二十三日代議員最後決選에도 特別한 愛

護를 伏願하옵고 餘不備上

候補者

乙區　金尙德（重慶 臨政文化部長）

甲區　申翼熙（重慶 臨政內務部長）

全서울　趙素昂（重慶 臨政外交部長）

選擧場所　南大門小學校

選擧日時　十二月二十三日上午九時三十分至正午

大韓民國二十八年十二月　日

大韓獨立促成國民會漢城市支部

有權者有志一同

中　區支部　　龍山區支部
鍾路區支部　　麻浦區支部
東大門區支部　永登浦區支部
城東區支部　　西大門區支部

選擧事務所

서울市中區茶洞二一一
電話本局七二○三番

追白 被選擧權者의居住年限은今年十二月十二日을起算함으로外右三氏의選區은滿一個年
이經過되였음을諒知하야주시읍

謹啓 時下 嚴寒之際에 존체 錦安하시오며 건국위업에 분투하옵심은 欽羨不已이오며 感荷無比이외다. 就白 이번 입법의원 선출에 際하여 본회에서 우리의 지도자요, 애국지사인 左記 三氏를 추천하였던 바 귀하의 절대한 성원을 特蒙하와 후보자로 당선되었음은 感荷萬千인 동시에 우리 건국을 위하여 欣幸不已로소이다. 연하여 오는 23일 대의원 최후 결선에도 특별한 애호를 복원하옵고 餘不備上

聲明書

一、立法議院은立法議院法令에依하야全選擧區의代議員이選擧에依하야決定되기前에는完全히構成될수없는것은法令上理論上으로否定할수없는事實이다 그런데서울市와江原道兩選擧區의選擧를無效로宣言하고 그決定을보지못한채로立法議員의開院을보게된것은民主主原則에背馳된것으로一大不祥事이다

一、本議員等이前記不備를指摘하고 右兩地區의代議員이決定된後 圓滿히開會함이至當함을主張하고當局에開院延期를要請하엿음에도不拘하고 開會定員數는 法令第一一八號第六條 第一項後段「全議員의四分之三이定員數를構成함」이라는規定에依하면 全議員九十名中六十八名이出席하기前에는 開會를不得함에도不拘하고 五十三名의出席으로十二月十一日午前十一時四十五分「正刻은午前拾時」이開會하고議長을選擧하는擧措에나아감은不當한일이다 이開會定員數의不足을塗糊하기爲하여 同法令第六條 第一項後段所謂定員數「四分之三」이라는것을「二分之一」以上卽過半數라고軍政長官이卽席에서改正하엿다 한다 이것은同法令第六條 第一項後段의「同議院의다른決定이없는限」이는法令의規定을無視한態度로서甚히不當한處置이다 同法令에依하야選擧를遂行한以上 代議員은 同法令에依하야拘束을바들것이 同時에代議員은權利를保有할것이오 同法令의改正은 同議院의議決에依하야서만可能할것이다

立法議院의創設目的이 民主政治를確立하자는데있든以上 如斯한軍政長官의獨斷으로서 立法議院法令改正과또는 同法令 第十二條 施行期日을規定한「本令은公布日로부터有效함」이라는点까지도無視하고改正卽刻에公布하지도안코 全議院에通告함이없이實施하는等事는法의精神을冒瀆하고民權을無視하는非民主主義的이라는것을指摘한다

右聲明함
檀紀四二七九年十二月十二日

白寬洙 洪性夏 外代議員有志一同

백관수 홍성하 외 대표의원 유지일동 〈성명서〉 1946.12.12

입법의원은 입법의원법령에 의하여 전 선거구의 대의원이 선거에 의하여 결정되기 전에는 완전히 구성될 수 없는 것은 법령상 이론상으로 부정할 수 없는 사실이다. 그런데 서울시와 강원도 양 선거구의 선거를 무효로 선언하고 그 결정을 보지 못한 채로 입법의원의 개원을 보게 되는 것은 민주주의 원칙에 배치된 것으로 일대 불상사이다.

본의원 등이 前記 不備를 지적하고 右 양 지구의 대의원이 결정된 후 원만히 개회함이 지당함을 주장하고 당국에 개원 연기를 요청하였음에도 불구하고 개회 정원수는 법령 제118호 제6조 제1항 後段「전 의원의 4분의 3이 정원수를 구성함」이라는 규정에 의하면 전 의원 90명 중 68명이 출석하기 전에는 개회를 할 수 없음에도 불구하고 53명의 출석으로 12월 11일 오전 11시 45분「정각은 오전 10시」에 개회하고 의장을 선거하는 擧措에 나아감은 부당한 일이다. 이 개회 정원수의 부족을 塗糊하기 위하여 同 법령 제6조 제1항 후단 소위 정원수 「4분의 3」이라는 것을 「2분의 1」 이상 즉 과반수라고 군정장관이 즉석에서 개정하였다 한다. 이것은 同 법령 제6조 제1항 후단의 「同 의원의 다른 결정이 없는 한」 이는 법령의 규정을 무시한 태도로서 심히 부당한 처치이다. 同 법령에 의하여 선거를 수행한 이상 대의원은 同 법령에 의하여 구속을 받을 것인 동시에 대의원은 권리를 보유할 것이고 同 법령의 개정은 同 의원의 의결에 의하여서만 가능할 것이다.

입법의원의 창설 목적이 민주정치를 확립하자는 데 있는 이상 이와 같은 군정장관의 독단으로써 입법의원 법령 개정과 또는 同 법령 제12조 시행기일을 규정한 「본령은 공포일로부터 유효함」이라는 점까지도 무시하고 개정 즉각에 공포하지도 않고 전 의원에 통고함이 없이 실시하는 등 일은 법의 정신을 모독하고 민권을 무시하는 非민주주의적이라는 것을 지적한다.

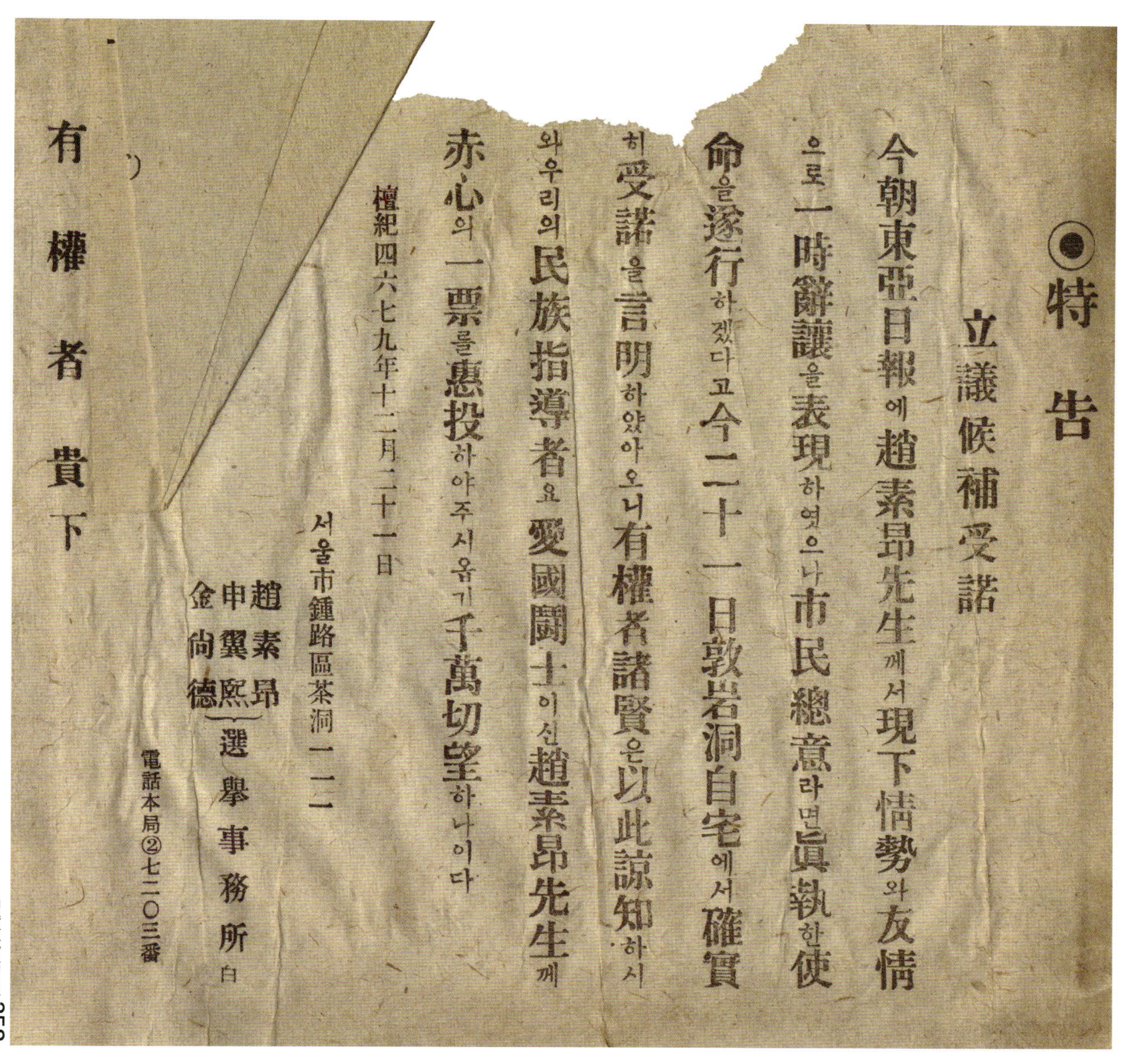

조소앙·신익희·김상덕 선거사무소 〈特告〉 1946.12.21

오늘 아침 동아일보에 조소앙 선생께서 現下 정세와 우정으로 일시 사양을 표현하였으나 시민 총의라면 眞摯한 사령을 수행하겠다고 오늘 21일 돈암동 자택에서 확실히 수락을 언명하였사오니 유권자 제현은 이로써 양지하시와 우리의 민족 지도자요, 애국투사이신 조소앙 선생께 赤心의 한 표를 惠投하여주시옵기 千萬切望하나이다.

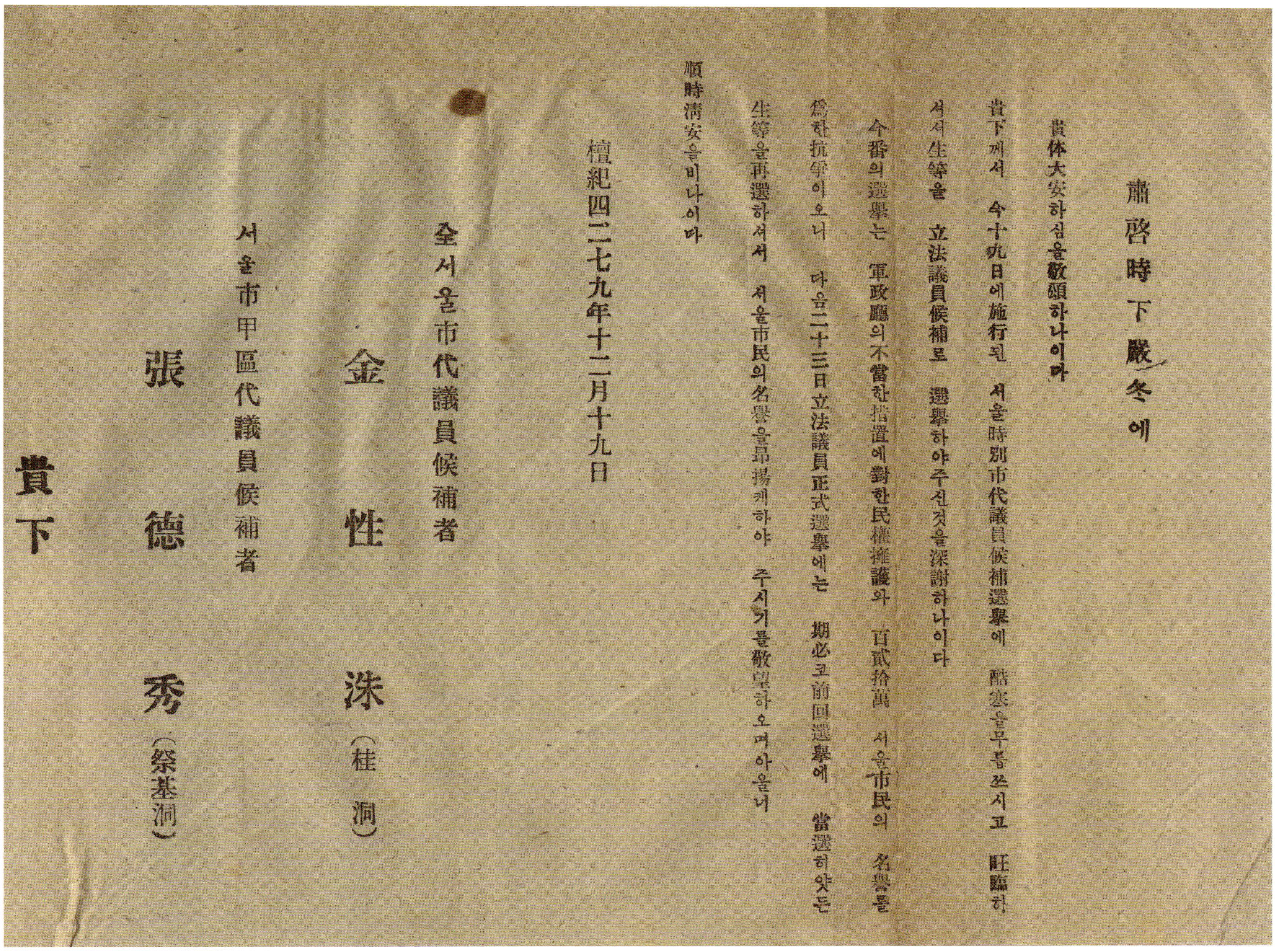

김성수·장덕수 '입법의원선거 투표 독려문' 1946.12.19

귀체 大安하심을 경송하나이다.
귀하께서 이번 19일에 시행된 서울특별시 대의원 후보 선거에 혹한을 무릅쓰시고 왕림하셔서 生等을 입법의원 후보로 선거하여주신 것을 深謝하나이다.
금번의 선거는 군정청의 부당한 조치에 대한 민권 옹호와 120만 서울시민의 명예를 위한 항쟁이오니 다음 23일 입법의원 정식선거에는 기필코 전회 선거에 당선하였던 生等을 재선하셔서 서울시민의 명예를 앙양케 하여주시기를 경망하오며 아울러 順時淸安을 비나이다.

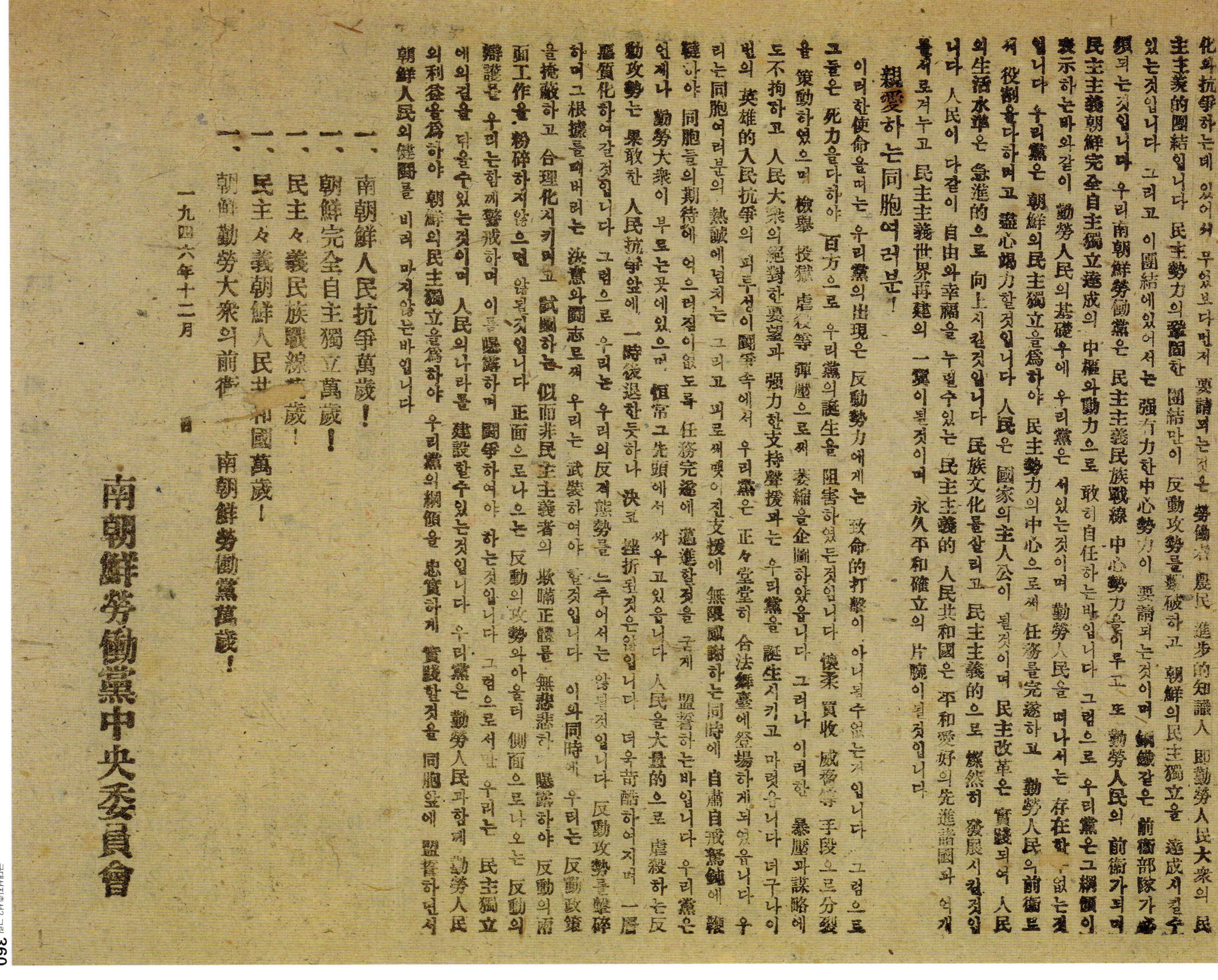

一, 南朝鮮人民抗爭萬歲!
一, 朝鮮完全自主獨立萬歲!
一, 民主主義民族戰線萬歲!
一, 民主主義朝鮮人民共和國萬歲!
一, 朝鮮의 勤勞大衆의 前衛 南朝鮮勞動黨萬歲!

一九四六年十二月

南朝鮮勞動黨中央委員會

남조선노동당 중앙위원회 〈조선 인민에게 고함〉 1946.12

친애하는 동포여러분! 40년에 걸치는 일본 제국주의의 야수적 폭압 밑에서 우리는 그 鎖絆을 벗으려고 얼마나 피로써 악전고투하였습니까? 우리의 희구는 오로지 자유해방과 민주 독립이었던 것입니다. 민주주의 연합국의 승전으로 일본 제국주의가 패망하는 날 우리는 해방의 기쁨을 느끼었든 것입니다. 그러나 우리의 민주 독립이라는 길 위에는 허다한 장애가 가로놓여 있으며 우리에게는 이것을 극복하여야 할 임무가 부여되어 있습니다. 이 임무를 수행하기 위하여서는 조선 인민의 민주주의적 단결이 요청되는 것이며 민주 ○○이 실천되어야 하는 것입니다. 일본 제국주의의 조선에서 패퇴하였으나 그러나 그 장기간 통치를 통하여 조선에 남기고 간 잔재 유독은 실로 뿌리 깊은 것이며 이것을 철저히 청소하지 않고서는 조선의 민주 독립은 거의 할 수 없는 것입니다. 그러므로 이 일본 제국주의 잔존 세력은 한사코 조선의 민주주의적 발전을 저해하게 되는 것이며 따라서 자주독립의 길을 파괴하려는 것입니다. 지주 대자본가에게 그 사회적 근거를 두고 친일파 민족반역자를 그 支柱로 하여 외국 반동을 배경으로 하는 조선의 반동세력이 오늘날 조선 인민의 요구와 의사를 유린하며 민주세력 성장에 대하여 최후 발악적 공세로 임하게 되는 것은 결단코 우연한 일이 아닙니다. 생사를 결단할 각오와 준비로써 조선 인민에게서 민주 독립의 길을 빼앗으려는 것이 분명합니다.

친애하는 동포 여러분! 조선 인민 앞에는 두 가지 길이 놓여 있습니다. 그 하나는 민주 독립에의 길로써 인민이 정권을 장악하여 제반 민주개혁을 실시하고 모든 정치적 자유를 보장하는 것입니다. 이 길은 삼상회의 결정을 이루고 민주 독립에의 길을 매진하는 것이니 여기서는 일제 잔재와 봉건 遺制는 철저히 소청되며 자본 독재의 폐해는 미리 방지되며 농민은 해방되고 노동자는 보호되어 인민대중의 생활은 향상될 것입니다. 기술은 장려되며 과학은 발전되고 예술은 숭상되어 민족문화가 민주주의적으로 찬연히 건설될 것입니다. 인민은 민주주의적으로 교양되고 훈련되며 발전하여 조선민족은 그 낙후성을 극복하고 평화 애호 국가의 대열에 참가하여 국제적 무대에 등장하게 될 것입니다. 이 길은 민주주의 완전 자주독립을 전취하는 길이며 조선인민공화국을 확립하는 길입니다. 민주주의적 인민전선이라고 불려지는 이 길 위에서 북조선 동포들은 지금 민주 건설을 착착 진전시키고 있는 것이며 남조선 동포들은 인민항쟁으로써 반동 공세와 혈투하고 있는 것입니다. 그러면 다른 한 길은 무엇이겠습니까? 그것은 재예속에의 반동적 반역노선입니다. 지주 대자본가를 토대로 하고 외력을 배경으로 하는 친일파 민족반역자 친파쇼분자 등 이승만 김구 김성수

반동파가 그 극소수의 탐욕적 이익을 위하여 조국을 다시 ○○제국주의의 노예로 팔고 동포를 거듭 노예화시키려는 길입니다. 정권은 소수 반동파에게 농단되어 괴뢰화하고 절대다수의 인민대중은 억압 착취되며 모든 자유는 유린되고 민주개혁은 공상이 될 것입니다. 이 길은 삼상회의 결정을 전복 내지 파기하여 재예속으로 후퇴하는 것이며 거기서는 일제 잔존세력은 존속 발전될 것이며 봉건 유제는 그대로 유지될 것이며 자본독재는 확립될 것입니다. 농민은 농노화되고 노동자는 驅使되며 인민대중의 생활은 빈궁화할 것입니다. 인민은 제국주의적으로 유도되고 반동적으로 몽매화하여 조선민족의 낙후성은 가일층 심각화할 것입니다. 국제 대열에서 낙오되고 好戰 국가의 走卒로 타락할 것입니다. 친일파 민족반역자를 선두로 하고 외력에 아부 의존하는 조선의 반동세력이 남조선에 오늘날 취하고 있는 것이 즉 이 길이며 남조선 인민이 그 영웅적 항쟁으로써 막으려 하는 길이 즉 이 반동적 반역 노선인 것입니다.

친애하는 동포 여러분! 이 두 개의 노선은 지금 가열한 투쟁을 전개하고 있습니다. 조선 인민이 다 같이 자유와 행복을 누릴 수 있는 민주 독립의 길을 방해하고 파괴하려고 반동 공세는 날로 강화되고 악질화하여 왔으며 또 하고 있습니다. 이에 대하여 인민이 역공세로 분연 총궐기한 것이 이번의 영웅적 항쟁입니다. 그 의의는 진실로 위대한 것으로 조선민족의 자랑을 역사에 빛내는 것입니다. 가지가지의 모략과 탄압에도 굴하지 않고 민주 역량의 건재를 시위하는 것이며 조선 인민이 그 민주 독립에의 길을 저해하는 적은 그 누구를 막론하고 단연 용허하지 않는다는 공고한 결의와 과감한 토지를 세계에 표명한 것입니다. 반동조선의 출현, 조선의 괴뢰화 식민지화와는 피로써 싸우는 것입니다. 반동공세에 대응하며 이러한 조선 식민지화와 항쟁하는 데 있어서 무엇보다 먼저 요청되는 것은 노동자 농민 진보적 지식인 즉 근로인민 대중의 민주주의적 단결입니다. 민주세력의 공고한 단결만이 반동공세를 격파하고 조선의 민주 독립을 달성시킬 수 있는 것입니다. 그리고 이 단결에 있어서는 强有力한 중심세력이 요청되는 것이며 강철 같은 전위부대가 필수되는 것입니다. 우리 남조선노동당은 민주주의민족전선 중심세력을 이루고 또 근로인민의 전위가 되어 민주주의 조선 완전 자주독립 달성의 중추와 동력으로 감히 자임하는 바입니다. 그러므로 우리 당은 강령이 표시하는 바와 같이 근로 인민의 기초 위에 우리 당은 서 있는 것이며 근로인민을 떠나서는 존재할 수 없는 것입니다. 우리 당은 조선의 민주 독립을 위하여 민주세력의 중심으로써 임무를 완수하고 근로인민의 전위로써 역할을 다하려고 진심갈력할 것입니다. 인민은 국가의 주인공이 될 것이며 민주개혁은 실천되어 인민의 생활수준은 급진적으로 향상시킬 것입니다. 민족문화를 살리고 민주주의적으로 찬연히 발전

시킬 것입니다. 인민이 다 같이 자유와 행복을 누릴 수 있는 민주주의적 인민공화국원 평화애호의 선진제국과 어깨를 서로 겨누고 민주주의 세계재건의 일익이 될 것이며 영구평화확립의 片腕이 될 것입니다.

친애하는 동포여러분! 이러한 사명을 띠는 우리 당의 출현은 반동세력에게는 치명적 타격이 아니 될 수 없는 것입니다. 그러므로 그들은 사력을 다하여 백방으로 우리 당의 탄생을 저해하였던 것입니다. 회유, 매수, 위협 등 수단으로 분열을 책동하였으며 검거, 투옥, 학살 등 탄압으로써 위축을 기도하였습니다. 그러나 이러한 폭압과 모략에도 불구하고 인민대중의 절대한 요망과 강력한 지지성원은 우리 당을 탄생시키고 말았습니다. 더구나 이번의 영웅적 인민항쟁의 피투성이 투쟁 속에서 정정당당히 합법 무대에 등장하였든 터였습니다. 우리는 동포 여러분의 열성에 넘치는 그리고 피로써 맺어진 지원에 무한 감사하는 동시에 자숙 자계 노문에 편달하여 동포들의 기대에 어그러짐이 없도록 임무 완수에 매진할 것을 굳게 맹세하는 바입니다. 우리 당은 언제나 근로대중이 부르는 곳에 있으며 항상 그 선두에서 싸우고 있습니다. 인민을 대량적으로 학살하는 반동공세는 과감한 인민항쟁 앞에 일시 후퇴한 듯하나 결코 좌절된 것은 아닙니다. 더욱 가혹하여지며 일층 악질화하여 갈 것입니다. 그러므로 우리는 우리의 반격태세를 늦추어서는 안 될 것입니다. 이와 동시에 우리는 반동정책을 엄폐하고 합리화시키려고 시도하는 사이비 민주주의자의 기만 정체를 무자비하게 폭로하여 반동의 양면공작을 분쇄하지 않으면 안 될 것입니다. 정면으로 나오는 반동의 공세와 아울러 측면으로 나오는 반동의 변호를 우리는 함께 경계하며 이를 폭로하며 투쟁하여야 하는 것입니다. 그럼으로써만 우리는 민주 독립에의 길을 닦을 수 있을 것이며 인민의 나라를 건설할 수 있을 것입니다. 우리 당은 근로 인민과 함께 근로 인민의 이익을 위하여 조선의 민주 독립을 위하여 우리 당의 강령을 충실하게 실천할 것을 동포 앞에 맹서하면서 조선 인민의 건투를 빌어마지 않는 바입니다.

1. 남조선인민항쟁만세!
1. 조선완전자주독립만세!
1. 민주주의민족전선만세!
1. 민주주의조선인민공화국만세!
1. 조선근로대중의전위○○남조선노동당만세!

朝鮮人民에게 告함

親愛하는 同胞여러분!

（前略）四十年에 걸치는 日本帝國主義의 野獸的暴壓밑에서 우리는 …

親愛하는 同胞여러분!

민주독립의 길을 …

（後面에 繼續）

모히라!　七日午後一時訓練院으로!

外交使節派遣國民大會로오라!

愛國殉情에불타는二百萬市民!

얄타秘密協定을公開케하야 三八線을卽時撤廢시키자

莫府三相協定을 全面的으로修正케하자

U·N總會에 朝鮮問題를上程시키자

民族代表外交使節로 渡美하신李承晩博士를 絶對支持하자!

世界萬邦의輿論을喚起시켜

民族外交의決定的勝利를積極支援하자!

朝鮮自主獨立萬歲

外交使節李承晩博士萬歲

民族外交勝利萬歲

檀紀四二七九年十二月　　日

民族代表外交使節後援會

三相決定을 再認識하자

親愛하는 市民들!

民主主義民族戰線

三. 三相決定에 背反되는 立法機關을 撤廢하라!
四. 北朝鮮과 같이 쌀과 自由를 주는 人民政權을 세우자!
五. 偉大한 人民抗爭에서 投獄된 愛國者를 即時釋放하라!
六. 모스크바三相決定 一週年紀念市民大會萬歲!

一九四六年十二月　日

三相決定 一週年紀念

市民大會準備委員會

민주주의민족전선 〈삼상결정을 재인식하자〉 1946.12

친애하는 시민들!

1년 전 12월 18일을 회상해 봅시다. 라디오가 모스크바로부터 삼상결정을 전하자, 우리들은 일시 아연하였던 것입니다. 그것은 자라 보고 놀란 사람, 솥뚜껑 보고 놀란다는 격으로 36간 일제의 압박에 신음해 온 우리들은 또다시 어떤 외압이 오지 않나? 하는 기우에서였습니다. 그러나 그것은 한낱 기우였습니다. 연달아 들어온 詳報는 삼상결정이 외압은커녕 우리 민족을 다시는 어떤 지배도 받지 않게 국제적으로 보장해주며, 자주독립을 달성할 때까지 원조협력해주는 것이었습니다. 분노가 아니라 환호를 질러야 할 것이었습니다. 그러나 시민 여러분!

일부에서는 이렇듯 우리 민족에게 유리한 삼상결정을 결사반대하면서 나타났습니다. 그들은 모르는 때문이었나? 아니었습니다.

그들은 친일파, 민족반역자이기 때문입니다.

삼상결정은 온갖 친일 잔재를 숙청하고 남북통일의 자주민주독립을 실현하는 길입니다. 그러나 통일적 자주민주독립은 저들에게는 청천벽력입니다. 온갖 민족적 죄악을 범한 저들은 자주민주독립 후의 인민의 분노와 엄혹할 처단이 무서웠던 때문입니다.

그들은 반동 지주와 대자본가인 때문입니다.

삼상결정은 봉건 잔재와 비인간적 착취를 배제하고 우리나라를 민주적으로 건설하는 길입니다. 농민에게 토지를 주고, 노동자, 사무원에게 생활을 확보하고 부녀를 봉건 예속에서 해방시키는 길입니다. 이 길은 반동 지주나 대자본가의 자행적 전횡을 완전히 봉쇄하는 길이므로 그들은 반대하는 것입니다.

그들은 買辦 계급인 까닭입니다.

삼상결정은 어느 일국이 조선을 지배할 수 없는 국제적 보장입니다. 그런데 우리 민족 가운데는 조선의 온갖 富源을 어느 일국의 독점자본에 제공하고 그들의 상품을 가져다 장사함으로서 自利를 꾀하려는 부류가 있습니다. 이것이 망국 배족적 행위임은 두말할 것도 없습니다. 그들은 외국 독점자본과 결탁하여 어디까지나 조선 자주독립의 튼튼한 국제적 보장인 삼상결정을 破潰하려 듭니다. 친애하는 시민들! 「반탁」 소동자들이 즉시독립을 구호로 하나 그 實 조선을 일국의 식민지화를 기도하는 것임은 이제 너무나 명백히 드러나고 있습니다. 반동적 지배자들은 총검과 곤봉을 인민에게 함부로 내둘러 지금 남조선의 산야는 피비린내에 가득 차 있습니다. 그들과 奸商 모리배와의 결탁은 민생을 도탄에 몰아넣어 기아의 신음은 방방곡곡에 흘러나고 있습니다. 인민의 원한은 날로 충천해 가고 있습니다. 10월 인민항쟁이 여기서 생긴 것임은 너무나 당연한 현상입니다. 친애하는 시민들!

눈을 북조선에 돌려봅시다. 거기서는 정권이 인민의 손에 들어왔고 농민이 토지를 얻고 노동자, 사무원의 생활이 확보되고 부녀가 봉건 예속에서 벗어났고 친일파가 숙청되고 중요 산업이 국유화하고 모든 생산이 날로 증가되고 있습니다. 북조선의 민주개혁은 눈부실 만합니다. 그것은 북조선이 삼상결정을 충실히 실천하는 때문입니다. 남조선도 당연히 이렇게 되어야 합니다. 그리고 남북은 하루 바삐 민주개혁을 통해서 통일되어야 합니다. 그것은 오직 삼상결정의 총체적 실천에서만 가능합니다. 그러나 남조선에 있어서는 인민의 군은 단결과 강대한 투쟁이 없이는 삼상결정의 실천은 민주개혁을 통한 남북통일도 바랄 수 없습니다. 그것은 반동분자의 발호와 그것을 응원하는 반동 정책이 완고한 까닭입니다. 친애하는 시민들 우리는 민주 조선 건설을 위해서 굳게 단결하고 최후까지 싸웁시다. 이 길만이 우리 민족의 유일한 활로를 개척하는 것입니다.

一. 삼상결정은 인민의 단결과 투쟁력으로서 실천하자.
一. 군정을 즉시 철폐하고 정권을 인민위원회에 넘기라.
一. 남북통일과 민주독립을 방해하는 「立議」를 분쇄하라.
一. 민주주의 임시정부 수립 만세!
一. 완전자주민주독립 만세!

삼상결정 1주년 기념 시민대회준비위원회 〈전 시민은 남산 공원으로! 역사적 시민대회에 모두 참가하자!〉 1946.12

친애하는 삼천만 동포여! 과거 36년을 다시 한 번 회고하면서 오늘의 조선을 냉정히 살펴보자! 삼상결정을 충실히 실천하고 있는 북조선은 기아도 구속도 모르는 자유와 평화의 찬란한 민주 건설을 보이고 있는 반면 삼상결정의 실시를 반대한 국제 제국주의의 走狗 우익 반동배들의 손에서 시달려 울고 있는 남조선은 완전한 파멸의 일로를 걷고 있지 않은가?

보라! 모—든 기업 시설은 모리배의 손에서 여지없이 파괴되어 노동자, 사무원은 기아선에서 방황하고 농민은 일제시대 이상의 가혹한 소작료와 강제 공출과 갖은 부담의 강요로 겨울 땅 녹기 전부터 나무껍질과 풀뿌리 캐러 나서지 아니하면 안 되었고 도시민은 천정 모르는 물가 폭등으로 도탄에서 헤매고 있으며 우익 반동 신사들과 고급 관리와 모리배들의 춤추고 권주가 부를 요정과 그들의 둘째 첩, 셋째 첩의 집으로 사용할 고급 주택은 얼마든지 있건만 전재민들은 이 눈보라 치는 겨울에 토막조차 없어서 방공호와 길바닥에서 신음하고 있다. 이러한데다가 『테러』와 학살의 탄압은 끊일 줄 모르고 계속되어 민심은 극도의 불안에 빠져있다. 그리하여 쌀과 자유를 달라는 인민의 부르짖음은 날로 높아 가고 있다. 도대체 하절부터 강제로 수집한 곡식은 어디다 보내고 초가을 마당에도 농촌이나 도시나 어린 것들이 미국 강냉이와 밀가루 풀 사발을 두드리면서 밥 달라고 가엾이 우는 소리는 왜! 끊일 줄 모르는가? 이와 같은 死境에서 살고 있건만 무엇을 먹어나 보고 입어나 봤기에 우리는 5대를 두고 갚아도 다 갚지 못할 200억 원 넘는 미국 빚을 우리도 모르게 짊어지고 있지 않는가? 뿐만 아니라 우리들의 부엌에는 버섯이 돋아나게 되고 있지만 시장에는 과자, 담배, 화장품 등 미국상품이 참말로 조선의 『뉴욕』을 이루게 등장하여 헐벗고 굶주린 우리 눈을 꾀이며 내일의 식민지 노예로 약속하고 있지 않는가? 그러면 이러한 가운데 매국업자들은 어떻게 살고 있는가?

보라! 그들이 발표한 중요한 사실만! 이승만의 매국 출장 여비는 5천만 원이요, 경무부장 조병옥의 기생집 요리 값은 1천만 원이라고 최능진의 입으로 발표한 말이다. 그리고 농무부장 집에서 쌀 15叺 현금 10만 원을 비롯하여 대구부윤 광공부장 某某 경관의 집에서 쌀과 천과 일용품이 산더미처럼 터져 나왔다는 사실은 사법신문이 발표한 내용이다. 또 수많은 동족을 살해하고 막대한 건물을 파괴한 『테러』는 경찰이 시켰다는 사실은 조병옥의 입으로 『최능진은 나를 살해코자 『테러』를 시켰다』고 발표한 것만 보더라도 명백히 폭로되었다. 일일이 매거하려면 끝이 없는 그러한 사실도 악질 선동자의 선전일까? 이와 같이 험악한 암흑 속에서 팔려가는 국토를 찾고 시들어가는 민족을 구하려는 것이 왜? 죄가 되어 민주주의 애국자는 전날 왜놈의 칼끝에서 흘어진 자기들의 피도 마르지 않은 철창에 교수대에 모조리 끌려가고 있는가? 그래도 우리는 참아야 옳은가? 이 아니다! 식민지 노예화를 앞에 둔 우리 민족은 쌀과 자유를 주는 민주독립을 찾기 위하여 숭고한 민족 항쟁에 몸을 바치고 드디어 일어섰다.

보라! 조국의 민주 건설에 귀중한 피로써 터를 닦은 남조선 인민항쟁을! 그러나 우리의 항쟁은 이제부터다! 왜? 아직도 반동의 공세는 그칠 줄 모르고 참답게 싸워온 그들을 민족의 영웅으로 받들지 못한 대비 도리어 교수대로 끌고 가고 있지 않는가? 만일 그들에 대한 대우가 그냥 그렇게 끝막는다면 그는 우리 민족을 노예냐? 죽음이냐?의 두 길 중에서 하나를 강요하는 것이니 어찌 노예의 연명을 위하여 목숨을 맡길 것인가? 아니다! 싸워야 한다! 과감한 투쟁만이 빛나는 승리는 보장된다. 남조선은 우리들의 투쟁을 기다릴 뿐이다.

친애하는 동포들! 삼상결정의 1주년은 건설의 북, 파괴와 퇴보의 남, 정반대의 길로 끌고 가고 말았다. 우리는 선진 북조선을 따르기 위하여 삼상결정을 반대하는 일체의 반동 요소를 철저히 숙청하고 그 구체적 실천에 강대한 투쟁을 전개하자! 그리하여 삼상결정에 의한 남북통일의 민주건설을 세우자!

일어서자! 삼상결정의 실천을 위하여!
모이자! 12월 19일 시민대회로!
뭉치자! 모—든 인민은 『民戰』의 깃발 밑으로!
싸우자! 인민의 전위, 해방의 영웅 남조선 노동당을 앞에 세우자!
그리하여 우리가 희망하는 조선 민주독립을 하루 빨리 세우자!

一. 삼상결정을 반대하는 우익 반동 요소를 숙청하자!
二. 쌀과 자유를 안 주는 군정은 물러가라!
三. 삼상결정에 배반되는 입법기관을 철폐하라!
四. 북조선과 같이 쌀과 자유를 주는 인민정권을 세우자!
五. 위대한 인민 항쟁에서 투옥된 애국자를 즉시 석방하라!
六. 모스크바 삼상결정 1주년 기념 시민대회 만세!

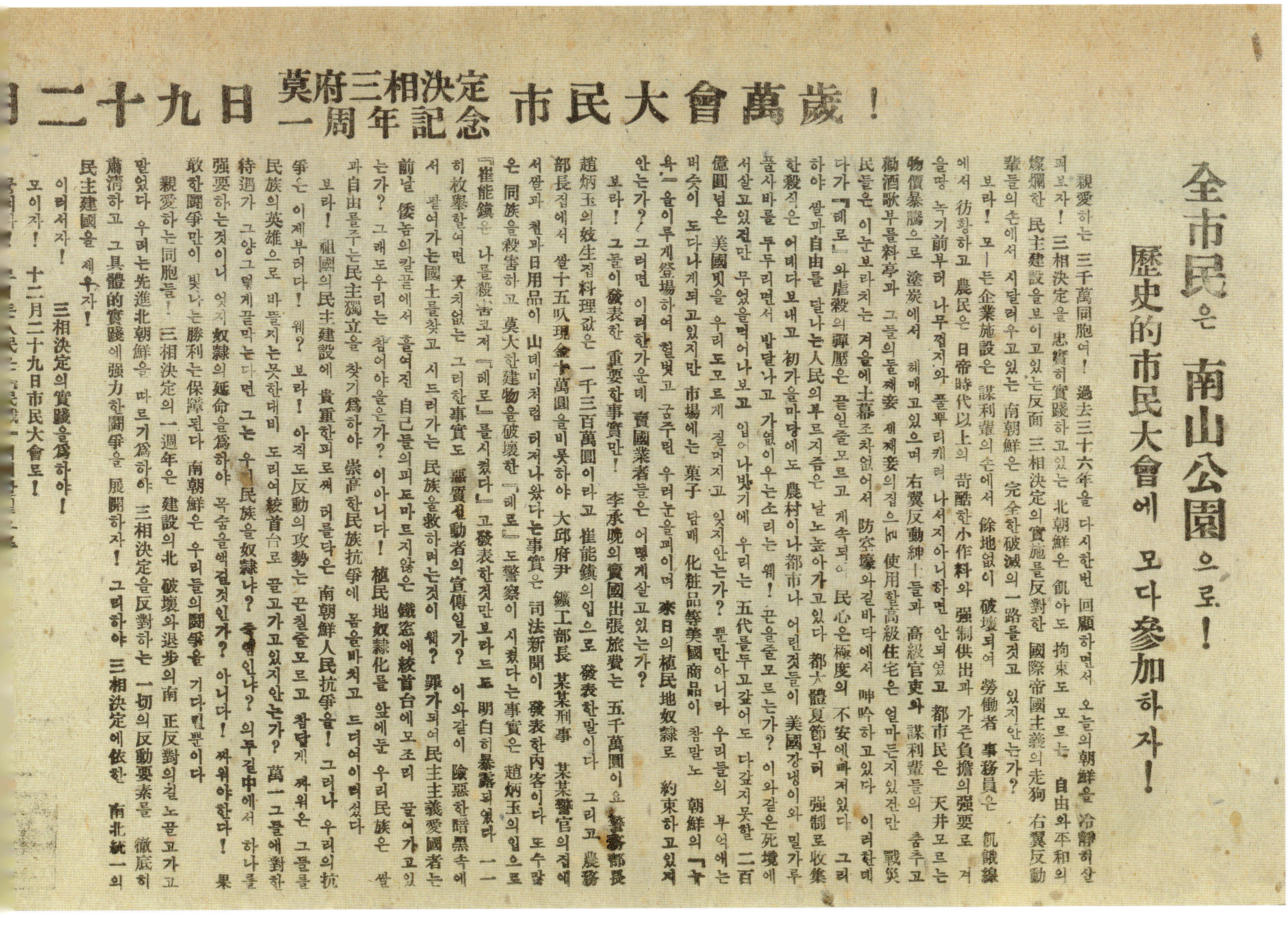

全市民은 南山公園으로!
歷史的市民大會에 모다參加하자!

親愛하는 三千萬同胞여! 過去三十六年을 다시한번 回顧하면서 오늘의朝鮮을 冷靜히살펴보자! 三相決定을 忠實히實踐하고있는 北朝鮮은 飢아도 拘束도 모르는 自由와平和의 燦爛한 民主建設을보이고있는反面 三相決定의實施를反對한 國際帝國主義의走狗 右翼反動輩들의손에서 시달려우고있는 南朝鮮은 完全한破滅의一路를것고 있지안는가?

보라! 모—든企業施設은 謀利輩의손에서 餘地없이 破壞되여 勞働者 事務員은 飢餓線에서 彷徨하고 農民은 日帝時代以上의 苛酷한小作料와 强制供出과 가즌負擔의强要로 겨을땅 녹기前부터 나무겁질과 풀뿌리캐려 나서지아니하면 안되엿고 都市民은 天井모르는 物價暴騰으로 塗炭에서 헤매고있으며 右翼反動紳士들과 高級官吏와 謀利輩들의 춤추고 勸酒歌부르는料亭과 그들의둘재妾 셋재妾의집으로 使用할高級住宅은 얼마든지있건만 戰災民들은 이눈보라치는 겨울에 土幕조차없어서 防空壕와길바닥에서 呻吟하고있다 이러한데다가『테로』와虐殺의彈壓은 끈일줄모르고 계속되어 民心은極度의 不安에빠저있다 그리하야 쌀과自由를달나는人民의부르지즘은 날노놉아가고있다 都大體夏節부터 强制로收集한穀食은 어데다보내고 初가을마당에도 農村이나都市나 어린것들이 美國강냉이와 밀가루풀사바를 두드리면서 밥달나고 가엽이우는소리는 웨! 끈을줄모르는가? 이와같은死境에서살고있건만 무엇을먹어나보고 입어나봣기에 우리는 五代를두고갚어도 다갚지못할 二百億圓넘은 美國빗을 우리도모르게 질머지고 잇지안는가? 뿐만아니라 우리들의 부억에는 버슷이 도다나게되고잇지만 市場에는 菓子 담배 化粧品等美國商品이 참말노 朝鮮의『뉴욕』을이루게登場하여 헐벗고 굼주린 우리눈을페이며 來日의植民地奴隷로 約束하고있지안는가? 그러면 이러한가운데 賣國業者들은 어떻게살고있는가?

보라! 그들이發表한 重要한事實만! 李承晩의賣國出張旅費는 五千萬圓이요 警務部長趙炳玉의妓生집料理값은 一千三百萬圓이라고 崔能鎭의입으로 發表한말이다 그리고 農務部長집에서 쌀十五叺現金十萬圓을비롯하야 大邱府尹 鑛工部長 某某刑事 某某警官의집에서쌀과 천과日用品이 山데미처럼 터저나왔다는事實은 司法新聞이 發表한內容이다 또수많은同族을殺害하고 莫大한建物을破壞한『테로』도警察이 시켰다는事實은 趙炳玉의입으로『崔能鎭은 나를殺害코저『테로』를시켰다』고發表한것만보드라도 明白히暴露되엿다 一一히枚擧할여면 끗치없는 그러한事實도 惡質煽動者의宣傳일가? 이와같이 險惡한暗黑속에서 팔여가는國土를찾고 시드러가는 民族을救하려는것이 웨? 罪가되여民主主義愛國者는 前날 倭놈의칼끝에서 흘여진 自己들의피도마르지않은 鐵窓에絞首台에모조리 끌여가고있는가? 그래도우리는 참어야옳은가? 아니다! 植民地奴隷化를 앞에둔 우리民族은 쌀과自由를주는民主獨立을 찾기爲하야 崇高한民族抗爭에 몸을바치고 드디여이러섰다

보라! 祖國의民主建設에 貴重한피로써 터를닦은 南朝鮮人民抗爭을! 그러나 우리의抗爭은 이제부터다! 웨? 보라! 아직도反動의攻勢는 끈칠줄모르고 참답게 싸워온 그들을 民族의英雄으로 바들지는못한데비 도리여絞首台로 끌고가고있지안는가? 萬一그들에對한 待遇가 그양그렇게끝막는다면 그는우리民族을奴隷냐? 죽엄이냐? 의두길中에서 하나를 强要하는것이니 엇지奴隷의延命을爲하야 목숨을맽길것인가? 아니다! 싸워야한다! 果敢한鬪爭만이 빛나는勝利는保障된다 南朝鮮은 우리들의鬪爭을 기다릴뿐이다

親愛하는同胞들! 三相決定의一週年은 建設의北 破壞와退步의南 正反對의길노끌고가고 말었다 우리는先進北朝鮮을 따르기爲하야 三相決定을反對하는 一切의反動要素를 徹底히 肅淸하고 그具體的實踐에强力한鬪爭을 展開하자! 그러하야 三相決定에依한 南北統一의 民主建國을 세우자!

이러서자! 三相決定의實踐을爲하야!
모이자! 十二月二十九日市民大會로!

二十九日 莫府三相決定一周年記念 市民大會萬歲!

〈'반탁' 테러와 폭압을 박멸하라!!〉

△잔인무도한 반탁테러단 大韓民靑, 大韓勞總, 建靑, 光靑, 西北靑年會, 獨靑을 즉시 해체하라!
△젊은 청년을 꾀어 동포를 난타, 학살케 하고 습격, 파괴, 약탈을 시키는 '반탁' 테러 조직자를 즉시 처단하라!
△흉악한 모략으로 인민을 속이고 '반탁' 테러를 옹호하며, 테러당한 노동자와 청년을 쏘아 죽이고 대량 검거, 투옥하는 조병옥, 장택상 계열의 친일악질 경관을 즉시 숙청하라!
△동포여! 전쟁을 선동하고 내란을 획책하는 반동파의 모략 선전에 속지 말자! 그들은 허울 좋은 명목 밑에 우리에게 골탕을 먹이고 권력을 빼앗아 '테러'와 '폭압'으로 우리의 고혈을 빨아먹으려는 것이다.
△분쇄하자! 테러, 폭압, 모략 선전을! 친일반탁분자를 내몰고 삼상결정대로 우리나라 통일된 부강하고 자유로운 인민의 나라를 세우자!

조선부녀총동맹 〈모이자! 12월 29일 남산공원으로! 나가자! 삼상결정 1주년 기념 시민대회로!〉 1946.12.27

친애하는 60만 부녀 시민 여러분!
12월 29일! 이날은 조국의 민주독립과 인민의 자유와 우리 부녀의 해방을 약속한 모스크바삼상결정 1주년 기념일입니다.
시민 여러분! 지난 1년간 친일파 민족반역자 親팟쇼분자들은 반탁의 구호 밑에 인민의 애국심을 역이용하여 갖은 수단과 음모로 민족 분열을 책동하고 소미공위를 방해하여 분열 휴회케 하지 않았습니까!
그뿐만 아니라 그들은 진정한 인민의 지도자를 검거, 투옥, 학살하고 인민의 생활을 도탄의 구덩이 속에 몰아넣지 않았습니까!
친애하는 자매들!
보라! 나라를 팔아먹는 친일파 민족반역자 그 괴수 이승만 김구 등 매국도당에 대한 인민의 증오와 의분의 폭발을!
보라! 학살과 죽음을 무릅쓰고 불꽃같은 애국의 열정으로 성난 파도처럼 일어난 남조선 인민의 피의 영웅적 구국 항쟁을!
친애하는 자매들!
수많은 우리 자매들이 감옥에서 나체고문과 야수적 탄압 밑에 신음하고 죽어 넘어가는 것을 우리는 가만히 보고 있어야 하겠습니까!
동포들! 모입시다. 남산공원으로!
우리 부녀의 힘, 전 시민의 힘, 전 인민의 힘으로 인민의 적, 인민의 원수를 몰아내고 삼상결정에 의한 민주주의 정부를 굳세게 세웁시다.

〈檄! 撤市─애국자는 12월 30일 반탁 철시하라〉

열강은 우리에게 신탁통치를 강요하여 내정 간섭을 의도하고 이조 말년의 참상을 재판하려고 한다. 국내의 매국노들은 이에 응하여 춤을 추고 삼상결정을 지지한다고 하여 탁치를 지지한다.
애국자는 어 국제적 모략과 국내의 반동음모를 분쇄하고 우리의 자주독립을 찾아야 할 것이다.
우리는 결사로서 신탁통치를 반대하고
『카이로』, 『포츠담』 선언에 의하여 우리의 자주독립 국가를 자력으로 건설하자!
11월 30일 애국자는 반탁하는 의미로 撤市하라.
이날 철시하지 않는 자는 매국노의 낙인을 찍을 것이다.
(단, 싸전과 薪炭商은 제외)

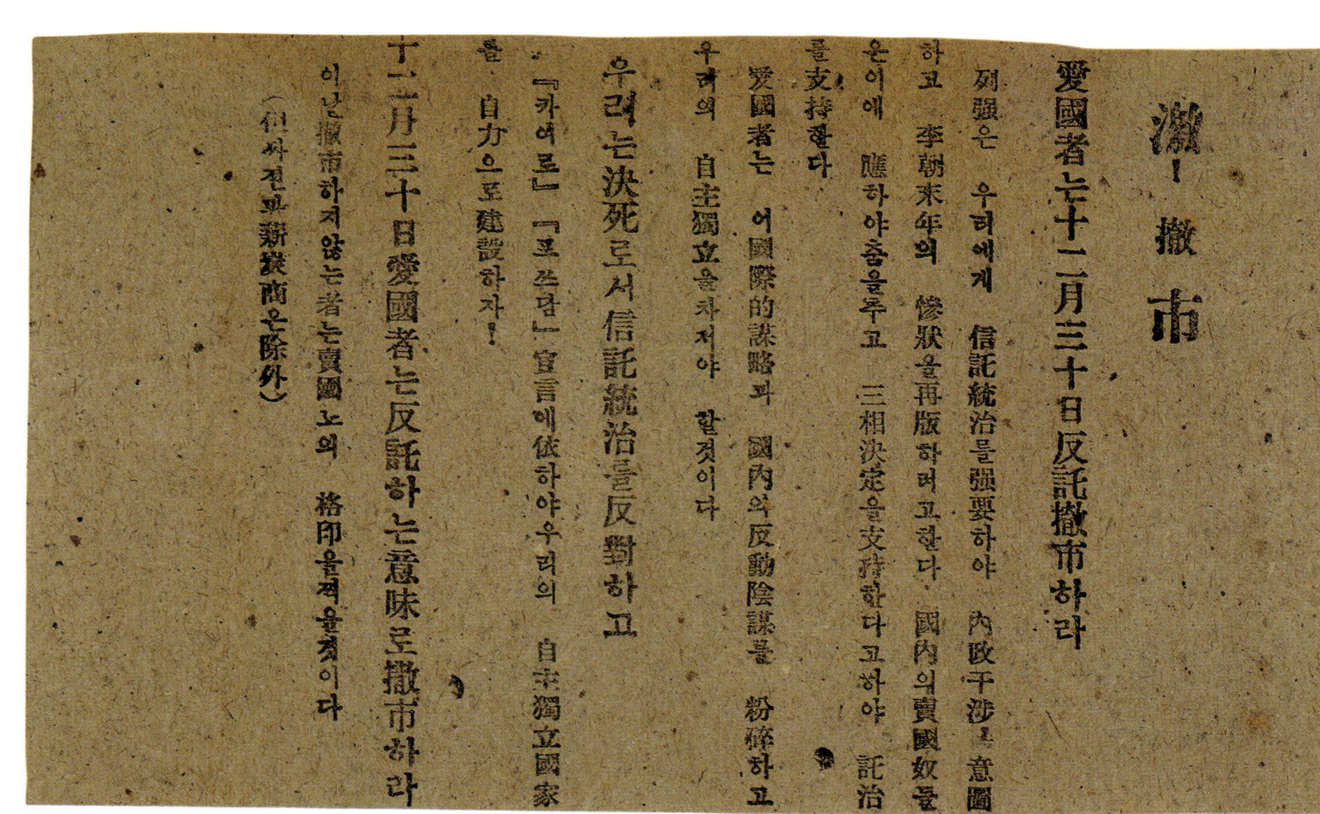

전국농민총연맹 〈동포들아! 오늘은 남산시민대회로!〉
1946.12

친애하는 동포 여러분! 농가의 식량은 고사하고 종자까지 공출해 간 그 곡식은 다 어디로 가고 밥 달라고 우는 어린 것들을 잔등에 업고 외국 강냉이와 밀가루 몇 레석 타겠다고 이 추운 겨울에 노상에서 떨고 있는 부녀자들의 가여운 풍경은 왜? 늘어나고 있으며 기업 시설은 날로 파괴되어 공장 煙突에는 「거미」가 줄을 치게 되니 이 틈을 타서 미국상품은 날개를 치며 등장하여 헐벗고 굶주린 우리들의 눈을 꾀이며 내일의 식민지 노예로 안내하고 있음은 대체 무엇 때문입니까? 우리는 지난 1년 동안 잘 보아왔습니다! 삼상결정을 실천하여 민주 건설에 눈부신 발전을 하고 있는 북조선의 평화세계와 삼상결정을 반대하는 우익 반동배들의 손에서 식민지로 팔려 가는 남조선의 혼란과 파멸을! 이리하여 남조선 노동인민대중은 쌀과 자유를 주는 민주독립을 찾으려고 드디어 목숨을 바치며 대항쟁에 총궐기하지 않았습니까?

이제야 우리는 죽음을 무릅쓰고 쌀과 자유를 주는 민주독립을 쟁취하느냐? 그렇지 않으면 또다시 식민지 노예로 떨어지고 마느냐? 두 길 중에 하나뿐입니다. 노동자, 농민, 소시민 학생 등 모—든 노동인민은 손을 굳게 잡고 다—같이 일어나서 우리의 권리를 보장합시다. 어깨를 끼고 서로 나아갑시다.

一. 정권을 즉시 인민위원회로 넘겨라!
一. 쌀과 자유를 안 주는 군정은 물러가라!
一. 삼상결정을 반대하는 우익 반동배를 일절 숙청하자!
一. 지주의 토지를 무상으로 몰수하여 농민에게 즉시 무상 분배하라!
一. 강제 공출은 절대 반대다.
一. 인민 항쟁의 지도자에 대한 극형 반대!
一. 삼상결정에 의한 민주독립 수립 만세!

〈해고, 감원, 실업을 반대하고 일어나 「반탁」 테러와 폭압을 박멸하자!〉

120만 시민들이여!!

◆ 거리를 보라!!

외국 상품이 홍수같이 쏟아져 나온다! 공장 문이 닫힌다. 대량 감원이 온다! 노동자와 사무원은 거리로 몰려나오고 실업자의 사태가 났다. 물가는 단번에 몇 배씩 뛰어오르나 우리의 수입은 줄어갈 따름이다!

산업은 총 파국으로! 생산은 도탄으로!

그러나 고관대작들은 모리배와 결탁하고 부정한 『돈』에만 눈이 어두워 송두리째 썩어가고 있지 않느냐?

○ 학원을 보라!

민족의 앞날을 등질, 젊은 학도들이 스승을 잃고 진리 탐구의 자유를 잃고 『國大』 노예 교육안 철폐를 부르짖고 싸우고 있으나 文敎 책임자들은 무책임, 무성의하게도 대량으로 학생을 희생시키려고 한다! 학원은 폐로로!

◆ 그뿐이냐 이 잔인무도한 『반탁』 테러를 보라!!

백주에 「반탁」테러단이 공장을 습격하고 노동자를 난타, 학살한다! 그들은 경찰의 면전에서 또는 경찰의 옹호 밑에 습격, 破壞, 살상, 약탈, 위협을 마음대로 하는 것이다!

조병옥, 장택상 계열의 일부 친일 악질 경찰은 이제 「반탁」 테러단과 완전히 공공연히 시민을 속이고 농락하고 있지 않느냐

◆ 멀리서 전쟁을 선동하는 모략 선전이 들려오는 이 흉악한 「반탁」도당, 테러단, 악질 경찰은 이에 발맞추어 난동을 친다!

과연 이들이 바라는 바는 무엇이냐? 이 도당이 우리를 어디로 끌고 가려느냐?

『공장 문이 닫히든 학원이 폐허가 되든 민생이 도탄에 빠지든 외국 상품의 홍수가 나도 좋다. 아니, 나라를 절반 찍어 팔아 「만주국」같은 단독정부를 세워서라도 권력을 잡자! 특권을 누리자!』이것뿐이다! 삼상결정을 반대하는 도당의 두목들이 바라는 것은 이것뿐인 것이다.

◆ 그러나 「반탁」 테러단과 조병옥, 장택상 계열의 친일 경찰이 제 아무리 난동을 처도 우리는 점점 더 확실히 깨닫게 되었다. 「삼상결정을 절대 지지하는 것이 옳다」는 것을! 「삼상결정을 즉시 정확히 실시하라!」 우리는 이 구호 밑에 더욱 광범히, 더욱 굳세게 단결하고 있는 것이다. 브라운 소장이 삼상결정을 지지해야 된다는 성명을 5차나 연속하여 이제 발표한 것도 민심이 압도적으로 그렇게 돌아가고 있다는 것을 안 까닭이다. 「반탁」도당과 친일파는 이것이 두려운 것이다. 그들은 최후 발악으로 테러와 폭압을 하고 날뛴다.

○ 그러나 동포들이여! 우리가 기다리는 위대한 날은 가까워 오고 있다!

우리의 단결이 크고 강할수록 이날은 더욱 가까워질 것이다!

일어나자! 우리 민족의 갈 길을 지켜야 한다! 「반탁」 테러와 폭압에 또 한 개의 타격을 주어야 한다.

◎ 해고, 감원, 실업을 절대로 반대하라!

◎ 작년 9월 파업 당시의 노동자들의 요구를 즉시 들어주어라!

◎ 독립을 망치며 민심을 흉흉케 하는 이승만, 김구의 「반탁」 테러단 大韓勞總, 大韓民靑, 光靑, 建靑, 獨靑, 西北靑年會를 즉시로 해체하고 젊은이들을 정의의 길로 돌려보내라!

◎ 「반탁」테러단과 결탁하여 학살과 폭압을 일삼으며 한편 우리를 속이고 농락하는 조병옥, 장택상과 그 계열의 일부 친일 악질 경찰을 즉시 숙청하라!

◎ 악독한 일제 통치기구를 일소하고 인민위원회를 선거하여 이에 정권을 넘겨라!

◎ 조선 완전민주독립의 유일한 삼상결정을 그대로 즉시 실시하라!

1947

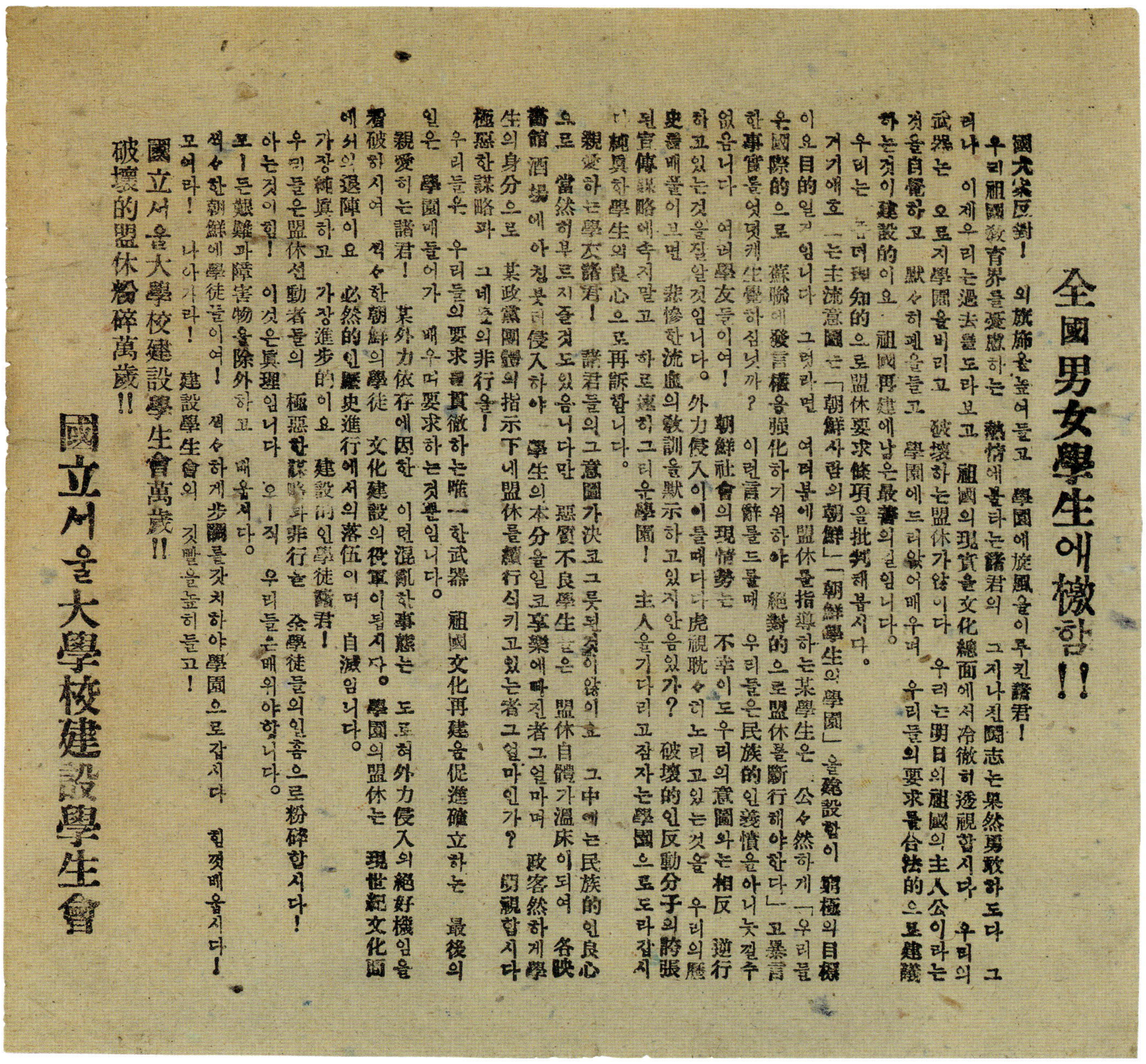

全國男女學生에檄함!!

國立서울大學校建設學生會

근대서지총서2 그림 369

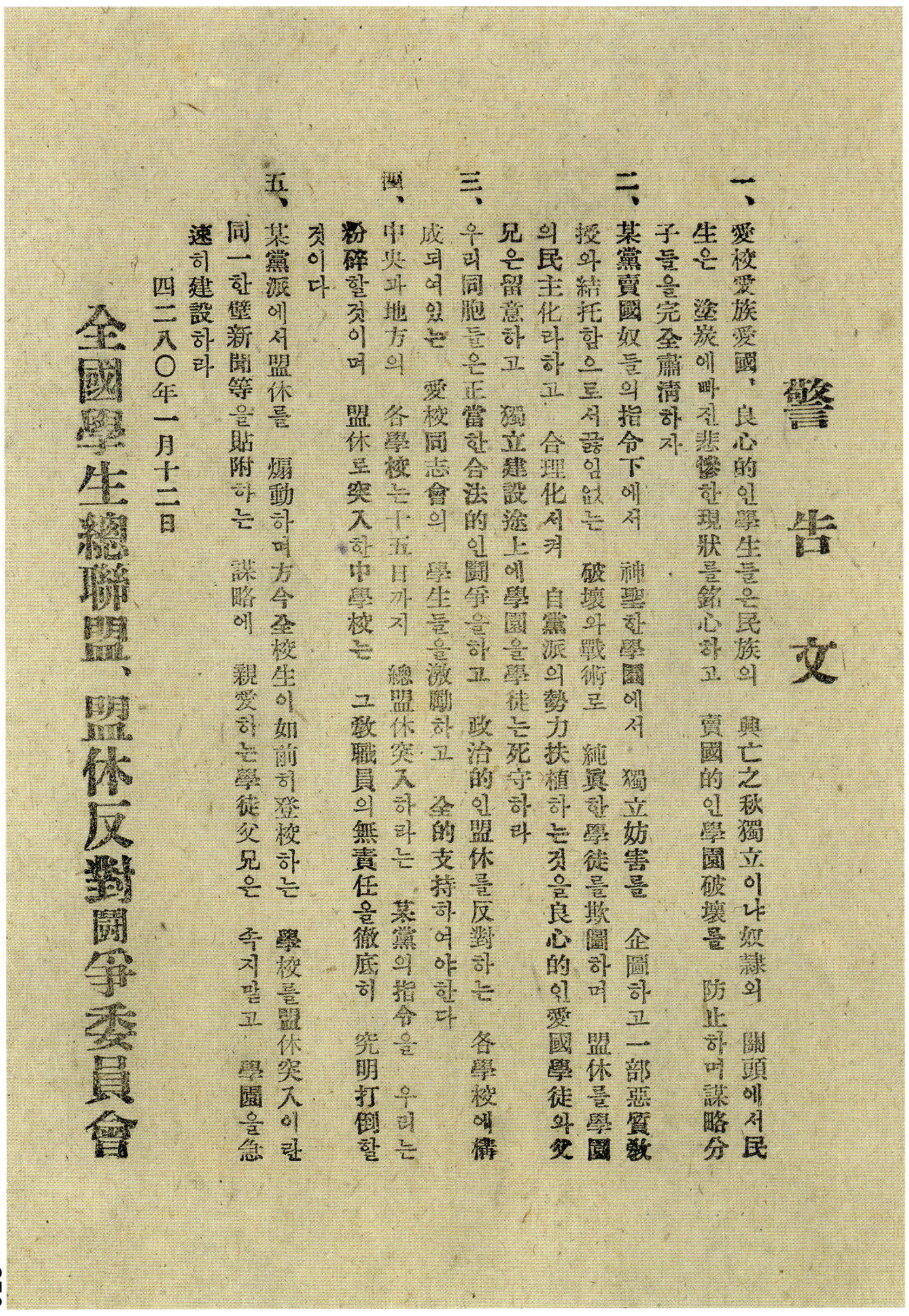

警告文

全國學生總聯盟, 盟休反對鬪爭委員會

四二八〇年一月十二日

근대서지총서2 그림 370

국립서울대학교건설학생회 〈전국 남녀 학생에게 격함!!〉

國大案 반대!의 旗旆을 높여 들고 학원에 선풍을 일으킨 제군!
우리 조국 교육계를 우려하는 열정에 불타는 제군의 그 지나친 투지는 과연 용감하도다. 그러나 이제 우리는 과거를 돌아보고 조국의 현실을 문화 총 면에서 냉철히 투시합시다. 우리의 무기는 오로지 학원을 버리고 파괴하는 盟休가 아닙니다. 우리는 명일의 조국의 주인공이라는 것을 자각하고 묵묵히 펜을 들고 학원에 들어앉아 배우며 우리들의 요구를 합법적으로 건의하는 것이 건설적이요, 조국 재건에 남은 최선의 길입니다.
우리는 좀 더 이지적으로 맹휴 요구 조항을 비판해 봅시다.
거기에 흐르는 주류 의도는 「조선 사람의 조선」, 「조선 학생의 학원」을 건설함이 궁극의 목표이요, 목적일 것입니다. 그렇다면 여러분의 맹휴를 지도하는 某 학생은 공공연하게 「우리들은 국제적으로 소련의 발언권을 강화하기 위하여 절대적으로 맹휴를 단행해야 한다.」고 폭언한 사실을 어떻게 생각하십니까? 이런 언사를 들을 때 우리들은 민족적인 의분을 아니 느낄 수 없습니다. 여러 학우들이여! 조선 사회의 현 정세는 불행히도 우리의 의도와는 상반 역행하고 있는 것을 잘 알 것입니다. 외력 침입이 이를 때마다 호시탐탐 노리고 있는 것을 우리의 역사를 되풀어 보면 비참한 유혈의 교훈을 묵시하고 있지 않습니까? 파괴적인 반동분자의 과장된 선전 모략에 속지 말고 하루 속히 그리운 학원! 주인을 기다리고 잠자는 학원으로 돌아갑시다. 순진한 학생의 양심으로 재소합니다.
친애하는 학우 제군! 제군들의 그 의도가 결코 그릇된 것이 아니요, 그 중에는 민족적인 양심으로 당연히 부르짖은 것도 있습니다만 악질 불량 학생들은 맹휴 자체가 온상이 되어 각 영화관, 주장에 아침부터 침입하여 학생의 본분을 잃고 향락에 빠진 자, 그 얼마인가? 명시합시다. 극악한 모략과 그네들의 비행을!
우리들은 우리들의 요구를 관철하는 유일한 무기, 조국문화 재건을 촉진, 확립하는 최후의 일은 학원에 들어가 배우며 요구하는 것뿐입니다.
친애하는 제군! 某 외력 의존에 인한 이런 혼란한 사태는 도리어 외력 침입의 절호기임을 간파하시어 씩씩한 조선의 학도, 문화 건설의 역군이 됩시다. 학원의 맹휴는 현세기 문화면에서의 퇴진이요, 필연적인 역사 진행에서의 낙오이며 자멸입니다.
가장 순진하고 가장 진보적이요, 건설적인 학도 제군!
우리들은 맹휴 선동자들의 극악한 모략과 비행을 전 학도들의 이름으로 분쇄합시다!
아는 것이 힘! 이것은 진리입니다. 오—직 우리들은 배워야 합니다.
모—든 간난과 장해물을 제외하고 배웁시다.
씩씩한 조선에 학도들이여! 씩씩하게 보조를 같이 하여 학원으로 갑시다. 힘껏 배웁시다!
모여라! 나아가라! 건설 학생회의 깃발을 높이 들고!
국립서울대학교건설학생회만세!!
파괴적맹휴분쇄만세!!

전국학생총연맹, 맹휴반대투쟁위원회 〈경고문〉 1947.1.12

一. 愛校愛族愛國, 양심적인 학생들은 민족의 흥망지추 독립이냐 노예의 關頭에서 민생은 도탄에 빠진 비참한 현상을 명심하고 매국적인 학원 파괴를 방지하며 모략분자들을 완전 숙청하자.
二. 某 당 매국노들의 지령하에서, 신성한 학원에서, 독립 방해를 지도하고 일부 악질 교수와 결탁함으로서 끊임없는 파괴와 전술로 순진한 학도를 欺圖하며 맹휴를 학원의 민주화라 하고 합리화시켜 自당파의 세력 부식하는 것을 양심적인 애국 학도와 부형은 유의하고 독립 건설 도상의 학원을 학도는 사수하라.
三. 우리 동포들은 정당한 합법적인 투쟁을 하고 정치적인 맹휴를 반대하는 각 학교에 구성되어 있는 애교 동지회의 학생들을 격려하고 전적 지지하여야 한다.
四. 중앙과 지방의 각 학교는 15일까지 총 맹휴 돌입하라는 某 당의 지령을 우리는 분쇄할 것이며 맹휴로 돌입한 중학교는 그 교직원의 무책임을 철저히 구명, 타도할 것이다.
五. 某 당파에서 맹휴를 선동하며 방금 전교생이 여전히 등교하는 학교를 맹휴 돌입이란 동일한 벽신문 등을 첩부하는 모략에 친애하는 학도 부형은 속지 말고 학원을 급속히 건설하라.

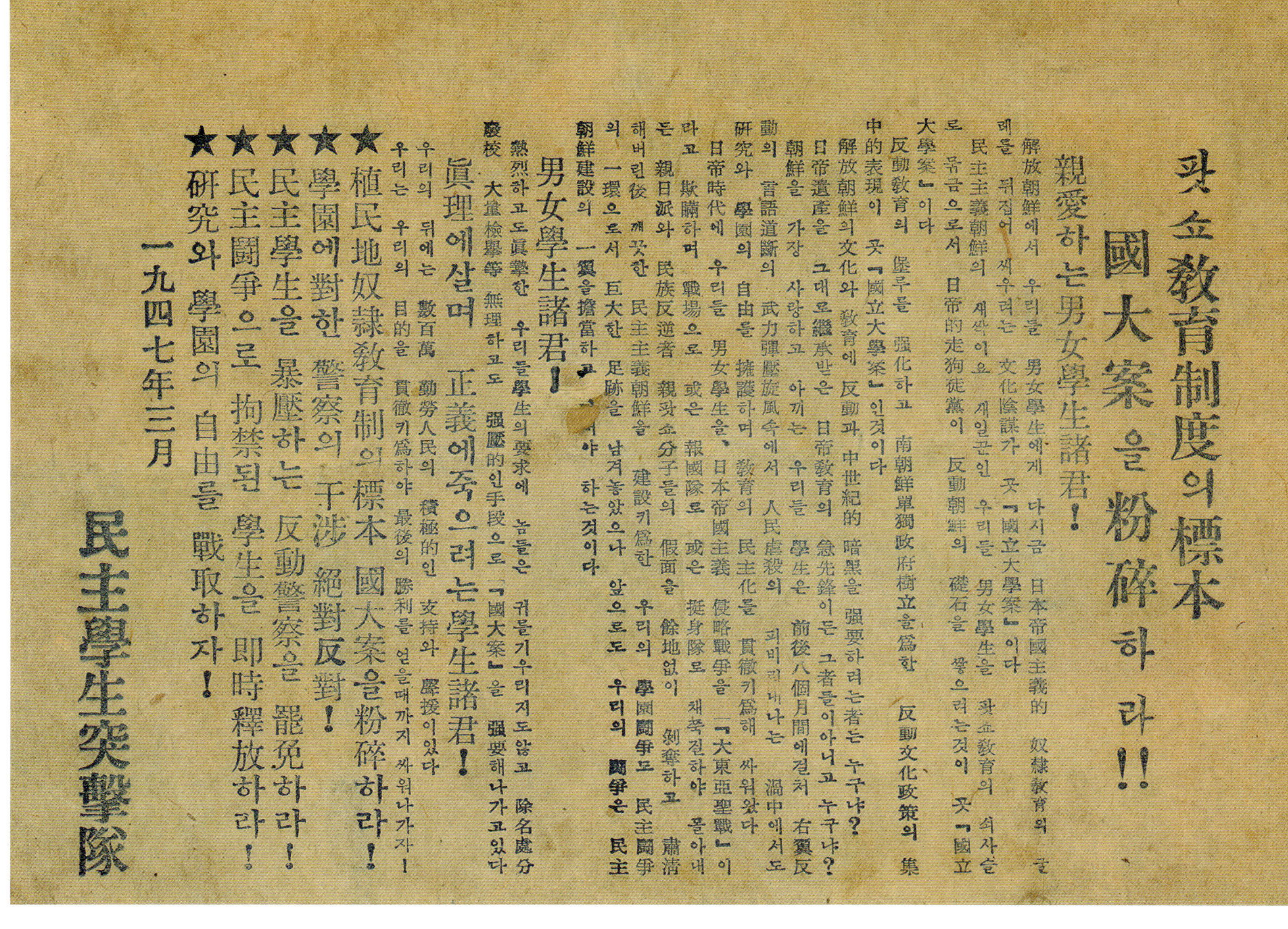

팟쇼 敎育制度의 標本 國大案을 粉碎하라!!
親愛하는 男女學生諸君!

★ 植民地奴隷敎育制度의 標本 國大案을 粉碎하라!
★ 學園에 對한 警察의 干涉 絶對反對!
★ 民主學生을 暴壓하는 反動警察을 罷免하라!
★ 民主鬪爭으로 拘禁된 學生을 卽時 釋放하라!
★ 硏究와 學園의 自由를 戰取하자!

一九四七年 三月
民主學生突擊隊

민주학생돌격대 〈파쇼 교육제도의 표본 국대안을 분쇄하라!!〉 1947.3

해방조선에서 우리들 남녀학생에게 다시금 일본제국주의적 노예교관의 굴레를 뒤집어씌우려는 문화음모가 곧 「국립대학안」이다. 민주주의 조선의 새싹이요 새 일꾼인 우리들 남녀 학생을 파쇼 교육의 쇠사슬로 묶음으로써 日帝的 주구도당이 반동 조선의 초석을 쌓으려는 것이 곧 「국립대학안」이다.

반동 교육의 보루를 강화하고 남조선 단독정부 수립을 위한 반동 문화정책의 집중적 표현이 곧 「국립대학안」인 것이다.

해방조선의 문화와 교육에 반동과 중세기적 암흑을 강요하려는 자는 누구냐?

일제 유산을 그대로 계승받은 일제 교육의 급선봉이던 그 자들이 아니고 누구냐?

조선을 가장 사랑하고 아끼는 우리들 학생은 전후 8개월간에 걸처 우익반동의 언어도단의 무력탄압선풍 속에서 인민 학살의 피비린내 나는 와중에서도 연구와 학원의 자유를 옹호하며 교육의 민주화를 관철키 위해 싸워왔다.

일제시대에 우리들 남녀학생을, 일본제국주의 침략전쟁을 「대동아성전」이라고 기만하며 전장으로 혹은 보국대로 혹은 정신대로 채찍질하여 몰아내던 친일파와 민족반역자 친팟쇼분자들의 가면을 여지없이 박탈하고 숙청해버린 후 깨끗한 민주주의 조선을 건설키 위한 우리의 학원 투쟁도 민주 투쟁의 일환으로서 거대한 족적을 남겨놓았으나 앞으로도 우리의 투쟁은 민주 조선 건설의 일익을 담당하고 ○서야 하는 것이다.

남녀학생제군!

열렬하고도 진지한 우리들 학생의 요구에 놈들은 귀를 기울이지도 않고 제명처분 폐교 대량검거 등 무리하고도 강압적인 수단으로 「국대안」을 강요해나가고 있다.

진리에 살며 정의에 죽으려는 학생제군!

우리의 뒤에는 수백만 근로인민의 적극적인 지지와 성원이 있다.

우리는 우리의 목적을 관철키 위하여 최후의 승리를 얻을 때까지 싸워나가자!

★식민지노예교육제의 표본 국대안을 분쇄하라!
★학원에 대한 경찰의 간섭 절대 반대!
★민주 학생을 폭압하는 반동경찰을 파면하라!
★민주 투쟁으로 구금된 학생을 즉시 석방하라!
★연구와 학원의 자유를 전취하자!

愛國反託學生들이
聖血을 뿌린
一月十八日은 또다시 오다

當時의 猛虎는 아직도 健在하다
愛國市民들!
愛國學生들!
恒常 그대들의 先頭에 있는
젊은 勇士들을 믿으라!!
贊託賣國奴들을
正義의 힘으로 打倒하라!!
賣收當한 놈들쯤이야
그 무엇이랴!!

西紀 一九四七年 一月十八日

全國學生總聯盟

모히라!
愛國學生들!!
一月十八日下午二時 天道敎大講堂으로!!

僧託統治絕對反對
三十八度線即時撤廢
美蘇兩軍即時撤廢

聲討文

一、 去年十一月二十六日 附北朝鮮蘇軍駐屯司令官치스타아코프 大將과
十二月二十四日附南朝鮮美軍駐屯司令官하ー지中將의 交換書翰內容
은 大韓民族의 抹殺을 意味하는 것이니 우리百萬學徒는 決死反對한다

二、 一九四五年十二月三十日하ー지中將의 全國放送及美國務長官放送에
三相協定에 對한 解釋과 一九四六年四月二十七日하ー지中將과 아ー
놀드將軍이 共委第五號聲明宣言書署名에는 贊託反託의 言質이 없
다는 聲明과 第二次美蘇共委決裂時의 하ー지 中將이 世界에 聲明한
韓國獨立에 對한 誠意는 今般書翰으로써 그矛盾과 韓人欺瞞의 美式
政策이 暴露되었다

三、 우리는 三相會議의 全的支持라하야 美蘇式去勢的欺瞞政權보다反託自
主統一政權이 三千萬同胞의 當然한絕對的인要求이다

四、 韓民族의 正當한意思表示自由를 無視하는 美蘇共委라면 人類平和建
設을 破壞하는것이니 어느政黨社會團体라도 그와協議에 參加하는政
黨及個人은 過去의一進會李完用以上의 賣國奴로 規定하야 우리
는 完全打倒를 企圖할것이다

전국학생총연맹 〈애국 반탁 학생들이 聖血을 뿌린 1월 18일은 또 다시 오다〉 1947.1.18

당시의 맹호는 아직도 건재하다.
애국 시민들! 애국 학생들!
항상 그대들의 선두에 있는 젊은 용사들을 믿어라!!
찬탁 매국노들을 정의의 힘으로 타도하라!!
매수당한 놈들 쯤이야 그 무엇이랴!!
서기 1947년 1월 18일
전국 학생 총연맹
모여라! 애국 학생들!!
1월 18일 오후 두 시 천도교 대강당으로!!
신탁통치 절대 반대
38도선 즉시 철폐
미소 양군 즉시 철폐

성토문
一. 지난해 11월 26일부 북조선 蘇軍 주둔 사령관 치스타아코프 대장과 12월 24일 부 남조선 美軍 주둔 사령관 하ー지 중장의 교환 서한 내용은 대한민국의 말살을 의미하는 것이니 우리 백만 학도는 결사반대한다.

二. 1945년 12월 30일 하ー지 중장의 전국 방송 및 美 국무장관 방송에 삼상협정에 대한 해석과 1946년 4월 27일 하ー지 중장과 아ー놀드 장군이 공위 제5호 성명 선언서 서명에는 찬탁, 반탁의 언질이 없다는 성명과 제2차 미소 공위 결렬시의 하ー지 중장이 세계에 성명한 한국 독립에 대한 성의는 이번 서한으로써 그 모순과 한인 기만의 美式 정책이 폭로되었다.

三. 우리는 삼상 회의의 전적 지지라 하여 美蘇式 거세적 기만 정권보다 반탁 자주 통일이 삼천만 동포의 당연한 절대적인 요구이다.

四. 한민족의 정당한 의사표시 자유를 무시하는 미소 공위라면 인류 평화 건설을 파괴하는 것이니 어느 정당 사회단체라도 그와 협의에 참가하는 정당 및 개인은 과거의 일진회 이완용 이하의 매국노로 규정하여 우리는 완전 타도를 기도할 것이다.

한국학생동맹총본부 〈하지 중장에 대한 백만 학도의 결의〉
1947.1.15

언론 사상의 자유와 기본적 인권을 존중함은 국제헌장에 명기된 것을 우리는 잘 알고 있다.
한국의 주권을 요구함도 우리 민족의 정당한 자유이며 권리이다. 그리고 국제 정의의 합리한 진리이다.
이번 소련 측 대표에게 회송한 하-지 중장의 서신 내용은 실로 하-지 중장의 무지를 폭로하는 것이며 우리 백만 학도로 하여금 과대한 착오라고 인정케 하는 것이다.
공위 제5호 성명 당시의 하-지 중장의 태도와 이번 서한에 관한 태도와는 너무나 상반된다.
우리 민족에게 탁치를 强與하려 함도 연합국의 자유일지는 모르나 우리가 탁치를 결사반대함도 한국 백만 학도의 정당한 권리이며 자유이며 국제 공도에 상반됨이 아닐 것이다.
각하에게 요구하노니 이번 회신과 같이 금후 고집을 取하다면 우리 민족과 더불어 백만 학도는 제2세의 『링컨』을 요구하는 동시에 각하의 퇴관을 서슴지 않고 주장할 것이다.

하-지中將에 對한 百萬學徒의 決議
言論思想의 自由外基本的 人權을 尊重함은 國際憲章에 明記된 것을우리는 잘알고 있다.
韓國의 主權을 要求함도 우리民族의 正當한 自由이며 權利이다. 그리고 國際正義의 合理한 眞理이다.
今般蘇聯側代表에게 回送한 하-지中將의 書信內容은 實로 하-지中將의 無智를 暴露하는 것이며 우리 百萬學徒로 하여금 今過大한 錯誤이라고 認定케 하는 것이다.
公委第五號聲明當時의 하-지中將의 態度와 今般書翰에 對한 態度와는 너무나 相反된다.
우리民族에게 託治을 强與하려함도 聯合國의 自由일지는 모르나 우리가 託治를 決死反對함도 韓國百萬學徒의 正當한 權利이며 自由이며 國際公道에 相反됨이 안일것이다.
閣下에게 要求하노니 今般回信과 같이 今後固執을 取한다면 우리民族과더부러 百萬學徒는 第二世의『링컨』을 要求하는同時에 閣下의 退官을 서슴지않고 主張할것이다.
檀紀四二八〇年一月十五日
韓國學生同盟總本部

조선건국청년회 〈3·1절을 기념하자!〉 1947.2.25

인민의 적 「조선인민공화국」의 반역을 타도한 후, 지하로 잠입하였던 우리들은 다시 중앙으로 집결한다.
아아, 장엄하도다. 민족의 자유를 광복하려 선열들의 붉은 피로 물들인 기미년 3월 1일!
아아, 통쾌하도다. 倭帝의 압박을 항거하고 봉기한 씨족 혁명의 날, 기미년 3월 1일!
청년 조선의 끓는 피를 고동하는 비극적 감격의 날, 3월 1일은 다시 왔도다. 암흑적 투쟁의 1년간을 통하여 우리들의 맹렬한 지하 활동에도 불구하고 독립은 멀어만 가고 삼천만의 민생은 빈사의 임하고 사이비 독립운동자들의 극소수 분자들은 극좌와 극우로 분열하여 감정적 파괴 알력을 계속하고 있도다. 대중과 함께 살고 대중을 위하여 싸우는 우리는 다시 死의 결의도 굳게 민족의 날, 삼일절을 기념하련다. 우리들의 행동은 확고한 이념 위에 계획되는 일사불란의 명령계통에서만 死線 위에 전개되나니 삼천만 대중이여, 뜻 깊은 삼일절에 당하여 모든 불순을 정리하고 다시 함께 통일을 완성하자. 대중의 급선봉 조선건국청년회 만세!
민족의 정화 조선청년당 만세!

·三·一節을 紀念하자!
人民의 敵 「朝鮮人民共和國」의 反逆을 打倒한後 地下로 潜入하였든 우리들은 다시中央으로 集結한다
아아 壯嚴하도다 民族의 自由를 光復하려 先烈들의 붉은피로 몰드린 己未年三月一日!
아아 痛快하도다 倭帝의 壓迫을 抗拒하고 蜂起한 民族革命의날 己未年三月一日!
靑年朝鮮의 끓는피를 鼓動하는 悲劇的感激의날 三月一日은 다시왔도, 暗黑的鬪爭의一年間을通하야 우리들의 猛烈한 地下活動에도 不拘하고 獨立은 멀어만가고 三千萬의民生은 瀕死의臨하고 似而非獨立運動
者들의極少數分子들은 極左와 極右로 分裂하야 感情的破壞軋轢을 繼續하고있도다 大衆과함께살고 大衆을爲하야 싸우는 우리들은 다시 死의決意도굳게 民族의날 三·一節을紀念하련다 우리들의行動은 確固한理念우에 計劃되는 一絲不亂의命令系統에서만 死線우에展開되나니
三千萬大衆이여 뜻깊은 三·一節에當하여 모든 不純을整理하고 다시 함께 統一을完成하자 大衆의急先鋒 朝鮮建國靑年會萬歲!
民族의精華 朝鮮靑年黨萬歲!
檀紀四二八〇年二月二十五日
朝鮮建國靑年會

이렇게 三一運動을 紀念하자!

民主主義民族戰線

민주주의민족전선 〈이렇게 3·1운동을 기념하자!〉
1947.2

친애하는 조선인민들!

3월 1일은 우리가 회상하기에도 가슴이 뛰고 피가 용솟음치는 삼일운동의 28주년 기념일입니다. 일제의 삼엄한 총칼 밑에서 반일투쟁의 깃발을 높이 들고 쓰러지는 동포들의 시체를 발판 삼아 과감하게 싸운 삼일투쟁이야말로 우리 민족 해방 투쟁의 거대한 금자탑이며 그 뒤에 계승되는 모—든 해방 투쟁의 진원이 된 것입니다. 일제의 잔인한 식민지 정책은 조선 민족의 경제생활을 여지없는 빈궁으로 몰아넣었으며 정치적 자유를 극도로 유린하였으며 문화적으로 암흑세계에 살게 하였던 것이니 여기서 반발되는 우리의 민족적 분노는 화화산같이 걷잡을 수 없는 것입니다. 그리하여 그 무서운 무단정치 밑에서 수백만의 인민이 동원되었으며 수만의 투옥과 수천 살상을 내면서 半개년에 亘한 집요한 투쟁을 전개해온 것입니다.

친애하는 조선인민들!

그러나 여기서 우리가 명심해야할 것이 있습니다. 그것을 삼일운동이 어디까지나 노동자, 농민, 학생, 소시민 등, 근로인민의 피의 기록이요, 일부 반동이 선전하는 바와 같이 지주, 대자본가 등을 배경으로 한, 이른바 「민족지사」류의 공로에 속함이 아니라는 것을! 당시 지도부를 형성하였던 이들 민족지사는 적 앞에 한없이 탁겁하였으며 반일 투쟁을 지도할 역량과 계획성이 결여하였습니다. 그러므로 그들은 독립선언문 한 가지를 만들어서 군중에게 내맡기고는 자진하여 유치장에 들어가 목숨의 안전을 도모하였던 것입니다. 그 뒤, 이들 대부분이 일제의 위협과 회유에 못이기는 척 민족적 양심을 헌신짝처럼 버리고 친일파로 전락된 것은 그들의 비겁성에서 유래된 것입니다. 오늘 그들이 우리 앞에 민족 반도로 나타나서 온갖 민족적 죄과를 가중하고 있음을 우리는 목도하고 있지 않습니까! 그러나 조선의 근로인민들은 결코 비겁하지 않고 맹수무쌍했습니다. 소위 「민족지사」로서 일어섰던 지도부대 가 自屈한 뒤에는 근로인민은 일제를 驅逐하려는 불타는 투지로서 적의 총칼 앞에 맹렬히 대들어 끝까지 싸운 것입니다.

친애하는 조선인민들!

삼일투쟁에서 점화된 반일운동은 그 뒤 지주, 자본가, 민족지사 류가 일제의 주구로 전락되었음에 불구하고 근로인민과 그들의 지도자에 의해서 계승되어 왔습니다. 혹은 파업, 쟁의, 시위 등으로 혹은 지하공작 등으로 그 무서운 탄압과 투옥, 학살 등을 넘어서 반일 투쟁의 위대한 전통을 살려온 것이니 오늘의 민주 진영이 이 삼일투쟁의 위대한 반일 투쟁의 전통을 계승해서 이루어졌음은 두말할 것도 없습니다.

조선의 근로인민은 조국의 민주독립을 위해서는 어떤 적과도 싸워왔습니다. 그런데 이제 우리 민족의 앞에는 새로운 적이 나타났습니다. 그것은 외래 독점자본의 후원에 의해서 준동하는 민족 내부의 적, 즉 친일파 등 민족반역도입니다. 이제 조선의 민주독립은 삼상결정에 의하여 국제적으로 보장되어 있습니다. 이 삼상결정만이 온갖 일제 잔재를 숙청하고 새로운 외래제국주의의 침략을 방어하면서 조선의 자주독립을 성취시켜줄 유일한 옳은 노선입니다. 그러나 이러한 조국의 민주독립은 온갖 민족반도에게는 참으로 두려운 사실입니다. 그것은 인민의 정부가 그들에게 내릴 처단을 두려워하는 까닭입니다. 그래서 그들은 삼상결정을 破潰하려고 갖은 모략과 반동행위를 감행하고 있습니다. 10월 인민 항쟁은 이러한 민주독립을 방해하는 반동에 대한 근로인민의 항거였습니다. 이것이 삼일투쟁의 전통에서 기인한 민족 해방 투쟁임은 두말할 것도 없습니다.

친애하는 조선인민들!

삼일운동의 계승자인 우리 민주 진영은 조국의 자주독립과 민주 건설을 위해서는 어떤 적과도 싸우기를 사양치 않습니다. 오늘 조국의 자주독립과 민주 건설은 오직 삼상결정의 충실한 실천에 의해서만 실현될 수 있습니다. 우리는 「반탁」을 가장하면서 조국의 독립을 방해하는 저— 민족반도의 온갖 모략과 반동행위를 여지없이 분쇄하고 삼상결정을 전 인민으로 하여금 총체적으로 지지하게 해야 할 것입니다. 이것만이 조국의 민주독립을 달성하는 유일한 길입니다.

그리고 우리 民戰에서는 이번 지방 선거에 대한 행동 강령을 발표하고 그 실천운동을 전개하고 있습니다. 지방 정권이 참으로의 인민의 대표들에 의해서 운영될 때 비로소 삼상결정에 의한 남북통일의 민주정부는 수립될 것이며 따라서 우리 조국은 인민의 복리를 옹호하는 인민의 나라가 될 것입니다. 지방 선거에 있어 우리 민전 의 주장은 조선을 참으로 인민의 나라, 민주국가를 만들려는 것입니다. 우리 인민 대중은 다— 같이 민전의 지방 선거에 대한 행동 강령을 지지하여 그 실천에 매진해야 할 것입니다. 이것만이 조국의 자주독립과 민주 건설의 유일 정당한 길입니다.

一. 삼일투쟁의 계승자는 근로인민이다. 조선 근로인민 만세!

一. 삼일투쟁 이후 혁명적, 역사적, 결정체이요, 조선 인민의 위대한 정치적 창안에서 탄생된 인민위원회에 정권을 넘기라!

一. 삼상결정은 조선의 자주독립과 민주 건설의 유일한 노선이다. 전 인민은 이것을 총체적으로 지지하여 그 충실한 실천을 요구하자!

二. 민전의 지방 선거에 대한 강령 및 규약은 일제 지배기구를 청산하고 참으로의 민주국가를 건설하려는 조선 인민의 요구를 완전히 반영한 것이다. 전 인민은 이것의 실천을 위해서 총궐기하자!

건국학생연맹중앙본부 〈동포여 상기하라 기미 3·1운동의 민족정신〉 1947.2.28

민족 해방의 역사적 血鬪史
우리는 이 정신에서 살고 이 정신에서 죽을 것이다. 이것이 민족 자손이 지킬 영광일 것이다.
살아서 또다시 노예를 원치 말고 죽음으로써 민족과 국가에 광명을 주자. 이것이 우리 민족의 영원한 생명이다.
전 민족 결의에서 자주독립은 있을 것이다.
동포여 명심하시라.
赤狗 그들은 그들의 모국으로 赤手赤返하라. 이것은 단군의 자손으로 혈통을 지키는 건학의 鐵意이다.
一. 미소 양군 동시 철퇴 즉시 요구
一. 탁치 절대 배격

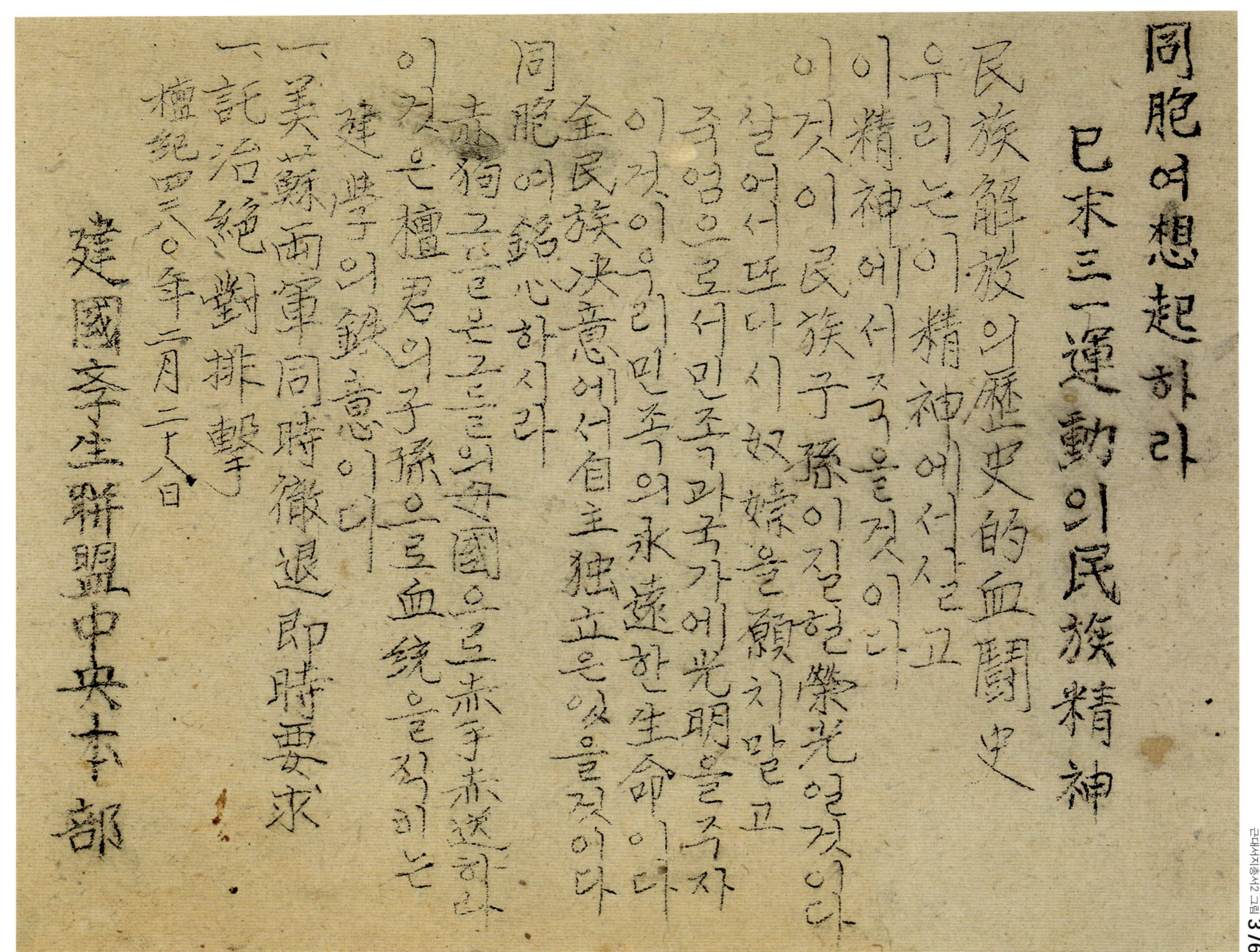

근대서지총서2 그림 **376**

〈동포에게 고함!! 모여라, 3·1 기념장 서울운동장으로〉
1947.2

삼천만 동포여! 삼일성절은 이제 28회째며 해방 이후론 벌써 두 번째입니다. 그러나 우리의 독립은 아직도 못 되었습니다. 민족의 자유는 인간의 생명이요, 조국의 독립은 우리의 생존 문제입니다. 과거의 조상과 현재의 우리와 또 미래의 자손들을 위하여 우리는 목숨을 버리고 獨立戰에 나갑시다!
이백만 학도들이여! 민족의 자유는 절대가치요, 국가의 독립은 최고 진리다. 이 자유와 진리를 떠나 그대들은 무엇을 배우며 무엇을 행하려는가? 모여라, 뭉쳐라, 신성한 독립의 깃발 밑으로!
계급주의에 헤매는 조선의 남녀들이여! 계급은 민족 안에 있는 일부분이다. 민족 전체 이익이 없이는 계급 이익이 있을 수 없다. 민족은 계급보다 더 크고도 중하다. 계급의 분열주의를 던져버리고 민족의 통일주의와 조국의 독립주의로 가게 하자!

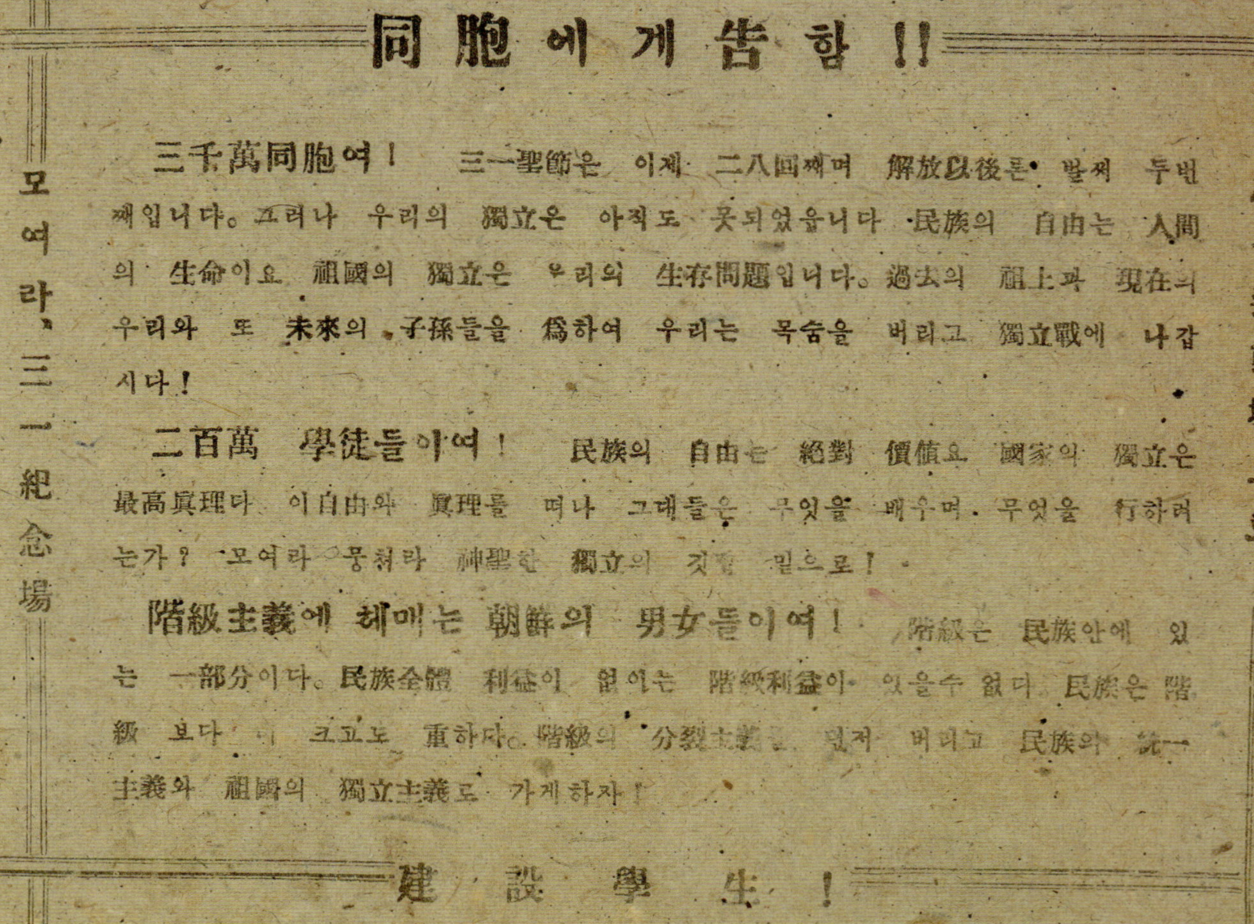

근대서지총서2 그림 **377**

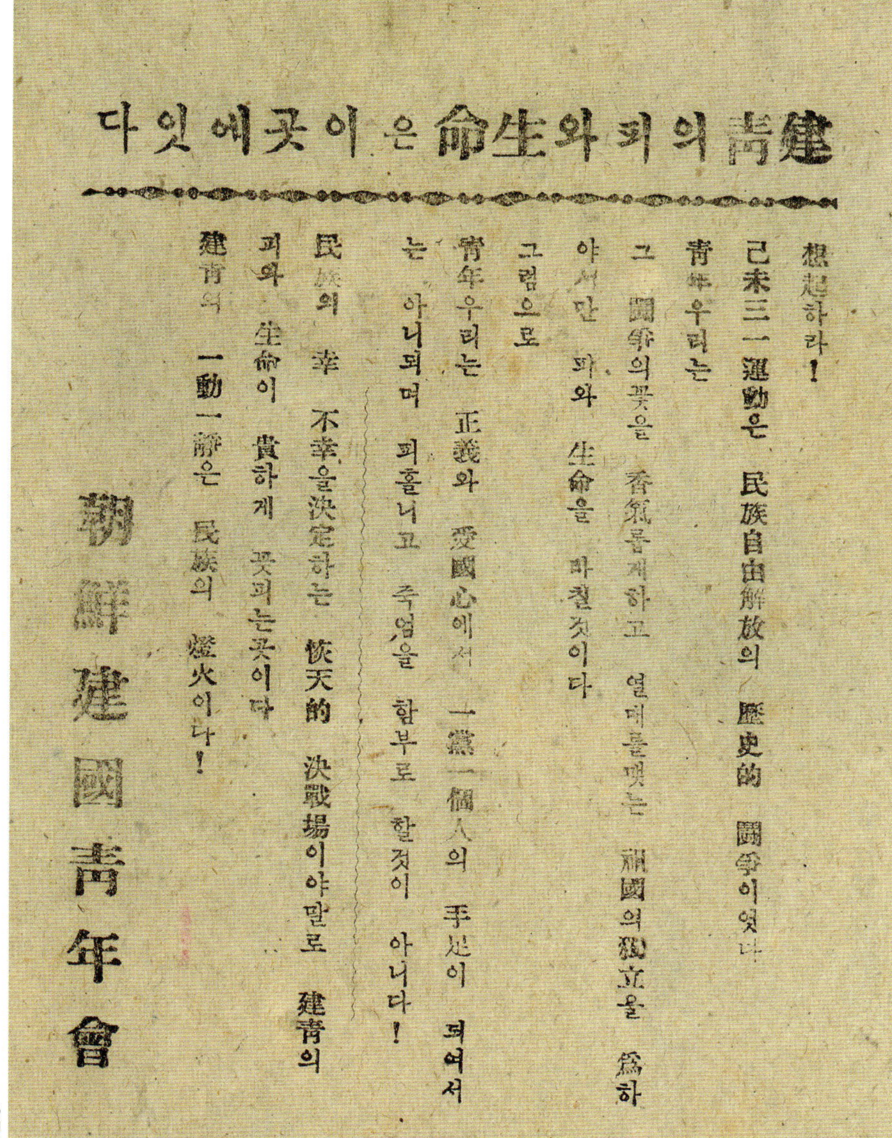

조선건국청년회 〈건청의 피와 생명은 이곳에 있다〉

상기하라!
기미 삼일운동은 민족 자유해방의 역사적 투쟁이었다.
청년, 우리는 그 투쟁의 꽃을 향기롭게 하고 열매를 맺는 조국의 독립을 위하여서만 피와 생명을 바칠 것이다.
그러므로 청년 우리는 정의와 애국심에서 일당, 일개인의 수족이 되어서는 아니 되며 피 흘리고 죽음을 함부로 할 것이 아니다!
민족의 幸, 不幸을 결정하는 恢天的 결전장이야말로 건청의 피와 생명이 귀하게 꽃 피는 곳이다.
건청의 一動一靜은 민족의 등불이다!

기미독립선언기념전국대회준비회 〈기미독립선언기념전국대회는 서울운동장에서—3월 1일 오전 11시〉
1947.2.28

3월 1일은 조선독립선언기념일이다. 삼천만 민중은 이 국경일을 축복하기 위하여 가가호호에 국기를 달고 행사를 진행하여라. 서울 120만 시민은 서울운동장에 모여라. 남녀노소를 물론하고 다 동원하라.

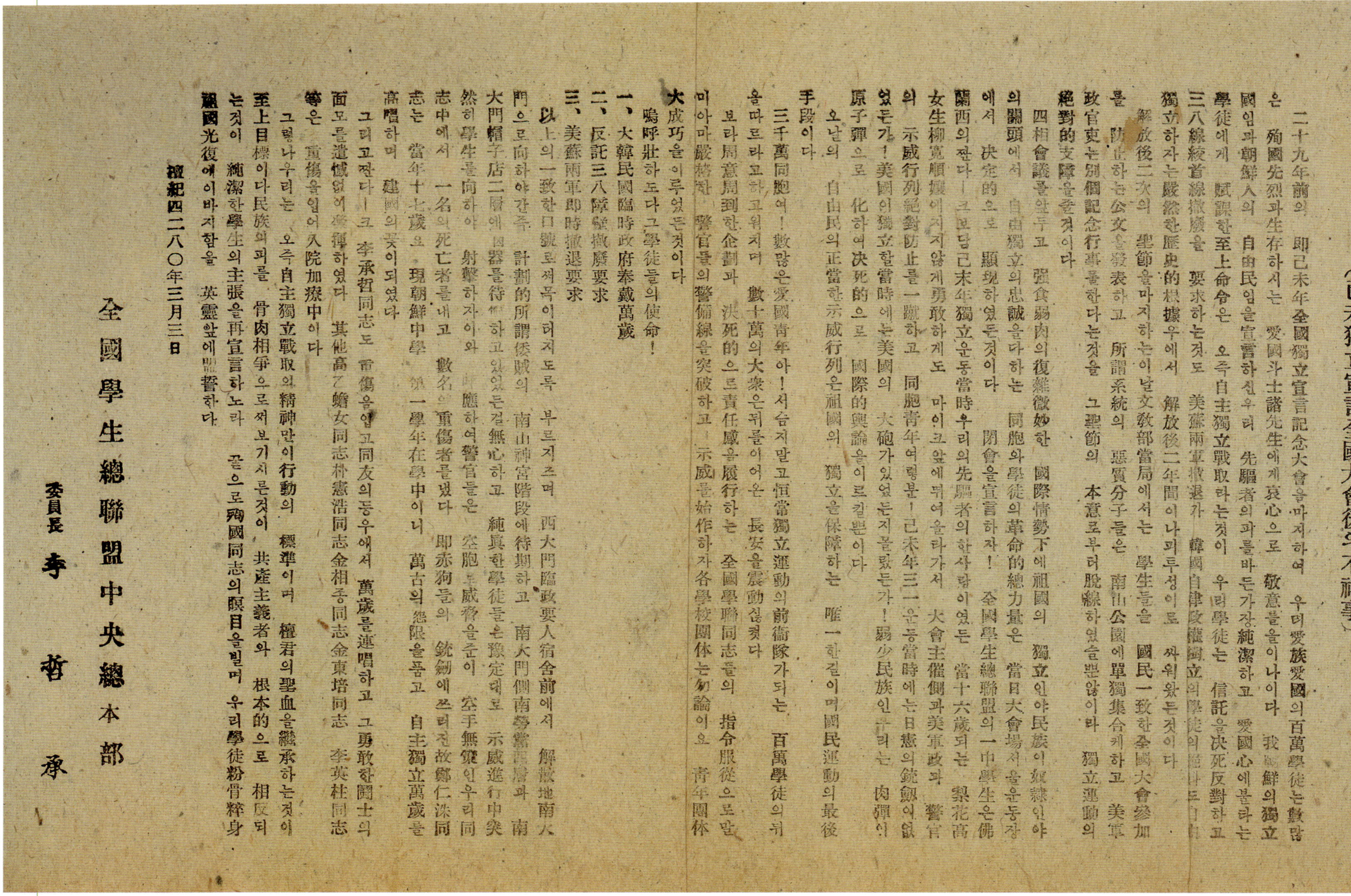

檀紀四二八〇年三月三日

全國學生總聯盟中央總本部

委員長 李 哲 源

전국학생총연맹 중앙총본부 〈악독한 赤狗들의 흉탄에 희생된 학도들의 진상을 보라—기미독립선언기념전국대회 후의 불상사〉 1947.3.3

백만 학도의 결의문
一. 미소 양군은 철퇴하고 대한민국의 정권 수립을 즉시 승인하라.
二. 학생의 기미년 독립선언 기념대회 참가를 방지하고 순결한 학생의 독립 정신을 무시한 미군정하의 문교부 책임자는 양심적 사직을 하라.
三. 南勞黨, 民靑, 全評의 행사를 암암리에 묵인하고 민주주의의 미명하에 白晝 赤狗의 테러를 근절 못하고 골육상쟁을 시키는 미군정 관리를 파면하라.
四. 순결무구한 학생을 살해한 남로당, 민청, 전평 등을 즉시 해체시키라.
五. 순국 동지의 학생연합장 시까지 이에 대하여 당국자는 회답하라. 이상의 5약은 우리 백만 학도가 최후의 일인까지 공동 투쟁으로 그의 실행을 볼 때까지 싸울 것을 연합국 원수 군정 당국자 각 부모 형들께 정확한 결의로서 건의함.

29년 전의 즉, 기미년 전국 독립선언 기념대회를 맞이하여 우리 愛族愛國의 백만 학도는 수많은 순국선열과 생존하시는 애국투사 諸 선생에게 충심으로 경의를 드리나이다. 우리 조선의 독립국임과 조선인의 자주민임을 선언하신 우리 선구자의 피를 받은 가장 순결하고 애국심에 불타는 학도에게 부과한 지상명령은 오직 자주독립 전취라는 것이 우리 학도는 신탁을 결사반대하고 38선, 絞首線 철폐를 요구하는 것도 미소 양군 철퇴가 한국 자율정권 수립의 학도의 절규도 자유독립하자는 엄연한 역사적 근거 위에서 해방 후 2년간이나 피투성이로 싸워왔던 것이다.

해방 후 2차의 성절을 맞이하는 이날, 문교부 당국에서는 학생들을 국민 일치한 전국대회 참가를 방지하는 공문을 발표하고 소위 계통의 악질분자들은 남산공원에 단독 집합케 하고 미군정 관리는 별개 기념행사를 한다는 것을 그 성절의 본의로부터 탈선하였을 뿐 아니라 독립운동에 절대적 지장을 줄 것이다.

四相 회의를 앞두고 강식약육의 복잡미묘한 국제 정세하에 조국의 독립이냐 민족이 노예이냐의 문제에서 자유독립의 충성을 다하는 동포와 학도의 혁명적 총역량은 당일 대회장 서울운동장에서 결정적으로 현현하였던 것이다. 개회를 선언하자! 전국학생총연맹의 한 중학생은 프랑스의 잔 다르크보다 기미년 독립운동 당시 우리의 선구자의 한 사람이었던 당시 16세 되는 이화고여생 유관순에 지지 않게 용감하게도 마이크 앞에 뛰어 올라가서 대회 주최 측과 경관의 시위 행렬 절대 방지를 일축하고 동포 청년 여러분! 기미년 삼일운동 당시에는 日憲의 총검이 없었던가! 미국이 독립할 당시에는 미국의 대표가 있었는지 몰랐던가! 약소민족인 우리는 肉彈이 원자탄으로 화하여 결사적으로 국제적 여론을 일

으킬 뿐이다.

오늘의 자유민의 정당한 시위 행렬은 조국의 독립을 보장하는 유일한 길이며 국민운동의 최후 수단이다.

삼천만 동포여! 수많은 애국청년아! 서슴지 말고 항상 독립운동의 전위대가 되는 백만 학도의 뒤를 따르라고 하고 외치며 수십만의 대중은 뒤를 이어온 장안을 진동시켰다.

보라 주의주단한 기획과 결사적으로 책임감을 이행하는 전국학연 동지들의 지령 복종으로 말미암아 엄격한 경관들의 경비선을 돌파하고 시위를 시작하자. 각 학교 단체는 물론이요, 청년 단체 대성공을 이루었던 것이다.

오호 장하도다. 그 학도들의 사명!
一. 대한민국 임시정부 奉戴 만세
二. 반탁 삼팔장벽 철폐 요구
三. 미소 양군 즉시 철퇴 요구

이상의 일치한 구호로써 목이 터지도록 부르짖으며 서대문 임정 요인 숙사 앞에서 해산지 남대문으로 향하여 간즉 계획적 소위 왜적의 남산 신궁 계단에 대기하고 남대문 측 남로당 4층과 남대문 모자점 2층에 흉기를 대기하고 있었던 걸 무심하고 순진한 학도들은 예정대로 시위 진행 중 돌연히 학생을 향하여 사격하자 이와 호응하여 경관들은 공포로 위협을 주니 속수무책인 우리 동지 중에서 한 명의 사망자를 내고 수명의 중상자를 냈다. 즉 赤狗들의 총검에 쓰러진 故 정인수 동지는 당년 17세요, 현 조선중학 제1학년 재학 중이니 만고의 원한을 품고 자주독립 만세를 고창하며 건국의 꽃이 되었다.

그리고 잔 다르크 이승철 동지도 중상을 입고 同友의 등 위에서 만세를 연창하고 그 용감한 투사의 면모를 유감없이 발휘하였다. 기타 고을섬 여동지, 朴憲浩 동지, 김상종 동지, 김동배 동지, 이영주 동지 등은 중상을 입어 입원 加療 중이다.

그러나 우리는 오직 자주독립 전취의 정신만이 행동의 표준이며 단군의 성혈을 계승하는 것이 지상목표이다. 민족의 피를 골육상쟁으로써 보기 싫은 것이 공산주의자와 근본적으로 상반되는 것이 순결한 학생의 주장을 재선언하노라. 끝으로 순국 동지의 瞑目을 빌며 우리 학도 분골쇄신, 조국광복에 이바지함을 영령 앞에 맹서한다.

건국학생연맹 중앙총본부 중앙선전부 〈친애하는 동포여 假面運動에 속지 마시라〉 1947.2

一. 찬탁은 引蘇策이며 독립을 원치 않은 찬탁이다.
一. 가면반탁운동은 자본주의 반동배의 세력 부식과 시민의 관심을 구할 음모이다.
一. 까닭에 바른 정견에서 효과적인 반탁운동은 진정한 애국자가 시기에 따라 참된 투쟁이 있을 것이다.
一. 역사적 민족의 중임을 가진 학도를 사상전의 도구로 휴학 선동으로 독립을 방해하는 매국노를 타도하자.
一. 물질로써 학도를 매수하여 당 세력 부식에 이용할 악질 모리배의 우익 반탁자를 타도하자.
一. 진정한 애국투사의 진로를 방해하는 반역자를 소탕하자.
一. 동포여 보시라.
해방 후 가장 혼란한 과도기의 용감한 투쟁과 위대한 지도로 인민공화국을 타도하고 극좌를 타도한 靑史에 빛날 血蹟으로 금일의 우익 노선이 확보된 建靑 위원장 오정방 씨를 음해, 모해하는 것은 좌익보다도 우익의 반동자이다. 너무도 위대한 인재를 시기하는 악질은 이조 말엽에 인재 등용을 방해하여 조국을 멸망케 하던 악질 이상의 죄악이다. 이들은 경제의 힘을 이용하여 갖은 반동을 다 하고 있다. 나라를 또다시 망치려는 반역자를 박멸하자.
탁치결사반대 맹휴절대반대
"애국청년은 조선청년당 깃발로"
"애국학도들아 건국학생연맹 깃발로 뭉쳐서 통일하자"

百萬學徒의 決議文

一, 米蘇兩軍은 撤退하고 大韓民國의 政權樹立을 即時承認하라

二, 學生의 己未年獨立宣言記念大會參加를 防止하고 純潔한 學生의 獨立精神을 無視한 美軍政下의 文敎部責任者는 良心的辭職을 하라

三, 南勞黨, 民靑, 全評의 行事를 暗暗裡에 默認하고 民主主義의 美名下에, 白晝赤狗의 떼로를 根絶못하고 또 骨肉相爭을 싱기는 米軍政官吏를 罷免하라

四, 純潔無垢한 學生을 殺害한 南勞黨, 民靑, 全評 等을 即時解体싱기라

五, 殉國同志의 學生聯合葬時까지 이에 對하여 當局者는 回答하라 以上의 五約은 우리 百萬學徒가 最後의 一人까지 共同鬪爭으로서 그의 實行을 볼때까지 싸울겠을 聯合國元首美軍政當局者 各父兄들게 正確한 決意로서 建議함

檀紀四二八〇年三月三日

全國學生總聯盟
韓國學生同盟
西北學生後援會
愛國學生共同鬪爭委員會

親愛하는 同胞여 假面運動의 속지마시라

一, 찬탁은 引蘇策이며 獨立을 願치않은 찬탁이다

一, 가면反託運動은 資本主義反動輩의 勢力扶殖과 市民의 歡心을求할 陰謀이다

一, 까닭의 바른 政見에서 效果的인 反託運動은 眞正한 愛國者가 時期의따라 참된 鬪爭이 있을것이다

一, 歷史的民族의 重任을가진 學徒를 思想戰의道具로 休學선동으로 獨立을 妨害하는 賣國奴를 打倒하자

一, 物質로서 學徒를賣收하여 黨勢力扶殖의利用할 惡質謀利輩의 右翼反動者를 打倒하자

一, 眞正한愛國鬪士의 進路를妨害하는 反逆者를掃蕩하자

一, 同胞여 보시라

解放後 가장混乱한 過渡期의 勇敢한鬪爭과 偉大한指導로 人民共和國을 打倒하고 極左을打倒한 靑史의 빛날 血蹟으로 今日의 右翼路線이確保된 建靑委員長吳正邦氏를 陰害謀害하는것은 左翼보다도 右翼의 反動者이다 너무도 偉大한人材를 猜忌하는惡質은 李祖末葉의 人材登用을妨害하여 祖國을滅亡케하든 惡習以上의 罪惡이다 이들의 經濟의힘을利用하여 가진 反動을 다-하고있다 나라를 또다시 亡치려는 反逆者를撲滅하자

託治決死反對 盟休絶對反對

"愛國靑年은 朝鮮靑年黨旗빨로"

"愛國學徒들아 建國學生聯盟旗빨로뭉처서統一하자"

檀紀四二八〇年二月 日

建國學生聯盟中央總本部
中央宣傳部

美國務省對朝鮮單獨措置決意表示에 關한

韓國愛國大衆團體共同聲明書

韓國의 獨立을 世界에 公約한 美蘇兩軍의 韓國進駐에 對하여 三千萬은 擧族的으로 歡意를 表하고 이어서 韓國獨立을 具體的으로 援助論議할 歷史的 使命을갖인 美蘇共同委員會가 서울에 열리었을때 亦是 擧族的으로 贊意를 表한것은 오로지이 歷史的過程이 祖國의 獨立完成上 不可避的 階梯이기 때문이엇다.

그러나 兩軍의 進駐가 敗戰日帝의 掃蕩에만있지안코 國土의 不自然한 兩分이란 意外의 歷史的恥辱과 民族的不幸을 招來하엿으며 美蘇共同委員會가 十八個月의 支離한 詰難에만 始終하였음으로 國內의 不愉快한 同胞의 相剋만이 助長되고 獨立要素의 病的毁損만을目睹하게되어 民族正氣가바야흐로 國際無信에 對하야 暴發하랴하는 昨今 우리는 果然 世界民主主義 勝利者의 眞摯한 態度로 因하야 危機에 瀕하엿든 우리의 國際信賴感은 다시 振作되엇다. 韓國의獨立이 世界民主主義 連鎖環의 一環인以上 韓國의民主主義的 自主獨立을意識的으로 妨害하는者가 잇다면 이者는 韓國의敵만이안이오 世界民主主義의 共敵이라고 할것이다.

이제 韓國의 統一을 韓族의 要求하는 獨立을 拒否妨害하는 國際背信者가 누구인것이 白日下에 明々히하엿으니 去十二日發 워싱톤 來電에 美國務省은 美國務長官補 힐드링氏의 言明 「朝鮮問題에 있어서 美國이 蘇聯의 助力을 希望하였든것이나 蘇聯은 이를拒否하였음으로 美國은 不得已單獨的措置를取할수박게없다」는 意思發表와 또힐드링氏의「蘇聯이朝鮮統一에關한助力을 拒否하고있음으로 美國務省은 새로운臨時的인 對朝鮮計畫을進展시켜야한다」라는 決定的主張에對하야 美마-살國務長官은 美國務省에指示하야 朝鮮事態를一層詳細히檢討中이라」고傳하였다. 이것은現地하-지中將의 美蘇共同委員會가蘇聯의國際的無信固執으로因하야 所期의目的을達成하지못하였다는 決定的報告와 三千萬韓族의 總意를傳達한 李承晩博士의韓國眞相發表가奏效한것이라고 認定하는바이나 이 美國務省의 朝鮮問題에對한決議는 原則的으로 同床異夢하든 美蘇共同委員會의 必然的結果인同時에 民主主義勝利의 發展的新指向이라고 말하지아니할수없다.

여기에서 우리는 莫府三相決定이 事實上空文化되어 韓國獨立의 協力者인 民主主義先進勝利國家가 韓國獨立에關한 適切한 構想과 眞摯한決意와 忠實한行動을開始할것을確信하는同時에 三千萬韓民族은 熱狂的으로 美國務省의 朝鮮單獨措置決意를支持하고 韓國의 眞正한獨立을 完全한統一을 妨害하는者에게 勇敢한鬪爭을展開하야 世界民主主義의勝利와 平和建設을 妨害하는 國際無信者의 屈服을期코자하는바이다.

右 聲明 함

西紀一九四七年四月一日

獨立反托鬪爭委員會
獨立促成國民會
大韓獨立促成全國靑年總聯盟
大韓獨立促成勞働總聯盟
光復靑年會
大韓民主靑年同盟
大韓獨立靑年同盟
獨立促成愛國婦人會
朝鮮愛國婦女同盟
全國學生總同盟
建設學生戰線
大義靑年會
三均主義靑年同盟
西北靑年會
建國靑年會
韓國靑年會
朝鮮靑年同盟
建國學生總聯盟
韓國學生同盟
朝鮮靑年黨

(우익단체 총망라) 〈미 국무성 대조선 단독조치결의 표시에 관한 한국애국대중단체 공동성명서〉 1947.4.1

한국의 독립을 세계에 공약한 미소 양군의 한국 진주에 대하여 삼천만은 거족적으로 환의를 표하고 이어서 한국 독립을 구체적으로 원조 논의할 역사적 사명을 가진 미소 공동위원회가 서울에 열렸을 때 역시 거족적으로 찬의를 표한 것은 오로지 이 역사적 과정이 조국의 독립 완성상 불가피의 계제이기 때문이었다.

그러나 양군의 진주가 패전 일제의 소탕에만 있지 않고 국토의 부자연한 양분이란 의외의 역사적 치욕과 민족적 불행을 초래하였으며 미소 공동위원회가 18개월의 지리한 힐난에만 始終하였음으로 국내의 불유쾌한 동포의 상극만이 조장되고 독립 요소의 병적 훼손만을 목도하게 되어 민족정기가 바야흐로 국제 無信에 대하여 폭발하려 하는 작금, 우리는 과연 세계 민주주의 승리자의 진지한 태도로 인하여 위기에 가까웠던 우리의 국제 신뢰감은 다시 진작되었다. 한국의 독립이 세계 민주주의 연쇄 고리의 일환인 이상 한국의 민주주의적 자주독립을 의식적으로 방해하는 자가 있다면 이 자는 한국의 적만이 아니요, 세계 민주주의의 공적이라고 할 것이다.

이제 한국의 통일을, 한족의 요구하는 독립을 거부 방해하는 국제 배신자가 누구인 것이 백일하에 명명하였으니 지난 12일발 워싱턴 來電에 美 국무성은 美 국무장관補 힐드링 씨의 언명, 「조선 문제에 있어서 미국이 소련의 조력을 희망했던 것이나 소련은 이를 거부하였음으로 미국은 부득이 단독적 조치를 취할 수밖에 없다」는 의사 발표와 또 힐드링 씨의 「소련이 조선통일에 관한 조력을 거부하고 있으므로 美 국무성은 새로운 임시적인 對조선 계획을 진전시켜야 한다」 하는 결정적 주장에 대하여 美 마-살 국무장관은 美 국무성에 지시하여 조선 사태를 한층 상세히 검토 중이라고 전하였다. 이것은 현지 하-지 중장의 미소 공동위원회가 소련의 국제적 無信으로 인하여 소기의 목적을 달성하지 못하였다는 결정적 보고와 삼천만 韓族의 총의를 전달한 이승만 박사의 한국 진상 발표가 주효한 것이라고 인정하는 바이나 이 美 국무성의 조선 문제에 대한 결의는 원칙적으로 동상이몽하던 미소 공동위원회의 필연적 결과인 동시에 민주주의 승리의 발전적 新지향이라고 말하여 아니 할 수 없다.

여기에서 우리는 모스크바 삼상결정이 사실상 空文化되어 한국 독립의 협력자인 민주주의 선진 승리국가가 한국 독립에 관한 적절한 구상과 진지한 결의와 충실한 행동을 개시할 것을 확신하는 동시에 삼천만 한민족은 열광적으로 美 국무성의 조선단독조치결의를 지지하고 한국의 진정한 완전한 통일을 방해하는 국제 無信者의 굴복을 기코자 하는 바이다.

招請及參加團體 (無順)

韓國映畫演劇作家協會
朝鮮靑年文學家協會
朝鮮工藝家協會
檀丘美術院
外國文學研究會
朝鮮産業美術協會
韓中文化協會
地理學會
朝鮮史學會
朝鮮記錄寫眞文化社
中央文化協會
國際親善協會
朝鮮敎育美術協會
全國音樂文化協會
全國吹奏樂聯盟
民族問題硏究所
朝鮮書道協會
生物學會
朝鮮保育硏究會
丹心會
朝鮮體育會
朝鮮敎育會
建築技術團
正樂會
朝鮮商業美術協會
朝鮮寫眞藝術硏究會
朝鮮兒童文化協會
國際文化協會
朝鮮新聞寫眞協會
朝鮮天文硏究會

一、時日　西紀一九四七年二月十二日(水)下午二時
一、場所　서울 鍾路基督教靑年會館

〈전국문화단체총연합회 결성대회 취지서〉 1947.2.12

해방을 구가하고 반탁을 절규하고 독립을 갈망한 지 이미 1년 7개월여, 적이 패퇴한 후 낯선 천사같이 맞아들인 연합국 미소 군정 하에서 해방의 선물을 받은 자는 누구며 도탄에 빠진 자는 누구이냐. 찬탁은 언제까지 하여야 하며 반탁은 언제까지 하여야 하며 연합국이 신성시하는 독립을 우리가 전취하기 위하여서는 얼마나한 희생을 당해야 할 것인가. 어제의 절개는 민의를 존중했고 오늘의 변절은 권세를 포옹하여 黨家에 권모가 들어차고 財家에 모리가 넘치니 低迷하는 국제정세보다도 오히려 내정이 더 어지러워져서 독립은 드디어 일대 난관에 봉착하였으니 신중하고 자주하기 위한 조선은 지금 정치의 위기와 경제의 위기와 문화의 위기를 다시금 동시에 체험하게 되었다.

이 위기의 와중에서 조선은 죽느냐 사느냐의 길을 현명하게 택하여 자결할 긴박한 정세에 처하고 있다.

그러므로 우리는 연합국의 영도하에 있는 국제노선이라는 개념도 맹종의 불행을 극복하고 비판의 대상으로 삼아야 하겠지만 우선 우리는 우리 자신 속에서 우리 자신을 발견하고 구명하여 우리의 행로를 명확히 파악하지 못한다면 급기야 우리는 인형이요, 세계는 그 인형의 조종자일 것이다. 세계의식이 자의식으로 심화되고 자의식이 세계의식으로 향하여 나갈 때 여기에 만일 주체의 확립과 자결의 주권이 없다면 우리는 굴종의 아들이 되며 또다시 형식이 달라진 『굴복된 세대』를 해방사의 頁 속에 담아야 할 것이다. 우리는 비록 과거에 『굴복된 현실』을 가진 비통한 체험자이기는 하였으나 그래도 우리에게는 『불굴한 정신』이 있었음으로 이에 광명스런 해방의 깃발을 높이 올리는 이유가 뚜렷한 것이다.

이 불굴의 정신을 민족의 생명으로 하여 문화로써 형성함이 우리 문화인에게 돌아올 영광일지니 8·15 이후 무수한 정당의 족생과 더불어 보조를 함께하는 무수한 문화단체가 탄생하였음에도 이에 의의가 있으리라. 그러나 政黨戰 격화에 따라 세력의 집중과 기회의 이용이 강행되는 현상이매 문화의 정치적 연관성으로 말미암아 문화는 자칫하면 정당의 지령에 맹종하는 기관이 되기 쉽고 따라서 그 독자성을 잃어버릴 위기에 당면한 것도 사실이다.

이에 우리는 문화의 예속화를 경계하고 방지하면서 민족의 길을 닦는 정치의 본념에 고결한 지조와 청렴한 감수성을 가지고 민족의 피를 중심으로 추진되는 생의 약동 위에 閃明한 지성의 문화를 창조하고 건설하기 위하여 민주주의 노선을 향하여 구심력을 함께 한 모든 문화단체를 총망라한 『전국문화단체총연합회』를 결성하는 바이니 이는 분열의 현실에 직면한 민족정신의 집중적 표현이며 또 외래의 침해를 용납지 않으려는 이 절대한 민족 생명에의 창조적 노력은 장래 문화의 고귀한 성격으로 結晶되어 미래의 정치의 원동력이 될 것이다.

문화를 죽이고 산 정치는 史上의 암흑으로 왕왕 있었으되 문화가 산 곳에 정치의 죽음은 없었던 바에 비추어 이 『전국문화단체총연합회』의 사명이 또 어찌 적으랴. 우리는 인류의 이념 속에서 독립의 정신을 신성하게 배워 건설의 바른 길에 용진하며 反민족적 모든 불순을 전적으로 掃滌하여 완전자주독립을 완수하려 하나니 이에 강호의 편달과 아울러 성원이 있기를 바라는 바이다.

강령
一. 광복 도상의 모든 장벽을 철폐하고 완전자주독립을 촉성하자.
一. 세계문화의 이념에서 민족문화를 창조하여 전 세계 약소민족의 자존을 고양하자.
一. 문화유산의 권위와 문화인의 독자성을 옹호하자.

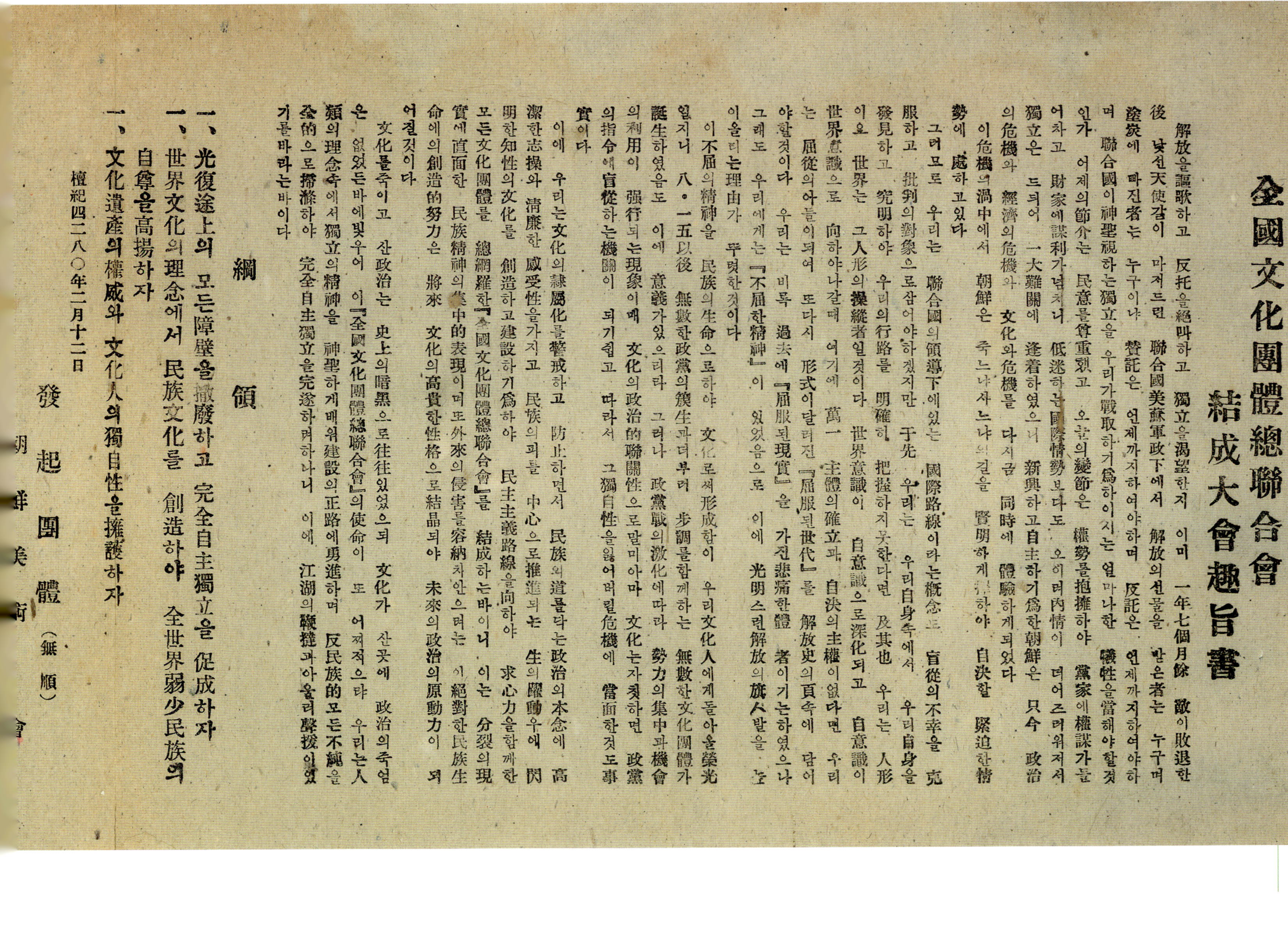

全國文化團體總聯合會 結成大會趣旨書

解放을謳歌하고 反托을絶叫하고 獨立을渴望한지 이미 一年七個月餘 敵이敗退한 後 낯선天使같이 마저드린 聯合國美蘇軍政下에서 解放의선물을 받은者는 누구이며 塗炭에 빠진者는 누구이냐 贊託은 언제까지하여야하며 反托은 언제까지하여야하며 聯合國이神聖視하는獨立을 우리가戰取하기爲하여서는 얼마나한 犧牲을當해야할것인가 어제의節介는 民意를尊重했고 오늘의變節은 權勢를抱擁하야 黨家에權謀가들어차고 財家에謀利가넘치니 低迷하는國際情勢보다도 오히려內政이 더어지러워저서 獨立은드듸어 一大難關에 逢着하였으니 愼重하고自主하기 위한 朝鮮은 只今 政治의危機와 經濟의危機와 文化의危機를 다시금同時에 體驗하게되었다

이危機의渦中에서 朝鮮은 죽느냐사느냐의길을 賢明하게擇하야 自決할 緊迫한 勢에 處하고있다

그러므로 우리는 聯合國의領導下에있는 國際路線이라는 概念도 盲從의不幸을克服하고 批判의對象으로삼어야하겠지만 于先 우리는 우리自身속에서 우리自身을 發見하고 究明하야 우리의行路를 明確히 把握하지못한다면 及其也 우리는 人形이요 世界는 그人形의操縱者일것이다 世界意識이 自意識으로深化되고 自意識이 世界意識으로 向하야나갈때 여기에 萬一 主體의確立과 自決의主權이없다면 우리는 屈從의아들이되여 또다시 形式이달러진 『屈服된世代』를 解放史의頁속에담어야할것이다 우리는 비록 過去에 『屈服된現實』을 가진悲痛한體驗者이기는하였으나 그래도 우리에게는 『不屈한精神』이 있었음으로 이에 光明스런解放의旗ㅅ발을 높이울리는理由가 뚜렷한것이다

이 不屈의精神을 民族의生命으로하야 文化로써形成함이 우리 文化人에게돌아올榮光일지니 八·一五以後 無數한政黨의簇生과더부러 步調를함께하는無數한文化團體가 誕生하였음도 이에 意義가있으리라 그러나 政黨戰의激化에따라 勢力의集中과機會의利用이 强行되는現象이매 文化의政治的聯關性으로말미아마 文化는자칫하면 政黨의指令에 盲從하는機關이 되기쉽고 따러서 그獨自性을잃어버릴危機에 當面한것도事實이다

이에 우리는 文化의隷屬化를警戒하고 防止하면서 民族의길을닦는政治의本念에 高潔한志操와 淸廉한感受性을가지고 民族의피를中心으로推進되는 生의躍動우에 閃明한知性의文化를 創造하고建設하기爲하야 民主主義路線을向하야 求心力을함께한 모든文化團體를 總網羅한 『全國文化團體總聯合會』를 結成하는바이니 이는 分裂의現實에直面한 民族精神의集中的表現이며 또外來의侵害를容納치안으려는 이絕對한民族生命에의創造的努力은 將來 文化의高貴한性格으로結晶되여 未來의政治의原動力이 어질것이다

文化를죽이고 산政治는 史上의暗黑으로往往있었으되 文化가 산곳에 政治의죽엄은 없었든바에 빛우어 이 『全國文化團體總聯合會』의 使命이 또 어찌적으랴 우리는人類의理念속에서 獨立의精神을 神聖하게배워建設의正路에勇進하며 反民族的인모든不純을 全的으로掃滌하야 完全自主獨立을完遂하려하나니 이에 江湖의鞭撻과아울러聲援이있기를바라는바이다

綱領

一, 光復途上의 모든障壁을 撤廢하고 完全自主獨立을 促成하자
一, 世界文化의理念에서 民族文化를 創造하야 全世界弱少民族의 自尊을 高揚하자
一, 文化遺産의權威와 文化人의獨自性을 擁護하자

檀紀四二八〇年二月十二日

發起團體（無順）

대한민족대표 이승만 박사 환국환영준비위원회 〈민족대표 이박사의 환국을 환영하자!!〉 1947.4

우리 민족의 최고영도자 이승만 박사께서 도미하여 조선의 정세에 어두운 전 세계의 여론을 환기시키는 동시에 「참을 수 없는 조선의 현정」을 천명하였다.

드디어 美國朝野의 여론은 조선 문제에 관한 정책을 변경하게 되었고 또는 임병직 씨를 영국에 파견하는 한편 몸소 중국 장개석을 방문 상의하고 환국하시게 되었다.

이는 이 박사 외교활동의 커다란 성과가 아니고 무엇이랴. 우리 삼천만 동포는 이 박사를 최고지도자로 모시게 된 것이야말로 민족적 행운이 아니고 무엇이랴!

우리는 팔순노구에 加鞭하여 조국독립에 심혈을 경주하는 이 박사의 誠忠을 감사 없이는 대할 수 없을 것이다.

우리 이 박사는 전 세계에 향하여 조선의 실정과 아울러 韓人의 태도를 선포하시고 이제 환국하여 우리에게 「독립의 길」을 명시할 것이다.

우리는 박사의 환국을 충심으로 환영하자!

민족의 최고영도자 이승만 박사 환국 만세!

민족의 은인 이 박사 외교성공 만세!

환영절차

一. 환국일부터 일주일을 환영주간으로 정하여 국민은 매일 국기를 게양할 것.

一. 환영주간에 환국환영국민대회, 전 운동회, 전 경기회, 전 음악회, 전 좌담회, 전 강연회, 기타 지방에 따라 적절한 환영행사를 거행할 것.

一. 환영국민대회는 전국 각 지방별로 성대히 개최할 것.

一. 京仁沿線 동포는 多數히 김포비행장까지 出迎하되 국기를 준비하고 단체는 한 개 이상의 구호기를 준비할 것.

一. 중앙과 지방의 전 애국단체는 본회와 연결하여 이 박사의 독립노선과 환영의 취지로써 벽보, 전단, 비라, 강연, 방송 등으로 선전에 힘쓸 것.

반탁혈투동지회 총본부 〈사법관에게 경고함〉 1947.4.1

赤狗 도당의 발호는 최후단계에 달하였다. 이 매국도당은 해방 이래 음으로 양으로 조국독립을 방해하는 데 몰두하다가 세계 민주주의 新國제노선이 결정되자 반역도당은 다시 대중 폭동에 착수하였다.

사법관 제군! 이 매국 某 단이 여세를 보존하는 데 그대들의 공이 殊勳甲이다. 애국자를 암살 또는 살해하고 경찰관을 십자가에 걸고 생산기관을 파괴한 자가 그대들의 심판정에 서면 불과 10년 미만의 언도를 하며 집행유예 보석 무죄 석방을 받게 된다.

그대들은 매국도당에 가담하였는가?

매국도당의 협박이 무섭던가?

만일에 그대들이 단호 반성하지 아니하면 우리는 그대들도 非애국자라고 규정하고 그대들의 행동을 엄중히 감시하겠다.

民族代表李博士의 還國을 歡迎하자!!

우리民族의 最高領導者 李承晚博士께서 渡美하야 朝鮮의 情勢을 世界의 輿論을 喚起식키는 同時에「참을수없는 朝鮮의 現情」을 闡明하섯다。

드듸여 美國朝野의 輿論은 朝鮮問題에 關한 政策을 變更하게되였고 또는 林炳稷氏를 英國에 派遣하는 한便 몸소 中國蔣介石을 訪問商議하고 還國시게되였다。

이는 李博士外交活動의 커다란 成果가아니고무엇이랴、우리 三千萬同胞는 本博士를 最高指導者로 모시게된것이야말로 民族的幸運이 아니고 무엇이랴!

우리는 八旬老軀에 加鞭하여 祖國獨立에 心血을 傾注하는 老博士의 誠忠을 感激없이는 對할수없을것이다。

우리李博士는 全世界에向하여 朝鮮의 實情과아울러 韓人의 態度를 宣布하시고 이제還國하여 우리에게「獨立의길」을 明示할것이다。

우리는 博士의 還國을衷心으로 歡迎하자!

民族의 最高領導者 李承晚博士 還國萬歲!

民族의 恩人李博士 外交成功萬歲!!

歡迎節次

一、還國日부터 一週日을 歡迎週間으로定하야 國民은每日國旗를 揭揚할것。

一、歡迎週間에 還國歡迎國民大會、全運動會、全競技會、全音樂會、全座談會、全講演會、其他地方에따러 適切한 歡迎行事를 擧行할것。

一、歡迎國民大會는 全國各地方別로 盛大히開催할것。

一、京仁沿線同胞는 多數히 金浦飛行場까지 出迎하되 國旗를準備하고 團体는 一個以上의 口號旗를 準備할것。

一、中央과地方의 全愛國團体는 本會와連絡하야 李博士의 獨立路線과 歡迎의趣旨로써 壁報、傳單、비라、講演、放送等으로 宣傳에힘쓸것。

檀紀四二八〇年四月　日

韓國民族代表

李承晚博士

還國歡迎準備委員會

司法官에게 警告함

赤狗徒黨의 跋扈는 最後段階에達하였다。이賣國徒黨은 解放以來 陰으로陽으로 祖國獨立을 妨害하는데 沒頭하다가 世界民主主義新國際路線이決定되자 叛逆徒黨은 다시大衆暴動에 着手하였다。

司法官諸君! 이賣國某團이 餘勢를保存하는데 그대들의 功이 殊勳甲이다。愛國者를暗殺또는 殺害하고 警察官을十字架에걸고 生産機關을破壞한者가 그대들의 審判庭에스면 不過十年未滿의言渡를하며 執行猶豫 保釋 無罪釋放을밧게되다。

그대들은 賣國徒黨에 加擔하였는가?

賣國徒黨의脅迫이무섭든가?

萬一에그대들이 斷乎反省하지아니하면 우리는 그대들도 非愛國者라고規定하고 그대들의 行動을嚴重히監視하겠다。

檀紀四二八〇年四月一日

反托血鬪同志會總本部

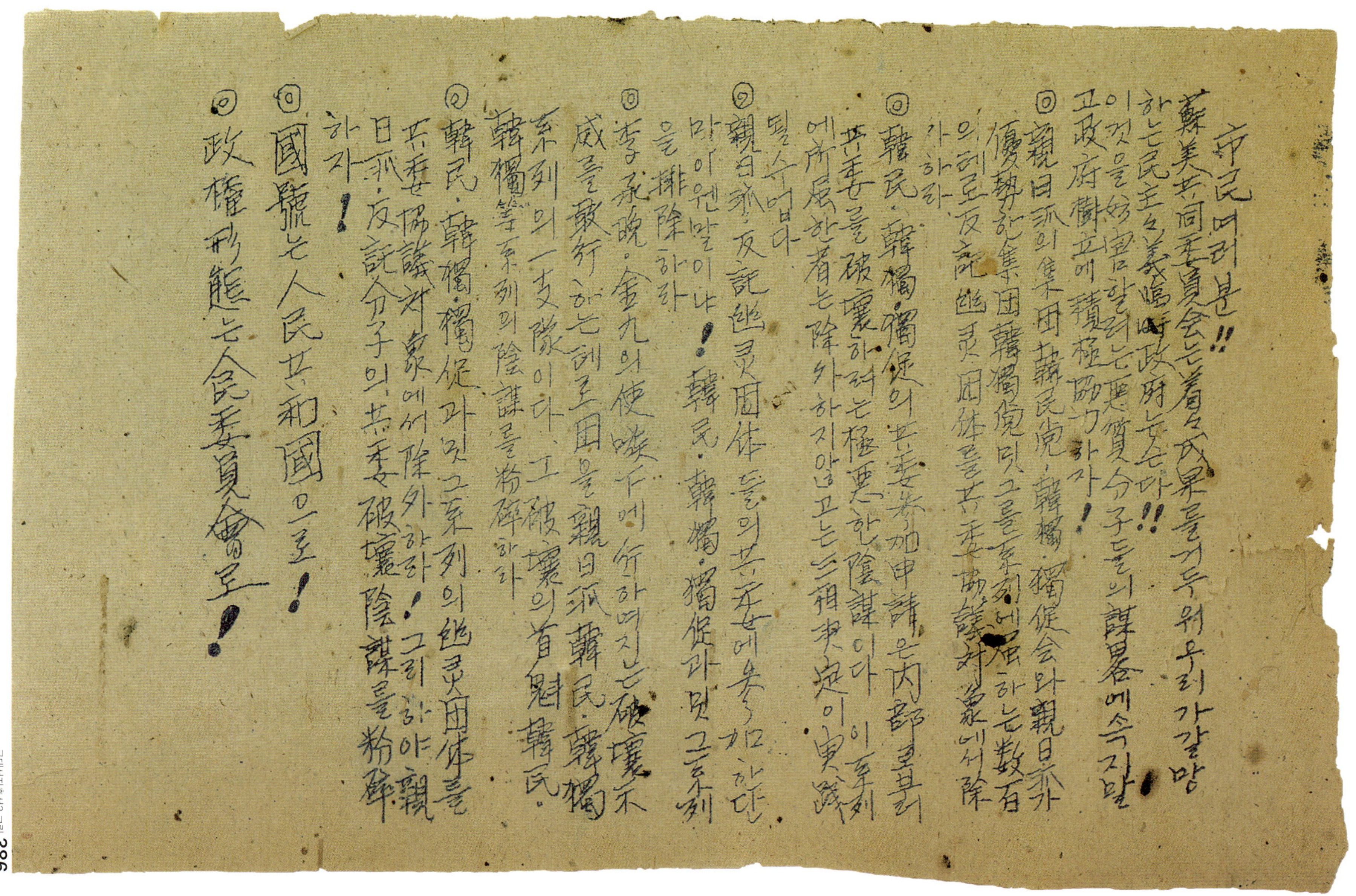

미소공위에서 우익계열 단체의 배제를 요구하는 좌익 측의 경고문

소미 공동위원회는 착착 성과를 거두어 우리가 갈망하는 민주주의 임시정부는 선다!
이것을 방해하려는 악질분자들의 모략에 속지 말고 정부 수립에 적극 노력하자!
◎ 친일파의 집단 韓民黨·韓獨·獨促會와 친일파가 우세한 집단 韓獨黨 및 그들 계열에 속하는 수백의 테러 반탁 유령단체를 공위 협의대상에서 제외하라.
◎ 韓民·韓獨·獨促의 공위 참가 신청은 내부로부터 공위를 파괴하려는 극악한 음모이다. 이 계열에 소속한 자는 제외하지 않고는 삼상결정이 실천될 수 없다.
◎ 친일파 반탁 유령단체들의 공위 참가 신청은 내부로부터 공위를 파괴하려는 극악한 음모이다. 이 계열에 소속한 자를 제외하지 않고는 삼상결정이 실천될 수 없다.
◎ 이승만·김구의 사주하에 행하여지는 파괴 시위를 감행하는 테러단은 친일파 한민·한독 계열의 한 支隊이다. 그 파괴의 수괴 한민·한독 등 계열의 음모를 분쇄하라.
◎ 한민·한독·독촉과 및 그 계열의 유령단체를 공위 협의대상에서 제외하라! 그리하여 친일파·반탁분자의 공위 파괴 음모를 분쇄하자!
◎ 국호는 인민공화국으로!
◎ 정권형태는 인민위원회로!

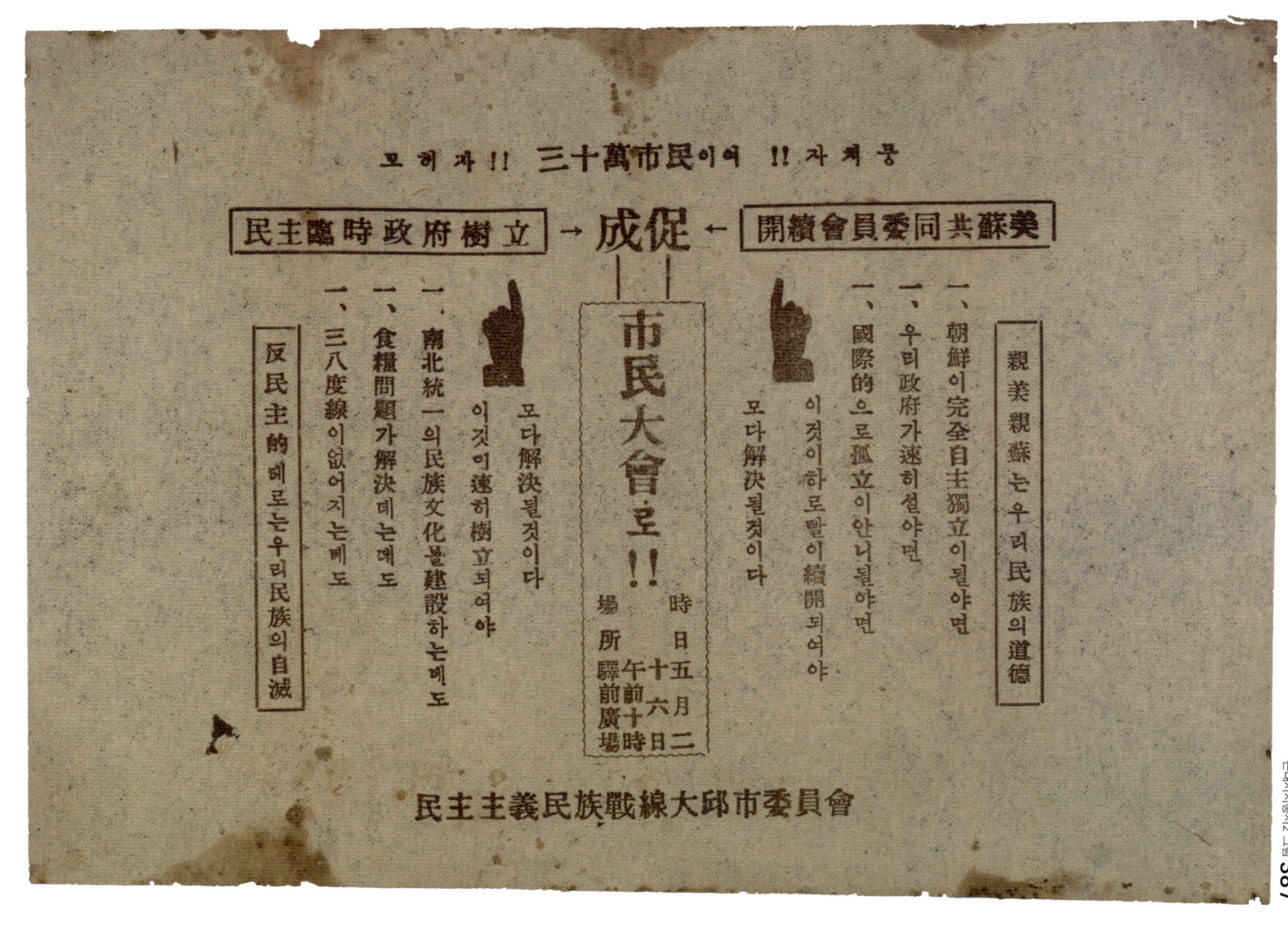

한국사진총서42 그림 **387**

**민주주의민족전선 대구시위원회 〈미소공동위원회속개,
민주임시정부수립 촉성 시민대회로!!〉** 1947.5?

친미친소는 우리 민족의 도덕
一. 조선이 완전자주독립이 되려면
一. 우리 정부가 속히 서려면
一. 국제적으로 고립이 아니 되려면
이것이 하루 빨리 속개되어야 모두 해결이 될 것이다.
反민주적 테러는 우리 민족의 자멸
一. 삼팔도선이 없어지는 데도
一. 식량 문제가 해결되는 데도
一. 남북통일의 민족문화를 건설하는 데도
이것이 속히 수립되어야 모두 해결될 것이다.

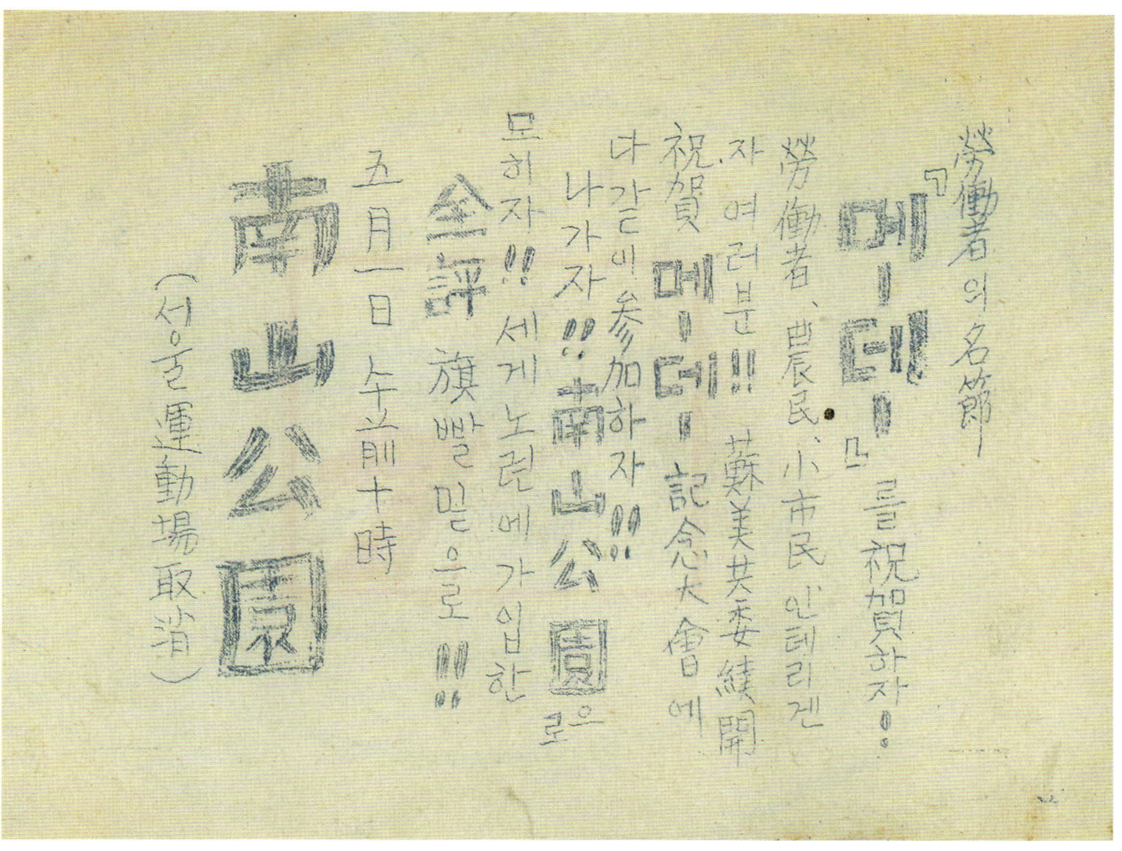

〈노동자의 명절 '메이 데이'를 축하하자!〉

노동자, 농민, 소시민 인텔리겐트 여러분!! 소미공위 속개 축하 메이데이 기념대회에 다 같이 참가하자!!
나가자!! 남산공원으로
모이자!! 世界勞聯에 가입한 全評 깃발 밑으로!!

〈120만 시민들이여!! 총궐기하여 소미공동위원회를 지키고 성공시키자!〉

그리하여 하루 속히 우리 인민이 다 잘 살 수 있는 민주주의 임시정부를 세우자! 총궐기하여 인민의 원수 이승만 김구 도당의 공위를 파괴하려는 음모를 분쇄하자! 그들 일부는 밤에서 반탁소동을 일으키고 친일파의 집단 한민당은 170여 개의 허수아비 단체를 거느리고 내부에 들어가서 공위를 파괴하려 하고 있다. 그들은 총선거로 임정 수립이라는 삼상결정에 반대되는 거짓구호로써 공위를 파괴하고 원수의 단독정부를 세워 인민을 또다시 도탄의 구렁으로 쓸어 넣고 나라를 팔아 친일파 민족반역도당의 권세를 누리려는 것이다!
우리 민족은 단호히 요구한다!
매국노 이승만 김구를 즉시 국외로 추방하라!
민족의 원수, 인민의 원수, 친일파 민족반역자의 집단 한민당이 거느리고 간 테러단 유령단체를 모조리 공위에서 쓸어내자!

〈친일 반탁 유령단체 제외하고 인민공화국을 세우자!〉
포스터

7월 27일 인민대회를 알리는 격문

형제들! 자매들! 우리의 사랑하는 조국은 지금 흥망의 관두에 서 있다! 우리 민족 철천의 원수 흉악무쌍한 친일파 매국노의 무서운 파괴 음모로 말미암아 우리의 생명인 공위는 난관에 봉착하였다! 조국을 또다시 친일파 매국노의 손에 넘기느냐? 앉아서 죽느냐? 싸워서 이기느냐?
조국의 운명은 실로 이 순간의 우리의 싸움에 달렸다! 나가자! 조선 사람이면 어른도 아이도! 남자도 여자도! 7월 27일 공위경축 민주임정촉진 인민대회로! 이날 남조선에서 일제히 열리는 인민대회에서 우리들의 위력을 보이자! 전 인민의 단결의 압력으로 한 줌도 못되는 친일파의 음모를 무찌르자! 뼈에 사무친 원한과 분통을 터트려 우리의 불같은 요구를 공위에 반영시키자!
(1) 한민당과 그 계열의 모든 유령단체를 즉시 협의에서 제외하라!
(2) 반탁시위! 테러, 살육, 「단정」 음모의 괴수 이승만 김구를 즉시 국외로 추방하라!
(3) 조병옥 장택상 계열의 악질 경관을 파면 처단하고 반동테러 살인단체를 즉시 해체하라!
앉아서 죽느냐? 싸워서 이기느냐? 흥망의 관두에 선 조국 조선은 우리를 부른다! 나가자! 7월 27일! 모이자! 인민대회로!
조선인민공화국 수립 만세!!

반탁데모를 촉구하는 격문

모여라 동포여 반탁 데모로!
우리의 정부는 우리의 손으로.
신탁정부는 독립정부 아니다.
반탁 데모는 우리의 활로이다.
탁치는 합병이라고 소련은 말하였다.
탁치는 노예이다.
탁치는 倭政時代의 보호국이다.
탁치정부는 괴뢰정부이다.
찬탁정부는 매국주의다.
삼천만아 궐기하자.
피 있는 동포여 반탁 일관으로 단결하자.
최후 일각 최후 일인까지 결사반대하자.
결의문
一. 우리는 탁치를 결사반대한다.
一. 우리는 비폭력 무저항으로 행동한다.
一. 우리는 미소공위를 방해함은 아니다.
一. 총선거에 의하여 자율적 통일정부 수립에 공위는 협력하라.

<오호라! 여운형 선생은 떠나시다>

前 인민공화국 부주석 現 근로인민당수 그리고 금번 미소공위에서 蘇대표의 주장하는 임명식 찬탁정부에 부주석으로 내정되었던 선생의 일생이 업적은

一. 1912년 김규식 박사와 같이 모스크바에 레닌을 방문. 조선의 공산혁명에 대한 원조를 요청하였던 바, 민족을 몰각하고 운동의 순서를 모른다는 이유로 배척받고 돌아왔다.

二. 상해 臨政 당시 일본 田中義一 내각은 그에게 대표의 면담을 요청하여 전 각원이 반대하였으나 여 선생은 비밀히 在상해 일본영사관과 결탁하여 자칭 대표로 渡日하였는데 당시 통역은 장덕수 씨다.

三. 1925년 상해 임정에서 배척받고 국내 영웅이 되기 위하여 일본 영사관과 결탁, 체포의 형식으로 귀국하다.

四. 1942년 近衛文麿의 후원으로 박춘금이 돈 30만 원을 얻어 소위 조선자치운동을 한다 하며 學兵의 출병을 성실히 권하다.

五. 8·15 이후 패망한 일본의 총독 당국과 결탁하여 타당의 조직을 방해하며 建準을 조직하여 민중을 공산세력권내로 유도하여 민족 분열의 제1보를 디디다.

六. 1945년 9월 27일부 (조선인민보 기재) 중경 임정을 모해하는 역선전을 대대적으로 감행하여 민심을 현혹케 하며 자파의 세력 획득을 꾀하다.

七. 소위 인민공화국 정권 수립에 민중의 지지를 얻기 위하여 해외 혁명원로의 명의를 도용하였던 바, 천벌을 받아 해산되다.

八. 조선인민당을 조직하여 精版社 僞幣 3천만 원을 박헌영 동무로부터 받아가지고 운동한 결과 자기 본의 아닌 조선공산당의 전위대의 역할만을 충분히 하게 되어 할 수 없이 해산하다.

九. 다시 社勞黨을 조직하여 남로당과 분립하였던 바, 결국 인민의 반역행동이라고 남로당이 방해하여 해산되다.

一○. 잠깐 하야하였던 선생은 다시 경성 시대에 나타나 근로인민당을 조직하였던 바, 삼팔선 이북에서 입경한 未成 청년의 총탄에 쓰러져 최후를 告하다.

동포 여러분 알고 보니 여 선생은 얼굴이 멀끔하고 키가 훨씬 커서 외면으로는 민족적 영웅 같지만 8·15 이후 그의 업적은 建準을 비롯하여 建國同盟, 人民共和國, 朝鮮人民黨, 社勞黨, 勤勞人民黨 등 기묘한 수단으로 6회의 인민 분열로 인하여 삼천만이 1억8천만으로 되고 좌우익을 모조리 분열시키고 유아독존주의를 자립하려던 인민 분열에 최고책임자입니다. 그런 고로 우리는 외면만을 보지 말고 양심과 행동을 충분히 검토하여 진정한 지도자를 찾습니다.

여운형 서거 관련 격문

민족의 영도자 근로인민의 벗으로서 근로인민당 선두에서 싸우시던 여운형 선생은 반역자의 총알에 쓰러졌다. 우리들을 압박하고 피땀을 갉아먹는 그놈들은 우리들의 지도자를 빼앗아갔다. 노동자여! 그대가 돌리는 기계 위에 피나는 눈물을 퍼부어라. 농민이여! 그대가 돌리는 논밭 위에 피나는 눈물을 퍼부어라. 모든 근로인민이여, 압박받은 그대들의 가슴 속에 맺힌 신음에서 터져 나오는 피나는 눈물을 퍼부어라. 그리고 보라! 최대의 지도자를. 조국과 인민을 위하여 바친 인민의 벗 근로인민당은 지도자의 시체를 넘어 원수의 가슴을 향하여 쳐들어가고 있다.

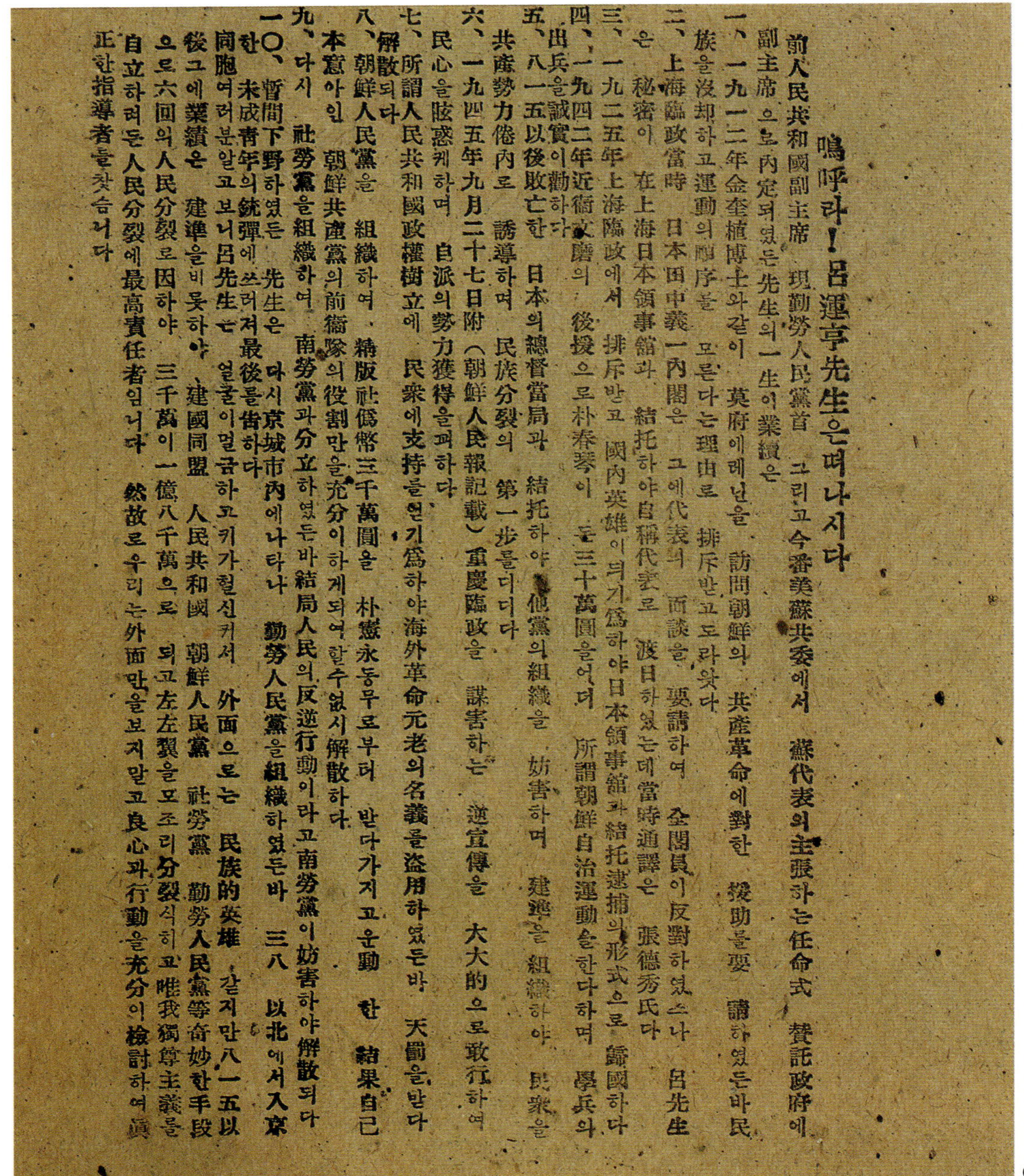

嗚呼라! 呂運亨先生은떠나시다

前人民共和國副主席 現勤勞人民黨首 그리고 今番美蘇共委에서 蘇代表의主張하는任命式 贊託政府에
副主席으로內定되엿든 先生의一生의業績은
一、一九一二年金奎植博士와같이 莫府에레닌을 訪問朝鮮의 共産革命에對한 援助를要請하엿든바 民族을沒却하고運動의順序를 모른다는理由로 排斥받고도라왓다
二、上海臨政當時 日本田中義一內閣은 그에代表의 面談을 要請하여 全閣員이反對하엿스나 呂先生은 秘密이 在上海日本領事館과 結托하야自稱代表로 渡日하엿는데當時通譯은 張德秀氏다
三、一九二五年上海臨政에서 排斥받고 國內英雄이되기爲하야日本領事館과給托逮捕의形式으로歸國하다 後援으로朴春琴이 所謂朝鮮自治運動을한다하며 學兵의
四、一九四二年近衛文麿의 三十萬圓을어더 誘導하며 民族分裂의 第一步를다디다
五、八一五以後敗亡한 日本의總督當局과 結托하야他黨의組織을 妨害하며 建準을組織하야 民衆을
六、一九四五年九月二十七日附(朝鮮人民報記載) 重慶臨政을 謀害하는 逆宣傳을 大大的으로敢行하여 民衆에支持를얻기爲하야海外革命元老의名義를盜用하엿든바 天罰을받다
七、所謂人民共和國政權樹立에 自派의勢力獲得을피하다
八、朝鮮人民黨을 組織하여 精版社偽幣三千萬圓을 朴憲永동무로부터 받다가지고運動한 結果自己 南勞黨과分立하엿든바結局人民의反逆行動이라고南勞黨이妨害하야解散되다
九、다시 社勞黨을組織하여 勤勞人民黨을組織하엿든바 三八 以北에서入京
一〇、暫間下野하엿든 先生은 다시京城市內에나타나 未成靑年의銃彈에쓰러져最後를告하다 얼굴이멀끔하고키가훨신커서
本意아인 朝鮮人民黨은 建國同盟 人民共和國 朝鮮人民黨 社勞黨 勤勞人民黨等奇妙한手段 後그에業績은 三千萬이一億八千萬으로 되고左右翼을모조리分裂식히고唯我獨尊主義를
同胞여러분알고보니呂先生는 外面으로는 民族的英雄 같지만八一五以 으로六回의人民分裂로因하야
自立하려든人民分裂에最高責任者임니다 然故로우리는外面만을보지말고良心과行動을充分이檢討하여 眞
正한指導者를찻습니다

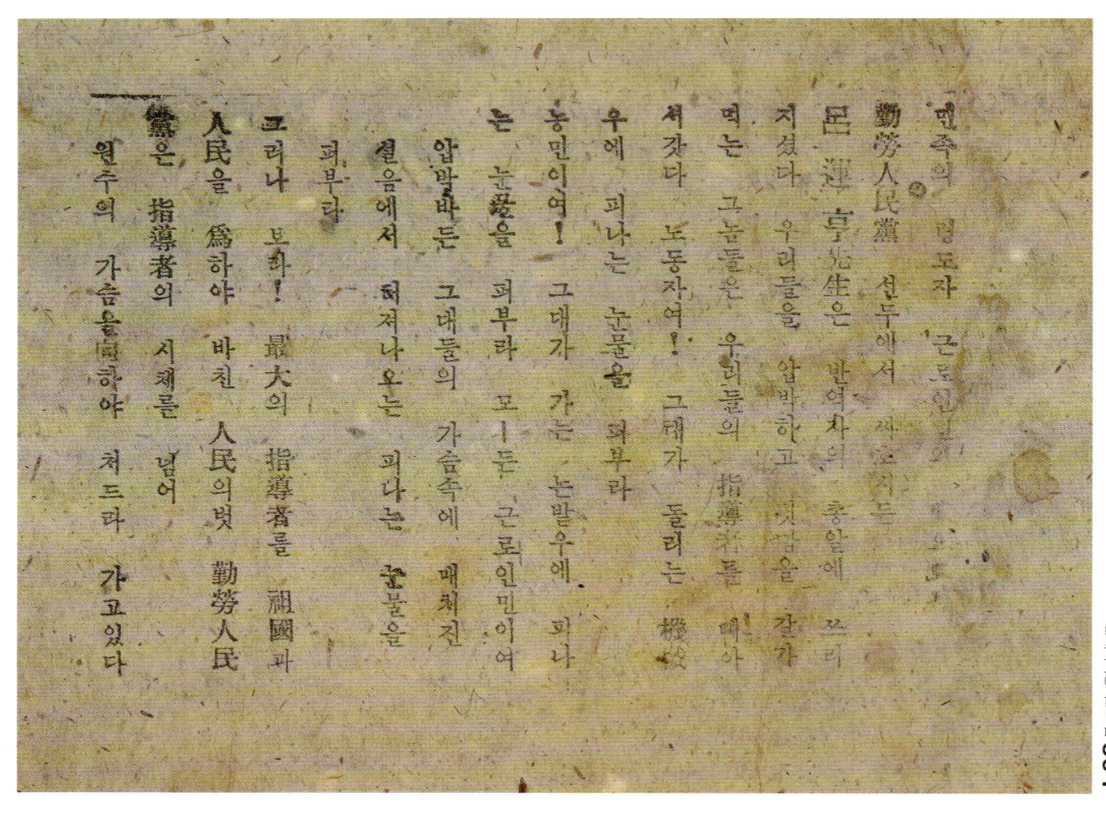

민족의 領導者 근로인민의 벗
勤勞人民黨 선두에서 싸우시든
呂運亨先生은 반역자의 총알에 쓰러
지셨다 우리들을 압박하고 피땀을 갉아
먹는 그놈들은 우리들의 指導者를 빼아
서갓다 노동자여! 그대가 돌리는 機械
우에 피나는 눈물을 퍼부어라
農民이여! 그대가 가는 논밭우에 피나
는 눈물을 퍼부어라 근로인민이여
압박받든 그대들의 가슴속에 맺쳐진
설음에서 터져나오는 피나는 눈물을
퍼부어라
그러나 보라! 最大의 指導者를 祖國과
人民을 爲하야 바친 人民의벗 勤勞人民
黨은 指導者의 시체를 넘어
원수의 가슴을向하야 처드러 가고있다

南朝鮮三萬警察官同志에檄함

信愛하는三萬의警友同志諸君 우리는三十六年間 日帝의鐵鎖밑에서呻吟하다가聯合國의勝利로再昨年八月十五日도歷史的解放의날을맛이하야自主獨立의날이왔다고歡喜熱狂한것도한때의꿈에도라가고國內에는白晝에强窃盜가橫行하고政治團體의美名을빌어「강구」와協雜을일삼는徒輩 傳統的民族性을忘却하고民族과疆土를某國의바치려고暗躍하는徒輩가있느냐하면民生問題를度外視하고大衆의膏血을搾取하는謀利輩의跳梁等으로因하야治安은乱의極에達하고民生은途炭에빠졌을때에우리社會의安寧秩序를確保키爲하야建國의礎石이될覺悟下에蹶然히나서것이우리三萬警友가아니고누구엿든가? 過去나現在를莫論하고모ー든榮譽를버리고建國命을草芥視하고風雨寒暑와殺人的物價高와狂乱的謀畧과惡戰苦鬪하면서우리同族의生命財産을保護하야治安戰士로列々히建國課業에邁進한者누구냐오직우리三萬警友以外에는없다고公言한다우리三萬警友의烈々한努力의結晶으로治安이오늘과같은程度라도잡히제되니警察力의强化는自派勢力扶殖의癌이됨으로우리의最高領導者趙炳玉警務部長 張澤相第一警務總監을除去하려고가진謀畧을다하다가手榴彈洗禮까지하엿으나目的을達치못하고이제는普選法制定을奇貨로現警察의崩壞策으로日帝時代判任官以上의公民權을剝奪한다는規定을立法議院에서通過식혔다 이것이過去功勞에對한感謝이며報償이나 이것은오直立法議院內에潛在한不過幾個人의謀畧的所致이다 日帝時代에그와協力한者가非單警察官뿐이냐當時의官界財界操觚界敎育界其他모ー든部門에있어三思檢討하면明々白々할것이다 法은반다시嚴正하여야하며公平하여야한다 過去에民族文化를抹殺하고愛國志士에게殘虐을敢行한者이라면우리自身이容認치않은바이지마는自己나家族의生活을維持하기爲하야그職에就하야良心的으로일해온警察官이라면다른日帝의모ー든機關의構成員으로協力한사람들에比하야特히過酷한扱을할理由가어디에있으랴 이것은오直現警察을破壞하고自派을進出식혀警察權을壟斷하라는陰謀에不過하다 저ー洪牙利의實例를보라以上과같은陰謀로警察最高機關의자리數個를占領한後二次三次의肅淸으로不過二個月에警察全體를顛覆하고民生은塗炭에빠지지않었느냐우리는洪牙利의前轍을밟아서는아니되니猛然蹶起하여야하겠다 親愛하는三萬警友여覺醒하라蹶起하라團結하라謀畧을粉碎하라正義와民主課業을爲하야決死鬪爭하자

一九四七年七月　日

全서울警察官一同

전서울경찰관 일동 〈남조선 3만 경찰관 동지에게 격함〉
1947.7

信愛하는 삼만의 警友 동지 제군 우리는 36년간 일제의 쇠사슬 밑에서 신음하다가 연합국의 승리로 재작년 8월 15일 역사적 해방의 날을 맞이하여 자주독립의 날이 왔다고 환희 열광한 것도 한때의 꿈에 돌아가고 국내에는 백주에 강·절도가 횡행하고 정치단체의 미명을 빌어 「강구(갱-Gang)」와 협잡을 일삼는 도배, 전통적 민족성을 망각하고 민족과 강토를 某國에 바치려고 암약하는 도배가 있느냐 하면 민생 문제를 도외시하고 대중의 고혈을 착취하는 모리배의 跳梁 등으로 인하여 치안은 혼란의 극에 달하고 민생은 도탄에 빠졌을 때에 우리 사회의 안녕 질서를 확보하기 위하여 건국의 초석이 될 각오하에 궐연히 나선 것이 우리 삼만 警友가 아니고 누구였던가? 과거나 현재를 막론하고 모든 영예를 버리고 생명을 초개시하고 풍우한서와 살인적 물가고와 광란적 모략과 악전고투하면서 우리 동족의 생명 재산을 보호하여 치안전사로 열렬히 건국 과업에 매진한 자 누구냐. 오직 우리 삼만 警友 이외에는 없다고 공언한다. 우리 삼만 警友의 열렬한 노력의 결정으로 치안이 오늘과 같은 정도라도 잡히게 되니 경찰력의 강화는 자파 세력 부식의 癌이 되므로 우리의 최고영도자 조병옥 경무부장, 장택상 제일 경무총감을 제거하려고 갖은 모략을 다하다가 수류탄 세례까지 하였으나 목적을 달치 못하고 이제는 보선법 제정을 기화로 現 경찰의 붕괴책으로 일제시대 判任官 이상의 (경찰관의) 공민권을 박탈한다는 규정을 입법의원에서 통과시켰다. 이것

이 과거 공로에 대한 감사이며 보상이냐. 이것은 오직 입법의원 내에 잠재한 불과 幾個人의 모략적 소치이다. 일제시대에 그와 협력한 자가 비단 경찰관뿐이냐 당시의 官界, 財界, 操觚界, 敎育界, 기타 모든 부문에 있어 三思 검토하면 명명백백할 것이다. 법은 반드시 엄정하여야 하며 공평하여야 한다. 과거에 민족문화를 말살하고 애국지사에게 잔학을 감행한 자라면 우리 자신이 용서치 않는 바이지마는 자기나 가족의 생활을 유지하기 위하여 그 職에 就하여 양심적으로 일해 온 경찰관이라면 다른 일제의 모든 기관의 구성원으로 협력한 사람들에 비하여 특히 過酷한 취급을 할 이유가 어디 있으랴. 이것은 오직 現 경찰을 파괴하고 자파(세력)을 진출시켜 경찰권을 농단하려는 음모에 불과하다. 저 헝가리의 실례를 보라. 이상과 같은 음모로 경찰 최고기관의 자리 여러 개를 점령한 후 이차 삼차의 숙청으로 불과 2개월에 경찰 전체를 전복하고 민생은 도탄에 빠지지 않았느냐. 우리는 헝가리의 전철을 밟아서는 아니 되니 맹렬 궐기하여야 하겠다.

친애하는 삼만 警友여. 각성하라. 궐기하라. 단결하라. 모략을 분쇄하라. 정의와 민주과업을 위하여 결사투쟁하자.

佈告

祖國光復途上에錯雜한社會相을利用하야治安을攪乱함으로써所期의目的을達成할나하는惡質徒輩가善良한民衆을恐喝迫退說、流言等으로煽動하야騷乱한情勢를이社會에招來할나함에純眞한民衆이또한此等徒輩의甘言利說에迷惑하야向할바를그릇침으로말미아마往々히正法이處斷을받을뿐않이라無法한行動의敢行으로因하야警察實力의發動에까지이르는事例가있슴을보게되니正히一大痛恨事로本職의煩悶하는바이라賢明하신郡民諸位에게告하노니建國途程에있어서天授의生業을忘却하고官公署襲擊、放火、同族殺傷等非人道的行為를恣行함이民族的不幸만을齎來함을諒察하시고不良徒輩의선動使嗾에見欺치마시며警察當局의治安方針에順應하시와平常中正한態勢에微動이없도록協力하시기를務望하나이다더욱이本職은二十萬郡民의福利를爲하야此等不法行動에附和雷同하는者가있으면事由의如何를不問하고邦家治定의法度에依遵하야斷乎한處斷으로서治安의萬全을期할意圖와覺悟가있음을玆에闡明하노니아울러海諒하서와徒輩의妄動을除斥하고一路祖國再建의眞正한大道에邁進하시기를懇願하야마지안는바이라特히賢明하신裁量에依하야民族大計를그르치지아니하시기를願하야玆에敢히佈告함

一九四七年 八月　　日

第七區警察署長　朴　箕　緒

제7구 경찰서장 박기서 〈포고〉 1947.8

조국 광복 途上에 착잡한 사회상을 이용하여 치안을 교란함으로써 소기의 목적을 달성하려 하는 악질도배가 선량한 민중을 공갈, 협박, 낭설, 유언 등으로 선동하여 소란한 정세를 이 사회에 초래하려 함에 순진한 민중이 또한 此等 도배의 감언이설에 미혹하여 향할 바를 그르침으로 말미암아 왕왕히 正法의 처단을 받을 뿐 아니라 무법한 행동의 감행으로 인하여 경찰 실력의 발동에까지 이르는 사례가 있음을 보게 되니 正히 일대 통한사로 本職의 번민하는 바이라. 현명하신 군민 제위에게 고하노니 건국 도정에 있어서 天授의 생업을 망각하고 관공서 습격, 방화, 동족 살상 등 비인도적 행위를 자행함이 민족적 불행만을 齎來함을 양찰하시고 불량도배의 선동 사주에 속지 마시며 경찰당국의 치안방침에 순응하시와 평상 中正한 태세에 미동이 없도록 협력하시기를 무망하나이다. 더욱이 본직은 이십만 군민의 복리를 위하여 此等 불법행동에 부화뇌동하는 자가 있으면 사유의 여하를 불문하고 邦家治定의 법도에 依遵하여 단호한 처단으로서 치안의 만전을 기할 의도와 각오가 있음을 이에 천명하노니 아울러 해량하시와 도배의 망동을 除斥하고 一路 조국재건의 진정한 大道에 매진하시기를 간원하여 마지않는 바이라. 특히 현명하신 재량에 의하여 민족대계를 그르치지 아니하시기를 원하여 이에 감히 포고함.

서북청년단 8·15 기념구호 및 서북청년행진곡 1947.8?

8·15 기념 구호
一. 38絞首線 타파는 민족의 단결로서
一. 남북을 통한 총선거를 급속히 실시하여 민주정부를 세우자
一. 민족통일을 방해하는 괴물 38도선을 철폐하자
一. 청년의 단결은 민족통일의 근본이다
一. 완전자주독립 전취는 청년의 의기와 단결에 있다
一. 8백만 청년아 8·15를 기하여 대동단결하자
一. 청년남녀여 배우고 배우자 오천 년의 문화민족의 책임을 다하자
一. 서북 생지옥을 보아라! 동포는 자유의 선물을 기다린다
一. 토지는 농민에게! 공장은 노동자에게!
一. 우리의 진정한 영도자 이승만 박사, 김구 선생 만세

우리는 서북청년군 조국을 찾는 용사로다
나가 나가 38선 넘어 매국노 쳐버리자
2: 眞珠 우리 서북 지옥이 되어
모두 도탄에서 헤매고 있다
동지는 기다린다 어서 가자 서북에
등잔 밑에 우는 형제가 있다
원수한테 짓밟힌 꽃봉이 있다
동지는 기다린다 어서 가자 서북에
2: 우리는 서북혁명군 악마의 원수 쳐버리자
나가 나가 38선 넘어 매국당 쳐버리자

의혈단 〈군정 연장 음모를 분쇄하자!〉 1947.8?

過政政務委員會는 소위 「남한 현 정세에 대처할 조치요강」이라는 괴문서를 비밀히 작성하여 군정을 강화 연장하려는 전율할 대음모를 꾸민 것이다. 자칭 애국자이며 진정한 지도자라고 부르짖고 있는 ○○○ 일파 도당은 삼천만이 알지도 못하게 흉계를 꾸며서 자파 세력을 부식하려고 하는 것이 최근에 비로소 발각되었다. 그들은 현 미군정을 삼천만 韓民族 자신의 정부라고 규정하고 한민족의 모-든 충성을 현 군정에 집결시키라고 절규하며 보선을 군정 강화의 수단으로서 실시하려고 하고 있다.
우리 삼천만은 보통선거를 실시하여 하루 바삐 자주정부 수립을 요구할 뿐이요, 군정의 연장을 희구치 않는다. 우리는 군정 한인 수뇌부들이 책동하는 군정 연장 음모를 분쇄하여야한다.
타도하자! 군정 연장 음모 도배!
실시하자! 총선거!
그리고 건설하자! 우리의 국가!
지지하자! 뭉치자! 이 박사의 정치노선으로!
독립은 오직 이 박사의 정치노선뿐이다!

宣言文

韓國의 自主獨立은 것은 또 한民主主義 國土는 三八線으로 兩
世界平和再建의 必 우리의 分되야 依然軍政下에
須條件으로서 聯合 分明히 惰 政治的混
의 原則이 世紀

（高麗）

決議文

一、南北을 統한 總選擧로써 自律的 統一政府를 樹立할 것 大韓民國의 統一된 獨立國家를 承認케 하야 總會에 一員으로 加入토록 할 것

二、우리의 主權을 完全 獲得할 歷史的 獨立運動을 擧族的으로 展開할 것

三、莫府三相決定인 託治와 共委는 임이 失敗됨이 公認되였음으로 그 存續을 津對拒否할 것

四、本大會의 決議를 貫徹키 爲하야 UN總會에 正使 李承晚博士·副使 趙素昂氏를 韓國民族代表 使節國으로 派遣할 것

美國마-卿 問題 新提案達成國民大會
大韓民國二十九年九月二十八日
會長 趙素昂

한국문제 미국 마샬 경 신제안달성국민대회(회장 조소앙) 〈선언문〉 1947.9.28

한국의 자주독립은 세계평화 재건의 필수조건으로서 연합국이 카이로 선언과 포츠담 선언에서 재삼 공약한 엄숙한 국제적 의무요, 대서양헌장에 보장된 민족자결주의에 의한 한민족의 정당한 권리인 것은 태양과 같이 명백하다. 그리고 이 엄숙한 국제적 의무와 정당한 민족적 권리를 구현하는 한국정부의 수립에 있어서 幾個 정당의 苟合이나 소수인사의 협의나 또는 외국정부의 지명으로써 정권을 농단할 것이 아니라 참으로 한민족의 정부를 한민족을 위하여 한민족 자신이 수립하는 본의에서 남북을 통한 총선거로써 정부를 수립하여야 할 것은 또한 민주주의의 원칙이 분명히 지시하는 바이다.

원래 한국에 관한 모스크바협정은 카이로와 포츠담 양 선언의 국제 공약을 실천에 옮기는 구체적 방법을 규정할 것이다. 그러나 불행히 그 신탁조항은 한국의 독립과 상반되는 것임으로 한민족 합체의 열렬한 반대를 사게 되고 同 협정에 의하여 臨政의 수립을 임무로 하는 미소 공동위원회는 이 문제를 단결하여 과거 양년에 걸쳐서 협의 대상의 예비적 문제조차 해결치 못하고 아직 停頓 상태에 빠져있는 것이 사실이다. 이러한 형편하에 한국의 독립은 고사하고 국토는 38선으로 양분되어 의연 군정하에 있어서 정치적 혼란과 경제적 파멸에 직면한 삼천만 대중은 도탄에 신음하고 있다.

이에 미국 정부는 한국의 독립을 이 이상 지연시킴은 양심상 도의상 지극히 용인할 수 없다 하여 지난 17일에 모스크바협정과는 별개 조치로서 한국의 독립촉진문제를 단연 UN총회에 제기하여 세계 여론에 호소하게 되고, UN총회는 지난 23일에 41대 6표의 절대다수로써 한국문제를 상정 토의하기로 결정한 것이다. 한국의 독립문제는 이제 세계의 양심적 비판대 앞에 서게 되었으며 우리의 민족적 운명은 세기적 결정을 직면하게 되었다. 이 역사상 가장 중대한 시기에 際會하여 삼천만 한민족은 힘을 뭉치고 소리를 같이하여 우리의 독립완성에 용왕매진할 것은 물론이거니와 이제 본 국민대회는 미국 정부의 공명정대한 조치와 UN총회의 성의에 대하여 깊이 감사하여 마지아니하는 바이다.

미국 정부의 공식발표에 의하면 미국 정부는 한국 독립을 조속히 실현하기 위하여

一. UN보장하에 남북을 통한 총선거로써 입법의원을 조직하고

二. 이 전국적 입법의원이 임시헌장을 제정하여 임시정부를 조직하며

三. 이 임시정부에서 관계 열국 대표와 협의하여 한국독립완성에 필요한 원조의 종류 정도를 결정하며

四. 또한 이 임시정부에서 관계 열국 대표와 협의하여 미소양주둔군 외 撤退의 시기를 결정하려는 정책을 결정하였다 한다. 이 정책에 의하면 한민족은 공평한 국제적 협조에 총선거로써 자율적 정부를 수립하고 자율적으로 선진국가의 원조를 언어 독립국가의 기초를 완성하는 동시에 또한 자율적으로 미소양군의 철퇴를 결정하게 되는 것이니 이는 실로 신탁을 결사반대하여 온 자주독립에 대한 요망과 민주주의의 원칙에 합치할 뿐 아니라 카이로와 포츠담 선언에 공약한 국제적 의무를 가장 엄숙히 또 정대히 실천하는 첩경인가 한다. 본 국민대회는 이에 삼천만 한민족을 대표하여 「마샬」경과 이 신제안을 전폭적으로 지지하는 동시에 그 관철을 위하여 민족적 총력을 집중하기를 기하고 이를 中外에 널리 선언한다.

결의문

一. 남북을 통한 총선거로써 자율적 통일정부를 수립할 것. 대한민국의 통일된 독립국가를 승인케 하여 총회에 일원으로 가입토록 할 것.

二. 우리의 주권을 완전획득 할 역사적 독립운동을 거족적으로 전개할 것.

三. 모스크바삼상결정인 탁치와 공위는 이미 실패됨이 공인되었음으로 그 존속을 절대 거부할 것.

四. 본 대회의 결의를 관철키 위하여 UN총회에 正使 이승만 박사 · 副使 조소앙 씨를 한국민족대표 사절단으로 파견할 것.

대한정의단 〈선언문〉 1947.9

필경 정의의 깃발은 번득였다.
黨同伐異는 국가가 있어 百揆公論에 부치고 萬幾民意에 遵할 때에 할 일이요, 국토가 半分되고 美蘇가 둔전하여 민족의 주권이 없는 오늘의 할 일은 아니다. 무릇 국가를 흥하게 하는 것도 정당이요, 얼른 민족을 망하게 하는 것도 정당이다. 국가의 흥망과 민족의 성쇠가 정당 다수를 制함과 또 그 道行 여하에 귀결되는 것을 정당 자체가 알아야 한다. 어찌 하느뇨 벌써 국가의 독립은 늦어졌고 민족의 발전은 고사하고 살 길이 다시 막연하다. 여기서 삼천만 대중의 공분은 터지고야 말았다. 민족의 복리 될 수 있는 것을 붙들고 국가의 화근 되기 쉬운 것은 격멸하여 야행하는 백귀를 물리치고 서글픈 삼천만이나마 한데 뭉쳐 오직 정의로 대한민족 절대 자주독립이란 한 길로 고함치고 나가려는 것이다. 마침내 때는 왔다. 반만년의 역사와 이 땅의 정기는 움직인다. 순국선열의 뒤를 따라 8백만 열혈청년의 죽을 땅도 찾았다. 우리의 투쟁은 어떤 勢利의 대상이 될 바도 아니요, 또 한때 時利에 편승함도 아니다. 정의는 능히 내외를 和衷할 수 있고 협동할 수 있다. 정의의 깃발은 날린다. 정의의 건아도 궐기한다. 肝腦를 時疾에 藥하고 心腑를 38선에 터뜨려서 민족 만대에 번영 있을 건국 대업에 殉하려는 것뿐이다. 이에 선언한다.

강령
一. 본 단은 조국의 완전자주독립을 위하여 투쟁함
一. 본 단은 일체의 非민주주의적 사회조직을 배격함
一. 본 단은 내외화충하여 전 민족의 복리를 위하여 투쟁함 단군의 혈통이 같은 8백만 청년이여!
조국의 역사는 시간을 가리지 않고 8백만 청년을 부른다!
이 나라의 동량이 될 8백만 청년이여 시기는 왔다. 배달민족의 정
신을 발휘하자!
義에 살고 희생하겠다는 8백만 청년이여!
내 국가 내 민족을 누구보다 사랑하는 8백만 청년이여!
소련 사람이 제아무리 강하고 미국 사람이 제아무리 화려하다 할
지라도 우리 겨레만 못하다는 것을 폐부에 삭이고 민족지상 국가
지상의 깃발을 들고 8백만 청년을 부르는 조선민족청년단에 집결
하여 이 뭉친 강철 같은 힘으로 이 나라의 강산을 바로잡고 배달
민족을 구하자!
조선의 남녀청년이면 누구나 다 올 수 있는 조선민족청년단 깃발
아래로!
모이자 뭉치자! 조선남녀청년의 공동소유물인 조선민족청년단
훈련소로!
모이자 뭉치자!

창립 제1주년을 맞이하면서 우리는 다음과 같이 외친다.
자주독립은 오로지 자력으로만 전취하는 것이다!
8백만 민족 청년의 강철 같은 통일로 민족통일을 완성하자!
政慾, 物慾, 私慾 모-든 잡욕을 용감히 포기하고 조선민족청년단
의 기치 아래로 모이자!
그리하여 자유행복의 구속을 받지 않은 나라를 튼튼히 세우자!

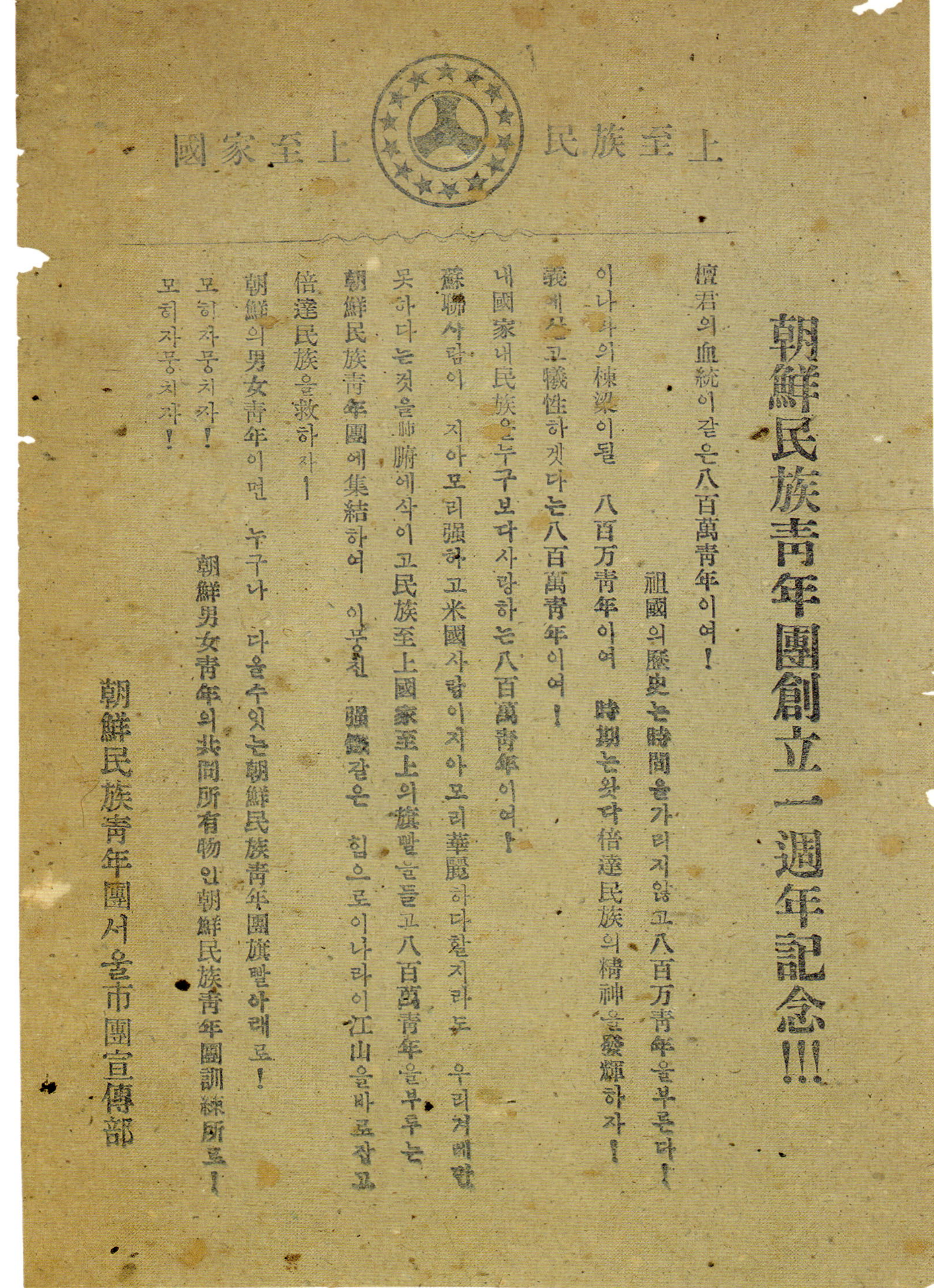

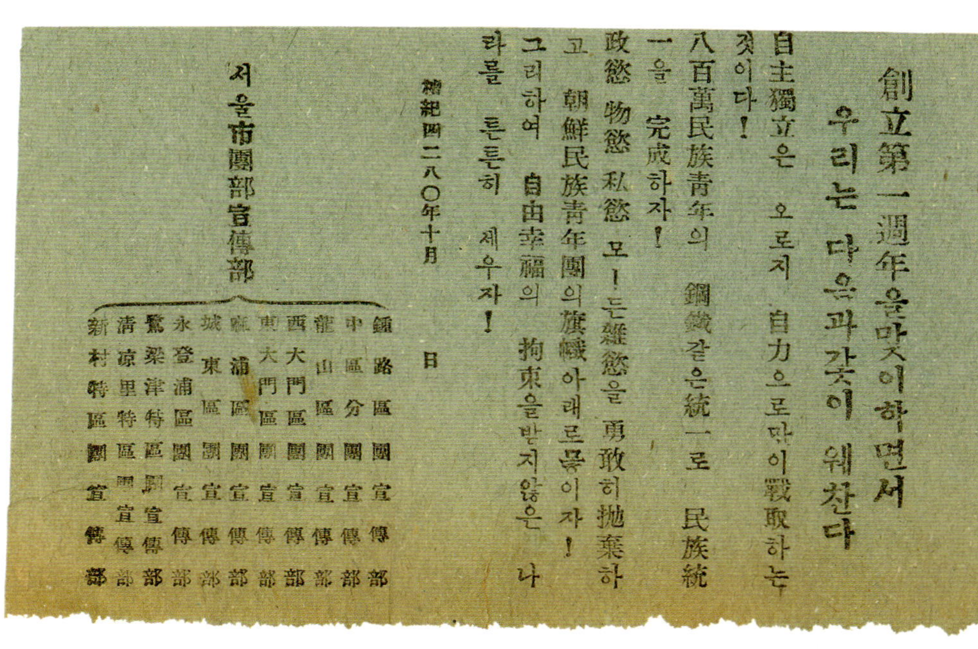

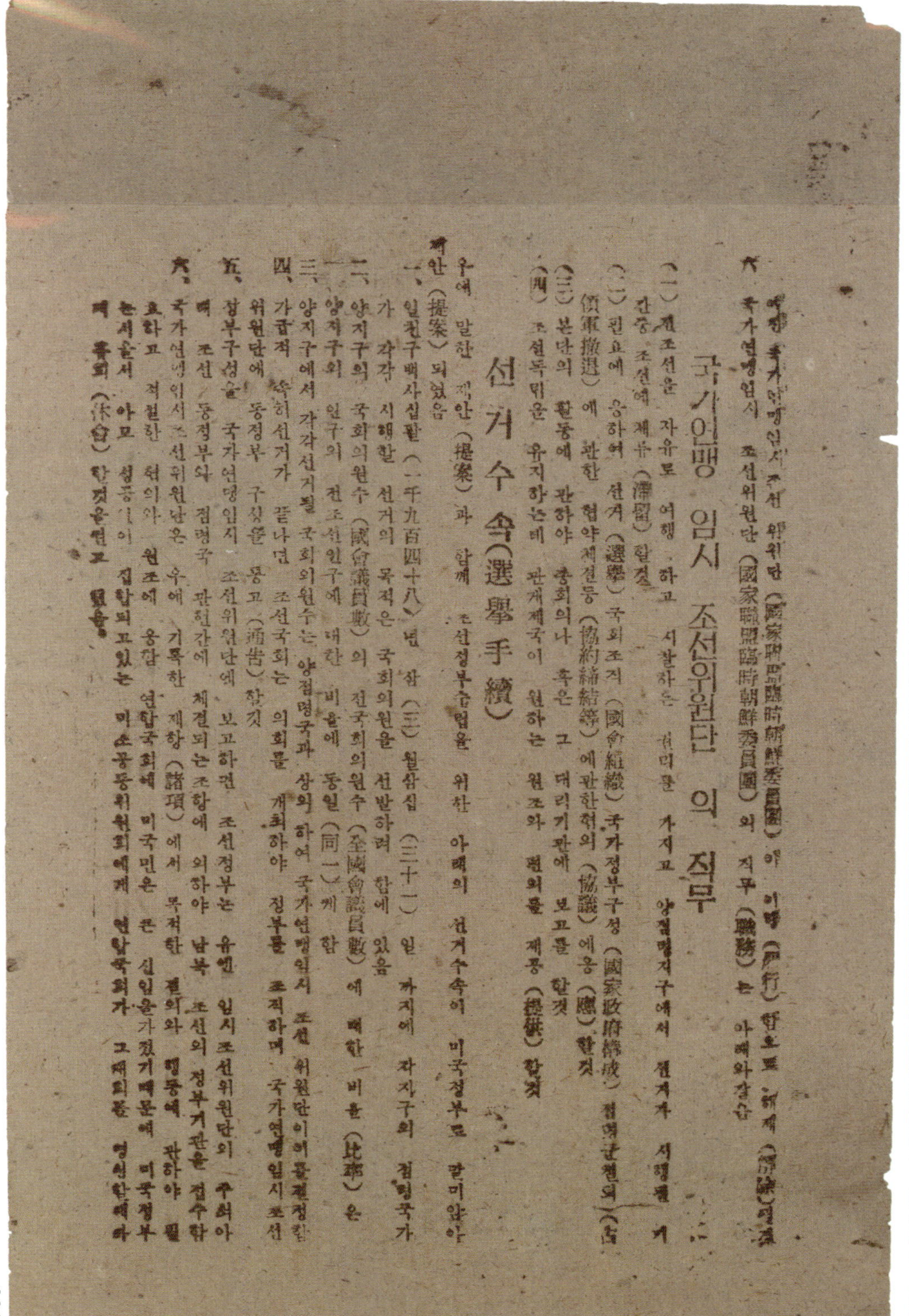

하지 중장의 중요 메시지 〈친애하는 조선동포에게〉
1947.10?

우리는 2년간이란 장구한 시일을 선량한 조선 백성이 참으로 받아야 할 통일되고 번영한 국가를 건설하고자 같이 힘써왔습니다. 그러나 조선정부를 건설하는 데 있어서 소련이 조선인의 주요 부분의 대표자들과 협의하기를 거절하였으므로 이것은 실패하고 말았습니다. 따라서 우리는 이러한 기초 위에 정부를 건설할 수는 없는 것입니다.

그러나 이제야말로 새로운 광명이 지평선 위에 나타났습니다. 조선인민이 하루 바삐 독립을 원하는 데 대하여 생각이 깊으신 미국 대통령은 조선 문제를 유엔회의에 제의했습니다. 이 세계의 문명한 인민의 욕망과 의사를 대표하는 대소 57개국의 유엔회의는 6대41의 압도적인 투표로써 조선독립 문제를 受理했습니다. 즉 이것은 세계의 독립국가들이 이제는 조선의 입장을 향상시키는 데 손을 댈 것을 표시하는 것입니다.

미국 정부는 구체적인 안을 제출하여 여기 의해서 유엔회의가 조선인민이 그들의 소원을 성취할 것을 확증할 수 있게 하였습니다. 여기 그 안이 있으니 읽어보시기를 바랍니다. 나는 그것을 잘 읽어보고 그것이 전 애국적인 조선인민들의 압도적 지지를 얻으리라고 확실히 믿습니다.

조선독립에 관한 미국 안(案)

1. 양 점령지구에서 각각 점령국은 1948년 3월 31일까지 선거를 시행함
2. 이 선거는 국가연맹 UN 감시 아래 시행할 것
3. 이 선거는 조선국회를 창설하고 조선정부수립을 지향하는 제일 계단이 됨
4. 조선정부가 수립되면 즉시 조선정부는 조선치안군을 조직하여 소련 및 합중국 주둔군이 단기간 내에 완전히 철퇴하도록 점령군과 교섭할 것
5. 이러한 규정 아래 국가연맹 유엔의 책임은 임명된 국가의 대표자들로써 이루어진 국가연맹임시조선위원단이 이행함으로 해제될 것
6. 국가연맹임시조선위원단의 직무는 아래와 같음

국가연맹임시조선위원단의 직무

(1) 전 조선을 자유로 여행하고 시찰하는 권력을 가지고 양 점령지구에서 선거가 시행될 기간 중 조선에 체류할 것
(2) 필요에 응하여 선거, 국회조직, 국가정부구성, 점령군 철퇴에 관한 협약 체결 등에 관한 협의에 응할 것
(3) 본 단의 활동에 관하여 총회나 혹은 그 대리기관에 보고할 것
(4) 조선독립을 유지하는 데 관계 제국이 원하는 원조와 편의를 제공할 것

선거수속

위에 말한 제안과 함께 조선정부 수립을 위한 아래의 선거수속이 미국 정부로 말미암아 제안되었음.

1. 1948년 3월 31일까지 각 지구의 점령국가가 각각 시행할 선거의 목적은 국회의원을 선발하려 함에 있음
2. 양 지구의 국회의원 수의 전 국회의원 수에 대한 비율은 양 지구의 인구의 전 조선 인구에 대한 비율에 동일케 할 것
3. 양 지구에서 각각 선거될 국회의원 수는 양 점령국과 상의하여 국가연맹임시조선위원단이 이를 결정함
4. 가급적 속히 선거가 끝나면 조선 국회는 의회를 개최하여 정부를 조직하며 국가연맹임시조선위원단에 동 정부의 구성을 통고할 것
5. 정부구성을 국가연맹임시조선위원단에 보고하면 조선정부는 유엔임시조선위원단의 주최 아래 조선 동 정부와 점령국 관헌 간에 체결되는 조항에 의하여 남북 조선의 정부기관을 접수함
6. 국가연맹임시조선위원단은 위에 기록한 諸 항에서 목적한 결의와 행동에 관하여 필요하고 적절한 협의와 원조에 응함. 연합국회에 미국민은 큰 신임을 가졌기 때문에 미국정부는 서울서 아무 성공 없이 집합되고 있는 미소공동위원회에게 연합국회가 그 재회를 명령할 때까지 휴회할 것을 권고했음.

총선거 실시를 주장하는 우익 측의 전단 1947.10?

一. 소위 정무위원회 작성인 남조선 임시조치 요강 문제를 정권쟁
탈 도구로 악용하려는 소련의 제5열인 중간파, 기회주의도배의
음모를 분쇄하자. 그들은 정권야욕 앞에는 민족도 독립도 양심
도 없다. 애국운동이 그들 도배에게 역용당해서야 될 말이냐.

二. 허울 좋은 新版 좌우합작 음모를 동포는 아는가. 소위 12정당
협의회란 것은 남북요인회담을 성취시킨다는 허울 좋은 미명
하에 공산당과 악수하여 소련에 아첨하여서라도 정권을 잡아
보자는 政商輩 철면피의 연극이다.

三. 총선거법을 제정할 목적으로 입법의원을 만들어 가지고 몇 날 몇
달을 보냈는가. 겨우 겨우 통과시킨 선거법은 어느 때나 쓰려는고
입법의원은 중간파, 좌우합작배의 한담장이 아닐진대 그네들
의 체통도 있을 법한 일이 아니냐. 모두가 총선거에 있다. 민생
도탄, 민심혼란, 조치요강, 12정당 음모 등등 모든 것은 총선거
안 하는 데서 생기는 주산물이다.

'남조선단독정부수립음모'를 비판하는 좌익 측의 전단
1947.10?

☆단독정부를 만들러 온 UN위원단을 쫓아내자!
☆단독정부가 서면 친일파만 활개치고 인민은 굶어죽는다!
☆양군은 즉시 물러가라! 우리의 정부는 우리의 손으로 만들 터이다!
☆남북 민주 통일 정부 수립 만세!
☆조선인민공화국 수립 만세!

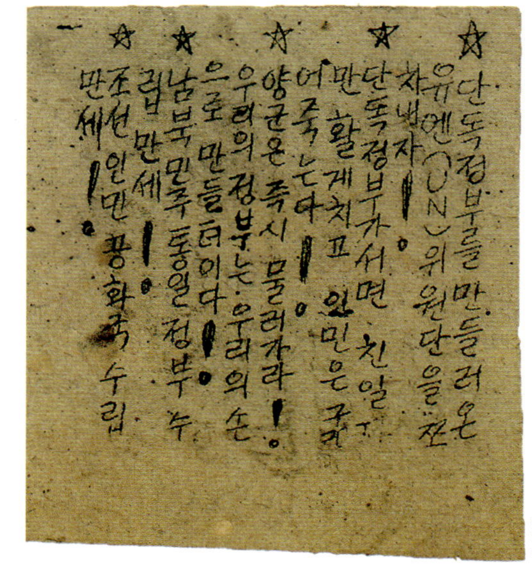

'외국군 철퇴'와 '통일정부수립'을 주장하는 좌익 측의 전단 1947.10?

추운 겨울이 닥쳐와도 김장 장작은 걱정뿐이고 잎말메기 보리 배
탈 나는 콩가루 배급만 주니 추운 겨울을 지낼 살림살이가 아득하
지 않으냐! 친일 반역도배들이 謀利奸商으로 자기 놈들의 배만 불
리고 통일정부 수립을 방해하는 때문이 아니고 무엇이냐!
UN에 조선 문제를 맡기는 것은 남북분열을 영구화하여 조국의 독
립을 방해하는 모략이다! 이것은 조선에 외국 군대를 그냥 머물러
두고 그 세력으로 반동적 남조선 單政을 조작하려는 수작이다! 친
일반역도당 韓民, 이승만 徒輩들은 외국 군대 철퇴를 반대하고 외
국 군대의 힘을 빌려 인민을 억압하고 자기놈들의 탐욕을 채울 수
있는 반동적 남조선 단정 조작을 음모하고 있다.
이 매국 반역 도배놈들의 음모를 무찔러버리자!
양군이 철퇴하여 조선인민 자체가 통일정부를 수립케 하는 것이
민족자결 구국독립의 유일한 길이다!
금년 말 내지 명년 초까지 소미 양군은 단호 철퇴하라!
그리하여 우리 인민의 손으로 우리 정부를 세우게 하라!

民族魂에 訴함!

三千萬民族이 渴望하는 信託을除外한 自主獨立을 支援하려는
官마ㅣ삼氏의 新提案이 UN總會에 上程된 事實은 國恥以來過去四十年
間 國父李承晚博士領導下에 民族解放을指標로 百折不屈한 正義의鬪爭을 한
道義的結晶이라고 할것이다 그러나 UN總會에 上程되었다는것만으로
卽時獨立이라고 誤認하여 拱手傍觀한다면 千載一遇의 好機를놓칠뿐
더러 우리民族의 劣等性을 世界에暴露하는 結果를 齎來한다는것을알어
야한다 그러면 此際有效適切한 우리들의 新方向을 具體的으로 糾明하
여 決意를새로이하여야 할것이다 只今UN總會에 朝鮮問題가 上程되기
까지에는 李承晚博士를비롯한 在美同胞들의 熱烈한支持와 援助를 不惜
한結果이라는것은 明若觀火한것이다 巷間에는 國父李承晚博士의 꾸준
한努力으로맺어진 外交的功勞를 自我勢力扶植에 利用하려는 反動分子
가있다는것은 알어야한다 三千萬民族이 UN代表로 李博士를 推戴할려
는氣勢를認知한 所謂中間路線의 賣國徒들은 中傷妨害할뿐더러 UN代表
에는 民族의總意를 代表하는 立法議院議長이나 民政長官이 宜當하다고
欺瞞宣傳을猛烈히 展開하고있는것이다 民族의總意라는것은 下部로부터의
上昇的過程을밟는다는것은 一般常識임에도 不拘하고 民族의總意로써 推
戴할려는 李承晚博士는 不可하고 軍政이任命한 民政長官과 官選議員
뿐더러 左右合作派에서 推戴한立議議長이 可하다는 自己撞着을·內包한
矛盾을泰然히主張하는 鐵面皮的行爲에는 民族的義憤을 禁치못하는바이다
三千萬民族은 如斯한 欺瞞宣傳에 當惑치말고 마ㅣ샬氏의 新提案을 絶對
支持하는깃발아래로 뭉쳐서 民族의要求를代辯하는 UN代表로 李承晚博
士를 推戴함을 絶對支持하는同時에 專心으로 此目的 貫徹을指標로하여
勇往邁進하여야 한다는것이 救國路線이라는것은 肝銘하여야할것이다

彰義團宣傳部

一、우리의政府는우리의힘으로써 樹立하여야
모든問題는 解決할수있는것이다
더 期待할것없이 年內에 總選擧를實施하자
一、外國人과結托하야同族을虐殺함으로써
祖國을팔어먹으려는 戰慄할陰謀로써
民戰及南勞黨系列의破壞分子를 肅淸하자
一、左도右도아님이라고主張하면서
共産黨破壞分子를育成하는一方
外勢에阿附하야軍政延長을策動하고
軍政延長請願書까지提出하는所謂中間派를打倒하자
一、反託成功自主獨立萬歲

鐵拳隊

창의단 선전부 〈민족혼에 訴함!〉 1947.10?

삼천만 민족이 갈망하는 신탁을 제외한 자주독립을 지원하려는 미 국무장관 마샬 씨의 新제안이 UN총회에 상정된 사실은 국치 이래 과거 40년간 國父 이승만 박사의 영도하에 민족해방을 지표로 백절불굴의 정의의 투쟁을 한 도의적 結晶이라고 할 것이다. 그러나 UN총회에 상정되었다는 것만으로 즉시 독립이라고 오인하여 공수방관한다면 천재일우의 호기를 놓칠 뿐더러 우리 민족의 열등성을 세계에 폭로하는 결과를 齎來한다는 것을 알아야 한다. 그러면 차제 유효적절한 우리들의 新방향을 구체적으로 규명하여 결의를 새로이 하여야 할 것이다. 지금 UN총회에 조선문제가 상정되기까지에는 이승만 박사를 비롯한 재미동포들의 열렬한 지지와 원조를 아끼지 않은 결과라는 것은 명약관화한 것이다. 항간에는 국부 이승만 박사의 꾸준한 노력으로 맺어진 외교적 공로를 자아 세력 부식에 이용하려는 반동분자가 있다는 것을 알아야 한다. 삼천만 민족이 UN 대표로 이 박사를 추대하려는 기세를 인지한 소위 중간노선의 매국도들은 중상 방해할 뿐더러 UN 대표에는 민족의 총의를 대표하는 입법의원 의장이나 민정장관이 의당하다고 기만 선전을 맹렬히 전개하고 있는 것이다. 민족의 총의라는 것은 하부로부터의 상승적 과정을 밟는다는 것은 일반상식임에도 불구하고 민족의 총의로써 추대하려는 이승만 박사는 불가하고 군정이 임명한 민정장관과 관선의원일 뿐더러 좌우합작파에서 추대한 立議 의장이 可하다는 자기당착을 내포한 모순을 태연히 주장하는 철면피적 행위에는 민족적 의분을 금치 못하는 바이다. 삼천만 민족은 이와 같은 기만 선전에 당혹치 말고 마샬 씨의 新제안을 절대 지지하는 깃발 아래 뭉쳐서 민족의 요구를 대변하는 UN 대표로 이승만 박사를 추대함을 절대 지지하는 동시에 전심으로 이 목적 관철을 지표로 하여 勇往邁進하여야 한다는 것이 구국노선이라는 것을 肝銘하여야 할 것이다.

鐵拳隊 총선거 실시 주장하는 우익단체의 전단 1947.10?

— 우리의 정부는 우리의 힘으로써 수립하여야 모든 문제는 해결할 수 있는 것이다. 더 기다릴 것 없이 연내에 총선거를 실시하자.

— 외국인과 결탁하여 동족을 학살함으로써 조국을 팔아먹으려는 전율할 음모를 감행한 民戰 및 南勞黨 계열의 파괴분자를 숙청하자.

— 좌도 우도 아니라고 주장하면서 공산당 파괴분자를 육성하는 한편 외세에 아부하여 군정연장을 책동하고 군정연장청원서까지 제출하는 소위 중간파를 타도하자.

— 반탁성공 자주독립 만세

근대서지총서12 그림 **408**

"유엔 상정은 조선을 '만주국' 화하려는 음모"라고 주장하
는 좌익 측의 전단 1947.10?

10월5일
매국 국민대회를 ……… 분쇄하라!
UN 상정은 조선을 「만주국」化하려는 음모이다!
친일한민계열의 10월 5일 매국 국민대회를 철저히 배격·분쇄하라!
☆조선민주주의의 완전 자주독립의 단 하나의 길인 삼상결정 만세

P R O G R A M

A WELCOME MASS MEETING
HELD IN HONOR OF
U. N. COMMISSION ON KOREA
UNDER THE AUSPICES OF THE NATIONAL RECEPTION COMMITTEE

AT SEOUL STADIUM

AT 15 : 00, 14 January 1948

Dr. YIL-HYUNG CHYUNG, PRESIDING

1. PRELUDE

THE UNITED BAND

1. KOREAN NATIONAL ANTHEM   ALL STANDING

1. OPENING ADDRESS

Mr. SEI-CHANG OH, CHAIRMAN

READ IN BEHALF OF
THE CHAIRMAN   Dr. HELEN KIM

1. WELCOMING ADDRESS

Dr. P. O. CHOUGH, EXECUTIVE CHAIRMAN

1. WELCOME SONG

THE UNITED STUDENTS CHORUS

Dr. RODY HYUN, CONDUCTOR

1. ADDRESS OF RESPONSE

INTERPRETED BY Dr. M. M. LEE

1. POSTLUDE

서울운동장에서 열린 유엔대표단 환영 군중대회 프로그
램(영문) 1948.1.14

근대서지총서12 그림 **409**

1948
/기타

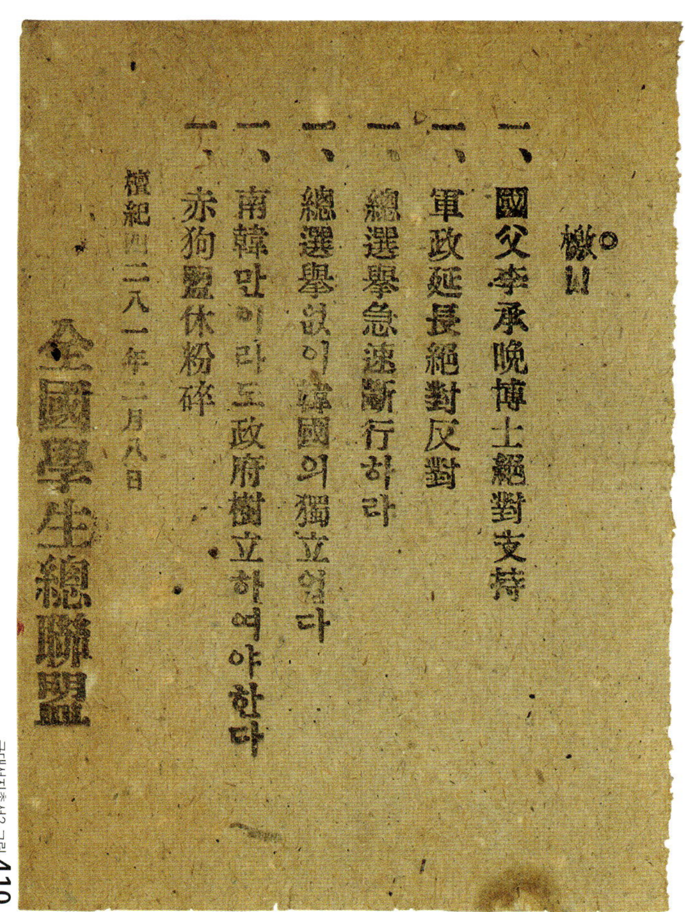

檄!!

一、國父李承晚博士絕對支持
一、軍政延長絕對反對
一、總選擧急速斷行하라
一、總選擧 없이 韓國의 獨立 없다
一、南韓만이라도 政府樹立하여야 한다
一、赤狗盟休粉碎

檀紀四二八一年二月八日

全國學生總聯盟

전국학생총연맹 〈檄!!〉 1948.2.8

一. 國父 이승만 박사 절대 지지
一. 군정 연장 절대 반대
一. 총선거 급속 단행하라
一. 총선거 없이 한국의 독립 없다
一. 남한만이라도 정부 수립하여야 한다
一. 赤狗 맹휴 분쇄

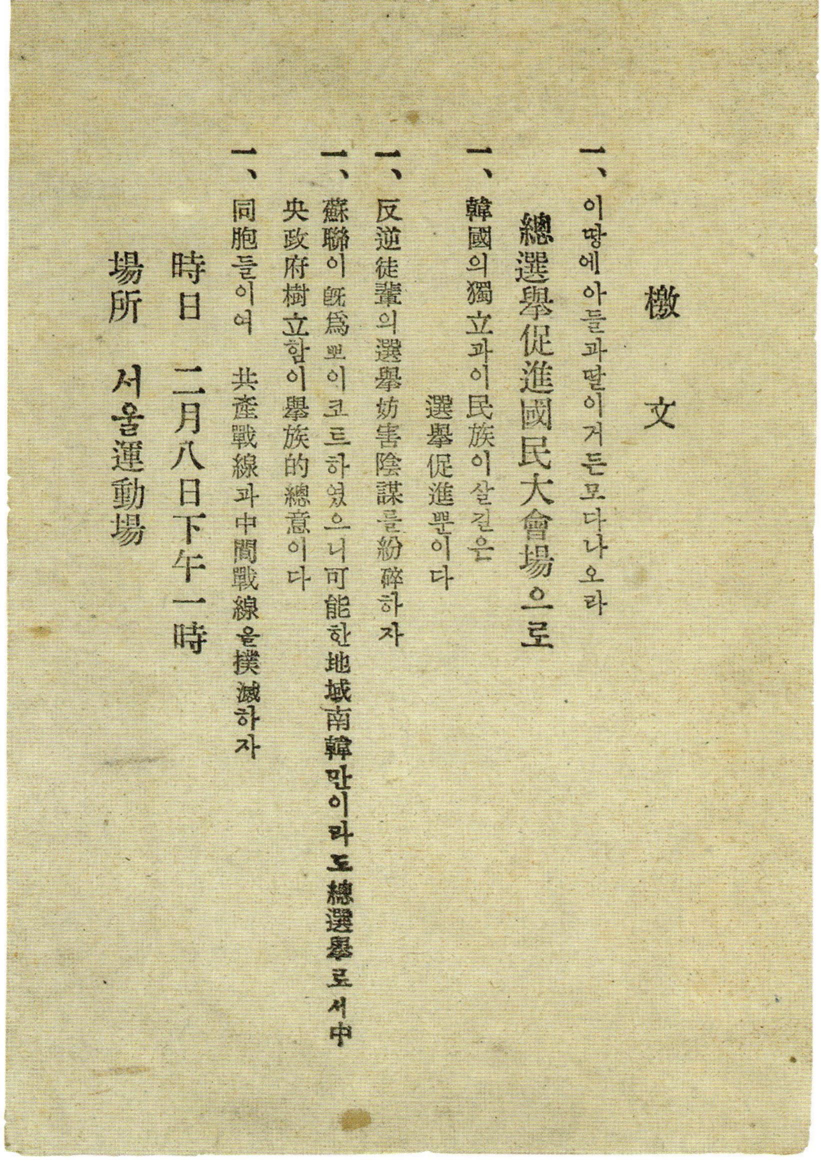

檄文

一、이땅에아들과딸이거든모다나오라 總選擧促進國民大會場으로
一、韓國의獨立과이民族이살길은 選擧促進뿐이다
一、反逆徒輩의選擧妨害陰謀를粉碎하자
一、蘇聯이 旣爲뽀이코트하였으니可能한地域南韓만이라도總選擧로서中央政府樹立함이擧族的總意이다
一、同胞들이여 共産戰線과中間戰線을撲滅하자

時日　二月八日下午一時
場所　서울運動場

'총선거촉진국민대회'를 알리는 우익 측의 격문 1948.2

一. 이 땅에 아들과 딸이거든 모두 나오라, 총선거 촉진 국민대회장으로
一. 한국의 독립과 이 민족이 살 길은 선거 촉진뿐이다
一. 반역도배의 선거 방해 음모를 분쇄하자
一. 소련이 이미 보이콧하였으니 가능한 지역 남한만이라도 총선거로서 중앙정부 수립함이 거족적 총의이다
一. 동포들이여 공산전선과 중간전선을 박멸하자

남조선 과도정부의 〈인사처리서〉 1948.3.22

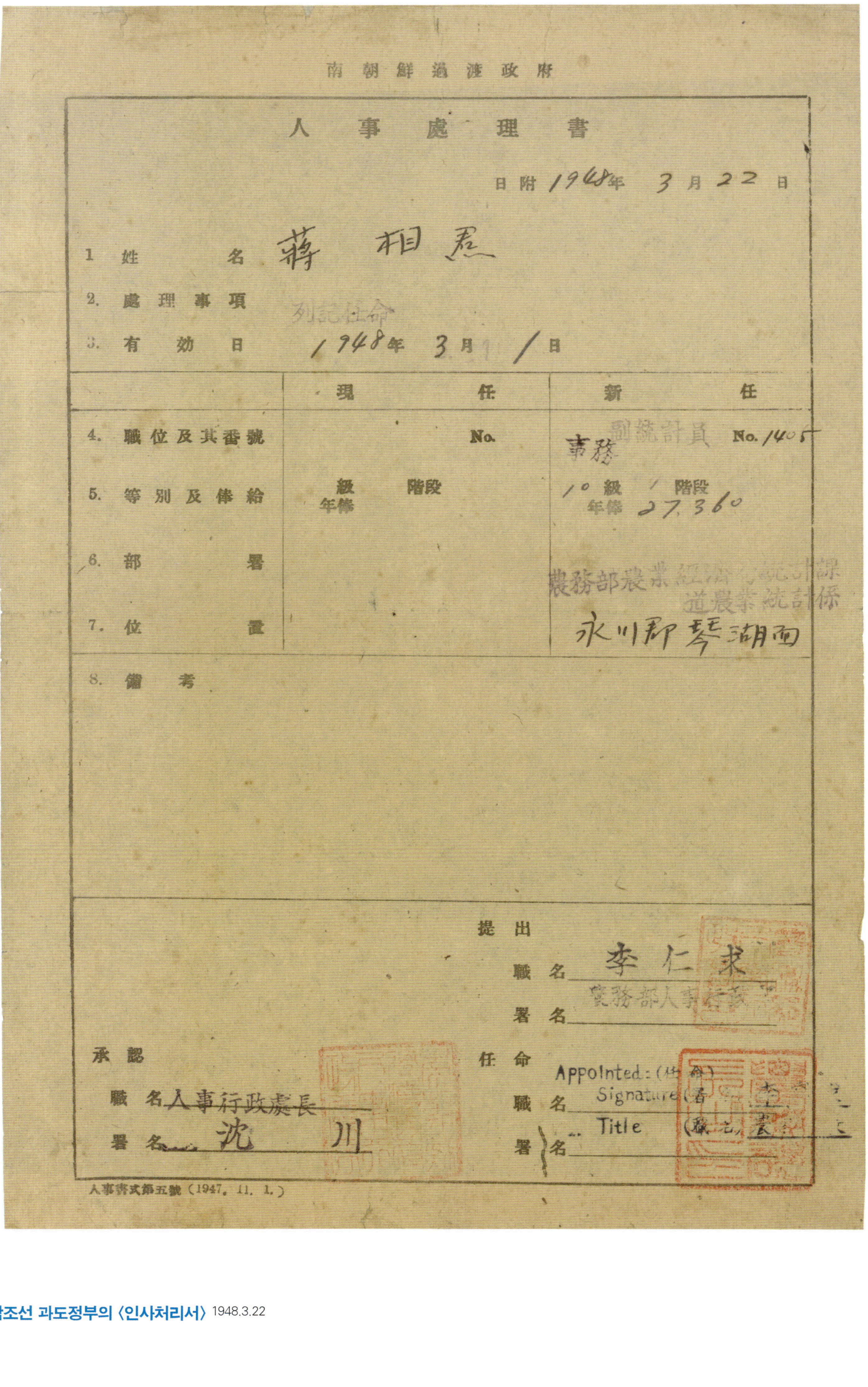

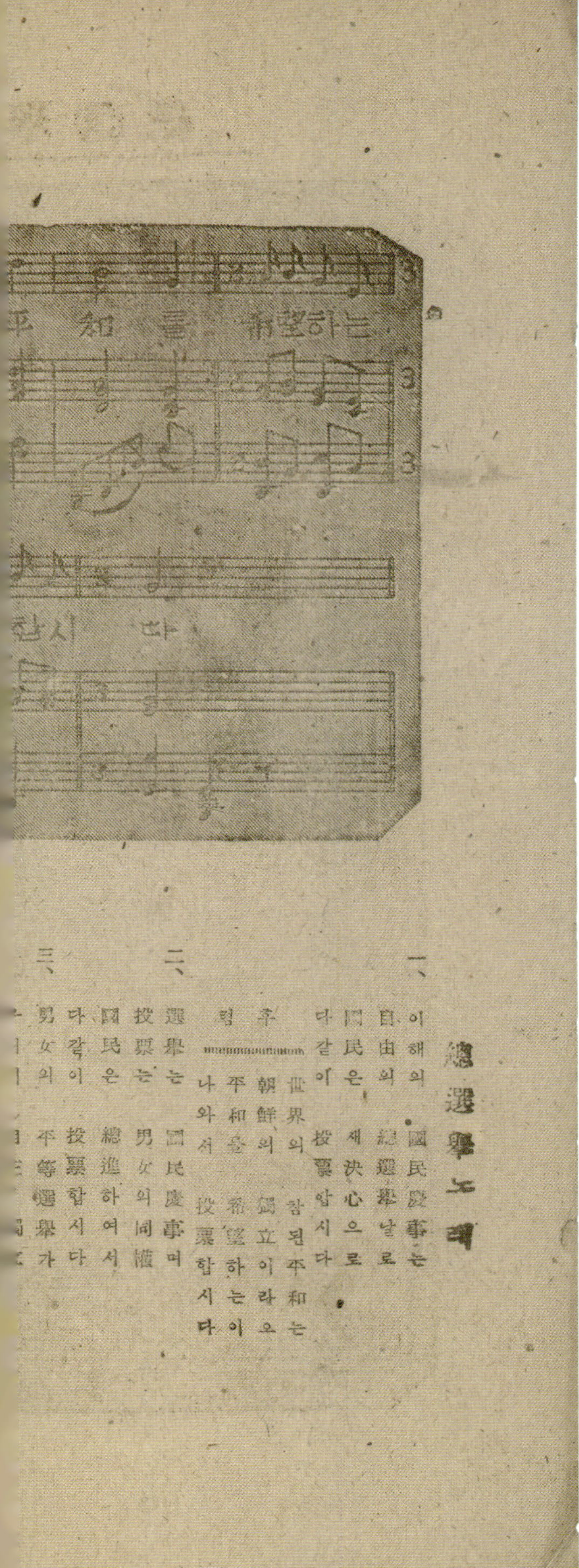

〈총선거의 노래〉 악보와 가사 1948.4~5

一.
이해의 국민경사는
자유의 총선거날로
국민은 새결심으로
다같이 투표합시다
후렴:
세계의 참된 평화는
조선의 독립이라오
평화를 희망하는이
나와서 투표합시다
二.
선거는 국민경사며
투표는 남녀의 同權
국민은 總進하여서
다같이 투표합시다.
三.
남녀의 평등선거가
우리의 자주-독립
異性의 뭉치는힘은
조국의 광복이라네
四.
독립을 희망하는이
투표를 기권마시오
역사적 조선독립은
투표로 결정합니다

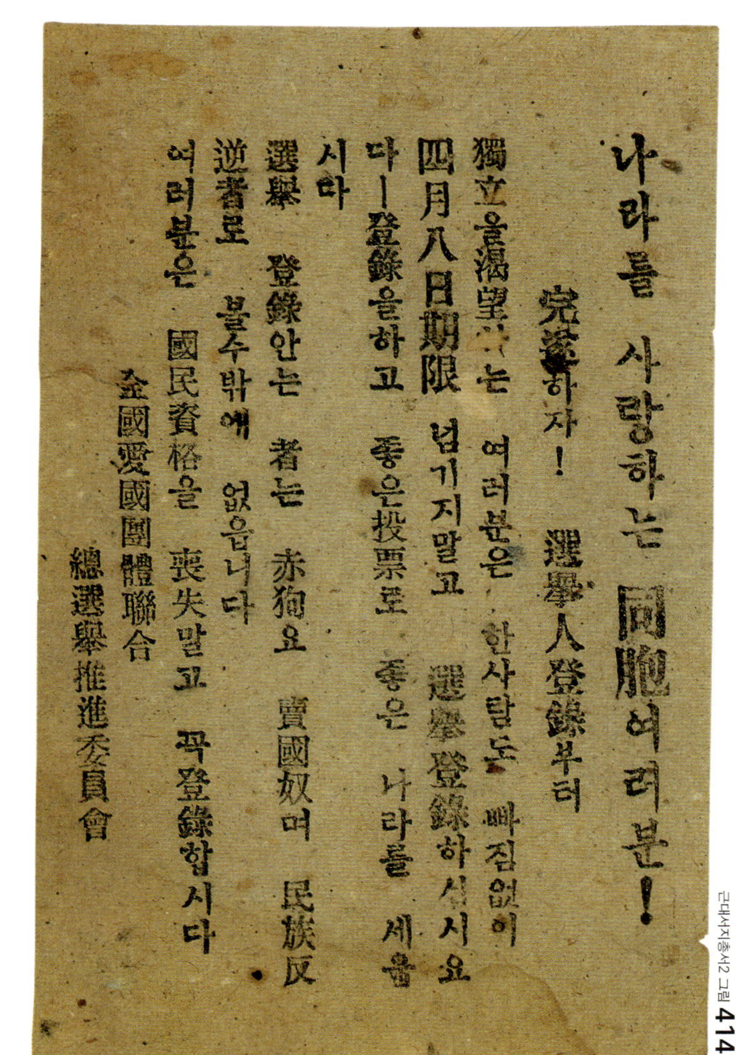

'선거인 등록'을 촉구하는 전국애국단체연합 총선거추진
위원회의 안내문 1948.3?

나라를 사랑하는 동포 여러분!
완수하자! 선거인 등록부터
독립을 갈망하는 여러분은 한 사람도 빠짐없이 4월 8일 기한 넘기
지 말고 선거 등록하십시오. 다— 등록을 하고 좋은 투표로 좋은
나라를 세웁시다.
선거 등록 않는 자는 赤狗요, 매국노며 민족반역자로 볼 수밖에 없
습니다.
여러분은 국민자격을 상실 말고 꼭 등록합시다.

동대문구 갑 선거구에 출마한 이승만 후보 1948.4

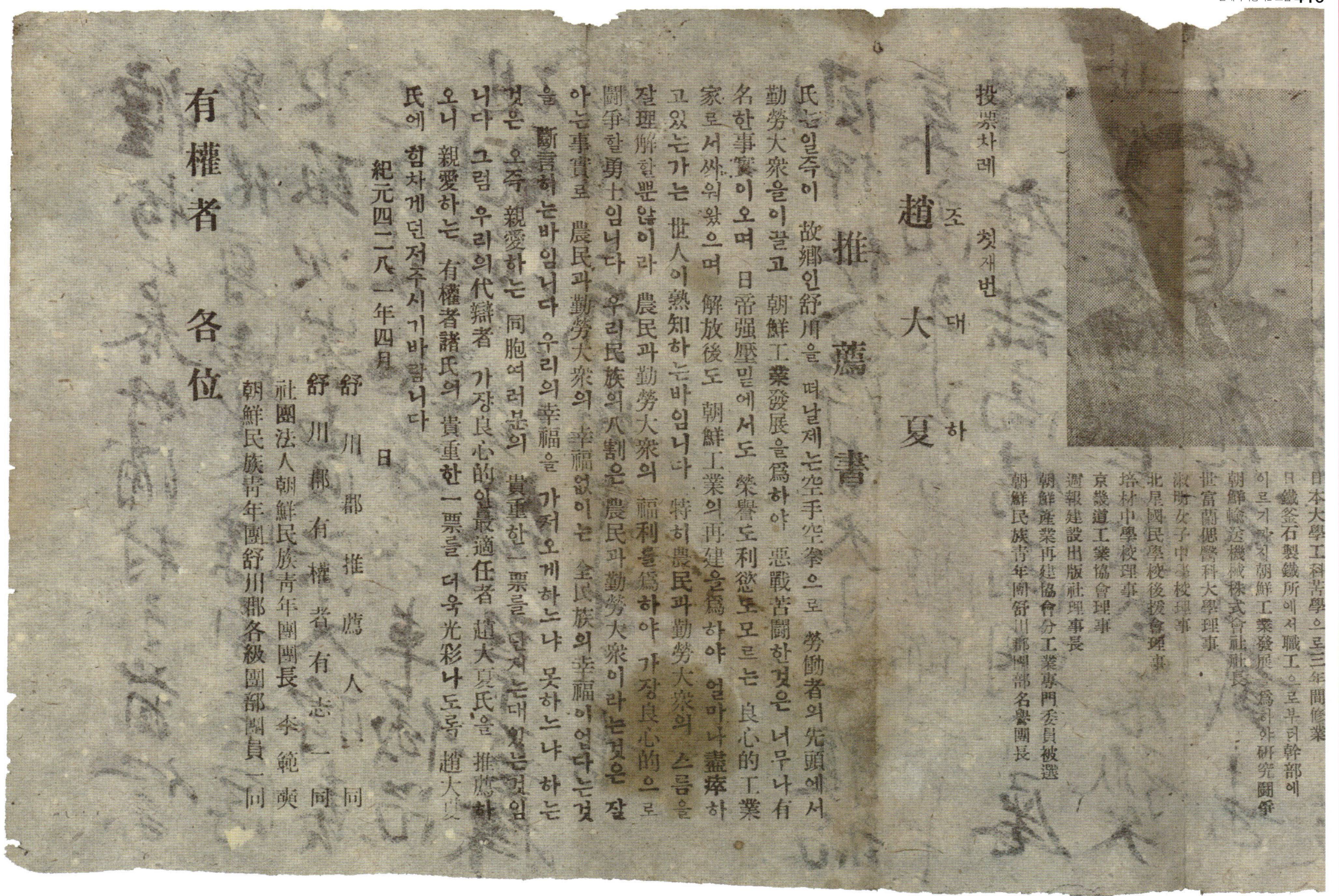

投票차례 첫재번 조 대 하

十 趙大夏

日本大學工科苦學으로三年間修業
日◯釜石製鐵所에서職工으로부터幹部에 이르기까지 朝鮮工業發展을 爲하야外 研究鬪爭
朝鮮鎔造機械株式會社社長
世富蘭偲際科大學理事
淑助女子中學校理事
北民國民學校後援會理事
培林中學校理事
京畿道工業協會理事
遞報建設出版社理事長
朝鮮産業再建協合分工業專門委員被選
朝鮮民族靑年團舒川郡團部名譽團長

推薦書

氏는 일즉이 故鄕인 舒川을 떠날제는 空手空拳으로 勞働者의 先頭에서 勤勞大衆을 이끌고 朝鮮工業發展을 爲하야 惡戰苦鬪한것은 너무나 有名한 事實이오며 日帝强壓밑에서도 榮譽도 利慾도 모르는 良心的工業家로서 싸워왔으며 解放後도 朝鮮工業의 再建을 爲하야 얼마나 盡瘁하고 있는가는 世人이 熟知하는바임니다 特히 農民과 勤勞大衆의 스름을 잘 理解할뿐않이라 農民과 勤勞大衆의 福利를 爲하야 가장良心的으로 鬪爭할勇士임니다 우리民族의 八割은 農民과 勤勞大衆이라는것은 잘 아는事實로 農民과 勤勞大衆의 幸福없이는 全民族의 幸福이업다는것을 斷言히는바임니다 우리의 幸福을 가저오게하느냐 못하느냐 하는 것은 오즉 親愛하는 同胞여러분의 貴重한 一票를 던지는것임 니다 그럼 우리의 代辯者 가장良心的인最適任者 趙大夏氏를 推薦하오니 親愛하는 有權者諸氏의 貴重한 一票를 더욱 光彩나도록 趙大夏氏에 힘차게던저주시기바람니다

紀元四二八一年四月　　日

舒川郡 推薦人 一同
舒川郡 有權者 有志 一同
社團法人朝鮮民族靑年團團長 李範奭
朝鮮民族靑年團舒川郡各級團部團員 一同

有權者 各位

서천군 입후보자 조대하의 추천서 1948.4

氏는 일찍이 고향인 敍用을 떠날 제는 공수공권으로 노동자의 선두에서 근로대중을 이끌고 조선동업발전을 위하여 악전고투한 것은 너무나 유명한 사실이오며 일제강압 밑에서도 영예도 이욕도 모르는 양심적 공업가로서 싸워왔으며 해방 후도 조선공업의 재건을 위하여 얼마나 진췌하고 있는가는 세인이 숙지하는 바입니다. 특히 농민과 근로대중의 설움을 잘 이해할 뿐 아니라 농민과 근로대중의 복리를 위하여 가장 양심적으로 투쟁할 용사입니다. 우리 민족의 8할은 농민과 근로대중이라는 것은 잘 아는 사실로 농민과 근로대중의 행복 없이는 전민족의 행복이 없다는 것을 단언하는 바입니다. 우리의 행복을 가져오게 하느냐 못하느냐 하는 것은 오직 친애하는 동포 여러분의 귀중한 한 표를 던지는 데 있는 것입니다. 그럼 우리의 대변자 가장 양심적인 최적임자 조대하 씨를 추천하오니 친애하는 유권자 諸氏의 귀중한 한 표를 더욱 광채나도록 조대하 씨에 힘차게 던져주시기 바랍니다.

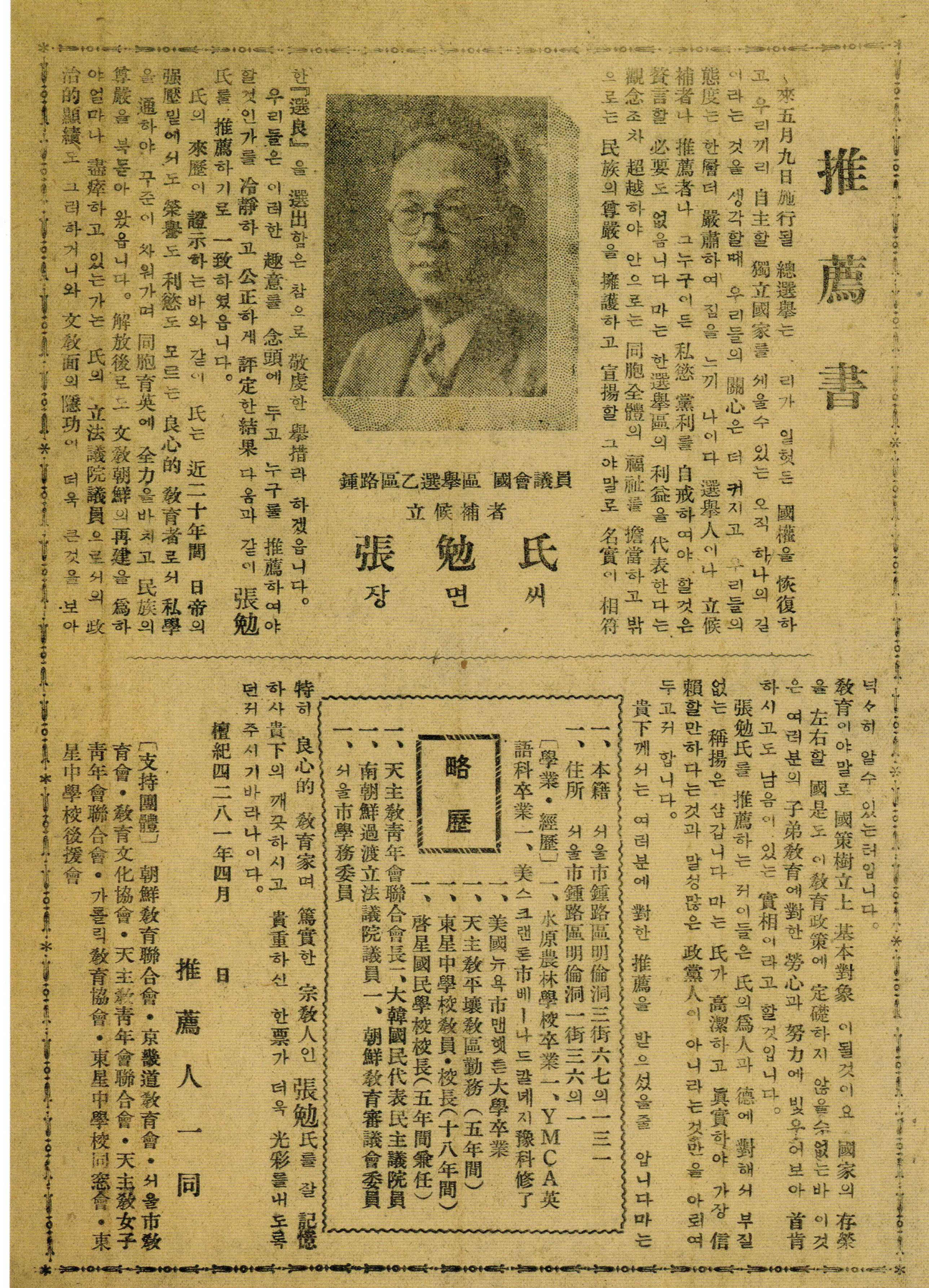

推薦書

~來五月九日施行될 總選擧는 ·리가 일헛든 國權을 恢復하고 우리끼리 自主할 獨立國家를 세울수 있는 오직 하나의 길이라는 것을 생각할때 우리들의 關心은 더 커지고 우리들의 態度는 한層더 嚴肅하여짐을 느끼나이다 選擧人이나 立候補者나 推薦者나 그누구이든 私慾 黨利를 自戒하여야 할것은 賢言할 必要도 없음니다마는 한 選擧區의 利益을 自戒하여야 할것은 한 選擧區의 利益을 代表한다는 觀念조차 超越하야 안으로는 同胞全體의 福祉를 擔當하고 밖으로는 民族의 尊嚴을 擁護하고 宣揚할 그야말로 名實이 相符

國會議員立候補者
鍾路區乙選擧區
氏 張勉 장면

넉々히 알수 있는러입니다。
敎育이야말로 國策樹立上 基本對象 이될것이요 國家의 存榮을 左右할 國是도 이 敎育政策에 定礎하지 않을수없는 바 이것은 여러분의 子弟敎育에 對한 勞心과 努力에 빛우어보아 首肯하시고도 남음이 있는 實相이라고 할것입니다。
張勉氏를 推薦하는 거이들은 氏의 爲人과 德에 對해서 부질없는 稱揚은 삼갑니다마는 氏가 高潔하고 眞實하야 가장 信賴할만하다는 것과 말성많은 政黨人이 아니라는 것만을 아뢰여 두고져 합니다。
貴下께서는 여러분에 對한 推薦을 받으섰을줄 압니다마는

한「選良」을 選出함은 참으로 敬虔한 擧措라 하겠읍니다。
우리들은 이러한 趣意를 念頭에 두고 누구를 推薦하여야 할것인가를 冷靜하고 公正하재 評定한 結果 다음과 같이 張勉氏를 推薦하기로 一致하였읍니다。
氏의 來歷이 證示하는바와 같이 氏는 近二十年間 日帝의 强壓밑에서도 榮譽도 利慾도 모르는 良心的 敎育者로서 私學을 通하야 同胞育英에 全力을바치고 民族의 尊嚴을 북돋아 왔읍니다。 解放後로도 文敎朝鮮의 再建을 爲하야 얼마나 盡瘁하고 있는가는 氏의 立法議院議員으로서의 政治的 顯績으로 그러하거니와 文敎面의 隱功이 더욱 큰것을 보아

特히 良心的 敎育家며 篤實한 宗敎人인 張勉氏를 잘 記憶하사 貴下의 깨끗하시고 貴重하신 한票가 더욱 光彩를내 도록 던저주시기바라나이다。

檀紀四二八一年四月　　日

推薦人 一同

略歷

一、本籍　서울市鍾路區明倫洞三街六七의一三一
一、住所　서울市鍾路區明倫洞一街三六의一
[學業・經歷]
一、水原農林學校卒業
一、YMCA英語科卒業
一、美스크랜톤市베ー나드칼베지豫科修了
一、美國뉴욕市맨햇튼大學卒業
一、天主敎平壤敎區勤務(五年間)
一、東星中學校敎員・校長(十八年間)
一、啓星國民學校校長(五年間兼任)
一、大韓國民代表民主議院員
一、南朝鮮過渡立法議院議員
一、朝鮮敎育審議會委員
一、서울市學務委員
[支持團體] 朝鮮敎育聯合會・京畿道敎育會・서울市敎育會・敎育文化協會・天主敎靑年會聯合會・天主敎女子靑年會聯合會・가톨릭敎育協會・東星中學校同窓會・東星中學校後援會

종로구 을 선거구에 출마한 장면 후보(추천인 일동의 추천서 및 약력) 1948.4

오는 5월 9일 시행될 총선거는 우리가 잃었던 국권을 회복하고 우리끼리 자주할 독립국가를 세울 수 있는 오직 하나의 길이라는 것을 생각할 때 우리들의 관심은 더 커지고 우리들의 태도는 한층 더 엄숙하여짐을 느끼나이다. 선거인이나 입후보자나 추천자나 그 누구이든 사욕 당리를 自戒하여야 할 것은 贅言할 필요도 없습니다마는 한 선거구의 이익을 대표한다는 관념조차 초월하여 안으로는 동포 전체의 복지를 담당하고 밖으로는 민족의 존엄을 옹호하고 선양할 그야말로 명실이 상부한 『選良』을 선출함은 참으로 경건한 거조라 하겠습니다.

우리들은 이러한 趣意를 염두에 두고 누구를 추천하여야 할 것인가를 냉정하고 공정하게 평정한 결과 다음과 같이 장면 씨를 추천하기로 일치하였습니다.

氏의 내력이 證示하는 바와 같이 氏는 근 20년간 일제의 강압 밑에서도 영예도 利慾도 모르는 양심적 교육자로서 사학을 통하여 꾸준히 싸워가며 동포 育英에 전력을 바치고 민족의 존엄을 북돋아 왔습니다. 해방 후로도 문교 조선의 재건을 위하여 얼마나 진췌하고 있는가는 氏의 입법의원 의원으로서의 정치적 顯績도 그러하거니와 문교면의 은공이 더욱 큰 것을 보아 넉넉히 알 수 있는 터입니다.

교육이야말로 국책 수립상 기본 대상이 될 것이요 국가의 존영을 좌우할 國是도 이 교육정책에 정초치 않을 수 없는 바, 이것은 여러분의 자제 교육에 대한 노심과 노력에 비추어보아 수긍하시고도 남음이 있는 실상이라고 할 것입니다.

장면 씨를 추천하는 저희들은 氏의 위인과 덕에 대해서 부질없는 稱揚은 삼갑니다마는 氏가 고결하고 진실하여 가장 신뢰할 만하다는 것과 말썽 많은 정당인이 아니라는 것만을 아뢰어 두고자 합니다.

귀하께서는 여러분에 대한 추천을 받으셨을 줄 압니다마는 특히 양심적 교육가며 독실한 종교인인 장면 씨를 잘 기억하사 귀하의 깨끗하시고 귀중하신 한 표가 더욱 광채를 내도록 던져주시기 바라나이다.

國會議員候補

尹致暎先生의略歷 (五十一歲)

學歷
一、私立中央中學校卒業
一、日本早稻田大學法科卒業
一、美國푸린스톤大學에서三年間國際法及外交研究
一、콜럼비아大學研究科에서一年間國際法及外交研究
一、쪼-지와싱톤大學學士院에서國際法及外交學으로 엘,엘,삐,에이의學位授與
一、아메리칸大學法科에서國際法으로 엘,엘,삐,에이의學位를授與
一、쪼-지와싱톤大學國際法及外交研究部에서五個年間研究함
一、카네기國際、平和財團、國際法及外交研究部에서五個年間研究함

經歷
一、大韓民國臨時政府駐在와싱톤歐美議院府委員
一、하와이太平洋雜誌主筆
一、하와이同志會總本部理事兼財務部長
一、東亞日報北美合衆國特派通信員
一、第二次太平洋大會韓國代表로出席
一、京城中央基督敎靑年會副總務
一、國民大會、調査部長兼外交部次長
一、民主議院秘書局長
一、國際法及外交研究會理事長
一、週刊新太平洋主筆兼理事
一、서울市競技聯盟參與

제1회 총선 입후보자들 이윤영, 윤치영 1948.4

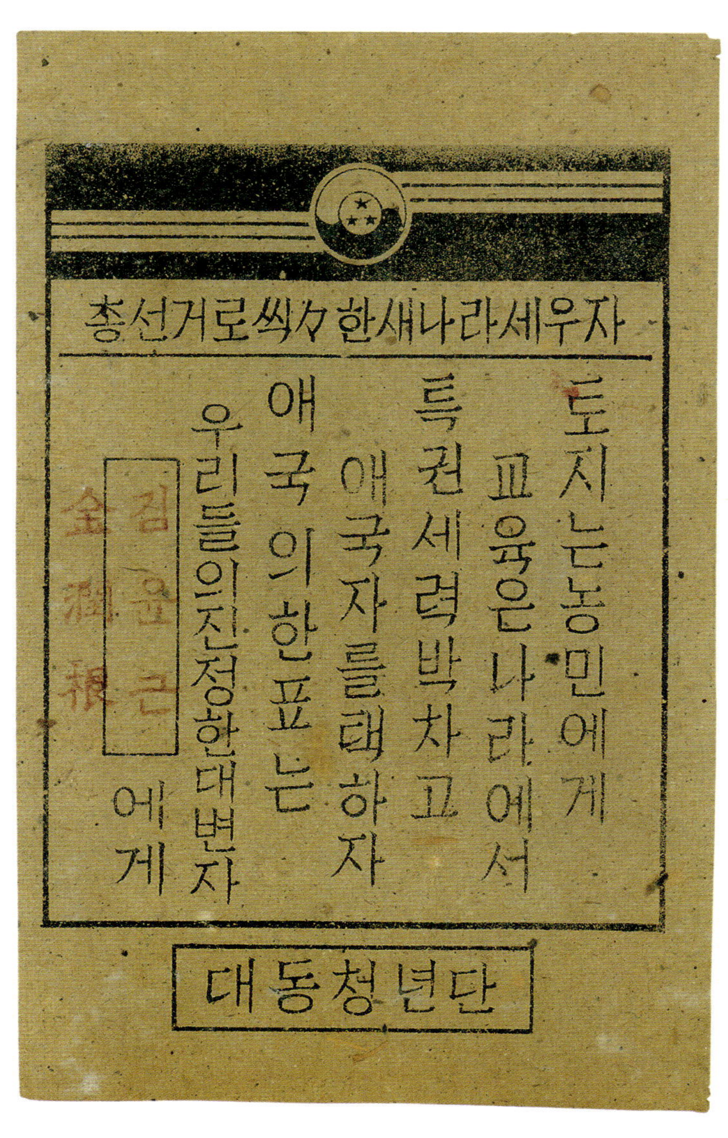

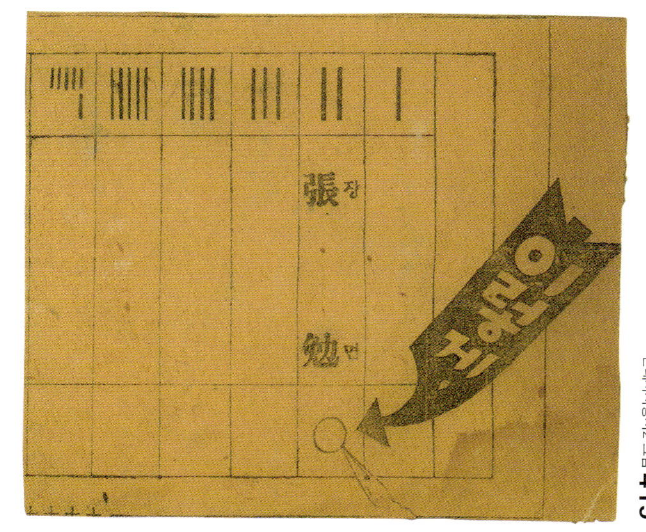

근대사진총서42 그림 **419**

제1회 총선 입후보자들 박용래, 박정근, 지지 후보를 알리는 대동청년단의 전단, 장면을 지지하는 투표용지 형식의 전단 1948.4

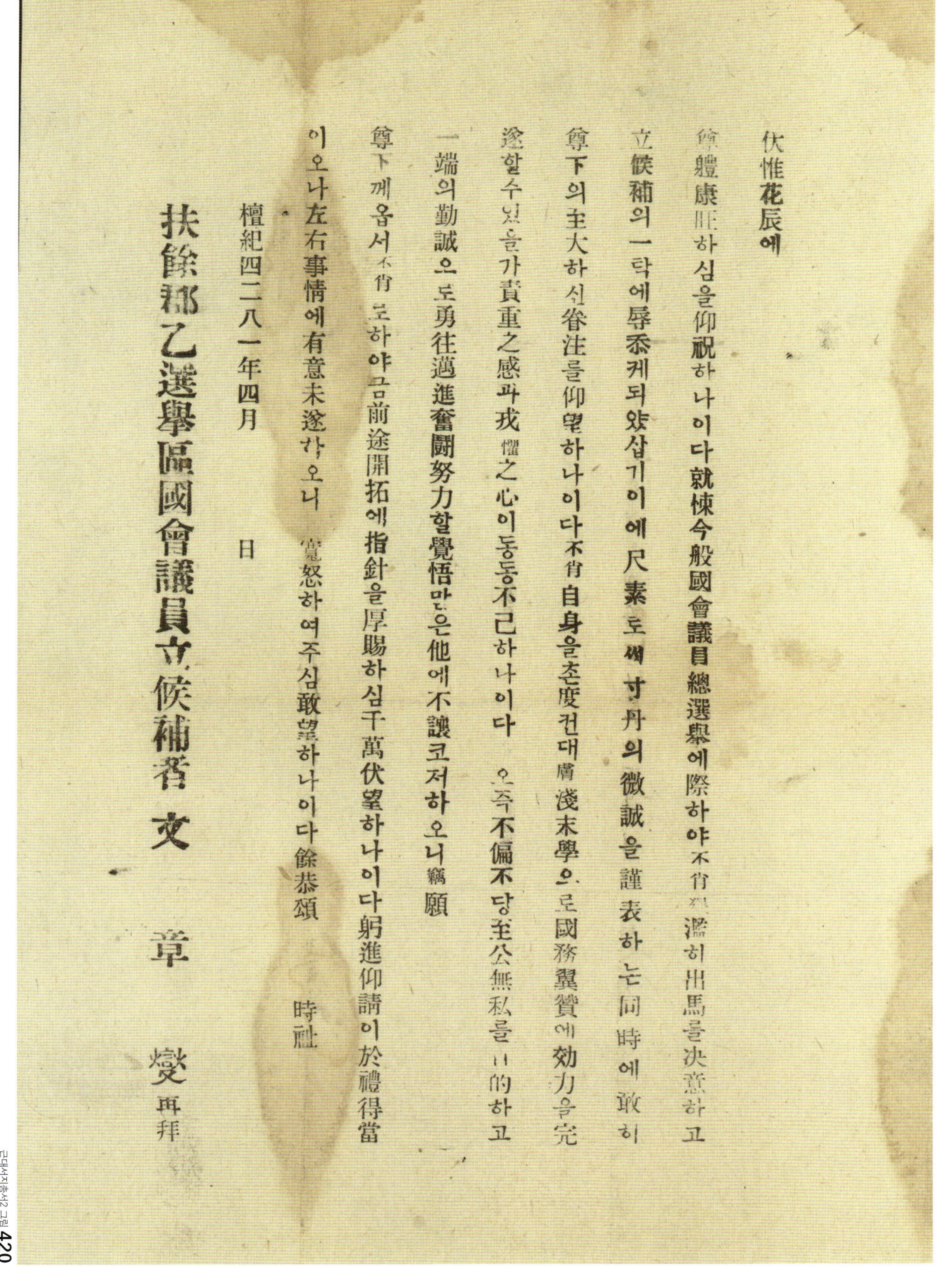

부여군 을선거구 국회의원 입후보자 문장섭의 '출마의 변' 1948.4

伏惟花辰에
존체 康旺하심을 앙축하나이다. 就悚 이번 국회의원 총선거에 際하여 불초 외람히 출마를 결의하고 입후보의 일탁에 욕첨케 되었삽기 이에 尺素로써 寸丹의 微誠을 謹表하는 동시에 감히 존하의 지대하신 眷注를 앙망하나이다 불초 자신을 촌도컨대 膚淺末學으로 國務翼贊의 효력을 완수할 수 있을까 責重之感과 戒懼之心이 동동 不己하나이다. 오직 불편부당 지공무사를 목적하고 일단의 勤誠으로 용왕매진 분투노력할 각오만은 타에 불양코자 하오니 竊願 존하께옵서 불초로 하여금 전도 개척의 지침을 후사하심 천만복망하나이다 躬進仰請이 於禮得當이오나 좌우사정에 有意未遂하오니 寬恕하여 주심 감망하나이다 餘恭頌 時祉

379

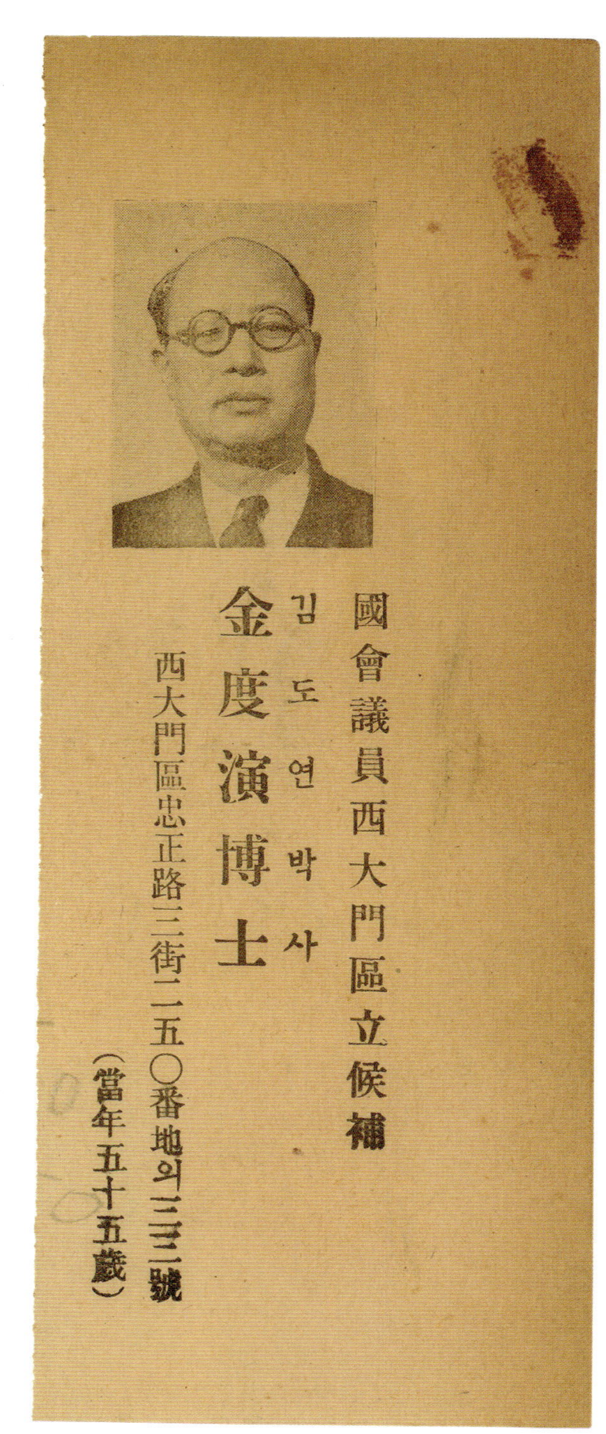

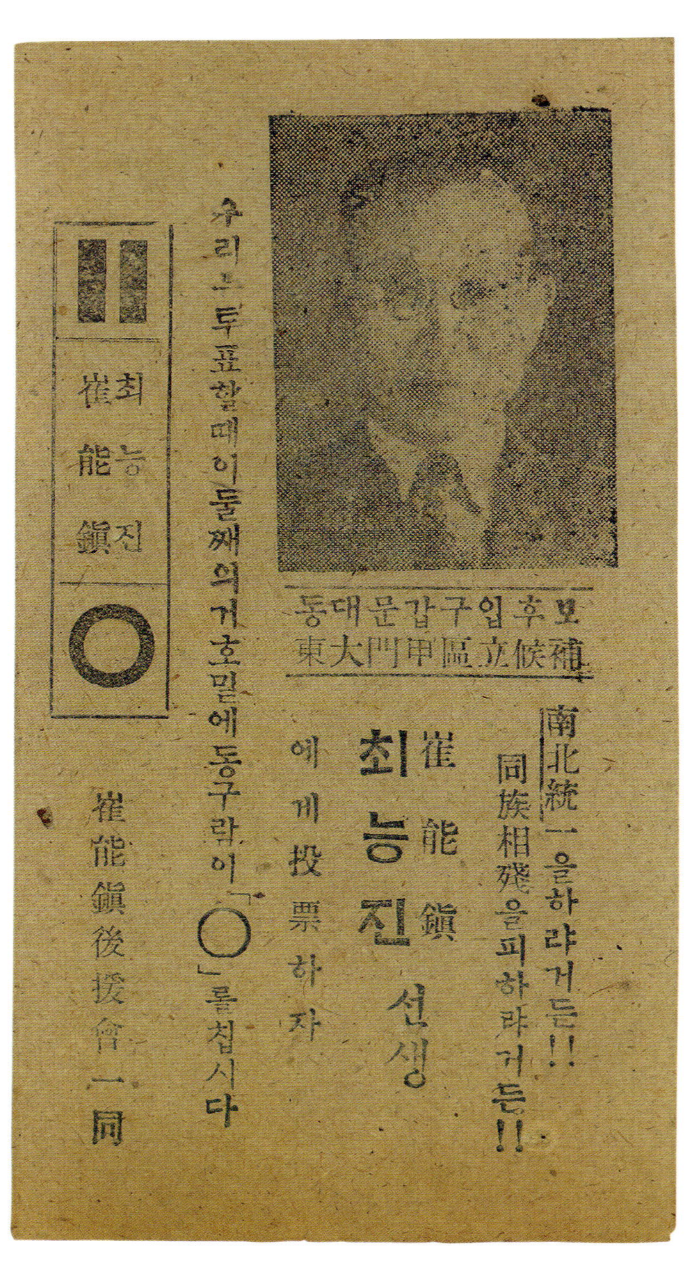

제1회 총선 입후보자들 김활란, 김도연, 최능진, 최규설 1948.4

慶 祝 大韓民國初代閣僚

李範奭　國務總理兼國防部長官　當五十歲　서울出生

李承晚　大統領　當七三歲　黃海道平山出生

李始榮　副統領　當八十歲　京畿道楊川出生

安浩相　文教部長官　當四八歲　慶南宜寧出生

李仁　法務部長官　當五二歲　慶北大邱出生

金度演　財務部長官　當五五歲　서울出生

張澤相　外務部長官　當五五歲　慶北漆谷出生

尹致暎　內務部長官　當五一歲　서울出生

曹奉岩　農林部長官　當五〇歲　京畿道江華出生

錢鎮漢　社會部長官　當四八歲　慶北聞慶出生

尹錫龜　遞信部長官　當五七歲　忠南舒川出生

任永信　商工部長官　當四七歲　全北全州出生

閔熙植　交通部長官　當五三歲　서울出生

金東成　公報處長　當五九歲　開城出生

兪鎮午　法制處長　當四五歲　서울出生

閣僚의略歷

李大統領　美國哲學博士　韓臨時政府主席及駐美外交委員長等歷任　解放後一九四五年十月歸國　獨促中央協議會民統等組織　民主議院議長　獨促國民會總裁를거처一九四八年七月二十日大統領當選

李副統領　李朝末葉　平安觀察使歷任　其後滿洲로亡命以來四十年間軍事訓練과海外同胞教育을通하여大韓民國臨時政府重鎮으로서活躍

李國務總理兼國防長官　雲南軍官學校卒業　滿洲에서軍官學校設立臨政軍務部要職歷任　現在朝鮮民族青年團長

李順鐸　企劃處長　當五二歲　海南出生

金炳魯　審計處長　平壤出生

尹內務長官　日本早大法科卒業　英國럼버라大學卒業　民族陣營第一線總指揮　前國民大會議長歷任　現國務委員

張外務長官　日本早大卒業　英國愛丁堡大學修業　民主議院秘書局長歷任　現國務委員

李法務長官　日本大學卒業（韓民黨）　過去辯護士로抗日鬪爭　現서울大學校法科教授

安文教長官　獨逸哲學博士（女子國民黨）現國務委員

任商工長官　梨花大學卒業（女子國民黨）　UN本部에서一年間渡美　最近歸國

閔交通長官　高等學校卒業　英經濟科卒業　顧問歷任運輸

尹遞信長官　開城英中學校卒業　大田女中教員（韓民黨）　法議院議員

錢社會長官　科卒業　全國協委員長　獨促青年農部長（大韓勞總戰線）

曹農林長官　科卒業　一九二七年兩次朝共同年離脫　現國會議員

李企劃處長　經濟學部卒業　財政副局長歷任　朝鮮銀行調査部門學校教授歐門職歷任　現在立法議院議員

金總務處長　中外日報朝時代財政支局長歷任

兪法制處長　京城帝大法文學部卒業　高大教授　立法議院議員　憲法起草專門委員

金公報處長　州立大學卒業

대한민국 초대 각료 명단 및 약력 1948.8.15

民族精神昂揚全國文化人總蹶起大會準備委員會

四二八一年十二月十五日

時日　四二八一年十二月二十七·八日兩日（自午前十時 至午後五時）

場所　서울市市公館

서울市中區乙支路二街一九九　民衆日報社屋內
電話　本局②二八〇五番

大會準備委員長　高羲東

副委員長　玄相允　張利郁　白樂濬　金若水　金東成　朴鍾和　蔡東善　李丙燾

準備委員（無順）

金東里　徐廷柱　趙演鉉

尹逢春　金達鎭　李光來　洪九範　申曙野　具常　李瑞求　尹鼓鍾　李興烈　李東浩　徐恒錫　金永華　尹永春　吳桐淳　李象範　金冬俊　金晉燮　朴泰俊　裴相秀　崔水應　崔泰應　朴泰鈗

金聖春　金容浩　張志暎　安壽吉　孫晉泰　卓昌惠　金東仁　李應魯　金基宇　柳致環　李台雨　李海浪　金東鳴　卞榮魯　金生麗　金光均　李熙昇　崔貞熙　趙芝薰　柳致眞　金松　金永郎

沈影變　黃順元　崔鉉培　成慶麟　徐元出　朴木月　李漢稷　安容純　鄭榮在　洪曉民　薛昌洙　桂默　任用璉　丁來東　白志鐵　宋乙英　金德漢　張禧祚　崔珖淵　金光鑾　金洲　吳宗植

韓章　楊雲　鄭寅承　張師幸　李相佰　崔仁旭　李正鎬　朴英晩　金天愛　林學善　白雲普　金鎭壽　安鍾和　李河　孫柔熙　盧壽鉉　都相鳳　朴慶浩　金三奎　李軒求　成大勳　安碩柱

郭鍾元　張瑞彦　朴啓周　申瑛漵　朴昌海　鄭勳　李相魯　郭行瑞　李想春　李化三　陳承錄　金東園　李圭煥　吳時泳　高永煥　李用雨　李馬銅　李瑄根　李健赫　申鼎言　高在旭　鄭弘巨

林肯載　金永基　呂世成　金來鎭　崔奉朝　鄭允碩　許允壽　金永崗　尹崑慶　朴魯鄕　趙鎭　朴斗億　金夷　金在溶　兪東泰　金聖基　金煥潤　異河珌　安炳禹　李鍾石　鄭飛石　韓亨錫

〈민족정신 앙양 전국문화인총궐기대회 취지서〉
1948.12.27

우리는 문화인이다. 우리는 문화가 쇠퇴하거나 발전하지 못하는 환경 속에서 생존할 의욕을 가지지 못하는 자이다. 문화는 정신이요 문화야말로 가장 진실한 생활이며 또한 생활의 부단한 비판인 까닭이다. 그러므로 문화의 향상과 발전은 생활의 향상과 발전을 전제한다. 그럼에도 불구하고 해방 후 3년을 지나 대한민국이 수립된 오늘에 이르기까지 문화는 어찌되었느냐. 정당이거나 단체거나 할 것 없이 그 위신을 자랑하기 위하여 문화란 말은 잊어버리지는 않았으리라마는 문화의 시설은 누구의 손아귀에 들어갔으며 400억에 달하는 화폐발행고 중 문화를 위한 금융은 과연 몇 %가 되며 잡다한 유령 간판 중 문화의 간판은 正히 어디서 찾아야 하게 되었는가. 그러나 문화는 살고 또 살아야 할 강력한 의욕을 다시금 새롭게 하는 민족 사활의 중대한 현실에 닥쳤으니 이것은 역사적 현실에서 규정된 신성한 명령이다. 보라 순천, 여수의 반란 사건은 해방 후 이북의 악랄한 계획과 이남의 온상에서 육성된 共産輩의 치밀하고 조직적인 학살행동이라고 하였으나 의식 없이 이에 유도되고 기만되어 가담한 동포의 정신적 황혼은 과연 총검과 투옥으로서만 해결될 문제일까. 총검의 윤리를 시비하거나 감옥의 교화를 무시함이 아니로되 우리의 급선무는 민족의 생명에서 구현되는 민족정신의 건전한 앙양에 있으니 민족이 사는 데는 나라가 있어야 한다는 이 신성한 명제를 문화의 주제로서 우리는 분석하고 검토하고 종합하여 그 부동의 이념을 건국의 초석 밑에 파묻어 이 한 알맹이의 씨가 민족이 평화할 때나 민족이 위태로운 때를 막론하고 그 단계마다 발전을 약속하고 방지하는 영원한 정신적 생산의 모태가 되어 민족의 안전을 보장하고 민족의 영예를 보전케 함에 금번 문화인궐기대회의 현실에서 규정된 역사적 의의가 있는 것이다.

민족이 살고 민족이 살려면 나라가 있어야 한다. 이러한 의욕이 우리로 하여금 드디어 일상에 모이게 하는 바이니 이미 UN을 통하여 세계의 일환으로 세계사상 찬연한 기록을 지은 우리들은 인류 공존의 이념으로 나타난 민주주의를 민족화하는 사명을 띠고 이에 반만년 역사상 한 개의 결정서를 내리고자 하는 바이다. 그리하여 문화인의 순정과 정열과 이성을 다하여 모든 매국적 예속성을 극복하고 38선의 철막을 돌파하는 단계에 들어가려는 오늘 강호의 주시가 이미 집중되기를 바라는 바이다.

民族精神
昂揚

全國文化人總蹶起大會趣旨書

우리는 文化人이다 우리는 文化가 衰退하거나 發展하지못하는 環境속에서 生存할意慾을 가지지못하는 者이다 그러므로 文化는 精神이오 文化야말로 가장眞實한生活이며 또한 生活의 不斷한 批判인까닭이다 그러므로 文化의 向上과 發展은 生活의 向上과 發展을 前提한다 그럼에도 不拘하고 解放後 三年을 지나 大韓民國이 樹立된 오늘에 이르기까지 文化는 어찌되었느냐

政黨이거나 團體거나 할것없이 그滅信을 자랑하기爲하여 文化란말은 이저버리지는 않았으리라마는 金融은 果然몇%가되며 雜多한 幽靈看板中 文化의 看板은 正히 어데서 찾어야하게되었는가 이것은 歷史的現實에서 規定된 神聖한命令이다 보라 順天、麗水의 叛亂事件은 解放後以北의 顯烈한計劃과 以南의 溫床에서 育成된 共産輩의 緻密하고 組織的인 虐殺이며 意識없이 이에 誘導되고 加擔한 精神的 黃昏은 果然 同胞의 監獄을 無限함이아니 敎化를 民族精神의 健全한昂揚에있으니 民族이平和할때나 民族이危殆로운때를 莫論하고 그段階마다 發展을 約束하고 動搖를 防止하는 民族의 安全을 保障하고 民族의 榮譽를 保全케하에 今番 文化人蹶起大會의 現實에서 永遠한精神에 生産의 母胎 民族의 生命에서 其現되는 銃劍과 投監으로서만 解決될問題일까 銃劍의 倫理를 是非하거나 우리는 分析하고 檢討하고 綜合하야 그不動의 理念을 建國의 礎石밑에 파묻어 이 規定된 歷史的意義가있는것이다。

民族이 살고 民族이삼라면 나라가있어야한다 이러한意慾이 우리로하여곰 드디어一堂에 모히께하는바이니 이미 UN을通하여 世界의一環으로 人類共存의 理念으로 나타난 民主主義를 民族化하는 世界史上 燦然한記錄을 지은 우리들은 한個의決定書를 내리고지하는바이다 그리하여 文化人의 純正과 情熱과 理性을다하여 모든 賣國的隷屬性을 克服하고 三八線의 鐵幕을 突破하는 段階에 드러가야는오늘 江湖의 注視가 이미 集中되기를 바라는바이다。

文化로빛난다 祖國의새날

大會任員 (無順)

名譽會長　會長　副會長　顧問

吳世昌　崔奎東　崔斗善　金鼎善　申翼熙　李範奭　金性洙　李允榮　尹致暎　安浩相　錢鎭漢　尹潽善　崔淳周　卞榮泰

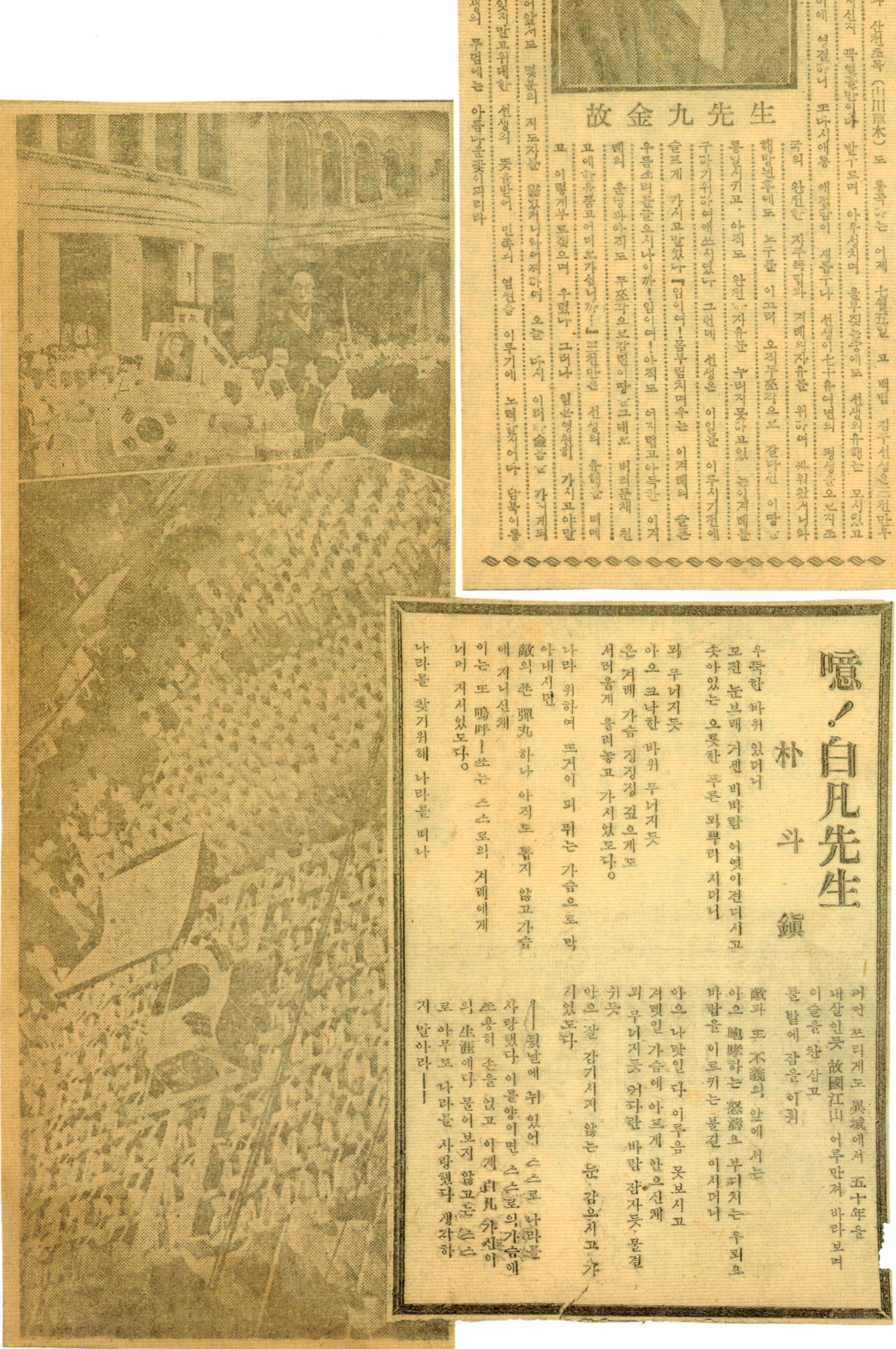

7월 5일 거행된 백범 김구의 장례식 보도 1949.7.6

천지신령도 산천초목도 김구 선생 영전에 통곡
어제 국민장의식 엄숙 거행
오오! 슬프도다. 천지신령과 산천초목도 통곡하는 어제 7월 5일 故 백범 김구 선생은 삼천만 울음 속에 영영 가시었으나. 피를 뿜고 스러지신 지 꼭 열흘만이다. 발 구르며 아우성치며 울부짖는 중에도 선생의 유해는 모시었고, 있는 동안은 마음이 든든하더니만 졸연히 이에 영결하니 또다시 애통 애절함이 새롭구나. 선생이 70여 년의 평생을 오로지 조국의 완전한 자주독립과 겨레의 자유를 위하여 싸워왔거니와 해방된 후에도 누구를 이끌어 오직 두 조각으로 갈라진 이 땅을 통일시키고, 아직도 완전한 자유를 누리지 못하고 있는 이 겨레를 구하기 위하여 애쓰셨다. 그런데 선생은 이 일을 이루시기 전에 슬프게 가시고 말았다. 「임이여! 몸부림치며 우는 이 겨레의 슬픈 울음소리를 들으시나이까! 임이여! 아직도 어지럽고 아득한 이 겨레의 운명과 아직도 두 조각으로 갈린 이 땅을 그대로 버려둔 채 천고의 한을 품고 어디로 가십니까!」 삼천만은 선생의 유해를 떠메고 이렇게 부르짖으며 울었다. 그러나 임은 영원히 가시고야 말았다. 우매한 백성들아! 너희들이 지각없이 앞서도 몇 분의 지도자를 잃었거니와 어찌하여 오늘 다시 이러한 슬픔을 가지게 되었더냐!! 오늘의 뼈저린 아픈 설움 영원히 잊지 말고 위대한 선생의 뜻을 받아 민족의 염원을 이루기에 노력할지어다. 남북이 통일되고 민족이 완전한 자유를 얻는 날 선생의 무덤에는 아름다운 꽃이 피리라.

噫! 백범 선생
박두진

우뚝한 바위 있더니
모진 눈보라 거센 비바람 여엿이 견디시곤
솟아있는 오롯한 푸른 뫼뿌리시더니

뫼 무너지듯
아으 크나큰 바위 무너지듯
온 겨레 가슴 징징징 깊으게도
서러움에 올려놓고 가시었도다.

나라 위하여 뜨거이 피 뛰는 가슴으로 막아내시던
적이 쏜 탄환 하나 아직도 뽑지 않고 가슴에 지니신 채
이는 또 오호! 쏘는 스스로의 겨레에게 넘어지시었도다.

나라를 찾기 위해 나라를 떠나
머언 쓰리게도 이역에서 오십 년을
내 살인 듯 고국강산 어루만져 바라보며
풀밭에 잠을 이뤄

적과 또 불의의 앞에서는
아으 포효하는 노도요 부딪치는 우레요
바람을 일으키는 불길이시더니

아으 나랏일 다 이룸 못 보시고
겨레일 가슴에 아프게 안으신 채
뫼 무너지듯 커다란 바람 잠자듯 물결 쉬듯
아으 잘 감기지 않는 눈 감으시고 가시었도다.

—뒷날에 뉘 있어 스스로 나라를 사랑했다 이를 양이면 스스로의 가슴에 조용히 손을 얹고 이제 백범 가신 이의 생애에다 물어보지 않고는 스스로 아무도 나라를 사랑했다 생각하지 말아라—

김 박사 弔辭
故 백범 김구 선생을 애도함. 단기 4282년 6월 26일 故 백범 김구 동지는 불의의 兇彈에 비참하게도 최후를 마쳤다. 이 비보를 접한 김규식은 잔인무도한 폭력적 만행을 무한히 원망하며 우리 국가의 운명과 민족의 장래를 볼 때 한없는 통분을 느꼈다.

〈國士 金九 先生 國民葬〉 1949.7

國士 김구 선생 국민장

국사 백범 김구 선생의 관 뚜껑은 덮이고 74세 평생을 조국광복을 위하여 馳驅燕苦하던 유해를 국민의 눈물로 안장하였다. 이날 우리는 동포로 더불어 선생의 공적과 유덕을 사모하기를 더욱 마지 않았다.

선생은 소위 국은을 입은 이는 아니었다. 그 선조가 金自點의 强近之親으로 연좌하매 海州의 한 寒村에 망명하여 멸문의 患을 면함으로부터 300년간 선생의 一門은 隣里班族에게 천대를 받았다. 선생의 初志는 등과면천에 있었으니 조석이 없는 중에도 貧家從師하여 17세까지 과업을 修함이 이 때문이었다.

선생이 18세 때에 동학에 입도한 것은 그 사민평등 탐관오리 숙청의 혁명적인 사상에 공명함이었고 19세 동학혁명의 總角軍으로 해주성을 공격한 것은 이 혁명사상의 첫 실천이었다. 해주전에 패하매 당시 신지식이요, 투사인 안태훈 진사의 知愚와 원호를 받아 追捕의 難을 면하니 이는 선생이 조국을 위하여 일생을 바치는 생활의 첫 機緣이었다. 백범 선생은 여기서 그의 종교적 신앙과 평생의 의기를 함양하였다. 義士 안중근은 실로 이 환경 속에서 자란 安진사의 장남이었다.

갑오란에 淸國이 일본에 패하매 한양에 일본의 毒牙가 박히기 시작하여 명성황후가 日人의 손에 참살되매 선생의 國母의 원수를 갚는다하여 安岳 鴟河浦에서 일본인 土田 대위를 죽이고 그 피를 마시니 충군 정신의 실천이었다. 이 일로 잡혀 인천 옥에서 사형을 받아 행형일을 기다리되 선생은 태연히 동 옥 죄인에게 글을 가르치고 소리를 배웠다. 광무제의 칙령으로 사형을 면하고 인해 탈옥하여 혹은 麻谷에 수도승이 되고 혹은 호남에 방랑객이 되다가 을사보호조약이 맺어지고 병오에 안창호 선생의 발의로 신민회가 조직되매 표면으로는 안악 양산학교의 교장이 되어 교육에 종사하였다.

경무국망 후 선생은 만주의 독립군 양성의 무관학교사건으로 15년형을 받고 동시 일어난 소위 寺內암살사건에 加 2년형을 받았다.

그리고 기미 삼일운동이 일어나매 선생은 상해로 건너가 유명한 『정부 문지기 자원』으로 대한민국 임시정부 총무국장이 되어 이래 혹은 주석으로 을유해방년 11월 환국까지 근 35년간 임시정부를 두 어깨에 지고 수호하였다. 그 간에 이태창, 윤태길 양 의사 사건은 모두 선생의 획책과 지령에서 나온 것이요 장개석 중국 주석의 후원과 지지를 받아 낙양군관학교에 한인반을 설치하여 이청천, 이범석, 양 장군으로 하여금 한국의 독립조항 삽입을 강조케 한 것이나 중경망명지사들이 중국정부의 원호를 받게 한 것이나 모두 백범 김구 선생의 공적이었다.

작년 유엔 소총회에서 한국의 가능지역 총선거문제가 결의되매 선생은 국토 양단이 남북유혈의 원인이 될 우려가 있다하여 5·10선거에 반대성명을 행하여 그의 지도하의 韓獨黨으로 하여금 총선거에 불참케 하고 좌익정당과 함께 평양에 열린 남북협회에 출석함으로부터 3영수 양분의 불행이 생기니 선생의 정치노선에 대한 일가일부의 비평이 없지 아니 하였거니와 이에 대하여는 공산주의자의 崇蘇反民族性을 통찰치 못한 不明을 책할지언정 거기에 他意가 있을 바가 아닌 것은 물론이다. 민족에 대한 열애가 선생으로 하여금 공산주의자도 동족으로 보게 한 것이다. 이른바 군자는 可欺以方이라 할 것이다.

선생은 최근에 이북 괴뢰 집단과 그 지도자에 대하여 비난하는 성명을 했고 한독당대회에서도 대한민국에 협력할 것을 표시하였으며 무엇보다도 그 외아드님 信소령이 국군 항공장교로 鬱聿전선에 출정한 것이 선생의 노선을 단적으로 표시하는 것이라 할 것이다.

그러나 선생의 진면목은 그의 정치적 역량에 있는 것이 아니라 그 국사적 태도에 있는 것이다. 선생은 시국을 위하여서 일신을 희생한다는 일념 외에 개인의 苦樂榮辱에 대하여서는 극히 무관심하였다.

끝으로 일반은 선생의 武人的 일면을 잘 알지마는 그 속에 흐르는 종교적인 일면은 적게 알려진 감이 있다. 선생이 동학에 입도한 것이나 혹은 기독교에 혹은 불교에 입교한 것이나 이를 혁명가의 한 방편으로 보는 것은 오해다. 선생은 혁명사업의 일면에 또는 이면에 열렬한 정신적 求道心이 있었다. 임종에 천주교회의 代洗를 받음은 실로 선생 유언에 의하여서였다. 이로 보아서 安진사로부터 받은 종교적 신앙이 선생의 백절불굴하는 용기의 원천이었음을 추찰할 수 있는 것이다.

조국의 완전한 통일을 못 보고 가심이 유한이시려니와 선생은 國士로서의 하실 일을 다 하셨으며 또 민족 후대에 보이실 것을 보이셨으니 이로써 선생의 本懷를 이루었다 할 것이요 더욱이 임종에 참회와 代洗가 있으니 영생이 약속될 것을 우리는 특히 선생을 잃어버린 비통의 위안으로 삼는 바이다.

孫義菴聖師記念事業會規約

第一章 總則

第一條 本會는 孫義菴聖師記念事業會라 稱함

第二條 本會의 事業目的은 左記와 如함
修道院設立、墓所守護、碑碣竪立、其他

第三條 本會는 事務所를 天道敎總部內에 置함

第四條 本會는 天道敎總部의 指導를 受함

第二章 會員

第五條 本會의 入會資格은 十八歲以上 男女로 함

第六條 會員은 普通會員、贊助會員、特別會員 三種으로 함

第七條 普通會員은 入會金 參百圓、贊助會員은 入會金 五千圓以上 特別會員은 入會金 萬圓 以上을 納入한 者로 함

第三章 組織

第八條 本會는 委員長 一人 副委員長 二人 監査 二人 常任委員 若干人을 置함

第九條 委員長、副委員長、監査는 委員中으로 選任함

第十條 委員은 天道敎原任職과 又는 常任委員會에서 推薦한 者로 함

第十一條 本會는 總務部、財務部、企劃部를 置하고 各部長은 委員長이 任命함

第十二條 職員의 任期는 三個年으로 하되 但缺員이 있을때는 一般通例에 依함

第十三條 本會는 委員長의 推薦으로 顧問 若干人을 推戴함

第四章 會議

第十四條 本會는 每年 四月中 全體委員會를 開催함을 得하며

第十五條 事業進行上 緊急且重要事項은 常任委員會의 決議로써 함

第十六條 委員會는 委員長이 召集하며 議長이 됨

第十七條 議決은 出席人員의 過半數로써 하고 可否同數인 時는 議長이 決定함

第五章 附則

本規約에 未備한 點은 職員會의 決議로써 함

발기인 명단 (右記, 各 縱列 右→左):

金鍾燁 …(난외 절단)
金文星 金永善 金鍾浩 金孝敦 金鉉國 金秉嬅 金基善 金鍾大 金相根 金貞龍
金鍾吉 金得模 金尙嬅 金道善 金時同 金應煥 金振九 金東洙 金顯玖 金景洙
金璉河 金玉 金炳浩 金鳳恒 金智洙 金中正 金章熙 金龍寬 金世煥 姜在德
姜相國 姜鎮東 高鉉宗 高鍾淑 高文海 桂河集 桂炳健 權重輝 吉允箕 孔鎮恒
孔炳台 具光祖 郭禹鎮 郭英淑 羅京德 南道熙 盧宗容 盧貞福 盧昇植 文善澤
文秉錫 文夢杰 文贊東 馬驥賞 閔健植 閔泰鶴 朴承龍 朴判燮 朴斗鉉 朴炳協
朴相燮 朴東浩 朴瓚杓 朴泰祐 朴鍾洙 朴台鎮 朴晉鎬 朴道根 朴錫洪 朴承來
朴來哲 朴賞嬅 朴永柱 朴行杰 朴來源 朴基鳳 朴震 朴俊嬅 朴陽信 朴義燮
朴春燮 朴成玉 朴來天 朴奇重 朴昌根 朴瑞殷 白聖基 白宗聖 白重彬 方云容
邊貞嬅 孫在鑮 孫錫球 孫愚鎮 孫廣嬅 孫溶嬅 孫奇嬅 孫汝嬅 孫孝俊 孫斗星
申肅 申鑮九 申南洪 申錫龜 申泰哲 成樂憲 成夏琪 徐丙漢 徐聖勳 宋重坤
宋文斌 宋應文 宋英權 宋秉憲 宋乘湜
李字英 李龍福 李宗植 李鳳業 李德化 李庸憲 李應辰 李鍾泰 李鳳晶 李起東
李基成 李在祥 李東煥 李丙洙 李鍾洙 李貞愛 尹英浩 尹應浩 尹炳俊 尹虎均
安商熹 安乃玄 安德煥 安卜淳 安相哲 安百均 安良俠 吳仁述 吳泰旻 吳允珍
梁道善 梁在煥 梁承寬 兪致極 元智福 林文虎 林根嬅 林鎮成 鄭漢泳 鄭先玉
鄭栽模 鄭然標 鄭行範 鄭成昊 鄭熙範 鄭雲彩 趙東植 趙聖德 趙基栞 趙東述
趙秉一 趙洪基 趙炳烈 張宇 張鳳鎮 秦君玉 全五奎 全國燁 曺奉龍 丁甲秀
朱炳道 車信正 崔東昕 崔光龍 崔致吉 崔昌基 崔一友 崔丹鳳 崔列卿 崔奉奎
崔赫 崔鍾穆 崔燉碩 崔永俊 崔秉昊 崔秉濟 崔益煥 崔普欽 洪鍾珏 洪順嬅
韓奎天 韓永昌 韓元彬 韓秉吳 韓秉律 韓道洙 韓正琦
河相台 河一宇 河準千
玄乙均 洪敬志 黃業周 黃龜淵

〈孫義菴聖師記念事業會 趣旨書〉 1949(포덕 90).8

삼가 만천하 동덕 동지 여러분 앞에

동덕 동지 여러분이 다년간 고대 열망하여 오던 盛事에 착수하려는 계획의 일단을 선포합니다.

자고로 敎化에 종사하는 이들은 인간을 敎化善導하기 위하여 先師 先輩의 덕업과 선행을 널리 宣揚紀念하여왔습니다.

그러함에 불구하고 우리 교단에서는 우리 선사들의 진리의 천명과 덕업으로 보아 그 위대한 공과가 무궁토록 우주에 빛날 것을 잘 알고 있으면서도 아직 이 성스러운 업적을 기념하는 건설적 사업을 한 일이 없었습니다.

이에 회고 반성한 나머지에 비록 늦은 감이 있으나 결연히 일어나 기념사업에 착수하기로 하였습니다.

일에 순서로 보아 응당 水雲 海月 두 분 신사님의 기념사업부터 먼저 하여야 할 것이나 現下 실정에 비추어 보건대 聖師의 묘소가 수도부근에 있는 관계로 매일 수백 수천의 참배하는 실제 광경으로 보아 爲先 義菴聖師의 기념사업을 우이동을 중심으로 착수코자 합니다.

일을 고찰하여보면 대개가 당대에 일종의 대운동을 일으키기도 어렵거든 성사께서는 수백만 교도를 교도하시는 일편 갑오 갑진 기미의 삼대운동을 일으켜 다―쓰러져가는 나라를 구하시고 우리 민족의 진로를 타개하여 주신 것은 물론 그 덕업이 세계인류에게 크나큰 힘과 광명을 주셨으니 성사의 위업의 공과야말로 세계 사상에서 그 유례를 볼 수 없는 바입니다.

그러니 이 기념사업이 우리 민족과 인류에게 주는 교화적 효과가 얼마나 클 것이냐 논할 필요가 없을 것입니다.

바라건대 동덕동지 여러분은 힘을 합하고 정성을 모아서 이번 계획이 조속한 시일 내에 豫期 이상의 성과를 거두도록 힘써주시기를 바라는 바입니다.

孫義菴聖師記念事業會趣旨書

삼가 만천하(滿天下) 동덕 여러분 앞에

동덕 동지 여러분이 다년간 고대열망 하여 오던 성사(盛事)에 착수
하려는 계획의 일단을 선포(宣布) 합니다.

자고로 교화(敎化)에 종사하는 이들은 인간을 교화선도(敎化善導)
하기 위하여 선사(先師)선배(先輩)의 덕업과 선행(善行)을 넓이 선양
긔렴(宣揚紀念) 하여왔읍니다.

그러함에 불구하고 우리교단 에서는 우리선사들의 진리(眞理)의 천
명(闡明)과 덕업으로보아 그 위대한 공과가 무궁토록 우주에 빛날것
을 잘 알고 있으면서도 아직 이 성(聖)스러운 업적을 긔렴하는 건설
적 사업을 한 일이 없었읍니다.

이에 회고(回顧) 반성(反省) 한 나머지에 비록 늣은감이 있으나 결
연히 일어나 긔렴사업에 착수 하기로 하였읍니다.

일에 순서로 보아 응당 수운(水雲) 해월(海月) 두분 신사님의 긔렴
사업 부터 먼저 하여야 할것이나 현하실정(現下實情)에 빛우어 보건
대 성사(聖師)의 묘소가 수도(首都) 부근에 있는 관게로 매일 수백수
천의 참배하는 실제광경으로 보아 위선 의암성사(義菴聖師)의 긔렴사
업을 우이동(牛耳洞)을 중심으로 착수코저 합니다.

동덕 동지여러분 회고숙고(回顧熟考) 하여보섭시오 력대위인 들에
일을 고찰(考察)하여보면 대개가 당대에 일종(一種)의 대운동을 이르
키기도 어렵거든 성사께서는 수백만 교도를 교도하시는 일편 갑오 갑
진 긔미의 三大운동을 이르켜 다―쓸어저가는 나라를 구하시고 우리민
족의 진로를 타개하여 주신것은 물론 그 덕업이 세게인류에게 크나큰
힘과 광명을 주셨으니 성사의 위엄(偉業)의 공과(功果)야말로 세게사
상(世界史上)에서 그 유례를 볼수없는 바입니다.

그러니 이 긔렴사업이 우리민족과 인류에게주는 교화적 효과가 얼
마나 클것이냐 논할필요가 없을것입니다.

바라건대 동덕동지 여러분은 힘을합하고 정성을 모아서 이번 게획
이 조속한 시일내에 예긔(豫期) 이상의 성과(成果)를 거두도록 힘써주
시기를 바라는바입니다.

布德九十年八月　　日

孫義菴聖師記念事業會部署

顧問 吳世昌
同 柳東說
委員長 崔俊模
副委員長 鄭廣朝
同 朱鈺卿
總務部長 李鍾團
財務部長 李鍾海
企劃部長 桂淵集
監査部長 全義贊
同 李光秀

常任委員 韓順會
同 鄭煥奭
同 洪順義
同 孫在基
同 李東洛
同 李[illegible]團
同 桂淵集
同 黃生周
同 李鍾海

委員 姓名 （가나다順）

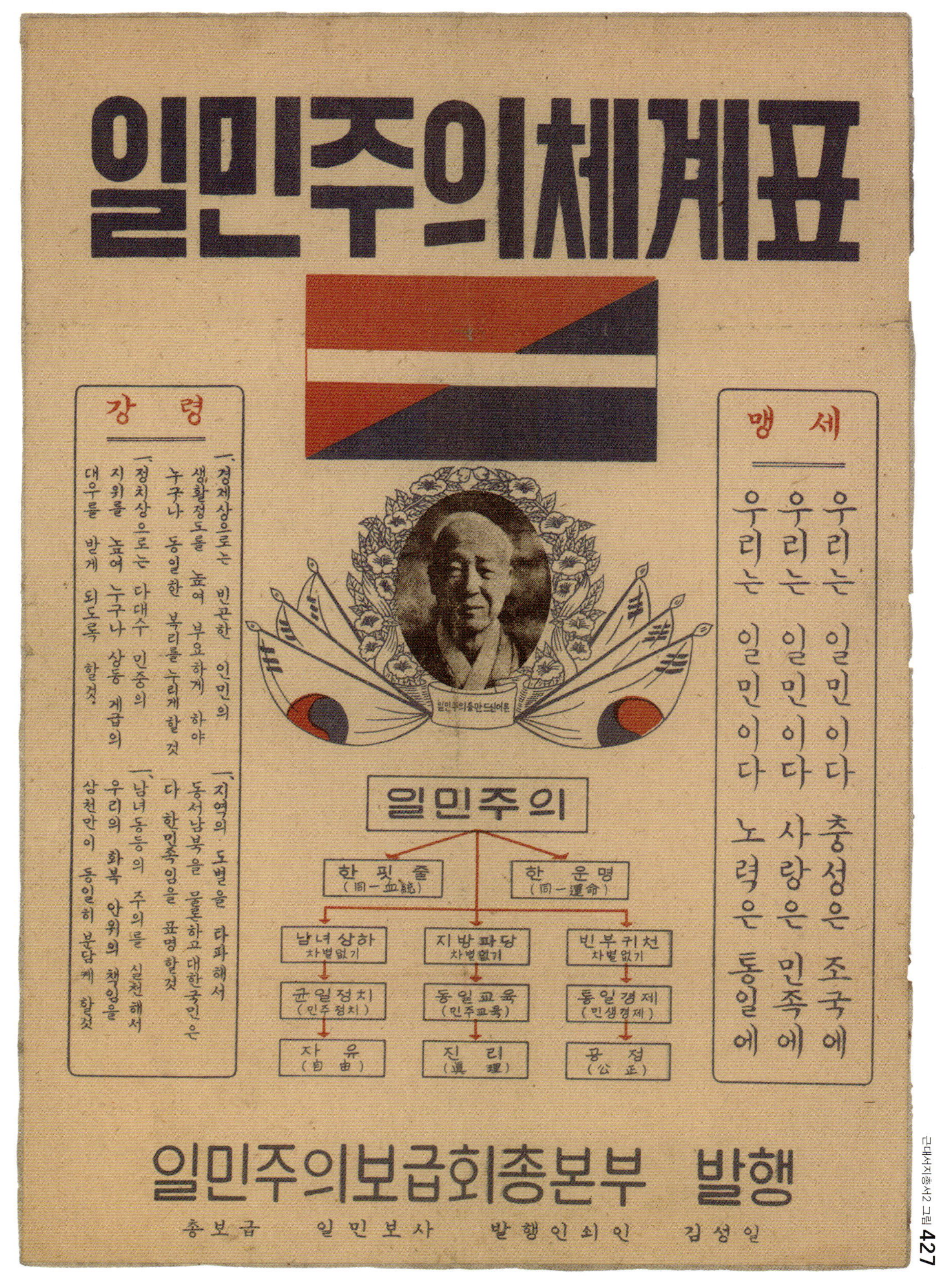

일민주의보급회총본부 〈일민주의 체계표〉 1949?

一. 경제상으로는 빈곤한 인민의 생활 정도를 높여 부요하게 하여
누구나 동일한 복리를 누리게 할 것
一. 정치상으로는 다대수 민중의 지위를 높여 누구나 상등 계급의
대우를 받게 되도록 할 것
一. 지역의 도별을 타파해서 동서남북을 물론하고 대한국민은 다
한민족임을 표명할 것
一. 남녀동등의 주의를 실천해서 우리의 화복 안위의 책임을 삼천
만이 동일히 분담케 할 것

第一回全國男女雄辯大會

프로그람

第一日 十月五日午後一時

1. 民族完全獨立의길 — 李東石
2. 獨立의날 — 金允鎬
3. 團結합시다 — 夏蒙
4. 青年아盟誓하자 — 閔鵬泓
5. 在外同胞의慘狀과우리의責任 — 趙[illegible]
6. 참일군이됩이다 — 李大榮
7. 職場에도라가자 — 白日閏
8. 民族反逆者을打倒하자 — 俞鐵童
9. 理想國家의建設 — 柳正基
10. 우리의前途 — 金元鎮
11. 朝鮮母性에게告함 — 金世柱
12. 奪國의生活 — 金東烈
13. 무엇이되려느냐 — 李一善
14. 資本主義와共産主義 — 韓吉彦
15. 朝鮮青年의進路 — 廉潤龜
16. 待望되는偉大한指導者 — 李基榮
17. 나서라獨立朝鮮의青年 — 黃洞淵
18. 太極旗아래어모이자 — 金弘星
19. 써建設에處한青年의進路 — 金萬錫

第二日 十月六日午後一時

1. 朝鮮民族의힘 — 趙永熹
2. 朝鮮人의朝鮮에對하야 — 韓錫完
3. 正義는이긴다 — 魚允相
4. 革命과青年 — 牟檜源
5. 朝鮮의獨立은世界平和에이바지한다 — 金容奐
6. 反省하자그리고實踐하자 — 方基煥
7. 이歷史的轉換期의이남이지 — 白東基
8. 우리의急務 — [illegible]
9. 所願 — 李昌龍
10. 青年아이祖國은부른다 — 元忠淵
11. 우리들의싸운나지안엿다 — 吳太根
12. 우리의한일 — 李漢成
13. 오직純潔한熱과힘을朝鮮에바치자 — 李松雨
14. 이땅에文化의꼿을피우자 — 元大淵
15. 우리朝鮮青年諸兄들에게告함 — 韓槇憲
16. 人類歷史란속일수업는부서운것이다 — 金慶漢
17. 建國의烽火을노피들자 — 李東一

主催　革新雄辯會　每日新聞社事業部

後援　救恤同盟總本部　人民援護會

제1회 전국남녀웅변대회 프로그램 1945.10?

九、其他文化思想昂揚運動

一〇、精神文化生活에關聯한 出版物、印刷物刊行

第四條　本會本部는　京城府內에置함

第五條　本會에左와如히　部署를置함

一、總務部

二、調查部

三、生活改善部

四、文化部

五、事業部

第六條　本會에左의任員을置함

理事　若干名

評議員　同

顧問　同

幹事　同

理事中에서　理事長一人、副理事長一人、各部長一人式을互選함

理事는總會에서選定하고　任期는三年으로함

評議員、顧問、幹事는有志士中　理事會에서選定하야　理事長此를委囑함

第七條　任員의職務는如함

理事長은　統理함

副理事長은　事故가有할時에　此를代理함

理事는理事長指揮下에　各所屬事務를　掌理함

評議員은　理事長의諮問에應함

幹事는理事長의命을받어　各所屬事務를處理함

第八條　理事會는必要에應하야　理事長이　隨時此를招集함

第九條　本會員은　本會의趣旨에　贊助하는人士로써　理事會의　審議를　經한者로함

第十條　會員은　入會金　十圓을納入함

第十一條　定期總會는　每年十二月中에　理事長이此를招集함

定期總會에　附議事項은左와如함

一、豫算決算의決定

二、重要事業計畫의決定

三、前年度의事業報告

四、任員의改選

第十二條　本會의會計年度는每年一月一日로부터　十二月三十一日까지로함

第十三條　各道府郡島邑面에　支部를置함

各町里洞에實踐員을配置함

第十四條　本會의財源은左와如함

一、會費

二、有志人士의喜捨金

三、出版物、印刷物로써　生하는收入金

四、其他雜收入金

第十五條　本會의未備事項은　理事會에서　決定하야　實施함

本規約은　檀紀四二七八年十月十五日부터　施行함

〈조선사회교육협회 규약〉 1945.10.15

충청남도잠업회 〈해방조선의 잠업은 어떻게!!〉 1945.11

一. 잠업의 장래성은?
우리 조선 잠업은 장래 세계에 無二한 선진지가 될 것이며 견공업의 발전지가 될 것이다.
二. 농촌경제상에는?
과거의 蠶糸業을 査察하건대 너무나 시달려왔다는 것은 사실이다. 직접 농촌에 관계되는 繭價로 하여도 순전한 착취의 한 꾀임이었다. 그렇다하면 해방된 우리 조선은 독립국가로써 不遠間 정당한 견가를 정할 것이라고 확신한다.
三. 잠업은 국가에 절대 필요인가?
잠업은 외화 획득상 절대 필요한 것이다. 그렇다면 국가적으로나 개인적으로나 우리들은 차후 양잠에 한층 노력하여 우리나라 특산물을 전세계 시장에 군립시켜 국가경제력을 강화하여야 할 것이다.
四. 선결 문제는 무엇인가?
잠업의 근본인 桑木을 절대 애호하여야 할 것이며 한층 증식배양에 노력하여야 할 것이다.
그러면 旣 植桑樹를 벌채하는 사람은 차후에 엄벌이 있으리라고 생각한다.

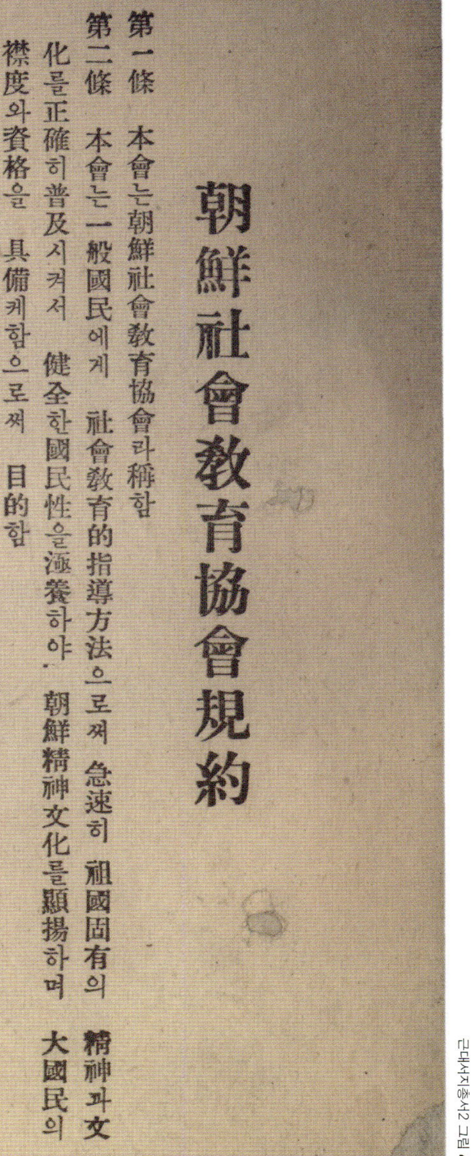

朝鮮社會教育協會規約

第一條　本會는 朝鮮社會教育協會라 稱함
第二條　本會는 一般國民에게 社會教育的指導方法으로써 急速히 祖國固有의 精神과 文化를 正確히 普及시켜서 健全한 國民性을 涵養하야 朝鮮精神文化를 顯揚하며 大國民의 襟度와 資格을 具備케함으로써 目的함
第三條　前條의 目的을 達成키 爲하야 左의 事業을 施行함
一、國民精神鼓吹
二、社會道德心涵養運動
三、國史普及運動
四、國文普及運動

兒協事業圖

兒協
├ 事務局 ― 庶務課 · 企劃課 · 調查課 · 組織課 · 事業課 · 宣傳課 · 經理課 · 資材課 · 厚生課 · 販賣課
├ 兒童文化委員會 ― 審議室
│   審議室 ― 歷史審議室 · 科學審議室 · 言語審議室 · 生活審議室 · 教育審議室 · 保健審議室 · 玩具審議室 · 文學審議室 · 演劇審議室 · 音樂審議室 · 舞踊審議室 · 美術審議室
│   ― 兒協教育研究所 · 兒協童話研究所 · 兒協童謠研究所 · 兒協劇團 · 兒協保育學校 · 兒協合唱隊 · 兒協幼稚園 · 兒協音樂園 · 兒協劇場 · 兒協病院 · 兒協科學館 · 兒協圖書館 · 兒協遊園地 · 兒協장난깜工場
├ 出版局 ― 兒協月報編輯部 · 週刊小學生編輯部 · 小學生壁新聞編輯部 · 그림동산編輯部 · 朝鮮小學生文庫編輯部 · 小學生課外讀本編輯部
├ 兒協同友會
└ 兒協村

[第一期事業] 兒童圖書 出版에 註力

兒協主催·一九四六年度 三大行事
★第一回서울小學生聯合學藝會(五月上旬)
★第一回全國小學生作品展覽會(十一月中旬)
★聯合國小學生親交作品展覽會(十一月中旬)

放戰의 勝利였다.

最後의 發惡으로 우리들의 이름을 빼앗고, 심지어 밥 먹는 수까락까지 걷어간 강도의 나라 日本帝國主義의 무거운 쇠사슬에 꽁꽁 묶였던 우리 朝鮮우, 聯合軍 德으로 숨을 돌렸고, 눈 뜬 장님, 말하는 벙어리, 듣는 귀먹어리의 生地獄에서, 설혼 여섯해만에 解放이 되었다. 그러나 解放의 뒤를 대선것은 「獨立」이 아니요 「混亂」이었다. 그러면 우리 文化人은 어찌 해야 할 것인가.

흙탕물에서 피어나는 연꽃을 보라. 우리는 이 混亂 가운데서도 우리 文化의 發掘과 新文化의 創造를 위하야 굽힘 없이 前進해야 할 것이다.

한 나라 文化의 주추는 兒童文化다. 兒童文化야말로 모든 文化의 貯水池요 源泉인 것이다. 그러하거늘, 노래 한마디, 그림 한폭, 장난깜 한개, 물려줄것이 없는, 거덜난 朝鮮에 태여난 어린이야말로 어버이 없는 상제 애보다도 가없지 아니한가. 朝鮮의 어린이는 어른의 노리개로 溫室 축 植物처럼 자라지를 않으면, 거치장스러운 짐처럼 천대를 받으며 크고 있지 아니한가.

解放의 기쁨을 어린이에게도! 우리는 웨치고 나섰다. 서리 맞은 풀 밖에 안되는 우리는, 朝鮮의 새 싹인 우리 어린이를 위하야, 스스로 썩어 한줌 거름이 되려 한다. 뜻 있는이어, 共鳴하라. 그리고 이 일을 도으라. 朝鮮 어린이도 萬國 어린이와 더부러, 어깨동무를 하고, 歷史의 바른 길을 힘차게 달리게 하라.

一九四五年九月　日

朝鮮兒童文化協會
서울 鍾路·永保삘딍
電話光化門(8)三九七〇番

⟨조선아동문화협회 취지서⟩ 1945.11 또는 12

8월 15일, 일본이 손을 들자, 불개미 같은 日獨伊의 파시즘은 쓰러지고, 연합국의 진보적 민주주의가 승리를 얻었다. 그것은 침략전에 대한 해방전의 승리였다.

최후의 발악으로 우리들의 이름을 빼앗고, 심지어 밥 먹는 숟가락까지 걷어간 강도의 나라 일본제국주의의 무거운 쇠사슬에 꽁꽁 묶였던 우리 조선은, 연합군 덕으로 숨을 돌렸고, 눈 뜬 장님, 말하는 벙어리, 듣는 귀머거리의 생지옥에서, 서른여섯 해 만에 해방이 되었다. 그러나 해방의 뒤를 대선 것은 「독립」이 아니요, 「혼란」이었다. 그러면 우리 문화인은 어찌 해야 할 것인가.

흙탕물에서 피어나는 연꽃을 보라. 우리는 이 혼란 가운데서도 우리 문화의 발굴과 신문화의 창조를 위하여 굽힘없이 전진해야 할 것이다.

한 나라 문화의 주추는 아동문화다. 아동문화야말로 모든 문화의 저수지요, 원천인 것이다. 그러하거늘, 노래 한마디, 그림 한 폭, 장난감 한 개, 물려줄 것이 없는, 거딜 난 조선에 태어난 어린이야말로 어버이 없는 상제 애보다도 가엾지 아니한가. 조선의 어린이는 어른의 노리개로 온실 속 식물처럼 자라지를 않으면, 거추장스러운 짐처럼 천대를 받으며 크고 있지 아니한가.

해방의 기쁨을 어린이에게도! 우리는 외치고 나섰다. 서리 맞은 풀밖에 안 되는 우리는, 조선의 새싹인 우리 어린이를 위하야 스스로 썩어 한줌 거름이 되려 한다. 뜻 있는 이여, 공명하라. 그리고 이 일을 도우라. 조선 어린이도 만국 어린이와 더불어, 어깨동무를 하고, 역사의 바른 길을 힘차게 달리게 하라.

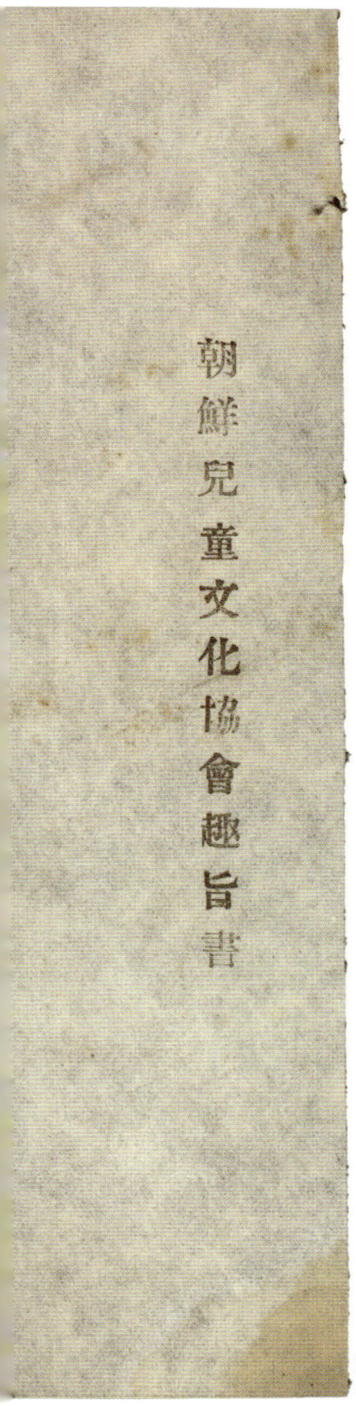

朝鮮兒童文化協會趣旨書

改築
落成
紀念音樂會

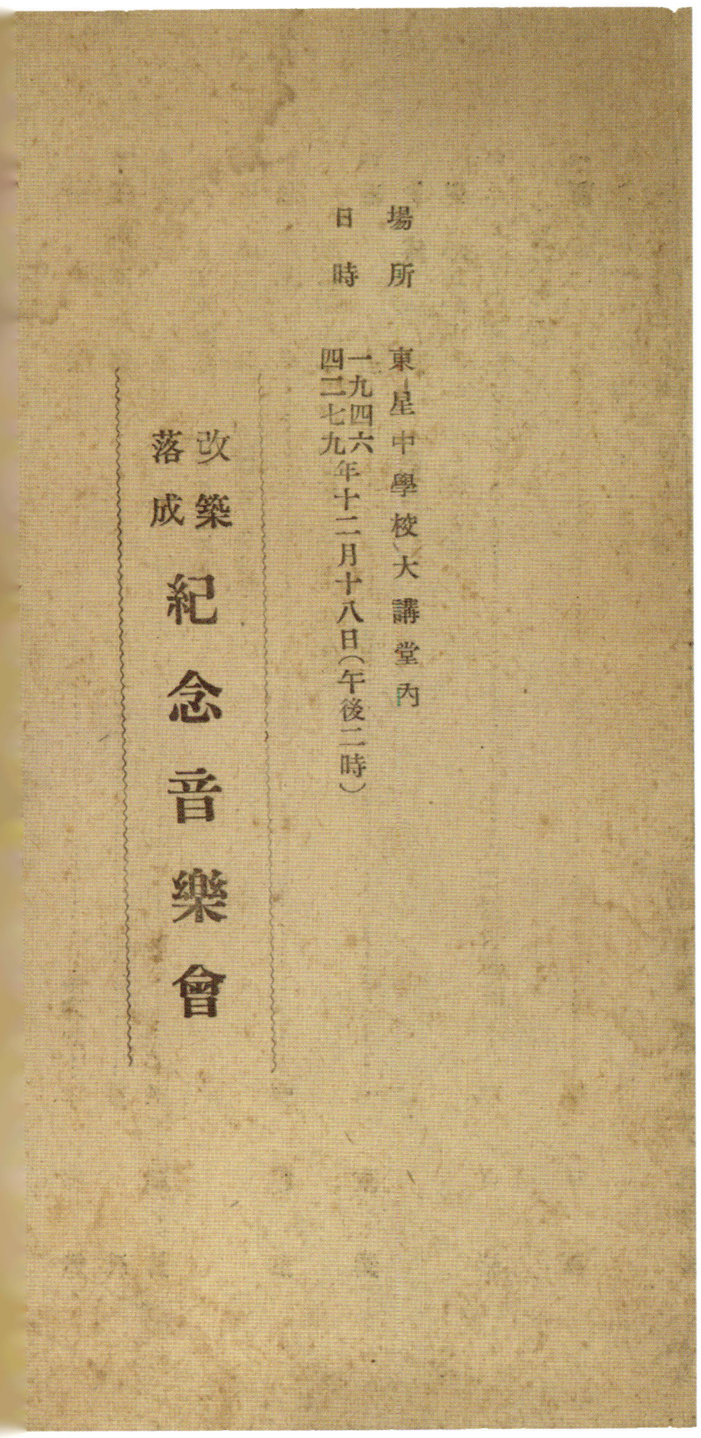

場所　東星中學校大講堂內
日時　一九四六年十二月十八日（午後二時）
　　　四二七九年

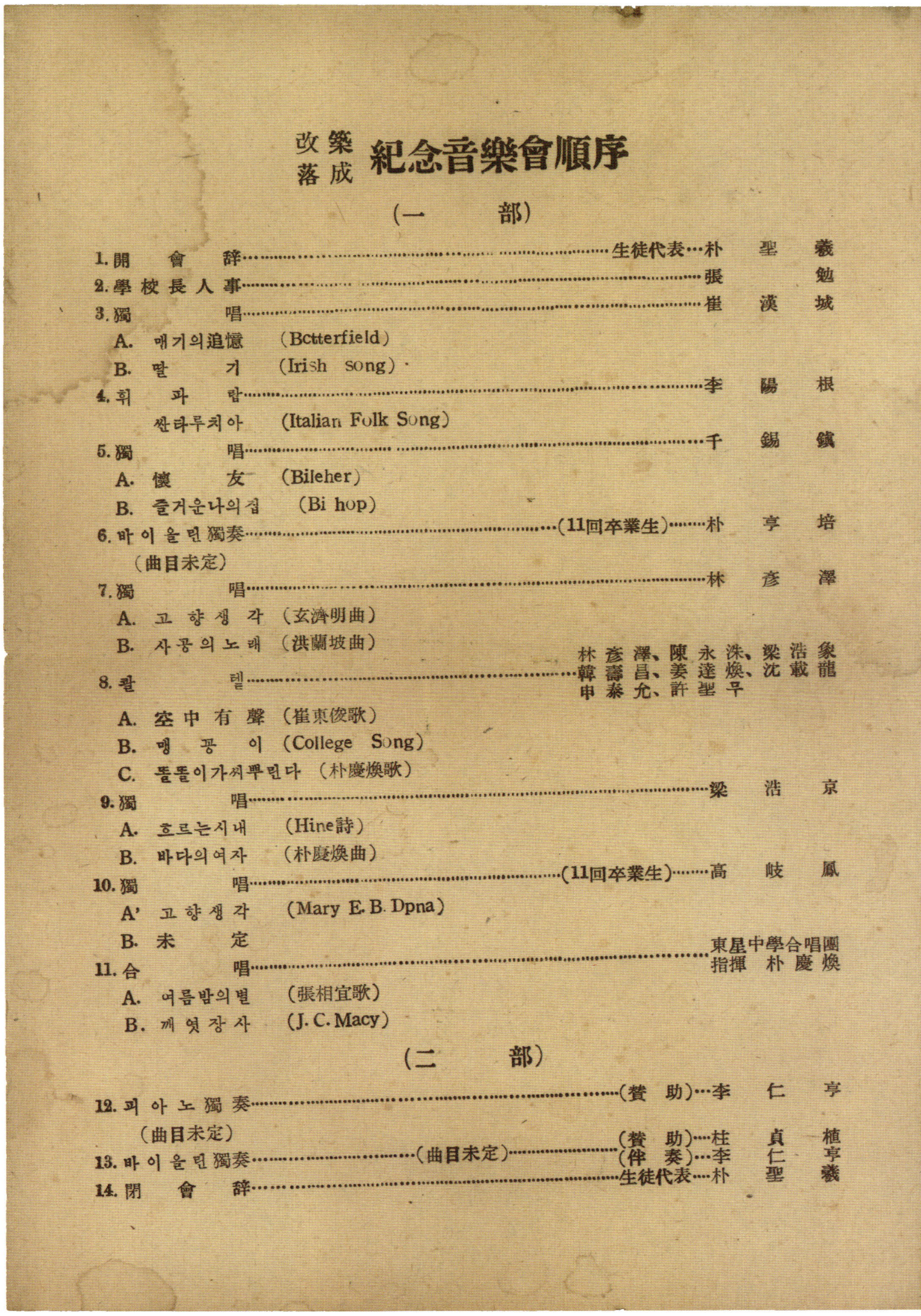

改築落成 紀念音樂會順序

（一　部）

1. 開會辭 ……………………………………… 生徒代表…朴聖羲
2. 學校長人事 ……………………………………… 張勉城
3. 獨唱 ……………………………………… 崔漢城
　A. 매기의追憶　（Bctterfield）
　B. 딸기　（Irish song）
4. 휘파람 ……………………………………… 李陽根
　싼타루치아　（Italian Folk Song）
5. 獨唱 ……………………………………… 千錫鎭
　A. 懷友　（Bileher）
　B. 즐거운나의집　（Bi hop）
6. 바이올린獨奏 ………………………… （11回卒業生）……朴亨培
　（曲目未定）
7. 獨唱 ……………………………………… 林彦澤
　A. 고향생각　（玄濟明曲）
　B. 사공의노래　（洪蘭坡曲）
8. 쌀텔 ……………… 林彦澤、陳永洙、梁浩象／韓壽昌、姜達煥、沈載龍／申泰允、許聖무
　A. 空中有聲　（崔東俊歌）
　B. 맹꽁이　（College Song）
　C. 똘똘이가씨뿌린다　（朴慶煥歌）
9. 獨唱 ……………………………………… 梁浩京
　A. 흐르는시내　（Hine詩）
　B. 바다의여자　（朴慶煥曲）
10. 獨唱 ………………………… （11回卒業生）……高岐鳳
　A' 고향생각　（Mary E. B. Dpna）
　B. 未定
11. 合唱 ……………………………………… 東星中學合唱團／指揮 朴慶煥
　A. 여름밤의별　（張相宜歌）
　B. 깨엿장사　（J. C. Macy）

（二　部）

12. 피아노獨奏 ……………………………………… （贊助）…李仁亨
　（曲目未定）
13. 바이올린獨奏 ………… （曲目未定）……… （贊助）…桂貞植／（伴奏）…李仁聖
14. 閉會辭 ……………………………………… 生徒代表…朴聖羲

第 二 部

1. 合唱　大金永寶　女金寶　花金寶　裂提伴奏尹善　國義姬 合唱
   가　무궁화三千里내사랑아……………李宥善編曲
   나　民謠中에서
2. 테노ー루獨唱　朴殷用　伴奏 李英玉
   가　建國의노래……………羅運榮 曲
   나　밤……………金泰 曲
   다　理想……………로스희 曲
3. 첼로와피아노를爲한　첼로 金仁元　피아노 金元福　洪蘭坡
   華麗한포로네ー즈……………쇼광 曲
4. 알토獨唱　柳麗孫　伴奏 羅運榮
   가　집씨娘子……………파이젤로 曲
   나　菩提樹……………슈벨트 曲
5. 男聲四重唱　서울男聲四重唱團　李仁範　崔照南　宋鎭赫　金烔魯　伴奏 金永愛
   戲歌中에서
   가　개와고양이
   나　나곱지
   다　멍텅구리장가가네
   라　하 하 하 하

   ――休 憩――

6. 소푸라노獨唱　李觀玉　伴奏 鄭貞植
   가　아마릴리……………캇치니 曲
   나　歌劇접시中에서……………도니쳇희 曲
7. 바이오린獨奏　朴敏鐘　伴奏 金元福
   가　譚詩曲 作品17……………위니아우스키ー 曲
   나　으메르카스 作品13
8. 빳소獨唱　愼蘿　伴奏 張寶媛
   가　繡飾의노래……………金順男 曲
   나　獨立의아침…………… 〃
   다　볼가의뱃사공……………로시아 民謠
9. 絃樂四重奏　올페우스四重奏團　第一바이오린 李永世　第二바이오린 李仁秀　비오라 尹樂淳　첼로 羅運榮
   四重奏曲　No.4 B長調……………모짤트 曲
   알레그로、메뉴엘、아다기오、알레그로얏찌이

朝鮮音樂家協會創立記念

新春音樂大演奏會

二月十四・十五日晝夜

國際劇場

主催　朝鮮音樂家協會
後援　朝鮮人民援護會
　　　中央新聞社

會員券前賣所
（和　東　中　音樂社
　信　和　央）

第 一 部

1. 合唱　　　　　　　　　　　梨花女大合唱團
   　　　　　　　　　　　　指揮　金永義
   　　　　　　　　　　　　伴奏　尹寶姬
   가　무궁화三千里내사랑아…………李宥善　編曲
   나　民謠中에서

2. 소푸라노獨唱　　　　　李銀順　伴奏　張寶媛
   가　黎明의노래…………………李建雨　曲
   나　歌劇「카바레리아中에서」마스카니　曲
   　　어머니도아서지요

3. 첼로獨奏　　　　　　　李康烈　伴奏　金元福
   가　메뉴엘…………………북케리-니　曲
   나　거봇트…………………폽과-　曲

4. 테노-ㄹ獨唱　　　　　李想春　伴奏　金元福
   가　오-나의太陽…………伊太利民謠
   나　鳳仙花…………………洪蘭坡　曲
   다　歌劇「아푸리카-나」中에서　마이어벨　曲
   　　오-樂園이어

5. 男聲四重唱　　　　　　서울男聲四重唱團
   戱歌中에서　　　　　李仁範　崔照南
   　　　　　　　　　　宋鎭赫　金炯魯
   　　　　　　　　伴奏　金永愛
   가　개와고양이
   나　나는곱지
   다　밀팅구리장가가네
   라　하하하하

   ——休憩——

6. 알토獨唱　　　　　　　　　　　　李順熙
   가　捧呈…………………………슈만　曲
   나　歌劇잡손과 다리라中에서、오!삼손…………산산-　曲

7. 바이오린獨奏　　　　　鄭熙錫　伴奏　金元福
   가　悲歌…………………………金勳　曲
   나　안단테………………………라로　曲
   다　마즈루키……………………갈-스키　曲

8. 소푸라노獨唱　　　　　韓平淑　伴奏　申載德
   가　人民의나라…………………金順男　曲
   나　獨立의아첨…………………金順男　曲
   다　歌劇魔彈의射的中게서、아가데쉬詠唱…………베-　曲

9. 絃三重奏　　　　　　　서울絃樂三重奏團
   　　　　　　　　　바이오탄　文學準
   　　　　　　　　　비오라　　安聖敎
   　　　　　　　　　첼로　　　李康烈
   三重奏曲　作品8……………………베-로-벤　曲
   알레그로、아다지오、메뉴엣트、아다지오、스켈초알레그랫토、
   안단테、알레그로、

야 第二世界大戰은　終結되고　宣言履行에따라　우리朝鮮獨立이約束되어서　이歷史的瞬間에全朝鮮二千里江山에는解放에歡呼와感激이爆發되엇슬것이다　온갖壓迫을바드면서도心中기피期하고바라든朝鮮의自主獨立이꿈이아니오　現實로約束될째그엇찌歡呼가업고感激이업슬손가　하늘세지다다르고地軸세지움지기까고獨立萬歲소리가　一時에爆發되엇써　우리同胞에이보담큰事實이어데쏘잇스며　이보다더큰感激　이되쏘잇스랴　山川草木도　질거우는듯하며、兒童走卒도　우리의　새世上을謳歌하고잇써。

우리는　이큰感激을우리만늑길것이아니라　우리의子孫代々에　이歷史的感激을　傳하도우리의　榮光스러유義務이오쏘한朝鮮精神振興에도　큰도음이될것이다　이러한趣旨로今般弊社는　이歷史的感激을永遠이保在하기爲하야　쏘는우리의子孫에게도　이感激에넘치는　歷史的寫眞과　記錄을蒐集하야　朝鮮解放記念史을編輯하려한다。

그리고　解放後의우리政界　經濟界其他各層各界에서活躍하는　人物을紹介記念하기爲하야　그들의寫眞、經歷서지도記錄編輯하고자한다。

以上과것치歷史的인우리朝鮮解放을　永遠이記念하기爲하야　弊社의趣旨에　賛同協力하여주시기를仰望하나이다。

▲重要目次▼

東洋情報社
○漢城市南大門街四의五
電話局(2)二五二二番

조선해방기념사 발간 취지

降熙 4년 (서력 1910년) 8월 29일 공포된 소위 한일합병조약에 따라 우리 조선통치권이 일본으로 넘어간 이래 우리는 필설로는 이를 형용할 수 없는 문자 그대로 험악한 가시 길을 걸어왔다. 우리는 참고 견딜 수 없는 치욕을 다 당하였으며 갖은 박해를 감수하지 않을 수 없었다. 그러나 역사의 수레바퀴는 돌아 조선해방의 날은 드디어 왔다. 1945년 8월 15일의 날은 우리 조선동포가 영구히 기념하여 잊지 못할 날이다. 일본정부가 米, 英, 蘇, 中 사국의「포츠담」공동선언 수락에 의하여 제2 세계대전은 종결되고 선언 이행에 따라 우리 조선독립이 약속되었다. 이 역사적 순간에 전 조선 삼천리강산에는 해방의 환호와 감격이 폭발되었을 것이다. 온갖 압박을 받으면서도 심중 깊이 기하고 바라던 조선의 자유독립이 꿈이 아니오, 현실로 약속될 때 그 어찌 환호가 없고 감격이 없을손가. 하늘까지 다다르고 지축까지 움직이라고 독립만세소리가 일시에 폭발되었다. 우리 동포에 이보다 큰 사실이 어디 또 있으며 이보다 더 큰 감격이되 또 있으랴. 산천초목도 즐거운 듯하며, 兒童走卒도 우리의 새 세상을 구가하고 있다.

우리는 이 큰 감격을 우리만 느낄 것이 아니라 우리의 자손대대에 이 역사적 감격을 전함도 우리의 영광스러운 의무요, 또한 조선 정신 진흥에도 큰 도움이 될 것이다. 이러한 취지로 이번 폐사는 이 역사적 감격을 영원히 보존하기 위하여 또는 우리의 자손에게도 이 감격에 넘치는 역사적 사진과 기록을 수집하여 조선해방기념사를 편집하려 한다.

그리고 해방 후의 우리 정계 경제계 기타 각층각계에서 활약하는 인물을 소개 기념하기 위하여 그들의 사진, 경력까지도 기록 편집하고자 한다.

이상과 같이 역사적인 우리 조선해방을 영원히 기념하기 위하여 폐사의 취지에 찬동 협력하여 주시기를 앙망하나이다.

朝鮮解放記念史發刊趣旨

隆熙四年（西曆一九一〇年）八月二十九日公布된 所謂 韓日合併條約에서라 우리 朝鮮統治權이 日本으로넘어가 以來 우리는

조선사료연찬회 1946.5

본회에서 별지 취지서와 같은 목적하에 이미 사업에 착수하온 바 이번에 전 조선 학동을 爲主하고 겸하여 일반 대중에게 건국정신 배양의 첫길로 우리 國祖 三神 檀君 天眞의 聖像을 반포하여 조석으로 경건한 태도로 우리나라의 조상을 대함으로써 민족적 정신 환기에 일조가 되게 하기를 기하오니 幸히 본회의 微意를 양찰하시와 편달 후원하심을 바라나이다.

謹啓者 本會에서 別紙趣旨書와 如한 目的下에 이미 事業에 着手하온바 今次에 全朝鮮學童을 爲主하고 兼하야 一般大衆에게 建國精神培養의 첫길로 우리 國祖三神檀君 天眞의 聖像을 頒布하야 朝夕으로 敬虔한 態度로 우리나라의 祖上을 對함으로써 民族的 精神喚起에 一助가 되게하기를 期하오니 幸히 本會의 微意를 諒察하시와 鞭達後援하심을 바라나이다.

敬白

壇紀四千二百七十九年五月　日

漢城市鍾路區蓮建町一九五
朝鮮史料研鑽會
電話東局⑤一七五四番
理事長 尹 白 南

貴下

記

本會의 事業豫定

一、國祖三神檀君 天眞　謹卬發行
二、朝鮮歷史地圖　發行
三、古蹟、國寶集（가、朝鮮歷史附圖、나、東洋史精圖）　發行
四、朝鮮歷史掛圖　發行
五、朝鮮人物錄　發行
以下略

決議案　第一號

一. 本總會는 大韓全國民의 일홈으로써 大韓民族의 即時獨立을 聯合四個國에 要請함.

一. 北緯三十八度界線은 戰爭이 終熄되고 日本軍의 武裝解除가 完了되는 今日에 있어서 그 必要가 全然 없게 된 것이다. 그럼에도 不拘하고 그것이 存續되어 있음으로 人的物的 交流를 妨害하야 우리 民族의 統一을 破壞하고 經濟生活을 不可能케 함으로 本總會는 大韓全國民의 일홈으로써 即時撤廢를 聯合四個國에 要請함.

一. 우리 大韓은 部分的으로 戰場化 하엿을 뿐이지만은 三十六年동안 帝國主義 日本의 搾取를 當하엿고 中日戰亂 美日戰爭의 發生後에는 그것이 極度에 達하야 物資의 強制的 供出이 無所不至하야 民衆生活의 窮乏이 極端에 일으렀엇다. 그런데다가 八月十五日 降伏以後에 日本政權은 四十五億円이나 되는 巨額의 紙幣를 一時에 濫發하야 通貨의 總額을 八十億円에 達하게 하야 (平時通貨發行高 二億円可量) 우리 經濟界를 混亂케 하고 重要物資를 投水 或 燒却하며 重要建物을 爆發 放火하는 等의 謀畧을 敢行하야 最後의 發惡을 行하엿다. 그럼으로 經濟生活의 逼迫은 말할 수 없는 形便이다. 이러한 實情下에 있음으로 本總會는 大韓全國民의 일홈으로써 美國政府에 對하야 우리 大韓에 그 國際復興局(언라)의 活動을 繼續的으로 하게하고, 더욱이 石油 自動車 機械類 衣類 醫療品 等의 物資로써 繼續的으로 經濟的 援助를 하여 주기를 要請함.

발행자와 발행일을 알 수 없는 〈결의안 제1호〉

一. 본 총회는 대한 전 국민의 이름으로써 대한민족의 즉시 독립을 연합 4개국에 요청함.

一. 북위 38도 계선은 전쟁이 종식되고 일본군의 무장 해제가 완료된 금일에 있어서 그 필요가 전연 없게 된 것이다. 그럼에도 불구하고 그것이 존속되어 있음으로 인적 물적 교류를 방해하여 우리 민족의 통일을 파괴하고 경제생활을 불가능케 함으로 본 총회는 대한 전 국민의 이름으로써 즉시 철폐를 연합 4개국에 요청함.

一. 우리 대한은 부분적으로 전장화하였을 뿐이지만 36년 동안 제국주의일본의 착취를 당하였고 중일전란 미일전쟁의 발생 후에는 그것이 극도에 달하여 물자의 강제적 공출이 무소부지하여 민중생활의 궁핍이 극단에 이르렀었다. 그런데다가 8월 15일 항복 이후에 일본 정권은 45억 원이나 되는 거액의 지폐를 일시에 남발하여 통화의 총액을 80억 원에 달하게 하여(평시 통화 발행고 2억 원 가량) 우리 경제계를 혼란케 하고 중요물자를 投水 혹 소각하며 중요건물을 폭발 방화하는 등의 모략을 감행하여 최후의 발악을 행하였다. 그러므로 경제생활의 핍박은 말할 수 없는 형편이다. 이러한 실정하에 있음으로 본 총회는 대한 전 국민의 이름으로써 미국 정부에 대하여 우리 대한에 그 국제부흥국(언라)의 활동을 적극적으로 하게하고 더욱이 석유 자동차 기계류 의류 의료품 등의 물자로써 적극적으로 경제적 원조를 하여주기를 요청함.

決議案　第二號

一、本總會는 大韓全國民의 일홈으로써
大韓民族의 解放에 絶大의 援助를 行하여준 美、中、蘇、英、四個國
에 對하야 衷心으로 感謝의 意를 表함。

〈결의안 제2호〉

一. 본 총회는 대한 전 국민의 이름으로써 대한민족의 해방에 절대
의 원조를 행하여준 美, 中, 蘇, 英, 4개국에 대하여 충심으로 감
사의 뜻을 표함.

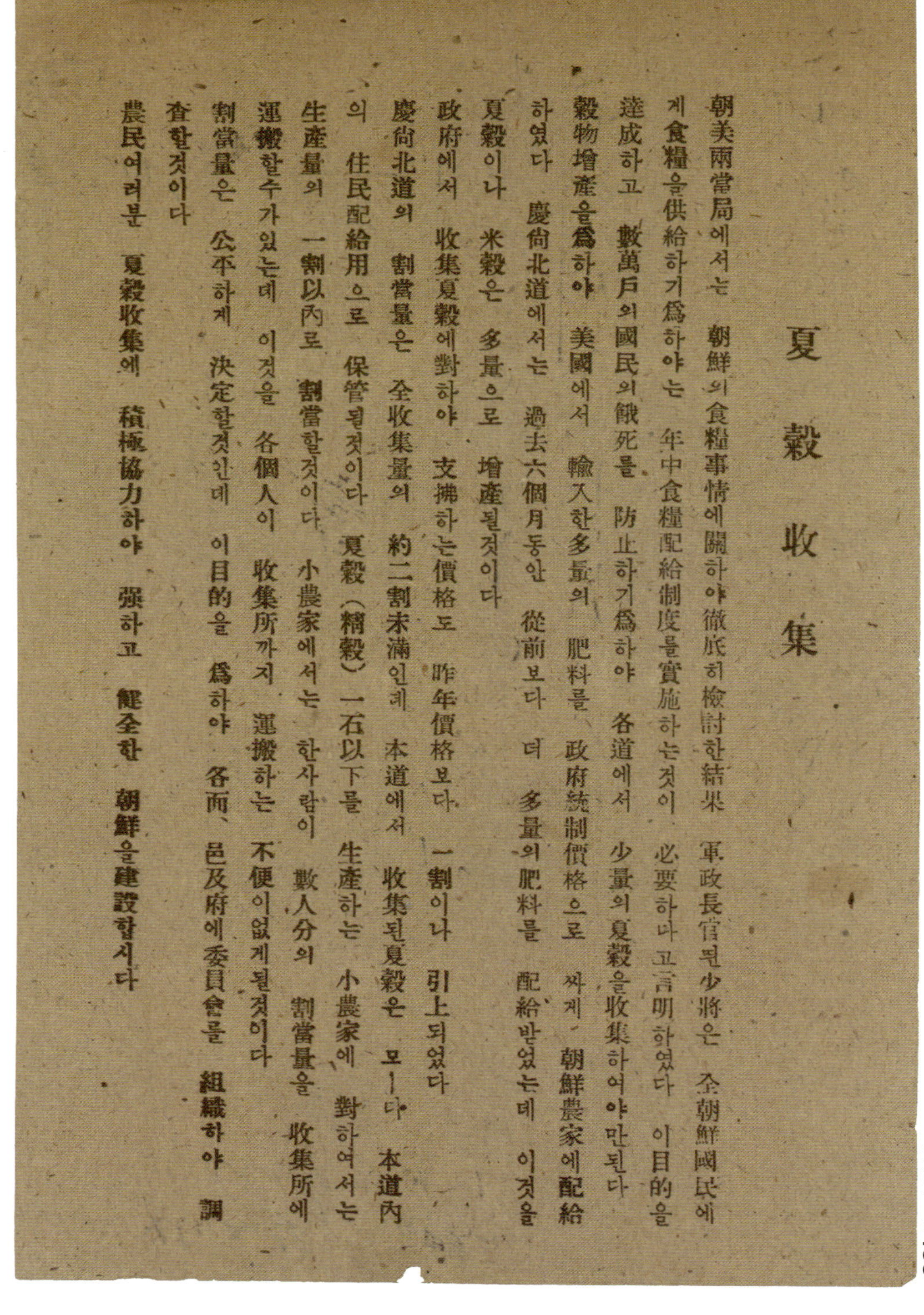

夏穀收集

朝美兩當局에서는 朝鮮의食糧事情에關하야徹底히檢討한結果 軍政長官딘少將은 全朝鮮國民에게食糧을供給하기爲하야는 年中食糧配給制度를實施하는것이 必要하다고言明하였다 이目的을達成하고 數萬戶의國民의餓死를 防止하기爲하야 各道에서 少量의夏穀을收集하여야만된다

穀物增産을爲하야 美國에서 輸入한多量의 肥料를 政府統制價格으로 싸게 朝鮮農家에配給하였다 慶尙北道에서는 過去六個月동안 從前보다 더 多量의肥料를 配給받었는데 이것을 夏穀이나 米穀은 多量으로 增産될것이다

政府에서 收集夏穀에對하야 支拂하는價格도 昨年價格보다 一割이나 引上되었다

慶尙北道의 割當量은 全收集量의 約二割未滿인게 本道에서 收集된夏穀은 모-다 本道內의 住民配給用으로 保管될것이다 夏穀(精穀) 一石以下를 生産하는 小農家에 對하여서는 生産量의 一割以內로 割當할것이다 小農家에서는 한사람이 數人分의 割當量을 收集所에運搬할수가있는데 이것을 各個人이 收集所까지 運搬하는 不便이없게될것이다

割當量은 公平하게 決定할것인데 이目的을 爲하야 各面,邑及府에委員會를組織하야 調査할것이다

農民여러분 夏穀收集에 積極協力하야 强하고 健全한 朝鮮을建設합시다

근대서지총서2 그림 **438**

朝美 양 당국에서는 조선의 식량사정에 관하여 철저히 검토한 결과 군정장관 딘 소장은 전 조선국민에게 식량을 공급하기 위하여는 연중 식량배급제도를 실시하는 것이 필요하다고 언명하였다. 이 목적을 달성하고 수만 호의 국민의 餓死를 방지하기 위하여 각 도에서 소량의 夏穀을 수집하여야만 된다.

곡물증산을 위하여 미국에서 수입한 다량의 비료를 정부통제가격으로 싸게 조선농가에 배급하였다. 경상북도에서는 과거 6개월 동안 종전보다 더 다량의 비료를 배급 받았는데 이것으로 하곡이나 미곡은 다량으로 증산될 것이다.

정부에서 수집하곡에 대하여 지불하는 가격도 작년 가격보다 1할이나 인상되었다.

경상북도의 할당량은 전 수집량의 약 2할 미만인데 본 도에서 수집된 하곡은 모두 본도 내의 주민배급용으로 보관될 것이다. 하곡(精穀) 한 섬 이하를 생산하는 소농가에 대하여서는 생산량의 1할 이내로 할당할 것이다. 소농가에서는 한 사람이 수 인분의 할당량을 수집소에 운반할 수가 있는데 이것을 각 개인이 수집소까지 운반하는 불편이 없게 될 것이다.

할당량은 공평하게 결정할 것인데 이 목적을 위하여 각 면, 읍 및 부에 위원회를 조직하여 조사할 것이다.

농민 여러분 하곡수집에 적극 협력하여 강하고 건전한 조선을 건설합시다.

趣　旨

人生生活에 衣食住三大問題는 不可缺의 事實이다

無道한日本帝國政治下에 極度로 貧困하여진三千萬同胞의게 解放과 自由의鐘이 울인지도 一週

年이 지낫스나 그러나 經濟가 確立되지 못하고 物價는 均衡을 일흔이때를 利用하야 個人主義 者謀

利商들이 橫行하면서 暴利에 暴利를 거듭하니 生活上 不安이 莫大함은 自他가 公認하는바라 그리

하야 吾等은 群山府民을 中心하야 生活上經濟의 安定을 圖謀코자 群山消費組合을 設立하야 半年

同事業을 進行하엿사오나 今番事業을 擴張키 爲하야 出資金百萬圓으로 增募中이오니 同志諸賢

은 絶大協力하여주심을 바라나이다

一九四六年八月二十一日

組合長　尹錫龜
副組合長　俞鎭台

理事
金秉洙　任斗準　李鍾述
李再鳳　鄭喜秀　姜榮萬
李世稙　金永甲　金永千
金元哲　金千培　郭靑鶴
金昌坤　李善玉　李順泰

군산소비조합설립 〈취지〉 1946.8.21

인생생활에 의식주 3대 문제는 불가결의 사실이다.
무도한 일본제국정치하에 극도로 빈곤하여진 삼천만 동포에게 해방과 자유의 종이 울린 지도 1주년이 지났으나 그러나 경제가 확립되지 못하고 물가는 균형을 잃은 이때를 이용하여 개인주의자 謀利商들이 횡행하면서 폭리에 폭리를 거듭하더니 생활상 불안이 막대함은 자타가 공인하는 바라. 그리하여 우리들은 군산 부민을 중심하여 생활상 경제의 안정을 도모코자 군산소비조합을 설립하여 반 년간 사업을 진행하였사오나 금번 사업을 확장키 위하여 출자금 백만 원으로 增募中이오니 동지 제현은 절대 협력하여 주심을 바라나이다.

趣　旨　書

於焉間祖國解放도三年이가까웠다 그러나우리의 獨立은國際公約이
되여있음에도不拘하고 아직도獨立의歡喜를맛보지못하고 朝鮮을싸
고도는國內國外의情勢는復雜微妙하며 더욱히우리는現下經濟狀態
에時急한民生問題의重大한干頭에到達되여있다 여기서우리거레는
더욱經濟的으로實力을길러團結을鞏固히하며 互相扶助하야建國精
神을더욱發揚하여 經濟再建을爲하야貯蓄과産業資金의助成을目標
로中央共濟組合을創立하야相互發展을꾀하고자左記綱領아래널이
贊同을求하노니 江湖諸賢의많은鞭撻과聲援이있기바라노라

綱　領
一、우리는大衆의經濟的利益을擁護伸長함
一、우리는大衆의經濟的團結을鞏固히하야自主的貯蓄의獎
　　勵를期함
一、우리는親愛와相互扶助로서國家經濟의再建에貢獻함
　　을期함

檀紀四二七九年十二月　　日

서울市中區會賢洞一街(舊旭町)一九八
中央共濟組合
組合長　柳　東　晃
顧問　朴定根（서울市洞會總聯合會長）
顧問　宋祥九（南大門金融組合監事）　理事　金濟勳
相談役　朴　哲（辯護士）　理事　白成基
理事　李海文

중앙공제조합 〈취지서〉 1946.12

어언간 조국해방도 3년이 가까웠다 그러나 우리의 독립은 국제공
약이 되어있음에도 불구하고 아직도 독립의 환희를 맛보지 못하
고 조선을 싸고도는 국내국외의 정세는 복잡 미묘하며 더욱이 우
리는 現下 경제 상태에 시급한 민생문제의 중대한 간두에 도달되
어있다. 여기서 우리 거레는 더욱 경제적으로 실력을 길러 단결 공
고히 하며 互相扶助하여 건국정신을 더욱 발양하여 경제재건을
위하여 저축과 산업자금의 조성을 목표로 중앙공제조합을 창립하
여 상호발전을 꾀하고자 左記 강령 아래 널리 찬동을 구하노니 강
호제현의 많은 편달과 성원이 있기 바라노라.
강령
一. 우리는 대중의 경제적 이익을 옹호 신장함
一. 우리는 대중의 경제적 단결을 공고히 하여 자주적 저축의 장려
　　를 期함
一. 우리는 친애와 상호부조로서 국가경제의 재건에 공헌함을 期함

「東海물과 白頭山이 말으고닳도록」에 大韓나라愛國歌를부르짓는 저ㅣ어린아이들을보자 저들을引率하며指導할者는 구인가 親愛하는社員諸君 暗黑에 分岐点은 絕頂에達하엿다 解放以後兩後竹筍갓치모힌政黨무리와 數十團体는各其勢力爭奪에 汲汲하고잇음을正視하라 世界歷史에 革命鬪士의結實은 모다靑年血氣旺盛時임을 들처보자 나는우리京電從業員을굳센鬪士이며 正義正視인熱血靑年諸君을알엇다 그럿타 去十二日反託大會行列參加를끗까지한그勇氣 그無言쎄두氣를確實히알앗다 이날參加를妨害한 正쌔反逆者 崔壽千外組合幹部의言語의 反動을直視하엿다 去三日 일子진反託反對運動 三相會議支持宣言은 從業員諸君 우리들의總意어엿든가 親愛하는社員諸君 우리의現職從業員諸君 우리들은오날은組合幹部病균박멸의大手術을하고자 長久한時日과 熱議를거듭다가 맛치偶然今日이爆發의時日이되엿다 明朗한勤勞大衆ㅣ 過去를回頭하고 前途開拓하자 從業員組合 우리의 그리운代表機關 우리의 勞資鬪爭機關 우리의生活保障機關 이ㅣ누가反動破壞하며 이ㅣ그가惡宣傳할야 從業員組合 나의組合이요 우리의組合이다 然이나 諸君은外部에서 암이指目밧고外部에서 발서忠告함을엿지 보앗는가 우리의委員長 副委員長 指導者가 政治的色彩도 不正한某派에 侵略으로買收當한 이것이벌서 外部에暴露되엿스니 우리現職從業員諸君은 一黨一派의買收的行爲는 不可하며 勞組機關인組合으로 어찌從業員의總意를無視하고 忘却過度行爲를할가 去十二日前後一從業員 奮生으로 組合幹部의 組合運營批評과 組合費 收支確点을摘發하야 檄文이散布되엿섯다 吾人들鬪士는一從業員에 奮生檄文을보고 文字그내로 忿을禁치못하고 그翌日即時今日의擧事를發動할가하엿스나 沈思默考時機到來를期코 切齒押上하엿섯다 그後委員長의「코치」인지 副委員長 崔壽千君外幹部의操縱으로 右檄文撒布혐의者 逮捕의 活動이始作되더니 그「추태」그 無智한脅迫恐喝等으로 數人을불러다가 工務課二層宿直室에서 取調하는 그石上이야 倭敵日本人警察時 高等係에서 白白教取調以上으로 强烈하엿다 同僚某某君에取調當함은 누가이를알엇스랴 今日그사이解禁의날이요 眞價다운眞情에 京電解放의날이다 親愛하는從業員諸君 反팟쇼를부르짓는 그들의 總팟쇼的行動을 落望치말라 右檄文과함께 三層点檢室에 同文의檄文를붓치엿다 이것을알자組合幹部는 即時告文을떼고 檄文를押收하며 그들幹部會를召集하는等 非民主主義的行動 이것이 言論出版結社를自由로宣言한 反팟쇼를부르짓는 그分子들의行動일가 組合에不正이업고 組合費收支에 欠点업다면 一奮生의檄文이 무엇이두려우랴 一家父子之間에 同族一門에 不過十人內外의門內에도 父母에게孝子도잇고 不孝子도잇을것이다 東洋風俗의常例이며 世界萬物之靈長二性의現像일것이다 그러면 그不孝子를속이고 이를反動分子라고處斷할가 그럿타면 그것이某國社會主義의風俗일가 슬프다 解放以後半年엇지 同社員에엇지 우리代表組合委員長以下幹部가 이리되엿슬가 무슨病일가 우리는그들에게 根治藥을求하여야할것이다 아니다 無智한그를안우리로써아니다 우리子役들의배신아비를 賣社的 反逆奴 賣國的反逆者를 우리들兄弟姉妹의席上에서 處斷하자 어리석은同勞兄弟여 近日組合에서秘密리에 靑年突擊隊募集함을아는가 이것이무엇일가 이것이우리從業員組合 우리社內에必要할가 「테로」排擊을主張하는 某黨某派分子에屬한者로 거기指導를밧는 그者로 이것이무슨妄動이며 이것을무엇에쓰려는가알엇다 이善良한同僚들을煽動하야 自己自体保身劑로쓰자는것이 아니면무엇이냐 諸君이여 諸君은拒絕함을 吾人鬪士들은알엇다 吾人鬪士有志는 組合破壞가아니라 眞實로眞正한優越한 從業員組合으로 無黨無派에 政治的色彩를除外한 幹部를마지코자 舊幹部肅淸의旗幟를들고 諸君에呼訴하며 同志鬪士의率直한 後援과資料에忠告를要求하며 反省안될惡質分子에 肅淸할主義로칼을뽑앗다 우리를敵對視한者여 이제도늦지안엇다 反省하라 남아正義의良心으로謝過하라 八一五前 倭人下의同社員으로 白紙로도라가자 萬一諸君에良心的犯行處斷을過度타고 우리에게報復의「날」을기다리고 우리正義의鬪士를反動分子로 또다시某某團体에登錄식켜 暗殺計劃等을圖謀하면 그結果는 너의들委員長以下崔壽千外幹部를滅種을 우리도各우리國團体의손을빌녀 萬段에準備가되여잇슴을미리宣言한다 우리들은다만아무것도몰은다 後日에朴憲永氏一派가建國의結實이되거나 李博士 金九主席一派가結實이되거나 無關無派이나 다만時急한他指導者를求하며 다만우리總意에依한 從業員組合으로 諸君期待가背信안될眞價다운 從業員組合을마지코자 着手함에不過하며 昔日에자랑하던 京電이되여 새로이同族에도움이될 京電이되기만 울면서 仰天神禱하노라

종업원조합 우지생(憂志生)의 〈대자보〉

해방의 기꺼운 종소리는 삼천리강산을 진동시키며 멸망의 현해탄을 건너가는 왜인들의 곡성은 아직도 은은히 들린다.

「동해물과 백두산이 마르고 닳도록」에 대한나라 애국가를 부르짖는 저 어린아이들을 보자. 저들을 인솔하며 지도할 자 누구인가. 친애하는 사원 제군. 암흑의 분기점은 절정에 달하였다. 해방 이후 우후죽순같이 모인 정당무리와 수십 단체는 각기 세력쟁탈에 급급하고 있음을 正視하라. 서계역사에 혁명투사의 결실은 모두 청년혈기 왕성 時임을 들춰보자. 나는 우리 京電 종업원을 굳센 투사이며 正義正視인 열혈청년 제군들을 알았다. 그렇다 지난 12일 반탁대회 행렬 참가를 끝까지 한 그 용기 그 무언에 투기를 확실히 알았다. 아닐 참가를 방해한 정사 반역자 崔壽千 외 조합간부의 언어의 반동을 직시하였다. 지난 3일 알려진 반탁반대운동 삼상회의 지지선언은 종업원 제군 우리들의 총의였던가. 친애하는 사원 제군 우리들은 오늘은 조합간부 병균박멸의 대수술을 하고자 장구한 시일과 숙의를 거듭하다 마치 우연 금일이 폭발의 시일이 되었다. 명랑한 근로대중 과거를 회고하고 앞길을 개척하자. 종업원 조합 우리의 그리운 대표기관 우리의 노자투쟁기관 우리의 생활보장기관 이 누가 반동 파괴하며 아 누가 악선전하랴. 종업원 조합 나의 조합이요, 우리의 조합이다. 그러나 제군은 외부에서 암이 지목 받고 외부에서 벌써 충고함을 알았는가 보았는가 ─ 우리의 위원장 부위원장 지도자가 정치적 색채도 부정한 某派에 침략으로 매수당한 이것이 벌써 외부에 ─ 폭로되었으니 우리 현직 종업원의 치욕을 어찌 하리요. 그렇다. 우리들은 모름이 아니었으나 ○恐病으로 할 수 없이 그들을 따랐던 것이다. 건실한 종업원 제군 종업원 조합은 일당 일파의 매수적 행위는 불가하며 노조기관인 조합으로 어찌 종업원의 총의를 무시하고 망각 과도행위를 할까. 지난 12일 전후 한 종업원 奮生으로 조합간부의 조합운영비평과 조합비 수지확점을 적발하여 격문이 산포되었었다. 우리들 투사는 한 종업원의 奮生 격문을 보고 문자 그대로 분을 금치 못하고 그 익일 즉시 금일의 거사를 발동할까 하였으나 沈思默考 시기 도래를 期코 切齒押上하였었다. 그 후 위원장의 「코치」인지 부위원장 최수천 군 외 간부의 조종으로 右 격문 살포혐의자 체포의 활동이 시작되더니 그 「추태」 그 무지한 협박 공갈 등으로 數人을 불러다가 공무과 2층 숙직실에서 취조하는 그 석상이야 왜적 일본인 경찰시 고등계에서 白白敎 취조 이상으로 강렬하였다. 동료 某某 군에 취조당함은 누가 이를 알았으랴. 금일 그 사이 해금의 날이요, 眞價다운 진정에 京電 해방의 날이다. 친애하는 종업원 제군 反팟쇼를 부르짖는 그들의 총팟쇼적 행동을 낙설치 말라. 右 격문과 함께 3층 점검실에 同文의 격문를 붙였었다. 이것을 알자 조합간부는 즉시 告文을 떼고 격문를 압수하며 그들 간부회를 소집하는 등 非민주주의적 행동 이것이 언론 출판 결사를 자유로 선언한 反팟쇼를 부르짖는 그 분자들의 행동일까. 조합에 부정이 없고 조합비 수지에 흠점이 없다면 한 奮生의 격문이 무엇이 두려우랴. 일가 부자지간에 동족 일문에 불과 십인 내외의 문내에도 부모에게 효자도 있고 불효자도 있을 것이다. 동양 풍속의 상례이며 세계 만물지영장 二性의 현상일 것이다. 그러면 그 불효자를 속이고 이를 반동분자라고 처단할까. 그렇다면 그것이 某國 사회주의의 풍속일까. 슬프다. 해방 이후 반년 어찌, 同 사원에 어찌, 우리 대표조합위원장 이하 간부가 이리 되었을까. 무슨 병일까. 우리는 그들에게 根治藥을 구하여야 할 것이다. 아니다. 무지한 그를 안 우리로써 아니다. 우리 子役들의 배신아비를 賣社的 反逆奴 賣國的 반역자를 우리들 형제자매의 석상에서 처단하자. 어리석은 동노 형제여. 근일 조합에서 비밀리에 청년돌격대 모집함을 아는가. 이것이 무엇일까. 이것이 우리 종업원 조합, 우리 사내에 필요할까. 「테러」 배격을 주장하는 某 당 某 파 분자에 속한 자로 거기 지도를 받는 그 자로 이것이 무슨 망동이며 이것을 무엇에 쓰려는가 알았다. 이 선량한 동료들을 선동하여 자기자체 保身劑로 쓰자는 것이 아니면 무엇이냐. 제군이여. 제군은 거절함을 우리 투사들은 알았다. 우리 투사 유지는 조합 파괴가 아니라 진실로 진정한 우월한 종업원 조합으로 무당불편에 정치적 색채를 제외한 간부를 맞이코자 舊간부 숙청의 기치를 들고 제군에 호소하며 동지투사의 솔직한 후원과 자료에 충고를 요구하며 반성 않는 악질분자에 숙청할 주의로 칼을 뽑았다. 우리를 적대시한 자여 이제도 늦지 않았다. 반성하라 남아 정의의 양심으로 사과하라. 8 · 15 전 왜인하의 同 사원으로 백지로 돌아가자. 만일 제군에 양심적 범행 처단을 과도라고 우리에게 보복의 「날」을 기다리고 우리 정의의 투사를 반동분자로 또다시 某某 단체에 등록시켜 암살계획 등을 도모하면 그 결과는 너희들 위원장 이하 최수천 외 간부를 멸종을 우리도 각 우국 단체의 손을 빌려 만단의 준비가 되어 있음을 미리 선언한다. 우리들은 다만 아무것도 모른다. 후일에 박헌영 씨 일파가 건국의 결실이 되거나 이 박사 김구 주석 일파가 결실이 되거나 無關無派이나 다만 시급한 타 지도자를 구하며 다만 우리 총의에 의한 종업원 조합으로 제군 기대가 배신 안 될 진가다운 종업원 조합을 맞이코자 착수함에 불과하며 昔日에 자랑하던 京電이 되어 새로이 동족에 도움이 될 京電이 되기만 울면서 仰天神禱하노라.

民衆同盟入盟請願書

本人이 貴盟의 綱領規約을 承認하고 左記의 誓約及保證書를 添付하야 玆에 入盟을 請願하오니 照亮後 許可하심을 敬望합니다

一、誓約書

1 貴盟의 綱領規約을 嚴守하고 決議命令에 絶對服從하기로함
2 祖國의 獨立完遂와 民主建國의 大業에 獻身하기로함
3 本誓約을 違反할時는 貴盟의 嚴重한 處分을 받기로함

二、保證書

1 入盟願人 는 그 經歷中에 附敵害民한 罪跡 非行이 없음을 證함
2 入盟願人 는 貴盟의 指導下에 充實한 盟員이 될것을 證함
3 入盟願人 는 그 誓約에 違反又는 不充實할時는 連帶責任을 負함

　　年　　月　　日

右請願及誓約人
右責任保證人

民衆同盟 貴中

○批準處

道府　郡區　面洞

支部責任者

No.

民衆同盟盟員登錄表

注意 記入時에 字體를 明瞭히 記入하여주시오

姓名		職業		妻夫姓名	
原籍	道府	郡區	面洞	里	番地
現住	道府	郡區	洞	里	番地
年齡		年　月　日生			

家庭關係	戶主		參考事項	性別		出身	
	職業			技術		嗜好	
	家口			特技		信仰	
	財産	人圓		語學		希望	

學歷及經歷 運動	
社會上地位 及 親交關係	
備考	

共濟組合案內

◇ 經濟界의 大福音!!

貯蓄은 建國의 基礎다

本共濟組合의 使命은 貯蓄을 目標로 資金助成
하야 相互扶助하는 共存共榮의 中核機關이다

甲	掛金(一日)	口數	回數	給付金	乙　種	掛金	口數	回數	給付金
五千四百圓會	10.00	一八	五四0	四'八六0.00	壹萬三千圓口	四0.00	一二	三六0	一三'000.00
七千二百圓會	二0.00	一二	三六0	六'四八0.00	三萬三千圓口	100.00	一二	三六0	三三'000.00
壹萬八千圓會	三0.00	二一0	六00	一六'三四0.00	六萬圓口	一八0.00	一二	三六0	六六'000.00

特種(十日會)	掛金	口數	回數	給付金	別種(月會)	掛金	口數	回數	給付金
三萬六千圓會	100.00	一二	一二	四'一00.00	壹萬二千圓會	1'000.00	一二	一二	一二'四00.00

◎ 掛金收集에는 每日集金員이 尋訪합니다

◎ 每月例會抽籤場에은 當局者의 立會下에 公正히 實施하오니 會員參席
도 歡迎합니다

幸運은? 다간이 顏番制로 當籤함

◇ 國家經濟再建에 貢獻하자

中央共濟組合

第　　號　　領收證　　　　理事 ｜ 扱者

一金五拾圓也

種 ｜ 圓會 ｜ 掛金 月日 ｜ 圓

右會員申請金으로서 正히 領收함

　年　月　日

서울市中區會賢洞一街(舊旭町)一九八
中央共濟組合
電話本局②一八四九番

貴下

備考　申請金은 如何한 境遇에도 此를 返還치 않함

격동의 시기, 해방기 출간 도서를 목록화하다

제30회 한국출판학회상(2010, 연구 · 저술부문)을 수상하고,
한국출판문화상(한국일보 주최) 후보에 올라 연구 업적과 가치를 인정받은 책

해방기 간행도서 총목록 1945~1950

지난 35년간 책을 모아온 저자가 15년 전부터 해방기 자료를 수집하고 정리하여, 해방 이후 한국전쟁 직전까지 출간된 5,200여 종의 출판물을 일목요연하게 목록으로 정리함으로써 1,000여 출판사의 역사를 다시 꿰어냈다.

오영식 편저 | 46배판 양장 | 695쪽 | 값 100,000원

편저자 오영식(吳榮植, 근대서지연구가)은, 중앙대학교 대학원 국문학과를 졸업, 현재 보성고등학교 국어교사로 있다. 전 『불암통신』(1990~2005) 발행인이며, 반년간 『근대서지』 편집인이다. 대한출판문화협회에서 주최하는 1988 모범장서가로 선정된 바 있으며, 2010년 2월에는 한국출판학회에서 수여하는 한국출판학회상을 받았다.

소명출판 서울시 서초구 서초동 1621-18 | 전화 02-585-7840 | 팩스 02-585-7848
이메일 somyong@korea.com 홈페이지 www.somyong.co.kr

케포이북스 영인 시리즈

文化世界 한국전쟁 직후 간행/발행한 종합문예지

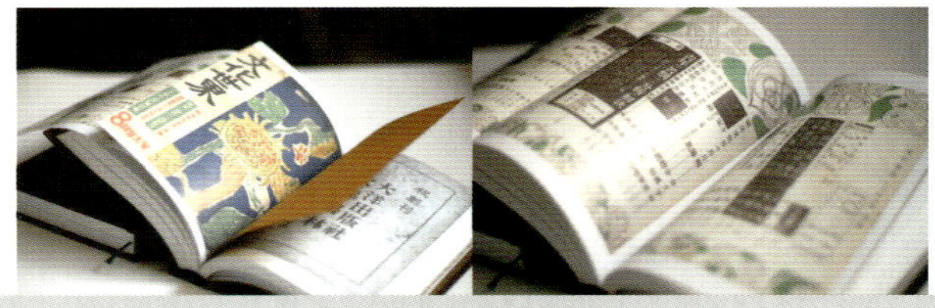

전2권 1953~1954

1권/ 창간호 1953.7.1 　 2권/ 제4호 1953.11.1
　　 제2호 1953.8.1 　　　　 신년호 1954.1.1
　　 제3호 1953.9.1

근대초기 본격적인 잡지의 시대를 연 종합지 **소년한반도**

구장률 해제

1호 1906년 11월 1일 　 4호 1907년 2월 1일
2호 1906년 12월 1일 　 5호 1907년 3월 1일
3호 1907년 1월 1일 　 6호 1907년 4월 1일

大潮 학술과 문예를 아우른 종합지

전2권 1930.3~9

1권/ 1호 1930.3.15 　 2권/ 4호 1930.7.1
　　 2호 1930.4.15 　　　 5호 1930.8.1
　　 3호 1930.5.15 　　　 6호 1930.9.10

주간서울 해방기에 발행되어 한국전쟁 직전까지
2년 반에 걸쳐 발행한 종합주간지

정진석 해제

부록/ **주간문학예술**　국내유일 희귀본

창간~4호(1952)

신여성 담론의 중심 **婦人 | 新女性**

이상경 해제

전18권 창간호 및 원본 발굴호 수록

부인　 창간호~6호, 2권 2, 4~6호 | 1922.6~1923.6
신여성　 창간호~8권 3호 | 1923.9~1934.4

케포이북스 서울시 서초구 서초동 1599-2 LG에클라트 302호 | 전화 02-521-7840 | 팩스 02-6442-7848 이메일 kephoibooks@korea.com